广 东 统 计 年 鉴
1 9 9 8

STATISTICAL YEARBOOK
OF GUANGDONG

（总第14期 NO. 14）

广东省统计局编
COMPILED BY
STATISTICAL BUREAU OF GUANGDONG

中国统计出版社
CHINA STATISTICAL PUBLISHING HOUSE

（京）新登字 041 号

图书在版编目（CIP）数据
广东统计年鉴　1998：中英文对照／广东省统计局编
广东：中国统计出版社，1998．8
ISBN 7 - 5037 - 2724 - 1／C·1526
Ⅰ．广…
Ⅱ．广…
Ⅲ．统计资料 -广东 - 1998 - 年鉴 - 汉、英
Ⅳ．C832．65 - 54
中国版本图书馆 CIP 数据核字（98）第 11016 号

中国统计出版社出版
Published by China Statistical Publishing House
（中国·北京三里河月坛南街 75 号　100826）
(75 Yuetan Nanjie, Sanlihe, Beijing 100826, P. R. China)
广州大一（香港）印刷有限公司印刷
广告经营许可证：粤临广审字（1998）第 073 号
*
889×1194 毫米　大度 16 开本　44.5 印张　46 彩页　150 万字
1998 年 8 月第 1 版　　1998 年 8 月第 1 次印刷
印数：1—3500

ISBN 7-5037-2724-1
9 787503 727245 >

编 者 说 明

《广东统计年鉴 — 1998》（下简称年鉴）是一部反映广东省国民经济和社会发展情况的资料性年刊，书中收录了全省、各市、县（区）、乡镇1997年的大量统计数据以及建国以来各个主要时期的一些主要统计数据。

《年鉴》分两部分。第一部分，概述；第二部分，统计资料。具体分为行政区划和自然资源、要素市场、综合、人口、从业人员和职工工资，固定资产投资，能源生产与消费、财政、金融和保险，物价，人民生活，农业，工业，建筑业，运输邮电，国内贸易，对外经济与旅游，教育、科技、文化、体育、卫生、社会福利、环境和其他，经济地带主要指标，城市主要指标，县、区主要经济指标，乡镇主要经济指标等22部分。此外，年鉴附录部分还汇编部份省（市）国民经济主要指标，香港、台湾、新加坡、韩国主要统计资料，部分国家和地区主要统计资料。

本《年鉴》大部份资料来自政府各级统计局的各种定期统计报表及抽样调查资料；部分资料来自中央部属单位和省属各主管部门。附录中的资料是根据国家统计局及有关方面提供的资料整理的。

资料中所使用的度量衡单位，除耕地、播种面积照顾我国使用习惯继续用“亩”为单位外，其余均采用国际统一标准计量单位。

本《年鉴》中计算的平均每年增长速度，均用“水平法”。

本《年鉴》统计表中的符号使用说明：

“…”表示数据不足本表最小单位数；

“#”表示其中主要项；

“空格”表示该项统计指标数据不详或无该项数据；

“”或“①”表示本表下有注解。

本年鉴在整理编辑过程中，得到省直有关部门和单位的大力支持，在此表示感谢！

PREFACE

Statistical Yearbook of Guangdong 1998 (abbreviation as the Yearbook below) is an annual statistics publication, which covers mainly statistics in 1997 and some selected major data series in historically important years after the establishment of the People's Republic of China at provincial level and local levels of city (prefectures), county and township and village, therefore, reflects various aspects of Guangdong Province's social and economic development.

The Yearbook contains two major parts. The first part is outline, the second part is statistics. In detail it is divided into the following 22 parts: Administrative Division and Natural Resources, General Survey, Main indicators on the factors market, Population, Employment and Wages, Investment in Fixed assets, production and consumption of enegy, public Finance, banking and insurance, price indices, People's Livelihood. Agriculture, Industry, Construction, Transportation, Postal and Telecommunication Services, Domestic Trade, Foreign Trade and Tourism, Education, Science, technology and Culture, Sports, Public Health, Social Welfare, Environment protection and Others, special Economic Regions, Cities, Counties and Districts, Under city adminitration Town and Villages. Besides these, in the appendices of the Yearbook are main economic indicators of some provinces, and main statistics of Hong Kong, Taiwan, Singapore and Korean, Main statisties of some countries and regions.

The data in the Yearbook are mainly obtained from regular statistical reports and sample surveys conducted by the Statistical Bureau of all levels of government. Some data are collected from the departments of central government and provincial government. Date in appendices are compliled from statistical publications published by the State Statistical Bureau of China and other sources.

The units of measurement used in the Yearbook are internationally standard measurement units, except those on cultivated land and sown areas which are used in "mu" in order to give consideration to the habit of using these data.

The method of the calculation of the average yearly increasing speed in the Yearbook is horizontal method.

Notations used in the Yearbook:

"…" indicates that the figure is not large enough to be measured with the smallest unit in the table;

"#" indicates the major items of the total;

"(blank)" indicates that the data not available;

"or" "(1)" indicates "see footnotes".

During the compilation of the Yearbook, we have got the support from some government departments of province and other relative units. We express our thanks to all of them here.

《广东统计年鉴》编委会和编辑出版人员

EDITORIAL BOARD AND STAFF

广州中国市长大厦

广东省卢瑞华省长、广东省委高祀仁副书记、广州市林树森市长陪同李鹏总理视察中国市长大厦。

广州中国市长大厦是一座设计新颖、造形美观、独具特色、金碧辉煌的建筑精品，座落在广州天河区，是广州市政府赠送给全国6000多市长的一份厚礼，是中国市长协会在南方的培训基地和信息中心，也是全国各城市和国际有关市长组织接轨的活动基地与窗口。

中国市长大厦自1997年3月开业以来，在贯彻落实中国市长协会为市长服务为城市服务的方针上，做了大量的工作，至今为止已接待多种类各城市市长培训研究交流等活动及外国代表团十三次，接待405人次，城市205个，已成为全国闻名的“市长之家”。

平时在市长活动之外，还对社会开放，是一座集酒店、高级写字楼、会议活动中心于一体的智能化商厦，是市长及各界的好去处。

这座充分体现广州市做为开放型大城市的胆识与气魄的现代化大厦，已越来越引起全国的注目。

国家建设部部长、中国市长协会执行会长余振声(中)视察中国市长大厦

十大城市市长聚广州

广州日报（第一版）1997年5月19日

1997年5月18日十大城市市长在广州召开会长联席会议，这次相聚广州的十大城市市长是：北京市副市长张百发、天津市副市长王德惠、上海市副市长夏克强、重庆市市长蒲海清、沈阳市市长慕绥新、武汉市市长王守海、成都市市长王荣轩、西安市市长冯煦初、乌鲁木齐市市长买买提明扎克尔，参加会议的还有广州市市长林树森和原市长黎子流及建设部副部长、市长协会副会长赵宝江，建设部副部长、市长协会常务理事李振东、市长协会秘书长陶斯亮。

与会代表合影留念

目前我国最大规模的新型电子元器件生产企业—广东风华高新科技集团有限公司

目前我国空调产销量最大的厂家 — 珠海格力集团空调厂

亚洲规模最大的空调测试部门 — 揭阳广东省吉荣空调设备公司柜机测试中心

粤东大型电力枢纽 — 揭阳变电站

廣 東 省 經

广东省经济委员会（简称省经委）是省人民政府组织
调全省工交经济运行的综合部门，其工作宗旨是：按照建
社会主义市场经济的目标要求，在充分发挥市场对资源配
基础性作用的基础上，进一步加强和改善政府对工交经济
宏观调控和经济运行中重大问题的综合协调，逐步建立适
市场经济发展要求的科学有效的经济运行宏观调控体系和
范化的市场经济秩序，保证工交经济持续、快速、健康地
展。

1997年，广东省工业系统坚持“稳中求进，有效增长
的方针，全省企业改革与发展取得新的进展，工业经济保
了持续、快速、健康的发展势头。

全省完成工业总产值12372.69亿元（现行价，下同）
比上年增长18.7%。其中乡及乡以上工业完成工业总产
8442.32 亿元，增长16%；增幅比上年上升1个百分点，绝
值跃居全国第1位；国有工业完成1574.39亿元，增长7.3%
大中型企业完成3590.86亿元，增长21.7%；工业产品销售
达96.11%。

全省出口产品产值完成2788.44亿元（不变价），增
18.1%。工业产品出口交货值达2802.98亿元，占全省工业
售产值的34.8%，比值比上年同期提高1.2个百分点。其中
机电产品出口达到312.1亿美元（海关统计），比上年增
18.5%，出口总额占全国机电产品出口的一半左右，继续
持在全国的领先地位。

全省独立核算工业企业实现利税总额617.90亿元，比
年增长26.3%；其中，实现利润总额270.90亿元，增长51.6%

全国规模最大、技术最先进的水泥生产企业之一 — 梅州塔牌集团

濟委員會

立核算国有工业企业实现利税总额160.92亿元，增长15.8%；中型企业实现利税总额451.73亿元，增长23.9%，其中，实利润222.25亿元，增长38.7%，占全省利润总额的82.0%。

企业改革进一步深化，继续推进企业技术进步，加大工经济调控力度，市场开拓取得新突破；加强重要生产要素协调配置，狠抓扭亏增盈工作，切实减轻企业负担，结构整有了良好开端。

全省交通运输生产和基础设施建设保持平稳发展。客运55050万人，比上年同期增长11.0%，客运周转量608.4亿人里，比上年同期增长9.6%；货运量24664万吨，比上年同增加0.6%，货运周转量3204.70亿吨公里，比上年同期增长6%。港口吞吐量20358万吨，比上年同期增长4.0%。其中海广州、湛江、汕头、深圳4个主要港口完成货物吞吐量3809.4万吨，增长5.6%，其他内河和沿海中小港口完成74万吨，增长3.3%。交通基础设施建设投资完成较好，全共完成基本建设和更新改造投资202亿元。

交通体制调整和企业改革进展顺利，对广州远洋运输公和广州海运集团公司船队结构进行了调整，推进了资产重工作；完成全省航道管理体制调整工作，实行干支合一、块结合、省与地方双重领导以省为主的管理体制；省汽车输集团有限公司自9月成立以来运作正常，取得了较好的济效益。全省纳入交通厅汇编范围的166户国有交通企业现利润1.97亿元，比上年增长15.9%，资本收益率3.16%，上年上升0.57个百分点。

（许应华 文/摄影）

广东虎门现代化特大桥，其主跨888米悬索桥、270米跨经、连续刚构桥、长度分别为“全国之最”和“世界之最”。

全国规模最大的真空生产设备厂家之一——广东中环真空科技有限公司

全国气门出口量最大的生产企业—怀集汽配厂

享有中国超声仪器第一家“中国印制线路板之冠”美誉的汕头超声电子(集团)公司

广东四大主要沿海港口之一——汕头港

广东省人民政府口岸办公室

广九直通车站迁移到新落成的广州东站，大大方便了出入镜旅客。

快速、便利的广州至九龙直通特别快车

截至1997年底，全省经国家批准对外开放的海、陆、空一类口岸51个，其中，港口口岸36个、陆运口岸10个(铁路、公路口岸各5个)、空港口岸5个；经广东省人民政府批准的二类口岸138个，其中，装卸点107个(水运装卸点102个、铁路装卸点5个)、起运点31个(水运起运点30个、公路起运点1个)；港澳货运车辆检查场53个。现有口岸通过能力：客运为1亿人次，货运为1.5亿吨(万吨级对外开放泊位111个，千吨级对外开放泊位99个)，交通运输工具1500万辆(艘、列、架)次。全省通往香港、澳门的水运客运航线27条；通往香港、美国、法国等国家和地区的航空国际航线共26条；通往香港的铁路客运口岸4个。1997年，经全省口岸入出境旅客9807万人次，进出口货物14535万吨，入出境交通运输工具1088万辆(艘、列、架)次，征收关税和进口环节税225.1亿元，分别比上年增长11%、13.2%、5.5%和5.2%。

陈水生　梅具洁　供稿

广州天河陆运(铁路)口岸联检候车大厅面积近万平方米，其间无柱，面积和跨度为全国之最。

广东省高等

1995年12月29日，江泽民总书记、广东省委谢非书记在李嘉诚先生、校领导林维明、姜桐的陪同下视察汕头大学科学院。

作为高等教育的主管部门，广东省高厅近年来紧紧抓住机遇，不断深化改革，化结构，增加投入，扩大办学规模，努力高教学质量、办学水平和综合效益，逐步变了广东高等教育长期落后于全国发展水的状况，探索出一条与经济社会发展相适的办学新路子。

高等教育迅速发展。1997年与1992年比，广东省普通高校本专科生录取人数3.55万人增加到5.71万人，增长60.8%，招规模在全国排名由第8位上升到第3位，其省属高校招生在全国排名由第6位上升到续两年在全国排第1位；在校生由9.74万人加到17.47万人（不含研究生），增长79.4%在全国排名由第9位上升到第6位，其中省高校在校生在全国排名由第7位上升到第1位每万人口拥有在校本专科生由15人增加25.1人，在全国排名由第14位上升到第12位校均规模由2165人提高到4160人（不含研生），其中本科院校4830人，专科学

学生在深圳职业技术学院工业训练中心实训车间电工操作台上上实验课

教育厅

华南农业大学动物科学系教师在温氏鸡场指导农户，该系以技术入股与广东温氏集团合作走产学研的办学道路获'97年国家教学成果二等奖。

73人，提前实现国家教委规定的本科4000人、专2000人的目标；师生比由1：6.5提高到1：10.3，过了全国的平均水平；在校研究生由3453人增加876人（其中博士生1321人），增长99%。1997年独立置的成人高校61所，招生由3.36万人增加到5.06万人，校生由7.67万人增加到13.12万人，分别增长50.1%、1%。

我们根据自身的财力和高教发展的需要，选择中山大学、华南理工大学、华南农业大学、中山科大学、暨南大学和广州中医药大学与中央有关委共建，使其进入国家"211工程"行列。4所高顺利划转省政府管理，其中3所进行调整合并，顺利完了把13所学校合并为6所的工作，人、财、物实行统领导和管理。在普通高校中，研究生与本科生、科生的比例日趋合理。研究生比例提高，本科生例逐渐大于专科生。对专业结构进行调整，使工招生人数的比例由1992年的23%提高到1997年的%，在农学中提高与"三高"农业相关的专业在生的比例，保护基础学科。普通高校的地区布局构已基本形成，能配合以珠江三角洲为中心，协东西两翼，带动粤北山区经济发展的战略需要。

科学研究和校办产业取得新进展。全省获国家教委然科学奖15项；获省自然科学奖8项，获科技进步奖项。获得国家教委社科司重大科研项目3项。开展面向世纪高等教育理论研究。教育科研网已经建立起来并开发挥作用。我厅Internet网络主页在第四届中国教育和研计算机网年会上获奖，这是首个省级教育主管部门8亿元，利润8000万元。出现了中山医科大学达安基因程公司、华南农业大学惠华动物保健品有限公司、中大学科教仪器厂等几家经济社会效益较好的高科技产。

新落成的广东省高校教师村大厦

广东省卫生厅

1997年，召开了建国以来规模最大，规格最高的全省卫生工作会议。下发《中共广东省委、广东省人民政府贯彻<中共中央、国务院关于卫生改革与发展的决定>的意见》，明确全省卫生事业跨世纪发展指导思想、目标、任务和政策措施。省政府决定从1997年到2000年每年增加1亿元卫生专项经费，主要用于扶持贫困地区农村卫生建设，加强预防保健、中医工作和医学科研以及省直卫生单位的建设。

广泛开展了“以病人为中心”活动，加强医疗单位内涵建设，医疗服务质量有较大提高。职工医疗保障制度改革稳步推进。主要传染病及地方病得到有效控制。“五个一科教兴医工程”全面启动。受理医学科研课题713项，立项415项，其中立项资助213项。初级卫生保健工作继续加强，全省达到或基本达到农村初级卫生保健规划目标的县占农村初保任务总县数的75.2%。城乡卫生状况进一步改善，农村清洁卫生水普及率达到96.5%，农村自来水普及率达到66%。农村合作医疗继续巩固和发展，全省有11%的农业人口参加了合作医疗。

卫 生

	1	2	3
	4		
5	6	7	8

1、广东省卫生工作会议于1997年3月召开
2、1997年广东省卫生工作会议联欢晚会
3、益田村社区健康服务中心挂牌仪式
4、李兰芳副省长传达全国卫生工作会议精神
5、省卫生厅领导陪同卫生部部长陈敏章进入大会会场
6、世界卫生组织总干事中岛宏博士（右四）在该组织驻华代表处代表季卿礼博士（右五）和省卫生厅黄庆道厅长（右二）等的陪同下考察我省卫生工作
7、佛山市第一人民医院
8、为进一步落实卫生工作会议精神，省政府在广东惠州召开合作医疗和“医者有其居安居工程”工作会议。

新 貌

广东省高级人民法院

▲ 吕泊涛院长向省人大常委会副主任、省法官协会名誉会长张帼英汇报工作。

1997年，省高级人民法院继续坚持为改革
发展、稳定提供有力司法服务和保障的方针，突
抓好实施经过修订的刑法和刑事诉讼法、全面推
司法改革、深入开展执法大检查三项工作，有力
推动了各项工作的开展。全省法院共审结各类案
28.32万件，比上年增长11.5%；其中省高级法院
结6342件，创下了建国以来的最高纪录。

省高级人民法院坚持把“严打”与贯彻实施
刑法、新刑诉法结合起来，组织全省法院开展专
打击行动，严惩了一批暴力犯罪、侵犯财产犯罪
及涉枪、毒品和带黑社会性质的严重刑事犯罪
子。全省法院全年共审结一审刑事案件3.33万件
判处各类罪犯5.42万人，判处人数比上年增长48%。
其中判处五年以上有期徒刑直至死刑30365人，重
刑率达56.1%。突出抓好经济犯罪大要案的审理，
审结贪污、贿赂、走私贩私等经济犯罪案件1446件，
判处经济犯罪分子1690人，其中犯罪数额50万元以
上的166件，1000万元以上的19件，判处原县、处
以上干部经济犯罪35人，为国家集体追回损失5.63亿
元。调处民事、经济和行政关系的职能进一步发挥。
全年共审结一审经济纠纷案件67668件，解决争议
标515.7亿元，分别比上年增长16.4%和30.8%；审

▲ 举办粤港法官联谊活动，促进两地法官联系、交流。图为吕伯涛院长(左二)与香港本地法官协会会长、香港高等法院上诉法庭大法官廖子明先生亲切握手。

▼ 刑一庭判审判员赵小莉光荣当选为党的十五大代表。

▲ 召开宣判执行大会，狠狠打击严重刑事犯罪活动。

一审民事案件10.78万件，比上年增长14.3%；审一审行政案件1528件，比上年增长21.8%。省法织各级法院开展清理执行存案统一行动，加大执度，共执结案件7.66万件，执行标86.8亿元，分比上年增长22.9%和66.2%，使解决执难问题取了新突破。

继续深化审判方式改革。省高级人民法院在继抓好以强化庭审功能为重心的审判方式改革的同，在全省法院推行裁判文书改革活动，并对优秀判文书进行表彰，提高了文书的分析说理水平，进了裁判的公开性和公正性。

为了进一步确保公正司法，省高级人民法院组全省法院于4月至9月开展了近10年来规模最大、查面最广的一次执法大检查，邀请各级人大代表政协委员参加，检查了各类案件9.01万件，纠正审判工作中存在的地方和部门保护主义以及裁判公、执法不严等问题，取得了良好效果，得到最高人民法院的充分肯定。

队伍建设进一步加强。全院有17庭、处、室和、组被评为先进集体，69名干警立功或被授予先工作者称号，刑事审判第一庭审判员、全国法院范赵小莉光荣当选为党的十五大代表。

▲ 组织庭审方式改革观摩活动，提高法官审判案件的水平和能力。

◀ 举办纪念《法官法》颁布三周年文艺晚会，通过电视台现场直播扩大宣传。

广东省人事厅

为促进广东经济发展和科技进步，省人事厅十分重视高层次人才培养，1997年，12个博士后科研流动站共招收博士后研究人员70名，深圳、佛山企业博士后工作站共招收23人，人数均为历年之最。图为全国博士后管理委员会主任蒋冠庄（右三）在省人事厅厅长游国经（右二）陪同下检查军医大申报博士后流动情况。

广东省省直机关单位举行首次面向社会公开招考主任科员以下非领导职务工作人员，打破地域、身份界限，社会反映热烈，有5000多名人员参加报考。图为省人事厅、人事部考录司领导等到考场巡考。

广东省科委
——大力推动广东科技进步

1997年广东科技工作紧紧围绕贯彻省委、省政府“稳中求进、有效增长”的工作思路，认真实施科教兴粤和可持续发展战略，在面向经济建设主战场，发展高新技术及其产业、加强基础性研究三个工作层次上都取得新的进展。

加速高新技术产业发展，带动经济上档次 全省生产高新技术产品的企业达1114个，其中培育和认定的高新技术企业144家，累计达693家，生产高新技术产品2070个，高新技术产品产值达1116亿元。高新技术开发区实现技工贸总收入465亿元。实施火炬项目113项，国家级火炬项目50项。其中国家级重点火炬项目10项，居全国首位。组建广东省科技风险投资有限公司，运用风险投资机制，促进高新技术产业快速发展。

发展“三高”农业，促进农业产业化和现代化 国家“863”计划项目二系杂交水稻1997年在全省中试推广70万亩获得丰收。植物细胞培养及工厂化生产技术，香蕉、花卉等试管苗技术得到大面积推广。无公害蔬菜研究开发、优质蔬菜品种引进筛选取得成果。现代化工厂养猪生产线在全省推广10多套，提供肉类占全省总量的38%。

卢瑞华等省领导参观97广东专利暨产品展示交易会

“863”计划重点项目“高性能低温烧结多层陶瓷电容器”验收会

加强研究与开发，增强广东的科技综合实力 1997年经省登记达到省先进水平的科技成果722项，有280个科技成果通过省科委组织的鉴定，获省级、国家级奖励分别为254项和31项，在全国排第二位。有35个科技攻关项目通过验收，388项列入省新产品试制鉴定计划，110项列入国家级重点新产品计划，项目数居全国第三位。支持新建4个省重点实验室和对1个科研所进行条件改造。建立了7家省级工程中心，使全省国家、省工程中心达78家。电动汽车等重大科研与转化示范工程项目有新进展。

技术出口发展较快 全省技术出口项目共286项，合同金额达7.78亿美元，比1996年增长1.6倍和1.3倍，居全国各省市首位。

专利工作成绩显著 专利申请量和授权量分别达12858件和7172件，比去年同期分别增长29.3%和36.0%，分别占全国总数量的1/7左右，自1995年以来，连续三年居全国榜首。

民营科技企业的经济技术活动已覆盖了国民经济各主要行业 1997年全省有民科企业2778家，技工贸总收入283.13亿元，全省认定的高新技术企业中，民科企业占三分之一左右，成为我省高新技术产业的一支生力军。

科技信息网建设日趋完善 广东科技信息网1997年完成第一期工程，完成省科学馆及科学院大院的光纤布线，开通了全省10个市的子网。广东科技信息网每月的信息流量达35G，占全国科技信息网络总流量的50%。

（省科委办公室　林晓涌）

肇庆万亩无公害蔬菜基地

广东省林业厅

肇庆封开杉树丰产林

欧广源副省长和省林业厅厅长梁星权参加义务植树活动

泰国顺和成公司在汕尾投资营造的桉树丰产

广东省文化厅

广东文化事业建设按照邓小平“一手抓物质文明建设，一手抓精神文明建设”，“两手都要硬”的思想指导，从1995年开始组织实施“广东省文化建设发展规划——南粤锦绣工程”，现正以日新月异的速度向前发展。

目前，全省已形成了以文化设施为载体，由艺术创作演出、群众文化、公共图书馆、文物博物、电影放映、文化市场等多层次构成的、配套发展的文化网络。仅1997年，全省在建的中、大型文化设施项目就有50多个，计划总投资12.6亿元，建筑面积44.7万平方米。一座座雄伟高雅的艺术殿堂正不断耸立在祖国的南粤大地。

图一

图一为座落在珠江之畔的广东星海音乐厅外景。她位于广州二沙岛内，占地14,000平方米，建筑面积18,000平方米，投资总量2.5亿元，内设交响乐、室内乐演奏厅、视听欣赏室、音乐图书资料中心、水上演奏舞台等，是我国目前规模最大、设备最先进、功能最完备、具有国际一流水平的音乐厅。

图二

图二为广东星海音乐厅的交响乐演奏厅，配有从捷克、德国、日本等国引进的管风琴、钢琴等高级乐器和音响设备。

图三为座落在东莞市大朗镇的儿童文化园。该园占地面积30余亩，投资总额1500万元，由艺术楼、科技楼、欢乐城、展览图书中心、露天演艺广场等多个群体构成，已被国家文化部命名为“国家级儿童文化园”，是全国十大农村儿童文化园的示范点之一。

图三

发展中的封开

——北回归线上的明珠

封开县位于广东省西北部，毗邻广西梧州市，北回归线穿过县城江口镇。境内有西江、贺江和国道321线和省道水谷线通过，水陆交通方便，地理位置优越，是广东通往广西及西南诸省的“咽喉”之地，有“两广门户”之称。

该县物华景美，森林、矿产、水力、旅游资源十分丰富。森林覆盖率达73%，居全国县级前列。矿产有黄金、水晶、钨、锰、云母、大理石等。水能源利用量16万千瓦，已开发11.6万千瓦，电力充足。旅游胜地有被称为“广东小桂林”的省级名胜龙山风景区和岭南古文化遗址等。

全县总面积2723平方公里，辖19个镇，总人口43万人。近年来，该县国民经济和社会各项事业取得了明显进步。1997年国内生产总值26.82亿元（当年价），工业总产值29.1亿元，农业总产值9.5亿元。职工年人均工资6020元，农民人均年纯收入3340元。

封开县是广东省林业重点县，曾获全国“绿化先进单位”和造林绿化“百佳县”。是全国首批100个农村电气化县之一，是“西江走廊”经济区域的重要组成部分，并被国家批准为全国100个山区综合开发示范县。1997年经省验收为农村小康达标县。1998年5月被评为全国山区文化先进县。

中共封开县委书记植伟年

全国绿化先进县之一的广东省封开县积极掀起第二次创业。图为封开县人民政府县长黄应华（右四）向肇庆市委常委黄平方（右五）及广东省肇庆市林业部门的领导介绍情况。（林英机 摄）

全国县级收购松脂超2万吨的广东省封开县。把收购起来的松脂进行深加工，源源调运支援外贸出口。（林英机 摄）

封开县积极发展“三高农业”，大办林业、水果、蔬菜、养殖基地，既增加农民收入，又支援外贸出口，活跃市场，搞活经济，效果很好。图为江川蔬菜基地一角。（林英机 摄）

投入800多万元扩建县城江滨公园，成为封开旅游一点，也是群众活动的好去处。（林英机 摄）

德庆县

德庆县位于粤西中部，南临西江，东承粤西重镇——肇庆，西连广西门户——梧州，是广东通往祖国大西南的重要交通枢纽，是一个具有悠久历史的岭南右郡和省历史文化名城。1997年全县总人口34.03万人，总面积2257平方公里，辖区15个镇，175个管理区。

改革开放以来，德庆县国民经济快速发展。1997年全县国内生产总值26.30亿元，比上年增长13.8%，工业总产值42.94亿元，增长31.9%，农业总产值8.49亿元，增长8.9%，社会消费品零售总额5.26亿元，增长16.0%，财政收入8691万元。

中纤板产品

水果基地

畜牧水产基地

林海

羊城铁路总公司

羊城铁路总公司（原名广州铁路分局）现有职工37004人，下属54个基层单位，固定资产总值699005万元，公司管辖的京广线广东境内和广茂线广州至三水区段铁路，运营线路总延长1279.024公里，是广东连接内地的交通咽喉和我国进出口贸易的重要陆上通道，在华南交通网络中具有重要的战略地位。1997年全年旅客发送量完成2362.6万人，货运量完成2330.7万吨，换算周转量完成304.28亿吨公里。

近年来，羊城铁路总公司以改革为动力，以效益为中心，坚持精神文明和物质文明两手抓，努力塑造企业形象，着力拓展市场营销，不断提高管理水平，大量运用科技成果，使总公司逐渐发展成为在交通运输、工程施工、工业加工、科技开发、商贸旅游、广告装饰等方面具有雄厚实力的多元化企业。

羊城铁路总公司是国家二级企业，全国500家最大服务行业企业之一，先后获得全国“五·一”劳动奖状、全国和广东省思想政治工作优秀企业、铁道部纪检先进单位、广东省双文明单位、广州市“创三优”活动优胜单位等荣誉称号。

地址：广州市白云路28号　邮编：510100

李长春同志莅临总公司视察

电气化列车穿越全国最长的大瑶山隧道

广州站是京广线南端上最大的客运站

坐落于广州市白云路28号的总公司大楼

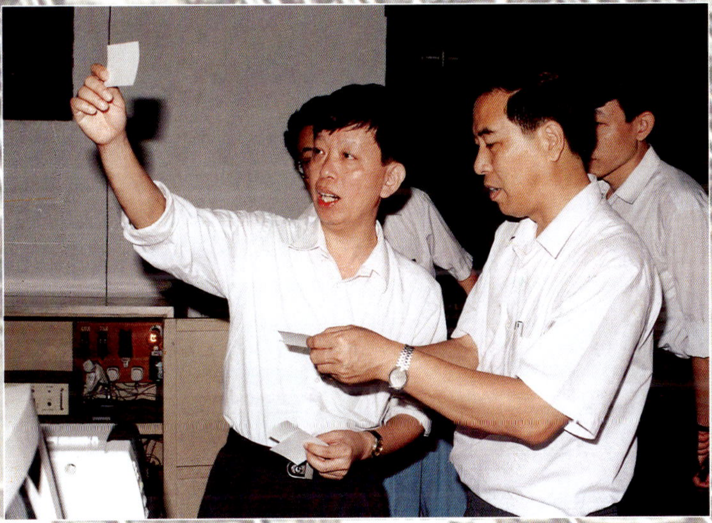

总公司领导在决策电脑售票方案

总公司自编自拍的17集电视连续剧《啊！山还是山》在社会各届引起强烈反响

美国友邦保险有限公司

广州分公司

总经理　　黄金财 先生

美国友邦保险有限公司广州分公司于一九九五年十月成立，是首家获中国人民银行批准、进入广州行政区内经营人寿保险业务的外资保险公司，其服务覆盖范围遍及广州、番禺、从化、花都和增城。美国友邦保险有限公司(AIA)的总部设于香港，是东南亚最具规模的人寿保险公司，于一九九八年一月获世界权威信贷评级机构标准普尔授予“AAA”最高评级。公司希望透过广州业务之扩展，为广州行政区内的人民提供多元化和优质的保险服务，并提供更多就业机会，让有潜质的年青人参与保险行业，最终为中国政府所提倡的经济体制改革作出贡献。

在香港总公司的大力支援下，广州分公司开发了人寿、意外伤害及防癌健康保险等产品，以满足广州市民多样化的保险需求，在总经理黄金财先生的领导下，广州分公司继续应用其成功的营业员制度，并确保产品以及服务品质皆能达到AIA之国际水平。公司发展稳健，至一九九七年底，广州分公司已拥有一千多名训练有素的寿险业务员和一百四十多名内勤员工。

美国友邦保险有限公司一向重视人员素质，积极致力于培育人才。一九九六年七月，广州分公司与广州中山大学共同合办了“友邦-中大精算中心”，这是友邦保险继在上海成立“友邦-复旦精算中心”后，在中国设立的第二个精算中心，旨在促进中国保险发展、研究，以及为中国培育高素质的精算人材。“友邦-中大精算中心”的落成，也标志着友邦保险在中国发展业务的一个新里程。

美国友邦保险有限公司广州分公司是美国国际集团（AIG）成员公司。美国国际集团为美国最大的工商保险机构之一。其成员公司遍及全球一百三十多个国家和地区，承保物业险、意外险、水险、寿险、金融服务险；并从事一系列金融业务。AIG股票在纽约、伦敦、东京、巴黎及瑞士等地的证券市场上市。1996年，AIG的资产总额逾1,490亿美元，税后利润高达29亿美元。AIG历年均获世界权威评估机构授予最高信贷等级评价。

美国友邦保险有限公司广州分公司拥有美国国际集团全球性网络的支援，更以丰富的亚洲经验和人才予以配合，必能确保客户获得国际水准的服务。

美国友邦保险有限公司广州分公司
总经理：黄金财
地址：广州市农林下路83号广发金融大厦18楼
邮政编码：510080
电话：（8620）87311888
传真：（8620）87310675

美国友邦保险广州分公司开幕式(从左到右：美国国际集团副董事长谢仕荣先生、美国国际集团总裁格林伯格先生，美国友邦保险广州分公司总经理黄金财先生)

American International Assurance Co. Ltd. Guangzhou Branch

Established in October 1995, American International Assurance Co. Ltd. Guangzhou Branch was the first foreign company approved by the People's Bank of China to operate life insurance business in Greater Guangzhou area, which includes the cities of Guangzhou, Panyu, Conghua, Huadu, and Zengcheng.

Headquartered in Hong Kong, American International Assurance Co. Ltd. (AIA) is the leading life insurance company in Southeast Asia holding AAA rating assigned by Standard & Poor's in January 1998. Through its expansion in Guangzhou, AIA wishes to demonstrate her commitment to providing full range of innovative and quality products to the population of Greater Guangzhou; create greater opportunities for local talented individuals to enter the insurance profession; and ultimately contribute to the economic and financial reforms promoted by the Chinese Goverment.

With the strong support from AIA's, home office in Hong Kong, AIA Guangzhou Branch has developed life insurance and personal accident products to serve the insurance needs of the people of Guangzhou. Headed by Mr. Ooi Kim Chai, the General Manager, AIA Guangzhou Branch adopts the proven agency system with products and services in strict compliance with AIA's international standards. With its steady and sound development, by end of 1997, AIA Guangzhou has had more than 1,000 professional agents and 140 staff.

In December 1996, AIA Guangzhou Branch collaborated with Zhongshan University to set up "AIA-Zhongda Actuarial Centre" in Guangzhou. This is the second one set up by AIA after the first one in Shanghai, namely "AIA-Fudan Actuarial Centre", to promote research and education of insurance, and to bring up actuarial professionals in China. The set up of the "AIA-Zhongda Actuarial Centre' is another milestone for AIA in China.

AIA Guangzhou is a member company of American International Group (AIG), which is the leading U.S. based international insurance organization and among the largest underwriters of commercial and industrial insurance in the United States. The member companies of AIG write property, casualty, marine, life and financial services insurance in approximately 130 countries and jurisdictions, and are engaged in a range of financial services businesses. American International Group, Inc.'s common stock is listed on the New York Stock Exchange, as well as the stock exchanges in London, Paris, Switzerland and Tokyo. The assets of AIG increased to Us$149 billion and the net income reached US$2.90 billion in 1996. AIG holds the highest ratings from the principal rating services.

友邦——中大精算中心成立，姚蓉宾副市长出席开幕仪式

With the support from the global network of AIG, and added by her rich experience in Asia and the talented staff, AIA Guangzhou Branch is committed to ensuring the international service for her customers.

American International Assurance Co. Ltd. Guangzhou Branch
General Manager: Mr. Ooi Kim Chai
Address: 18\F, Guangfa Finance Centre, No. 83 Nonglin Xia Road
Guangzhou 510080, P.R. China
Tel: (8620)87311888
Fax: (8620)87310675

“团结、求实、开拓、奋进”的集团公司领导班子

广州石油企业集团有限公司

集团公司办公大楼夜景

广州石油企业集团有限公司，是以石化产品经营为主，集商、
、贸为一体的多元投资、多角经营的国有企业，是广州市57家国
大型企业集团之一，主要经营汽油、柴油、润滑油及化工等石油
品，承担广州市各行业所需油品的供应任务，以及指导集团成员
业的业务和管理。

本公司现有职工700余人，属下有10个经营分公司，拥有完
的水陆收发油料设施的大型油库两座，一支运载总量达350吨的
料专业运输队，5000级泊位码头一座，加油站28座，一家全资润
油专营公司，两家控股公司，一座年产逾2万吨的润滑油调合厂，
间润滑油专营店及一家中外合资企业。

本公司坚持以“信誉第一、顾客至上、服务社会”为宗旨，推
“平等、互利、携手合作、共同发展”的经营方针，注重“科
、完善、现代、规范”的管理，使经济效益和社会效益都取得可
的成绩。几年来，分别荣获广州市“物价、计量信得过单位”、
重合同、守信用单位”，以及连续被广州市工商银行评为“特级
用单位”。1993年评为中国500家最大服务业及行业企业批发第
4名，1994年被评为广东省最大100家国合商业批发企第8名，广州
区50家最大商贸批发企业第1名。

广州航道局第二疏浚工程公司

公司总经理：张华锦先生

本公司是广州航道局属下的国家航道工程施工一级企业。现拥有各类现代化大型工程船舶12艘，辅助船舶50多艘，固定资产5亿多元。主营：码头、港池、航道疏浚挖泥、吹填造地工程。兼营：装卸搬运货物、仓库及场地租赁、建筑机械设备和工业设备维修，提供劳务服务，销售河沙、沿海拖驳等。

本公司先后承担了黄埔、湛江、汕头、海口、三亚、八所、洋浦、防城、北海、蛇口、深圳、珠海、厦门等华南沿海各港口的建设，是深圳黄田机场、珠海九洲港、珠海发电厂、九丰与岩谷业主码头、广州经济技术开发区等新建港口及工业区的首批开发者。曾先后获得了交通部、广州航道局颁发的优质工程110多项，工程优良品率达85%，工程合格率达100%。并先后承担了新加坡裕郎港、澳门运动场、澳门新口岸填海工程、澳门国际机场航站区填筑工程；香港油麻地、奇力滩锚地疏浚工程和维多利亚港航道维护工程及菲律宾马尼拉湾、泰国罗勇府TPI石化码头港地、马塔普港、干当港、马来西亚红土坎港等国外工程。

我们的宗旨是热诚为国内外客商服务，坚持质量第一、信誉第一的经营方针。热诚欢迎国内外客商同我们进行技术交流和合作。

公司的机关大院

中国船级社质量认证公司
CHINA CLASSIFICATION SOCIETY QUALITY ASSURANCE LTD.
质量体系认证证书
QUALITY SYSTEM CERTIFICATE

编号:No.0297B358

兹证明 交通部广州航道局
地址：广州市滨江中路362号 邮编：510221
的质量体系符合质量体系标准：GB/T19002-1994 idt ISO9002:1994
This is to certify that the Quality System of: CHEC — GUANGZHOU DREDGING COMPANY Add:362 BINJIANG ROAD C., GUANGZHOU, 510221, P.R.CHINA
has been found to conform to Quality System Standard:
GB/T19002-1994 idt ISO9002:1994
本证书对下述产品/服务有效：
疏浚工程
This certificate is valid to the following product(s)/service(s):
DREDGING AND RECLAMATION WORKS
本证书有效期至：2000年12月14日。
This certificate is valid until: 14 December,2000.

发证日期：1997年12月15日
Date of issue: 15 December,1997
签发(总经理)：
Issued by CSQA General Manager
国家认可注册号 Registration Number SC02

广州航道局于1997年荣获ISO9002质量体系国际认证

我公司船舶会战珠海九丰、岩谷业主码头与珠海发电厂工地

东江口船舶基地码头位于广州经济技术开发区内，水陆交通便利，拥有300多米码头岸线。

船名：广州号
Name: GUANGZHOU HAO
船舶种类：耙吸式
船体总长（Length O.A）: 121m
船体宽（Breadth mid）: 21m
船容量（Hopper Capacity）: 5000m^3
最大挖深（Dredging Depth）:45m

船名：黄埔号
Name: HUANGPU HAO
船舶种类：耙吸式
船体总长（Length O.A）: 129m
船体宽（Breadth mid）: 18.4m
船容量（Hopper Capacity）: 4500m^3
最大挖深（Dredging Depth）: 22m

地址：广州市黄埔港前路9号
ADDRESS: 9 GANGQIAN ROAD. HUANGPU GUANGZHOU CHINA
电话(TEL): 0086-020-82279040
传真(FAX): 0086-020-82270407
电挂(CABLE): 9425
邮政编码(POST CODE): 510700

城启集团有限公司

广东房地产中一颗冉冉升起的新星

城启集团有限公司董事长 杨树坪

城启集团有限公司董事、总经理 李柏元

侨诚花园春晓苑

侨诚花园销售部盛况

香港城启投资有限公司与广东省兴华实业公司、广东省中旅华侨房地产开发公司、广州市五金公司、广州市天宏基房地产开发公司、广东富银实业发展总公司等企业于1996年以来相继成立合作经营的项目公司，有广东华城房地产开发有限公司、广东城启房地产开发有限公司、广州天城房地产实业有限公司、广州豪城房产开发有限公司。城启集团对广州市房地产的投资是在房地产业低潮的环境中进行的，时间短，发展的速度快，业绩骄人。

广东华城房地产开发有限公司开发建设的侨诚花园位于广州市海珠区南部，占地面积超过 8 万平方米，总建筑面积近 25 万平方米，总投资8亿元，自1997年1月奠基至今，已完成商住楼建筑面积近18万平方米。小区环境优雅，交通、生活服务等设施配套完善，深受广大客户的青睐，销售总额已达5.5亿元。据省统计局统计资料显示，公司的商品房屋实际销售额和完成投资额均进入全省房地产开发企业的前列。

广东城启房地产开发有限公司对南华东路3.5万平方米的旧城改造以及广州天城房地产实业有限公司对十三行路7000多平方米的旧城改造都在加紧进行拆迁工作。

广州豪城房产开发有限公司开发的南岸路地块，位于珠江之滨，占地面积20万平方米，建筑总面积达100万平方米，视野广阔、空气清新、特别是拥有1000米长的河堤线，具有得天独厚的条件。这一超大型的花园式商住区建成后，可为广州城市建设又添一景。

侨诚花园外景 ——
13、75两路公共汽车从侨诚花园开出

地址：广州市五羊新城寺右新马路111-115号24楼
电话： 87372128　87372218
传真： 87372038
邮编： 510600

摩托罗拉移动电话部维修中心

客户名称	地址	电话
福建省移动通信局维修中心	福州市乌山路59号移动通信大厦	0591-3331925
泉州冠煌无线通信服务有限公司	刺桐路北段邮电交易中心三层	0595-2107539
厦门市移动通信设备维修中心	禾祥东路27号	0592-5128926
广州市电信局无线维修中心	广州市东湖西路61-63号	020-83793988
广州新宇电讯有限公司	广州市黄埔大道西71号	020-83511752
广州和记移动通信技术服务有限公司	广州市天河区黄埔大道西73号	020-85599537
汕头新誉电讯有限公司	汕头市金砂东路72号	0754-8328981
东莞市邮电局讯联维修中心	东莞市可园南路5号讯通大楼二楼	0769-2231328
深圳市国通通信技术发展公司	深圳市深南东路168号金丰城首层	0755-2070151
深圳市天音科技发展有限公司	深圳市车公庙工业区502栋五楼	0755-3418999
深圳施乐事达鸿波通信有限公司	深圳市北斗路文华花园B型裙楼首层北侧	0755-5119128
佛山市禅星通信总汇	佛山市亲仁路4号	0757-2237946
中山市邮电局移动分局维修中心	中山悦来南路15号移动分局营业厅	0760-8816677
中山市巨信发展有限公司	中山市悦来南路15号	0760-8812661
珠海市邮电局设备维修中心	珠海市柠溪邮电大楼三楼	0756-2286573
广州科讯技术发展有限公司	广州市较场西路21号三楼	020-83804273

Motorola D560手机

民航中南空管设备工程公司

该公司隶属民航中南空管局，具有国家二级电子工程施工企业资质，是从事民用航空机场通信、导航、航管、雷达及气象设施的建设、维修、非标机件加工的专业技术单位。公司下属的广州飞宇航空电子有限公司被广州市科委认定为高新技术企业，能够承担空管设备的选型配套订货、通信产品开发及备件供应，同时经营民航BP机台及800兆集群通信台和航空客货代理业务。空管设备工程公司是集电子工程安装、产品加工制作、集群通信、移动通信、贸易多产业、多向性的综合国有企业，是中南地区唯一的一家民用航空电子施工工程专业公司。

总经理 肖功佳

全向信标天线

地址：广州白云国际机场空管局大楼
电话：(020)86124233
邮编：510405

中保人寿保险有限公司广东省分公司

中保人寿广东省分公司总经理苏锐石（右）在向卢瑞华省长汇报工作

中保人寿保险有限公司广东省分公司是广东省内国有独资的最大专业化商业寿险公司，隶属中保人寿保险有限公司总公司。总部设在北京。其实力雄厚，经营稳健，在国内外享有良好的信誉。

1997年中保人寿保险广东省分公司上下团结一致，努力工作，业务取得显著发展，总保费、团体业务保费、个人营销业务保费的收入在广东寿险市场均居首位。全省保费收入达52.2亿元，比1996年增长52%，完成全年计划的118%，占全国寿险业务总量389亿元的13.4%，继续保持全国保费收入第一。

近年来，中保人寿广东省分公司的险种不断丰富，服务内容更加齐全，职工队伍不断壮大，机构网络更加健全，经营效益更加显著，经济实力进一步加强。截至1997年底，全省设有21个分公司，275个支公司（办事处），业务网点遍布全省各地，有3300多人的专业寿险队伍和力量较强大的营销及代理队伍，共承担了全省2930万人次的各类人身保险责任，承保总金额达到11700多亿元。1997年支付各项赔款（含期满给付）共26.43亿元，为繁荣广东经济，保障人民生活稳定发挥了积极的作用。

1998年中保人寿广东省分公司将继续以市场为导向，以“加快发展，强化管理，改善服务，提高素质”为指导思想，坚持商业化的改革方向，进一步防范和化解经营风险，健全内控制度，促进业务持续健康发展，为振兴民族寿险事业作出积极的贡献。

寿险从业人员深入农村宣传人寿保险知识。

省公司直属第二分公司的业务处理中心

省公司业务人员把赔款送到保户手中

铁青旅游

最近，广东铁青被国家旅游局列为全国旅游行业文明窗口示范单位，是全国十家之一，也是全省的唯一。严格管理，优质服务，开拓创新使铁青人不断前进，一九九七年四月一日首开广州——井岗山——庐山旅游特快空调列车，夕发朝至，使前往粤赣两地名山胜景的游客倍感舒适便利。

广州至九江红色列车

朝气蓬勃的列车服务员

铁青领导与列车员

少数民族风情

朝气蓬勃的列车服务员

游客出列车

广东铁道中国青年旅行社

地址：广州市东山区达道路69号
电话：87662858　电挂：0327
传真：87762509　邮编：510600

中國南方航空（集團）公司
CHINA SOUTHERN (GROUP) AIRLINES

中国南方航空公司成立于1991年2月1日。1992年2月26日，更名为国南方航空（集团）公司；全国首批57家企业集团的试点单位之一1993年被评为全国500家最大服务业企业，名列第97位；1996年在世界100家航空公司中排名第43位。

南航总部设在广州白云国际机场，并在河南、湖北、湖南、深圳、南设有五家分公司，在汕头、珠海、广西、厦门设有四家控股子公司、家直升机公司、一个飞行训练中心；在北京、澳大利亚珀斯设有国内航公司唯一独立拥有的飞行学院；在北京等8个国内城市和马尼拉等15个外的城市设有营业部或办事处。

自1978年中国实行改革开放以来，航空运输生产迅猛发展，年均增幅度超过20%。1997年，南航的运输周转量达17.94亿吨公里，旅客输量超过1,525万人次，连续20年居国内各航空公司之首，主营业务收137.464亿元。

南航率先加入了环球行李查询系统，率先推出了市区五星级宾馆办登机手续服务、24小时售票服务、中转服务、可选择座位服务、免费送上门、上门收货服务和新的离港系统，具有良好的信誉。

▲ 南航飞行员在位于珠海市的飞行训练中心进行模拟机飞行训练

▲ 南航目前已拥有9架最先进的波音777客机

▼ 南航乘务员培训中心有完善的训练和教学设备

广东三茂铁路股份有限公司

广东三茂铁路股份有限公司于一九九六年十二月成立。公司的前身是广东省三茂铁路公司。公司目前主要经营广东省三水至茂名（包括腰古至云浮段）357公里的铁路客货运输业务，兼营铁路运输咨询服务，仓储、搬运装卸服务，销售工业生产资料等。三茂铁路作为国家干线，是连接广东与西南地区的重要通道，途经三水、四会、肇庆、高要、云浮、阳春、茂名市。随着京九、广梅汕、南昆铁路的全线通车，以及茂湛海、广珠澳铁路的兴建，三茂铁路在南方运输市场更显出重要地位，也将为国民经济的发展作出更大贡献。

三茂铁路沿线车站环境优美，候车舒适、服务优质，有“一站一景”之称，图为富有特色的霞洞车站。

“艰苦奋斗　开拓进取　务实求效　拼搏奉献”
—— 三茂铁路企业精神

三茂铁路列车员热情为旅客服务

一九九八年四月二十三日，三茂铁路春湾编组场改扩建工程完成，提高了三茂铁路的改编作业能力，为今后罗定铁路、阳阳铁路的开通和提高三茂全线通过能力奠定了基础。

前進中的

——广州市社会保险基金管理中心

广州市社会劳动保险公司诞生于1985年，广州市社会保险管理局组建后，广州市社会劳动保险公司建制划入了广州市社会保险管理局，并更名为广州市社会保险基金管理中心。其主要职能是贯彻执行国家、省、市政府及市社会保险管理局有关保险法规、政策，指导县级市社会保险经办机构的工作，管理各区社会保险经办机构，办理各项社会保险基金的征缴和待遇拨付。

本中心位于小北路61-65号华宇大厦10至12楼

市社会保险管理局胡耀珑局长接受新闻单位的采访

目前广州市社会保险基金管理中心已逐步发展成为统管社会养老、失业、工伤、生育四大险种的征收和待遇支付的社会保险经办机构，工作人员从初创时期的7人发展到了120多人，并具有许多中级技术职称的专门社会保险人才。经过社保人10余年的艰苦奋斗，目前广州共有7000多个单位，110 万职工参加了社会保险，其中近37万离退休人员能够按月领取养老金。同时，随着企业改革向纵深发展，广州社会保险还发挥着“安全网”和减震器的作用：陆续承担了关闭、破产企业退休人员退休金社会化发放的工作，到目前为止已接管了5000多名退休人员退休金社会化发放的管理工作，有效地保障了这些人员的基本生活和医疗需要，使这部分人深深体会到党和政府的关怀。

工作人员为参加社会保险单位办理投保手续

全国优秀出版社
广东科技出版社
GUANGDONG SCLENCE & TECHNOLOGY PRESS
伴您智闯天涯
助您走向成功

广东人民出版社

广东人民出版社创建于1951年，是广东省18家版社中社龄最长、党和政府十分重视的一家综合性的出版机构。设有编辑部（含政治编辑室、经济编辑室、历史方志编辑室、古籍辞书编辑室、文化编辑室、青年编辑室、文教编辑室、美术编室）、《岭南文库》编辑部、《车主世界》编辑部、编务室、出版制作部、发行部、计财部、行政人事部等部门，以及《香港风情》、《希望》、二个杂志社和广东迪赛广告公司、新世纪电子媒介公司、读者服务公司、广东广新实业发展公司等分支机构。广东人民出版社主要出版政治、哲学、经济、法律、文化、历史、古籍辞书等书籍，还出版《香港风情》、《希望》、《车主世界》三种杂志。计有500余种图书获国家和省部级以上奖励，其中1997年《岭南文库》丛书获第三届国家图书奖，并自1991年起连续7年获中国图书奖。企业信誉被评为AAA等级，被国家新闻出版署评为全国受表彰的“良好出版社”。

广东省中山图书馆

中共广东省委宣传部、广东省文化厅为中山图书馆举行荣获“全国图书馆评估总分第一”颁奖仪式。

广东省中山图书馆是我国大型的省级公共图书馆，是服务性、学术性的文化机构，始建于1912年6月。新馆位于广州市文明路213号，分馆孙中山文献馆位于广州市文德路81号，专藏孙中山文献、广东地方文献。交通方便，环境幽雅，绿树掩映，为读者提供良好的学习场所。

广东省中山图书馆现有藏书375万多册件，采用计算机管理，全面向读者开放服务，每天开放12.5小时，平均每天接待读者约5000人次。近年来，中山图书馆由传统借阅服务向现代化信息服务转型，积极开发文献信息服务，海外中文报刊信息中心对200多种海外报刊进行专题信息开发，编印了一批时效性较好、信息量较大的内部刊物，其中《决策内参》为广东省人民政府“省、市长信息服务网络”指定信息源。金迅剪报中心对300多种国内报刊进行近40种专题开发，报道市场动态，传递商务行情。中山图书馆自行研制的自动化网络系统（ZSLAIS）通过部级鉴定，获得文化部科技进步一等奖和国家科技进步三等奖，目前已同北京图书馆等30多个图书馆联网，实现了远程联机编目和检索，成为我国第一个地区性公共图书馆自动化网络。1997年与省邮电局等单位共建的“视聆通”多媒体阅览室是我国首个网络化的多媒体阅览室，标志着我国公共图书馆由传统的借阅服务向现代化信息服务的转型。

1994年，中山图书馆荣获全国省级图书馆工作评估总分第一名和“全国文明图书馆”称号。随着社会经济和文化的发展，中山图书馆将建设为一座现代化图书馆，成为全省文献资料收藏与服务、计算机网络、馆际协调与协作、业务研究与交流的中心。

中山图书馆阅览室

中山图书馆多媒体阅览室

广州市荔湾区科学技术局

广州市荔湾区自1985年确立“科技兴区”目标以来，在提高全社会科技意识、增加科技投入、推动科技与经济结合等方面进行了积极的实践，坚持了各级第一把手抓第一生产力，每年召开全区性的科技工作会议，组织干部职工学习科技法规，制定区一级的科技政策及配套文件，逐年增大科技三项经费投入，到1997年达到区财政总支出的2%。建立了区科技活动中心和区生产力促进中心。设立了科技进步奖、突出贡献奖等十多项科技奖励制度。建立了区级科技发展基金、科技奖励基金。制定一系列培养、引进、使用、管理、奖励科技人员和经济管理人员的政策措施，有效地调动了广大科技人员的积极性，扶持了恒山机器有限公司、永红钮扣厂等一批依靠技术进步的规模企业。通过以上工作，使荔湾区在科技领导与科技管理体系、科技示范体系、企业技术进步、技术培训、科技投入、经济效益等六大类十五项指标均达到国家规定的创“科技工作先进县（市、城区）”的指标要求。1997年3月，荔湾区通过了国家科委、省科委组织的“创建全国科技工作先进县（市、城区）”的检查验收，获得“全国科技工作先进县（市、城区）”的光荣称号。

1997年3月21日荔湾区创建“全国科技工作先进区”验收会在区科学技术局召开

市科委、区科技局领导深入基层企业，促进企业技术改造和产品开发。

广东省高速公路发展股份有限公司

GUANGDONG PROVINCIAL EXPRESSWAY DEVELOPMENT Co., LTD

广东省高速公路发展股份有限公司之前身为广东佛开高速公路股份有限公司，成立于1993年2月。1993年6月经政府批准，广东省高速公路公司（本公司之控股公司）将评估后的广佛高速公路有限公司75%和九江大桥100%权益折股重组并入，更名为广东省高速公路发展股份有限公司。本公司于1996年发行并上市了13500万股境内上市外资股（B股），成为国内高速公路产业首家上市企业，被国内外传媒誉为“高速公路第一股”。发行B股后，经国家对外经济贸易部批准转为外商投资股份有限公司。1997年度公司抓住发展机遇，已于1998年1月成功发行10,000万股人民币普通股（A股），并于1998年2月20日在深圳交易所挂牌上市。

本公司作为广东省高速公路公司辖下的上市机构，现正积极参与扩展中国道路基建网络的计划。主要参与高速公路、汽车专用公路、桥梁的投资建设施工，公路、桥梁的收费和养护管理，汽车加油、拯救和维修，并兼营与公路配套的汽车运输、餐饮、娱乐、仓储和房地产开发经营业务。公司目前经营三个项目：广佛高速公路、佛开高速公路及九江大桥，拥有自通车之日起为期30年的经营收费期。公司拥有开发广东省高速公路公司在省内新建高速公路及独立桥梁项目的优先参与权，在全省多条高速公路的计划与兴建中参股或控股，发挥股份制的优越性，为广东经济发展服务。

公司地址：广州市天河路三十一号之一八楼
邮编： 510075
联系电话：（020）87619093-2807
传真：（020）87618013

继1996年8月“粤高速”B股成功上市后，本公司又于1998年1月成功发行1亿股“粤高速”A股，该股已于1998年2月20日在深交所挂牌上市。

公司经营班子：
总经理 周昌智(左二)、常务副总经理 曹晓峰(左一)、副总经理 肖来久(左四)、霍燕滨(左三)、总经济师刘吉柱(左五)

广州远洋建设实业公司

中国远洋运输集团是全球最大的船公司之一，是我国确定的56家大型企业集团之一，1961年成立至今，在国内的广州、上海、青岛、天津、大连等地区形成具有相当实力的地区性公司，在全球150多个国家和地区的1100多个港口设有自己的公司或代理，广州远洋建设实业公司就是其中之一。37年所凝聚的是：一种服务，一种保障。

本公司于1960年开始在滨江路筹建自用办公楼至今，几乎每年均有投资建设项目，建成了滨江路、沙园、西华、晓港、大沙地、马腰岭和青龙坊等住宅区。随着广州大都市的发展，近期建成了广州市优秀物业管理小区天河东远洋小区以及天河北、棠东、棠下等现代化住宅区，而远洋宾馆大厦、小北高层、远东大厦更为广州市增添了一道道风景。37年投资建设经验所奉献给您的是：一种信心，一种完美。

天河北路－远洋楼盘－阳明

本公司现正发售的楼盘在天河北路有远东大厦的商场、住宅、车位，及三面观景阳光豪宅－太阳广场“阳明阁”住宅和商场以及实用型商用楼－远晖大厦。随后将推出的有珠江新城的远洋“明珠”、“明星”大厦，东圃的“远洋东苑小区”和大型生态住宅区“远洋花园”等。随着务实的规划与发展，一个实力雄厚的公司将为广州市的房地产建设谱写出更新的篇章。

地址：广州市天河北路413号
电话： 38802300 38803271
传真： 38802367

广远公司：程受煌书记（后排左4）、郑兰勋书记（后排右4）、张国献副总经理（前排中）、建设实业公司黄怡生总经理（前排右2）、廖小澄副总经理（后排右3）、五庆来副总经理（后排右2）

深圳市第三建筑工程公司

深圳市第三建筑工程公司是国家建设部核准的一级建筑施工企业（全民），1996年1月4日获得GB/ISO9002：94－ISO9002：94标准质量体系认证证书。拥有员工2380人，其中专业技术人员350多人，员工平均技术等级5.2级。拥有各种机械设备490台(辆)，全员动力装备4KW/人。从事工业与民用工程建筑、市政工程建筑、土石方工程、人工挖孔桩工程、建筑装饰装修、机电设备安装、水泥制品、房地产开发、物业管理、房屋租赁、汽车修理、商饮业经营。

本公司1980年进入特区后，先后向香港、澳门、日本输送了几百人次的技术劳务。至今这项业务正在不断扩大与发展，越来越受外商的关注和好评，1989年至1996年获市优样板、省优样板工程近20项。1991年至1997年在高级别的综合评比中均获得了较好的荣誉。

京光海景花园市优、省优样板工程

集浩花园2#、3#楼被评为优良

广东省电力工业局第一工程局

广东省电力工业局第一工程局是国家建设部批准的一级电力建设企业及一级民用建筑工程施工企业，现有固定职工3750人。其中高中级技术专业人员760多人，固定资产原值1.5亿元以上。主要经营大中型水电站、火电站、变电站的全套土木建筑、钢结构和机电设备安装工程，以及大型土石方开挖、大坝水工、海堤建筑、基础打桩、大型烟囱水塔、钢结构制安等工程。

本局施工设备先进，技术力量雄厚。建局40多年来先后建成和在建的水电站、火电站、变电站50多座，总装机容量8000MW。

本局以“精心施工、工艺创新、质量第一、用户至上”为质量方针，经全局职工努力，质量保证体系于1996年获得广东省GACC和法国BVQI对我局实施GB/T19002－1994－ISO9002：1994的标准认证注册。历年来，多次荣获电力部优质工程奖、国家银质奖和鲁班奖。

本局面向社会，不断开拓经营。在全国五百家最佳经济效益建筑企业评价中排为资质一级第135位，行业一百家最大经营规模企业中排序37位，行业一百家最佳经济效益企业中排序第14位。目前，本局深化改革，积极转换经营机制，进一步加强企业管理，依靠科技进步，决心为加快国家电力建设做出更大努力。

沙角电厂：装机3X200MW+2X300MW 5台机组已全部发电。

建设中的珠海发电厂

中國海洋石油南海東部公司

海洋石油工业劳动模范、公司总经理 钱富浩

国务院总理朱镕基在惠州油田海上生产平台视察。

南海东部公司成立于1983年6月29日，是中国海洋石油总公司下属的四个地区油公司之一。负责南海东部东经113°10″以东，面积约13.1万平方公里海域的石油、天然气的勘探开发生产业务，授权全面执行该海域的对外合作的石油合同和协议。

13年来，南海东部公司在总公司和广东省的领导下，以邓小平同志建设有中国特色社会主义理论和党的基本路线为指针，坚持以经济建设为中心，两个文明协调发展，通过对外合作，大规模吸引外资进行勘探，开发蓝色国土的石油、天然气资源，生产建设、科技进步、改革与管理、经济效益等方面都取得了令人欣喜的成绩，1997年先后被省评为广东省模范集体与文明单位。

南海人在成绩面前将继续努力，开拓进取，更加焕发精神，勇于克服困难，为发展我国的海洋石油事业作出更大的贡献。

惠州32-3油田生产平台

目　录
CONTENTS

第一部分　概　述
PART　ONE　OUTLINE

第二部分　统计资料
PATR TWO　STATISTICS

一、行政区划和自然资源
ADMINISTRATIVE DIVISION AND NATURAL RESOURCES

二、综　合
GENERAL SURVEY

三、要素市场主要指标

MAIN INDICATORS ON THE FACTOR MARKET

四、人　口
POPULATION

五、从业人员和职工工资
EMPLOYMENT AND WAGE

六、固定资产投资

INVESTMENT IN FIXED ASSETS

七、能源生产和消费

PRODUCTION AND CONSUMPTION OF ENERGY

八、财政、金融和保险

PUBLIC FINANCE，BANKING AND INSURANCE

九、物价指数
PRICE INDICES

十、人民生活
PEOPLE'S LIVELIHOOD

十一、农　业
AGRICULTURE

十二、工　　业
INDUSTRY

十三、建　筑　业
CONSTRUCTION

十四、运输、邮电
TRANSPORTATION, POSTAL AND TELECOMMUNICATION SERVICES

十五、国内贸易
DOMESTIC TRADE

十六、对外经济与旅游

FOREIGN ECONOMY AND TOURISM

十七、教育、科技、文化
EDUCATION，SCIENCE TECHNOLOGY AND CULTURE

十八、体育、卫生、社会福利、环保和其他
SPORTS，PUBLIC HEALTH，SOCIAL WELFARE，ENVIRONMENTAL PROTECTION AND OTHERS

十九、经济地带主要指标
SPECIAL ECONOMIC REGIONS

二十、城市主要指标
CITIES

二十一、县区主要经济指标
COUNTIES AND DISTRICTS UNDER CITY ADMINISTRATION

二十二、乡镇主要经济指标
TOWNS AND VILLAGES

附　　录
APPENDIX

第一部分 概　　述

PART ONE OUTLINE

广东省统计局关于1997年国民经济和社会发展的统计公报

1998年3月4日

1997年，广东以香港回归祖国和党的十五大召开为契机，积极推进经济体制和经济增长方式的“两个根本性转变”，国民经济呈现低通胀、快增长的运行态势，人民生活进一步改善，精神文明建设和社会各项事业取得新的进展。

一、综　　合

国民经济达到省委、省政府提出的“稳中求进、有效增长”的总体要求。初步统计，全年国内生产总值7308.24亿元，比上年增长10.6%。其中：第一产业增加值986.93亿元，增长4.8%；第二产业增加值3666.33亿元，增长12.9%；第三产业增加值2654.98亿元，增长8.8%。

市场物价涨幅持续走低，总体水平波动不大。全年商品零售价格比上年上涨0.1%，居民消费价格上涨1.9%。涨幅分别比上年回落4.3和5.1个百分点。这主要得益于适度从紧的货币政策和农业连年丰收。市场机制作用增强和市场竞争加剧，也在一定程度上抑制了物价的上涨。

劳动就业工作加强。各级政府采取多种措施解决劳动就业问题，建立了省级再就业基金和省属企业帮困基金。据劳动部门统计，失业职工再就业率为67%，下岗人员分流安置率64%。组织各类就业培训110万人次。年末全省就业人员3706.8万人，比上年末增加65.5万人。年末全省城镇登记失业率为2.3%。

结构调整取得阶段性进展。产业结构有所变化，三次产业结构为13.5：50.2：36.3。第一产业比重略有下降，第二产业比重保持稳定，第三产业比重上升。企业组织结构调整初见成效，大中型企业对经济稳定增长的支撑作用增强。全省乡及乡以上独立核算大中型工业企业全年完成销售收入占全省独立核算工业企业的51.4%、实现利税占64.0%。在市场竞争的推动下，产品结构有所改善。数字程控交换机、电子计算机、摩托车、组合音响等产品产量分别比上年增长45—112%。一些生产能力过剩的日用消费品及部分机电产品生产低速增长或下降。

宏观经济效益改善。由于科技进步在提高经济素质中作用明显以及结构的改善，促进了全社会劳动生产率的稳步提高。全年全社会劳动生产率19892元/人，扣除价格因素，比上年增长8.6%。其中第一产业6651元/人，增长4.4%；第二产业29927元/人，增长11.6%；第三产业27511元/人，增长3.7%。

经济体制改革取得新的进展，“抓大放小”的步伐明显加快。省第一批重点扶持的70家企业集团在建立母子公司、资产重组、结构调整等方面取得初步成效；“放小”工作已全面展开，年末全省已改制的国有小企业占应改制企业的54%，肇庆、佛山等地基本完成了国有小企业改制。全省187家企业建立现代企业制度试点初见成效，股份有限公司的运作逐步规范，“优化资本结构”试点工作起步良好，城市综合配套改革不断深入，县级综合改革试点、小城镇综合改革试点、农业产业化等各项农村改革也取得了新的进展。

全省经济发展中存在的主要问题是：结构不合理的矛盾还比较突出，部分国有企业和乡镇企业生产经营仍然困难，失业和下岗人员增多，就业压力增大。

部分产品生产能力利用不足。如水泥生产能力利用率为58.0%；平板玻璃为58.4%；家用洗衣机为57.2%。年末全省乡及乡以上独立核算工业企业应收帐款净额达1259.24亿元，产成品存货611.05亿元，分别比上年上升19.4%和11.4%；亏损企业亏损额196.61亿元，上升3.2%；企业亏损面为26.8%，下降0.2个百分点。

二、农　　业

各级政府继续加大对农业的保护力度，农业基础地位进一步得到巩固。“三高”农业和农业产业化发展进程加快，主要农产品产量稳定增长。粮食生产在连续三年增产的基础上又获丰收，全年粮食总产量达到1902万吨，比上年增长0.6%；亩产达到370公斤，与上年基本持平。经济作物全面增产，糖蔗、水果总产量分别达到1629万吨和414.48万吨，分别比上年增长16.9%和8.7%，蔬菜产量进一步提高。城乡市场的农副产品供应充足。

林业生产又有新的进展。全年完成低产林改造、迹地更新造林面积21.34万公顷，比上年增长2.3%，幼林抚育面积37.02万公顷。基本消灭荒山以后，林业生产开展了以发展“三高”林业和产业化经营为重点的第二次创业。

畜牧、水产业继续保持发展势头。全年肉类总产量达359.95万吨，增长8.5%。水产品总产量（按新标准计算）520.96万吨，增长7.9%。其中海水产品330.66万吨，淡水产品190.30万吨，分别增长8.8%和6.3%。

农业生产条件继续改善。全年农业机械总动力达1672.98万千瓦，比上年略有减少；化肥施用量（折纯）194.65万吨，增长3.6%；有效灌溉面积151.59万公顷，增长1.8%；农村用电量242.22亿千瓦时，比上年增长19.0%。

三、工业和建筑业

工业生产稳定增长。全年完成工业增加值3168.91亿元，比上年增长14.2%。其中，国有及国有控股企业完成增加值774.20亿元，比上年增长9.1%；集体企业完成增加值1069.19亿元，增长6.9%；中外合资、合作经营和外资企业为主的其他经济类型工业完成增加值1325.52亿元，增长17.3%。

工业综合经济效益回升。全年乡及乡以上工业企业经济效益综合指数为113.5%，比上年上升8.6个百分点。其中，大中型工业企业经济效益综合指数为159.1%，比上年上升12.9个百分点。全年产品销售率为95.8%，与上年基本持平。资本保值增值率为110.4%，其中国有企业为111.2%。企业利税增加，扭亏增盈取得一定效果，盈亏相抵实现利润总额比上年增长24.6%。

建筑业加强了对建筑活动的监督管理，积极推行建筑工程项目招投标制，建筑生产平稳增长，经济效益有所回升。全省国有建筑业企业完成建筑业增加值105.51亿元，比上年增长1.7%。施工单位工程个数为1.17万个，实行投标承包的工程个数0.45万个，投标承包率达38.5%，上升18.9个百分点。实现利税总额为20.16亿元，比上年增长5.8%。矿产地质勘查取得新进展。本年全省开展的矿产勘查项目163项，其中大中型以上矿产地10处，提交新发现矿产地7处；新增探明储量金8吨、银3000吨、铅锌47万吨、稀土矿20万吨；完成1：5万区域地质、水文地质、工程地质、环境地质调查4780平方公里；完成机械岩心钻探工作量62.18万米。

四、固定资产投资

全年完成固定资产投资2224.18亿元，比上年下降4.4%。其中基本建设投资886.46亿元，下降2.6%；更新改造投资245.64亿元，下降11.3%；房地产开发509.81亿元，下降3.6%。全年基本建设和更新改造新开工项目3020个，比上年减少8.7%，项目投产率45.3%，下降1.2个百分点。年末基本建设和更新改造项目计划总投资5040.15亿元，比上年增长3.8%，增幅回落4个百分点。

投资结构呈现一些积极的变化。全年基本建设和更新改造投资中，农林牧渔水利业投资42.31亿元，比上年增长40.3%，占投资的比重由上年的2.5%上升为3.7%；能源工业投资183.42亿元，比上年增长27.2%，所占比重由12.2%上升为16.2%；原材料工业和交通运输邮电业投资为49.31亿元和310.27亿元，分别比上年下降62.8%和17.5%。

重点建设项目进展平缓。省26个重点项目完成投资130.40亿元，为年计划的65.2%。茂名30万吨乙烯装置顺利投料生产，惠州至汕头500千伏输变电项目、虎门大桥建成投产，广州15万吨乙烯工程已建成试产。

新增的主要生产能力和效益有：发电机组容量172.9万千瓦；变电设备能力（11万伏及以上）674.6万千伏安；输电线路（11万伏及以上）1319.5公里；新改建等级公路4354.88公里，其中高速公路70.64公里；城乡电话交换机112.9万门；长途自动电话交换设备3.5万路端；长途光缆884公里。

五、交通和邮电业

交通运输和邮电通信业改革步伐加快，基础设施建设继续加强，综合运输和通信能力进一步提高。全年完成运输邮电业增加值635.42亿元，比上年增长8.2%。

全年交通运输部门共完成货物周转量3198.79亿吨公里，比上年增长0.4%。其中，铁路288.30亿吨公里，下降2.0%；公路8.26亿吨公里，下降2.4%；水运2885.00亿吨公里，增长0.4%；民航3.99亿吨公里，增长22.4%；由于大亚湾——广石化长距离原油管线开通，管道货物周转量达13.24亿吨公里，比上年增长1倍。旅客周转量完成608.41亿人公里，比上年增长9.5%。其中，铁路184.05亿人公里，增长19.6%；公路270.20亿人公里，增长6.5%；水运8.26亿人公里，下降22.8%；民航145.90亿人公里，增长6.1%。沿海主要港口货物吞吐量完成12384万吨，比上年增长4.4%。

全年邮电业务总量完成330.4亿元，比上年增长24.4%。邮政业务中的邮政储蓄、集邮业务发展较快。移动电话、数据通信等电信业务发展强劲。全年新增电话用户221万户，其中移动电话用户91万户。年末电话达1080万户，其中，固定电话用户834万户，移动电话用户246万户。城乡电话交换机总容量达1276.1万门，长途电话业务电路达21万条（新口径）。每百人拥有电话17.75部。

六、国内贸易

国内消费品市场在买方市场格局下竞争日趋激烈，各种大型商场、超市、连锁店、仓储式商场发展较快。全年社会消费品零售总额2930亿元，比上年增长13.6%，剔除物价因素，实际增长13.5%。其中城镇消费品零售额2104亿元，农村消费品零售额826亿元，均比上年实际增长13.5%；国有及国有控股企业消费品零售额700.23亿元、集体经济488.55亿元、私营经济156.28亿元、个体经济1060.41亿元、外商投资等其他经济524.53亿元，分别实际增长6.0%、12.4%、21.4%、17.1%和16.3%；批发零售贸易业零售额实际增长13.1%，餐饮业实际增长15.7%。

全省城乡集市成交活跃，全年集市贸易成交额1469.84亿元，比上年增长14.4%。

生产资料市场货源充裕，总体呈现供大于求的状况。全年批发零售贸易业对生产经营单位批发额1053.48亿元，比上年下降1.2%。

国有零售企业经济效益继续下滑。据对我省78家国有零售企业的调查，商品销售收入与上年持平，利润总额下降27.2%，企业亏损面扩大，净亏损企业占25.6%，比上年增加6.4个百分点。

七、对外经济贸易

对外贸易快速增长。据海关统计，全年进出口总额1301.2亿美元，比上年增长18.3%，占全国进出口总额的40%，上升2.1个百分点，连续12年居全国各省、市首位。其中出口745.64亿美元，增长25.6%；进口555.56亿美元，增长9.8%。一般贸易出口增势强劲，加工贸易稳步增长；国有外贸企业和外商投资企业出口，分别占出口总额的47.9%和49.3%；主要大宗出口商品大幅增长，轻纺产品增幅高于机电产品。以原材料为主的初级产品以及电子产品进口增长快速。对外贸易市场继续朝着多元化方向发展，对南美洲、非洲和大洋洲贸易有较大增长。

实际利用外资保持上年规模。全年实际利用外资142.05亿美元，比上年增长2.2%。其中外商直接投资117.11亿美元，增长0.8%。新签协议外资额持续下降，但外资投向继续优化，基础设施、基础产业以及资金、技术密集型项目增多。

全年对外承包工程和劳务合作签订合同2683个，比上年增长75.4%；合同金额3.98亿美元，增长49.6%。营业额2.57亿美元，比上年下降10.0%。对外承包年末在外人数2.32万人，下降7.2%。

旅游业稳步上升，入境旅游与国内旅游同步发展。全年经广东口岸入境的国际游客达4545.37万人次，比上年增长13.6%。城市接待国内外游客6354.76万人次，增长6.9%。旅游业总收入812亿元，增长6.6%，其中旅游外汇收入28亿美元，增长6.2%。

八、金融和保险业

年末全省金融机构各项存款余额11084.29亿元，比上年末增加1928.63亿元，增长21.1%。其中：城乡居民储蓄存款余额6320.46亿元，增加1122.73亿元，增长21.6%。各项贷款余额8195.83亿元，比上年末增加1063.14亿元，增长14.9%。其中：短期贷款余额6731.12亿元，增加854.40亿元，增长14.5%；中长期贷款余额896.42亿元，增加57.73亿元，增长6.9%。当年新增贷款的收息率和到期回收率都达到95%，金融资产质量有所提高。

证券市场和股票市场活跃。全年国债发行和兑付工作顺利完成。年末全省在深沪两个交易所开户的投资者403万户，比上年增加80万户。上市公司共107家，股票134只，其中A股102只，B股32只。总股本315亿股，增加157%。上市公司股票市值3327亿元，增加415%。全年股票成交金额7370亿元，增加248%。全年全省新上市股票17只，并有19家上市公司配股，共筹集资金108.3亿元。

保险业持续发展。省中保人寿保险公司各类保费收入49.93亿元，增长52.0%；人身险给付金额26.44亿元，增长33.5%。省中保财产保险公司全年各类保费收入57亿元，比上年下降1.1%；赔款金额29.5亿元，下降10.1%。

九、科学技术和教育

科技发展取得新成就。全年获国家级科技进步奖30项。获省级科技成果奖励254项，其中获省级科技进步奖228项，省自然科学奖26项。列入省及省以上优秀新产品218项，年新增产值78.1亿元。火炬、星火、科技攻关等重点项目进展顺利。高新技术产业保持良好发展态势，全省共认定高新技术企业713家，高新技术产品产值1200亿元。

科技队伍扩大，综合科技实力稳步增强。国有企事业单位共有自然和社会科学技术人员87.05万人（未含中央驻粤单位人员），比上年增长2.3%。县及县以上国有独立研究与开发机构、科技情报和文献机构共498个，高等院校办科研机构448个，大中型工业企业办技术开发机构980个；从事科技活动人员共14.2万人；科技活动经费使用总额57.2亿元，比上年增长10%。已建立省及省以上工程研究（技术）中心73个。拥有民营科技企业2800家，从业人员8万人。

技术市场成交额快速增长。全年签订各类技术合同6498项，合同金额19.6亿元，比上年增长49.5%。

综合技术服务工作进一步加强。全省设立产品质量监督机构108个，监督抽查产品591种，产品抽样合格率76.7%。全年受理专利申请12858项，专利授权7172项，比上年分别增长29.3%和36.0%。测绘部门共测绘各种比例尺地图2544幅，出版商品性地图及图书110种。年末拥有超短波天气警报服务系统发射台53个。地震、海洋等部门的科技服务工作取得了新成绩。

高等教育管理体制改革逐步深入，中等职业技术教育不断发展。全省共有研究生培养单位24个，招收研究生2469人，在学研究生6876人。普通高校42所，成人高校61所，全年共招生10.77万人，在校大学生30.59万人，分别比上年增长4.3%和5.6%。中等专业技术学校共招生9.08万人，在校生27.21万人，分别增长1.5%和9.0%。成人中等专业学校招生9.18万人，在校生25.45万人；成人技术培训学校培训学员108万人次。

基础教育普及程度继续提高。全省初中在校生348.38万人，初中入学率达92.82%，比上年提高1.59个百分点；小学在校生911.34万人，小学学龄儿童入学率达99.77%，比上年提高0.02个百分点。普通初中学生辍学率为4.01%；小学学生辍学率为0.72%。

十、文化、卫生和体育

文化事业健康发展。全省现有各类专业艺术表演团体138个，群众艺术馆、文化馆139个，县级以上公共图书馆119个，博物馆118个，档案馆157个。广播电台97座，中波广播发射台和转播台13座，电视台61座，千瓦以上电视发射台和转播台44座。广播人口覆盖率92.0%，电视人口覆盖率92.4%。全省电影制片公司生产和销售故事片4部。全年共出版图书4.18亿册，报纸25.88亿份，杂志2.40亿册。

卫生事业得到巩固和发展。全省共有卫生机构（含诊所）8942个，床位15.53万张，分别比上年增长0.2%和2.5%。各类卫生技术人员24.59万人，其中医生10.38万人，分别增长3.5%和2.5%。县、乡、村三级卫生服务网得到进一步加强和完善，农村乡（镇）共有卫生院1605个，床位4.06万张，卫生技术人员6.86万人。92.3%的村有医疗点，全省有乡村医生和卫生员4.29万人。全省达到或基本达到农村初级保健规划目标的县（区）占农村初保任务总县（区）数的75.2%。农村清洁卫生水普及率达到96.5%，农村自来水普及率达到66%。

体育事业蓬勃发展。在国内外重大比赛中，我省运动健儿获得12个世界冠军，5人6次破6项世界纪录，6人7次破7项亚洲纪录，9人12次破11项全国纪录。在第八届全运会中取得了总分和奖牌数第三、金牌总数第四名的好成绩。全民健身活动不断深入，学校体育活动更加活跃，有92.0%的在校学生达到了《国家体育锻炼标准》。

十一、环境保护

环境保护事业有新突破，省政府颁布了《广东省关于切实加强环境保护工作的决定》和批准实施《广东碧水工程计划》。年末全省环境保护系统共有6381人，其中各级环境监测站122个，环境监测人员1846人。环境法制建设得到加强，环境保护执法力度加大，本年颁布地方性法规5件。年内建设项目环境影响评价制度执行率达95.3%。全年完成环境污染限期治理项目321个，总投资2亿元。全省共建成烟尘控制区204个，面积1248.79平方公里；环境噪声达标区190个，面积735.61平方公里；自然保护区38个，总面积4457平方公里。完成乡镇污染调查，共调查企业15.95万家，基本摸清全省乡镇环境污染状况。污染物总量控制计划与跨世纪绿色工程规划37个项目中，已竣工项目6个。深圳、珠海市荣获国家环保模范城市称号。

十二、人口与人民生活

人口控制成效明显。根据1997年人口变动抽样调查推算，全省人口出生率为16.9‰，死亡率5.4‰；自然增长率为11.5‰，比上年下降0.46个千分点。年末全省常住人口7051.15万人，比上年增加90.51万人。

居民实际收入增加。全省城镇居民人均可支配收入8562元，比上年增长5.0%，扣除物价因素，实际增长2.8%，高低收入户收入差距有所扩大。农村居民人均纯收入3468元，扣除物价因素实际增长4.2%。一部分低收入居民家庭生活比较困难。

全省职工工资总额848.7亿元，比上年增长5.6%。职工年平均工资9596元，增长5.1%，扣除物价因素，实际增长2.9%。

城乡居民住宅建筑进度放缓。全年城镇竣工住宅面积2623.27万平方米，农村竣工住宅面积3302.57万平方米，分别比上年下降18.3%和10.3%。

职工社会保险制度逐步完善。年末全省有435万职工参加了失业保险；有669.4万职工参加社会养老保险；有753.5万职工参加工伤保险；有100万职工参加医疗保险；有190.3万女职工参加生育保险。

社会福利事业继续发展。全省城乡都建立了居（村）民最低生活保障制度。全省各类社会福利院床位达6.1万张，抚养4.5万人。共有1510个乡镇建立了社会保障网络设施，城镇各种社区服务设施及便民利民服务网点2.1万个，其中社区服务中心650个。

注：1、本公报各项统计数据为初步统计数。

2、公报中国内生产总值、各产业增加值绝对数和劳动生产率按现价计算，增长速度按可比价格计算。

3、各项指标对比基数均为《广东统计年鉴—1997》公布的年报统计数。

STATISTICAL COMMUNIQUE ON NATIONAL ECONOMIC AND SOCIAL DEVELOPMENT OF GUANGDONG PROVINCE IN 1997 PUBLISHED BY THE STATISTICAL BUREAU OF GUANGDONG PROVINCE

March 4, 1998

In 1997, at the turning point of the return of Hong Kong to the motherland and the convening of the Fifteenth National Congress of the Communist Party of China, Guangdong Province had vigorously promoted the two fundamental transfers of economic system and economic growth style. The national economy was characterized by "high growth and low inflation". The living conditions of people were furthur improved, New achievements were seen in building of spiritual civilization and in various social undertakings.

Ⅰ. General Outlook

The performance of the national economy met the overall objective of "Seeking development through stability and achieving growth with effectiveness" raised by the Party Provincial Commitee and the Provincial Government. Preliminary statistics indicated that the gross domestic product (GDP) of the year was 730.82 billion yuan, up 10.6 percent over the previous year. Of this total, the value-added of the primary industry was 98.69 billion yuan, up 4.8 percent; the value-added of the secondary industry was 366.63 billion yuan, up 12.9 percent; and the value-added of the tertiary industry was 265.50 billion yuan, up 8.8 percent.

The momentum of the increase of market prices was curbed and the overall level of price fluctuations was minor. The retail prices of commodities for the year rose by 0.1 percent over 1996 and the consumer prices of households were upped by 1.9 percent, with their growth rate dropped by 4.3 percentage points and 5.1 percentage points respectively. This was attributed mainly to rational macroeconomic policies and to the consecutive harvests in agriculture. The strengthened role of market mechanism and keen market competition have also restrained the price increase to some extent.

Work on employment was strengthened. The governments at all levels took various measures to settle the employment problems and set up the re-employment funds at provincial level and the assistance funds for the difficulty enterprises affialiated to provincial authorities. According to the statistics from the labour departments, the re-employment rate of unemployed staff and workers was 67 percent and the settlement rate of redirecting laid-off workers was 64 percent. Some 1.1 million person-time were involved in various employment trainings. By the end of 1997, the total of employees in Guangdong numbered 37,068 thousand, or 655 thousand more than that at the end of 1996. By the end of 1997, the urban unemployment rate registered in Guangdong was 2.3 percent.

Phased progress had been made in structural adjustment. Some changes took place in the industrial structure. The stucture of three industries was 13.5: 50.2: 36.3, of which the proportion of the primary industry showed a minor decrease, the secondary industry kept stable and the tertiary industry went up. Preliminary results were achieved in the adjustment of the organizational structure of enterprises. The supporting role of large and medium-sized enterprises to stable economic growth was strengthened. The sales revenue of the year created by the large and medium-sized industrial enterprises with independent accounting systems at and above township level in Guangdong accounted for 51.4 percent of all independent-accounting industrial enterprises, and the total pre-tax profits accounted for 64.0 percent. The structure of products was adjusted with the promotion of market competition. The production of digital programme-controlled switchboards, computers, motorcycles, Hi-fi stereo component systems rose by 45-12% respectively, while the production of consumer goods and some machinery and electronic products which had an excessive production capacity either grew slowly or dropped.

The macroeconomic efficiency was improved. The steady increase of the whole society labour productivity was attributed to the obvious role played by the scientific and technological progress in raising economic quality as well as the improvement of structure. In 1997, the overall productivity across all sectors of the economy was 19,892 yuan/person, excluding price increase, upped by 8.6 percent over 1996. Of this total, the labour productivity of the primary industry was 6,561 yuan/person, upped by 4.4 percent, the secondary industry was 29,927 yuan/person, upped by 11.6 percent; and the tertiary industry was 27,511 yuan/person with an increase of 3.7 percent.

New progress was made in the reform of economic system. The steps of aiming at well－managing large enterprises while adopting more flexible policies toward small ones were obviously accelerated. In the first 70 key conglomerations supported by the provincial authorities, preliminary results were achieved in establishing parent－subsidiary companies, capital restructuring and structural adjustment. By the end of 1997, the small state－owned enterprises in Guandong inplementing the reform of economic system amounted for 54 percent of the total enterprises whose economic system should be reformed. Zhaoqing, Foshan and some other cities basically completed their economic system reforms of small state－owned enterprises. Preliminary results were seen in 187 enterprises in the province where experiments were carried out with respect to the establishment of modern enterprise system. The performance of the share－holding companies progressively conformed to standard. A good start was found in the experiments concerning the ‘optimization of capital structure’. The urban overall complete set of reforms continued to develop. New progress was also made in the experiments in overall reforms at county and town level, in agricultural industralization and various agricultural reforms.

The main problems that existed in the course of economic and social development included: the contradictions in irrational industrial structure still remained prominently, some of state－owned enterprises and township enterprises had difficulties in their production and management; the number of unemployees and laid－off workers rose and the pressure of employment increased.

The production capacity of some products wasn't fully utilized. Such as the utilization rate of production capacity of cement was 58.0 percent, that of plate glass was 58.4 percent and household washing machines remained 57.2 percent. By the end of 1997, the net receivables of independent－accounting industrial enterprises at and above township level in Guangdong reached 125.92 billion yuan, and the finished products in stock were valued at 61.10 billion yuan, upped by 19.4 percent and 11.4 percent over the previous year respectively. The total loss suffered by industrial enterprises amounted to 19.66 billion yuan, upped by 3.2 percent. The number of loss－making industrial enterprises amounted to 26.8 precent, dropped 0.2 percentage points.

Ⅱ. Agriculture

The governments at all levels continued to enlarge the input into agriculture and strengthen protection. The fundamental position of agriculture was further consolidated. The development of the agriculture characterized by high output, high quality and high efficiency as well as the agricultural industralization was accelerated. The production of the main farm products kept a steady increase. The grain production enjoyed another harvest on the basis of three consecutive years' increase in the yield. The total grain output of the year reached 19.02 millon tons with an increase of 0.6 percent over the previous year; the yield per mu amounted to 370 kilograms, almost the same as the previous year. Overall growth was registered in the economic crops. The output of sugarcane and fruits reached 16.29 million tons and 4,144.8 thousand tons respectively, with their growth rate rose by 16.9 percent and 8.7 percent. A furthur increase was found in the output of vegetables. There was ample supply of farm and sideline products in urban and rural markets.

New progress was made in forestry production. In 1997, the transforming areas of low－yield forest land and the reforested areas of slash were 213,400 hectares, upped by 2.3 percent over the previous year. The young growth nursing areas were 370,200 hectares. After basically eradicating barren hills, the second undertaking on forestry was started with the focus on the forestry characterized by high output, high quality and high efficiency as well as the industralized operation.

Animal husbandry and fishery industry kept their momentum of development. The total meat production of the year was 3,599.5 thousand tons, upped by 8.5 percent. The production of aquatic products, which was calculated in accordance with new standards, was 5,209.6 thousand tons, with an increases of 7.9 percent. Of this total, the production of seawater products reached 3,306.6 thousand tons, and that of freshwater products came to 1,903.0 thousand tons, with their growth rate rose by 8.8 percent and 6.3 percent respectively.

The agricultural production conditions improved continuously. In 1997, the total agricultural machinery power reached 16,729.8 thousand kw, slighly lower than the previous year; the consumption of chemical fertillzers (calculated with discount net approach) was 1,946.5 thousand tons, upped by 3.6 percent; a total of 1,515.9 thousand hectares of effectively irrigating area under irrigation system, upped by 1.8 percent; and the electricity consumed in rural areas was 24.22 billion kwh, rising 19.0 percent.

Ⅲ. Industrial and Construction

The industrial production kept steady growth. In 1997, the value-added of industry was 316.89 billion yuan, upped by 14.2 percent over the previous year. Of this total, the value-added created by state-owned enterprises and joint-ownership enterprises where state held the controlling share was 77.42 billion yuan, upped by 9.1 percent. The value-added of collective enterprises was 106.92 billion yuan, upped by 6.9 percent, and that of enterprises of other types of ownership such as joint-venture, cooperative operation and exclusively foreign-owned enterprises was 132.55 billion yuan, upped by 17.3 percent.

The comprehensive economic efficiency of industry showed a turn of improvement. THe comprehensive efficiency index for industrial enterprises at and above township level was 113.5 percent, or 8.6 percentage points higher than the figure for the previous year. Of which, the comprehensive efficiency index for large and medium-sized industrial enterprises was 159.1 percent, or 12.9 percentage points higher than that in 1996. The sales ratio of products was 95.8 percent, almost the same figure as the previous year. Capital value of industrial enterprises at the end of the year was 110.4 percent as compared with that at the beginning of the year, of which state-owned enterprises was 111.2 percent. Profits and taxes made by industrial enterprises increased and results were achieved in making up deficits and increasing surpluses. The net industrial pre-tax profits rose by 24.6 percent as compared with the year before.

The construction industry intensified supervision and management over construction activities and positively carried out construction project bidding system. The construction production mainatined a steady increase with improved economic efficiency. In 1997, the value-added of the staed-owned construction enterprises in Guangdong was 10.55 billion yuan, increased by 1.7 percent over the previous year. The total number of projects under construction reached 11,700, of this total, 4,500 were constructed through the bidding system, accounting for 38.5 percent of the total, or 18.9 percentage points higher than the previous year. The totla pre-tax profits 2,016 million yuan, an increase of 5.8 percent.

New progress was achieved in geological prospecting of minerals. In 1997, the geological prospecting projects of minerals in Guangdong were 163, of which 10 was large and medium-sized mineral deposits and 7 were newly discovered. The increased reserves including 8 tons of gold, 3,000 tons of silver, 470,000 tons of lead and zinc, and 200,000 tons of rare-earth were probed up. Geological surveys,which covered surveys of regional geology, hydrogeology, engineering geology and environmental geology, were carried to cover 4,780 square metres of areas on 1:50,000 scale maps. The geological prospecting projects completed a total of 621,800 metres of drilling.

Ⅳ. Investment in Fixed Assets

The completed investment in fixed assets of the province in 1997 was 222.42 billion yuan, down 4.4 percent over the previous year. Of this total, investment in capital construction was 88.65 billion yuan, down 2.6 percent; that in innovation was 24.56 billion yuan, down by 11.3 percent, and that in real estate development was 50.98 billion yuan, down by 3.6 percent. A total of 3,020 projects were started in 1997 through capital construction and innovation projects. down 8.7 percent. The rate of projects put into use was 45.3 percent, or 1.2 percenta points lower than the previous year. By the end of 1997, the total planned investment in capital construction and innovation projects reached 504.01 billion yuan, up 3.8 percent, with the growth rate dropped by 4 percentage points.

Positive changes took place in the investment structure. In the total investment of capital construction and innovation, the completed investment in agriculture, forestry, animal husbandry, fishery and water conservancy amounted to 4.23 billion yuan, increased by 40.3 percent, and its share in total investment rose from 2.5 percent to 3.7 percent. The completed investment in energy industry was 18.34 billion yuan, increased by 27.2 percent, with a proportion rose from 12.2 percent to 16.2 percent. The investment in raw and processed material industries and transportation and telecommunications was 4.93 billion yuan and 31.03 billion yuan, down 62.8 percent and 17.5 percent respectively.

Key construction projects progressed gently. A total of 13.04 billion yuan worth of investment was completed on 26 provincial key projects, representing 65.2 percent of the planned investment of the year. The year 1997 saw the successfully going into production of 300, 000 - ton ethylene project in Maoming. the completion and putting into use of 500 - kilovolt transmission project from Huizhou to Shantou, the completion and operation of Humen Bridge, and the completion and pilot production of 150,000 - ton ethylene project in Guangzhou.

The newly increased annual production capatity and efficiency included: the 1,729 thousand kilowatts installed capacity of generator sets; 6,746 thousand kilovolt-amperes of substation equipment capacity (at and above 110,000 volts); 1,319.5 kilometers of transmission line (at and above 110,000 volts), 4,354.88 kilometers of newly constructed and rebuilt class highways, of which 70.64 kilometers was the expressways; 1,129 thousand gates of the capacity of urban and rural telephone switchboards; 35,000 terminals of long distance automatic telephone exchange equipment; and 884 kilomters of long distance optical - fiber cables.

Ⅴ.Transportation, Post and Telecommunications

The reform step of transportation, post and telecommunications was accelerated. Steady progress was made in infrastructure facility construction, resulting in a further improved overall capacity. In 1997, the value - added of these sectors was 63.54 billion yuan, an increase of 8.2 percent over the previous year.

The transport sectors of the province had handled a circulating freight volume of 319.88 billion ton - kilometers, an increase of 0.4 percent as compared with 1996. Of this total, the turnover frieght by railways was 28.83 billion ton - kilometers, down 2.0 percent; by highways, 826 million ton - kilometers, down 2.4 percent; by waterways, 288.5 billion ton - kilometers, up o. 4 percent; by airways, 399 million ton - kilometers, up 22.4 kilometers; and the cargo transportation by pipelines reached 1,324 million ton-kilometers, double more than the figure in 1996, which is attributed to the operation of long distance crude oil pipelines bewteen Daya Bay and Gungzhou General Petrochemical Plant. The transport sectors had fulfilled a turnover volume of passenger transport of 60.84 billion person - kilometers, up 9.5 percent. Of this total. that carried by railways was 18.40 billion person - kilometers, up 19.6 percent; by highways, 27.02 billion person - kilometers, up 6.5 percent; by waterways, 826 million person - kilometers, down 22.8 percent; and by airways, 14.59 billion person - kilometers, up 6.1 percent. Major coastal ports handled 123.84 million tons of cargo, up 4.4 percent over the previous year.

The business transactions of postal and telecommunication services in 1997 totaled 33.04 billion yuan, increased by 24.4 percent. The postal savings and philately services registered rapid development and the mobile telephone and data transmission services showed significant development. The new telephone users in 1997 were 2.21 million, of which 910,000 were mobile telephone users. By the end of 1997, the telephone users reached 10.8 million and the mobile telephone users were 2.46 million. The total capacity of urban and rural switchboards came to 12.76 million gates, 17.75 telephone sets for per 100 persons.

Ⅵ. Domestic Trade

The competition in domestic market of consumer goods became sharpened under a buyer's market pattern, characterized by the fairly rapid development of vavious large bazaars, supermarkets, chain stores and storehouse markets. In 1997, the total retail sales of consumer goods was 293 billion yuan, up 13.6 percent over the previous year, with a real growth of 13.5 percent if price factor was deducted. Of this total, the retail sales of consumer goods in urban areas reached 210.4 billion yuan and that in rural areas was 82.6 billion yuan, both with a real growth rate of 13.5 percent. The retail sales of state - owned enterprises and the outlets controlled share owned by the state enterprises amounted to 70.02 billion yuan; that of collective outlets was 48.86 billion yuan; private outlets, 15.63 billion yuan; individual outlets, 106.04 billion yuan; foreign - funded outlets and outlets of other forms of ownership, 52.45 billion yuan, a real growth of 6.0 percent, 12.4 percent, 21.4 percent, 17.1 percent and 16.3 percent respectively. The real growth of the retail sales of the wholesale and retail trades was 13.1 percent, and that of the catering trade was 15.7 percent.

Transactions at free markets in urban and rural areas were brisk in Guangdong Province, the total volume of business reached 146.98 billion yuan, up 14.4 percent over the previous year.

The supply at the market for means of production was ample, presenting an overall picture of over - supply. In1997, the total retail sales of the wholesale and retail trades was 105.35 billion yuan, a decline of 1.2

percent.

The economic efficiency of state-owned retail enterprises showed a continuous slide. According to the survey made in 78 state-owned retail enterprises in the province, it was found that the sales revenue of commodities kept even with that in 1996, the total profits for the year was decreased by 27.2 percent, the number of enterprises in the red increased, and the net loss-making enterprises accounted for 25.6 percent, or an increase of 6.4 percentage points over the previous year.

Ⅶ. Foreign Economic Relations

Foreigh trade continued its rapid development. According to the custom statistics, total volume of exports and imports in 1997 reached 130.12 billion US dollars, up 18.3 percent over the previous year, accounting for 40 percent of the total volume of exports and imports of the whole country, or an increase of 2.1 percentage points, which made Guangdong hold number one in twelve consecutive years as compared with other provinces and municipalities. Of this total, the value of exports was 74.56 billion US dollars, up 25.6 percent, and the value of imports was 55.56 billion US dollars, up 9.8 percent. Exports of ordinary trade showed strong momentum of growth and processing trade kept steady increase. The exports by state-owned foreigh trade enterprises and by foreign-funded enterprises accounted for 47.9 percent and 49.3 percent of the total exports respectively. The main staple export commodities grew fast and the growth of textiles and light industrial products was higher than that of machinery and electronic products. Significant increase was seen in the imports of primary products mainly made of raw and processed materials and electronic products. Further progress was made in the development of multi-market strategy for foreign trade. The trade with South America, Africa and Oceania increased at a fairly quick pace.

Foreign capital actually utilized kept the same scale as that in 1996. In 1997, foreign capital actually utilized amounted to 14.21 billion US dollars, an increase of 2.2 percent over the previous year. Of this total, 11.71 billion US dollars was in the form of direct foreign investments up 0.8 percent. A sustained decline was seen in the amount newly signed agreements and contracts involving the utilization of foreign capital. However, the structure of foreigh investment continued to be optimized. Increase was registered in foreign investment projects in the field of infrastructure facilities, basic industries as well as capital-intensive and technology-intensive.

In 1997, 2,683 contracts were signed by the province with foreigh countries in contracted projects and labor services, up 75.4 percent over 1996. The contracted value reached 398 million US dollars, up 49.6 percent, and the business revenue was 257 million US dollars, a drop of 10.0 percent over the previous year. By the end of 1997, 23,200 people engaged in contracted projects abroad, down 7.2 percent.

Tourism climbed up steadily. International tourism and domestic tourism made progress at the same pace. In 1997, 45,453.7 thousand tourists from overseas were received by Guangdong ports, up 13.6 percent over 1996. The cities received 63,547.6 thousand tourists from home and abroad, up 6.9 percent. Total income from tourism reached 81.2 billion yuan, up 6.6 percent, of which income of foreign exchange was 2.8 billion US dollars, an increase of 6.2 percent.

Ⅷ. Banking and Insurance

At the end of 1997, savings deposits in all financial insttitutions of the province totaled 1,108.43 billion yuan, an increase of 192.86 billion yuan or 21.1 percent. Of this total, the saving deposits by urban and rural residents reached 632.05 billion yuan, an increase of 112.27 billion yuan, up 21.6 percent. Loans outstanding in financial institutions amounted to 819.58 billion yuan, an increase of 106.31 billion yuan, up 14.9 percent as compared with that at the end of the previous year, of which 673.11 billion yuan was short-term loans, an increase of 8.544 billion yuan or 14.5 percent, and 89.64 billion yuan of mid-term and long-term loans, an increase of 5.77 billion yuan or 6.9 percent. Both collecting interest rate and matured return rate of newly increased loans for the year amounted to 95 percent. The quality of finacial assets was improved.

Security market and stock market were active. In 1997, the issue and repayment of state treasury bonds in Guangdong were successful. A total of 4.30 million investors of the province opened accounts at Shanghai and Shenzhen stock exchanges at the end of 1997, an increase of 800,000 investors over 1996. The number of registered companies totaled 107, and 134 listed stocks were issued, of which 102 was A shares and 32 was

B shares. The total stock capital reached 31.5 billion shares, up 157 percent. The market value of shares of registered companies was worth of 332.7 billion yuan, up 415 percent, and transaction volume of shares topped 737 billion yuan, up 248 percent. The year 1997 saw 17 newly listed shares as well as rationed shares by 19 registered companies, with raising capital totaled 10.83 billion yuan.

Steady progress was made in insurance service. In 1997, the insurance premium in various forms in Guangdong Branch of PICC Life Insurance Company amounted to 4.99 billion yuan, up 52.0 percent, and 2.64 billion yuan was paid as reparations in life insurance programs, up 33.5 percent. The insurance premium in various forms in Guangdong Branch of PICC Property Insurance Company totaled 5.7 billion yuan, a decline of 1.1 percent over the previous year, and 2.95 billion yuan was paid as claim for damage to insu-rants down 10.1 percent.

Ⅸ. Science and Education

New achievements had been made in scientific and technical development. In 1997, Guangdong was awarded 30 national scientific and technological progress prizes. The year also saw 254 provincial scientific and technolgical achievement prizes, of which 228 results won scientific and technological progress prizes and 26 results received natural science prizes from the province. Some 218 results were listed as high-quality new products at and above provincial level, with newly increased value topped 7.81 billion yuan. Successful progress was made in key projects such as Torch Program, Spark Program as well as scientific and technological breakthroughs, etc. High and new technical industry maintained a good turn of developments. A total of 713 enterprises which were characterized by high and new techniques received approval by the provincial authorities and the output value of these products reached 120 billion yuan.

Contingents of scientists and technicians were constantly enlarged. The strength of overall science and technology was steadily reinforced. There were 870,500 technicians of natural sciences and social sciences in the state-owned enterprises and institutions (excluding resident personnel in Guangdong from the central departments), up 2.3 percent. The number of stated-owned independent research and development institutions, scientific-technical information and literature institutions totaled 498. There were 448 research institutions in universtities and colleges and 980 institutions for technical development in large and medium-sized industrial enterprises. A total of 142,000 personnel participated in scientific and technical activities, involving an operation expenses of 5.72 billion yuan, up 10 percent over the previous year. Some 73 engineering research (technical) centers at and above provincial level were established. The year 1997 also saw 2,800 civilian-run scientific and technical enterprises, involving 80,000 employees.

The transaction value in markets for the transfer of technology increased rapidly. In 1997, a total of 6,498 contracts on the transfer of technology were signed, involving a transaction value of 1.96 billion yuan, which resulted in an increase of 49.5 percent over the previous year.

Further improvement was made in overall technical services. By the end of 1997, there were altogether 108 institutions in Guangdong that were responsible for the inspection and supervision of the quality of manufacturing products. Surveys were conducted by authorized institutions to check the quality of 591 kinds of products, with sampling qualified rate reaching 76.6 percent. In 1997, a total of 12,858 applications for patent were received, while 7,172 patents were authorized up 29.3 percent and 36.0 percent over 1996 respectively. Surveying and mapping departments prepared 2,544 maps of various scales, and 110 kinds of commercial maps and books were published. There were 53 ultrashort wave weather forecast service and transmission stations at the end of the year. New achievements were also made in technical services provided by seismology and marime departments.

Progressive development was made in deepening the reform of administrative system of higher education, while continuous progress was made in technical education of vocational secondary schools. In Guangdong there were altogether 24 universities or institutions that offered courses leading to postgraduate degrees, with 6,876 enrolled graduate students, including 2,469 new entrants; and 42 regular institutions of higher education and 61 schools of adult higher education, with a total of 305,900 enrolled students, including 107,700 new entrants, up 4.3 percent and 5.6 percent over the previous year respectively. There were 272,100 students studying in specialized secondary technical schools, including 90,800 new entrants, up 9.0 percent and 1.5

percent respectively. There were another 254,500 students in adult specialized secondary schools, including 91,800 new entrants. Adult technical training schools offered courses to 1.08 million persons.

Popularization of elementary education continued to improve. Students enrolled in junior secondary schools totaled 3,483.8 thousand, with a net enrollment rate of 92.82 percent, an increase of 1.59 percentage points over the previous year; and pupils enrolled in primary schools numbered 9,113.4 thousand, with the enrollment rate of primary school-age children being 99.77 percent, up 0.02 percentage points. The drop-out rate of students in regular junior secondary schools reached 4.01 percent, while the drop-out rate of pupils in primary schools was 0.72 percent.

Ⅹ. Culture, Pubilc Health and Sports

Cultural and art undertakings made sound development. There were 138 specialized art-performing troupes in various forms, 139 mass art centers and cultural centers, 119 public libraries at and above county level, 118 museums and 157 archives. The year 1997 saw 97 broadcasting stations, 13 medium wave radio transmitting and relaying stations, 61 television stations, and 44 television transmitting and relaying stations (each with a capacity of over 1,000 watts). Radio programs and television programs covered 92.0 percent and 92.4 percent of the population respectively. In 1997, the film studio in Guangdong produced and distributed 4 feature films. Books published 418 million copies; newspapers 2,588 million copies; and magazines 240 million copies.

Public health had been reinforced and developed. In 1997, there were altogether 8,942 healthe care institutions (including clinics), with a total of 155,300 beds, up 0.2 percent and 2.5 percent respectively. There were 245,900 medical technical personnel in Guangdong, including 103,800 doctors, up 3.5 percent and 2.5 percent respectively. Health service network was further strengthened and improved at county, township and village levels, there were 1,605 rural township hospitals with 40,600 beds and 68,600 medical technical personnel. Rural villages with medical-care stations made up 92.3 percent of all willages in Guangdong, employing 42,900 rural doctors and health workers. About 75.2 percent of all counties (districts) fulfilled or basically fulfilled targets in rural primary health care program. The popularized rate of sanitary water in rural areas reached 96.5 percent, while that of tap water in rural areas came to 66 percent.

Significant progress was made in sports. In 1997, Cantonese athletes won 12 world championships at domestic and international major compititions. Five athletes broke 6 world records on 6 occasions. 6 athletes broke 7 Asian records on 7 occasions, and 9 athletes broke 11 national records on 12 occasions. At the 8th National Games, Guangdong athetes gained good results of winning third place in total points and medals, and ranking number four in gold medals. The national fit-keeping program was promoted continuously. The sports activities in schools became brisker, with 92.0 percent of enrolled students reaching the "National Standards for Physical Trainning".

Ⅺ. Environment Protection

New breakthroughs were seen in environmental pertection undertakings. The provincial government issued a "Resolution on Practically Strengthening Environmental Protection Work in Guangdong province" and approved to implement "Clean Water Project Program in Guangdong". By the end of 1997, there were 6381 staff and workers working in envirormental protection agencies in the whole province. Some 122 environmental monitoring stations were in operation, employing 1,846 workers. The legal construction for environmental protection accelerated and the enforcement of environmental protection law was enhanced. In 1997, 5 local laws and regulations were formulated. Among all construction projects started in 1997, the implement ratio of the valuation system on envinomental effects of the construction projects reached 95.3 percent. A total of 321 projects against environmental pollution were completed within the specified time frame during the year, absorbing a total investment of 200 million yuan. Two hundred and four soot emission control zones were established in Guangdong, covering an area of 1,248.79 square kilometers; another 190 zones, covering 735.61 square kilometres, where the noise abatement had reached to the discharge standards; and 38 natural protection areas, covering 4,457 square kilometers. A total of 159,500 enterprises at township level were investigated on their pollution conditions, finding out their general situation of environmental pollution. Among 37 projects concerning total volume of pollutants under control plan and trans-century 'green project' programme, 6 of them were completed. Shenzhen and Zhuhai were awarded the national model cities of environmental protection.

Ⅻ. Population and People's Livelihood

Significant headway was made in population control. In accordance with the estimates obtained from the sample survey on population changes in 1997, the year saw a crude birth rate of 16.9 per thousand and a crude death rate of 5.4 per thousand. The natural growth rate was 11.5 per thousand, a drop of 0.46 thousandth points. By the end of 1997, the permanent population reached 70511.5 thousand, an increase of 905,100 over the previous year.

Real income of residents had increased. The annual per capita disposable income of urban residents in Guangdong was 8,562 yuan, up 5.0 percent or a real increase of 2.8 percent if increase in prices was excluded. The income gap between high and low income earners was enlarged. The per capita net income of rural residents was 3,468 yuan, a real increase of 4.2 percent if increase in prices was excluded. The life of some low income families were difficult.

The total wages of staff and workers in Guangdong reached 84.87 billion yuan, up 5.6 percent over the previous year. The annual average wage of staff and workers amounted to 9,596 yuan, up 5.1 percent or a real increase of 2.9 percent if increase in prices was excluded.

Slow progress was made in residential buildings in urban and rural areas. A total of 26232.7 thousand square meters of floor space of residential buildings were completed in urban areas, and 33025.7 thousand square meters of new residences were built in rural areas in 1997, down 18.3 percent and 10.3 percent respectively.

Social security system of staff and workers improved step by step. By the end of 1997, some 4.35 million staff and workers participated in the unemployment insurance, 6,694 thousand participated in the social pension insurance, 7,535 thousand participated in the industrial accident insurance, 1.0 million participated in the medical insurance, and another 1,903 thousand female staff and workers participated in the child-bearing insurance.

Social welfare work continued to develop. Minimum life guarantee system were established in urban and rural areas of the province. There were 61,000 beds in social welfare institutions of various types in Guangdong in 1997, with 45,000 old and weak folks being supported. Social security network facilities had been established in 1,510 townships, and another 21,000 community service facilities and convenience-for-people service establishments in urban areas had been founded, including 650 were community service centers.

Notes: 1) All figures in the communique are preliminary statistics.

2) Figures in value terms on gross domestic product, value-added of various sectors and labor productivity quoted in the communique are calculated at current prices, whereas growth rates are calculated at comparable prices.

3) Comparable bases of various indicators are annual report statistics published in Guangdong Satistical Yearbook, 1997.

低通胀 适度增长

——1997年广东宏观经济形势分析

1997年广东国民经济在较低物价涨幅下，基本实现“稳中求进、有效增长”的既定目标，经济发展呈现“低通胀、适度增长”的格局。经济生活中存在的主要问题是，产业结构调整滞缓，投资需求拉力不足，微观经济困难依然存在。

经济运行的基本态势

从1997年全省国民经济主要指标的完成情况看，年初省委、省政府提出“稳中求进、有效增长”的方针得到较好的执行，宏观经济运行态势基本正常。

平稳运行是去年广东宏观经济的一个显著特点

经济运行没有出现大的起落。去年一季度全省实现国内生产总值1497.77亿元，比上年同期增长9.4%，上半年为3172.94亿元，增长10.2%，前三个季度为5059.93亿元，增长10.3%。**据初步测算，全年国内生产总值7308.24亿元，比上年增长10.6%，其中第一产业增长4.8%，第二产业增长12.9%，第三产业增长8.8%。**这是在1996年增长10.7%基础上的又一适度增幅。

物价涨幅持续平稳回落，形成了“低通胀、适度增长”的格局。目前，广东物价涨幅已降到近几年来的最低点。全省商品零售价格比上年同期上涨0.1%，居民消费价格上涨1.9%，升幅均低于全国平均水平，通货膨胀率已大大低于经济增长率。物价涨幅回落的主要原因是国民经济实现“软着陆”，投资总规模受到控制；农业获得丰收，主要农副产品和畜产品供应充足；各类工业消费品可供选择的余地较大，居民消费心理稳定。

财政收支稳定。全省地方财政收入539.78亿元，比上年同期增长17.0%，其中工商税收395.60亿元，增长11.2%；财政支出680.33亿元，增长15.3%，收入增长略快于支出增长；如加上中央返还部分，广东财政收支略有结余。

适度从紧的货币政策得到较好的执行。全省金融机构超负荷营运的状况有较大改善。至1997年12月末，全省金融机构存款余额11084.29亿元，比上年末增长21.1%，其中企业存款增长20.3%；金融机构贷款余额8195.83亿元，增长14.9%，其中短期贷款增长14.5%。全年累计货币投放与回笼轧差后，净投放351.25亿元，比上年同期多投放130.39亿元，货币投放的压力较大。

稳中有进保证了全省经济的适度增长

从生产方面看，全省工农业形势良好。各级政府对农业和水利的投入稳定增加，“科教兴农”的措施逐步落实，土地管理和耕地保护得到有效加强。预计全省农业总产值1623亿元，比上年增长5.7%。全年粮食播种面积达5150万亩，比上年增加30万亩；粮食总产量为1902万吨，增加10.6万吨，创历史最高水平，提前3年实现全年粮食总量达1900万吨的目标。畜牧业、渔业稳定发展，农村经济保持增长，农业产业化、规模化、基地化经营进程和“三高”农业发展加快。工业生产持续增长。全省乡及乡以上工业完成总产值8406.12亿元（现价），比去年同期增长16.4%，增幅提升1.0个百分点，工业生产速度有所加快。其中：轻、重工业分别增长16.3%和16.7%，基本保持同步发展；国有工业增长8.0%，增幅略有提升；大中型工业和出口产品产值均继续保持高于整个工业生产增幅。工业产销率为95.8%，上升0.23个百分点。

从市场销售方面看，国内市场销售稳定。据快报统计，全年全省社会消费品零售总额2907.35亿元，比上年同期增长13.3%，剔除物价因素影响后实际增长13.2%。农村销售增幅略高于城市。外贸出口势头良好。全省外贸出口总额725.07亿美元，比上年同期增长22.9%，其中一般贸易出口361.81亿美元，增长25.4%，“三资”企业出口363.25亿美元，增长20.5%。外贸进口总额468.59亿美元，增长13.7%，进出口相抵，全年净出口256.48亿美元。出口大幅度增加对保持全省经济适度增长发挥了重要作用。

有效增长的目标初现端倪

去年以来，广东在加大改革力度以及“抓大放小”工作取得进展的同时，加强和改善管理，努力转变经济增长方式，加之受去年银行两次降息和工业生产速度加快的影响，企业经济效益趋于好转。1－11月全省独立核算工业经济效益综合指数为113.72%，比上年同期提升8.28个百分点。从反映经济效益状况的6项主要指标来看，除增加值率和资金周转次数两项指标略有下降外，产品销售率、资金利税率、产品销售费用利润率和增加值全员劳动生产率4项指标均有不同程度的提高，增幅较大，说明扭亏增盈工作取得一定成效。

总体上看，1997年广东经济运行稳定，目前正处于"软着陆"后的滑行阶段，年初宏观调控的主要目标基本实现。

经济运行当中存在的主要问题

1997年，全省经济在"低通胀、适度增长"的运行过程中，仍然存在一些深层次问题和矛盾。主要表现在：

一、结构调整缓慢

就资产存量而言，按照一般的经济规律，经过一次大的经济波动或调整之后，经济结构应该有一个比较明显的调整，国民经济应该处于一个更高水平和新起点。但是，我国由于企业兼并、破产等一系列改革仍在实践中不断探索，社会保障体系也不健全，使得结构调整进展缓慢。去年以来，虽然我省在"抓大放小"方面取得新的进展，但存量结构调整成效不明显。

存量调整步履维艰，增量结构也不尽合理。预计全省更新改造投资仅247.87亿元，比上年同期下降10.5%，占总投资的比重不仅较低，且呈回落之势。受市场销售好转的刺激，房地产开发投资所占比重依然过大，预计全年达到521.18亿元，但同期商品房空置面积却达1000万m^2以上，比前年增幅较大，占压大量资金。值得注意的是，去年共安排重点项目26个，计划总投资200亿元，但累计完成130.4亿元，只完成年度计划的65.2%，资金到位率仅为67.5%。

由于结构调整迟缓，全省生产能力结构性过剩的问题仍较突出，市场开拓难度日见加大，企业经济效益在低位徘徊的状况也难以根本性好转。

二、需求回升乏力

投资是经济增长的主要拉力，在经济走出低谷时期投资的作用更为明显。但由于广东已有的投资总规模过大，在这一基础上再扩大投资可谓困难重重。预计1997年全省完成固定资产投资约2300亿元，比上年同期有所下降。目前，广东经济仍处于结构转型的阵痛之中，在轻纺工业、基础设施建设、房地产开发相对"饱和"的状况下，如何确定新的投资重点，已成为各级政府制定产业政策和明确发展导向时必须首先解决的问题。

在消费需求方面，受企业经营状况不佳以及农业生产效益有所下滑的影响，城乡居民收入增长缓慢，使得国内市场销售难以形成新的热点，而且在销售规模上也难以有新的突破。去年国家银行工资支出仅比上年同期增长1.9%，增幅回落1.9个百分点；全省职工平均工资9596元，实际增长2.9%左右，增幅回落0.3个百分点；城镇居民人均月可支配收入和农村居民货币收入实际增长分别为2.8%和3.0%，增幅大大低于经济增长速度。同时停工停产和富余下岗的企业职工人数仍然较多。据劳动部门预计，1997年全省城镇失业人员约有68万人，其中失业职工为28万人；企业富余下岗人员约有67万人，失业职工和富余职工人数分别比上年增长10%和6%。

由于投资、消费需求回升乏力，使得整体经济的扩张能力在实现"软着陆"后仍然十分微弱。

结构不合理是制约广东经济迈向新的发展阶段的主要因素之一。90年代广东的结构问题与80年代有根本不同。80年代的结构问题是在卖方市场大环境下基础产业发展滞后制约整个国民经济的发展；90年代的结构问题是在开始形成买方市场的大环境下供给结构与需求结构出现错位。80年代结构调整主要通过增加投资，把短线拉长即可；90年代结构调整，则需要把长线砍短。这就意味要关、停、并、转，甚至破产一批企业。这是我们面临的一个较为棘手的问题。

需求方面出现的新变化直接影响经济的稳定增长，关系到经济发展的后劲。目前，全省投资增长乏力，出现大幅度增长的可能性不大，投资需求对经济增长的拉力明显不足。由于城乡居民收入增长缓慢，支出减少，私人住房、家庭轿车、农村市场等启而不动，形成国内市场销售近几年处于"超稳定"的格局，今年这一格局将不易改变。去年东南亚国家出现金融危机，本国货币大幅贬值，将会刺激出口增加，广东的出口压力将进一步增大。如何适度增加有效需求，稳定经济总量，防止经济增长速度滑坡，缓解微观经济困难，同样是我们面临的一个突出问题。

目前，农产品价格偏低，农民增产不增收，影响农民的种粮积极性，农业的基础地位依然不牢；城镇居民收入缓慢，富余下岗和失业、半失业人员增多，也不利于社会的稳定和各项改革的顺利推进。

综而观之，当前经济运行当中存在的问题和矛盾将直接关系到"低通胀、适度增长"这一良好格局能否持续下去，关系到改革开放的大局能否长期稳定，必须引起我们的高度重视，并采取切实措施逐步加以解决。

宏观调控对策建议

针对目前广东经济的运行状况，我们认为有三种对策可供选择。第一种是着眼于长远的高质高效增长，保持现有的调控力度不变，继续集中精力抓好结构调整，但经济运行有可能出现低增长、低通胀、高失业的局面；第二种是追求即期的快速增长，设法增加投资，刺激社会需求上升，但结果将造成经济的过大波动，产业结构失衡加重；第三种是兼顾长期利益和短期利益，在加快结构调整步伐的同时，对需求总量加以灵活适度微调，以保持“稳中求进，有效增长”的良好格局，促进经济的持续、适度增长。显然，选择第三种对策是较稳妥的。为此建议：

一、继续深化改革，构筑转变经济增长方式的体制基础

加快体制改革的步伐，以改革促发展，以改革促转变，是广东增创新优势的重要手段。一是加快行政管理体制的改革，大力精减机构和人员，使政府从具体的微观事务中摆脱出来，真正成为市场运行规则的制定者和监督执行者，并通过制定正确的产业政策和经济发展规划，引导社会资源合理配置，使国民经济运行有序化、规范化。二是加快国有企业改革，按照党的十五大精神，以“三个有利于”为标准尺度，改革公有制的实现形式，使企业真正建立起自主经营、自负盈亏、自我约束的市场机制。三是加快社会保障体系和金融体系的建设，为今后的企业适应市场经济体制运行需要进行重组、兼并等创造条件，为存量资产的调整铺平道路。

二、加大结构调整力度，积极培育新的经济增长点

目前我省经济发展已从资源约束阶段转入结构性的市场约束阶段。要缓解市场约束，当务之急要抓好几件事情：一是立足于盘活现有企业的资产存量，努力推动存量结构的优化重组，通过扶优扶强和“抓大放小”，抓好“三个一批”工作（即形成一批支柱产业、一批企业集团、一批拳头产品），使资产逐渐向支柱产业、优势企业和优势产品转移。二是尽快建立技术改造专项基金，制定更新改造优惠政策，集中资源加大投入力度，尽快扭转技改投资及其占总投资比重双双下滑的被动局，力争1998年将全省技改投资占总投资的比重提高到15%以上。三是结构调整要与开拓市场，培育新的经济增长点结合起来。要加快住房改革鼓励私人购房，盘活房地产市场；要大力拓展农村市场、海外市场，积极发展旅游市场。

三、适时适度微调，增加社会有效需求

广东固定资产投资已连续2年处于2300亿元左右的水平，预计今年也只能大体保持这一规模。加上这三年投资结构存在三多三少的问题，即基建投资多，技改投资少；基础设施投资多，加工制造业投资少；房屋住宅投资多，机械设备投资少。因此，投资对经济增长的拉力已显得较为微弱。为了扭转这一局面，一是加强政府对投资的引导。目前要尽早公布我省的产业政策，包括培育支柱产业、扶持高新技术产业、鼓励技术改造的政策以及严格限制国内资金进入高档房地产业的政策等。二是切实解决投资资金到位率偏低的问题。在加快投资体制改革的同时，建立新的融资渠道，扭转以往主要依靠间接融资的局面。盘活房地产开发、产成品库存以及“三角债”等大量沉淀资金，扩大有效投资需求资金的来源。三是在各级财政支出中，适当加大基本建设投资支出的比重，重点加强公共设施、更新改造和高新技术投资，提高财政支出对我省经济增长的乘数效应。

四、增加农民收入，保证农业的稳定发展

作为国民经济稳定的基石，我们对农业必须常抓不懈。一是大力减轻农民负担，设法增加农民收入，切实保护农民利益。二是加大农业投入，加强农业基础设施建设，提高农业抵御自然灾害的能力，改善农业生产条件。三是改进和完善土地使用制度，鼓励适度规模经营，大力推进“三高”农业和农业产业化经营的进程，提高农业抗御市场风险的能力。四是加快建立健全农村社会化服务体系的步伐，从根本上解决小生产与社会化之间的矛盾，找出在市场经济条件下，提高农民科学种田能力的有效机制与途径，推动全省农业再上新台阶。

注：本文所使用的统计数字均为快报数。

撰稿：陈铭津　黄德发

1998年1月21日

增创新优势　迎接新世纪

——广东面对知识经济时代的挑战与抉择

21世纪是知识经济唱主角的全新时代，全球经济竞争将更趋激烈。在这一新格局的坐标上，广东如何正视现实，摆正位置？在新世纪的门槛前，广东如何苦练内功，果敢迎接挑战？在新一轮的冲刺中，广东如何"增创新优势，更上一层楼"？这是江泽民总书记交给广东的一篇大文章，也是广东正在思考和探索的跨世纪命题。

认识自己：广东经济发展阶段"定位"

改革开放以来，轻型及外向化工业的迅速崛起，大大加快了广东工业化、城市化和现代化的进程。但值得注意的是，在经济快速发展的表象背后，也潜伏着不少隐忧，尤其是近年来一些矛盾已日趋显性化，严重制约了广东产业结构的升级转型和向高度化的演进，与经济所处的发展阶段极不适应。

对经济发展所处的阶段进行科学的测度和定位，将直接关系到我省战略目标、战略措施的选择与宏观经济政策的取向，关系到产业结构的调整方向和生产力空间的合理配置与布局，意义重大。衡量经济发展及其阶段的重要指标，是一个国家或地区的工业化水平。美国著名发展经济学家H·钱纳里认为工业化是以经济重心由初级产品生产向制造业生产转移为特征的，他根据多国模型的标准模式把现代经济增长理解为经济结构的全面转变，把随人均收入增长而发生的结构转变过程分为三个阶段、六个时期。（见表1）

表1：　　　　工业化发展阶段

时　期	人均收入变动范围（1982年美元）	发　展　阶　段
1	346—728	初级产品生产
2	728—1456	工业化阶段
3	1456—2912	
4	2912—5460	
5	5460—8736	发达经济
6	8736—13104	

在结构转变的第Ⅰ阶段，占统治地位的是初级产品的生产活动，主要是农业生产活动。虽然一般来说是初级产品生产的增长速度慢于制造业，但过低的收入水平所决定的对工业制成品的有限需求不能使制造业成为总产出的主要来源。

结构转变的第Ⅱ阶段（即2、3、4三个时期）是工业化阶段。按照标准模式，这一阶段内制造业在GDP中的份额从19%增至36%，当人均收入超过1456美元时，制造业对增长的贡献将高于初级产品生产；在第4个时期，社会基础设施（即"社会先行资本"）及服务业随着制造业投资和进口的增加而超过初级产品生产。整个工业化阶段制造业就业份额的变动滞后于其在GDP中份额的变动，从略高于10%的水平上升至20%，初级产业就业份额由60%降至20%，劳动力转移主要发生在农业和服务业之间，就资本存量而言，制造业份额由略高于10%的水平上升至近30%，农业份额由20%下降至10%，社会基础设施的份额在多数情况下超过农业和制造业资本量份额之和。

在结构转变的第Ⅲ阶段，收入水平较高，制造业的需求弹性将减少，制造业对增长的贡献也由第Ⅱ阶段上的第四个时期开始下降，也即经济发展中的第三产业比重上升，在GDP中占50%的比重，出现"经济服务化"现象。因此，钱纳里的结构转换走向与"配弟—克拉克定理"是相吻合的。

克拉克运用配弟的观点，搜集整理了若干国家一定时期劳动力在三次产业之间转移的统计资料得出了如下结论，即随着人均收入水平的提高，劳动力首先由第一产业向第二产业转移，当收入水平进一步提高时，劳动力便由第二产业向第三产业转移。（见表2）

表2: 劳动力的产业分布

人均 GDP (1982 年美元)	1 357	2 746	3 1529	4 2548	5 5096
第一产业	80.5	63.3	46.1	31.4	17.0
第二产业	9.6	17.0	26.8	36.0	45.6
第三产业	9.9	19.7	27.1	32.6	37.4

库兹涅茨等人根据农业、工业、服务业三大产业划分，把劳动力的产业间分配同国内生产总值的产业间分配有机结合起来，分析产业结构演化规律，其中运用了比较劳动生产率指标把投入生产要素的产业结构与生产成果的产业结构联系起来，从相对的劳动生产率差异来反映产业结构的特点，即农业比较劳动生产率随着经济的发展呈下降趋势，普遍低于1，工业比较劳动生产率逐步上升，服务业的比较劳动生产率呈下降趋势。(见表3)

表3: 国内生产总值的产业分布

人均 GDP (1982 年美元)	1 264	2 421	3 703	4 1126	5 1835	6 2752	7 4407	8 7043
第一产业	53.6	44.6	37.9	32.3	22.5	17.4	11.8	9.2
第二产业	18.5	22.4	24.6	29.4	35.2	39.5	52.9	50.2
第三产业	27.9	33.0	37.5	28.3	42.3	43.1	35.3	40.6

提出标准模式并非主张工业化发展道路的唯一性，而是提供一个国际背景下的参照系统，为各国研究工业化进程，分析对标准模式偏离程度提供依据。根据钱纳里结构转换模型，结合其他相关理论来测度，目前广东的经济处于哪一个发展阶段呢?

1. 从三次产业构成看。由于经济的快速发展，广东的产业结构发生了较大变化，三次产业增加值占 GDP 的比重已由1978年的29.8:46.6:23.6变为1997年的13.5:49.9:36.6，农业比重下降16.3个百分点，二、三产业比重各上升3.3和13.0个百分点；工、农业占总产值的比重由1978年的72.9:27.1变为1997年的88.2:11.8，工业长期占据主导地位，成为经济增长的主要推动力。与表3对照，显示广东工业份额增长较快，处于第7阶段；属于工业化阶段的后期；农业份额下降也较为迅速，处于第6阶段；服务业份额则明显不足，最高水平也不过在第3阶段。1978—1997年广东三次产业相对于国内生产总值的超前系数分别为-53.5%、23.2%和8.5%，滞后的农业、服务业是工业难以长期稳定发展的根源；产业之间严重的非均衡发展仍是制约工业化发展的主要因素，也是广东工业超高速冒进的结果，并不能完全表明工业化发展的高水平。因此，仅以增加值的产业分布做为判断工业化进程的依据，将会高估广东工业化的实际水平。

2. 从各产业从业人员分布看。伴随工业化的逐步推进，广东农业从业人员的份额有较大幅度的下降，从1980年的70.7%降至1997年的40.8%，非农业从业人员从29.3%上升到59.2%，但农业从业人员依然占绝对多数，三次产业比较劳动生产率虽然与库兹涅茨的结论基本吻合，但三次产业劳动力结构和产值结构明显不对称，结构偏离度偏高，1997年达到54.6%，说明劳动力分布不平衡，劳动效率较低。从业人员由农业向非农业的转移受诸多因素的制约，既有农业生产力水平低下、农村劳动力自然增长过快、农业人口较多的影响，也受经济发展长期处于二元结构状态的束缚。与表2对照，广东从业人员大致类似与第3组，农业从业人员比重偏高。如果说存在着从业人员份额变化慢于增加值份额变化的一般规律，那么广东的情况则大于一般规律，因此，仅以从业人员产业分布而判定广东工业化发展无疑会低估实际水平。

3. 从人均国内生产总值看。对人均 GDP 的测度，有助于工业化阶段的划分。关于人民币与美元的折算方法，常见的有两种：一是按购买力平价法，但明显高估了人民币币值；二是按当年汇率折算，却又明显低估了人民币币值，而且难以把握价格和国家汇率政策的变动因素。本文拟按照1988—1997年当年平均汇率的几何平均进行折算，得出1美元兑6.24元人民币，不仅能避免过高估计或过低估计的不足，而且大致符合实际水平。依此折算，1997年广东人均 GDP 为1671美元，与表1对照，可以发现广东人均 GDP 处于工业化的中期阶段，即钱纳里标准模式的第三时期末，即将进入经济结构全面转型的第四时期。这一结论与前面两个指标测算的结果也是基本吻合的。

4. 从工业结构的变动看。工业内部结构变动的水平，是对工业化过程中经济重心从初级产品生产向制造业转移水平的主要反映。测定工业结构的变动可用“霍夫曼比例”或“工业化率”指标。德国经济学家霍夫曼根据近20个国家工业内部结构的时期序列计算分析，依据霍夫曼比例的变化趋势，把工业发展过程分为4个阶段（见表4）。“霍夫曼比例”是消费品工业净产值与生产资料工业净产值的比例。“霍夫曼比例”愈小，工业化水平愈高。霍夫曼方法的“合理内核”在于表明随着工业化程度的提高，加工程度高的产业份额比例将增大。在工业化早期，工业结构以轻工业为主，加工程度低，随着工业化的发展，加工程度高的重化工业和机械加工工业必定优先发展，从而在总产出的份额会增大。1990、1996、1997年广东的近似“霍夫曼比例”分别为2.2、1.9和1.8，呈稳步下降态势，显示广东的重化工业水平有所提高。与表4对照，则广东90年代的工业化水平处于工业化的第二阶段。一般认为在转轨的过程中，是从轻工业为中心发展到以重化工业为中心，电力、钢铁、机械制造、石化等资金密集产业开始起主导作用，工业基础设施日臻完善。考虑到资源条件和全国生产力布局分工，广东以发展轻纺工业为主，重化工业并无优势；而且对于广东是否要大力发展重化工业，各界认识存在分歧，全省的经济工作重心也未向重化工业倾斜。因此，根据“霍夫曼比例”判断广东的工业化水平显得偏低。如果给予人为的判断和修正，广东的工业化应处于霍夫曼划分的工业化的第三阶段。

表4：霍夫曼比例

阶　段	比　　例	区　　间
1	5（±1）	(6—4)
2	2.5（±1）	(3.5—1.5)
3	1（±0.5）	(1.5—0.5)
4	1以下	

“工业化率”是社会总产出中制造业份额每10年增长的百分点数。工业化率越大，工业化推进的速度越快。如果用工业增加值占GDP比重的变化估算工业化率，则1987—1997年广东的工业化率为10.99%，是钱纳里计算的标准数（3.4%）的3倍。虽然估算有些偏高，但足以反映广东工业化推进速度比标准模式快。

5. 从城市化水平看。工业的发展必然带动城市的发展，城市化水平也反映了工业发展水平。根据联合国1985年的分析预测，以城市人口比重测算的1980年世界城市化的平均水平为40%，2000年将达到48%；1996年世界银行发展报告中测算的中低收入国家城市人口占总人口的比重为53%，低收入国家也达32%。广东1985年为21%，1997年为31%，而通常在工业化发展的初期（标准模式第二阶段），城市化水平就应在40%左右。显然，广东城市化的程度处于较低的水平，这与我国长期实行的城乡分割严格户籍管理制度有关。从城市化状况分析会低估广东的工业化水平。

6. 从人民生活水平看。根据联合国粮农组织提出的划分标准，恩格尔系数在60%以上的为贫困，50—60%为温饱，40—50%为小康，40%以下为富裕。1995年广东城镇居民恩格尔系数为48%，比1990年下降9.2个百分点，珠江三角洲农村和全省城镇总体上已达到小康水平，不少地区已向富裕阶段奔进，表明经济起飞阶段已基本完成。

以上对比分析，呈现在我们眼前的是一幅参差不齐甚至相互矛盾的画面，滞后与超前形成较大落差，难以同各种“标准模式”一一对应，显示广东走出了一条独特的各阶段特征相互叠加的工业化道路。但从总体上判断，广东已经处于W·罗斯托所说的工业化阶段的中期，即钱纳里标准模式中的第三个时期，但是部分领域则处于工业化初期或后期的水平，农村工业正处于工业化的加速和深化阶段，而珠江三角洲经济则处于钱纳里模型中的由第Ⅱ阶段—工业化阶段向第Ⅲ阶段—发达经济的过渡阶段，即是说，广东尤其是珠江三角洲经济正处于经济调整与升级的关键时期。

直面现实：广东经济转型出现“阵痛”

在广东经济结构快速转换的关键时期，社会环境和时代氛围已出现诸多新变化，经济发展已由解决短缺经济、数量扩张为主要特征的快速增长阶段，进入追求质量效益、提高经济整体素质和可持续发展为主要特征的稳定增长阶段，结构调整和产业升级成为经济增长的关键环节，经济运行出现“阵痛”在所难免。

1、从卖方市场向买方市场转变，“广货”受到严峻挑战。经过近20年高速增长的量变积累，我国生产和供给能力大大提高，大部分商品的供给由卖方市场变成买方市场已是不争的事实。在全国601种主要商品中，目前供不应求的商品几乎没有，供求基本平衡的商品占74.2%，供过于求的商品占25.8%。另一个重要的变化是，近期投资品乃至一些基础产品也相继出现了供大于求的格局。说明市场经济已进入正常发展的形态，经济生活中市场供求的自我伸缩机制和调节机制已在发挥作用，市场这只无形的手已经在支配人们的经济活动。

买方市场的形成，标志着我们已经从根本上摆脱了短缺经济，它既给消费者带来益处，也给整个经济带来影响。从本质上讲，计划经济主要是解决生产短缺—供给不足的矛盾，而解决生产过剩—需求不足则成为市场经济的永恒主题，过去制约经济增长的因素尤其是资金因素不断减弱，市场约束逐渐增强，市场需求将成为经济增长的决定性因素。尤其是随着对外开放的不断扩大，国内市场与国际市场接轨加速，跨国公司和合资公司的产品大举进入，市场竞争加剧，广东工业在国内其他省份和国际跨国公司竞争的双重压力下，市场份额不断丢失。普查资料显示，1995年全省乡及乡以上工业2620种产品中，销售率在八成以下的有570种，占21.8%，其中尤以部分机械、轻纺、化工、电子和电器产品等最为严重。生产与需求的矛盾主要是盲目投资、重复建设和市场变化所致。据不完全统计，"七五"时期广东销往外省产品年均增长12.4%，1993年则比上年下降2.2%，1995年仅比上年增长4.3%。外调商品增长率的下降，表明广东原有的轻型结构优势已明显减弱。

2、对外开放向纵深发展，经济国际化面临新的挑战。广东已形成一个多层次、全方位的外向型经济格局，经济国际化程度不断提高。随着国际国内形势的深刻变化，广东的经济国际化将面临新的挑战。去年由泰国引发的金融危机，如同"多米诺骨牌效应"，迅速蔓延到东南亚其他国家，日本、韩国均受到"株连"，岌岌可危。"亚洲流感"不仅使全世界尤其是亚洲国家的经济增长速度大大放缓，同时也打乱了世界经济一体化的进程表，中国也将放慢经济国际化的步伐，并采取了更加审慎的对外开放政策，处在对外开放前沿的广东也无可避免地牵涉其中。因此，亚洲金融危机成为广东经济国际化进程中一个重要的未知变数。

首先"广货"的海外市场开拓难度加大。其一，广东的工业制成品已有1/3销往海外，1997年出口依存度已高达85%左右。根据贸易平衡的有关国际准则，在现有外贸政策和产品档次条件下，出口要再上一个台阶困难较大。其二，在国际上，西方某些大国常常利用最惠国待遇、移民、配额、原产地规则、反倾销等手段制造纠葛，对中国采取贸易歧视政策。同时，经济区域一体化在一定程度上形成新的分割性贸易壁垒，发达国家对中国大众出口商品设限类别越来越多。其三，国内各省市、东盟及东欧各国大量传统工艺品和粗加工产品的出口挤占了广东产品的部分市场。其四，金融危机使亚洲诸多国家的经济长时期会在低迷状态徘徊，将明显减少对中国出口的需求，东南亚国家成本的降低也会加大广东的出口压力。其次全国沿边沿江对外开放和统一大市场的新格局已逐步形成，广东原有特殊政策的"孤岛效应"正在渐渐消失，政策落差几乎拉平。由于成本费用的刚性攀升，广东的投资软环境急待改善。同时广东70%以上的外资来自香港，如今能量释放已大不如前，加之受金融危机的影响，亚洲经济景气度迅速下降，银根开始收紧，其对外投资增量递减趋势已非常明显，广东将深受其害。

3、第三次产业结构调整进入攻坚阶段，难度进一步加大。近20年间，广东比较大的经济结构调整有三次。从70年代末起至80年代，广东大力推进轻型化的经济发展战略，带动了经济的高速增长。"六五"时期广东轻工业年均增长18.2%，快于重工业5个百分点，经济年均增长12.2%。到"七五"时期，广东开始由一般消费品生产向新型耐用消费品生产转型，全省轻工业年均递增24.5%，经济增长速度达到12.5%。这一结构演变过程，总体上看符合产业演变的一般规律和广东的实际，因而也是富有成效的。第一次调整使广东基本完成了农业经济向工业化初级阶段的演变。

80年代后期至90年代初期，广东开始着重解决基础产业与基础设施建设滞后于加工工业发展造成"瓶颈"的矛盾。"八五"时期，广东投入基础设施和基础产业建设的资金是各历史时期中最多的，累计达2137亿元，比"七五"增长3.7倍，占全省基建和更改投资完成额的57.3%，比"七五"上升10个百分点。由于投入大幅度增加，全省能源原材料、交通邮电业建设突飞猛进，基本改变了基础产业长期落后于经济发展的状况。经过第二次结构调整，广东由工业化初级阶段向工业化中期阶段迈出了关键一步。

90年代以来，由于我们在根据经济发展阶段和国内外环境变化适时调整工业结构的力度不够，致使产业转型滞缓。在1992年全国蜂拥而上的大环境下，广东仍沿袭了过去的发展模式，在原有技术水平上进行规模扩张，产业结构不合理的矛盾日渐凸现。主要表现在：产业的关联度和集中度都比较低，产品更新换代和支柱产业建设步伐迟缓，专业化生产水平不高，目前除电子及通讯设备制造业产值占工业总产值的比重较高以外，其它还没有一个行业达到15%的要求；重复建设和重复生产严重，在珠江三角洲各市40大行业中，排在前6位的大体是电器、服装、电子、纺织、食品加工、非金属制品等行业，结构明显趋同，引致内部过度竞争和资源浪费，阻碍了生产要素的合理配置；组织结构不合理，企业规模偏小，有总量优势而无规模优势。广东80年代的结构问题是在卖方市场大环境下基础产业发展滞后制约整个国民经济的发展；90年代的结构问题是在开始形成买方市场的大环境下供给结构与需求结构出现错位。80年代结构调整主要通过增加投资，把短线拉长即可；90年代结构调整，则需要把长线砍短，关、停、并、转，甚至破产一批企业。因此，第三次结构调整是经济的全面转轨，难度可想而知，可谓"正入万山圈子里，一山放出一山拦"。

4、"亚洲模式"开始走向式微，广东转变经济增长方式已迫在眉睫。东南亚金融危机足以说明"亚洲模式"存在诸多缺陷，并开始走向式微。"亚洲模式"的主要特征有：其一，政府主导型。它对促进发展中国家经济起飞和快速增长起到重要作用，具有一定的必然性；但政府介入经济过深，易于滋生腐败，导致官商勾结和政府对经济活动监管的松驰不力。其二，出口导向型。强劲的出口需求是带动经济增长的重要拉力，但资金、技术和市场“三头”在外，常常受制于人，一旦竞争力下降和出口受阻，国际收支状况恶化，经济将会出现衰退。其三，“经济泡沫化”。在一个经济经历了长时期的扩张性增长之后，经济有效增长的高级产业却未能取代已经过度供给的老产业而成为吸纳投资资金的热点产业，此时从传统产业中游离出来的资金就有可能在金融资产或房地产中寻求出路，从而形成经济泡沫现象。它给社会带来的只是短暂的辉煌和欢悦，留下的却是“世事茫茫难自料，春愁黯黯独成眠”的长时期苦难，甚至造成经济崩溃。其四，经营粗放型。早在4年前美国经济学家克鲁格曼就指出，亚洲的繁荣主要是依靠劳动力和资本等生产要素的持续投入来维持的，即流汗比别人多，而科技、劳动者素质、生产管理与制度建设等全要素生产率因素对亚洲的经济增长贡献甚少，一旦达到要素投入的边际报酬递减或者要素投入难以继续扩张的境地，亚洲经济的高速增长就会呈现强弩之末之势，甚至会陷入停滞的泥潭。“流汗”理论甫出，即遭到中国等亚洲国家的猛烈抨击，但这次亚洲金融危机在某种程度上应验了克氏的观点。

广东经济是典型的“亚洲模式”经济，粗放经营特征明显。近20年来，广东的总增加值率几乎呈直线下降的趋势，1987年为45.1%，1997年为32.6%，下降12.5个百分点，物耗水平则不断上升。说明向社会提供的供最终使用的产品与劳务相对减少，宏观经济效益下降。投资的使用效益也不甚理想。“八五”时期，广东固定资产投资总额约占全国的1/8，但新增GDP仅占全国的1/10。其间，广东平均每百元固定资产投资新增GDP为52.3元，分别比“六五”和“七五”时期少3.7元和7.3元，分别下降6.6%和12.2%。假如“八五”时期能够保持“七五”的投资效率，则广东可多增产556亿元的GDP，或可节省933亿元投资。为了适应新形势的变化，广东必须痛下决心改变这种“高投入、高消耗、高速度、低产出、低技术的数量扩张型经济增长方式。

5、*从原始资本积累向优胜劣汰转变，新的经济增长点出现缺位。*改革开放以后，我国也出现了一个资本原始积累的过程，这与资本主义社会早期的资本原始积累有着本质的不同，但它也有投机倒把、官商勾结、市场混乱、假冒伪劣、“灰色经济”与“黑箱作业”等种种不法现象；同时各类企业纷纷兴起，有的通过民间集资起步迅速积累资本，有的依靠银行贷款搞负债经营而扩大规模，不少企业成为新的市场主体。随着买方市场的出现，加之市场秩序的整顿和规范化，“微利时代”已经来临，企业的平均利润下降，不少行业都出现了生产销售增长与盈利水平下降的双向逆反运动，企业之间通过市场竞争的优胜劣汰机制逐步形成，两极分化加剧，生产、效益和资本向少数优势企业集中，多数中小企业生产经营日益困难，这必然给以中小企业为主、大型工业企业仅占1.4%的广东经济带来不利影响，有碍于企业提高竞争能力和规模效益。

当前广东正处于主导产业缺位、潜在的经济增长点多、现实而有广泛影响的新经济增长点少，经济发展阶段已开始转换、但产业结构调整滞后、“投资无热点”的重要时期。首先，“八五”全省大规模的基础设施与基础产业建设已告一段落，“九五”时期已出现了一个明显的间歇期。1997年全省固定资产投资在1996年零增长的基础再下降1.3%，其中原材料投资下降63.4%；交通邮电投资下降15.1%。其次，制造业领域已出现结构性过剩，生产能力利用率不足问题突出。据第三次工业普查，全省有204种主要产品生产能力利用率不足，约占被调查产品的1/3，其中生产能力利用率不足半数，处于停产半停产状态的有100种之多。尤其是广东最具优势的家电及电子产品，生产利用率也不容乐观，投资空间已不大。第三，“八五”时期广东房地产开发投资出现过度膨胀，累计达1459.87亿元，占全部投资的19.5%，年均递增76.7%，比工业投资增长快49.4个百分点。但商品房滞销而使大量资金被套牢，全省沉淀在房地产开发上的资金至少有1000亿元以上，房地产开发行业短期内尚无法恢复元气。此外，受各种因素的制约，家庭轿车、农村市场等也启而不动，形成国内市场销售近几年处于“超稳定”状态，即期消费也不太理想。在轻纺工业、基础设施建设、房地产开发相对“饱和”以及市场销售不望的状况下，投资增长乏力，如何挖掘新的经济增长点，已成为广东面临的一大难题。

亚洲新兴国家的经济高速增长期一般为20年左右，广东的快速增长期也持续了近20年，经济增长的原有动力呈边际效应递减之势，经济发展速度已由高峰期的22%以上逐年回落到10%左右，引致企业效益下滑，微观经济困难程度加剧，失业下岗人员增多，就业压力加大。这种“阵痛”是由经济成长从一个阶段转入下一个阶段的经济升级期所形成的特殊机理所决定的。在进入新的经济成长阶段之前，新旧产业、新旧技术、新旧增长方式、新旧管理模式、新旧体制之间发生摩擦，出现所谓“断层危机”——结构剧烈失衡，增长速度放缓，市场秩序混乱。从历史上看，各国工业化在几个产业升级期都发生过经济成长“断层危机”。本世纪30年代西方世界的大危机，就发生在美、德、日等国家由初级工业化转向中级工业化阶段；美国80年代所发生的经济“滞胀”和日本90年以来持续性衰退则属于由工业时代向信息时代转变期的断层危机；这次金融危机则发生在东南亚国家由初级工业化向中级工业化的升级转换期。根据经济成长规律，只有经过一定程度的振荡，经济发展才能重新恢复活力，并在调整中登上一个新的台阶。

对于广东经济暂时出现的困难和“阵痛”，我们不必过于惊慌。为了缓解经济升级期的断层障碍，尽量减少“断层危机”对社会引起的冲击，广东必须未雨绸缪，注意在产业快速转换中，及时回补基础结构；注意各个产业和各种要素的整体质量升级；注意把握需求结构的变化，及时调整产业结构。

与狼共舞：广东面对知识经济的挑战

在经历了采集（游牧）经济、农业经济、工业经济的漫长历程之后，知识经济已经开始以不可阻挡的趋势进入当今社会生活。对于发达国家，它是生产力发展和文明进步的必然结果；对于发展中国家，则是机遇和挑战并存。

关于知识经济的动力学功能。按"富国俱乐部"—世界经济合作组织《以知识为基础的经济》中的定义，知识经济是指建立在知识和信息的生产、分配和使用之上的经济。以经合组织为例，其国内生产总值的50%以上已是以知识为基础的。目前全世界80%的科研活动集中在发达国家，在占有知识上的差距，最终将导致国与国之间在竞争力方面的差别，发展知识经济意义重大。

首先，知识经济能够创造巨大的经济效益和社会效益。大量事实证明，知识已成为提高劳动生产率和实现经济增长的驱动器，成为具有可诱发性的战略资源。按照传统理论，经济的增长取决于资本和劳动增加（投入）的数量，而且投入的要素是相互依赖的，按规模比例增加；任何单一要素的增长都会使收益递减，这就是著名的收益递减规律。根据生产函数理论：经济的增长（%）$=\frac{3}{4}$（劳动增长）$+\frac{1}{4}$（资本增长）。然而当高科技产业以天方夜谭式的几何激增速度，在造就了一个个"微软神话"、"英特尔神话"之后，人们开始了对知识作用的真正反思，以美国经济学家保罗·罗默为代表的新经济增长理论应运而生。罗默认为，好的想法和技术发明是经济发展的推动力量，知识的传播以及它的变化和提炼是经济增长的关键；而好的想法和丰富的知识能以很低的成本复制，因而收益递减的法则不再成立。罗默的理论与传统的经济理论有两点不同：一是传统的理论只考虑资本和劳动力两个因素，而罗默却将第三种因素—技术考虑进去；二是传统理论认为"完美的竞争"是规范准则，而垄断力量则是一种偏离现象。罗默则认为，垄断力量也会有用，甚至起关键作用，它提供了使公司从事和参与技术性研究的动力，这成为美国近年来兼并浪潮的理论依据。

美国用1948—1984年的数据核算，发现经济的实际增长比资本和劳动投入所应该引起的增长大得多。原来应占增长100%的两大因素，现在只占34%；据对日本1952—1961年的经济增长进行计算，同样发现技术在经济增长中的贡献是66.6%，其中增加了一项新因素TC，传统公式便变为：经济增长=34%（劳动增长+资本增长）+66%（科技和教育）。据研究，发达国家技术对经济增长的贡献率，在20世纪初为5%—20%，20—90年代为70%—80%。知识已不再是经济增长的"外生变量"，而是内在的核心因素。因为知识具有溢散和重复利用功能，可减少由于资金紧缺或劳动力成本上升对经济增长造成的压力。

其次，知识经济是实现可持续发展的根本途径。可持续发展旨在保持生态系统的多样性、资源的可持续利用，保证良好的生产与生活环境，使人的素质、生活质量和社会人均福利持续提高。研究表明：任何一个产品或者一种劳动的服务，都包含两个组成部分，一部分是消耗的物质，一部分是它包含的知识。随着工业化时期的"物质经济"逐渐向现代社会和"知识经济"过渡，物质的消耗逐渐减少，而知识、技术和智能的含量则在不断增加。因此，知识经济也是一种"低耗高效"型经济。在工业经济中，国内生产总值与能源、原材料是同步增长，而在知识经济中，单位GDP的能耗却下降，例如1977—1986年，美国下降了2.4倍，日本下降了2.6倍。70年代，美国的市内交通已有16%被市内通信代替，节约了7%的燃油，减少了环境污染和减轻了交通压力。有分析证明，完善的现代通信网络足以使基建部门的劳动生产率提高15%以上，农机利用率提高25%以上，交通运输能力提高50～100%。

再次，发展知识经济有利于改变劳动结构。在知识经济中，社会生产总过程愈来愈复杂，体力劳动越来越被机械化和自动化所替代，人的劳动将越来越多地被排斥在生产过程之外，整个社会对高素质人才的依赖也越来越大，就业结构也随之发生变化。目前，国际上的投资正在流向高新技术产品和服务，尤其是信息和通讯技术方面，计算机及其相关设备是各种有形投资和无形投资中发展最快的。经合组织国家投入到研究与发展（R&D）的费用已占国内生产总值的2.3%；教育经费平均占经合组织成员国政府支出的12%。新兴行业也不断涌现，知识性工作在迅速增加，因此，知识经济能够极大地促进劳动结构的变革。美国社会学家布劳在对美国的职业分层和教育资格之间的关系进行研究后发现，教育与职业地位具有很强的相关性，相关系数达0.73。据统计，技术熟练的劳动力在经合组织国家最为抢手，教育程度低的人平均失业率是10.5%，而受过高等教育的人失业率只有3.8%。

可以预料：以知识和信息为主要活动内容的社会，将出现三种转换现象。首先是从三大传统工业（即钢铁、机械、化学）的大发展时代转向三大新兴工业（即信息工程、生物工程、材料工程）大发展时代；二是以满足物质需求为主要内容的一、二次产业转向以精神需求为主要内容的三、四次产业；三是从以体力劳动为主的"蓝领"占优势转向以脑力劳动为主的"白领"占优势。从本质上说，第一个转变就是从高耸入云的"烟窗"工业向默默无闻的"无烟"工业的转变，由此而引发人类环保的革命；第二个转变就是从"物质经济"向"服务经济"的转变，由此而带来人类精神享受的飞跃；第三个转变就是人类从肌体的消耗向脑力 的延伸转变，由此而造成人类知识的剧增。绿色环境、优质服务、知识财富之统一体，代表了知识经济时代的方向。

*由美日竞争力的倒转说开去。*90年代以来国际经济领域一个引人注目的现象，便是美国和日本国际竞争力发生了相互倒转。

二次大战结束后，美国利用盟国盟主的地位领导了世界经济，无论在成本、质量、技术上均在世界领先，几乎没有竞争对手。然而时过境迁，80年代以后，日本公司对美国形成了巨大而有力的打击。美国企业及国家竞争力的头把交椅被迫让位于日本。曾经是唯唯诺诺的日本人，现在竟敢公开嘲笑美国人“懒惰”，指斥美国企业“管理落后”，并对美国说“不”。但是美日之间的这场零和博奕并未就此划上句号。统计表明，日本入围世界500强的企业数，近3年中减少23家，而美国则增加11家，且位次也有较大变化，多年居冠亚军的日本“三菱商社”和“三井物产”在1996年终于让位于美国的通用汽车和福特汽车；1996年和1997年美国的国际竞争力已连续两年居世界第一位。

美国在90年代是如何摆脱困境，重新取得竞争优势的呢？美国在经过深刻反省之后迅速惊醒、反思，决心以积极的姿态从羁绊中解脱出来，以全新的方式迎接来自日本的挑战。首先将科技工作重点从军事转向民用，围绕建设信息高速公路大力发展信息技术，投资重点向高新技术产业倾斜，新产品开发和产业结构调整进展加快。自1990年在信息产业的投资第一次超过其它产业的投资后，1996年美国已占全球信息产业总投资6100亿美元的41.5%，超过日本和欧洲的总和；美国办公室和家庭中使用的计算机已达1亿多台，超过世界其他国家和地区的总和；美国信息产业所创造的产值约占国内生产总值的40%—50%。计算机、电信技术的广泛应用和发展，带动了航空航天、新材料、生物工程、环保等新兴产业的发展，国际竞争力明显增强，重新确立了美国在全球经济中不可动摇的领先地位。最先倒转出现在1992年，美国英特尔公司取代日本公司成为世界最大的半导体制造商。1993年后，美国的通用、福特、克莱斯勒三大汽车公司也先后扭亏为盈，且销量增长。1994年，美国在新一代计算机芯片、软件，各种新型计算机和网络技术，移动通讯技术，高清晰度电视技术以及生物技术等高新技术领域，在国际市场已占全面优势。

信息技术与信息化造就了美国这个世界超级经济大国。1990年以来，美国经济的收缩期仅有9个月，而扩张却高达80多个月，至今势头不减，这是美国经济周期中收缩期最短扩张期最长的时期。其经济增长率和创造的就业机会都高于日本和欧洲，呈现出以信息革命和全球化大市场为基础，以企业大规模兼并和重组为先导，以低通胀、低失业为特点，经济得到较长时间的持续高增长，形成所谓“新经济”阶段。而美国的经济增长和就业主要地不是靠大量投资所获得。如1993年净投资占国内生产总值的比率，美国为3.4%，德国为5.7%，日本为15.4%。在就业结构方面，50年代时，美国服务业占就业人口50%，现在已达80%。

美日国际竞争力的相互倒转现象令人深思，发人深醒。知识经济的潮流浩浩荡荡，顺之则昌，逆之则亡。

*从国内外比较看广东的差距。*研究表明，广东的产业技术素质还较低。1995年全省乡及乡以上独立核算工业产品的附加值率仅为24.4%，比全国和上海分别低3.7和3个百分点。1996年广东科研和综合技术服务企业法人单位0.13万个，从业人员7.91万人，分别占全省的0.5%和0.4%，均低于全国0.7%和0.8%的平均水平。工业八大支柱产品部门中属于“技术密集型”产品部门的产出仅占支柱产品部门产出的21.7%，占全部工业总产出的15.4%。表明广东高新技术产品部门非常薄弱，整个工业结构还属于“劳动密集型”传统产业结构，科技进步对工业经济的贡献率仅为40%左右。出口产品仍以资源性和劳动密集型产品为主，技术密集性产品只占25%左右，出口商品中居前三位的是低技术的服装、鞋类和玩具，合计占四成以上。

应该承认，广东的经济仍属于粗放和外延型经济，离知识经济的要求相距甚远，这是由科技整体水平相对落后决定的。

——*国民教育仍处于初中级水平。*1997年广东的大学入学率约为7%，远远低于1994年世界15.3%的平均水平。1995年全省每十万人口拥有的大学及以上教育程度人数为2028人，比全国平均低37人；1996年有大专以上文化程度的从业人员比重，广东为1.9%，低于江苏的3.5%和上海的13.0%，更大大低于发达国家50%的水平；据抽样调查，在农村劳动力中，1996年广东高中以上文化程度占12.4%，其中中专以上程度仅占1.7%，反映出我省劳动者素质和技能较低。

——*科技人力投入的规模和强度偏弱。*1996年广东四大科技活动主体共投入科技活动人员13.6万人，居全国第10位，分别为江苏的56.1%、山东的68.7%和上海的70.1%；全省有科技活动机构1703个，占全国的7.3%，分别比江苏和山东少549和284个；大中型工业有技术开发活动企业所占的比重，广东为36%，低于全国49%的平均水平，也低于山东的46%、上海的48%和江苏的60%，企业科技活动的潜力有待进一步挖掘。

——*科技成果转化率偏低。*由于经费匮乏，研究与生产中间脱节，信息沟通不灵，目前我省每年科技成果转化成商品并形成规模效益的仅为20%左右，远远低于发达国家60—80%的水平；同时新产品开发周期长，产品更新速度迟缓。

——*科技经费投入不足。*发达国家R&D经费占GDP比重平均在2—3%之间；新兴工业国和一些发展中国家

R&D经费占GDP比重也不断提高，韩国达2.5%，台湾为1.8%，印度为0.8%。1996年广东科技活动共投入经费52.0亿元，居全国第5位，分别为上海的47.5%和江苏的64.4%；R&D经费占GDP的比重为0.3%，低于全国平均水平（0.9%），也低于上海（1.2%）和江苏（0.4%）。1996年全国综合评价结果显示，广东教育科技居第9位，与广东作为经济大省的地位实不相称。

——投资技术构成较低。近几年广东的设备工器具购置及更新改造投资在固定资产投资总规模中所占比重极低，且呈下降趋势，与经济演化的一般规律背道而驰。1997年器具购置占投资总额的比重为20.2%，比1990年下降5.3个百分点；更改投资占投资总额的比重为11.9%，比1988年下降10.5个百分点，比重大大低于全国平均水平，这种投资构成不利于有效提高经济技术装备水平。亚洲一些国家在经济起飞时投资的技术构成是较高的，日本在60年代为40%，韩国在70年代为43%，新加坡在80年代为64%，欧美发达国家技改投资的比重则达到70—80%。

当然也应该看到，近年来广东的科技发展也出现了一些可喜的变化。如科技教育综合实力在全国排位前移，科技投入步伐加快；在R&D研究项目中，基础研究所比重达27%，比全国平均高出5个百分点；专利水平较高，专利申请受理、专利批准的总数居全国第一；先后建立起6个国家级高新技术开发区、3个省级开发区和珠江三角洲高技术产业带，发展势头较好；科技含量较高的电子及通信设备制造业产出已跃居各工业部门之首，工业结构正逐步从传统工业走向现代工业。与各省市相比，广东的对外开放和市场化程度均较高，主要经济总量指标多年来位居全国第一，经济实力相对雄厚。这些均为广东推进经济转型、加快向知识经济时代迈进、“与狼共舞”创造了极为有利的条件。

科学兴省：广东迈向新世纪的战略抉择

一个国家或地区经济从农业化发展到工业化乃至信息化，经济结构的每一次转变与升级，都是由一组新型产业和新的经济增长点推动的。广东当务之急是要根据经济发展阶段的规律，密切跟踪世界经济 的最新潮流，坚持以科技进步为依托，大力培育新型产业，争创新优势，努力实现社会生产集约化、企业组织集团化、生产经营规模化、产业结构高度化、社会发展持续化的目标，为经济转型提供充足动力，为知识经济时代的到来做好充分准备。

鉴于区域经济发展和科技教育水平参差不齐的状况，广东应采取“蛙式跳跃、渐次推进”的战略，以局部突破带动全面发展，即本着“有所为有所不为”的原则，在基础较好的地区加快科技教育体制改革，推进科技进步，全力研究开发电子信息、生物工程、新型材料、光电仪一体化、高级精细化工、节能与环保等高新技术，建设面向21世纪的支柱产业，抢占新时代的制高点，进而使之扩散和普及化，这是一条比较现实和可行的办法。经济学家穆尔达尔创立的“不平衡增长理论”认为，不平衡发展会产生两种效应：一方面使先发地区发展更快，使后发地区发展更慢，形成所谓“回波效应”；但另一方面，它又可以形成“扩散效应”，即先发地区发展到一定程度后，由于自然资源限制及市场规律作用，造成生产成本上升，因而产生了向后发地区转移某些产业、资金，技术的流向亦是如此。我们切不可将对知识经济玫瑰色未来的憧憬化作好高骛远，一哄而起，因为知识经济决不会“忽如一夜春风来”！

发展高新技术产业，政府重任在肩，责无旁贷，在这方面发达国家已有不少成功的做法和经验值得我们借鉴。

1、充分发挥政府的主导作用，统一规划和组织协调高新技术产业的发展。(1) 强化组织领导。世界上许多国家为了加快高新技术产业的发展，都加强了对高新技术产业发展的组织管理，如美国成立了以总统为主任的国家科技委员会，俄罗斯成立了总统科技政策委员会，日本则将科技与教育合并为教科省。为了改变目前我国科技发展力量分散、条块分割的局面，广东应以这次机构改革为契机，剥离计委、经委、农办、环保及财政的科技职能，将其归入科委，并以经过全面重组后的科委为班底，成立一个以省长牵头的高层次的、权威性的协调组织，强化对高新技术产业发展的组织领导。(2) 制订统一的高新技术发展战略规划。为推动高新技术产业的发展，广东应以国家“863计划”、“火炬计划”、“丰收计划”为蓝本，对全省高新技术及其产业发展作出具体长远的战略和布局规划，以便合理地运用国家的财力、物力和人力。(3) 加大执法力度，健全法律体系，为高新技术产业的健康发展提供法律保障。要在加大《知识产权法》执法力度的同时，建立健全有关法律法规体系，如《高新技术产业促进法》、《高新技术产业开发区管理条例》、《风险投资管理办法》、《职业培训条例》、《技术合法条例》等。(4) 组织协调高新技术产业开发区的发展。鉴于目前开发区“散、乱、低、同”的状况，省应坚持“高、新、特”的原则，规定建立高技术开发区的地方政府应提供10亿元（日本规定为15亿美元）以上的基本建设经费，藉此进一步整顿精减和优化开发区，提高产业发展的技术集中度，实现高新技术产业的集约化发展。

2、制定各种优惠政策，鼓励对高技术企业的投入。(1) 优惠的财税政策。在一定期限内对于高新技术企业应减免其所得税和增值税，所有被认定的高新技术企业均享受15%的所得税率；加速高新技术企业的设备折旧年限（发达国家一般为三年）；将企业大量的智力和无形资产的投入作为生产要素计入成本；对企业进口自用设备、仪器、原材料、零部件等实行长期稳定的减免税优惠；设立技术开发与新产品研制特种基金，资金来源为财政与企业利润中的一部分，也可以将对高技术企业税收优惠改免征为征收5%并返还企业作为基金的资金来源。(2) 支持性的金融政策。政府应采取贴息、担保等方式鼓励商业银行向高新技术企业提供贷款；政策性银行应当设立高新技术产业发展专项优惠贷款；允许具备条件和信用等级好的高新技术企业在资本市场上发行可转让特种债券，以应付新技术与新产品研制开发上庞大的资金需求，专款专用；优先安排高新技术企业股票上市的额度，运用资本市场直接筹资。(3) 倾斜的贸易政策。政府应以出口信贷方式支持高新技术企业开拓和占领国外市场；在产品性能价格比相近的情况下，政府应优先采购国内高新技术产品；国家应加大反倾销的力度，保持国内高新技术企业的合法权益。(4) 大力发展风险投资。风险投资具有投资对象“朝阳化”、投资过程风险化、经营人才专业化、成功回报“暴利”化等特征。作为高技术产业化的重要“孵化器”，风险投资在国外已日趋成熟，我国风险投资因起步较晚和体制不完善等原因而一直未能健康发展。发展我省的风险投资，一是要健全现代风险投资企业制度，规范风险投资企业的运作方式，建立高新技术项目的选择体系和中间试验基地，建立对风险投资的评估论证制度，以形成研究—中试—产业化良性循环的风险投资运行机制。二是将现有的高科技园区建设成为软硬件齐全的风险投资区，突出高科技成果汇集、筛选、中试及产品转移的软环境功能；三是要拓宽风险投资企业的资金来源，选拔和培养优秀的综合型风险投资人才，完善风险投资企业家的激励机制与约束机制，壮大风险投资的企业家队伍。

3、促进产、官、学、研的联合与协调，提高科技成果的转化率。如何将大学与科研机构和企业有机地结合起来，发挥它们各自巨大的潜能已成为各国政府在制订新技术发展计划与战略时着手解决的首要问题。(1) 增加政府研究开发的资金投入，适度开展政府对科技研究成果的采购，然后再转手卖给需要的企业，形成技术上的政府采购行为，力争到2000年全社会的R&D经费占GDP的比例达到1.5%以上；政府应重点完善研究开发的基础环境，尽快将自己管的大部分科研机构通过兼并、租赁、拍卖等形式直接转移到企业，壮大企业的技术力量，使企业成为研究开发的真正主体。(2) 鼓励企业与高等院校、科研院所进行稳定、广泛地合作，如联办研究开发机构、工程技术中心、企业技术中心、企业博士后流动站等，进行项目合作；以股份制的形式组建科研生产联合体，允许技术入股和创业入股，充分调动科研机构、人员和企业家的积极性。(3) 坚持以市场为导向，积极培育各种技术中介组织，加快高新技术信息平台建设，为社会各界提供“即时信息系统”和技术服务，引导高技术企业朝着正确的方向发展。(4) 坚持多轮并转，大力发展私营科技企业，这是实现我省国民经济战略性调整、培育新的经济增长点、全面推进科技进步的一个重要举措，政府必须对融资渠道、税收优惠、工商登记、人才引进等政策措施进行全面梳理和调整，为私营科技企业的发展创造良好的社会氛围。

4、大力建设知识创新体系，努力提高广东的国际竞争能力。当今一个以知识和信息为基础、竞争与合作并存的全球化市场经济正在形成，发展中国家通过学习别国技术和经验而赶上发达国家的难度将提高，“后发优势”的作用将减弱，这就决定了创新的必要性和重要性。广东的创新能力与经济发展需要和国际先进水平相差极大，科技竞争力大大落后于经济竞争力，提高创新能力已迫在眉睫。(1) 在不断完善和继续推进《技术创新工程》、《211工程》的同时，组织实施《知识创新工程》，形成全省创新体系完整的总体战略布局，逐步建立起以企业、高校和科研机构为骨干的创新系统，形成高效的知识创新运行机制。(2) 建设若干个国内知名的知识创新基地。广东可以考虑将国家级新技术产业开发区作为基地来建设知识创新研究开发院（中心），并借鉴台湾新竹科技园的成功做法和经验，依靠优惠的政策和有效的激励机制，吸引海外留学人员和内地的高素质科研人员来园区工作，形成研究、开发、生产一条龙。(3) 推动企业的创新活动。企业发展的优势有赖于对现状的不满足和孜孜不倦的创新活动，“把规则扔进水沟”，这是企业生存和发展的根本途径。企业的创新活动包括产品创新、管理创新、营销创新、市场创新等，这些创新归根结底依赖于持之以恒的技术创新活动。技术创新包括先进技术的发明与应用，也包括先进技术的有效引进与利用，在技术引进的过程中尤其要注意处理好技术引进—消化—吸收—创新各环节的关系，重在创新和发展。

5、对国民经济进行信息化改造，促进经济结构的知识型有机转轨。(1) 加强企业的信息基础设施建设。信息时代使企业传统的营销模式、组织管理模式、现场生产模式得到根本改变，企业必须广泛运用数字网络、电子商务、无纸办公、辅助设计与制造等一系列技术，并进行有机的整合，使信息的收集、分析、整理，资本的筹集、调动、投入，产品的设计、加工、销售等关键环节均贯穿于信息化的过程当中，使企业真正向信息化全面转型。(2) 运用信息技术对传统工业部门进行改造。一般而言，发展中国家的产业结构调整均面临着传统产业高峰与高技术产业高峰相当接近的“双峰逼近效应”的压力，一方面传统工业的潜力仍未发挥到极限，另一方面高技术产业又亟待建设。如何合理配置资源，避免顾此失彼，面临两难选择。为了重组整个经济体系，必须大力发展新兴产业，并通过“电子心脏移植”，运用尖端技术改造传统工业部门，使其重新焕发生机。(3) 加大企业技术改造的力度。为了提高加工制造业的整体质量，广东应把加快企业技术改造作为振兴广东经济的重要措施和途径，依照“突出重点，择优扶强”的原则，积极引导财政、金融机构、外资企业加大对更新改造项目的投入力度，加强对企业提留折旧基金的管理，并制订相应的优惠政策，使技改投资占全部投资的比重逐步提高到20%左右，并真正用于“内涵”式扩大再生产，切不可以技改之名行扩张基建之实。

撰稿：黄德发

从社会发展看增创新优势

从社会发展的角度看，近20年广东经历了从农业经济到工业经济为主要特征的量变和质变，目前正向城市化、信息化社会迈进。本文根据90年代以来全国社会发展水平综合评价结果，结合广东社会发展评价指标，与上海市等进行对比分析，指出广东正处于社会转型的关键时期，既有先走一步、水平领先的优势，也存在结构落后、起点较低等劣势，同时对促进现有优势可持续发展、扭转劣势和增创新优势等问题作些初步的探讨。

一、社会发展水平上升，面临转型良好机遇

1、社会发展指数稳步上升。

全国社会发展水平综合评价结果显示，1996年广东社会发展总指数为133.52点（以1995年全国总指数为100），比1990年上升15.54点，上升幅度为13.2%，平均每年上升2个百分点。这表明广东社会发展水平稳步提高，态势良好。分领域看（见表1—1），呈现如下特点：

表1—1　广东分领域社会发展指数

年份	总指数	环境	人口	经济基础	收入分配	劳动就业	社会保障	卫生保健	教育科技	文化体育	社会治安
1990	117.98	10.80	10.78	19.32	17.36	12.68	7.49	13.14	11.65	11.74	3.00
1911	125.85	11.10	12.02	24.02	16.46	12.63	7.90	13.32	13.64	12.92	1.84
1992	142.22	13.76	13.18	27.51	15.58	13.68	10.47	14.59	14.27	13.69	5.49
1993	129.35	10.84	12.95	26.07	12.65	12.52	10.22	14.67	14.66	13.09	1.68
1994	135.02	11.42	12.38	23.96	16.64	13.73	9.63	13.59	15.65	13.84	4.19
1995	131.17	11.95	11.86	20.14	16.70	13.34	11.85	12.73	14.41	13.14	5.05
1996	133.52	10.22	10.89	20.40	15.76	13.41	11.33	14.39	15.91	14.05	7.16

注：各年社会发展指数，以上年全国总指数为100计算。

——经济基础坚实。1996年经济基础评得20.40分，比社会领域平均分数高出52.8%，且在1990年19.32高分的基础上增加1.08分，对社会发展总指数以及各个社会领域构成强有力的支撑。

——环境、人口、劳动就业状况保持基本稳定。1996年这3个领域分别评得10.22分、10.89分和13.41分，均比1990年增减不到1分，只是环境领域略为下降，而劳动就业领域微升。

——收入分配指标得到控制，重要领域发展较快。1996年收入分配领域评得15.76分，比1990年的17.36分降低1.60分。而教育科技、文化体育和卫生保健领域分别评得15.91分、14.05分和14.39分，比1990年增加4.26分、2.31分和1.25分，表明这3个领域发展较快，变化较大。

——扭转落后领域力度加大。社会保障和社会治安是广东的落后领域，1996年分别评得11.33分和7.16分，仍低于社会各领域平均分数2.02分和6.19分。由于90年代以来广东加快建立社会保障体系，加大社会治安综合治理力度，这两个领域的落后状况已有较大改观。社会保障领域比1990年增加3.84分，社会治安领域增加4.16分，增幅分别达51.3%和1.4倍。如能保持这种快速发展态势，社会保障和社会治安领域将可以先后扭转落后状况。

2、社会发展排序前移1位。

1996年全国社会发展总指数从高到低排队，广东列居第4位，比1990年以来的第5位晋升1个位次（见表1—2）。

表1—2　　1996年部分省市分领域社会发展指数

地区	总指数	环境	人口	经济基础	收入分配	劳动就业	社会保障	卫生保健	教育科技	文化体育	社会治安
上海	177.75	14.45	17.40	28.27	17.97	18.60	15.27	19.89	21.40	16.42	8.08
北京	176.38	13.86	19.07	21.32	19.98	15.44	16.00	20.12	21.46	17.13	12.00
天津	163.63	12.01	16.94	21.21	16.73	15.14	14.84	16.18	19.42	15.53	15.64
广东	133.52	10.22	10.89	20.40	15.76	13.41	11.33	14.39	15.91	14.05	7.16
江苏	131.10	13.00	13.96	15.58	15.68	9.96	13.22	11.73	17.43	10.70	9.84
吉林	129.43	11.10	15.83	9.34	12.91	12.93	14.31	14.54	14.83	12.46	11.17
辽宁	128.84	10.21	16.33	13.37	12.97	10.24	13.70	14.53	15.29	12.04	10.17
浙江	123.81	11.82	13.35	17.76	19.46	10.10	12.31	10.13	12.41	10.10	6.38
黑龙江	120.16	12.81	17.07	12.41	11.39	10.06	12.30	15.03	13.22	9.26	6.62
福建	118.49	10.55	10.71	18.26	15.91	9.26	9.90	12.54	17.55	10.23	3.58
山东	118.40	10.23	12.14	13.57	13.14	6.81	13.08	12.28	14.37	10.35	12.44

这一位次变化表明：

——广东的社会发展总体水平开始跃居各省（区）之首。1990—1995年，广东社会发展总指数一直或低于辽宁江苏，排在辽宁或江苏之后。1996年总指数超过江苏2.42点，开始排在江苏等25个省（区）之前（重庆、西藏除外）。由于广东社会发展总指数仅比江苏高出1.8%，今后位次互相易手也是可能的。广东要保持领先地位，将面临激烈竞争。

——广东的社会发展总体水平低于沪、京、津。1996年广东社会发展总指数比上海低24.9%，比北京低24.3%，比天津低18.4%。主要原因在于，广东是城乡二元社会结构，而沪、京、津是以城市为主体的一元社会。广东要达到上海、北京目前的社会发展水平，按社会发展总指数平均每年上升2点的速度计算，需要22年左右。而要达到天津目前的水平，则需要15年左右。以社会发展水平综合评价指标体系中，反映城市化水平的具体指标为例，1996年广东非农业人口占总人口的比重为30.56%，比上海低40.9个百分点。如何推进城市化，提高社会发展水平，值得我们深思和研究。

3、*社会发展面临转型良机。*

从传统社会向现代社会迅速转型，是当今社会发展的主要特征。表现在量变方面，广东的人均国内生产总值从1978年的369元，增加到1996年的9513元；居民人均消费水平也从213元增加到4235元。工业增加值从1978年的76.12亿元，增加到1996年的2788.82亿元。制造业增加值占国内生产总值的比重上升到39.4%，超过了工业化阶段的区间。美国经济学家H·钱纳里认为，制造业在GDP中的份额超过19%－36%这一区间，标志着工业化阶段的完成，将进入发达经济阶段。从广东第三产业增加值由1978年的43.92亿元，增加到1996年的2308.06亿元，在国内生产总值中的份额由23.6%增加到35.4%；从目前制造业告别短缺经济，开始转入买方市场，信息产业方兴未艾、需求激增等态势推测，广东已进入工业化中、后时期。其中珠江三角洲已进入工业化后期，迎来知识经济以及信息产业为主导的时代。当前，正处于从工业经济为主向知识经济转型的关键时刻。能否把握这一良机深化改革、扩大开放，推进社会主义现代化建设，使广东稳步进入城市化、信息化社会，这既是广东人民的机遇，也是无可回避的挑战。

二、横向比较可明优劣，借鉴经验扬长补短

1、*比全国，先走一步，优势在经济。*

80年代，广东改革开放先走一步，经济建设取得重大成就，为社会发展打下良好基础。90年代又乘邓小平南巡春风，探索建立社会主义市场经济基本框架，促进经济体制、经济增长方式两个根本性转变和社会全面进步。1996年广东社会发展总指数比全国高出21.8%，这样的领先水平以及位次上升势头，表明广东在社会领域也比全国先走一步。

广东社会领域中最大的优势是经济基础。社会领域分为10个板块，平均每个板块基本分数为10分。1996年经济基础评得分数高出基本分数1倍以上，是得分最高的领域。与全国对比，高出全国平均分数64.4%（见表2—1）。

表 2—1　　1996 年广东与全国分领域社会发展指数对比

领　域	全　国	广　东	广东为全国%
总指数	109.61	133.52	121.8
环　境	10.39	10.22	98.4
人　口	10.49	10.89	103.8
经济基础	12.39	20.40	164.4
收入分配	12.26	15.76	128.5
劳动就业	8.89	13.41	150.8
社会保障	10.09	11.33	112.3
卫生保健	10.25	14.39	140.4
教育科技	14.07	15.91	113.1
文化体育	10.11	14.05	139.0
社会治安	10.68	7.16	67.0

表现在评价指标上，经济基础 16 个指标中有 12 个领先全国水平，占 75%。领先指标主要为：人均国内生产总值 9428.6 元，高出全国 65.9%；居民消费水平 4235.0 元，高出 61.5%；人均固定资产投资额 3366.4 元，高出 82.4%；人均社会消费品零售额 3728.4 元，高出 86.0%；人均财政收入 693.36 元，高出 1.2 倍；社会劳动生产率 18128 元，高出 53.7%；外贸出口额占国内生产总值的比重为 75.2%（折算），高出 2.9 倍；第三产业增加值占国内生产总值的比重 35.41%，高出 6.8%。

经济基础的领先地位，有力地拉动着整个社会领域的进步。1996 年 10 个社会领域中，除经济基础外，有 7 个领域评得分数高于全国平均分数。其中劳动就业领域高出 50.8%，卫生保健领域高出 40.4%，文化体育领域高出 39.0%，收入分配领域高出 28.5%，教育科技领域高出 13.1%，社会保障领域高出 12.3%，人口领域高出 3.8%。表现在各领域经费、收入方面的领先指标为：人均环保活动经费 37.62 元，高出全国 1.1 倍；城镇居民人均生活费收入 7488 元，高出 70.4%；农民家庭人均纯收入 3183 元，高出 54.5%；居民人均储蓄存款余额 6517 元，高出 1.1 倍；人均民政经费 21.1 元，高出 38.3%；人均职工及离退休人员保险福利费用 1939.8 元，高出 31.0%；人均卫生经费 59.78 元，高出 93.6%；人均教育科技经费 401.48 元，高出 35.8%；人均文化体育经费 27.89 元，高出 92.5%；公检法经费支出占地方财政支出的比重 8.73%，高出 36.6%。由此可知，广东社会进步的重要因素是经济基础的有力支持。然而，过分依靠经费投入，容易使社会发展变成“投入拉动型”。必须通过改革和依法治省，逐步将“投入拉动型”转化为“协调发展型”。

另外，经济优势与工业化和流动人口密切相关，也会带来负面效应。1996 年广东有 2 个社会领域落后于全国：环境领域评得分数比全国低 1.6%，社会治安领域评得分数比全国低 33.0%。落后指标主要是：人均耕地面积 337 平方米，低 62.6%；工业废气处理率 77%，低 8.7%；工业废水排放达标率变动度 102.49%，低 3%；工业废气处理率变动度 98.93%，低 5.3%；每万人口交通事故起数 5.72 起，高 1.4 倍；每万人口火灾损失额 2.09 万元，高 1.4 倍；每万人口刑事案件立案数高 64.6%，刑事案件破案率低 14.5%，每万人口治安案件查处数高 30.5%，重大刑事案件占全部刑事案件的比重高 52.8%，青少年案犯占全部案犯的比重高 20.8% 等。应当指出，工业化引起环境质量下降，流动人口聚集同时滋生社会治安和刑事案件，这是国内外普遍存在的现象，且带有某种规律性。

2、比上海，速度略快，结构待调整。

广东与上海在经济基础、产业结构、技术水平、城乡分布、发展速度等方面均有不同特点，统计学上称为不可比因素。然而，如果将上海视为城市化进程的座标，作为一种参照系进行对比，则从这种对比中也许可以发现广东的优势和劣势。综观粤沪社会发展，广东社会发展速度略胜一筹，而社会结构大大落后，存量和质量指标的差距也较大。在 135 个评价指标中，广东领先上海的指标有 38 个，占 28.1%；落后指标有 97 个，占 71.9%。

1996 年广东社会发展总指数发展速度为 105.99%（1995 年 = 100），比上海的 104.85% 略快 1.14 个百分点。其中变动度指标发展速度为 105.02%，比上海快 18.89 个百分点。表现在评价指标上，广东的城市人均公共绿地面积变动度比上海快 3.3%，农民家庭人均纯收入变动度快 3.3%，城镇失业人数变动度低 2.3%（负方向指标），民政经费变动度快 99.6%，卫生经费变动度快 8.7%，急性传染病发病率变动度低 23.7%（负方向指标），医院病床位数变动度快 1.9%，从事科技活动人数变动度快 24.8%，艺术表演和电影观众人次变动度快 20.8%，社会治安变动度指标也有较好表现。

最大的差距是社会结构落后。1996年广东社会结构指标评得19.49分，比上海的37.20分低47.6%。主要是：广东非农业人口占总人口的比重30.56%，比上海低57.2%；负担人口系数61.4%，高53.5%（负方向指标）；第三产业增加值占国内生产总值的比重35.41%，低17.7%；全社会固定资产投资额占国内生产总值的比重35.70%，低46.9%；乡城居民收入差异度42.51%，低32.3%；城镇居民收入差异度23.12%，低8.7%；职工平均工资差异度43.92%，低5.8%；第三产业从业人员占全部从业人员数的比重25.87%，低32.0%；主要从事脑力劳动人员占全部从业人员的比重9.65%，低47.4%；农村非农业从业人员占农村全部从业人员的比重42.20%，低40.5%；女职工占全部职工的比重40.70%，低3.4%；残疾职工占福利企业全部职工的比重29.86%，低30.4%；社会救济对象人数占总人口的比重4.18%，高27.2倍（负方向指标）；每千人口医生数的乡城比15.9%，低69.4%；每千人口医院床位数的乡城比12.49%，低81.8%；中等职业技术教育学生占高中阶段学生数比重55.39%，低10.7%；普通初中、小学女学生比重46.94%，低2.8%；企业技术开发经费与产品销售额的比率0.96%，低37.5%；乡城居民文化消费支出差异度38.69%，低13.1%；青少年案犯占全部案犯的比重63.10%，高24.5%（负方向指标）。总之，除了外贸出口额占国内生产总值的比重高出上海98.4%以外，广东社会发展综合评价指标体系中的绝大部分结构指标不同程度地比上海落后，涉及经济与社会各个领域，带有普遍性。

结构落后间接影响到存量、质量指标的评价。虽然广东大部分经济和社会统计指标在总量上名列全国第一，超过上海，但由于广东农村人口比重大，按全省人口平均计算，导致广东反而比上海落后。1996年存量指标评得49.70分，比上海低26.5%；质量指标评得49.68分，低15.7%。这两方面的落后状况，均与人口结构因素有间接关系。

3、比海外，起点落后，科教是“短板”。

近20年，广东经济起飞，社会进步，人民奔向小康，受到举世关注。但与美国、西欧发达国家和亚洲“四小龙”相比，社会生产力还很落后。

人均国内生产总值差距大。1995年广东人均国内生产总值，按三年平均汇率法（7.58元折合1美元）计算为1121美元。同年美国为26980美元，日本为39640美元，德国为27510美元，英国为18700美元，新加坡为26730美元，韩国为9700美元，香港为23213美元，台湾为12396美元。广东与“亚洲四小龙”相差8-23倍，与美国、日本相差23和34倍。1995年人均国内生产总值按购买力平价法计算，广东为5435美元，与美、日相差4.0倍和3.1倍，与新加坡、韩国相差3.2倍和1.1倍。无论哪一种计算方法，其结果都表明广东社会生产力还很落后，家底薄，起点低。

产业构成调整慢。一是从广东国内生产总值三次产业构成看，1978年为29.8%、46.6%和23.6%，1995年调整为15.1%、50.2%和34.7%，即在排序上由二、一、三变为二、三、一，表明工业和知识经济的份额增加，初级生产减少。而发达国家国内生产总值三次产业构成，1992年美国为2.0%、26.0%和72.0%，1994年日本为2.0%、38.0%和60.0%，法国为2.0%、27.0%和71.0%，英国为2.0%、32.0%和66.0%，1991年德国为1.3%、38.2%和60.5%，1993年韩国为7.1%、43.4%和49.5%，1995年新加坡为0.2%、36.0%和63.8%，在排序上均属于三、二、一结构。广东与发达国家相比，第三产业显得落后。要将产业构成由二、三、一变为三、二、一，必须加快调整产业结构。二是据1995年广东从业人员产业构成分析，第一产业占41.5%，第二产业占33.8%，第三产业占24.7%，表明广东从业人员仍以从事农林牧渔业初级产品生产为主，还未根本改变一、二、三结构。同年从业人员三次产业构成，美国为2.9%、24.2%和72.9%，日本为5.7%、33.6%和60.7%，德国为3.2%、35.9%和60.9%，英国为2.2%、25.9%和71.9%，新加坡为0.2%、31.0%和68.8%，韩国为12.0%、33.1%和54.9%，其共同特点是以第三产业为主，且与国内生产总值三次产业构成协调对应，同样是典型的三、二、一结构，表明这些国家大多数人从事知识经济或信息产业。广东要将就业结构从一、二、三调整为三、二、一，改变国内生产总值与从业人员三次产业构成“错位”格局，还需相当长的过程。

科技教育水平低。1995年广东研究与开发经费占国内生产总值的比重为0.2%，同年美国为2.9%，1994年新加坡为1.1%，韩国为2.8%。广东按人口平均的研究与开发经费为2美元，同年美国为650美元，1994年新加坡为284美元，韩国为149美元。广东每一研究人员年平均费用4520美元，同年美国为177625美元，新加坡为113092美元，韩国为85229美元。公共教育经费占国内生产总值的比重，1996年广东为2.1%，1992年美国为5.5%，1993年德国为4.8%，1994年新加坡为3.3%，1993年韩国为4.5%。1990年前后25岁以上人口中的大学生，广东占2.5%，美国占46.5%，日本占20.7%，新加坡占4.7%，韩国占13.4%。上述指标表明，广东科技教育水平与发达国家的差距，是显而易见的。科教水平低，是国民经济和社会全面发展的一块“短板”，直接影响到社会生产力的提高以至产业结构的调整。

三、增创新优势，更上一层楼

纵横观察国内外社会发展，人口城市化、产业知识化、社会信息化、科技现代化是大势所趋，人心所向。社会发展存在先进与落后、优势与劣势，其根本原因是社会生产力水平存在差距。广东增创社会发展新优势，应以发展社会生产力为中心，以知识经济、信息产业为导向，以调整产业结构为转机，进一步贯彻落实科教兴粤战略，加速全省现代化进程。

1、增创经济基础新优势。经济基础是广东经过20年改革开放创造的优势领域。随着全国推进两个根本性转变，沿海、沿江（长江）、沿线（铁路）全方位对外开放，特别是上海浦东开发，使上海成为华东社会经济发展的"龙头"。广东经济基础的优势，已不可能也不再是一枝独秀。1996年广东国内生产总值变动度比全国慢4.4%，比上海慢3.5%；社会消费品零售额变动度比全国慢5.0%，比上海慢6.5%；财政收入变动度与全国持平，比上海慢1.2%；百元资金利税率变动度比全国慢12.5%，比上海慢7.6%。表明广东的经济发展速度，已被全国及上海超过。增创经济新优势是广东当务之急，中心工作是推动国民经济持续快速发展。为此，必须发挥外向经济成份高的优势，勇于开拓国际市场，促进外贸出口额持续快速增长；同时，通过货币分房、增加基础产业和高新技术产业投入等，启动和发展各类专业市场，适度扩大社会有效需求，引导企业增加产销率高的产品，提高规模效益并为职工创造就业机会，以推动社会全面进步。

2、增创城乡一体新优势。工业化伴随城市崛起，改变农村落后面貌，缩小城乡差别，是社会进步的标志。1990年城市人口占总人口比重，美国为75.2%，德国为76.3%，日本为77.4%，韩国为74.4%，台湾为61%。上海按非农业人口占总人口比重计算，1996年也达到71.5%。而广东按非农业人口计算，目前只有30.6%，按城镇居住人口（含农业人口）计算也只有40%左右，这种落后状况必须逐步扭转。既要扎扎实实加快城市化建设步伐，又不能盲目扩大城市规模，以牺牲农村为代价。城市化建设，应先实施城乡一体化，再市镇化，后城市化，沿着城乡一体化→市镇化→城市化的道路分步推进。目前珠江三角洲城乡一体化的经验，值得总结和推广。那种只管城市不顾农村、只管市民不顾农民的观点及做法，不利于全省的整体发展、长远利益和社会稳定。

3、增创社会结构新优势。广东的社会结构问题可以转化为社会发展潜力。人口领域，要着重解决非农业人口比重偏低问题。近20年来，广东乡镇企业发展迅猛，农村非农业从业人员占农村全部从业人员已达四成以上，城镇里的农业人口占全省总人口已达10%左右。诸如广州三元里村农民由于城市建设征地，他们早已离开农业转入第二、三产业，应从户籍、工商、统计等方面将这些发生根本变化的农民确认为市民，制订专项政策使他们转为名符其实的非农业人口。经济基础领域，要下功夫调整产业结构，提高第三产业增加值占国内生产总值的比重，从增加知识经济、信息产业的投入和产出份额抓起，并从政策上给以一定的扶持。劳动就业领域，要努力提高专业技术人员占全部从业人员的比重，通过各种方式的培训逐步将第一、二产业从业人员转移到第三产业，解决三次产业增加值和人员分布"错位"问题。其他社会领域，也要通过加强管理调整各种结构，使广东社会结构趋向合理。

4、增创科教兴粤新优势。科技教育关系到知识经济、信息产业的发展。广东90年代以来集中资金发展教育事业，基本实现普及九年义务教育和扫除青少年文盲的目标。科技领域注重高新技术产业，从单纯引进技术设备发展为引进和开发并重，取得明显进步。1996年科技教育领域在全国居第9位，比1990年上升3位。但与经济基础相比落后5位，表明科技教育水平与经济建设仍不相适应。必须加大力度实施科教兴粤战略，进一步提高科技水平。一是要以大中型企业为主体，以科研机构和高等院校为依托，注重高新技术产品的开发和经济效益，不搞无项目、无资金来源、无技术、开而不发的虚架子。二是要巩固九年义务教育成果，继续开展高中阶段教育和各类职业培训，提高全民综合素质。当前，要抓紧抓好下岗职工的技术培训，引导大中专毕业生到基层、企业发挥聪明才智，使科教兴粤战略落到实处。

5、增创社会环境新优势。社会治安一直是广东的落后领域，近几年已有很大改观，但仍比全国落后。环境恶化势头虽有所控制，而治理力度、速度与工业化浪潮不相适应。1996年环境领域在全国居第15位，比1990年下降7位。必须常抓不懈，继续扭转这两个领域的落后状况。当前，应着重解决人民群众呼声强烈的问题，诸如保障社会安定，城乡居民出门安全、饮水卫生，减少空气污染和噪声困扰等。长远目标，要协调好人、环境与社会三者的关系，实现可持续发展。

注：原文附有《1996年社会发展水平综合评价指标对比表》，表中列出全国、上海和广东135个评价指标并作对比。这里从略。

撰稿：邱　俊

广东经济结构分析

根据第一次全国基本单位普查资料，我们对广东产业结构、行业结构、所有制结构、地区结构等经济结构情况进行了分析，并针对存在的问题提出改进建议，为我省调整经济结构，促进产业升级提供参考。

现　　状

1996年底止，广东除农户和个体经济以外，基本单位总量49.86万个，其中：法人单位34.87万个，居全国第一位，从业人数1819.16万人。法人单位中，企业法人27.32万个，取得的营业收入18886.89亿元，实收资本金10447亿元。基本单位普查资料反映出广东经济结构的如下特征：

一、产业结构：第二产业法人单位数排第二，但居广东经济的主体地位。

1996年末，广东除农户、个体经济以外的各类法人单位从事第一、二、三产业的比例为0.78:42.20:57.02。第二产业拥有14.72万个法人单位，占总体的42.20%，排第三产业之后居第二位。但1996年第二产业实现增加值3269.35亿元，占国内生产总值的50.15%；实现营业收入10719.3亿元，占总体的55.48%；拥有的企业资本金5354.38亿元，占总体的50.78%，在广东经济中占居主体地位。

广东从事第三产业的法人单位数多达19.88万个，占总体的57.02%，在三次产业中排第一位，比第二产业法人单位高14.82个百分点。但是，由于第三产业单位主要是服务性行业，行政事业、基层组织单位多，其从业人数、营业收入和实收资本金分别为675.02万人、8466.94亿元和5127.25亿元，分别占总体的36,46%、43.82%和48.63%，排在第二产业之后。因此第三产业单位数量虽大，但在广东经济中仍处于次要的地位。

二、行业结构：二大行业占主导地位，传统工业数量大效益低，支柱产业和新兴产业发展很快。

广东的制造业和批零贸易及餐饮业二个门类，集中了全省22.01万个法人单位，占总体的比重高达63.11%，二者的比重分别为37.22%和25.89%。二大行业的从业人数、营业收入和资本金分别占总体的62.59%、67.94%和51.69%，行业主体格局明显。在国民经济854个行业小类中，目前广东实际从事的行业已达到835个，覆盖率97.78%，行业经济体系比较完整。

广东的纺织业、服装及其他纤维制造业、塑料制品业、非金属矿物制品业、金属制品业和电气机械及器材制造业等六大传统工业法人单位数为6.4万个，从业人数为461.54万人，集中了全省46.39%的工业生产单位，安排了全省45.86%的工业就业人员。但是，由于传统工艺、技术、设备比较落后，单位平均提供的营业收入仅222.29万元，比全省平均水平少331.79万元。其中纺织、服装、非金属矿物制品和金属制品四个行业的独立核算工业经济效益综合指数分别为74.33、85.02、47.98和92.63，均低于全省105.03的平均水平。

广东的石油加工、化学原料及化学制品、医药制造业、黑色和有色金属冶炼及压延业、电子通信设备制造业等五大支柱产业单位数量不多，仅1.19万个，占工业总体的8.63%，但是，由于政府近几年来把发展支柱产业摆在突出的地位，加大投入力度，使其实现的营业收入达到2084.03亿元，占21.14%。仅电子及通信设备制造业比重就达11.56%，排全省第一位。1985—1995年十年间，上述支柱产业工业总产值增长了12.82倍、年平均增长速度为30.03%，发展之快是前所未有的。

随着市场经济体系的不断发育和成熟，广东的信息咨询、计算机应用服务业、房地产经纪和代理、商业经纪和代理、文化艺术经纪和代理、其他社会服务业和其他居民服务业等七个新兴行业，法人单位数已达到9257个，包括产业活动单位数达到1.32万个，比发展最快的1992年又增长了45.2%，其从业人员数达16.93万人，比1992年增长了25.31%，发展是比较快的。但是，由于要素市场体系还不健全，这七个行业单位数仅占全省的2.7%，从业人数仅占全省的0.91%，是比较低的。

三、就业结构：法人单位从业人数占社会劳动力的二分之一。

1996年，广东法人单位从业人数1819.16万人，占当年全社会从业人数的49.96%。第一产业法人单位从业人数占同产业社会劳动力的1.44%，第二产业占同产业劳动力的93.50%，第三产业占同产业劳动力的69.97%。法人单位从事一、二、三产业的从业人员结构为1.17:62.60:36.23，法人单位从业人员主要分布在二、三产业。不在法人单位从业的劳动者，主要是第一产业的从业人员和城乡第二、三产业的个体劳动者，以及未进行法人登记的小型劳动组合的从业人员。结合广东第一产业的法人单位才0.27万个，占全省法人单位0.78%的情况看，反映出广东第一产业由于生产力水平制约，绝大多数从业者处于个体分散的自然就业状态，有组织的企业式生产经营单位极少，农、林、牧、渔业生产集约化和生产力水平偏低。

四、所有制结构：公有经济为主，实现形式多样化。

改革开放以来，广东所有制结构发生了深刻变化，呈现出公有经济占主体地位，多种经济成份共同发展的格局。无论是从单位数量来看，还是从就业人数、营业收入来看，公有经济都占60%以上，法人单位中公有制资本（含国有和集体投到其他经济成份部分）占53.77%。在各种经济成份中，从事集体经济的法人单位最多，占43.75%，其余的按比重大小依次排列是国有、私营、港澳台、其他经济、外商投资、联营和股份制经济。由于集体经济主要以传统的小商品生产为主，法人单位虽多但经济规模小，单位平均安排的就业人数为37.89人，平均营业收入和拥有资本金分别为273.36万元和107.68万元，是各类经济中较低的，排在倒数第二位。广东私营经济发展较快，仅工业企业1996年私营经济就比1994年增长了8.2倍。1996年私营经济法人单位数达5.96万个，占整体的17.1%，排在各类非公有经济之首。但由于私营经济投资比较小，产品档次低，故其从业人数排第三位，实现的营业收入和拥有的资本金排在第四位。单位平均从业人数、营业收入和资本金分别为19.36人、116.88万元和65.77万元，是各类经济中最低的。广东外商投资经济和港澳台投资经济单位数量分别占全省的2.81%和6.63%，但其从业人员数、营业收入和实收资本金分别占总体的24.53%、28.76%和36.67%。外商投资经济单位平均实现的营业收入为2396.61万元，在各类经济中居首位。可见，外商投资经济和港澳台投资经济资金雄厚，生产设备和技术先进，优势较明显。

随着经营机制的转变，企业投资主体发生变化，公有经济实现形式已呈多样化。1996年末，企业法人全部实收公有制资本为5617.65亿元，其中有968.18亿元，占总体17.23%的资本投入到各种混合所有制企业法人中。公有制资本投在港澳台经济的占5.87%、股份制经济的占4.96%、外商投资经济的占3.98%、联营经济的占2.1%、私营经济的占0.14%、其他经济的占0.18%。这说明，公有制经济与其它经济成份相互渗透方兴未艾，实现形式已突破过去仅有的全民所有制和集体所有制，开始向多种实现形式发展。

五、隶属关系结构：形成了以其他和县属经济为主，多个层次全面发展的格局。

从单位数量来看：其他属经济（主要指私营、联营、外资、合资等）单位达7.45万个，占总体的21.37%，排第一位，其余按比重大小依次为县属、村属、市属、街道、镇属、乡属、中央属、省属。

从从业人数看：县属从业人数为419.61万人，占总体的22.67%，排第一位，其余按比重大小依次排列是市属、村属、其他属、镇属、乡属、中央属、街道属、省属、居委属。表明广东隶属关系结构已呈现出多个层次全面发展的格局。其特点是：中央、省属单位数量不多，但具有规模大，资金雄厚、效益好的特点。其单位平均从业人数分别为169.4人和141.53人，单位平均实现的营业收入分别为5386.21万元和2728.6万元，是最高的。市属单位数量和从业人数占总体的11.97%和18.56%，虽然不是最大，但其实现的营业收入和拥有的资本金占总体的27.43%和27.56%，比重最大，在地方经济发展中支撑作用越来越大。乡镇及街道属、村居委会属单位一般都规模小，发展水平不高，除珠江三角洲外大都难以形成规模效益。

六、地区结构：区域差异明显，中心城市地位突出。

单位数量总的呈现由中部珠江三角洲地区向东翼、西翼及北部山区逐步递减的态势。在珠江三角洲地区、集中了全省64.78%的法人单位，80%以上的生产资本金，安排了全省67.26%的从业人员就业，取得了占全省近80%的营业收入。从单位平均指标我们可以看出区域差异明显：从业人员数西翼高，东翼低，相差50.78人；营业收入珠江三角洲地区高，东翼低，相差534.2万元；实收资本金珠江三角洲地区高，东翼低，相差345.48万元。单位平均安排就业人员数、实现营业收入最多的是深圳市，分别为94.9人、1348.6万元；最少的是揭阳市、河源市，分别为32人、104.5万元，高低相差62.9人、1244.1万元。阳江、河源、云浮三个市法人单位数、从业人员数、营业收入和拥有资本金数量均不到全省的5%。由于地区之间发展不平衡、其就业规模、单位效益等相差较大。

广州市拥有的法人单位数量全省最多，占全省的20.9%，此外，拥有单位比较多的依次是佛山、深圳、汕头、东莞和江门等市。上述六市集中了全省56.4%的法人单位，52.83%的从业人数、72.55%的营业收入，74.16%的资本金，其余15个市在全省所占的比例不到全省的50%。广州、深圳和汕头市单位数以批零贸易及餐饮业为主，该行业分别占该市的42%、33.54%和41.66%；东莞、佛山和江门市以制造业为主，单位数分别占该市的73.98%、57.66%和32.85%。上述六个市仅制造业便集中了全市40%以上从业人数、30%以上营业收入，25%以上实收资本金。这说明中心城市的地位突出，城市化水平对经济的促进作用明显。

问　题

广东由于长期实行粗放型经济增长方式，经济结构“小而全”、“小而散”，产业结构和地区结构不尽合理，存在单位经济效益低等问题。

一、单位规模偏小，效益偏低。

全省从业人数在20人以下的单位数达24.53万个，占总体的70%以上，1000人及以上的单位仅1844个，占0.53%。全省年营业收入在50万元以下的单位数达11.4万个，占总体的41.7%，年营业收入在5000万元及以上企业为6065个，占2.22%。全省企业实收资本金在50万元以下的单位达14.25万个，占总体的50%，在800万元及以上单位为 1.97 万个，占 7.22%。1996 年全省小型企业占总体的 97.3%，这些企业每投入一元资本金产出的营业收入为 1.49 元，低于全省 1.83 元的平均水平，产出效益比较低。由于效益不好，1996 年全省停业、撤销、无营业收入的企业法人单位达 2.58 万个，涉及到的从业人员 46.88 万人，他们急需重新就业以取得收入，给社会带来很大压力。

二、高层次的服务化行业发展滞后。

第三产业虽然单位数量多，但主要集中在运输邮电、批零贸易及餐饮业等流通部门以及机关、政党等公共、服务部门两个层次上，这两个层次占了第三产业法人单位的 70.13%。其次是为生产和生活服务的部门占了 16.33%。为提高科学文化水平和居民素质服务的部门，包括教育、文化、科学研究、卫生、体育和社会福利事业等只占 10.52%。1996 年广东第三产业单位数比 1991 年增长了 26.15%，其中：第三层次（为提高科学文化水平和居民素质服务的部门）仅增长 16.81%。第三层次法人单位数、从业人数、营业收入和资本金结构占第三产业内部比重分别为 10.52%、15.15%、0.76%和 0.85%，比第一层次（流通部门）分别低 37.39、22.18、62.01 和 35.97 个百分点。1992 - 1996 年四年间，高层次的服务化行业，如卫生体育和科学研究事业，不但没有增长，而且单位数量还分别减少了 29.46%和 1.42%。特别是科学研究部门，1996 年法人单位数为 452 个，占全省的 0.13%，比重是最低的；从业人数由 1992 年的 2.98 万人减少到 1996 年的 2.28 万人，减少了 23.49%。科研机构少，人员和经费不足影响了广东科技兴国战略的实施。1996 年，广东的农、林、牧、渔服务业单位数量也仅有 1993 个，占全省的比重为 0.57%，从业人数为 2.89 万人，占全省的 0.16%，难以满足现代农业生产发展的需要，影响农业产业化进程的步伐。

三、产业趋同严重，竞争力不强。

长期以来由于各地粗放扩张的冲动，重复建设重复引进，造成产业趋同严重，或企业过于集中于某一行业。广东在制造业的行业覆盖率达到 99.06%，在珠江三角洲地区的珠海市为 91.52%，中山市为 82%，东莞市为 85%。1996 年广东在非金属矿采选业中，一半以上的企业单位从事建筑装饰用石开采业，竞争力系数为 0.85（竞争力系数在 1 以上为较强，在 0.8—1 之间为弱，在 0.8 以下为很弱）；家具制造业中以生产木制家具为主的生产单位占 79.59%，竞争力系数为 0.86；纺织业 33 个小行业，仅毛针织业就集中了 27.77%的生产单位，竞争力系数仅 0.68；文教体育用品制造业 17 个小行业，仅玩具制造业就集中了 68.92%的生产单位，竞争力系数为 0.72；交通运输设备制造业 38 个小行业，一半以上以汽车修理为主，竞争力系数只有 0.66；在仪器仪表及文化办公用品制造业 31 个小行业中广东从事钟表制造业的企业达 777 家，占该行业一半以上，竞争力系数也只是 0.92；等等。由于行业高度集中，造成过度竞争，导致设备闲置、资源浪费严重。据工业普查资料反映，列入普查的 900 多种主要工业产品中，全省有 33.3%产品的生产能力利用率在 60%以下。

四、国有经济布局过于分散，整体素质不高。

由于多年单一公有制指导思想的影响，造成国有经济战线太长，行业覆盖面广，整体素质不高。1996 年，广东具有的 835 个行业小类中，国有经济从事的行业达 744 个，行业覆盖面达到 89.1%。其中，国有经济在工业的行业覆盖面达到 84.2%。由于单位布局过于分散，国有资产也比较分散，影响了国有经济的规模效益。从普查资料看，全省国有资本金 3531.62 亿元，属于企业经营性资本金 3454.02 亿元，分布在全省 3.87 万个大中小型国有法人单位中。国有资产的分散造成了生产规模小而散，成本高、效益低，竞争力弱。资金的缺乏使企业技改落后、设备和产品老化，造成企业改革举步维艰。

调整思路

当前广东已进入新的经济结构调整时期，我们必须把握机会，在进行战略性调整中实现产业升级，增创广东新优势，实现经济的持续健康发展。调整可从四个方面展开：

一、在单位结构方面，按照“抓大放小”的思路，克服“小而全”、“小而散”的现象，全面提高单位效益。

为实现上述目标，一是要适当调整省、市、县“抓大放小”对象。在调整时，不仅要看企业现有基础，还要看其发展潜力；不仅要看资源条件，而且要看市场和技术条件；不仅要看其规模，还要看其产业。要围绕《广东省“九五”产业投资政策要点》的要求，对各地区、各部门已抓起来的“大公司”、“大集团”，重新进行“产业定位”，经重新定位或考核证实不符合要求的，要采取坚决放的办法放掉，以便能集中力量扶持真正符合条件的大公司、大集团。“放小”要以放开所有权为主，使省、市、县属企业的国有资产从一般产业（诸如：非国计民生、缺乏竞争力）领域退出，进入基础产业、支柱产业和先导产业等领域。“放小”一定要放够、放彻底，以便将放小收入集中投资进入上述关键领域。二是要在现有大企业基础上，对工艺、产品关联度大的行业进行联合改造，组建企业集团，或者以现有的优势企业名牌产品为龙头和核心组建企业集团。但要从韩国大企业过分扩张而拖垮自己所付出的惨重代价中吸取教训，立足本地资源、技术和产品优势发展多元化经营，形成规模效益。要通过控股兼并企业或低价收购企业实现资本集中，加快培育资本集中机制。以便把衰退产业的资源存量调度到新的经济增长点，把资源增量有效地注入新兴产业、支柱产业，通过培育新的经济增长点带动整个经济增长和结构升级。目前县（区）属企业（单位）比较多，单位效益比较低，更要采取放的办法，把一部分县（区）属企业民营化或下放到乡镇管理，以市场为导向，发展县乡联营企业，提高效益。

二、在产业结构方面，实行巩固第一产业，提高第二产业，大力发展壮大第三产业的方针，促进三大产业协调发展。

继续加强农业的基础地位。落实省委、省政府关于大力加强农业的各项政策措施，发展地方特色农业和“三高”农业，加快全省农业产业化发展步伐。加速开发山地农业和海洋农业，不断拓展农业发展的空间和领域，大力提高广东山地农业和海洋农业的产业化经营水平。要建立起相对独立的、完整的农业社会化服务体系，有效地服务和保障正常农业生产的发展。

优化工业结构，塑造新的产业优势。对电子、机械、石油及化工、纺织服装、食品饮料、建筑材料加工等支柱产业，要通过产业政策引导，强化全行业管理，加强税收、财政扶持，实施资本集中机制等，确保支柱产业发展。要把发展高新技术产业，提高技术档次作为广东经济发展的优势。真正把提高科学技术水平当作经济发展的第一增长点。建立高新技术风险投资机制，鼓励企业的利润用于技术改造；大力引进和培养人才，加强对外技术交流与经济合作；加速形成支撑全省经济持续健康发展的，具有强大竞争力的知识技术密集型产业层次。

采取有效措施，提高第三产业层次。运用多种投资方式，大力兴办卫生、体育、教育、文化、科研、旅游事业。政策上放宽，方向上引导，鼓励外资和私人资本进入上述领域。强化行政管理和立法管理，发展面向多个层次、深入各个领域的科学教育体系。全面实施“人才引进工程”，向海内外招聘学科带头人；鼓励外省到广东办教育，设立分支机构、建立各类科学研究园地、试验场地等。提高营利性事业单位的营利水平，使之具有较强的自身积累发展的能力。

三、在区域结构方面，采取“扬长避短、优势互补”的办法，发展壮大区域经济规模和实力，提高竞争能力，实现共同发展。

珠江三角洲要率先实现产业结构的转变。要利用明显的区域优势，加大技术投入力度，改造传统产业，使之年轻化、集约化。重点支持发展高科技产业和新一代的支柱产业或主导产业，较大幅度地提高第三产业在产业结构中的比重。支持珠江三角洲加快实现现代化进程的步伐，起到楷模作用。

加大东西两翼优势资源开发规模，培育新的经济增长点。要打破原有行政区的限制，加强联合与协作，把着眼点放在发挥经济整体优势上，放在推进整个地区的发展上。提高农业，包括海洋农业的集约化程度，强化原料和商品基地的地位。将东西两翼作为中央、省属企业投资的重点地区，发挥省投入的诱导作用，加上政策优惠的激励，引导珠三角资金向东西两翼的投入。有重点地直接导入某些高技术层次的产业，发展一些技术开发型产品，形成新的经济增长点。

北部山区要充分利用自然资源，自有条件，发展地区特色经济。如强化矿产资源开发、加工转换能力，延长产品链，提高资源的附加价值和区内产业的关联度。集中资金、重点放在山区农业、旅游业等优势产业的扶持和区域增长极的建设上，以优势产业带动一般产业。加强对区内社会投资方向的引导，重点投入投资少、见效快的项目。大搞南北联合，实现共同繁荣。北边以资源换技术，以土地换品牌，提高现有乡镇企业规模，抓技术改造，实现技术升级，逐步提高单位平均水平，努力缩小地区差异。

四、在所有制结构方面，按照“有进有退”原则调整国有经济，鼓励、引导非公有经济发展。

要加快公有制向混合所有制的投资。大胆探索创新公有制的实现形式，在基础产业、竞争性行业，多搞多元投资、混合经济，用国有资产控制个人资产、境外资产。鼓励效益好、管理先进、资金充裕的股份制企业兼并或收购一些注入资金不足的中小型国有企业。要出台一些有利于股份制和股份合作经济发展的政策和措施，如对中小企业的兼并、联合，股份制经济享有优先权。在区域发展政策上采取“地区优惠”和“产业优惠”相结合的“双优惠”政策鼓励股份制企业发展等。

继续鼓励、引导非公有制经济发展。要充分认识私营、联营、外资、合资经济在我省经济发展中的重要作用，给予它“国民待遇”，比如在贷款上提供一个同等的正常的贷款渠道等。鼓励支持私营企业参与合法经营和平等竞争，提高企业经营者素质和提高经济效益。

撰稿：卜新民　杨少浪

广东工业结构问题分析

一、工业结构的演进及特点

发达国家在对工业化进程的研究中，与人均GDP水平相联系，将工业化进程划分为“起步、起飞、加速、成熟”四个阶段。一般说来，当人均GDP在300美元时，以发展劳动密集型的轻纺工业为主；人均GDP在300—1500美元时，以发展资金密集型的能源、原材料工业为主；人均GDP在1500—10000美元时，以发展技术密集型的汽车、家电、电子、精密机械等高加工度化的工业为主；人均GDP在10000美元以上时，以发展知识密集型的高新技术工业为主。从起步阶段到起飞阶段过渡的一个特征就是以消费品工业为主向投资品工业的转化。1981年广东人均GDP322美元，为劳动密集型轻纺工业的上升期，到1996年人均GDP1145美元，处于发展劳动密集型工业向资金密集型工业的转型时期。

改革开放以来，广东经济高速增长，工业化进程明显加快，工业结构演进具有以下几个鲜明的特点：

1、受结构失衡的制约。广东工业结构的演进具有发展中国家产业结构变化的共同特点，即受结构失衡的制约。改革开放以来广东经济快速增长，由于原有的经济基础薄弱，基础设施和基础工业难以适应经济高速增长，形成基础产业短缺的“瓶颈”制约。1985—1990年广东重工业中的采掘工业和原材料工业分别年均递增10.4%和14.6%，而加工工业年均递增22.9%。能源、原材料工业和交通运输业的薄弱，严重制约着广东经济的发展。进入九十年代以后，广东大力加强能源、原材料工业和交通运输邮电等基础产业的发展，“瓶颈”制约大大缓解，1991—1997年采掘工业、原材料工业分别年均递增19.3%和16.9%，加工工业年均递增30.8%。

2、在工业内部结构变动中，形成了“轻型外向”的工业发展格局，并逐步向重工业化发展演进。“六五”时期，我省工业主要以发展食品、纺织和一般工业消费品为主，轻型工业得到迅速发展。轻工业年均递增18.2%，比重工业高5个百分点，轻重工业比例由1980年的1.7：1提高到1985年的2.08：1。食品、纺织工业成为带动全省经济增长的支柱工业。“七五”时期，随着经济发展总体水平的提高和国内需求的变化，一般消费品工业生产向耐用消费品工业转化，彩电、冰箱、洗衣机等新型耐用消费品生产迅速发展。全省轻工业产值年均递增24.5%，比“六五”时期高6.3个百分点，也比同期重工业速度高4.4个百分点，使轻重工业的比例进一步提高到2.23：1。“八五”时期轻工业仍保持了29.8%的平均增长速度，全省外贸出口总额达到2047亿美元，比“七五”时期增长1.8倍，规模连续10年居全国之首，出口商品的加工深度、产品质量和技术档次逐年提高，大额创汇商品不断增加，出口额超1亿美元的商品从1990年的13种（类）增加到目前的40多种（类）。“八五”期末，广东出口产品产值占全部工业总产值的比重达到32.7%，轻工业产值占全部工业总产值的比重达到69.4%，形成了“轻型外向”的工业发展格局。进入九十年代以后，广东加强了能源、交通等基础产业建设，加速发展高新技术产业，石油、电力、汽车制造、机械、电子等行业迅速发展，重工业发展速度相对加快。到1997年，轻重工业比重分别为66.1%和33.9%，与1991年相比，重工业比重上升2个百分点，广东工业正逐步向重工业化迈进。

3、外部资源对工业结构变化起到了巨大的推动作用。工业结构的变动与国际贸易、技术引进和利用外资密切相联系。1996年广东海关进口总额达1099.6亿美元，比1987年210.37亿美元，增长4.2倍。1979—1996年协议（合同）利用外资1545.63亿美元，实际利用外资668.95亿美元，其中工业实际利用外资453.85亿美元。同时大力引进国外先进技术和生产线，大大推动了广东工业结构变化和经济的快速发展。

4、广东工业结构演进具有超常规的特点。从三次产业结构演进的一般规律来看，与劳动力和资本在三次产业间转移相适应，三次产业比重将发生相应的变化，第一产业比重不断下降，第二产业比重快速上升一段后再逐步转为下降，第三次产业则历经上升、徘徊、再上升的发展过程，逐步成为国民经济中最大的产业。广东三次产业增加值比例由1978年的29.9：46.4：23.7变为1996年的14.5：50.3：35.2。第一产业比重下降了15.4个百分点，二、三产业比重分别上升3.9个和11.5个百分点。1991—1996年新增加的4625.84亿元国内生产总值中，工业部门增加额达2113.29亿元，占45.7%，1996年工业增加值占GDP的比重达到42.8%。工农业产值比重由1978年的74.1：25.9变为1996年的91.4：8.6，工业已成为推动经济增长的主要动力，二元经济结构状态也已有所改变。改革开放以来，广东利用中央给予的特殊政策和灵活措施，抓住国际上特别是港澳台产业结构调整与转移的机遇，积极参与国际分工，大力发展食品、饮食、纺织、服装、家电等轻纺加工业，形成在国内外市场上具有较强竞争力的“轻型外向”的工业体系以后，并没有完全遵循农业——轻工业——基础工业——重加工业——轻重结合高技术加工业——现代服务业的一般演进趋势发展，而是直接利用了国际先进技术和国外直接投资，加快重化工业和家电工业的发展步伐，采取了超常规的发展方式。

二、工业结构现状分析

1. 所有制结构。在工业所有制结构变动中，国有经济比重下降，非国有经济比重上升，多种经济成份共同发展，但公有制经济仍占主导地位。随着市场经济的不断发展和企业体制改革的不断深化，纯国有工业改变为合资、股份制或其它形式企业不断增多，纯国有工业总产值的比重也由1991年的36.8%下降为1997年的11.1%。但国有工业在主导行业中仍占主导地位，如石油加工及炼焦业中占86.6%，煤气生产与供应业中占50.1%。

虽然广东在企业改制后引入大量的资本金注入原企业，但公有制的主体地位（包括所占比重及在主导行业的地位）并没有改变，从“资产总额”和“从业人员”看公有制约占60%，从产出结构看公有制与非公有制的比重大约是各占一半。

2. 轻重工业结构。1997年全省工业总产值10462亿元（1990年不变价），轻重工业比重由1991年的68.1%：31.9%变为66.1%：33.9%。轻重工业比例基本稳定，重工业发展步伐有所加快。从轻工业内部看，以农产品为原料的轻工业比重由1991年的53.4%下降为1997年的50.0%，以非农产品为原料的轻工业比重由1991年的46.6%上升为50.0%。在发达国家二者比例一般为3：7，在广东约为5：5。从重工业内部看，采掘工业、原材料工业与加工工业的比例由1991年的3.7：43.3：53.0变为1997年的7.4：34.5：58.1。

3. 企业规模结构。1997年全省乡及乡以上独立核算工业32721家，其中：大中型工业2087家，其中大型企业655家，大中型国有企业867家。大中小型企业单位数比例为1：2.2：46.8。在2087家大中型工业中，资产总额为6641.1亿元，占全部独立核算工业的58.8%；资本金1512.68亿元，占48.9%；产品销售收入3843.87亿元，占49.5%；利润总额222.60亿元，占82.1%。大中型企业在国民经济中占有举足轻重的地位。

4. 工业行业结构。产值比重超过8%的行业只有电子及通讯设备制造业，占11.85%。接近8%的是纺织业，占7.83%，再次是电气机械及器材制造业占6.4%，其它制造业占6.04%，服装及其它纤维制造业占5.34%。按现有统计分类标准还没有一个工业行业的增加值占GDP比重超过5%。

5. 工业产品生产、生产能力及占全国的比重。第三次工业普查资料显示，在29种主要工业产品中，广东有11种工业产品占全国的比重超过20%，其中：组合音响占全国的84.9%，照相机占82.0%，电话单机占81.8%，电风扇占61.7%。据有关部门统计，广东电子产品品种数占全国电子行业的86.6%，石化行业产品占全国的比例从1991年的10.6%上升为1995年的59.4%；建材行业产品种数由52.7%上升到69.6%。广东主要工业产品的技术水平也有很大的提高，“八五”期末，在6187个品种中，达到国际九十年代水平的品种有893个，占14.5%；达到国际八十年代技术水平的有1268个，占61.0%；属七十年代水平的有1268个，占20.5%；属于七十年代以前水平的有245个，占4%。从行业水平分析，电子行业产品整体技术水平全部达到国际八十和九十年代水平，已完全淘汰了七十年代技术产品；医药行业产品达到八十和九十年代水平的比例由1991年的38.4%上升到1995年的87.2%，大大高于各行业年均数；机械行业产品达八十年代的技术水平比例由1991年的32.5%上升到1995年的72%；冶金行业产品的技术水平较低，达八十和九十年代技术水平的比例只有50%。从工业产品生产能力看，照相机生产能力占全国的84.5%，电话单机占62.9%，原电池占39.6%。从市场占有率看，广东工业产品销售收入占全国的11.7%，行业占有份额在20%以上的有9个行业，其中：电子及通讯设备制造业占33.1%，文教体育用品制造业占27.9%，仪器仪表及文化办公用品制造业占27.6%

6. 技术结构。改革开放以来，特别是“八五”以来，我省大力推行以发展高新技术产业促产业结构优化升级的战略，有力地促进了我省工业技术结构的改善。以轻纺工业为主的劳动密集型工业和以基础类重化工业为主的资金密集型工业及以高加工度组装工业（汽车、家电、电子、精密机械等）的技术密集工业的比例，从资产总额看为23.0%：53.2%：23.8%；从产品销售收入看为28.4%：40.1%：31.5%，高新技术产品产值约占全省工业总产值的14.5%。

①企业技术装备有所加强。据第三次工业普查资料显示，广东工业企业中拥有大中型电子计算机894台，小型电子计算机3623台，微型电子计算机73277台，自动化半自动化生产线86575条，机械手14149台，工业机器人166台。

②科技投入增加。近年来，广东科技研究开发费用有所增加，占国内生产总值的比重有所提高（详见附表）。但是，科技研究开发费用占国内生产总值的比重，不但低于发达国家2.5%的比重，而且也低于发展中国家约1.5%的比重。

我省科技研究开发费用占国内生产总值的比重

	1991 年	1992 年	1993 年	1994 年	1995 年	1996 年
R&D（亿元）	3.59	4.09	7.37	12.25	10.57	19.42
R&D 占 GDP 的比重（%）	0.20	0.18	0.23	0.29	0.20	0.30

注：R&D 指科技投入中的研究开发费用，包括基础研究、应用研究和实验发展三部分。

大中型工业企业是广东科技开发的重要组成部分。1996 年，广东大中型工业企业科技活动机构数 939 个，比 1990 年增长 1.3 倍；从事科技活动人员 6.1 万人，比 1990 年增长 2.1 倍；科技活动经费筹集总额 39.58 亿元，比 1990 年增长 4.5 倍；科技活动经费使用总额 31.66 亿元，增长 4.1 倍；技术开发经费支出占产品销售收入的比重为 0.96%，比 1990 年提高 0.08 个百分点。

③技术开发能力有所提高。近年来，广东引进了大量国内外先进技术，在消化吸收这些技术的基础上，进行了技术创造。同时，利用省内科研、企业等科研开发机构和能力，走“学、研、产”的路子，实现企业与科研院所的联合，不断开发新产品，推广应用新技术。目前，广东技术开发能力低下的状况已有所改变。1996 年，技术开发项目数为 3533 个，比 1990 年增长 1.25 倍；项目当年投资 292131 万元，比 1990 年增长 5.6 倍；已完成项目 2561 项，比 1990 年增长 2.0 倍；已投入生产（使用）项目 1966 项，比 1990 年增长 1.6 倍；1996 年工业方面省级科技奖成果 103 项，比 1990 年增长 37.3%。

④高新技术产品脱颖而出，发展迅速。最近几年，广东的科技综合实力居全国前列，高新技术产品产值全国第一。高新技术产品产值每年以 50%左右的速度增长。1997 年，全省高新技术产品产值达 1200 多亿元，居全国前列，占全省工业总产值的比重为 14.5%。1996 年，全省生产的高新技术产品有 1850 个，70%以上达到国内先进水平。

⑤产品质量明显提高。广东工业产品的总体质量水平逐步提高。1996 年全国统检合格率从 1994 年的 51.9%提高到 1996 年 76.1%，国家技术监督局抽查受检企业 443 家，产品 101 类，549 种，合格率为 76.1%，大型企业的抽样合格率为 88.9%，拳头产品合格率处于全国领先地位。空调器、洗衣机等合格率 100%，家用电器、建材、医疗器材、化工等产品高于全国平均水平。但是，小型企业的产品质量依然较差，小型企业产品抽样合格率仅为 64.8%，比全省平均水平低 11.3 个百分点，影响了全省总体质量水平。

⑥以产品为代表的技术出口，在广东已有一定的发展。目前，广东技术出口主要有食品加工机械、精细化工产品、船舶、环保技术产品、生物工程制品、电子通讯产品和成套设备。出口地区集中以东南亚为主的国家，个别生化制品，如尿蛋白制品还畅销德国等欧盟国家。1997 年，广东出口产品产值 2967.27 亿元，比上年增长 18.1%。

(7) 支柱产业中新兴产业与传统产业的比例。根据省政府制定的《广东省“九五”产业投资政策要点》，“九五”期间，广东将重点建设电子及通讯设备制造业，电气机械及器材制造业，石油及化学工业三大支柱产业；改造纺织服装业、食品饮料加工业、建筑材料加工业三大传统支柱产业。1997 年底，在六大支柱产业中，三大传统支柱产业产值占 35.5%，产品销售收入占 35.2%，传统支柱产业在广东工业中仍占有较大的比重。

电子及通讯设备制造业是广东国民经济的先导产业与支柱产业，近年发展迅速，已形成具有一定基础、一定规模和一定技术水平的新兴产业。目前，已成为广东最大的工业行业，在全国已占有十分重要的地位。1997 年总产值占全省工业总产值 11.9%，占全国电子工业产值三分之一左右。广东电子工业的拳头产品和市场名优产品，其产量在全国都占有举足轻重的份量。

电气机械及器材制造业，是广东近年发展较快的工业行业之一。1997 年，电气机械及器材制造业工业总产值占全省工业总产值 6.4%，占全国同行业的五分之一左右。

石油及化学工业是近年广东重点发展的行业之一，在广东已有较好的基础，也是广东行业集中度、关联度较高、综合效益较好的行业。目前，主要产品品种数量和产品数量有所增加，已形成较为完整的石油化工体系，化工生产和科技都有自己的特色。随着茂名 30 万吨和广州 15 万吨乙烯工程竣工投产和未来惠州石化工程的建设，以及整个工业产品需求的新变化，该行业今后发展前景看好。

纺织服装业是广东的传统支柱产业，也是目前广东第二大工业行业。1997 年纺织业产值占全省工业总产值 7.8%。服装业总产值占 5.3%。目前，纺织业在全省的工业总产值、出口、资产份额和就业人数中仍占有相当大的比重，在国民经济中作用不可低估。

食品饮料制造业也是广东传统支柱产业。虽然近年发展较为缓慢，但 1997 年食品加工和食品制造业产值占全省工业总产值仍达 5.2%，饮料制造业产值占 1.3%。该行业一些企业和产品，如健力宝、珠江啤酒、星湖味精等，在全国占有一定的市场，具有一定的竞争优势。

建筑材料加工工业是广东重要的传统行业，其产值多年来居全国首位。1997年，产值占全省工业总产值3.7%，占全国建材工业10%左右。目前，水泥、墙地砖等产量在全国占有较大份额。

8. 主要工业行业的集中度和规模经济发展情况。广东在实施“三个一批”发展战略中，提出要调整企业组织结构，发展一批大企业集团，以促进资金、技术、人才、生产的相对集中，达到规模效益。广东首批确定重点发展的70家企业集团1996年资产总额达3127.29亿元，营业收入1848.96亿元，利税总额213.90亿元。其中：50家工业企业集团各项指标见下表

1996年广东省50家工业企业集团主要指标

指标	全部独立核算工业企业	50家工业企业集团	50家所占比重（%）
从业人员数（人）	5291347	381555	7.21
总资产（亿元）	9857.18	2401.04	24.36
营业收入（亿元）	6808.08	1376.21	20.21
利税总额（亿元）	489.26	181.64	37.13

在实施规模经济战略过程中，出现了一批特大型企业集团，不论是资产总额、营业收入，还是利税总额，70家中的前10家都占了一半的份额。其中：列第一名的广东省电力企业集团分别占26.8%、20.3%和37.1%。70家中排在前10名的三项指标见下表。

1996年广东省70家企业集团前10名企业的指标值

指标	70家总数	前10名总数	前10名所占比重（%）	第一名占比重（%）
总资产（亿元）	3127.29	1590.82	50.86	26.83
营业收入（亿元）	1848.98	813.24	43.97	20.30
利税总额（亿元）	213.90	127.53	59.63	37.06

9. 主要工业产业参与国际分工的状况。我省工业产业参与国际分工的状况，可从如下几个方面观察：

①从进出口总额看：1996年全省海关进出口总额1099.6亿美元，比1987年增长4.2倍，其中：出口593.46亿美元，增长4.9倍；进口506.14亿美元，增长3.6倍。贸易进出口差额由逆差7.57亿美元变为顺差87.32亿美元。按国际标准分类，1996年初期产品出口37.55亿美元，进口41.72亿美元，工业制成品出口555.91亿美元，进口464.42亿美元。

②从进出口的主要国家和地区来看：广东进出口的主要国家和地区在亚洲，其次是欧洲和北美洲。详见下表。

对各大洲进出口额

（海关统计口径）

单位：万美元

	1995年		1996年	
	出口	进口	出口	进口
亚洲	3397118	3676193	3486686	3851416
非洲	53126	42685	59236	46737
欧洲	702612	540268	786029	560267
拉丁美洲	100690	40110	91876	39114
北美洲	1338910	375972	1440798	496346
大洋洲	66709	62541	69950	67271

③从进出口产品分类看：在出口总额593.46亿美元中，出口额最大的是机械、电气设备、电视机及音响设备，

达 177.59 亿美元，其次是纺织原料及纺织制品 107.50 亿美元，再次是杂项制品 62.47 亿美元和鞋帽伞杖、加工羽毛、人造花、人发制品 44.73 亿美元。

④从八种主要工业产品产量占世界生产总量的比重来看：广东所占份额很小，参与国际分工、实行专业化生产、扩大生产规模的空间相当广阔。详见下表。

1995 年广东省主要产品占世界的比重

产品名称	计算单位	主要工业产品产量		广东占世界的比重（%）
		世界	广东省	
发电量	亿千瓦时	125508	821.06	0.65
电视机	万台	13396	882.80	0.66
水泥	万吨	135365	5317.92	3.93
糖	万吨	11885	107.22	0.90
钢	万吨	71408	207.44	0.29
原煤	万吨	453987	1063.77	0.23
化学肥料（折 100%）	万吨	13643	53.90	0.40
合成橡胶	万吨	776	5.30	0.68

10. 工业经济的地区结构。广东工业主要集中在三角洲地区。1997 年，珠江三角洲工业总产值占全省的比重为 81.0%。工业总产值占全省比重超过 9% 的 4 个市为广州（18.8%）、深圳（16.6%）、佛山（13.6%）和江门（9.9%），均分布在珠江三角洲。东翼、西翼和山区（51 个山区县）比重较低，分别占全省的 6.0%、7.0% 和 9.0%。

从区域所有制结构看，第三次工业普查资料显示，珠江三角洲的“三资”、个体和股份制工业比重高于东、西两翼和山区。其中，经济特区的“三资”工业比重最高，东翼集体、乡镇和私营工业比重最高，西翼的国有工业比重最高。详见下表。

1995 年广东省区域工业总产值比重

单位：%

经济类型	珠江三角洲	东翼	西翼	山区
纯国有	14.18	12.14	42.37	28.60
集体	22.58	42.97	30.96	37.59
私营	1.88	6.44	6.27	6.30
个体	0.56	1.72	1.54	2.40
股份制	5.68	2.55	4.79	0.90
乡镇	29.82	49.74	32.43	42.70
三资	54.77	35.77	13.73	23.91

从产业结构看，东翼、珠江三角洲和经济特区轻重工业产值比例分别为 1：0.3、1：0.6 和 1：0.8。西翼轻重比例与其他地区相反，重工业大于轻工业，比例为 0.7：1。

三、存在的问题

1. 生产结构与资源结构矛盾突出。广东要实现跨世纪的发展战略目标，必须保持国民经济的持续、快速、稳定增长。但从广东的资源结构看，前景并不乐观，将难以支撑现有产业结构下的经济扩张。从八十年代开始，广东的产业政策开始向能源、原材料产业化倾斜，“瓶颈”制约大大缓解，但并没有完全摆脱。1996 年可供本地区消费的能源总量为 7745.66 万吨标准煤，与消费量相比平衡总额为 -0.18 万吨标准煤。在可供本地区消费的能源总量中，外省调入量为 3639.71 万吨标准煤，占 45.8%；进口量为 3064.64 万吨标准煤，占 38.5%，资金短缺与劳动力就业压力大，成为增长方式转变的重大障碍，城市化过程中土地资源的非合理利用与水资源的短缺等都将制约广东经济的进一步持续发展。

2. 生产能力利用不足或严重不足。第三次工业普查资料显示，乡及乡以上工业795种主要工业产品生产能力利用不足（利用率在70—80%）或严重不足（利用率在50—70%及50%以下）的占70.7%。详见下表。

1995年生产能力利用率在70—80%的产品

产品名称	生产能力利用率（%）	产品名称	生产能力利用率（%）
氮肥	79.1	漂白粉	78.0
普通灯泡	77.0	磷肥	76.8
甲苯	76.5	程控交换机	76.4
电容器	76.2	墙地砖	75.9
牙膏	74.7	水磨石板材	74.4
禽肉制品	76.0	皮包、袋	74.8
电烤箱	74.2	电梯	74.2
石棉水泥瓦	74.1	硫酸铝	71.8
麻袋（混合数）	72.7	轻质碳酸钙	71.8
工业茶	72.1	塑料鞋	71.1
标准紧固件	71.7	碳酸饮料	71.5

1995年生产能力利用率在70%以下的产品

产品名称	生产能力利用率（%）	产品名称	生产能力利用率（%）
乒乓球	54.1	水泥电杆	54.0
硬质纤维板	53.4	纯苯	53.1
窗式空调机	36.9	碳酸钙（电石）	30.2
冰醋酸	36.4	量具	64.9
吊扇	58.9	通信电源	69.7
彩色电视机	58.6	金属制包装用桶	68.4
收录放机	55.8	直接染料	68.1
吸尘器	52.7	双桶洗衣机	67.5
小型拖拉机	52.4	电饭锅	66.5
自行车	50.7	黑白电视机	34.4
花岗石板材	49.7	小麦粉	64.0
精甲醇	48.3	硝酸钠	63.1
日用精铝制品	45.2	家用电冰箱	63.1
数据机床	42.4	胶合板	60.3
大理石板材	42.3	白酒	59.9
分体式空调机	56.0	两轮摩托车	59.7
果汁饮料	37.2	糕点	59.7
液压元件	35.8	燃气灶	59.2
冷冻箱	14.2	精制绿茶	55.5
硬包装罐头	28.8	机动饲料粉碎机	54.9
天然矿泉水	36.0	紫胶	12.3
水泥设备	29.8	多色印刷	26.3

3. 低技术含量比重大。我省现有工业结构中技术结构滞后的缺陷越来越明显。一是低成本技术成为提高产业竞

争力的障碍。八十年代初期，由于受资金和成本的限制，大量引进二手设备，“三来一补”劳动密集型组装业发展等，使设备引进低档化成为既定事实。随着时间推移，这种过度依靠初级技术、中间运用技术为主的技术构成的缺陷日益明显地暴露出来。二是装备业滞后。从相对增长速度、产品结构改善速度、外资引进速度与民办先进水平差距来看，装备最薄弱的环节是加工产业，一方面机械工业是开工不足和生产能力闲置的产业之一，另一面机械设备仍是进口产品中的主项，装备业滞后成为我省工业经济发展的隐患。三是高新技术比重仍然较低。

4. 地区产业结构趋同。受长江流域和周边省市地区产业结构调整的影响，我省工业结构调整面临趋同竞争，广东原来提出的“九五”期间的六大支柱产业，大多数周边省份都作为其重点发展的支柱产业。因此，在确立广东支柱产业时，一方面要考虑与国家产业政策相衔接，另一方面也要考虑周边省市产业趋同的影响。

5. 工业投资呈下降趋势。近年来，广东全社会固定资产投资不断扩大，但工业投资却几乎呈逐年下降的趋势，长此下去，必将严重影响我省工业的发展后劲。近年来工业投资所占比重见下表。

广东省工业基建更改投资占全社会固定资产投资比重

单位：亿元

	1994 年	1995 年	1996 年	1997 年
全社会	2141.15	2327.22	2327.64	2298.14
工业行业	501.04	449.83	457.08	421.62
工业比重（%）	23.4	19.3	19.6	18.3

四、对策与建议

改革开放以来，广东工业取得了长足的发展，形成了具有较强实力的骨干企业和行业，工业整体实力大大加强，由于受产业结构趋同和世界高新技术革命的推动，调整产业结构，推动产业升级成为当今工业经济发展的重要课题。因此，我们要根据“资源配置最优化和效益优先”的原则，大力调整产业结构，大胆引进先进技术，使工业装备和实力跟上先进工业化国家发展的步伐，当前着重要抓好如下工作：

1、继续加强交通、通讯等基础设施的建设。各级政府要根据实际需要，制定基础设施的长期规划和计划，全面开拓筹集资金的渠道，为骨干项目提供建设资金。按照“谁投资，谁使用，谁管理，谁受益”的原则，吸引更多的资金建设基础设施。

2、合理规划工业布局。深圳、中山、珠海、东莞等珠江三角洲地区要重点发展高新技术工业，劳动密集型工业可重点放到粤东或粤北山区，对原材料迂回运输量大的产品可在铁路沿线或出口口岸地区发展，根据资源、资金、技术、人才等条件对高新技术产业和传统产业作出规划和合理布局，保证我省工业整体布局的合理和协调发展。

3、大力发展大型企业集团。广东重点发展的50家大型工业企业集团大部分都集中在电子、纺织、机械和石化行业，在实施资产重组、兼并破产的发展战略以后，要着力组建跨地区、跨行业、跨国发展的大企业集团，突出重点，走规模经济发展的路子，以带动整个工业经济的快速发展。

4、用高新技术改造传统产业，加快新产品开发。要密切注视行业发展动向，高起点采用先进技术，开发新产品，继续实施“三个一批”的发展战略，实施名牌发展战略，形成一批高技术含量、有名牌效应的拳头产品，增强在国际市场的竞争力。

总之，广东工业发展既要充分利用和发挥传统工业延续及其资源丰富的优势，又要充分利用毗邻港澳的特殊地理位置，扬长避短，走自己的路，尽快实现企业生产经营规模化，产品多样化，市场国际化，逐步向现代化工业迈进。

撰稿：谭国源　幸晓维

第二部分　统计资料

PART TWO STATISTICS

一 行政区划和自然资源

ADMINISTRATIVE DIVISION AND NATURAL RESOURCES

简要说明

一、本篇资料反映广东省行政区划、自然资源的开发和利用等情况。自然资源包括土地、气候、森林、水利、矿产资源情况。

二、本篇资料由广东省统计局综合处负责整理、编辑。

三、资料来源：

行政区划资料由省民政厅提供；

森林资源资料由省林业厅提供；

水利资料由省水力电力厅提供；

矿产资料来自省地质矿产局《地质矿产年报》；

海洋资料由省海洋与水产厅提供；

气象资料由省气象局提供。

ADMINISTRATIVE DIVISION AND NATURAL RESOURCES

Brief Introduction

Ⅰ. This chapter covers the data on divisions of administrative areas, natural conditions and the exploitation and utilization of the natural resources of Guangdong Province. Natural resources cover land, climate, forest, water conservancy, mineral resources and the lease and administrative allocation of the use right of the state-owned land.

Ⅱ. The data in this chapter are prepared and compiled by the Division of Integration of the Statistical Bureau of Guangdong province.

Ⅲ. The data resources come as follows:

The data on divisions of administrative areas are provided by the Civil Affairs Department of Guangdong Province.

The data on forest are provided by the Forestry Department of Guangdong Province.

The data on water conservancy are provided by the Hydro-electric Power Department of Guangdong Province.

The data on mineral resources are prepared in accordance with the data in the "Annual Report on Geology and Mineral Resources" compiled by the Geology and Mineral Resources Bureau of Guangdong Province.

The data on ocean are provided by the Department of Ocean and Aquatic Products of Guangdong Province.

The data on meteorological phenomena are provided by the Meteorologic Bureau of Guangdong province.

1-1 行 政 区 划

ADMINISTRATIVE DIVISION OF GUANGDONG PROVINCE

单位：个 (number)

市别 City	地级市 Number of City at Prefectural Level	县级市 Number of City at County Level	县 Number of County	自治县 Number of Autonomous County	市辖区 Number of District Under the Jurisdication of City	市辖镇 Number of Townships Under the Jurisdication of City	乡 Township	民族乡 Ethnic Community Township	街道 Neighbourhoods
全省总计 Total	**21**	**33**	**43**	**3**	**43**	**1554**	**29**	**6**	**354**
广州 Guangzhou	1	4			8	76			105
深圳 Shenzhen	1				6	19			26
珠海 Zhuhai	1		1		1	20			6
汕头 Shantou	1	2	1		5	37			54
韶关 Shaoguan	1	2	5	1	3	134	6	1	7
河源 heyuan	1		5		1	115			4
梅州 Meizhou	1	1	6		1	158	3		5
惠州 Huizhou	1	1	3		1	84		1	5
汕尾 Shanwei	1	1	2		1	47	2		6
东莞 Dongguan	1					29			5
中山 Zhongshan	1					24			6
江门 Jiangmen	1	5			2	92			10
佛山 Foshan	1	4			2	37			27
阳江 Yangjiang	1	1	2		1	48			7
湛江 Zhanjiang	1	3	2		4	98	5		21
茂名 Maoming	1	3	1		1	102			16
肇庆 Zhaoqing	1	2	4		2	114	1	1	11
清远 Qingyuan	1	2	3	2	1	135	2	3	8
潮州 Zhaozhou	1		2		1	48			9
揭阳 Jieyang	1	1	3		1	71	10		6
云浮 Yunfu	1	1	3		1	66			10

注：本行政区划截止1997年底。
Note: This administrative division is the status by the 1997 year-end.

1-2 自然资源

NATURAL RESOURCES

项　　目	Item	1997
一、土　地	**Land**	
土地面积（平方公里）	Total Land Area (sq. km)	177901
#丘陵山地	Hills and Mountains	110527
台　地	Tableland	24012
平　原	Plain	41708
海洋滩涂面积（万公顷）	Sea Beach Area (10000 hectares)	20.42
海岛面积（平方公里）	Area of Islands (sq. km)	1599.9
大陆海岸线长度（公里）	Length of Mainland Shore (km)	3368.1
岛屿岸线长度（公里）	Length of Island Shore (km)	2414.4
岛屿个数（个）	Number of Island	759
二、气　候	**Climate**	
年平均降雨量（毫米）	Annual Average Precipitation (mm)	2015.1
年平均气温（摄氏度）	Annual Average Temperature (℃)	22.0
年日照时数（小　时）	Annual Sunshine Hours (hour)	1564.2
三、森　林	**Forest**	
活立木蓄积量（亿立方米）	Total Standing Stock Volume (100 million cu. m)	2.91
森林覆盖率（%）	Forest-coverage Rate (%)	56.6
四、水力水产	**Hydropower and Aquatic Products**	
水力资源理论蕴藏量（万千瓦）	Theoretical Hydropower Resources (10000 kw)	1072.8
#可开发装机容量	Developable Resources	665.5
海水养殖可养面积（万公顷）	Cultivatable Area in Marine Areas (10000 hectares)	77.57
淡水可养面积（万公顷）	Cultivatable Area in Fresh-Water Areas (10000 hectares)	42.57
五、矿　产	**Mineral**	
煤保有储量（万吨）	Ensured Reserve of Coal (10000 tons)	62363.2
铁矿石保有储量（万吨）	Ensured Reserve of Iron Ore (10000 tons)	56858.7
硫铁矿保有储量（万吨）	Ensured Reserve of Sulphur Ore (10000 tons)	45098.8

注：海岛面积、岛岸线长度、岛屿个数是指面积大于500平方米的岛屿。

Note: Area of islands, length of island shore and the number of islands refer to the island which area is larger than 500 sq. m.

1-3 各地区年平均气温

ANNUAL TEMPERATURE IN MAJOR PARTS OF GUANGDONG

单位：℃ (℃)

年 份 Year	粤 北 Northern Part	粤东北 North-East -erm Part	粤西北 North-west -ern Part	粤 东 Eastern Part	粤 中 Central Part	粤 西 Western part
1980	20.7	21.5	22.5	21.2	22.2	23.4
1985	20.2	20.9	22.0	21.1	21.6	22.6
1990	21.1	21.5	22.8	21.8	22.6	23.4
1995	20.0	20.0	22.2	21.6	22.3	23.0
1996	19.9	21.4	22.4	21.9	21.6	23.3
1997	20.4	21.3	22.7	22.1	22.0	23.7

1-4 各地区年降雨量

ANNUAL PRECIPITATION IN MAJOR PARTS OF GUANGDONG

单位：毫米 (mm)

年 份 Year	粤 北 Northern Part	粤东北 North-East -erm Part	粤西北 North-west -ern Part	粤 东 Eastern Part	粤 中 Central Part	粤 西 Western part
1980	1459.4	1461.7	1586.1	1369.1	1492.2	2274.0
1985	1360.2	1607.8	1726.9	1481.3	1706.0	2411.3
1990	1436.6	1709.0	1284.8	2236.9	1239.5	1510.2
1995	1506.9	1171.0	1766.4	1512.2	1752.4	2082.9
1996	1633.1	1361.5	1693.1	1409.0	1683.4	1222.6
1997	2045.3	1847.5	1815.3	2040.9	1997.3	2344.3

1-5 各地区年日照时数

ANNUAL SUNSHINE HOURS IN MAJOR PARTS OF GUANGDONG

单位：小时 (hour)

年 份 Year	粤 北 Northern Part	粤东北 North-East -ern Part	粤西北 North-west -ern Part	粤 东 Eastern Part	粤 中 Central Part	粤 西 Western part
1980	1754.1	1811.1	1945.8	1989.2	1921.8	2036.5
1985	1701.6	1926.7	1613.3	1900.6	1406.0	1868.4
1990	1613.9	1893.1	1542.8	1921.3	1648.7	1877.4
1995	1420.6	1868.7	1704.6	2038.3	1559.6	1828.3
1896	1626.5	1965.7	1796.9	2094.8	1564.7	2042.3
1997	1349.1	1490.2	1454.9	1985.8	1209.8	1895.1

1-6 各市森林资源主要指标(1997年)

MAJOR INDICATORS OF FOREST RESOURCES BY CITY(1997)

单位：千公顷，万 m^3 (1000 hectares, $10000m^3$)

市别 City	林业用地 Area of Afforet-ed Land	有林地 Forest Land	未成林地 Unmature Wood Land	疏林地 Sparse Forest Land	灌木林地 Bush Land	无林地 Non-Forest Land	森林覆盖率(%) Forest-Coverage Rate	活立木总蓄积量 Standing Stock Volume	林木总生长量 Total Growing Volume of Wood	林木总消耗量 Total Consumed Volume of Wood
全省总计 Total	**10833.5**	**9187.6**	**295.3**	**156.4**	**635.5**	**556.8**	**56.6**	**29143.6**	**1703.9**	**818.8**
广州 Guangzhou	308.6	290.5	6.6	0.3	2.4	8.6	41.1	736.5	44.9	16.7
深圳 Shenzhen	89.7	77.5	3.4	0.7	6.9	1.1	46.9	101.5	9.2	6.4
珠海 Zhuhai	51.0	32.1	0.7	0.7	14.0	3.5	32.6	56.3	2.9	0.1
汕头 Shantou	64.9	63.1	0.3	0.3		1.2	32.0	72.8	4.8	0.4
韶关 Shaoguan	1376.1	1172.6	28.8	19.8	70.3	84.5	69.4	5153.5	235.9	142.3
河源 heyuan	1215.1	1083.5	23.0	30.0	27.3	51.3	71.7	2949.7	165.4	64.1
梅州 Meizhou	1216.8	1074.1	28.0	24.4	37.8	52.4	71.1	1980.8	141.2	27.6
惠州 Huizhou	714.0	631.2	23.3	10.6	17.8	31.1	58.8	1558.3	102.9	45.1
汕尾 Shanwei	272.7	202.3	6.8	3.1	24.8	35.6	49.7	301.8	28.5	5.0
东莞 Dongguan	61.2	56.7	0.9	0.8	1.2	1.6	28.4	96.6	7.9	4.6
中山 Zhongshan	33.9	28.0	0.1	0.4	4.6	0.8	22.4	62.5	3.2	0.5
江门 Jiangmen	443.4	337.3	25.0	3.1	50.9	27.1	43.0	876.3	75.5	17.7
佛山 Foshan	73.7	67.0	2.2	0.7	2.0	1.8	20.6	197.3	12.4	2.6
阳江 Yangjiang	424.5	332.6	15.1	6.7	52.7	17.4	52.1	1191.5	81.9	14.5
湛江 Zhanjiang	228.6	206.4	6.3	1.3	1.9	12.5	22.2	694.4	55.9	66.4
茂名 Maoming	575.8	506.1	14.8	11.6	9.0	32.2	53.0	1971.5	91.5	42.3
肇庆 Zhaoqing	1039.6	935.6	37.0	8.1	23.9	35.0	66.1	3896.1	200.9	82.1
清远 Qingyuan	1391.1	987.7	40.7	16.8	252.6	93.3	65.9	4274.9	232.3	83.2
潮州 Zhaozhou	184.4	172.4	2.0	1.1	3.7	5.2	57.4	253.9	19.6	8.3
揭阳 Jieyang	283.3	249.3	7.1	3.7	10.0	13.1	52.4	411.5	30.6	2.6
云浮 Yunfu	501.7	444.4	11.6	7.0	11.0	27.7	60.9	1404.0	80.1	19.1

注：全省总计含省直属林场、乳源林业局、省农垦总局资料。

Note: The figures of total include forest centres under province authority, Ruyuan Forest Bureau and Department of Land Reclamation and Cultivation.

主要统计指标解释

森林面积 指生长着乔木和竹林，郁闭度在0.3以上（不包括0.3）的林地面积，即有林地面积。它是反映森林资源总面积的重要指标。森林面积包括天然林面积和人工林面积。但不包括灌木林地和疏林地面积。

森林覆盖率 通常是指森林面积占土地总面积之比，一般用百分数表示。但国家规定在计算森林覆盖率时，森林面积还包括灌木林面积、农田林网树占地面积以及四旁树木的覆盖面积。森林覆盖率，是反映一个国家和地区森林资源和绿化水平的重要指标。计算公式：

$$\text{森林覆盖率}(\%) = \frac{\text{森林面积}}{\text{土地总面积}} \times 100\%$$

活立木总蓄积量 指全部土地上树木蓄积的总量。包括森林蓄积、疏林蓄积、散生木蓄积和四旁树蓄积。

森林蓄积量 指森林面积上生长着的林木树干材积总量。它是反映一个国家或地区森林资源总规模和水平的重要指标。

矿产保有储量 指探明的矿产储量（包括工业储量和远景储量）扣除已开采部分和地下损失量后的年底实有储量。它反映国家矿产资源的现状。

Explanatory Notes on Main Statistical Indicators

Forest Area refers to the area of forest land where trees and bamboo grow with canopy density above 0.3, including land of natural woods and planted woods, but excluding bush land and thin forest land. It reflects the total area of afforestation.

Forest Coverage－rate refers to the ratio of area of afforested land to total area of land (measured in per－centage). According to regulations of the government, calculating forest coverage－rate, in addition to afforested land, the area of bush forest, the area of forest land inside farm land and the area of trees planted by the side of farm houses and along the roads, rivers and fields should be included in the area of afforested land in the calculation of the forest coverage－rate. This indicators shows the forest resources and afforestation progress of a country or a region. The formula for calculating forest coverage－rate is as follows:

$$\text{Forestry Coverage-rate}(\%) = \frac{\text{Area of Afforested Land}}{\text{Area of Total Land}} \times 100\%$$

Total Standing Stock Volume refers to the total stock volume of trees growing in land, including trees in forest, trees in sparse forest, scattered trees and trees planted by the side of farm houses and along the roads, rivers and fields.

Stock Volume of Forest refers to total stock volume of wood growing in forest area, which shows the total size and level of forest resources of a country or a region.

Ensured Mineral Reserves refer to the actual mineral reserves, which equal to the proven mineral reserves (including industrial reserves and prospective reserves) minus extracted parts and underground losses. This indicator shows the current condition of the mineral resources of a country.

二 综　　合

GENERAL SURVEY

简要说明

一、本篇资料反映广东国民经济、科技、社会等方面的规模、水平、速度、结构、比例、效益的综合情况以及国民经济核算情况，分别由广东省统计局综合处和核算处整理提供。

二、综合统计资料是根据广东省统计局各专业统计年报资料以及国家统计局、广东省有关部门提供的统计资料加工整理而成。

三、国民经济核算资料主要包括国内生产总值及其有关资料。

国内生产总值是根据不同产业部门的特点和资料来源情况而分别采用生产法、收入法计算增加值，最后将各产业部门增加值求和得到，这一结果是广东省国内生产总值的标准数据。

按支出法计算的国内生产总值等于总消费、总投资、货物和服务净出口之和，它与按上述方法计算的国内生产总值不一定相等，两者之间存在统计误差。

分市的国民经济核算数据由各市统计局提供，各市数据相加不等于全省总计。

本统计年鉴公布的国民经济核算资料，最后一年数据不是最终数，还会发生变动；如果遇到普查年，在能够获得更为详细的基础资料的情况下，国内生产总值的历史数据也会发生变动。1996年，根据第一次第三产业普查结果，对全省国内生产总值的历史数据做了调整，本年鉴的数据是调整后的数据。

GENERAL SURVEY

Brief Introduction

Ⅰ. The summary data in this chapter reflect the scale, level, speed, structure, ratio and efficiency concerning the national economy, science and technology, the social development of Guangdong Province and also cover the data on its national economic accounts. The data are prepared and provided by the Division of Integration and the Division of National Economic Accounting of the Statistical Bureau of Guangdong Province respectively.

Ⅱ. The summary data are processed and prepared in the light of the annual reports of various specialized fields provided by the Statistical Bureau of Guangdong Province and the data provided by State Statistical Bureau and some related departments of Guangdong Province.

Ⅲ. The data on the national economic accounts mainly cover the gross domestic product (GDP) and related data.

The value added is calculated with the production approach and the income approach respectively in the light of the features of various sectors and the data sources. The GDP is the result of the sum of the value added of various sectors. The result is the standard data on GDP of Guangdong Province.

The GDP calculated with the expenditure approach equals to the sum of final consumption, total capital formation and the net export of goods and services. However, the GDP data obtained with this approach may be unequal to the standard data on GDP calculated with the methods mentioned above. There is a statistical discrepancy between the two figures.

The data on the national economic accounts of each city are provided by the statistical bureau of each city. The summary data of cities are not equal to the total value of the province.

The data on the national accounts of the latest year published in this yearbook are not final and subject to changes. When the year happens to be a census year, the data of GDP of the past years may also be revised. In 1996, the GDP figures of the past years were adjusted in accordance with the result of the first tertiary industry census. The data published in this yearbook are the adjusted data.

2-1 各部门机构数

GRASSROOTS UNITS IN VARIOUS SECTORS

部门	sector	1990	1995	1997
农村基层组织 （个）	Rural Grassroots (unit)			
镇政府	Town Governments	1316	1592	1567
＃乡政府	Township Governments	338	63	29
村民委员会	Villagers' Committees	23858	22869	23153
村民小组	Villagers' Group	213137	206764	218451
国营农场 （个）	State-Owned Farms (unit)	599	585	668
乡镇企业 （万个）	Township Enterprises (10000 units)	119.65	144.66	85.25
工业企业 （个）	Industrial Enterprises (unit)		386832	470615
乡及乡以上工业	Enterprises at Township and Higher Levers	30404	42680	39567
＃国有工业	State-Owned	6886	6873	6203
集体工业	Collective Owned	20641	23556	21044
建筑业企业 （个）	Construction Enterprises (unit)	686	1618	2399
＃国有企业	Construction Enterprises of State-Owned	176	468	662
邮电局所 （个）	Post and Telecommunications Offices	2573	3580	3978
批发、零售贸易业网点（万个）	Establishment of Wholesale and Retail Sale Trades (10000 units)	78.19	121.19	124.02
卫生事业 （个）	Health Care (unit)	8989	8848	8942
＃医院及卫生院	Hospitals	1885	2267	2348
＃县及县以上医院	Hospital at and Above County	547	637	692
社会福利事业单位数	Social Welfare Institution	1313	1887	2010
教育事业	Education			
普通高等学校 （所）	Regular Institutions of Higher Education	45	42	42
中等学校 （所）	Secondary Schools (unit)	4755	4760	4795
＃普通中学	Regular Secondary Schools	3879	3845	3889
小学 （万所）	Primary Schools (10000 units)	2.46	2.46	2.47
幼儿园 （所）	Kindergarden	7469	7923	9425
艺术表演团体 （个）	Art Performance Troupes	130	134	138
文化事业 （个）	Cultural Institution	2303	2492	3707
文物事业 （个）	Cultural Relics	119	133	143
广播电视 （座）	Broadcasting and Television Stations (unit)			
广播电台	Radio Stations	87	96	97
电视台	Television Stations	38	56	61
县、市有线广播站	Rediffusion Stations in Counties and Cities	93	67	54
科学研究（县以上国有单位） （个）	Scientific Research Institutions (state-owned units at and above county level) (unit)	294	298	295
自然科学和技术领域	Natural Sciences and Technology	267	271	268
社会、人文科学领域	Social Sciences and the Humanities	13	13	12
科学技术情况和文献机构	Scientific and Technical Information and Literature Institutions	14	14	15

2-2 国民经济和社会发展总量与速度指标

指　　标	Item	总量指标		
		1978	1980	1985
人口与就业	**Population And Employment**			
人　口　　（万人）	**Population　　(10000 persons)**			
年底总人口	Year-end Population	5064.15	5227.67	5655.60
农业人口	Agricultural Population	4240.92	4317.96	4457.68
非农业人口	Non-agricultural Population	823.23	909.71	1197.92
男性人口	Male	2586.68	2671.28	2909.52
女性人口	Female	2477.47	2556.39	2746.08
就　业　　（万人）	**Employment　　(10000 persons)**			
年底从业人员人数	Year-end Employess	2275.95	2367.78	2731.11
#职工人数	#Staff and workers	515.85	563.62	660.82
城镇登记失业人员数	Listed Unemployed in Urban Areas			
宏观经济	**Macroeconomic Indicator**			
国民核算（当年价）（亿元）	**National Accunting (At current year prices)　(100 million yuan)**			
国内生产总值	Gross Domestic Product	185.85	249.65	577.38
第一产业	Primary Industry	55.31	82.97	171.87
第二产业	Secondary Industry	86.62	102.53	229.82
第三产业	Tertiary Industry	43.92	64.14	175.69
支出法国内生产总值	Gross Domestic Expenditures	194.14	259.32	568.98
#最终消费	Total Consumption	125.71	187.00	372.95
居民消费	Resident Consumption	107.15	164.44	321.41
政府消费	Public Consumption	18.56	22.56	51.54
资本形成总额	Gross Capital Formation	54.79	63.63	214.97
固定资产形成总额	Gross Fixed Capital Formation	37.93	51.77	160.28
存货增加	Increase in Stock	16.86	11.86	54.69
固定资产投资　　（亿元）	**Investment in Fixed Assets　　(100 million yuan)**			
全社会固定资产投资	Total Investment in Fixed Assets	27.23	38.29	184.59
#国有单位	#State-Owned Units	20.04	25.72	131.11
集体单位	Collective-Owned Units	0.84	1.68	24.18
个体经济	Individuals	6.35	10.89	29.30
财　政　　（亿元）	**Public Finance　　(100 million yuan)**			
财政收入	Government Revenue	39.46	36.10	65.46
各项税收	Taxes	25.78	27.72	65.25
企业收入	Revenue From Enterprises	13.59	8.19	-0.75
其他收入	Other Revenue	0.09	0.19	0.96
财政支出	Total Expenditures	27.03	24.93	60.84
经济建设	Expenditures for Economic Construction	17.63	12.65	26.53
社会文教卫生科研费	Expenditures for Culture, Education, Health Care and Scientific Research	5.67	7.69	18.46
行政经费	Expenditures for Government Administration	2.06	2.90	6.49
其他支出	Other Expenditures	1.67	1.69	9.36
物价总指数　（上年=100）	**Price Indices (Preceding year=100)**			
商品零售价格总指数	General Retail Price Index	100.4	108.5	113.6
居民消费价格总指数	General Consumer Price Index			114.8
农产品收购价格总指数	General Farm and Sideline Products Purchasing Price Index	101.7	110.9	114.9
利用外资　　（亿美元）	**Utilization of Foreign Capital　　(100 million USD)**			
协议规定利用外资额	Amount of Foreign Capital for Utilization Through Signed Contracts or Agreements		13.89	25.65
实际利用外资额	Amount of Foreign Capital Actually Utilized		2.14	9.19
能源生产与消费（万吨标准煤）	**Production And Consumption of Energy(10000 tons of SCE)**			
能源生产总量	Total Energy Production			
能源消费总量	Total Energy Consumption			

PRINCIPAL AGGREGATE INDICATORS ON NATIONAL ECONOMIC AND SOCIAL DEVELOPMENT AND THEIR RELATED INDICES AND GROWTH RATES

Aggregate Data			速度指标（%） Indices and Growth Rates						
			指数 Index （1997为以下各年） (1997 as percentage of the following years)				平均增长速度 Average Annual Growth Rate		
1990	1996	1997	1978	1980	1990	1996	1979－1997	1981－1997	1991－1997
6246.32	6896.77	7013.73	138.5	134.2	112.3	101.7	1.7	1.7	1.7
4769.01	4788.97	4840.23	114.1	112.1	101.5	101.1	0.7	0.7	0.2
1477.31	2107.80	2173.50	264.0	238.9	147.1	103.1	5.2	5.3	5.7
3213.20	3559.54	3620.32	140.0	135.5	112.7	101.7	1.8	1.8	1.7
3033.12	3337.23	3393.41	137.0	132.7	111.9	101.7	1.7	1.7	1.6
3118.10	3641.30	3701.90	162.7	156.3	118.7	101.7	2.6	2.7	2.5
785.49	904.07	897.32	173.9	159.2	114.2	99.3	3.0	2.8	1.9
19.19	23.56	25.84			134.7	109.7			4.3
1559.03	6519.14	7315.51	1241.0	981.0	294.4	110.6	14.2	14.4	16.7
384.59	941.73	986.82	338.4	282.9	136.8	104.8	6.6	6.3	4.6
615.86	3269.35	3647.82	2153.0	1766.2	422.7	112.6	17.5	18.4	22.9
558.58	2308.06	2680.87	1529.4	1065.8	259.2	109.1	15.4	14.9	14.6
1541.99	6519.14	7315.51	1144.7	916.8	295.0	110.6	13.7	13.9	16.7
916.14	3621.80	4109.34	947.7	695.3	270.6	111.4	12.6	12.1	15.3
744.36	2902.09	3172.80	838.4	604.5	255.0	107.3	11.8	11.2	14.3
171.78	719.71	936.54	1651.7	1365.5	338.4	127.4	15.9	16.6	19.0
511.35	2718.45	2736.73	1395.8	1343.1	341.4	98.9	14.9	16.5	19.2
393.26	2240.76	2288.69	1736.3	1387.6	361.2	100.2	16.2	16.7	20.1
118.09	477.69	448.04	752.8	1179.4	275.8	93.7	11.2	15.6	15.6
381.47	2327.64	2298.14	8439.7	6001.9	602.4	98.7	26.3	27.2	29.2
272.18	1078.74	1066.81	5323.4	4147.8	392.0	98.9	23.3	24.5	21.5
53.81	340.18	323.14	38469.0	19234.5	600.5	95.0	36.8	36.3	29.2
55.48	235.50	247.47	3897.2	2272.5	446.1	105.1	21.3	20.2	23.8
131.02	479.45	543.95	2287.1	2499.9	688.8	113.5	17.9	20.8	31.7
135.62	369.65	407.78	3087.2	2871.2	586.9	110.3	19.8	21.8	28.8
-24.24	61.87	91.86							
19.64	47.93	44.31							
150.69	601.23	682.66	2525.6	2738.3	453.0	113.5	18.5	21.5	24.1
36.92	143.64	157.91	895.7	1248.3	427.7	109.9	12.2	16.0	23.1
43.56	182.24	193.90	3419.8	2521.5	445.1	106.4	20.4	20.9	23.8
10.86	50.92	55.40	2689.3	1910.3	510.1	108.8	18.9	18.9	26.2
59.35	224.43	275.45	16494.0	16298.8	464.1	122.7	30.8	34.9	24.5
95.6	104.4	100.1	444.7	397.9	174.5	100.1	8.2	8.5	8.3
97.5	107.0	101.9			199.7	101.9			10.4
90.3	102.0	96.0	563.3	419.8	175.6	96.0	9.5	8.8	8.4
31.68	174.46	96.45		694.4	304.5	55.3		12.1	17.2
20.23	138.99	142.05		6637.9	702.2	102.2		28.0	32.1
1006.24	3758.31	4078.59			405.3	108.5			22.1
4063.51	7745.84	7953.23			195.7	102.7			10.1

续表 1 continued

指　　标	Item	总量指标 1978	1980	1985
产　业	Sector			
农　业	Agriculture			
耕地面积（千公顷）	Cultivated Land (1000 hectares)	2778.80	2750.71	2598.54
农林牧副渔劳动力（万人）	Number of Persons Engaged in Farming, Forestry, Animal Husbandry and Fishery (10000 persons)		1625.90	1597.59
农业总产值（亿元）	Gross Output Value of Farming, Forestry, Animal Husbandry and Fishery (100 million yuan)	74.33	81.88	152.63
主要农产品产量（万吨）	Output of Major Farm Products (10000 tons)			
粮　食	Grain	1509.51	1681.91	1604.37
油　料	Oil-Bearing Crops	36.04	51.20	57.91
糖　蔗	Sugarcane	835.42	834.73	1831.40
茶　叶	Tea	0.90	1.00	1.75
水　果	Fruits	29.40	29.10	116.28
肉　类	Meat			128.12
水产品	Aquatic Products	65.50	63.34	109.44
工　业	Industry			
工业总产值（亿元）	Gross Industrial Output Value (100 million yuan)	199.65	234.35	505.08
主要工业产品产量	Output of Major Industrial Products			
布（亿米）	Colth (100 million m)	2.27	2.54	2.46
机制纸及纸板（万吨）	Machine-Made Paper and Paperboard (10000 tons)	27.47	30.50	52.63
糖（万吨）	Sugar (10000 tons)	96.15	76.48	143.52
家用电冰箱（万台）	Household Refrigerator (10000 units)		0.26	23.54
电视机（万台）	Television Set (10000 units)	1.72	9.08	108.43
#彩色电视机	#Color Television Set			78.99
家用洗衣机（万台）	Household Washing Machine (10000 units)		2.42	77.86
照相机（万架）	Camera (10000 units)			18.68
原　煤（万吨）	Coal (10000 tons)	1046.96	801.69	809.80
原　油（万吨）	Crude Oil (10000 tons)	10.22	8.10	10.02
发电量（亿千瓦时）	Electricity (100 million KWH)	92.32	108.94	167.13
钢（万吨）	Steel (10000 tons)	35.84	40.15	69.53
成品钢材（万吨）	Steel Products (10000 tons)	43.67	45.22	78.76
水　泥（万吨）	Cement (10000 tons)	369.08	386.57	1120.23
独立核算工业企业财务指标	Principal Financial Items of Industrial Enerprises With Independent Accounting Systems			
年底固定资产原价（亿元）	Original Value of Fixed Assets(year-end) (100 million yuan)	111.42	136.59	269.13
年底固定资产净值（亿元）	Net Value of Fixed Assets (year-end) (100 million yuan)		88.55	183.98
利润和税金总额（亿元）	Pre-Tax Profits (100 million yuan)	32.91	38.51	75.99
建筑业	Construction			
建筑业企业年末人数（万人）	Number of Employed Persons in Construction Enterprises (10000 persons)			57.73
建筑业总产值(当年价)（亿元）	Gross Output Value(At current year prices) (100 million yuan)		9.97	50.45
施工房屋面积(万平方米)	Floor Space of Buildings Under Construction (10000 sq.m)			3040.5
竣工房屋面积（万平方米）	Floor Space of Buildings Completed (10000 sq.m)			1426.8
交通运输	Transportation			
货运量（万吨）	Freight Traffic (10000 tons)	15204	14201	15004
铁　路	Railways	3206	3110	3444
公　路	Highways	3967	3006	1947
水　运	Waterways	7887	7656	8745
管　道	Pipelines	143	427	864
空　运	Civil Aviation	1	2	4
客运量（万人）	Passenger Traffic (10000 persons)	15906	21444	38603
铁　路	Railways	2410	2811	3545
公　路	Highways	10897	15829	32485
水　运	Waterways	2546	2714	2340
空　运	Civil Aviation	53	90	233
沿海主要港口货物吞吐量(万吨)	Volume of Freight Handled at Major Coastal Ports (10000 tons)	2786	3075	5073

续表 2 continued

Aggregate Data			速度指标（%） Indices and Growth Rates						
			指数 Index （1997为以下各年）(1997 as percentage of the following years)				平均增长速度 Average Annual Growth Rate		
1990	1996	1997	1978	1980	1990	1996	1979－1997	1981－1997	1991－1997
2528. 83	2304. 35	2298. 65	82. 7	83. 6	90. 9	99. 8	-1. 0	-1. 1	-1. 4
1600. 85	1439. 84	1475. 19		90. 7	92. 2	102. 5		-0. 6	-1. 2
589. 49	827. 05	883. 08	343. 0	311. 4	149. 8	106. 8	6. 7	6. 9	5. 9
1896. 29	1891. 43	1966. 75	130. 3	116. 9	103. 7	104. 0	1. 4	0. 9	0. 5
58. 93	74. 25	75. 46	209. 4	147. 4	128. 1	101. 6	4. 0	2. 3	3. 6
2093. 46	1392. 00	1629. 27	195. 0	195. 2	77. 8	117. 0	3. 6	4. 0	-3. 5
2. 59	3. 62	3. 66	406. 7	366. 0	141. 3	101. 1	7. 7	7. 9	5. 1
328. 58	381. 17	414. 48	1409. 8	1424. 3	126. 1	108. 7	14. 9	16. 9	3. 4
202. 45	252. 02	275. 62			136. 1	108. 4			4. 5
207. 66	395. 08	520. 96	795. 4	822. 5	250. 9	131. 9	11. 5	13. 2	14. 0
1907. 34	8815. 47	10461. 52	4057. 2	3456. 4	571. 5	118. 7	21. 5	23. 2	28. 3
4. 59	12. 14	12. 94	570. 0	509. 4	281. 9	106. 6	9. 6	10. 1	16. 0
104. 13	229. 93	288. 63	1050. 7	946. 3	277. 2	125. 5	13. 2	14. 1	15. 7
184. 50	118. 56	128. 36	133. 5	167. 8	69. 6	108. 3	1. 5	3. 1	-5. 1
105. 75	270. 13	329. 67		126796. 2	311. 7	122. 0		52. 2	17. 6
327. 60	1234. 81	1086. 40	63162. 8	11964. 8	331. 6	88. 0	40. 4	32. 5	18. 7
262. 37	1128. 53	1021. 24			389. 2	90. 5			21. 4
143. 01	169. 53	205. 62		8496. 7	143. 8	121. 3		29. 9	5. 3
99. 30	3440. 62	3589. 62			3614. 9	104. 3			66. 9
889. 76	962. 43	839. 94	80. 2	104. 8	94. 4	87. 3	-1. 2	0. 3	-0. 8
49. 05	1288. 50	1418. 07	13875. 4	17507. 0	2891. 1	110. 1	29. 6	35. 5	61. 7
343. 98	908. 66	981. 15	1062. 8	900. 6	285. 2	108. 0	13. 2	13. 8	16. 2
116. 96	224. 66	248. 70	693. 9	619. 4	212. 6	110. 7	10. 7	11. 3	11. 4
133. 74	276. 07	296. 69	679. 4	656. 1	221. 8	107. 4	10. 6	11. 7	12. 1
2070. 91	5283. 23	5147. 87	1394. 8	1331. 7	248. 6	97. 4	14. 9	16. 5	13. 9
843. 88	5066. 23	5904. 95	5299. 7	4323. 1	669. 7	116. 6	23. 2	24. 8	32. 0
667. 68	3653. 11	4744. 55		5358. 0	710. 6	129. 9		26. 4	32. 3
121. 50	489. 26	617. 90	1877. 5	1604. 5	508. 6	126. 3	16. 7	17. 7	26. 2
66. 84	132. 21	141. 89			212. 3	107. 3			11. 4
113. 40	632. 16	732. 97		7351. 8	646. 4	115. 9		28. 8	30. 6
4477. 3	13911. 8	14522. 87			324. 4	104. 4			18. 3
2345. 4	5143. 9	5271. 22			224. 7	102. 5			12. 3
18792	24599	24664	162. 2	173. 7	131. 2	100. 3	2. 6	3. 3	4. 0
4803	8138	8430	262. 9	271. 1	175. 5	103. 6	5. 2	6. 0	8. 4
1690	1731	1569	39. 6	52. 2	92. 8	90. 6	-4. 8	-3. 8	-1. 1
11200	13100	12933	164. 0	168. 9	115. 5	98. 7	2. 6	3. 1	2. 1
1091	1606	1707	1193. 7	399. 8	156. 5	106. 3	13. 9	8. 5	6. 6
8	24	25	2500. 0	1250. 0	312. 5	104. 2	18. 5	16. 0	17. 7
34152	49602	55050	346. 1	256. 7	161. 2	111. 0	6. 8	5. 7	7. 1
4467	5593	6201	257. 3	220. 6	138. 8	110. 9	5. 1	4. 8	4. 8
27358	41239	46247	424. 4	292. 2	169. 0	112. 1	7. 9	6. 5	7. 8
1857	1579	1445	56. 8	53. 2	77. 8	91. 5	-2. 9	-3. 6	-3. 5
470	1191	1157	2183. 0	1285. 6	246. 2	97. 1	17. 6	16. 2	13. 7
6895	11863	12384	444. 5	402. 7	179. 6	104. 4	8. 2	8. 5	8. 7

续表 3 continued

指标	Item	总量指标 1978	1980	1985
邮电通信业	**Postal and Telecommunication Services**			
邮电业务总量(1990年不变价)(亿元)	Total Business Revenue (at 1990 constant prices) (100 million yuan)	1.59	1.86	3.63
函件 (亿件)	Number of Letters Delivered (100 million pieces)			
报刊累计数 (万份)	Accumulated Number of Newspapers and Magazines Distributed (10000 copies)			
电话交换机容量 (万门)	Capacity of Telephone Exchanges (10000 lines)	21.1	24.2	40.0
城市	Urban Areas	7.9	9.8	19.7
农村	Rural Areas	13.2	14.4	20.3
电话机 (万部)	Number of Telephone Sets (10000 units)	17.5	18.9	36.6
城市	Urban Areas	7.9	9.2	24.2
农村	Rural Areas	9.6	9.7	12.4
国内商业	**Domestic Trade**			
社会消费品零售额 (亿元)	Total Retail Sales of Consumer Goods (100 million yuan)	79.86	117.67	289.23
对外经济贸易和国际旅游	**Foreign Trade and International Tourism**			
海关进出口总额 (亿美元)	Total Exports and Imports (100 million USD)			
进口额	Imports			
出口额	Exports			
国际游客入境人数(万人次)	Number of Tourists from Abroad (10000 persons)	169.91	532.09	1675.69
金融保险	**Finance and Insurance**			
国家银行各项存款 (亿元)	Deposits of National Banking System(100 million yuan)	68.03	88.78	303.70
国家银行各项贷款 (亿元)	Loans of National Banking System (100 million yuan)	103.55	156.36	498.52
农村信用社各项存款(亿元)	Deposits of Rural Credit Cooperatives (100 million yuan)		23.08	89.37
农村信用社各项贷款(亿元)	Loans of rural Credit Cooperatives(100 million yuan)		11.99	60.60
国内保险业务收入额(亿元)	Domestic Amount Insured (100 million yuan)			1.74
国外保险业务收入额(亿美元)	Overseas Amount Insured (100 million USD)			0.46
教育、科技、文化	**Education, Science and Technology and Culture**			
教育	**Education**			
专任教师数 (万人)	Full-time Teachers (10000 persons)			
普通高等学校	Institutions of Higher Education	0.90	0.95	1.36
中等学校	Secondary Schools	15.93	14.33	13.57
小学	Primary Schools	26.09	28.14	26.81
在校学生数 (万人)	Students Enrollment (10000 persons)			
普通高等学校	Institutions of Higher Education	3.07	4.10	6.99
中等学校	Secondary Schools	316.96	260.00	255.91
小学	Primary Schools	743.02	748.86	671.25
国家财政用于教育支出(亿元)	Government Expenditures on Education (100 million yuan)		4.88	10.69
科技	**Science and Technology**			
从事科技活动人员 (人)	Number of Persons Engaged in Science and Technology (person)			
科技活动经费使用总额(万元)	Expenditures on Scientific and Technological Activities (10000 yuan)			
技术合同金额 (万元)	Amount of Technological Contracts (10000 yuan)			
文化	**Culture**			
出版数量	Publications			
图书 (亿册)	Number of Books Published (100 million copies)	1.72	1.68	3.99
杂志 (万册)	Number of Magazines Issued (10000 copies)	1519	1927	12768
报纸 (亿份)	Number of Newspapers Issued (100 million copies)	3.19	4.88	17.18
平均每周电视台自办节目播出时间 (小时)	Broadcasting Time for TV Programs Self-Production Per Week (hours)			

续表 4 continued

Aggregate Data			速度指标(%) Indices and Growth Rates						
			指数 Index (1997为以下各年) (1997 as percentage of the following years)				平均增长速度 Average Annual Growth Rate		
1990	1996	1997	1978	1980	1990	1996	1979－1997	1981－1997	1991－1997
26.30	265.56	330.38	20778.6	17762.4	1256.2	124.4	32.4	35.6	43.6
4.72	9.46	9.18			194.5	97.0			10.0
11.63	15.03	14.61			125.6	97.2			3.3
180.7	1156.8	1405.3	6660.2	5807.0	777.7	121.5	24.7	27.0	34.0
108.9	651.1	881.0	11151.9	8989.8	809.0	135.3	28.2	30.3	34.8
71.8	505.7	524.3	3972.0	3641.0	730.2	103.7	21.4	23.5	32.8
155.4	872.2	1005.4	5745.1	5319.6	647.0	115.3	23.8	26.3	30.6
108.0	526.2	640.2	8103.8	6958.7	592.8	121.7	26.0	28.3	28.9
47.4	346.0	365.2	3804.2	3764.9	770.5	105.5	21.1	23.8	33.9
667.36	2577.93	2918.66	3654.7	2480.4	473.3	113.2	20.9	20.8	23.5
418.98	1099.60	1301.20			310.6	118.3			17.6
196.77	506.14	555.56			282.3	109.8			16.0
222.21	593.46	745.64			335.6	125.6			18.9
2527.54	4002.74	4545.37	2675.2	854.2	179.8	113.6	18.9	13.4	8.7
1141.19	5699.70	6991.44	10277.0	7875.0	612.6	122.7	27.6	29.3	29.6
1267.21	3562.43	5140.17	4963.9	3287.4	405.6	144.3	22.8	22.8	22.1
303.92	1491.49								
236.82	1242.60								
18.05	62.20	79.64			441.2	128.0			23.6
0.91	2.17	1.15			126.4	53.0			
1.57	1.69	1.69	187.8	177.9	107.6	100.0	3.4	3.4	1.1
16.33	22.29	23.56	147.9	164.4	144.3	105.7	2.1	3.0	5.4
27.73	33.82	34.64	132.8	123.1	124.9	102.4	1.5	1.2	3.2
9.59	16.40	17.47	569.1	426.1	182.2	106.5	9.6	8.9	8.9
273.57	430.08	461.23	145.5	177.4	168.6	107.2	2.0	3.4	7.7
747.29	897.64	911.34	122.7	121.7	122.0	101.5	1.1	1.2	2.9
21.34	93.30	94.32		1932.8	442.0	101.1		19.0	23.7
84576	136108	140762			166.4	103.4			7.5
128238	519998	673026			524.8	129.4			26.7
20262	131112	195994			967.3	149.5			38.3
2.81	4.07	3.99	232.0	237.5	142.0	98.0	4.5	5.2	5.1
11325	22300	23725	1561.9	1231.2	209.5	106.4	15.6	15.9	11.1
13.81	25.12	28.84	904.1	591.0	208.8	114.8	12.3	11.0	11.1
	2553	2283				89.4			

续表 5 continued

指 标	Item	总量指标 1978	1980	1985
家庭、生活、环境	Family, People's Livelihood and Environment			
家 庭	Family			
城镇居民平均每户家庭人口(人)	Average Household Size in Urban Areas (person)	4.84	4.60	4.19
农村居民平均每户家庭人口(人)	Average Household Size in Rural Areas (person)	5.99	6.18	5.95
婚 姻	Marriages and Divorces			
结婚数 (万对)	Number of Marriages (10000 couples)		39.15	37.68
离婚数 (万对)	Number of Divorces (10000 couples)		1.24	1.69
居 住	Housing			
城镇居民人均居住面积(平方米)	Per Capita Floor Space of Urban Residents (sq.m)	5.47	6.43	8.55
农村居民人均居住面积(平方米)	Per Capita Floor Space of Rural Residents (sq.m)	8.73	10.51	14.87
生 活	People's Livelihood			
城镇居民人均可支配收入 (元)	Per Capita Disposable Income of Urban Resident (yuan)	412.13	472.57	954.12
农村居民人均纯收入 (元)	Per capita Net Income of Rural Resident (yuan)	193.25	274.37	495.31
城乡居民储蓄存款余额 (亿元)	Outstanding Amount of Saving Deposits in Urban and Rural Areas (100 million yuan)	17.56	31.89	154.88
工资和福利	Wages and Welfare			
工资总额 (亿元)	Total Wages (100 million yuan)	30.59	42.83	88.91
职工平均工资 (元)	Average Wage of Workers and Staff (yuan)	615	789	1393
职工保险福利费 (亿元)	Insurance and Welfare Funds for Workers and Staff (100 million yuan)		6.09	19.58
离休、退休、退职工人数(万人)	Number of Retired and Resigned Workers and Staff (10000 persons)			87.96
离退休、退职职工保险福利费 (亿元)	Insurance and Welfare Funds for Retired and Resigned Workers and Staff (100 million yuan)			7.22
卫 生	Health Care			
医 院 (个)	Number of Hospital (unit)	1968	1988	1853
医 生 (万人)	Number of Doctor (10000 persons)	4.79	5.51	6.56
医院床位数 (万张)	Number of Hospital Bed (10000 units)	8.41	8.50	9.82
市政建设	City Construction			
全年供水量 (亿吨)	Volume of Water Supply (100 million tons)			
下水道长度 (公里)	Length of Sewer Pipelines (km)			
煤气(人工、天然气)供气总量 (万立方米)	Volume of Coal Gas and Natural Gas Supply in Urban Areas (10000 cu.m)			
年末实有公共汽(电)车总数 (辆)	Total Number of Public Bus and Trolley Bus at Year-End (unit)			
年末实有铺装道路面积 (公顷)	Length of Paved Roads at Year-End (hectare)			
园林绿地面积 (公顷)	Areas of Green Land and Garden (hectare)			
环境、灾害	Environment and Disaster			
企事业单位污染治理资金(万元)	Funds Used for Pollution Treatment by Enterprises (10000 yuan)			
环保投资占GDP比重 (%)	Proportion of Expenditure on Environmental Protection to GDP (percent)			0.29
火灾发生数 (起)	Number of Fire Disaster (time)			
火灾损失 (万元)	Fire Loss (10000 yuan)			
交通事故发生数 (起)	Number of Traffic Accident (time)			
交通事故损失 (万元)	Loss of Traffic Accidents (10000 yuan)			

注：1. 人口按户籍人口统计。
2. 1994年起财政收入按税改新口径统计(即不含中央返还部分)。
3. 工、农业总产值1978、1980年为1970年不变价格，1985年为1980年不变价格，1990、1996、1997年为1990年不变价格。
4. 工业总产值1996、1997年为新规定口径。

续表 6　continued

Aggregate Data			速 度 指 标 (%)　Indices and Growth Rates						
1990	1996	1997	指数 Index (1997为以下各年) (1997 as percentage of the following years)				平均增长速度 Average Annual Growth Rate		
			1978	1980	1990	1996	1979－1997	1981－1997	1991－1997
3.85	3.60	3.60	74.4	78.3	93.5	100.0	-1.5	-1.4	-1.0
5.65	5.25	5.17	86.3	83.7	91.5	98.5	-0.8	-1.0	-1.3
50.66	60.11	60.87		155.5	120.2	101.3		2.6	2.7
2.58	3.79	3.98		321.0	154.3	105.0		7.1	6.4
12.13	16.97	16.97	310.2	263.9	139.9	100.0	6.1	5.9	4.9
17.39	22.32	23.78	272.4	226.3	136.7	106.5	5.4	4.9	4.6
2303.15	8157.81	8561.71	2077.4	1811.7	371.7	105.0	17.3	18.6	20.6
1043.03	3183.46	3467.69	1794.4	1263.9	332.5	108.9	16.4	16.1	18.7
752.78	4505.99	5504.50	31346.8	17260.9	731.2	122.2	35.3	35.4	32.9
233.29	803.50	858.35	2806.0	2004.1	384.4	106.8	19.2	19.3	21.2
2929	9127	9698	1576.9	1229.2	331.1	106.3	15.6	15.9	18.7
64.36	208.03	222.89		3659.9	346.3	107.1		23.6	19.4
124.07	169.12	173.39			139.8	102.5			4.9
14.57	79.42	92.49			634.8	116.5			30.2
1885	2319	2348	119.3	118.1	124.6	101.3	0.9	1.0	3.2
8.11	10.13	10.38	216.7	188.4	128.0	102.5	4.2	3.8	3.6
11.41	14.12	14.45	171.8	170.0	126.6	102.3	2.9	3.2	3.4
20.55	34.88	35.09			170.8	100.6			7.9
3682	8794	10137			275.3	115.3			15.6
397	15076	19169			4828.5	127.1			74.0
3199	7392	8267			258.4	111.8			14.5
	10548	10945				103.8			
12892	64420	89821			696.7	139.4			32.0
18331	53820	53797			293.5	100.0			16.6
0.37	1.28	1.27							
1725	1426	3563			206.6	249.9			10.9
9102	14442	10745			118.1	74.4			2.4
25909	39574	39086			150.9	98.8			6.0
5044	26554	26517			525.7	99.9			26.8

Note: a) Figures of Population are calculated according to the statistics of the household registration.
b) Figures of government revenue are in calculated according to new approach of tax reform since 1994 (excludes the return part from central government).
c) Figures of the gross output value of industry and agriculture of 1978 and 1980 are calculated at 1970 constant prices, and those in 1985 at 1980 constant prices, 1990, 1996 and 1997 at 1990 contant prices.
d) Figures of the gross industrial output value of 1996 and 1997 are in accordonce with the approach of new stipulate.

2-3 国民经济和社会发展结构指标

STRUCTURAL INDICATORS ON NATIONAL ECONOMIC AND SOCIAL DEVELOPMENT

单位：%　　　　(%)

指　　标	Item	1990	1995	1996	1997
人口与就业	Population and Employment				
人　口	Population				
城乡结构	Urban and Rural Structure				
非农业	Non-Agriculture	23.7	30.0	30.6	31.0
农　业	Agriculture	76.3	70.0	69.4	69.0
性别结构	Sexual Structure				
男	Male	51.4	51.6	51.6	51.6
女	Female	48.6	48.4	48.4	48.4
就　业	Employment				
产业结构	Industrial Structure				
第一产业	Primary Industry	53.0	41.5	40.7	40.8
第二产业	Secondary Industry	27.2	33.8	33.4	32.9
第三产业	Tertiary Industry	19.8	24.7	25.9	26.3
经济类型结构	Structure by Ownership				
国有单位	State-Owned	16.9	15.9	15.5	15.0
集体单位	Collective Owned	6.7	68.9	69.1	68.8
联营经济单位	Joint-Owned		0.2	0.2	0.2
股份制经济单位	Share Holding		0.7	0.7	0.8
外商投资经济单位	Foreign Funded		1.0	1.1	1.2
港澳台商投资经济单位	Funded by Entrepreneurs from Hong Kong, Macao and Taiwan		2.6	2.5	2.6
私营企业	Private		3.3	3.7	4.1
个　体	Individual		7.3	7.3	7.3
从事农林牧渔业的农民	Farmer Engaged in Faming, Forestry, Animal Husbandry and Fishing	53.0	41.5	40.7	40.8
宏观经济	Macro Economy				
国民核算	National Accounting				
国内生产总值产业结构	Industrial Structure				
第一产业	Primary Industry	24.7	15.1	14.4	13.5
第二产业	Secondary Industry	39.5	50.2	50.2	49.9
第三产业	Tertiary Industry	35.8	34.7	35.4	36.6
国内支出结构	Domestic Expenditures Structure				
总消费	Total Consumption	59.4	55.6	55.6	56.2
居民消费	Personal Consumption	48.3	45.1	44.6	43.4
农　民	Agricultural Residents	26.8	19.9	19.3	19.3
非农业居民	Non-agricultural Residents	21.5	25.2	25.3	24.1
社会消费	Social Consumption	11.1	10.5	11.0	12.8
总投资	Total Investment	33.2	41.5	41.7	37.4
固定资产	Fixed Assets	25.5	35.9	34.4	31.3
存货	Goods in Stock	7.7	5.6	7.3	6.1
净出口	Net Export	7.4	2.8	2.7	6.4
投　资	Investment				
经济类型结构	Structure by Ownership				
国有单位	State-Owned	70.5	48.2	47.3	46.4
集体单位	Collective Owned	15.8	15.6	14.6	14.1
联营经济单位	Joint-Owned		0.7	0.9	0.8
股份制经济单位	Share Holding		4.7	4.0	5.5
外商投资经济单位	Foreign Funded		11.0	11.6	10.6
港澳台商投资经济单位	Funded by Entrepreneurs from Hong Kong, Macao and Taiwan		8.5	11.2	11.5
其他经济单位	Private		0.5	0.3	0.3
个　体	Individual	13.7	10.7	10.1	10.8

续表 1 continued

单位：% (%)

指　　标	Item	1990	1995	1996	1997
资金来源结构	Structure of Funded Sources				
国家预算内资金	State Budgetary Appropriation		1.1	0.9	0.9
国内贷款	Domestic Loans		15.0	14.3	12.3
利用外资	Foreign Investment		18.5	20.3	19.9
自筹投资	Fundraising		37.5	37.6	41.8
其他投资	Others		27.9	26.9	25.1
财　政	**Government Finance**				
财政收入结构	Structure of Government Revenue				
各项税收	Taxes		78.9	77.1	75.0
企业收入	Revenue from Enterprises		7.0	12.9	16.9
其他收入	Other Revenue		14.1	10.0	8.1
财政支出结构	Structure of Government Expenditures				
经济建设	Expenditures for Economic Construction	24.5	26.4	23.9	23.1
社会文教	Expenditures for Culture and Education	28.9	29.9	30.3	28.4
行政经费	Expenditures for Government Administration	7.2	8.2	8.5	8.1
其他支出	Other Expenditures	39.4	35.5	37.3	40.3
利用外资	**Utilization of Foreign Capital**				
实际利用外资结构	Structure of Foreign Capital Actually Utilized				
对外借款	Loans from Abroad	21.8	15.2	15.4	9.2
外商直接投资	Direct Investment by Foreign Entrepreneurs	72.1	84.1	83.6	82.4
外商其他投资	Other Investment by Foreign Entrepreneurs	6.0	0.7	0.9	8.3
能源生产与消费	**Production And Consumption of Energy**				
能源生产总量结构	Structure of Total Energy Production				
原　煤	Coal	63.1	29.1	18.3	14.7
原　油	Petroleum Crude Oil	7.0	35.5	49.0	49.7
水　电	Hydropower	29.9	34.9	25.5	24.7
一次能源消费总量结构	Structure of Total Primary Energy Consumption				
原　煤	Coal	56.5	56.4	56.0	55.3
原　油	Petroleum Crude Oil	35.3	28.5	28.8	29.5
水　电	Hydropower	8.2	14.9	15.0	15.0
产业经济	**Industry Economy**				
农　业	**Agriculture**				
农林牧渔业产值结构	Structure of Gross Output Value				
农　业	Farming	52.1	46.8	45.6	45.9
林　业	Forestry	5.1	4.3	4.1	3.2
牧　业	Animal Husbandry	20.4	22.2	22.9	25.6
副　业	Sideline	8.8	7.6	7.3	5.6
渔　业	Fishery	13.6	19.2	20.0	19.8
工　业	**Industry**				
乡及以上工业产值结构	Structure of Gross Industrial Output Value of Enterprises at and Above Township Level				
按轻重工业分	Grouped by Light and Heavy Industry				
轻工业	Light Industry	69.0	62.4	65.0	61.6
重工业	Heavy Industry	31.0	37.6	35.0	38.4
按经济类型分	Grouped by Ownership				
国有工业	State-Owned	46.6	19.1	16.9	15.6
集体工业	Collective-Owned	29.1	21.7	21.6	20.0
股份制工业	Share Holding	0.0	6.7	6.7	6.7
外商投资工业	Foreign Funded	7.0	16.3	20.6	22.1
港澳台商投资工业	Funded by Entrepreneurs from Hong Kong, Macao and Taiwan	1.4	34.6	32.4	33.4

续表 2 continued

单位：%　　(%)

指　　标	Item	1990	1995	1996	1997
村及以下工业产值结构	Structure of Gross Industrial Output Value of Enterprises at and Below Village Level				
村办工业	Village Enterprises			57.1	50.6
合作经营工业	Cooperative Operation Enterprises			11.0	12.0
个体工业	Individual-Owned Enterprises			31.9	37.5
建筑业	**Construction**				
建筑施工企业产值结构	Structure of Gross Output Value of Construction Enterprises				
国有施工企业	State-Owned		46.7	50.9	48.2
城镇集体施工企业	Collective Owned in Urban Areas		48.2	44.9	43.2
私营施工企业	Private		0.0	0.2	0.5
联营经济施工企业	Joint		0.2	0.1	0.6
股份制施工企业	Share Holding		3.4	2.2	4.7
外商投资施工企业	Foreign Funded		0.8	0.6	0.7
港澳台商投资施工企业	Funded by Entrepreneurs from Hong Kong, Macao and Taiwan		0.7	1.1	1.5
其他经济施工企业	Others		…	…	0.6
运输业	**Transportation**				
货运量结构	Structure of Freight Traffic				
铁　路	Railways	25.6	31.0	33.1	34.2
公　路	Highways	9.0	8.2	7.0	6.4
水　运	Waterways	59.6	54.4	53.3	52.4
民用航空	Civil Aviation	0.0	0.1	0.1	0.1
管道输油（气）	Pipelines	5.8	6.4	6.5	6.9
客运量结构	Passenger Traffic				
铁　路	Railways	13.1	12.8	11.3	11.3
公　路	Highways	80.1	81.3	83.1	84.0
水　运	Waterways	5.4	3.6	3.2	2.6
民用航空	Civil Aviation	1.4	2.4	2.4	2.1
国内商业	**Domestic Trade**				
社会消费品零售总额结构	Structure of Total Retail Sales of Consumer Goods				
城　镇	Urban Areas	68.5	71.3	71.8	71.8
农　村	Rural Areas	31.5	28.7	28.2	28.2
批发零售贸易商品销售总额结构	Structure of Total Sales by Ownership				
国有商业	State-Owned		54.9	48.8	47.0
集体商业	Collective Owned		23.2	22.4	22.5
私营企业	Private		2.0	3.1	3.4
联营经济商业	Joint		0.8	1.7	1.7
股份制商业	Share Holding		2.1	2.9	3.1
外商投资商业	Foreign Funded		0.3	0.6	0.9
港澳台商投资商业	Funded by Entrepreneurs from Hong Kong, Macao and Taiwan		0.9	1.3	1.0
其他经济单位	Others		15.8	19.3	20.4
对外经济贸易和国际旅游	**Foreign Trade and International Tourism**				
出口商品结构	Structure of Exports				
初级产品	Primary Goods	9.8	6.6	6.3	6.4
工业制成品	Manufactured Goods	90.2	93.4	93.7	93.6
进口商品结构	Structure of Imports				
初级产品	Primary Goods	8.5	7.5	8.2	9.3
工业制成品	Manufactured Goods	91.5	92.5	91.8	90.7
国际游客出入境人数结构	Structure of Tourists from Abroad				
外国人	Foreigners	3.5	4.6	5.0	4.4
华　侨	Overseas Chinese	0.3	0.2	0.3	0.1

续表 3 continued

单位：% (%)

指　　标	Item	1990	1995	1996	1997
港澳同胞	Compatriots from Hong Kong and Macao	94.3	92.9	92.2	92.7
台湾同胞	Compatriots from Taiwan	1.9	2.3	2.4	2.8
金融保险业	**Finance and Insurance**				
国家银行信贷存款结构	Structure of Credit Deposits of State Banks				
企业存款	Deposits of Enterprises	36.6	39.0	38.3	38.1
财政性存款	Treasury Deposits	7.1	4.4	4.5	3.1
城镇储蓄存款	Urban Saving Deposits	42.9	56.0	56.7	56.9
农业存款	Agricultural Deposits	9.1	0.4	0.3	0.3
信托类存款	Credit Deposits	0.3	0.1	0.1	…
其他存款	Other Deposits	4.0	0.0	0.0	1.5
国家银行信贷贷款结构	Structure of Credit Loans of State Banks				
短期贷款	Short-term Loans		74.7	80.1	86.4
中长期贷款	Medium-term and Long-term Loans		14.6	14.5	13.5
信托类贷款	Credit Loans		…	…	0.1
其他类贷款	Other Loans		10.8	5.4	0.0
保险业务结构	Structure of Insurance				
财产险	Property Insurance	45.1	45.4	50.5	52.6
农业险	Agricultural Insurance	1.2	0.6	0.5	0.5
人身险	Life Insurance	27.5	32.7	26.5	36.2
国外业务	Overseas Business	26.3	21.3	22.5	10.7
教育、科技、文化	**Education, Science and Technology and Culture**				
教　育	**Education**				
在校学生结构	Structure of Student Enrolled				
大学生	College and University Students	0.9	1.2	1.2	1.3
中学生	Secondary Shool Students	26.5	30.3	32.0	33.2
小学生	Primary School Students	72.5	68.5	66.8	65.6
专任教师结构	Structure of Full-time Teachers by Type				
大　学	Colleges and Universities	3.4	3.0	2.9	2.8
中　学	Secondary Schools	35.8	38.1	38.6	39.3
小　学	Primary Schools	60.8	58.8	58.5	57.8
科　技	**Science and Technology**				
从事科技活动人员	Structure of Persons Engaged in Science and Technology				
科学研究技术开发机构	Scientific Research and Technical Development Institutions	34.5	19.7	14.8	14.3
科技情报与文献机构	Scientific and Technical Information and Literature Institutions	0.5	0.3	0.3	0.2
全日制普通高等学校	Regular Institutions of Higher Education	41.6	42.7	35.9	34.0
大中型企业	Large and Medium-Sized Enterprises	23.4	37.3	49.0	51.5
科技活动经费使用总额	Expenditures for Scientific and Technological Activities				
科学研究技术开发机构	Scientific Research and Technical Development Institutions	47.2	41.5	32.6	33.2
科技情报与文献机构	Scientific and Technical Information and Literature Institutions	0.8	0.6	0.5	0.4
全日制普通高等学校	Regular Institutions of Higher Education	3.8	3.1	3.2	3.0
大中型企业	Large and Medium-Sized Enterprises	48.2	54.9	63.7	63.4
文　化	**Culture**				
文化事业机构人员结构	Structure of Persons Engaged in Cultural Activities				
艺术事业	Arts	52.4	42.9	40.2	38.2
图书馆事业	Library	10.4	11.3	10.9	10.4
群众文化事业	Mass Culture	28.8	32.0	33.9	28.0
教育事业	Education	2.7	3.1	2.9	2.8
其他文化事业	Other Cultural Activities	5.7	10.7	12.1	20.6

续表 4 continued

单位：% (%)

指　　标	Item	1990	1995	1996	1997
家庭、生活、环境	**Family, People's Livelihood and Environment**				
家　庭	**Family**				
家庭户结构	Structure of Family Household				
一代户	One Generation Household	11.4	15.7		
二代户	Two Generations Household	63.0	58.4		
三代及以上户	Three and More Generations Household	25.7	26.0		
生　活	**People's Livelihood**				
城镇居民消费结构	Consumption Structure of Urban Residents				
食品类	Food	57.2	48.0	47.3	46.0
衣着类	Clothing	6.9	6.7	6.8	6.2
用品及其他	Articles for Daily Use and Others	32.4	34.7	34.7	35.7
居住	Residence	3.5	10.6	11.2	12.1
农村居民消费结构	Consumption Structure of Rural Residents				
食品类	Food	57.7	54.5	51.6	52.3
衣着类	Clothing	4.2	4.0	4.1	4.0
用品及其他	Articles for Daily Use and Others	19.3	26.2	27.5	29.2
居住	Residence	18.7	15.3	16.8	14.6
福　利	**Social Welfare**				
职工劳保福利费用结构	Structure of Labor Insurance and Welfare Funds for Stuff and Workers				
国有单位	State-Owned Units	79.7	81.2	80.5	80.0
城镇集体单位	Urban Collective Owned Units	17.8	13.4	12.5	12.4
其他单位	Others	2.5	5.4	7.0	7.6
离退休人员结构	Structure of Retired Staff and Workers				
国有单位	State-Owned Units	66.9	72.7	72.6	74.1
城镇集体单位	Urban Collective Owned Units	32.6	24.8	24.3	23.1
其他单位	Others	0.5	2.5	3.1	2.8
卫　生	**Health Care**				
医生结构	Doctors by Type				
中　医	Doctors of Traditional Chinese Medicine	25.0	22.1	21.3	20.6
西医师	Doctors of Western Medicine	54.4	57.6	58.5	59.6
西医士	Paramedics of Western Medicine	20.6	20.3	20.1	19.8
医院床位结构	Hospital Beds by Area				
县及以上医院	Hospitals at County and Higher Level	70.8	71.2	71.3	70.9
环境、灾害	**Environment and Disaster**				
工业治污资金使用结构	Uses of Funds in Pollution Treatment by Enterprises				
治理废水	Waste Water Treatment		47.3	47.5	65.3
治理废气	Waste Gas Treatment		34.8	19.7	20.9
治理固体废物	Solid Wastes Treatment		8.6	28.3	2.2
治理噪声	Noise Abatement		3.0	1.4	1.1
其　他	Others		6.3	3.1	10.5
火灾事故损失额结构	Structure of Fire Losses Converted into Cash				
特　大	Extraordinarily Serious Fires		54.6	38.4	15.0
重　大	Serious Fires		37.8	43.1	28.5
一　般	Ordinary Fires		7.6	18.5	56.5
交通事故损失额结构	Structure of Losses of Traffic Accidents Converted into Cash				
特　大	Extraordinarily Serious Accidents		9.4	9.2	12.8
重　大	Serious Accidents		19.6	21.5	22.2
一　般	Ordinary Accidents		71.0	69.3	65.0

注：由于数据计算进位的原因，部分结构总和不等于100。

Note: Owing to the rounding of figures in adding process, some totals in this table are not equal to 100.

2-4 国民经济和社会发展比例和效益指标
INDICATORS ON PROPORTIONS AND EFFICIENCY IN NATIONAL ECONOMIC AND SOCIAL DEVELOPMENT

指标	Item	1990	1995	1996	1997
人口与就业	**Population and Employment**				
人口	**Population**				
出生率 (‰)	Birth Rate (‰)	22.26	18.10	18.05	16.90
死亡率 (‰)	Death Rate (‰)	5.76	5.70	6.09	5.40
自然增长率 (‰)	Natural Growth Rate (‰)	16.50	12.40	11.96	11.50
就业	**Employment**				
就业者负担人口	Dependency Ratio	2.0	1.9	1.9	1.9
三次产业从业者比例	Employment Ratio by Type of Industry				
(以第一产业为100)	(Employment in Primary Industry=100)				
第一产业	Primary Industry	100.0	100.0	100.0	100.0
第二产业	Secondary Industry	51.4	81.4	82.2	80.5
第三产业	Tertiary Industry	37.4	59.6	63.6	64.4
城镇登记失业率 (%)	Listed Unemployment Rate in Urban Areas (%)	2.20	2.09	2.26	2.25
宏观经济	**Macro Economy**				
国民核算	**National Accounting**				
三次产业增加值比例	Ratio of Value-added by Type of Industry				
(以第一产业为100)	(Value-added in Primary Industry=100)				
第一产业	Primary Industry	100.0	100.0	100.0	100.0
第二产业	Secondary Industry	160.1	331.0	347.2	369.7
第三产业	Tertiary Industry	145.2	228.8	245.1	271.7
全社会劳动生产率(元/人)	Overall Labor Productivity (yuan/person)	5062	16280	18128	19762
(按增加值计算)	(On Value-added)				
第一产业	Primary Industry	2348	5888	6374	6529
第二产业	Secondary Industry	8075	24257	27053	29968
第三产业	Tertiary Industry	8222	23112	25356	27545
固定资产投资	**Investment in Fixed Assets**				
全社会固定资产投资相当于国内生产总值比例(%)	Proportion of Investment in Fixed Assets to GDP (%)	24.5	40.6	35.7	31.4
基建、更改房屋建筑面积竣工率 (%)	Rate of Total Floor Space of Buildings Completed in Construction (%)	47.2	40.8	43.2	41.6
基建、更改固定资产交付使用率 (%)	Rate of Fixed Assets Completed in Construction and Put into Use (%)	71.5	60.8	76.8	74.1
财政	**Finance**				
地方财政收入相当于国内生产总值比例 (%)	Proportion of Local Government Revenue to GDP (%)	8.4	6.7	7.4	7.4
地方财政支出相当于国内生产总值比例 (%)	Proportion of Local Government Expenditures to GDP (%)	9.7	9.2	9.2	9.3
物价指数	**Price Index**				
工农商品综合比价 (%)	Overall Industrial and Farm Products Price Parity Index (%)	107.6	90.0	102.5	105.2
利用外资	**Utilization of Foreign Capital**				
实际利用外资额相当于签订利用外资额比例(%)	Proportion of Foreign Capital Actually Used to Total Amount of Foreign Capital for Utilization by Signed Contracts or Agreements (%)	63.9	46.4	79.7	147.3
能源生产与消费	**Production and Consumption of Energy**				
能源生产弹性系数 (%)	Elasticity Ratio of Energy Production (%)	0.02	0.99	4.05	0.80
能源消费弹性系数 (%)	Elasticity Ratio of Energy Consumption (%)	0.35	0.62	0.51	0.25
每万元国内生产总值消耗的能源 (吨)	Energy Consumption per 10000 yuan GDP (ton)	2.6	1.3	1.2	1.1

续表 1 continued

指　　标	Item	1990	1995	1996	1997
产　业	Sector				
农　业	Agriculture				
人均耕地面积　（亩）	Per Capita Cultivated Land (mu)	0.62	0.52	0.51	0.49
农业从业者人均耕地面积　（亩）	Cultivated Land per Agricultural Labourer (mu)	2.32	2.36	2.41	2.34
每亩耕地农业机械总动力　（千瓦）	Total Power of Agricultural Machinery per Mu of Cultivated Land (kw)	0.34	0.48	0.49	0.48
每亩耕地用电量　（千瓦小时）	Electric Power Consumption per Mu of Cultivated of Cultivated Land (kwh)	153.2	535.9	589.0	702.5
每亩耕地化肥施用量（折纯量）　（公斤）	Chemical Fertilizer Consumption per Mu of Cultivated Land (kg)	42.8	56.3	54.4	49.1
每亩耕地生产的农业产值（元）（按当年价格计算）	Agricultural Output Value per Mu of Cultivated Land (at current year price) (yuan)	1584	4159	4565	4804
工　业	Industry				
独立核算企业效益	Economic Efficiency of Industrial Enterprises with Independent Accounting System				
资金利税率　（%）	Ratio of Pre-Tax Profits to Total Capital (%)	16.05	6.54	6.27	6.77
产值利税率　（%）	Ratio of Pre-Tax Profits to Gross Output Value(%)	8.80	7.04	6.69	7.53
国有独立核算企业效益	Economic Efficiency of State-Owned Industrial Enterprises with Independent Accounting System				
资金利税率　（%）	Ratio of Pre-Tax Profits to Total Capital (%)	14.94	8.58	6.49	6.68
产值利税率　（%）	Ratio of Pre-Tax Profits to Gross Output Value(%)	11.82	11.50	9.42	10.69
建筑业	Construction				
技术装备率　（元/人）	Value of Machinery per Labourer (yuan/person)	2397	4372	5558	6728
全员劳动生产率　（元/人）（按施工产值计算）	Overall Labor Productivity (In term of gross output value per employee) (yuan/person)	16398	35862	43133	50939
运输业	Transportation				
客运量弹性系数（以当年GDP增长1%计算）	Elasticity Coefficient of Passenger Traffic (In term of 1% increased of current year GDP)		0.38	0.07	1.04
货运量弹性系数（以当年GDP增长1%计算）	Elasticity Coefficient of Freight Traffic (In term of 1% increased of current year GDP)		0.13		0.03
铁路网密度（公里/万平方公里）	Railway Density (km/10000 sp. km)	72.3	104.6	120.1	115.3
公路网密度（公里/万平方公里）	Highway Density (km/10000 sp. km)	3073	4753	5038	5164
铁路货运密度　（吨/公里）	Railway Freight Traffic Density (ton/km)	37319	41021	38081	41102
邮电通信业	Postal and Telecommunication Services				
邮电业务总量弹性系数（以当年GDP增长1%计算）	Elasticity of Postal and Telecommunications Services(In term of 1% increased of current year GDP)	3.77	2.92	2.77	1.67
平均每百人拥有电话机数（部）	Number of Telephone Sets Owned by 100 persons(unit)	2.45	10.63	14.76	17.75
国内商业	Domestic Trade				
批零和餐饮业人均消费品零售额　（元）	Per Capita Retail Sales of Consumer Goods of Wholesale and Retail Sale and Catering Trades (yuan)		55582	59334	75197
对外经济贸易	Foreign Trade				
进出口总额相当于国内生产总值比例　（%）	Proportion of Total Imports and Exports to GDP(%)	57.8	145.6	140.8	147.5
金融保险	Finance and Insurance				
银行存款相当于国内生产总值比例　（%）	Bank Deposits as Percentage of GDP (%)	77.5	81.2	87.4	95.6
银行贷款相当于国内生产总值比例　（%）	Bank Loans as Percentage of GDP (%)	86.1	60.0	54.6	70.3

续表 2 continued

指标	Item	1990	1995	1996	1997
教育、科技、文化	**Education, Science and Technology and Culture**				
教 育	**Education**				
学龄儿童入学率 (%)	Rate of School-age Children Enrollment (%)	99.29	99.71	99.75	99.77
小学升学率 (%)	Rate of Graduates of Primary Schools Entering Uunior Secondary Schools (%)	87.56	95.38	96.18	95.91
学校教师负担系数 (%)	Student-Teacher Ratio(in percentage) (%)				
高等学校	Colleges and Universities	6.1	9.1	9.7	10.3
中等学校	Secondary Schools	16.8	18.8	19.3	19.6
小学学校	Primary Schools	26.9	27.5	26.5	26.3
科 技	**Science and Technology**				
研究与开发经费支出相当于国内生产总值比例 (%)	Research and Development Expenditures as Percentage of GDP (%)	0.19	0.20	0.30	0.39
文 化	**Culture**				
每百万人有电影放映单位 (个)	Number of Film Projection Teams per Million Persons	75.3	59.3	54.8	49.6
每百万人有艺术表演团体 (个)	Number of Troupes per Million Persons	2.0	2.0	2.0	2.0
每百万人有公共图书馆 (个)	Number of Public Libraries per Million Persons	1.6	1.7	1.7	1.7
每百万人有博物馆 (个)	Number of Museums per Million Persons	1.6	1.7	1.6	1.7
生活、环境	**People's Livelihood and Environment**				
婚 姻	**Marriages and Divorces**				
离婚率 (‰)	Divorce Rate (‰)	0.84	1.01	1.25	
生 活	**People's Livelihood**				
城镇与农村居民收入增长率比例	Proportion of Growth Rate of Annual Income of Urban Residents to that of Rural Residents	1.04	0.69	0.52	0.55
福 利	**Social Welfare**				
职工保险福利相当于工资总额比例 (%)	Insurance and Welfare Funds of Staff and Workers as Percentage of Total Wages (%)		10.7	11.2	10.9
卫 生	**Health Care**				
每千人医院数 (个)	Number of Hospital per 1000 persons (unit)	0.03	0.03	0.03	0.03
每千人医生数 (人)	Number of Doctor per 1000 persons (person)	1.30	1.46	1.47	1.48
每千人医院床位数 (张)	Number of Hospital Bed per 1000 persons	1.83	2.03	2.05	2.06
市政建设	**City Construction** (unit)				
城市自来水普及率 (%)	Percentage of Households Which Have Access to Tap Water (%)		83.0	86.6	89.7
城市用气普及率 (%)	Percentage of Households Which Have Access to Tap Gas (%)		88.0	92.0	94.3
每万人绿地面积 (公顷)	Public Green Areas per 10000 persons (hectare)	2.06	6.83	8.10	8.33
环境、灾害	**Environment and Disasters**				
平均每起火灾损失 (元)	Average Loss of per Fire Disaster (yuan)		138909	101276	30157
平均每起交通事故损失 (元)	Average Loss of per Traffic Accident (yuan)		681	6710	6784
环保投资占国内生产总值比重 (%)	Expenditures on Environment Protection as Percentage of GDP (%)	0.37	0.64	1.28	1.27

注：1. 地方财政收入未包中央返回部分。2. 每亩耕地用电量包括农村部分非生产用电。3. 进出口总额相当于国内生产总值比例按当年汇率计算。

Note: a) The amount of local goverment revenue excluded the return part of central goverment.
b) The figures of electric power consumption per mu cultivated land included the part of non-productive consumption.
c) The figures of proportion of total imports and exports to GDP are calculated at the exchange rate of the current year.

2-5 国民经济主要指标分月变化情况

(1997年，累计绝对数)

指标		Item		1 Jan
工业销售产值(现行价)	(亿元)	Gross Industrial Sales Value (at current prices)	(100 million yuan)	550.39
工业总产值(现行价)	(亿元)	Gross Industrial Output Value (at current prices)	(100 million yuan)	590.63
工业总产值(1990年不变价)	(亿元)	Gross Industrial Output Value(at 1990 constant prices)	(100 million yuan)	513.94
#出口产品产值		#Industrial Product Exports		180.91
#大中型工业		#Large and Medium-Sized Industrial Enterprises		224.90
按轻重工业分		Grouped by Light and Heavy Industry		
轻工业		Light Industry		334.59
重工业		Heavy Industry		179.35
按经济类型分		Grouped by Ownership		
国有经济单位		State-Owned Units		105.43
集体经济单位		Collective-Owned Units		124.47
其他经济类型单位		Others		284.04
固定资产投资额	(亿元)	Investment on Fixed Assets	(100 million yuan)	
#基本建设		#Capital Construction		
更新改造		Innovation		
房地产开发		Real Estate Development		
基本建设和更新改造新增固定资产	(亿元)	Newly Increased Fixed Assets Through Capital Construction and Innovation	(100 million yuan)	
工资总额	(亿元)	Total Wages	(100 million yuan)	
财政收入	(亿元)	Government Revenue	(100 million yuan)	40.09
工商税收		Industrial and Commercial Taxes		33.28
财政支出	(亿元)	Government Expenditures	(100 million yuan)	38.43
行政事业经费		Expenditure for Government Administration		26.79
金融机构存款余额	(亿元)	Outstanding Saving Deposits in Financial Institutions	(100 million yuan)	5745.44
金融机构贷款余额	(亿元)	Outstanding Loans in Financial Institutions	(100 million yuan)	4549.63
城乡居民储蓄存款余额	(亿元)	Outstanding Saving Deposits by Urban and Rural Residents	(100 million yuan)	4624.41
外贸出口总额(全额口径)	(亿美元)	Total Exports (in total amount)	(100 million USD)	43.39
#贸易出口		#Exports through Trade		24.11
"三资"企业出口		Exports by Joint Ventures, Cooperative Operation, and Exclusively Foreign-Owned Enterprises		19.27
外贸进口总额	(亿美元)	Total Imports	(100 million USD)	28.12
实际利用外资	(亿美元)	Foreign Capital Actually Utilized	(100 million USD)	
#外商直接投资		#Foreign Direct Investments		
货运量	(万吨)	Freight Traffic	(10000 tons)	1947.2
客运量	(万人)	Passengers Traffic	(10000 persons)	4182.1
发电量	(亿千瓦时)	Electricity	(100 million kwh)	59.53
社会消费品零售总额	(亿元)	Total Retail Sales of Consumer Goods	(100 million yuan)	249.54
商品零售价格总指数	(%)	General Retail Price Index	(%)	102.5
居民消费价格总指数	(%)	General Consumer Price Index	(%)	106.0
独立核算工业主要经济效益指标		Major Economic Results Indicators of Industrial Enterprises with Independent Accounting System.		
经济综合效益指数	(%)	Comprehensive Economic Efficiency Index	(%)	
产品销售率	(%)	Ratio of Sales to Products	(%)	93.19
产品销售收入	(亿元)	Sales Revenue	(100 million yuan)	6348.22
产成品存货	(亿元)	Stock	(100 million yuan)	515.38
利税总额	(亿元)	Total Pre-Tax Profits	(100 million yuan)	445.42
应收帐款净额	(亿元)	Net Amount of Accounts Receivable	(100 million yuan)	1025.58

注：1.工业总产值为乡及乡以上。2.1-12月累计数不等于年报数；金融机构存、贷款余额及城乡居民储蓄存款余额"累计"栏均为月末数。

MAJOR INDICATORS ON NATIONAL ECONOMY BY MONTH

(Accumulated Amounts at 1997)

月份										
1—2 Until Feb.	1—3 Until Mar.	1—4 Until Apr.	1—5 Until May.	1—6 Until Jun.	1—7 Until Jul.	1—8 Until Aug.	1—9 Until Sep.	1—10 Until Oct.	1—11 Until Nov.	1-12 Until Dec.
1035. 70	1644. 68	2279. 03	2940. 79	3658. 01	4343. 64	5022. 07	5718. 39	6458. 99	7199. 49	8054. 89
1100. 78	1731. 84	2402. 81	3098. 20	3844. 25	4562. 94	5260. 59	5986. 57	6757. 56	7532. 20	8406. 12
948. 66	1509. 34	2107. 42	2730. 24	3406. 20	4042. 90	4675. 65	5323. 50	6005. 54	6709. 22	7475. 64
337. 38	541. 43	754. 78	974. 02	1219. 24	1466. 44	1686. 21	1931. 77	2209. 27	2480. 01	2788. 44
407. 08	645. 32	941. 66	1216. 97	1514. 72	1766. 12	2027. 47	2298. 01	2573. 98	2854. 0	3161. 60
624. 89	983. 43	1376. 17	1777. 78	2219. 25	2615. 02	3009. 26	3421. 04	3843. 81	4282. 05	4787. 20
323. 77	525. 91	731. 25	952. 46	1186. 95	1427. 88	1666. 39	1902. 46	2161. 73	2427. 17	2688. 44
183. 69	287. 19	384. 63	485. 14	600. 69	704. 58	811. 22	916. 93	1025. 98	1138. 24	1262. 91
235. 20	359. 09	495. 87	648. 33	817. 77	974. 02	1106. 80	1252. 18	1400. 07	1567. 43	1737. 91
529. 78	863. 05	1226. 92	1596. 77	1987. 74	2364. 29	2757. 64	3154. 38	3579. 49	4003. 55	4474. 82
51. 37	100. 65	157. 40	224. 89	307. 21	372. 79	436. 59	502. 06	580. 48	656. 73	
14. 65	23. 54	31. 60	44. 05	59. 90	73. 98	86. 23	101. 46	125. 92	140. 38	
23. 85	64. 33	93. 05	130. 06	167. 28	202. 11	238. 55	270. 92	316. 16	354. 13	
5. 84	18. 28	34. 87	106. 36	118. 64	133. 10	152. 84	184. 73	228. 49	297. 4	
	199. 56			394. 10			596. 40			
69. 18	105. 77	151. 98	193. 08	241. 14	287. 29	329. 26	372. 20	421. 51	468. 32	539. 78
56. 82	86. 37	123. 44	155. 77	191. 31	226. 33	257. 87	287. 52	323. 98	358. 09	395. 60
58. 13	89. 39	132. 83	179. 59	237. 91	289. 70	342. 01	395. 22	459. 75	527. 30	680. 33
41. 04	61. 32	88. 60	115. 96	147. 50	175. 93	202. 24	232. 47	266. 52	299. 93	371. 15
9393. 57	9782. 12	9703. 88	9787. 75	9972. 66	10098. 50	10264. 54	10519. 09	10687. 0	10826. 27	11084. 29
7279. 27	7468. 38	7376. 06	7435. 93	7503. 74	7538. 79	7606. 18	7714. 12	7775. 41	7859. 27	8195. 83
5542. 41	5664. 91		5728. 13	5776. 69	5888. 21	5966. 34	6091. 85	6186. 48	6233. 56	6320. 46
88. 72	140. 59	197. 32	256. 11	325. 66	393. 33	455. 08	520. 55	586. 94	654. 56	725. 07
47. 36	77. 46	101. 63	129. 12	162. 09	198. 52	231. 38	265. 17	296. 93	330. 28	361. 81
41. 36	63. 13	95. 68	126. 99	163. 58	194. 81	223. 69	255. 40	290. 0	324. 26	363. 25
56. 80	84. 39	124. 22	162. 33	209. 84	252. 21	290. 96	327. 68	368. 47	414. 40	468. 59
		24. 45	51. 39	65. 09	75. 65		98. 73	115. 84		142. 0
		20. 29	40. 73	52. 71	61. 32		80. 53	91. 90		
3613. 7	5278. 8	7233. 2	9108. 0	11087. 2	12940. 4	14694. 3	16515. 5	18358. 5	20439. 9	22340. 1
8473. 5	13163. 0	17267. 5	20467. 0	24819. 2	28824. 6	33645. 3	38151. 1	43565. 2	48403. 4	52658. 6
124. 90	197. 33	266. 70	344. 96	417. 25	511. 18	614. 42	687. 78	781. 03	858. 96	933. 10
504. 39	728. 19	945. 98	1165. 24	1391. 67	1616. 86	1849. 89	2097. 61	2356. 23	2613. 99	2907. 35
101. 8	101. 1	100. 5	100. 2	100. 1	100. 3	100. 3	100. 2	100. 1	100. 0	
105. 3	104. 2	103. 4	102. 9	102. 7	102. 8	102. 7	102. 5	102. 3	102. 2	
103. 16	99. 42	102. 05	104. 18	109. 32	106. 29	109. 51	111. 68	113. 18	113. 72	109. 32
94. 09	94. 97	94. 85	94. 92	95. 16	95. 19	95. 47	95. 92	95. 58	95. 58	95. 82
	895. 93	1443. 28	1997. 54	2578. 14	3224. 86	3879. 77	4480. 72	5129. 54	5803. 51	6477. 80
	422. 74	482. 94	517. 85	541. 77	553. 95	564. 50	587. 32	598. 83	607. 30	599. 99
	68. 39	89. 79	135. 80	180. 94	230. 36	269. 56	319. 24	371. 05	420. 30	473. 65
	728. 44	897. 21	957. 63	1052. 92	1120. 32	1106. 13	1125. 86	1166. 11	1180. 51	1214. 44

Notes: a) Gross Industrial Output Value Including Industrial Enterprises at and Above Township Level.
b) The Accumulated Amounts of Months 1-12 are not Equal to the Amounts in the Annual Report; The Saving Deposits and Loans "Accumulated" Columns are Amounts at Month End.

2-6 国民经济主要指标分月变化情况

(1997年, 比上年同期增长%)

指标	Item	1 Jan
工业总产值	Gross Industrial Output Value	17.3
按轻重工业分	Grouped by Light and Heavy Industry	
轻工业	Light Industry	17.9
重工业	Heavy Industry	16.2
按经济类型分	Grouped by Ownership	
国有经济单位	State-Ownership	7.4
集体经济单位	Collective-Owned Units	10.3
其他经济类型单位	Others	25.0
固定资产投资	Investment on Fixed Assets	
基本建设	Capital Construction	
更新改造	Innovation	
基本建设和更新改造新增固定资产	Newly Increased Fixed Assets through Capital Construction and Innovation	
工资总额	Total Wages	
财政收入	Government Revenue	36.4
工商税收	Industrial and Commercial Taxes	31.6
财政支出	Government Expenditures	73.1
金融机构存款余额	Outstanding Saving Deposits in Financial Institutions	
金融机构贷款余额	Outstanding Loans in Financial Institutions	
城乡居民储蓄存款余额	Outstanding Saving Deposits by Urban and Rural Residents	
外贸出口总额(全额口径)	Total Exports	48.1
#贸易出口	Exports through Trade	43.2
"三资"企业出口	Exports by Joint Ventures, Cooperative Operation, and Exclusively Foreign-Owned Enterprises	54.6
外贸进口总额	Total Imports	47.7
实际利用外资	Foreign Capital Actually Utilized	
货运量	Freight Traffic	-0.9
客运量	Passenger Traffic	-17.6
发电量	Electricity	-2.4
社会消费品零售总额	Total Retail Sales of Consumer Goods	19.1
商品零售价格总指数	General Retail Price Index	2.5
居民消费价格总指数	General Consumer Price Index	6.0
独立核算工业主要经济效益指标	Major Economic Results Indicators of Industrial Enterprises with Independent Accounting System	
经济综合效益指数	Comprehensive Economic Efficiency Index	
产品销售率	Ratio of Sales to Gross Products	0.96

注: 金融机构存、贷款余额及城乡居民储蓄存款余额"比上年同期增长"栏为比上年末增长的绝对数。

MAJOR INDICATORS ON NATIONAL ECONOMY BY MONTH

(1997, Percentage increased over the same period of preceding year)

月份										
1−2 Until Feb.	1−3 Until Mar.	1−4 Until Apr.	1−5 Until May.	1−6 Until Jun.	1−7 Until Jul.	1−8 Until Aug.	1−9 Until Sep.	1−10 Until Oct.	1−11 Until Nov.	1-12 Until Dec.
19.8	17.7	18.9	19.3	19.1	18.9	18.6	18.7	18.2	17.7	16.4
21.7	16.6	18.2	19.3	19.9	19.9	19.0	19.2	18.7	17.8	16.3
16.3	19.7	20.3	19.4	17.4	17.1	17.8	17.8	17.4	17.6	16.7
5.7	6.8	7.6	7.5	9.2	9.4	10.4	10.4	9.8	8.6	8.0
12.6	10.6	10.6	11.5	11.5	11.3	9.5	9.9	9.1	9.4	8.3
29.5	25.3	26.9	27.2	26.0	25.7	25.5	25.4	25.1	24.4	22.8
-4.3	-5.7	-6.4	2.1	3.8	-2.3	-0.3	0.8	3.0	2.0	
30.5	17.1	9.2	11.8	3.9	-6.5	-20.1	-17.6	-13.6	-11.9	
339.1	79.8	125.0	360.8	165.8	84.8	-23.0	-13.7	-16.5	-5.2	
	7.1			7.8			8.8			
20.7	30.0	26.9	25.7	25.1	24.5	21.2	21.5	21.2	21.2	17.0
17.9	26.1	24.5	22.7	23.2	21.8	19.5	19.2	18.1	18.4	11.2
15.0	16.8	18.3	18.4	18.9	17.2	15.3	16.2	17.0	17.7	15.3
		530.51	632.09	817.0	933.85	1108.88	1363.44	1531.34	1670.62	1928.63
		256.66	318.17	371.05	406.10	473.49	581.43	642.72	726.58	1063.14
		497.83	530.40	578.96	690.49	768.61	894.12	988.76	1035.83	1122.73
49.6	24.6	29.4	25.5	28.9	31.2	27.8	25.9	23.5	24.1	22.9
44.8	33.7	31.2	29.2	29.5	33.2	34.0	32.5	29.5	30.5	25.4
55.6	14.9	27.1	22.1	28.4	28.9	21.9	19.8	17.8	18.1	20.5
37.9	15.3	17.9	17.6	21.3	18.3	16.2	12.2	11.8	12.7	13.7
				6.6	7.7		5.6	10.0		2.2
-1.9	-3.6	2.7	0.8	0.7	1.6	1.5	-0.5	-0.3	0.7	-0.8
-4.0	4.7	0.1	-3.8	-1.4	-1.4	1.4	3.2	16.1	17.9	8.0
10.7	9.6	5.2	9.8	8.8	7.7	9.4	7.1	7.5	6.7	5.9
16.4	15.8	15.1	14.6	14.4	14.1	14.0	14.0	13.6	13.4	13.3
1.8	1.1	0.5	0.2	0.1	0.3	0.3	0.2	0.1	0	0.1
5.3	4.2	3.4	2.9	2.7	2.8	2.7	2.5	2.3	2.2	2.1
-0.38	3.72	2.23	3.17	7.76	4.60	6.31	8.07	7.83	8.28	7.76
1.37	1.95	1.24	1.14	0.81	0.19	0.86	1.02	0.51	0.47	0.23

Note: The Saving Deposits and Loans "Increased Over the Same Period of Preceding Year" Columns are Absolute Amounts.

2-7 国 内 生 产 总 值

GROSS DOMESTIC PRODUCT

单位：亿元 (100 million yuan)

年份 year	国内生产总值 Gross Domestic Product	第一产业 Primary Industry	第二产业 Secondary Industry			第三产业 Tertiary Industry			
				工业 Industry	建筑业 Construction		农林牧渔服务业 Service for Agriculture, Forestry, Animal Husbandry and fishery	地质勘查水利管理业 Geological Prospecting and Water Conservancy	交通运输仓储邮电通信业 Transportation, Storage, Post and Telecommunications
1978	185.85	55.31	86.62	76.12	10.49	43.92	0.16	0.35	10.05
1979	209.34	66.62	91.65	82.36	9.29	51.06	0.22	0.42	11.26
1980	249.65	82.97	102.53	89.87	12.66	64.14	0.26	0.52	13.72
1981	290.36	94.30	120.34	103.60	16.74	75.71	0.32	0.65	16.71
1982	339.92	118.17	135.37	113.13	22.24	86.39	0.40	0.77	18.34
1983	368.75	121.24	152.27	125.82	26.45	95.24	0.47	0.93	19.47
1984	458.74	145.25	187.55	154.33	33.22	125.93	0.63	1.21	25.68
1985	577.38	171.87	229.82	185.81	44.01	175.69	0.90	1.67	35.91
1986	667.53	188.37	255.88	208.46	47.42	223.28	1.16	2.16	40.18
1987	846.69	232.14	330.35	273.77	56.58	284.20	1.53	2.76	53.20
1988	1155.37	306.50	460.17	386.35	73.82	388.70	2.09	4.29	65.22
1989	1381.39	351.73	554.13	464.06	90.07	475.53	2.95	5.93	79.02
1990	1559.03	384.59	615.86	523.42	92.45	558.58	4.39	7.65	101.61
1991	1893.30	416.00	782.67	675.55	107.12	694.63	5.14	8.83	138.54
1992	2447.54	465.83	1100.32	899.28	201.04	881.39	6.02	9.46	174.28
1993	3431.86	559.67	1700.92	1380.19	320.73	1171.27	8.06	13.50	232.20
1994	4516.63	694.65	2242.00	1847.63	394.37	1579.98	9.93	16.49	334.20
1995	5733.97	868.99	2876.74	2413.83	462.91	1988.24	11.65	19.52	427.81
1996	6519.14	941.73	3269.35	2788.82	480.53	2308.06	12.98	21.11	497.68
1997	7315.51	986.82	3647.82	3158.74	489.08	2680.87	14.93	23.52	629.34

注：本表按当年价格计算。
Note: The data in value terms in this table are calculated at current prices.

续表 continued

单位：亿元 (100 million yuan)

年 份 year	批发和零售贸易餐饮业 Wholesale and Retail Sale Trades & Catering Services	金 融 保险业 Finance and Insurance	房地产业 Real Estate Trade	社 会 服务业 Social Services	卫生、体育社会福利事 业 Health Care, Sports and Social Welfare	教育、文化艺术和广播电影电视业 Education, Culture, Arts, Broadcasting, Film and Television	科学研究综合技术服务业 Scientific Research and Polytechnical Services	国家机关、政党机关和社会团体 Government Agencies, Party Agencies and Social Organizations	其 他 Others
1978	19. 39	4. 53	1. 42	1. 64	1. 37	1. 77	0. 33	1. 59	1. 32
1979	23. 52	4. 74	1. 62	1. 81	1. 61	2. 06	0. 38	1. 83	1. 61
1980	29. 53	6. 10	2. 13	2. 33	2. 07	2. 63	0. 53	2. 38	1. 96
1981	33. 57	6. 76	2. 79	2. 85	2. 61	3. 47	0. 67	2. 94	2. 38
1982	38. 07	7. 98	3. 39	3. 29	3. 09	4. 07	0. 82	3. 52	2. 65
1983	41. 42	8. 94	4. 09	3. 83	3. 52	4. 85	0. 95	3. 95	2. 82
1984	54. 41	11. 76	5. 09	5. 05	4. 83	7. 31	1. 30	5. 64	3. 04
1985	79. 86	12. 74	6. 16	6. 28	6. 32	12. 65	1. 67	8. 16	3. 38
1986	89. 78	20. 84	11. 69	13. 75	10. 18	14. 30	2. 18	12. 30	4. 77
1987	104. 17	34. 25	16. 44	23. 52	11. 18	16. 30	2. 73	14. 98	3. 13
1988	145. 89	46. 80	22. 84	36. 40	13. 10	23. 24	4. 50	20. 48	3. 84
1989	136. 65	72. 70	41. 36	47. 99	15. 72	31. 09	6. 21	31. 97	3. 94
1990	152. 90	82. 46	42. 87	66. 19	18. 03	33. 88	7. 10	37. 26	4. 24
1991	185. 77	94. 83	54. 09	87. 98	20. 43	38. 64	7. 95	47. 54	4. 88
1992	236. 59	122. 79	81. 74	105. 88	24. 10	47. 47	10. 20	57. 63	5. 23
1993	326. 02	146. 02	123. 22	135. 90	33. 23	60. 98	12. 21	71. 89	8. 05
1994	446. 00	191. 17	163. 00	175. 26	43. 82	81. 76	15. 43	91. 58	11. 34
1995	568. 65	214. 50	214. 53	236. 44	52. 44	101. 49	17. 78	110. 30	13. 13
1996	671. 22	242. 37	257. 63	266. 17	60. 28	119. 38	19. 34	125. 30	14. 60
1997	760. 25	271. 07	303. 36	309. 34	65. 06	133. 92	21. 34	133. 18	15. 56

注：本表按当年价格计算。
Note: The data in value terms in this table are calculated at current prices.

2-8 国内生产总值指数

INDICES OF GROSS DOMESTIC PRODUCT

上年＝100 (preceding year＝100)

年份 year	国内生产总值 Gross Domestic Product	第一产业 Primary Industry	第二产业 Secondary Industry			第三产业 Tertiary Industry			
				工业 Industry	建筑业 Construction		农林牧渔服务业 Service for Agriculture, Forestry, Animal Husbandry and Fishery	地质勘查水利管理业 Geological Prospecting and Water Conservancy	交通运输仓储邮电通信业 Transportation, Storage Post and Telecommunications
1978	101.0	104.3	97.1			101.2			
1979	108.5	106.1	104.3	107.6	89.5	117.6	131.0	118.0	112.7
1980	116.6	112.7	116.9	113.2	136.6	122.1	113.3	121.9	119.5
1981	109.0	105.1	112.9	110.8	122.0	110.0	122.0	120.2	107.5
1982	112.0	111.9	111.5	108.1	124.9	112.5	120.5	118.6	117.4
1983	107.3	103.6	110.1	109.6	111.6	108.9	115.5	113.7	105.0
1984	115.6	112.5	118.8	120.5	113.0	115.7	125.9	123.9	105.7
1985	118.0	106.2	120.7	120.9	120.1	128.7	114.7	112.8	123.1
1986	112.7	105.6	108.1	108.8	105.4	124.7	120.2	118.3	120.9
1987	119.6	109.6	127.5	131.6	112.1	120.6	120.3	118.3	122.2
1988	115.8	106.6	124.9	128.0	111.4	113.7	119.4	117.9	121.8
1989	107.2	107.2	108.6	110.8	97.1	105.7	116.0	114.2	118.2
1990	111.6	107.3	112.7	114.4	102.7	113.4	119.9	117.3	106.8
1991	117.7	105.4	123.6	123.0	127.5	119.4	110.6	108.8	128.3
1992	122.1	105.6	133.4	130.8	149.8	119.0	109.0	107.3	120.9
1993	122.3	102.6	136.1	139.5	117.5	115.1	112.7	112.3	124.6
1994	119.1	103.2	125.5	126.9	116.7	116.8	109.3	106.5	127.4
1995	114.9	105.5	118.5	119.3	113.2	113.1	106.9	106.7	117.0
1996	110.7	105.0	112.4	113.6	103.0	109.9	103.9	104.7	109.2
1997	110.6	104.8	112.6	114.1	100.4	109.1	108.9	107.1	108.9

注：本表按可比价格计算。
Note: The data in value terms in this table are calculated at comparable prices.

续表 continued

上年＝100 (preceding year＝100)

年 份 year	批发和零售贸易餐饮业 Wholesale and Retail Sale Trades & Catering Services	金 融保险业 Finance and Insur-ance	房地产业 Real Estate Trade	社 会服务业 Social Services	卫生、体育社会福利事 业 Health Care, Sports and Social Welfare	教育、文化艺术和广播电影电视业 Education, Culture, Arts, Broadcast-ing, Film and Televisio	科学研究综合技术服务业 Scientific Research and Polytech-nical Services	国家机关、政党机关和社会团体 Government Agencies, Party Agencies and Social Organiza-tions	其 他 Others
1978									
1979	123. 1	103. 1	115. 2	126. 0	114. 5	114. 2	113. 5	112. 2	118. 1
1980	119. 6	126. 4	136. 0	133. 8	125. 4	123. 7	133. 5	126. 3	118. 7
1981	106. 8	106. 4	129. 5	123. 1	114. 3	119. 5	122. 5	112. 1	110. 1
1982	108. 0	110. 0	121. 0	120. 0	116. 4	115. 1	121. 1	117. 7	109. 0
1983	106. 9	110. 0	117. 9	115. 5	112. 8	117. 9	116. 3	111. 2	105. 5
1984	116. 6	116. 8	109. 3	111. 4	122. 3	135. 0	127. 2	127. 4	115. 3
1985	127. 6	130. 0	148. 3	121. 3	139. 0	149. 4	115. 4	145. 8	105. 6
1986	117. 9	130. 2	161. 1	147. 8	117. 7	118. 2	121. 1	141. 6	117. 3
1987	116. 5	140. 3	132. 2	139. 9	115. 4	109. 3	121. 3	111. 5	60. 2
1988	108. 3	115. 0	127. 6	119. 9	105. 0	112. 4	120. 7	107. 7	95. 9
1989	80. 1	133. 0	141. 4	107. 1	95. 2	113. 3	117. 0	132. 2	87. 7
1990	112. 2	117. 3	97. 6	128. 2	119. 7	113. 7	119. 2	121. 7	111. 9
1991	119. 6	107. 2	114. 3	126. 0	112. 5	116. 7	111. 2	126. 6	114. 2
1992	119. 4	121. 2	146. 2	108. 1	111. 3	113. 3	110. 9	113. 9	100. 5
1993	119. 4	101. 4	127. 4	102. 4	112. 3	110. 1	112. 3	107. 5	128. 4
1994	116. 9	106. 2	125. 9	109. 0	111. 3	112. 6	109. 2	109. 0	115. 6
1995	113. 4	100. 6	120. 7	116. 3	107. 2	110. 6	106. 0	107. 6	108. 1
1996	111. 8	106. 3	114. 4	108. 6	106. 7	112. 5	102. 7	104. 9	105. 4
1997	111. 2	108. 4	110. 2	105. 7	106. 0	111. 4	108. 1	104. 0	104. 3

注：本表按可比价格计算。
Note: The data in value terms in this table are calculated at comparable prices.

2-9 国内生产总值指数
INDICES OF GROSS DOMESTIC PRODUCT

1978年＝100 (1978＝100)

年份 year	国内生产总值 Gross Domestic Product	第一产业 Primary Industry	第二产业 Secondary Industry	工业 Industry	建筑业 Construction	第三产业 Tertiary Industry	农林牧渔服务业 Service for Agriculture, Forestry, Animal Husbandry and Fishery	地质勘查水利管理业 Geological Prospecting and Water Conservancy	交通运输仓储邮电通信业 Transportation, Storage Post and Telecommunications
1978	100.0	100.0	100.0	100.0	100.0	100.0	100.0	100.0	100.0
1979	108.5	106.1	104.3	107.6	89.5	117.6	131.0	118.0	112.7
1980	126.5	119.6	121.9	121.8	122.2	143.5	148.5	143.9	134.6
1981	137.9	125.8	137.6	135.0	149.1	157.8	181.2	172.9	144.8
1982	154.4	140.8	153.4	145.9	186.4	177.5	218.3	205.0	170.0
1983	165.6	145.9	168.8	159.9	208.0	193.3	252.2	233.2	178.6
1984	191.4	164.1	200.6	192.7	235.1	223.7	317.7	289.0	188.8
1985	225.7	174.2	242.1	233.0	282.4	287.9	364.4	326.0	232.5
1986	254.5	184.0	261.6	253.4	297.5	359.0	438.0	385.6	281.0
1987	304.5	201.7	333.4	333.4	333.5	433.0	527.1	456.3	343.4
1988	352.6	215.0	416.5	426.7	371.4	492.6	629.1	538.0	418.2
1989	377.9	230.6	452.1	472.8	360.6	520.5	729.6	614.3	494.3
1990	421.6	247.4	509.3	540.9	370.4	590.1	874.7	720.7	527.8
1991	496.1	260.9	629.7	665.4	472.2	704.6	967.8	784.1	677.2
1992	605.8	275.4	840.2	870.4	707.4	838.6	1054.9	841.3	818.6
1993	741.1	282.6	1143.5	1214.3	831.4	965.3	1189.0	945.1	1020.0
1994	882.5	291.7	1435.1	1540.5	970.5	1127.8	1300.1	1006.6	1299.0
1995	1014.3	307.7	1700.7	1837.3	1099.0	1275.2	1389.3	1074.4	1520.2
1996	1122.4	323.0	1911.3	2088.1	1132.3	1401.7	1443.2	1125.2	1659.9
1997	1241.0	338.4	2153.0	2383.5	1137.4	1529.4	1570.9	1205.3	1807.8

注：本表按可比价格计算。
Note: The data in value terms in this table are calculated at comparable prices.

续表 continued

1978年 =100 (1978=100)

年 份 year	批发和零售贸易餐饮业 Wholesale and Retail Sale Trades & Catering Services	金 融 保险业 Finance and Insurance	房地产业 Real Estate Trade	社 会 服务业 Social Services	卫生、体育社会福利事 业 Health Care, Sports and Social Welfare	教育、文化艺术和广播电影电视业 Education, Culture, Arts, Broadcasting, Film and Television	科学研究综合技术服务业 Scientific Research and Polytechnical Services	国家机关、政党机关和社会团体 Government Agencies, Party Agencies and Social Organizations	其 他 Others
1978	100.0	100.0	100.0	100.0	100.0	100.0	100.0	100.0	100.0
1979	123.1	103.1	115.2	126.0	114.5	114.2	113.5	112.2	118.1
1980	147.3	130.4	156.6	168.6	143.5	141.3	151.6	141.7	140.2
1981	157.2	138.6	202.8	207.6	163.9	168.9	185.8	158.8	154.4
1982	169.7	152.6	245.3	249.1	190.8	194.4	224.9	186.9	168.3
1983	181.5	167.8	289.1	287.7	215.1	229.3	261.6	207.8	177.5
1984	211.7	196.0	316.0	320.4	263.0	309.4	332.9	264.7	204.7
1985	270.1	254.7	468.8	388.6	365.5	462.3	384.2	385.8	216.1
1986	318.5	331.7	755.1	574.4	430.2	546.5	465.3	546.4	253.5
1987	370.9	465.3	998.5	803.9	496.4	597.3	564.4	609.5	152.7
1988	401.6	535.1	1273.9	963.8	521.2	671.2	681.2	656.6	146.5
1989	321.8	711.7	1801.5	1032.0	496.3	760.4	797.2	868.3	128.4
1990	361.1	834.5	1758.4	1322.9	594.1	864.9	950.3	1056.5	143.7
1991	431.9	894.5	2009.4	1666.8	668.2	1009.8	1056.4	1337.3	164.2
1992	515.7	1084.5	2938.0	1801.1	743.9	1143.8	1171.5	1523.6	164.9
1993	615.7	1099.2	3743.4	1844.0	835.0	1259.4	1315.6	1637.6	211.8
1994	719.7	1167.2	4713.7	2010.7	929.3	1418.1	1437.0	1784.5	244.9
1995	816.3	1174.6	5688.8	2339.4	996.5	1568.4	1524.0	1919.6	264.8
1996	912.8	1248.8	6510.4	2539.8	1063.7	1764.8	1565.5	2014.0	279.1
1997	1014.7	1353.1	7175.3	2685.2	1127.6	1966.7	1692.7	2094.8	290.9

注：本表按可比价格计算。
Nota: a) The data in value terms in this table are calculated at comparable prices.

2-10 国内生产总值产业构成

COMPOSITION OF GROSS DOMESTIC PRODUCT BY INDUSTRY

单位：%　　　　(%)

年　份 year	国内生产总值 Gross Domestic Product	第一产业 Primary Industry	第二产业 Secondary Industry	第三产业 Tertiary Industry
1978	100.0	29.8	46.6	23.6
1979	100.0	31.8	43.8	24.4
1980	100.0	33.2	41.1	25.7
1981	100.0	32.5	41.4	26.1
1982	100.0	34.8	39.8	25.4
1983	100.0	32.9	41.3	25.8
1984	100.0	31.7	40.9	27.4
1985	100.0	29.8	39.8	30.4
1986	100.0	28.2	38.3	33.5
1987	100.0	27.4	39.0	33.6
1988	100.0	26.5	39.8	33.7
1989	100.0	25.5	40.1	34.4
1990	100.0	24.7	39.5	35.8
1991	100.0	22.0	41.3	36.7
1992	100.0	19.0	45.0	36.0
1993	100.0	16.3	49.6	34.1
1994	100.0	15.4	49.6	35.0
1995	100.0	15.1	50.2	34.7
1996	100.0	14.4	50.2	35.4
1997	100.0	13.5	49.9	36.6

注：本表按当年价格计算。

Note: The data in value terms in this table are calculated at current prices.

2-11 国内生产总值项目构成

COMPOSITION OF GROSS DOMESTIC PRODUCT BY ITEM

单位：亿元 (100 million yuan)

年 份 year	国内生产总值 Gross Domestic Product	劳动者报酬 Compensation of Laborers	固定资产折旧 Depreciation of Fixed Assets	生产税净额 Net Taxes on Production	营业盈余 Operating Surplus
1978	185.85	112.58	21.07	25.13	27.06
1979	209.34	126.64	23.67	28.07	30.97
1980	249.65	151.09	28.25	32.62	37.70
1981	290.36	175.16	33.28	38.66	43.26
1982	339.92	207.09	38.11	43.58	51.15
1983	368.75	222.02	41.82	48.33	56.58
1984	458.74	274.33	52.06	59.74	72.62
1985	577.38	343.38	65.66	74.24	94.11
1986	667.53	393.11	77.99	84.86	111.58
1987	846.69	486.39	99.73	108.63	151.93
1988	1155.37	662.14	135.89	149.93	207.41
1989	1381.39	769.17	169.99	176.84	265.39
1990	1559.03	864.69	192.05	197.92	304.38
1991	1893.30	1031.46	240.20	248.47	373.16
1992	2447.54	1287.81	328.48	352.00	479.25
1993	3431.86	1784.31	444.42	484.82	718.32
1994	4516.63	2328.84	619.75	645.10	922.94
1995	5733.97	2876.49	871.25	841.83	1144.40
1996	6519.14	3268.21	1020.08	1005.56	1225.29
1997	7315.51	3596.90	1126.64	1135.71	1456.26

注：本表按当年价格计算。
Note: The data in value terms in this table are calculated at current prices.

2-12 各行业增加值构成项目(1997年)

COMPOSITION OF VALUE ADDAD BY INDUSTRY (1997)

单位:亿元　　(100 million yuan)

行业	Sector	国内生产总值 Gross Domestic Product	劳动者报酬 Compen-sation of Labor-ers	固定资产折旧 Deprecia-tion of Fixed Assets	生产税净额 Net Taxes on Produc-tion	营业盈余 Opera-ting Sur-plus
国内生产总值	Gross Domestic Product	7315.51	3596.90	1126.64	1135.71	1456.26
第一产业	Primary Industry	986.82	854.59	42.43	20.72	69.08
农业	Agriculture	986.82	854.59	42.43	20.72	69.08
第二产业	Secondary Industry	3647.82	1531.40	570.23	812.74	733.45
工业	Industry	3158.74	1226.15	510.03	735.82	686.74
建筑业	Construction	489.08	305.25	60.20	76.92	46.71
第三产业	Tertiary Industry	2680.87	1210.91	513.98	302.25	653.73
农林牧渔服务业	Service for Agriculture, Forestry Animal Husbandry and Fishery	14.93	10.74	3.42		0.77
地质勘查业、水利管理业	Geological Prospecting and Water Constervancy	23.52	12.87	4.21	0.06	6.38
交通运输、仓储及邮电通信业	Transportation, Storage, Post and Telecommunications	629.34	231.30	138.02	67.09	192.93
交通运输和仓储业	Transportation and Storage	441.51	195.03	84.63	56.09	105.76
邮电通信业	Post and Telecommunications	187.83	36.27	53.39	11.00	87.17
批发和零售贸易、餐饮业	Wholesale and Retail Sale Trades and Catering Services	760.25	448.46	60.96	115.91	134.92
批发和零售贸易业	Wholesale and Retail Sale Trades	526.57	311.29	36.56	83.44	95.28
餐饮业	Catering Services	233.68	137.17	24.40	32.47	39.64
金融保险业	Finance and Insurance	271.07	75.35	28.41	60.47	106.84
金融业	Finance	254.10	71.61	27.64	56.81	98.04
保险业	Insurance	16.97	3.74	0.77	3.66	8.80
其他	Others					
房地产业	Real Estate Trade	303.36	19.50	183.88	29.90	70.08
房地产管理业	Real Estate Management	26.48	8.37	4.79	3.64	9.68
房地产开发与经营业	Real Estate Development and Operation	105.45	11.13	7.66	26.26	60.40
城市居民自有住房	Urban Residents Owner-occupier	83.60		83.60		
农村居民自有住房	Rural Residents Owner-occupier	87.83		87.83		
社会服务业	Social Services	309.34	144.67	50.45	23.57	90.65
卫生、体育、社会福利业	Health Care, Sports and Social Welfare	65.06	42.81	8.81	0.21	13.23
教育、文艺、广播电影电视业	Education, Culture, Arts, Broadcasting, Film and Television	133.92	101.09	17.79	1.72	13.32
科学研究和综合技术服务业	Scinentific Research and Polyteachnical Services	21.34	10.55	4.99	1.30	4.50
国家机关、政党机关和社会团体	Govenment Agencies, Party Agencies and Social Organization	133.18	100.33	11.52	2.02	19.31
其他行业	Others	15.56	13.24	1.52		0.80

注:本表按当年价格计算。
Note: The data in value terms in this table are calculated at current prices.

2-13 支出法国内生产总值

GROSS DOMESTIC PRODUCT CALCULATED WITH EXPENDITURE APPROACH

年 份 year	支出法国内生产总值(亿元) Gross Domestic Product with Expenditure Approach (100 million yuan)	最终消费 Final Consumption Expenditure	资本形成总额 Gross Capital Formation	货物和服务净出口 Net Export	资本形成率(投资率)(%) Capital Formation Rate (%)	最终消费率(消费率)(%) Final Consumption Rate (%)
1978	194.14	125.71	54.79	13.64	28.2	64.8
1979	215.43	144.37	53.89	17.17	25.0	67.0
1980	259.32	187.00	63.63	8.69	24.5	72.1
1981	305.22	206.27	90.03	8.92	29.5	67.6
1982	349.13	236.32	108.3	4.51	31.0	67.7
1983	367.36	254.89	110.25	2.22	30.0	69.4
1984	446.06	294.56	142.52	8.98	32.0	66.0
1985	568.98	372.95	214.97	-18.94	37.8	65.5
1986	650.99	440.60	234.43	-24.04	36.0	67.7
1987	815.05	542.27	287.70	-14.92	35.3	66.5
1988	1129.64	722.87	406.20	0.57	36.0	64.0
1989	1348.54	849.19	477.01	22.34	35.4	63.0
1990	1541.99	916.14	511.35	114.50	33.2	59.4
1991	1847.99	1077.04	601.05	169.90	32.5	58.3
1992	2440.58	1397.83	948.19	94.56	38.9	57.3
1993	3427.93	1819.59	1548.93	59.41	45.2	53.1
1994	4515.88	2444.70	1981.07	90.11	43.9	54.1
1995	5733.97	3189.84	2381.31	162.82	41.5	55.6
1996	6519.14	3621.80	2718.45	178.89	41.7	55.6
1997	7315.51	4109.34	2736.73	469.44	37.4	56.2

注：本表按当年价格计算。支出法国内生产总值不等于国内生产总值是由于计算误差的影响。

Note: The data in value terms in this table are calculated at current prices. The gross domestic product calculated with expenditure approach is not equal to gross domestic product listed in table due to statistical discrepancies.

2-14 资本形成总额及构成

GROSS CAPITAL FORMATION AND ITS COMPOSITION

年 份 year	资本形成总额 (亿元) Gross Capital Formation (100 million yuan)			比重 (资本形成总额 =100) Proportion(Gross capital Formation=100)	
		固定资产形成总额 Gross Fixed Capital Formation	存货增加 Changes in Inventories	固定资产形成总额 Gross Fixed Capital Formation	存货增加 Changes in Inventories
1978	54.79	37.93	16.86	69.2	30.8
1979	53.89	40.75	13.14	75.6	24.4
1980	63.63	51.77	11.86	81.4	18.6
1981	90.03	70.29	19.74	78.1	21.9
1982	108.30	93.48	14.82	86.3	13.7
1983	110.25	96.70	13.55	87.7	12.3
1984	142.52	129.59	12.93	90.9	9.1
1985	214.97	160.28	54.69	74.6	25.4
1986	234.43	181.19	53.24	77.3	22.7
1987	287.70	205.07	82.63	71.3	28.7
1988	406.20	288.79	117.41	71.1	28.9
1989	477.01	320.23	156.78	67.1	32.9
1990	511.35	393.26	118.09	76.9	23.1
1991	601.05	457.32	143.73	76.1	23.9
1992	948.19	759.16	189.03	80.1	19.9
1993	1548.93	1275.44	273.49	82.3	17.7
1994	1981.07	1639.83	341.24	82.8	17.2
1995	2381.31	2059.43	321.88	86.5	13.5
1996	2718.45	2240.76	477.69	82.4	17.6
1997	2736.73	2288.69	448.04	83.6	16.4

注：本表按当年价格计算。
Note: The data in value terms in this table are calculated at current prices.

2-15 最终消费及构成

FIANL CONSUMPTION EXPENDITURE AND ITS COMPOSITON

年 份 year	最终消费 (亿元) Total Value (100 million yuan)	居民消费 Resident Consumption	农业居民 Peasants	非农业居民 Non-peasants	政府消费 Government Consumption	比重 Proportion 最终消费=100 Fianl Cousumption Expendiure=100 居民消费 Resident Consumption	政府消费 Government Consumption	居民消费=100 Resident Consumption=100 农业居民 Peasants	非农业居民 Non-peasants
1978	125.71	107.15	68.58	38.57	18.56	85.2	14.8	64.0	36.0
1979	144.37	126.03	84.15	41.88	18.34	87.3	12.7	66.8	33.2
1980	187.00	164.44	106.82	57.62	22.56	87.9	12.1	65.0	35.0
1981	206.27	180.32	112.56	67.76	25.95	87.4	12.6	62.4	37.6
1982	236.32	204.97	127.17	77.80	31.35	86.7	13.3	62.0	38.0
1983	254.89	221.38	134.32	87.06	33.51	86.9	13.1	60.7	39.3
1984	294.56	255.97	151.89	104.08	38.59	86.9	13.1	59.3	40.7
1985	372.95	321.41	194.62	126.79	51.54	86.2	13.8	60.6	39.4
1986	440.60	369.15	221.00	148.15	71.45	83.8	16.2	59.9	40.1
1987	542.27	458.31	260.55	197.76	83.96	84.5	15.5	56.9	43.1
1988	722.87	610.58	350.89	259.69	112.29	84.5	15.5	57.5	42.5
1989	849.19	697.40	391.15	306.25	151.79	82.1	17.9	56.1	43.9
1990	916.14	744.36	413.34	331.02	171.78	81.2	18.8	55.5	44.5
1991	1077.04	869.87	452.69	417.18	207.17	80.8	19.2	52.0	48.0
1992	1397.83	1091.21	538.65	552.56	306.62	78.1	21.9	49.4	50.6
1993	1819.59	1450.25	691.47	758.78	369.34	79.7	20.3	47.7	52.3
1994	2444.70	2010.67	927.70	1082.97	434.03	82.2	17.8	46.1	53.9
1995	3189.84	2586.46	1140.81	1445.65	603.38	81.1	18.9	44.1	55.9
1996	3621.80	2902.09	1255.11	1646.98	719.71	80.1	19.9	43.2	56.8
1997	4109.34	3172.80	1412.50	1760.30	936.54	77.2	22.8	44.5	55.5

注：本表按当年价格计算。
Note: The data in value terms in this table are calculated at current prices.

2-16 人均国内生产总值及人均消费水平

PER CAPITA GROSS DOMESTIC PRODUCT AND CONSUMPTION LEVEL

年 份 year	人均国内生产总值 Per Capita GDP		人均消费水平 Consumption Level Per Consumption Capita					
			居民 Residents		农业居民 Peasants		非农业居民 Nonpeasants	
	绝对数(元) Value (yuan)	增长速度(%) Growth Rate(%)	绝对数(元) Value (yuan)	增长速度(%) Growth Rate(%)	绝对数(元) Value (yuan)	增长速度(%) Growth Rate(%)	绝对数(元) Value (yuan)	增长速度(%) Growth Rate(%)
1978	369		213		164		447	
1979	409	6.8	246	10.6	200	16.9	462	-0.7
1980	480	14.8	316	21.5	251	23.2	606	16.5
1981	549	7.1	341	5.5	262	3.2	687	7.8
1982	631	10.0	381	7.8	291	7.5	765	7.3
1983	674	5.6	405	6.3	304	5.3	832	7.0
1984	827	13.9	461	12.1	342	12.5	939	8.5
1985	1025	16.3	571	11.1	440	12.4	1052	4.6
1986	1168	11.1	646	7.8	499	4.3	1156	9.5
1987	1450	17.0	785	5.5	591	3.8	1384	2.0
1988	1961	14.8	1036	3.7	784	5.6	1829	2.3
1989	2307	5.5	1165	3.5	863	5.9	2107	0.1
1990	2537	8.7	1211	9.2	890	8.0	2207	10.4
1991	3001	14.7	1379	11.6	953	6.2	2680	17.6
1992	3815	20.1	1701	18.3	1126	14.9	3381	19.6
1993	5254	20.2	2220	14.7	1453	15.2	4280	9.7
1994	6795	17.0	3025	14.8	1953	13.0	5708	12.9
1995	8495	13.2	3832	15.2	2407	10.8	7192	16.0
1996	9513	9.0	4235	6.5	2631	5.6	7912	5.8
1997	10428	8.0	4523	4.8	2916	8.3	8108	0.8

注：本表绝对数按当年价格计算，增长速度按可比价格计算。

Note: The values in this table are calculated at current prices while the growth rate are calculated at comparable prices.

2-17 人均国内生产总值及人均消费水平指数

INDICES OF PER CAPITA GROSS DOMESTIC PRODUCT AND CONSUMPTION LEVEL

年 份 year	人均国内生产总值 Per Capita GDP		人均消费水平 Consumption Level Per Consumption Capita					
			居民 Residents		农业居民 Peasants		非农业居民 Nonpeasants	
	绝对数（元）Value (yuan)	1978年为100（%）1978=100 (%)	绝对数（元）Value (yuan)	1978年为100（%）1978=100 (%)	绝对数（元）Value (yuan)	1978年为100（%）1978=100 (%)	绝对数（元）Value (yuan)	1978年为100（%）1978=100 (%)
1978	369	100.0	213	100.0	164	100.0	447	100.0
1979	409	106.8	246	110.6	200	116.9	462	99.3
1980	480	122.6	316	134.5	251	144.1	606	115.7
1981	549	131.3	341	141.8	262	148.7	687	124.8
1982	631	144.5	381	152.8	291	159.9	765	133.9
1983	674	152.6	405	162.5	304	168.4	832	143.2
1984	827	173.8	461	182.1	342	189.4	939	155.3
1985	1025	202.0	571	202.3	440	212.9	1052	162.4
1986	1168	224.5	646	218.0	499	221.1	1156	177.8
1987	1450	262.8	785	230.1	591	230.5	1384	181.5
1988	1961	301.5	1036	238.5	784	243.4	1829	185.7
1989	2307	318.1	1165	246.9	863	257.8	2107	185.9
1990	2537	345.7	1211	269.7	890	278.5	2207	205.2
1991	3001	396.4	1379	300.9	953	295.7	2680	241.4
1992	3815	475.9	1701	355.9	1126	339.8	3381	288.6
1993	5254	571.8	2220	408.3	1453	391.5	4280	316.5
1994	6795	669.1	3025	468.6	1953	442.4	5708	357.4
1995	8495	757.4	3832	539.8	2407	490.3	7192	414.5
1996	9513	825.5	4235	547.7	2631	517.7	7912	438.6
1997	10428	891.6	4523	602.3	2916	560.4	8108	442.2

注：本表绝对数按当年价格计算，增长速度按可比价格计算。

Note: The values in this table are calculated at current prices while the indices are calculated at comparable prices.

2-18 各市国内生产总值(1997年)

GROSS DOMESTIC PRODUCT BY CITY (1997)

单位：万元 (million yuan)

市别 City	国内生产总值 Gross Domestic Product	第一产业 Primary Industry	第二产业 Secondary Industry	工业 Industry	建筑业 Construc-tion	第三产业 Tertiary Industry	农林牧渔服务业 Service for Agri-Culture, Forestry, Animal Husbandry and Fishery	地质勘查水利管理业 Geological Prospect-ing and Water Conster-vancy	交通运输仓储邮电通信业 Transpor-tation, Storage, Post and Telecommu-nications
广州 Guangzhou	16462567	857155	7661529	6661698	999561	7943883	15061	19135	1681495
深圳 Shenzhen	11300133	157952	5566344	4476048	1090296	5575837	22223	36650	902858
珠海 Zhuhai	2351974	122500	1223607	1014643	208964	1005867	4227	3670	158749
汕头 Shantou	3735241	419544	1755641	1502742	252899	1560056	3460	6761	339025
韶关 Shaoguan	1733320	486288	754527	663623	90904	492505	2431	6143	108258
河源 Heyuan	754919	366598	174699	110679	64020	213622	1847	1663	47601
梅州 Meizhou	1443303	509272	505221	411223	93998	428810	3144	3055	143150
惠州 Huizhou	3185699	558583	1763295	1630084	133211	863821	5214	8754	234365
汕尾 Shanwei	1032576	354633	307071	229703	77368	370872	2984	3554	77015
东莞 Dongguan	2947037	300001	1558612	1452736	105876	1088424	1693	1600	286560
中山 Zhongshan	2209508	230492	1127785	1060169	67616	851231	2815	6068	166851
江门 Jiangmen	4578679	645067	2158355	2008826	149529	1775257	16272	13512	280880
佛山 Foshan	7245687	627882	3961699	3718680	243019	2656106	17074	32678	645787
阳江 Yangjiang	1264759	563498	351029	266873	84156	350232	1339	1968	89724
湛江 Zhanjiang	3485591	1037955	1235911	1003083	232828	1211725	4707	25067	332514
茂名 Maoming	3959962	1123667	1619940	1354804	265136	1216355	17005	8089	226164
肇庆 Zhaoqing	3310964	948932	1368869	1147144	221725	993163	7800	7968	193161
清远 Qingyuan	1395869	633869	462890	311467	151423	299110	2239	1156	93969
潮州 Chaozhou	1514713	347743	664757	593762	70995	502213	1572	3136	94094
揭阳 Jieyang	3098550	644964	1611800	1468521	143279	841786	6340	1919	174601
云浮 Yunfu	1557306	553097	612043	532198	79845	392166	2377	3068	87690

市别 City	批发和零售贸易餐饮业 Wholesale and Retail Sale Trades & Catering Services	金融保险业 Finance and Insur-ance	房地产业 Real Estate Trade	社会服务业 Social Services	卫生体育社会福利事业 Health Care, Sports and Social Welfare	教育、文化艺术和广播电影电视业 Education, Culture, Arts, Broad-casting, Film and Television	科学研究综合技术服务业 Scientific Research and Polytech-nical Services	国家机关、政党机关和社会团体 Government Agencies, Party Agencies and Social Organiza-tions	其他 Others
广州 Guangzhou	1613922	2204968	496552	1028122	162716	330218	102458	257131	32105
深圳 Shenzhen	1227634	1522826	760902	540551	156895	156895	57563	130779	60087
珠海 Zhuhai	326563	123130	77490	180188	13198	34865	2135	73052	8600
汕头 Shantou	541449	142207	153156	120333	28096	116723	7278	101568	
韶关 Shaoguan	153451	30689	21640	41927	27097	47998	3292	49579	
河源 Heyuan	62299	7350	14762	13998	7504	28198	872	26760	768
梅州 Meizhou	108600	10075	28389	24695	15862	54040	2404	34883	513
惠州 Huizhou	226946	7295	70188	118424	42337	52891	5094	64738	27575
汕尾 Shanwei	105085	32058	40010	31682	9329	23962	543	37365	7285
东莞 Dongguan	201069	200908	61823	223352	20328	51746	2356	36498	491
中山 Zhongshan	276048	48975	120885	105938	21123	41692	2682	58154	
江门 Jiangmen	610494	253218	114746	147584	85653	102910	8725	110391	30872
佛山 Foshan	756411	347412	246899	238285	93923	107348	21881	148408	
阳江 Yangjiang	105952	18998	41596	33153	7267	20217	1302	26839	1877
湛江 Zhanjiang	406359	83807	120843	56447	31351	76308	6857	62345	5120
茂名 Maoming	441688	157512	116565	57217	35291	76067	3905	72720	4132
肇庆 Zhaoqing	308497	124107	70346	86910	40119	69032	3715	80118	1442
清远 Qingyuan	108007	-23453	16864	13719	17062	34953	2998	31596	
潮州 Chaozhou	119790	61961	51582	48676	18876	38073	1169	47797	15487
揭阳 Jieyang	367605	58201	53394	67439	11847	52653	1818	40298	5671
云浮 Yunfu	116217	4878	51409	40481	12516	38466	852	33991	221

注：本表按当年价格计算。
Note: The data in value terms in this table are calculated at current prices.

2-19 各市国内生产总值增长速度(1997年)

GROWTH SPEED OF GROSS DOMESTIC PRODUCT BY CITY(1997)

单位：% (%)

市别 city		国内生产总值 Gross Domestic Product	第一产业 Primary Industry	第二产业 Secondary Industry	工业 Industry	建筑业 Construction	第三产业 Tertiary Industry	农林牧渔服务业 Service for Agri-Culture, Forestry, Animal Husbandry and Fishery	地质勘查水利管理业 Geological Prospecting and Water Conservancy	交通运输仓储邮电通信业 Transportation, Storage, Post and Telecommunications
广州	Guangzhou	13.4	5.5	12.9	14.6	-0.3	14.9	10.7	5.7	28.4
深圳	Shenzhen	16.0	0.6	16.3	17.3	11.4	15.9		4.0	20.1
珠海	Zhuhai	11.2	4.3	12.0	13.3	5.6	10.9	10.9	7.8	11.9
汕头	Shantou	16.0	6.3	20.9	23.0	4.2	11.2	5.2	5.2	14.5
韶关	Shaoguan	9.0	7.9	9.3	11.6	-4.3	9.8	-1.6	8.8	19.7
河源	Heyuan	12.2	7.7	11.7	14.0	7.4	18.6	23.1	14.1	18.9
梅州	Meizhou	4.7	6.0	2.9	3.8	-1.8	5.9	8.9	-5.6	10.1
惠州	Huizhou	17.0	10.7	22.1	25.0	-9.8	8.4	6.0	15.8	18.6
汕尾	Shanwei	10.5	8.1	9.5	14.3	-5.7	14.0	17.9	19.0	9.3
东莞	Dongguan	17.8	4.9	18.5	19.1	6.6	20.2	13.2	15.2	28.8
中山	Zhongshan	14.0	11.0	17.5	17.5	16.6	9.4	4.2	-9.0	19.2
江门	Jiangmen	7.2	5.7	9.1	11.7	-19.6	5.0	13.2	10.3	11.9
佛山	Foshan	15.3	8.1	15.2	15.5	10.6	16.9	32.5	31.5	36.3
阳江	Yangjiang	10.2	12.9	11.3	8.7	21.2	6.3	16.2	0.8	10.9
湛江	Zhanjiang	7.1	9.2	4.0	4.5	2.0	8.8	10.5	10.1	12.6
茂名	Maoming	15.5	19.5	13.3	19.0	-7.8	14.8	20.2	16.6	16.8
肇庆	Zhaoqing	14.4	8.8	16.6	17.9	5.6	15.5	17.4	17.4	17.8
清远	Qingyuan	4.8	2.9	12.7	10.6	17.9	-5.1	-2.5	-1.7	4.7
潮州	Chaozhou	13.1	5.1	14.7	15.0	10.6	15.4	5.8	59.4	12.6
揭阳	Jieyang	20.6	7.5	24.2	27.0	-0.8	21.9	15.7	12.0	18.1
云浮	Yunfu	6.3	4.8	5.8	9.0	-14.4	9.1	7.6	48.5	5.5

市别 City		批发和零售贸易餐饮业 Wholesale and Retail Sale Trades & Catering Services	金融保险业 Finance and Insurance	房地产业 Real Estate Trade	社会服务业 Social Services	卫生体育社会福利事业 Health Care, Sports and Social Welfare	教育、文化艺术和广播电影电视业 Education, Culture, Arts, Broadcasting, Film and Television	科学研究综合技术服务业 Scientific Research and Polytechnical Services	国家机关、政党机关和社会团体 Government Agencies, Party Agencies and Social Organizations	其他 Others
广州	Guangzhou	6.2	14.3	19.0	5.5	13.0	14.0	13.1	24.6	16.6
深圳	Shenzhen	9.8	17.6	6.0	24.5	39.9	16.8	128.8	22.7	9.0
珠海	Zhuhai	12.0	13.9	6.0	12.3	16.1	15.3	10.9	9.2	-91.2
汕头	Shantou	14.7	-16.0	21.5	16.0	11.8	14.8	9.7	11.8	-100.0
韶关	Shaoguan	6.0	-4.6	12.5	12.1	8.1	7.9	7.9	6.4	
河源	Heyuan	20.5	-13.3	20.9	25.8	22.2	20.3	52.8	17.0	
梅州	Meizhou	12.4	-68.8	33.2	8.7	11.7	6.5	20.5	11.1	-8.2
惠州	Huizhou	10.5	-71.4	-1.6	11.4	12.5	11.6	15.4	8.0	8.3
汕尾	Shanwei	8.3	4.9	39.5	15.3	14.4	13.3	-7.5	24.6	14.5
东莞	Dongguan	16.9	21.8	10.8	18.9	11.9	13.8	18.8	12.2	6.2
中山	Zhongshan	19.0	-51.1	16.6	29.1	5.8	41.7	26.9	5.8	
江门	Jiangmen	9.7	-13.0	-0.9	10.8	11.9	11.3	17.3	9.7	10.1
佛山	Foshan	11.6	0.4	25.4	4.5	23.5	10.3	31.9	21.1	
阳江	Yangjiang	9.0	-34.8	6.1	22.1	8.4	8.7	24.6	10.1	4.5
湛江	Zhanjiang	10.6	-26.0	20.6	24.0	13.5	14.1	20.7	11.3	0.3
茂名	Maoming	14.4	9.0	12.5	19.6	18.9	18.1	17.5	16.7	14.2
肇庆	Zhaoqing	15.6	9.4	17.2	17.2	20.0	19.4	21.9	11.2	24.8
清远	Qingyuan	15.7	-268.5	-5.9	8.8	8.9	6.3	15.5	10.0	
潮州	Chaozhou	9.9	13.0	34.3	10.3	33.7	11.1	32.5	20.4	46.3
揭阳	Jieyang	25.6	73.4	6.2	41.8	32.6	23.8	44.6	-22.7	97.2
云浮	Yunfu	10.6	-85.8	18.5	14.9	23.4	42.3	-79.2	52.0	-5.7

注：本表按可比价格计算。

Note: The data in value terms in this table are calculated at comparable prices.

2-20 各市国内生产总值产业构成(1997年)

COMPOSITION OF GROSS DOMESTIC PRODUCT BY INDUSTRY BY CITY(1997)

单位：% (%)

市别 City		国内生产总值 Gross Domestic Product	第一产业 Primary Industry	第二产业 Secondary Industry	第三产业 Tertiary Industry
广州	Guangzhou	100.0	5.2	46.5	48.3
深圳	Shenzhen	100.0	1.4	49.3	49.3
珠海	Zhuhai	100.0	5.2	52.0	42.8
汕头	Shantou	100.0	11.2	47.0	41.8
韶关	Shaoguan	100.0	28.1	43.5	28.4
河源	Heyuan	100.0	48.6	23.1	28.3
梅州	Meizhou	100.0	35.3	35.0	29.7
惠州	Huizhou	100.0	17.5	55.4	27.1
汕尾	Shanwei	100.0	34.4	29.7	35.9
东莞	Dongguan	100.0	10.2	52.9	36.9
中山	Zhongshan	100.0	10.4	51.1	38.5
江门	Jiangmen	100.0	14.1	47.1	38.8
佛山	Foshan	100.0	8.7	54.7	36.6
阳江	Yangjiang	100.0	44.5	27.8	27.7
湛江	Zhanjiang	100.0	29.8	35.4	34.8
茂名	Maoming	100.0	28.4	40.9	30.7
肇庆	Zhaoqing	100.0	28.7	41.3	30.0
清远	Qingyuan	100.0	45.4	33.2	21.4
潮州	Chaozhou	100.0	23.0	43.9	33.1
揭阳	Jieyang	100.0	20.8	52.0	27.2
云浮	Yunfu	100.0	35.5	39.3	25.2

注：本表按当年价格计算。
Note: The data in value terms in this table are calculated at current prices.

2-21 各市国内生产总值项目构成(1997年)

COMPOSITION OF GROSS DOMESTIC PRODUCT BY ITEM BY CITY(1997)

单位：万元 (10000 yuan)

市别 City		国内生产总值 Gross Domestic Product	劳动者报酬 Compensation of Laborers	固定资产折旧 Depreciation of Fixed Assets	生产税净额 Net Taxes on Production	营业盈余 Operating Surplus
广州	Guangzhou	16462567	6462021	2229734	2398441	5372371
深圳	Shenzhen	11300133	3196500	1721257	1226702	5155674
珠海	Zhuhai	2351974	736129	324216	306534	985095
汕头	Shantou	3735241	2016605	516279	242144	960213
韶关	Shaoguan	1733320	1149338	177830	195926	210226
河源	Heyuan	754919	561624	71400	52084	69811
梅州	Meizhou	1443303	949221	159755	176057	158270
惠州	Huizhou	3185699	1518239	533202	311223	823035
汕尾	Shanwei	1032576	687838	111901	57360	175477
东莞	Dongguan	2947037	1206157	671639	444201	625040
中山	Zhongshan	2209508	1077485	448764	299724	383535
江门	Jiangmen	4578679	2172706	752123	641542	1012308
佛山	Foshan	7245687	2920047	1793600	1094345	1437695
阳江	Yangjiang	1264759	835560	130113	157133	141953
湛江	Zhanjiang	3485591	1930959	445778	418485	690369
茂名	Maoming	3959962	2202740	551545	579633	626044
肇庆	Zhaoqing	3310964	1902635	344031	285189	779109
清远	Qingyuan	1395869	823482	209846	95627	266914
潮州	Chaozhou	1514713	877009	216038	115890	305776
揭阳	Jieyang	3098550	1899969	340023	296954	561604
云浮	Yunfu	1557306	925782	189093	189361	253070

注：本表按当年价格计算。
Note: The data in value terms in this table are calculated at current prices.

2-22 各市支出法国内生产总值(1997年)

GROSS DOMESTIC PRODUCT CALCULATED WITH EXPENDITURE APPROACH BY CITY(1997)

市别 City		支出法国内生产总值(万元) Gross Domestic Product with Expenditure Approach (10000 yuan)	最终消费 Final Consumption	资本形成总额 Gross Capital Formation	货物和服务净出口 Net Export	资本形成率(投资率)(%) Capital Formation Rate (%)	最终消费率(消费率)(%) Final Consumption Rate (%)
广州	Guangzhou	16324160	7147914	7560783	1615463	46.3	43.8
深圳	Shenzhen	10935316	3748083	4480335	2706898	41.0	34.3
珠海	Zhuhai	2351974	990750	1079831	281393	45.9	42.1
汕头	Shantou	3759444	2264649	1563112	-68317	41.6	60.2
韶关	Shaoguan	1733320	977776	667727	87817	38.5	56.4
河源	Heyuan	761923	701873	243585	-183535	32.0	92.1
梅州	Meizhou	1443303	1089157	326760	27386	22.6	75.5
惠州	Huizhou	3177539	1220552	1138084	818903	35.8	38.4
汕尾	Shanwei	980716	700051	161145	119520	16.4	71.4
东莞	Dongguan	2947037	1529234	1116985	300818	37.9	51.9
中山	Zhongshan	2209508	818000	1075574	315934	48.7	37.0
江门	Jiangmen	4872272	1606985	1982779	1282508	40.7	33.0
佛山	Foshan	7094307	3231691	2798814	1063802	39.5	45.6
阳江	Yangjiang	1318727	739920	408848	169959	31.0	56.1
湛江	Zhanjiang	3480726	2337628	974936	168162	28.0	67.2
茂名	Maoming	3937853	2014390	1621069	302394	41.2	51.2
肇庆	Zhaoqing	3242194	1679456	1529343	33395	47.2	51.8
清远	Qingyuan	1395869	963445	726878	-294454	52.1	69.0
潮州	Chaozhou	1514713	890649	461289	162775	30.5	58.8
揭阳	Jieyang	3098598	1905967	979883	212748	31.6	61.5
云浮	Yunfu	1554971	671350	562721	320900	36.2	43.2

注:本表按当年价格计算。
Note: The data in value terms in this table are calculated at current prices.

2-23 各市资本形成总额及构成(1997年)

GROSS CAPITAL FORMATION AND ITS COMPOSITION BY CITY(1997)

市别 City		资本形成总额(万元) Gross Capital Formation (10000 yuan)	固定资产形成总额 Gross Fixed Capital Formation	存货增加 Changes in Inventories	比重(资本形成总额=100) Proportion (Gross capital Formation=100) 固定资产形成总额 Gross Fixed Capital Formation	存货增加 Changes in Inventories
广州	Guangzhou	7560783	6757509	803274	89.4	10.6
深圳	Shenzhen	4480335	3646478	833857	81.4	18.6
珠海	Zhuhai	1079831	764878	314953	70.8	29.2
汕头	Shantou	1563112	1255731	307381	80.3	19.7
韶关	Shaoguan	667727	312129	355598	46.7	53.3
河源	Heyuan	243585	225206	18379	92.5	7.5
梅州	Meizhou	326760	312057	14703	95.5	4.5
惠州	Huizhou	1138084	830518	307566	73.0	27.0
汕尾	Shanwei	161145	132735	28410	82.4	17.6
东莞	Dongguan	1116985	804397	312588	72.0	28.0
中山	Zhongshan	1075574	637265	438309	59.2	40.8
江门	Jiangmen	1982779	912136	1070643	46.0	54.0
佛山	Foshan	2798814	1768605	1030209	63.2	36.8
阳江	Yangjiang	408848	242749	166099	59.4	40.6
湛江	Zhanjiang	974936	696990	277946	71.5	28.5
茂名	Maoming	1621069	998420	622649	61.6	38.4
肇庆	Zhaoqing	1529343	1263237	266106	82.6	17.4
清远	Qingyuan	726878	626994	99884	86.3	13.7
潮州	Chaozhou	461289	391090	70199	84.8	15.2
揭阳	Jieyang	979883	681778	298105	69.6	30.4
云浮	Yunfu	562721	303319	259402	53.9	46.1

注:本表按当年价格计算。
Note: The data in value terms in this table are calculated at current prices.

2-24 各市最终消费及构成(1997年)

FINAL CONSUMPTION EXPENDITURE AND ITS COMPOSITION BY CITY (1997)

市别 City	最终消费 (万元) Absolute figure (10000 yuan)	居民消费 Household Consumption	农业居民 Peasants	非农业居民 Non-peasants	政府消费 Govenument Consumption	比重 Proportion 最终消费=100 Fianl Cousumption Expenditure=100 居民消费 Household Consumption	政府消费 Government Consumption	居民消费=100 Resident Consumption=100 农业居民 Peasants	非农业居民 Non-peasants
广州 Guangzhou	7147914	5087960	914410	4173550	2059954	71.2	28.8	18.0	82.0
深圳 Shenzhen	3748083	2965046	118434	2846612	783037	79.1	20.9	4.0	96.0
珠海 Zhuhai	990750	714325	103831	610494	276425	72.1	27.9	14.5	85.5
汕头 Shantou	2264649	1958562	923430	1035132	306087	86.5	13.5	47.1	52.9
韶关 Shaoguan	977776	871565	419804	451761	106211	89.1	10.9	48.2	51.8
河源 heyuan	701873	632313	457961	174352	69560	90.1	9.9	72.4	27.6
梅州 Meizhou	1089157	954213	642663	311550	134944	87.6	12.4	67.4	32.6
惠州 Huizhou	1220552	1091222	522982	568240	129330	89.4	10.6	47.9	52.1
汕尾 Shanwei	700051	628198	455640	172558	71853	89.7	10.3	72.5	27.5
东莞 Dongguan	1529234	1320357	975175	345182	208877	86.3	13.7	73.9	26.1
中山 Zhongshan	818000	714154	387906	326248	103846	87.3	12.7	54.3	45.7
江门 Jiangmen	1606985	1494412	688135	806277	112573	93.0	7.0	46.0	54.0
佛山 Foshan	3231691	2535263	877752	1657511	696428	78.5	21.5	34.6	65.4
阳江 Yangjiang	739920	638516	266287	372229	101404	86.3	13.7	41.7	58.3
湛江 Zhanjiang	2337628	2130305	1249669	880636	207323	91.1	8.9	58.7	41.3
茂名 Maoming	2014390	1786945	1095398	691547	227445	88.7	11.3	61.3	38.7
肇庆 Zhaoqing	1679456	1331809	799085	532724	347647	79.3	20.7	60.0	40.0
清远 Qingyuan	963445	836746	559658	277088	126699	86.8	13.2	66.9	33.1
潮州 Zhaozhou	890649	801728	481950	319778	88921	90.0	10.0	60.1	39.9
揭阳 Jieyang	1905967	1773705	1223129	550576	132262	93.1	6.9	69.0	31.0
云浮 Yunfu	671350	587004	319416	267588	84346	87.4	12.6	54.4	45.6

注: 本表按当年价格计算。

Note: The data in value terms in this table are calculated at current prices.

2-25 各市人均国内生产总值及增长速度

PER CAPITA GROSS DOMESTIC PRODUCT AND ITS GROWTH RATE BY CITY

市 别 City	绝对数（元/人）Value (yuan/penson)		增长速度（%）Growth rate(%)	
	1996	1997	1996	1997
广 州 Guangzhou	22183	24895	11.0	11.7
深 圳 Shenzhen	27005	30619	12.6	10.6
珠 海 Zhuhai	19745	21246	8.1	5.5
汕 头 Shantou	7759	9106	14.3	14.3
韶 关 Shaoguan	5443	5824	7.3	8.0
河 源 Heyuan	2311	2495	9.1	10.1
梅 州 Meizhou	2999	3090	7.1	3.5
惠 州 Huizhou	10536	12099	15.8	14.7
汕 尾 Shanwei	3696	4068	11.7	8.8
东 莞 Dongguan	16969	20160	14.5	16.4
中 山 Zhongshan	14371	17315	11.7	12.6
江 门 Jiangmen	11502	12187	11.6	6.5
佛 山 Foshan	20327	22747	14.8	13.5
阳 江 Yangjiang	4875	5175	7.4	8.7
湛 江 Zhanjiang	5266	5607	8.2	5.1
茂 名 Maoming	6084	6760	11.4	13.6
肇 庆 Zhaoqing	8045	9073	15.7	12.5
清 远 Qingyuan	3731	3815	2.7	3.6
潮 州 Chaozhou	5600	6445	14.4	11.8
揭 阳 Jieyang	5236	6195	17.5	17.1
云 浮 Yunfu	6168	6435	8.9	4.1

注：本表绝对数按当年价格计算，增长速度按可比价格计算。
Note: The values in this table are calculated at current prices while the growth rate are calculated at comparable prices.

2-26 国民经济和社会发展主要指标占全国比重

PROPORTION OF MAIN INDICATORS ON NATIONAL ECONOMY AND SOCIAL DEVELOPMENT OF GUANGDONG TO THE WHOLE NATION

指标	Item	1996 广东 Guangdong	1996 全国 Whole Nation	1996 广东占全国% As Percentage of the Whole Nation	1997 广东 Guangdong	1997 全国 Whole Nation	1997 广东占全国% As Percentage of the Whole Nation
一、人　口	Population						
年底总人数　（万人）	Year-end Population　(10000 persons)	6896.77	122389	5.6	7013.73	123626	5.7
二、土地面积（万平方公里）	**Land Areas　(10000 sq. km)**	**18**	**960**	**1.9**	**18**	**960**	**1.9**
三、工农业总产值（当年价）（亿元）	**Gross Output Value of Industry and Agriculture (at current price)　(100 million yuan)**	**12108.82**	**123024**	**9.8**	**14209.14**	**136836.8**	**10.3**
工业总产值	Gross Output Value of Industry	10530.93	99559.53	10.6	12372.68	112127.6	11.0
轻工业产值	Gross Output Value of Light Industry	6864.09	47932	14.3	8176.12	55015	14.9
重工业产值	Gross Output Value of Heavy Industry	3684.84	51663	7.1	4196.56	57112	7.3
农业总产值	Gross Output Value of Agriculture	1577.89	23428.7	6.7	1656.46	24709.2	6.7
四、国内生产总值（当年价）（亿元）	**Gross Domestic Product(at current year price)　(100 million yuan)**	**6519.14**	**68594**	**9.5**	**7315.51**	**74772**	**9.8**
五、人均国内生产总值（元）	**Per Capita Gross Domestic Product(yuan)**	**9513**	**5576**		**10428**	**6079**	
六、主要工农业产品产量	**Output of Major Industrial Products and Farm Products**						
粮　食　（万吨）	Grain　(10000 tons)	1891.43	50454	3.9	1966.75	49417	4.0
油　料　（万吨）	Oil-bearing Crops　(10000 tons)	74.25	2210.6	3.4	75.46	2157.4	3.5
猪牛羊肉　（万吨）	Beef, Pork and Mutton　(10000 tons)	209.75	4265.3	4.1		4772.6	
水产品　（万吨）	Aquatic Products　(10000 tons)	395.08	2808	14.1	520.96	3602	14.5
水　果　（万吨）	Fruits　(10000 tons)	381.17	4652.8	8.3	414.48	5089.3	8.1
茶　叶　（万吨）	Tea　(10000 tons)	3.62	59.3	6.1	3.66	61.3	6.0
原　煤　（万吨）	Coal　(10000 tons)	962.43	140000	0.7	839.94	136000	0.6
发电量　（亿千瓦时）	Electricity　(100 million kwh)	908.66	10813	8.4	981.15	11045	8.9
水　泥　（万吨）	Cement　(10000 tons)	5283.23	49119	10.7	5147.87	49260	10.5
布　（亿米）	Cloth　(100 million m)	12.14	209.1	5.6	12.94	203.7	6.4
机制纸及纸板　（万吨）	Machine-Made Paper and Paperboards　(10000 tons)	229.93	2638	8.0	288.63	2166	13.3
糖（包土糖）　（万吨）	Sugar　(10000 tons)	118.56	640	18.3	128.36	680	18.9
自行车　（万辆）	Bicycles　(10000 units)	653.44	2812.4	23.2	657.66	2704.3	24.3
缝纫机　（万架）	Sewing Machines　(10000 units)	114.41	634.7	18.0	111.96	597.5	18.7
家用电冰箱　（万台）	Household Refrigerators　(10000 units)	270.13	980	25.1	329.67	986.1	33.4
家用洗衣机　（万台）	Household Washing Machines　(10000 units)	169.53	1075	15.8	205.62	1257.1	16.4
电视机　（万台）	Television Sets　(10000 units)	1234.81	3542	35.1	1086.40	3513.52	30.9
＃彩　电	Color Television Sets	1128.53	2538	48.5	1021.24	2643.01	38.6
录音机　（万台）	Recorders　(10000 units)		8633				
照相机　（万台）	Cameras　(10000 units)	3440.62	4121	85.5	3589.62	4022	89.2
电风扇　（万台）	Electric Fans　(10000 units)	6492.76	8171	79.5	5435.34	7273	74.7

续表　　continued

指　　标	Item	1996 广东 Guangdong	1996 全国 Whole Nation	1996 广东占全国% As Percentage of the Whole Nation	1997 广东 Guangdong	1997 全国 Whole Nation	1997 广东占全国% As Percentage of the Whole Nation
七、固定资产投资	**Investment in Fixed Assets**						
全社会固定资产投资额(亿元)	Total Amount of Investment in Fixed Assets (100 million yuan)	2327.64	22974	10.1	2298.14	25300	9.1
#国有单位固定资产投资	State-Owned Units	1078.74	12056.2	8.9	1066.81	13418.6	8.0
基本建设投资	Investment in Capital Construction	909.73	8610.8	10.6	903.26	9862.8	9.2
更新改造投资	Investment in Innovation	277.0	3622.7	7.6	273.90	3869.9	7.1
国有单位新增固定资产(亿元)	Newly Increased Fixed Assets of State-Owned Units (100 million yuan)	771.26	7238.2	10.7	777.79	8271.4	9.4
八、运输、邮电	**Transportation, Postal and Telecommunication Services**						
货物周转量(亿吨公里)	Freight Traffic (100 million ton km)	3184.92	36271	8.8	3204.70	38182	8.4
旅客周转量(亿人公里)	Passenger Traffic (100 million person km)	555.82	9337	6.0	601.97	9997	6.0
沿海主要港口货物吞吐量(万吨)	Volume of Freight Handled at Major Coastal Ports (10000 tons)	11863	85152	13.2	12384	90519	13.7
邮电业务总量(1990年不变价)(亿元)	Total Postal and Telecommunication Services (at 1990's coustant price) (100 million yuan)	265.56	1342	19.8	330.38	1773	18.6
九、财政金融	**Finance**						
财政收入　(亿元)	Government Revenue (100 million yuan)	479.45	7408	6.5	543.95	8642	6.3
财政支出　(亿元)	Government Expenditures (10^8 yuan)	601.23	7937.6	7.6	682.66	9197.1	7.4
城乡居民储蓄存款余额(亿元)	Outstanding Amount of Saving Deposits by Urban and Rural Residents(100 million yuan)	4505.99	38520.8	11.7	5504.50	46279.8	11.9
十、外贸外经旅游	**Foreign Trade and International Tourism**						
进口总额　(亿美元)	Total Imports (100 million USD)	506.14	1388.4	36.5	555.56	1423.6	39.0
出口总额　(亿美元)	Total Exports (100 million USD)	593.46	1510.6	39.3	745.64	1827.0	40.8
实际利用外资(亿美元)	Total Foreign Funds Actually Utilized	138.99	548.0	25.5	142.05	644.1	22.1
旅游外汇收入(亿美元)	Total Forign Exchange Earnings from International Tourism (100 million USD)	26.38	102.0	25.9	28.01	120.7	23.2
十一、商业与物价	**Domestic Trade and Price**						
社会消费品零售总额(亿元)	Total Amount of Retail Sales of Consumer Goods (100 million yuan)	2577.93	24774	10.0	2918.66	26843	10.9
零售物价指数　(%)	General Retail Price Index (%)	104.4	106.1		100.1	100.8	
居民消费价格指数(%)	General Resident Consumer Price Index (%)	107.0	108.3		101.9	102.8	
十二、人民生活	**People's Livelihood**						
职工工资总额　(亿元)	Total Wages of Staff and Worders (100 million yuna)	803.50	9080	9.6	858.35	9405	9.1
城镇居民人均可支配收入(元)	Per Capita Disposable Income of Urban Resident (yuan)	8157.81	4377		8561.71	5160.32	
农民人均纯收入　(元)	Per Capita Net Income of Rural Resident (yuan)	3183	1926		3468	2090.13	
十三、教育、科技、卫生	**Education, Science and Technology and Health Care**						
高等学校在校学生数　(万人)	Students Enrolled in Colleges and Universities (10000 persons)	16.40	302.1	5.4	17.47	317.4	5.5
中等专业学校在校学生数　(万人)	Students Enrolled in Secondary Schools (10000 persons)	24.96	422.8	5.9	27.21	465.4	5.8
国有单位自然科学人员　(万人)	Number of Persons Engaged in Natural Science in State-Owned Units(10000 persons)	89.11	1985.6	4.5	100.46	2049.5	4.9
医院病床位　(万张)	Number of Hospital Beds (10000 units)	14.12	286.6	4.9	14.45	290.3	5.0
专业卫生技术人员(万人)	Number of Medical Technical Personnel (10000 persons)	23.76	431.2	5.5	24.59	439.8	5.6

注: 1. 全国1997年数为快报数。2. 中等专业学校包括:中等技术学校及中等师范学校。

Note: a) The 1997 data of whole nation are based on the quick report.
b) The figures of secondary schools include those of technical schools and teacher training schools.

主要统计指标解释

发展速度 用以反映社会经济发展程度的相对指标，根据两个不同时期发展水平的对比而得。由于比较的标准时期不同，发展速度可分为定期发展速度和环比发展速度两种。

增长速度 发展速度减－1（或100%）就是增长速度。即增长速度＝发展速度－1（或100%）。

平均每年增长速度 我国计算平均增长速度有两种方法，一种是习惯上经常使用的“水平法”，又称几何平均法，是以间隔最后一年的水平同基期水平对比来计算平均每年增长（或下降）的速度；另一种是“累计法”又称代数平均法或方程法，是以间隔年内各年水平的总和同基期水平对比来计算平均每年增长（或下降）的速度。具体计算方法，可参照中国财经出版社出版的《平均增长速度查对表》。

在一般正常情况下，两种方法计算的平均每年增长速度比较接近，但在经济发展不平衡出现大起大落时，两种方法计算的结果差别较大。

本《年鉴》内所列的平均每年增长速度都是用水平法计算的。从某年到某年平均增长速度的年份，均不包基期年在内。如1981－1997年平均每年增长速度，是以1980年为基期，1997年为报告期，年份从1981年算起，共17年。

当年价格 是报告期的实际价格，如工厂的出厂价格，农产品的收购价格，商品的零售价格等。按当年价格计算，是指一些以货币表现的物量指标，如工业总产值、国内生产总值等，按照当年的实际价格来计算总量。按当年价格计算的价值指标，在不同年份之间进行对比时，因为包含有各年间价格变动的因素，不能确切地反映实物量的增减变动。因此，在计算增长速度时都使用按可比价格计算的数字。

可比价格 指在不同时期的价值指标对比时，扣除了价格变动因素，而确切表示物量的变化。按可比价格计算有两种方法：一种是直接用于产品产量乘其不变价格；一种是指数法换算。

不变价格 用某一时期的同类产品的平均价格作为固定价格，来计算各个时期的产品价值。目的是为了消除各个时期价格变动的影响，保证各时期间、地区间的可比性。解放后，国家统计局先后五次制订了全国统一的工业产品和农业产品的不变价格，即从1949年至1957年使用1952年工（农）业产品不变价格，从1957年到1971年使用1957年不变价格，从1971年到1980年使用1970年不变价格，从1981年到1990年使用1980年不变价格。从1990年开始使用1990年不变价格。

指数法换算是用同一基期的指数相除。本《年鉴》所列“国内生产总值指数”等都是按可比价格计算的，如计算有关年份产值增长情况，可用定期指数（即简称年度为100的定基指数）直接进行对比。例如，求1997年国内生产总值为1980年的百分比，按表上1997年指数，1980年指数，两者相除即得，其余以此类推。

国内生产总值 指按国土原则计算的一个国家（或地区）物质生产部门和非物质生产部门在一定时期内所生产和提供最终使用的产品和劳务的货币表现。它不包括中间消耗的产品和劳务的价值。这些最终产品和劳务，不论是本国居民投资、本国居民生产的，还是外国居民投资、外国居民生产的，只要是在这个国家的领土范围之内，就全部计入这个国家（或地区）的国内生产总值。

国内生产总值从生产角度来说，是国民经济各部门的增加值之和；从分配角度来说，是这些部门劳动者收入、税金、利润、固定资产折旧等项目之和；从使用角度来说，是最终使用于消费、投资以及净出口的产品和劳务的价值总和。所以国内生产总值有三种计算方法，即生产法、分配法、使用法。国外净要素收入与国内生产总值之和，即为国民生产总值。

国内支出总额 指一个国家（或地区）所有常住单位在一定时期内用于最终消费和投资，以及净出口的货物和服务支出总额，它反映本期生产的国内生产总值的使用构成。这一总量就是支出法测算的国内生产总值，具体包括总消费、总投资和净出口。

总消费 指常住单位在一定时期内的货物和服务的全部最终消费支出，也就是常住单位为满足物质、文化和精神生活的需要，从本国经济领土或外国购买的货物和服务的消费支出（不包括非常住居民在本国经济领土内的消费支出）。总消费分为居民消费和社会消费。

⑴居民消费　指常住居民在一定时期内对于货物和服务的全部最终消费。包括居民以货币直接购买的各种消费品和直接支付的房租、交通、医疗、文教等各种服务费支出；居民本期自产自用的消费品和自有住房的虚拟消费；居民以实物工资形式获得的各种生活消费品等。不包括居民用于购买房屋和生产的支出。

⑵社会消费　指政府部门的总产出扣除其销售收入后的价值。也就是指社会公共服务部门将其生产活动总成果提供给政府，由政府部门购买并提供给全社会享用的社会消费支出。

总投资　指常住单位在一定时期内对固定资产和库存的投资支出合计，分为固定资产形成和库存增加两项。

⑴固定资产形成　指从常住单位在一定时期内购置、转入和自产自用的固定资产中，扣除已有固定资产的销售和转出后的价值。固定资产形成包括在一定时期内完成的建筑工程、安装工程和设备器具购置价值，以及新增役、种、奶、毛、娱乐用牧畜和新增经济林木价值等。

⑵库存增加　指常住单位一定时期内库存实物量变动的市场价值。期初与期末差额为正值表示库存增加，负债表示库存减少。具体包括本期购买的原材料、燃料和储备物资等商品库存；本期生产的产成品、半成品和在制品等产品库存。

净出口　指出口与进口的差额。出口包括常住单位向非常住单位出售或无偿转让的各种货物和服务的总值；进口包括常住单位从非常住单位购买或无偿得到的各种货物和服务的总值。由于服务活动提供与使用同时发生，因此服务的进出口业务并不发生出入境现象，应把常住单位从国外得到的服务作为进口，反之，非常住单位从我国得到的服务作为出口。

固定资产折旧　指一定时期内为弥补固定资产损耗而应提取的补偿价值，它反映了全部固定资产在本期生产中的资产转移价值。各类企业的固定资产折旧是指从成本费用中提取的折旧费。对不计提折旧的单位，如政府机关、事业单位、学校医院、部队和居民住房则应进行虚拟折旧。

劳动者报酬　指劳动者为常住单位提供劳务而获得的各种报酬，它反映劳动者参与增加值创造而获得的原始收入。具体包括从各种来源开支的货币工资和实物工资，即单位以工资、福利、社会保险等形式，从成本、费用和利润中为劳动者支付的各种开支，以及个体和其他劳动者通过参加社会生产活动所获得的各种劳动报酬。

生产税净额　指生产税与补贴之差，它反映政府从本期创造的增加值中所得到的原始收入份额。生产税是指政府对生产单位的生产经营活动所征收的各种税、附加和规费，具体包括销售（营业）税金及附加、增值税、管理费开支的税、应交纳的养路费、排污费和水电附加等，以及烟酒专卖上缴政府的专项收入。补贴与生产税相反，是政府对生产单位的单方面收入转移，因此视为负税处理，包括政策亏损补贴、粮食系统价格补贴、外贸企业出口退税收入等。

营业盈余　营业盈余　指常住单位创造的增加值扣除固定资产折旧价值、支付劳动者报酬和上缴政府生产税净额后的余额，它反映企业参与增加值创造而应得到的原始收入份额。该指标相当于企业的营业利润，但要扣除利税后项目中支付的工资、福利及公益金等。

三次产业　根据社会生产活动历史发展的顺序对产业结构的划分，产品直接取自自然界的部门称为第一产业，初级产品进行再加工的部门称为第二产业、为生产和消费提供各种服务的部门称为第三产业。它是世界上通用的产业结构分类，但各国的划分不尽一致。我国的三次产业划分是：

第一产业：农业（包括种植业、林业、牧业、副业和渔业）。

第二产业：工业（包括采掘工业、制造业、自来水、电力、蒸气、热水、煤气）和建筑业。

第三产业：除第一、第二产业以外的其他各业。由于第三产业包括的行业多、范围广，根据我国的实际情况，第三产业可分为两部分；一是流通部门，二是服务部门。具体又可分为四个层次：

第一层次：流通部门，包括交通运输业、邮电通讯业、商业、饮食业、物资供销和仓储业。

第二层次：为生产和生活服务的部门，包括金融、保险业，地质普查业，房地产、公用事业，居民服务业，咨询服务业和综合技术服务业，农、林、牧、渔、水利服务业和水利业，公路、内河（湖）航道养护业等。

第三层次：为提高科学文化水平和居民素质服务的部门，包括教育、文化、广播电视、科学研究、卫生、体育和社会福利事业等。

第四层次：为社会公共需要服务的部门，包括国家机关、政党机关、社会团体、以及军队和警察等。

Explanatory Notes on Main Statistical Indicators

Development Rate is calculated by comparing the development levels of two different periods, which is a relative indicator to reflect the development extend of social economy. According to the different bases of comparison, development rates can be classified into fixed-base development rate and chain-base development rate.

Growth Rate is gained by development rate minus one (or 100%), i.e. growth rate = development rate - 1 (or 100%).

Average Annual Growth Rate. Two methods for calculcating average annual growth rate are applied in China, one is often called "level approach" or the method of calculating geometric average, which is derived by comparing the level of the last year of the interval with that of the beginning year; the other is called "accumulative approach" or algebraic average or equation method, which is derived by the summation of the actual figure of each year in the interval divided by the figure in the base year. The detailed calaulating methods can be found by reference to the "Check Table of Average Growth Rate" published by China Financial Publishing House.

Usually the results calculated by the two methods are fairly close, but they differed sharply when uneven economic development occurred with striking fluctuations in growth.

The average annual growth rates listed in this statistical yearbook are calculated by "level approach". The base years are not listed when the years are listed for average annual growth rates. For instance, the average annual growth rate of 17 years since 1981 is listed as average annual growth rate of 1981-1997, among which 1980 is the base year and 1997 is the reference year.

Current Price refers to the actual price in the reference period, such as factory price, purchasing price of agricultural products, retail price of commodities, etc. Total values of some quantum indicators in value terms at current prices, such as gross industrial output value, gross domestic product, etc, are calculated in accordance with actual prices of current year. When comparing indicators of value over time at current prices, they cannot accurately reflect the charges in real term due to price fluctuations of each year. That's why growth rate is calculated at comparable prices.

Comparable Prices are applied when comparing indicators of value over time to reflect accurately the changes in real term. Two methods are used for calculating comparable prices: 1. Multiplying the output of products by their constant prices of certain year; 2. Conversion of the data in current prices by relevant price index.

Constant Price refers to the average price of a given product in certain year, which is used for comparison of output value over time. As the output value at constant prices removes the factor of price changes, it reflects the trend of pruduction development over time. Since 1949, with the changes in general price level, the State Statistical Bureau has issued nationally unified constant prices five times: the 1952 constant prices for 1949-1957; the 1957 constant prices for 1958-1970; the 1970 constant prices for 1971-1980; the 1980 constant prices for 1981-1990; and the 1990 constant prices have been used since 1991.

The index conversion method is derived by an index of the base year divided by another index of the same base year. The "indexes of gross domestic product" listed in this statistical yearbook are calculated at comparable prices. For example, the growth rate of output value of a year can be derived by directly comparing with fixed-base index (i.e. 100). The increase rate of gross domestic product in 1997 over 1980 can be derived by the index of 1996 divided by the index of 1980. And the analogs of this is also for the rest.

Gross Domestic Product is the final products and services in value terms during a certain period of time, which are produced and provided by both material production departments and non-material production departments in a county (or region). It excludes the intermediate consumption of products and services. As long as the final products and services are produced and provided within the territory of a country regardless of the investment from native residents or from foreign residents and the products produced by native residents or by foreign residents, all are grouped into the gross domestic product of a country (or region).

From the angle of production, gross domestic product is the summation of the value added of national economic sectors; from the angle of distribution, gross domestic product is the summation of the labour incomes, taxes, profits and the depreciation of fixed assets, etc; from the angle of use, gross domestic product is the value summation of products and services finally used on consumption, investment and net export. Gross domestic product is calculated with three approaches, i.e. product approach, income approach and expenditure approach. The sum of net foreign factor incomes and gross domestic product is gross national product.

Total Domestic Expenditure refers to the total expenditure on final consumption and investment and net export of goods and services by resident units of a country in a certain period of time, which reflects the composition of gross domestic product by its use. The total expenditiue is the gross domestic product calculated by expenditure approach, including total consumption, total investment and net export.

Total consumption refers to the total expenditure of resident units on final consumption of goods and services in a certain period, namely the expenditure of the resident units for purchases of goods and services from domestic economic territory and abroad to meet the requirements of material, cultural and spiritual life (excluding the expenditure of non–resident units on consumption in the economic territory of the country). The final consumption is classified into resident consumption and social consumption.

(1) Resident consumption refers to the total expenditure of resident households on the final consumption of goods and services in a certain period of time. It includes the expenditure on consumption of goods and services bought by the residents directly with money, as well as house rents, transportation expenses, medical fees and expenses on culture and education, etc; the fictitious expenditure on consumption, e.g. the goods and services produced and consumed by the households themselves and the residential buildings owned by the households; the expenditure on goods and services obtained by the residents in the form of payment in kind and in cash, etc. It excludes the expenditure on residential buildings and production purchased by the households.

(2) Social consumption refers to the value derived by the total output of the government departments minus their sales revenue, i.e. the expenditure on the consumption of the public services purchased and provided by the government to the whole society.

Total Investment refers to the summation of the fixed assets and stock invested by the resident units during a certain period of time, including the total fixed assets formation and the increase in stock.

(1) Total fixed capital formation refers to the value of fixed assets purchased, transferred in by the resident units and those produced and used by themselves in a certain period deducting the value of fixed assets sold and transferred out. It can be classified into total tangible assets formation and total intangible assets formation. The total tangible assets formation includes the value of the construction projects, installation projects completed and the equipment, apparatus and instruments purchased as well as the value of land improved,the value of draught animals, breeding stock, milk, wool and recreational animals and the newly increased economic forest in a certain period.

(2) Increase in stock refers to the market value of the change in stock in a certain period, i. e, the difference of value between the beginning and the end of the period. The increase in stock can be positive or negative. A positive value indicates the increase in stock while a negative value indicates the decrease in stock. The stock includes the raw materials, fuels and reserve materials purchased by the production units as well as the stock of finished products, semi–finished products, work–in–progress, etc.

Net Export of Goods and Services refers to the difference of the exports of goods and services minus the imports of goods and services. The imports include the value of various goods and services sold or gratuitously transferred by the resident units to the non–resident units. The imports include the value of various goods and services purchased or gratuitously acquired by the resident units from the non–resident units. Because the provision of services and the use of them happen simultaneously, the import and export of services do not appear to have the phenomena of crossing the border of the country. The acquisition of services by the resident units from abroad is usually treated as import while the acquisition of services by non–resident units in this country is usually treated as export. The export and import of goods are calculated at FOB.

Depreciation of Fixed Assets refers to the compensation value drawn for the purpose of compensating the wear loss of the fixed assets during a certain period of time. It reflects the value of tranfer of the fixed assets in the production of the current period. The depreciation of fixed assets in various enterprises refers of the depreciation expenses actually drawn and calculated as part of the cost. In the units which do not draw the depreciation expenses, such as government agencies, institutions, schools, hospitals, troops and the houses of residents, the depreciation of fixed assets is the fictitious depreciation.

Labourers' Remuneration refers to the various payment earned by the labourers by means of providing services to the resident units, which reflects the original incomes obtained by the labourers from the value added created. Specifically speaking, it includes the wages from various channels in monetary form and form in kind, i. e. the various expenses paid by the labourers' working units for them from cost, expenses and profits in wages or welfare or social insurance forms as well as the various labourers' remuneration earned by the individuals and other labourers engaged in social productive activities.

Net Taxes on Production refers to the difference of the taxes on production minus the subsidies on production, which reflects part of the original income obtained by the govermment from the value added created in the current period. The taxes on production refers to the various taxes, extra charges and fees levied on the production units on their production and business activities. Specifically speaking, they include sales tax and extra charges, value added tax, various taxes paid in the administrative expenses, road toll payable, sewage charges, extra charges on water and electric power consumed, special revenue turned over to the government by the monopolized trade of tobacco and liquor, etc. In contrast to the taxes on production, the subsidies on production is the unilateral transfer of part of the government's revenue to the production units and is therefore treated as the negative taxes on production. They include subsidies on the loss due to implementation of government policies, price subsidies to the grain institutions, foreign trade corporations' receipts from drawback, etc.

Operating Surplus refers to the balance of the value added created by the resident units deducting the labourers' remuneration, net taxes on production and the depreciation of fixed assets, which reflects part of the original income obtained by the enterprises from the value added created. It is equivalent to the business profit of the enterprises plus subsidies on production, but the wages and welfare expenses paid from the profits and the public welfare fund drawn from the post-tax profits should be deducted.

Three Industries Industry structure has been classified according to the historical sequence of development. Primary industry refers to extraction of natural resources; secondary industry involves processing of primary products; and tertiary industry provides services of various kinds for production and consumption. The above classification is universal although it varies to some extent from country to country. Industry in China comprises:

Primary industry: agriculture (including farming, forestry, animal husbandry, sideline production and fishery).

Secondray industry: industry (including mining and quarrying, manufacturing, water supply, electricity generation and supply, steam, hot water, gas) and construction.

Tertiary industry: all other industries not included in primary or secondary industry.

Due to the fact that tertiary industry involves in a large variety of industries in China, it is divided into two sectors: circulation sector and service sector and further into four levels:

The first level: circulation sector, including transportation, postal and telecommunications, services, commerce, catering trade, material supply and marketing, and storage.

The second level: service sector providing services for production and consumption, including banking, insurance, geological survey, real estates, public utilities, service for residents, consultancy service, and comprehensive technical services, and service for agriculture, forestry, animal husbandry, fishery, water conservancy, and maintenance of roads and inland water ways, etc.

The third level: service sector for upgrading scientific, educational and cultural level of the people, including education, culture, broadcasting, television, scientific research, public health, sports, and social welfare, etc.

The fourth level: sector providing services for public needs, including government agencies, political and party organizations, social organizations, armies, and policemen.

三　要素市场主要指标

MAIN INDICATORS ON THE FACTOR MARKET

简要说明

一、本篇资料反映广东土地、劳动力、技术、股票、房地产等要素市场方面的情况。

二、本篇资料由广东省统计局法规处整理、编辑。

三、资料来源：

1.国有土地使用权出让、划拨情况来源于广东省国土厅。

2.劳动力市场情况来源于广东省劳动厅。

3.技术市场交易情况来源于广东省科委。

4.股票发行情况资料来源于省证券委。

5.城市房产市场交易情况来源于广东省建委。

MAIN INDICATORS ON THE FACTOR MARKET

Brief Introduction

1. Data in this chapter show the conditions of the factor market of Guangdong Province, including land, labor forece, technology, stock and real estate.

2. Data in this chapter are prepared and compiled by the Laws and Regulations Division, Statistical Bureau of Guangdong Province.

3. Main sources of the data in this chapter:

1) Data on the selling and transfering of the using rights of state-owned land are provided by the State-Owned Land Management Bureau of Guangdong Provice.

2) Data on the labor force market are provided by the Labor Department of Guangdong Provice.

3) Data on the transaction in technical market are provided by the Committee of Science and Technology of Guangdong Provice.

4) Data on the stock issuing are provided by the Committee of Securities of Guangdong Province.

5) Data on the transaction in the market of urban real estate are provided by the Committee of Construction of Guangdong Province.

3-1 国有土地使用权出让、划拨情况

BASIC STATISTICS ON LEASE AND ADMINISTRATIVE ALLOCATION OF THE USE RIGHT OF STATE-OWNED LAND

指标名称	Items	1994	1995	1996	1997
国有土地使用权出让	Lease of the Using Right of State-Owned Land				
出让地块 (宗)	Number of Blocks (block)	10026	9701	6676	6797
出让面积 (万平方米)	Area of Totally Leased Land (10000 sq. m)	10667	8527	6231	7041
土地使用权出让总收入(万元)	Total Revenue from Leasing of the Use Right (10000 yuan)	735436	489501	887446	779106
征地费	Exproriation Fee	88809	59731	471174	68217
开发费	Development Fee	144214	103379	78743	114434
净收益	Net Revenue	400176	264210	265663	320637
其他	Other Revenue	102237	62181	71866	275818
国有土地使用权划拨	Administrative Allocation of the Use Right of State-Owned Land				
划拨地块 (宗)	Number of Blocks (block)	11408	6476	4940	7767
划拨面积(万平方米)	Area (10000 sq. m)	4750	6090	4884	2327

3-2 各市国有土地使用权出让与划拨情况(1997年)

LEASE AND ADMINISTRATIVE ALLOCATION OF THE USE RIGHT OF STATE-OWNED LAND BY CITY (1997)

市别 City	土地使用权出让 Lease of the Use Right of State-Owned Land						土地使用权划拨 Administrative Allocation of the Use Right		实现流转的土地数量(万平方米)
	地块(宗) Number of Blocks (block)	面积(万平方米) Area (10000 sq. m)	有偿出让收入(万元) Revenue (10000 yuan)				地块(宗) Number of Blocks (block)	面积(万平方米) Area (10000 sq. m)	Total Land Area Transferred (10000 sq. m)
			征地费 Expropriation Fee	开发费 Development Fee	净收益 Net Revenue	其他 Other			
全省总计 Total	**6797**	**7041**	**68217**	**114434**	**320637**	**275818**	**7767**	**2327**	**9368**
广州 Guangzhou	850	915	5655	66893	184210	10	33	109	1024
深圳 Shenzhen	573	1273		27114	85031	258854			1273
珠海 Zhuhai	143	300	5890		3220				300
汕头 Shantou	207	360	35362	2906	8174	6354	34	170	530
韶关 Shaoguan	213	75	206	103	926	3	1516	45	120
河源 Heyuan	17	11	120	60	29		24	15	26
梅州 Meizhou	62	131	2432	337	1749	366	9	14	145
惠州 Huizhou	492	285	633	650	465	19	52	7	292
汕尾 Shanwei	86	80			158		451	39	119
东莞 Dongguan	205	278			2105		240	305	583
中山 Zhongshan	523	856	401		16900		219	344	1200
江门 Jiangmen	235	474	10367	1912	420	1410	399	204	678
佛山 Foshan	564	894	1596	1627	10880	5117	73	197	1091
阳江 Yangjiang	86	183	17		198	23	22	269	452
湛江 Zhanjiang	438	234	851	278	564	982	138	164	398
茂名 Maoming	298	196	1494	8931	2603	719	53	57	253
肇庆 Zhaoqing	684	171	806	2097	2077	266	3923	193	364
清远 Qingyuan	932	76	337	504	411	56	436	107	183
潮州 Chaozhou	21	10	437		121		33	17	27
揭阳 Jieyang	56	179	1459	992	276	1610	86	57	236
云浮 Yunfu	112	60	154	30	111	29	26	14	74

3-3 劳动力市场情况
MARKET OF LABOUR FORCE

指标名称	Item	1994	1995	1996	1997
职业介绍服务机构数（个）	Number of Labour Exchanges (unit)	1351	1489	1603	1547
劳动部门所属	Run by Labour Departments	1061	1065	1181	1150
非劳动部门所属	Run By Other Departments	290	424	422	397
年末实有外省劳动力（万人）	Number of Labourer from other Provinces at Year-end (10000 persons)	343.64	359.79	360.31	410.13
年新增加的外省劳动力（万人）	Number of Newly Increased Non-native Labourer from Other Provinces During Last Year (10000 persons)	66.38	76.14	61.95	113.3
年末实有省内外来劳动力（万人）	Number of Non-native Labourer Within the Province at Year-end (10000 persons)	301.53	255.68	213.94	245.69
城镇	Urban Area	63.61	60.45	41.89	73.78
农村	Rural Area	237.91	195.23	172.05	171.91
年末实有外出劳动力（万人）	Number of Out-going Labourer at Year-end (10000 persons)	196.13	178.94	184.93	180.84
城镇	Urban Area	25.56	26.26	29.99	30.11
农村	Rural Area	170.57	152.68	154.95	150.73

3-4 技术市场交易情况
TRANSACTION IN THE MARKET OF TECHNOLOGY

指标名称	Items	1994	1995	1996	1997
技术买方：项数（项）	Technology Buyers: Number of Items (item)	5839	5098	5103	6498
金额（万元）	Amount (10000 yuan)	95884	125972	131111	195994
工业企业项数（项）	Number of Items By Industrial Enterprises (item)	3940	3347	3821	4615
金额（万元）	Amount (10000 yuan)	69488	94147	97332	125875
科研机构项数（项）	Number of Items By Scientific Technological Research Institutions (item)	193	177	113	175
金额（万元）	Amount (10000 yuan)	2221	1544	1810	3105
各级管理部门项数（项）	Number of Items By Management Departments at all Levels (item)	455	400	284	489
金额（万元）	Amount (10000 yuan)	9124	12719	19779	31570
技术贸易机构项数（项）	Number of Items By Technology Trade Organizations (item)	179	88	42	107
金额（万元）	Amount (10000 yuan)	3124	1175	2083	7035
个人及个人合伙及其他项数（项）	Number of Items By Individusal, Cooperative Individuals and Others (item)	1072	1086	843	1112
金额（万元）	Amount (10000 yuan)	11927	16387	10107	28409
技术卖方：项数（项）	Technology Sellers: Number of Items (item)	5839	5098	5103	6498
金额（万元）	Amount (10000 yuan)	97424	125973	131113	195994
工业企业项数（项）	Number of Items By Industrial Enterprises (item)	351	190	154	1488
金额（万元）	Amount (10000 yuan)	14447	5170	7791	21301
科研机构项数（项）	Number of Items By Scientific Technological Research Institutions (item)	1795	1635	1049	1538
金额（万元）	Amount (10000 yuan)	28180	70271	34464	76039
大中专院校项数（项）	Number of Items By Institutions of Higher Education (item)	326	263	285	492
金额（万元）	Amount (10000 yuan)	4215	4376	4176	21936
技术贸易机构项数（项）	Number of Items By Technology Trade Organizations (item)	2877	2657	3289	2746
金额（万元）	Amount (10000 yuan)	47384	42397	80781	70718
个人及个人合伙及其他项数（项）	Number of Items By Individuals, Cooperative Individuals and Others (item)	490	353	326	234
金额（万元）	Amount (10000 yuan)	3198	3759	3901	6000

3-5 股票发行情况
STOCK ISSUING

指标名称	Items	1994	1995	1996	1997
股票发行企业数 （个）	**Number of Stock Issuing Enterprises (unit)**	4	2	9	8
股票发行股数 （万股）	Number of Lssued Stocks (10000 shares)	6670	5100	49455	46021
股票发行总额 （万元）	Amount of Lssued Stocks (10000 yuan)				
面值	Par Value	6670	5100	49455	46021
市值	Current Value	40397	42985	215892	329532
股本结构 （万股）	**Structure of Share Holders (10000 shares)**	**26661**	**20301**	**184624**	**202530**
国家持股	State Holders	12275	8071	75038	144011
法人持股	Corporation Holders	3509	3515	27484	9593
个人持股	Individual Holders	10877	8715	30303	48926
外资股	Foreign Funded Holders			51799	

注：本表资料未含广州、深圳市数据.
Note: The data in this table exclude Guangzhou city and Shenzhen ciyt.

3-6 城市房地产市场交易情况
TRANSACTION IN THE MARKET OF URBAN REAL ESTATE

指标名称	Item	1994	1995	1996	1997
房产买卖	**Real Estate Exchange**				
成交宗数 （宗）	Number of Transactions	82326	95305	117264	185817
成交面积 （万平方米）	Exchanged Area (10000 sq. m)	946	1304	1226	1971
住宅	Residential Buildings	832	1168	1108	1696
办公用房	Business Buildings	25	31	36	60
商业用房	Commercial Buildings	89	105	82	196
成交金额 （万元）	Total Amount of Transactions (10000 yuan)	1434450	2586660	3439413	5706342
住宅	Residential Buildings	1174529	2300408	3207626	4419003
办公用房	Business Buildings	54962	53587	46237	423462
商业用房	Commercial Buildings	204959	232665	185550	786677
契税 （万元）	Contract Tax (10000 yuan)	23114	46202	81495	72628
房屋租赁	**House Leasing**				
出租面积 （万平方米）	Leased Area (10000 sq. m)	2953	2544	2842	2997
住宅	Residential Buildings	1997	1520	1620	1522
办公用房	Business Buildings	175	181	227	231
商业用房	Commercial Buildings	781	843	995	871
出租金额 （万元）	Rent (10000 yuan)	240669	240299	98654	115523
住宅	Residential Buildings	94184	55208	18908	21726
办公用房	Business Buildings	29112	68557	13946	12878
商业用房	Commercial Buildings	117373	116534	65800	75923
向个人出售住宅	**Residential Buildings Sold to Individuals**				
新建住宅面积（万平方米）	Floor Space of Newly Constructed Residential Buildings (10000 yuan)	644	842	582	783
新建住宅回收资金（万元）	Funds Reclaimed on Newly Constructed Residential Buildings (10000 yuan)	1349030	2372963	1432278	2099820
旧住宅面积（万平方米）	Floor Space of Old Residential Buildings(10000 sq. m)	314	13	379	436
旧住宅收回资金 （万元）	Funds Reclaimed on Old Residential Buildings (10000 yuan)	46357	2068	139665	204148

四 人 口

POPULATION

简要说明

一、本篇资料反映广东1997年及主要年份人口方面的基本情况，包括总人口、农业人口和非农业人口、人口自然变动以及1997年分市总人口、迁移人口、育龄妇女婚育等数据资料。

二、本篇资料由广东省统计局人口与就业统计处整理提供。

三、本篇资料来源：⑴表4-1中的常住人口数根据人口抽样调查和1982年、1990年人口普查数据推算；妇女婚育状况为计划生育统计年报数。⑵表4-3中的1949－1980年数据是根据人口历史资料和户籍统计数据计算整理或推算；1981年数据取自1982年人口普查资料，1982年起为人口抽样调查数据。⑶表4-2、4-4、4-5、4-6、4-7为户籍统计数；表4-8为计划生育统计数据。

POPULATION

Brief Introduction

Ⅰ. The data in this chapter show the basic conditions of Guangdong's population in 1997 and the pre-vious years, including the total population, agricultural and non-agricultural population, natural growth changes of population as well as the total population, migration population and the status of marriage and bearing of women at child-bearing age in 1997 by city, etc.

Ⅱ. The tables in this chapter are prepared and provided by the Division of Population and Employment, Statistical Bureau of Guangdong Province.

Ⅲ. Data source in this chapter: 1. The figures of permanent population in Table 4-1 have been estimated in accordance with the sample surveys on population and the data of the population censuses of 1982 and 1990. The figures of the status of marriage and bearing of women are the annual reports of family planning statis-tics. 2. In Table 4-3, the data of 1949-1980 are estimated on the basis of historical population statistics or obtained from the household registration; the data of 1981 are taken from 1982 population census; since 1982, the figures have been collected from the sample surveys on pupulation changes. 3. The figures in Tables 4-2, 4-4, 4-5, 4-6 and 3-7 are taken from the household registration; the data in Table 4-8 are obtained from the family planning statistics.

4-1 人口主要指标

MAIN POPULATION FIGURES

指标	Item	1980	1985	1990	1995	1996	1997
一、常住人口(万人)	Permanent Population (10000 Persons)	5230.00	5670.65	6346.22	6867.77	6960.64	7051.15
二、户籍人口	Population of Household Registration						
年末总户数(万户)	Total Households(Year-end) (10000 Households)	1062.22	1205.64	1411.08	1631.03	1673.71	1721.29
年末总人口(万人)	Total Population(Year-end) (10000 Persons)	5227.67	5655.60	6246.32	6788.74	6896.77	7013.73
#农业人口	Agricultural Population	4317.96	4457.68	4769.01	4753.37	4788.97	4840.22
非农业人口比重(%)	Proportion of Non-agricultural Population (%)	17.40	21.18	23.65	29.94	30.56	30.99
性别比(女=100)	Sex Ratio (Female=100)	104.5	106.0	105.9	106.5	106.7	106.7
人口密度(人/平方公里)	Population Density (person/sq. km.)	294	318	351	382	388	394
三、人口变动情况(‰)	Status of Population Changes (‰)						
出生率	Birth Rate	22.82	20.60	22.26	18.10	18.05	16.90
死亡率	Death Rate	5.48	6.33	5.76	5.70	6.09	5.40
自然增长率	Natural Growth Rate	17.34	14.27	16.50	12.40	11.96	11.50
迁入率	Immigration Rate	17.64	17.82	15.38	16.04	16.58	18.83
迁出率	Emigration Rate	15.83	15.12	12.56	13.31	12.99	14.22
总迁移率	Total Migration Rate	33.47	32.94	27.94	29.35	29.57	33.05
净迁移率	Net Migration Rate	1.81	2.70	2.82	2.73	3.59	4.61
跨省净迁移率	Net Migration Rate Between Provinces	1.01	0.39	0.35	1.09	1.44	2.09
四、妇女婚育状况(%)	Status of First Marriage and Contraception of Women (%)						
早婚率	Early Marriage Rate			2.6	1.4	1.2	0.92
晚婚率	Late Marriage Rate	84.7	67.6	68.3	71.3	71.7	71.98
节育率	Contraceptive Rate	69.97	85.96	87.72	85.99	87.29	87.81

4-2 年末总人口

TOTAL POPULATION(YEAR-END)

单位：万人 (10000 Persons)

年份 Year	总人口 Total Population	按性别分 By Sex		按农业、非农业分 By Agricultural & Non-agricultural Population		人口密度 (人/平方公里) Population Density (Person/Sq. Km.)
		男 Male	女 Female	非农业人口 Non-Agricultural Population	农业人口 Agricultural Population	
1949	2782.72	1397.30	1385.42	437.46	2345.26	156
1952	2910.45	1457.24	1453.21	512.93	2397.52	164
1957	3301.79	1666.23	1635.56	597.13	2704.66	186
1962	3575.38	1799.73	1775.65	658.46	2916.92	201
1965	3865.51	1957.18	1908.33	679.99	3185.52	217
1970	4382.21	2222.88	2159.33	693.05	3689.16	246
1975	4858.48	2477.83	2380.65	759.84	4098.64	273
1978	5064.15	2586.68	2477.47	823.23	4240.92	285
1980	5227.67	2671.28	2556.39	909.71	4317.96	294
1981	5323.47	2722.78	2600.69	942.69	4380.78	299
1982	5415.35	2771.86	2643.49	971.46	4443.89	304
1983	5494.12	2818.92	2675.20	1001.05	4493.07	309
1984	5576.62	2865.90	2710.72	1097.36	4479.26	313
1985	5655.60	2909.52	2746.08	1197.92	4457.68	318
1986	5740.70	2955.68	2785.02	1254.60	4486.10	323
1987	5832.15	3003.09	2829.06	1309.91	4522.24	328
1988	5928.31	3053.50	2874.81	1366.54	4561.77	333
1989	6024.98	3106.37	2918.61	1422.75	4602.23	338
1990	6246.32	3213.20	3033.12	1477.31	4769.01	351
1991	6348.95	3266.26	3082.69	1540.92	4808.03	357
1992	6463.17	3327.67	3135.50	1640.80	4822.37	363
1993	6581.60	3390.37	3191.23	1808.09	4773.51	369
1994	6691.46	3450.68	3240.78	1964.72	4726.74	376
1995	6788.74	3501.19	3287.55	2035.37	4753.37	382
1996	6896.77	3559.54	3337.23	2107.80	4788.97	388
1997	7013.73	3620.32	3393.41	2173.50	4840.23	394

4-3 人口自然变动情况
STATUS OF POPULATION NATURAL CHANGES

单位：万人、‰ (10000 Persons, ‰)

年份 Year	出生 Birth 出生人数 Number of Birth	出生率 Birth Rate	死亡 Death 死亡人数 Number of Death	死亡率 Death Rate	自然增长 Natural Growth of Population 自然增长人数 Number of Natural Growth	自然增长率 Natural Growth Rate
1949	95.98	36.00	39.99	15.00	55.99	21.00
1952	105.81	36.60	39.32	13.58	66.49	23.02
1957	114.81	35.24	27.24	8.36	87.57	26.88
1962	150.02	42.46	33.28	9.42	116.74	33.04
1965	137.53	36.10	25.95	6.81	111.58	29.29
1970	140.93	32.50	25.52	5.88	115.41	26.62
1975	110.61	22.95	29.38	6.10	81.23	16.85
1978	111.23	22.14	27.35	5.44	83.88	16.70
1980	118.31	22.82	28.40	5.48	89.91	17.34
1981	129.20	24.47	29.43	5.58	99.77	18.89
1982	123.98	23.09	31.79	5.92	92.19	17.17
1983	114.55	21.00	34.47	6.32	80.08	14.68
1984	114.86	20.75	34.37	6.21	80.49	14.54
1985	115.70	20.60	35.53	6.33	80.17	14.27
1986	126.23	22.15	32.48	5.70	93.75	16.45
1987	128.00	22.12	32.98	5.70	95.02	16.42
1988	122.90	20.90	29.81	5.07	93.09	15.83
1989	121.15	20.27	34.25	5.73	86.90	14.54
1990	140.11	22.26	36.25	5.76	103.86	16.50
1991	131.31	20.54	38.04	5.95	93.27	14.59
1992	125.17	19.31	40.00	6.17	85.17	13.14
1993	120.00	18.34	38.00	5.84	82.00	12.50
1994	121.00	18.20	38.00	5.78	83.00	12.42
1995	123.54	18.10	38.91	5.70	84.63	12.40
1996	124.80	18.05	42.11	6.09	82.69	11.96
1997	118.40	16.90	37.83	5.40	80.57	11.50

4-4 人口迁移变动情况
STATUS OF MIGRATION CHANGES

单位：万人、‰ (10000 Persons, ‰)

年份 Year	迁入 Immigration 迁入人数 Number of Immigration	迁入率 Immigra-tion Rate	迁出 Emigration 迁出人数 Number of Emigration	迁出率 Emigration Rate	总迁移 Total Migration 总迁移人数 Number of To-tal Migration	总迁移率 Total Migra-tion Rate	净迁移 Net Migration 净迁移人数 Number of Net Migration	净迁移率 Net Migra-tion Rate
1962	74.75	21.16	93.01	26.32	167.76	47.48	-18.26	-5.16
1965	58.64	15.39	60.54	15.88	119.18	31.27	-1.90	-0.49
1970	61.79	14.25	69.60	16.05	131.39	30.30	-7.81	-1.80
1975	67.34	13.97	62.47	12.96	129.81	26.93	4.87	1.01
1978	81.83	16.29	75.58	15.04	157.41	31.33	6.25	1.25
1980	91.45	17.64	82.09	15.83	173.54	33.47	9.36	1.81
1981	82.58	15.65	72.08	13.66	154.66	29.31	10.50	1.99
1982	71.63	13.34	65.06	12.11	136.69	25.45	6.57	1.23
1983	66.26	12.14	59.35	10.88	125.61	23.03	6.91	1.26
1984	92.30	16.67	83.31	15.05	175.61	31.73	8.99	1.62
1985	100.10	17.82	84.90	15.12	185.00	32.94	15.20	2.70
1986	85.61	15.02	70.83	12.43	156.44	27.45	14.78	2.59
1987	92.89	16.05	73.26	12.66	166.15	28.71	19.63	3.39
1988	93.82	15.96	73.46	12.49	167.28	28.45	20.36	3.47
1989	95.26	15.94	73.87	12.36	169.13	28.30	21.39	3.58
1990	94.39	15.38	77.07	12.56	171.46	27.94	17.32	2.82
1991	97.23	15.44	83.74	13.30	180.97	28.74	13.49	2.14
1992	135.89	21.21	108.39	16.92	244.28	38.13	27.50	4.29
1993	158.20	24.25	128.06	19.63	286.26	43.88	30.14	4.62
1994	140.93	21.24	115.72	17.44	256.65	38.68	25.21	3.80
1995	108.09	16.04	89.74	13.31	197.83	29.35	18.35	2.73
1996	113.47	16.58	88.88	12.99	202.35	29.57	24.59	3.59
1997	130.94	18.83	98.90	14.22	229.84	33.05	32.04	4.61

4-5 各市年末人口数(1997年)

POPULATION BY CITY (YEAR-END, 1997)

单位：人　　　　(Person)

市别 City	总人口 Total Population	按性别分 By sex		按农业、非农业分 By Agriculture & Non-agriculture	
		男 Male	女 Femal	非农业人口 Non-agricultural Population	农业人口 Agricultural Population
广州 Guangzhou	6664862	3432921	3231941	4108639	2556223
深圳 Shenzhen	1094571	567935	526636	847981	246590
珠海 Zhuhai	673386	347973	325413	462226	211160
汕头 Shantou	4130920	2092114	2038806	1380483	2750437
韶关 Shaoguan	2994280	1551357	1442923	1050288	1943992
河源 Heyuan	3056221	1565254	1490967	614929	2441292
梅州 Meizhou	4694411	2421667	2272744	910752	3783659
惠州 Huizhou	2665306	1354277	1311029	897993	1767313
汕尾 Shanwei	2556919	1339256	1217663	617062	1939857
东莞 Dongguan	1471220	740459	730761	369691	1101529
中山 Zhongshan	1283625	646926	636699	379500	904125
江门 Jiangmen	3770673	1917687	1852986	1381851	2388822
佛山 Foshan	3209556	1613591	1595965	1461461	1748095
阳江 Yangjiang	2443491	1302293	1141198	650083	1793408
湛江 Zhanjiang	6273244	3312951	2960293	1489139	4784105
茂名 Maoming	5901911	3096179	2805732	1141266	4760645
肇庆 Zhaoqing	3683414	1892202	1791212	919645	2763769
清远 Qingyuan	3685781	1908072	1777709	716346	2969435
潮州 Chaozhou	2362381	1209995	1152386	600173	1762208
揭阳 Jieyang	5084587	2619250	2465337	973415	4111172
云浮 Yunfu	2436503	1270834	1165669	762122	1674381

4-6 各市辖区年末人口数(1997年)

POPULATION OF DISTRICTS UNDER THE JURISDICTION OF CITY (YEAR-END, 1997)

单位：人　　　　(Person)

市别 City	总人口 Total Population	按性别分 By sex		按农业、非农业分 By Agriculture & Non-agriculture	
		男 Male	女 Femal	非农业人口 Non-agricultural Population	农业人口 Agricultural Population
广州 Guangzhou	3956521	2066387	1890134	3267321	689200
深圳 Shenzhen	1094571	567935	526636	847981	246590
珠海 Zhuhai	382208	197758	184450	356031	26177
汕头 Shantou	1092251	553431	538820	808747	283504
韶关 Shaoguan	479736	257190	222546	416965	62771
河源 Heyuan	229791	118493	111298	162174	67617
梅州 Meizhou	296212	153636	142576	223087	73125
惠州 Huizhou	345442	174962	170480	273706	71736
汕尾 Shanwei	407173	210324	196849	162981	244192
东莞 Dongguan	1471220	740459	730761	369691	1101529
中山 Zhongshan	1283625	646926	636699	379500	904125
江门 Jiangmen	419701	212601	207100	326865	92836
佛山 Foshan	461757	234910	226847	404974	56783
阳江 Yangjiang	515729	267281	248448	291109	224620
湛江 Zhanjiang	1283826	672674	611152	567390	716436
茂名 Maoming	646057	337799	308258	292659	353398
肇庆 Zhaoqing	453097	231559	221538	306588	146509
清远 Qingyuan	509193	258578	250615	188448	320745
潮州 Chaozhou	330466	165175	165291	252762	77704
揭阳 Jieyang	613511	311573	301938	198655	414856
云浮 Yunfu	271599	141219	130380	166028	105571

4-7 各市迁移人口数(1997年)

NUMBER OF MIGRATORS BY CITY (1997)

单位：人 (Person)

市别 City	迁入 Immigration		迁出 Emigration		净迁移 Net Migration	
	省内迁入 From Guangdong	省外迁入 From Other Provinces	迁往省内 To Guangdong	迁往省外 To Other Provinces	省内 From Guangdong	省外 From Other Provinces
广州 Guangzhou	104605	34879	67134	15589	37471	19290
深圳 Shenzhen	26028	29403	2013	5305	24015	24098
珠海 Zhuhai	12028	7609	5162	1569	6866	6040
汕头 Shantou	35785	6265	31256	3738	4529	2527
韶关 Shaoguan	112685	11150	115819	5280	-3134	5870
河源 Heyuan	42268	5223	33554	3296	8714	1927
梅州 Meizhou	55346	9042	56549	5959	-1203	3083
惠州 Huizhou	60144	14488	34439	5753	25705	8735
汕尾 Shanwei	28848	1946	23572	2522	5276	-576
东莞 Dongguan	6490	3794	5037	4432	1453	-638
中山 Zhongshan	17433	4204	15050	4206	2383	-2
江门 Jiangmen	56091	11663	52487	17693	3604	-6030
佛山 Foshan	52693	12908	40065	8914	12628	3994
阳江 Yangjiang	19756	2391	24508	2296	-4752	95
湛江 Zhanjiang	60958	9995	46534	6707	14424	3288
茂名 Maoming	66991	9617	67582	5041	-591	4576
肇庆 Zhaoqing	53610	6328	52322	3812	1288	2516
清远 Qingyuan	80408	7819	84276	3090	-3868	4729
潮州 Chaozhou	17990	2672	23737	1886	-5747	786
揭阳 Jieyang	103165	64063	64306	4385	38859	59678
云浮 Yunfu	36174	4489	29237	2900	6937	1589

4-8 各市育龄妇女初婚及节育情况(1997年)

STATUS OF FIRST MARRIAGE WOMEN AT CHILD-BEARING AGE AND BIRTH CONTROL BY CITY

单位：人、% (Person, %)

市别 City	已婚育龄妇女人数 No. of Marri-aged Women at Child-bearing Age	女性初婚人数 No. of Women of First Marriage	#不足20周岁 Under 20	早婚率 Early Marriage Rate	#23周岁及以上 23 & Over	晚婚率 Late Marriage Rate	落实各种节育措施 Contraceptive User: 人数 Person	节育率 Contra-ceptive Rate	领取独生子女证 Women Signed One-child Certificate: 累计人数 Accumu-lative Total	领证率 Proportion of Signing Certifi-cate
全省合计 Total	**12780923**	**526433**	**4868**	**0.9**	**378906**	**72.0**	**11222583**	**87.81**	**1201622**	**9.40**
广州 Guangzhou	1296603	51087	9	…	41084	80.4	1147512	88.50	401260	30.95
深圳 Shenzhen	241658	7915	7	0.1	5751	72.7	213507	88.35	68279	28.25
珠海 Zhuhai	132156	5025	2	…	4238	84.3	116374	88.06	26360	19.95
汕头 Shantou	799188	30685	363	1.2	23724	77.3	720233	90.12	68622	8.59
韶关 Shaoguan	525161	23585	101	0.4	17751	75.3	467908	89.10	88784	16.91
河源 Heyuan	504563	20151	360	1.8	12013	59.6	441615	87.52	11390	2.26
梅州 Meizhou	889744	33215	550	1.7	16805	50.6	789121	88.69	40780	4.58
惠州 Huizhou	491854	19629	11	0.1	15374	78.3	426187	86.65	29920	6.08
汕尾 Shanwei	410787	20766	858	4.1	14476	69.7	354681	86.34	5453	1.33
东莞 Dongguan	263646	12968	9	0.1	9623	74.2	226674	85.98	4514	1.71
中山 Zhongshan	255163	12077	50	0.4	9092	75.3	218402	85.59	14919	5.85
江门 Jiangmen	681515	27816	133	0.5	21461	77.2	596976	87.60	57561	8.45
佛山 Foshan	614064	29342	52	0.2	22097	75.3	530701	86.42	99318	16.17
阳江 Yangjiang	435005	18275	89	0.5	12081	66.1	392748	90.29	14570	3.35
湛江 Zhanjiang	1004804	32454	481	1.5	23932	73.7	877443	87.32	65615	6.53
茂名 Maoming	1033529	49959	643	1.3	32613	65.3	896702	86.76	36035	3.49
肇庆 Zhaoqing	679771	26764	76	0.3	20329	76.0	590206	86.82	65174	9.59
清远 Qingyuan	673835	30032	232	0.8	20747	69.1	596200	88.48	36609	5.43
潮州 Chaozhou	468959	15702	211	1.3	11598	73.9	425716	90.78	33742	7.20
揭阳 Jieyang	918486	38174	437	1.1	28746	75.3	791503	86.17	14358	1.56
云浮 Yunfu	460432	20812	194	0.9	15371	73.9	402174	87.35	18359	3.99

主要统计指标解释

总人口 指一定时点、一定地区范围内有生命的个人的总和。按不同统计范围分为常住人口和户籍人口；两种人口均指每年12月31日24时的人口。

性别比 总人口中男性人数与女性人数之比。通常用每100个女性人口相应有多少男性人口表示。其计算公式为：

$$性别比=\frac{男性人口数}{女性人口数}\times 100\%$$

出生率（粗出生率） 指一定时期内（通常为一年）出生人口与同期平均人数之比。其计算公式为：

$$出生率=\frac{年出生人口}{年平均人数}\times 1000‰$$

死亡率（粗死亡率） 指一定时期内（通常为一年）死亡人口与同期平均人数之比。期计算公式为：

$$死亡率=\frac{年死亡人口}{年平均人数}\times 1000‰$$

自然增长率 指一定时期内（通常为一年）人口自然增加数（出生人口减死亡人口）与同期平均人数（或期中人数）之比。其计算公式为：

$$人口自然增长率=\frac{本年出生人口-本年死亡人口}{年平均人数}\times 1000‰$$

或 人口自然增长率＝人口出生率－人口死亡率

迁入率（迁出率） 指一定时期内（通常为一年）迁入人口（迁出人口）与同期平均人数之比。

总迁移率 指一定时期内（通常为一年）迁入人口与迁出人口之和与同期平均人数之比。

净迁移率 指一定时期内（通常为一年）迁入人口与迁出人口之差与同期平均人数之比。

跨省净迁移率 指一定时期内（通常为一年）省外迁入人口和迁往省外（含出国）人口之差与同期平均人数之比。

妇女早婚率 指一定时期内（通常为一年）未达法定婚龄（女性为20周岁以下）初婚妇女人数与同期初婚妇女人数之比。

妇女晚婚率 指一定时期内（通常为一年）符合晚婚年龄（女性为23周岁及以上）初婚妇女人数与同期初婚妇女人数之比。

妇女节育率 指一定时期内（通常为一年）已落实节育措施的已婚育龄妇女人数与同期已婚育龄妇女人数之比。

Explanatory Notes on Main Statistical Indicators

Total Population refers to the total number of people alive at a certain point of time within a given area, which are classified with the permanent population and household registered population. The annual statistics of these types of population is taken at midnight, the 31st of December.

Sex Ratio refers to the proportion of male to female among the total population, which is often described as the proportion of 100 females to males. The following formula is used:

$$\text{Sex Ratio} = \frac{\text{number of males}}{\text{number of females}} \times 100\,\%$$

Birth Rate (or crude Birth Rate) refers to the ratio of the number of births to the average population of the same period during a certain period of time (usually a year). The following formula is used:

$$\text{Birth Rate} = \frac{\text{number of births}}{\text{average number of population}} \times 1000‰$$

Death Rate (or crude death Rate) refers to the ratio of the number of deaths to the average population of the same period during a certain period of time (usually a year). The following formula is used:

$$\text{Death Rate} = \frac{\text{number of births}}{\text{average number of population}} \times 1000‰$$

Natural Growth Rate of Population refers to the ratio of natural increase in population(number of births minus number of deaths) in a certain period of time (usually a year) to the average population (or mid-year population) of the same period. The following formulas are used:

$$\text{Natural Growth Rate of Population} = \frac{\text{no. of births} - \text{no. of deaths}}{\text{average number of population}} \times 1000‰$$

Or: Natural Growth Rate of Population = birth rate - death rate

Immigration Rate refers to the ratio of the number of immigrant population to the average population of the same period during a certain period of time (usually a year).

Emigration Rate refers to the ratio of the number of emigrant population to the average population of the same period during a certain period of time (usually a year).

Total Migration Rate refers to the ratio of the sum of immigrant and emigrant population to the average population of the same period during a certain period of time (usually a year).

Net Migration Rate refers to the ratio of the difference between immigrant and emigrant population to the average population of the same period during a certain period of time (usually a year).

Net Migration Rate Between Provinces refers to the ratio of the difference between immigrant population from other provinces and emigrant population to other provinces (including those going abroad) to the average population of the same period during a certain period of time (usually a year).

Women Early Marriage Rate refers to the ratio of the number of first marriage wowen under lawful marriage age (under 20 for women) to the total first marriage women of the same period during a certain period of time (usually a year).

Women Late Marriage Rate refers to the ratio of the number of first marriage women reached late marriage age (23 and over for women) to the total first marriage women of the same period during a certain period of time (usually a year).

Women Contraceptive Rate refers to the ratio of the number of the female contraceptive user at child-bearing age to the total married women at child-bearing age of the same period during a certain period of time (usually a year).

五 从业人员和职工工资

EMPLOYMENT AND WAGE

简要说明

一、本篇资料反映广东劳动力资源、就业与工资的基本情况，分列21个市的主要劳动统计数据。包括劳动力资源与分配平衡表，从业人员及职工人数，城乡私营企业和个体工商业从业人数，城镇登记失业人数及城镇新安置新就业人数，职工工资总额，平均工资情况等。

二、本篇资料由广东省统计局社会科技处整理提供。

三、本篇资料主要是根据国家统计调查制度搜集汇总，部分是由省劳动厅、省工商行政管理局等有关部门提供并经加工整理。

EMPLOYMENT AND WAGES

Brief Introduction

Ⅰ. The data in this chapter show the basic conditions of labour resources, employment and wages of Guangdong Province and list the major labour statistics of twenty–one cities, including labour resources and its balanced sheet of allocation, the number of the employed persons and staff and workers, the number of persons employed in the Urban and rural private enterprises and in industry and commerce run by the individuals, the number of unemployed persons registered in the urban areas, the number of newly employed persons in the urban areas, the total wages and average wage of the staff and workers, etc.

Ⅱ. The data in this chapter are prepared and provided by the Division of Social, Scientific and Technological Statistics, Statistical Bureau of Guangdong province.

Ⅲ. The data in this chapter are collected and tabulated maily in accordance with the statistical survey sheme of the State Statistical Bureau, part of which are processed and prepared from the figures provided by the Labour Department of Guangdong Province, Guangdong Administration for Industry and Commerce and some other related organs.

5-1 从业人员与职工工资主要指标

MAJOR INDICATORS OF EMPLOYED PERSONS AND WAGES OF STAFF AND WORKERS

指　标	Item	1980	1985	1990	1995	1996	1997
从业人员人数(万人)	Number of Employed Persons (10000 persons)	2367.78	2731.11	3118.10	3551.20	3641.30	3701.90
职工人数	Number of Staff and Workers	563.62	660.82	785.49	911.90	904.07	897.32
国有单位	State-Owned Units	400.19	449.40	528.13	548.98	551.82	544.46
企　业	Enterprises			368.65	354.46	347.69	330.44
事业和机关	Institutions and Agencies			159.48	194.52	204.13	214.02
城镇集体单位	Urban Collective Owned Units	163.43	203.32	207.62	202.36	191.77	179.58
其他各种单位	Units of Other Types of Ownership		8.10	49.74	160.56	160.48	173.28
农村乡(镇)劳动者	Rural Employed Persons	1793.20	2038.60	2264.67	2394.40	2406.07	2448.07
城镇私营企业从业人员	Employed Persons in Urban Private Enterprises				76.00	89.40	105.80
城镇个体劳动者	Self-Employed Individuals in Urban Areas	10.96	31.69	67.94	129.90	132.00	138.00
其　他	Other Employees				39.00	109.76	112.71
第一产业劳动者	Employed Persons in Primary Industry	1673.57	1646.82	1651.71	1473.60	1481.40	1511.38
第二产业劳动者	Employed Persons in Secondary Industry	404.80	614.52	848.37	1199.00	1218.00	1217.25
第三产业劳动者	Employed Persons in Tertiary Industry	289.41	469.77	618.02	878.60	941.90	973.27
离、退休及退职人员	Retirees and Resigned Persons		87.96	124.07	159.78	169.12	173.39
#国有单位	State-Owned Units		55.39	83.00	116.21	122.73	128.42
城镇待业人员就业数	Employees from Urban Unemployed Persons		34.94	42.84	43.67	39.71	36.34
#国有单位安置	Employed by State-Owned Units		14.61	17.05	14.52	11.98	9.76
城镇集体单位安置	Employed by Urban Collective Owned Units		15.20	13.98	12.32	6.58	6.18
职工工资总额 (亿元)	Total Wages of Staff and Workers (100 million yuan)	42.83	88.91	223.29	734.14	803.50	858.35
国有单位	State-Owned Units	32.00	63.42	154.96	458.86	512.22	539.95
城镇集体单位	Urban Collective Owned Units	10.83	23.85	50.06	124.32	124.35	120.36
其他各种单位	Units of Other Types of Ownership		1.64	18.27	150.96	166.93	198.04
劳保福利费用总额(亿元)	Total Expenditures on Labour Insurance and Welfare (100 million yuan)	6.09	19.58	64.36	176.83	208.03	222.89
职工平均工资(元)	Per Capita Wage of Staff and Workers (yuan)	789	1393	2929	8250	9127	9698
国有单位	State-Owned Units	828	1458	3000	8540	9494	10032
城镇集体单位	Urban Collective Owned Units	691	1216	2508	6395	6799	6814
其他各种单位	Units of Other Types of Ownership		2209	3972	9546	10569	11635

5-2 城乡劳动力资源与分配平衡表

BALANCED SHEET OF RESOURCES AND DISTRIBUTION OF LABOR FORCE IN URBAN AND RURAL AREA

单位：万人 (10000 persons)

项目	Item	1996			1997		
		合计 Total	城镇 Urban Area	乡村 Rural Area	合计 Total	城镇 Urban Area	乡村 Rural Area
年末劳动力资源总数	**Total Number of Labor Force Resources at year-end**	**4505.90**	**996.70**	**3509.20**	**4590.10**	**1429.40**	**3160.70**
一、从业人员总数	**Total Number of Employees**	**3641.30**	**1098.20**	**2543.10**	**3701.90**	**1118.50**	**2583.40**
（一）按经济类型分组	Group by Ownership						
国有经济	State-Owned Units	565.70	520.20	45.50	556.60	515.10	41.50
集体经济	Collective Owned Units	2515.30	251.20	2264.10	2547.20	246.70	2300.50
私营经济	Private Enterprises	133.70	89.40	44.30	152.90	105.80	47.10
个体经济	Individuals	264.40	132.00	132.40	269.90	138.00	131.90
联营经济	Joint Ventures	5.60	4.40	1.20	5.80	4.80	1.00
股份制经济	Share Holding Units	25.10	21.00	4.10	28.70	24.30	4.40
外商投资经济	Foreign Funded Units	40.40	26.70	13.70	42.60	27.80	14.80
港澳台投资经济	Units Funded by Entrepreneurs from Hong Kong, Macao and Taiwan	89.60	51.90	37.70	96.40	54.30	42.10
其他经济	Units of Other Types of Ownership	1.50	1.40	0.10	1.80	1.70	0.10
（二）按国民经济行业分组	Group by Economic Sector						
农、林、牧、渔业	Farming, Forestry, Animal Husbandry and Fishery	1466.60	24.00	1442.60	1500.70	23.00	1477.70
采掘业	Mining and Quarrying	29.40	14.50	14.90	28.10	12.90	15.20
制造业	Manufacturing	764.00	335.90	428.10	778.00	333.20	444.80
电力煤气水的生产供应业	Electricity, Gas and Water Production and Supply	17.30	16.60	0.70	18.20	17.30	0.90
建筑业	Construction	288.10	76.20	211.90	286.30	74.60	211.70
地质勘查业、水利管理业	Geological Prospecting and Water Gonservancy	5.30	5.20	0.10	5.20	5.10	0.10
交通、仓储及邮电通信业	Transport, Storage, Post and Telecommunications	142.90	67.10	75.80	142.50	67.20	75.30
批发和零售贸易、餐饮业	Wholesale and Retail Trades and Catering Services	363.00	257.20	105.80	383.30	273.30	110.00
金融、保险业	Banking and Insurance	30.00	25.80	4.20	31.60	27.20	4.40
房地产业	Real Estate Trade	10.50	8.50	2.00	11.00	9.10	1.90
社会服务业	Social Services	68.10	59.50	8.60	69.60	61.00	8.60
卫生、体育和社会福利业	Health Care, Sports and Social Welfare	43.40	30.20	13.20	43.60	30.90	12.70
教育文化广播电影电视业	Education, Culture and Arts, Radio, Film and Television	117.80	88.10	29.70	119.00	90.60	28.40
科学研究综合技术服务业	Scientific Research and Polytechnical Services	8.90	7.00	1.90	9.00	7.20	1.80
国家、政党机关社会团体	Government Agencies, Party Agencies and Social Organizations	79.90	65.90	14.00	78.20	66.60	11.60
其他行业	Others	206.10	16.50	189.60	197.60	19.30	178.30
二、城镇待业人员	**Unemployed Persons in Urban Area**	**69.30**	**69.30**		**70.50**	**70.50**	
三、其他劳动力	**Other Laborers**	**640.80**	**211.20**	**429.60**	**658.00**	**225.30**	**432.70**
#16岁以上在校学生数	Enrolled Students over 16 Year's Old	151.80	124.30	27.50	160.80	131.60	29.20
家务劳动者	Household Workers	482.00	81.40	400.60	490.20	88.20	402.00

注：①农村社会劳动者已扣除外出做临时合同工人数。

②1997年年末劳动力资源总数的城乡划分标准有调整，与以前年份不可比。

Note: a. The figures of rural social laborers is not included the number of temporary contract workers went outside the area.

b. The total number of labor force resources at 1997 year-end is incomparable with the previous years owing to adjustment of the dividing standard of the urban and rural areas.

5-3 从业人员年末人数

NUMBER OF EMPLOYED PERSONS AT YEAR-END BY YEAR

单位：万人 (10000 persons)

年份 Year	合计 Total	职工人数 Staff and Workers	城镇私营企业从业人员年末人数 Employed Persons in Urban Private Enterprises	城镇个体劳动者人数 Individual Workers in Urban Area	农村社会劳动者人数 Social Laborers in Rural Area	其他 Others
1952	1271.21	51.41		179.00	1040.80	
1957	1537.40	240.80		11.00	1285.60	
1962	1633.53	267.93		10.30	1355.30	
1965	1636.13	311.06		7.57	1317.50	
1970	1889.60	356.90		5.00	1527.70	
1975	2153.87	431.61		4.06	1718.20	
1978	2275.95	515.85		2.60	1757.50	
1979	2304.95	535.37		2.58	1767.00	
1980	2367.78	563.62		10.96	1793.20	
1981	2423.79	587.34		10.75	1825.70	
1982	2521.38	608.12		11.96	1901.30	
1983	2569.70	612.65		18.55	1938.50	
1984	2637.49	631.77		24.92	1980.80	
1985	2731.11	660.82		31.69	2038.60	
1986	2811.92	686.20		33.72	2092.00	
1987	2910.99	720.34		42.54	2148.11	
1988	2994.72	747.67		59.43	2187.62	
1989	3041.27	762.61		58.11	2220.55	
1990	3118.10	785.49		67.94	2264.67	
1991	3259.20	827.58	19.58	68.23	2290.41	53.40
1992	3367.21	858.12	26.21	76.37	2336.13	70.38
1993	3433.91	877.16	39.51	103.72	2325.94	87.58
1994	3493.15	879.84	58.22	117.01	2345.19	92.89
1995	3551.20	911.90	76.00	129.90	2394.40	39.00
1996	3641.30	904.07	89.40	132.00	2406.07	109.76
1997	3701.90	897.32	105.80	138.00	2448.07	112.71

5-4 按各种分组的从业人员年末人数

NUMBER OF EMPLOYED PERSONS AT YEAR-END BY OWNERSHIP, SECTOR AND INDUSTRY

单位：万人　　　　(10000 persons)

指　　标	Item	1980	1985	1990	1995	1996	1997
合　计	**Total Number of Employed Persons**	2367.78	2731.11	3118.10	3551.20	3641.30	3701.90
一、按经济类型分	**Grouped by Ownership**						
国有经济单位职工人数	Staff and Workers in State Owned Units	400.19	449.40	528.13	548.98	551.82	544.46
城镇集体经济单位职工人数	Staff and Workers in Urban Collective Owned Units	163.43	203.32	207.62	202.36	191.77	179.58
其他各种经济单位职工人数	Staff and Workers in Others Units		8.10	49.74	160.56	160.48	173.28
农村社会劳动者人数	Social Labourers in Rural Area	1793.20	2038.60	2264.67	2394.40	2406.07	2448.07
城镇私营企业从业人数	Employed Persons in Urban Private Enterprises				76.00	89.40	105.80
城镇个体劳动者人数	Self-Employed Individuals in Urban Area	10.96	31.69	67.94	129.90	132.00	138.00
其　他	Others				39.00	109.76	112.71
二、按国民经济行业分	**Grouped by Economic Sector**						
农、林、牧、渔、水利业	Farming, Forestry, Animal Husbandry, Fishery and Water Conservancy	1672.97	1642.47	1643.45	1463.00	1470.00	1504.10
工　业	Industry	314.30	428.88	593.01	813.40	810.70	824.30
地质普查和勘探业	Geological Prospecting	2.90	3.89	3.15	3.40	3.40	3.40
建筑业	Construction	85.03	148.36	184.50	286.30	288.10	286.30
交通运输、邮电通讯业	Transport, Post and Telecommunications	57.45	84.14	101.24	136.60	139.70	138.20
商业、饮食业、物资供销和仓储业	Wholesale and Retail TradeS, Catering Services, Goods Supply and Marketing and Storage	105.73	180.30	233.93	345.80	366.20	387.60
房地产、公用事业、居民和服务业	Real Estate Trade, Pubilc Utilities, Consultative and Resident Services	16.70	25.65	40.52	72.60	78.60	80.60
卫生、体育和社会福利事业	Health Care, Sports and Social Welfare	17.54	26.58	30.78	38.70	43.40	43.60
教育、文化艺术和广播电视事业	Education, Culture and Arts, Radio, Film and Television	45.65	60.05	72.94	108.20	117.80	119.00
科学研究和综合技术服务事业	Scientific Research and Polytechnical Services	3.87	5.31	6.52	7.30	7.40	7.40
金融、保险业	Banking and Insurance	6.29	9.17	16.13	27.50	30.00	31.60
国家机关、政党机关和社会团体	Government Agencies, Party Agencies and Social Organizations	29.68	50.44	66.73	75.40	79.90	78.20
其他行业	Others	9.67	65.87	125.20	173.00	206.10	197.60
三、按产业分	**Grouped by Industry**						
第一产业	Primary Industry	1673.57	1646.82	1651.71	1473.60	1481.40	1511.38
第二产业	Secondary Industry	404.80	614.52	848.37	1199.00	1218.00	1217.25
第三产业	Tertiary Industry	289.41	469.77	618.02	878.60	941.90	973.27
四、按物质和非物质生产部门分	**Grouped by Material Production Depertment and Non-Material Production Department**						
物质生产部门	Material Production Department	2246.49	2543.30	2864.32	3174.10	3228.90	3275.45
非物质生产部门	Non-Material Production Department	121.29	187.81	253.78	377.10	412.40	426.45

5-5 职 工 年 末 人 数

NUMBER OF STAFF AND WORKERS AT YEAR-END

单位：万人 (10000 persons)

项目	Item	1996 职工人数 Number of Staff and Workers of 1996	#国有单位 State-Owned Units	#城镇集体单位 Urban Collec-tive Owned Units	1997 职工人数 Number of Staff and Workers of 1997	#国有单位 State-Owned Units	#城镇集体单位 Urban Collec-tive Owned Urban
合计	Total	**904.07**	**551.82**	**191.77**	**897.32**	**544.46**	**179.58**
一、按国民经济行业分	Grouped by Economic Sector						
农、林、牧、渔业	Farming, Forestry, Animal Husbandry and Fishery	25.75	24.63	0.56	24.37	23.20	0.51
采掘业	Mining and Quarrying	12.80	11.80	0.84	10.89	9.99	0.73
制造业	Manufacturing	330.51	115.25	82.52	324.76	108.40	76.82
电力煤气水的生产供应业	Electricity, Gas and Water Production and Supply	17.02	13.72	1.59	17.82	14.11	1.55
建筑业	Construction	77.48	34.29	40.46	72.83	33.34	35.98
地质勘查业、水利管理业	Geological Prospecting and Water Conservancy	5.31	5.14	0.16	5.18	5.02	0.17
交通、仓储及邮电通信业	Transport, Storage, Post and Telecommunications	55.61	44.30	8.96	55.35	42.87	8.11
批发和零售贸易、餐饮业	Wholesale and Retail Trades and Catering Services	120.85	72.90	40.27	117.95	70.04	38.99
金融、保险业	Banking and Insurance	25.80	18.82	5.61	27.03	18.76	5.92
房地产业	Real Estate Trade	9.17	5.93	1.41	9.77	6.32	1.38
社会服务业	Social Services	36.84	22.57	5.96	36.28	22.10	5.74
卫生、体育和社会福利业	Health Care, Sports and Social Welfare	29.21	28.08	1.05	30.32	29.09	1.09
教育、文化广播电影电视业	Education, Culture and Arts, Radio, Film and Television	77.85	77.04	0.58	82.52	81.63	0.66
科学研究综合技术服务业	Scientific Research and Polytechnical Services	6.93	6.55	0.21	7.11	6.74	0.19
国家、政党机关社会团体	Government Agencies, Party Agencies and Social Organizations	65.62	65.12	0.50	65.81	65.33	0.48
其他行业	Others	7.32	5.68	1.09	9.34	7.54	1.26
二、按产业分	Grouped by Industry						
第一产业	Primary Industry	29.16	27.88	0.72	27.75	26.42	0.67
第二产业	Secondary Industry	437.80	175.06	125.40	426.29	165.84	115.08
第三产业	Tertiary Industry	437.11	348.88	65.65	443.28	352.21	63.83

5-6 城镇待业人员就业去向

URBAN UNEMPLOYEES BY NEW EMPLOYMENT ASSIGNMENT

单位：万人 (10000 persons)

经济类型	Ownership	1985	1990	1995	1996	1997
合计	Total	**34.94**	**42.84**	**43.67**	**39.71**	**36.34**
一、国有单位	State-Owned Units	14.61	17.05	14.52	11.98	9.76
二、城镇集体单位	Urban Collective Owned Units	15.20	13.98	12.32	6.58	6.18
#县区以上集体单位	#Collective Owned Units at and above County District Level	6.69	7.31	7.72		
三、其他单位	Other Units		5.91	7.79	10.76	10.29
四、城镇私营企业	Urban Private Enterprises			3.95	4.30	4.88
五、城镇个体劳动者	Urban Self-Employed Individuals	5.13	5.90	5.09	6.09	5.23

5-7 国有单位职工年末人数

NUMBER OF STAFF AND WORKERS OF STATE-OWNED UNITS AT YEAR-END

单位：万人 (10000 persons)

项目	Item	1980	1985	1990	1995	1996	1997
合计	**Total**	**400.19**	**449.40**	**528.13**	**548.98**	**551.82**	**544.46**
一、按隶属关系分	**Grouped by Leadership**						
中央	Under the Leadership of Central Government	32.60	62.05	64.26	71.01	69.65	69.38
省属	Under the Leadership of Province	91.18	83.31	72.43	66.46	64.80	61.63
省辖市属	Under the leadership of Cities Subordinated to Province		158.70	206.56	184.59	183.60	177.71
县(区)及县以下	Under the Leadership of at and Below County Level		145.34	184.88	225.59	232.47	234.65
其他	Others				1.38	1.30	1.09
二、按企业、事业和机关分	**Grouped by Enterprises, Institutions and Agencies**						
企业	Enterprises			368.65	354.46	347.69	330.44
#地方	Under the Leadership of Local Government			318.69	297.48	292.48	275.71
事业和机关	Institutions and Agencies			159.48	194.52	204.13	214.03
#地方	Under the Leadership of Local Government			145.18	179.54	188.79	198.59
三、按国民经济行业分	**Grouped by Economic Sector**						
农、林、牧、渔、水利业	Farming, Forestry, Animal Husbandry, Fishery and Water Conservancy	45.67	43.09	41.29	29.28	27.88	26.42
工业	Industry	136.79	155.73	182.18	146.06	140.77	132.50
地质普查和勘探业	Geological Prospecting	2.90	3.89	3.15	1.95	1.89	1.80
建筑业	Construction	16.28	22.78	23.50	38.06	34.29	33.34
交通运输、邮电通讯业	Transport, Post and Telecommunications	29.12	34.32	36.47	43.07	43.22	41.41
商业、公共饮食业、物资供销和仓储业	Wholesale and Retail Trades Catering Services, Goods Supply and Marketing and Storage	73.59	65.83	79.47	74.22	73.98	71.49
房地产、公用事业、居民和咨询服务业	Real Estate Trade, Public Utilities, Consultative and Resident Services	10.65	15.63	20.04	26.91	28.49	28.42
卫生、体育和社会福利事业	Health Care, Sports and Social Welfare	7.86	11.13	14.50	26.33	28.08	29.09
教育、文化艺术和广播电视事业	Education, Culture and Art, Radio, Film and Television	42.16	45.37	57.03	70.66	77.04	81.63
科学研究和综合技术服务事业	Scientific Research and Polytechnical Services	3.75	4.77	5.43	6.79	6.55	. 6.74
金融、保险业	Banking and Insurance	3.74	5.76	10.32	17.73	18.82	18.76
国家机关、政党机关和社会团体	Government Agencies, Party Agencies and Social Organizations	27.68	41.10	54.75	67.92	70.81	72.87

5-8 国有单位合同制职工年末人数

NUMBER OF CONTRACTED STAFF AND WORKERS OF STATE-OWNED UNITS AT YEAR-END

单位：万人 (10000 persons)

行业	Sectors	1985	1990	1995	1996	1997
合计	**Total Number**	**19.94**	**76.50**	**230.39**	**269.11**	**268.61**
农、林、牧、渔、水利业	Farming, Forestry, Animal Husbandry, Fishery and Water Conservancy	1.53	5.40	10.95	13.74	13.30
工业	Industry	7.68	30.16	91.68	105.62	101.36
地质普查和勘探业	Geological Prospecting	0.08	0.15	0.33	0.31	0.43
建筑业	Construction	0.33	1.70	12.64	15.82	18.79
交通运输、邮电通讯业	Transport, Post and Telecommunications	1.76	6.34	23.34	33.23	33.25
商业、公共饮食业、物资供销和仓储业	Wholesale and Retail Trades, Catering Services, Goods Supply and Marketing and Storage	4.11	15.69	48.15	52.87	52.67
房地产、公用事业、居民和咨询服务业	Real Estate Trade, Public Utilities, Consultafive and Resident Services	1.23	3.89	13.95	15.62	15.46
卫生、体育和社会福利事业	Health Care, Sports and Social Welfare	0.27	1.30	4.84	5.48	5.69
教育、文化艺术和广播电视事业	Education, Culture and Arts, Radio, Film and Television	0.99	3.24	5.58	6.23	6.09
科学研究和综合技术服务事业	Scientific Research and Polytechnical Services	0.14	0.50	1.09	1.21	1.31
金融、保险业	Banking and Insurance	0.40	2.31	6.18	6.96	8.30
国家机关、政党机关和社会团体	Government Agencies, Party Agencies and Social Organizations	1.42	5.82	11.66	12.02	11.96

5-9 工业企业职工年末人数(1997年)

NUMBER OF STAFF AND WORKERS IN INDUSTRY ENTERPRISES (1997, YEAR-END)

单位：万人 (10000 persons)

项目	Item	全部职工人数 Total Number	工人和学徒 Workers and Apprenties	工程技术人员 Engineer and Technicians	管理人员 Administrative Personel	服务人员 Service Personel	其他人员 Others
合计	**Total**	**353.46**	**265.66**	**22.50**	**36.91**	**15.76**	**12.63**
一、按经济类型分	**Grouped by Ownership**						
国有单位	State-Owned Units	132.50	91.60	9.68	14.81	9.01	7.40
城镇集体单位	Urban Collective Owned Untis	79.10	61.95	3.91	7.80	2.29	3.15
其他单位	Other Units	141.86	112.11	8.91	14.30	4.46	2.08
二、按轻、重工业分	**Grouped by Light and Heavy Industry**						
轻工业	Light Industry	214.92	167.98	11.08	21.28	7.51	7.07
重工业	Heavy Industry	138.54	97.68	11.42	15.63	8.25	5.56
三、按行业分	**Grouped by Sector**						
1.采掘业	Mining and Quarrying	10.89	6.33	0.67	1.26	1.12	1.51
煤炭采选业	Coal Mining and Dressing	4.28	2.09	0.09	0.37	0.51	1.22
石油和天然气开采业	Petroleum and Natural Gas Extraction	0.78	0.26	0.22	0.13	0.14	0.03
黑色金属矿采选业	Ferrous Metals Mining and Dressing	0.86	0.59	0.05	0.13	0.08	0.01
有色金属矿采选业	Nonferrous Metals Mining and Dressing	1.60	1.02	0.11	0.17	0.16	0.14
非金属矿采选业	Nonmetal Minerals Mining and Dressing	2.84	1.98	0.14	0.40	0.22	0.10
其他矿采选业	Other Minerals Mining and Dressing	0.03	0.02		0.01		
木材及竹材采运业	Logging and Transport of Timber and Bamboo	0.50	0.37	0.06	0.05	0.01	0.01
2.制造业	Manufacturing	324.75	247.50	19.60	33.51	13.58	10.56
食品加工业	Food Processing	13.90	10.43	0.73	1.36	0.86	0.52
食品制造业	Food Manufacturing	8.45	6.41	0.51	0.87	0.29	0.37
饮料制造业	Beverage Manufacturing	5.12	3.55	0.45	0.70	0.25	0.17
烟草加工业	Tobacco Processing	1.13	0.80	0.07	0.11	0.10	0.05
纺织业	Textile Industry	23.04	18.19	1.04	1.94	0.90	0.97
服装及其他纤维制品制造业	Garments and Other Fiber Products	30.25	25.57	0.91	2.60	0.63	0.54
皮革、毛皮、羽绒及其制品业	Leather, Furs, Down and Related Products	16.88	14.19	0.48	1.43	0.35	0.43
木材加工及竹藤棕草制品业	Timber Procoessing, Bamboo, Cane, Palm Fiber and Straw Products	2.90	2.15	0.15	0.36	0.16	0.08
家具制造业	Furniture Manufacturing	3.11	2.43	0.12	0.32	0.13	0.11
造纸及纸制品业	Papermaking and Paper Products	6.80	5.24	0.33	0.72	0.30	0.21
印刷业、记录媒介的复制	Printing and Record Medium Reproduction	6.26	4.64	0.39	0.81	0.18	0.24
文教体育用品制造业	Cultural, Educational and Sports Goods	7.62	6.42	0.23	0.65	0.22	0.10
石油加工及炼焦业	Petroleum Processing and Coking	3.88	2.13	0.46	0.60	0.66	0.03
化学原料及化学制品制造业	Raw Chemical Materials and Chemical Products	12.91	9.23	0.93	1.67	0.75	0.33
医药制造业	Medical and Pharmaceutical Products	5.16	3.45	0.70	0.67	0.23	0.11
化学纤维制造业	Chemical Fiber	3.44	2.67	0.24	0.31	0.15	0.07
橡胶制品业	Rubber Products	4.15	3.29	0.13	0.36	0.15	0.22
塑料制品业	Plastic Products	12.65	10.06	0.58	1.32	0.35	0.34
非金属矿物制品业	Nonmetal Mineral Products	25.40	19.97	1.40	2.40	1.09	0.54
黑色金属冶炼及压延加工业	Smelting and Pressing of Ferrous Metals	5.52	3.67	0.34	0.56	0.56	0.39
有色金属冶炼及压延加工业	Smelting and Pressing of Nonferrous Metals	4.08	2.85	0.29	0.43	0.38	0.13
金属制品业	Metal Products	15.16	11.25	0.86	1.67	0.49	0.89
普通机械制造业	Ordinary Machinery	10.70	7.13	0.87	1.35	0.67	0.68
专用设备制造业	Special Purpose Equipment	9.15	6.30	0.79	1.08	0.44	0.54
交通运输设备制造业	Transport Equipment	12.99	8.49	1.28	1.71	0.92	0.59
武器弹药制造业	Weapons and Ammunition Manufacturing	0.04	0.03	0.01			
电气机械及器材制造业	Electric Equipment and Machinery	24.44	18.71	1.64	2.59	0.96	0.54
电子及通信设备制造业	Electronic and Telecommunications Equipment	33.13	25.19	3.00	3.25	0.94	0.75
仪器仪表及办公用机械制造业	Instruments, Meters, Cultural and Clerical Machinery	7.21	5.76	0.38	0.66	0.20	0.21
其他制造业	Other Manufacturing	9.28	7.30	0.29	1.01	0.27	0.41
3.电力煤气及水的生产和供应业	Electricity, Gas and Water Production and Supply	17.82	11.83	2.23	2.14	1.06	0.56
电力蒸汽热水的生产和供应业	Electricity Power, Steam and Hot Water Production and Supply	13.57	8.91	1.78	1.58	0.81	0.49
煤气生产和供应业	Gas Production and Supply	0.75	0.49	0.09	0.11	0.05	0.01
自来水的生产和供应业	Tap Water Production and Supply	3.50	2.43	0.36	0.45	0.20	0.06

5-10 工业、建筑业职工年末人数(1997年)

STAFF AND WORKERS IN INDUSTRY AND CONSTRUCTION ENTERPRISES (1997, YEAR-END)

单位：万人 (10000 persons)

项目	Item	全部职工人数 Total Number	工人和学徒 Workers and Apprenties	工程技术人员 Engineer and Technicians	管理人员 Administrative Personel	服务人员 Service Personel	其他人员 Others
一、工业	Industry	353.46	265.65	22.50	36.91	15.77	12.63
采掘业	Mining and Quarrying	10.88	6.32	0.67	1.26	1.12	1.51
制造业	Manufacturing	324.76	247.51	19.60	33.51	13.58	10.56
电力煤气水的生产和供应	Electricity, Gas and Water Production and Supply	17.82	11.82	2.23	2.14	1.07	0.56
国有工业企业	State-Owned Industry Enterprises	132.50	91.60	9.68	14.81	9.01	7.40
采掘业	Mining and Quarrying	9.99	5.62	0.62	1.16	1.09	1.50
制造业	Manufacturing	108.40	76.57	7.38	11.96	7.11	5.39
电力煤气水的生产和供应	Electricity, Gas and Water Production and Supply	14.11	9.42	1.67	1.70	0.80	0.52
城镇集体工业企业	Urban Collective Owned Industry Enterprises	79.10	61.95	3.91	7.80	2.30	3.15
采掘业	Mining and Quarrying	0.73	0.59	0.03	0.08	0.02	0.01
制造业	Manufacturing	76.82	60.22	3.75	7.55	2.18	3.12
电力煤气水的生产和供应	Electricity, Gas and Water Production and Supply	1.55	1.15	0.13	0.17	0.09	0.01
其他工业企业	Other Industry Enterprises	141.86	112.10	8.91	14.30	4.46	2.08
采掘业	Mining and Quarrying	0.17	0.12	0.01	0.02	0.01	…
制造业	Manufacturing	139.53	110.73	8.47	14.00	4.28	2.05
电力煤气水的生产和供应	Electricity, Gas and Water Production and Supply	2.16	1.25	0.43	0.28	0.17	0.04
二、建筑业	Construction	72.83	54.10	8.04	6.74	1.82	2.13
国有单位	State-Owned Units	33.34	23.60	3.94	3.39	1.33	1.08
城镇集体单位	Urban Collective Owned Units	35.98	27.83	3.75	2.98	0.43	0.99
其他各种单位	Other Units	3.51	2.67	0.35	0.37	0.06	0.06

5-11 城镇集体单位职工年末人数

STAFF AND WORKERS IN URBAN COLLECTIVE OWNED UNITS (AT YEAR-END)

单位：万人 (10000 persons)

行业	Sectors	1980	1985	1990	1995	1996	1997
合计	**Total**	**163.43**	**203.32**	**207.62**	**202.36**	**191.77**	**179.58**
农、林、牧、渔、水利业	Farming, Forestry, Animal Husbandry, Fishery and Water Conservancy	1.39	1.45	1.23	0.60	0.73	0.67
工业	Industry	94.74	101.42	109.03	93.12	84.94	79.10
地质普查和勘探业	Geological Prospecting			…	…	…	0.01
建筑业	Construction	14.42	20.22	21.36	43.40	40.46	35.98
交通运输、邮电通讯业	Transport, Post and Telecommunications	21.37	17.79	13.87	9.54	8.91	8.04
商业、公共饮食业、物资供销和仓储业	Wholesale and Retail Trades, Catering Services, Goods Supply and Marketing and Storage	14.71	45.41	43.36	39.91	40.32	39.06
房地产、公用事业、居民和咨询服务业	Real Estate Trade, Public Utilities, Consultafive and Resident Services	4.32	3.90	4.56	7.03	7.37	7.11
卫生、体育和社会福利事业	Health Care, Sports and Social Welfare	8.23	8.14	7.73	0.73	1.05	1.09
教育、文化艺术和广播电视事业	Education, Culture and Arts, Radio, Film and Television	0.71	0.52	0.51	0.53	0.58	0.66
科学研究和综合技术服务事业	Scientific Research and Polytechnical Services	0.03	0.06	0.06	0.18	0.21	0.19
金融、保险业	Bandking and Insurance	2.34	2.60	4.11	5.51	5.61	5.92
国家机关、政党机关和社会团体	Government Agencies, Party Agencies and Social Organizations	1.17	1.81	1.80	1.80	1.59	1.74

5-12 其他单位职工年末人数

STAFF AND WORKERS IN OTHER OWNERSHIP UNITS (AT YEAR-END)

单位：万人 (10000 persons)

项目	Item	1985	1990	1995	1996	1997
合计	**Total**	**8.10**	**49.74**	**160.56**	**160.48**	**173.28**
一、按经济类型分	**Grouped by Ownership**					
联营经济	Joint Ventures	1.21	2.71	5.86	5.52	5.76
股份制经济	Share Holding Units			25.58	24.98	28.36
外商投资经济	Foreign Funded Units	0.99	6.48	35.34	39.92	42.38
港澳台投资经济	Units Funded by Entrepreneurs from Hong Kong, Macao and Taiwan	5.86	40.41	93.32	89.18	95.63
其他经济	Others	0.04	0.14	0.45	0.88	1.14
二、按国民经济行业分	**Grouped be Economic Sector**					
农、林、牧、渔、水利业	Farming, Forestry, Animal Husbandry, Fishery and Water Conservancy	0.13	0.22	0.31	0.56	0.66
工业	Industry	4.20	40.59	136.67	134.61	141.86
地质普查和勘探业	Geological Prospecting			…	…	…
建筑业	Construction	0.18	0.40	2.53	2.73	3.51
交通运输、邮电通讯业	Transport, Post and Telecommunications	0.23	0.40	1.97	2.23	4.23
商业、公共饮食业、物资供销和仓储业	Wholesale and Retail Trades, Catering Services, Goods Supply and Marketing and Storage	1.47	2.31	7.14	7.80	9.07
房地产、公用事业、居民和咨询服务业	Real Estate Trade, Public Utilities Consultative and Resident Services	1.86	5.56	10.03	10.15	10.52
卫生、体育和社会福利事业	Health Care, Sports and Social Welfare		0.03	0.09	0.08	0.13
教育、文化艺术和广播电视事业	Education, Culture and Arts, Radio, Film and Television	0.03	0.18	0.28	0.23	0.23
科学研究和综合技术服务事业	Scientific Research and Polytechnical Services		0.05	0.11	0.17	0.19
金融、保险业	Bandking and Insurance		…	0.89	1.37	2.34
43家机关、政党机关和社会团体	Government Agencies, Party Agencies and Social Organizations			0.54	0.55	0.54

5-13 女职工年末人数

NUMBER OF FEMALE STAFF AND WORKERS (AT YEAR-END)

单位：万人 (10000 persons)

行业	Sector	1980	1985	1990	1995	1996	1997
合计	**Total**	**198.27**	**246.69**	**315.84**	**370.06**	**367.99**	**368.90**
农、林、牧、渔、水利业	Farming, Forestry, Animal Husbandry, Fishery and Water Conservancy	18.90	17.58	16.21	11.36	11.05	10.29
工业	Industry	95.48	119.09	161.57	186.22	175.85	174.39
地质普查和勘探业	Geological Prospecting	0.53	0.75	0.68	0.38	0.39	0.37
建筑业	Construction	7.08	7.60	6.90	8.96	9.29	8.78
交通运输、邮电通讯业	Transport, Post and Telecommunications	11.30	11.20	11.55	14.06	14.29	14.57
商业、公共饮食业、物资供销和仓储业	Wholesale and Retail Trades, Catering Services, Goods Supply and Marketing and Storage	29.87	43.14	52.67	54.23	55.30	53.37
房地产、公用事业、居民和咨询服务业	Real Estate Trade, Public Utilities, Consultative and Resident Services	6.74	9.79	14.24	20.09	20.33	20.17
卫生、体育和社会福利事业	Health Care, Sports and Social Welfare	8.52	10.28	12.09	15.49	16.70	17.41
教育、文化艺术和广播电视事业	Education, Culture and Arts, Radio, Film and Television	12.39	14.16	19.88	29.20	33.13	36.51
科学研究和综合技术服务事业	Scientific Research and Polytechnical Services	1.23	1.67	1.89	2.37	2.23	2.30
金融、保险业	Bandking and Insurance	1.48	2.44	5.14	9.66	10.58	11.15
国家机关、政党机关和社会团体	Government Agencies, Party Agencies and Social Organizations	4.75	8.99	13.02	18.04	18.85	19.59

5-14 城镇私营企业从业人员及个体劳动者年末人数

NUMBER OF EMPLOYED PERSONS IN URBAN PRIVATE ENTERPRISES AND SELF-EMPLOYED INDIVIDUALS (AT YEAR-END)

单位：万人 (10000 persons)

行业	Sector	1980	1985	1990	1995	1996	1997
合计	**Total**	**10.96**	**31.69**	**67.94**	**205.90**	**221.39**	**243.81**
农、林、牧、渔、水利业	Farming, Forestry, Animal Husbandry, Fishery and Water Conservancy	0.01	0.20	0.04	0.46	0.55	0.60
工业	Industry	1.27	4.33	12.73	47.34	51.36	52.00
建筑业	Construction	0.03	0.08	0.48	2.74	3.05	2.84
交通运输、邮电通讯业	Transport, Post and Telecommunications	0.07	0.88	2.50	5.92	5.54	5.81
商业、公共饮食业、物资供销和仓储业	Wholesale and Retail Trades, Catering Services, Goods Supply and Marketing and Storage	8.02	23.33	44.98	120.70	130.32	147.84
房地产、公用事业、居民和咨询服务业	Real Estate Trade, Public Utilities, Consultative and Resident Services	1.52	2.75	6.99	23.97	26.79	29.18
卫生、体育和社会福利事业	Health Care, Sports and Social Welfare	0.04	0.11	0.17	2.52	2.00	2.92
教育、文化艺术和广播电视事业	Education, Culture and Arts, Radio, Film and Television		0.01	0.05	0.71	0.56	0.83
科学研究和综合技术服务事业	Scientific Research and Polytechnical Services				1.54	1.22	1.79

5-15 离休、退休及退职人员数

NUMBER OF RETIRED AND RESIGNED PERSONS

单位：万人 (10000 persons)

行业	Sector	1985	1990	1995	1996	1997
截至本年末止离休、退休、退职人数	**Number of Retired and Resigned Persons at Year-end**	87.96	124.07	159.78	169.12	173.39
一、国有单位	State-Owned Unit	55.39	83.00	116.21	122.73	128.42
离休	Retired Veterans	3.48	6.32	7.09	6.89	6.49
退休	Retired Persons	50.45	74.98	106.80	113.99	119.75
退职	Resigned Persons	1.46	1.70	2.32	1.85	2.18
二、城镇集体单位	Urban Collective-Owned Units	32.40	40.50	39.58	41.13	40.11
离休	Retired Veterans		0.71	0.62	0.64	0.60
退休	Retired Persons		39.09	38.40	39.44	39.02
退职	Resigned Persons		0.70	0.56	1.05	0.49
三、其他各种单位	Other Units	0.17	0.57	3.99	5.26	4.86
离休	Retired Veterans		0.02	0.06	0.08	0.06
退休	Retired Persons		0.52	3.90	5.13	4.67
退职	Resigned Persons		0.03	0.03	0.05	0.13

5-16 各行业职工年末人数(1997年)

NUMBER OF STAFF AND WORKERS BY SECTOR (1997, YEAR-END)

单位：万人　　　　(10000 persons)

行　　业　　Sector	职工人数 Number of Staff and Workers				# 合同制职工 Contracted Staff and Workers			
	合计 Total	国有单位 State-Owned Uints	城镇集体单位 Urban Collec-tive-Owned Uints	其他单位 Other Uints	合计 Total	国有单位 State-Owned Uints	城镇集体单位 Urban Collec-tive-Owned Uints	其他单位 Other Uints
合　计　Total	**897.32**	**544.46**	**179.58**	**173.28**	**450.61**	**268.61**	**82.22**	**99.78**
一、按企业、事业和机关分　Grouped by Enterprises, Institutions and Agencies								
企　业　Enterprises	677.82	330.44	174.39	172.99	416.93	236.30	80.96	99.67
#地　方　Local Government	623.09	275.71	174.39	172.99	376.92	196.29	80.96	99.67
事　业　Institutions	153.86	148.87	4.70	0.29	24.98	23.67	1.20	0.11
#地　方　Local Government	142.82	137.83	4.70	0.29	23.08	21.77	1.20	0.11
机　关　Agencies and Organizations	65.63	65.15	0.48		8.70	8.64	0.06	
#地　方　Local Government	61.24	60.76	0.48		8.27	8.21	0.06	
二、按国民经济行业分　Grouped by Economic Sector								
农、林、牧、渔业　Farming, Forestry, Animal Husbandry and Fishery	24.37	23.20	0.51	0.66	12.41	11.85	0.27	0.29
采掘业　Mining and Quarrying	10.89	9.99	0.73	0.17	8.44	8.13	0.25	0.05
制造业　Manufacturing	324.76	108.40	76.82	139.53	196.92	81.70	37.42	77.80
电力煤气水的生产供应业　Electricity, Gas and Water Production and Supply	17.82	14.11	1.55	2.16	14.13	11.53	0.89	1.71
建筑业　Construction	72.83	33.34	35.98	3.51	32.10	18.79	12.09	1.22
地质勘查业、水利管理业　Geological Prospecting and Water Conservancy	5.18	5.02	0.17		1.96	1.88	0.08	
交通、仓储及邮电通信业　Transport, Storage, Post and Telecommunications	55.35	42.87	8.11	4.37	41.35	34.37	3.71	3.27
批发和零售贸易、餐饮业　Wholesale and Retail Trades and Catering Services	117.95	70.04	38.99	8.93	77.46	51.56	19.99	5.91
金融、保险业　Banking and Insurance	27.03	18.76	5.92	2.34	13.95	8.30	3.94	1.71
房地产业　Real Estate Trade	9.77	6.32	1.38	2.08	5.97	3.68	0.74	1.54
社会服务业　Social Services	36.28	22.10	5.74	8.44	19.11	11.78	1.85	5.47
卫生、体育和社会福利业　Health Care, Sports and Social Welfare	30.32	29.09	1.09	0.13	5.98	5.69	0.23	0.07
教育文化广播电影电视业　Education, Culture and Arts, Radio, Film and Television	82.52	81.63	0.66	0.23	6.44	6.09	0.19	0.15
科学研究综合技术服务业　Scientific Research and Polytechnical Services	7.11	6.74	0.19	0.19	1.55	1.31	0.10	0.14
国家、政党机关社会团体　Government Agencies, Party Agencies and Social Organizations	65.81	65.33	0.48		8.84	8.77	0.07	
其他行业　Others	9.34	7.54	1.26	0.54	4.02	3.19	0.39	0.44

5-17 各市职工年末人数

NUMBER OF STAFF AND WORKERS BY CITY (AT YEAR-END)

单位：万人 (10000 persons)

市别 City	1996 合计 Total	1996 国有单位 State-Owned Units	1996 城镇集体单位 Urban Collective Owned Units	1996 其他单位 Other Units	1997 合计 Total	1997 国有单位 State-Owned Units	1997 城镇集体单位 Urban Collective Owned Units	1997 其他各种单位 Other Units
一、全部职工 Total Number								
广州 Guangzhou	202.89	130.06	41.89	30.94	199.81	125.94	38.58	35.29
深圳 Shenzhen	89.13	41.07	9.53	38.53	91.18	40.92	8.69	41.57
珠海 Zhuhai	27.72	12.09	3.33	12.30	28.45	12.06	3.12	13.27
汕头 Shantou	50.21	27.95	16.24	6.02	49.86	27.57	15.71	6.58
韶关 Shaoguan	43.33	34.55	6.27	2.51	42.14	33.59	5.90	2.65
河源 Heyuan	18.59	15.06	2.45	1.08	19.28	15.23	2.67	1.38
梅州 Meizhou	32.09	26.00	4.53	1.56	31.73	25.95	4.28	1.51
惠州 Huizhou	43.39	19.60	10.06	13.73	44.92	19.93	9.70	15.29
汕尾 Shanwei	15.22	10.99	3.66	0.57	14.61	10.90	3.06	0.65
东莞 Dongguan	17.50	7.30	6.18	4.02	16.50	7.30	5.42	3.78
中山 Zhongshan	16.21	7.75	4.01	4.45	16.22	7.80	3.85	4.57
江门 Jiangmen	50.29	24.77	14.02	11.50	48.52	23.63	12.87	12.01
佛山 Foshan	54.76	26.38	15.09	13.29	54.34	25.96	13.99	14.38
阳江 Yangjiang	19.95	13.36	5.22	1.37	20.09	13.27	5.34	1.48
湛江 Zhanjiang	59.31	46.32	8.87	4.12	58.73	45.99	8.73	4.01
茂名 Maoming	36.78	27.16	8.76	0.86	36.78	27.64	8.25	0.90
肇庆 Zhaoqing	33.90	22.72	5.64	5.54	33.48	22.16	5.49	5.83
清远 Qingyuan	25.37	18.30	4.42	2.65	24.97	18.00	4.01	2.96
潮州 Chaozhou	19.60	10.68	6.88	2.04	19.00	10.62	6.52	1.87
揭阳 Jieyang	26.49	16.80	8.24	1.45	27.26	17.29	8.38	1.58
云浮 Yunfu	18.64	10.21	6.48	1.95	16.93	10.19	5.02	1.71
二、合同制职工 Contracted Staff and Workers								
广州 Guangzhou	95.97	67.52	14.18	14.26	96.83	66.87	12.57	17.38
深圳 Shenzhen	49.13	22.31	4.10	22.71	58.89	24.25	4.15	30.49
珠海 Zhuhai	11.16	5.58	1.85	3.75	12.28	5.66	1.65	4.96
汕头 Shantou	20.14	12.56	5.02	2.55	19.81	12.55	4.60	2.66
韶关 Shaoguan	26.61	22.15	2.85	1.61	25.29	20.90	2.73	1.66
河源 Heyuan	8.37	6.42	1.31	0.65	9.36	6.71	1.59	1.05
梅州 Meizhou	15.22	12.23	2.25	0.74	14.91	11.93	2.13	0.84
惠州 Huizhou	19.75	8.43	4.80	6.51	21.32	8.67	5.09	7.56
汕尾 Shanwei	4.28	3.44	0.56	0.28	4.71	3.74	0.70	0.27
东莞 Dongguan	9.12	1.78	4.36	2.97	5.47	2.04	1.88	1.54
中山 Zhongshan	11.10	3.66	3.43	4.00	11.25	3.51	3.32	4.43
江门 Jiangmen	25.10	11.51	7.06	6.53	24.08	11.12	7.07	5.89
佛山 Foshan	30.64	13.15	8.63	8.85	29.93	12.97	7.73	9.24
阳江 Yangjiang	9.48	5.94	2.84	0.70	9.05	5.98	2.47	0.59
湛江 Zhanjiang	31.15	23.59	4.34	3.22	32.05	24.33	4.58	3.14
茂名 Maoming	17.80	13.01	4.22	0.56	18.94	13.66	4.61	0.67
肇庆 Zhaoqing	13.11	8.95	1.86	2.30	12.61	7.90	1.79	2.92
清远 Qingyuan	12.26	8.13	2.65	1.48	11.65	7.60	2.42	1.63
潮州 Chaozhou	10.79	5.47	3.90	1.41	8.08	4.71	2.32	1.05
揭阳 Jieyang	15.07	8.14	5.85	1.08	15.53	8.30	6.20	1.03
云浮 Yunfu	8.00	4.54	2.68	0.78	7.94	4.56	2.59	0.79

5-18 各市国有单位各行业职工年末人数(1997年)
NUMBER OF STAFF AND WORKERS IN STATE-OWNED UNITS BY SECTOR BY CITY (1997)

单位:万人 (10000 persons)

市别 City	合计 Total	农林牧渔业 Farming, Forestry Animal Husbandry and Fishery	采掘业 Mining and Quarrying	制造业 Manufacturing	电力、煤气、供应业 Electricity, Gas and Water Production and Supply	建筑业 Construction	地质勘查水利管理业 Geological Prospecting and Water Conservancy	交通、仓储及邮电业 Transport, Storage, Post and Telecommunications	批发零售餐饮业 Wholesale and Retail Trade and Catering Services
广州 Guangzhou	125.94	2.37	0.40	26.97	2.20	11.80	0.79	17.96	14.28
深圳 Shenzhen	40.92	0.82	0.04	4.70	0.55	7.48	0.18	2.81	5.87
珠海 Zhuhai	12.06	1.55	0.02	1.81	0.22	0.36	0.05	0.92	1.62
汕头 Shantou	27.57	0.11	0.04	4.02	0.69	2.76	0.17	1.99	6.11
韶关 Shaoguan	33.59	1.03	3.69	10.29	1.09	1.20	0.38	2.23	3.27
河源 Heyuan	15.23	0.51	0.38	2.09	0.93	0.13	0.12	0.56	2.53
梅州 Meizhou	25.95	0.61	1.45	5.65	1.14	0.22	0.34	1.27	2.71
惠州 Huizhou	19.93	1.41	0.16	2.52	0.59	0.69	0.39	1.06	3.10
汕尾 Shanwei	10.90	0.50	0.28	0.80	0.36	0.11	0.14	0.66	2.02
东莞 Dongguan	7.30	0.06	0.01	1.08	0.36	0.14	0.09	0.60	0.97
中山 Zhongshan	7.80	0.04		1.68	0.13	0.29	0.08	0.58	0.80
江门 Jiangmen	23.63	0.43	0.17	6.23	0.37	0.56	0.18	1.06	3.68
佛山 Foshan	25.96	0.59	0.08	7.03	0.50	0.94	0.35	1.63	2.72
阳江 Yangjiang	13.27	0.94	0.30	2.39	0.31	0.50	0.14	0.62	1.86
湛江 Zhanjiang	45.99	6.20	1.03	9.64	0.97	3.60	0.67	3.76	5.27
茂名 Maoming	27.64	2.78	0.55	6.84	0.73	1.22	0.20	1.06	3.27
肇庆 Zhaoqing	22.16	0.77	0.23	4.78	0.61	0.92	0.23	1.25	2.70
清远 Qingyuan	18.00	1.27	0.37	3.06	0.75	0.32	0.15	0.99	1.71
潮州 Chaozhou	10.62	0.14	0.07	2.22	0.42	0.02	0.09	0.65	1.87
揭阳 Jieyang	17.29	0.82	0.05	2.68	0.84	0.01	0.16	0.69	2.71
云浮 Yunfu	10.19	0.25	0.69	1.92	0.35	0.07	0.11	0.49	0.96

市别 City	金融保险业 Banking and Insurance	房地产业 Real Estate Trade	社会服务业 Social Services	卫生、体育和社会福利事业 Health Care, Sports and Social Welfare	教育文化艺术广播电视事业 Education Culture and Arts, Radio, Film and Television	科学研究综合技术服务事业 Scientific Research and Polytechnical Services	国家机关政党机关社会团体 Government Agencies, Party Agencies and Social Organizations	其他行业 Others
广州 Guangzhou	3.78	1.34	8.75	6.38	14.08	3.62	10.13	1.10
深圳 Shenzhen	2.00	1.73	3.66	2.15	3.10	0.54	4.13	1.16
珠海 Zhuhai	0.58	0.10	1.02	0.57	1.12	0.15	1.95	0.01
汕头 Shantou	0.81	0.40	0.90	1.56	4.47	0.29	3.17	0.09
韶关 Shaoguan	0.66	0.14	0.95	1.35	3.71	0.21	3.23	0.16
河源 Heyuan	0.39	0.25	0.23	0.80	3.28	0.08	2.65	0.29
梅州 Meizhou	0.69	0.16	0.48	1.54	5.54	0.15	3.80	0.20
惠州 Huizhou	0.80	0.42	0.61	1.13	3.16	0.21	3.49	0.19
汕尾 Shanwei	0.36	0.12	0.16	0.57	2.58	0.04	2.16	0.03
东莞 Dongguan	0.55	0.01	0.10	0.85	1.47	0.02	0.89	0.10
中山 Zhongshan	0.69	0.06	0.43	0.58	1.51	0.01	0.87	0.06
江门 Jiangmen	1.12	0.20	0.44	1.52	3.98	0.18	3.10	0.40
佛山 Foshan	1.74	0.17	0.71	1.97	4.04	0.21	2.88	0.39
阳江 Yangjiang	0.39	0.13	0.24	0.59	2.30	0.06	2.51	
湛江 Zhanjiang	1.03	0.22	0.93	1.89	5.79	0.38	4.46	0.14
茂名 Maoming	0.83	0.22	0.44	0.93	4.93	0.10	3.41	0.12
肇庆 Zhaoqing	0.66	0.16	0.65	1.34	4.04	0.18	3.50	0.15
清远 Qingyuan	0.57	0.16	0.47	1.01	3.83	0.09	2.97	0.28
潮州 Chaozhou	0.37	0.08	0.25	0.68	2.21	0.07	1.47	0.04
揭阳 Jieyang	0.44	0.18	0.48	1.05	4.33	0.10	2.67	0.08
云浮 Yunfu	0.32	0.06	0.21	0.64	2.15	0.04	1.90	0.02

5-19 职工工资总额与平均工资

TOTAL WAGES AND AVERAGE WAGE OF STAFF AND WORKERS

年份 Year	工资总额（亿元） Total Wages (100 million yuan)				平均工资（元） Average Wage (yuan)			
	合计 Total	国有单位 State-Owned Units	城镇集体单位 Urban Collective Owned Units	其他各种单位 Other Units	合计 Total	国有单位 State-Owned Units	城镇集体单位 Urban Collective Owned Units	其他各种单位 Other Units
1952	1.84	1.79	0.05		387	392	271	
1957	11.05	7.46	3.59		458	592	312	
1962	13.65	10.43	3.22		501	570	359	
1965	16.07	11.45	4.62		527	615	389	
1970	18.59	12.80	5.79		532	583	447	
1975	24.31	17.78	6.53		575	611	494	
1978	30.59	22.67	7.92		615	638	558	
1979	35.56	26.37	9.19		685	718	605	
1980	42.83	32.00	10.83		789	828	691	
1981	49.40	37.01	12.39		873	912	774	
1982	56.69	43.03	13.66		961	1000	856	
1983	60.85	46.25	14.60		1021	1061	907	
1984	72.82	52.66	19.59	0.57	1187	1261	1017	1697
1985	88.91	63.42	23.85	1.64	1393	1458	1216	2209
1986	102.13	73.10	26.69	2.34	1541	1619	1330	2198
1987	121.10	84.99	31.99	4.12	1743	1805	1544	2469
1988	162.76	113.60	41.23	7.93	2250	2320	1979	3134
1989	200.39	139.38	47.74	13.27	2678	2763	2302	3641
1990	223.29	154.96	50.06	18.27	2929	3000	2508	3972
1991	268.19	179.81	60.15	28.23	3358	3383	2931	4558
1992	334.61	222.27	72.06	40.28	4027	4059	3510	5157
1993	455.33	300.91	83.79	70.63	5327	5431	4388	6435
1994	612.73	401.80	107.03	103.90	7117	7410	5565	8216
1995	734.14	458.86	124.32	150.96	8250	8540	6395	9546
1996	803.50	512.22	124.35	166.93	9127	9494	6799	10569
1997	858.35	539.95	120.36	198.04	9698	10032	6814	11635

5-20 职工工资总额及平均工资(按经济类型分)

TOTAL WAGES AND AVERAGE WAGE OF STAFF AND WORKERS (BY ECONOMIC SECTOR)

项　　目	Item	1980	1985	1990	1995	1996	1997
一、工资总额（亿元）	Total Wages (100 million yuan)	42.83	88.91	223.29	734.14	803.50	858.35
国有单位	State-Owned Units	32.00	63.42	154.96	458.86	512.22	539.95
城镇集体单位	Urban Collective-Owned Units	10.83	23.85	50.06	124.32	124.32	120.36
其他各种单位	Other Units		1.64	18.27	150.96	166.93	198.04
在职工工资总额中：	Of Total Wages						
(一)各种奖金和计件超额工资	Bonuses and Extra Piece Wages		19.78	51.67	183.26	188.51	196.84
国有单位	State-Owned Units		13.29	36.78	122.96	130.29	132.99
城镇集体单位	Urban Collective Owned Units		6.08	10.49	26.00	23.22	22.66
其他各种单位	Other Units		0.41	4.40	34.30	35.00	41.19
(二)各种津贴	Subsidies		13.09	52.59	131.95	153.29	172.09
国有单位	State-Owned Units		10.70	42.36	106.72	126.21	141.31
城镇集体单位	Urban Collective-Owned Units		2.39	7.76	11.37	11.59	11.98
其他各种单位	Other Units			2.47	13.86	15.49	18.80
二、平均工资（元）	Average Wage (yuan)	789	1393	2929	8250	9127	9698
国有单位	State-Owned Units	828	1458	3000	8540	9494	10032
城镇集体单位	Urban Collective Owned Units	691	1216	2508	6395	6799	6814
其他各种单位	Other Units		2209	3972	9546	10569	11635
在职工工资总额中：	Of Total Wages						
(一)各种奖金和计件超额工资	Bonuses and Extra Piece Wages		310	678	2059	2141	2224
国有单位	State-Owned Units		306	712	2288	2415	2471
城镇集体单位	Urban Collective Owned Units		310	526	1338	1270	1283
其他各种单位	Other Units		553	956	2169	2216	2420
(二)各种津贴	Subsidies		205	690	1483	1741	1944
国有单位	State-Owned Units		246	820	1986	2339	2626
城镇集体单位	Urban Collective Owned Units		122	389	585	634	678
其他各种单位	Other Units			536	877	981	1104

5-21 各行业职工工资总额及平均工资

TOTAL WAGES AND AVERAGE WAGE OF STAFF AND WORKERS BY SECTOR

项目	Item	1980	1985	1990	1995	1996	1997
一、工资总额（亿元）	**Total Wages (100 million yuan)**	**42.83**	**88.91**	**223.29**	**734.14**	**803.50**	**858.35**
农、林、牧、渔、水利业	Farming, Forestry, Animal Husbandry, Fishery and Water Conservancy	2.74	4.27	8.64	15.33	16.16	16.27
工业	Industry	17.82	34.73	95.95	293.50	303.91	320.37
地质普查和勘探业	Geological Prospecting	0.31	0.71	1.07	1.71	1.72	1.66
建筑业	Construction	2.71	7.45	14.74	65.79	64.34	63.98
交通运输、邮电通讯业	Transport, Post and Telecommunications	4.44	7.82	16.64	57.01	65.71	72.45
商业、公共饮食业、物资供销和仓储业	Wholesale and Retail Trades, Catering Services, Goods Supply and Marketing and Storage	6.46	13.65	31.10	81.09	86.65	88.01
房地产、公用事业、居民和咨询服务业	Real Estate Trade, Public Utilities, Consultative and Resident Services	1.16	3.11	10.34	44.45	52.80	57.56
卫生、体育和社会福利事业	Health Care, Sports and Social Welfare	1.21	2.78	6.82	23.58	29.20	33.07
教育、文化艺术和广播电视事业	Education, Culture and Arts, Radio, Film and Television	2.96	6.39	15.79	58.78	70.36	79.35
科学研究和综合技术服务事业	Scientific Research and Poly-technical Services	0.31	0.73	1.68	7.24	8.24	9.41
金融、保险业	Banking and Insurance	0.42	1.16	4.14	25.66	32.66	36.72
国家机关、政党机关和社会团体	Government Agencies, Party Agencies and Social Organizations	2.29	6.11	16.38	59.99	71.75	79.48
二、平均工资（元）	**Average Wage (yuan)**	**789**	**1393**	**2929**	**8250**	**9127**	**9698**
农、林、牧、渔、水利业	Farming, Forestry, Animal Husbandry, Fishery and Water Conservancy	587	985	2046	5145	5646	5877
工业	Industry	804	1389	3023	7995	8685	9195
地质普查和勘探业	Geological Prospecting	1054	1807	3325	8796	8978	9144
建筑业	Construction	935	1805	3346	8110	8614	8982
交通运输、邮电通讯业	Transport, Post and Telecommunications	903	1536	3355	10729	12451	13594
商业、公共饮食业、物资供销和仓储业	Wholesale and Retail Trades, Catering Services, Goods Supply and Marketing Storage	761	1234	2530	6866	7292	7391
房地产、公用事业、居民和咨询服务业	Real Estate Trade, Public Utilities, Consultative and Resident Services	810	1538	3513	10215	11587	12666
卫生、体育和社会福利事业	Health Care, Sports and Social Welfare	771	1458	3112	8864	10219	11148
教育、文化艺术和广播电视事业	Education, Culture and Arts, Radio, Film and Television	710	1434	2778	8510	9318	9847
科学研究和综合技术服务事业	Scientific Research and Poly-technical Services	843	1542	3059	10385	11882	13319
金融、保险业	Banking and Insurance	721	1460	3013	10941	12854	13779
国家机关、政党机关和社会团体	Government Agencies, Party Agencies and Social Organizations	827	1471	2958	8694	10021	10725

5-22 国有单位企、事业和机关职工工资总额及平均工资
TOTAL WAGES AND AVERAGE WAGE OF STAFF AND WORKERS IN STATE-OWNED ENTERPRISES, INSTITUTIONS AND AGENCIES

项目	Item	1987	1988	1990	1995	1996	1997
一、工资总额（亿元）	**Total Wages (100 million yuan)**	**85.01**	**113.60**	**154.96**	**458.86**	**512.22**	**539.95**
企业	Enterprises	62.13	84.08	109.50	296.48	320.33	323.53
#地方	Local Government	51.15	71.34	91.06	229.34	245.99	243.01
事业、机关	Institutions and Agencies	22.88	29.52	45.46	162.38	191.89	216.42
#地方	Local Government	20.28	26.10	40.75	148.58	174.66	196.47
在职工工资总额中：	Of Total Wages						
各种奖金和计件超额工资	Bonuses and Extra Piece Wages	16.99	26.57	36.78	122.96	130.29	132.99
企业	Enterprises	14.86	22.38	30.92	96.21	98.36	97.01
#地方	Local Government	12.20	19.33	25.98	76.44	78.71	75.16
事业、机关	Institutions and Agencies	2.13	4.19	5.86	26.75	31.93	35.98
#地方	Local Government	1.85	3.62	5.18	24.01	28.40	31.87
各种津贴	Subsidies	16.66	27.03	42.36	106.72	126.21	141.32
企业	Enterprises	10.31	17.48	24.59	49.71	57.78	58.28
#地方	Local Government	7.89	14.07	19.49	31.41	35.39	34.49
事业、机关	Institutions and Agencies	6.35	9.55	17.77	57.01	68.43	83.04
#地方	Local Government	5.68	8.60	16.18	51.76	61.46	74.63
二、平均工资（元）	**Average Wage (yuan)**	**1805**	**2320**	**3000**	**8540**	**9494**	**10032**
企业	Enterprises	1815	2378	3044	8533	9434	9867
#地方	Local Government	1745	2308	2927	7882	8639	8893
事业、机关	Institutions and Agencies	1784	2169	2899	8552	9596	10290
#地方	Local Government	1770	2146	2855	8490	9456	10079
在职工平均工资中：	Of Average Wage						
各种奖金和计件超额工资	Bonuses and Extra Piece Wages	361	543	712	2288	2415	2471
企业	Enterprises	434	633	860	2769	2897	2959
#地方	Local Government	416	625	835	2627	2764	2751
事业、机关	Institutions and Agencies	166	308	373	1409	1597	1711
#地方	Local Government	162	298	363	1372	1538	1635
各种津贴	Subsidies	354	552	820	1986	2339	2626
企业	Enterprises	302	495	684	1431	1701	1777
#地方	Local Government	270	455	627	1079	1243	1262
事业、机关	Institutions and Agencies	495	702	1133	3002	3422	3948
#地方	Local Government	497	707	1134	2957	3327	3828

5-23 国有单位职工工资总额及平均工资

TOTAL WAGES AND AVERAGE WAGE OF STAFF AND WORKERS IN STATE-OWNED UNITS

项　目	Item	1980	1985	1990	1995	1996	1997
一、工资总额（亿元）	**Total Wages (100 million yuan)**	**32.00**	**63.42**	**154.96**	**458.86**	**512.22**	**539.95**
按隶属关系分	**Grouped by Leadership**						
中　央	Under the Leadership of Central Government	3.20	10.55	23.15	80.14	90.67	99.53
省　属	Under the Leadership of Provincial	7.34	11.20	20.98	58.36	65.99	69.56
省辖市属	Under the Leadership of Cities Subordinate to Province		24.48	67.00	174.76	195.33	203.21
县及县以下	Under the Leadership of At or Below County Level		17.19	43.83	144.38	158.87	166.34
其　他	Others				1.22	1.36	1.31
按行业分	**Grouped by Economic Sector**						
农、林、牧、渔、水利业	Farming, Forestry, Animal Husbandry, Fishery and Water Conservancy	2.66	4.10	8.29	14.69	15.33	15.38
工　业	Industry	11.66	21.77	53.93	112.88	116.04	114.84
地质普查和勘探业	Geological Prospecting	0.31	0.71	1.07	1.71	1.72	1.66
建筑业	Construction	1.54	4.64	8.81	36.21	35.62	36.38
交通运输、邮电通讯业	Transport, Post and Telecommunications	2.98	5.76	13.55	49.26	57.22	60.27
商业、公共饮食业、物资供销和仓储业	Wholesale and Retail Trades Catering Services, Goods Supply and Marketing and Storage	5.61	8.56	21.59	52.60	55.01	54.96
房地产、公用事业、居民和咨询服务业	Real Estate Trade, Public Utilities, Consultative and Resident Services	0.87	2.29	6.77	27.33	32.97	34.73
卫生、体育和社会福利事业	Health Care, Sports and Social Welfare	0.64	1.80	4.73	22.78	28.12	31.84
教育、文化艺术和广播电视事业	Education, Culture and Arts, Radio, Film and Television	2.92	6.32	15.59	57.99	69.49	78.36
科学研究和综合技术服务业	Scientific Research and Poly-technical Services	0.31	0.72	1.64	6.85	7.61	8.74
金融、保险业	Banking and Insurance	0.28	0.89	3.15	19.08	23.81	25.99
国家机关、政党机关和社会团体	Government Agencies, Party Agencies and Social Organizations	2.22	5.86	15.84	57.58	69.28	76.80
二、平均工资（元）	**Average Wage (yuan)**	**828**	**1458**	**3000**	**8540**	**9494**	**10032**
按隶属关系分	**Grouped by Leadership**						
中　央	Under the Leadership of Central Government	1036	1741	3694	11393	13104	14370
省　属	Under the Leadership of Provincial	822	1380	2921	8909	10327	11422
省辖市属	Under the Leadership of Cities Subordinate to Province		1591	3300	9517	10648	11400
县及县以下	Under the Leadership of At or Below County Level		1236	2449	6667	7166	7272
其　他	Others				9398	10703	12375
按行业分	**Grouped by Economic Sector**						
农、林、牧、渔、水利业	Farming, Forestry, Animal Husbandry, Fishery and Water Conservancy	589	981	2031	5083	5580	5826
工　业	Industry	889	1452	3059	7895	8490	8775
地质普查和勘探业	Geological Prospecting	1054	1807	3326	8798	8986	9158
建筑业	Construction	1008	2099	3792	9660	10451	10967
交通运输、邮电通讯业	Transport, Post and Telecommunications	1055	1731	3777	11612	13448	14569
商业、公共饮食业、物资供销和仓储业	Wholesale and Retail Trades, Catering Services, Goods Supply and Marketing and Storage	792	1331	2759	7283	7674	7712
房地产、公用事业、居民和咨询服务业	Real Estate Trade, Public Utilities, Consultative and Resident Services	853	1551	3454	10216	11613	12394
卫生、体育和社会福利事业	Health Care, Sports and Social Welfare	838	1654	3319	8831	10233	11185
教育、文化艺术和广播电视事业	Education, Culture and Arts, Radio, Film and Television	714	1436	2775	8493	9301	9832
科学研究和综合技术服务业	Scientific Research and Poly-etchnical Services	846	1543	3054	10232	11595	13035
金融、保险业	Banking and Insurance	796	1651	3204	11038	12857	13970
国家机关、政党机关和社会团体	Government Agencies, Party Agencies and Social Organizations	834	1476	2956	8640	9972	10694

5-24 国有单位各种奖金及计件超额工资

BONUSES AND EXTRA PIECE WAGE OF STAFF AND WORKERS IN STATE-OWNED UNITS

项　　目	Item	1987	1988	1990	1995	1996	1997
一、各种奖金及计件超额工资(亿元)	Total Bonuses and Exrta Piece Wages (100 million yuan)	13.29	26.57	36.78	122.96	130.29	132.99
按隶属关系分	Grouped by Leadership						
中　央	Under the Leadership of Central Government	2.25	3.62	5.63	22.37	23.02	25.81
省　属	Under the Leadership of Province	2.42	3.44	5.74	18.17	20.94	20.40
省辖市属	Under the Leadership of Cities Subordinate to Provincc	5.88		18.19	57.82	60.74	61.60
县及县以下	Under the Leadership of At or Below County Level	2.74		7.22	24.35	25.36	24.99
其　他	Others				0.24	0.23	0.19
按行业分	Grouped by Economic Sector						
农、林、牧、渔、水利业	Farming, Forestry, Animal Husbandry, Fishery and Water Conservancy	0.76	1.22	1.60	2.37	2.45	2.24
工　业	Industry	5.37	11.30	15.52	40.49	38.67	38.99
地质普查和勘探业	Geological Prospecting	0.10	0.18	0.19	0.34	0.35	0.21
建筑业	Construction	1.40	2.06	2.97	12.69	12.52	10.92
交通运输、邮电通讯业	Transport, Post and Telecommunications	1.17	2.34	3.57	16.23	18.39	18.66
商业、公共饮食业、物资供销和仓储业	Wholesale and Retail Trades, Catering Services, Goods Supply and Marketing and Storage	2.00	4.65	5.65	14.99	14.69	14.49
房地产、公用事业、居民和咨询服务业	Real Estate Trade, Public Utilities, Consultative and Resident Services	0.64	1.36	2.08	9.20	10.46	10.93
卫生、体育和社会福利事业	Health Care, Sports and Social Welfare	0.31	0.58	0.88	4.34	5.61	6.59
教育、文化艺术和广播电视事业	Education, Culture and Arts, Radio, Film and Television	0.50	1.13	1.63	8.13	10.30	11.32
科学研究和综合技术服务业	Scientific Research and Poly-technical Services	0.09	0.13	0.23	1.75	1.75	2.05
金融、保险业	Banking and Insurance	0.16	0.33	0.57	2.79	3.66	3.75
国家机关、政党机关和社会团体	Government Agencies, Party Agencies and Social Organizations	0.79	1.29	1.89	9.64	11.44	12.84
二、平均奖金及计件超额工资(元)	Average Bonus and Extra Piece Wage (yuan)	306	543	712	2288	2415	2471
按隶属关系分	Grouped by Leadership						
中　央	Under the Leadership of Central Government	372	616	897	3181	3328	3726
省　属	Under the Leadership of Province	299	482	800	2774	3276	3351
省辖市属	Under the Leadership of Cities Subordinate to Province	382		896	3149	3311	3456
县及县以下	Under the Leadership of At or Below County Level	197		403	1124	1144	1092
其　他	Others				1879	1818	1785
按行业分	Grouped by Economic Sectors						
农、林、牧、渔、水利业	Farming, Forestry, Animal Husbandry, Fishery and Water Conservancy	181	290	391	821	891	848
工　业	Industry	358	664	880	2832	2829	2979
地质普查和勘探业	Geological Prospecting	258	504	590	1740	1813	1171
建筑业	Construction	632	883	1277	3387	3673	3293
交通运输、邮电通讯业	Transport, Post and Telecommunications	353	672	996	3826	4322	4511
商业、公共饮食业、物资供销和仓储业	Wholesale and Retail Trades, Catering Services, Goods Supply and Marketing and Storage	311	627	723	2075	2049	2033
房地产、公用事业、居民和咨询服务业	Real Estate Trade, Public Utilities, Consultative and Resident Services	431	782	1062	3451	3685	3902
卫生、体育和社会福利事业	Health Care, Sports and Social Welfare	290	450	616	1682	2043	2314
教育、文化艺术和广播电视事业	Education, Culture and Arts, Radio, Film and Television	115	221	291	1191	1378	1420
科学研究和综合技术服务业	Scientific Research and Poly-technical Services	191	270	421	2609	2676	3062
金融、保险业	Banking and Insurance	292	415	578	1613	1977	2019
国家机关、政党机关和社会团体	Government Agencies, Party Agencies and Social Organizations	199	273	352	1447	1647	1788

5-25 国有单位职工各种津贴

SUBSIDIES OF STAFF AND WORKERS IN STATE-OWNED UNITS

项　　目	Item	1985	1990	1995	1996	1997
一、各种津贴总额（亿元）	**Total Subsidies (100 million yuan)**	**10.70**	**42.36**	**106.72**	**126.21**	**141.32**
按隶属关系分	**Grouped by Leadership**					
中　　央	Under the Leadership of Central Government	2.20	6.68	23.37	29.17	32.08
省　　属	Under the Leadership of Province	1.86	5.30	10.59	12.69	14.34
省辖市属	Under the Leadership of Cities Subordinate to Province	3.65	16.97	35.84	43.20	49.28
县及县以下	Under the Leadership of At or Below County Level	2.99	13.41	36.69	40.88	45.46
其　　他	Others			0.23	0.27	0.16
按行业分	**Grouped by Economic Sector**					
农、林、牧、渔、水利业	Farming, Forestry, Animal Husbandry, Fishery and Water Conservancy	0.61	1.83	3.36	3.43	3.66
工　　业	Industry	3.41	11.01	14.00	15.18	15.06
地质普查和勘探业	Geological Prospecting	0.22	0.41	0.49	0.51	0.57
建筑业	Construction	0.60	1.49	3.99	3.85	4.22
交通运输、邮电通讯业	Transport, Post and Telecommunications	1.37	4.03	10.86	13.35	13.58
商业、公共饮食业、物资供销和仓储业	Wholesale and Retail Trades, Catering Services, Goods Supply and Marketing and Storage	1.39	5.55	8.90	9.27	9.29
房地产、公用事业、居民和咨询服务业	Real Estate Trade, Public Utilities, Consultative and Resident Services	0.32	1.75	5.65	6.81	7.54
卫生、体育和社会福利事业	Health Care, Sports and Social Welfare	0.38	1.78	7.98	10.11	12.25
教育、文化艺术和广播电视事业	Education, Culture and Arts, Radio, Film and Television	1.17	6.34	19.85	23.62	28.85
科学研究和综合技术服务业	Scientific Research and Polytechnical Services	0.12	0.62	2.21	2.77	3.21
金融、保险业	Banking and Insurance	0.20	1.25	9.09	11.79	13.28
国家机关、政党机关和社会团体	Government Agencies, Party Agencies and Social Organizations	0.91	6.30	20.33	25.52	29.81
二、平均各种津贴（元）	**Average Subsidies (yuan)**	**246**	**820**	**1986**	**2339**	**2626**
按隶属关系分	**Grouped by Leadership**					
中　　央	Under the Leadership of Central Government	363	1067	3322	4216	4632
省　　属	Under the Leadership of Province	229	738	1616	1986	2354
省辖市属	Under the Leadership of Cities Subordinate to Province	237	836	1952	2355	2765
县及县以下	Under the Leadership of At or Below County Level	216	750	1694	1844	1988
其　　他	Others			1772	2075	1487
按行业分	**Grouped by Economic Sector**					
农、林、牧、渔、水利业	Farming, Forestry, Animal Husbandry, Fishery and Water Conservancy	146	450	1163	1248	1388
工　　业	Industry	228	625	979	1111	1151
地质普查和勘探业	Geological Prospecting	546	1268	2539	2654	3132
建筑业	Construction	275	643	1066	1128	1272
交通运输、邮电通讯业	Transport, Post and Telecommunications	412	1124	2560	3138	3282
商业、公共饮食业、物资供销和仓储业	Wholesale and Retail Trades, Catering Services, Goods Supply and Marketing and Storage	216	709	1232	1293	1303
房地产、公用事业、居民和咨询服务业	Real Estate Trade, Public Utilities, Consultative and Resident Services	217	894	2120	2398	2691
卫生、体育和社会福利事业	Health Care, Sports and Social Welfare	350	1250	3094	3680	4302
教育、文化艺术和广播电视事业	Education, Culture and Arts, Radio, Film and Television	266	1129	2907	3161	3620
科学研究和综合技术服务业	Scientific Research and Polytechnical Services	256	1149	3303	4226	4786
金融、保险业	Banking and Insurance	375	1275	5258	6367	7141
国家机关、政党机关和社会团体	Government Agencies, Party Agencies and Social Organizations	230	1175	3051	3674	4150

5-26 城镇集体单位职工工资总额及平均工资

TOTAL WAGES AND AVERAGE WAGE OF STAFF AND WORKERS IN URBAN COLLECTIVE OWNED UNITS

项　　目	Item	1980	1985	1990	1995	1996	1997
一、工资总额（亿元）	**Total Wages (100 million yuan)**	**10.83**	**23.85**	**50.06**	**124.32**	**124.35**	**120.36**
农、林、牧、渔、水利业	Farming, Forestry, Animal Husbandry, Fishery and Water Conservancy	0.07	0.15	0.26	0.37	0.45	0.44
工　业	Industry	6.16	12.10	27.41	57.12	55.21	52.96
地质普查和勘探业	Geological Prospecting			…	…	…	
建 筑 业	Construction	1.17	2.76	5.71	27.53	26.27	24.34
交通运输、邮电通讯业	Transport, Post and Telecommunications	1.46	2.01	2.92	5.18	5.01	4.77
商业、公共饮食业、物资供销和仓储业	Wholesale and Retail Trades, Catering Services, Goods Supply and Marketing and Storage	0.85	4.76	8.71	20.84	22.40	21.84
房地产、公用事业、居民和咨询服务业	Real Estate Trade, Public Utilities, Consultative and Resident Services	0.29	0.51	1.30	5.44	6.40	6.77
卫生、体育和社会福利事业	Health Care, Sports and Social Welfare	0.57	0.98	2.08	0.69	0.94	1.08
教育、文化艺术和广播电视事业	Education, Culture and Arts, Radio, Film and Television	0.04	0.06	0.12	0.44	0.54	0.68
科学研究和综合技术服务业	Scientific Research and Poly-technical Services	…	0.01	0.02	0.21	0.24	0.25
金融、保险业	Banking and Insurance	0.14	0.27	0.99	4.89	5.27	5.50
国家机关、政党机关和社会团体	Government Agencies, Party Agencies and Social Organizations	0.08	0.24	0.54	1.61	1.62	1.73
二、平均工资（元）	**Average Wage (yuan)**	**691**	**1216**	**2508**	**6395**	**6799**	**6814**
农、林、牧、渔、水利业	Farming, Forestry, Animal Husbandry, Fishery and Water Conservancy	533	1030	2232	6335	6284	6744
工　业	Industry	682	1254	2640	6378	6871	6797
地质普查和勘探业	Geological Prospecting			1615	6368	5405	4754
建 筑 业	Construction	854	1454	2800	6679	6893	6978
交通运输、邮电通讯业	Transport, Post and Telecommunications	698	1155	2181	5905	6262	6081
商业、公共饮食业、物资供销和仓储业	Wholesale and Retail Trades, Catering Services, Goods Supply and Marketing and Storage	607	1062	2049	5360	5670	5621
房地产、公用事业、居民和咨询服务业	Real Estate Trade, Public Utilities, Consultative and Resident Services	702	1320	2943	7917	8815	9628
卫生、体育和社会福利事业	Health Care, Sports and Social Welfare	707	1198	2719	9556	9237	9994
教育、文化艺术和广播电视事业	Education, Culture and Arts, Radio, Film and Television	530	1146	2520	8424	9425	10376
科学研究和综合技术服务业	Scientific Research and Poly-technical Services	493	1472	2454	11652	12002	13433
金融、保险业	Banking and Insurance	608	1057	2531	9170	9509	9512
国家机关、政党机关和社会团体	Government Agencies, Party Agencies and Social Organizations	668	1361	3013	9075	10153	9923

5-27 其他单位职工工资总额及平均工资
TOTAL WAGES AND AVERAGE WAGE OF STAFF AND WORKERS IN OTHER OWNERSHIP UNITS

行　　业	Sector	1985	1990	1995	1996	1997
一、工资总额（亿元）	**Total Wages (100 million yuan)**	**1.64**	**18.27**	**150.96**	**166.93**	**198.04**
农、林、牧、渔、水利业	Farming, Forestry, Animal Husbandry, Fishery and Water Conservancy	0.02	0.09	0.27	0.39	0.46
工　业	Industry	0.86	14.61	123.51	132.66	152.58
地质普查和勘探业	Geological Prospecting	0.00			…	
建 筑 业	Construction	0.05	0.22	2.06	2.45	3.26
交通运输、邮电通讯业	Transport, Post and Telecommunications	0.05	0.17	2.56	3.47	7.42
商业、公共饮食业、物资供销和仓储业	Wholesale and Retail Trades, Catering Services, Goods Supply and Marketing and Storage	0.33	0.80	7.65	9.23	11.20
房地产、公用事业、居民和咨询服务业	Real Estate Trade, Public Utilities, Consultative and Resident Services	0.31	2.27	11.79	13.44	16.06
卫生、体育和社会福利事业	Health Care, Sports and Social Welfare		0.01	0.11	0.14	0.15
教育、文化艺术和广播电视事业	Education, Culture and Arts, Radio, Film and Television	0.01	0.08	0.35	0.33	0.31
科学研究和综合技术服务业	Scientific Research and Polytechnical Services	0.01	0.02	0.19	0.39	0.43
金融、保险业	Banking and Insurance		…	1.68	3.57	5.23
国家机关、政党机关和社会团体	Government Agencies, Party Agencies and Social Organizations			0.80	0.86	0.94
二、平均工资（元）	**Average Wage (yuan)**	**2209**	**3972**	**9564**	**10569**	**11635**
农、林、牧、渔、水利业	Farming, Forestry, Animal Husbandry, Fishery and Water Conservancy	1886	3770	8712	8694	7070
工　业	Industry	2293	3924	9177	9984	10927
地质普查和勘探业	Geological Prospecting				7154	
建 筑 业	Construction	2612	5253	8466	9810	10260
交通运输、邮电通讯业	Transport, Post and Telecommunications	2379	4891	13222	15669	18138
商业、公共饮食业、物资供销和仓储业	Wholesale and Retail Trades, Catering Services, Goods Supply and Marketing and Storage	2206	3758	10921	12091	12530
房地产、公用事业、居民和咨询服务业	Real Estate Trade, Public Utilities, Consultative and Resident Services	1944	4193	11789	13536	15456
卫生、体育和社会福利事业	Health Care, Sports and Social Welfare		6161	12781	18120	13093
教育、文化艺术和广播电视事业	Education, Culture and Arts, Radio, Film and Television	3589	4637	12906	14795	13757
科学研究和综合技术服务业	Scientific Research and Polytechnical Services	2169	5399	18200	22575	23650
金融、保险业	Banking and Insurance		5310	20331	26660	23097
国家机关、政党机关和社会团体	Government Agencies, Party Agencies and Social Organizations			13671	16001	17401

5-28 按各种分组的职工工资总额及平均工资(1997年)

TOTAL WAGES AND AVERAGE WAGE OF STAFF AND WORKERS BY VARIOUS CHARACTERISTICS (1997)

项目 Item	工资总额 (亿元) Total Wages (100 million yuan)				平均工资 (元) Average Wage (yuan)			
	合计 Total	国有单位 State-Owned Units	城镇集体单位 Urban Collective Owned Units	其他单位 Other Units	合计 Total	国有单位 State-Owned Units	城镇集体单位 Urban Collective Owned Units	其他单位 Other Units
总计 Total	858.35	539.95	120.36	198.04	9698	10032	6814	11635
一、按企业、事业和机关分 Grouped by Enterprises, Institutions and Agencies								
企业 Enterprises	636.91	323.53	115.68	197.70	9515	9867	6742	11634
#地方 Local Government	556.39	243.01	115.68	197.70	8064	8893	6742	11634
事业 Institutions	152.33	147.74	4.25	0.34	10089	10110	9275	12315
#地方 Local Government	138.61	134.02	4.25	0.34	9899	9920	9275	12315
机关 Agencies and Oraanizations	69.11	68.68	0.43		10685	10698	8916	
#地方 Local Government	62.89	62.46	0.43		10425	10437	8916	
二、按国民经济行业分 Grouped by Economic Sector								
农、林、牧、渔业 Farming, Forestry, Animal Husbandry and Fishery	13.67	12.89	0.32	0.46	5615	5560	6254	7070
采掘业 Mining and Quarrying	6.54	5.80	0.58	0.16	6053	5842	8021	10435
制造业 Manufacturing	290.97	91.59	50.95	148.43	9088	8544	6734	10811
电力煤气水的生产供应业 Electricity, Gas and Water Production and Supply	22.85	17.44	1.43	3.98	13097	12697	9342	18251
建筑业 Construction	63.98	36.38	24.34	3.26	8982	10967	6978	10260
地质勘查业、水利管理业 Geological Prospecting and Water Conservancy	4.27	4.15	0.12		8261	8256	8463	
交通、仓储及邮电通信业 Transport, Storage, Post and Telecommunications	74.85	62.31	4.83	7.71	13615	14547	6099	18231
批发和零售贸易、餐饮业 Wholesale and Retail Trades and Catering Services	85.62	52.92	21.79	10.91	7293	7581	5616	12396
金融、保险业 Banking and Insurance	36.72	25.99	5.50	5.23	13779	13970	9512	23097
房地产业 Real Estate Trade	13.02	7.72	1.47	3.83	13644	12538	10720	19016
社会服务业 Social Services	44.54	27.01	5.30	12.23	12406	12353	9364	14600
卫生、体育和社会福利业 Health Care, Sports and Social Welfare	33.07	31.84	1.08	0.15	11148	11185	9994	13093
教育文化广播电影电视业 Education, Culture and Arts, Radio, Film and Television	79.35	78.36	0.68	0.31	9847	9832	10376	13757
科学研究综合技术服务业 Scientific Research and Polytechnical Services	9.42	8.74	0.25	0.43	13319	13035	13433	23650
国家、政党机关社会团体 Government Agencies, Party Agencies and Social Organizations	69.39	68.98	0.41		10705	10722	8492	
其他行业 Others	10.09	7.83	1.32	0.94	10858	10452	10470	17401

5-29 各市职工工资总额与平均工资

TOTAL WAGES AND AVERAGE WAGE OF STAFF AND WORKER BY CITY

市别 City	1996 合计 Total	1996 国有单位 State-Owned Units	1996 城镇集体单位 Urban Collective Owned Units	1996 其他各种单位 Other Units	1997 合计 Total	1997 国有单位 State-Owned Units	1997 城镇集体单位 Urban Collective Owned Units	1997 其他各种单位 Other Units
一、工资总额(亿元) Total Wages (100 million yuan)								
广州 Guangzhou	239.56	167.25	34.86	37.45	261.58	179.90	33.84	47.85
深圳 Shenzhen	128.45	67.93	8.18	52.34	147.95	74.48	8.79	64.68
珠海 Zhuhai	33.17	16.59	3.59	12.99	35.48	16.75	3.40	15.33
汕头 Shantou	35.55	22.47	7.72	5.36	37.69	23.71	7.86	6.13
韶关 Shaoguan	27.92	23.52	2.91	1.49	28.04	23.48	2.76	1.80
河源 Heyuan	7.97	6.60	0.79	0.58	8.64	6.92	0.94	0.78
梅州 Meizhou	17.37	14.77	1.75	0.85	17.47	15.02	1.58	0.87
惠州 Huizhou	28.76	13.53	5.23	10.00	30.57	13.90	5.23	11.44
汕尾 Shanwei	8.07	5.93	1.66	0.48	7.91	6.15	1.23	0.53
东莞 Dongguan	17.90	8.34	5.26	4.30	17.52	8.79	4.72	4.01
中山 Zhongshan	16.79	9.07	3.37	4.35	17.61	9.68	3.31	4.63
江门 Jiangmen	39.35	20.64	9.56	9.15	39.50	20.46	8.76	10.28
佛山 Foshan	57.07	28.05	14.41	14.61	59.10	29.14	14.15	15.81
阳江 Yangjiang	12.83	8.79	3.13	0.91	13.30	9.06	3.18	1.05
湛江 Zhanjiang	36.75	30.22	3.76	2.77	37.04	30.75	3.64	2.65
茂名 Maoming	24.20	18.93	4.71	0.56	25.41	20.51	4.29	0.62
肇庆 Zhaoqing	22.74	16.02	2.89	3.83	23.37	16.07	2.78	4.52
清远 Qingyuan	14.92	11.05	2.25	1.62	15.51	11.40	2.22	1.88
潮州 Chaozhou	9.34	5.54	2.59	1.21	9.04	5.74	2.23	1.07
揭阳 Jieyang	11.89	8.27	2.85	0.77	12.61	8.85	2.87	0.89
云浮 Yunfu	10.96	6.77	2.88	1.31	10.87	7.06	2.59	1.22
二、平均工资(元) Average Wages (yuan)								
广州 Guangzhou	11813	12868	8236	12280	13118	14316	8768	13611
深圳 Shenzhen	14507	16625	8668	13685	16531	18515	10320	15872
珠海 Zhuhai	12260	14068	10903	10852	12793	14114	11187	11951
汕头 Shantou	7434	8271	5249	9020	7716	8652	5129	10002
韶关 Shaoguan	6557	6911	4769	6096	6619	6926	4717	6891
河源 Heyuan	4953	5018	4133	5645	4983	5036	4088	6023
梅州 Meizhou	5471	5745	3906	5453	5516	5805	3700	5710
惠州 Huizhou	6889	7068	5693	7454	6967	7025	5667	7698
汕尾 Shanwei	5514	5599	4812	8072	5563	5726	4316	8408
东莞 Dongguan	10382	11623	8658	10775	10691	12160	8774	10610
中山 Zhongshan	10394	11217	9224	9857	11039	12544	8923	10208
江门 Jiangmen	7911	8365	6862	8219	8136	8588	6758	8739
佛山 Foshan	10406	10483	9351	11090	10788	11163	9939	10946
阳江 Yangjiang	6787	7012	6167	7039	6858	7086	6083	7689
湛江 Zhanjiang	6541	6880	4626	6709	6488	6909	4260	6562
茂名 Maoming	6662	7067	5423	6549	6983	7467	5337	6892
肇庆 Zhaoqing	6875	7210	5363	6999	7121	7343	5322	7916
清远 Qingyuan	6080	6230	5469	6029	6331	6476	5579	6481
潮州 Chaozhou	6201	6305	5774	6757	4872	5531	3501	5928
揭阳 Jieyang	4719	5095	3770	5478	4760	5246	3549	5775
云浮 Yunfu	6311	6776	5253	6919	6527	6993	5270	7421

5-30 各市职工奖金及补贴(1997年)

BONUSES AND SUBSIDIES OF STAFF AND WORKERS BY CITY(1997)

市别 City	奖金(含计件超额工资) Bonuses (including extra pieses wages)				津贴和补贴 Subsidies			
	合计 Total	国有单位 State-Owned Units	城镇集体单位 Urban Collective Owned Units	其他各种单位 Other Units	合计 Total	国有单位 State-Owned Units	城镇集体单位 Urban Collective Owned Units	其他各种单位 Other Units
一、总额(万元) Total (10000 yuan)								
广州 Guangzhou	804365.5	617731.4	72879.1	113755.0	486282.9	421358.3	26973.1	37951.5
深圳 Shenzhen	297602.6	162033.9	12318.6	123250.1	301716.0	220221.6	6966.9	74527.5
珠海 Zhuhai	51037.9	26132.0	4009.6	20896.3	98027.1	73162.0	8379.2	16485.9
汕头 Shantou	58125.5	40629.5	8745.7	8750.3	95988.9	82428.1	5365.7	8195.1
韶关 Shaoguan	44814.7	38512.2	2186.0	4116.5	68037.7	62523.8	3127.4	2386.5
河源 Heyuan	8893.0	7124.4	899.2	869.4	17110.1	14699.9	1444.2	966.0
梅州 Meizhou	21341.9	20063.8	880.2	397.9	38991.8	36640.9	2034.6	316.3
惠州 Huizhou	36176.7	18161.9	5234.8	12780.0	58163.3	42282.8	6312.2	9568.3
汕尾 Shanwei	10180.8	9187.0	803.3	190.5	14529.1	13569.1	758.9	201.1
东莞 Dongguan	43898.2	18435.4	12310.4	13152.4	49437.2	36492.0	7381.8	5563.4
中山 Zhongshan	60397.4	35514.2	14928.5	9954.7	27963.8	24079.6	2512.9	1371.3
江门 Jiangmen	93560.2	48111.2	20277.8	25171.2	63631.5	45633.9	8788.2	9209.4
佛山 Foshan	201190.5	99606.3	46969.2	54615.0	87871.3	67797.7	10226.4	9847.2
阳江 Yangjiang	15871.8	12968.4	2237.4	666.0	24840.1	20847.3	2958.7	1034.1
湛江 Zhanjiang	63453.3	54414.4	3128.1	5910.8	95467.5	84790.8	6432.4	4244.3
茂名 Maoming	51628.8	43983.8	6440.0	1205.0	54562.3	45585.8	8072.4	904.1
肇庆 Zhaoqing	33728.6	21900.4	2650.0	9178.2	40258.0	34836.6	3418.0	2003.4
清远 Qingyuan	19720.5	15247.0	1904.9	2568.6	35205.6	30622.3	3062.4	1520.9
潮州 Chaozhou	14995.5	9489.9	2783.5	2722.1	16034.5	13641.3	1792.9	600.3
揭阳 Jieyang	20249.3	15934.4	3147.0	1167.9	21758.3	18672.3	2596.9	489.1
云浮 Yunfu	13495.4	11078.9	1837.4	579.1	19106.1	17335.6	1164.7	605.8
二、平均水平(元) Average (yuan)								
广州 Guangzhou	4034	4916	1888	3236	2439	3353	699	1080
深圳 Shenzhen	3325	4028	1447	3024	3371	5475	818	1829
珠海 Zhuhai	1840	2202	1320	1629	3535	6165	2759	1285
汕头 Shantou	1190	1483	571	1428	1965	3008	350	1338
韶关 Shaoguan	1058	1136	373	1572	1606	1844	534	912
河源 Heyuan	513	518	390	675	987	1069	627	750
梅州 Meizhou	674	775	206	261	1231	1416	476	207
惠州 Huizhou	825	918	567	860	1326	2137	684	644
汕尾 Shanwei	716	855	282	303	1022	1263	266	320
东莞 Dongguan	2679	2551	2289	3481	3017	5049	1373	1473
中山 Zhongshan	3785	4602	4030	2195	1753	3120	678	302
江门 Jiangmen	1927	2019	1564	2141	1311	1915	678	783
佛山 Foshan	3672	3816	3298	3780	1604	2598	718	682
阳江 Yangjiang	819	1014	428	487	1281	1630	565	756
湛江 Zhanjiang	1112	1223	367	1462	1673	1905	754	1050
茂名 Maoming	1419	1602	801	1347	1499	1660	1004	1011
肇庆 Zhaoqing	1028	1000	508	1607	1226	1591	655	351
清远 Qingyuan	805	866	478	886	1437	1739	768	524
潮州 Chaozhou	808	915	437	1507	864	1315	281	332
揭阳 Jieyang	764	944	390	758	821	1106	322	317
云浮 Yunfu	810	1097	374	352	1147	1716	237	368

5-31 劳保福利费用总额

TOTAL EXPENDITURES ON LABOUR INSURANCE AND WELFARE

单位：亿元 (100 million yuan)

项目	Item	1980	1985	1990	1995	1996	1997
合计	**Total**	**6.09**	**19.58**	**64.36**	**176.83**	**208.03**	**222.89**
国有单位	State-Owned Units	4.90	15.52	51.29	143.60	167.48	178.39
#用于离休、退休、退职费	for the Retirees and Resigned Persons	1.62	5.26	10.90	51.48	63.16	74.14
城镇集体单位	Urban Collective Owned Units	1.19	3.91	11.48	23.66	26.05	27.66
#用于离休、退休、退职费	for the Retirees and Resigned Persons	0.39	1.94	3.61	11.22	13.30	15.35
其他各种单位	Other Units		0.15	1.59	9.57	14.50	16.84
#用于离休、退休、退职费	for the Retirees and Resigned Persons		0.02	0.06	1.95	2.96	3.00

注：劳保福利费用总额含在职职工和非在职职工。 Note: Expenditures on Labor Insurance and Welfare included those Expenditures on Registered and not Registered Staff and Workers.

5-32 国有单位在职职工劳保福利费用总额

TOTAL EXPENDITURES ON LABOUR INSURANCE AND WELFARE FUND FOR STAFF AND WORKERS AT THEIR POSTS IN STATE-OWNED UNITS

单位：亿元 (100 million yuan)

项目	Item	1988	1989	1990	1995	1996	1997
合计	**Total**	**19.34**	**23.52**	**28.52**	**62.89**	**71.23**	**72.78**
医疗卫生费	Expenses for Medical Care	8.38	10.58	12.25	28.39	33.12	32.07
丧葬抚恤救济费	Funeral Expenses, Pensions and Relief	0.24	0.29	0.33	0.79	0.98	
生活困难补助	Subsidies for Living Expenses	0.57	0.68	0.71	1.20	1.42	
文体宣传费	Expenses for Recreational Activities, Sports and Publicity	0.49	0.59	0.99	2.87	3.12	3.37
集体福利事业补贴费和设施费	Subsidies for Public Welfare & Facilities	5.02	5.56	7.13	17.61	18.60	22.49
计划生育补贴	Subsidies for Family Planning	0.63	0.80	1.01	1.63	1.94	
冬季取暖补贴	Subsidies for Heating in Winter				0.21	0.30	0.19
其他	Others	1.78	2.32	2.70	10.19	11.75	14.66

5-33 国有单位非在职职工劳保福利费用总额

TOTAL EXPENDITURES ON LABOUR INSURANCE AND WELFARE FOR STAFF AND WORKERS NOT AT THEIR POSTS IN STATE-OWNED UNITS

单位：亿元 (100 million yuan)

项目	Item	1988	1989	1990	1995	1996	1997
合计	**Total**	**13.80**	**18.50**	**22.77**	**80.71**	**96.25**	**105.61**
离休金	Pensions for Retired Veterans	0.98	1.17	1.27	5.21	6.14	6.68
退休金	Pensions for Retired Persons	6.66	8.12	9.47	45.70	56.45	66.65
退职生活费	Resignation Allowance for Living Expenses	0.14	0.16	0.16	0.57	0.57	0.81
医疗卫生费	Expenses for Medical Care	2.50	3.65	4.29	19.33	22.49	20.95
护理费	Expenses for Nursing and Tending	0.04	0.06	0.04			
生活补贴	Subsidies for Living Expenses	1.40	1.51	3.24	0.06		
交通费补贴	Transportation Subsidies	0.10	0.11	0.17	0.68	0.85	
丧葬抚恤救济费	Funeral Expenses, Pensions and Relief	0.16	0.18	0.23	0.77	0.93	
其他	Others	1.82	3.54	3.90	8.39	8.82	10.52

主 要 统 计 指 标 解 释

劳动力资源总数　指在劳动年龄内，具有劳动能力，在正常情况下，可能或实际参加社会劳动的人口数。劳动力资源的范围为：劳动年龄内（16周岁以上），有劳动能力，实际参加社会劳动和未参加社会劳动的人员。劳动力资源也可划分为：经济活动人口和非经济活动人口。劳动力资源不包括下列人员：

⑴在押犯人；

⑵劳动年龄内丧失劳动能力的人员；

⑶16岁以下实际参加社会劳动的人员。

从业人员　指从事一定社会劳动并取得劳动报酬或经营收入的人员。包括：

⑴全部职工

⑵再就业的离退休人员

⑶私营业主

⑷个体户主

⑸私营和个体从业人员

⑹乡镇企业从业人员

⑺农村从业人员

⑻其他从业人员（包括民办教师、宗教职业者等）

这一指标反映了一定时期内全部劳动力资源的实际利用情况，是研究我国基本国情国力的重要指标。

各单位的从业人员是指在各级国家机关、政党机关、社会团体及企业、事业单位中工作，并取得劳动报酬的全部人员。包括职工、再就业的离退休人员、民办教师以及在各单位中工作的外方人员和港、澳、台方人员。

各单位的从业人员反映了各单位实际参加生产或工作的全部劳动力。

经济活动人口　指在16岁以上，有劳动能力，参加或要求参加社会经济活动的人口。包括：从业人员和失业人员。

国有经济单位职工　指在国有经济单位及其附属机构工作，并由其支付工资的各类人员，国有经济单位职工不包括：返聘的离退休人员、民办教师、在国有经济单位工作的外方人员和港、澳、台人员。

城镇私营和个体从业人员　城镇私营从业人员指在工商管理部门注册登记，其经营地址设在县城关镇（含城关镇）以上的私营企业从业人员。包括：私营企业投资者和雇工。城镇个体从业人员指在工商管理部门注册登记，并持有城镇户口或在城镇长期居住，经批准从事个体工商经营的从业人员。包括：个体经营者和在个体工商户劳动的家庭帮工和雇工。

城镇登记失业人员及失业率　指有非农业户口，在一定的劳动年龄内，有劳动能力，无业而要求就业，并在当地就业服务机构进行求职登记的人员。城镇登记失业率指城镇登记失业人数同城镇从业人数与城镇登记失业人数之和的比。计算公式为：

$$城镇登记失业率 = \frac{城镇登记失业人数}{城镇从业人数 + 城镇登记失业人数} \times 100\%$$

职工　指在国有经济、城镇集体经济、联营经济、股份制经济、外商和港、澳、台投资经济、其他经济单位及其附属机构工作，并由其支付工资的各类人员。

合同制职工　指各单位根据国务院国发（1986）77号文件和国务院令第99号的规定，通过签订有固定期限劳动合同、无固定期限劳动合同和以完成一项工作为期限劳动合同所使用的职工。包括实行全员劳动合同制单位的全部职工。

城镇集体经济单位职工　指在城镇集体经济单位及其管理部门工作，并由其支付工资的各类人员。

其他经济单位职工　指在联营经济、股份制经济、外商投资经济、港、澳、台投资经济单位工作，并由其支付工资的各类人员。

职工工资总额 指各单位在一定时期内直接支付给本单位全部职工的劳动报酬总额。

工资总额的计算原则应以直接支付给职工的全部劳动报酬为根据。各单位支付给职工的劳动报酬以及其他根据有关规定支付的工资，不论是计入成本的还是不计入成本的，不论是按国家规定列入计征奖金税项目的，还是未列入计征奖金税项目的，不论是以货币形式支付的还是以实物形式支付的，均包括在工资总额内。

计件超额工资 是计件工资的一部分，指计件工人超额完成定额任务后所得的工资。即计件工人实得的全部计件工资减去应得的计件标准工资后的数额。某些企业的工人由于从事生产的工作物等级高于本人工资等级，因而其计件标准工资高于本人标准工资，其计件超额工资也应是全部工资减去应得的计件标准工资后的数额。

奖金 指支付给职工的超额劳动报酬和增收节支的劳动报酬。

津贴和补贴 指为了补偿职工特殊或额外的劳动消耗和因其他特殊原因支付给职工的津贴，以及为了保证职工工资水平不受物价影响支付给职工的物价补贴。

职工平均工资 指企业、事业、机关单位的职工在一定时期内平均每人所得的货币工资额。它表明一定时期职工工资收入的高低程度，是反映职工工资水平的主要指标。计算公式为：

$$职工平均工资=\frac{报告期实际支付的全部职工工资总额}{报告期全部职工平均人数}$$

职工平均实际工资 指扣除物价变动因素后的职工平均工资。计算公式为：

$$职工平均实际工资=\frac{报告期职工平均工资}{报告期城镇居民消费价格指数}$$

Explanatory Notes on Main Statistical Indicators

Labour Resources refer to the persons, under normal condition, who are capable to labour within the working age of the total population. The coverage of labour resources includes: babourers within the working age (16 and over 16) and those who are capable to labour, and actually engaged in or not engaged in social labour. Labour resources also may be divided into economically active population and non-economically active population.

The following persons are not included in the labour resources:

1. Prisoners in custody;
2. Persons with the working age but disabled;
3. Persons actually engaged in social labour under aged 16.

Employed Persons refer to the persons who are engaged in social labour and receive remuneration payment or earn business income, including:

(1) total staff and workers,

(2) re-employed retirees,

(3) employees of private enterprises,

(4) employees of individual economy,

(5) employed persons in private enterprises and individual economy,

(6) employed persons in private enterprises in the urban areas,

(7) employed persons in the rural areas,

(8) other employed persons.

This indicator reflects the actual utilization of total labour force during a certain period of time and is often used for the research on China's economic affairs and national power.

Persons employed in various units refer to all the persons working in various levels of government agencies political and party organizations, social organizations, enterprises and institutions and receiving payment, including staff and workers, reemployed retirees, teachers in the schools run by the local people, foreigners, and Chinese compatriots from Hong Kong, Macao and Taiwan working in various units. This indicator reflects the total number of laborers actually engaged in production of other operations in various units.

Economically Active Population refers to the population, the members of which are aged 16 and over, capable to labour, participating in or desirous to participate in the social and economic activities, including employed persons and unemployed persons.

Staff and Workers in State-owned Economic Units refer to the persons who work in the state-owned economic units or their attached units and are listed in their payrolls, excluding the retired persons invited to work in the units again, teachers in the schools run by the local people and foreigners and Chinese compatriots from Hong Kong, Macao and Taiwan and working in the state-owned economic units.

Persons Employed in Private Enterprises and Employed Individuals in Urban Areas: Persons employed in private enterprises refer to the persons employed in the private enterprises which have been registered at the department of industrial and commercial administration and are situated at a county town (i.e. a town where the county government is located) for business operation or at urban areas with the level higher than a county town, including investors and employees of private enterprises. The employed individuals in urban areas refer to persons who hold the certificates of residence in urban areas or have resided in the urban areas for a long time and have been registered at the departments of industrial and commercial administration and approved to be engaged in individual industrial or commercial business, including self-employed persons as well as helpers and hired labourers who work in the individual households engaged in industrial or commercial business.

Registered Unemployed Persons and Registered Unemployment Rate in Urban Areas: The registered unemployed persons in urban areas refer to the persons who are registered as permanent residents in the urban areas engaged in non-agricultural activities, aged within the range of working age, capable to labour, unemployed but desirous to be employed and have been registered at the local employment service agencies to apply for a job. Registered unemployment rate in urban areas refers to the ratio of the number of the registered umemployed persons to the sum of the number of employed persons and the registered unemployed persons.

Staff and Workers refer to the persons who work in (and receive payment therefrom) enterprises and institutions of state ownership, collective ownership, joint ownership, share holding, foreign ownership, and ownership by entrepreneurs from Hong Kong, Macao and Taiwan, and other types of ownership and their affiliated units.

Contract Staff and Workers refer to the persons who are employed by enterprises and institutions by contract signed for a fixed term, non－fixed term or a term of a project according to the regulations in the Document No.77 (1986) and the Decree No.99 promulgated by the State Council.

Staff and Workers of Collective Owned Units in Urban Areas refer to the persons who work in collective owned units in urban areas and their administration departments and receive payment therefrom.

Staff and Workers in Units of Other Types of Ownership refer to those who work in (and receive payment therefrom) enterprises and institutions of joint ownership, share holding, foreign ownership, and ownership by entrepreneurs from Hong Kong, Macao and Taiwan.

Total Wages of Staff and Workers refer to the total remuneration payment to staff and workers in various units during a certain period of time.

The calculation of total wages is based on the total remuneration payment to staff and workers. Therefore, all the wages and salaries and other payments to staff and workers are included in the total wages regardless of their sources, categories and forms (in kind or cash).

Extra Piece Wages refer to the payment to workers for their extra work beyond labour quota, i.e. total amount of piece wages minus standard piece wages. For some enterprises, the standard of piece wages for some workers exceeds their normal payment. In this case, the extra piece wages are still calculated as total amount of wages minus standard piece wages.

Bonus refers to remuneration payment to workers for extra work and for increasing earnings and practising economy.

Subsidies and Allowances refer to subsidies paid to staff and workers for compensating special or extra labour and allowances paid to staff and workers to offset the impact of inflation on real wages.

Average Wage of Staff and Workers refer to the average wage in monetary terms per person during a certain period of time for staff and workers in enterprises, institutions and government agencies, which reflects the general level of wage income during a certain period of time and is calculated as follows:

$$\text{Average Wages of Staff and Workers} = \frac{\text{Total Wages of Staff and Workers in Reference Period}}{\text{Average Number of Staff and Workers in Reference Period}}$$

Average Real Wage of Staff and Workers refer to the average wage of staff and workers after removing the effects of price changes. Which is calculated as follows:

Average Real Wage of Staff and Workers

$$= \frac{\text{Average Wage of Staff and Workers in Reference Period}}{\text{Consumer Price inder of Urban Residence in Reference Period}}$$

六 固定资产投资

INVESTMENT IN FIXED ASSETS

简要说明

一、本篇资料反映广东省固定资产投资的基本情况，主要包括：全社会固定资产投资，国有单位固定资产投资，基本建设、更新改造、房地产开发投资情况以及各市固定资产投资的主要指标数据。

二、本篇资料由广东省统计局投资建筑处整理提供。

三、固定资产投资统计的资料来源主要为全面统计报表。按照现行的固定资产投资统计报表制度，全社会固定资产投资按经济类型可分为：国有经济、集体经济、联营经济、股份制经济、港澳台投资经济、外商投资经济、个人投资及其它经济投资；按计划管理口径又分为：基本建设投资、更新改造投资、房地产开发投资、其它投资四种。

INVESTMENT IN FIXED ASSETS

Brief Introduction

Ⅰ. The data in this chapter reflect the basic conditions of investment in fixed assets of Guangdong Province, mainly including the total investment in fixed assets, the investment in fixed assets by the state-owned units, the investment in capital construction, the investment in innovation, the investment in real estate development and the main indicators of investment in fixed assets of various cities.

Ⅱ. The data in this chapter are prepared and provided by the Division of Investment and Construction Statistics, Statistical Bureau of Guangdong province.

Ⅲ. The data sources for the statistics of investment in fixed assets mainly come from the complete statistical report forms. According to the present regulations in the reporting scheme on the statistics of the investment in fixed assets, the investment in fixed assets in the whole country is classified by the following types of ownership: state-owned economy, collective economy, joint-owned economy, share-holding economy, economy funded by the entrepreneurs from Hong Kong, Macao and Taiwan, foreign-funded economy individual investment and the economy of other types of ownership. It is also classified by the following four channels of planning administration according to the purpose of investment: the investment in capital construction, the investment in innovation, the investment in real estate development and other investment.

6-1 全社会固定资产投资主要指标

MAIN INDICATORS OF TOTAL INVESTMENT IN FIXED ASSETS

指　　标	Item	1990	1995	1996	1997
投资完成额　　（亿元）	Investment　　(100 million yuan)	381.47	2327.22	2327.64	2298.14
按报表种类分	Grouped by Type of Report Form				
基本建设	Capital Construction	175.43	905.97	909.73	903.26
#大中型项目	#Large and Medium Projects	92.56	332.32	321.87	281.48
更新改造	Innovation	59.10	255.61	277.00	273.90
#限额以上项目	#Above-Norm Projects	16.89	54.78	64.06	73.49
房地产开发	Real Estate Development	32.70	563.89	528.85	528.31
其它投资	Others	4.95	114.36	128.03	100.60
城镇集体	Urban Collective Owned Units	28.16	43.73	57.92	53.38
农村集体	Rural Collective Owned Units	25.65	195.75	191.99	196.61
城镇和工矿区私人	Individuals in Urban Areas and in Industrial and Mining Areas	9.52	52.41	44.19	39.77
农村私人	Individuals in Rural Areas	45.96	195.50	189.93	202.31
按经济类型分	Grouped by Type of Ownership				
国有经济	State-Owned	272.18	1122.84	1078.74	1066.81
集体经济	Collective Owned	53.81	363.67	340.18	323.14
#农　村	#Rural Collective Owned	25.65	195.75	191.99	196.61
个体经济	Individuals	55.48	249.78	235.50	247.47
#农　村	#Rural Individuals	45.96	195.50	189.93	202.31
联营经济	Joint-Owned		17.22	20.82	18.65
股份制经济	Share Holding		108.85	94.06	126.48
外商投资经济	Foreign Funded		254.88	269.78	243.88
港澳台投资经济	Funded by Entrepreneurs from Hong Kong, Marcao and Taiwan		197.93	260.03	265.14
其他经济	Others		12.05	28.53	6.57
按构成分	Grouped by Use of Funds				
建筑安装工程	Construction and Installation	246.56	1507.92	1507.04	1511.58
设备工具器具购置	Purchases of Equipment and Instruments	103.97	464.75	498.79	464.55
其他费用	Others	30.94	354.55	321.81	322.01
按资金来源分	Grouped by Source of Funds				
国家预算内资金	State Budgetary Appropriations	13.77	25.02	21.50	20.69
国内贷款	Domestic Loans	67.41	348.81	331.94	283.82
利用外资	Foreign Investment	55.66	431.37	472.21	457.10
自筹资金	Fund Raising	119.93	873.35	876.04	959.70
其它资金	Others	124.70	648.67	625.95	576.83
房屋建筑面积　（万平方米）	Floor Space of Buildings　(10000 sq. m)				
施工面积	Floor Space Under Construction	9164.23	21364.88	19983.80	19089.47
竣工面积	Floor Space Completed	6820.75	10689.48	10360.80	10141.70
#住　宅	#Residential Buildings	5574.03	7308.18	6891.43	6876.72
实际销售商品房屋面积（万平方米）	Floor Space of Commodity Residence Actually Sold　(10000 sq. m)	438.92	1000.41	1038.74	1165.97
#住　宅	#Residential Buildings		850.44	896.27	1020.53
个人购买商品住宅（万平方米）	Commodity Residence Purchased by Individuals　(10000 sq. m)		680.97	548.69	801.48

6-2 全社会固定资产投资总额
TOTAL INVESTMENT IN FIXED ASSETS

单位：亿元 (100 million yuan)

年　份 Year	全社会投资总额 Total Invest-ment	基本建设 Capital Construc-tion	更新改造 Innova-tion	房地产开发 Real Estate Develop-ment	其他 Others	城镇集体 Urban Collec-tive Owned Units	农村集体 Rural Collec-tive Owned Units	城镇和工矿区私人 Individua-ls in Ur-ban Areas and in Industrial and Mining Areas	农村私人 Indivi-duals in Rural Areas
1978	27.23	17.85	2.19			0.47	0.37		6.35
1979	28.29	17.63	2.43			0.59	0.36		7.28
1980	38.29	22.05	3.67			1.09	0.59		10.89
"六五"时期 Sixth Five-Year Plan Period	548.80	246.86	98.26		8.94	29.71	42.49	14.40	108.14
1981	60.40	28.37	6.24			2.35	4.06	2.19	17.19
1982	84.73	33.86	17.91			3.64	7.86	1.93	19.53
1983	88.71	35.23	19.91		0.78	4.05	7.86	2.14	18.74
1984	130.37	55.33	21.89		3.43	6.18	12.02	3.03	28.49
1985	184.59	94.07	32.31		4.73	13.49	10.69	5.11	24.19
"七五"时期Seventh Five-Year Plan Period	1549.91	680.30	282.17	129.10	22.06	137.12	81.26	57.48	160.42
1986	216.50	103.48	42.78	10.00	2.32	15.09	10.77	5.82	26.24
1987	251.01	107.27	51.36	16.29	4.04	21.91	12.06	8.00	30.08
1988	353.59	146.68	79.22	21.96	6.36	40.91	11.02	19.93	27.51
1989	347.34	147.44	49.71	48.15	4.39	31.05	21.76	14.21	30.63
1990	381.47	175.43	59.10	32.70	4.95	28.16	25.65	9.52	45.96
"八五"时期 Eighth Five-Year Plan Period	7498.19	2857.35	874.80	1459.87	452.82	255.11	788.56	172.60	637.08
1991	478.20	214.76	74.87	49.75	3.63	33.35	37.86	15.39	48.59
1992	921.75	338.69	128.57	125.57	10.46	77.70	131.62	21.60	87.54
1993	1629.87	546.63	183.87	316.53	175.31	44.66	195.06	40.33	127.48
1994	2141.15	851.30	231.88	404.13	149.06	55.67	228.27	42.87	177.97
1995	2327.22	905.97	255.61	563.89	114.36	43.73	195.75	52.41	195.50
"九五"时期 Ninth Five-Year Plan Period									
1996	2327.64	909.73	277.00	528.85	128.03	57.92	191.99	44.19	189.93
1997	2298.14	903.26	273.90	528.31	100.60	53.38	196.61	39.77	202.31

注：1993年以前年份房地产开发投资主要是商品房建设投资。

Note: Investment of Real Estate Development Before 1993 were mainly Investment of Commodity Residence Development.

6-3 全社会固定资产投资(1997年)

TOTAL INVESTMENT IN FIXED ASSETS (1997)

指　标　Indicator	全省合计 Province Total	基本建设 Capital Construction	更新改造 Innovation	房地产开发 Real Estate Development	其他 Others	城镇集体 Urban Collective Owned Units	农村集体 Rural Collective Owned Units	城镇和工矿区私人 Individuals in Urban Areas and in Industrial and Mining Areas	农村私人 Individuals in Rural Areas
一、投资总额(亿元) Total Investment (100 million yuan)	**2298.14**	**903.26**	**273.90**	**528.31**	**100.60**	**53.38**	**196.61**	**39.77**	**202.31**
按隶属关系分 Grouped by Administrative Relationship									
中央项目 Central Government Projects	265.74	141.73	97.64	26.06	0.12	0.19			
地方项目 Local Projects	2032.40	761.53	176.26	502.25	100.48	53.19	196.61	39.77	202.31
按构成分 Grouped by Use of Funds									
建筑安装工程 Construction and Installation	1511.58	565.64	114.45	372.61	59.38	41.18	142.47	39.77	176.08
设备、工器具购置 Purchases of Equipment and Instruments	464.55	202.71	142.14	18.78	25.78	7.90	41.01		26.23
其他费用 Others	322.01	134.91	17.31	136.92	15.44	4.30	13.13		
二、财务拨贷款合计(亿元) Total Financial Appropriations (100 million yuan)	**2401.59**	**905.01**	**269.88**	**629.85**	**105.97**	**52.19**	**196.61**	**39.77**	**202.31**
国家预算内资金 State Budgetary Appropriations	21.75	14.03	2.76	0.16	0.20	0.27	4.33		
国内贷款 Domestic Loans	296.54	96.99	49.54	110.42	15.55	5.44	18.60		
利用外资 Foreign Investment	477.70	254.64	29.30	109.87	50.75	5.23	27.91		
自筹资金 Fund Raising	1002.85	478.60	169.54	177.93	30.42	35.03	111.33		
其他资金 Others	602.75	60.75	18.74	231.47	9.05	6.22	34.44	39.77	202.31
三、新增固定资产(亿元) Newly Increased Fixed Assets (100 million yuan)	**1808.79**	**644.33**	**227.89**	**412.85**	**73.63**	**45.28**	**162.73**	**39.77**	**202.31**
四、房屋建筑面积(万平方米) Floor Space of Buildings (10000 sq.m)									
施工面积 Floor Space Under Construction	19089.47	3790.47	569.60	7547.16	299.35	528.16	1745.56	729.90	3879.27
竣工面积 Floor Space Completed	10141.70	1532.42	282.04	2042.20	103.13	275.64	1297.10	729.90	3879.27
#住宅 #Residential Buildings	6876.72	616.18	94.53	1570.46	13.99	97.32	251.62	669.78	3562.84

6-4 各市全社会固定资产投资额(1997年)

TOTAL INVESTMENT IN FIXED ASSETS BY CITY (1997)

单位：亿元　　(100 million yuan)

市别 City	合计 Total	基本建设 Capital Construc-tion	更新改造 Innova-tion	房地产开发 Real Estate Develop-ment	其他 Others	城镇集体 Urban Collec-tive Owned Units	农村集体 Rural Collec-tive Owned Units	城镇和工矿区私人 Individua-is in Ur-ban Areas and in Industrial and mining Areas	农村私人 Indivi-duals in Rural Areas
全省总计 Total	**2298.14**	**903.26**	**273.90**	**528.31**	**100.60**	**53.38**	**196.61**	**39.77**	**202.31**
广州 Guangzhou	656.58	228.34	120.61	237.42	2.49	5.07	32.15	2.01	28.49
深圳 Shenzhen	417.53	223.50	18.10	136.66	0.36	16.90	11.03	2.18	8.80
珠海 Zhuhai	71.77	44.47	2.61	19.74		2.01	1.67	0.87	0.40
汕头 Shantou	125.46	50.55	7.44	20.12	19.34	2.72	15.89	2.01	7.39
韶关 Shaoguan	37.48	9.62	12.73	2.49	3.93	0.72	2.59	0.98	4.42
河源 Heyuan	22.55	9.01	5.42	1.85		0.68	1.73	0.74	3.12
梅州 Meizhou	30.75	10.41	1.45	3.41	4.61	0.28	5.78	1.07	3.74
惠州 Huizhou	57.83	26.59	7.65	4.45		1.81	10.40	1.00	5.93
汕尾 Shanwei	21.55	4.23	0.85	1.41	0.26	1.58	3.74	2.18	7.30
东莞 Dongguan	65.89	20.04	4.27	8.67	4.06	4.07	18.02	2.81	3.95
中山 Zhongshan	59.89	11.39	2.38	12.23	0.87	1.45	17.81	1.32	12.44
江门 Jiangmen	76.73	10.62	7.45	21.40	13.16	1.71	7.76	1.08	13.55
佛山 Foshan	144.58	15.85	13.84	34.32	18.92	4.63	30.78	0.67	26.57
阳江 Yangjiang	24.86	10.68	1.66	3.62	0.73	0.71	1.59	3.06	2.81
湛江 Zhanjiang	68.48	34.99	8.68	3.02		1.42	2.83	3.90	13.64
茂名 Maoming	81.50	22.07	14.85	3.12	9.59	1.24	6.29	2.58	21.76
肇庆 Zhaoqing	64.11	14.88	8.65	5.09	7.88	1.37	8.59	3.41	14.24
清远 Qingyuan	60.11	37.31	9.15	2.20	1.00	0.56	1.51	1.71	6.67
潮州 Chaozhou	30.54	8.89	5.31	3.89	5.67	1.41	2.33	0.32	2.72
揭阳 Jieyang	54.24	19.57	4.38	0.88	3.80	1.85	10.76	4.78	8.22
云浮 Yunfu	29.27	7.82	3.41	2.32	3.93	1.19	3.36	1.09	6.15

注：全省总计中含不分区部分。

Note: Province total contained the part of investment excluding in the cities.

6-5 国有经济固定资产投资主要指标

MAIN INDICATORS OF NVESTMENT IN FIXED ASSETS OF STATE-OWNED UNITS

指　　标	Indicator	1990	1995	1996	1997
一、建设项目个数(个)	**Number of Projects (unit)**				
施工项目	Projects Under Construction	6906	6748	6653	6713
全部建成投产项目	Projects Completed and Put into Use	3486	3217	3137	3163
二、投资总额(亿元)	**Total Investment (100 million yuan)**	**272.18**	**1122.84**	**1078.74**	**1066.81**
按构成分	Grouped by Use of Funds				
建筑安装工程	Constuction and Installation	160.31	680.01	669.84	674.01
设备、工器具购置	Purchase of Equipment and Instruments	82.22	254.30	244.62	237.63
其他费用	Others	29.65	188.53	164.28	155.17
按建设性质分	Grouped by Type of Construction				
#新　建	#New Construction	158.14	685.99	618.58	616.29
扩　建	Expansion	69.04	258.41	299.57	269.41
改　建	Reconstruction	27.67	101.85	81.25	99.91
按工程用途分	Grouped by Type of Use				
农林牧渔业用	Fariming, Forestry, Animal Husbantry and Fishery		8.35	7.40	13.29
工业、建筑业用	Industry and Construction		290.03	256.28	213.65
商业、运输邮电业用	Commerce, Transportation, Postal and Telecommunication Services		347.96	355.80	302.90
住　　宅	Residential Buildings		193.93	176.87	183.06
其　　他	Others		282.57	282.39	353.91
按资金来源分	Grouped by Source of Funds				
国家预算内资金	State Budgetary Appropriations	14.25	19.31	15.93	12.12
国内贷款	Domestic Loans	54.84	186.84	197.17	161.44
利用外资	Foreign Investment	47.07	142.71	103.90	145.73
自筹资金	Fund Raising	103.41	550.53	548.42	532.70
其他资金	Others	52.61	223.45	213.32	214.82
三、新增固定资产(亿元)	**Newly Increased Fixed Assets (100 million yuan)**	**205.08**	**634.07**	**771.26**	**777.79**
四、房屋建筑面积(万平方米)	**Floor Space of Buildings (10000 sq.m)**				
施工面积	Floor Space Under Construction	3995.91	7425.60	6855.74	6389.18
竣工面积	Floor Space Completed	1890.77	2486.51	2442.84	2310.37
#住宅	#Residential Buildings	985.65	1385.38	1374.34	1240.55

注：建设项目个数不含房地产开发部分。

Note: Number of Projects not Contained Real Estate Development Projects.

6-6 基本建设主要指标

MAIN INDICATORS OF CAPITAL CONSTRUCTION

指　　标	Indicator	1990	1995	1996	1997
一、建设项目个数(个)	Number of Projects (unit)				
施工项目	Number of Projects Under Construction	3389	4445	4456	4521
#大中型项目	#Large and Medium Projects	103	98	90	85
全部建成投产项目	Projects Fully Completed and Put into Use	1655	1819	1964	1973
#大中型项目	#Large and Medium Projects	25	22	14	15
二、投资总额(亿元)	Total Investment (100 million yuan)	175.43	905.97	909.73	903.26
按构成分	Grouped by Use of Funds				
建筑安装工程	Construction and Installation	95.99	531.49	571.40	565.64
设备、工器具购置	Purchase of Equipment and Instruments	56.81	231.25	197.60	202.71
其他费用	Others	22.63	143.23	140.73	134.91
按建设性质分	Grouped by Type of Construction				
#新　建	New Construction	115.01	624.73	613.66	603.43
扩　建	Expension	37.81	184.73	234.38	215.72
改　建	Reconstruction	9.21	43.05	37.54	52.78
按工程用途分	Grouped by Use of Projects				
农林牧渔业用	Farming, Forestry, Animal Husbandry and Fishery		8.07	7.01	13.55
工业、建筑业用	Industry and Construction		380.29	356.38	303.75
商业、运输邮电业用	Commerce, Transportation, Postal and Telecommunications		262.39	273.07	230.85
住　宅	Residence		77.62	70.41	77.83
其　他	Others		177.60	202.86	277.28
按资金来源分	Grouped by Source of Funds				
国家预算内资金	State Budgetary Appropriations	13.50	19.79	15.19	14.00
国内贷款	Domestic Loans	29.25	127.41	137.51	96.83
利用外资	Foreign Investment	37.56	217.37	191.77	254.18
自筹资金	Fund Raising	59.52	449.61	457.83	477.64
其他资金	Others	35.60	91.79	107.43	60.61
三、新增固定资产(亿元)	Newty Increased Fixed Assets (100 million yuan)	110.38	509.60	661.43	644.33
四、房屋建筑面积(万平方米)	Floor Space of Buildings (10000 sq.m)				
施工面积	Floor Space Under Construction	1775.04	3822.75	3930.90	3790.47
竣工面积	Floor Space Completed	808.30	1528.53	1676.29	1532.42
#住宅	#Residential Buildings	310.86	608.25	672.61	616.18

6-7 基本建设项目计划总投资及完成情况
PLANNING GROSS INVESTMENT OF CAPITAL CONSTROCTION PROJECTS AND COMPLETED INVESTMENT

单位: 亿元 (100 million yuan)

指　　标	Indicator	1990	1995	1996	1997
计划总投资	Planning Gross Investment	716.01	3176.89	4149.12	4638.47
自开始建设至本年底累计完成投资	Accumulative Investment Actually Made Since Starting of Construction up to the Year-end	391.63	1926.63	2422.98	2526.90
#本年完成投资	#Investment Made in the Year	175.43	905.97	909.73	903.26
累计新增固定资产	Accumulative Newly Increased Fixed Assets	188.77	868.58	1177.65	1161.55
不增加固定资产投资	Investment not Increasing Fixed Assets	14.39	58.37	85.81	126.63
未完工程投资	Investment of Uncompteted Projects	188.47	999.68	1159.52	1238.72
全部建成尚需投资	Further Investinent Reguired for the Completion of Construction	324.38	1250.26	1726.14	2111.57
未完工程占用率 (%)	Rate of Investment in Projects Uncompleted (%)	107.4	110.3	127.5	137.1
建设周期 (年/月)	Period to Complete Planing Gross Investment (year/month)	4/1	3/6	4/7	5/2

6-8 基本建设大中型项目计划总投资及完成情况
PLANNING GROSS INVESTMENT OF LARGE AND MEDIUM CAPITAL CONSTRUCTION PROJECTS AND COMPLETED INVESTMENT

单位: 亿元 (100 million yuan)

指　　标	Indicator	1990	1995	1996	1997
计划总投资	Planning Gross Investment	444.86	1556.56	2113.12	2433.36
自开始建设至本年底累计完成投资	Accumulative Investment Actually Made Since Starting of Construction up to the Year-end	205.58	880.48	1189.18	1215.98
#本年完成投资	#Investment Made in the Year	92.56	332.32	321.87	281.48
累计新增固定资产	Accumulative Newly Incraesed Fixed Assets	82.06	320.37	525.75	457.68
不增加固定资产投资	Investment not Increasing Fixed Assets	9.46	31.95	34.31	75.03
未完工程投资	Investment of Uncompteted Projects	114.06	528.16	629.12	683.27
全部建成尚需投资	Further Investinent Reguired for the Completion of Construction	239.28	676.08	923.94	1217.38
未完工程占用率(%)	Rate of Investment in Projects Uncompleted (%)	123.2	158.9	195.5	242.7
建设周期 (年/月)	Period to Complete Planning Gross Investment (year/month)	4/10	4/8	6/7	8/8

6-9 国民经济各行业基本建设主要指标(1997年)

MAIN INDICATORS OF CAPITAL CONSTRUCTION BY SECTOR (1997)

行　　业	Sector	投资额(亿元) Investment(100 million yuan)	施工项目个数(个) Number of Projects Under construction (unit)	全部建成投产项目个数(个) Number of Projects Completed and Put into Use (unit)	新增固定资产(亿元) Newly Increased Fixed Assets(100 million yuan)
全省总计	**Province Total**	**903.26**	**4521**	**1973**	**644.33**
农、林、牧、渔业	**Farming, Forestry, Animal Husbandry and Fishery**	**4.79**	**121**	**71**	**2.42**
农业	Farming	1.14	44	32	0.98
林业	Forestry	0.49	32	21	0.29
畜牧业	Animal Husbandry	1.16	12	4	0.73
渔业	Fishery	1.07	10	3	0.11
农林牧渔服务业	Services	0.93	23	11	0.31
采掘业	**Mining and Quarrying**	**11.12**	**19**	**4**	**2.12**
煤炭采选业	Coal Mining and Dressing	0.18	3		0.02
石油和天然气开采业	Petroleum and Natural Gas Extraction	10.40	1		1.55
黑色金属矿采选业	Ferrous Metals Mining and Dressing	0.11	3	1	0.13
有色金属矿采选业	Nonferrous Metals Mining and Dressing	0.07	4	1	0.06
非金属矿采选业	Nonmetal Minerals Mining and Dressing	0.36	7	2	0.36
其他矿采选业	Other Minerals Mining and Dressing				
木材及竹材采运业	Logging and Transport of Wood and Bamboo	…	1		
制造业	**Manufacturing**	**140.19**	**425**	**191**	**133.80**
食品加工业	Food Processing	5.68	27	14	1.46
食品制造业	Food Production	6.38	22	11	6.10
饮料制造业	Beverage Production	12.80	13	8	14.32
烟草加工业	Tobacco Processing	0.55	8	2	0.44
纺织业	Textile Industry	4.37	23	8	2.89
服装及纤维制品制造业	Garments and Other Fiber Products	1.82	17	12	2.58
皮革毛皮羽绒及制品业	Leather, Furs, Down and Related Products	2.52	6	1	2.43
木材加工及竹藤棕草制品业	Timber Processing, Bamboo, Cane, Palm Fiber and Straw Products	0.76	8	4	2.70
家具制造业	Furniture Manufacturing	0.03	2	2	0.27
造纸及纸制品业	Papermaking and Paper Products	7.42	12	5	3.52
印刷业、记录媒介的复制	Printing and Record Medium Reproduction	2.13	9	4	0.22
文教体育用品制造业	Cultural, Educational and Sports Goods	0.24	6	2	0.12
石油加工及炼焦业	Petroleum Processing and Coking	7.73	5	1	5.02
化学原料及制品制造业	Raw Chemical Materials and Chemical Products	20.83	31	16	32.06
医药制造业	Medical and Pharmaceutical Products	2.39	16	5	0.63
化学纤维制造业	Chemical Fiber	0.84	2	1	0.79
橡胶制品业	Rubber Products	0.42	6	3	0.61
塑料制品业	Plastic Products	2.23	18	9	1.66
非金属矿物制品业	Nonmetal Mineral Products	5.52	17	6	3.12
黑色金属冶炼及压延加工业	Smelting and Pressing of Ferrous Metals	5.85	7	3	2.81
有色金属冶炼及压延加工业	Smelting and Pressing of Nonferrous Metals	0.21	8	5	2.38

续表 1 continued

行业	Sector	投资额(亿元) Investment(100 million yuan)	施工项目个数(个) Number of Projects Under construction (unit)	全部建成投产项目个数(个) Number of Projects Compteted and Put into Use (unit)	新增固定资产(亿元) Newly Increased Fixed Assets(100 million yuan)
金属制品业	Metal Products	3.59	24	14	5.29
普通机械制造业	Ordinary Machinery	1.34	15	6	1.37
专用设备制造业	Equipment for Special Purposes	1.21	8	3	1.12
交通运输设备制造业	Transport Equipment	3.71	22	8	3.68
电气机械及器材制造业	Electric Equipment and Machinery	2.23	19	5	0.88
电子及通信设备制造业	Electronic and Telecommunications Equipment	33.97	49	22	33.00
仪器仪表及文化、办公用机械制造业	Instruments, Meters, Cultural and Office Machinery	0.83	5	2	0.43
其他制造业	Other Manufacturing	2.59	20	9	1.90
电力、煤气及水的生产和供应业	**Electric Power, Gas and Water Production and Supply**	**155.98**	**323**	**129**	**113.63**
电力、蒸汽、热水生产和供应业	Electric Power, Steam and Hot Water Production and Supply	137.61	246	99	102.13
煤气的生产和供应业	Gas Production and Supply	5.60	8	1	3.60
自来水的生产和供应业	Tap Water Production and Supply	12.77	69	29	7.90
建筑业	**Construction**	**11.69**	**66**	**24**	**11.10**
土木工程建筑业	Civil Engineering Construction	10.60	54	16	9.84
线路、管道和设备安装业	Circuit, Pipelines and Equipment Installation	0.54	7	4	0.54
建筑物的装修装饰业	Buildings Fitting up and Decoration	0.55	5	4	0.72
地质勘查、水利管理业	**Geological Prospecting and Water Conservancy**	**29.78**	**109**	**46**	**11.49**
地质勘查业	Geological Prospecting	0.18	12	2	0.33
水利管理业	Water Conservancy	29.60	97	44	11.16
交通运输、仓储及邮电通信业	**Transportation, Storage, Postal and Telecommunications Services**	**215.57**	**626**	**247**	**187.32**
铁路运输业	Railway Transport	14.41	16	2	12.02
公路运输业	Highway Transport	71.45	166	39	43.19
管道运输业	Pipeline Transport	1.01	1	1	14.57
水上运输业	Waterway Transport	5.34	28	4	8.15
航空运输业	Air Transport	4.38	9	3	4.33
交通运输辅助业	Transport Subsidiary Services	51.52	165	76	41.47
其他交通运输业	Other Transport	0.50	6		
仓储业	Storage	5.14	36	15	6.25
邮电通信业	Postal and Telecommunication Services	61.82	199	107	57.34
批发和零售贸易餐饮业	**Wholesale & Retail Trade and Catering Services**	**14.02**	**171**	**62**	**9.39**
食品、饮料、烟草和家庭用品批发业	Wholesale Trade of Food, Beverage, Tobacco and Household Articles	3.26	57	24	2.95
能源、材料和机械电子设备批发业	Wholesale Trade of Energy, Materials and Electronic Equipment	2.06	37	13	2.11
其他批发业	Other Wholesale Trade	0.73	20	7	0.22

续表 2 continued

行业	Sector	投资额（亿元） Invest-ment(100 million yuan)	施工项目个数（个） Number of Projects Under con-struction (unit)	全部建成投产项目个数（个） Number of Projects Completed and Put into Use (unit)	新增固定资产（亿元） Newly Increased Fixed Assets(100 million yuan)
零售业	Retail Trade	5.45	45	13	1.81
商业经纪与代理业	Commercial Brokerage and Agencies	0.01	1		
餐饮业	Catering Trade	2.51	11	5	2.30
金融、保险业	**Finance and Insurance**	**3.71**	**100**	**47**	**5.90**
金融业	Finance	3.56	89	39	5.80
保险业	Insurance	0.15	11	8	0.10
房地产业	**Real Estate Management**	**16.50**	**84**	**34**	**15.94**
房地产开发与经营业	Real Estate Development and Operation	14.34	60	23	13.84
房地产管理业	Real Estate Management	2.15	22	9	2.08
房地产代理与经纪业	Real Estate Brokerage and Agencies	0.01	2	2	0.02
社会服务业	**Social Services**	**144.44**	**340**	**136**	**49.06**
公共服务业	Public Services	126.97	256	104	32.23
居民服务业	Resident Services	1.84	11	6	1.88
旅馆业	Hotels	8.05	21	10	10.80
租赁服务业	Leasing Services	0.28	3	1	0.05
旅游业	Tourism	1.12	12	5	1.03
娱乐服务业	Recreational Services	5.07	12	3	2.56
信息、咨询服务业	Information and Consultancy Services	0.01			0.01
计算机应用服务业	Computer Application Services				
其他社会服务业	Other Social Services	1.10	25	7	0.50
卫生、体育和社会福利业	**Health Care, Sports and Social Welfare**	**20.62**	**236**	**94**	**9.82**
卫生	Health Care	11.59	179	73	8.06
体育	Sports	4.56	15	4	0.82
社会福利保障业	Social Welfare and Social Security	4.47	42	17	0.94
教育、文化艺术和广播电影电视业	**Education, Culture and Arts, Radio, Film and Television**	**57.29**	**793**	**418**	**41.71**
教育	Education	42.24	704	388	34.86
文化艺术业	Culture and Arts	13.08	59	18	6.39
广播、电影、电视业	Radio, Film and Television	1.97	30	12	0.46
科学研究和综合技术服务业	**Scientific Research and Polytechnical Services**	**2.64**	**71**	**15**	**0.92**
科学研究业	Scientific Research	1.45	42	4	0.60
综合技术服务业	Polytechnical Services	1.19	29	11	0.32
国家机关、政党机关和社会团体	**Government Agencies, Party Agencies and Social Organizations**	**66.68**	**954**	**424**	**44.56**
#国家机关	Govenment Agencies	59.02	884	396	40.42
政党机关	Party Agencies	4.41	44	19	3.63
其他行业	**Other Sectors**	**8.24**	**83**	**31**	**5.15**

6-10 各市按国民经济行业分的基本建设投资(1997年)

INVESTMENT IN CAPITAL CONSTRUCTION BY SECTOR BY CITY (1997)

单位：万元　　　　(10000 yuan)

市别 City	合计 Total	农、林、牧、渔业 Farming, Forestry Animeal Husbandry and Fishery	采掘业 Mining and Quarrying	制造业 Manufacturing	电力、煤气及水的生产和供应业 Electric Power, Gas and Water Production and Supply	建筑业 Construction	地质勘查业水利管理业 Geological Prospecting and Water Conservancy	交通运输仓储和邮电通信业 Transportation, Storage, Postal and Telecommunication Services
全省总计 Total	**9032608**	**47878**	**111152**	**1401881**	**1559847**	**116853**	**297810**	**2155740**
广州 Guangzhou	2283400	2483	548	531524	266717	15685	1050	168611
深圳 Shenzhen	2234957	13981		323179	425510	23626	46149	491385
珠海 Zhuhai	444715	3765		93782	156290	8297	6823	91753
汕头 Shantou	505455	1923		9729	100109		2084	205843
韶关 Shaoguan	96230	2271	1226	5963	35615		1831	17063
河源 Heyuan	90131	180	945	23283	11086	9730	84	24623
梅州 Meizhou	104086	511	744	3425	51347	279	580	6576
惠州 Huizhou	265887	4989		106491	24418	3076	1336	46538
汕尾 Shanwei	42290	964		3003	3354	3700	197	5007
东莞 Dongguan	200428	3036		32871	60996	27332	2322	55713
中山 Zhongshan	113945	81		462	73359		1874	5340
江门 Jiangmen	106241	1103		1000	27999		4603	21088
佛山 Foshan	158496	60		15881	3300		12339	52506
阳江 Yangjiang	106810	1374	10	161	7097	13300	10646	42497
湛江 Zhanjiang	349857	4862	104240	54963	37459	547	11584	68603
茂名 Maoming	220670	990	1980	140917	4318	900	10362	4923
肇庆 Zhaoqing	148834	818	472	9793	25869	50	11631	18729
清远 Qingyuan	373063	4158	49	16867	48839	6580	150685	99446
潮州 Chaozhou	88937		234	1106	6504	2551	353	17420
揭阳 Jieyang	195671	56		27481	25392	1200	16706	19711
云浮 Yunfu	78211	273	704		8015		4571	24325

市别 City	批发零售贸易和餐饮业 Wholesale & Retail Trade and Catering Services	金融、保险业 Finance and Insurance	房地产业 Real Estate Trade	社会服务业 Social Services	卫生、体育和社会福利业 Health Care, Sports and Social Welfare	教育、文化艺术和广播电影电视业 Education, Culture, Arts, Radio, Film and Television	科学研究和综合技术服务事业 Scientific Research and Polytechnical Services	国家机关、政党机关和社会团体 Government Agencies, Party Agencies and Social Organizations	其他行业 Others
全省总计 Total	**140231**	**37060**	**165030**	**1444438**	**206156**	**572897**	**26406**	**666803**	**82426**
广州 Guangzhou	37666	3262	14771	784075	61583	137485	14112	227850	15978
深圳 Shenzhen	52870	5521	120121	418091	45764	116075	1696	109640	41349
珠海 Zhuhai	8915	1170	54	15142	10014	22074	933	24076	1627
汕头 Shantou	2690	546	3436	75561	7737	51752	3143	36615	4287
韶关 Shaoguan	842	3621	1859	1146	2112	12452		10009	220
河源 Heyuan	2553	363	505	466	563	5735		9392	623
梅州 Meizhou	1590	1360	839	721	1338	14952	119	19074	631
惠州 Huizhou	17103	1698	105	26198	1845	17218		13152	1720
汕尾 Shanwei	1986	100		2079	175	3217	1943	16565	
东莞 Dongguan	159	850		2463	1144	6263	430	6849	
中山 Zhongshan		3053		13358	1733	8495		6190	
江门 Jiangmen	130	60	9371	297	3487	17874		18805	424
佛山 Foshan		1620	217	17670	18721	13598	90	22494	
阳江 Yangjiang	1080	958	640	7085	1477	8307		9867	2311
湛江 Zhanjiang	7245	2590	1027	6000	8593	25875	750	15519	
茂名 Maoming	1743	1419	224	16212	1233	19030	814	15605	
肇庆 Zhaoqing	531	3491	300	13532	2950	28079	1004	29974	1611
清远 Qingyuan	717	2238	603	1175	3591	16371	70	20576	1098
潮州 Chaozhou		340	10112	17235	1278	11115	319	13812	6558
揭阳 Jieyang	2404	2800	846	25777	30818	16042	983	21506	3949
云浮 Yunfu	7			155		20888		19233	40

注：全省总计中含不分区部分。

Note: Province total contained the part of investment excluding in the cities.

6-11 基本建设新增主要生产能力或效益
NEWLY INCREASED PRODUCTION CAPACITY OR BENEFIT THROUGH CAPITAL CONSTRUCTION

项　　目	Item	1990	1995	1996	1997
铅冶炼　(吨/年)	Lead Smelting (ton/year)			25366	
锌冶炼　(吨/年)	Zinc Smelting (ton/year)			59634	
银电解　(公斤/年)	Silver Electrolysis (kg/year)			49420	
发电机组装机容量　(万千瓦)	Capacity of Generating Sets (10000 kw)	74.07	178.62	294.29	146.53
#水力发电　(万千瓦)	Hydropower (10000 kw)	1.87	12.57	29.89	15.38
火力发电　(万千瓦)	Thermal Power (10000 kw)	65.92	165.45	264.40	130.60
输电线路(11万伏及以上)(公里)	Electric Power Transmission Equipment (>110000V) (km)	739.16	1046.43	417.49	951.98
变电设备(11万伏及以上)(万千伏安)	Electric Substation Equipment(>110000V) (10000 KVA)	155.55	501.50	605.45	325.27
水　泥　(万吨/年)	Cement (10000 tons/year)	49.00	89.60	150.00	16.00
平板玻璃　(万重量箱/年)	Plate Glass (10000 wt. cases/year)			10.00	
刨花板　(万立方米/年)	Shaving Board (10000 m^3/year)		0.50	5.30	
硫　酸　(吨/年)	Sulphuric Acid (ton/year)			144121	
油　漆　(吨/年)	Paint (ton/year)			1800	
塑料树脂及共聚物　(吨/年)	Plastic Resin and Copolymet (ton/year)			13320	200
合成纤维聚合物　(吨/年)	Synthetic Fibre Polymer (ton/year)			20000	
化学原料药　(吨/年)	Chemical Raw Medicine (ton/year)	972		240	10
化学纤维　(吨/年)	Chemical Fibre (ton/year)	10000		34380	8580
新建铁路正线交付运营里程(公里)	Length of Newly Built Railway Trunk Lines Put into Operation (km)		134.00	58.10	
增建铁路第二线交付运营里程(公里)	Length of Newly Built Railway Second Track Line Put into Operation (km)			24.40	10.70
新建公路　(公里)	Length of New Highway (km)	109.80	866.77	486.68	1221.33
#高速公路　(公里)	Expressway (km)		190.50	315.80	50.16
改建公路　(公里)	Length of Reconstructed Highway (km)	459.94	947.21	1633.10	1250.45
#高速公路　(公里)	Expressway (km)				
#一级公路　(公里)	First Class Highway (km)	42.97	221.84	243.40	715.40
新建独立公路桥梁　(延长米)	Newly Built Highway Bridge(extend metre)	4553	11381	10462	13288
(座)	(set)	16	49	49	31
新(扩)建港口码头(年吞吐量:万吨)	Newly Built or Expanded Ports(Annual Handling Capacity: 10000 tons)	165.50	1171.00	245.00	183.50
(泊位:个)	Number of Berth (unit)	10	15	13	12
新(扩)建客、货运站　(个)	Number of Newly Built or Expanded Passenger and Freight Station	1	2	3	4
(平方米)	(sq. m)	2281	15608	4645	33340
长途电缆　(延长公里)	Long-Distance Cable (extend km)	14.20	1257.50	1059.19	9056.00

续表　Continued

项　　目	Item	1990	1995	1996	1997
市内电话自动交换机（门）	Local Telephone Exchange (line)	222714	687440	342800	228682
长途自动电话交换设备（路端）	Long Distance Telephone Exchange Equipments (circuit)	2010	51020	68192	100000
造林面积（万亩）	Afforested Area (10000 mu)		1.50	0.12	4.69
水库容量（总库容）（亿立方米）	Reservoir Capacity (100 million m^3)	0.19	0.57	1.60	0.27
有效灌溉面积（万亩）	Effective Irrigated Area (10000 mu)	20.61	2.17	28.58	31.80
除涝面积（万亩）	Flooded or Waterlogged Area Under Control (10000 mu)	3.28	8.66	22.60	103.11
粮食仓库（万公斤）	Grain Storehouse (10000 kg)	2585.00	501.00	1200.00	8211.80
（平方米）	(sq.m)	10914	1631	5675	63935
商业饮食服务网点（处）	Number of Establishment in Commercial and Catering Services (unit)	58	70	95	160
（平方米）	(sq.m)	67661	215087	220294	289877
高等院校学生席位（个）	Number of Student Seat of University and College	6202	4536	7810	6800
（平方米）	(sq.m)	50882	40499	33958	51787
中等学校学生席位（个）	Number of Student Seat of Regular Secondary School	180798	286192	165933	306963
（平方米）	(sq.m)	583913	635303	589158	803916
小学校学生席位（个）	Number of Student Seat of Primary School	244935	213895	179888	205909
（平方米）	(sq.m)	630240	537758	483045	709404
其它学校学生席位（个）	Number of Student Seat of Other School		10092	12139	9797
（平方米）	(sq.m)		111701	109992	49806
公共图书馆：藏书量（万册（件））	Collections of Public Libraries (10000 volumes)	260.00	10.00	60.00	
阅览室席位（个）	Seating Capacity of Reading Room	3490	500	800	
建筑面积（平方米）	Floor Space of Building (sq.m)	26104	1600	16400	
医院病床（张）	Number of Hospital Bed	1606	2481	1383	2121
城市自来水供水能力（万吨/日）	City Tap Water Supply Capacity (10000 tons/day)	27.08	160.00	58.06	70.00
城市自来水管道长度（公里）	Length of City Tap Water Pipe (km)	51.44	164.06	178.10	181.97
城市液化石油气储气能力（吨）	City Storage Capacity of Liquefied Petroleum Gas (ton)		6100.00	60.00	2500.00
城市道路扩建长度（公里）	Length of City Road Extended (km)	34.93	89.08	138.91	84.34
城市道路扩建面积（万平方米）	Area of City Road Extended (sq.m)	59.52	169.68	291.62	189.44
城市排水管道铺设长度（公里）	Lenght of Sewer Pipelines (km)	15.98	70.12	133.89	28.54
城市污水处理能力（万吨/日）	Disposal Capacity of Sewer (10000 tons/day)	0.60	7.40	18.43	3.18
城市防洪堤长度（公里）	Lenght of City Embarkment (km)	2.00	18.44	46.18	80.55

6-12 建成投产的大中型基本建设项目(1997年)

LARGE AND MEDIUM CAPITAL CONSTRUCTION PROJECTS COMPLETED AND PUT INTO USE (1997)

项 目 Project	新 增 生 产 能 力 Newly Increased Production Capacity	建设工期(年/月) Period to Complete the Whole Project (year/month)
珠江电厂二期工程 Second Phase Project of Zhujiang Power Plant	火力发电60万千瓦 Thermal Electricity 600000 kw	3/11
员村热电厂热电工程 Thermal Electricity Project of Fucun Thermal Power Plant	火力发电10万千瓦 Thermal Electricity 100000 kw	3/2
深圳市西部电力有限公司 Shenzhen Western Electricity Co., Ltd	火力发电60万千瓦 Thermal Electricity 600000 kw	2/6
汕头市民航外砂机场应急工程 Emergency Project of Shantou Waisha Civil Airport	候机楼1座 15580平方米 Airport Lounge Building 15580 sq. m	1/1
汕头市中孚集团公司工业城 Industry City Project of Shantou Zhongfu Group Co.	厂房300平方米 Workshop 300 sq. m	3/2
汕头市海湾大桥公司大桥及引道 Bridge and Bridge Approach Project of the Haiwan Bridge Co. of Shantou City	新建公路15公里 Highway 15km 其中高速公路15公里 Express Highway 15km 新建独立公路桥梁1座 Highway Bridge (unit) 2500延长米 2500 extend metre	5/9
江门市电力工业局龙湾输变电工程 Longwan Electric Power Transmission and and Transfer Project of the Electricity Industry Bureau of Jiangmen City	输电线路长度(11万伏及以上)1.75公里 Transmission Line (over 110000 V) 1.75km 变电设备能力(11万伏及以上)4万千伏安 Capacity of Transfer Equipment (over 110000 V) 40000 KVA	1/5
江门市电力工业局江北输变电工程 Jiangbei Electric Power Transmission and Transfer Project of the Electricity Industry Bureau of Jiangmen City	输电线路长度(11万伏及以上)16公里 Transmission Line (over 110000 V) 16km	1/2
湛江民航场扩建 Civil Airport Expand Project of Zhan-jiang City	民航机杨跑道1条600米 Runway 600m	3/0
高要市水利局综合水利建设 Water Engineering Project the Water Conservancy Bureau of Gaoyao City	城市防洪堤长度6.8公里 Urban Flood Bank 6.8km	0/11
兴宁220千伏变电站 Xingning 220KV Substation	变电设备能力(11万伏及以上)23万千伏安 Capacity of Transfer Equipment (over 110000 V) 30000 KVA	3/0
中山邮电局西区电信楼 Telecommunication Building of the City Post and Telecommunication office of Zhongshan City		3/9
中山发电厂A厂 A Plant of Zhongshan Power Station	火力发电25万千瓦 Thermal Electricity 250000 kw	2/4
广东省虎门大桥工程 Humen Bridge Project of Guangdong Province	新建高速公路15.76公里 Express Highway 15.76 km 新建独立公路桥梁1座 3622延长米 Bridge 3622 extend metre	4/9
惠汕500KV输变电工程 Huishan 500 KV Power Transmission and Transfer Project	变电设备能力(11万伏及以上)75万千伏安 Capacity of Transfer Equipment (over 110000 V) 750000 KVA 输电线路长度(11万伏及以上)268公里 Transmission Line(over 110000 V)268 km	1/9

6-13 基本建设投资效益指标

BENEFICIAL INDICATORS OF INVESTMENT IN CAPITAL CONSTRUCTION

指标	Indicator	1990	1995	1996	1997
一、固定资产交付使用率	**Rate of Fixed Assets Put into Use**				
本年完成投资（亿元）	Investment Made in The Year (100 million yuan)	175.43	905.97	909.73	903.26
本年新增固定资产（亿元）	Newly Increased Fixed Assets in The Year (100 million yuan)	110.38	509.60	661.43	644.33
固定资产交付使用率（%）	Rate of Fixed Assets Put into Use (%)	62.9	56.2	72.7	71.3
二、建成项目投产率	**Rate of Projects Completed and Put into Use**				
本年施工项目（个）	Number of Projects Under Construction	3389	4445	4456	4521
本年建成投资项目（个）	Projects Completed and Put into Use	1655	1819	1964	1973
建成项目投产率（%）	Rate of Projects Completed and Put into Use	48.8	40.9	44.1	43.6
三、房屋建筑面积竣工率	**Rate of Floor Space of Buildings Completed**				
本年房屋施工面积（万平方米）	Floor Space of Buildings under Construction (10000 sq. m)	1775.04	3822.75	3930.90	3790.47
本年房屋竣工面积（万平方米）	Floor Space of Building Completed(10000 sq. m)	808.30	1528.53	1676.29	1532.42
房屋面积竣工率（%）	Rate of Floor Space of Buildings Completed (%)	45.5	40.0	42.6	40.4
四、建设周期	**Period to Complete Planning Gross Investments**				
计划总投资（亿元）	Planning Gross Investment (100 million yuan)	716.01	3176.89	4149.12	4638.47
本年完成投资（亿元）	Investment Made in The Year (100 million yuan)	175.43	905.97	909.73	903.26
建设周期（年/月）	Period to Complete Planning Gross Investments (year/month)	4/1	3/6	4/7	5/2

6-14 更新改造投资效益指标

BENEFICIAL INDICATORS OF INNOVATION INVESTMENT

指标	Indicator	1990	1995	1996	1997
一、固定资产交付使用率	**Rate of Fixed Assets Put into Use**				
本年完成投资（亿元）	Investment Made in The Year (100 million yuan)	59.10	255.61	277.00	273.90
本年新增固定资产（亿元）	Newly Increased Fixed Assets in The Year (100 million yuan)	57.38	188.76	250.33	227.89
固定资产交付使用率（%）	Rate of Fixed Assets Put into Use (%)	97.1	73.8	90.4	83.2
二、建成项目投产率	**Rate of Projects Completed and Put into Use**				
本年施工项目（个）	Number of Projects Under Construction	3399	2937	2934	2857
本年建成投资项目（个）	Projects Completed and Put into Use	1762	1568	1471	1437
建成项目投产率（%）	Rate of Projects Completed and Put into Use (%)	51.8	53.4	50.1	50.3
三、房屋建筑面积竣工率	**Rate of Floor Space of Buildings Completed**				
本年房屋施工面积（万平方米）	Floor Space of Buildings under Construction (10000 sq. m)	742.98	852.09	679.25	569.60
本年房屋竣工面积（万平方米）	Floor Space of Building Completed(10000 sq. m)	380.27	378.64	314.80	282.04
房屋面积竣工率（%）	Rate of Floor Space of Buildings Completed (%)	51.8	44.4	46.3	49.5
四、建设周期	**Period to Complete Planning Gross Investments**				
计划总投资（亿元）	Planning Gross Investment (100 million yuan)	189.09	713.13	708.55	670.95
本年完成投资（亿元）	Investment Made in The Year (100 million yuan)	59.10	255.61	277.00	273.90
建设周期（年/月）	Period to Complete Planning Gross Investments (year/month)	3/2	2/9	2/7	2/5

6-15 农业、能源、原材料、运输邮电业基本建设投资及比重

INVESTMENT AND PROPORTION IN CAPITAL CONSTRUCTION OF AGRICULTURE, ENERGY, RAW MATERIALS, TRANSPORTATION, POST AND TELECOMMUNICATIONS

年份 Year	投资额(亿元) Volume of Investment (100 million yuan)				比重(以投资总额为100) Proportion (total=100)			
	农业 Agriculture	能源 Energy	原材料 Raw Materials	运输邮电 Post and Telecommunications	农业 Agriculture	能源 Energy	原材料 Raw Materials	运输邮电 Post and Telecommunications
1980	3.26	2.88	2.96	2.86	14.8	13.1	13.4	13.0
1981	3.47	3.49	2.34	3.70	12.2	12.3	8.2	13.0
1982	3.27	3.23	1.82	4.24	9.7	9.5	5.4	12.5
1983	2.52	3.06	2.60	7.27	7.2	8.7	7.4	20.6
1984	2.85	4.61	2.70	11.24	5.2	8.3	4.9	20.3
1985	3.63	6.89	4.68	14.55	3.9	7.3	5.0	15.5
1986	3.51	23.10	6.35	16.07	3.4	22.3	6.1	15.5
1987	3.02	28.18	8.02	15.28	2.8	26.3	7.5	14.2
1988	3.67	26.57	16.36	23.04	2.5	18.1	11.2	15.7
1989	3.05	31.31	8.96	25.42	2.1	21.2	6.1	17.2
1990	4.68	58.80	7.06	32.97	2.7	33.5	4.0	18.8
1991	8.17	60.42	8.47	46.87	3.8	28.1	3.9	21.8
1992	6.65	74.95	16.84	105.85	2.0	22.1	5.0	31.3
1993	6.10	112.65	23.54	132.88	1.1	20.6	4.3	24.3
1994	8.44	249.02	62.39	227.49	1.0	29.3	7.3	26.7
1995	12.49	140.82	132.84	228.74	1.4	15.5	14.7	25.2
1996	25.37	134.32	102.16	253.52	2.8	14.8	11.2	27.9
1997	34.39	161.51	29.71	210.44	3.8	17.9	3.3	23.3

6-16 农业、能源、原材料、运输邮电业更新改造投资及比重

INVESTMENT AND PROPORTION IN INNOVATION OF AGRICULTURE, ENERGY, RAW MATERIALS, TRANSPORTATION, POST AND TELECOMMUNICATIONS

年份 Year	投资额(亿元) Volume of Investment (100 million yuan)				比重(以投资总额为100) Proportion (total=100)			
	农业 Agriculture	能源 Energy	原材料 Raw Materials	运输邮电 Post and Telecommunications	农业 Agriculture	能源 Energy	原材料 Raw Materials	运输邮电 Post and Telecommunications
1980	0.04	0.51	0.67	0.40	1.1	13.9	18.3	10.9
1981	0.19	0.68	1.64	0.87	3.0	10.9	26.3	13.9
1982	0.78	1.01	2.87	3.39	4.4	5.6	16.0	18.9
1983	1.00	0.99	3.63	2.06	5.0	5.0	18.2	10.3
1984	0.83	1.49	3.75	2.18	3.8	6.8	17.1	10.0
1985	1.27	3.34	4.26	2.43	3.9	10.3	13.2	7.5
1986	0.98	3.72	6.53	3.83	2.3	8.7	15.3	9.0
1987	1.17	3.20	8.03	5.48	2.3	6.2	15.6	10.7
1988	1.05	4.58	12.99	9.90	1.3	5.8	16.4	12.5
1989	0.73	5.14	7.62	8.20	1.5	10.3	15.3	16.5
1990	1.02	7.42	8.62	10.04	1.7	12.6	14.6	17.0
1991	0.99	6.60	8.29	16.09	1.3	8.8	11.1	21.5
1992	1.50	8.62	18.82	34.05	1.2	6.7	14.6	26.5
1993	1.18	11.62	25.70	57.49	0.6	6.3	14.0	31.3
1994	1.54	14.29	30.85	86.80	0.7	6.2	13.3	37.4
1995	2.63	19.80	23.00	101.72	1.0	7.7	9.0	39.8
1996	4.78	9.88	30.28	122.65	1.7	3.6	10.9	44.3
1997	4.93	25.53	18.74	108.91	1.8	9.3	6.8	39.8

6-17 更新改造主要指标

MAIN INDICATORS OF INNOVATION PROJECTS

指　　标	Indicator	1990	1995	1996	1997
一、建设项目个数(个)	Number of Projects (unit)				
施工项目	Number of Projects under Construction	3399	2937	2934	2857
#限额以上项目	#Projects of Above-Norm	81	111	132	156
全部建成投产项目	Projects Completed and Put into Use	1762	1568	1471	1437
#限额以上项目	#Projects of Above-Norm	15	41	38	50
二、投资总额(亿元)	**Total Investment (100 million yuan)**	**59.10**	**255.61**	**277.00**	**273.90**
按构成分	Grouped by Use of Funds				
建筑安装工程	Construction and Installation	30.27	127.68	112.00	114.45
设备、工器具购置	Purchase of Equipment and Instruments	24.93	105.16	148.89	142.14
其他费用	Others	3.90	22.77	16.11	17.31
按用途分	Grouped by Purpose				
增　产	Increase Production	19.94	71.70	72.04	67.29
节约能源	Energy Saving	1.34	1.29	3.18	3.99
其他节约	Others Savings Measures	0.06	0.22	0.55	1.21
增加品种	Increase Production Variety	6.14	10.14	12.81	16.39
提高产品质量	Improve Product Quality	2.12	5.49	7.11	11.46
三废治理	Treatment of Waste Water, Waste Gas and Solid Wastes	0.55	0.57	2.63	2.89
其　他	Others	28.95	166.20	178.68	170.67
按建设性质分	Grouped by Type of Construction				
#新　建	New Constraction	10.21	27.96	16.95	20.32
扩　建	Expension	30.57	149.36	145.35	131.04
改　建	Reconstruction	14.41	50.21	50.26	61.34
按工程用途分	Grouped by Use of Projects				
农林牧渔业用	Farming, Forestry, Animal Husbandry and Fishery		0.95	2.68	1.51
工业、建筑业用	Industry and Construction Postal		96.36	100.57	117.46
商业、运输邮电业用	Commerce, Transportation, Post and Telecommunications		102.15	127.41	112.97
住　　宅	Residence		12.44	12.96	8.83
其　　他	Others		43.71	33.38	33.13
按资金来源分	Grouped by Source of Funds				
国家预算内资金	State Budgetary Appropriations	0.72	3.63	2.70	2.79
国内贷款	Domestic Loans	16.63	47.08	50.32	50.29
利用外资	Foreign Investment	6.84	40.97	66.15	29.75
自筹资金	Fund Raising	30.12	138.50	136.80	172.06
其他资金	Others	4.79	25.43	21.03	19.01
三、新增固定资产(亿元)	**Newly Icreased Fixed Assets (100 million yuan)**	**57.38**	**188.76**	**250.33**	**227.89**
四、房屋建筑面积(万平方米)	**Floor Space of Building (10000 sq.m)**				
施工面积	Floor Space of Under Construction	742.98	852.09	679.25	569.60
竣工面积	Floor Space Completed	380.27	378.64	314.80	282.04
#住宅	#Residential Building	129.01	125.74	120.65	94.53

6-18 更新改造项目计划总投资及完成情况
PLANNING GROSS INVESTMENT OF INNOVATION PROJECTS AND COMPLETED INVESTMENT

单位：亿元　　(100 million yuan)

指　　标	Indicator	1990	1995	1996	1997
计划总投资	Planning Gross Investment	189.09	713.13	708.55	670.95
自开始建设至本年底累计完成投资	Accumulative Investment Actually Made Since Starting of Construction up to the Year-end	137.39	514.69	495.76	498.86
#本年完成投资	#Investment Made in The Year	59.10	255.61	277.00	273.90
累计新增固定资产	Accumulative Newly Increased Fixed Assets	88.85	318.90	337.33	347.15
不增加固定资产投资	Investment not Increasing Fixed Assets	5.66	10.45	16.30	11.45
未完工程投资	Investment of Uncompteted Projects	42.88	185.34	142.13	140.26
全部建成尚需投资	Further Investinent Reguired for the Completion of Construction	51.70	198.44	212.79	172.09
未完工程占用率(%)	Rate of Investment in Projects Uncompleted (%)	72.6	72.5	51.3	51.2
建设周期(年/月)	Period to Complete Planning Gross Investment (year/month)	3/2	2/9	2/7	2/5

6-19 更新改造限额以上项目计划总投资及完成情况
PLANNING GROSS INVESTMENT AND COMPLETED INVESTMENT OF ABOVE-NORM INNOVATION PROJECTS

单位：亿元　　(100 million yuan)

指　　标	Indicator	1990	1995	1996	1997
计划总投资	Planning Gross Investment	63.67	184.90	215.68	266.76
自开始建设至本年底累计完成投资	Accumulative Investment Actually Made Since Starting of Construction up to the Year-end	47.13	124.53	137.63	170.74
#本年完成投资	#Investment Made in The Year	16.89	54.78	64.06	73.49
累计新增固定资产	Accumulative Newly Increased Fixed Assets	27.39	78.30	87.57	107.23
不增加固定资产投资	Investment not Increasing Fixed Assets	1.31	2.69	5.68	6.45
未完工程投资	Investment of Uncompteted Projects	18.43	43.54	44.38	57.06
全部建成尚需投资	Further Investinent Reguired for the Completion of Construction	16.54	60.37	78.05	96.02
未完工程占用率(%)	Rate of Investment in Projects Uncompleted (%)	109.1	79.5	69.3	77.6
建设周期(年/月)	Period to Complete Planning Gross Investment (year/month)	3/10	3/5	3/4	3/8

6-20 国民经济各行业更新改造主要指标(1997年)

MAIN INDICATORS OF INVESTMENT IN INNOVATION BY SECTOR (1997)

行业	Sector	投资额(亿元) Total (100 million yuan)	施工项目个数(个) Number of Project Under construction (unit)	全部建成投产项目个数(个) Number of Project Fully Completed and Put into Use (unit)	新增固定资产(亿元) Newly Increased Fixed Assets(100 million yuan)
全省总计	**Province Total**	**273.90**	**2857**	**1437**	**227.89**
农、林、牧、渔业	**Farming, Forestry, Animal Husbandry Fishery**	**0.72**	**46**	**34**	**0.66**
农业	Farming	0.12	11	9	0.09
林业	Forestry	0.20	22	18	0.17
畜牧业	Animal Husbandry	0.01	1	1	0.03
渔业	Fishery	0.29	4	3	0.24
农林牧渔服务业	Services	0.10	8	3	0.13
采掘业	**Mining and Quarrying**	**2.16**	**46**	**4**	**1.17**
煤炭采选业	Coal Mining and Dressing	0.25	10	2	0.04
石油和天然气开采业	Petroleum and Natural Gas Extraction	0.47	18		0.51
黑色金属矿采选业	Ferrous Metals Mining and Dressing	0.15	1		0.21
有色金属矿采选业	Nonferrous Metals Mining and Dressing	0.99	14	2	0.40
非金属矿采选业	Nonmetal Minerals Mining and Dressing	0.30	3		0.01
其他矿采选业	Other Minerals Mining and Dressing				
木材及竹材采运业	Logging and Transport of Wood and Bamboo				
制造业	**Manufacturing**	**96.95**	**924**	**464**	**70.16**
食品加工业	Food Processing	2.15	49	30	1.62
食品制造业	Food Production	3.74	39	21	3.41
饮料制造业	Beverage Production	7.51	65	49	7.67
烟草加工业	Tobacco Processing	0.82	7	4	0.73
纺织业	Textile Industry	3.66	33	20	3.75
服装及纤维制品制造业	Garments and Other Fiber Products	1.06	6	5	0.95
皮革毛皮羽绒及制品业	Leather, Furs, Down and Related Products	0.40	1	1	0.40
木材加工及竹藤棕草制品业	Timber Processing, Bamboo, Cane, Palm Fiber and Straw Products	1.04	9	4	0.51
家具制造业	Furniture Manufacturing	0.09	4	1	0.07
造纸及纸制品业	Papermaking and Paper Products	3.44	26	15	2.65
印刷业、记录媒介的复制	Printing and Record Medium Reproduction	0.56	11	6	0.65
文教体育用品制造业	Cultural, Educational and Sports Goods	1.21	9	1	0.12
石油加工及炼焦业	Petroleum Processing and Coking	15.38	163	114	2.85
化学原料及制品制造业	Raw Chemical Materials and Chemical Products	3.97	76	36	4.22
医药制造业	Medical and Pharmaceutical Products	3.50	54	12	1.97
化学纤维制造业	Chemical Fiber	0.91	11	5	0.90
橡胶制品业	Rubber Products	2.17	10	2	2.28
塑料制品业	Plastic Products	3.07	13	7	2.53
非金属矿物制品业	Nonmetal Mineral Products	6.24	49	22	2.42
黑色金属冶炼及压延加工业	Smelting and Pressing of Ferrous Metals	4.31	31	9	3.09
有色金属冶炼及压延加工业	Smelting and Pressing of NonFerrous Metals	2.03	23	6	1.85

续表 1 continued

行 业	Sector	投资额(亿元) Total (100 million yuan)	施工项目个数(个) Number of Project Under construction (unit)	全部建成投产项目个数(个) Number of Project Fully Completed and Put into Use (unit)	新增固定资产(亿元) Newly Increased Fixed Assets (100 million yuan)
金属制品业	Metal Products	0.65	19	9	0.91
普通机械制造业	Ordinary Machinery	0.98	29	9	0.60
专用设备制造业	Equipment for Special Purposes	1.52	39	21	1.63
交通运输设备制造业	Transport Equipment	4.14	37	12	5.16
电气机械及器材制造业	Electric Equipment and Machinery	5.60	42	8	4.88
电子及通信设备制造业	Electronic and Telecommunications Equipment	15.48	49	24	11.09
仪器仪表及文化办公用机械制造业	Instruments, Meters, Cultural and office Machinery	0.86	17	9	1.09
其他制造业	Other Manufacturing	0.46	3	2	0.16
电力、煤气及水的生产和供应业	**Electric Power, Gas and Water Production and Supply**	**15.22**	**214**	**111**	**15.33**
电力、蒸汽、热水生产和供应业	Electric Power, Steam and Hot Water Production and Supply	9.03	131	78	9.43
煤气的生产和供应业	Gas Production and Supply	0.39	13	5	0.27
自来水的生产和供应业	Tap Water Production and Supply	5.80	70	28	5.63
建筑业	**Construction**	**5.98**	**65**	**41**	**3.79**
土木工程建筑业	Civil Engineering Construction	5.78	59	38	3.69
线路、管道和设备安装业	Circuit, Pipelines and Equipment Installation	0.19	6	3	0.09
建筑物的装修装饰业	Buildings Fitting up and Decoration	0.01			0.01
地质勘查、水利管理业	**Geological Prospecting and Water Conservancy**	**4.27**	**56**	**36**	**4.17**
地质勘查业	Geological Prospecting	0.06	2	1	0.06
水利管理业	Water Conservancy	4.21	54	35	4.11
交通运输、仓储及邮电通信业	**Transportation, Storage, Postal and Telecommunication Services**	**108.93**	**748**	**438**	**94.19**
铁路运输业	Railway Transport	2.46	64	2	1.21
公路运输业	Highway Transport	13.67	76	28	10.62
管道运输业	Pipeline Transport				
水上运输业	Waterway Transport	1.71	7	3	1.82
航空运输业	Air Transport	28.51			28.51
交通运输辅助业	Transport Subsidiary Services	15.65	184	123	14.90
其他交通运输业	Other Transport				
仓储业	Storage	0.03	1	1	0.03
邮电通信业	Postal and Telecommunication Services	46.90	416	281	37.10
批发和零售贸易餐饮业	**Wholesale & Retail Trade and Catering Services**	**2.66**	**83**	**48**	**2.18**
食品、饮料、烟草和家庭用品批发业	Wholesale Trade of Food, Beverage, Tobacco and Household Articles	1.56	42	21	1.08
能源、材料和机械电子设备批发业	Wholesale Trade of Energy, Materials and Electronic Equipment	0.32	13	9	0.23
其他批发业	Other Wholesale Trade	0.03	4	2	0.02

续表 2 continued

行业	Sector	投资额（亿元） Total (100 million yuan)	施工项目个数（个） Number of Project Under construction (unit)	全部建成投产项目个数（个） Number of Project Fully Completed and Put into Use (unit)	新增固定资产（亿元） Newly Increased Fixed Assets(100 million yuan)
零售业	Retail Trade	0.51	15	11	0.46
商业经纪与代理业	Commercial Brokerage and Agencies	0.02	2		
餐饮业	Catering Trade	0.22	7	5	0.39
金融、保险业	**Finance and Insurance**	**4.17**	**146**	**21**	**2.81**
金融业	Finance	4.11	145	21	2.81
保险业	Insurance	0.06	1		
房地产业	**Real Estate Management**	**0.62**	**16**	**10**	**0.48**
房地产开发与经营业	Real Estate Development and Operation	0.49	7	3	0.36
房地产管理业	Real Estate Management	0.13	9	7	0.12
房地产代理与经纪业	Real Estate Brokerage and Agencies	…			…
社会服务业	**Social Services**	**14.19**	**188**	**40**	**15.86**
公共服务业	Public Services	13.65	170	33	15.56
居民服务业	Resident Services	0.01	2		0.01
旅馆业	Hotels	0.18	3	1	0.17
租赁服务业	Leasing Services				
旅游业	Tourism	0.07	4	3	0.06
娱乐服务业	Recreational Services	0.01	2	1	0.05
信息、咨询服务业	Information and Consultancy Services				
计算机应用服务业	Computer Application Services				
其他社会服务业	Other Social Services	0.27	7	2	0.01
卫生、体育和社会福利业	**Health Care, Sports and Social Welfare**	**1.91**	**83**	**50**	**1.43**
卫生	Health Care	1.84	78	48	1.39
体育	Sports	0.05	3	1	0.04
社会福利保障业	Social Welfare and Social Security	0.02	2	1	…
教育、文化艺术和广播电影电视业	**Education, Culture and Arts, Radio, Film and Television**	**3.98**	**94**	**63**	**3.81**
教育	Education	2.75	71	54	2.68
文化艺术业	Culture and Arts	0.85	14	2	0.72
广播、电影、电视业	Radio, Film and Television	0.38	9	7	0.41
科学研究和综合技术服务业	**Scientific Research and Polytechnical Services**	**0.38**	**9**	**4**	**0.27**
科学研究业	Scientific Research	0.16	6	3	0.12
综合技术服务业	Polytechnical Services	0.22	3	1	0.15
国家机关、政党机关和社会团体	**Government Agencies, Party Agencies and Social Organizations**	**4.56**	**112**	**60**	**3.56**
#国家机关	Government Agencies	3.60	104	55	2.67
政党机关	Party Agencies	0.90	5	4	0.85
其他行业	**Other Sectors**	**7.20**	**27**	**13**	**8.02**

6-21 各市按国民经济行业分的更新改造投资(1997年)

INVESTMENT IN INNOVATION BY SECTOR BY CITY (1997)

单位：万元 (10000 yuan)

市别 City	合计 Total	农、林、牧、渔业 Farming, Forestry Animal Husbandry and Fishery	采掘业 Mining and Quarrying	制造业 Manufacturing	电力、煤气及水的生产和供应业 Electric Power, Gas and Water Production and Supply	建筑业 Construction	地质勘查业水利管理业 Geological Prospecting and Water Conservancy	交通运输仓储和邮电通信业 Transportation, Storage, Postal and Telecommunication Services
全省总计 Total	**2739000**	**7207**	**21635**	**969548**	**152174**	**59772**	**42688**	**1089329**
广州 Guangzhou	1206085	1090	210	370768	52738	14907	16458	487004
深圳 Shenzhen	180996			135254	6900	2859		20141
珠海 Zhuhai	26133			17503	7130			1500
汕头 Shantou	74355			10601	23561			31928
韶关 Shaoguan	127347	1358	12132	52817	3997		876	47244
河源 Heyuan	54193	60	124	972	550	12143	568	39693
梅州 Meizhou	14459			8769	1951		306	2209
惠州 Huizhou	76492	1930		8087	2346		1373	58737
汕尾 Shanwei	8476				1280	265		5388
东莞 Dongguan	42723			30779				11944
中山 Zhongshan	23844			6732	160	708		16164
江门 Jiangmen	74478	100		39743	11486			767
佛山 Foshan	128467			67993	2729	825	4918	31720
阳江 Yangjiang	16612	252	821	3522	1032			10985
湛江 Zhanjiang	86816	640	4695	12368	4081		646	60942
茂名 Maoming	148507	733	340	61476	6886	344	9360	52429
肇庆 Zhaoqing	86475	470	1129	68754	3764	80	383	4322
清远 Qingyuan	91518		7	35203	418	26246	1032	23506
潮州 Chaozhou	53059	270		19676	13969	330	2659	13249
揭阳 Jieyang	43804			17016	1439	250	880	19589
云浮 Yunfu	34086	304	2177	1515	5757	815	3229	9793

市别 City	批发零售贸易和餐饮业 Wholesale & Retail Trade and Catering Services	金融、保险业 Finance and Insurance	房地产业 Real Estate Trade	社会服务业 Social Services	卫生、体育和社会福利业 Health Care, Sports and Social Welfare	教育、文化艺术和广播电影电视业 Education, Culture, Arts, Radio, Film and Television	科学研究和综合技术服务事业 Scientific Research and Polytechnical Services	国家机关、政党机关和社会团体 Government Agencies, Party Agencies and Social Organizations	其他行业 Others
全省总计 Total	**26611**	**41739**	**6228**	**141851**	**19116**	**39757**	**3803**	**45585**	**71957**
广州 Guangzhou	9181	34547	2259	118955	2071	19374	1552	7361	67610
深圳 Shenzhen	6411		1480	1753	2785	2023	1390		
珠海 Zhuhai									
汕头 Shantou	685	750			420			6410	
韶关 Shaoguan	302	264	40	4949	686	75		2607	
河源 Heyuan	40					30	13		
梅州 Meizhou	133	411			129	26		525	
惠州 Huizhou	615	17		318	83	2711		275	
汕尾 Shanwei	200							1343	
东莞 Dongguan									
中山 Zhongshan	80								
江门 Jiangmen	217	93	15	4676	1564	663		12000	3154
佛山 Foshan	2063	960	30	6830	275	4416	829	4669	210
阳江 Yangjiang									
湛江 Zhanjiang	507		125	933	397	731		751	
茂名 Maoming	3553	2992	1059	764	4196	1326		3049	
肇庆 Zhaoqing	797	700	450	740	1607	1842		757	680
清远 Qingyuan	511		330	135	60	4030		40	
潮州 Chaozhou			30		797	1689		390	
揭阳 Jieyang	636		325	1718	285	365		1301	
云浮 Yunfu	680	1005	85	80	3761	456	19	4107	303

注：全省总计中含不分区部分。

Note: Province total contained the part of investment excluding in the cities.

6-22 更新改造新增主要生产能力或效益

NEWLY INCREASED PRODUCTION CAPACITY OR BENEFIT THROUGH INNOVATION

项目	Item	1990	1995	1996	1997
油罐容量（万立方米）	Oil Tank Capacity (1000 m^3)	2.70	2.72	2.80	
炼铁（万吨/年）	Iron Smelting (1000 tons/year)		12.00	28.00	
铜冶炼（吨/年）	Copper Smelting (ton/year)	2000		4000	20000
铝加工（吨/年）	Aluminium Processing (ton/year)		19000	5400	
银电解（公斤/年）	Silver Electrolysis (kg/year)			6000	
发电机组装机容量（万千瓦）	Capacity of Generating Sets (10000 kw)	18.17	13.77	3.45	5.30
水力发电（万千瓦）	Hydropower (10000 kw)	1.12	0.31	0.90	0.55
火力发电（万千瓦）	Thermal Power (10000 kw)	13.20	13.06	2.55	4.65
其他发电（万千瓦）	Others (10000 kw)	3.85	0.40		0.10
输电线路(11万伏及以上)（公里）	Transmission Line(>110000V) (km)	82.43	130.70	158.31	116.85
变电设备(11万伏及以上)(万千伏安)	Electric Substation Equipments (>110000V) (10000 KVA)	47.80	208.30	47.60	47.25
水泥（万吨/年）	Cement (10000 tons/year)	85.60	329.40	167.20	72.00
硫酸（吨/年）	Sulphuric Acid (ton/year)	122500		100000	
油漆（吨/年）	Paint (ton/year)	400	4100	1200	
塑料树脂及共聚物（吨/年）	Plastic Resin and Copolyment (ton/year)		46580	10000	6500
合成纤维单体（吨/年）	Synthon Monomer (ton/year)	1000		7000	
化学原料药（吨/年）	Chemical Raw Medicine (ton/year)	100.21	120.00	4061.00	400.00
中成药（吨/年）	Traditional Chinese Patent Medicine (ton/year)	2755	881	939	2775
铸铁件能力（吨/年）	Capacity of Producting Iron Casting (ton/year)	3000	3500	1000	
小型拖拉机制造（台/年）	Small Tractor Manufacturing (unit/year)		3000	12000	
医疗器械制造（台/年）	Medical Instrument Manufacturing (unit/year)			125	850
彩色显像管（万只/年）	Colour Kinescope (10000/year)		90.00	20.00	
棉印染（万米/年）	Cotton Goods Printing and Dyeing (10000 meters/year)	1470.00	3100.00	3570.00	
毛纺绽（绽）	Wool Spindle	800	12500	2000	
机制糖：日处理原料（吨）	Machine-processed Sugar: Daily Processing Raw Material (ton/day)	8955	1500	1300	1500
年生产糖（吨）	Annual Sugar Production (ton)	104651	16500	2300	15170
机制纸及纸板（万吨/年）	Machine-made Paper and Paperboard (10000 tons/year)	1.95	4.02	5.64	9.53
塑料制品（万吨/年）	Plastic Goods (10000 tons/year)			11.25	1.10
家用空气调节器（万台/年）	Household Air Conditioner (10000 units/year)			100.00	
增建铁路第二线交付运营里程（公里）	Length of Newly Built Railway Second Lines Put into Operation (km)			211	
新建公路（公里）	New Highway (km)	2.50	7.57	17.73	7.42
#高速公路（公里）	Expressway (km)	2.50			

续表 continued

项 目	Item	1990	1995	1996	1997
改建公路 （公里）	Reconstructed Highway (km)	156.70	320.39	421.90	1061.72
＃一级公路 （公里）	#First Class Highway (km)	6.50	88.89	148.86	128.32
新建独立公路桥梁 （延长米）	Newly Built Highway Bridge (m)	276	1187	384	
（座）	(unit)	1	7	3	
新（扩）建港口码头（年吞吐量：万吨）	Newly Built or Expanded Ports Annual Handling Capacity (10000 tons)	19.00	183.50	35.00	66.00
（泊位：个）	Number of Berth (unit)	2	6	2	9
长途电缆 （延长公里）	Long-distance Cable (km)	61	1168	449	740
新建微波电路 （公里）	Newly Built Microwave Circuit (km)	492	68	65	
市内电话自动交换机 （门）	Local Telephone Exchange (line)	299672	1266705	398525	463843
长途自动电话交换设备 （路端）	Long-distance Telephone Exchange Equipment (circurit)		73758	55160	8469
造林面积 （万亩）	Afforested Area (10000 mu)		2.69	1.15	1.34
有效灌溉面积 （万亩）	Effective Irrigated Area (10000 mu)	18.55	6.40	0.80	35.02
除涝面积 （万亩）	Flooded or Waterlogged Area Under Control (10000 mu)	20.33		2.00	0.20
排灌装机 （万千瓦）	Installed Capacity of Drainage and Irrigation			0.17	0.52
粮食仓库 （万公斤）	Grain Storehouse (10000 kg)	4830.00	310.00	310.00	
（平方米）	(sq. m)	25643	1405	1153	
商业饮食服务网点 （处）	Number of Establishment of Commerce and Catering Services (unit)	100	46	34	25
（平方米）	(sq. m)	154111	67841	57204	78373
中等学校学生席位 （个）	Number of Student Seat of Regular Secondary School (unit)	7727	46797	17107	17071
（平方米）	(sq. m)	21227	104704	55884	51253
小学校学生席位 （个）	Number of Student Seat of Primary School	37519	1580	734	5852
（平方米）	(sq. m)	125392	7360	19330	37595
医院病床 （张）	Hospital Bed	1480	902	1108	200
城市自来水供水能力 （万吨/日）	City Tap Water Supply Capacity (10000 tons/day)	25.70	58.56	41.50	33.00
城市自来水管道长度 （公里）	Length of City Top Water Pipe (km)	62.90	56.82	155.88	115.49
城市煤气生产能力 （万立方米/日）	Production Capacity of Gas (10000 m^3/day)	2.00	0.50	40.00	
城市液化石油气储气能力 （吨）	City Storage Capacity of Liquefied Petroleum Gas (ton)	5200	100	385	
城市道路扩建长度 （公里）	Length of City Road Extended (km)	11.78	25.74	34.61	19.99
城市道路扩建面积 （万平方米）	Area of City Road Extended (10000 m^2)	27.26	36.01	75.35	50.58
城市排水管道铺设长度 （公里）	Length of Sewer Pipelines (km)	25.97	29.87	48.16	29.76

6-23 建成投产的更新改造限额以上项目(1997年)

ABOVE-NORM INNOVATION PROJECTS COMPLETED AND PUT INTO USE (1997)

项目 Project	新增生产能力 Newly Increased Production Capacity	建设工期(年/月) Period to Complete the Whole Project (year/month)
广州珠江钢材有限公司电解搬迁 Electrolyte Removeing of Zhujiang Steels Co., Ltd.	铜冶炼 2万吨/年 Smelting Copper 2 ton/year	5/2
广州鹰金钱企业集团公司生产线技术改造 Innovation of Production Line of Guangzhou Eagle Coin Enterprises Group Corp		3/0
广州市公路局省道S114线改造 Innovation of Provincial Highroad 8114 Line of Guangzhou Highway Bureau	改建一级公路 18.9公里 Reconstruction of First Class Highroad 8.9km	2/7
广州卷烟一厂烟丝膨胀配套设备 Corollary Equipment of Cut Tobacco Expand of Guangzhou Cigarette No1. Factory		4/10
韶关市邮电局第七期扩容 Seventh Phase Telephone Exchanges es Expansion of Shaoguan Post and Telecommunications Office	市内电话自动交换机 30000门 Local Urban Telephone Automatic Exchanges	0/5
韶关卷烟厂引进卷接包机组 Introduction Cigaratre Production unit of Shaoguan Ligarette Factory	卷烟 13万箱/年 Cigarattes 130000 Case/year	2/11
新丰县公路105国道新丰段第二期改造工程 Second Phase Reform Project of 105# National Highroad in Xinfeng County	改建公路 20.5公里 Reform Highway 20.5km	1/9
深圳市康佳有限公司 Shenzhen Kangjia Co., Ltd.		0/11
深圳市公路局罗葵线坪山－葵冲公路改造 Reform Highway of Section from Pingshan to Kuichong of Luokui Line of Shenzhen Highway Bureau	改建一级公路 7.3公里 Reform First Class Highway 7.3km	1/8
深圳市公路局平蛇线平湖－观兰公路改造 Reform Highways of Section from Pinhu to Guanlan of Pinshe Line of Shenzhen Highway Bureau	改建一级公路 6.1公里 Reform First Class Highway 6.1km	1/2
深圳市公路局线南澳镇路段公路改造 Reform Highway of Section in Nanao Town of Shenzhen Highway Bureau	改建一级公路 3.4公里 Reform First Class Highways 3.4km	1/2
深圳市公路局塘尾－光明农场公路改造 Reform Highway from Tanwei to Guangming Farm of Shenzhen Highway Bureau	改建一级公路 5.2公里 Reform First Class Highways 5.2km	0/9
深圳市开发科技股份有限公司硬盘驱动器生产线 Hard Disc Driver Production Line of Shenzhen Development Science and Technology Co., Ltd.	电子计算机外部设备 800000台/年 Computer External Device 800000 Unit/year 厂房 56388平方米 Workshop 56388 sq.m	1/11
深圳粤宝电子工业总公司扩大磁头生产能力 Expand Production Capability of Magnetic Head of Shenzhen Yuebao Electronic Industrial Co.		2/11
潮阳市工商行政管理局商品交易中心 Commodity Exchange Centre of Chaoyang Industry and Commerce Administrative	商业饮食服务网点1处 14000平方米 One Establishment in Commerce and Catering Trade 14000sq.m	0/11
汕头市自来水公司潮汕路输水干管 Chaoshan Road's Main Waterpipe of Shantou Running Water Co.	城市自来水管道长度 6.7公里 Local Urban Waterpipe 6.7km	0/8
汕头市邮电局外马电信生产用房 Waima Telecommunication Buildings for Production of Shantou Post and Telecommunications Office	办公用房 15125平方米 Business Building 15125 sq.m	4/6
汕头市电力股份热电一厂4.2万千瓦发电机组 42000kw Power Set of No.1 Thermal Plant of Shantou Electric Co.Ltd.	火力发电 4.2万千瓦 Thermal Steam Generate Electricity 42000 kw 厂房 7788平方米 Workshop 7788 sq.m	4/6

续表 1 Continued

项 目 Project	新 增 生 产 能 力 Newly Increased Production Capacity	建设工期(年/月) Period to Complete the Whole Project (year/month)
佛山市海天公司酱油生产线 Soy Sauce Production Line of Foshan Haitian Co.		1/5
顺德市邮电局市内电话交换机 Project of Local Urban Telephone Exchanges of Shunde Post and Telecommunications Office	市内电话自动交换机 60000门 Local Urban Telephone Exchange 60000	1/8
三水健力宝饮料厂饮料生产线 Drink Production Line of Shanshu Jianlibao Beverage Factory	厂 房 7200平方米 Workshop 7200 sq. m	1/9
江门市甘化集团股份有限公司废纸脱墨漂白工程 Waste Paper Deblacked and bleached Project of Jiangmen Sugarcane Chemical Plant	厂 房 1000平方米 Workshop 1000 sq. m	2/1
新会美达锦纶股份有限公司热电联供项目 Heating/Power Supply Project of Xinhui Meida Polyamide Fibre Co., Ltd.	火力发电 0.75万千瓦 Thermal Generate Electricity 7500 kw	1/3
鹤山市飞翔皮件厂缝线 Sewing Production Line of Heshan Feixiang Leather Factory		0/11
广东湛海仪表有限公司引进双转子流量计 Introduction of Birotor Effusion Meter of Guangdong Zhanhai Instrument and Meter Co., Ltd.		4/7
湛江市邮电局九七农话管线扩容工程 97′ Rural Telephone Capacity Expansion Project of Zhanjiang Post and Telecommunications Office		0/11
徐闻县公路达标办改建207国道公路 Reform National 207# Highroad of Xuwen County Highway Come Up to Standards Office	改建公路 18公里 Reform Highway 18 km	0/9
茂名市永业(集团)股份有限公司三万吨炭黑 30000 Ton Carbon Black Project of Maoming Yongye Co., Ltd.	炭黑 15000吨/年 Carbon Black 15000 ton/year	1/0
茂名市建设银行 Maoming Subbranch of Construction Bank of China	商业饮食服务网点1处,3000平方米 商业营业用房 3000平方米 Commercial Business House 3000 sq. m	1/9
茂名市公路局化牛线改造 Reform Highway of Huaniu Line of Maoming Highway Bureau	改建一级公路 24.1公里 Reform First Class Highway 24.1km	4/4
肇庆自来水公司扩建 Zhaoqing Running Water Company Expansion Project	城市自来水供水能力 10万吨/日 Urban Running Water Supply Capacity 100 thousand ton/day 城市自来水管道长度 8.3公里 Waterpipe 8.3km	1/11
肇庆蓝带啤酒高利有限公司扩大生产能力 Production Capacity Expansion of Gaoli CO., Ltd of Zhaoqing Blue Ribbon Bear Co., Ltd	啤 酒 50000吨/年 Beer 50000ton/year 厂 房 11795平方米 Workshop 11795 sq. m	1/0
广东风华高新科技集体有限公司片式电阻器扩大20亿只 Production Capacity Expansion of Slice Resistor to Two Billion Unit of Guangdong Fenhua High and New Science and Technology Co., Ltd		0/5
广东风华高新科技集体有限公司电子专用设备制造 Project of Making Electron Special Equipment of Guangdong Fenhua High and New Science and Technology Co., Ltd.		0/6

续表 2 Continued

项目 Project	新增生产能力 Newly Increased Production Capacity	建设工期(年/月) Period to Complete the Whole Project (year/month)
德庆县经编针织厂有限公司生产线 Production Line of Warp Knitting Mill of Deqing County		1/11
肇庆康蓝人造板发展有限公司人造板二期生产线 Second Phase Man-made board Production Line of Zhaoqing Kanglan Co., Ltd.	纤维板 3万立方米/年 Fibreboard 30000 m^3/year	1/11
高要市锦纶厂有限公司FOY二期扩产 Second Phase FOY Expand Poduction Capacity Project of Polyamide Fibre Co. Ltd of Caoyao City	化学纤维 6000吨/年 Chemical Fibre 6000 ton/year #合成纤维 1800吨/年 #Synthetic Fibre 1800ton/year	2/0
高要市华锦袜业有限公司袜业项目 Production Socks Huajin Socks Co. Ltd of Project of Gaoyao City		0/10
陆丰市邮电局 Post and Telecommunication Office of Lufen City	市内电话自动交换机 10000门 Local Telephone Automatic Exchanges	2/3
连平县交通局县道三级水泥路改造工程 Third Class Concrete Road Reform of Lianping County Traffic Bureau	改建公路 31公里 Reform Highway 31 km	0/11
中山邮电局第八期程控扩容 Eighth Phase Programme Control Telephone Exchanges Expansion of Zhongshan Post and Telecommunications Office	市内电话自动交换机97072门 Local Telephone Local Urban Automitic Exchanges 97072 Lines	3/0
中山邮电局北电DMXS-100程控扩容 Beidian DMXS-100 Programme Control Telephoe Exchanges Expansion Project of Zhongshan Post and Telecommunications Office	市内电话自动交换机43520门 Local Telephone Local Urban Automitic Exchanges 43520 Lines	0/3
中山邮电局邮电电源、空调、传输工程 Power Source, Air Conditioning and Transmission Projects of Zhongshan Post and Telecommunications Office		0/11
中山邮电局农市话管线工程 Pipe and Line Project of Urban and Rural Telephone of Zhongshan Post and Telecomunications Office		0/11
中山市精细化学工业(集团)公司喷咀用铝带涂层生产线 Coating Production Line of Aluminium for Spray Nozzle of Zhongshan Fine Chemical Engineering Group Company		2/0
潮州市美丽宝激光包装材料工业有限公司激光防伪包装材料厂 Laser Antiforge Package Material Plant of Chaozhou Meili Laser Package Material Industry Co., Ltd.	塑料制品0.1万吨/年 Plastic Goods 1000 Ton/year	0/11
揭阳市试验区南方电缆厂幅照交联电缆生产线改造 Reform Project of Irradiation Cross-Linking Cable Production Line of Nanfang Cable Plant of Jieyang Experimental Area		1/11
广东威达医疗器械集团公司科技测检中心 Science and Technology Examination and Test Centre of Guangdong Weida Medical Apparatus and Instruments Group Co.		5/10
普宁市邮电局程控扩容、农市话管道 Projects of Programme Control Telephone Exchanges Expansion Urban and Rural Telephone Pipeline of Puning Post and Telecommunications Office	市内电话自动交换机 2841门 Local Telephone Automitic Exchanges 2841 Line 长途自动电话交换机 2453路端 Long Distance Telephone Automitic Exchanges 2453 Circuits	0/11
普宁二和丽源纺织有限公司前处理车间 Pretreatment Workshop of Puning Liyuan Textile Co., Ltd		0/8

6-24 各市房屋建筑面积(1997年)

FLOOR SPACE OF BUILDINGS BY CITY (1997)

市别 City	施工建筑面积(万平方米) Floor Space Under Construction (10000 sq. m)	#住宅 Residential Buildings	竣工建筑面积(万平方米) Floor Space Completed (10000 sq. m)	#住宅 Residential Buildings	竣工价值(亿元) Value Completed (100 million yuan)	#住宅 Residential Buildings
基本建设总计 Total Capital Construction	**3790.47**	**1355.97**	**1532.42**	**616.18**	**170.11**	**54.14**
广州 Guangzhou	1065.05	494.03	282.70	148.81	29.70	14.78
深圳 Shenzhen	861.17	288.33	307.22	103.82	53.45	13.69
珠海 Zhuhai	243.57	38.88	55.08	18.52	6.33	1.76
汕头 Shantou	179.54	32.79	86.98	17.15	10.45	1.40
韶关 Shaoguan	100.58	56.57	57.11	34.74	3.90	2.18
河源 Heyuan	46.27	11.34	34.99	7.96	3.19	0.54
梅州 Meizhou	91.81	38.00	60.77	28.72	4.12	1.71
惠州 Huizhou	104.30	32.16	51.85	18.36	3.06	0.94
汕尾 Shanwei	38.45	17.16	21.04	13.99	1.67	1.08
东莞 Dongguan	61.64	24.09	33.62	14.53	3.56	0.98
中山 Zhongshan	42.52	8.95	23.60	5.94	3.69	0.72
江门 Jiangmen	70.63	18.65	41.99	13.70	2.72	0.83
佛山 Foshan	90.27	21.74	39.03	10.17	5.98	0.77
阳江 Yangjiang	31.55	4.30	12.73	1.91	1.02	0.11
湛江 Zhanjiang	172.77	63.98	89.49	41.70	7.26	3.40
茂名 Maoming	119.86	59.75	51.63	31.77	5.94	2.65
肇庆 Chaoqing	130.04	45.35	69.44	32.70	5.39	2.06
清远 Qingyuan	108.93	40.72	68.67	29.39	5.03	1.84
潮州 Zhaozhou	63.28	15.14	41.77	11.70	4.40	0.67
揭阳 Jieyang	107.95	24.36	53.33	14.83	6.18	1.14
云浮 Yunfu	58.90	19.34	47.99	15.43	2.85	0.87
更新改造总计 Total Innovation	**569.60**	**172.86**	**282.04**	**94.53**	**27.22**	**7.01**
广州 Guangzhou	188.85	56.65	82.11	24.99	8.29	2.41
深圳 Shenzhen	14.89	1.29	7.53	0.40	1.21	0.06
珠海 Zhuhai	8.12		8.12		0.80	
汕头 Shantou	20.64	2.75	14.41	2.75	2.40	0.16
韶关 Shaoguan	32.35	19.84	15.65	8.14	1.31	0.42
河源 Heyuan	1.99	1.09	0.65	0.47	0.04	0.03
梅州 Meizhou	8.98	2.62	3.19	0.94	0.20	0.05
惠州 Huizhou	29.64	10.37	17.09	6.36	1.09	0.33
汕尾 Shanwei	3.47	3.03	2.99	2.55	0.20	0.14
东莞 Dongguan	0.28					
中山 Zhongshan	3.64	1.55	3.16	1.55	0.35	0.12
江门 Jiangmen	30.72	3.72	18.17	2.22	1.42	0.21
佛山 Foshan	49.85	15.14	17.16	4.63	1.45	0.43
阳江 Yangjiang	1.84	0.28	0.93	0.28	0.07	0.01
湛江 Zhanjiang	16.79	6.54	10.63	5.15	0.84	0.32
茂名 Maoming	53.50	24.61	21.05	15.65	1.58	1.19
肇庆 Zhaoqing	36.17	5.35	14.82	2.79	1.18	0.20
清远 Qingyuan	10.22	7.20	9.60	7.06	0.66	0.41
潮州 Zhaozhou	15.20	2.87	14.30	2.65	1.98	0.16
揭阳 Jieyang	11.22	0.54	4.54	0.54	0.78	0.03
云浮 Yunfu	31.24	7.42	15.94	5.41	1.37	0.33

注：基本建设、更新改造总计中含不分区部分。

Note: Total capital construction and total innovation contained the part of investment excluding in the cities.

6-25 房地产开发投资情况(1997年)
INVESTMENT IN REAL ESTATE DEVELOPMENT (1997)

经济类型	Eonomic Type	开发企业个数(个) Number of Development Enterprise (unit)	完成投资额(亿元) Investment (100 million yuan)	商品房建设 Commodity Buildings	#住宅 Residential Buildings	土地开发 Land Development
全省总计	**Province Total**	**3704**	**528.31**	**388.38**	**299.16**	**44.82**
国有经济	State-Owned	1216	170.66	126.44	101.78	15.79
集体经济	Collective-Owned	1196	73.15	51.30	46.16	10.00
私营经济	Private	42	5.39	2.63	2.18	0.26
联营经济	Joint-Owned	80	7.22	5.38	3.87	0.69
股份有限公司	Joint-stock Company Limited	131	31.17	21.76	21.92	1.72
有限责任公司	Limited-Liability Company	273	49.22	33.66	25.84	5.19
中外合资经营	Sino-Foreign Joint Venture	123	30.77	25.30	19.40	3.09
中外合作经营	Sino-Foreign Cooperative Operation	143	25.69	20.13	13.53	1.16
外资企业	Foreign Venture	16	2.29	1.99	1.53	0.18
与大陆合资经营企业	Joint Venture with Mainland Enterprise	76	8.50	6.44	6.12	0.82
与大陆合作经营企业	Cooperative Enterprise with Mainland Enterprise	320	76.44	55.46	34.84	4.56
港澳台独资企业	Hong Kong, Macao and Taiwan Venture Exclusively Enterprise	76	45.72	37.10	21.11	1.34
其他经济	Others	12	2.09	0.79	0.88	0.02

6-26 房地产开发房屋建筑面积及价值(1997年)
FLOOR SPACE OF BUILDING UNDER CONSTRUCTION AND VALUE OF REAL ESTATE DEVELOPMENT (1997)

经济类型	Economic Type	房屋建筑面积(万平方米) Floor Space of Building Construction (10000 sq.m)			竣工房屋价值(万元) Value of Buildings Completed (10000 yuan)	#住宅 Residential Building
		施工面积 Floor Space of Building Under Construction	竣工面积 Floor Space of Buildings Completed	#住宅 Residential Building		
全省总计	**Province Total**	**7547.16**	**2042.20**	**1570.46**	**289.86**	**207.62**
国有经济	State-Owned	2694.67	750.30	577.18	100.80	75.13
集体经济	Collective-Owned	1470.82	541.04	443.37	54.27	44.91
私营经济	Private	49.04	12.68	9.25	1.38	0.97
联营经济	Joint-Owned	119.62	19.60	15.11	2.89	2.05
股份有限公司	Joint-Stock Company Limited	431.58	95.49	73.74	14.43	10.06
有限责任公司	Limited Liability Company	552.27	138.16	115.66	22.48	18.51
中外合资经营	Sino-Foreign Joint Venture	351.56	105.62	82.05	18.98	12.18
中外合作经营	Sino-Foreign Cooperative Operation	320.06	92.07	66.60	26.84	14.19
外资企业	Foreign Venture	23.69	5.86	5.71	1.01	1.00
与大陆合资经营企业	Joint Venture with Mainland Enterprise	176.63	27.70	23.20	3.26	2.68
与大陆合作经营企业	Cooperative Enterprise with Mainland Enterprise	941.34	163.16	105.62	22.48	13.85
港澳台独资企业	Hong Kong, Macao and Taiwan Venture Exclusively Enterprise	391.77	78.06	46.52	18.77	10.92
其他经济	Others	24.11	12.46	6.45	2.27	1.17

6-27 各市房地产开发投资情况(1997年)

INVESTMENT IN REAL ESTATE DEVELOPMENT BY CITY (1997)

市别 City	开发企业个数(个) Number of Development Enterprise (unit)	完成投资额(亿元) Investment (100 million yuan)	商品房建设 Commodity Buildings	#住宅 Residential Buildings	土地开发 Land Development
广州 Guangzhou	976	237.42	171.05	121.49	20.84
深圳 Shenzhen	271	136.66	109.91	85.50	7.78
珠海 Zhuhai	182	19.74	15.08	12.19	1.45
汕头 Shantou	348	20.12	16.49	12.00	1.46
韶关 Shaoguan	110	2.49	2.19	1.51	0.10
河源 Heyuan	53	1.85	0.49	0.31	1.14
梅州 Meizhou	50	3.41	1.62	1.29	0.68
惠州 Huizhou	332	4.45	3.97	2.97	0.13
汕尾 Shanwei	54	1.41	0.35	0.78	0.20
东莞 Dongguan	48	8.67	6.67	6.34	0.47
中山 Zhongshan	103	12.23	7.62	7.62	0.94
江门 Jiangmen	290	21.40	16.99	13.92	1.66
佛山 Foshan	276	34.32	22.20	20.39	3.05
阳江 Yangjiang	65	3.62	0.99	1.38	1.12
湛江 Zhanjiang	84	3.02	2.13	1.78	0.47
茂名 Maoming	87	3.12	1.63	1.41	0.87
肇庆 Zhaoqing	131	5.09	4.03	3.60	0.43
清远 Qingyuan	57	2.20	1.65	0.94	0.31
潮州 Chaozhou	75	3.89	1.77	2.36	0.45
揭阳 Jieyang	63	0.88	0.82	0.72	
云浮 Yunfu	49	2.32	0.73	0.66	1.27

6-28 各市房地产开发房屋建筑面积及价值(1997年)

FLOOR SPACE OF BUILDING UNDER CONSTRUCTION AND VALUE OF REAL ESTATE DEVELOPMENT BY CITY (1997)

市别 City	房屋建筑面积(万平方米) Floor Space of Building Construction (100000 sq.m)			竣工房屋价值(万元) Value of Buildings Completed (10000 yuan)	#住宅 Residential Buildings
	施工面积 Floor Space of Buildings Under Construction	竣工面积 Floor Space of Buildings Completed	#住宅 Residential Buildings		
广州 Guangzhou	2817.54	654.91	505.43	807907	626991
深圳 Shenzhen	1454.17	327.04	243.19	914166	598621
珠海 Zhuhai	348.31	92.17	71.71	124674	93838
汕头 Shantou	555.75	149.50	107.93	138471	98043
韶关 Shaoguan	92.43	23.79	15.78	18018	10866
河源 Heyuan	16.69	11.58	6.86	9061	5093
梅州 Meizhou	74.38	16.17	12.15	11240	8188
惠州 Huizhou	118.37	36.17	22.99	22412	14177
汕尾 Shanwei	31.83	10.38	8.63	12753	11267
东莞 Dongguan	203.15	90.76	75.53	91997	72869
中山 Zhongshan	216.58	63.31	49.96	79969	62070
江门 Jiangmen	539.01	176.82	145.33	126504	95170
佛山 Foshan	608.55	213.58	168.66	380718	258609
阳江 Yangjiang	13.39	7.45	4.53	15138	12763
湛江 Zhanjiang	83.91	22.62	17.29	18653	14002
茂名 Maoming	51.12	28.99	20.61	28257	19652
肇庆 Zhaoqing	146.10	54.37	41.45	41372	31317
清远 Qingyuan	34.15	16.17	10.38	21945	11049
潮州 Chaozhou	89.88	27.60	25.74	21966	20260
揭阳 Jieyang	22.18	11.90	10.72	8052	7174
云浮 Yunfu	29.67	6.92	5.59	5285	4141

6-29 商品房屋销售情况(1997年)
SALES OF COMMODITY BUILDINGS (1997)

经济类型	Economic Type	实际销售面积(万平方米) Floor Space of Commodity Buildings Actually Sold (10000 sq. m)	#住宅 Residential Buildings	个人购买的商品房屋(万平方米) Commodity Residences Purchased by Individuals (10000 sq. m)	实际销售额(万元) Sales of Commodity Buildings (10000 yuan)	#住宅 Residential Buildings
全省总计	Province Total	1160.46	1015.02	853.70	4337549	3204742
国有经济	State-Owned	408.07	363.81	312.36	1395918	1111688
集体经济	Collective-Owned	332.50	297.97	278.09	623682	512463
私营经济	Private	8.37	7.93	7.19	26810	25252
联营经济	Joint-Owned	12.50	10.48	9.49	30363	25253
股份有限公司	Joint Stok Company Limited	72.79	59.12	45.40	331468	216274
有限责任公司	Limited-Liability Company	64.53	58.33	53.48	278027	246941
中外合资经营	Sino-Foreign Joint Venture	65.98	59.88	48.09	250957	223216
中外合作经营	Sino-Foreign Cooperative Operation	43.91	35.65	21.22	235765	167704
外资企业	Foreign Venture	12.97	7.14	4.41	245715	51485
与大陆合资经营企业	Joint Venture with Mainland Enterprise	15.31	14.11	8.69	49569	44655
与大陆合作经营企业	Cooperative Enterprise with Mainland Enterprise	76.38	59.90	31.29	618237	375451
港澳台独资企业	Hong Kong, Macao and Taiwan Venture Exclusively Enterprise	43.73	37.39	30.57	242016	195699
其他经济	Others	3.42	3.31	3.42	9022	8661

6-30 各市商品房屋销售情况(1997年)
SALES OF COMMODITY BUILDINGS BY CITY (1997)

市别	City	实际销售面积(万平方米) Floor Space of Commodity Buildings Actually Sold (10000 sq. m)	#住宅 Residential Buildings	个人购买的商品房屋(万平方米) Commodity Residences Purchased by Individuals (10000 sq. m)	实际销售额(万元) Sales of Commodity Buildings (10000 yuan)	#住宅 Residential Buildings
广州	Guangzhou	290.88	257.06	177.90	1472640	1084037
深圳	Shenzhen	243.68	199.41	155.43	1585427	1090886
珠海	Zhuhai	47.99	41.08	35.65	138420	111792
汕头	Shantou	118.63	99.60	107.83	336691	261982
韶关	Shaoguan	14.18	12.07	12.35	21261	12965
河源	Heyuan	3.35	2.45	2.15	3269	2064
梅州	Meizhou	10.87	8.85	5.89	12171	9364
惠州	Huizhou	9.96	9.77	8.68	13747	13420
汕尾	Shanwei	4.67	4.67	4.53	3804	3804
东莞	Dongguan	44.06	39.65	31.22	79813	67666
中山	Zhongshan	31.50	30.62	24.35	77675	75721
江门	Jiangmen	97.99	88.68	86.90	124541	101644
佛山	Foshan	140.46	128.60	119.16	336197	258907
阳江	Yangjiang	4.52	3.55	1.23	11096	8548
湛江	Zhanjiang	15.40	14.64	12.57	19361	17619
茂名	Maoming	18.49	16.54	12.17	22389	18751
肇庆	Zhaoqing	26.79	24.27	22.90	38124	31407
清远	Qingyuan	7.38	6.71	6.44	9348	8116
潮州	Chaozhou	8.82	8.07	7.09	10356	9049
揭阳	Jieyang	13.79	12.45	13.03	14388	10758
云浮	Yunfu	7.05	6.28	6.23	6831	6242

6-31 全省完成投资额最大的50家房地产开发企业(1997年)

THE PROVINCE'S TOP 50 REAL ESTATE DEVELOPMENT ENTERPRISES OF INVESTMENT (1997)

序号 Order	单位名称	Name of Enterprises	完成投资(万元) Investment (10000 yuan)
1	熊谷蚬壳发展(广州)有限公司	KUMAGAI SMC DEVELOPMENT(G.Z) LIMITED	200000
2	广州市城市建设开发集团有限公司	GUANGZHOU CITY CONSTRUCTION & DEVELOPMENT HOLDINGS LTD.	105883
3	广东省信托房地产开发公司	GUANGDONG TRUST & REAL ESTATE DEVELOPMENT CORP.	83026
4	深圳招商局房地产有限公司	REAL ESTATE CO. OF CHINA MERCHANTS SHEKOU IND USTRIAL ZONE	51660
5	广州保利房地产开发公司	GUANG ZHOU POLY REAL ESTATE DEVELOPING CO. TDL.	51147
6	佛山市城南区建设管理委员会办公室	OFFICE OF CONSTRUCTION MANAGEMENT COMMITTEE, FOSHAN CITY SOUTH DISTRICT	48200
7	广州市东方兴盛房产发展有限公司	GUANGZHOU DONGFANG KING PROPERTIES DEVELOPMENT CO., LTD.	39959
8	广州番禺祈福新屯房地产有限公司	CLIFFORD ESTATES(PANYU) LIMITED	39337
9	深圳市振业(集团)股份有限公司	SHENZHEN ZHENYE(GROUP) CO., LTD	38130
10	深圳市万科房地产有限公司	SHENZHEN VANKE REAL ESTATE CO., LTD	35904
11	深圳南油(集团)有限公司	SHENZHEN NANYOU (HOLDINGS) LTD	34865
12	深圳信托房地产开发有限公司	SHENZHEN TRUST REAL EATATE DEVELOPMENT CO., LTD.	31500
13	深圳市物业发展(集团)股份有限公司	SHENZHEN PROPERTIES & RESOURCES DEVELOPMENT (GROUP) LTD.	31058
14	广东华城房地产开发有限公司	GUANGDONG HUACHENG REAL ESTATE DEVELOPMENT CO. LTD	29130
15	深圳市城市建设开发(集团)公司	SHENZHEN URBAN CONSTRUCTION & DEVELOPMENT (GROUPS) CO. LTD.	28708
16	佛山百花物业发展有限公司		27980
17	深圳百仕达实业有限公司	SHENZHEN STNOLINK ENTERPRISES CO., LTD.	27516
18	深圳市奥康德投资开发有限公司	SHENZHEN OCT INVESTMENT DEVELOPMENT COMPANY LIMITED	27451
19	深圳东海爱地房房地产发展有限公司	SHENZHEN DONGHAI AIDI REAL ESTATE DEVELOPMENT CO., LTD	27112
20	国都集团发展(深圳)有限公司		24903
21	汕头市中信海滨花园(西区)有限公司	SHANTON CITY HARBOUR GARDEN (WESTERN DISTRICT) LTD.	23080
22	广州市恒昌实业发展有限公司	GUANGZHOU HENGCHANG INDUSTRIAL DEVELOPMENT CO., LTD	23000
23	广州广越置业有限公司	GUANGZHOU GUANGYUE ESTATE CO., LTD	22640
24	广州远洋建设实业公司	COSCO GUANGZHOU CONSTRUCTION INDUSTRY CO.	22624
25	汕头市中信海滨花园(东区)有限公司	SHANTON CITY HARBOUR GARDEN (EASTERN DISTRICT) LTD	22028
26	深圳鸿昌广场有限公司	SHENZHEN HUNG CHEONG PLAZA CO., LTD	20515
27	大中华国际实业(深圳)有限公司	GREAT CHINA INTERNATIONAL ENTERPRISES (SHENZHEN) LTD	20260
28	番禺市禺城建设综合开发公司	YUCHENG CONSTRUCTION COMPREHENSIVE DEVELOPMENT OF PANYU CITY	20040
29	江门市远辉房地产有限公司	JIANGMEN YUANHUI PROPERTY CO., LTD	20000
30	深圳世界花园房地产发展有限公司	SHENZHEN WORLD GARDEN REAL ESTATE DEVELOPMENT CO., LTD.	20000
31	广州市升恒房地产发展有限公司		19975
32	广州天河东鑫物业开发有限公司	GUANGZHOU TIANHE QRIENMET PROPERTY CO., LTD.	19895
33	广州市天河高新技术产业开发区建设总公司	GUANGZHOU TIANHE HIGH & NEW TECHNOLOGY INDUSTRIAL DEVELOPMENT ZONE CONSTRUCT GENERAL COMPANY	19705
34	东莞市樟木头房地产开发公司	ZHANGNUTOU REAL ESTATE CO	19368
35	广州穗发房产建设有限公司	GUANGZHOU TACK FAT CONSTRUCTION CO., LTD.	19240
36	广州市凌辉房地产开发有限公司	GUANGZHOU LING HUI REAL ESTATES CO.	18950
37	深圳市赛格广场投资发展有限公司	SEG PLAZA INV . & DEV. CO., LTD.	18850
38	广州市番禺粤海房地产有限公司	PAUYU YUEHAI REAL ESTATES LIMITED, GUANGZHOU	18800
39	泰康城广场房地产发展有限公司		18599
40	新世纪建设发展(深圳)有限公司		18531
41	侨鑫集团有限公司	KINGOLD GROUP COMPANIES LTD.	18400
42	中山市城南房地产有限公司	REAL ESTATE COMPANY OF NANQU OF ZHONGSHAN	18240
43	深圳市鹏基工业发展总公司	SHENZHEN MUNICIPAL PEJI INDUSTRIAL DEVELOPMENT CORP.	18214
44	广州天马发展有限公司	GUANGZHOU TIANMA DEVELOPMENT LTD. CO.	18000
45	广州英华房地产实业有限公司	GUANGZHOU YINGHUA REAL ESTATE CO., LTD	17835
46	深圳特区华侨城房地产开发公司	SHENZHEN OCT REAL ESTATE DEVELOPMENT CO.	17702
47	中国海外建筑(深圳)有限公司	COBD HOLDINGS (SHENZHEN) CO., LTD.	17637
48	保兴房地产开发(深圳)有限公司	BAOXING REAL ESTATE INVESTMENT (SHENZHEN) CO., LTD.	17500
49	广州市银农城镇建设开发公司	YINNONG TOWN CONSTRUCTION DEVELOPMENT CO.	17375
50	广州市城镇建设开发总公司	GUANGZHOU CITY & TOWN CONSTRUCTION DEVELOPMENT CORP.	17180

6-32 全省房屋实际销售额最大的50家房地产开发企业(1997年)

THE PROVINCE'S TOP 50 REAL ESTATE DEVELOPMENT INTERPRISES OF SALES OF COMMODITY BUILDINGS (1997)

序号 Order	单位名称	Name of Interprises	商品房屋实际销售额(万元) Sales of Commodity Buildings (10000 yuan)
1	祈福房地产开发(深圳)有限公司		204600
2	汕特航空建设开发公司	SHANTOU S. E. Z. AVIATION CONSTRUCTION DEVELOPMENT CO.	69824
3	深圳东海爱地房地产发展有限公司		69074
4	中国海外建筑(深圳)有限公司	COBD HOLDINGS (SHENZHEN) CO., LTD.	62240
5	广州市城市建设开发集团有限公司	GUANGZHOU CITY CONSTRUCTION & DEVELOPMENT HOLDINGS LTD.	59129
6	深圳百仕达实业有限公司	SHENZHEN STNOLINK ENTERPRISES CO., LTD.	55661
7	广东省信托房地产开发公司	GUANGDONG TRUST & REAL ESTATE DEVELOPMENT CORP.	50853
8	广东华城房地产开发有限公司	GUANGDONG HUACHENG REAL ESTATE DEVELOPMENT CO. LTD	42447
9	深圳市物业发展(集团)股份有限公司	SHENZHEN PROPERTIES & RESOURCES DEVELOPMENT (GROUP) LTD.	42058
10	侨鑫集团有限公司	KINGOLD GROUP COMPANIES LTD.	40303
11	越富房地产发展有限公司	GUANGZHOU YUEFU ESTATE DEVELOPMENT CO., LTD.	38193
12	泰康城广场房地产发展有限公司		38130
13	广州恒越房地产发展有限公司		35866
14	深圳市万科房地产有限公司	SHENZHEN VANKE REAL ESTATE CO., LTD.	35583
15	深圳南油(集团)有限公司	SHENZHEN NANYOU (HOLDINGS) LTD.	34792
16	汕头市中信海滨花园(西区)有限公司	SHANTON CITY HARBOUR GARDEN (WESTERN DISTRICT) LTD.	34778
17	深圳云峰花园物业有限公司		34048
18	深业集团(深圳)有限公司	SHUMYIP HOLDINGS(SHENZHEN) CO., LTD	33937
19	广州市东方兴盛房产发展有限公司	GUANGZHOU DONGFANG KING PROPERTIES DEVELOPMENT LTD.	33315
20	广州天恒房地产开发有限公司	GUANGZHOU TIANHENG REAL ESTATE DEVELOPMENT CO., LTD.	32733
21	深圳市中山投资有限公司	SHENZHEN ZHONGSHAN INVESTMENT CO., LTD.	32123
22	深圳经济特区房地产(集团)股份有限公司	SHENZHEN SPECIAL ECONOMIC ZONE REAL ESTATE (GROUP) CO., LTD.	31277
23	广州市城镇建设开发总公司	GUANGZHOU CITY & TOWN CONSTRUCTION DEVELOPMENT CORP.	30550
24	汕头市中信海滨花园(东区)有限公司		29920
25	深圳市深建开发有限公司	SHENZHEN SHENJIAN DEVELOPMENT CO., LTD.	27986
26	佛山百花物业发展有限公司		27765
27	深圳特区华侨城房地产开发公司	SHENZHEN OCT REAL ESTATE DEVELOPMENT CO.	26423
28	深圳招商局房地产有限公司	REAL ESTATE CO. OF CHINA MERCHANTS SHEKOU INDUSTRIAL ZONE	25844
29	深圳市西乡镇物业发展公司	SHENZHEN. XIXIANO. TOWN WU YE DEVELOPMENT GE. CO.	25446
30	广州市东兴房地产开发有限公司	TUNG HING ESTATE DEVELOPMENT CO., LTD.	25151
31	广州城威房产有限公司	GUANGZHOU CITY WORLD HOUSE PROPERTY LTD.	24910
32	深圳南油物业股份有限公司	SHENZHEN NANYOU PROPERTY DEVELOPMENT STOCK CO	24708
33	广州保利房地产开发公司	GUANGZHOU POLY REAL ESTATE DEVELOPING CO. LTD	24470
34	深圳中航物业公司	SHENZHEN CATIC PROPERTY GENERAL CO.	24353
35	番禺祈福新屯房地产有限公司	CLIFFORD ESTATES (PANYU) LIMITED	24182
36	深圳信托房地产开发有限公司	SHENZHEN TRUST REAL ESTATE DEVELOPMENT CO., LTD.	24051
37	广州穗新房地产有限公司		23753
38	广州富城房地产发展有限公司	GUANGZHOU FUCHENG PROPERTY DEVELOPMENT LIMITED	23727
39	深圳市天健房地产开发公司	SHENZHEN TONGE REAL ESTATE DEVELOPMENT INDUSTRIAL CO. LTD	23119
40	嘉国实业(深圳)有限公司	KAWELL INDUSTRIAL (SHENZHEN) CO., LTD.	22656
41	佛山市城南区建筑管理委员会办公室	OFFICE OF CONSTRUCTION MANAGEMENT COMMITTEE. FOSHAN CITY SOUTH DISTRICT	22200
42	深圳市奥康德投资开发有限公司	SHENZHEN OCT INVESTMENT DEVELOPMENT COMPANY LIMITED	21738
43	深圳市长城地产(集团)股份有限公司	SHENZHEN CHANGCHENG REAL ESTATE (GROUP) CO., LTD.	21649
44	中信汕头公司	CITIC SHANTOU COMPANY	21621
45	汕头第一城开发有限公司	SHANTOU CITIPLACE DEVELOPMENT LIMITED	21475
46	广州卓越城市房产有限公司	GUANGZHOU EXCELLENCE PROPERTIES CO., LTD	19983
47	深圳市振业(集团)股份有限公司	SHENZHEN ZHENYE (GROUP) CO., LTD	19877
48	深圳金宝城物业发展有限公司	SHENZHEN JINBAOCHENG PROPERTY DEVELOPMENT CO., LTD.	19632
49	深圳鹏源广场物业有限公司	SHENZHEN TOP SPRING PLAZA REAL ESTATE LTD	19200
50	广州市东迅房地产发展有限公司	GUANGZHOU DONGXUN REAL ESTATE DEVELOPMENT CO., LTD.	19061

主要统计指标解释

固定资产投资额 是以货币表现的建造和购置固定资产活动的工作量，它是反映固定资产投资规模、速度、比例关系和使用方向的综合性指标。全社会固定资产投资包括国有经济单位投资、城乡集体经济单位投资、其它各种经济类型的单位投资和城乡居民个人投资。按照我国现行计划管理体制，全社会固定资产投资总额分为基本建设、更新改造、房地产开发投资和其它固定资产投资四个部分；城乡集体经济单位投资包括城镇集体所有制单位投资和农村集体所有制单位投资；其它各种经济类型单位投资包括联营经济、股份制经济、中外合资经济、中外合作经济、外资、与大陆合资经营、与大陆合作经营、港澳台独资及其它经济的单位投资；城乡居民个人投资包括城市、县城、镇、工矿区所辖范围内的个人建房和农村个人建房及购买生产性固定资产的投资。

基本建设投资 基本建设是企业、事业、行政单位以扩大生产能力或工程效益为主要目的的新建、扩建工程及有关工作。

更新改造投资 更新改造是指企业、事业单位对原有设施进行固定资产更新和技术改造，以及相应配套的工程和有关工作（不包括大修理和维护工程）。

房地产开发投资 包括各种经济类型的房地产开发公司、商品房建设公司及其它房地产开发单位统一开发的包括统代建、拆迁还建的住宅、厂房、仓库、饭店、宾馆、度假村、写字楼、办公楼等房屋建筑物和配套的服务设施、土地开发工程，如道路、给水、排水、供电、供热、通讯、平整场地等基础设施工程的投资。包括非房地产企业实际从事房地产开发或经营活动，不包括单纯的土地交易活动。

其它固定资产投资 全社会固定资产投资中未列入基本建设、更新改造和房地产开发投资的建造和购置固定资产的活动。包括：

⑴国有单位按规定不纳入基本建设计划和更新改造计划管理，总投资在 5 万元以上的以下工程：①用油田维护费和石油开发基金进行的油田维护和开发工程；②煤炭、铁矿、森工等采掘采伐业用维简费进行的开拓延伸工程；③交通部门用公路养路费对原有公路、桥梁进行改建的工程；④商业部门用简易建筑费建造的仓库工程。

⑵联营经济、股份制经济、外商投资经济、港澳台投资经济及其经济类型的企、事业单位建造和购置固定资产其计划总投资在 5 万元以上的、未列入基本建设计划和更新改造计划的项目。

集体单位固定资产投资 包括城镇集体经济单位和农村集体经济单位建造和购置固定资产计划总投资在 5 万元以上的项目。

城镇和工矿区私人建房投资和农村个人投资 城镇和工矿区私人建房包括市、县城、镇、工矿区所辖范围内的全部私人建房，不论其房主是否系本地的常住人口均应包括；农村个人投资包括农村个人建房及购置生产性固定资产的投资。

新增生产能力 指通过固定资产投资活动而增加的设计能力或工程效益，它是用实物形态表示的固定资产投资的成果。新增生产能力的计算，是以能独立发挥生产能力或效益的单项工程（或项目）为对象。

当单项工程（或项目）建成，经有关部门鉴定合格，正式移交投入生产，即可计算新增生产能力。

新增生产能力的数量一般按设计能力计算。设计能力是指设计文件中规定的在正常情况下能够达到的生产能力，而不论投产后的实际产量如何。以设备数量、建筑物容积、面积、长度等表示的新增生产能力（或效益），则按建成的实际数量计算。

房屋建筑面积 房屋建筑面积是从房屋外墙线算起的各层平面面积的总和，包括房屋结构（如柱、墙）占用的面积和地下室面积。多层面积按各自然层面积总和计算，包括房屋内的楼隔层，突出墙面的眺望间、门斗、有柱雨罩的面积。不包括突出墙结构的构件、艺术装饰所占面积，如台阶等。凹阳台、挑阳台按其水平投影面积一半计算建筑面积。

房屋竣工面积 指在报告期内房屋建筑按照设计要求已全部完工，达到住人和使用条件，经验收鉴定合格，正式移交使用单位的建筑面积。

房屋建筑面积竣工率 指一定时期内房屋竣工面积占同期房屋施工面积的比率。它是从房屋建筑施工速度的角度反映投资效果和建筑业经济效益的指标。

新增固定资产 指通过投资活动所形成的新的固定资产价值。包括已经建成投入生产或交付使用的工程价值和达到固定资产标准的设备、工具、器具的价值及有关应摊入的费用，它是以价值形式表示的固定资产投资成果的综合性指标，可以综合反映不同时期、不同部门、不同地区的固定资产投资成果。

固定资产交付使用率 指一定时期新增固定资产与同期完成投资额的比率。它是反映各个时期固定资产动用速度，衡量建设过程中投资效果的一个综合性指标。

建设项目投产率 指一定时期内全部建成投产项目个数占同期正式施工项目个数的比率。它是从项目建设速度的角度反映投资效果的指标。

Explanatory Notes on Main Statistical Indicators

Amount of Investment in Fixed Assets refers to the volume of activities in construction and purchases of fixed assets in monetary terms. It is a comprehensive indicator which shows the size, pace, proportional relations and use orientation of the investment in fixed assets. Total investment in fixed assets in the whole country includes the investment by the state-owned units, the investment by the urban and rural collective units, the investment by the units of other types of ownership and the investment by the individuals in the urban and rural areas. According to China's current planning management system, the investment in fixed assets in the whole country is classified into the following four parts: investment in capital construction, investment in invovation, investment in real estate development and other investment in fixed assets. The investment by the urban and rural collective units includes the investment by the urban collective units and the investment by the rural collective units. The investment by the units of other types of ownership includes the investment by the units of joint-owned economy, share-holding economy, Sino-foreign joint economy, Sino-foreign cooperative economy, economy exclusively with foreign investment, Mainland-Hong Kong or Mainland-Macao or Mainland-Taiwan joint economy, Mainland-Hong Kong or Mainland-Macao or Mainland-Taiwan cooperative economy, and economy exclusively with investment of Hong Kong or Macao or Taiwan. The investment by the individuals in the urban and rural areas includes the investment in personal house buildings in the areas under the jurisdiction of city, county, town and special industrial and mining areas as well as the investment in personal house buildings and purchase of productive fixed assets in the rural areas.

Investment in Capital Construction: Capital construction refers to the new construction projects or extension projects and the related work of the enterprises, institutions or administrative units mainly for the purpose of expanding production capacity or improving project efficiency.

Investment in Innovation: Innovation refers to the renewal of fixed assets and technological innovation of the original facilities by the enterprises and institutions as well as the corresponding supplementary projects and the related work (excluding major overhaul and maintenance projects).

Investment in Real Estate Development: It includes the investment by the real estate development companies, commercial buildings construction companies and other real estate development units of various types of ownership in the construction of house buildings, such as residential buildings, factory buildings, warehouses, hotels, guesthouses, holiday villages, office buildings, and the complementary service facilities and land development projects, such as roads, water supply, water drainage, power-supply, heating, telecommunications, land levelling and other projects of infrastructure. It covers the activities of the non-real estate companies in real estate development or management, but excludes the activities in simple land transactions.

Other Investment in Fixed Assets refers to the construction and purchases of fixed assets not listed in the investment in capital construction, investment in innovation and investment in real estate development. It includes:

Ⅰ. The following projects of the state-owned units with the total investment more than 50 thousand yuan, which are not included in the plan of capital construction and the plan of innovation: (1)projects of oil fields maintenance and exploitation with the oil fields maintenance funds and petroleum development funds; (2) opening and extending projects with the maintenance funds in coal, ore and other mining enterprises and logging enterprises; (3)project of reconstruction of the original highways and bridges with the highway maintenance funds in the department of communication; (4)projects of construction of warehouses with the funds of simple construction in the commercial department.

Ⅱ. The projects of construction and purchases of fixed assets by the enterprises or institutions of joint-owned economy, share-holding economy, foreign-funded economy, economy funded by the entrepreneurs from Hong Kong, Macao and Taiwan and other economy with the planned total investment more than 50 thousand yuan which are not included in the plan of capital construction and the plan of innovation.

Investment in Fixed Assets by Collective Owned Units includes the projects of construction and purchases of fixed assets by the urban collective units and the rural collective units with the planned total investment more than 50 thousand yuan.

The Private Investment in House Construction in The Urban Areas and Industrial and Mining and Areas as Well as the Individual Investment in the Rural Areas: The Private house construction in the urban areas and industrial and mining areas includes all the private house construction under the jurisdiction of cities, counties, towns and industrial and mining areas, no matter whether its house－owner is the permanent resident in the locality or not. The investment by the individuals in the rural areas includes the investment in house construction and purchases of productive fixed assets by the individuals in the rural areas.

Newly Increased Production Capacity refers to the increase of designed capacity and project efficiency through investment in fixed assets, which reflects the accomplishment of investment in fixed assets in kind. The calculation of newly increased production capacity is based on individual projects which operate independently.

When an individual project is completed and checked and accepted and put into production, it is counted as newly increased production capacity.

Newly increased production capacity in terms of quantity is calculated in designed capacity in general, which refers to the production capacity of a project under normal conditions designed in construction documents regardless of the actual output.

Floor Space of Buildings under Construction and Completed refers to total floor space in each story of buildings calculated from the outside line of building walls, including the space occupied by constructions like pillars or walls and basements. The floor space of muti－story building includes the total floor space of each story, including areas occupied by seperating walls, watching rooms, doorways and pillars, but excluding protruding wall structures, artistic decoration, etc. (for exemple, flight of steps). The space of recessed veranda and cantilevered balcony is counted by half of the projection area.

Floor Space of Buildings Completed refers to the floor space of buildings completed in the reference period, which have come up to the designed standards and have been put into use.

Completion Rate of Floor Space of Buildings refers to the ratio of the floor space of buildings completed in certain period of time to the floor space of buildings under construction in the same period, which reflects the investment result and economic efficiency of the construction industry from the angle of the speed of project construction.

Newly Increased Fixed Assets refer to the newly increased value of fixed assets through investment, including the value of projects completed and put into production, the value of equipment, tools, and vessels considered as fixed assets, as well as the relevant expenses as investment in fixed assets. This is a comprehensive indicator of investment in fixed assets, reflecting the achievements of investment in fixed assets in different periods, different sectors and different regions.

Rate of Construction Projects Completed and Put into Use refers to the ratio of the number of construction projects completed and put into use in certain period of time to the number of projects under construction in the same period. This reflects the investment efficiency from the angle of the speed of projects construction.

Rate of Projects of Fixed Assets Completed and Put into Operation refers to the ratio of the newly increased fixed assets to the total investment made in the same period. This is a comprehensive indicator, reflecting the speed of the employment of fixed assets and the investment efficiency.

七 能源生产和消费

PRODUCTION AND CONSUMPTION OF ENERGY

简要说明

一、本篇资料反映广东能源生产和消费情况，主要包括：能源生产、消费及品种构成；分行业能源消费总量；综合能源平衡；能源生产和消费弹性系数；能源加工转换效率；生活用能源消费；原材料、能源购进、消费（总值）与库存（总值）等数据资料。

二、本篇资料由广东省统计局工业交通处整理提供。

三、能源统计资料取自全省能源平衡表和原材料、能源消费与库存（总值）表。

地区能源平衡表的编制范围为辖区内生产和消费能源的单位，其中县及县以上企业的能源消费根据国家统计局制发的报表制度由统计系统搜集资料逐级汇总上报；乡村企业的能源消费数据由省农业厅企业处提供。原材料、能源购进、消费与库存统计范围为县及县以上各种经济类型的独立核算的工业企业、建筑企业和运输邮电企业。

四、关于数据口径与计算的说明：

1、一次能源生产量与工业统计数字一致。

2、能源生产与消费弹性系数分别以能源生产、消费增长速度与国内生产总值增长速度相比求得。

3、能源平衡表中，进口量和出口量主要根据海关统计数据求得，电力折算标准煤系数按平均发电煤耗计算。

4、能源加工转换效率表中的电力折算标准煤系数采用当量值计算，每千瓦小时折0.1229千克标准煤。

PRODUCTION AND CONSUMPTION OF ENERGY

Brief Introduction

Ⅰ. The data in this chapter reflect the energy production and consumption of Guangdong Province, mainly including the energe production and consumption and their composition , the energy consumption by sector, the overall balance of energy, the elasticity coefficient of energy production and consmption, the efficiency of energy conversion and the consumption of energy for residential use, the pruchases, consumption and storage of raw materials and energe, etc.

Ⅱ. The data in this chapter are prepared and provided by the Division of Industrial and Transport Statistics, Statistical Bureau of Guangdong Province..

Ⅲ. The data in this chapter come from the energy balance sheet of the whole province and the sheets of raw materials, energy consumption and storage (total value).

The coverage of the regional energy balance includes the units that produce and consume energy. Among them, the data on the consumption of the enterprises at the county and higher levels are collected by the statistical agencies in accordance with the statistical reporting scheme stipulated by the State Statistical Bureau and tabulated and reported to the higher authorities level by level; the data on the energy consumption in the rural enterprises are provided by the Division of Enterprises of Guangdong Agricultural Department. The statistical coverage of raw materials, energy purchases, consumption and storage includes the industrial enter-prises, the construction enterprises, the postal and telecommunication enterprises with the independent accoun-ting system of vavious types of ownership at the county level and above.

Ⅳ. Data coverage and calculation:

(1) The data on the production of primary energy are the same as the concerned data of the industrial statistics.

(2) The elasticity coefficient of energy production is calculated as the quotient of the growth rate of energy production divided by the growth rate of GDP; and the elasticity coefficient of energy consumption is calculated as the quotient of the growth rate of energy consumption divided by the growth rate of GDP.

(3) In the energy balance, the data on the imports and exports are the data from the customs statistics. The coefficient for conversion of electric power into the standard coal equivalent is calculated according to the average consumption of coal for generating electricity.

(4) In the table on the efficiency of energy conversion, the coefficient for conversion of electric power into the standard coal equivalent is calculated in the following way: 1 kwh of electric power is converted into 0.1229 kg standard coal equivalent.

7-1 能源生产总量及构成
TOTAL PRODUCTION OF ENERGY AND ITS COMPOSITION

项　　目	Item	1990	1993	1994	1995	1996	1997
能源生产总量(万吨折标准煤)	Total Energy Production (10000 tons of SCE)	1006.24	1614.20	2285.67	2622.53	3758.31	4078.59
构　成　(%)	Composition (%)	100.0	100.0	100.0	100.0	100.0	100.0
原　煤	Coal	63.1	42.1	28.7	29.1	18.3	14.7
原　油	Crude oill	7.0	31.1	30.2	35.5	49.0	49.7
电　力	Electricity	29.9	26.8	41.1	34.9	25.5	24.7
天然气	Natural Gas				0.5	7.2	10.9

7-2 能源消费总量及构成
TOTAL CONSUMPTION OF ENERGY AND ITS COMPOSITION

项　　目	Item	1990	1993	1994	1995	1996	1997
一、一次能源消费量(万吨折标准煤)	Primary Energy Consumption (10000 tons of SCE)	3690.25	4983.87	5693.89	6147.61	6383.98	6586.97
构　成　(%)	Composition (%)	100.0	100.0	100.0	100.0	100.0	100.0
原　煤	Coal	56.5	58.3	56.3	56.4	56.0	54.2
原　油	Crude oil	35.3	33.0	27.3	28.5	28.8	30.1
电　力	Electricity	8.2	8.7	16.4	14.9	15.0	15.3
天然气	Natural Gas				0.2	0.2	0.4
二、终端能源消费量(万吨折标准煤)	Total Energy Final Consumption (10000 tons of SCE)	3936.44	5589.99	6479.77	7062.28	7456.35	7669.53
构　成　(%)	Composition (%)	100.0	100.0	100.0	100.0	100.0	100.0
原　煤	Coal	33.6	30.3	27.3	27.0	24.2	22.9
原　油	Crude oil	22.4	21.0	20.5	20.9	20.2	19.2
电　力	Electricity	33.0	38.9	40.6	39.7	41.2	40.3
其　他	Others	11.0	9.8	11.6	12.4	14.4	17.6

7-3 综合能源平衡表

OVERALL ENERGY BALANCE

单位：万吨标准煤　　　　(10000 tons of SCE)

项　目	Item	1990	1995	1996	1997
可供本地区消费的能源量	**Total Energy Available for Consumption by Locality**	**4044.28**	**7344.82**	**7745.66**	**7953.21**
年初库存量	Stock at Year-beginning	583.00	614.43	610.24	745.49
一次能源生产量	Primary Energy Output	1006.24	2622.53	3758.32	4078.59
回 收 能	Recovery of Energy		19.07	25.96	45.36
外省调入量	Allocation from Other Province	2955.36	4293.08	4005.87	3639.71
进 口 量	Imports	473.83	1575.45	2354.55	3064.64
我国轮、机在外国加油量	Petroleum Consumed by Chinese Airplanes and Ships Abroad	12.28			
本省调出量(－)	Allocatin over other Province(－)	-113.82	-609.34	-875.02	-1171.57
出 口 量(－)	Exports(-)	-153.11	-509.37	-1332.66	-1672.44
外国轮、机在我国加油量(－)	Petroleum Consumed by Foreign Airplanes and Ships in China	-70.30	-50.82	-56.36	-31.80
年末库存量(－)	Stock at Year-end	-649.20	-610.24	-745.24	-744.75
加工转换投入(－)产出(＋)量	**Input-Output in Processing and Transformation**	**-13.74**	**-11.86**	**-15.99**	**-19.76**
火力发电	Thermal Power				
供 热	Heating				
炼 焦	Coking	-4.21	-6.95	-6.36	-4.55
炼 油	Petroleum Refining	-6.90	-1.86	-5.10	-10.00
制 气	Gas Production		-3.05	-4.53	-5.21
损 失 量	**Losses**	**113.33**	**271.16**	**273.50**	**263.94**
#运输和输配损失	Losses in Transmission	104.17	266.75	268.86	259.39
终端消费量	**Final Consumption**	**3936.44**	**7062.28**	**7456.35**	**7669.53**
第一产业	Primary Industry	193.15	349.96	365.88	325.56
农、林、牧、渔业	Farming, Forestry, Animal Husbandry and Fishery	193.15	349.96	365.88	325.56
第二产业	Secondary Industry	2775.58	4626.99	4830.91	5121.12
工 业	Industry	2728.01	4521.20	4758.03	5053.62
#用作原材料、燃料	As raw and Processed Materials & Fuel	335.68	99.90	98.24	98.21
建 筑 业	Construction	47.57	105.76	72.88	67.51
第三产业	Tertiary Industry	515.11	1093.40	1147.21	1114.74
交通运输仓储及邮电通信业	Transportation, Postal, Storage and Telecommunication Services	339.43	577.29	612.21	579.98
#远洋运输业	Ocean Transportation	58.92	143.20	144.39	148.20
批发和零售贸易业、餐饮业	Wholesale and Retail Sale Trades, Catering Trade	92.16	283.01	308.49	314.97
其 他	Others	83.52	233.10	226.51	219.78
生活消费	Residential Consumption	452.60	991.92	1112.35	1108.10
城 镇	Urban	296.73	659.27	722.97	720.79
乡 村	Rural	155.87	332.61	389.38	387.33
平 衡 差 额	**Balance**	**-19.23**	**-0.48**	**-0.18**	**-0.02**
消费量合计	**Total Energy**	**4063.51**	**7345.30**	**7745.84**	**7953.23**

7-4 分行业能源消费总量和原煤、电力消费量(1997年)

CONSUMPTION OF TOTAL ENERGY, COAL AND ELECTRICITY BY SECTOR (1997)

行业	Sector	能源消费总量(万吨标准煤) Total Energy Consumption (10000 Tons of SCE)	原煤消费量(万吨) Coal Consumption (10000 Tons)	电力消费量(亿千瓦小时) Electricity Consumption (100 million KWH)
消费总量	**Total**	**7953.23**	**4998.99**	**918.85**
农、林、牧、渔业	**Farming, Forestry, Animal Husbandry, Fishery and Water Conservancy**	**325.56**	**41.50**	**37.33**
工业	**Industry**	**5335.41**	**4806.92**	**603.92**
采掘业	**Mining and Quarrying**	**128.23**	**43.12**	**17.80**
煤炭采选业	Coal Mining and Dressing	28.44	20.25	4.53
石油和天然气开采业	Petroleum and Natural Gas Extraction	46.30		0.92
黑色金属矿采选业	Ferrous Metals Mining and Dressing	3.74	0.76	0.71
有色金属矿采选业	Nonferrous Metals Mining and Dressing	12.59	19.30	2.63
非金属矿采选业	Nonmetal Minerals Mining and Dressing	32.93	1.80	8.09
其他矿采选业	Other Minerals Mining and Dressing	1.68	0.03	0.45
木材及竹材采运业	Logging and Transport of Wood and Bamboo	2.51	0.98	0.47
制造业	**Manufacturing**	**4598.51**	**2756.14**	**425.77**
食品加工业	Food Processing	283.31	501.09	16.51
食品制造业	Food Production	114.96	125.91	7.35
饮料制造业	Beverage Production	45.78	32.17	3.53
烟草加工业	Tobacco Processing	5.79	3.32	0.69
纺织业	Textile Industry	249.58	116.89	29.11
服装及其他纤维制品制造	Garments and Other Fiber Products	55.40	4.42	10.17
皮革毛皮羽绒及其制品业	Leather, Furs, Down and Related Products	24.37	7.68	3.38
木材加工及竹藤棕草制品业	Timber Processing, Bamboo, Cane, Palm Fiber & Straw Products	22.63	12.66	1.99
家具制造业	Furniture Manufacturing	5.84	0.56	1.18
造纸及纸制品业	Paper Making and Paper Products	168.44	180.49	19.43
印刷业记录媒介的复制	Printing and Record Medium Reproduction	11.77	3.01	2.36
文教体育用品制造业	Cultural, Educational and Sports Articles	26.41	1.99	4.54
石油加工及炼焦业	Petroleum Processing and Coking	702.21	106.04	9.58
化学原料及制品制造业	Raw Chemical Materials and Chemical Products	305.10	207.24	27.58
医药制造业	Medical and Pharmaceutical Products	53.61	41.96	4.09
化学纤维制造业	Chemical Fiber	47.98	16.49	8.68
橡胶制品业	Rubber Products	109.46	29.23	22.56
塑料制品业	Plastic Products	158.05	43.29	27.58
非金属矿物制品业	Nonmetal Mineral Products	1140.52	1075.01	63.54
黑色金属冶炼及压延加工业	Smelting and Pressing of Ferrous Metals	316.79	118.74	20.36
有色金属冶炼及压延加工业	Smelting and Pressing of Nonferrous Metals	95.19	38.08	7.80
金属制品业	Metal Products	135.35	2.76	31.67
普通机械制造业	Ordinary Machinery	78.89	22.41	13.00
专用设备制造业	Equipment for Special Purposes	19.29	8.61	1.55
交通运输设备制造业	Transportation Equipment	36.78	5.59	6.35
电气机械及器材制造业	Electric Equipment and Machinery	100.84	8.80	16.95
电子及通信设备制造业	Electronic and Telecommunications Equipment	79.98	5.03	16.24
仪器仪表文化办公用机械	Instruments, Meters, Cultural and Office Machinery	10.67	0.01	1.83
其他制造业	Other Manufacturing Industry	186.88	36.66	46.17
电力煤气及水生产供应业	**Electric Power, Gas and Water Production and Supply**	**608.65**	**2007.66**	**160.35**
电力蒸汽热水生产供应业	Electric Power, Steam and Hot Water Production and Supply	526.09	1997.50	141.68
煤气的生产和供应业	Gas Production and Supply	19.30	10.16	1.50
自来水的生产和供应业	Tap Water Production and Supply	63.27		17.17
建筑业	**Construction**	**67.51**	**0.47**	**13.30**
交通运输、仓储及邮电通信业	**Transportation, Storage, Postal & Telecommunications Services**	**581.61**	**9.74**	**13.76**
批发和零售贸易餐饮业	**Wholesale, Retail Trade and Catering Services**	**314.97**	**16.05**	**61.90**
其他行业	**Others**	**219.78**		**55.30**
生活消费	**Residential Consumption**	**1108.10**	**124.31**	**133.34**

7-5 平均每天各种能源消费量
AVERAGE DAILY ENERGY CONSUMPTION BY VARIETY

能源品种	Item		1990	1995	1996	1997
合　计(吨标准煤)	**Total**	**(tons of SCE)**	**112476**	**201241**	**212215**	**217897**
煤　炭　(吨)	Coal	(tons)	50828	72961	69968	68518
焦　炭　(吨)	Coke	(tons)	2871	3613	3811	4356
原　油　(吨)	Crude Oil	(tons)	754	143	88	261
燃料油　(吨)	Fuel Oil	(tons)	4874	7195	8289	8135
汽　油　(吨)	Gasoline	(tons)	3878	7700	7210	7192
煤　油　(吨)	Kerosene	(tons)	866	1535	1527	1774
柴　油　(吨)	Diesel Oil	(tons)	7025	11334	11332	10610
液化石油气　(吨)	Liquefied Petroleum Gas	(tons)	549	5110	7966	8019
电　力(万千瓦时)	Electricity	(10000 kwh)	9836	19698	21601	23222

7-6 平均每人年生活用能源
ANNUAL AVERAGE RESIDENTIAL ENERGY CONSUMPTION PER CAPITA

能源品种	Item		1990	1995	1996	1997
合　计(千克标准煤)	**Total**	**(kg of SCE)**	**72.04**	**146.11**	**161.29**	**158.00**
煤　炭　(千克)	Coal	(kg)	56.77	40.07	26.20	22.76
汽　油　(千克)	Gasoline	(kg)	1.65	4.50	5.00	4.51
煤　油　(千克)	Kerosene	(kg)	1.95	1.18	0.85	0.72
柴　油　(千克)	Diesel Oil	(kg)		0.37	0.39	0.54
液化石油气　(千克)	liquefied Petroleum Gas	(kg)	1.76	24.51	38.00	37.64
电　力　(千瓦小时)	Electricity	(kwh)	63.90	165.24	179.85	190.11

7-7 分品种生活能源年消费总量
AVERAGE ANNUAL RESIDENTIAL ENERGY TOTAL CONSUMPTION BY VARIETY

能源品种	Item		1990	1995	1996	1997
合　计(万吨标准煤)	**Total**	**(10000 tons SCE)**	**454.71**	**991.92**	**1112.35**	**1108.10**
煤　炭　(万吨)	Coal	(10000 tons)	348.03	272.01	180.69	159.61
汽　油　(万吨)	Gasoline	(10000 tons)	10.44	30.54	34.50	31.64
煤　油　(万吨)	Kerosene	(10000 tons)	11.98	8.00	5.84	5.02
柴　油　(万吨)	Diesel Oil	(10000 tons)		2.54	2.66	3.79
液化石油气　(万吨)	Liquefied Petroleum Gas	(10000 tons)	10.78	166.41	262.06	264.02
电　力(亿千瓦小时)	Electricity	(100 million kwh)	39.17	112.18	124.04	133.34

7-8 能源加工转换效率
EFFCIENCY OF ENERGY CONVERSION

单位：%　　(%)

年份 Year	火力发电 Thermal Power Generation	供热 Heating	炼焦 Coking	炼油 Petroleum Refining	制气 Gas Production
1990	31.13	79.21	93.48	99.44	
1995	31.85	80.07	90.93	99.89	86.17
1996	31.89	79.89	91.27	99.72	79.92
1997	33.99	82.07	93.70	99.49	78.38

7-9 能源生产弹性系数
ELASTICITY COEFFICIENT OF ENERGY PRODUCTION

年份 Year	能源生产比上年增长% Growth Rate of Energy Production over Preceding Year (%)	电力生产比上年增长% Growth Rate of Electricity Production over Preceding Year(%)	国内生产总值比上年增长% Growth Rate of Gross Domestic Product(GDP) over Preceding Year(%)	能源生产弹性系数 Elasticity Coefficient of Energy Production	电力生产弹性系数 Elasticity Coefficient of Electricity Production
1986	1.03	8.00	12.7	0.08	0.63
1990	0.28	15.30	11.6	0.02	1.32
1991	10.35	14.80	17.7	0.58	0.84
1992	30.29	16.22	22.1	1.37	0.73
1993	11.12	24.79	22.3	0.50	1.11
1994	41.60	34.55	19.1	2.18	1.81
1995	14.74	6.55	14.9	0.99	0.44
1996	43.30	10.67	10.7	4.05	1.00
1997	8.52	7.98	10.6	0.80	0.75

7-10 能源消费弹性系数
ELASTICITY COEFFICIENT OF ENERGY CONSUMPTION

年份 Year	能源消费比上年增长% Growth Rate of Energy Consumption Over Preceding Year (%)	电力消费比上年增长% Growth Rate of Electricity Consumption over Preceding Year(%)	国内生产总值比上年增长% Growth Rate of Gross Domestic Product(GDP) over Preceding Year(%)	能源消费弹性系数 Elasticity Coefficient of Energy Consumption	电力消费弹性系数 Elasticity Coefficient of Electricity Consumption
1986	8.37	4.73	12.7	0.66	0.37
1990	4.09	14.33	11.6	0.35	1.24
1991	14.29	17.64	17.7	0.81	1.00
1992	11.06	20.34	22.1	0.50	0.92
1993	11.60	23.10	22.3	0.52	1.04
1994	15.70	16.98	19.1	0.82	0.89
1995	9.17	7.62	14.9	0.62	0.51
1996	5.45	8.89	10.7	0.51	0.83
1997	2.68	7.13	10.6	0.25	0.67

7-11 主要原材料、能源购进与消费(1997年)
TOTAL PURCHASE AND CONSUMPTION OF MAIN RAW AND PROCESSED MATERIALS AND ENERGY (1997)

名称	Item	购进量 Total Purchase	直接购进生产企业 Direct Purchase Manufacture	直接进口 Direct Imports	消费量 Total Consumption	工业生产消费 Consumption of Industrial Production
原煤(万吨)	Coal (10000 tons)	3558.65	1792.52	25.61	3563.41	3544.46
焦炭(万吨)	Coke (10000 tons)	118.38	49.17		158.57	158.09
原油(万吨)	Crude oil (10000 tons)	1403.05	160.92	759.15	1380.74	1376.21
燃料油(万吨)	Fuel oil (10000 tons)	593.68	291.25	35.32	622.98	572.19
汽油(万吨)	Gasoline (10000 tons)	45.91	24.19	0.02	48.50	20.10
柴油(万吨)	Diesel oil (10000 tons)	275.95	113.11	56.04	270.75	203.85
煤油(万吨)	Kerosene (10000 tons)	49.23	43.73		51.45	2.39
润滑油(万吨)	Lubricating oil (10000 tons)	9.03	1.83	0.27	7.05	4.70
生铁(万吨)	Pig iron (10000 tons)	38.86	13.85	0.10	190.68	189.41
钢材(万吨)	Steel Products (10000 tons)	609.80	255.37	72.64	618.35	293.95
铜(万吨)	Copper (10000 tons)	10.48	1.71	0.62	10.25	10.21
铝(万吨)	Aluminum (10000 tons)	9.58	7.20	0.30	10.75	10.66
铅(万吨)	Plumbum (10000 tons)	3.15	1.16	0.47	2.84	2.84
锌(万吨)	Zinc (10000 tons)	6.05	3.37	0.06	6.39	6.38
锡(万吨)	Tin (10000 tons)	0.29	0.22	0.01	0.29	0.29
铜材(万吨)	Copper Products (10000 tons)	12.68	6.27	1.33	12.69	12.55
铝材(万吨)	Aluminum Products (10000 tons)	14.58	5.71	2.56	15.78	13.98
硫酸(万吨)	Sulfuric acid (10000 tons)	31.12	19.64	0.09	67.50	67.45
烧碱(万吨)	Caustic soda (10000 tons)	16.36	10.09	0.51	16.68	16.61
纯碱(万吨)	Soda ash (10000 tons)	27.13	17.95	0.11	26.86	26.78
天然橡胶(万吨)	Natural Rubber (10000 tons)	4.76	2.42	0.75	4.48	4.48
合成橡胶(万吨)	Synthetic rubber (10000 tons)	11.30	3.10	5.43	11.33	11.26
平板玻璃(万重量箱)	Plate glass (10000 wgt cases)	191.04	74.91	5.09	185.15	63.70
水泥(万吨)	Cement (10000 tons)	1419.98	888.53	0.41	1463.55	90.15
原木(万立方米)	Logs (10000 cu.m)	280.12	160.19	8.48	283.29	163.65
锯材(万立方米)	Sawn Timber (10000 cu.m)	109.54	51.84	1.49	113.49	32.73

7-12 原材料、能源消费与库存总值(1997年)
TOTAL VALUE CONSUMPTION AND STOCK OF RAW AND PROCESSED MATERIALS AND ENERGY (1997)

单位：亿元 (100 million yuan)

项　　目	Item	年初库存总值 Total value of Stock at Year-beginning	消费总值 Total Consumption	工业生产消费 Consumption of Industrial Production	建筑施工消费 Consumption of Construction	年末库存总值 Total value of Stock at Year-end
原材料、能源合计	**Raw and Processed Materials and energy**	**373.62**	**3275.16**	**2978.68**	**238.44**	**352.32**
能源类	Energy	34.59	714.38	660.62	9.99	28.16
原材料类	Raw and Processed Materials	339.03	2560.78	2318.06	228.45	324.16
1. 黑色金属材料类	Ferrous Metals	37.51	296.38	211.11	83.87	34.36
2. 有色金属材料类	Nonferrous Metals	18.39	163.44	158.21	4.79	15.48
3. 化工类	Chemicals Industrial Products	52.09	368.54	366.05	1.84	39.37
4. 建材类	Building Materials	7.20	162.40	61.48	100.35	7.51
5. 木材类	Timber	4.51	52.89	30.06	22.66	3.59
6. 金属制品类	Metal products	7.26	45.30	43.83	1.33	6.32
7. 一次转移价值的机电产品类	Electric & Mechanical Products of Single-transfer-value	57.99	499.13	489.25	4.26	64.48
8. 其他类	Others	154.08	972.70	958.07	9.35	153.05
一、按隶属关系分	**Grouped by Affialiation**					
中　央	Center	36.37	338.06	293.51	14.13	44.66
省、自治区、直辖市	Province, Autonomy & Municipal	24.69	158.12	145.51	10.26	15.37
地　区	City and Prefecture	165.13	1367.12	1271.04	80.84	160.17
县	County	145.84	1359.08	1221.43	128.64	129.04
二、按经济类型分	**Grouped by Ownership**					
国有经济	State-Owned	122.14	972.33	808.50	118.30	123.52
集体经济	Collective Owned	40.62	492.86	376.49	109.72	29.77
私营经济	Private	0.04	3.93	3.84	0.05	0.15
联营经济	Joint Owned	4.11	35.65	35.05	0.25	3.60
股份制经济	Share Holding	26.34	234.63	226.89	6.52	26.05
外商投资经济	Foreign Funded	67.55	598.10	594.63	1.36	70.04
港、澳、台投资经济	Funded by Entrepreneurs from Hong Kong, Macao & Taiwan	112.11	929.77	925.43	2.24	98.56
其他经济	Others	0.71	7.89	7.85		0.63
三、按行业分	**Grouped by Sector**					
采　掘　业	Mining and Quarrying	3.00	16.61	16.07	0.32	2.09
制造业	Manufacturing	313.07	2791.78	2780.44	5.80	311.77
电力、煤气及水的生产和供应业	Electric Power, Gas and Water Production and Supply	40.03	171.65	170.69	0.41	23.62
建筑业	Construction	8.00	236.22	7.86	228.06	7.24
运输邮电业	Transportation, Postal & Telecommunications Services	9.52	58.90	3.62	3.85	7.60

主要统计指标解释

能源生产总量 指一定时期内全国（地区）一次能源生产量的总和，是观察全国（地区）能源生产水平、规模、构成和发展速度的总量指标。一次能源生产量包括原煤、原油、天然气、水电及其他动力能（如风能、地热能等）发电量。不包括低热值燃料生产量、生物质能、太阳能等的利用和由一次能源加工转换而成的二次能源产量。

能源消费总量 指一定时期内全国（地区）物质生产部门、非物质生产部门和生活消费的各种能源的总和，是观察能源消费水平、构成和增长速度的总量指标，能源消费总量包括原煤和原油及其制品、天然气、电力。不包括低热值燃料、生物质能和太阳能等的利用。能源消费总量分为三部分，即终端能源消费量、能源加工转换损失量和损失量。

⑴终端能源消费量 指一定时期内全国（地区）物质生产部门、非物质生产部门和生活消费的各种能源在扣除了用于加工转换二次能源消费量和损失量以后的数量。

⑵能源加工转换损失量 指一定时期内全国（地区）投入加工转换的各种能源数量之和与产出各种能源产品之和的差额。它是观察能源在加工转换过程中损失量变化的指标。

⑶能源损失量 指一定时期内能源在输送、分配、储存过程中发生的损失和由客观原因造成的各种损失量。不包括各种气体能源放空、放散量。

能源生产弹性系数 是研究能源生产增长速度与国民经济增长速度之间关系的指标。计算公式：

$$\text{能源生产弹性系数}=\frac{\text{能源生产总量年平均增长速度}}{\text{国民经济年平均增长速度}}$$

国民经济年平均增长速度，可根据不同的目的或需要，用国民生产总值，国内生产总值等指标来计算，本资料是采用国内生产总值指标计算的。

电力生产弹性系数 是研究电力生产增长速度与国民经济增长速度之间关系的指标。一般来说，电力的发展应当快于国民经济的发展，也就是说电力应超前发展。计算公式：

$$\text{电力生产弹性系数}=\frac{\text{电力生产量年平均增长速度}}{\text{国民经济年平均增长速度}}$$

能源消费弹性系数 是反映能源消费增长速度与国民经济增长速度之间比例关系的指标。计算公式：

$$\text{能源消费弹性系数}=\frac{\text{能源消费量年平均增长速度}}{\text{国民经济年平均增长速度}}$$

电力消费弹性系数 是反映电力消费增长速度与国民经济增长速度之间比例关系的指标。计算公式：

$$\text{电力消费弹性系数}=\frac{\text{电力消费量年平均增长速度}}{\text{国民经济年平均增长速度}}$$

能源加工转换效率 指一定时期内能源经过加工、转换后，产出的各种能源产品的数量与同期内投入加工转换的各种能源数量的比率。它是观察能源加工转换装置和生产工艺先进与落后、管理水平高低等的重要指标。计算公式：

$$\text{能源加工转换效率}=\frac{\text{能源加工、转换产出量}}{\text{能源加工、转换投入量}}\times100\%$$

Explanatory Notes on Main Statistical Indicators

Total Energy Production refers to the total production of primary energy by all energy producing enter-prises in the country (region) in a given period of time. It is a comprehensive indicator to show the capacity, scale, composition and development of energy production of the country (region). The production of primary energy includes that of coal, crude oil, natural gas, hydropower and electricity generated by other means such as wind power and geothermal power. However, it excludes the production of fuels of low calorific value, bioenergy, solar energy and the secondary energy converted form the primary energy.

Total Domestic Energy Consumption refers to the total consumption of energy of various kinds by material production sectors, non-material production sectors and households in the country (region) in a given period of time. It is a comprehensive indicator to show the scale, composition and development of energy consumption. The total energy consumption includes that of coal, crude oil and their products, natural gas and electricity. However, it excludes the consumption of fuel of low calorific value, bioenergy and solar energy. Total domestic energy consumption can be divided into three parts:

(1) Final Energy Consumption: It refers to the total energy consumption by material production sectors, non-material production sectors and households in the country (region) in a given period of time, but excludes the consumption in conversion of the primary energy into the secondary energy and the loss in the process of energy conversion.

(2) Loss During the Process of Energy Conversion: It refers to the total input of various kinds of energy for conversion, minus the total output of various kinds of energy in the country in a given period of time. It is an indicator to show the loss that occurs during the process of energy conversion.

(3) Loss: It refers to the total of the loss of energy during the course of energy transport, distribution and storage and the loss caused by any objective reason in a given period of time. The loss of various kinds of gas due to gas discharges and stocktaking is excluded.

Elasticity Coefficient of Energy Production is an indicator to show the relationship between the growth rate of energy production and the growth rate of the national economy. The formula is:

$$\text{Elasticity Coefficient of Energy Production} = \frac{\text{Average Annual Growth Rate of Energy Production}}{\text{Average Annual Growth Rate of National Economy}}$$

The average annual growth rate of the national economy can be shown by the gorss national product, gross domestic product and other indicators, depending upon the purposes or needs. The gross domestic product is used in calculation of the ratio in this chapter.

Elasticity Coefficient of Electricity Production is an indicator to show the relationship between the growth rate of electricity production and the growth rate of the national economy. Generally speaking, the growth rate of electricity production should be higher than that of the national economy. Its formula is:

$$\text{Elasticity Coefficient of Electricity Production} = \frac{\text{Average Annual Growth Rate of Electricity Producton}}{\text{Average Annual Growth Rate of National Economy}}$$

Elasticity Coefficient of Energy Consumption is an indicator to show the relationship between the growth rate of energy consumption and the growth rate of the national economy. The formula is:

$$\text{Elasticity Coefficient of Energy Consumption} = \frac{\text{Average Annual Growth Rate of Energy Consumption}}{\text{Average Annual Growth Rate of National Economy}}$$

Elasticity Coefficient of Electricity Consumption is an indicator to show the relationship between the growth rate of electricity, consumption and the growth rate of the national economy. The formula is:

$$\text{Elasticity Coefficient of Electricity Consumption} = \frac{\text{Average Annual Growth Rate of Electricity comsumption}}{\text{Average Annual Growth Rate of National Economy}}$$

Efficiency of Energy Processing and Conversion refers to the ratio of the total output of energy products of various kinds after processing and conversion and the total input of energy of various kinds for processing and conversion in the same reference period. It is an important indicator to show the current conditions of energy processing and conversion equipment, production technique and management. The formula is:

$$\text{Efficiency of Energy Processing \& Conversion} = \frac{\text{Output of Energy After Processing \& Conversion}}{\text{Input of Energy for Processing \& Conversion}} \times 100\%$$

八 财政、金融和保险

PUBLIC FINANCE, BANKING AND INSURANCE

简要说明

一、本篇资料反映广东财政、金融、保险等方面的基本情况。

二、本篇资料由广东省统计局综合处负责整理、编辑。

三、资料来源：

财政资料根据广东省财政厅财政收支决算总表等统计报表的有关项目加工整理。

金融资料根据中国人民银行广东省分行统计月报整理。

保险业务资料根据中保财产保险有限公司广东省分公司和中保人寿保险公司广东省分公司保险业务统计报表整理。

PUBLIC FINANCE, BANKING AND INSURANCE

Brief Introduction

Ⅰ. The data in this chapter show the basic conditions of public finance, banking and insurance of Guangdong province.

Ⅱ. The data in this chapter are prepared by the Division of Integrated Statistics, Statistical Bureau of Guangdong Province.

Ⅲ. Data sources:

The data on public finance are prepared in accordance with the total final accounts table of the revenue and expenditure and other statistical report forms provided by the Department of Finance of Guangdong Province.

The data on banking are prepared in accordance with the monthly bulletins of statistics provided by Guangdong Branch, the People's Bank of China.

The data on insurance are prepared in accordance with the statistical report forms provided by Guangdong Branch, Property Insurance Limited Company of PICC and Guangdong Branch, Life Insurance Limited Company of PICC.

8-1 财政收支基本情况

BASIC SITUATIONS OF GOVERNMENT REVENUE AND EXPENDITURE

单位：亿元　　　　(100 million yuan)

指　　标	Item	1994	1995	1996	1997
一、财政收入	**Government Revenue**	**298.70**	**382.34**	**479.45**	**543.95**
各项税收	Taxes	275.66	353.64	438.25	494.76
#增值税	Value-Added Tax	54.35	63.12	73.29	82.15
营业税	Business Tax	106.68	145.85	158.74	181.54
企业所得税	Enterprise Income Tax	34.87	43.20	57.07	74.86
外商投资企业和外国企业所得税	Income Tax of Foreign Enterprises and Foreign Funded Enterprises	10.22	16.48	19.45	26.75
城市维护建设税	Tax on City Maintenance and Construction	14.48	17.02	19.28	20.64
个人所得税	Personal Income Tax	15.04	22.09	27.61	35.79
印花税	Stamp Tax	1.70	6.31	37.65	22.85
农业税	Agricultural and Animal Husbandry Taxes	7.59	8.89	10.44	9.96
国有资产经营收益	Operating Income from State-Owned Assets	3.51	2.22	2.73	5.64
国有企业计划亏损补贴	Planned Subsidies for the Loss of State-Owned Enterprises	-17.40	-17.52	-17.36	-15.39
罚没收入、行政性收费收入	Forfeit and Administrative Collect Fees		27.78	35.21	46.13
专项收入	Special Revenue	9.53	12.39	13.21	
其他收入	Others	25.72	3.83	7.01	12.77
二、财政支出	**Government Expenditure**	**416.83**	**525.63**	**601.23**	**682.66**
基本建设支出	Expenditure for Capital Construction	55.25	72.23	92.83	95.53
企业挖潜改造资金	Innovation Funds of The Enterprises	32.01	38.14	32.46	47.75
科技三项费用	Expenditure For Science and Technology Promotion	3.01	3.73	4.78	6.31
支农支出	Expenditure for Supporting Rural Production	14.14	14.95	16.72	19.63
农林水利气象等部门事业费	Operating Expenses of The Department of Farming, Forestry, Water Conservancy and Meteorology etc	11.55	14.03	16.16	16.48
文体广播事业费	Expenditure for Culture, Sport and Broadcasting	15.47	16.48	18.67	22.40
教育事业费	Expenditure for Education	66.95	84.56	93.30	94.32
科学事业费	Expenditure for Science	4.73	6.14	6.38	8.61
卫生经费	Expenditure for Public Health	23.15	28.04	35.13	37.00
抚恤和社会福利救济费	Pension and Relief Funds for Social Welfare	6.39	7.57	7.75	8.73
行政管理费	Expenditure for Government Administration	36.57	42.90	50.92	55.40
城市维护费	Expenditure for City Maintenance	25.41	31.45	32.24	36.54
政策性补贴支出	Expenditure for Policy Subsidies	11.71	12.35	14.94	16.82
其他支出	Others	49.33	65.19	62.30	75.08

注：本表按新预算科目编制，其中财政收入不包括中央返还部分。

Note: This table is compiled according to the new budgetary item, of which figures of goverment revenue not include the return part from the central government.

8-2 财政收入
GOVERNMENT REVENUE

单位：亿元 (100 million yuan)

年 份 Year	合 计 Total Revenue	各项税收 Taxes	工商税 Industrial and Commercial Tax	农业税 Agricultural Tax	企业收入 Revenue from Enterprises	#工业 Industry	#商业 Commerce	其他收入 Other Revenue
1952	7.15	4.87	3.22	1.65	1.71	0.54	0.63	0.57
1957	10.45	7.74	5.94	1.80	2.17	1.11	0.46	0.54
1962	13.26	8.92	7.52	1.40	4.18	1.75	0.99	0.16
1965	19.59	11.73	10.18	1.55	7.72	4.25	2.49	0.14
1970	24.34	13.50	11.74	1.76	10.69	6.89	3.18	0.15
1975	34.37	19.37	17.63	1.74	14.93	10.75	4.40	0.07
1978	39.46	25.78	24.12	1.66	13.59	9.79	3.65	0.09
1979	34.28	25.98	24.62	1.36	8.27	7.59	2.09	0.30
1980	36.10	27.72	26.18	1.54	8.19	9.18	1.41	0.19
1981	39.45	30.84	29.39	1.45	8.31	7.17	2.83	0.30
1982	40.53	34.72	33.21	1.51	5.37	6.53	1.47	0.44
1983	42.28	38.52	36.66	1.86	3.23	6.33	1.98	0.53
1984	45.17	32.19	30.20	1.99	0.81	5.61	0.88	0.77
1985	65.46	65.25	62.73	2.52	-0.75	4.28	1.27	0.96
1986	79.82	73.29	70.81	2.48	4.11	4.97	1.90	2.42
1987	92.92	88.65	85.90	2.75	1.37	1.22	-1.28	2.90
1988	107.57	119.16	116.63	2.53	-19.00	3.91	0.17	3.32
1989	136.87	145.02	142.16	2.86	-22.99	3.69	0.87	14.84
1990	131.02	135.61	132.70	2.91	-24.24	3.05	0.46	19.64
1991	177.35	158.31	154.76	3.55	-5.63	2.09	0.13	24.67
1992	222.64	195.98	191.52	4.46	-5.94	1.25	-0.63	32.60
1993	346.56	310.78	306.36	4.42	-3.61	-0.41	0.80	39.39
1994	298.70	231.61	224.02	7.59	19.85	1.94	1.47	38.06
1995	382.34	301.52	292.63	8.89	26.82	1.40	0.91	54.00
1996	479.45	369.65	359.21	10.44	61.87	2.88	1.09	47.93
1997	543.95	407.78	397.82	9.96	91.86	14.03	1.03	44.31

注：本表按原预算科目编制，其中各项税收仅包括工商税和农业税.

Note: This table is compiled according to the original budgetary item, of which The Taxes in this table only included industrial and commercial and Agricaltural taxes.

8-3 财 政 支 出

GOVERNMENT EXPENDITURE

单位：亿元 (100 million yuan)

年份 Year	支出合计 Total Expenditure	1. 经济建设 Expenditure for Ecomomic Construction	#工交商业 Expenditure forIndustry Transportation and Commerce	#农林水气 Expenditures for Agricature, Forestry, Water Conservancy and Meteorology	2. 社会文教卫生科研费 Expenditure for Culture, Education Science & Health Care	3. 行政经费 Expenditure for Government Administration	4. 其他支出 Other Expenditure
1952	3.32	1.57	0.32	0.71	0.55	0.77	0.43
1957	4.74	1.63	0.98	0.52	1.91	1.12	0.08
1962	6.04	2.85	1.24	1.44	2.07	1.05	0.07
1965	9.12	5.41	1.86	1.64	2.33	1.09	0.29
1970	12.57	8.25	4.40	2.19	3.12	0.98	0.22
1975	17.11	10.12	4.96	2.49	4.70	1.63	0.66
1978	27.03	17.63	0.35	2.45	5.67	2.06	1.67
1979	28.03	15.80	0.40	3.26	6.79	2.40	3.03
1980	24.93	12.65	0.37	3.12	7.69	2.90	1.69
1981	27.18	13.13	0.39	3.36	9.10	3.53	1.42
1982	30.75	15.31	0.43	3.47	10.42	4.01	1.01
1983	34.27	16.43	0.60	3.65	11.80	4.61	1.43
1984	42.65	20.99	0.56	3.77	13.26	6.11	2.29
1985	60.84	26.53	0.69	5.88	18.46	6.49	9.36
1986	82.91	37.16	0.88	6.30	20.26	7.92	17.57
1987	89.87	33.47	2.92	6.95	26.92	8.57	20.91
1988	115.20	34.25	5.05	10.09	33.40	8.44	39.11
1989	141.16	40.48	7.89	12.22	41.01	10.39	49.28
1990	150.69	36.92	7.70	13.43	43.56	10.86	59.35
1991	182.48	51.78	7.16	14.22	49.50	12.93	68.27
1992	219.61	67.28	8.11	17.55	64.14	17.40	70.79
1993	331.27	95.81	9.08	25.03	95.38	26.34	113.74
1994	416.83	115.39	18.57	29.16	131.16	36.57	133.71
1995	525.63	138.75	17.72	33.19	157.21	42.90	186.77
1996	601.23	143.64	15.31	40.90	182.24	50.92	224.43
1997	682.66	157.91	18.02	38.41	193.90	55.40	275.45

8-4 用于文教、卫生、科学部门的财政支出

GOVERNMENT EXPENDITURE FOR EDUCATION, HEALTH AND SCIENCE

单位：亿元 (100 million yuan)

年 份 Year	合 计 Total	文体广播事业费 Culture, Sport and Broadcasting	#计划生育 Brith Control	教 育 Education	卫 生 Health	#公费医疗 Free Medical Service	科 学 Science
1980	7.67	0.79	0.20	4.88	1.86	0.36	0.14
1985	17.12	2.36	0.52	10.69	3.75	1.17	0.32
1990	36.47	6.06	1.19	21.34	7.92	3.13	1.15
1991	41.43	6.63	1.47	24.01	9.17	3.62	1.62
1992	53.84	9.45	1.75	30.05	12.13	4.32	2.21
1993	80.87	11.67	2.13	48.32	17.97	6.31	2.91
1994	110.30	15.47	2.45	66.95	23.15	8.39	4.73
1995	135.22	16.48	3.01	84.56	28.04	10.54	6.14
1996	153.48	18.67	3.39	93.30	35.13	12.65	6.38
1997	162.33	22.40	4.29	94.32	37.00	13.82	8.61

注：本表1980、1985年数字包括海南省。

Note: The date in 1980、1985 Included Hainan Province.

8-5 各 市 财 政 收 支

GOVERMENT REVENUE AND EXPENDITURE BY CITY

单位：亿元 (100 million yuan)

市别 City		1994		1995		1996		1997	
		财政收入 Revenue	财政支出 Expenditure	财政收入 Revenue	财政支出 Expenditure	财政收入 Revenue	财政支出 Expenditure	财政收入 Revenue	财政支出 Expenditure
全省总计	**Total**	**298.70**	**416.83**	**382.34**	**525.63**	**479.45**	**601.23**	**543.95**	**682.66**
广 州	Guangzhou	62.87	73.74	97.08	111.24	85.24	121.91	97.72	138.99
深 圳	Shenzhen	74.40	74.62	88.02	93.40	131.75	138.04	142.06	139.42
珠 海	Zhuhai	13.16	14.57	15.18	16.57	14.09	18.18	15.39	21.27
汕 头	Shantou	12.03	18.16	14.53	22.12	13.15	22.13	14.58	24.55
韶 关	Shaoguan	5.61	11.59	5.92	13.16	5.85	14.57	6.25	15.38
河 源	Heyuan	1.31	4.80	1.76	6.06	1.55	8.55	1.75	10.29
梅 州	Meizhou	5.04	12.67	5.97	15.24	5.63	16.41	5.80	18.08
惠 州	Huizhou	7.44	11.22	7.69	11.83	7.07	11.64	7.61	13.24
汕 尾	Shanwei	2.33	4.48	2.87	5.98	2.65	6.07	2.99	7.54
东 莞	Dongguan	7.69	9.62	11.56	13.22	9.65	12.41	10.93	14.37
中 山	Zhongshan	6.74	7.95	8.07	9.57	8.18	10.19	9.49	11.25
江 门	Jiangmen	13.49	16.89	15.97	18.73	14.97	19.97	15.72	21.88
佛 山	Foshan	20.85	29.06	25.60	36.47	26.73	38.60	30.86	42.93
阳 江	Yangjiang	2.85	5.30	3.36	6.21	2.88	6.60	2.77	6.87
湛 江	Zhanjiang	9.12	16.21	11.09	20.77	9.41	19.46	9.25	20.82
茂 名	Maoming	5.82	10.85	7.27	11.73	7.94	13.98	7.44	14.67
肇 庆	Zhaoqing	7.17	14.82	6.09	11.78	6.37	12.75	6.89	14.22
清 远	Qingyuan	2.72	8.07	3.15	8.72	2.98	10.67	3.09	12.12
潮 州	Chaozhou	3.04	6.81	3.51	7.55	3.34	7.54	3.56	8.03
揭 阳	Jieyang	3.98	8.82	5.36	11.01	5.44	12.40	6.87	1.47
云 浮	Yunfu	0.80	1.63	2.52	5.83	2.58	7.14	2.70	7.88

8-6 银行存贷款余额

DEPOSIT AND LOAN BALANCE OF BANKS

单位：亿元 (100 million yuan)

指 标	Indicator	1980	1985	1990	1995	1996	1997
一、银行存款余额	**Total Deposit Balance**	**88.78**	**303.70**	**1141.19**	**4369.87**	**5699.70**	**6991.44**
#财政存款	Treasury Deposits	21.06	26.32	80.42	193.66	258.46	216.79
企业存款	Enterprises Deposits	33.92	130.91	418.50	1705.04	2183.59	2666.49
城镇储蓄存款	Urban Saving Deposits	17.06	86.63	488.64	2450.15	3230.49	3978.44
农业存款	Rural Deposits	14.75	39.11	104.16	17.14	19.01	23.39
二、银行贷款余额	**Total Loan Balance**	**156.36**	**498.52**	**1267.21**	**3227.70**	**3562.43**	**5140.17**
#短期贷款	Short-term Loans	133.45	349.36	1006.54	2410.20	2854.03	4439.13
#工 业	Industrial Loans	31.86	102.73	371.50	940.54	1037.29	1341.80
商 业	Cmmercial Loans	101.26	240.47	551.16	908.06	1085.31	1524.24
中长期贷款	Medium and Long-term Loans	5.92	67.94	162.89	469.77	517.56	694.27

注：1997年银行统计范围已作调整，与1996年及以前年份数据不可比。

Note: Because the scope of bank's statistics have been adjusted in 1997, so it don't to contrast with the data of 1996 or before.

8-7 城乡居民储蓄存款余额及构成

RESIDENTS SAVING DEPOSITS AND ITS COMPOSITION

项 目	Items	1980	1985	1990	1995	1996	1997
一、绝对数（亿元）	**Value (100 million yuan)**						
城乡居民储蓄年底余额	Residents Saving Deposits	31.89	154.88	752.78	3457.98	4505.99	5504.50
城 镇 储 蓄	Urban Saving Deposits	17.96	82.63	488.64	2450.15	3230.49	3978.64
农 民 储 蓄	Rural Saving Deposits	13.93	72.25	264.14	1007.83	1275.50	1525.86
二、构 成（%）	**Composition (%)**						
城乡居民储蓄年底余额	Residents Saving Deposits	100.00	100.00	100.00	100.00	100.00	100.00
城 镇 储 蓄	Urban Saving Deposits	56.3	53.4	64.9	70.9	71.7	72.3
农 民 储 蓄	Rural Saving Deposits	43.7	46.6	35.1	29.1	28.3	27.7

8-8 保险业务经济指标
ECONOMIC INDICATORS OF INSURANCE BUSINESS

指　　标	Tems	1985	1990	1995	1996	1997
国内业务（千元）	**Domestic Business (1000 yuan)**					
一、保　费	**Premium**	**173613**	**1804871**	**6793497**	**6219565**	**7964262**
财 产 险	Preperty Insurance	153685	813175	3919829	4053812	4696190
#企业财产险	Enterprise Property Insurance	49922	182985	490588	529617	916970
家庭财产险	Household Property Insurance	991	54811	79335	68287	61280
运输工具及责任险	Transport Eguipment and Liability Insurance	95446	471586	3078825	3191691	3370426
货物运输险	Cargo Transport Insurance	7326	96618	180493	174708	215094
其　他	Others		7175	90588	89509	132421
农 业 险	Agricultural Insurance	282	21854	51684	43504	42253
人身意外险	Personal Accident Insarance	19646	495592	2821984	2122249	3225819
二、赔　款	**Claim**	**76818**	**854687**	**2583052**	**2699776**	**1057719**
财 产 险	Preperty Insurance	75123	325188	2273936	2402414	656596
#企业财产险	Enterprise Property Insurance	13387	47556	228873	339539	436017
家庭财产险	Household Property Insurance	110	6941	46315	26938	18661
运输工具及责任险	Transport Eguipment and Liability Insurance	61045	247820	1860812	1889581	114958
货物运输险	Cargo Transport Insurance	581	21026	82563	88288	86960
其　他	Others		1845	55373	58068	
农 业 险	Agricultural Insurance	48	11423	41246	25426	39522
人身意外险	Personal Accident Insarance	1647	49648	267870	271936	361601
国外业务（千美元）	**Overseas Business (1000 USD)**					
一、保　费	**Premium**	**46196**	**90802**	**221659**	**217162**	**115329**
运 输 险	Transport Insurance	11471	15541	16853	14297	9994
#出口远洋	Marine Cargo Transport	3771	6953	6918	6021	
出口港澳	Export to HongKong and Macao	2982	4187	3896	2463	
进　口	Import	4718	4401	6039	5813	
船 舶 险	Hull Insurance	11927	10066	31001	29240	24682
海 上 石 油	Marine Petroleam Insurance	8149	4503	15299	17267	7918
各种非水险	Nomarine Insurance	14643	58811	127417	137096	
飞 机 险	Aviation Insurance		1663	27335	17492	13979
其 他 险	Others	6		226	276	211
二、赔　款	**Claim**	**14540**	**89701**	**94637**	**96405**	**57837**
运 输 险	Transport Insurance	1636	8117	8338	6533	4775
#出口远洋	Marine Cargo Transport	1203	2887	2909	2545	
出口港澳	Export to HongKong and Macao	124	372	699	451	
进　口	Import	309	4858	4730	3537	
船 舶 险	Hull Insurance	1989	7018	15651	27997	11951
海 上 石 油	Marine Petroleam Insurance	7934	619	4536	11365	7179
各种非水险	Nomarine Insurance	2981	18290	61212	47117	
飞 机 险	Aviation Insurance		55599	22	3368	8232
其 他 险	Others			35		

主要统计指标解释

财政收入 是国家为实现其职能的需要，在参与一部分社会产品的分配与再分配时，筹集的预算内财政资金，财政收入主要来源于各项税收和国营企业纯收入。

各项税收，包括工商税、农业税、盐税、建筑税和海关税等。

企业收入，包括国营企业所得税、调节税和上缴利润等。

财政支出 是国家为执行其职能，对财政预算收入资金的运用，财政支出主要有基本建设支出和行政支出。

基本建设支出是指国家预算内的基本建设拨款，不包括国家预算外自筹的各种基本建设资金。

行政事业费支出包括国家行政机关管理费支出和文教科学卫生事业费支出。

银行信贷存款 指企业、机关、团体或居民根据必须收回的原则，把货币资金存入银行或其他信用机构保管并取得一定利息的一种信用活动形式。根据存款对象的不同可划分为：企业存款、财政存款、机关团体存款、基本建设存款、城镇居民储蓄、农村存款等科目。它是银行信贷资金的主要来源。

银行信贷贷款 银行或其他信用机构根据必须归还的原则，按一定利率，为企业、个人等提供资金的一种信用活动形式。我国银行贷款，分流动资金贷款、固定资产贷款、城乡个体工商户贷款以及农户贷款等科目。

承保额 又叫保险金额。它是保险人对被保险人负担损失补偿或约定给付的金额，它是保险合同上的最高责任额，也是计算保费的依据。

保费 又叫保险费。是保险人根据保险合同的有关规定，为被保险人取得因约定危险事故发生所造成的经济损失补偿（或给付）权利，付给保险人的代价。包括财产保险和人身保险储金收入。

赔款 保险事故发生后，经查证确属保险责任范围以内的保险标的损失，保险人根据保险合同的规定覆行赔偿义务，给予被保险人的款项叫做赔款。赔款可分为已决赔款和未决赔款两种。

Explanatory Notes on Main Statistical Indicators

Government Revenue refers to the revenue of the government finance by means of participating in the distribution and re-distribution of part of the social products, which is the financial resources for ensuring the government to function. The government revenue mainly comes from various tax revenues and net incomes of the state-owned enterprises.

Various tax revenues include tax on industry and commerce, tax on agriculture, tax on salt, tax on construction and tariff, etc.

Enterprise incomes include income tax, tax on adjustment and transfer of profits to the state of the state-owned enterprises.

Government Expenditure refers to the use of the government financial revenue so as to exercise its function. The government expenditure mainly includes expenditure for capital construction and expenditure for administration.

Expenditure for capital construction refers to the appropriation of funds for capital construction within the state budget, excluding the independently raised funds of capital construction outside the state budget.

Expenditure for administration and institutions includes the administrative expenses of the government organs and the operating expenses of the departments of culture, education, science and public health.

Deposit is a form of credit by which enterprises, institutions, organizations or residents can put money into banks and other credit institutions for safekeeping and interest earning under the principle of free with-drawal. According to the different depositors, deposits are divided into enterprise deposits, treasury deposits, deposits of government agencies and organizations, capital construction deposits, urban saving deposits, rural deposits and other deposits. Deposits are major sources of the credit funds of banks.

Loan is a form of credit by which banks and other credit institutions provide funds at certain interest rate to enterprises and individvals in the light of the principle of unconditional repayment. Loans from Chinese banks include circulating capital loans, fixed assets loans, loans to urban and rural individuals engaged in in-dustrial and commercial business and agricultural loans.

Amount Insured refers to the amount of compensation for the loss or a sum of money to be paid in the contract by the insurer to the insurant. It is the maximum amount of liabilities written in the insurance contract and is also used as a basis to calculate the premium.

Premium is the fee paid by the insurant for the insures to get the right of economic compensation in case loss cause by a dangerous accident appointed on the basis of the insurance contract. It includes the income from the deposit of property insurance and personal insurance.

Settled Claim is the compensation paid by the insurer to the insurant in accordance with the insurance contract for the loss which has been checked and found to be in the range of liability of the insurance after an accident has happened to the insured property or to a person who has insured his life. It is further divided into settled and unsettled claim.

九 物价指数

PRICE INDICES

简要说明

一、本篇资料反映生产、流通、消费等环节的价格变动情况。主要包括居民消费价格指数、商品零售价格指数、农业生产资料价格指数、农副产品收购价格指数。

二、本篇资料由广东省城市社会经济调查队物价处整理提供。

三、居民消费价格指数、商品零售价格指数采用分层抽样调查方法编制，即在全省选择不同经济区域的市、县以及有代表性的商品和服务项目作为样本，对市场价格进行经常性调查，以样本推断总体。编制过程的五大要素：

1、调查地区和调查点的选择。调查地区选择的方法是根据全省各市、县的经济发展状况，按分布合理、兼顾全局的原则抽选。在此基础上选定经营规模大、商品种类多的商店（包括农贸市场）作为经常性调查点，另外还选择了大量的小型及个体商业和服务单位作为辅助性调查点。

2、代表商品和代表规格品的选择。代表商品是选择那些消费量大、价格变动有代表性的商品；代表规格品的确定是根据商品零售资料、城市居民和农村居民的消费支出记帐资料及其他资料，按照有关规定筛选的。

3、价格调查方式。采用派员直接到调查点登记调查和聘请辅助调查员协助登记调查。

4、权数的确定。商品零售价格指数的计算权数是根据全社会商品零售额统计及有关资料确定，居民消费价格指数的计算权数主要是根据城乡居民家庭消费支出构成确定。

5、计算公式的选择。商品零售价格指数和居民消费价格指数都是采用派氏公式（$K=\Sigma P_1Q_1/\Sigma P_0Q_1$）编制。

四、农副产品价格指数采用重点调查方法统计。

PRICE INDICES

Brief Introduction

Ⅰ. The data on the price indices in this chapter show the changing trend and the change rates in production, circulation, consumption and investment, etc., including mainly consumer price indices of residents, retail price indices, price indices of agricultural means of production, purchasing price indices of farm products.

Ⅱ. The data is prepared and provided by the Urban Socio-ecomomic Survey Organization, Guangdong.

Ⅲ. The data for calculation of the consumer price indices of residents and the retail price indices in the province are collected with the stratified sampling method. Areas distributed in different ecomomic regions in the cities and counties of the province are selected as the sample areas and the representative commodities are selected as the sample commodities. Regular surveys are conducted to collect the data on the market prices. The data on the population are estimated on the basis of the sample. There are 5 major steps in the process of calculation of the price indices:

(1). The selection of the areas and places for survey: In accordance with the economic development of various cities and counties within the province and the principle of rational distribution and comprehensive consideration, the sample areas are selected. On this basis, the large scale markets with a good deal of vareties of commodities (including fairs) are selected as the regular survey places. In addition, a large number of small size and individual commercial and service units are selected as the auxiliary survey places.

(2). The selection of the representative commodities and their specifications or varieties: The representative commodities are the commodities consumed in large quantity and representative in price changes. The representative specifications or varieties are determined according to the data on the retail sales of commodities and the account data of the residents of the urban households, the rural households and other data, following the related instructions for selection.

(3). The pattern of survey: Enumerators are sent to the survey places to take the records of the prices and assistant enumerators are invited to assist the survey work.

(4). The determination of the weights: The weights for calculation of the retail price indices are determined according to the total retail sales of commodities. The weights for calculation of the consumer price indices are determined according to the composition of the consumption expenditures of the urban households and the rural households.

(5). The determination of the formula for calculation: Both the retail price indices and the consumer price indices of residents are calculated with the Paasche formula:

$$K = P_1 Q_1 / P_0 Q_1$$

Ⅳ. The data for calculation of the purchasing price indices of farm products are collected by key unit survey.

9－1 各种物价总指数

GENERAL PRICE INDICES

(上年＝100)　　(preceding year＝100)

年份 Year	商品零售价格指数 General Retail Price Index	居民消费价格指数 General Consumer Price Index	城市居民消费价格指数 Urban Areas	农村居民消费价格指数 Rural Areas	农产品收购价格指数 General Purchasing Price Index of Farm Products	农村工业品零售价格指数 General Rural Retail Price Index of Industrial Products	工农业商品综合比价指数 General Price Parity Index of Industrial and Farm Products
1951	98.2		98.5		98.0	105.9	108.1
1952	99.8		102.9		99.3	96.1	96.8
1953	101.0		102.7		122.6	94.2	76.8
1954	99.7		98.8		103.2	100.2	97.1
1955	100.3		99.6		96.9	101.8	105.1
1956	99.6		99.5		103.9	98.7	95.0
1957	102.3		103.4		103.8	101.0	97.3
1958	100.6		99.2		101.1	99.9	98.8
1959	101.2		100.6		101.9	100.4	98.5
1960	101.1		100.5		105.3	100.6	95.5
1961	112.1		112.0		120.7	107.4	89.0
1962	100.5		100.5		98.3	103.4	105.2
1963	98.1		99.4		98.0	98.4	100.4
1964	96.8		98.1		100.6	97.2	96.6
1965	98.6		97.6		99.6	97.9	98.3
1966	99.6		99.7		99.8	98.6	98.8
1967	100.3		100.4		100.9	99.7	98.8
1968	99.8		99.8		99.9	99.8	99.9
1969	99.7		101.8		100.0	99.7	99.7
1970	99.3		99.5		99.9	98.9	99.0
1971	99.6		100.2		104.5	99.2	94.9
1972	99.7		99.9		100.1	99.2	99.1
1973	100.0		100.0		100.3	100.0	99.7
1974	99.9		99.7		101.2	100.1	98.9
1975	100.0		100.0		100.1	100.0	99.9
1976	100.1		100.1		100.0	100.2	100.2
1977	100.1		100.0		100.1	100.0	99.9
1978	100.4		100.3		101.7	100.1	98.4
1979	103.0		104.6		121.0	100.3	82.9
1980	108.5		109.5		110.9	101.4	91.4
1981	109.3		106.3		108.0	101.9	94.4
1982	102.3		102.6		104.1	102.1	98.1
1983	100.7		102.8		100.0	100.5	100.5
1984	101.2	101.3	101.9	100.4	102.2	101.9	99.7
1985	113.6	114.8	117.1	111.2	114.9	104.5	90.9
1986	104.8	104.9	104.7	105.3	105.6	104.4	98.9
1987	111.7	111.2	112.8	109.7	111.5	109.4	98.1
1988	130.2	129.4	129.5	129.3	135.9	125.9	92.6
1989	121.0	122.1	121.9	122.4	125.3	119.5	95.4
1990	95.6	97.5	97.4	97.6	90.3	97.2	107.6
1991	100.6	101.2	102.3	99.9	98.4	100.8	102.4
1992	105.8	107.3	108.4	105.9	103.1	102.3	99.2
1993	118.2	121.6	122.0	120.6	117.3	115.5	98.5
1994	118.9	121.7	121.0	122.5	126.6	113.7	89.8
1995	111.6	114.0	113.1	115.3	119.0	107.1	90.0
1996	104.4	107.0	107.2	106.5	102.0	104.5	102.5
1997	100.1	101.9	102.1	101.5	96.0	101.0	105.2

注：工农业商品综合比价指数是以农产品收购价格指数为100，下表同。
Note: a) The general purchasing price index of farm products is taken as 100 in calculating the general price parity of index industrial and farm products. The same as in the following table.

9－2 各种物价总指数

GENERAL PRICE INDICES

(1950＝100)　　(1950＝100)

年份 Year	商品零售价格指数 General Retail Price Index	城市居民消费价格指数 Consumer Price Index of Urban Areas	农产品收购价格指数 General Purchasing Price Index of Farm Products	农村工业品零售价格指数 General Rural Retail Price Index of Industrial Products	工农业商品综合比价指数 General Price Parity Index of Industrial and Farm Products
1951	98.2	98.5	98.0	105.9	108.1
1952	98.0	101.4	97.3	101.8	104.6
1953	99.0	104.1	119.3	95.9	80.4
1954	98.7	102.9	123.1	96.1	78.1
1955	99.0	102.5	119.3	97.8	82.0
1956	98.6	102.0	124.0	96.5	77.8
1957	100.9	105.5	128.7	97.3	75.6
1958	101.5	104.7	130.0	97.3	74.8
1959	102.7	105.3	132.5	97.7	73.7
1960	103.8	105.8	139.6	98.3	70.4
1961	116.4	118.5	168.5	105.6	62.7
1962	117.0	119.1	165.7	109.1	65.8
1963	114.8	118.4	162.3	106.9	65.9
1964	111.1	116.2	163.3	103.9	63.6
1965	109.5	113.4	162.6	101.7	62.5
1966	109.1	113.1	162.3	100.3	61.8
1967	109.4	113.6	163.8	100.0	61.1
1968	109.2	113.4	163.6	99.8	61.0
1969	108.9	115.4	163.6	99.5	60.8
1970	108.1	114.8	163.4	98.4	60.2
1971	107.6	115.0	170.8	97.6	57.1
1972	107.3	114.9	170.0	96.8	56.9
1973	107.3	114.9	171.5	96.8	56.4
1974	107.3	114.6	173.6	96.9	55.8
1975	107.3	114.6	173.8	96.9	55.8
1976	107.4	114.7	173.8	97.1	55.9
1977	107.5	114.7	174.0	97.1	55.8
1978	108.0	115.0	177.0	97.8	55.3
1979	111.2	120.3	214.2	98.1	45.8
1980	120.7	131.7	237.5	99.5	41.9
1981	131.8	140.0	256.5	101.4	39.5
1982	134.9	143.6	267.0	103.5	38.8
1983	135.8	147.6	267.0	104.0	39.0
1984	137.4	150.4	272.9	106.0	38.8
1985	156.1	176.1	313.6	110.8	35.5
1986	163.6	184.4	331.2	115.7	34.9
1987	182.7	208.0	369.3	126.6	34.3
1988	237.9	269.4	501.9	159.4	31.8
1989	287.9	328.4	628.9	190.5	30.3
1990	275.2	319.9	567.9	185.2	32.6
1991	276.9	327.3	558.8	186.7	33.4
1992	293.0	354.8	576.1	191.0	33.2
1993	346.3	432.9	675.8	220.6	32.6
1994	411.8	523.8	855.6	250.8	29.3
1995	459.6	592.4	1018.2	268.6	26.4
1996	479.8	635.0	1038.6	280.7	27.0
1997	480.3	648.3	997.1	283.5	28.4

9－3 居民消费价格分类指数(1997年)

CONSUMER PRICE INDICES BY CATEGORY(1997)

(上年＝100) (preceding year＝100)

项目	Item	全省 Province Indices	城市 Urban Indices	农村 Rural Indices
居民消费价格指数	**General Consumer Price Index**	**101.9**	**102.1**	**101.5**
食品	**Food**	**99.3**	**99.6**	**98.7**
粮食	Grain	94.2	97.0	89.9
细粮	Flour and Rice	94.2	97.0	89.8
粗粮	Coarse Food Grain	94.6	97.2	93.6
淀粉及薯类	Starches and Tubers	98.7	99.3	98.2
干豆类及豆制品	Bean and Its Products	102.0	100.4	104.0
油脂	Oil or Fat	102.8	101.9	103.9
肉禽及其制品	Meal, Poultry and Their Products	99.7	99.9	99.4
蛋	Eggs	83.3	81.9	85.5
水产品	Aquatic Products	94.1	95.0	92.4
菜	Vegetables	109.0	109.0	109.0
鲜菜	Fresh Vegetables	110.5	110.2	111.2
干菜	Dried Vegetables	100.6	100.8	100.5
菜制品	Vegetable Products	99.3	98.2	100.2
调味品	Flavoring	102.6	102.9	102.1
糖	Carbohydrate	99.6	100.3	98.2
食糖	Sugar	96.7	96.7	96.8
糖果	Candy	101.7	102.6	99.8
烟草	Tobacco	99.3	98.4	100.6
酒和饮料	Liquor and Beverages	103.2	103.9	102.1
干鲜瓜果	Melons and Fruits	92.8	91.9	94.7
鲜果	Fresh Fruits	90.4	89.6	92.9
干果	Dried Fruits	104.1	106.1	100.6
糕点	Cake	102.3	102.6	101.4
奶及奶制品	Milk and Its Products	102.4	103.2	100.5
其他食品	Other Food	105.8	107.7	101.0
饮食业	Catering Trade	101.8	101.6	102.6
主食	Staple Food	102.4	102.5	101.9
炒菜	Fried Dishes	101.0	100.9	101.7
地方小吃	Local Snack	102.9	102.3	106.5
衣着	**Clothing**	**102.0**	**101.9**	**102.2**
服装	Garments	101.9	101.7	102.4
衣着材料	Clothing Material	100.0	99.4	100.9
棉布	Cotton Cloth	102.9	99.8	106.3
棉花化纤混纺布	Blend Cloth	99.5	96.3	104.5
化纤布	Chemical Fiber Cloth	99.6	100.9	97.8
呢绒	Woolen Fabric	99.6	99.8	99.4
绸缎	Silk and Satin	100.6	100.6	100.2

续表 1 continued

(上年＝100) (preceding year＝100)

项　　目	Item	全省 Province Indices	城市 Urban Indices	农村 Rural Indices
毛线	Knitting Wool	99.6	99.0	100.3
鞋袜帽及其他衣着	Footwear, Hats & Other Clothing	103.0	103.1	102.7
鞋	Shoes	103.1	103.5	102.1
袜子	Socks and Stockings	100.3	100.3	100.4
帽子	Hats	107.7	112.0	102.9
其他衣着	Other Clothing	103.9	102.2	106.1
家庭设备及用品	**Household Facilities and Articles**	**99.6**	**98.9**	**100.9**
耐用消费品	Durable Consumer Goods	97.6	96.7	99.6
家具	Furniture	100.4	100.5	100.0
家庭设备	Household Facilities	96.3	95.0	99.3
室内装饰品	Interior Decorations	102.7	104.8	98.1
床上用品	Bed Articles	101.9	102.1	101.6
家庭日用杂品	Household Sundries for Daily Use	102.8	102.7	103.0
其他日用品	Other Articles for Daily Use	100.8	100.5	101.7
医疗保健用品	**Medicine and Medical Articles**	**105.2**	**104.3**	**106.6**
医疗器具及保健用品	Medical Appliances and Articles	104.2	104.2	104.4
中药材及中成药	Traditional Chinese Medicine	105.0	103.8	106.8
西药	Western Medicine	105.4	104.8	106.7
交通和通讯工具	**Means of Transportation and Communication**	**97.0**	**96.9**	**97.3**
交通工具	Means of Transportation	97.5	98.0	96.9
通讯工具	Means of Communication	95.8	94.4	98.2
娱乐教育文化用品	**Recreation, Education and Culture Articles**	**100.1**	**98.6**	**102.7**
文娱用耐用消费品	Durable Consumer Goods for Recreational Use	92.9	92.7	93.3
教材及参考书	Teaching Materials and Reference Books	115.1	111.4	118.1
文化娱乐用品	Cultural and Recreational Articles	105.2	104.2	106.5
文娱用品	Stationery and Recreational Articles	101.9	101.9	102.1
报纸杂志	Newspapers and Magazines	111.0	109.2	112.4
居住	**Residence**	**105.2**	**106.5**	**102.8**
住房	Housing	105.1	108.5	99.3
建筑材料	Building Materials	98.9	99.8	97.5
房租	Rent	120.2	123.7	109.3
水电燃料	Water, Electricity and Fuels	105.3	104.9	106.0
服务项目	**Services**	**114.5**	**114.2**	**114.8**
电讯费	Telecommunication	109.2	106.3	116.0
邮费	Postage	177.1	171.5	189.1
交通费	Traffic	109.0	108.4	109.5
洗理美容费	Bathing, Haircut and Cosmetology	109.5	109.7	108.9
文娱费	Recreation	109.8	108.3	114.3
学杂保育费	Tuition and Child Care	121.3	123.9	114.6
修理及其他服务费	Repair and Other Services	108.8	108.9	108.8
医疗保健服务费	Medical and Health Care Services	109.8	108.2	112.8

9－4 商品零售价格分类指数(1997年)

RETAIL PRICE INDICES BY CATEGORY OF COMMODITIES(1997)

(上年＝100) (preceding year＝100)

项目	Item	全省 Province Indices	城市 Urban Indices	农村 Rural Indices
商品零售价格指数	**General Retail Price Index**	**100.1**	**100.1**	**100.1**
食品	**Food**	**99.3**	**99.6**	**98.7**
粮食	Grain	94.3	96.6	91.0
细粮	Flour and Rice	94.0	96.4	90.5
粗粮	Coarse Food Grain	99.0	100.0	97.9
油脂	Oil or Fat	103.2	102.7	103.9
肉禽蛋	Meal, Poultry and Eggs	97.9	98.3	97.2
水产品	Aquatic Products	94.0	94.5	92.9
鲜菜	Fresh Vegetables	109.5	109.2	110.2
干菜	Dried Vegetables	100.5	100.0	101.4
鲜果	Fresh Fruits	90.9	90.2	92.6
干果	Dried Fruits	102.4	103.0	101.2
其他食品	Other Food	101.8	102.7	100.4
调味品	Condiments	102.5	102.9	102.2
食糖	Sugar	96.7	96.6	96.8
糖果	Candy	101.6	102.7	99.8
糕点	Cake	103.3	104.1	101.5
奶及奶制品	Milk and Its Products	102.8	103.8	100.4
罐头	Canned Food	102.8	104.0	100.8
饮食业	Catering Trade	102.1	101.9	102.8
主食	Staple Food	101.5	101.3	102.0
炒菜	Fried Dishes	101.7	101.6	101.8
地方小吃	Local Snack	103.9	103.1	106.5
饮料烟酒	**Beverages, Tobacco and Liquor**	**101.5**	**101.6**	**101.5**
饮料	Beverages	100.9	99.9	102.8
烟酒	Tobacco and Liquor	101.8	102.2	100.9
服装鞋帽	**Garments, Shoes and Hats**	**102.1**	**101.8**	**102.6**
服装	Garments	101.8	101.7	102.0
鞋	Shoes	102.5	102.9	101.7
其他衣着	Other Clothing	102.9	101.5	106.3
纺织品	**Textiles**	**101.1**	**100.8**	**101.6**
棉布	Cotton Cloth	103.8	102.8	105.9
棉花化纤混纺布	Blend Cloth	99.8	97.5	104.5
化纤布	Chemical Fiber Cloth	99.7	101.1	97.8
呢绒	Woolen Fabric	99.4	99.4	99.5
绸缎	Silk and Satin	100.1	99.8	100.6
其他纺织品	Other Textiles	102.3	102.7	101.6
中西药品	**Traditional Chinese and Western Medicines**	**105.1**	**104.3**	**106.5**
中药	Traditional Chinese Medicine	105.1	104.2	106.8
西药	Western Medicine	105.2	104.4	106.5
医疗用品	Medical Articles	104.5	104.7	104.0
化妆品	**Cosmetics**	**102.1**	**101.8**	**103.0**
书报杂志	**Bookes, Newspapers and Magazines**	**113.1**	**110.1**	**117.9**
文化体育用品	**Cultural and Sports Goods**	**100.1**	**99.5**	**101.4**
文化用品	Cultural Goods	99.3	98.8	100.3
体育用品	Sports Goods	102.5	101.6	104.5
日用品	**Articles for Daily Use**	**100.7**	**100.3**	**101.4**
一般日用品	Ordinary Articles for Daily Use	101.2	101.0	101.6
家具	Furniture	99.4	99.2	99.8
日用杂品	Sundries for Daily Use	101.6	100.6	103.9
家用电器	**Household Electric Appliances**	**95.5**	**95.2**	**96.1**
首饰	**Jewelry**	**94.8**	**94.9**	**94.2**
燃料	**Fuels**	**103.9**	**103.9**	**103.9**
建筑装璜材料	**Building Decoration Materials**	**98.1**	**99.2**	**96.1**
机电产品	**Mechanical and Electrical Products**	**93.6**	**92.3**	**96.7**

9-5 居民消费价格分类指数(1997年)

(上年同月 =100)

项　　目	Item	1 月 January	2 月 February	3 月 March	4 月 April
居民消费价格指数	**General Consumer Price Index**	**106.0**	**104.5**	**102.0**	**100.9**
食品	**Food**	**103.9**	**101.4**	**98.6**	**96.5**
粮食	Grain	96.7	96.2	95.9	95.1
细粮	Flour and Rice	96.6	96.2	95.9	95.1
粗粮	Coarse Food Grain	104.8	94.5	96.0	94.3
淀粉及薯类	Starches and Tubers	103.3	102.1	102.0	96.1
干豆类及豆制品	Bean and Its Products	113.1	110.0	107.6	104.3
油脂	Oil or Fat	103.0	103.2	104.7	104.6
肉禽及其制品	Meal, Poultry and Their Products	106.5	104.0	101.1	100.2
蛋	Eggs	99.7	86.5	85.7	87.7
水产品	Aquatic Products	98.8	97.6	92.4	92.6
菜	Vegetables	116.1	104.4	96.8	79.6
鲜菜	Fresh Vegetables	118.1	105.1	96.0	76.2
干菜	Dried Vegetables	105.2	101.3	102.8	102.2
菜制品	Vegetable Products	101.8	99.4	98.6	95.3
调味品	Flavoring	107.7	106.0	104.8	102.4
糖	Carbohydrate	103.1	100.7	101.4	99.5
食糖	Sugar	99.2	96.9	98.3	95.8
糖果	Candy	106.0	103.5	103.7	102.3
烟草	Tobacco	103.7	102.9	101.7	100.8
酒和饮料	Liquor and Beverages	103.1	104.6	103.5	103.6
干鲜瓜果	Melons and Fruits	96.5	95.4	90.6	91.2
鲜果	Fresh Fruits	95.0	93.8	87.5	87.6
干果	Dried Fruits	104.2	103.1	105.7	108.8
糕点	Cake	104.5	103.9	103.4	101.8
奶及奶制品	Milk and Its Products	104.8	104.4	104.5	104.1
其他食品	Other Food	108.3	110.2	109.9	110.9
饮食业	Catering Trade	102.2	102.2	101.2	101.6
主食	Staple Food	105.3	103.1	102.8	102.8
抄菜	Fried Dishes	99.8	101.3	100.6	101.1
地方小吃	Local Snack	105.1	103.5	101.3	101.7
衣着	**Clothing**	**103.8**	**102.6**	**102.7**	**102.5**
服装	Garments	104.6	102.7	103.2	102.7
衣着材料	Clothing Material	99.0	98.5	98.3	98.2
棉布	Cotton Cloth	105.1	104.9	103.7	103.3
棉花化纤混纺布	Blend Cloth	98.7	97.0	96.8	95.4
化纤布	Chemical Fiber Cloth	96.4	96.9	97.1	97.2
呢绒	Woolen Fabric	99.5	98.9	99.6	99.9
绸缎	Silk	100.2	99.8	98.3	100.9

CONSUMER PRICE INDICES BY CATEGORY(1997)

(same month of preceding year=100)

5 月 May	6 月 June	7 月 July	8 月 August	9 月 September	10月 October	11月 November	12月 December
101.0	102.0	103.4	102.0	100.9	100.7	100.6	99.3
97.3	99.8	103.1	100.4	98.4	98.1	98.1	96.4
95.1	93.9	93.2	92.8	93.1	92.2	93.1	93.2
95.1	93.9	93.2	92.8	93.1	92.2	93.1	93.2
93.9	92.6	94.1	92.6	95.0	88.2	97.5	92.1
96.1	96.6	97.2	97.4	98.1	99.5	97.6	98.9
103.5	97.5	97.0	97.5	96.4	97.6	99.7	99.8
105.1	106.0	103.0	101.4	100.1	100.7	100.8	100.9
99.6	100.7	99.9	98.4	97.4	96.4	97.1	95.6
82.9	80.2	77.5	79.1	79.6	79.9	79.8	80.7
92.9	92.0	92.0	94.2	93.9	95.6	94.6	92.3
93.7	116.1	151.3	123.9	111.2	107.0	109.8	98.5
92.9	118.9	159.7	127.8	113.0	108.0	111.8	98.8
99.5	99.2	101.3	100.8	101.0	100.7	97.4	95.9
96.7	100.3	102.7	99.8	99.8	100.7	99.9	96.9
102.0	101.9	101.6	101.4	101.0	101.1	100.4	100.3
99.9	100.1	99.2	99.2	98.4	98.2	98.2	96.8
97.5	97.7	97.8	97.8	96.5	96.0	95.0	92.3
101.6	101.9	100.3	100.2	99.8	99.9	100.5	100.2
98.3	97.1	97.0	97.0	97.3	98.0	98.4	99.3
104.0	103.4	103.2	102.6	103.0	102.9	102.3	101.9
86.7	92.0	95.3	98.8	93.7	94.2	88.7	90.0
82.1	88.6	92.9	97.4	91.9	93.1	86.6	88.4
108.8	108.1	107.0	105.4	102.3	99.2	98.8	97.8
102.2	101.9	102.2	101.5	101.6	101.3	101.5	101.4
102.2	102.2	101.5	101.3	101.5	100.9	99.7	101.2
109.7	107.7	105.8	102.4	102.7	100.9	100.1	100.9
101.4	101.2	100.9	101.6	101.4	102.8	102.4	102.1
102.7	103.1	102.6	101.9	101.1	100.9	100.8	101.3
100.7	99.9	99.7	101.0	100.8	102.9	102.7	101.9
101.9	102.4	102.4	102.6	103.3	103.7	103.0	103.5
101.9	101.4	101.4	101.2	102.0	101.6	101.1	101.2
101.7	101.1	101.1	101.0	101.7	101.1	100.8	100.7
98.6	99.0	98.8	100.2	102.8	102.6	101.8	102.1
101.6	103.5	102.1	102.5	102.2	102.3	101.5	102.4
98.4	98.9	99.2	104.1	104.1	102.1	100.0	99.2
97.1	97.5	97.5	97.8	104.0	104.5	104.2	104.8
99.8	99.6	99.5	100.9	100.4	99.7	98.7	99.2
100.5	99.8	99.1	99.3	101.4	102.5	102.4	102.8

续表 1　continued

(上年同月 =100)

项　　目	Item	1 月 January	2 月 February	3 月 March	4 月 April
毛线	Knitting Wool	102.1	100.0	99.0	99.4
鞋袜帽及其他衣着	Footwear, Hats & Other Clothing	103.5	103.7	103.2	103.8
鞋	Shoes	102.6	103.3	102.8	103.6
袜子	Socks and Stockings	103.8	100.2	99.7	101.5
帽子	Hats	107.7	111.0	108.9	108.2
其他衣着	Other Clothing	108.7	108.3	108.0	106.8
家庭设备及用品	**Household Facilities and Articles**	**101.3**	**102.2**	**100.6**	**100.1**
耐用消费品	Durable Consumer Goods	99.3	101.3	98.8	98.3
家具	Furniture	103.0	107.8	100.3	100.0
家庭设备	Household Facilities	97.5	98.3	98.0	97.5
室内装饰品	Interior Decorations	103.5	102.9	102.2	101.5
床上用品	Bed Articles	102.6	102.1	102.3	102.1
家庭日用杂品	Household Sundries for Daily Use	104.2	104.4	103.9	103.2
其他日用品	Other Articles for Daily Use	103.3	102.4	101.9	101.7
医疗保健用品	**Medicine and Medical Articles**	**108.3**	**107.9**	**107.1**	**107.1**
医疗器具及保健用品	Medical Appliances and Articles	105.8	105.8	104.7	104.3
中药材及中成药	Traditional Chinese Medicine	107.1	106.2	105.8	105.5
西药	Western Medicine	109.7	109.5	108.5	108.8
交通和通讯工具	**Means of Transportation and Communication**	**96.9**	**96.8**	**96.6**	**97.2**
交通工具	Means of Transportation	96.6	96.7	97.3	97.4
通讯工具	Means of Communication	97.5	96.9	95.0	96.7
娱乐教育文化用品	**Recreation, Education and Culture Articles**	**102.2**	**101.7**	**100.4**	**101.2**
文娱用耐用消费品	Durable Consumer Goods for Recreational Use	93.4	92.5	92.1	93.1
教材及参考书	Teaching Materials and Reference Books	122.6	123.5	118.2	118.9
文化娱乐用品	Cultural and Recreational Articles	107.3	106.6	106.2	106.3
文娱用品	Stationery and Recreational Articles	103.7	102.7	102.1	102.2
报纸杂志	Newspapers and Magazines	113.2	113.6	113.1	113.6
居住	**Residence**	**107.5**	**107.0**	**106.4**	**105.3**
住房	Housing	102.3	102.1	103.9	104.2
建筑材料	Building Materials	98.2	97.9	98.4	98.8
房租	Rent	112.2	112.3	117.1	117.4
水电燃料	Water, Electricity and Fuels	111.9	111.0	108.5	106.2
服务项目	**Services**	**125.3**	**122.5**	**115.0**	**114.8**
电讯费	Telecommunication	107.8	104.7	108.4	108.5
邮费	Postage	184.0	184.0	184.9	184.0
交通费	Traffic	120.8	113.5	110.9	111.2
洗理美容费	Bathing, Haircut and Cosmetology	115.1	109.3	112.6	110.0
文娱费	Recreation	109.6	109.8	109.2	110.4
学杂保育费	Tuition and Child Care	146.4	144.2	120.8	120.5
修理及其他服务费	Repair and Other Services	110.1	108.7	110.0	109.3
医疗保健服务费	Medical and Health Care Services	111.4	110.9	109.9	109.7

(same month of preceding year=100)

5月 May	6月 June	7月 July	8月 August	9月 September	10月 October	11月 November	12月 December
98.9	99.2	97.9	98.4	99.6	100.1	100.1	100.1
103.4	103.4	103.4	102.3	102.4	102.5	101.8	102.2
103.5	103.8	103.6	103.0	103.0	103.1	102.1	102.6
99.3	97.9	100.7	99.2	99.7	100.1	101.0	100.9
105.9	106.6	110.3	106.8	106.8	106.6	106.4	107.3
105.8	104.8	103.5	100.0	99.9	100.3	100.2	100.0
99.7	**99.4**	**99.0**	**98.9**	**98.6**	**98.5**	**98.6**	**98.3**
98.0	97.4	96.7	96.5	96.4	96.2	96.5	96.2
99.5	99.7	100.0	99.6	98.9	98.9	98.5	98.3
97.3	96.3	95.0	95.0	95.1	94.8	95.5	95.2
101.6	101.6	104.0	104.2	104.3	102.7	102.5	101.3
101.8	101.5	101.8	101.7	101.6	102.4	102.0	101.3
102.7	102.8	103.1	103.1	102.0	101.5	101.2	101.3
100.9	100.9	100.0	99.7	99.6	100.0	100.0	99.6
106.4	**103.6**	**103.6**	**102.7**	**104.2**	**104.0**	**103.4**	**103.5**
104.1	103.3	104.0	103.5	103.7	104.0	103.8	103.9
104.8	104.4	103.7	103.0	104.6	104.6	104.6	105.3
108.1	102.9	103.4	102.4	104.0	103.5	102.4	102.0
97.1	**97.5**	**97.9**	**96.9**	**96.7**	**96.7**	**96.9**	**96.7**
97.5	98.3	98.2	97.9	97.6	97.3	97.5	97.5
96.1	95.9	97.1	94.5	94.5	95.4	95.4	94.9
101.0	**100.6**	**99.4**	**99.1**	**98.9**	**99.2**	**98.7**	**98.6**
93.1	93.0	92.4	92.5	93.1	93.7	93.0	93.2
118.3	117.0	114.6	112.8	109.2	109.1	109.1	107.4
106.0	105.8	104.2	104.0	104.2	104.0	103.9	103.9
101.8	101.5	101.8	101.5	101.7	101.5	101.3	101.3
113.2	113.6	108.6	108.6	108.6	108.6	108.6	108.6
105.5	**105.1**	**104.8**	**104.8**	**105.8**	**105.0**	**103.4**	**101.7**
104.2	105.0	105.3	106.4	108.8	107.5	105.1	106.6
98.3	98.6	99.1	99.0	99.2	98.4	99.5	101.1
118.4	120.4	120.4	124.2	131.9	129.5	118.7	119.8
106.6	105.2	104.4	103.5	103.3	102.9	102.0	97.7
113.8	**113.9**	**113.3**	**113.0**	**110.5**	**111.1**	**111.7**	**109.3**
108.7	109.3	109.9	110.2	110.2	109.7	113.3	109.7
184.0	184.0	184.0	184.0	184.0	184.0	184.0	100.6
108.5	108.3	110.3	104.6	104.4	104.4	105.5	105.6
110.3	109.6	109.2	108.1	107.3	107.6	107.6	107.0
108.4	107.6	107.4	109.9	111.9	111.4	111.5	110.1
120.5	120.5	119.4	118.6	109.7	111.6	111.5	111.5
108.0	108.8	108.9	108.6	108.6	108.4	107.7	107.9
104.2	104.8	104.8	108.2	112.7	114.2	114.9	112.2

9－6 商品零售价格分类指数(1997年)

(上年同月 =100)

项目	Item	1月 January	2月 February	3月 March	4月 April
商品零售价格指数	**General Retail Price Index**	**102.5**	**101.1**	**99.8**	**98.7**
食品	**Food**	**103.7**	**100.9**	**98.2**	**95.9**
粮食	Grain	97.9	97.3	96.4	95.4
细粮	Flour and Rice	97.2	96.5	95.8	95.0
粗粮	Coarse Food Grain	107.4	108.2	104.3	100.3
油脂	Oil or Fat	103.3	103.3	105.1	105.2
肉禽蛋	Meal, Poultry and Eggs	105.4	101.8	99.3	98.9
水产品	Aquatic Products	98.6	97.2	92.8	92.4
鲜菜	Fresh Vegetables	116.5	104.4	95.2	76.8
干菜	Dried Vegetables	104.7	102.2	102.8	101.2
鲜果	Fresh Fruits	97.0	94.5	88.2	85.7
干果	Dried Fruits	103.9	103.2	103.8	106.5
其他食品	Other Food	104.7	103.3	103.2	102.3
调味品	Condiments	107.7	105.3	104.2	102.5
食糖	Sugar	99.0	96.5	97.8	95.8
糖果	Candy	105.6	103.3	103.6	102.5
糕点	Cake	105.8	105.0	104.3	103.4
奶及奶制品	Milk and Its Products	103.5	102.9	103.3	103.9
罐头	Canned Food	104.0	105.8	105.2	105.9
饮食业	Catering Trade	101.9	101.9	101.8	102.1
主食	Staple Food	103.5	103.1	102.1	102.1
炒菜	Fried Dishes	100.0	100.5	101.6	101.8
地方小吃	Local Snack	105.7	104.6	102.2	102.9
饮料烟酒	**Beverages, Tobacco and Liquor**	**103.4**	**103.9**	**103.2**	**102.8**
饮料	Beverages	102.1	101.8	101.5	101.7
烟酒	Tobacco and Liquor	103.9	104.7	103.9	103.2
服装鞋帽	**Garments, Shoes and Hats**	**103.9**	**101.5**	**102.6**	**102.8**
服装	Garments	103.9	101.6	102.2	102.4
鞋	Shoes	103.0	102.9	102.1	102.9
其他衣着	Other Clothing	105.0	105.1	104.4	104.2
纺织品	**Textiles**	**100.9**	**100.3**	**100.7**	**100.3**
棉布	Cotton Cloth	106.4	106.4	105.0	105.0
棉花纤混纺布	Blend Cloth	97.9	97.3	97.5	97.4
化纤布	Chemical Fiber Cloth	96.7	97.4	97.4	97.4
呢绒	Woolen Fabric	99.3	98.8	100.2	100.1
绸缎	Silk and Satin	101.2	100.1	99.6	100.5
其他纺织品	Other Textiles	103.0	101.5	103.0	101.3
中西药品	**Traditional Chinese and Western Medicines**	**107.9**	**107.3**	**106.7**	**106.3**
中药	Traditional Chinese Medicine	107.0	106.0	105.6	105.1
西药	Western Medicine	109.2	109.2	108.3	108.0
医疗用品	Medical Articles	107.1	106.4	106.1	105.8
化妆品	**Cosmetics**	**102.1**	**102.2**	**102.3**	**102.2**
书报杂志	**Books, Newspapers and Magazines**	**118.2**	**118.4**	**115.8**	**115.9**
文化体育用品	**Cultural and Sports Goods**	**102.4**	**101.4**	**100.9**	**101.2**
文化用品	Cultural Goods	101.5	100.3	99.8	100.4
体育用品	Sports Goods	105.0	104.4	103.9	103.6
日用品	**Articles for Daily Use**	**101.6**	**101.0**	**101.0**	**100.9**
一般日用品	Ordinary Articles for Daily Use	101.1	101.5	101.6	101.9
家具	Furniture	101.8	99.3	99.2	98.9
日用杂品	Sundries for Daily Use	102.8	102.8	102.4	101.4
家用电器	**Household Electric Appliances**	**96.6**	**96.4**	**96.1**	**95.9**
首饰	**Jewelry**	**98.9**	**95.5**	**94.5**	**94.4**
燃料	**Fuels**	**109.3**	**109.6**	**107.8**	**104.4**
建筑装璜材料	**Building Decoration Materials**	**97.1**	**97.6**	**97.7**	**98.5**
机电产品	**Mechanical and Electrical Products**	**93.4**	**94.2**	**93.3**	**93.2**

RETAIL PRICE INDICES BY CATEGORY OF COMMODITIES(1997)

(same mouth of preceding year=100)

5　月 May	6　月 June	7　月 July	8　月 August	9　月 September	10月 October	11月 November	12月 December
98.9	99.9	101.3	100.3	99.4	99.1	98.9	97.9
96.9	99.9	103.5	101.3	98.8	98.1	98.3	96.3
95.0	93.8	92.8	92.5	92.7	92.3	93.1	92.9
94.8	93.7	92.8	92.4	92.5	91.9	92.7	92.6
97.7	95.3	92.7	94.5	95.1	97.4	98.4	97.0
105.4	106.7	103.4	102.1	100.5	101.0	101.5	101.2
98.0	98.8	97.6	96.4	95.7	94.6	95.0	93.8
92.5	92.1	92.4	94.5	93.6	95.4	94.5	91.8
91.6	115.7	154.0	128.8	113.3	107.3	111.9	98.9
100.0	99.9	100.7	99.8	98.9	99.1	98.9	97.7
82.3	90.5	94.0	97.9	92.3	93.1	86.7	88.9
105.5	104.4	103.2	102.1	100.3	99.2	99.3	97.7
102.0	101.9	101.6	101.2	101.1	100.8	100.0	99.8
102.3	102.0	101.7	101.3	101.1	101.5	100.3	100.3
97.4	97.4	97.6	98.1	96.8	96.2	95.0	92.8
101.7	101.9	100.3	100.1	99.6	99.7	100.4	100.0
103.6	102.9	103.5	103.0	102.8	102.7	101.0	101.0
102.3	102.9	102.8	102.6	102.8	102.3	101.7	102.2
105.3	104.5	102.3	99.1	102.0	100.1	98.9	100.1
102.1	101.5	101.3	102.9	102.2	102.3	102.9	102.9
101.9	102.4	101.6	101.1	100.2	100.1	99.6	100.5
101.7	100.5	100.4	103.2	101.9	102.0	103.6	103.0
103.3	103.2	103.3	103.6	104.5	104.9	103.7	104.4
101.6	100.8	100.5	100.2	100.5	100.7	100.4	100.5
102.0	101.0	100.9	100.2	100.5	100.5	99.6	99.3
101.5	100.7	100.4	100.2	100.5	100.7	100.7	101.0
101.9	101.8	102.0	101.6	102.0	102.1	101.3	101.2
101.4	101.2	101.6	101.4	102.0	101.9	100.9	100.6
102.7	103.0	102.7	102.3	102.5	102.7	101.6	101.7
102.7	102.3	102.4	101.2	101.4	101.9	102.0	102.6
100.2	100.1	100.4	101.1	102.1	102.7	102.1	102.1
102.3	102.8	102.8	103.3	102.4	103.0	102.5	103.3
98.9	98.7	99.3	101.3	102.8	102.9	101.7	101.7
97.3	97.6	97.5	98.3	103.8	104.0	104.0	104.9
99.8	99.7	99.8	100.5	99.0	99.6	98.5	97.9
99.7	99.5	98.9	99.2	99.9	100.8	100.7	101.2
101.8	101.4	102.0	102.2	102.6	103.6	103.2	102.4
106.0	104.2	104.2	102.9	104.0	103.9	103.6	103.6
104.8	104.9	104.8	103.8	104.6	104.5	104.9	104.9
107.8	103.1	103.1	101.8	103.6	103.3	102.3	102.1
105.2	104.9	105.3	102.3	102.6	102.7	102.6	103.5
101.9	102.9	102.2	101.9	101.8	102.1	102.0	101.7
115.3	115.3	112.0	100.9	109.4	109.3	109.3	107.7
101.2	99.8	99.3	98.9	99.0	99.3	99.1	98.8
100.6	98.9	98.3	97.8	98.1	98.6	98.6	98.2
103.0	102.3	102.0	101.9	101.6	101.2	100.6	100.6
100.4	100.5	100.7	100.6	105.0	100.3	100.4	100.0
101.2	101.3	101.5	101.3	101.1	100.5	100.6	100.4
98.8	98.7	98.8	99.3	99.2	99.6	99.6	99.1
101.1	101.5	101.6	101.1	101.0	101.0	101.2	100.7
95.8	95.4	94.6	94.6	95.0	95.1	95.3	95.1
94.6	94.5	93.3	93.2	93.0	95.1	95.4	94.7
105.1	103.4	103.5	103.0	102.9	102.5	100.3	95.2
98.3	98.4	98.7	98.4	98.6	97.8	97.9	98.4
92.7	92.9	92.8	94.2	94.9	94.2	94.1	93.9

9－7 各地区居民消费价格分类指数(1997年)

CONSUMER PRICE INDICES BY CATEGORY AND BY REGION(1997)

(上年＝100) (preceding year＝100)

地区 Region	总指数 General Index	食品 Food	#粮食 Grain	#油脂 Oil or Fat	#肉禽及其制品 Meat and Poultry	#蛋 Eggs	#水产品 Aquatic Products	#菜 Vegetables	#酒和饮料 Liquor and Beverages
广州 Guangzhou	102.2	100.5	99.0	96.5	103.5	79.9	96.9	109.3	102.4
深圳 Shenzhen	103.3	100.2	98.1	106.2	98.6	82.2	93.4	105.6	110.0
珠海 Zhuhai	103.3	101.3	100.9	109.0	99.3	79.8	96.0	108.8	107.7
汕头 Shantou	102.4	98.3	93.0	96.5	100.2	87.5	95.4	106.1	98.8
韶关 Shaoguan	100.9	99.1	89.1	116.1	99.0	80.0	94.0	106.0	101.2
河源 Heyuan	102.9	101.4	90.6	99.0	106.4	82.0	97.5	114.3	101.9
梅州 Meizhou	102.5	98.3	86.4	100.0	100.6	81.1	91.7	103.0	99.1
惠州 Huizhou	100.8	98.4	93.3	102.0	98.6	82.3	93.9	111.9	103.4
汕尾 Shanwei	102.3	101.2	102.8	97.1	102.1	82.4	94.8	114.9	105.1
东莞 Dongguan	101.5	99.4	95.8	104.3	98.1	84.5	92.4	115.9	100.2
中山 Zhongshan	101.7	98.4	94.3	105.6	99.3	80.5	94.3	100.4	110.3
江门 Jiangmen	102.1	98.3	100.5	101.1	97.7	77.8	91.5	100.1	101.3
佛山 Foshan	101.9	98.1	102.0	106.9	94.4	76.7	90.6	111.3	100.0
阳江 Yangjiang	102.5	97.7	93.4	96.8	96.4	85.8	91.8	104.0	104.4
湛江 Zhanjiang	101.8	97.7	93.1	96.9	94.9	87.4	96.1	108.2	105.1
茂名 Maoming	101.0	98.2	88.4	109.9	90.3	82.3	94.6	106.4	108.4
肇庆 Zhaoqing	101.1	98.7	101.7	110.4	96.9	82.9	91.6	107.7	101.9
清远 Qingyuan	101.9	99.0	94.4	102.4	95.4	80.7	97.0	106.3	97.6
潮州 Chaozhou	102.7	102.4	96.4	98.4	101.8	84.3	97.2	122.7	102.3
揭阳 Jieyang	101.9	98.6	94.5	103.5	98.8	80.0	98.7	102.7	100.3
云浮 Yunfu	102.2	100.6	91.9	97.9	103.1	92.5	105.5	107.7	98.7
普宁 Puning	102.6	100.5	88.7	95.7	100.1	84.9	95.4	121.3	103.7
顺德 Shunde	101.5	99.6	98.8	106.4	98.9	85.0	89.3	114.9	95.4
连州 Lianzhou	105.3	103.7	93.0	114.0	108.0	97.6	98.8	111.6	103.6
兴宁 Xingning	101.1	97.4	84.5	100.3	99.7	80.1	91.7	101.2	107.4
电白 Dianbai	96.6	94.8	81.9	111.3	91.7	85.5	95.9	104.0	102.7
鹤山 Heshan	101.9	99.0	98.4	108.7	99.4	83.3	88.2	106.1	101.4
廉江 Lianjiang	99.9	96.9	88.3	97.8	99.1	82.3	93.5	101.9	102.1

续表 1 continued

(上年=100) (preceding year=100)

地 区 Region	#干鲜瓜果 Melons and Fruits	#饮食业 Catering Trade	衣 着 Clothing	家用设备及用品 Household Appliances	医疗保健用品 Health Care	交通和通讯工具 Means of Transportation & Communication	娱乐教育文化用品 Recreational, Educational & Cultural Goods	居 住 Residence	服务项目 Services
广 州 Guangzhou	91.4	100.3	101.7	96.3	106.1	94.0	96.7	107.9	112.2
深 圳 Shenzhen	93.1	103.0	103.2	100.2	105.3	98.7	98.7	103.5	118.2
珠 海 Zhuhai	93.5	106.4	97.1	100.9	98.9	99.7	102.9	108.9	114.8
汕 头 Shantou	92.6	100.0	99.4	100.5	103.2	98.8	102.2	122.6	113.2
韶 关 Shaoguan	89.1	105.7	101.9	99.2	102.0	90.5	101.2	109.6	105.4
河 源 Heyuan	95.2	95.6	103.5	95.1	101.9	88.9	107.3	103.9	119.1
梅 州 Meizhou	91.3	105.4	106.9	103.3	101.3	102.0	102.7	112.2	111.9
惠 州 Huizhou	86.6	100.1	102.7	101.5	103.3	96.8	98.8	103.8	107.6
汕 尾 Shanwei	87.0	98.5	99.1	99.1	99.0	98.0	100.0	108.6	110.2
东 莞 Dongguan	92.6	103.6	102.3	100.1	101.2	98.6	98.5	102.2	113.1
中 山 Zhongshan	94.4	102.3	98.9	99.3	107.1	93.8	99.3	103.2	121.8
江 门 Jiangmen	91.3	105.0	97.2	101.7	102.5	104.6	108.1	105.8	112.6
佛 山 Foshan	92.3	100.6	103.3	96.3	104.2	92.6	98.5	107.8	122.6
阳 江 Yangjiang	99.3	102.8	101.9	99.0	104.5	94.1	95.8	107.6	121.8
湛 江 Zhanjiang	91.6	103.8	101.3	101.3	102.7	97.5	101.9	110.8	113.4
茂 名 Maoming	98.3	107.9	100.7	98.2	103.8	90.0	99.9	100.9	113.8
肇 庆 Zhaoqing	92.8	97.5	102.4	98.0	105.7	99.2	92.2	104.2	119.5
清 远 Qingyuan	96.7	105.8	105.1	98.3	104.7	97.5	98.0	104.1	119.2
潮 州 Chaozhou	86.4	104.5	97.0	97.2	105.2	96.8	94.4	108.8	118.8
揭 阳 Jieyang	96.8	100.2	106.7	100.1	105.3	101.1	105.1	104.7	110.8
云 浮 Yunfu	94.6	99.1	101.2	100.0	99.7	102.5	100.4	107.3	109.4
普 宁 Puning	92.3	100.0	105.1	100.9	104.2	96.1	98.6	107.1	115.8
顺 德 Shunde	96.4	106.3	101.5	99.4	104.6	95.0	104.9	99.7	114.3
连 州 Lianzhou	87.2	103.6	102.9	100.7	105.8	105.9	106.5	104.0	121.6
兴 宁 Xingning	89.6	105.2	103.8	100.6	102.2	92.6	105.7	106.3	113.3
电 白 Dianbai	108.7	96.0	102.1	99.6	111.3	84.5	102.9	101.9	110.6
鹤 山 Heshan	93.8	105.8	99.4	99.9	111.2	99.0	104.1	103.0	115.1
廉 江 Lianjiang	92.5	101.2	102.2	102.3	105.9	99.9	98.1	102.2	113.0

9－8 各地区商品零售价格分类指数(1997年)

RETAIL PRICE INDICES BY CATEGORY OF COMMODITIES BY REGION(1997)

(上年＝100) (preceding year＝100)

地区 Region		总指数 General Index	食品 Food	＃粮食 Grain	＃油脂 Oil or Fat	＃肉禽蛋 Meat, Poultry & Eggs	＃水产品 Aquatic Products	＃鲜菜 Vegetables	＃鲜果 Fresh Fruits	＃干果 Dried Fruits
广州	Guangzhou	99.4	100.2	98.8	96.6	100.9	95.6	110.2	87.5	115.3
深圳	Shenzhen	100.0	100.7	98.7	106.2	99.6	94.3	106.4	93.7	96.8
珠海	Zhuhai	101.0	100.6	101.2	109.1	94.8	96.7	109.1	92.6	102.5
汕头	Shantou	99.6	97.8	92.5	96.5	96.6	96.7	107.9	88.8	103.4
韶关	Shaoguan	100.3	99.1	92.1	116.2	96.0	93.4	106.0	87.1	97.6
河源	Heyuan	100.1	101.0	92.2	99.0	105.4	97.5	118.3	91.6	103.2
梅州	Meizhou	100.4	98.6	87.0	100.0	99.5	91.7	103.1	89.1	105.4
惠州	Huizhou	99.2	98.0	93.6	102.0	97.2	93.4	112.8	85.2	97.1
汕尾	Shanwei	100.4	100.3	102.8	97.1	99.3	96.8	116.5	85.3	102.9
东莞	Dongguan	99.7	100.0	94.7	104.1	97.3	93.0	117.0	90.9	100.1
中山	Zhongshan	99.9	99.3	95.5	105.6	97.1	96.3	102.0	93.3	96.7
江门	Jiangmen	100.0	98.2	99.5	101.2	95.6	91.5	100.7	89.0	100.8
佛山	Foshan	99.7	98.9	101.8	106.9	96.2	88.6	113.2	90.4	99.6
阳江	Yangjiang	99.8	98.4	93.9	96.3	96.2	91.1	106.2	97.3	106.3
湛江	Zhanjiang	99.9	97.9	93.6	98.2	92.4	96.4	108.7	91.9	100.7
茂名	Maoming	100.0	100.4	91.6	109.3	91.0	96.5	105.9	98.7	98.7
肇庆	Zhaoqing	100.1	98.0	101.4	110.4	95.2	91.8	110.1	91.5	96.3
清远	Qingyuan	99.8	99.2	93.1	102.4	93.5	97.1	109.0	100.5	100.5
潮州	Chaozhou	98.8	102.3	96.4	98.5	101.2	97.4	129.1	81.2	105.1
揭阳	Jieyang	100.3	98.8	96.1	103.7	97.0	98.8	103.9	95.2	103.3
云浮	Yunfu	100.9	100.9	94.0	97.9	101.2	103.0	109.3	92.7	103.2
普宁	Puning	101.2	100.0	86.8	95.7	99.2	94.8	123.6	89.3	104.1
顺德	Shunde	100.9	101.1	99.1	106.5	97.7	91.0	112.8	93.8	99.1
连州	Lianzhou	101.8	102.1	93.3	113.8	102.7	98.5	115.1	82.9	95.1
兴宁	Xingning	98.9	96.8	84.8	100.2	97.6	91.8	100.3	85.2	99.1
电白	Dianbai	99.3	96.9	92.4	111.6	91.0	96.0	106.5	110.5	110.7
鹤山	Heshan	100.5	100.4	98.3	108.7	101.7	87.4	106.4	93.5	102.8
廉江	Lianjiang	99.1	96.6	89.8	97.5	94.1	93.7	103.3	91.8	97.0

续表 1 continued

(上年=100) (preceding year=100)

地 区 Region	#饮食业 Catering Trade	饮料烟酒 Beverages, Tobacco and Liquor	服装鞋帽 Clothing, Shoes and Hats	纺织品 Textiles	中西药品 Traditional Chinese & Western Medicines	化妆品 Cosmetics	书报杂志 Books, Newspapers and Magazines
广 州 Guangzhou	100.3	98.9	101.6	100.5	105.7	102.2	107.4
深 圳 Shenzhen	102.8	106.0	104.1	100.6	104.7	97.7	112.8
珠 海 Zhuhai	105.9	106.1	96.0	102.5	99.2	100.8	114.1
汕 头 Shantou	100.0	98.9	99.8	101.2	103.0	101.6	112.2
韶 关 Shaoguan	106.0	105.1	102.0	100.9	102.0	104.1	113.5
河 源 Heyuan	95.6	98.4	103.8	99.2	101.5	99.7	121.0
梅 州 Meizhou	105.4	100.5	107.7	102.0	101.4	98.4	111.3
惠 州 Huizhou	99.8	99.9	102.2	101.5	103.6	97.1	109.2
汕 尾 Shanwei	98.1	101.5	101.5	100.4	99.7	99.3	108.4
东 莞 Dongguan	103.4	101.3	101.9	102.6	101.6	103.8	107.7
中 山 Zhongshan	102.3	101.3	100.3	101.0	104.4	98.2	111.2
江 门 Jiangmen	105.0	103.3	96.6	104.6	103.6	98.4	123.0
佛 山 Foshan	100.9	101.6	104.2	98.8	106.4	105.1	109.5
阳 江 Yangjiang	103.0	102.1	102.4	101.2	105.3	99.3	104.2
湛 江 Zhanjiang	104.4	105.6	101.3	101.9	102.7	102.8	108.8
茂 名 Maoming	108.9	100.5	101.6	108.2	104.4	94.9	112.5
肇 庆 Zhaoqing	97.9	102.1	102.4	101.9	107.5	102.4	114.6
清 远 Qingyuan	106.5	107.5	105.2	105.0	104.5	93.4	111.4
潮 州 Chaozhou	103.1	98.8	95.9	97.5	107.0	101.9	101.5
揭 阳 Jieyang	100.0	98.0	105.9	101.9	106.0	100.5	112.2
云 浮 Yunfu	99.3	99.3	102.2	100.1	99.2	110.2	99.8
普 宁 Puning	100.0	103.4	104.8	102.9	103.7	104.0	111.5
顺 德 Shunde	106.8	92.1	100.2	98.6	105.2	101.1	120.6
连 州 Lianzhou	103.9	104.2	103.4	102.6	106.0	108.2	127.5
兴 宁 Xingning	105.4	104.5	105.5	101.8	102.3	102.9	119.6
电 白 Dianbai	97.5	104.9	102.0	100.9	111.2	94.9	119.3
鹤 山 Heshan	105.9	102.6	99.1	99.1	109.8	104.9	119.4
廉 江 Lianjiang	101.4	100.5	102.0	103.2	106.1	100.3	106.8

续表 2 continued

(上年=100) (preceding year=100)

地区 Region		文化体育用品 Cultural and Sports Goods	日用品 Articles for Daily Use	家用电器 Household Electric Appliances	首饰 Jewelery	燃料 Fuels	建筑装璜材料 Building Decoration Materials	机电产品 Mechanical and Electrical Products
广州	Guangzhou	98.6	99.8	94.2	94.6	109.1	97.4	87.0
深圳	Shenzhen	97.3	99.6	95.6	94.6	100.0	101.1	90.3
珠海	Zhuhai	100.1	102.4	100.4	98.4	105.1	99.4	98.3
汕头	Shantou	102.7	100.2	98.4	96.7	108.7	99.9	99.4
韶关	Shaoguan	100.6	99.8	97.8	94.8	103.4	100.1	92.8
河源	Heyuan	109.7	96.6	94.0	94.7	102.7	99.2	85.1
梅州	Meizhou	102.4	103.2	100.1	106.1	100.8	97.4	97.3
惠州	Huizhou	100.2	104.0	94.5	89.4	100.3	97.8	97.2
汕尾	Shanwei	100.1	101.0	95.7	102.3	105.0	94.3	97.0
东莞	Dongguan	99.9	101.6	92.7	94.0	101.4	96.8	98.1
中山	Zhongshan	109.2	100.7	92.7	98.6	104.0	105.4	92.4
江门	Jiangmen	96.9	101.8	96.9	97.2	100.0	101.3	97.4
佛山	Foshan	110.7	99.8	91.5	95.2	103.5	103.1	96.6
阳江	Yangjiang	101.7	107.5	93.0	96.6	106.2	98.6	94.5
湛江	Zhanjiang	100.5	102.9	100.1	95.4	105.3	96.5	99.1
茂名	Maoming	100.8	95.3	96.1	93.4	99.5	97.8	95.7
肇庆	Zhaoqing	93.3	98.1	94.2	96.8	99.1	95.5	97.7
清远	Qingyuan	103.9	95.9	92.8	93.6	105.1	97.6	95.1
潮州	Chaozhou	99.9	99.5	93.4	98.1	105.9	93.1	92.6
揭阳	Jieyang	103.2	101.5	98.8	90.9	107.6	98.0	98.8
云浮	Yunfu	102.2	101.2	99.4	98.1	102.8	101.3	101.2
普宁	Puning	101.8	101.5	99.9	79.0	102.0	101.4	96.8
顺德	Shunde	100.6	101.3	99.4	94.5	105.3	99.0	95.7
连州	Lianzhou	96.9	100.0	91.7	102.8	105.9	94.3	103.1
兴宁	Xingning	101.8	100.9	96.5	91.2	104.1	98.3	85.4
电白	Dianbai	113.0	98.0	94.4	95.7	101.1	92.8	89.2
鹤山	Heshan	102.3	100.3	96.6	96.6	104.3	90.9	99.4
廉江	Lianjiang	98.1	104.6	94.3	98.2	101.9	97.0	102.1

9－9 各市服务项目价格分类指数(1997年)

SERVICES PRICE INDICES BY CATEGORY AND BY CITY (1997)

(上年＝100)　　(preceding year＝100)

地区 Region	总指数 General Index	电讯费 Telecom-munication	邮费 Postage	交通费 Traffic	洗理美容费 Bathing, Haircut and Cosmetolog	文娱费 Recreation	学杂保育费 Tuition and Child Care	修理及其他服务费 Repair and Other Services	医疗保健服务费 Medical & Health Care Services
广州 Guangzhou	112.2	100.0	188.5	108.6	108.2	113.3	118.4	110.5	118.1
深圳 Shenzhen	118.2	109.3	137.9	99.7	123.5	106.1	141.7	105.2	100.0
珠海 Zhuhai	114.8	113.9	182.0	106.4	104.7	108.1	120.7	114.9	109.8
汕头 Shantou	113.2	116.4	170.6	118.2	102.5	111.9	112.6	108.8	102.7
韶关 Shaoguan	105.4	113.1	182.6	108.1	105.4	100.0	102.8	101.2	100.0
河源 Heyuan	119.1	112.9	180.2	114.1	99.4	111.7	129.4	102.4	116.4
梅州 Meizhou	111.9	113.8	189.4	104.4	110.8	102.3	112.6	107.2	135.3
惠州 Huizhou	107.6	110.6	175.6	112.7	106.3	100.5	107.4	106.8	101.1
汕尾 Shanwei	110.2	119.5	178.0	101.3	97.7	99.8	114.9	105.4	117.4
东莞 Dongguan	113.1	115.9	158.2	119.8	105.9	103.4	115.4	109.6	100.0
中山 Zhongshan	121.8	129.0	188.6	102.4	145.3	110.7	105.2	117.1	100.0
江门 Jiangmen	112.6	91.8	265.9	113.8	126.5	117.2	106.0	102.7	103.7
佛山 Foshan	122.6	105.6	182.5	108.7	100.0	103.9	143.5	102.7	100.0
阳江 Yangjiang	121.8	132.9	190.8	114.7	126.3	105.7	111.6	107.9	158.7
湛江 Zhanjiang	113.4	95.4	171.5	111.0	111.4	95.1	125.8	106.2	103.2
茂名 Maoming	113.8	111.9	191.7	105.5	102.4	105.2	118.6	100.0	109.0
肇庆 Zhaoqing	119.5	121.8	189.4	100.0	100.0	102.3	138.0	106.9	109.5
清远 Qingyuan	119.2	109.0	152.4	111.6	131.1	119.8	123.4	108.4	112.1
潮州 Chaozhou	118.8	103.6	186.3	127.4	111.2	131.2	116.4	107.5	108.5
揭阳 Jieyang	110.8	111.9	185.3	105.6	119.0	100.0	110.9	116.4	102.4
云浮 Yunfu	109.4	115.3	134.7	100.3	105.5	97.4	120.9	99.1	97.4

9－10 各地区农业生产资料价格分类指数(1997年)

PRICE INDICES OF AGRICULTURAL MEANS OF PRODUCTION BY CATEGORY AND BY REGION(1997)

(上年＝100)　　(preceding year＝100)

地区 Region	总指数 General Index	小农具 Small Farm Tools	饲料 Forage	幼禽家畜 Young Live-stock & Fowls	半机械化农具 Semi-mechanized Farm Implements	机械化农具 Mechanized Farm Implements	化学肥料 Chemical Fertilizer	农药及农药械 Pesticide & Its Appliances	农机用油 Oil for Farm Machinery
全省 Province	98.2	102.7	98.5	108.9	100.3	100.2	94.3	96.5	99.4
普宁 Puning	96.4	102.2	105.2	110.0	100.6	95.0	93.1	95.2	90.1
顺德 Shunde	98.3	96.3	107.8	95.3	102.0	98.7	94.3	93.3	104.8
连州 Lianzhou	97.1	95.2	99.9	103.2	99.4	98.0	93.2	93.4	98.4
兴宁 Xingning	99.1	103.1	95.8	111.3	100.0	102.3	91.9	100.6	102.3
电白 Dianbai	100.9	96.5	97.0	127.6	100.0	105.8	95.2	96.2	101.1
鹤山 Heshan	99.6	114.3	92.4	101.8	100.0	99.0	98.7	103.7	98.7
廉江 Lianjiang	97.1	106.9	94.3	106.6	100.0	100.1	94.2	91.5	100.6

9－11 农产品收购价格分类指数

FARM PRODUCTS PURCHASING PRICE INDICES BY CATEGORY OF COMMODITIES

（上年＝100） (preceding year＝100)

年 份 Year	总指数 Ceneral Index	粮 食 Grain	稻 谷 Rice	黄 豆 Soybean	经济作物 Industrial Crops	食用植物油及油料 Edible Vegetable Oil and Oil Bear-ing Crops	麻 Jute and Ambary Hemp	烟 叶 Tobacco
1978	101.7	100.1			100.9	100.6	100.0	100.0
1979	121.0	121.7			115.9	136.4	100.0	102.8
1980	110.9	100.0			103.4	100.0	132.2	100.0
1981	108.0	100.7			111.3	100.0	116.1	110.7
1982	104.1	100.0			100.0	100.0	100.0	100.0
1983	100.0	100.0			99.8	100.0	100.0	94.5
1984	102.2	99.8			100.0	100.0	100.0	100.0
1985	114.9	110.1	107.8	103.9	101.6	106.2	104.7	94.6
1986	105.6	110.0	108.7	104.1	101.6	104.0	89.1	103.4
1987	111.5	111.3	111.5	110.5	108.5	102.1	112.1	132.2
1988	135.9	135.7	137.3	130.7	133.3	150.8	98.9	135.2
1989	125.3	131.4	142.6	125.5	145.5	139.7	115.0	123.2
1990	90.3	85.4	85.3	88.1	98.3	90.7	100.7	92.8
1991	98.4	96.4	99.6	92.0	100.7	102.1	106.3	96.0
1992	103.1	98.5	98.6	103.7	98.2	100.0	97.0	96.6
1993	117.3	128.2	129.7	121.4	103.7	123.7	101.9	100.4
1994	126.6	160.3	167.0	124.2	122.6	132.4	104.6	112.2
1995	119.0	124.1	126.4	108.2	127.5	119.6	109.3	124.6
1996	102.0	100.3	95.8	132.4	108.4	96.1	125.9	112.0
1997	96.0	85.4	82.1	100.6	105.1	100.4	113.2	100.4

续表 1 continued

（上年＝100） (preceding year＝100)

年 份 Year	糖 料 Sugar-cane and Beet-roots	茶 叶 Tea	竹木材 Bamboo and Timber	工业用油漆 Oil and Lacquer for Industrial Use	禽畜产品 Livestock Products, Poultry and Eggs	肉 畜 Livestock for Slaughtering	#肥猪 Fattened Hogs	禽 蛋 Poultry Eggs	#鸡蛋 Chicken Eggs
1978	100.0	116.0	100.0	107.9	100.4	100.0		104.8	
1979	116.9	108.5	107.7	118.2	119.6	121.3		107.3	
1980	100.0	100.0	100.0	111.4	106.4	100.0		100.0	
1981	117.4	120.0	117.5	98.5	103.9	104.5		100.0	
1982	100.0	100.0	120.6	100.0	100.9	100.0		113.5	
1983	100.0	100.0	100.0	100.0	97.4	97.1		100.0	
1984	100.0	100.0	100.0	100.0	100.0	100.0		100.0	
1985	100.0	101.2	143.1	100.0	126.7	131.2	135.8	111.0	105.6
1986	100.9	108.6	104.5	110.7	106.8	105.7	104.0	112.2	108.3
1987	107.4	115.8	131.7	129.2	107.7	108.3	108.8	111.7	114.1
1988	126.8	120.3	154.5	140.3	131.1	137.8	137.1	111.7	114.1
1989	158.1	113.3	119.9	102.2	123.7	120.4	120.3	120.4	128.3
1990	98.8	120.7	92.6	100.2	91.4	90.1	90.0	93.4	97.9
1991	100.1	111.9	115.3	109.1	90.5	86.1	85.9	94.1	93.8
1992	98.0	98.1	101.9	111.0	108.2	112.3	112.4	102.2	98.2
1993	94.9	113.2	105.2	129.4	120.0	119.0	118.9	122.5	112.0
1994	124.7	122.5	135.9	104.8	129.5	136.0	136.1	120.0	110.7
1995	135.6	118.4	93.5	94.5	122.0	125.6	125.7	114.4	107.3
1996	114.9	100.5	100.8	99.0	106.3	103.4	102.9	109.3	113.5
1997	112.2	96.3	99.3	141.2	92.7	101.1	100.9	87.1	84.3

续表 2 continued

(上年＝100) (preceding year＝100)

年份 Year	皮张 Hides and Skins	鬃毛 Bristles	蚕茧蚕丝 Silkworn Cocoons and Silk	干鲜果 Dried and Fresh Fruits	干鲜菜及调味品 Dried and Fresh Vegetables and Condiments	＃鲜菜 Fresh Vegetables	药材 Crude Drugs	土副产品 Local Products	水产品 Aquatic Products
1978	100. 0	100. 0	100. 0	113. 1	106. 7		100. 6	101. 2	100. 3
1979	111. 8	105. 4	119. 6	101. 1	110. 8		101. 3	96. 8	114. 2
1980	100. 0	100. 0	100. 0	101. 2	103. 9		100. 3	100. 8	100. 0
1981	100. 0	100. 0	100. 0	100. 0	107. 7		100. 0	100. 4	100. 0
1982	100. 0	100. 0	100. 0	117. 7	98. 8		101. 0	99. 8	100. 0
1983	100. 0	99. 0	100. 0	103. 0	100. 0	101. 5	107. 3	100. 0	100. 0
1984	100. 0	100. 0	100. 0	100. 0	109. 7	116. 3	104. 1	100. 0	99. 9
1985	100. 0	114. 5	141. 4	109. 7	130. 7	164. 5	124. 7	109. 9	152. 1
1986	100. 8	105. 9	98. 5	109. 0	112. 9	108. 3	85. 6	107. 6	104. 1
1987	86. 0	101. 6	116. 7	100. 4	137. 6	144. 4	104. 2	147. 8	110. 3
1988	112. 6	98. 0	120. 7	129. 2	121. 1	125. 1	167. 6	161. 2	147. 3
1989	119. 1	112. 2	276. 1	109. 9	117. 7	131. 1	82. 9	105. 6	111. 4
1990	94. 2	91. 1	83. 1	90. 9	85. 1	80. 3	92. 1	95. 4	90. 3
1991	102. 5	116. 1	109. 8	101. 2	104. 0	103. 0	117. 4	93. 2	111. 8
1992	96. 3	100. 4	94. 8	96. 7	116. 2	129. 6	119. 5	109. 9	105. 5
1993	109. 9	117. 0	85. 3	116. 7	131. 4	152. 2	93. 2	128. 2	150. 0
1994	132. 3	112. 0	151. 1	110. 2	113. 3	119. 6	96. 9	108. 6	114. 6
1995	139. 1	135. 4	126. 2	115. 9	110. 8	109. 2	125. 9	124. 0	110. 3
1996	99. 8	99. 7	64. 2	118. 1	95. 3	91. 6	108. 5	94. 8	96. 3
1997	79. 6	97. 0	119. 2	89. 0	102. 0	101. 8	116. 8	112. 4	94. 7

9－12 农产品收购价格分类指数

FARM PRODUCTS PURCHASING PRICE INDICES BY CATEGORY OF COMMODITIES

(1978年＝100) (1978＝100)

年份 Year	总指数 Ceneral Index	粮食 Grain	稻谷 Rice	黄豆 Soybean	经济作物 Industrial Crops	食用植物油及油料 Edible Vegetable Oil and Oil Bear-ing Crops	麻 Jute and Ambary Hemp	烟叶 Tobacco
1978	100. 0	100. 0			100. 0	100. 0	100. 0	100. 0
1979	121. 0	121. 7			115. 9	136. 4	100. 0	102. 8
1980	134. 2	121. 7			119. 8	136. 4	132. 2	102. 8
1981	144. 9	122. 6			133. 4	136. 4	153. 5	113. 8
1982	150. 9	122. 6			133. 4	136. 4	153. 5	113. 8
1983	150. 9	122. 6			133. 1	136. 4	153. 5	107. 5
1984	154. 2	122. 3			133. 1	136. 4	153. 5	107. 5
1985	177. 2	134. 7	100. 0	100. 0	135. 2	144. 9	160. 7	101. 7
1986	187. 1	148. 1	108. 7	104. 1	137. 4	150. 7	143. 2	105. 2
1987	208. 6	164. 9	121. 2	115. 0	149. 1	153. 8	160. 5	139. 1
1988	283. 5	223. 7	166. 4	150. 3	198. 7	232. 0	158. 7	188. 0
1989	355. 2	294. 0	237. 3	188. 7	289. 2	324. 0	182. 6	231. 6
1990	320. 7	251. 0	202. 4	166. 2	284. 2	293. 9	183. 8	215. 0
1991	315. 6	242. 0	201. 6	152. 9	286. 2	300. 1	195. 4	206. 4
1992	325. 4	238. 4	198. 8	158. 6	281. 1	300. 1	189. 5	199. 3
1993	381. 7	305. 6	257. 8	192. 5	291. 5	371. 2	193. 2	200. 1
1994	483. 2	489. 9	430. 6	239. 1	357. 4	491. 5	202. 0	224. 6
1995	575. 0	607. 9	544. 2	258. 7	455. 6	587. 8	220. 8	279. 8
1996	586. 5	609. 8	521. 4	342. 6	493. 9	564. 9	278. 0	313. 4
1997	563. 1	520. 7	428. 0	344. 6	519. 1	567. 1	314. 7	314. 6

注：稻谷、黄豆、肥猪、鸡蛋、鲜菜数为1985年=100。
Note: a) Figures of Rice, Soybean, Fattened Hogs, Chicken EggsandFreshVegetables Were 1985=100.

续表 1 continued

(1978年 =100) (1978=100)

年 份 Year	糖 料 Sugarcane and Beetroots	茶 叶 Tea	竹木材 Bamboo and Timber	工业用油漆 Oil and Lacquer for Industrial Use	禽畜产品 Livestock Products, Poultry and Eggs	肉 畜 Livestock for Slaughtering	#肥猪 Fattened Hogs	禽 蛋 Poultry Eggs	#鸡蛋 Chicken Eggs
1978	100.0	100.0	100.0	100.0	100.0	100.0		100.0	
1979	116.9	108.5	107.7	118.2	119.6	121.3		107.3	
1980	116.9	108.5	107.7	131.7	127.3	121.3		107.3	
1981	137.2	130.2	126.5	129.7	132.2	126.8		107.3	
1982	137.2	130.2	152.6	129.7	133.4	126.8		121.8	
1983	137.2	130.2	152.6	129.7	129.9	123.1		121.8	
1984	137.2	130.2	152.6	129.7	129.9	123.1		121.8	
1985	137.2	131.8	218.4	129.7	164.6	161.5	100.0	135.2	100.0
1986	138.5	143.1	228.2	143.6	175.8	170.7	104.0	151.7	108.3
1987	148.7	165.7	300.6	185.5	189.3	184.9	113.2	169.4	123.6
1988	188.6	199.3	464.4	260.3	248.2	254.7	155.1	204.0	158.5
1989	298.1	225.9	556.8	266.0	307.1	306.7	186.6	263.3	186.0
1990	294.6	272.6	515.6	266.5	280.7	276.3	168.0	246.0	182.1
1991	294.9	305.0	594.5	290.8	254.0	237.9	144.3	231.4	170.8
1992	289.0	299.2	605.8	322.8	274.9	267.2	162.2	236.5	167.7
1993	274.2	338.7	637.3	417.6	329.8	318.0	192.8	289.8	187.8
1994	342.0	415.0	866.0	437.7	427.1	432.4	262.4	347.7	207.9
1995	463.7	491.3	809.8	413.6	521.1	543.1	329.9	397.8	223.1
1996	532.8	493.8	816.2	409.5	553.9	561.6	339.4	434.8	253.2
1997	597.8	475.5	810.5	578.2	513.5	567.8	342.5	378.7	213.5

续表 2 continued

(1978年 =100) (1978=100)

年 份 Year	皮 张 Hides and Skins	鬃 毛 Bristles	蚕茧蚕丝 Silkworn Cocoons and Silk	干 鲜 果 Dried and Fresh Fruits	干鲜菜及调味品 Dried and Fresh Vegetables and Condiments	#鲜菜 Fresh Vegetables	药 材 Crude Drugs	土副产品 Local Products	水产品 Aquatic Products
1978	100.0	100.0	100.0	100.0	100.0		100.0	100.0	100.0
1979	111.8	105.4	119.6	101.1	110.8		101.3	96.8	114.2
1980	111.8	105.4	119.6	102.3	115.1		101.6	97.6	114.2
1981	111.8	105.4	119.6	102.3	124.0		101.6	98.0	114.2
1982	111.8	105.4	119.6	120.4	122.5		102.6	97.8	114.2
1983	111.8	104.3	119.6	124.0	122.5		110.1	97.8	114.2
1984	111.8	104.3	119.6	124.0	134.4		114.6	97.8	114.1
1985	111.8	119.5	169.0	136.1	175.6	100.0	142.9	107.5	173.5
1986	112.7	126.5	166.6	148.3	198.3	108.3	122.4	115.6	180.6
1987	96.9	128.5	194.4	148.9	272.8	156.4	127.5	170.9	199.2
1988	109.1	126.0	234.6	192.4	330.4	195.6	213.7	275.5	293.5
1989	123.0	141.3	647.8	211.4	388.9	256.5	177.1	290.9	326.9
1990	122.4	128.8	538.3	192.2	331.0	206.0	163.1	277.5	295.2
1991	125.5	149.5	591.1	194.5	344.2	212.1	191.5	258.6	330.1
1992	120.9	150.1	560.4	188.1	400.0	274.9	228.9	284.2	348.2
1993	132.8	175.6	478.0	219.5	525.5	418.4	213.3	364.4	522.3
1994	175.7	196.7	728.0	241.9	595.4	500.4	206.7	395.7	598.6
1995	244.4	266.3	911.5	280.3	659.7	546.5	260.2	490.7	660.2
1996	243.9	265.5	585.2	331.1	628.7	500.6	282.4	465.2	635.8
1997	194.2	257.6	697.5	294.7	641.3	509.6	329.8	522.9	602.1

9-13 主要食品全社会综合平均价格

THE WHOLE PROVINCE COMPREHENSIVE AVERAGE PRICE OF MAJOR FOOD

单位：元/公斤 (yuan/kg)

食品名称	Food	规格等级	Standards and Rate	1996	1997
大米	Rice	标二	Standard Two Grade	3.015	2.707
大米	Rice	优质米	High-Quality Rice	3.999	3.807
面粉	Wheat Flour	富强粉	Fuqiang Flour	3.314	3.324
面饼	Wheat Cake	富强粉	Fuqiang Flour	4.655	4.767
绿豆	Mung Bean	一等	First Rate	7.481	7.017
花生油	Peanut Oil	一级	First Rate	12.835	13.361
猪肉	Pork	鲜上肉	Fresh High Quality Pork	16.195	16.665
猪瘦肉	Lean Meat	鲜	Fresh	22.340	23.636
牛肉	Beef	净肉	Net Beef	22.243	20.797
白条鸡	Bare Chicken	开膛	Split	17.267	16.024
活鸡	Live Chicken	中等	Middling	21.760	18.648
活鸭	Live Duck	中等	Middling	12.489	11.490
鸡蛋	Hen's Eggs	新鲜	Fresh	9.635	7.669
松花蛋	Preserved Eggs			13.209	12.813
鲜带鱼	Fresh Hairtail			17.583	17.829
胖头鱼	Variegated Carp	鲜活	Fresh and Live	10.581	9.777
草鱼	Grass Carp	鲜活	Fresh and Live	12.925	11.503
小海米	Small Shrimps	二级	Second Rate	90.647	90.919
鲜菜	Fresh Vegetables	综合一等	Comprehensive up OneRate	3.831	4.195
豆腐	Bean Curd	水豆腐	Flowing Bean Curd	1.902	1.921
精盐	Refined Salt	再制盐	Made of Refined Salt Again	1.590	1.636
酱油	Soy Sauce	（瓶）	(Bottle)	4.477	4.584
味精	Gourmet Powder	一等	First rate	1.156	1.150
白砂糖	White Granulated Sugar	一级	First rate	5.394	5.194
白酒	Spirits	散装	In Bulk	4.543	4.561
啤酒	Beer	熟12度（瓶）	Ripe 12 Degree (Bottle)	3.791	3.863
花茶	Jasmine Tea	二级	Second Rate	22.467	22.512
乌龙茶	Oolong Tea	二级	Second Rate	21.286	21.648
香菇	Mushroom	一级	First Rate	72.242	72.242
花生米	Peanut Seed	一级	First Rate	7.440	8.102
面包	Bread	中等	Middling	9.173	9.301
奶粉	Milk Powder	国产	Domestic Products	9.792	9.929
汽水	Aerated Water	（小瓶）	(Small Bottle)	0.957	0.912

9-14 主要农产品收购价格
PURCHASING PRICE OF MAJOR FARM PRODUCTS

单位：元/百公斤 (yuan/100kg)

商品名称	Goods	规格等级	Standards and Rate	1996	1997
小麦	Wheat	中等	Middling	186.59	180.00
籼稻	Long-Grained Nonglutionous Rice	中等	Middling	179.95	147.51
糯稻	Glutinous Rice	中等	Middling	266.82	245.92
籼米	Polished Long-grained Nonglutinous Rice	中等	Middling	273.94	231.96
黄豆	Soya Bean	中等	Middling	403.27	405.66
绿豆	Mung Bean	中等	Middling	643.75	671.25
花生油	Peanut Oil	二级	Second Rate	1254.96	1298.79
芝麻	Sesame	中等	Middling	1187.50	1058.33
茶油	Tea-Seed Oil	中等	Middling	2041.67	2200.00
黄红麻	Jute and Ambary Hemp	二等	Second Rate	280.00	340.00
烤烟	Flue-Cured Tobacco	金黄四级	Golden and Yellow Forth Rate	1041.07	1040.02
糖蔗	Sugarcane	中等	Middling	24.94	27.99
绿毛茶	Raw Green Tea	三级	Third Rate	1621.79	1641.58
松原木	Raw Pine	二级	Second Rate	310.53	314.78
杉原木	Raw China Fir	二等	Second Rate	599.31	595.44
毛竹	Mao Bamboo	二等	Second Rate	637.17	590.01
桐油	Tung Oil	中等	Middling	965.00	1344.00
香茅油	Citronella oil	中等	Middling		
肥猪	Fattened Hogs	折总肉	Amount to Total Meat	1088.55	1098.23
菜牛	Beef Cattle	估净肉	Amount to Net Meat	1366.31	1444.58
鸡	Chicken	二等活公鸡	Second Rate live Chicken	1477.70	1268.84
鸭	Duck	二等活鸭	Second Rate live Duck	1079.76	1002.66
鸡蛋	Hen's Eggs	新鲜完整	Fresh and Complete	938.50	791.43
鸭蛋	Duck's Eggs	新鲜完整	First and Complete	849.42	765.31
广柑	Citrus	一等	First Rate	289.25	228.00
香蕉	Bananas	一等	First Rate	250.78	205.19
菠萝	Pineapple	一等	First Rate	236.51	100.93
桑蚕茧	Silkworm Cocoons	茧层率16%	Content Cocoons 16 Percent	1119.30	1334.71
黑木耳	Black Edible Fungus	中等	Middling	2014.18	1910.31
香菇	Mushroom	中等	Middling	4876.25	4967.92
胡椒	Pepper	中等	Middling	3187.50	4825.00
松脂	Rosin	中等	Middling	221.99	279.31
蜂蜜	Honey	一等40度	First Rate Forty Degree	1331.55	1586.87
对虾	Prawn	一级	First Rate	9527.27	11095.83
草鱼	Grass Carp	1公斤以上	Exceed one Kg	1022.16	922.81

主要统计指标解释

零售价格指数 是反映城乡商品零售价格变动趋势的一种经济指数。零售物价的调整变动直接影响到城乡居民的生活支出和国家的财政收入，影响居民购买力和市场供需平衡，影响消费与积累的比例。因此，计算零售价格指数，可以从一个侧面对上述经济活动进行观察和分析。

居民消费价格指数 是反映一定时期内城乡居民所购买的生活消费品价格和服务项目价格变动趋势和程度的相对数。是综合了城市居民消费价格指数和农民消费价格指数计算取得。利用居民消费价格指数，可以观察和分析消费品的零售价格和服务价格变动对城乡居民实际生活费支出的影响程度。

城市居民消费价格指数 是反映城市职工及其家庭所购买的生活消费品和服务项目价格变动趋势及其程度的相对数。编制城市居民消费价格指数，可以观察和分析消费品的零售价格和服务项目价格变动对职工货币工资的影响，作为研究职工生活和确定工资政策的依据。

农村居民消费价格指数 是反映农村居民家庭所购买的生活消费品的价格和服务项目价格变动趋势和程度的相对数。用它可以观察农村消费品的零售价格和服务项目价格变动对农村居民生活消费支出的影响，直接反映农民生活水平的实际变化情况，为分析和研究农村居民生活问题提供依据。

农产品收购价格指数 是反映国有商业、集体商业、个体商业、外贸部门、国家机关、社会团体等各种经济类型的商业企业和有关部门收购农产品价格的变动趋势和程度的相对数。农产品收购价格指数可以观察和研究农产品收购价格总水平的变化情况，以及对农民货币收入的影响，作为制订和检查农产品价格政策的依据。计算指数所选的商品有11个大类、包括276种农副土特产品。采用加权倒数平均公式（即按报告期实际收购金额加权综合法）计算。

农村工业品零售价格指数 是反映农村市场工业品零售价格水平变动趋势和程度的相对数。通过农村工业品零售价格指数，可以观察工业品零售价格变动对农民货币支出的影响。

Explanatory Notes on Main Statistical Indicators

Retail Price Index reflects the general change in retail prices of commodities. The change and adjustment in retail prices directly affect the living expenditure of urban and rural residents, government revenue, purchasing power of residents and the equilibrium of market supply and demand, and the ratio of consumption to accumulation. Therefore, the calculation of retail price index is useful to analyze the changes of the above economic activities.

Consumer Price Index reflects the relative change in prices of consumer goods and services purchased by urban and rural residents, and is a composite index derived from the urban consumer price index and the rural consumer price index. Consumer price index can be used to analyze the impact of consumer price change on actual expenditure for living cost of urban and rural residents.

Urban Consumer Price Index reflects the relative change in prices of consumer goods and services pruchased by urban staff and workers and their families and can be used to observe and analyze the impact of price changes in consumer goods and services on money wages of staff and workers, and provide basis for policy making concerning the living cost and wages of staff and workers.

Rural Consumer Price Index reflects the relative change in prices of consumer goods and services pruchased by rural households and can be used to observe the impact of chagne in prices of consumer goods and services on living expenditure and actual change in peasants' living cost. It provides basis for analysis and research on peasants' living cost and welfare.

Index of Purchasing Prices of Farm Products reflets the relative change in purchasing prices of farm products purchased by state-owned, collective owned, and individual commercial enterprises, foreign trade sectors, government agencies, social organizations and other units of various types of ownership. It is used to observe the impact of change in purchasing prices of farm products on money income of peasants and is calculated with the method of weighted harmonic mean, taking the amount of pruchases during a given period as the weight. Number of products involved in the current calculation totalled 276 in 11 categories.

Retail Price Index of Rural Industrial Products reflects the relative change in prices of industrial products in rural market and can be used to observe the impact of the price change on farmers' money expenditure.

十 人民生活

PEOPLE'S LIVELIHOOD

简要说明

一、本篇资料反映广东城乡居民生活状况，包括就业、居民收支、消费水平、住房及主要消费品消费量和拥有量等基本情况。

二、本篇资料分别由广东省城市社会经济调查队住户处和广东省农村社会经济调查队住户处整理提供。

三、本篇中有关城镇居民生活状况的数据来源于广东省城市社会经济调查队的城市住户抽样调查资料。主要内容包括家庭人口及其构成、家庭现金收支、主要商品购买数量及支出金额、劳动就业状况、居住状况和耐用消费品的拥有量等。

四、有关农村居民生活的统计资料主要来源于广东省农村社会经济调查队的农村住户抽样调查。主要内容包括农村居民家庭基本情况、农产品生产情况、家庭总收支和现金收支、出售产品和购买农业生产资料商品、主要消费品消费量、耐用消费品拥有量等。

PEOPLES'S LIVELIHOOD

Brief Introduction

Ⅰ. The data in this chapter show the basic conditions of the people's livelihood in the urban and rural areas of Guangdong province including employment, income and expenditure of the residents, level of consumption, housing condition, consumption and possession of the major consumer goods, etc.

Ⅱ. The data in this chapter are prepared and provided respectively by the Division of Urban Household Surveys of the Urban Socio-economic Survey Organization and the Division of the Rural Household Surveys of Rural Socio-economic Survey Organization, Guangdong.

Ⅲ. The data on the livelihood of the urban residents come from the data collected by the sample survey on the urban households, which is organized by the Urban Socio-economic Survey Organization, Guangdong. The main content of the survey includes the population in the household and its composition, the cash income and expenditure of the household, the quantity of major commodities purchased and the expenditure for them, the employment of the household members, the housing condition and the ownership of the durable consumer goods.

Ⅳ. The data on the livelihood of the rural residents mainly come from the data collected by the sample survey on the rural households, which is organized by the Rural Socio-economic Survey Organization, Guang-dong. The main content of the survey includes the basic conditions of the rural households, the production of agricutural products, the total income and expenditure of the household, the cash income and expenditure of the household, the products sold and the means of agricultural production purchased, the consumption of major consumer goods and the quantity of durable consumer goods owned.

10-1 人民生活主要指标
MAJOR INDICATORS ON PEOPLE'S LIVELIHOOD

指标	Item	1980	1985	1990	1995	1996	1997
居民消费水平（元）	Annul Per Capita Comsumption (yuan)	316	571	1211	3832	4235	4523
城镇居民	Urban Residents	606	1052	2207	7192	7912	8108
农民	Rural Residents	251	440	890	2407	2631	2916
城镇居民家庭每一就业者负担人口（人）	Number of Dependents Per Urban Employee (person)	1.8	1.77	1.74	1.73	1.71	1.73
城镇居民家庭人均可支配收入（元）	Annual Per Capita Disposable Income of Urban Residents (yuan)	472.57	954.12	2303.15	7438.68	8157.81	8561.71
城镇居民家庭人均生活费支出（元）	Annual Per Capita Expenditure for Living Cost of Urban Residents (yuan)	485.78	889.53	1983.86	6253.68	6736.09	6853.48
商品支出	Per Capita Expenditure on Commodities	451.80	814.35	1749.76	5124.12	5374.60	5310.40
吃	Food	318.12	518.89	1134.84	3003.05	3186.77	3151.63
穿	Clothing	54.72	62.48	137.12	421.73	460.85	427.73
用	Household Facilities and Articles	68.64	218.29	423.79	1560.30	1581.10	1567.59
烧	Fuels	10.32	14.69	54.01	139.04	145.88	163.45
非商品支出	Per Capita Expenditure on Non-Commodities	33.96	75.18	234.10	1129.56	1361.49	1543.08
城镇居民人均居住面积（平方米）	Per Capita Living Floor Space of Urban Residents (m^2)	6.43	8.55	12.13	16.24	16.97	16.97
每百户城镇居民家庭耐用消费品拥有量	Number of Major Durable Consumer Goods Owned Per 100 Urban Households						
彩色电视机（台）	Color TV Set (unit)		34.94	74.53	104.97	112.51	119.13
电冰箱（台）	Refrigerator (unit)		23.06	52.80	74.00	76.45	78.16
洗衣机（台）	Washing Machine (unit)		50.13	80.73	94.01	96.09	99.16
摩托车（辆）	Motorcycle (unit)			3.33	22.59	30.52	37.23
农民家庭每个劳动力负担人口（人）	Number of Dependents Per Rural Laborer (person)	2.17	1.77	1.74	1.72	1.70	1.67
农民人均纯收入（元）	Annual Per Capita Net Income of Rural Residents (yuan)	274.37	495.31	1043.03	2699.24	3183.46	3467.69
农民人均生活费支出（元）	Annual Per Capita Expenditure Living Cost of Rural Residents (yuan)	222.22	388.00	932.63	2255.01	2584.16	2617.65
#食品	Food	134.12	234.19	538.18	1228.00	1333.17	1369.04
衣着	Clothing	19.58	19.55	39.48	91.31	106.03	104.25
居住	Residence	39.69	76.72	174.60	345.65	434.57	381.14
家庭设备、用品及服务	Household Facilities, Articles and Services	10.93	19.55	50.28	140.54	163.18	162.66
文化教育娱乐用品及服务用	Recreation, Education and Cultural Services	7.40	15.95	66.99	245.16	289.01	314.73
农民人均生活用房面积（平方米）	Per Capita Living Floor Space of Rural Residents (m^2)	10.51	14.87	17.39	20.83	22.32	23.78
农村每百户耐用品拥有量	Number of Major Durable Goods Owned Per 100 Rural Households						
电视机（台）	Television Set (unit)	1.38	9.98	50.31	86.20	88.20	92.85
收录机（台）	Radio and Recorder (unit)		13.86	41.33	49.44	50.16	50.27
电风扇（台）	Electric Fan (unit)		54.97	163.48	266.69	273.36	279.96
自行车（辆）	Bicycle (unit)	75.00	126.87	186.09	216.85	216.91	215.00

10-2 城镇居民家庭基本情况

BASIC CONDITIONS OF URBAN HOUSEHOLDS

项目	Item	1985	1990	1995	1996	1997
一、调查户数 （户）	Number of Households Surveyed (households)	1600	1500	1550	1550	1600
二、平均每户家庭人口 （人）	Average Household Size (persons)	4.19	3.85	3.58	3.60	3.60
三、平均每户就业人口 （人）	Average Number of Employed Persons Per Household (persons)	2.37	2.21	2.07	2.11	2.08
四、平均每户就业率 （%）	Percentage of Employment per Household (%)	56.6	57.3	57.8	58.4	57.7
五、平均每人可支配收入 （元）	Per Capita Disposable Income (yuan)	954.12	2303.15	7438.68	8157.81	8561.71
#平均每人工资性收入 （元）	Per Capita Wage Income (yuan)	753.70	1527.47	4908.21	5539.82	6213.39
六、平均每人消费性支出 （元）	Per Capita Expenditure on Consumption (yuan)	889.53	1983.86	6253.68	6736.09	6853.48
1. 商品支出	Expenditure on Commodities	814.35	1749.76	5124.12	5374.60	5310.40
食品	Food	518.89	1134.84	3003.05	3186.77	3151.63
衣着	Clothing	62.48	137.12	421.73	460.85	427.73
用品	Household Facilities and Articles	218.29	423.79	1560.30	1581.10	1567.59
燃料	Fuels	14.69	54.01	139.04	145.88	163.45
2. 非商品支出	Expenditures on Non-Commodities	75.18	234.10	1129.56	1361.49	1543.08
#房租	Rent	7.15	12.24	120.16	179.78	232.79
水电费	Tap Water and Electricity fees	17.28	56.91	194.52	232.93	262.14
七、平均每人居住面积（平方米）	Per Capita Living Floor Space (sq.m)	8.55	12.13	16.24	16.97	16.97
八、平均每人购买商品情况	Per Capita Purchases of Major Commodities					
粮食 （公斤）	Grain (kg)	118.70	116.48	87.94	82.39	80.04
猪肉 （公斤）	Pork (kg)	21.21	22.42	20.82	21.06	20.67
牛羊肉 （公斤）	Beef and Mutton (kg)	2.36	2.38	2.07	1.96	2.08
家禽 （公斤）	Poultry (kg)	6.72	8.41	14.38	13.35	15.30
蛋 （公斤）	Eggs (kg)	4.40	4.78	7.01	6.71	7.18
鱼 （公斤）	Fish (kg)	16.41	17.38	20.31	19.45	20.08
食用植物油 （公斤）	Edible Vegetable Oil (kg)	4.09	4.45	6.98	7.12	6.92
鲜菜 （公斤）	Fresh Vegetable (kg)	95.05	100.70	102.71	103.26	99.41
卷烟 （盒）	Cigarettes (pack)	18.59	16.39	15.37	13.86	13.92
酒 （公斤）	Liquor (kg)	3.17	3.20	3.21	2.58	2.40
棉布 （米）	Cotton Cloth (m)	0.96	0.44	0.12	0.06	0.07
呢绒绸缎 （米）	Woolen Fabric, Silk and Satin (m)	0.16	0.13	0.06	0.04	0.02
皮鞋 （双）	Leather Shoes (pair)	0.30	0.36	0.41	0.40	0.38
九、平均每百户主要消费品年末拥有量	Number of Major Durable Consumer Goods Owned by Per 100 Households at Year-end					
摩托车 （辆）	Motorcycle (unit)		3.33	22.58	30.52	37.23
家用汽车 （辆）	Car (unit)					0.30
洗衣机 （台）	Washing Machine (unit)	50.13	80.73	94.01	96.09	99.16
电冰箱 （台）	Refrigerator (unit)	23.06	52.80	74.00	76.45	78.16
彩色电视机 （台）	Color TV set (unit)	34.94	74.53	104.97	112.51	119.13
影碟机 （台）	Video Disc Player (unit)					24.28
家用电脑 （台）	Computer (unit)					9.05
组合音响 （台）	Hifi Stereo Component System (unit)		9.40	31.27	35.22	39.67
摄像机 （台）	Pickup Camera (unit)					2.22
微波炉 （台）	Microwave Oven (unit)					10.37
空调器 （台）	Air-Conditioner (unit)		2.87	41.20	54.90	63.68
移动电话 （台）	Mobile Telephone (unit)					7.30

10-3 城镇居民人均可支配收入及消费性支出
PER CAPITA DISPOSABLE INCOME AND EXPENDITURE ON CONSUMPTION OF URBAN RESIDENTS

年份 Year	人均可支配收入（元） Per Capita Disposable Income (yuan)	比上年增长% Incxease Rate Over Preceding Year		人均消费性支出（元） Per Capita Expenditure On Consumption (yuan)	比上年增长% Increase Rate Over Preceding Year (%)	
		名义增长 Namely Increase	实际增长 Real Increase		名义增长 Namely Increase	实际增长 Real Increase
1978	412.13			399.96		
1979	416.33	1.0	-3.4	424.56	6.2	1.5
1980	472.57	13.5	3.7	485.76	14.4	4.5
1981	560.69	18.6	11.6	517.44	6.5	0.2
1982	631.45	12.6	9.8	592.08	14.4	11.5
1983	714.20	13.1	10.0	660.12	11.5	8.5
1984	818.37	14.6	12.4	744.36	12.8	10.7
1985	954.12	16.6	-0.4	889.56	19.5	2.1
1986	1102.09	15.5	10.3	998.88	12.3	7.2
1987	1320.89	19.9	6.3	1215.84	21.7	7.9
1988	1583.13	19.9	-7.4	1506.99	23.9	-4.3
1989	2086.21	31.8	8.1	1921.05	27.5	4.6
1990	2303.15	10.4	13.3	1983.86	3.3	6.0
1991	2752.18	19.5	16.8	2388.77	20.4	17.7
1992	3476.70	26.3	16.5	2830.62	18.5	10.4
1993	4632.38	33.2	9.2	3777.43	33.4	10.3
1994	6367.08	37.4	13.6	5181.30	37.2	13.4
1995	7438.68	16.8	3.3	6253.68	20.7	6.7
1996	8157.81	9.7	2.3	6736.09	7.7	0.5
1997	8561.71	5.0	2.8	6853.48	1.7	-0.3

注：1. 可支配收入是指居民家庭实际收入扣除个人所得税和家庭副业生产支出以及记帐补贴后的实际收入。
2. 消费性支出指用于日常生活的全部支出，包括食品、衣着、家庭设备用品及服务、医疗保健、交通和通讯、娱乐教育文化服务、居住、杂项商品和服务等八大类支出。

Note: a. Disposable income refers to the real income of the sample household, i.e. total household income minus income tax and expenditure on household sideline production, plus survey subsidy items.

b. Expenditures on consumption refers to total expenditure of the sample household for consumption for daily life, including the following 8 items: food, clothing, household facilities and articles and service, medicines and medical Service, transportation and communication, recreation, education and cultural service, housing, miscellaneous commodities and services.

10-4 按收入等级分的城镇居民家庭平均每人全年现金收入(1997年)

单位:元

项目	Item	总平均 Average	最低收入户 lowest Income Households	#困难户 Difficult Households
一、实际收入	Real Income	8615.86	3679.67	3241.39
#可支配收入	Disposable Income	8561.71	3641.21	3204.18
1.国有单位职工收入	Income of Staff and Workers in State-Owned Units	4816.65	1462.35	1234.42
工资性收入	Wages	4409.23	1365.50	1152.81
非工资性收入	Other Income From Their Working Units	407.42	96.85	81.55
2.集体单位职工收入	Income of Staff and Workers in Collective Owned Units	819.11	588.12	427.19
工资性收入	Wages	776.38	571.90	419.78
非工资性收入	Other Income From Their Working Units	42.73	16.22	7.41
3.其他经济类型单位职工收入	Income of Staff and Workers in Other Ownership Unites	577.63	278.79	248.75
4.个体经营者净收益	Net Profits of Self-Employed Individuals	448.40	347.19	363.03
5.个体被雇者收入	Income of Employed Individuals	141.01	155.99	133.38
6.离退休再就业人员收入	Income of Reemployed Retirees	57.13	41.31	58.19
7.其它就业人员收入	Income of Other Employees	42.63	92.76	62.47
8.其它劳动收入	Part-time Income	150.18	116.39	122.55
9.财产性收入	Property Income	421.09	98.80	59.58
#利 息	Interest	148.25	6.62	6.22
红 利	Bonus	46.81	0.96	1.06
其它财产租金收入	Other Property and Rent Income	226.03	91.22	52.30
10.转移性收入	Transfer Income	1138.60	497.80	531.55
#离退休金	Pension	625.43	266.15	306.28
赡养收入	Supporting Income	120.78	54.14	58.81
赠送收入	Giving income	251.88	95.34	85.94
11.家庭副业生产收入	Production Income of Household Sideline Products	3.43	0.17	0.28
二、借贷收入	Loan Income	1617.12	591.33	528.20
#提取储蓄存款	Withdraw Saving Deposit	1214.99	291.99	243.39
提取储金会款	Withdraw Saving Fund	31.23	0.51	
收回借出款	Paid-back Loan	39.53	10.12	17.72
收回储蓄性保险本金	Withdraw Saving Premium	3.52		
兑售有价证券	Securities Encashed and Sold	73.75	2.08	3.65
为购置房屋从银行贷款	Loan from Bank for Buying Housing	1.15	10.12	
其它借贷收入	Other Loan Income	103.53	111.26	113.44

PER CAPITA ANNUAL CASH INCOME OF URBAN HOUSEHOLDS BY LEVEL OF INCOME (1997)

(yuan)

低收入户 Low Income Households (second decile)	中等偏下户 Lower Middle Income Households (second quintile)	中等收入户 Middle Income Households (third quintile)	中等偏上户 Upper Middle Households Income (fourth quintile)	高收入户 High Income Households (ninth decile)	最高收入户 Highest Income Households (tenth decile)
5117.52	6437.28	8185.42	10005.65	12836.90	18184.23
5075.56	6394.90	8128.60	9944.72	12767.67	18102.62
2627.78	3372.60	4256.58	6086.29	7877.40	10702.89
2422.15	3133.50	3893.35	5570.29	7184.54	9667.54
205.63	239.10	363.25	516.00	692.86	1035.35
736.25	770.31	1040.30	830.65	651.12	988.26
703.16	731.98	985.23	774.06	624.17	929.80
33.09	38.33	55.05	56.57	26.95	58.46
312.82	464.83	683.14	568.31	896.12	1010.69
312.77	375.33	439.62	471.62	424.42	920.78
149.68	145.61	145.95	164.44	76.35	106.13
17.53	19.16	59.57	13.33	151.39	208.39
84.04	54.80	23.99	35.32		
54.52	124.80	141.45	168.13	150.81	354.72
195.02	246.40	343.86	496.08	799.33	1159.60
19.49	57.24	55.36	189.74	316.05	658.39
17.51	14.98	27.21	50.80	95.65	204.68
158.02	174.17	261.29	255.55	387.63	296.53
627.11	863.01	1038.20	1169.07	1807.47	2731.71
408.18	511.88	639.79	646.30	999.44	1164.53
35.28	91.93	83.78	61.52	203.76	508.19
117.42	158.86	181.44	286.77	367.01	811.99
	0.43	12.76	2.43	2.49	1.06
779.45	913.27	1002.67	1637.69	3037.83	5566.54
502.36	688.49	748.61	1250.04	2519.80	4188.38
2.78	2.79	49.23	8.10	20.05	196.22
11.29	9.13	12.45	38.85	49.13	239.88
0.47	1.41	2.96	1.97	0.40	24.94
2.05	5.20	9.03	159.43	36.19	425.02
78.27	107.91	104.20	95.87	111.34	120.84

10-5 按收入等级分的城镇居民家庭平均每人全年现金收入构成(1997年)

单位：%

项　　目	Item	总平均 Average	最低收入户 lowest Income Households (first Decile)	#困难户 Difficult Households (First Five Percent)
一、实际收入	Real Income	100.0	100.0	100.0
#可支配收入	Disposable Income	99.4	99.0	98.9
1. 国有单位职工收入	Income of Staff and Workers in State-Owned Units	55.9	39.7	38.1
工资性收入	Wages	51.2	37.1	35.6
非工资性收入	Other Income From Their Working Units	4.7	2.6	2.5
2. 集体单位职工收入	Income of Staff and Workers in Collective Owned Units	9.5	16.0	13.2
工资性收入	Wages	9.0	15.5	13.0
非工资性收入	Other Income From Their Working Units	0.5	0.5	0.2
3. 其他经济类型单位职工收入	Income of Staff and Workers in Other Ownership Units	6.7	7.6	7.7
4. 个体经营者净收益	Net Profits of Self-Employed Individuals	5.2	9.4	11.2
5. 个体被雇者收入	Income of Employed Individuals	1.6	4.2	4.1
6. 离退休再就业人员收入	Income of Reemployed Retirees	0.7	1.1	1.8
7. 其它就业人员收入	Income of Other Employees	0.5	2.5	1.9
8. 其它劳动收入	Part-time Income	1.7	3.2	3.8
9. 财产性收入	Property Income	4.9	2.7	1.8
#利　息	Interest	1.7	0.2	0.2
红　利	Bonus	0.5		
其它财产租金收入	Other Property and Rent Income	2.6	2.5	1.6
10. 转移性收入	Transfer Income	13.3	13.6	16.4
#离退休金	Pension	7.3	7.2	9.5
赡养收入	Supporting Income	1.4	1.5	1.8
赠送收入	Giving Income	2.9	2.6	2.7
11. 家庭副业生产收入	Production Income of Household sideline Products			
二、借贷收入	Loan Income	100.0	100.0	100.0
#提取储蓄存款	Withdraw Saving Deposit	75.1	49.4	46.1
提取储金会款	Withdraw Saving Fund	1.9	0.1	
收回借出款	Paid-back Loan	2.4	1.7	3.4
收回储蓄性保险本金	Withdraw Saving Insurance Premium	0.2		
兑售有价证券	Securities Encashed and Sold	4.6	0.4	0.7
为购置房屋从银行贷款	Loan from Bank for Buying Housing		1.7	
其它借贷收入	Other Loan Income	6.4	18.8	21.5

PER CAPITA COMPOSITION OF ANNUAL CASH INCOME OF URBAN HOUSEHOLDS BY LEVEL OF INCOME (1997)

(%)

低收入户 Low Income Households (second decile)	中等偏下户 Lower Middle Income Households (second quintile)	中等收入户 Middle Income Households (third quintile)	中等偏上户 Upper Middle Income Households (fourth quintile)	高收入户 High Income Households (ninth decile)	最高收入户 Highest Income Households (tenth decile)
100.0	100.0	100.0	100.0	100.0	100.0
99.2	99.3	99.3	99.4	99.5	99.6
51.4	52.4	52.0	60.8	61.4	58.9
47.3	48.7	47.6	55.7	56.0	53.2
4.1	3.7	4.4	5.1	5.4	5.7
14.4	12.0	12.7	8.3	5.1	5.4
13.7	11.4	12.0	7.7	4.8	5.1
0.7	0.6	0.7	0.6	0.3	0.3
6.1	7.2	8.4	5.7	7.0	5.6
6.1	5.8	5.4	4.7	3.3	5.1
2.9	2.3	1.8	1.6	0.6	0.6
0.3	0.3	0.7	0.1	1.2	1.2
1.6	0.9	0.3	0.4		
1.1	1.9	1.7	1.7	1.2	2.0
3.8	3.8	4.2	5.0	6.2	6.4
0.4	0.9	0.7	1.9	2.4	3.6
0.3	0.2	0.3	0.5	0.8	1.1
3.1	2.7	3.2	2.6	3.0	1.6
12.3	13.4	12.8	11.7	14.0	14.8
8.0	8.0	7.8	6.5	7.8	6.4
0.7	1.4	1.0	0.6	1.6	2.8
2.3	2.5	2.2	2.9	2.9	4.5
100.0	100.0	100.0	100.0	100.0	100.0
64.5	75.4	74.7	76.3	83.0	75.2
0.4	0.3	4.9	0.5	0.7	3.5
1.5	1.0	1.2	2.4	1.6	4.3
0.1	0.2	0.3	0.1		0.5
0.3	0.6	0.9	9.7	1.2	7.6
10.1	11.8	10.4	5.9	3.7	2.2

10-6 城镇居民家庭平均每人全年消费性支出（1997年）

单位：元

项目	Item	总平均 Average	最低收入户 lowest Income Households (first Decile)	#困难户 Difficult Households First Five (Percent)
消费性支出	Total Expenditure for Consumption	6853.48	3686.47	3342.33
食　品	Food	3151.63	2043.83	1877.96
#粮食	Grain	281.20	252.31	238.29
肉禽及其制品	Meat, Poultry and Related Products	950.80	661.67	610.27
蛋类	Eggs	55.74	47.21	44.69
水产品	Aquatic Products	370.67	225.82	204.70
奶及奶制品	Milk and Dairy Products	37.80	19.57	16.38
衣　着	Clothing, Headgear and Footweer	427.73	160.83	131.97
#服装	Clothing	315.04	111.36	92.31
家庭设备用品及服务	Household Facilities, Articles and Services	507.82	171.11	161.31
#耐用消费品	Durable Consumer Goods	273.19	52.31	53.31
医疗保健	Medicine and Medical Services	320.13	166.09	132.13
交通通讯	Transportation and Communications	484.26	152.99	139.25
娱乐教育文化服务	Recreation, Education and Cultural Services	758.64	435.81	394.43
#文娱用耐用消费品	Durable Consumer Goods for Recreational Use	196.00	26.72	29.53
居　住	Residence	827.65	461.07	424.15
#住房	Housing	399.81	158.66	141.64
杂项商品	Miscellaneous Commodities	375.62	94.74	81.13

10-7 城镇居民家庭平均每人全年消费性支出构成（1997年）

单位：%

项目	Item	总平均 Average	最低收入户 lowest Income Households (first Decile)	#困难户 Difficult Households First Five (Percent)
消费性支出	Total Expenditure for Consumption	100.0	100.0	100.0
食　品	Food	46.0	55.4	56.2
#粮食	Grain	4.1	6.8	7.1
肉禽及其制品	Meat, Poultry and Related Products	13.9	18.0	18.3
蛋类	Eggs	0.8	1.3	1.3
水产品	Aquatic Products	5.4	6.1	6.1
奶及奶制品	Milk and Dairy Products	0.6	0.5	0.5
衣　着	Clothing, Headgear and Footwear	6.2	4.4	4.0
#服装	Clothing	4.6	3.0	2.8
家庭设备用品及服务	Household Facilities, Articles and Services	7.4	4.6	4.8
#耐用消费品	Durable Consumer Goods	4.0	1.4	1.6
医疗保健	Medicine and Medical Services	4.7	4.5	4.0
交通通讯	Transportation and Communications	7.1	4.2	4.2
娱乐教育文化服务	Recreation, Education and Cultural Services	11.1	11.8	11.8
#文娱用耐用消费品	Durable Consumer Goods for Recreational Use	2.9	0.7	0.8
居　住	Residence	12.1	12.5	12.7
#住房	Housing	5.8	4.3	4.3
杂项商品	Miscellaneous Commodities	5.4	2.6	2.3

PER CAPITA ANNUAL EXPENDITURE FOR CONSUMPTION OF URBAN HOUSEHOLDS (1997)

(yuan)

低收入户 Low Income Households (second decile)	中等偏下户 Lower Middle Income Households (second quintile)	中等收入户 Middle Income Households (third quintile)	中等偏上户 Upper Middle Income Households (fourth quintile)	高收入户 High Income Households (ninth decile)	最高收入户 Highest Income Households (tenth decile)
4758. 70	5637. 64	6615. 60	7575. 29	9802. 40	12389. 52
2535. 17	2889. 25	3263. 67	3375. 70	3948. 54	4411. 35
259. 50	277. 07	277. 65	292. 54	291. 07	328. 89
846. 98	927. 86	999. 79	1029. 13	1077. 18	1096. 50
52. 16	56. 56	55. 62	55. 56	64. 42	60. 71
297. 58	350. 50	397. 27	403. 93	477. 63	452. 86
19. 87	29. 41	41. 75	45. 18	42. 58	74. 05
234. 76	308. 50	433. 24	515. 76	652. 18	863. 67
169. 52	215. 73	320. 80	388. 67	493. 38	640. 91
201. 98	326. 95	458. 30	560. 45	814. 25	1439. 67
77. 58	140. 13	234. 63	303. 76	442. 56	969. 26
289. 76	292. 52	277. 06	326. 75	421. 39	602. 30
247. 95	335. 51	441. 43	443. 62	1075. 43	1129. 98
503. 12	577. 38	688. 92	879. 81	1147. 41	1422. 24
78. 12	114. 38	129. 35	264. 21	412. 89	536. 32
550. 38	688. 55	736. 90	969. 80	1168. 03	1526. 44
204. 64	304. 92	319. 20	480. 70	670. 61	909. 00
195. 58	218. 98	316. 08	503. 40	575. 17	993. 87

PER CAPITA ANNUAL EXPENDITURE COMPOSITION FOR CONSUMPTION OF URBAN HOUSEHOLDS(1997)

(%)

低收入户 Low Income Households (second decile)	中等偏下户 Lower Middle Income Households (second quintile)	中等收入户 Middle Income Households (third quintile)	中等偏上户 Upper Middle Income Households (fourth quintile)	高收入户 High Income Households (ninth decile)	最高收入户 Highest Income Households (tenth decile)
100. 0	100. 0	100. 0	100. 0	100. 0	100. 0
53. 3	51. 3	49. 3	44. 6	40. 3	35. 6
5. 5	4. 9	4. 2	3. 9	3. 0	2. 7
17. 8	16. 5	15. 1	13. 6	11. 0	8. 9
1. 1	1. 0	0. 8	0. 7	0. 7	0. 5
6. 3	6. 2	6. 0	5. 3	4. 9	3. 7
0. 4	0. 5	0. 6	0. 6	0. 4	0. 6
4. 9	5. 5	6. 6	6. 8	6. 7	7. 0
3. 6	3. 8	4. 9	5. 1	5. 0	5. 2
4. 2	5. 8	6. 9	7. 4	8. 3	11. 6
1. 6	2. 5	3. 6	4. 0	4. 5	7. 8
6. 1	5. 2	4. 2	4. 3	4. 3	4. 9
5. 2	6. 0	6. 7	5. 9	11. 0	9. 1
10. 6	10. 2	10. 4	11. 6	11. 7	11. 5
1. 6	2. 0	2. 0	3. 5	4. 2	4. 3
11. 6	12. 2	11. 1	12. 8	11. 9	12. 3
4. 3	5. 4	4. 8	6. 4	6. 8	7. 3
4. 1	3. 8	4. 8	6. 6	5. 8	8. 0

10-8 按收入等级分的城镇居民家庭平均每人全年购买主要食品数量(1997年)

PER CAPITA ANNUAL PURCHASES OF MAJOR FOOD COMMODITIES OF URBAN HOUSEHOLDS BY LEVEL OF INCOME(1997)

项　目 Item	总平均 Average	最低收入户 Lowest Income Households (first decile)	#困难户 Difficult Households (first five percent)	低收入户 Low Income Households (second decile)	中等偏下户 Lower Middle Income Households (second quintile)	中等收入户 Middle Income Households (third quintile)	中等偏上户 Upper Middle Income Households (fourth quintile)	高收入户 High Income Households (ninth decile)	最高收入户 Highest Income Households (tenth decile)
粮　食 (公斤) Grain (kg)	80.04	79.43	75.27	77.09	79.73	79.82	81.74	76.61	85.73
#粗　粮(公斤) Coarse Grain (kg)	1.44	0.75	0.77	1.00	1.39	1.31	1.74	1.73	2.36
细　粮(公斤) Fine Grain (kg)	78.60	78.68	74.50	76.09	78.34	78.51	80.00	74.88	83.36
#富强粉(公斤) Fu-qiang Flour (kg)	0.66	0.81	0.98	0.46	0.72	0.60	0.58	1.10	0.42
大　米(公斤) Rice (kg)	66.36	68.00	64.55	65.23	65.84	66.63	67.21	61.20	69.86
食用油 (公斤) Edible Oil (kg)	7.39	6.59	6.30	7.45	7.30	7.70	7.58	6.95	7.99
鲜　菜 (公斤) Fresh Vegetables (kg)	99.41	83.39	76.70	94.29	100.57	102.02	101.81	106.84	104.80
干　菜 (公斤) Dried Vegetables (kg)	0.58	0.39	0.36	0.52	0.53	0.56	0.61	0.78	0.75
猪　肉 (公斤) Pork (kg)	20.67	16.38	15.42	20.00	19.66	21.71	21.13	23.27	23.77
牛羊肉 (公斤) Beef and Mutton (kg)	2.08	1.41	1.20	1.92	2.16	1.99	2.28	2.28	2.53
家　禽 (公斤) Poultry (kg)	15.30	10.11	9.83	13.17	15.36	16.49	17.06	16.80	16.41
蛋 (公斤) Eggs (kg)	7.18	6.24	6.03	6.66	7.30	7.16	7.09	8.25	7.82
鱼 (公斤) Fish (kg)	20.08	15.94	15.27	18.86	20.09	21.87	20.83	22.00	19.23
虾 (公斤) Shrimp (kg)	0.79	0.46	0.36	0.63	0.73	0.83	0.90	1.01	0.98
食　糖 (公斤) Sugar (kg)	2.52	2.36	2.23	2.38	2.61	2.69	2.70	2.25	2.21
糖　果 (公斤) Candy (kg)	0.91	0.54	0.53	0.59	0.79	0.91	1.03	1.29	1.37
卷　烟 (盒) Cigarettes (pack)	13.92	10.98	8.77	14.67	15.42	13.79	13.32	11.60	17.23
白　酒 (公斤) Spirits (kg)	0.98	0.74	0.41	1.08	0.77	1.31	0.82	1.25	0.94
果　酒 (公斤) Fruit Wine (kg)	0.04	0.02	0.01	0.05	0.06	0.03	0.05	0.03	0.06
啤　酒 (公斤) Beer (kg)	1.06	0.42	0.43	0.56	1.05	1.13	1.30	1.44	1.43
其它酒 (公斤) Other Liquor (kg)	0.32	0.21	0.28	0.14	0.26	0.24	0.50	0.66	0.28
苹　果 (公斤) Apple (kg)	6.33	4.24	4.25	5.23	6.24	6.36	6.90	8.29	7.22
柑　橙 (公斤) Citrus (kg)	3.23	1.98	1.93	2.14	3.02	3.33	3.59	4.34	4.57
香　蕉 (公斤) Banana (kg)	3.66	2.34	2.12	3.05	3.67	3.53	3.86	5.03	4.57
西　瓜 (公斤) Watermelon (kg)	2.70	1.71	1.60	1.68	2.32	3.19	2.92	3.68	3.53
葡　萄 (公斤) Grapes (kg)	0.82	0.43	0.31	0.38	0.70	0.83	0.94	1.07	1.63
桔　子 (公斤) Orange (kg)	1.41	1.06	1.26	1.22	1.28	1.54	1.39	1.85	1.62
干　果 (公斤) Dried Fruits (kg)	0.33	0.20	0.20	0.27	0.31	0.34	0.39	0.45	0.33
坚果及果仁(公斤) Nuts and Kernels (kg)	1.92	1.52	1.41	1.48	1.84	1.74	2.16	2.36	2.59
糕　点 (公斤) Cake (kg)	2.97	1.64	1.61	2.08	2.86	3.08	3.26	3.87	4.28
鲜　乳 (公斤) Fresh Milk (kg)	1.50	0.74	0.80	1.07	1.00	1.77	1.47	1.18	4.03
奶　粉 (公斤) Milk Powder (kg)	0.29	0.17	0.10	0.14	0.29	0.25	0.39	0.39	0.41
酸　奶 (公斤) Yoghurt (kg)	0.23	0.06	0.05	0.10	0.16	0.31	0.30	0.24	0.39
茶　叶 (公斤) Tea (kg)	0.40	0.32	0.29	0.30	0.40	0.36	0.44	0.45	0.54

10-9 按收入等级分的城镇居民家庭平均每人全年购买非食品数量(1997年)

PER CAPITA ANNUAL PURCHASES OF MAJOR NON-FOOD COMMODITIES OF URBAN HOUSEHOLDS BY LEVEL OF INCOME(1997)

项　　目　　Item		总平均 Average	最低收入户 Lowest Income Households (first decile)	#困难户 Difficult Households (first five percent)	低收入户 Low Income Households (second decile)	中等偏下户 Lower Middle Income Households (second quintile)	中等收入户 Middle Income Households (third quintile)	中等偏上户 Upper Middle Income Households (fourth quintile)	高收入户 High Income Households (ninth decile)	最高收入户 Highest Income Households (tenth decile)
呢大衣(件) Woolen Coat	(piece)	0.01			0.01	0.01	0.01	0.01	0.01	0.03
风雨衣(件) Mackintosh	(piece)	0.01	0.01		0.01	0.01	0.02	0.03	0.02	0.01
西　服(件) Suit	(piece)	0.18	0.06	0.04	0.10	0.12	0.16	0.25	0.27	0.36
茄克衫(件) Jacket	(piece)	0.06	0.02	0.01	0.03	0.04	0.08	0.07	0.09	0.11
羽绒衣(件) Down Coat	(piece)	0.01				0.01	0.01	0.01	0.01	0.03
毛线衣(件) Woolen Sweater	(piece)	0.19	0.04	0.03	0.10	0.14	0.17	0.26	0.37	0.33
衬　衫(件) Shirt	(piece)	0.55	0.27	0.29	0.41	0.47	0.50	0.61	0.71	1.11
连衣裙(件) Woman's Dress	(piece)	0.09	0.02	0.01	0.04	0.05	0.09	0.13	0.16	0.20
单　裙(件) Skirt	(piece)	0.07	0.04	0.05	0.04	0.05	0.08	0.09	0.10	0.18
裤　子(件) Trousers	(piece)	0.78	0.41	0.36	0.49	0.67	0.81	0.94	1.03	1.27
童　装(件) Child's Clothing	(piece)	1.31	0.89	0.77	0.79	1.04	1.26	1.48	1.79	2.42
棉　布(米) Cotton Cloth	(m)	0.07	0.03		0.06	0.07	0.10	0.04	0.07	0.12
棉花化纤混纺布(米) Cotton and Chemical Fibric Blend Cloth	(m)	0.09	0.08	0.05	0.04	0.05	0.10	0.12	0.17	0.15
化纤布(米) Chemical Fibre Cloth	(m)	0.19	0.07	0.08	0.06	0.17	0.23	0.22	0.29	0.33
呢　绒(米) Woolen Fabric	(m)	0.01				0.02		0.01	0.01	0.02
绸　缎(米) Silk and Satin	(m)	0.01				0.02	0.01	0.01	0.02	
毛线(公斤) Knitting Wool	(kg)	0.03	0.03	0.03	0.01	0.03	0.04	0.03	0.04	0.05
皮　鞋(双) Leather Shoes	(pair)	0.38	0.16	0.14	0.30	0.31	0.39	0.44	0.52	0.66
旅游鞋(双) Tourist Shoes	(pair)	0.08	0.06	0.03	0.07	0.07	0.07	0.10	0.08	0.09
布　鞋(双) Cloth Shoes	(pair)	0.08	0.07	0.08	0.09	0.08	0.08	0.07	0.08	0.13
雨　鞋(双) Galoshes	(pair)	0.01	0.01	0.01	0.01	0.01	0.02	0.02		0.02
凉　鞋(双) Sandals	(pair)	0.25	0.15	0.15	0.24	0.22	0.26	0.28	0.30	0.35
拖　鞋(双) Slippers	(pair)	0.59	0.36	0.39	0.45	0.53	0.62	0.74	0.64	0.73
其它鞋(双) Other Shoes	(pair)	0.59	0.48	0.45	0.54	0.61	0.56	0.57	0.74	0.72
各种袜子(双) Socks	(pair)	1.32	0.87	0.85	0.96	1.02	1.39	1.47	1.58	2.34
各种帽子(双) Hats	(piece)	0.04	0.02	0.02	0.02	0.03	0.04	0.03	0.06	0.05
床　罩(条) Bedspread	(piece)	0.02	0.01	0.01	0.01	0.02	0.01	0.02	0.05	0.01
肥　皂(块) Soap	(piece)	2.47	2.45	2.90	3.17	1.95	2.75	2.40	2.51	2.42
洗衣粉(公斤) Washing Powder	(kg)	1.86	1.72	1.43	1.68	1.79	1.96	1.80	1.80	2.39
煤　炭(公斤) Coal	(kg)	32.70	65.33	66.07	42.27	28.74	35.65	21.48	21.44	17.41
液化石油气(公斤) Liquefied Petroleum Gas	(kg)	41.76	32.47	30.77	39.20	39.88	42.14	46.47	44.23	47.90
管道煤气(立方米) Pipeline Petroleum Gas	(cm. m)	5.26	2.81	3.21	2.05	4.76	5.88	7.39	5.82	7.01

10-10 按收入等级分的城镇居民家庭平均每百户年底耐用消费品拥有量(1997年)

NUMBER OF DURABLE CONSUMER GOODS OWNED PER 100 URBAN HOUSEHOLDS AT YEAR-END BY LEVEL OF INCOME(1997)

项目 Item	总平均 Average	最低收入户 Lowest Income Households (first decile)	#困难户 Difficult Households first five percent	低收入户 Low Income Households (second decile)	中等偏下户 Lower Middle Income Households (second quintile)	中等收入户 Middle Income Households (third quintile)	中等偏上户 Upper Middle Income Households (fourth quintile)	高收入户 High Income Households (ninth decile	最高收入户 Highest Income Households (tenth decile)
毛皮大衣(件) Fur Coat (piece)	43.96	15.73	12.53	35.03	35.10	40.41	51.38	66.48	68.55
呢大衣(件) Woolen Coat (piece)	93.16	50.21	45.87	76.41	80.28	88.69	117.93	104.28	126.90
毛毯(条) Woolen Blanket (piece)	180.83	117.66	121.30	163.72	185.31	180.35	202.97	195.18	194.49
地毯(平方米) Carpet (piece)	23.31	3.73		6.62	47.31	18.00	9.31	14.07	59.45
组合家具(套) Composite Furniture (piece)	64.03	37.52	36.59	76.14	60.76	61.31	62.28	69.66	88.28
沙发床(个) Soft Bed (piece)	65.19	41.52	39.10	49.79	60.69	58.14	71.93	80.00	99.04
沙发(个) Sofa (piece)	143.46	101.11	111.03	97.66	143.24	138.69	153.93	194.76	169.38
大衣柜(个) Wardrobe (piece)	166.07	133.38	142.11	139.18	157.17	165.45	176.00	193.80	197.11
写字台(张) Writing Desk (piece)	123.63	93.24	92.98	113.24	113.04	125.73	133.32	138.63	147.04
摩托车(辆) Motorcycle (unit)	37.23	16.41	13.54	23.86	30.21	40.07	42.83	47.45	58.34
自行车(辆) Bicycle (unit)	212.26	189.66	191.72	214.76	221.11	221.32	208.21	223.18	193.80
家用汽车(辆) Car (unit)	0.30				0.21		0.21	0.41	1.79
缝纫机(台) Sewing Machine (unit)	80.15	81.79	76.19	79.31	82.14	81.86	81.03	73.66	76.69
洗衣机(台) Washing Machine (unit)	99.16	86.07	88.97	91.31	97.17	103.52	102.55	103.59	104.14
电风扇(台) Electric Fan (unit)	330.11	292.01	295.73	331.59	313.11	332.01	346.49	332.56	361.80
电冰箱(台) Refrigerator (unit)	78.16	63.45	69.17	69.66	73.79	79.93	82.89	83.31	92.00
彩色电视机(台) Color TV Set (unit)	119.13	92.00	91.47	100.55	111.93	117.31	131.38	128.27	149.24
影碟机(台) Video Dise Player (unit)	24.28	4.96	2.26	16.97	20.14	23.86	30.83	32.83	38.34
录放像机(台) Video Recorder (unit)	37.82	23.04	21.55	32.00	34.76	36.00	45.52	42.07	48.55
家用电脑(台) Computer (unit)	9.05	2.48	3.01	5.11	6.69	8.34	10.07	16.14	16.55
组合音响(台) Hi-Fi Stereo Component System (unit)	39.67	22.62	20.80	30.48	36.14	35.52	45.17	47.73	62.21
收录机(台) Radio Cassette Player (unit)	69.23	51.45	53.63	68.97	68.90	67.86	74.00	75.59	74.76
摄像机(台) Pickup Camera (unit)	2.22			2.21	0.69	1.93	1.00	6.21	6.34
照相机(架) Camera (unit)	43.41	20.14	15.04	27.72	38.62	40.34	49.10	54.07	76.00
钢琴(架) Piano (unit)	1.05			0.41	0.41	0.21	1.86	2.07	3.04
其它中高档乐器(件) Other Medium and High Grade Musical Instrument (unit)	8.12	1.24	1.50	5.24	5.45	7.66	9.93	7.18	21.52
微波炉(台) Microwave Oven (unit)	10.37	1.24	0.75	4.55	8.76	11.52	9.79	11.86	25.93
空调器(台) Air Conditioner (unit)	63.68	22.21	19.54	31.17	49.17	62.48	76.41	84.13	123.17
电炊具(台) Electric Cooking Appliances (unit)	103.55	80.42	75.94	98.63	100.48	96.76	118.14	103.31	122.34
淋浴热水器(台) Shower (unit)	88.84	58.62	64.66	73.93	87.79	90.90	97.38	99.86	103.86
排油烟机(台) Range Hood (unit)	66.59	46.48	42.86	52.82	61.24	69.45	72.83	75.72	83.86
吸尘器(台) Dust Catcher (unit)	4.52	1.66		1.66	3.59	5.10	4.62	4.96	10.34
健身器材(件) Sports Appliance (piece)	3.49			0.82	2.14	2.34	5.72	6.76	6.89
移动电话(台) Mobile Telephone (unit)	7.30	0.82		2.21	5.17	6.07	8.62	12.00	18.21

10-11　城镇居民家庭年末居住情况

RESIDENTIAL CONDITION OF URBAN HOUSEHOLDS AT YEAR-END

单位：户　　(household)

项　　目	Item	1985	1990	1995	1996	1997
调查户数	Number of Households Surveyed	1600	1500	1550	1550	1600
一、按居住面积分	Group by Floor Space					
无房户	No housing	7		1		
4平方米以下	Below 4 sq. m	285	126	26	17	15
4-6平方米	4-6 sq. m	276	110	58	52	38
6-8平方米	6-8 sq. m	285	170	126	106	105
8平方米以上	Above 8 sq. m	747	1094	1339	1375	1442
二、按自来水使用情况分	Group by Using of Tap Water					
无自来水	No Tap Water	58	14	1	3	2
独用自来水	Private Tap Water	1273	1388	1483	1499	1554
公用自来水	Public Shared Tap Water	262	98	66	48	44
三、按卫生设备拥有情况分	Group by Sanitary Equipment					
无卫生设备	No Sanitary Equipment	652	326	106	75	77
有浴室厕所	With Toilet and Shower Room	552	787	1213	1264	1267
有厕所无浴室	With Toilet No Shower Room	220	262	159	151	188
公用卫生设备	Public Sanitary Equipment	169	125	72	60	68
四、按厨房使用情况分	Group by Using of Kitchen					
无厨房	No Kitchen	101	37	36	27	20
独用厨房	Private Kitchen	1324	1390	1480	1501	1551
公用厨房	Public Kitchen	168	73	34	22	29
五、按房屋产权分	Group by Property of Dwelling					
公　房	Public Housing	1148	1077	589	583	567
租赁私房	Rent Housing	90	47	29	32	14
自 有 房	Private-Owned Housing	344	372	931	932	689
部分产权的自有房	Partly-Owned Housing					330
其　它	Others	11	4	1	3	
六、按燃料使用情况分	Group by Using of Fuel					
管道煤气	Pipeline Petroleum Gas		8	112	135	128
液化石油气	Liquefied Petroleum Gas	413	926	1292	1308	1387
煤	Coal	930	519	127	102	81
其它	Others	250	47	19	5	4
七、按住宅建筑式样分	Group by Types of House Construction					
1. 家庭单栋配套住房	Independent House				149	144
2. 单元式配套住宅	Flat				1190	1227
一居室	Single Room				40	47
二居室	Two Rooms				368	394
三居室	Three Rooms				546	570
四居室及以上	Four or More than Four Rooms				236	216
3. 普通楼房	Ordinary Multi-Storey Building				114	106
4. 普通平房	Ordinary Single-Storey Housing				97	123

10-12 农村居民家庭基本情况

BASIC CONDITIONS OF RURAL HOUSEHOLDS

项目	Item	1980	1985	1990	1995	1996	1997
一、调查户数（户）	Number of Households Surveyed (Household)	580	2936	2560	2480	2560	2560
二、调查户人口、劳动力（人）	Number of Residents and Laborers Surveyed (person)						
常住人口	Number of Permanent Residents in the Households Surveyed	3586	17477	14459	13289	13442	13231
平均每户常住人口	Average Number of Permanent Residents Per Household	6.18	5.95	5.65	5.36	5.25	5.17
平均每户整半劳动力	Average Number of Able-bodied and Semi-ablebodied Laborers per Household	2.85	3.37	3.25	3.11	3.08	3.10
平均每个劳动力负担人口	Average Number of Persons Supported by a Laborer	2.17	1.77	1.74	1.72	1.70	1.67
平均每百个劳动力的文化程度	Education Level of Per 100 Laborers						
文盲或半文盲	Illiterate and Semi-illiterate	23.92	19.71	13.76	7.41	6.30	5.94
小学程度	Primary School	43.80	42.57	44.34	39.99	37.97	36.53
初中程度	Junior Secondary School	24.31	27.92	32.93	40.65	44.28	45.44
高中程度	Senior Secondary School	7.92	9.48	8.38	9.95	9.60	10.07
中专程度	Specialized Secondary School	0.05	0.27	0.48	1.66	1.50	1.63
大专程度	College and Higher Level	...	0.05	0.11	0.34	0.35	0.39
三、平均每人经营耕地面积（亩）	Per Capita Area of Cultivated Land Under Management (mu)	1.10	1.05	1.04	0.90	0.88	0.88
#承包耕地面积	Contracted Cultivated Land		0.94	0.94	0.77	0.76	0.77
四、平均每户年末生产性固定资产原值（元）	Original Value of Productive Fixed Asset Owned by Per 100 Households at Year-end(yuan)		770.49	1385.96	2744.85	3249.61	3004.71
役畜、产品畜	Draught Animals and Commodity Animals		336.65	390.70	657.45	765.29	684.96
大中型铁木农具	Large and Medium Iron and Wood Farm Implements		67.47	105.42	175.41	179.60	181.63
农林牧渔机械	Farming, Forestry, Animal Husbandry and Fishery Machinery		54.92	188.33	261.16	405.64	373.41
工业机械	Industrial Machinery		15.57	69.60	64.17	55.55	48.61
运输机械	Transportation Machinery		81.40	287.82	681.26	806.00	726.15
生产用房	Buildings for Productive Use		153.23	255.65	647.81	847.00	762.44
其　他	Others		61.25	88.44	257.60	190.53	227.51
五、平均每百户年末拥有主要固定资产	Major Fixed Assets Owned by Per 100 Households at Year-end						
汽　车（辆）	Motor Vehiche (unit)		0.26	0.44	1.15	1.17	0.96
大中型拖拉机（台）	Large and Medium Tractor (unit)		0.10	0.29	0.38	0.27	0.44
小型及手扶拖拉机（台）	Small and Walking Tractor (unit)		3.19	5.90	7.19	8.28	8.50
机动脱粒机（台）	Motorized Threshing Machines(unit)		1.92	3.36	7.38	8.09	9.18
胶轮大车（辆）	Carts With Rubber Tires (unit)		1.03	1.86	1.94	1.45	1.89
胶轮手推车（辆）	Hand Carts with Rubber Tires(unit)		16.77	15.30	25.36	24.26	25.06
抽水机（台）	Water Pump (unit)		0.33	1.58	4.17	3.91	4.36
水　泵（台）	Pump (unit)		0.67	2.71	7.93	8.20	8.70
机动船（条）	Motorized Boat (unit)		0.92	0.61	1.29	0.90	0.82

10-13 农民平均每人纯收入及生活消费支出

PER CAPITA NET INCOME AND LIVING EXPENDITURE OF RURAL RESIDENTS

年份 Year	人均纯收入(元) Per Capita Net Income	增长速度(%) Increase Rate(%) 名义增长(上年为100) Namely Increase (Preceding Year=100)	实际增长(上年为100) Real Increase (Preceding Year=100)	实际增长(1978年为100) Real Increase (1978=100)	人均生活消费支出(元) Per Capita Living Expenditure (yuan)	增长速度(%) Increase Rate(%) 名义增长(上年为100) Namely Increase (Preceding Year=100)	实际增长(上年为100) Real Increase (Preceding Year=100)	实际增长以(1978年为100) Real Increase (1978=100)
1949	55. 62				67. 85			
1952	85. 32				78. 76			
1965	107. 73	16. 2			99. 11	17. 5		
1974	153. 01				152. 65			
1975	143. 83	-6. 0			151. 42	-0. 8		
1976	152. 66	6. 1			182. 64	20. 6		
1977	179. 12	17. 3			189. 86	4. 0		
1978	193. 25	7. 9		100. 00	184. 89	-2. 6		100. 00
1979	222. 72	15. 2	13. 6	113. 60	205. 18	11. 0	10. 1	110. 10
1980	274. 37	23. 2	19. 4	135. 64	222. 22	8. 3	3. 9	114. 39
1981	325. 37	18. 6	11. 4	151. 10	266. 05	19. 7	12. 1	128. 23
1982	381. 79	17. 3	12. 7	170. 29	312. 44	17. 4	16. 2	149. 00
1983	395. 92	3. 7	7. 0	182. 21	328. 76	5. 2	6. 3	158. 39
1984	425. 34	7. 4	7. 2	195. 33	346. 19	5. 3	5. 0	166. 31
1985	495. 31	16. 5	9. 8	214. 47	388. 00	12. 1	5. 7	175. 79
1986	546. 43	10. 3	7. 6	230. 77	454. 06	17. 0	11. 1	195. 30
1987	662. 24	21. 2	11. 1	256. 39	545. 25	20. 1	9. 5	213. 85
1988	808. 70	22. 1	2. 7	263. 31	684. 67	25. 6	3. 2	220. 69
1989	955. 02	18. 1	2. 0	268. 58	870. 59	27. 2	7. 3	236. 80
1990	1043. 03	9. 2	1. 6	272. 88	932. 63	7. 1	-0. 3	236. 09
1991	1143. 06	9. 6	9. 4	298. 53	942. 40	1. 1	1. 2	238. 92
1992	1307. 65	14. 4	10. 4	329. 58	1060. 29	12. 5	8. 8	259. 94
1993	1674. 78	28. 1	6. 1	349. 68	1391. 01	31. 2	6. 8	277. 62
1994	2181. 52	30. 3	3. 8	362. 97	1882. 00	35. 3	3. 6	287. 61
1995	2699. 24	23. 7	6. 5	386. 56	2255. 01	19. 8	5. 3	302. 85
1996	3183. 46	17. 9	7. 6	415. 94	2584. 16	14. 6	6. 9	323. 75
1997	3467. 69	8. 9	4. 2	433. 41	2617. 65	1. 3	0. 3	324. 72

注：农村居民现金纯收入受：农村生活消费品价格指数和农村服务项目价格指数以及农业生产资料价格指数的影响（购买生产性固定资产部分）；实物纯收入受自产自用产品价格指数影响。名义增长扣除物价因素影响后为实际增长。

Note: The figures of per capita net income are affected by the price indices of rural living comsumer goods, rural Services and agricultural producer goods; and the figures of real net income are affected by the price of products for self-consumption. While the price factor deducted from the namely increase rate, that is the real increase rate.

10-14 农村居民家庭房屋情况
HOUSING CONDITION OF RURAL HOUSEHOLDS

项目	Irem		1980	1985	1990	1995	1996	1997
一、平均每户年内新建房屋	Rooms Newly Built Within the Year Per Household							
间数（间）	Number of Rooms	(room)	0.28	0.24	0.19	0.22	0.29	0.27
面积（平方米）	Floor Space	(sq. m)	5.26	5.77	4.19	5.11	6.27	5.02
#砖木结构（平方米）	Brick and Wood Structure	(sq. m)		3.53	1.49	0.64	0.43	0.45
钢筋混凝土结构（平方米）	Reinforced Concrete Structure	(sq. m)		1.61	2.53	3.87	5.67	4.43
在新建房屋面积中	In the Floor Space of Newly Built Rooms							
生活用房（平方米）	Living Floor Space	(sq. m)		4.77	3.23	4.67	5.98	4.70
楼房（平方米）	Floor Space of Multi-Storey Buildings			1.50	1.79	0.75	1.24	1.27
每间房屋价值（元）	Value per Room	(yuan)		1291.04	3084.69	7286.47	7609.82	5825.84
每平方米价值（元）	Value per Square Meter	(yuan)		53.82	137.33	308.20	354.54	308.01
二、平均每户年末生活住房	Living Rooms Per Household at Year-end							
间数（间）	Rooms	(room)	3.99	4.47	4.65	5.24	5.49	6.08
每间房屋价值（元）	Value Per Room	(yuan)	714.27	1058.96	2090.88	3865.37	4471.63	4442.49
三、平均每人年末生活住房	Per Capita Living Floor Space							
面积（平方米）	Floor Space	(sq. m)	10.51	14.87	17.39	20.83	22.32	23.78
#砖木结构	Brick Wood Structure			11.48	10.67	10.55	9.74	9.63
钢筋混凝土结构	Reinforced Concrete Structure			1.04	2.63	8.57	10.59	11.94

10-15 农村居民家庭按人均纯收入水平分组的户数及构成
NUMBER OF RURAL HOUSEHOLDS AND ITS COMPOSITION GROUP BY LEVEL OF PER CAPITA ANNUAL NET INCOME

分组	By Groups	1980	1985	1990	1995	1996	1997
一、调查户数（户）	Number of Households Surveyed	580	2936	2560	2480	2560	2560
300元以下	Under 300 yuan	371	666	25	3		2
300-600元	300-600 yuan	195	1510	370	7	3	
600-1000元	600-1000 yuan	13	565	1053	99	40	23
1000-1500元	1000-1500 yuan	1	146	659	329	204	128
1500-2000元	1500-2000 yuan		25	263	468	356	274
2000元以上	2000 yuan and Over		24	190	1574	1957	2133
二、构成（%）	Composition	100.0	100.0	100.0	100.0	100.0	100.0
300元以下	Under 300 yuan	64.0	22.7	1.0	0.1		0.1
300-600元	300-600 yuan	33.6	51.4	14.5	0.3	0.1	
600-1000元	600-1000 yuan	2.2	19.3	41.1	4.0	1.6	0.9
1000-1500元	1000-1500 yuan	0.2	5.0	25.7	13.3	8.0	5.0
1500-2000元	1500-2000 yuan		0.8	10.3	18.9	13.9	10.7
2000元以上	2000 yuan and Over		0.8	7.4	63.4	76.4	83.3

10-16 农村居民家庭主要农产品生产情况
PRODUCTION CONDITION OF MAJOR AGRICULTURAL PRODUCTS OF RURAL HOUSEHOLDS

项目	Item 单位 Unit	1980	1985	1990	1995	1996	1997
平均每户主要农作物播种面积(亩)	Sown Area of Major Crops Per Household (mu)		11.71	10.67	10.12	10.03	9.04
粮食	Grain		8.96	8.35	6.48	6.10	5.83
油料	Oil-bearing Crops		0.91	0.77	0.71	0.56	0.52
麻类	Fiber Crops		0.10	…	…	…	…
糖料	Sugar Crops		0.64	0.32	0.26	0.28	0.27
烟叶	Tobacco		0.10	0.14	0.04	0.08	0.11
蔬菜	Vegetables		0.96	0.98	2.59	2.94	2.26
果用瓜	Melons		0.04	0.11	0.04	0.07	0.05
平均每人主要农林产品产量(公斤)	Per Capita Output of Major Farm and Forestry Products (kg)						
粮食	Grain	20.31	425.66	504.08	404.73	436.00	445.42
#稻谷	Rice		361.81	428.47	348.38	379.03	380.34
油料	Oil-bearing Crops	5.14	17.38	17.47	18.71	18.70	16.87
麻类	Fiber Crops	0.55	3.93	0.94	…	0.28	0.01
糖料	Sugar Crops	31.96	417.11	253.32	215.10	221.50	232.54
烟叶	Tobacco	0.21	1.39	2.87	1.00	2.03	3.12
蔬菜	Vegetables	120.36	203.82	205.02	330.99	419.30	397.42
果用瓜	Melons	5.85	7.91	27.98	7.96	14.26	9.19
水果	Fruits		13.65	54.11	59.82	41.78	49.49
茶叶	Tea		0.08	0.14	0.08	0.47	0.51
平均每户出售和自宰畜禽量及其他	Sold and Slaughtered livestock, Poultry and Other Animal Products per Household						
出售和自宰肉猪头数(头)	Number of Sold and Slaughtered Fattened Hogs (head)	1.59	1.96	2.12	2.03	2.15	2.15
猪肉产量 (公斤)	Pork (kg)	124.92	158.20	186.97	178.31	189.57	173.08
出售和自宰家禽只数(只)	Number of Sold and Slaughtered Poultry (head)	16.35	29.76	24.71	47.13	55.39	50.98
出售和自宰兔只数 (只)	Number of Sold and Slaughtered Rabbits (head)	0.13	0.08	0.02	0.03	0.21	0.35
蛋类产量 (公斤)	Poultry Eggs (kg)		8.36	10.07	6.92	6.38	7.17
蜂蜜产量 (公斤)	Honey (kg)		0.39	0.03	0.05	0.11	0.12
蚕茧产量 (公斤)	Silkworm Cocoon (kg)		3.93	4.80	5.94	1.84	1.87
牛.羊奶产量 (公斤)	Milk (kg)		0.25	0.15	1.16	1.60	1.42
水产品产量 (公斤)	Aquatic Products (kg)		102.51	98.64	119.92	133.76	141.56

注: 1980年生产情况,只反映农民自营地的农产品产量和家庭饲养的牧业产品产量,未包括集体统一经营部分。
Note: The figures of 1980 were not included the part of collective units operation.

10-17 农村居民家庭出售主要农产品数量
SOLD AMOUNT OF MAJOR FARM PRODUCTS BY RURAL HOUSEHOLDS

项目	Item	1980	1985	1990	1995	1996	1997
平均每人出售量	Per Capita Sold Amount						
粮食(原粮)(公斤)	Grain (Unprocessed Food Grain) (kg)	9.95	82.33	125.00	61.96	75.83	77.02
油料 (公斤)	Oil-Bearing Crops (kg)		5.21	4.89	4.08	4.22	2.99
麻类 (公斤)	Fibre Crops (kg)		3.56	0.94	…	0.28	0.01
糖料 (公斤)	Sugar Crops (kg)		293.56	258.39	164.65	195.29	207.13
烟叶 (公斤)	Tobacco (kg)		1.11	2.53	0.82	1.63	2.71
蔬菜 (公斤)	Vegetables (kg)		76.18	95.92	206.29	277.20	267.43
果用瓜 (公斤)	Melons (kg)		6.82	25.62	5.69	13.20	8.17
水果 (公斤)	Fruits (kg)		12.45	48.47	48.55	34.33	42.96
茶叶 (公斤)	Tea (kg)		0.04	0.08	0.04	0.38	0.40
平均每户出售量	Per Household Sold Amount						
生猪 (头)	Fattened Hog (head)		1.88	2.06	1.62	1.86	1.86
猪肉 (公斤)	Pork (kg)		155.98	178.18	162.92	176.78	160.02
肉牛 (头)	Beef Cattle (head)		0.04	0.01	0.01	0.01	0.02
牛肉 (公斤)	Beef (kg)		3.21	1.24	0.13	0.19	0.08
家禽 (只)	Poultry (head)	8.36	19.51	14.51	34.29	41.33	37.02
蛋类 (公斤)	Eggs (kg)		3.66	4.58	0.61	0.55	0.69
蜂蜜 (公斤)	Honey (kg)		0.39	0.03	0.05	0.10	0.11
蚕茧 (公斤)	Silkworm Cocoon (kg)		3.93	4.80	5.88	1.74	1.87
牛羊奶 (公斤)	Milk (kg)		0.25	0.13	1.13	1.54	1.42
水产品 (公斤)	Aquatic Products (kg)		87.97	89.09	102.40	122.35	125.56

10-18 农村居民家庭平均每户购买农业生产资料
PURCHASES OF AGRICULTURAL PRODUCER GOODS PER RURAL HOUSEHOLD

项目	Item	1980	1985	1990	1995	1996	1997
化肥 (公斤)	Chemical Fertilizer (kg)		452.16	641.33	487.58	542.53	550.74
饼肥 (公斤)	Cake Fertilizer (kg)		23.53	14.47	5.09	11.60	22.08
农药 (公斤)	Pesticide (kg)		7.06	8.79	9.65	10.48	10.93
农用薄膜 (公斤)	Agricultural Plaslic Film (kg)		0.38	0.58	0.57	0.91	0.58
生产用柴油 (公斤)	Production Diesel Oil (kg)		10.44	15.69	21.38	21.07	17.04
生产用汽油 (公斤)	Production Petrol (kg)		0.57	2.52	7.92	5.17	9.81
生产用煤 (公斤)	Production Coal (kg)		23.87	14.84	13.95	32.45	36.67
小型和手扶拖拉机(辆)	Small and Walking tractor (unit)		0.01	0.01	…	0.01	…
役畜、产品畜 (头)	Drought Animal and Commodity Animal (head)		0.06	0.04	0.04	0.05	0.05

注：1980年出售情况，只反映农民自营地的农产品产量和家庭饲养的牧业产品产量，未包括集体统一经营部分。
Note: The figures of 1980 excluded the part of collective units operation.

10-19 农村居民家庭平均每人总收入和纯收入及构成
PER CAPITA GROSS AND NET INCOME AND THEIR COMPOSITION OF RURAL HOUSEHOLDS

项　　目	Item	1980	1985	1990	1995	1996	1997
一、总收入(元)	Gross Income (yuan)	306.61	677.17	1488.92	3536.30	4190.57	4516.65
基本收入	Basic Income	280.95	631.79	1427.03	3291.31	3916.40	4218.43
劳动者的报酬收入	Labourers' Remuneration	129.55	82.44	245.52	712.24	821.97	908.60
在集体组织中劳动的报酬	From Collective Organization	118.25	25.99	47.17	145.07	170.33	193.25
在企业劳动得到的报酬	From Enterprises		18.77	57.24	527.57	633.49	692.41
其他单位劳动得到的报酬	From Other Units	11.30	37.68	141.11	39.60	18.15	22.94
家庭经营收入	Income from Household Business	151.40	549.35	1181.51	2579.07	3094.43	3309.83
转移性收入	Transfer Income	25.06	42.41	53.17	194.93	218.93	246.12
财产性收入	Property Income	0.60	2.97	8.72	50.06	55.24	52.10
总收入构成(%)	Composition of Gross Imcome (%)	100.0	100.0	100.0	100.0	100.0	100.0
基本收入	Basic Income	91.6	93.3	95.8	93.1	93.5	93.4
劳动者的报酬收入	Labourers' Remuneration	42.2	12.2	16.4	20.1	19.6	20.1
家庭经营收入	Income from Household Business	49.4	81.1	79.4	73.0	73.9	73.3
转移性收入	Transfer Income	8.2	6.3	3.6	5.5	5.2	5.4
财产性收入	Property Income	0.2	0.4	0.6	1.4	1.3	1.2
二、纯收入(元)	Net Income (yuan)	274.37	495.31	1043.03	2699.24	3183.46	3467.69
按收入来源分	By Source of Income						
基本收入	Basic Income	252.71	455.66	990.87	2468.88	2928.24	3191.88
劳动者的报酬收入	Labourers' Remuneration	129.55	82.44	245.52	712.24	821.97	908.60
家庭经营纯收入	Income from Household Business	123.16	373.22	745.35	1756.64	2106.27	2283.28
转移性收入	Transfer Income	21.06	36.68	43.44	180.30	199.98	223.71
财产性收入	Property Income	0.60	2.97	8.72	50.06	55.24	52.10
按收入来源分构成(%)	By Sourcc of Incomc	100.0	100.0	100.0	100.0	100.0	100.0
基本收入	Basic Income	92.1	92.0	95.0	91.5	92.0	92.0
劳动者的报酬收入	Labourers' Remuneration	47.2	16.6	23.5	26.4	25.8	26.2
家庭经营纯收入	Income form Household Business	44.9	75.4	71.5	65.1	66.2	65.8
转移性收入	Transfer Income	7.7	7.4	4.2	6.7	6.3	6.5
财产性收入	Property Income	0.2	0.6	0.8	1.8	1.7	1.5
按收入性质分	By Type of Income						
生产性纯收入	Productive Income	252.71	455.66	990.87	2468.88	2928.24	3191.88
农业生产性收入	Agricultural Productive Income	223.84	322.55	601.69	1253.80	1477.11	1600.14
非农业生产性收入	Non-Agricultural Productive Income	28.87	133.11	389.18	1215.08	1451.13	1591.74
非生产性纯收入	Non-Productive Income	21.66	39.65	52.16	230.36	255.22	275.81
按收入性质构成分(%)	Composition Type of Income (%)	100.0	100.0	100.0	100.0	100.0	100.0
生产性纯收入	Productive Income	92.1	92.0	95.0	91.5	92.0	92.0
农业生产性收入	Agricultural Productive Income	81.6	65.1	57.7	46.5	46.4	46.1
非农业生产性收入	Non-Agricultural Productive Income	10.5	26.9	37.3	45.0	45.6	45.9
非生产性纯收入	Non-Productive Income	7.9	8.0	5.0	8.5	8.0	8.0

10-20 农村居民家庭平均每人家庭经营纯收入及构成
PER CAPITA NET INCOME FROM HOUSEHOLD BUSINESS AND ITS COMPOSITION OF RURAL HOUSEHOLDS

项　目	Item	1980	1985	1990	1995	1996	1997
家庭经营纯收入(元)	Net Income from Household Business (yuan)	123.16	373.22	745.35	1756.64	2106.27	2283.28
农业收入	Farming	34.07	183.63	392.54	825.84	964.34	1040.53
林业收入	Forestry	1.75	9.75	5.46	19.36	16.14	18.45
牧业收入	Animal Husbandry	48.18	78.66	127.97	236.44	292.42	300.88
渔业收入	Fishery	3.15	21.15	35.85	112.11	131.92	160.94
手工业收入	Handicraft	5.26	10.72	15.73	30.89	40.96	42.01
采集捕猎收入	Gathering and Hunting	16.18	18.64	24.14	29.16	31.33	37.33
工业收入	Industry		2.77	21.27	24.83	38.69	33.08
建筑业收入	Construction	6.82	17.46	36.65	140.01	186.83	205.35
运输业收入	Transportation	2.15	9.05	22.83	76.97	78.66	94.98
商业收入	Commerce	1.02	7.12	31.15	105.25	136.04	149.62
饮食业收入	Catering Trade	0.95	1.59	2.24	15.16	14.10	15.49
服务业收入	Service Trade	1.05	4.97	16.06	45.07	49.70	58.37
其他家庭经营收入	Other Household Business	2.58	7.71	13.46	95.55	125.14	126.25
家庭经营纯收入构成(%)	Composition of Net Income from Household Business (%)	100.0	100.0	100.0	100.0	100.0	100.0
农业收入	Farming	27.7	49.2	52.7	47.0	45.8	45.6
林业收入	Forestry	1.4	2.6	0.7	1.1	0.8	0.8
牧业收入	Animal Husbandry	39.1	21.1	17.2	13.5	13.9	13.2
渔业收入	Fishery	2.6	5.7	4.8	6.4	6.3	7.0
手工业收入	Handicraft	4.3	2.9	2.1	1.8	1.9	1.8
采集捕猎收入	Gathering and Hunting	13.1	5.0	3.2	1.7	1.5	1.6
工业收入	Industry		0.7	2.9	1.4	1.8	1.4
建筑业收入	Construction	5.5	4.7	4.9	7.9	8.9	9.0
运输业收入	Transportation	1.7	2.4	3.1	4.3	3.7	4.2
商业收入	Commerce	0.8	1.9	4.2	6.0	6.4	6.6
饮食业收入	Catering Trade	0.8	0.4	0.3	0.9	0.7	0.7
服务业收入	Service Trade	0.9	1.3	2.1	2.6	2.4	2.6
其他家庭经营收入	Other Household Business	2.1	2.1	1.8	5.4	5.9	5.5

10-21 农村居民家庭平均每人总支出及构成
PER CAPITA TOTAL EXPENDITURE AND ITS COMPOSITION OF RURAL HOUSEHOLDS

项　　目	Item	1980	1985	1990	1995	1996	1997
一、总支出(元)	Total Expenditure (yuan)	266.85	585.45	1410.21	3151.31	3674.91	3745.64
家庭经营费用支出	Expenditure on Household Business	30.68	151.70	373.64	714.47	863.96	884.83
农业生产支出	Farming	5.42	57.04	150.97	235.90	274.90	270.97
林业生产支出	Forestry	0.26	0.61	0.79	1.72	2.10	0.77
牧业生产支出	Animal Husbandry	19.97	66.10	160.86	254.90	381.34	420.87
渔业生产支出	Fishery	0.60	12.54	29.28	50.69	113.10	104.42
手工业生产支出	Handicraft	0.69	4.82	5.18	3.19	5.94	4.56
工业生产支出	Industry		1.74	6.19	3.88	11.99	10.08
建筑业支出	Construction		0.24	0.59	9.06	11.39	23.56
运输业支出	Transportation	1.01	2.69	12.52	24.74	32.68	25.62
商业支出	Commerce	0.32	2.44	2.26	14.95	15.11	7.62
饮食业支出	Catering Trade		0.55	0.68	0.94	3.10	5.21
服务业支出	Service Trade	0.50	0.91	1.31	5.95	6.50	7.71
其他经营支出	Others	1.69	2.02	3.01	8.55	5.81	3.43
购置生产性固定资产支出	Expenditure on Purchasing Productive Fixed Assts	1.04	16.34	24.87	25.40	30.74	29.49
#大中型铁木农具	Large and Medium Iron and Wood Farm Implements	0.50	1.15	1.45	0.89	1.24	0.79
农林牧渔业机械	Farming, Forestry, Animal Husbandry and Fishery Machinery	0.50	3.65	8.84	2.93	4.95	3.80
运输机械	Tansportation Machinery		6.62	12.31	5.29	7.71	9.76
缴纳税款	Taxes Paid	0.52	8.16	21.79	39.62	40.71	39.73
上交集体的承包任务	Contract Payment to Collective Units		7.12	23.13	30.54	36.03	55.64
集体提留和摊派	Collective Drawing and Apportion		0.52	1.24	3.65	6.21	7.60
生活消费支出	Expenditure for Cumsumption	222.22	388.00	932.63	2255.01	2584.16	2617.65
其他非生产性支出	Other Non-Productive Expenditure	12.39	13.61	32.91	82.62	113.10	110.71
寄给和带给在外人口	Send to Outsiders	1.67	0.91	2.76	4.61	6.30	8.06
赠送农村以外亲友	Present to Kinsfolk not in Rural Area	2.32	4.80	4.11	4.95	9.65	6.03
其他支出	Other Expenditure	8.40	7.90	26.04	73.06	97.15	96.62
二、总支出构成(%)	Composition Total Expenditure (%)	100.0	100.0	100.0	100.0	100.0	100.0
家庭经营费用支出	Expenditure on Household Business	11.5	25.9	25.5	22.7	23.5	23.6
购置生产性固定资产支出	Expenditure on Purchasing Productive Fixed Assts	0.4	2.8	1.8	0.8	0.8	0.8
缴纳税款	Taxes Paid	0.2	1.4	1.6	1.3	1.1	1.1
上交集体的承包任务	Contract Payment to Collective Units		1.2	1.6	1.0	1.0	1.4
集体提留和摊派	Collective Drawing and Apportion		0.1	0.1	0.1	0.2	0.2
生活消费支出	Expenditure for Consumption	83.3	66.3	66.1	71.5	70.3	69.9
其他非生产性支出	Other Non-Productive Expenditure	4.6	2.3	2.3	2.6	3.1	3.0

注：实行家庭联产承包责任制前(1980年的数字)，家庭经营费用支出，实际上是家庭副业支出。全面推行联产承包责任制后，家庭经营费用支出，包括家庭副业支出和承包经营费用支出。

Note: The figures of the expenditure on household business 1980 in fact were the expenditure of household sideline. And since that time the figures included both the expenditure of household sideline and constract business.

10-22 农村居民家庭平均每人生活消费支出

PER CAPITA LIVING EXPENDITURE OF RURAL HOUSEHOLDS

单位:元 (yuan)

项目	Item	1980	1985	1990	1995	1996	1997
生活消费支出	Living Expenditure	222.22	388.00	932.63	2255.01	2584.16	2617.65
一、食品	Food	134.12	234.19	538.18	1228.00	1333.18	1369.04
主食	Staple Food	62.58	73.17	143.85	328.46	345.98	331.22
副食	Non-Staple Food	56.89	125.27	288.81	684.88	740.30	785.77
其他食品	Other Food	13.40	26.39	75.61	144.48	169.59	168.79
在外饮食	Dining Out	1.25	9.36	23.03	59.47	65.02	71.39
食品加工费	Food Prodcessing Service Fees			6.88	10.71	12.29	11.87
二、衣着	Clothing	19.58	19.55	39.48	91.31	106.03	104.25
三、居住	Residence	39.69	76.72	174.60	345.65	434.57	381.14
住房	Housing	21.06	50.93	124.34	210.52	278.33	231.07
电费	Electric Expenses	2.10	3.53	15.77	40.19	47.87	51.40
燃料	Fuels	16.53	22.26	34.24	58.40	63.32	70.68
其他	Others			0.25	36.54	45.05	27.99
四、家庭设备、用品及服务	Household Facilities, Articles and Servises	10.93	19.55	50.28	140.54	163.18	162.66
#耐用消费品	Durable Consumer Goods	2.39	7.46	25.51	42.53	44.20	38.87
家庭日用杂品	Household Articles for Daily use	8.31	11.41	22.69	83.94	100.67	100.54
五、医疗保健	Medical and Health Care Services	4.45	11.66	32.63	67.51	92.46	100.45
#医疗卫生保健用品	Medicines and Medical and Health Care Facilities and Articles	2.67	7.94	22.82	37.34	49.35	53.06
医疗保健服务费	Medicine and Health Care Services Fees	1.34	3.72	9.81	28.62	42.30	42.03
六、交通和通讯	Transportation and Communications	3.75	5.13	14.56	82.08	98.98	115.00
交通、通讯工具	Transportation and Communication Tools	2.88	3.00	6.91	47.14	49.57	52.31
交通费	Transportation Fees	0.78	1.92	7.16	19.73	25.21	31.14
邮电费	Postal and Communication Fees	0.09	0.21	0.49	10.88	15.98	23.57
交通、通讯修理费	Maintenance Expenses of Transportation and Communication Tools				4.33	8.22	7.98
七、文化教育娱乐用品及服务	Cultural, Educational and Recreational Articles and Services	7.40	15.95	66.99	245.16	289.01	314.73
文化教育娱乐用品	Cultural, Educational and Recreational Articles	2.87	7.16	25.06	39.47	42.79	52.25
文化教育娱乐服务	Cultural, Educational and Recreational Services	4.53	8.79	41.93	205.68	246.20	262.48
#学杂费	Tuition and Miscellaneous	2.94	6.76	36.77	187.33	224.57	239.36
技术培训费	Technical Training Fees		0.71	2.15	6.05	5.32	6.81
文娱费	Recreational Fees	0.49	0.62	1.38	6.63	8.55	9.58
八、其他商品和服务	Other Commodities and Services	2.30	5.25	15.91	54.76	66.77	70.38

10-23 农村居民家庭平均每人非储蓄借贷性现金收入
PER CAPITA NON-SAVING AND NON-CREDIT CASH INCOME OF RURAL HOUSEHOLDS

单位：元 (yuan)

项　　目	Item	1980	1985	1990	1995	1996	1997
年内现金收入	Cash Income Within Current Year	186.04	500.36	1177.66	2891.32	3531.98	3747.03
一、基本收入	Basic Income	161.92	447.63	1074.73	2601.23	3173.77	3377.66
劳动者的报酬收入	Labourers' Remuneration	57.86	81.21	242.51	708.89	819.56	905.29
在集体组织中劳动的报酬	From Collective Organization	52.89	25.11	44.50	142.00	168.39	190.91
在企业劳动得到的报酬	From Enterprises		18.50	57.24	527.28	633.03	691.44
其他单位劳动得到的报酬	From Other Units	4.97	37.60	140.77	39.61	18.14	22.94
家庭经营现金收入	Cash Income from Household Business	104.06	366.42	832.22	1892.34	2354.21	2472.37
出售产品的现金收入	Cash Income by Selling Products	78.51	308.56	656.66	1271.06	1577.45	1647.64
出售农业产品	Selling Farming Products	29.44	111.20	285.75	557.61	685.35	703.26
#出售粮食	Grain	7.78	30.65	85.92	112.11	139.74	125.25
出售林业产品	Selling Forestry Products	2.51	9.84	5.76	16.76	9.72	11.39
出售牧业产品	Selling Animal Husbandry Products	33.92	133.37	268.56	535.45	620.67	662.63
出售渔业产品	Selling Fishery Products	7.38	29.04	62.09	151.02	238.89	252.61
出售手工业产品	Selling Handicraft Products	4.08	16.07	21.43	5.51	10.72	9.34
出售采集捕猎产品	Selling Gathering and Hunting Products	0.63	2.52	4.19	3.68	5.23	4.76
出售工业产品	Selling Industrial Products		4.67	7.23	0.28	3.54	1.52
出售其他产品	Selling Other Products	0.55	1.85	1.65	0.75	3.33	2.13
工业加工费的现金收入	Cash Income from Industrial Products Processing			21.37	28.98	47.30	42.14
建筑业的现金收入	Cash Income from Construction	8.07	18.32	39.09	152.90	198.78	233.16
运输业的现金收入	Cash Income from Transportation	5.36	12.16	37.10	110.33	120.17	124.62
商业的现金收入	Cash Income from Commerce	3.08	9.98	34.43	122.02	159.55	162.47
饮食业的现金收入	Cash Income from Catering Trade	2.30	2.23	3.07	16.68	17.50	21.39
服务业的现金收入	Cash Income from Service Trade	2.81	6.13	18.11	52.89	58.55	68.29
其他家庭经营的现金收入	Cash Income from Other Household Business	3.93	9.04	22.39	137.48	174.91	172.66
二、转移性现金收入	Transfer Cash Income	21.38	45.24	80.39	232.55	285.92	294.78
在外人口寄回和带回的现金	Cash Sent Back by Outsiders	9.62	19.46	23.25	77.88	93.04	103.80
亲友赠送的现金	Cash Presented by Kinsfolk	7.48	14.66	38.70	65.58	99.92	87.84
#农村外部亲友赠送	From Kinsfolk not in Rural Area	4.09	10.66	9.18	19.82	22.10	26.01
调查补贴	Survey Subsidy	1.71	4.79	7.68	11.94	16.56	19.43
其他转移性现金收入	Other Transfer Cash Income	2.57	6.33	10.76	77.15	76.40	83.71
三、财产性现金收入	Property Cash Income	2.74	7.49	22.54	57.54	72.29	74.59
出售财物的现金	Cash from Selling Property	2.14	4.52	13.82	28.68	28.14	22.49
其他财产性现金收入	Other Property Cash Income	0.60	2.97	8.72	28.86	44.15	52.10

10-24 农村居民家庭平均每人非储蓄借贷性现金支出
PER CAPITA NON-SAVING AND NON-CREDIT CASH EXPENDITURE OF RURAL HOUSEHOLDS

单位：元 (yuan)

项　　目	Item	1980	1985	1990	1995	1996	1997
年内现金支出	Cash Expenditure Within Current Year	165.75	437.67	1089.40	2609.02	3160.57	3178.22
一、生产费用支出的现金	Cash Expenditure on Production	24.84	139.65	324.10	655.61	815.81	839.53
家庭经营费用支出	Expenditure on Household Business	23.80	123.43	299.25	630.21	785.07	810.04
农业生产支出	Expenditure on Farming Production	4.33	50.78	127.82	216.96	259.12	254.18
林业生产支出	Expenditure on Forestry Production	0.16	0.59	0.37	1.57	2.08	0.73
牧业生产支出	Expenditure on Animal Husbandry Production	15.84	44.35	109.50	294.76	323.12	367.52
渔业生产支出	Expenditure on Fishery Production	0.39	12.17	28.68	46.61	109.73	100.15
手工业生产支出	Expenditure on Handicraft Production	0.43	4.82	4.84	3.16	5.70	4.39
工业生产支出	Expenditure on Industry Production		1.64	6.07	3.87	11.98	10.07
建筑业支出	Expenditure on Construction	0.12	0.24	0.58	8.68	10.82	23.54
运输业支出	Expenditure on Transportaton	0.59	2.69	12.48	24.58	32.40	25.61
商业支出	Expenditure on Commerce	0.19	2.43	2.15	14.93	15.08	7.61
饮食业支出	Expenditure on Catering	0.16	0.55	0.64	0.94	2.93	5.15
服务业支出	Expenditure on Service Trade	0.20	0.91	1.30	5.95	6.48	7.71
其他现金支出	Other Cash Expenditure	1.39	2.26	4.82	8.20	5.63	3.38
购买生产性固定资产支出	Expenditure on Purchasing Productive Fixed Assets	1.04	16.22	24.85	25.40	30.74	29.49
二、缴纳税款	Tax Paid	0.52	4.02	8.06	16.02	16.19	14.29
三、上交集体承包任务的现金	Cash Contract Payment to Collective Units		5.96	13.44	18.37	24.35	42.81
四、集体提留和摊派的现金	Drawing and Apportion Cash by Collective Units		0.52	1.24	3.65	6.21	7.60
五、生活消费支出的现金	Living Cash Expenditure	128.00	266.35	686.43	1790.33	2114.42	2093.55
食　品	Food	53.10	133.51	322.57	794.04	891.47	876.42
#主　食	Staple Food	8.45	13.53	18.62	73.19	76.95	60.21
副　食	Non-Staple Food	33.32	86.21	203.78	513.48	579.92	579.02
衣　着	Clothing	19.49	19.44	38.20	89.73	104.78	103.65
居　住	Residence	26.61	55.88	145.43	317.26	408.30	351.34
家庭设备、用品及服务	Household Facilities, Articles and Services	10.90	19.53	50.14	139.78	162.67	161.58
医疗保健	Medicines and Medical Services	4.45	11.66	32.63	67.51	92.46	100.45
交通和通讯	Transportation and Telecommunictions	3.75	5.13	14.56	82.08	98.98	115.00
文化教育娱乐用品及服务	Cultural, Educational and Recreational Articles and Service	7.40	15.95	66.99	245.16	289.00	314.73
其他商品和服务	Other Commodities and Services	2.30	5.25	15.91	54.77	66.76	70.38
六、其他非生产性现金支出	Other Non-Productive Cash Expenses	12.39	21.17	56.13	125.04	183.59	180.44
寄给和带给在外人口的现金	Cash Sent to Outsiders	1.67	0.90	2.53	3.98	5.80	7.62
赠送亲友的现金	Cash Present to Kinsfolk	6.10	12.92	30.63	64.12	88.94	77.44
其他现金支出	Other Cash Expenditure	4.62	7.35	22.97	56.94	88.85	95.38

10-25 农村居民家庭平均每人主要食品及衣着消费量

PER CAPITA CONSUMPTION OF MAJOR FOOD AND CLOTHING OF RURAL HOUSEHOLDS

项目	Item	1980	1985	1990	1995	1996	1997
粮食(原粮)（公斤）	Crain(Crude Grain) (kg)	292.00	256.11	260.30	252.19	249.17	244.69
#稻谷（公斤）	Rice (kg)	265.00	244.30	248.17	223.43	223.23	217.11
蔬菜（公斤）	Vegetables (kg)	115.50	118.51	112.77	112.36	111.83	111.88
食油（公斤）	Edible Oil (kg)	2.39	3.15	4.85	7.17	6.62	6.52
肉类（公斤）	Meat (kg)	6.55	12.61	15.42	17.63	19.52	19.73
家禽（公斤）	Poultry (kg)	2.15	3.41	4.43	7.38	7.38	8.75
蛋类（公斤）	Eggs (kg)	0.79	1.16	1.73	2.98	2.76	3.31
水产品（公斤）	Aquatic Products (kg)	4.22	8.44	9.50	12.04	11.89	12.47
食糖（公斤）	Sugar (kg)	4.22	3.83	3.96	2.87	3.10	2.89
卷烟（盒）	Cigarettes (pack)		20.34	22.20	21.84	22.96	22.29
酒类（公斤）	Liquor (kg)	1.54	3.40	5.10	3.62	3.58	3.44
茶叶（公斤）	Tea (kg)		0.32	0.52	0.55	0.53	0.55
水果（公斤）	Fruits (kg)		2.38	7.32	12.81	12.83	12.18
棉布（米）	Cotton Cloth (m)	3.30	1.14	0.36	0.11	0.23	0.17
化纤布（米）	Chemical Fibre Cloth (m)	0.80	1.83	1.89	1.22	1.59	1.40
呢绒（米）	Woolen Fabric (m)	0.10	0.11	0.08	0.04	0.03	0.02
毛线及毛线织品(公斤)	Knitting Wool and Woolen Knitwear (kg)	0.04	0.02	0.02	0.03	0.09	0.05
胶鞋、球鞋、皮鞋(双)	Rubber, Gymshoes and Leather Shoes(pair)	0.59	0.39	0.78	0.55	0.74	0.69

10-26 农村居民家庭平均每百户主要耐用物品年末拥有量

NUMBER OF DURABLE CONSUMER GOODS OWNED PER 100 RURAL HOUSEHOLDS AT YEAR-END

项目	Item	1980	1985	1990	1995	1996	1997
自行车（辆）	Bicycle (unit)	75.00	126.87	186.09	216.85	216.91	215.00
缝纫机（架）	Sewing Machine (unit)	38.45	57.12	69.77	74.52	77.81	76.21
手表（只）	Wristwatch (unit)	80.86	171.63	224.84	244.19	240.70	249.06
电风扇（台）	Electric Fan (unit)		54.97	163.48	266.69	273.36	279.96
洗衣机（台）	Washing Machine (unit)		0.17	4.26	14.88	17.89	18.91
电冰箱（台）	Refrigerator (unit)		0.03	1.17	7.90	9.34	9.92
摩托车（辆）	Motorcycle (unit)		0.34	1.84	15.73	22.50	26.56
收音机（台）	Radio Set (unit)	55.34	52.04	41.21	36.37	38.63	37.07
黑白电视机(台)	Black and White TV Set (unit)	1.38	8.14	40.51	51.85	49.22	46.76
彩色电视机(台)	Color TV Set (unit)		1.84	9.80	34.35	38.98	46.09
收录机（台）	Radio Cassette Player (unit)		13.86	41.33	49.44	50.16	50.27
照相机（架）	Camera (unit)		0.27	0.70	1.98	2.30	1.95
录像机（台）	Video Recorder (unit)				2.30	3.52	3.87
空调机（台）	Air Conditioner (unit)				0.65	0.51	0.66
电话机（台）	Telephone Set (unit)				9.40	14.34	20.94
热水器（台）	Water Heater (unit)				5.56	8.67	10.27
电饭锅（个）	Electric Rice Cooker (unit)				43.95	41.56	43.13
液化气灶具(个)	Liquefied Petroleum Gas Cooker (unit)				53.15	66.76	74.10

10-27 农村居民家庭平均每人粮食收支平衡及收支构成

PER CAPITA GRAIN BALANCE AND ITS COMPOSITION OF RURAL HOUSEHOLDS

项目	Item	1980	1985	1990	1995	1996	1997
一、粮食收支平衡（公斤）	Grain Balance (kg)						
年初粮食结存	Stock of Grain at Year-Beginning	103.15	160.60	266.24	281.89	269.85	287.77
年内粮食收入	Grain Income Within Current Year	369.50	463.03	572.53	458.22	491.28	500.18
从集体统一经营中得到的粮食	From Collective Units Operation	329.87	0.04	0.02	2.34	1.18	1.92
家庭经营生产的粮食	From Household Operation	20.31	425.65	504.08	404.73	436.00	445.42
购入粮食	Bought Grain	16.22	29.28	19.88	48.98	52.66	51.59
借入粮食	Borrowed Grain		1.87	1.30	0.67	0.31	0.28
收回借出粮	Recall of Loaned Grain		2.37	0.86	0.86	0.87	0.62
其他粮食收入	Other Grain Income	3.10	3.82	1.39	0.64	0.26	0.35
年内粮食支出	Grain Expense Within Current Year	343.10	453.36	500.83	405.21	424.04	414.23
主食用粮	Staple Food Grain	292.00	256.11	260.30	252.18	249.16	244.69
#稻谷	Rice	265.00	244.30	248.17	223.43	223.23	217.11
其他生活用粮	Other Living Expense of Grain	2.05	4.75	5.61	2.21	1.69	2.01
出售（含国家征购）	Sold Grain (Include Purchases by the State)	9.95	99.12	145.35	61.96	75.83	77.02
#出售给国家的	Sold to the State		61.54	91.87	11.17	20.14	15.92
种籽	Seed		12.51	8.48	5.92	4.80	4.42
饲料	Forage	36.80	68.39	62.41	55.60	64.95	56.83
借出粮食	Loaned Grain		0.69	0.92	0.33	0.27	0.53
归还借粮	Return of Borrowed Grain		1.45	1.23	0.31	0.20	0.23
上交集体的承包任务	Paid Grain to Collective Units in Accordance with Contracts		5.94	10.54	8.33	8.07	8.88
其他粮食支出	Other Grain Expenses	2.30	4.40	5.99	18.37	19.07	19.62
年末粮食结存	Stock of Grain at Year-end	129.55	170.27	292.94	334.90	337.09	373.72
二、粮食收支构成（%）	Composition Grain Income and Expense Structure (%)						
粮食收入构成	Grain Income Within Current Year	100.0	100.0	100.0	100.0	100.0	100.0
从集体统一经营中得到的粮食	From Collective Units Operation	89.3	…	…	0.5	0.2	0.3
家庭经营生产的粮食	From Household Operation	5.5	91.9	95.5	88.4	88.7	89.1
购入粮食	Bought Grain	4.4	6.4	3.8	10.7	10.7	10.3
借入粮食	Borrowed Grain		0.4	0.2	0.1	0.1	0.1
收回借出粮	Recoll of Loaned Grain		0.5	0.2	0.2	0.2	0.1
其他粮食收入	Other Grain Income	0.8	0.8	0.3	0.1	0.1	0.1
粮食支出构成	Grain Expense Within Current Year	100.0	100.0	100.0	100.0	100.0	100.0
主食用粮	Staple Food Grain	85.1	56.5	52.0	62.2	58.8	59.1
其他生活用粮	Other Living Expense of Grain	0.6	1.0	1.1	0.5	0.4	0.5
出售	Sold Grain	2.9	21.9	29.0	15.3	17.9	18.6
种籽	Seed		2.8	1.7	1.5	1.1	1.1
饲料	Forage	10.7	15.1	12.5	13.7	15.3	13.7
借出粮食	Loaned Grain		0.1	0.2	0.1	0.1	0.1
归还借粮	Return of borrowed Grain		0.3	0.2	0.1	…	0.1
上交集体的承包任务	Paid Grain to Collective Units in Accordance with Contracts		1.3	2.1	2.1	1.9	2.1
其他粮食支出	Other Grain Expenses	0.7	1.0	1.2	4.5	4.5	4.7

主要统计指标解释

居民消费水平　居民消费水平是指按人口平均计算的居民消费额。居民消费水平表明国家对人民的物质文化生活需要的满足程度，它是反映一个国家（或地区）的经济发展水平和人民物质文化生活水平的综合指标。

居民消费水平，可以按国民收入口径，即居民物质产品消费进行计算，也可以按国内生产总值口径，即包括劳务以内的总消费进行计算。根据计算居民消费的不同价格，可以计算出按当年价格计算的居民消费和按可比价格计算的居民消费水平，后者便于观察居民实际消费水平的增长变化。为了观察居民消费的实物构成，还可以进一步计算各种消费品的平均消费的数量和金额，以反映居民在取得基本生存资料的基础上逐步向需要享受资料和发展资料的方向发展的趋势。

城镇居民家庭可支配收入　是指居民家庭在支付个人所得税之后，所余下的实际收入。即用实际收入减掉个人所得税减掉家庭副业生产支出以及记帐补贴。

城镇居民家庭消费性支出　是指调查户用于日常生活的全部支出，包括购买各种商品支出和文化生活、服务等非商品支出。

农民家庭总收入　是指农民家庭年内通过各种生产和提供劳务活动所获得的全部现金和实物收入，从国家财政和农村外部其他居民阶层获得收入。借贷性收入、农村内部的赠送收入、出售原有财物的收入不包括在内。总收入包括三个部分，即基本收入、转移性收入和财产性收入。

农民家庭纯收入　是指总收入扣除相应的各项费用支出后，归农民所有的收入。它可以用于生产和非生产投资，改善物质和文化生活，以及用于再分配的支出和结余的收入。这个指标用来观察农民实际收入水平，以及农民扩大再生产和改善生活的能力。

纯收入＝总收入－家庭经营费用支出－生产性固定资产折旧－缴纳税款－上缴集体的承包任务－调查补贴

Explanatory Notes on Main Statistical Indicators

Consumption Level of Residents refers to per capita consumption of residents. It shows the level of the people's material and cultural life. It is a comprehensive indicator to reflect the economic development of a country (or region) and the level of the material and cultural life of the people.

Consumption level of residents can be calculated either in terms of national income (i.e. the material product consumption of residents) or in terms of gross domestic product (i.e. the total consumption including that of service). In accordance with the different prices to calculate the consumption of residents, the consumption of residents at current prices and that at comparable prices are obtained respectively. The latter is used to reflect the growth changes of actual consumption of residents. In order to observe the composition of residential consumption in kind, the volume and value of average consumption of various consumer goods can be further calculated to show the trend of asking for means of enjoyment and development on the basis of satisfying the need of existence.

Disposable Income of Urban Households refers to the actual income of the sample households which can be used for daily expenses, i.e. total income minus income tax, expenditure for household sideline production and account subsidy.

Expenditure for Consumption of Urban Households refers to total expenditure of the sample households for consumption in daily life, including expenditure for various commodities and expenses for non-commodity items such as culture and service, etc.

Total Income of Rural Households refers to the total cash income and the income in kind of the rural housholds during a year by means of production and services, including the income obtained from the government revenue and other residents outside the rural coverage. The income from loans, grants inside the rural area and selling their own properties is excluded. The total income includes basic income transfer, income and property income.

Net Income of Rural Households refers to the income of the rural households after the deduction of various expenses from the total income. The net income can be spent for investments in productive and non-productive construction, for improving the material and cultural life as well as the expenditures for redistribution and the balance income. It is an indicator to show the actual level of the income and the ability of expanding reproduction and improving living conditions of the rural households.

Net Income = Total Income − Expenses for Household Business Depreciation for Productive Fixed Assets − Tax Payments − Contracted Profits to the Collective − Survey Subsidies

十一 农 业

AGRICULTURE

简要说明

一、本篇资料反映广东省农业生产和农村经济的基本情况。内容主要包括农村劳动力、耕地、农村社会总产值、农业产值、主要产品产量等统计数据以及农业自然灾害、国营农场、乡镇企业等方面的统计资料。

二、本篇资料主要由广东省统计局农村处整理提供。

三、本篇资料主要来源于广东省农林牧渔业综合统计报表。农林牧渔业综合统计报表制度的统计范围包括各市县区的各种经济类型的全部农林牧渔业以及各非农行业附属的农林牧渔业生产单位。

AGRICULTURE

Brief Introduction

Ⅰ. The data in this chapter show the basic conditions of agricultural production and rural economy, mainly including the rural labour force, the cultivated land, the rural total product value of society, the output of farming, forestry, animal husbandry, side－line production and fishery, the output of major products as well as the natural calamity in agriculture, the state－owned farms and the township enterprises.

Ⅱ. The data in this chapter are mainly prepared and provided by the Division of Rural Socio－economic statistics of the Statistical Bureau of Guangdong Province.

Ⅲ. The data in this chapter mainly come from the statistical reporting summary tables on farming, forestry, animal husbandry and fishery of Guangdong Province. The statistical coverage of the statistical reporting summary scheme includes all the productive units of farming, forestry, animal husbandry and fishery and those related non－agricultural affiliated units with various ownership in the cities and counties and districts of Guangdong Province.

11-1 农业主要指标

MAJOR INDICATORS ON AGRICULTURE

指标 Item	1985	1990	1995	1996	1997	1997比1996增长% Increased Rate in 1997 over 1996
乡镇户数(万户) Number of Rural Household (10000 households)	988.50	1141.71	1283.73	1335.97	1287.14	
乡镇劳动力(万人) Number of Rural Laborer (10000 persons)	2090.60	2363.37	2519.21	2548.89	2588.89	1.6
#外出劳动力 Outward Laborer	146.70	274.45	433.70	432.72	384.95	-11.0
第一产业 Primary Industry	1597.60	1600.85	1431.98	1439.84	1475.19	2.5
第二产业 Secondary Industry	268.30	387.36	584.04	588.79	590.43	0.3
第三产业 Tertiary Industry	224.70	375.16	503.19	520.26	523.27	0.6
耕地面积 (万亩) Cultivated Land (10000 mu)	3897.81	3793.25	3475.97	3456.52	3447.97	-0.2
实际机耕面积(万亩) Area Actually Ploughed by Tractors (10000 mu)	1137.00	1296.94	1116.28		1143.65	
有效灌溉面积(万亩) Effective Irrigated Area (10000 mu)	2699.74	2692.69	2232.41	2233.73	2273.93	1.8
农业机械总动力(亿瓦特) Total Power of Agricultural Machinery (100 million w)	85.32	127.88	166.96	172.50	166.04	-3.7
化肥施用量(折纯)(万吨) Consumption of Chemical Fertilizers (in purified) (10000 tons)	102.67	162.41	195.71	187.87	169.33	-9.9
农药施用量(万吨) Consumption of Pesticides (10000 tons)	7.27	7.95	8.04	8.20	7.96	-2.9
农村用电量(万千瓦时) Electricity Consumed in Rural Areas (10000 kwh)	266399	581030	1862658	2036043	2422170	18.9
农副产品出口生产基地数(个) Number of Production Base for Export Farm and Sideline Products		485	584	489	591	20.9
农村社会总产值 (亿元) Rural Total Product Value of Society (100 million yuan)	436.45	1304.21	5954.76	6660.52	7399.43	14.7
农业总产值 (亿元) Gross Output Value of Agriculture (100 million yuan)	245.21	600.71	1445.48	1577.89	1656.46	6.8
农业净产值 (亿元) Net Output Value of Agriculture (100 million yuan)	170.31	380.37	875.04	944.78	988.92	
农业商品率(%) Rate of Commercialization of Agricultural Products (%)	60.7	67.0	72.9	73.4	75.0	
农业增加值(亿元) Value Added of Agriculture (10^8 yuan)	171.87	384.59	868.99	941.73	986.82	6.6
主要产品产量(万吨) Output of Major Products (10000 tons)						
粮食 Grains	1604.37	1896.29	1803.33	1891.43	1966.75	4.0
糖蔗 Sugarcane	1831.40	2093.46	1472.21	1392.00	1629.27	17.0
花生 Peanuts	57.07	57.95	69.98	73.05	74.10	1.4
水果 Fruits	116.28	328.58	414.51	381.17	414.48	8.7
水产品 Aquatic Products	109.44	207.66	354.34	395.08	520.96	7.9
猪肉 Pork	97.59	145.35	188.75	162.03	176.59	9.0
造林面积(万亩) Afforested Area (10000 mu)	918.00	467.93	31.02	23.04	7.44	-67.7
乡镇企业单位数(万个) Number of Township and Village Enterprises (10000 units)	68.66	119.65	144.66	144.99	85.25	
乡镇企业人数(万人) Employees in Township and Village Enterprises (10000 persons)	401.45	658.33	1072.11	1118.63	1005.94	
乡镇企业总收入(亿元) Gross Income of Township and Village Enterprises (100 million yuan)	192.26	785.39	4622.35	5335.12	5908.04	10.7
乡镇企业固定资产原值(亿元) Amount of Original Value of Township and Village Enterprises (100 million yuan)	65.86	306.32	1704.65	1784.37	2100.45	17.7

注：1、1995－1997年农村社会总产值中工业产值按新口径计算。2.表中产值按当年价格计算，增长速度按可比价格计算。3、1997年水产品产量按新标准计算。4、1997年乡镇企业按新口径统计。

Note: a) Gross output value in rural areas of 1995,1996 and 1997 are calculated in accordance with new statistical coverage. b) The output value in this table are calculated at current prices. while the related Growth rate are calculated at comparable prices. c) The output of aquatic products of 1997 is calculated in accordance with new criterions. d) Township and village enterprises of 1997 were calculated in accordance with the new stipulations

11-2 农村经济主要比例关系和效益指标

MAJOR INDICATORS ON PROPORTIONS AND EFFICIENCY IN RURAL ECONOMY

指标	Item	1980	1985	1990	1995	1997
一、各产业劳动力比例(%)	**Proportions on Laborers of Industry** (%)	100	100	100	100	100
第一产业	Primary Industry	89.4	76.4	67.7	56.8	57.0
第二产业	Secondary Industry	7.5	12.8	16.4	23.2	22.8
第三产业	Tertiary Industry	3.1	10.8	15.9	20.0	20.2
二、劳动生产条件	**Production Condition**					
复种指数 (%)	Multiple Crop Area (%)	217	206	225	229	240
平均每亩耕地化肥施用量(公斤)	Amount of Chemical Fertilizers Consumed Per Mu of Cultivated Land (kg)	80.8	26.3	42.9	56.0	49.1
平均每亩耕地农药施用量(公斤)	Amount of Pesticides Consumed Per Mu of Cultivated Land (kg)	3.0	1.9	2.0	2.3	2.3
三、物耗率、商品率	**Rate of Material Consumption & Commercialization**					
农业物耗率(%)	Rate of Material Consumption of Agriculture (%)	34.2	30.5	36.7	39.5	40.3
农业商品率(%)	Rate of Commercialization of Agricultural Products (%)	47.2	60.7	67.0	72.9	75.0
四、劳动生产率(每个劳动力创造或生产的)	**Labor Productivity (per Capita Output)**					
农村社会总产值(元)	Rural Total Product Value of Society (yuan)	1023	2088	5518	24955	28581
农业总产值 (元)	Gross Output Value of Agriculture (yuan)	776	1535	3753	10094	11229
农业净产值 (元)	Net Output Value of Agriculture (yuan)	511	1066	2376	6111	6704
农业增加值 (元)	Value Added of Agriculture (yuan)				6068	6689
农业商品产值 (元)	Value of Commercialization of Agricultural Products (yuan)	367	932	2515	7356	8426
粮食产量 (公斤)	Output of Grain (kg)	1034	1096	1341	1555	1667
糖蔗产量 (公斤)	Output of Sugarcane (kg)	513	1251	1480	1269	1381
水果产量 (公斤)	Output of Fruits (kg)	109	79	232	357	351
水产品产量 (公斤)	Output of Aquatic Products (kg)	39	2054	3082	4277	5672

11-3　农副产品人均拥有量
PER CAPITA OUTPUT OF MAIN AGRICULTURAL PRODUCTS

单位：公斤/人　　(kilogram)

年份 Year	粮食 Grain		#稻谷 Rice		花生 Peanuts	
	按总人口 By Total Population	按农业人口 By Agricultural Population	按总人口 By Total Population	按农业人口 By Agricultural Population	按总人口 By Total Population	按农业人口 By Agricultural Population
1949	246.47	311.00	223.29	281.75	2.38	3.01
1952	273.98	328.73	242.97	291.52	4.54	5.44
1957	305.03	376.00	257.16	316.99	5.11	6.29
1962	260.00	319.59	229.42	282.00	4.36	5.36
1965	317.59	391.36	284.21	350.22	6.72	8.28
1970	292.96	353.69	264.03	318.76	7.34	8.86
1975	301.45	365.74	267.85	324.98	6.55	7.95
1978	298.08	364.92	262.35	321.18	6.94	8.50
1980	321.73	398.79	291.51	361.33	9.56	11.86
1985	283.68	367.06	257.14	332.72	10.09	13.06
1990	303.60	403.42	270.09	358.90	9.28	12.33
1991	295.09	398.33	260.14	351.16	8.84	11.93
1992	280.11	380.12	247.91	336.42	9.33	12.66
1993	249.79	339.53	218.60	297.16	10.12	13.76
1994	250.53	350.02	216.08	301.89	9.60	13.41
1995	267.55	380.45	230.55	327.82	10.38	14.76
1996	276.57	396.43	237.84	340.86	10.68	15.31
1997	282.77	408.50	240.01	346.72	10.65	15.39

年份 Year	糖蔗 Sugarcane		水果 Fruits		水产品 Aquatic Products	
	按总人口 By Total Population	按农业人口 By Agricultural Population	按总人口 By Total Population	按农业人口 By Agricultural Population	按总人口 By Total Population	按农业人口 By Agricultural Population
1949	24.04	30.34			7.55	9.52
1952	91.21	109.44	5.67	6.80	10.35	12.42
1957	130.15	160.43	7.14	8.80	15.11	18.62
1962	50.51	62.09	2.16	2.66	9.64	11.85
1965	165.03	203.36	5.19	6.40	12.80	15.78
1970	149.91	180.98	8.22	9.93	13.08	15.79
1975	146.47	177.71	6.55	7.94	14.79	17.94
1978	164.97	201.96	5.81	7.11	12.93	15.83
1980	159.68	197.92	5.57	6.90	12.12	15.02
1985	323.82	419.00	20.56	26.60	33.25	44.18
1990	335.17	445.37	52.60	69.90	33.25	44.18
1991	360.12	486.12	62.74	83.81	35.86	47.91
1992	351.38	476.84	70.19	95.24	38.84	52.71
1993	245.79	334.11	61.70	83.87	41.66	56.63
1994	210.53	294.14	60.51	84.53	47.33	66.12
1995	218.43	310.59	61.43	87.74	52.57	74.75
1996	203.58	291.75	55.74	79.89	57.74	82.81
1997	234.25	338.40	59.59	86.09	74.53	107.66

11-4 农村基层组织情况

BASIC CONDITIONS OF RURAL GRASS-ROOTS UNITS

指　　标	Item	1980	1985	1990	1995	1996	1997
一、农村基层组织(个)	**Rural Grass-roots Units (unit)**						
镇政府	Number of Town Government		132	1316	1592	1528	1567
乡政府	Number of Township Government	1629	1541	338	63	60	
村民委员会	Number of Villagers' Committee		18484	23858	22869		23153
村民小组	Number of Villagers' Group		126418	213137	206764		218451
二、乡镇户数 (万户)	**Number of Rural Household (10000 household)**	**889.20**	**988.50**	**1141.71**	**1283.73**	**1335.97**	**1287.14**
#农业户数	Number of Agricultural Household	852.70	903.20	997.83	1024.01	1065.64	1083.50
三、乡镇人口 (万人)	**Population in Rural Areas (10000 person)**	**4419.80**	**4778.30**	**5241.91**	**5622.31**	**5745.64**	**5610.33**
#农业人口	Agricultural Population	4217.65	4370.90	4700.52	4639.23	4799.29	4858.46
四、乡镇劳动力(万人)	**Number of Rural Laborer (10000 person)**	**1817.60**	**2090.60**	**2363.37**	**2519.21**	**2548.89**	**2588.89**
#外出劳动力	Outward Laborer	24.40	146.70	274.45	433.70	432.72	384.95
按性别分	Grouped by Sex						
男劳动力	Male	918.40	1073.80	1218.95	1301.24	1319.36	1342.99
女劳动力	Female	899.20	1016.80	1144.42	1217.97	1229.53	1245.90
按部门分	Grouped by Sector						
#农、林、牧、副、渔劳动力	Farming, Forestry, Animal Husbandry and Fishery	1625.90	1597.59	1600.85	1431.98	1439.84	1475.19
工业劳动力	Industry	81.50	161.77	248.57	352.37	354.32	371.19
建筑业劳动力	Construction	54.30	105.11	138.79	180.88	184.71	186.91
交通运输业劳动力	Transportation		30.92	48.02	70.52	72.56	71.98
商饮、物资供销和仓储业劳动力	Commerce and Catering Trade, Materials Supply and Marketing and Storage		44.26	63.83	92.18	99.25	104.24

11-5 耕地面积

AREA OF CULTIVATED LAND

单位：万亩　　(10000 mu)

项　　目	Item	1980	1985	1990	1995	1996	1997
年末实有耕地面积	Area of Cultivated Land at Year-end	4126.07	3897.81	3793.25	3475.97	3456.52	3447.97
水（旱）田	Paddy Field	3192.88	2961.34	2849.78	2547.98	2532.52	2521.30
旱　地	Dry Field	933.19	936.47	943.47	927.99	924.00	926.67
当年增加耕地面积	Increase of Cultivated Land in the Year	9.71	17.62	32.27	41.66	25.75	26.86
#新开荒	Newly Reclaimed Wasteland	3.73	5.28	16.04	11.46	7.81	9.16
围海造田	Cultivated Seashore Land	0.47		3.09	1.57	0.09	1.00
当年减少耕地面积	Decrease of Cultivated Land in the Year	37.09	118.97	25.90	52.78	44.89	35.40
#国家基建占地	Occupied by Capital Construction	3.81	20.28	4.00	7.44	6.91	8.33
种果占用	Occupied by Fruits Planting	4.61	52.74	4.42	4.89	4.16	7.60
年末耕地面积中粮食实际占用	Actully Occupied by Grain in Cultivated Land	3177.20	2702.32	2602.11	2245.12		2187.64

注：1995、1996、1997年国家基建占地是国土厅统计年报数。

Note: Cultivated land occupied by capital construction of 1995, 1996 1997 are obtained from the annual statistics by the Land Management Department of Guangdong Province.

11-6 农村劳动力转移情况
TRANSFERENCE OF RURAL LABORERS

单位：% (percent)

项　　目	Item	1990	1996	1997
一、当年转移的劳动力占总劳动力比重	**Transferred Laborers as Percentage of Total Laborer Force Current Year**	**3.7**	**4.1**	**6.3**
二、转移劳动力的性别和文化技术素质情况	**Percentage of Transferred Laborers By Sex, and Educational Level**			
性别	By Sex	100.0	100.0	100.0
男劳动力	Male	59.1	54.1	53.8
女劳动力	Female	40.9	45.9	46.2
文化程度	By Educational Level	100.0	100.0	100.0
文盲与半文盲	Illiterate and Semi-illiterate	0.5	2.0	1.3
小学程度	Primary School	25.6	19.1	18.0
初中程度	Junior Secondary School	57.4	61.7	65.7
高中程度	Senior Secondary School	16.2	14.8	11.1
中专程度	Specialized Secondary School	0.3	1.7	3.0
大专及其以上程度	College and Higher Level	…	0.7	0.9
专业技术	By Status of Technical Training	100.0	100.0	100.0
受过各种专业培训的劳动力	Joined Various Technical Training	20.6	22.8	18.4
没有受过专业培训的劳动力	Unjoined An Technical Training	79.4	77.2	81.6
三、劳动力转移行业分布	**Industrial Sectors of Laborers Transfer to**	**100.0**	**100.0**	**100.0**
转向工业	Industry	41.2	41.9	37.7
转向建筑业	Construction	25.7	9.9	10.9
转向交通运输邮电业	Transportation, Postal and Telecommunication Service	5.4	4.6	5.0
转向商业、饮食、服务业	Commerce, Catering Trade and Service	11.5	32.3	34.1
转向教育文化艺术和广播事业	Education, Culture and Arts, and Broadcasting	0.8	1.0	
转向卫生、体育和社会福利事业	Health Care, Sports and Social Welfare	0.2	0.3	11.7
转向其他非农行业	Other Non-agricultural Sectors	15.2	9.9	
四、劳动力转移地域分布	**Location of Transferred Laborers**	**100.0**	**100.0**	**100.0**
#本省内转移	Transferred Inside Province	98.3	96.0	97.4
转向城市	Transferred to Urban Area	57.6	84.2	71.6
五、当年返回农业的劳动力占总劳动力比重	**Laborers Transferred Back to Agriculture In Current Year As Percentage of Total Laborers**	**0.6**	**0.5**	**0.4**
#由城市返回	Transferred Back from Urban Area	0.4	0.3	0.3

注：①本表数据根据农经调查点调查推算。②1997年含转向乡镇外从事农业的劳动力。

Note: a) Data in this table are obtained from the agricultural economic sample surveys.
b) The data refer to 1997 including the laborers transferred to engage in agriculture outside the township.

11-7 农村劳动力素质结构
STRUCTURE OF EDUCATIONAL LEVEL OF RURAL LABORERS

单位：%　　(percent)

项　目	Items	1990	1996	1997
一、文化程度	**Educational Level**	**100.0**	**100.0**	**100.0**
文盲与半文盲	Illiterate and Semi-illiterate	18.5	6.7	5.7
小学程度	Primary School	43.5	36.6	36.6
初中程度	Junior Secondary School	28.6	44.4	45.7
高中程度	Senior Secondary School	9.2	10.7	10.0
中专程度	Specialized Secondary School	0.2	1.4	1.7
大专及其以上程度	College and Higher Level	···	0.3	0.3
二、专业技术情况	**Status of Technical Training**	**100.0**	**100.0**	**100.0**
受过各种专业培训的劳动力	Joined Various Technical Training	10.8	10.7	12.1
没有受过专业培训的劳动力	Unjoined An Technical Training	89.2	89.3	87.9

注：本表数据根据农经调查点调查推算。
Note: Data in this table are obtained from the agricultural economic sample surveys.

11-8 农村三次产业劳动力素质结构
STRUCTURE OF EDUCATIONAL LEVEL OF RURAL LABORERS BY INDUSTRY

单位：%　　(percent)

项　目	Item	从事第一产业的劳动力 Laborers Engaged in Primary Industry			从事第二、三产业的劳动力 Laborers Engaged in Secondary and Tertiary Industry		
		1990	1996	1997	1990	1996	1997
一、性别	**Sex**	**100.0**	**100.0**	**100.0**	**100.0**	**100.0**	**100.0**
男劳动力	Male	48.8	48.0	46.9	62.0	63.6	64.3
女劳动力	Female	51.2	52.0	53.1	38.0	36.4	35.7
二、文化程度	**Educational Level**	**100.0**	**100.0**	**100.0**	**100.0**	**100.0**	**100.0**
文盲与半文盲	Illiterate and Semi-illiterate	22.4	9.0	7.8	4.5	1.3	0.5
小学程度	Primary School	45.8	43.2	42.8	35.7	20.7	20.9
初中程度	Junior Secondary School	23.8	38.3	40.3	45.3	58.8	59.2
高中程度	Senior Secondary School	7.7	8.5	8.1	14.2	15.8	14.9
中专程度	Specialized Secondary School	0.2	0.8	0.9	0.3	2.9	3.7
大专及以上程度	College and Higher Level	···	0.2	0.1	···	0.5	0.8
三、专业技术状况	**Statu of Technical Training**	**100.0**	**100.0**	**100.0**	**100.0**	**100.0**	**100.0**
受过各种专业培训的	Joined Various Technical Training	7.7	5.7	3.8	21.6	22.6	33.2
没有受过专业培训的	Unjoined An Technical Training	92.3	94.3	96.2	78.4	77.4	66.8

注：本表数据根据农经调查占调查推算。
Note: Data in this table are obtained from the agricultural economic sample surveys.

11-9 农村社会总产值及指数

RURAL TOTAL PRODUCT VALUE OF SOCIETY AND THE RELATED INDICES

年 份 Year	合 计 Total	农 业 Agriculture	工 业 Industry	建筑业 Construction	运输业 Transportation	商业、饮食业 Commerce and Catering Trade
一、绝对数(亿元) Gross Output Value (100 million yuan)						
1978	125.70	85.94	25.83	5.15	1.13	7.65
1980	185.87	126.25	35.89	10.75	3.05	9.93
1985	436.45	245.21	101.67	46.67	13.44	29.46
1990	1304.21	600.71	498.89	74.83	44.11	85.67
1995	5954.76	1445.48	3502.51	403.61	207.56	395.60
1996	6660.52	1577.89	3932.12	422.17	247.56	480.78
1997	7399.43	1656.46	4482.62	460.33	253.18	546.84
二、指数(%) Indices (%)						
1978	100.0	100.0	100.0	100.0	100.0	100.0
1980	122.1	110.2	143.5	206.3	242.1	124.1
1985	231.7	157.7	370.4	639.7	907.9	308.4
1990	523.7	228.9	1524.8	750.9	2215.1	461.8
1995	2123.7	302.7	10768.6	3908.5	9871.5	2013.0
1996	2349.0	321.2	11925.1	3987.5	11911.9	2470.6
1997	2694.3	343.0	13785.4	4693.3	12933.6	3016.6

注：绝对数按当年价格计算，指数按可比价格计算。1995、1996、1997年工业产值按新口径计算。

Note: The data in terms of value in this table are calculated at current prices, while the related indices are calculated at comparable prices. The value of industry of 1995, 1996 and 1997 are in accordance with new statistical coverage.

10-10 农业净产值、物耗率及商品率

NET OUTPUT VALUE, RATE OF MATERIAL CONSUMPTION AND RATE OF COMMERCIALIZATION OF AGRICULTURAL PRODUCTS

单位：亿元 (100 million yuan)

年 份 Year	农业总产值 Gross output value of agriculture	物 耗 Material Consumption	农业净产值 Net Value of Agriculture	农业物耗率(%) Rate of Material Consumption	农业商品产值 Value of Commercialization of Agricultural Products	农业商品率(%) Rate of Commercialization of Agricultural Products
1978	85.94	31.88	54.06	37.1	37.56	43.7
1980	126.25	43.18	83.07	34.2	59.59	47.2
1985	245.21	74.90	170.31	30.5	148.84	60.7
1990	600.71	220.34	380.37	36.7	402.53	67.0
1995	1445.48	570.44	875.04	39.5	1053.32	72.9
1996	1577.89	633.11	944.78	40.1	1157.64	73.4
1997	1656.46	667.54	988.92	40.3	1243.02	75.0

注：按当年价格计算。 Note: Data in this table are calculated at current prices.

11-11 农业商品产值

VALUE OF COMMERCIALIZATION OF AGRICULTURAL PRODUCTS

单位：亿元 (100 million yuan)

年 份 Year	农业商品产值合计 Total Value of Agriculture	种植业 Farming	林 业 Forestry	牧 业 Animal Husbandry	副 业 Sideline	渔 业 Fishery
1978	37.56	24.38	2.18	6.98	1.65	2.37
1980	59.59	38.97	3.22	8.40	6.85	2.15
1985	148.84	73.38	12.80	33.19	17.12	12.35
1990	402.53	162.91	16.77	115.71	45.06	62.08
1995	1053.32	415.93	31.08	294.68	64.17	247.46
1996	1157.64	442.07	34.27	336.32	68.16	276.82
1997	1243.02	471.83	36.05	366.62	70.64	297.88

注：按当年价格计算。 Note: Data in this table are calculated at current prices.

11-12 农业总产值
GROSS OUTPUT VALUE OF AGRICULTURE

单位：亿元　　　　(100 million yuan)

年份 Year	农业总产值 Gross Output Value	种植业产值 Farming	林业产值 Forestry	牧业产值 Animal Husbandry	副业产值 Sideline	渔业产值 Fishery
按1957年不变价格计算 Calculated at constant price of 1957						
1949	15.72	12.26	0.05	1.85	1.06	0.50
1952	21.01	15.41	0.17	2.72	1.71	1.00
1957	28.16	20.59	0.86	2.96	2.04	1.71
1962	23.71	17.91	1.11	2.19	1.49	1.01
1965	35.52	24.68	1.68	5.21	2.35	1.60
1970	40.89	27.97	2.16	5.54	3.16	2.06
按1970年不变价格计算 Calculated at constant price of 1970						
1975	64.02	44.77	3.24	10.17	2.75	3.09
1978	74.33	49.14	4.09	11.02	7.23	2.85
1979	73.69	50.55	3.48	11.53	5.46	2.67
1980	81.88	53.56	4.43	11.51	9.45	2.93
1981	83.81	53.47	4.89	13.54	8.72	3.19
按1980年不变价格计算 Calculated at constant price of 1980						
1981	109.10	68.83	6.99	16.83	10.91	5.54
1982	126.89	80.07	7.80	20.35	11.99	6.68
1983	130.20	76.07	8.21	21.89	15.90	8.13
1984	142.27	81.57	8.63	24.04	18.85	9.18
1985	152.63	82.58	9.05	27.69	22.61	10.70
1986	162.08	83.68	10.14	30.08	25.46	12.72
1987	177.63	91.55	9.76	32.15	28.67	15.50
1988	191.25	92.90	13.05	35.02	32.94	17.34
1989	206.26	99.50	13.58	37.77	36.11	19.30
1990	221.46	107.41	12.61	41.32	38.87	21.25
按1990年不变价格计算 Calculated at constant price of 1990						
1990	589.49	307.19	29.97	120.08	51.81	80.44
1991	625.72	321.16	29.71	130.34	56.43	88.08
1992	663.69	334.09	30.42	140.36	58.29	100.53
1993	689.05	320.78	30.94	156.46	60.09	120.78
1994	719.79	330.93	31.61	162.38	60.64	134.23
1995	779.62	364.56	33.29	173.01	58.90	149.86
1996	827.05	377.02	34.28	189.67	60.62	165.46
1997	883.08	409.29	34.65	198.97	61.47	178.70

11-13 农业总产值指数

INDICES OF GROSS OUTPUT VALUE OF AGRICULTURE

单位：%　　　　(%)

年份 Year	农业总产值 Total	种植业产值 Farming	林业产值 Forestry	牧业产值 Animal Husbandry	副业产值 Sideline	渔业产值 Fishery
1949	100. 0	100. 0	100. 0	100. 0	100. 0	100. 0
1952	133. 7	125. 7	340. 0	147. 0	161. 3	200. 0
1957	179. 1	167. 9	1720. 0	160. 0	192. 5	342. 0
1962	150. 8	146. 1	2220. 0	118. 4	140. 6	202. 0
1965	226. 0	201. 3	3360. 0	281. 6	221. 7	320. 0
1970	260. 2	228. 1	4320. 0	299. 5	298. 1	412. 0
1975	278. 9	306. 6	4410. 0	367. 5	218. 5	483. 1
1978	323. 8	336. 5	5566. 9	398. 2	574. 5	445. 6
1979	321. 1	346. 2	4736. 7	416. 6	433. 8	417. 4
1980	356. 7	366. 8	6029. 7	415. 9	750. 9	458. 1
1981	365. 1	366. 2	6655. 8	489. 3	692. 9	498. 7
1982	424. 7	426. 0	7427. 1	591. 1	761. 5	601. 4
1983	435. 8	404. 7	7817. 5	636. 4	1009. 8	731. 9
1984	476. 2	433. 9	8217. 4	698. 9	1197. 1	826. 4
1985	510. 8	439. 3	8617. 3	805. 0	1435. 9	963. 2
1986	542. 5	445. 2	9655. 2	874. 4	1616. 9	1145. 1
1987	594. 5	487. 0	9293. 4	934. 6	1820. 8	1395. 4
1988	640. 1	494. 2	12426. 1	1018. 1	2092. 0	1561. 0
1989	690. 3	529. 3	12930. 8	1098. 0	2293. 3	1737. 4
1990	741. 2	571. 4	12007. 2	1201. 2	2468. 6	1912. 9
1991	786. 4	597. 4	11903. 0	1303. 8	2688. 7	2094. 6
1992	834. 5	621. 4	12186. 3	1404. 1	2777. 7	2390. 6
1993	866. 4	596. 6	12394. 6	1565. 2	2863. 5	2872. 1
1994	905. 1	615. 5	12663. 6	1624. 4	2889. 7	3191. 8
1995	980. 3	678. 0	13336. 6	1730. 7	2806. 9	3563. 5
1996	1039. 9	701. 2	13733. 2	1897. 4	2888. 9	3934. 5
1997	1110. 6	761. 5	13884. 3	1990. 4	2929. 3	4249. 3

11-14　农业总产值和指数

GROSS OUTPUT VALUE AND INDICES OF AGRICULIURE

年　份	农业总产值 Total	种植业 Farming	林　业 Forestry	牧　业 Animal Husbandry	渔　业 Fishery
一、绝对值(亿元)　Output Value(100 million yuan)					
1978	85.94	55.78	4.98	15.98	5.42
1979	91.53	58.97	7.67	13.58	3.09
1980	126.25	82.58	6.83	17.75	4.52
1981	133.85	85.40	7.81	21.62	5.09
1982	135.52	85.52	8.33	21.73	7.13
1983	169.96	99.30	10.72	28.57	10.61
1984	200.07	114.71	12.13	33.81	12.91
1985	245.21	120.89	21.09	54.68	20.35
1986	279.15	136.86	24.38	60.74	25.35
1987	348.61	175.75	16.74	77.81	30.14
1988	473.78	226.97	27.66	113.75	54.46
1989	548.60	266.53	28.00	133.97	62.85
1990	600.71	297.97	28.46	143.00	69.18
1991	654.82	321.84	29.64	155.23	80.20
1992	737.11	360.80	32.86	174.77	99.90
1993	899.03	411.48	35.51	222.33	153.90
1994	1151.38	549.76	41.07	278.14	202.16
1995	1445.48	694.55	46.12	347.16	272.53
1996	1577.89	737.35	49.64	396.09	304.53
1997	1656.46	760.32	52.10	423.51	327.34
二、指数(1978＝100)　Indices (1978=100)					
1978	100.0	100.0	100.0	100.0	100.0
1979	99.2	102.9	85.1	104.6	93.7
1980	110.2	109.0	108.3	104.4	102.8
1981	112.8	108.8	119.6	122.9	111.9
1982	131.2	126.6	133.4	148.4	135.0
1983	134.6	120.3	140.4	159.8	164.3
1984	147.1	128.9	147.6	175.5	185.5
1985	157.8	130.5	154.8	202.2	216.2
1986	167.5	132.3	173.4	219.6	257.0
1987	183.6	144.7	166.9	234.7	313.2
1988	197.7	146.9	223.2	255.7	350.3
1989	213.2	157.3	232.3	275.7	389.9
1990	228.9	169.8	215.7	301.7	429.3
1991	243.0	177.5	213.8	327.4	470.1
1992	257.7	184.7	218.9	352.6	536.5
1993	267.6	177.3	222.6	293.1	644.5
1994	279.5	182.9	227.5	407.9	716.3
1995	302.7	201.6	239.6	434.8	800.1
1996	320.9	207.5	246.5	476.3	882.9
1997	342.7	225.3	249.2	499.6	953.5

注：本表绝对数按现价计算，指数按可比价计算。

Note: Data in terms of value in this table are calculated at current prices, while the related indices are calculated at comparable prices.

11-15 农作物播种面积
TOTAL SOWN AREA OF FARM CROPS

单位：万亩 (10000 mus)

年份 Year	农作物总播种面积 Total Sown Area	一、粮食作物 Grain Crops	#稻谷 Rice	#薯类 Tubers	二、大豆 Soybean	三、经济作物 Economic Crops
1949	7928.93	7174.20	6189.30	743.70	138.87	232.56
1952	8413.24	7413.90	6080.40	998.40	140.71	359.85
1957	9490.39	8080.00	6061.40	1226.18	143.80	602.91
1962	8531.36	7151.30	5483.70	1181.25	116.00	470.20
1965	8699.62	6884.40	5413.60	983.47	113.00	944.17
1970	9381.99	6958.20	5657.68	902.43	116.45	1089.12
1975	10255.25	7556.31	5871.37	918.44	197.60	1223.18
1978	9962.46	7603.47	5790.39	873.02	163.71	1277.28
1979	9492.62	7300.54	5691.88	845.65	185.91	1258.28
1980	8954.84	6908.02	5596.10	800.67	198.18	1213.98
1981	8567.83	6548.40	5450.29	767.07	199.33	1302.19
1982	8539.77	6475.65	5373.51	778.51	218.52	1327.84
1983	8364.03	6485.66	5406.97	780.98	197.43	1126.05
1984	8313.00	6269.47	5272.01	765.51	193.21	1213.32
1985	8036.82	5750.76	4815.81	730.83	175.22	1417.68
1986	8037.18	5731.76	4804.77	745.48	177.59	1334.07
1987	8064.78	5679.94	4750.06	743.22	174.25	1324.67
1988	8063.89	5598.29	4678.26	726.61	172.60	1318.08
1989	8322.71	5777.18	4768.32	743.93	173.64	1324.88
1990	8507.35	5822.06	4763.67	751.70	172.44	1338.43
1991	8489.09	5643.92	4596.92	746.74	163.30	1374.36
1992	8231.36	5303.82	4313.79	710.56	157.48	1393.07
1993	7718.41	4840.76	3944.83	681.66	160.54	1295.77
1994	7807.99	4959.10	4005.47	747.93	157.12	1224.21
1995	7957.19	5052.24	4052.13	775.96	155.84	1185.17
1996	8156.22	5120.09	4066.33	778.70	155.04	1202.15
1997	8267.25	5144.06	4055.92	772.52	149.14	1211.80

续表 continued

单位：万亩 (10000 mus)

年 份 Year	＃糖蔗 Sugarcane	＃花生 Peanuts	＃黄红麻 Jute and Ambary Hemp	＃红(土)烟 Crude Tobacco	＃黄(烤)烟 Flue-cured Tobacco	四、其他作物 Other Crops
1949	43.40	113.00	5.58	7.50	4.50	383.30
1952	89.89	200.37	12.11	16.30	7.23	498.78
1957	145.43	302.54	33.75	24.11	10.03	663.68
1962	92.24	293.92	19.34	23.31	6.19	793.88
1965	222.82	431.83	25.96	22.61	7.68	758.05
1970	255.04	465.08	34.63	21.14	11.50	1218.22
1975	276.42	475.31	69.32	34.28	23.02	1278.16
1978	258.96	486.62	94.93	27.25	41.94	918.00
1979	227.15	519.73	58.62	25.65	33.79	747.89
1980	218.57	553.24	42.05	21.87	16.75	634.66
1981	272.52	591.41	46.56	24.58	20.48	517.91
1982	331.53	588.01	28.01	24.99	23.74	517.76
1983	312.86	489.74	18.68	21.66	21.59	554.89
1984	341.02	523.56	29.92	21.87	17.19	637.00
1985	442.83	545.78	58.31	28.69	26.56	693.16
1986	405.07	560.80	14.53	23.67	18.20	793.76
1987	344.72	533.13	10.00	19.65	21.77	885.92
1988	354.90	497.82	10.43	22.18	39.21	974.92
1989	338.02	486.05	8.22	47.31	24.94	1047.01
1990	419.73	485.96	7.26	21.89	46.66	1174.42
1991	453.90	472.15	8.12	22.63	59.30	1307.51
1992	461.14	471.88	9.52	22.07	57.01	1376.99
1993	353.65	499.78	7.31	15.58	58.34	1421.34
1994	325.62	505.35	4.45	11.45	41.70	1467.56
1995	320.18	499.60	4.05	8.43	35.90	1563.94
1996	329.28	497.42	3.82	8.22	36.88	1678.94
1997	334.02	499.70	5.88	12.09	43.36	1762.26

11-16 农 作 物 产 量

TOTAL OUTPUT OF FARM CROPS

单位：万吨 (10000 tons)

年 份 Year	粮 食 Grain			大 豆 Soybean	糖 蔗 Sugar-cane	花 生 Peanuts	黄红麻 Jute and Ambary Hemp	红（土）烟 Crude Tobacco	黄（烤）烟 Flue-Cured Tobacco
		# 稻 谷 Rice	# 薯 类 Tubers						
1949	685.85	621.35	55.85	4.62	66.91	6.63	0.48	0.58	0.23
1952	797.40	707.15	76.50	5.41	265.47	13.20	1.44	1.29	0.34
1957	1007.15	849.10	130.15	4.39	429.72	16.86	3.98	1.63	0.49
1962	929.60	820.25	89.15	3.84	180.60	15.60	2.22	1.15	0.26
1965	1227.65	1098.60	106.90	4.74	637.93	25.97	3.99	1.49	0.59
1970	1283.82	1157.04	103.10	5.79	656.93	32.16	6.24	1.60	0.70
1975	1464.58	1301.35	122.27	9.13	711.61	31.84	13.77	2.52	1.54
1978	1509.51	1328.56	121.04	7.99	835.42	35.17	18.07	1.97	2.76
1979	1605.36	1435.22	125.15	9.56	742.90	40.70	13.25	1.86	2.14
1980	1681.91	1523.92	123.68	11.47	834.73	50.00	10.18	1.68	1.04
1981	1521.00	1372.22	122.53	12.01	1235.50	57.39	12.96	2.09	1.59
1982	1795.72	1627.37	138.98	14.44	1496.10	61.90	7.53	2.38	2.29
1983	1817.48	1673.12	138.98	10.80	1159.83	48.08	4.84	1.69	1.72
1984	1819.33	1666.08	130.21	11.90	1454.15	53.40	6.48	1.95	1.55
1985	1604.37	1454.29	131.88	11.32	1831.40	57.07	11.30	2.60	2.29
1986	1567.00	1421.55	128.01	12.27	1622.13	60.40	3.57	1.83	1.67
1987	1701.81	1530.46	146.48	12.43	1338.60	53.50	2.13	1.91	2.14
1988	1636.70	1472.95	143.42	12.32	1538.68	51.80	2.15	2.31	3.49
1989	1817.21	1630.29	153.47	13.25	1681.34	55.38	1.04	2.57	4.58
1990	1896.29	1687.00	167.05	13.87	2093.46	57.95	1.04	2.44	4.64
1991	1873.50	1651.65	176.59	12.60	2286.38	56.11	1.49	2.65	5.81
1992	1810.40	1602.27	170.28	13.94	2271.06	60.30	1.88	2.48	6.14
1993	1629.11	1425.81	169.20	15.28	1603.11	66.02	1.33	1.74	5.96
1994	1662.66	1434.04	194.68	15.44	1397.22	63.71	0.68	1.22	4.08
1995	1803.33	1553.90	209.40	16.50	1472.21	69.98	0.79	1.08	3.96
1996	1891.43	1626.29	210.28	17.32	1392.00	73.05	0.72	1.11	4.18
1997	1966.75	1669.33	228.35	17.61	1629.27	74.10	0.95	1.88	5.45

11-17 主要农作物播种面积、亩产及总产量

SOWN AREA, YIELD AND TOTAL OUTPUT OF MAJOR FARM CROPS

单位：万亩、公斤、万吨 (10000 mus, kilograms, 10000 tons)

作物名称 Farm Crops	1990 播种面积 Sown Area	1990 亩产 Yield per mu	1990 总产量 Total Output	1996 播种面积 Sown Area	1996 亩产 Yield per mu	1996 总产量 Total Output	1997 播种面积 Sown Area	1997 亩产 Yield per mu	1997 总产量 Total Output
农作物播种面积 Total	**8507.35**			**8156.22**			**8267.65**		
一、粮食作物 Grain Crops	**5822.06**	**326**	**1896.74**	**5120.00**	**369**	**1891.43**	**5144.06**	**382**	**1966.75**
按品种分 By Crop									
稻谷 Rice	4763.67	354	1687.00	4066.33	400	1626.29	4055.92	412	1669.33
小麦 Wheat	136.86	160	21.94	33.68	175	5.90	29.13	191	5.55
旱粮 Upland Grain	169.83	120	20.30	241.40	203	48.96	286.49	222	63.52
薯类 Tubers	751.70	222	167.05	778.70	270	210.28	772.52	296	228.35
按季节分 By Harvest Season									
春收 Spring Harvested	430.49	183	78.76	369.47	221	81.73	385.06	255	98.03
夏收 Summer Harvested	2527.67	349	882.14	2231.58	397	886.33	2252.38	402	905.33
#早稻 Early Rice	2308.96	364	839.70	1954.31	416	813.40	1951.03	422	823.21
秋收 Autumn Harvested	2863.90	327	935.39	2519.04	367	923.36	2506.62	384	963.39
#晚稻 Late Rice	2454.71	345	847.30	2112.03	385	812.88	2104.89	402	846.12
二、大豆 Soybean	**172.44**	**80**	**13.87**	**155.04**	**112**	**17.32**	**149.14**	**118**	**17.61**
三、经济作物 Economic Crops	**1338.43**			**1202.15**			**1211.79**		
甘蔗 Sugarcane and Fruit-Cane	435.90	4968	2165.54	356.36	4247	1523.10	361.51	4880	1764.28
糖蔗 Sugarcane	419.73	4988	2093.46	329.28	4227	1392.00	334.02	4878	1629.27
果蔗 Fruit-Cane	16.17	4458	72.08	27.07	4843	131.10	27.49	4912	135.01
油料作物 Oil-Bearing Crops	514.67	115	58.93	521.22	142	74.25	525.25	144	75.46
#花生 Peanuts	485.96	119	57.95	497.42	147	73.05	499.70	148	74.10
芝麻 Sesame	5.42	42	0.23	3.81	55	0.21	4.17	56	0.23
油菜籽 Rape seeds	23.22	32	0.74	19.99	50	0.99	21.38	53	1.13
麻类 Fiber Crops	7.91	134	1.06	3.87	186	0.72	5.95	161	0.96
#黄红麻 Jute and Ambary Hemp	7.26	143	1.04	3.82	188	0.72	5.88	162	0.95
烟叶 Tobacco	68.55	103	7.08	45.10	117	5.29	55.45	132	7.33
黄(烤)烟 Flue-Cured Tobacco	46.66	99	4.64	36.88	113	4.18	43.36	126	5.45
红(土)烟 Crude Tobacco	21.89	111	2.44	8.22	135	1.11	12.09	156	1.88
木薯 Cassava	264.45	816	215.74	219.35	1014	222.51	208.89	1026	214.37
药材 Medicinal Plants	17.28			17.84			19.61		
其他经济作物 Other Economic Crops	29.67			38.41			35.14		
四、其他作物 Other Crops	**1174.42**			**1678.94**			**1762.66**		
#蔬菜 Vegetables	776.00	1259	967.83	1348.63	1383	1865.10	1416.62	1409	1995.99

11-18 农业机耕、农田水利、化肥和农药施用量及农村用电量

STATISTICS ON TRACTOR PLOUGHING, WATER CONSERVANCY, CONSUMPTION OF CHEMICAL FERTILIZERS AND PESTICIDES AND ELECTRICITY CONSUMPTION IN RURAL AREAS

项目	Item	1980	1985	1990	1995	1996	1997
一、实际机耕面积(万亩)	Area Actually Ploughed by Tractors (10000 mu)	1682.30	1137.00	1296.94	1116.28		1143.65
二、有效灌溉面积(万亩)	Effective Irrigated Area (10000 mu)	2920.28	2699.74	2692.69	2232.41	2233.73	2273.93
占耕地面积 (%)	As percentage of Total Cultivated Land(%)	70.8	69.3	71.1	64.2	64.6	65.9
三、旱涝保收面积(万亩)	Dried and Flooded Area Under Control and Ensuring Stable Yields (10000 mu)	2195.20	1956.97	2004.15	1645.58		1561.54
占耕地面积 (%)	As percentage of Total Cultivated Land(%)	53.6	50.2	52.9	47.3		45.3
四、化肥施用量 (万吨)	Consumption of Chemical Fertilizers (10000 tons)						
实物量	Gross Weight	333.54	363.95	541.40	601.09	583.55	597.83
#氮肥	Nitrogenous Fertilizer	223.99	227.73	281.60	271.75	255.05	258.69
磷肥	Phosphate Fertilizer	85.85	89.42	134.32	146.00	144.96	149.33
钾肥	Potash Fertilizer	15.39	32.20	59.55	78.69	73.21	75.99
折纯量	Effective Weight (in Purified)	77.00	102.67	162.41	195.71	187.87	169.33
#氮肥	Nitrogenous Fertilizer	54.03	69.37	95.82	99.49	93.38	95.84
磷肥	Phosphate Fertilizer	15.27	14.62	20.08	27.16	26.97	19.97
钾肥	Potash Fertilizer	6.36	13.97	27.57	34.14	31.77	32.57
五、农药施用量 (万吨)	Consumption of Pesticides (10000 tons)	12.21	7.27	7.95	8.04	8.20	7.96
六、农村小型水电站(个)	Number of Small Hydropower Station in Rural Areas (unit)	11100	6664	10124	7988	6230	5420
发电能力 (万千瓦)	Generating Capacity (10000 kw)	42.95	69.68	81.47	130.14	125.23	126.38
七、农村用电量(万千瓦时)	Consumption of Electricity in Rural Areas (10000 kwh)	125496	266399	581030	1862658	2036043	2422170
八、农村机械总动力(亿瓦特)	Total Power of Agricultural Machinery (100 million w)	59.60	85.32	127.88	166.96	172.50	166.04

11-19 水产品产量及养殖面积

OUTPUT OF AQUATIC PRODUCTS AND CULTURED AREA

指标	Item	1980	1985	1990	1995	1996	1997
一、水产品产量(万吨)	**Total Aquatic Products (10000 tons)**	**63.34**	**109.44**	**207.66**	**354.34**	**395.08**	**520.96**
海水产品	Seawater Aquatic Products	41.54	58.74	124.53	197.21	218.39	330.66
捕捞	Catches	40.78	56.26	110.74	161.42	171.96	192.21
养殖	Artificially Cultured	0.76	2.48	13.79	35.79	46.43	138.45
淡水产品	Freshwater Aquatic Products	21.80	50.70	83.13	157.13	176.69	190.30
捕捞	Catches	0.85	1.93	4.19	7.36	8.09	10.21
养殖	Artificially Cultured	20.95	48.77	78.94	149.77	168.60	180.09
二、养殖面积 (万亩)	**Cultured Area (10000 mu)**	**300.43**	**435.24**	**515.50**	**668.73**	**734.03**	**791.72**
海水养殖	Seawater	32.31	84.19	138.50	174.23	207.78	256.51
淡水养殖	Freshwater	268.12	351.05	377.00	494.50	526.25	535.21

注：1997年水产品产量按新标准计算。
Note: Aguatic products of 1977 is calculated in accordance with new criterions.

11-20 茶叶、桑、水果面积及产量

PLANTED AREA AND OUTPUT OF TEA, MULBERRY AND FRUITS

指标	Item	1980	1985	1990	1995	1996	1997
一、茶叶年末实有面积(万亩)	Planted Area of Tea at Year-end (10000 mu)	54.08	58.49	64.42	68.74	74.56	67.39
茶叶总产量 (万吨)	Output of Tea (10000 tons)	1.00	1.75	2.59	3.96	3.62	3.66
二、桑地年末实有面积(万亩)	Planted Area of Mulberry at Year-end (10000 mu)	21.10	41.73	29.71	37.76	24.44	22.50
蚕茧总产量 (万亩)	Output of Mulberry (10000 mu)	2.17	2.70	2.55	3.32	2.25	2.11
三、水果年末实有面积(万亩)	Planted Area of Fruits at Year-end (10000 mu)	177.40	387.83	967.11	1103.46	1195.91	1293.11
水果当年收获面积(万亩)	Harvested Area of Fruits in current year (10000 mu)		191.70	446.73	615.39	627.56	690.61
水果总产量 (万吨)	Gross Output of Fruits (10000 tons)	29.10	116.28	328.58	414.51	381.17	414.48
#柑桔橙年末实有面积(万亩)	Planted Area of Citrus at Year-end (10000 mu)	40.00	114.73	288.99	169.84	152.82	139.11
柑桔橙当年收获面积(万亩)	Harvested Area of Citrus in Current Year (10000 mu)		41.07	162.46	134.90	119.94	108.71
柑桔橙总产量 (万吨)	Output of Citrus (10000 tons)	11.66	36.41	151.42	107.43	98.43	86.69
香(大)蕉年末实有面积(万亩)	Planted Area of Bananas at Year-end (10000 mu)	9.40	69.31	103.10	131.41	119.39	113.47
香(大)蕉当年收获面积(万亩)	Harvested Area of Bananas in Current Year (10000 mu)		42.09	86.19	114.79	98.66	98.79
香(大)蕉总产量(万吨)	Output of Bananas (10000 tons)	3.41	48.37	105.39	157.60	120.48	133.42
菠萝年末实有面积(万亩)	Planted Area of Pineapple at Year-end (10000 mu)	32.40	37.07	51.15	38.60	41.92	36.41
菠萝当年收获面积(万亩)	Harvested Area of Pineapple in Current Year (10000 mu)		21.94	34.09	29.79	28.12	25.79
菠萝总产量 (万吨)	Output of Pineapple (10000 tons)	2.54	6.10	21.47	26.30	23.45	25.18
荔枝年末实有面积(万亩)	Planted Area of Lychee at Year-end (10000 mu)	35.60	60.31	178.99	294.17	349.94	403.51
荔枝当年收获面积(万亩)	Harvested Area of Lychee in Current Year (10000 mu)		26.21	39.23	112.33	129.07	165.60
荔枝总产量 (万吨)	Output of Lychee (10000 tons)	3.59	6.84	9.73	26.91	28.64	40.95

11-21 农业自然灾害情况

STATISTICS OF AGRICULTURAL NATURAL CALAMITIES

项目	Item	1994	1995	1996	1997
农作物受灾面积(万亩)	Areas of Farm Crops Covered by Natural Calamities (10000 mu)	2583.66	1719.05	1946.40	1292.72
#成灾面积	Areas Affected	1823.90	1141.70	1184.72	750.78
绝收面积	Areas Without Output	418.35	162.02	182.31	168.56
受灾人数 (万人)	Number of Persons Affected (10000 persons)	3094	2927	2678	2712
死亡人数 (人)	Number of Dead Person (person)	529	355	456	401
受伤人数 (人)	Number of Wounded Person (person)	6706	3444	45837	9022
倒塌房屋 (间)	Number of Broken Building (room)	733393	166736	173460	162016
损坏房屋 (间)	Number of Damaged Building (room)	1034888	700458	1588920	355142
无家可归人数 (人)	Number of Homeless Person (person)	696144	68489	135000	56967
死亡大牲畜 (头)	Number of Dead Large Animal (head)	12386	6877	12188	
死亡生猪 (头)	Number of Dead Hog (head)	137151	46875	109692	
直接经济损失 (亿元)	Volume of Direct Economic Lost (100 million yuan)	230	119.69	258.2	117.6

11-22 主要热带、亚热带作物面积及产量
PLANTED AREA AND OUTPUT OF MAJOR TROPICAL AND SEMI-TROPICAL PRODUCTS

项 目	Item	1980	1985	1990	1995	1996	1997
一、橡胶年末实有面积(万亩)	Actually Planted Area of Rubber at Year-end (10000 mu)	147.82	137.52	128.70	103.94	82.95	76.98
橡胶当年收获面积(万亩)	Harvested Area of Rubber in Current Year (10000 mu)			91.51	84.69	69.18	67.09
橡胶总产量(万吨)	Total Output of Rubber (10000 tons)	2.15	2.72	3.58	2.98	2.63	2.57
二、椰子年末实有面积(万亩)	Actually Planted Area of Coconut at Year-end (10000 mu)	0.41	0.14	0.18	0.78	1.21	1.03
椰子当年收获面积(万亩)	Harvested Area of Coconut in Current Year (10000 mu)			0.12	0.12	0.19	0.31
椰子总产量(万个)	Total Output of Coconut (10000 units)	13.00	10.00	37.03	64.00	79.00	85.00
三、槟榔年末实有面积(万亩)	Actually Planted Area of Areca at Year-end (10000 mu)	0.05	0.02	0.05	0.07	0.06	0.06
槟榔当年收获面积(万亩)	Harvested Area of Areca in Current Year (10000 mu)			0.02	0.06	0.06	0.05
槟榔总产量(吨)	Total Output of Areca (ton)	…	1.00	12.00	13.00	12.00	9.00
四、胡椒年末实有面积(万亩)	Actually Planted Area of Pepper at Year-end (10000 mu)	5.91	3.41	5.53	3.23	2.98	3.47
胡椒当年收获面积(万亩)	Harvested Area of Pepper in Current Year (10000 mu)			4.08	2.79	2.73	2.88
胡椒总产量(吨)	Total Output of Pepper (ton)	932.00	1175.00	5369.37	2373.00	2370.00	3296.00
五、香(疯)茅年末实有面积(万亩)	Actually Planted Area of Lemongrass at Year-end (10000 mu)	22.57	6.02	7.14	2.22	1.59	0.72
香(疯)茅当年收获面积(万亩)	Harvested Area of Lemongrass in Current Year (10000 mu)			7.20	1.93	1.38	0.63
香(疯)茅总产量(吨)	Total Output of Lemongrass (ton)	1318.40	493.00	730.42	661.00	470.00	152.00
六、剑(番)麻年末实有面积(万亩)	Actually Planted Area of Sisal Hemp at Year-end (10000 mu)	16.15	9.40	10.52	8.79	8.88	8.84
剑(番)麻当年收获面积(万亩)	Harvested Area of Sisal Hemp in Current Year (10000 mu)			8.03	8.16	7.06	8.66
剑(番)麻总产量(万吨)	Total Output of Sisal Hemp (100000 tons)	1.02	1.15	1.59	1.72	0.51	1.58

11-23 造林面积及主要林产品产量
AFFORESTED AREA AND MAJOR FOREST PRODUCTS

项 目	Item	1980	1985	1990	1995	1996	1997
当年造林面积(万亩)	Total Afforested Area in Current Year (10000 mu)	556	918.00	467.93	31.02	23.04	7.44
人工造林	Artificial Afforested	301	529.00	388.26	31.02	23.04	7.44
飞机播种	Sown by Airplane	255	389.00	79.67			
年末实有育苗面积(万亩)	Actual Area of Grown Seedlings at Year-end (10000 mu)	2.73	4.78	8.20	3.51	4.40	4.41
当年幼林抚育面积(万亩)	Area of Tending Young Forest in Current Year (10000 mu)	471	496.39	804.40	679.62	609.45	555.30
当年迹地更新面积(万亩)	Area of Slash Reforestation in Current Year (10000 mu)	69	115.42	78.80	129.86	152.85	131.61
主要林产品产量	Output of Major Forest Products						
油桐籽(吨)	Tung-Oil Seeds (ton)	976	865	2622	3536	3969	5858
油茶籽(吨)	Tea-Oil Seeds (ton)	13109	16303	23736	24997	31246	30706
松脂(万吨)	Rosin (10000 ton)	11.98	9.59	10.02	11.46	12.80	15.57

11-24 牲畜头数及肉类产量
NUMBER OF LIVESTOCK AND OUTPUT OF MEAT

项目	Item	1980	1985	1990	1995	1996	1997
一、黄、水牛当年存栏头数(万头)	Number of Cattle and Buffalo on Hand at Year-End (10000 heads)	306.02	414.58	473.54	468.97	354.66	364.61
黄牛	Cattle	96.99	159.02	198.33	209.49	148.86	156.79
#从事农事劳役的	For Drought on Farming	68.09	118.23	136.71	145.93	107.62	110.26
水牛	Buffaloe	209.03	255.56	275.21	259.48	205.80	207.82
#从事农事劳役的	For Drought on Farming	155.92	204.43	212.18	190.96	156.94	156.01
二、奶牛年末存栏头数(万头)	Number of Cow on Hand at Year-End (10000 heads)	1.52	2.01	2.95	2.56	2.46	2.63
牛奶产量 (万吨)	Output of Milk (10000 tons)	2.18	4.09	5.51	5.49	5.81	6.03
三、山羊年末存栏只数(万只)	Number of Goat on Hand at Year-End (10000 heads)	13.38	10.23	14.21	27.30	20.05	24.39
四、生猪年末存栏头数(万头)	Number of Hog on Hand at Year-End (10000 heads)	1704.59	1884.02	2058.89	2183.95	1603.81	1642.42
#能繁殖母猪(万头)	Number of Female Hog with Fertility (10000 heads)	115.70	154.49	141.98	137.25	96.94	116.00
生猪全年饲养量(万头)	Total Number of Hog Raised in the Whole Year (10000 heads)	2730.69	3169.22	3851.74	4579.16	3646.45	3863.49
肉猪出栏头数(万头)	Number of Slaughtered Fattened Hog (10000 heads)	1026.10	1285.20	1792.85	2395.21	2042.64	2221.07
五、肉类产量 (万吨)	Output of Meat (10000 tons)		128.12	202.45	305.06	252.03	275.62
猪肉	Pork	62.62	97.59	145.35	188.75	162.03	176.59
牛肉	Beef	0.55	1.46	2.88	5.68	2.08	2.75
羊肉	Mutton	0.03	0.09	0.15	0.44	0.26	0.49
禽肉	Meat of Poultry		28.95	54.02	109.94	87.36	95.32
兔肉	Rabbit Meat		0.03	0.05	0.25	0.29	0.44

注：1996、1997年按农业普查结果调整，1996年以前仍按原来口径不变。

Note: The figures in 1996 and 1997 are adjusted in accordance with the results of agricuitural census while those before 1996 are calculated in accordance with the original approach.

11-25 国有农、林、牧、渔场基本情况
BASIC STATISTICS ON STATE FARMS OF FARMING, FORESTRY, ANIMAL HUSBANDRY AND FISHERY

项目	Item	1985	1990	1995	1996	1997
个数 (个)	Number of Farm (unit)	577	599	585	629	668
#农场	Number of Agricultural Farm	164	274	252	289	238
人口 (万人)	Population (10000 persons)	83.58	83.92	77.43	73.76	72.63
劳动力 (万人)	Labor Force (10000 persons)	44.85	44.55	36.06	31.25	30.47
年末耕地面积(万亩)	Cultivated Land at Year-End (10000 mu)	91.99	90.13	93.67	87.09	91.96
粮食播种面积(万亩)	Total Sown Area of Grain (10000 mu)	52.15	50.61	34.23	33.92	26.59
粮食总产量 (万吨)	Total Output of Grain (10000 tons)	13.04	15.26	11.23	11.78	11.81
糖蔗播种面积(万亩)	Sown Area of Sugarcane (10000 mu)	38.60	43.64	46.90	46.21	57.22
糖蔗总产量 (万吨)	Output of Sugarcane (10000 tons)	187.02	253.62	247.36	241.25	328.55
花生播种面积(万亩)	Sown Area of Peanuts (10000 mu)	8.79	7.37	5.60	6.36	5.57
花生总产量 (万吨)	Output of Peanuts (10000 tons)	0.85	0.87	0.71	0.89	0.76
造林面积 (万亩)	Area of Afforestation (10000 mu)	37.83	30.88	13.23	14.13	5.78
橡胶年末实有面积(万亩)	Planted Area of Rubber at Year-End (10000 mu)	112.80	105.41	93.36	72.73	66.33
橡胶总产量(干胶片)(万吨)	Output of Rubber (Dry Rubber) (10000 tons)	2.64	3.38	2.64	2.27	2.17
牛年末存栏头数(万头)	Number of Cattle and Buffalo on Hand at Year-End (10000 heads)	8.79	9.21	8.00	7.15	6.64
生猪年末存栏头数(万头)	Number of Hog on Hand at Year-end (10000 heads)	42.05	49.16	48.89	51.68	43.70
水产品产量 (万吨)	Output of Aquatic Products (10000 tons)	1.30	1.80	6.18	4.37	5.07
大中型农用拖拉机(混合台)	Number of Large and Medium Agricultural Tractor (unit)	1946	1631	1078	1146	838
小型及手扶拖拉机(台)	Number of Mini-tractor (unit)	5445	5439	4616	5274	3963
农用载重汽车 (辆)	Number of Truck for Agricultural Use (unit)	2270	1900	1442	2451	1226

11-26 主要农副产品产量与最高年份比较(1997年)

OUTPUT OF MAJOR AGRICULTURAL PRODUCTS IN COMPARISON WITH PEAK YEAR (1997)

指　　标	Item	1997	建国以来最高年 Peak year After 1949		
			年份 Peak year	产　量 Output	1997为建国以来最高年份 % As Percentage of 1997 to Peak year
一、粮食总产量　(万吨)	Total Output of Grain　(10000 tons)	1966.75	1990	1896.29	103.7
春　收	Spring Harvested	98.03	1991	87.91	111.5
夏　收	Summer Harvested	905.33	1983	891.90	101.5
秋　收	Autumn Harvested	963.39	1990	935.39	103.0
稻　谷	Output of Rice	1669.33	1990	1687.00	98.9
早　稻	Earlier Harvested	823.21	1983	862.25	95.4
晚　稻	Later Harvested	846.12	1990	847.30	99.9
二、大　豆　(万吨)	Soybean　(10000 tons)	17.61	1995	16.50	106.7
三、经济作物　(万吨)	Economic Crops　(10000 tons)				
甘　蔗	Sugarcane and Fruit-Cane	1764.28	1992	2376.62	74.2
#糖　蔗	Sugarcane	1629.27	1992	2271.06	71.7
油料作物	Oil-bearing Crops	75.46	1995	71.02	106.3
#花　生	Peanuts	74.10	1995	69.98	105.9
黄红麻	Jute and Ambary Hemp	0.95	1978	18.07	5.3
烟　叶	Tobacco leaves	7.33	1992	8.62	85.0
#黄(烤)烟	Flued-Cured Tobacco	5.45	1992	6.14	88.8
红(土)烟	Crude Tobacco	1.88	1991	2.66	70.7
四、其他作物	Other Crops				
#蔬　菜　(万吨)	Vegetables　(10000 tons)	1995.99	1996	1865.10	107.0
五、水　果　(万吨)	Fruits　(10000 tons)	414.48	1992	453.62	91.4
六、水产品　(万吨)	Aquatic Products　(10000 tons)	520.96	1996	395.08	7.9
七、生猪年末存栏量(万头)	Number of Hog on Hand at Year-end (10000 heads)	1642.42	1995	2183.95	75.2
八、生猪出栏头数(万头)	Number of Slaughtered Fattened Hog (10000 heads)	2221.07	1995	2395.21	92.7
九、猪肉产量　(万吨)	Output of Pork　(10000 tons)	176.59	1995	188.75	93.6
十、三鸟饲养量　(万只)	Number of Poultry Raised　(10000 unit)	91196.26	1995	100729.14	90.5

注：1997年水产品产量按新标准计算。
Note: The output of aquatic products of 1997 are calculated in accordance with new criterion.

11-27 乡镇企业基本情况

BASIC STATISTICS ON TOWNSHIP AND VILLAGE ENTERPRISES

项目	Item	1985	1990	1995	1996	1997
一、企业单位数(万个)	Number of Enterprise (10000 units)	68.66	119.65	144.66	144.99	85.25
乡(镇)办	Run by Townships and Towns	2.10	2.39	2.80	2.70	2.59
村办	Run by Villages	9.51	8.96	10.54	10.19	9.49
联户	Run by Cooperative Households	4.84	5.88	6.26	6.34	
个体	Run by Individuals	52.21	102.42	125.06	125.76	
二、企业人数(万人)	Number of Staff and Workers Employed (10000 persons)	401.45	658.33	1072.11	1118.63	1005.94
乡(镇)办	Run by Townships and Towns	109.33	154.86	229.07	231.73	236.74
村办	Run by Villages	140.61	182.77	340.46	358.99	360.99
联户	Run by Cooperative Households	38.22	56.02	70.54	71.42	
个体	Run by Individuals	113.29	264.68	432.04	456.49	
三、总收入(亿元)	Gross Income (100 million yuan)	192.26	785.39	4622.35	5335.12	5908.04
乡(镇)办	Run by Townships and Towns	80.71	310.16	1635.33	1741.88	
村办	Run by Villages	63.33	199.00	1343.18	1382.58	
联户	Run by Cooperative Households	13.40	59.58	363.29	422.14	
个体	Run by Individuals	34.82	216.64	1280.55	1788.52	
四、实交国家税金(亿元)	Taxes Paid (100 million yuan)	8.30	25.16	133.74	162.28	116.93
五、纯利润(亿元)	Net Profits (100 million yuan)	19.78	54.73	289.08	281.33	263.76
六、工资总额(亿元)	Wages (100 million yuan)	37.06	139.26	563.75	560.98	324.49
七、年末固定资产原值(亿元)	Original Value of Fixed Assets (100 million yuan)	65.86	306.32	1704.65	1784.37	2100.45
八、总产值(亿元)	Gross Output Value (100 million yuan)					
按不变价格计算(亿元)	Calculated at Constant Prices	174.85	730.34	4438.24	5484.47	6083.82
乡(镇)办	Run by Townships and Towns	77.22	309.22	1599.59	1880.49	2175.42
村办	Run by Villages	55.88	176.37	1272.66	1544.46	1798.72
联户	Run by Cooperative Households	11.80	57.32	306.47	398.92	
个体	Run by Individuals	29.95	187.43	1259.52	1660.60	
按当年价格计算	Calculated at Current Prices	179.02	740.32	4837.65	6047.97	6688.92
乡(镇)办	Run by Townships and Towns	78.97	308.42	1746.05	2036.10	2357.35
村办	Run by Villages	57.09	182.15	1415.88	1743.47	2012.66
联户	Run by Cooperative Households	12.30	58.75	331.14	439.29	
个体	Run by Individuals	30.66	191.00	1344.58	1829.11	

注：1985年总产值按1980年不变价格计算，1990、1996、1997年按1990年不变价格计算。1997年数据按新口径统计。

Note: Gross output value of 1985 are calculated at 1980 constant price, while gross output of 1990, 1996 and 1997 are calculated at 1990 Constant price. The figures in 1997 are calculated in according with new criterion.

11-28 乡镇工业企业主要产品产量

OUTPUT OF MAJOR PRODUCTS OF TOWNSHIP AND VILLAGE INDUSTRIAL ENTERPRISES

产 品 名 称	Item	1985	1990	1995	1996	1997
铁 矿 石(万吨)	Iron Ore (10000 tons)	125.69	142.00	484.00		341.00
生 铁(万吨)	Pig Iron (10000 tons)	1.08	3.78	17.42		
石 灰 石(万吨)	Limestone (10000 tons)		2992		3277	
发 电 量(亿千瓦时)	Electricity (100 million kwh)	15.38	24.12	114.45	80.93	87.00
#水电	Hydroelectricity	9.46	14.77	41.32		
原 煤(万吨)	Coal (10000 tons)	264.88	416.00	813.00	903.00	584.00
硫铁矿(生产量)(万吨)	Pyrite Ore (10000 tons)	16.82	43.00	86.00	258.00	
磷肥(折合100%)(吨)	Phosphate Fertilizer (In 100% effective element) (tons)	1473	3277	13305	10456	
水 泥(万吨)	Cement (10000 tons)	229.68	712.00	2451.00	2137.00	2075
砖 (亿块)	Brick (100 million pieces)	93.00	208.32	494.00	508.72	394.00
瓦 (亿片)	Brickbat (100 million pieces)	27.98	47.62	57.10		66.00
石 灰(万吨)	Lime (10000 tons)	172	651	596		
木材(交售量)(万立方米)	Timber (sales) (10000 cu. m)	33.66	80.00	335.70		
松 香(吨)	Rosin (tons)	3361	17506	40386		
布 (万米)	Cloth (10000 m)	9278	19202	192100	116686	158096
丝(桑蚕丝)(吨)	Silk (Mulberry silkwork) (tons)	112	1419	1056	193	190
丝 织 品(万米)	Silk Products (10000 m)	4900	2698	3644	3576	3576
皮革制品 (万件)	Leather Products (10000 pieces)	4797	16844	11200		
机制纸及纸板(万吨)	Machine Made Paper and Paperboards (10000 tons)	6.66	20.42	101.00	126.87	188.00
原 盐(万吨)	Salt (10000 tons)	8.80	12.78	11.00		
糖 (万吨)	Sugar (10000 tons)	3.89	4.05	7.00	5.44	6.00
日用陶瓷器(万件)	Household Ceramics (10000 pieces)	38130	85603	201800	154493	22047
食用植物油(万吨)	Edible Vegetable Oil (10000 tons)	4.36	7.52	21.00	21.82	18.00
粮食加工 (万吨)	Grain Processing (10000 tons)	384	1247	1526	2805	
饲 料(万吨)	Forage (10000 tons)		39.62	141.00	149.00	
服 装(万件)	Garments (10000 pieces)	14143	72633	444900	223589	386697
皮 鞋(万双)	Leather Shoes (10000 pairs)	282	5928	40196	28651	49016
电 风 扇(万台)	Electric Fan (10000 units)	696	2204	4624	4798	
木制家具 (万件)	Timber Furniture (10000 pieces)	1153	3548	7799	13446	38201
铁制家具 (万件)	Iron Furniture (10000 pieces)	508	1685	2629		
清凉饮料 (万吨)	Cold Drink (10000 tons)			18.00		
罐头食品 (万吨)	Canned Food (10000 tons)		1.88	8.00	5.55	5.00
饮 料 酒(万吨)	Alcoholic Beverage (10000 tons)		7.14	35.00	22.62	22.00

11-29 各市农村基层组织情况(1997年)

BASIC CONDITIONS OF RURAL GRASS-ROOTS UNITS BY CITY (1997)

市别 City		乡镇个数(个) Number of Town and Township (unit)	乡镇户数(万户) Number of rural household (10000 households)	#农业户数 Agricultural Household	乡镇人口(万人) Rural Population (10000 persons)	#农业人口 Agricultural Population
广州	Guangzhou	81	81.08	64.69	298.34	254.05
深圳	Shenzhen	20	10.00	6.96	35.07	23.91
珠海	Zhuhai	20	8.72	5.78	32.36	22.94
汕头	Shantou	63	68.45	55.05	317.44	272.20
韶关	Shaoguan	142	49.30	41.56	216.94	193.23
河源	Heyuan	120	61.54	48.24	284.08	242.62
梅州	Meizhou	161	91.93	81.11	417.89	377.34
惠州	Huizhou	85	50.30	36.32	226.15	175.68
汕尾	Shanwei	56	39.68	35.69	208.95	193.64
东莞	Dongguan	32	38.42	27.88	147.12	110.15
中山	Zhongshan	28	22.96	22.61	111.05	90.41
江门	Jiangmen	100	79.20	67.09	288.53	250.21
佛山	Foshan	56	68.78	50.57	238.84	189.48
阳江	Yangjiang	48	49.64	40.00	208.73	179.22
湛江	Zhanjiang	104	114.74	97.54	525.56	464.02
茂名	Maoming	113	114.43	102.76	521.09	475.72
肇庆	Zhaoqing	120	65.69	61.03	324.05	275.97
清远	Qingyuan	140	72.69	63.26	331.05	296.45
潮州	Chaozhou	51	46.29	40.64	203.83	176.23
揭阳	Jieyang	81	96.34	88.86	442.36	406.68
云浮	Yunfu	74	56.92	45.85	230.90	188.29

市别 City		乡镇劳动力(万人) Rural Labor Force (10000 persons)	按性别分 By Sex		按产业分 By Industry		
			男劳动力 Male	女劳动力 Female	第一产业劳动力 Primary Industry	第二产业劳动力 Secondary Industry	第三产业劳动力 Tertiary Industry
广州	Guangzhou	153.98	74.11	79.87	88.21	40.68	25.09
深圳	Shenzhen	15.22	7.46	7.76	2.85	5.50	6.87
珠海	Zhuhai	16.47	8.34	8.13	8.52	3.16	4.79
汕头	Shantou	149.87	80.56	69.31	71.33	50.18	28.36
韶关	Shaoguan	90.62	46.00	44.62	66.04	5.34	19.24
河源	Heyuan	117.90	59.39	58.51	69.50	7.21	41.19
梅州	Meizhou	173.45	85.39	88.06	104.38	27.07	42.00
惠州	Huizhou	103.21	53.03	50.18	65.92	19.99	17.30
汕尾	Shanwei	102.16	58.43	43.73	57.08	20.56	24.52
东莞	Dongguan	64.37	32.08	32.29	20.80	28.49	15.08
中山	Zhongshan	55.64	28.78	26.86	20.92	17.85	16.87
江门	Jiangmen	152.67	78.69	73.98	85.19	34.37	33.11
佛山	Foshan	118.68	59.31	59.37	42.43	50.03	26.22
阳江	Yangjiang	107.85	57.30	50.55	72.38	19.01	16.46
湛江	Zhanjiang	240.52	128.70	111.82	176.38	33.70	30.44
茂名	Maoming	221.43	116.58	104.85	135.33	44.91	41.19
肇庆	Zhaoqing	155.04	78.17	76.87	85.92	27.48	41.64
清远	Qingyuan	144.20	74.25	69.95	96.28	14.18	33.74
潮州	Chaozhou	90.98	46.95	44.03	46.41	25.64	18.93
揭阳	Jieyang	207.46	114.01	93.45	102.34	56.33	48.79
云浮	Yunfu	107.19	55.47	51.72	56.97	26.42	23.80

11-30 各市耕地面积（1997年）

CULTIVATED LAND BY CITY (1997)

单位：万亩 (10000 mu)

市别 City	年末实有耕地面积 Cultivated Land at year-end	水(旱)田 Paddy Field	旱地 Dry Field	当年增加耕地面积 Increase of Cultivated Land in Current year	#新开荒 Newly Reclaimed Wasteland	当年减少耕地面积 Decrease of Cultivated Land in Current year	#国家基建占用 Capital Construction	#农业结构调整 Structure Adjustment In Agriculture
广州 Guangzhou	189.51	168.50	21.01	1.82	0.00	4.59	0.62	1.80
深圳 Shenzhen	6.36	4.17	2.19	0.20	0.15	1.49	0.03	0.00
珠海 Zhuhai	38.16	30.55	7.61	0.75	0.12	3.52	0.93	1.90
汕头 Shantou	72.34	60.22	12.12	0.63	0.63	0.86	0.03	0.24
韶关 Shaoguan	201.31	156.08	45.23	1.19	0.82	1.10	0.02	0.61
河源 Heyuan	165.61	132.10	33.51	0.57	0.13	0.71		0.10
梅州 Meizhou	202.62	166.26	36.36	0.49	0.32	1.14	0.06	0.38
惠州 Huizhou	197.66	146.35	51.31	2.47	1.12	1.42		1.17
汕尾 Shanwei	105.84	72.92	32.92	0.25	0.18	0.82	0.03	0.15
东莞 Dongguan	66.30	52.82	13.48	0.64	0.00	1.79	0.03	1.43
中山 Zhongshan	62.02	34.68	27.34	1.50	0.02	1.87	1.16	1.21
江门 Jiangmen	246.16	204.27	41.90	1.23	0.09	2.41	0.39	0.88
佛山 Foshan	131.11	83.75	47.36	0.14	0.01	1.76	0.80	0.81
阳江 Yangjiang	164.86	125.27	39.59	0.37	0.35	1.06	0.24	0.77
湛江 Zhanjiang	526.80	262.18	264.62	6.88	1.56	2.61	0.25	1.95
茂名 Maoming	255.23	201.60	53.63	0.98	0.89	1.23	0.09	0.63
肇庆 Zhaoqing	207.59	175.63	31.96	0.32	0.15	1.27	0.32	0.81
清远 Qingyuan	272.76	180.12	92.64	4.04	2.37	3.54	0.16	0.41
潮州 Chaozhou	62.37	47.62	14.75	0.20	0.00	0.97	0.30	0.40
揭阳 Jieyang	148.15	115.04	33.11	1.52	0.01	0.47	0.10	0.07
云浮 Yunfu	125.19	101.17	24.03	0.69	0.23	0.77	0.12	0.37

注：国家基建占用为国土厅统计年报数。
Note: Data on cultivated land occupied by capital construction are obtained from the annual statistics of the Bureau of Land Management.

11-31 各市乡镇企业基本情况（1997年）

BASIC STATISTICS ON TOWNSHIP AND VILLAGE ENTERPRISES BY CITY (1997)

市别 City	企业单位数(个) Number of Enterprise (unit)	企业人数(人) Number of Employee (person)	总产值(万元)(1990年不变价) Gross Output Value (at 1990 constant price) (10000 yuan)
广州 Guangzhou	86569	1047991	9534438
深圳 Shenzhen	12154	1095130	1643866
珠海 Zhuhai	3653	126905	1477842
汕头 Shantou	26302	490858	4010235
韶关 Shaoguan	23962	163429	557863
河源 Heyuan	12881	61831	123230
梅州 Meizhou	146055	484273	1154668
惠州 Huizhou	31880	445336	2258250
汕尾 Shanwei	22971	213754	871324
东莞 Dongguan	23881	1087539	2782579
中山 Zhongshan	27316	433834	3526341
江门 Jiangmen	56968	557696	5843532
佛山 Foshan	52518	1035349	10030802
阳江 Yangjiang	5783	97191	547116
湛江 Zhanjiang	44417	317841	1987896
茂名 Maoming	79813	571352	3496792
肇庆 Zhaoqing	41135	382220	2521874
清远 Qingyuan	33593	171171	463317
潮州 Chaozhou	43758	475431	2254001
揭阳 Jieyang	49961	551902	4262259
云浮 Yunfu	26922	248375	1489932

11-32 各市农业总产值(1997年)

GROSS OUTPUT VALUE OF AGRICULTURE BY CITY (1997)

单位：亿元 (100 million yuan)

市别 City	农业总产值 Gross Output Value	种植业产值 Farming	林业产值 Forestry	牧业产值 Animal Husbandry	副业产值 Sideline	渔业产值 Fishery
广州 Guangzhou	150.82	74.83	1.27	44.97	4.30	25.45
深圳 Shenzhen	27.09	7.30	0.38	12.41	0.53	6.47
珠海 Zhuhai	19.30	7.37	0.20	2.73	1.09	7.91
汕头 Shantou	72.97	31.21	0.39	15.13	9.12	17.12
韶关 Shaoguan	74.47	39.32	4.46	20.67	4.72	5.30
河源 Heyuan	56.03	28.02	3.04	14.81	8.12	2.04
梅州 Meizhou	78.14	46.21	1.66	24.37	2.35	3.55
惠州 Huizhou	90.68	41.72	3.48	21.14	5.85	18.49
汕尾 Shanwei	61.47	19.72	0.86	9.92	3.01	27.96
东莞 Dongguan	51.44	23.27	0.44	17.63	1.94	8.16
中山 Zhongshan	32.76	15.00	0.35	5.39	0.34	11.68
江门 Jiangmen	124.06	58.01	1.47	30.49	3.76	30.33
佛山 Foshan	113.48	39.09	0.23	26.27	1.07	46.82
阳江 Yangjiang	83.98	31.05	2.35	18.04	5.36	27.18
湛江 Zhanjiang	176.55	80.52	2.84	32.70	20.08	40.41
茂名 Maoming	180.98	77.93	4.90	61.64	14.26	22.25
肇庆 Zhaoqing	135.71	58.84	10.61	35.24	17.47	13.55
清远 Qingyuan	93.52	48.67	5.45	29.16	5.67	4.57
潮州 Chaozhou	62.75	23.60	0.91	11.38	10.65	16.21
揭阳 Jieyang	100.38	52.65	1.61	20.89	14.26	10.97
云浮 Yunfu	87.57	32.12	5.20	33.09	11.52	5.64

注：本表按当年价格计算。 Note: Data in this table are calculated at current prices.

11-33 各市农业总产值(1997年)

GROSS OUTPUT VALUE OF AGRICULTURE BY CITY (1997)

单位：亿元 (100 million yuan)

市别 City	农业总产值 Gross Output Value	种植业产值 Farming	林业产值 Forestry	牧业产值 Animal Husbandry	副业产值 Sideline Products	渔业产值 Fishery
广州 Guangzhou	73.39	33.54	0.53	20.98	4.19	14.15
深圳 Shenzhen	10.46	2.51	0.06	4.58	0.39	2.92
珠海 Zhuhai	10.49	3.80	0.13	1.18	1.04	4.34
汕头 Shantou	38.60	14.89	0.09	6.12	6.69	10.81
韶关 Shaoguan	41.70	19.96	3.88	9.58	4.34	3.94
河源 Heyuan	28.52	13.51	2.13	6.02	5.70	1.16
梅州 Meizhou	50.57	33.13	1.59	11.30	1.66	2.89
惠州 Huizhou	43.08	20.73	1.82	8.45	3.96	8.12
汕尾 Shanwei	33.49	8.99	0.27	4.69	1.73	17.81
东莞 Dongguan	25.33	11.03	0.15	7.25	1.76	5.14
中山 Zhongshan	24.73	8.32	0.31	4.00	0.34	11.76
江门 Jiangmen	62.82	22.82	0.78	14.22	2.86	22.14
佛山 Foshan	63.74	16.75	0.16	14.98	0.95	30.90
阳江 Yangjiang	50.45	14.36	1.29	7.39	3.07	24.34
湛江 Zhanjiang	111.90	49.27	2.05	18.82	12.24	29.52
茂名 Maoming	122.96	60.56	4.34	26.61	9.97	21.48
肇庆 Zhaoqing	73.53	29.68	7.26	16.72	10.18	9.69
清远 Qingyuan	44.37	21.35	3.49	11.81	4.68	3.04
潮州 Chaozhou	33.14	10.08	0.28	4.58	10.33	7.87
揭阳 Jieyang	53.27	24.33	0.81	9.08	12.22	6.83
云浮 Yunfu	48.02	18.88	3.81	15.16	6.27	3.90

注：本表按1990年不变价格计算。 Note: Data in this table are calculated at 1990 constant prices.

11-34 各市造林面积、水产品产量、牲畜头数及猪肉产量(1997年)
AFFORESTED AREA, OUTPUT OF AQUATIC PRODUCTS, NUMBER OF LIVESTOCK AND OUTPUT OF PORK BY CITY (1997)

市别 City	造林总面积(万亩) Afforested Area (10000 mu)	水产品产量(万吨) Output of Aquatic Products (10000 tons)	#淡水养殖 Freshwater Culturing	黄牛年末存栏头数(万头) Number of Cattle on Hand at Year-end (10000 heads)	水牛年末存栏头数(万头) Number of Buffalo on Hand at Year-end (10000 heads)	生猪年末存栏头数(万头) Number of Hog on Hand at Year-end (10000 heads)	肉猪出栏头数(万头) Number of Slaughtered Fattened Hog (10000 heads)	猪肉产量(万吨) Output of Pork (10000 tons)
广州 Guangzhou	8.29	27.58	17.63	3.14	4.71	70.25	120.25	8.84
深圳 Shenzhen	5.42	5.56	0.79	0.06	0.01	30.05	49.74	3.83
珠海 Zhuhai	2.60	9.50	4.56	0.07	0.19	11.84	17.26	1.37
汕头 Shantou	4.05	29.11	3.17	0.76	0.32	35.06	69.74	5.12
韶关 Shaoguan	39.13	6.44	6.30	10.72	16.57	101.32	112.84	9.39
河源 Heyuan	23.05	2.35	2.08	8.86	12.50	59.75	52.81	4.38
梅州 Meizhou	26.44	5.74	5.45	9.01	12.43	148.66	181.82	14.82
惠州 Huizhou	20.89	11.26	5.23	11.84	9.08	58.20	69.65	5.05
汕尾 Shanwei	8.67	50.40	1.57	9.04	2.17	38.75	44.60	3.58
东莞 Dongguan	2.83	9.18	5.11	0.78	0.25	66.56	129.86	11.18
中山 Zhongshan	0.40	17.78	15.88	0.08	0.06	17.52	30.40	2.37
江门 Jiangmen	14.20	60.43	16.50	1.41	12.82	80.00	151.51	10.82
佛山 Foshan	1.86	38.07	37.27	0.21	2.43	64.97	106.15	7.83
阳江 Yangjiang	16.58	68.02	4.44	6.52	17.32	82.95	72.24	5.97
湛江 Zhanjiang	12.17	72.89	5.88	38.32	24.71	123.71	149.67	12.64
茂名 Maoming	28.06	47.23	12.44	19.38	32.97	193.27	284.15	22.90
肇庆 Zhaoqing	33.09	17.41	16.84	10.58	26.44	148.95	200.14	16.96
清远 Qingyuan	36.99	4.57	4.28	13.66	19.62	91.93	123.15	9.61
潮州 Chaozhou	4.33	15.28	3.91	2.71	1.44	54.75	69.44	4.97
揭阳 Jieyang	17.27	13.01	4.78	6.33	3.57	100.05	110.81	8.82
云浮 Yunfu	16.48	5.80	5.69	3.29	8.21	63.88	74.84	6.14

注: 1. 水产品产量按新标准计算。
2. 造林总面积包括荒山造林,迹地更新和低产林改造三项指标。
3. 畜牧头数、猪肉产量按农业普查结果调整。

Note: a) Figures of aquatic products are calculated in accordcnce with new criterions.
b) Data on afforested area include afforestation in barren hill, slash reforestation and transformation of low-yield forest.
c) Data on number of livestock and output of pork are adjusted in accordance with the results of agricural census.

11-35 各市主要农作物播种面积、亩产及总产量(1997年)

SOWN AREA, YIELD AND TOTAL OUTPUT OF MAJOR FARM CROPS BY CITY(1997)

单位：亩、公斤、吨 (mu, kilogram, Ton)

市别 City	一、粮食作物 Grain Crops 播种面积 Sown Area	亩产 Yield Per Mu	总产量 Total Output	#稻谷 Rice 播种面积 Sown Area	亩产 Yield Per Mu	总产量 Total Output
广州 Guangzhou	2717598	371	1009207	2529222	380	960954
深圳 Shenzhen	14907	335	4990	3705	257	954
珠海 Zhuhai	260213	369	96042	245517	372	91393
汕头 Shantou	1425530	539	768510	997909	549	547469
韶关 Shaoguan	2702178	418	1130400	2264012	456	1031443
河源 Heyuan	3047535	392	1194159	2504342	430	1076389
梅州 Meizhou	3926936	391	1535742	3151356	430	1356155
惠州 Huizhou	2996185	354	1059495	2477036	370	916154
汕尾 Shanwei	1922458	332	639044	1211912	349	423444
东莞 Dongguan	624091	396	246901	560506	405	227163
中山 Zhongshan	742303	378	280623	690473	377	260023
江门 Jiangmen	4065053	364	1480167	3642609	382	1391736
佛山 Foshan	1253184	376	471356	1150836	383	441171
阳江 Yangjiang	2574922	348	896102	2011907	377	758053
湛江 Zhanjiang	4755774	318	1511346	3437619	348	1197679
茂名 Maoming	4323542	403	1743844	3103835	455	1410966
肇庆 Zhaoqing	3714211	395	1467929	3080115	431	1326905
清远 Qingyuan	4011930	331	1326852	3088654	373	1152385
潮州 Chaozhou	1159816	457	530582	816425	489	398928
揭阳 Jieyang	2851682	450	1284287	1788918	477	852559
云浮 Yunfu	2350505	421	989903	1802243	484	871406

市别 City	二、大豆 Soybean 播种面积 Sown Area	亩产 Yield Per Mu	总产量 Total Output	三、经济作物 Economic Crops 播种面积 Sown Area	#糖蔗 Sugarcane 播种面积 Sown Area	亩产 Yield Per Mu	总产量 Total Output
广州 Guangzhou	23852	137	3270	385095	10164	7616	773910
深圳 Shenzhen				5386			
珠海 Zhuhai	3528	193	682	205707	193752	6539	1266952
汕头 Shantou	10905	135	1472	48046			
韶关 Shaoguan	173727	126	21960	1066513	52413	4222	221277
河源 Heyuan	201562	105	21082	417243	18243	5146	93878
梅州 Meizhou	154095	105	16195	558569	2209	5386	11898
惠州 Huizhou	137351	98	13419	518440	77780	4867	378546
汕尾 Shanwei	35850	100	3593	226026	33420	4411	147412
东莞 Dongguan	8190	99	811	65772	40166	8626	346469
中山 Zhongshan	7163	227	1623	53413	41287	6048	249697
江门 Jiangmen	72496	121	8762	692729	146870	5024	737808
佛山 Foshan	6131	135	830	147945	19220	5312	102104
阳江 Yangjiang	135754	104	14143	586142	100762	3805	383399
湛江 Zhanjiang	51009	131	6678	3077300	2206135	4547	10031584
茂名 Maoming	99472	177	17648	953795	95575	4380	418609
肇庆 Zhaoqing	43204	129	5590	1058072	93477	5853	547150
清远 Qingyuan	152636	100	15302	1129613	79666	4836	385249
潮州 Chaozhou	16037	125	2010	87089	10562	5497	58062
揭阳 Jieyang	52235	135	7048	250390	16413	5421	88974
云浮 Yunfu	106197	132	13993	584654	10668	4665	49765

续表 continued

单位：亩、公斤、吨 (mu, kilogram, ton)

市别 City	# 花生 Peanuts			# 黄红麻 Jute And Ambary Hemp		
	播种面积 Sown Area	亩产 Yield Per Mu	总产量 Total Output	播种面积 Sown Area	亩产 Yield Per Mu	总产量 Total Output
广州 Guangzhou	159993	154	24660			
深圳 Shenzhen	3854	154	595			
珠海 Zhuhai	6880	135	930			
汕头 Shantou	45283	181	8187			
韶关 Shaoguan	475840	186	88272	184	408	75
河源 Heyuan	288901	137	39449	100	340	34
梅州 Meizhou	195083	129	25164	1066	225	240
惠州 Huizhou	397628	136	53889			
汕尾 Shanwei	172477	104	18017	100	300	30
东莞 Dongguan	18490	156	2879			
中山 Zhongshan	9663	184	1778			
江门 Jiangmen	338509	140	50056			
佛山 Foshan	74020	162	11983			
阳江 Yangjiang	332316	124	41193	30	300	9
湛江 Zhanjiang	612229	144	88199	1574	312	491
茂名 Maoming	535637	168	90204	15106	152	2300
肇庆 Zhaoqing	343779	161	55222	1856	138	257
清远 Qingyuan	512949	133	68054	786	118	93
潮州 Chaozhou	48381	155	7480			
揭阳 Jieyang	174581	160	27900	1169	172	201
云浮 Yunfu	250468	147	36892	1587	239	379

市别 City	# 烟叶 Tobacco			四、其他作物 Other Crops	# 蔬菜 Vegetables		
	播种面积 Sown Area	亩产 Yield Per Mu	总产量 Total Output	播种面积 Sown Area	播种面积 Sown Area	亩产 Yield Per Mu	总产量 Total Output
广州 Guangzhou	2786	166	463	1786688	1632901	1467	2395695
深圳 Shenzhen				154957	145591	1165	169683
珠海 Zhuhai				121906	97341	1352	131628
汕头 Shantou				568245	528517	2512	1327769
韶关 Shaoguan	274097	121	33107	1254062	935085	1218	1139048
河源 Heyuan	50	60	3	608428	441876	1032	455807
梅州 Meizhou	84362	113	9546	942688	673576	1303	877832
惠州 Huizhou				751122	662113	1393	922334
汕尾 Shanwei				418679	356542	1074	382991
东莞 Dongguan				384557	369113	1738	641403
中山 Zhongshan				402222	320516	1414	453155
江门 Jiangmen	933	158	147	1087433	860335	1331	1145440
佛山 Foshan	458	140	64	1063665	804057	1803	1449661
阳江 Yangjiang	2318	175	406	669121	639780	868	555027
湛江 Zhanjiang	22124	160	3539	1557692	1323095	987	1306092
茂名 Maoming	66094	215	14185	1314396	1187013	1357	1610246
肇庆 Zhaoqing	42215	133	5625	1160006	857448	1633	1400198
清远 Qingyuan	48024	95	4580	1524206	938950	1039	975188
潮州 Chaozhou				353518	249623	2097	523451
揭阳 Jieyang	920	102	94	822704	649369	2114	1372877
云浮 Yunfu	10124	153	1548	676305	489281	1286	629101

11-36　各市水果面积及产量(1997年)

PLANTED AREA AND OUTPUT OF FRUITS BY CITY (1997)

单位: 万亩、万吨　　(10000mu, 10000 tons)

市别 City	水果合计 Fruits			#柑桔橙 Citrus			#香(大)蕉 Banana		
	年末面积 year-end Area	收获面积 Harvest-ed Area	总产量 Total Output	年末面积 year-end Area	收获面积 Harvest-ed Area	总产量 Total Output	年末面积 year-end Area	收获面积 Harvest-ed Area	总产量 Total Output
广州 Guangzhou	82.65	43.25	29.39	5.45	4.42	4.14	8.31	8.16	12.60
深圳 Shenzhen	21.70	12.94	3.98	2.67	2.40	2.15	0.29	0.24	0.12
珠海 Zhuhai	6.29	3.52	1.79	0.21	0.19	0.20	1.14	0.99	1.25
汕头 Shantou	16.27	12.05	10.83	1.27	1.16	2.21	2.63	2.28	4.98
韶关 Shaoguan	30.38	22.58	11.07	18.67	14.30	7.64	0.18	0.17	0.12
河源 Heyuan	55.42	26.30	10.32	12.48	8.65	3.85	1.11	0.97	0.50
梅州 Meizhou	103.13	62.37	50.70	9.85	7.37	7.19	5.47	4.73	3.75
惠州 Huizhou	61.15	33.12	18.32	12.10	10.14	9.14	3.40	2.66	2.00
汕尾 Shanwei	43.20	22.06	6.77	1.93	1.31	1.45	2.59	1.83	1.29
东莞 Dongguan	31.96	21.20	16.50	4.91	4.10	5.30	5.76	5.40	8.04
中山 Zhongshan	11.09	8.93	16.14	0.41	0.36	0.47	8.22	7.75	15.06
江门 Jiangmen	33.43	12.19	8.34	1.42	1.13	0.88	3.35	2.91	4.09
佛山 Foshan	10.73	5.91	6.09	0.86	0.75	0.91	3.54	3.39	4.06
阳江 Yangjiang	55.14	16.70	6.16	3.18	1.69	0.78	2.54	2.26	1.53
湛江 Zhanjiang	85.84	45.77	43.09	2.84	2.27	1.28	14.72	10.11	14.65
茂名 Maoming	349.30	161.87	80.55	4.42	3.07	1.64	32.16	28.52	42.35
肇庆 Zhaoqing	47.25	36.48	28.13	19.38	16.84	14.76	6.06	5.59	6.09
清远 Qingyuan	37.26	17.18	10.12	14.60	8.87	6.46	0.52	0.47	0.38
潮州 Chaozhou	27.49	16.44	9.68	0.96	0.88	1.16	1.52	1.38	1.84
揭阳 Jieyang	111.73	68.28	30.06	9.16	8.93	10.18	5.20	4.63	4.99
云浮 Yunfu	71.70	41.47	16.46	12.34	9.89	4.90	4.75	4.34	3.74

市别 City	#菠萝 Pineapple			#荔枝 Lychee			#龙眼 Longan		
	年末面积 year-end Area	收获面积 Harvest-ed Area	总产量 Total Output	年末面积 year-end Area	收获面积 Harvest-ed Area	总产量 Total Output	年末面积 year-end Area	收获面积 Harvest-ed Area	总产量 Total Output
广州 Guangzhou	0.71	0.60	0.26	39.08	14.83	3.73	8.77	2.67	0.98
深圳 Shenzhen	0.81	0.70	0.32	13.61	7.38	0.75	1.98	0.60	0.08
珠海 Zhuhai	0.02	0.02	0.01	4.48	2.07	0.19	0.20	0.06	0.01
汕头 Shantou	0.18	0.09	0.07	2.66	1.65	0.45	0.30	0.08	0.04
韶关 Shaoguan	0.00	0.00	0.00	0.00	0.00	0.00	0.02	0.01	0.01
河源 Heyuan	0.15	0.08	0.03	8.81	1.64	0.49	2.79	0.90	0.16
梅州 Meizhou	0.22	0.18	0.12	7.68	3.38	1.36	5.28	1.56	0.91
惠州 Huizhou	1.25	0.97	0.35	26.99	10.25	2.80	6.31	1.94	0.62
汕尾 Shanwei	3.42	2.95	0.65	17.16	6.00	1.42	2.45	0.67	0.15
东莞 Dongguan	0.06	0.05	0.05	18.82	10.23	2.26	1.29	0.56	0.14
中山 Zhongshan	0.08	0.04	0.03	1.24	0.36	0.15	0.51	0.12	0.05
江门 Jiangmen	0.20	0.13	0.15	16.02	4.07	1.24	9.02	1.70	0.40
佛山 Foshan	0.01	0.01	0.01	2.64	0.43	0.15	1.34	0.18	0.11
阳江 Yangjiang	0.54	0.39	0.23	26.27	5.23	1.40	9.78	1.53	0.47
湛江 Zhanjiang	19.09	11.30	19.00	16.79	5.67	1.37	10.22	2.46	0.59
茂名 Maoming	0.36	0.29	0.19	141.27	65.71	16.91	92.89	26.20	5.43
肇庆 Zhaoqing	0.49	0.42	0.17	3.91	1.68	0.64	2.98	1.19	0.51
清远 Qingyuan	0.02	0.01	0.00	2.59	0.60	0.10	2.01	0.23	0.06
潮州 Chaozhou	1.97	1.64	0.73	5.48	2.95	1.23	3.18	1.55	0.46
揭阳 Jieyang	6.04	5.45	2.67	25.98	11.18	2.88	7.97	1.61	0.28
云浮 Yunfu	0.79	0.47	0.14	22.01	10.27	1.44	10.10	3.18	1.03

主要统计指标解释

农业增加值 农业增加值是指农业部门（包括国有、集体单位及农户）在一定时期内生产经营活动所提供的社会劳动量的货币表现。它反映了农业生产经营活动的最终成果和对社会的贡献。

农业增加值的计算方法有两种：⑴生产法，是从生产角度进行计算的一种方法。即用农业总产出减去农业中间消耗求得。由于农户没有健全的核算记录，故农业增加值一般是采用生产法计算的。⑵分配法，是从分配角度进行计算的一种方法。是通过农业生产单位在生产经营和劳务活动过程中形成的不含中间消耗的各种收入来计算。具体包括农业劳动者收入、福利基金、利税、固定资产折旧及大修理和其他。

农业总产值 是以货币表现的农林牧副渔五业生产的全部产品的总量。它反映一定时期内农业生产的总规模和总成果，是观察农业生产水平和发展速度，分析农业内部结构，研究农业与工业及至与国家建设的关系，研究农业生产与人口增长及提高人民生活关系的重要指标；同时，也是计算农业净产值，增加值以及农业商品率的基础资料。

农业总产值的计算，一般采用“产品法”，即凡有产品产量的，都按单位产品价格乘产量的办法求得每种产品产量的产值。少数生产周期较长当年没有产成品或产品产量不容易统计的产值，则采用间接方法进行匡算。先求得农、林、牧、副、渔五业的产值，然后相加求得农业总产值。

农村社会总产值 是一定时期内，农村的农业、工业、建筑业、运输业、商业五个物质生产部门生产的，以货币表现的全部产品的总量。该指标可以全面反映农村物质生产发展总规模、发展速度及其结构的变化，满足研究农村经济问题，指导农村工作的需要。

农村社会总产值的计算范围包括：⑴国有农、林、牧、渔场的农业总产值；⑵乡镇、村及村以下各种合作经济组织和农户从事农业、工业、建筑业、运输业、商业（含饮食业）活动所生产的产值；⑶场址在农村并利用农村劳动力、资金、土地或生产用房进行生产的农村集体和合作组织或农户与国有单位联营企业的产值。

农村经济总收入、纯收入 农村经济总收入是指本单位当年经营的收入中可用以抵偿本年开支并在国家、集体、农民之间进行分配的农、林、牧、副、渔业、工业、交通运输业、建筑业、商业、饮食业、服务业等各项经营收入和利息、租金等非生产收入，但不包括那些不能用来分配，属于借贷性质或暂收性质的收入，如贷款收入、预购定金、国家投资、农民投资等。

农村经济纯收入，是指当年“农村经济总收入”中减去“农村经济各项费用”后的收入。纯收入的大小及其

占总收入的比重，可以反映经济效益的高低。纯收入的分配，包括国家税收、集体提留和农村居民纯收入三个部分。它是研究正确处理三者分配关系的重要指标。

耕地面积 是指可以用来种植各种农作物，经常进行耕种的土地面积，包括熟地、当年新开荒地、连续撩荒未满三年的土地和当年的休闲地（轮歇地）的面积。以种植农作物为主，并附带种植桑、茶、果树和其他林木的土地、以及沿海、沿湖地区已围垦利用的“海涂”、“湖田”等面积也包括在内。但不包括专业性的桑田、茶园、果园、果木苗圃、林地、芦苇地和天然草地。

农作物播种面积 是指一定生产季节结束时实际播种或移植有农作物的面积。播种面积的小，反映农作物的生产规模和耕地的利用程度。正确地核算播种面积，对于组织农业生产活动，计算农作物产量，研究农作物的种植结构和分布情况以及制定各项增产技术措施，都是非常必要的。

播种面积的统计年度，凡是能在本日历年度内（自1月1日至12月31日）收获的农作物（包括上年秋冬播和本年春播、夏播以及南方地区的晚秋播而在本年收获的全部作物）播种面积，都包括在内。

农作物总产量 是指在一定时期内（通常是一年）生产的各种农作物产品总产量。它是衡量农业生产成果，统筹安排城乡人民生活，研究生产、积累和消费比例关系及编制国民经济计划的基本数据。不论是种植在耕地上或非耕地上的农作物产量，都包括在内。有的农作物收割期较长，虽在当年冬季就开始收割，但需跨年延到来年春季才能收完的，仍计算为本年农作物总产量。

农作物总产量是指全社会的产量，包括国有农场等国有经济单位的产量、集体统一经营的和农户承包地的产量，还包括农民自留地、工矿企业职工农属办的农场和其他单位生产的农作物产量。

农作物总产量是统计晒干入库的产量。有些地区，粮食脱粒、晒干、入库比较迟，是按照折干比例折成晒干的粮食产量进行统计的。

农业机械总动力 是指主要用于农、林、牧、副、渔业的各种动力机械的动力总和。包括耕作机械、排灌机械、收获机械、农产品加工机械、运输机械、植保机械、牧业机械、林业机械、渔业机械和其他农业机械。内燃机按引擎马力计算，电动机功率折成马力计入。

乡镇企业 是指农村乡（包区、镇）、村组各级集体办、联户办和个体办的，从事工业、建筑业、交通运输业、商业饮食业、服务业和其他生产经营活动的经济组织，以及农村乡（包括区、镇）、村集体举办的农业企业。乡镇企业必须同时具备以下四个条件：

⑴有固定的（或相对固定的）生产经营组织、场所、设备和从事生产经营的人员。

⑵常年从事生产经营活动，或从事季节性生产经营，全年开工时间在三个月以上。

⑶具备独立核算的条件，或虽非独立核算单位但有单独的帐目。

⑷有当地工商行政或有关部门颁发的营业（经营）执照。此条件农业企业除外。

乡镇企业总产值 是以货币表现的乡镇农业、工业、建筑业、交通运输业、商业饮食业、服务业和其它企业的经营收入、产品销售收入、劳务收入和其它收入。

⑴农业企业以实际收入计算；

⑵工业企业以产品销售收入和其它收入计算；

⑶建筑业收入总包单位以全价计算总收入，非总包单位以实际收入计算；

⑷交通运输业以实际收入计算；

⑸商业的零售商店按零售额计算总收入，批发部门、代购代销、物资供销、仓储等均以手续费计算总收入。饮食业按营业额计算总收入；

⑹服务业以实际收入计算；

⑺其它企业以实际收入计算；

Explanatory Notes on Main Statistical Indicators

Value Added of Agriculture refers to the quantity of social labour of the activities of production and management of agriculture in monetary terms in a given period of time. It shows the final results of the activities of production and management of agriculture and its contributions to the society.

The value added of agriculture is calculated with two approaches: (1) Production approach is a method from the production angle, i. e. total output of agriculture minus intermediate consumption of agriculture. The value added of agriculture is usually calculated with the production approach due to no complete ac－counting records of the rural households available; (2) Distribution approach is a method from the distribu－tion angle, i. e. various incomes from the activities of production and management of the productive units of agriculture without intermediate consumption, including incomes of the rural labourers, welfare funds, profit and tax, depreciation of fixed assets and major overhaul and others.

Gross Output Value of Agriculture refers to the total volume of products of farming, forestry, animal husbandry, sideline production and fishery in monetary terms, which reflects the total scale and total results of agricultural production during a given period of time. It is an important indicator to observe the production level and development speed of agriculture, to analyse the inner structure of agriculture, to study the relationship between agriculture and industry as well as that between agriculture and the national construc－tion to review the connection of agricultural production with the growth of population and the improve－ment of people's life. It is also the basic data to calculate the net output of agriculture, value added and rate of commercialization of agricultural Products.

The gross output value of agriculture is calculated with the "product approach", i.e. the gross output value of each single product is obtained by multiplying the output of each product by its price. For a small number of products, annual output of which is not available or difficult to get due to the long production/growing process involved, the output value is estimated through an indirect approach. The sum of output value of all products of farming, forestry, animal husbandry, sideline production and fishery is then equal to the gross output value of agriculture.

Total Rural Product Value of Society refers to the total volume of products of the rural agriculture, industry, construction, transportation and commerce in monetary terms during a given period of time. This indicator con not only give a full display of the total scale of the development of the rural material production, the speed of development and the changes of composition but also satisfy the need of studying the rural economy and guiding the rural work.

The calculating coverage of total rural product value of society includes: (1) the gross output value of agriculture of the state－owned farming, forestry, animal husbandry and fishery; (2) the output value of the activities of agriculture, industry, construction, transportation and commerce (including catering) in which various cooperative economic organizations at and below township level and rural households are engaged; (3) the output value of the rural collective－cooperative organizations or the joint vertures by house－holds and state-owned units, which are located in the rural areas and make use of the rural babour, capital, land or buildings for production,

Total Income of Rural Economy refers to various business incomes, interest, rents and other non-produc－tive incomes which may be compensated for the expenses and with a distribution among the state, the collective and rural households in the current year, but excluding the income from borrowing or temporary keeping, such as loan income, advance payments, government investment and investment from rural house－holds etc, which can't be distributed.

Net Income of Rural Economy refers to the income after the deduction of the "various expenses of rural economy" from the "total income of rural economy" in the current year. Its value and percentage of the total income can show the level of the economic benefits. The distribution of net income includes the national tax, the retained profits of the collective and the net income of rural households. The net income of rural economy is a key indicator to study the distribution relationship of the country, collective and individual.

Area of Cultivated land refers to farmland which is plowed constantly for growing crops, including cultivated land, newly reclaimed wasteland in the current year, farmland left without cultivation for less than three years and fallow land in the current year, rotation land, rotation land of grass and crops, farmland with some fruit trees, mulberry trees and other trees and reclaimed seashore land and lakesshore land, etc. The land of specialized mulberry fields, tea plantations, orchards, nurseries of young plants, forest land, reed land, natural and man－made grassland are not included in cultivated land.

Sown Area of Crops refers to area of land sown or transplanted crops at the end of a production season, which reflects the scale of crops and the use of cultivated area. It's very imperative to calculate the sown area correctly in order to organize the production activities of agriculture, calculate the yield of crops, study the composition and distribution of crops and work out the technical measures to increase production.

The statistical year of sown area refers to area of land sown during the year (from Jan, Ist to Dec, 31) with a harvest of crops (including all those sown in the autumn and winter of the preceding year, in the spring and summer of the current year and in the late autumn in the southern regions.)

Total Output of Crops refers to the total output of farm crops of various kinds during a given period of time (usually a year). It's the basic figure to examine the production results of agriculture, make overall arrangements of the life of the urban and rural households, study the proportionate relationships between production, accumulation and consumption and work out a plan of national economy. It covers the output of crops regardless of being in cultivated area or non－cultivated area. For some crops with a fairly long reaping period, though they begin reaping in the winter of the current year until the spring of the following year, they should be included in the total output of crops of the current year.

The total output of crops refers to the total output of the whole society, including the output from the state－owned units (i.g. state－owned farms), collective－owned units and contracted land of peasants as well as the rural household plots, the farms owned by the rural family members of staff and worker of industrial and mining enterprises and others.

The total output of crops is the output of dry crops in inventory. In some areas, it is estimated with the conversion rate of dry crops due to the delay of threshing, drying and putting in inventory.

Total Power of Farm Machinery refers to total mechanical power of machinery used in farming, forestry, animal husbandry, and fishery, including ploughing, irrigation and drainage, harvesting, transport, plant protection, stock breeding, forestry and fishery. The power of internal combustion engines is required to convert horsepowers into watts and the power of electric motors is required to be converted into watts.

Township Enterprises refer to the economic organizations owned by the collective of various levels, joint households and individuals of towns and villages and engaged in the activities of industry, construction, transportation, commerce, catering, service and other business operation as well as the agricultural enterprises owned by the collective at township and village level.

Township enterprises must satisfy the following four items:

(1) having a regular (or fairly regular) operational organization, location, equipment and personnel;

(2) engaged in the activities of business operation for years or seasonal operation with three months and more of a year;

(3) qualifying with independent accounting system or with seperate accounts though not a unit with independent accounting system;

(4) having a business (operation) license issued by the local administration department for industry and commerce or other related departments. This item excludes the agricultural enterprises.

Gross Output Value of Township Exerprises refers to the operation income, sales income of products, service income and other incomes in monetary terms of the township enterprises engaged in agriculture, industry, construction, transportation, commerce, catering, service and others.

(1) The output value of agriculturnl enterprises is calculated according to actual income;

(2) The output value of industrial enterprises is calculated according to sales income of products and other incomes;

(3) The total income of the overall contractor units of construction is calculated according to complete price, but that of the non－overall contractor units is calculated according to actual income;

(4) The output value of transportation enterprises is calculated according to actual income;

(5) The total income of retail shops is calculated according to retail sales. As for the wholesale departments, purchasing and marketing agencies, material supply and marketing centers and storage activities, etc, their total income is calculated according to commission charges. The total income of catering enterprises is calculated according to turnover;

(6) The output value of service enterprises is calculated according to actual income;

(7) The output value of other enterprises is calculated according to actual income.

十二 工 业

INDUSTRY

简要说明

一、本篇主要包括以下几部分资料：

1、全省工业总产值及指数。

2、乡及乡以上工业企业按经济类型、企业规模、行业和地区分组的企业单位数和工业总产值(1995年及以后工业总产值按新规定计算）。

3、乡及乡以上独立核算工业企业按国有、集体、其它、三资、股份制等经济类型分组的主要经济指标和经济效益指标。

4、村办工业主要指标。

5、主要工业产品生产能力。

6、主要工业产品产量。

7、工业总产值、资本金、固定资产净值、产品销售收入、资金利税率最大的前50名独立核算工业企业名录。

二、本篇资料由广东省统计局工业交通处整理提供。

三、本篇资料主要是根据国家统计局工业统计报表制度经各市、县统计局收集、汇总整理的，其中1995年度资料通过第三次全国工业普查取得。

INDUSTRY

Brief Introduction

Ⅰ. The data in this chapter cover the following data:

(1) The gross industrial output value and its indicators of the province;

(2) The number of industrial enterprises and the gross industrial output value of the industrial enterprises at township and higher levels classified by ownership by enterprise scale, by industrial branch and by region (the data on gross industrial output value in 1995 and after 1995 were calculated in accordance with the new stipulations);

(3) The main economic indicators and main indicators on economic benefit of the industrial enterprises with independent accounting systems at township and higher levels classified by ownership (e.g. state-owned, collective owned, other types, township, foreigh-funded, share-holding enterprises, etc);

(4) The main indicators of the village enterprises;

(5) The production capacity of major industrial products;

(6) The output of major industrial products;

(7) The list of the top fifty industrial enterprises with independent accounting systems of gross industrial output value, total capital assets, net value of fixed assets, revenue of product sales and profit and tax rate to assets.

Ⅱ. The data in this chapter are prepared and provided by the Division of Industry and Transportation of the Statistical Bureau of Guangdong Province.

Ⅲ. The data in this chapter are collected, tabulated and prepared by the municipal and county statistical bureaus mainly in accordance with the industrial statistical reporting scheme of the State Statistical Bureau. Among them, the annual data of 1995 were collected in the Third National Industrial Census.

12-1 工 业 主 要 指 标
MAIN INDICATORS OF INDUSTRY

指 标	Item	1980	1985	1990	1995	1996	1997
工业企业(单位)数 (个)	Number of Enterprises (unit)		225232	437833	386832	404036	470615
#乡及乡以上工业企业(单位)数	Number of Industrial Enterprises at and Above Township Level	20874	23879	30404	42680	43408	39567
工业从业人数 (万人)	Number of Laborers (10000 persons)	314.30	428.88	593.01	813.40	810.70	824.30
固定资产投资 (亿元)	Investment in Fixed Assets (100 million yuan)			134.55	449.83	457.08	421.62
#基本建设	Capital Construction	8.40	24.69	96.85	345.12	346.79	307.29
独立核算工业	The industrial enterprises with independent accounting Systems						
资本金合计 (亿元)	Total Capital (100 million yuan)				2467.43	3046.38	3094.61
#国家资本金	State-Owned Capital				609.74	1028.25	1091.64
集体资本金	Collective Owned Capital						536.42
固定资产合计 (亿元)	Total Fixed Assets (100 million yuan)				3925.23	4318.50	4986.40
固定资产原值合计	Original Value of Fixed Assets	127.53	269.13	884.36	4298.15	5066.23	5904.95
固定资产净值年平均余额	Annual Average Balance of Net Value of Fixed Assets	88.55	183.98	667.68	3340.70	3653.11	4198.83
流动资产年平均余额	Annual Average Balance of Circulating Funds	50.26	109.76	712.88	3710.98	4156.01	4927.87
工业短期贷款 (亿元)	Short-term Loans to Industrial Enterprises (100 million yuan)	32.90	102.73	371.50	940.54	1037.29	1341.80
实际利用外资 (万美元)	Foreign Capital Actually Used(USD 10000)	13188	56210	156986	795083	927925	998477
利税总额 (亿元)	Total Pre-tax Profits (100 million yuan)	36.34	75.99	131.27	445.53	489.26	617.90
全员劳动生产率 (元/人)	Overall Labor Productivity (yuan/person)	2514	3991	8289	28485	36094	40040
工业总产值 (亿元)	Gross Industrial Output Value (100 million yuan)	234.35	505.08	1907.34	7458.54	8815.47	10461.52
轻 工 业	Light Industry	147.59	341.08	1317.01	4653.35	5730.88	6913.19
重 工 业	Heavy Industry	86.76	164.00	590.33	2805.19	3084.59	3548.33
国有工业	State-Owned Industry	147.92	265.13	750.14	1067.06	1086.78	1166.33
集体工业	Collective Owned Industry	81.93	202.67	692.64	2407.62	3004.74	3362.99
#乡办工业	Township Enterprises		42.74	177.44	901.57	1036.31	1146.79
村办工业	Village Enterprises	17.14	34.70	120.62	1038.27	1353.99	1510.29
城乡合作经营工业	Cooperative Enterprises in Urban and Rural Areas		13.69	43.58	155.58	260.56	357.62
城乡个体工业	Individual-Owned Enterprises in Urban and Rural Areas		14.03	72.95	683.01	756.99	1119.17
股份制工业	Share Holding Enterprises				371.98	434.43	503.20
外商、港澳台投资工业	Enterprisese Funded by Foreigner and Overseas Chinese form HongKong, Macao and Taiwan		14.32	131.40	2841.43	3417.98	4150.32
其他经济类型工业	Enterprises of Other Types of Ownership	4.5	8.93	260.21	87.44	114.55	159.51

注：1. 工业总产值(全社会)，1980年按1970年不变价计算，1985年按1980年不变价计算，1990年-1997年按1990年不变价格计算。
2. 全员劳动生产率1990年前按净产值计算，1995年起按增加值计算。

Note: 1. The gross industrial output value in 1980 is calculated at 1970 constant prices, in 1985 is calculated at 1980 constant prices, and the value in 1990-1997 are calculated at 1990 constant prices.
2. The figures of overall labor productivity before 1990 are calculated by net output value, and those figures are calculated by value added from 1995.

12-2 乡及乡以上工业企业单位数及产值

NUMBER OF ENTERPRISES AND GROSS OUTPUT VALUE OF INDUSTRY AT TOWNSHIP AND HIGHER LEVEL

项目	Item	1990	1995	1996	1997
一、工业企业单位数(个)	**Total Number of Industrial Enterprises (units)**	**30404**	**42680**	**43408**	**39567**
按经济类型分	**Grouped by Ownership**				
#国有经济	State-Owned Enterprises	6886	6873	6783	6203
集体经济	Collective Owned Enterprises	20641	23556	23063	21044
股份制经济	Share Holding Enterprises		297	339	313
外商投资经济	Foreign Funded Enterprises	563	2154	2777	2647
港澳台投资经济	Enterprises Funded by Overseas Chinese from HongKong, Macao and Taiwan	180	8776	7969	7941
按轻重工业分	**Grouped by Light & Heavy Industry**				
轻工业	Light Industry	20205	26113	25964	23848
以农产品为原料	Using Farm Products as Raw Materials	12065	15878	15479	14192
以非农产品为原料	Using Non-Farm Products as Raw Materials	8140	10235	10485	9656
重工业	Heavy Industry	10199	16567	17444	15719
采掘工业	Mining and Quarrying	1228	1561	1606	1458
原料工业	Raw Materials Industry	2903	4616	4636	4406
加工工业	Processing Industry	6068	10390	11202	9855
按企业规模分	**Grouped by Size of Enterprises**				
大型企业	Large	312	515	594	655
中型企业	Medium-sized	724	1263	1398	1432
小型企业	Small	29368	39731	41416	37480
二、工业总产值(亿元)	**Gross Industral Output Value (100 million yuan)**	**1609.32**	**5581.74**	**6443.93**	**7474.44**
按经济类型分	**Grouped by Ownership**				
#国有经济	State-Owned Enterprises	750.14	1067.06	1086.78	1166.33
集体经济	Collective Owned Enterprises	467.57	1213.83	1390.19	1495.08
股份制经济	Share Holding Enterprises		371.98	434.43	503.20
外商投资经济	Foreign Funded Enterprises	111.86	909.30	1328.79	1651.27
港澳台投资经济	Enterprises Funded by Overseas Chinese from HongKong, Macao and Taiwan	22.54	1932.12	2089.19	2499.04
按轻重工业分	**Grouped by Light & Heavy Industry**				
轻工业	Light Industry	1086.78	3426.23	3967.22	4605.58
以农产品为原料	Using Farm Products as Raw Materials	583.88	1630.31	1899.78	2067.69
以非农产品为原料	Using Non-Farm Products as Raw Materials	502.90	1795.92	2067.44	2537.89
重工业	Heavy Industry	522.54	2155.51	2476.71	2868.86
采掘工业	Mining and Quarrying	29.45	72.75	97.23	115.50
原料工业	Raw Materials Industry	192.49	522.02	565.96	625.06
加工工业	Processing Industry	300.60	1560.74	1813.52	2128.30
按企业规模分	**Grouped by Size of Enterprises**				
大型企业	Large	422.61	1499.82	1821.39	2244.25
中型企业	Medium-sized	318.15	822.41	985.07	1171.05
小型企业	Small	868.56	3257.52	3637.47	4059.14

注：1. 本表产值均为1990年不变价格.
2. 本表工业总产值从1995年起按新规定计算.

Note: a) Values in this table are based on 1980 constant prices.
b) The data of gross industrial output value since 1995 were calculated in accordance with the new stipulations.

12-3 工 业 总 产 值
GROSS INDUSTRIAL OUTPUT VALUE

单位：亿元 (100 million yuan)

年 份 Year	工 业 总产值 Gross Industrial Output Value	按轻重分 Grouped by Light & Heavy Industry 轻工业 Light Industry	 重工业 Heavy Industry	乡及乡以上工业总产值 Gross Industrial Output Value at and Above Township level	按经济类型分 Grouped by Ownership 国有经济 State-owned Enterprises	 集体经济 Collective Owned Enterprises	 其他经济类型 Others	城镇合作城镇个体和村及村以下工业 Industry of Town Cooperative and Individual and Industry at and Under Village Level
按1957年不变价格计算 calculated at constant prices of 1957								
1949	7.58	6.64	0.94	4.52	4.52			3.06
1952	14.95	13.10	1.85	10.37	10.23	0.14		4.58
1957	31.89	26.19	5.70	28.40	22.00	6.40		3.49
1962	39.64	30.40	9.24	37.52	28.49	9.03		2.12
1965	64.17	45.91	18.26	60.96	49.25	11.71		3.21
1970	104.46	67.68	36.78	100.87	79.22	21.65		3.59
按1970年不变价格计算 calculated at constant prices of 1970								
1975	157.17	95.49	61.68	152.18	112.96	39.22		4.99
1978	199.65	114.43	85.22	187.56	135.41	52.15		12.09
1979	214.55	129.29	85.26	198.48	143.66	54.82		16.07
1980	234.35	147.59	86.76	217.21	147.92	64.79	4.50	17.14
按1980年不变价格计算 calculated at constant prices of 1980								
1980	236.37	148.86	87.51	219.08	149.19	65.35	4.54	17.29
1981	272.12	176.33	95.79	243.51	164.35	76.60	2.56	28.61
1982	294.66	194.66	100.00	264.67	176.94	84.55	3.18	29.99
1983	329.99	213.72	116.27	297.17	196.94	94.72	5.51	32.82
1984	396.20	262.65	133.55	355.80	224.10	117.88	13.82	40.40
1985	505.08	341.08	164.00	442.66	265.13	154.28	23.25	62.42
1986	584.76	403.97	180.79	505.42	286.53	181.52	37.37	79.34
1987	778.26	537.88	240.38	656.73	348.95	236.16	71.62	121.53
1988	1050.77	727.32	323.45	886.25	432.67	325.80	127.78	164.52
1989	1221.93	839.70	382.23	1018.81	458.82	349.41	210.58	203.12
1990	1430.80	1020.37	410.43	1195.90	501.25	380.44	314.21	234.90
按1990年不变价格计算 calculated at constant prices of 1990								
1990	1907.34	1317.01	590.33	1609.32	750.14	467.57	391.61	298.02
1991	2453.57	1671.87	781.70	2071.78	903.88	564.56	603.34	381.79
1992	3352.80	2257.70	1095.10	2769.13	1088.63	749.30	931.20	583.67
1993	4669.05	3099.77	1569.28	3715.64	1129.28	958.79	1627.57	953.41
1994	6219.87	4111.66	2108.21	4595.86	1097.42	1167.20	2331.24	1624.01
1995	7458.54	4653.35	2805.19	5581.74	1067.06	1213.83	3300.85	1876.80
1996	8815.47	5730.88	3084.59	6443.93	1086.78	1390.19	3966.95	2371.54
1997	10461.52	6913.19	3548.33	7474.44	1166.33	1495.08	4813.03	2987.08

注：1995年起，工业总产值按新规定计算。
Note: The data of gross industrial output value since 1995 were calculated in accordance with the new stipulations.

12-4 工业总产值指数

INDICES OF GROSS INDUSTRIAL OUTPUT VALUE

单位：% (%)

年份 Year	工业总产值 Gross Industrial Output Value	按轻重分 Grouped by Light & Heavy Industry		乡及乡以上工业总产值 Gross Industrial Output Value at and Above Township Level	按经济类型分 Grouped by Ownership			城镇合作城镇个体和村及村以下工业 Industry of Town Cooperative and Individual and Industry at and Under Village Level
		轻工业 Light Industry	重工业 Heavy Industry		国有经济 State-Owned Enterprises	集体经济 Collective Owned Enterprises	其他经济类型 Others	
1949	100.0	100.0	100.0	100.0	100.0			100.0
1952	197.2	197.3	196.8	229.4	226.3	100.0		149.7
1957	420.7	394.4	606.4	628.3	486.7	4571.4		114.1
1962	523.0	457.8	983.0	830.1	630.3	6450.0		69.3
1965	846.6	691.4	1942.6	1348.7	1089.6	8364.3		104.9
1970	1378.1	1019.3	3912.8	2231.6	1752.7	15464.3		117.3
1975	2129.7	1404.3	7342.9	3474.4	2561.5	29644.7		141.8
1978	2705.3	1682.8	10145.2	4282.2	3070.5	39418.0		343.5
1980	3175.5	2170.4	10328.6	4959.1	3354.2	48972.0	100.0	486.9
1981	3655.8	2570.9	11305.7	5512.1	3695.0	57402.5	56.4	805.7
1982	3958.6	2838.2	11802.6	5991.1	3978.1	63360.1	70.1	844.6
1983	4433.2	3116.1	13722.9	6726.8	4427.8	70981.3	121.5	924.3
1984	5322.7	3829.5	15762.4	8054.0	5038.4	88336.9	304.7	1137.8
1985	6779.6	4993.9	19294.1	10106.4	5971.4	117951.0	503.9	1638.3
1986	7849.1	5914.7	21269.4	11539.3	6453.4	138776.7	809.9	2082.4
1987	10446.4	7875.3	28278.0	14993.9	7859.3	180550.4	1552.2	3189.7
1988	14104.2	10649.1	38047.9	20234.0	9744.9	249082.5	2769.3	4318.0
1989	16401.6	12294.4	44965.1	23260.5	10333.9	267132.9	4563.8	5331.1
1990	19205.4	14939.5	48285.9	27303.7	11289.4	290856.3	6810.1	6165.4
1991	24708.7	18977.0	63552.9	35114.9	13612.7	351094.5	10492.0	7904.6
1992	33764.6	25626.6	89032.5	46934.4	16395.0	465982.3	16193.4	12084.3
1993	47019.6	35184.6	127583.7	62976.9	17007.2	596262.1	28303.1	19739.3
1994	62637.1	46670.3	171399.1	77895.9	16527.4	725870.2	40539.8	33623.3
1995	78252.3	55062.5	237353.5	97380.0	16620.5	794234.6	58511.3	41926.2
1996	92488.7	67812.8	260994.1	112421.9	16927.6	909630.7	70318.7	52978.3
1997	109758.4	81802.9	300232.2	130400.3	18166.7	978262.4	85316.4	66728.9

12-5 按经济类型分的工业总产值及指数

INDICES AND GROSS OUTPUT VALUE OF INDUSTRY BY OWNERSHIP

年 份 Year	绝 对 数 (亿元) Gross Output Value of Industry(100 million yuan)					指数(1978=100) Indices				
	工业总产值 Total	国有工业 State-Owned	集体工业 Collective Owned	城乡个体工业 Individual-Owned	其他经济工业 Others	工业总产值 Total	国有工业 State-Owned	集体工业 Collective Owned	城乡个体工业 Individual-Owned	其他经济工业 Others
1978	206.56	131.83	73.28		1.45	100.0	100.0	100.0		
1979	221.46	142.64	77.34		1.48	107.5	106.1	110.4		
1980	248.68	146.95	95.08	0.05	6.60	117.4	109.2	127.6	100	100
1981	282.95	165.53	112.49	0.13	4.80	134.5	120.3	174.2	260.0	56.4
1982	313.76	178.78	129.39	0.28	5.31	145.7	129.5	160.7	540.0	70.1
1983	356.91	204.68	149.25	0.69	2.29	163.4	144.1	194.0	1360.0	121.5
1984	433.40	240.19	185.17	1.23	6.81	196.4	164.0	239.2	2460.0	304.7
1985	534.72	298.42	200.98	14.14	21.18	249.6	194.0	306.3	28060.0	512.6
1986	632.89	334.59	243.27	19.93	35.10	289.0	209.7	365.2	38380.0	823.9
1987	878.29	427.10	343.59	34.88	72.72	384.6	255.4	491.6	64800.0	1597.0
1988	1318.90	594.98	520.99	55.58	147.35	519.3	316.7	672.2	91040.0	2817.2
1989	1647.24	714.93	607.02	72.85	252.44	603.9	335.8	744.8	119360.0	4642.7
1990	1902.25	765.43	659.65	91.19	385.98	707.1	366.9	820.7	144520.0	6927.5
1991	2524.12	973.59	828.68	118.96	602.89	909.6	442.1	987.9	223129.0	10672.9
1992	3479.39	1202.46	1174.42	184.60	917.91	1243.0	532.5	1364.9	358714.0	16472.6
1993	5237.37	1445.38	1711.62	315.42	1764.95	1731.0	552.4	1903.9	605041.0	28791.1
1994	7273.95	1562.24	2444.46	555.04	2712.21	2305.9	536.8	2682.2	1045236.5	41238.8
1995	9720.54	1709.89	3054.13	921.84	4034.68	2880.8	539.8	3039.0	1460985.5	59520.2
1995(新规定)	8849.90	1465.82	2797.76	854.70	3731.62					
1996	10530.93	1544.58	3552.70	970.51	4463.14	3404.9	549.8	3793.5	1618115.9	71531.2
1997	12372.69	1574.39	4042.39	1472.59	5283.32	4040.7	590.0	4245.7	2392267.9	86788.4

注：1. 绝对数按现价计算，指数按可比价计算。
2. 本表计算产值从1995年起按新规定计算。

Note: a) Values in this table are based on current prices, indices are based on comparable prices.
b) The data of output value in this table from 1995 are calculated in accordance with the new stipulations.

12-6 乡及乡以上工业总产值及指数

INDICES AND GROSS OUTPUT VALUE OF INDUSTRAL ENTERPRISES AT AND ABOVE TOWNSHIP LEVEL

单位:亿元 (100 million yuan)

年份 Year	总产值(亿元) Gross Output Value (10^8 yuan)	轻工业 Light Industry Enterprises	重工业 Heavy Industry Enterprises	#大中型工业 Large And Medium Enterprises	总产值指数(1978=100) Gross Output Value Indices (1978=100)	轻工业 Light Industry Enterprises	重工业 Heavy Industry Enterprises	#大中型工业 Large And Medium Enterprises
1978	180.73	102.32	78.41	49.34	100.0	100.0	100.0	100.0
1979	194.64	110.28	84.36	54.91	105.8	105.3	106.4	109.5
1980	212.69	128.17	84.52	56.33	115.8	127.7	100.7	103.1
1981	241.93	152.97	88.96	66.89	128.7	151.3	102.1	133.0
1982	263.02	164.17	98.85	75.37	139.9	164.2	111.2	148.5
1983	293.70	180.60	113.10	92.78	157.1	184.5	124.7	181.5
1984	359.87	223.29	136.58	110.63	188.1	226.1	142.8	209.9
1985	471.83	289.68	182.15	166.11	236.0	279.6	179.8	302.0
1986	550.49	344.70	205.79	210.27	269.5	327.7	194.7	379.7
1987	747.47	472.45	275.02	299.193	350.1	426.5	252.2	522.3
1988	1118.00	718.03	399.97	459.74	472.5	582.1	332.2	720.2
1989	1399.45	893.20	506.25	622.42	543.2	594.3	389.2	863.6
1990	1605.80	1057.02	548.78	734.35	637.6	795.5	435.8	1042.2
1991	2144.93	1371.46	773.47	1057.02	820.0	1009.7	622.1	1476.1
1992	2884.35	1796.12	1088.23	1408.48	1096.0	1331.0	854.4	1980.5
1993	4252.70	2515.77	1736.93	1891.29	1470.7	1751.6	1188.8	2412.8
1994	5565.48	3224.69	2340.79	2563.27	1819.1	2135.9	1507.6	2863.3
1995	6502.97	3776.94	2726.03	2824.61				
1995(新规定)	7189.24	4148.78	3040.46	3227.59	2274.1	2581.8	1993.2	3519.7
1996	7490.49	4344.25	3146.24	3470.81	2625.4	2989.5	2290.2	4253.6
1997	8442.32	4914.09	3528.23	3950.86	3045.3	3470.5	2652.8	5176.4

注：1. 绝对数按现价计算，指数按可比价计算。
2. 本表产值从1995年起按新规定计算。

Nota: a) Values in this table are based on current prices, indices are based on comparable prices.
b) The data of output value in this table from 1995 are calculated in accordance with the new stipulations.

12-7 农村工业、城镇合作经营及个体工业总产值及指数

INDICES AND GROSS OUTPUT VALUE OF RURAL INDUSTRY, TOWN COOPERATIVE INDUSTRY AND INDIVIDUAL INDUSTRY

	绝对数(亿元) Gross Output Value of Industry (100 million yuan)						指数(1978=100) Indices (1978=100)			
	农村工业 Rural	#乡办工业 Township	#村办工业 Village	#村以下办工业 Village Level Below	城镇联营工业及个体工业 Town Cooperative and Individual	#城镇个体工业 Town Individual	农村工业 Rural	#乡办工业 Township	#村办工业 Village	城镇联营工业及个体工业 Town Cooperative and Individual
1978	38.81	12.98	25.83				100	100	100	
1979	40.87	14.05	26.82				119.2	106.3	132.9	
1980	52.66	16.77	35.89		0.05	0.05	132.6	124.0	141.7	100
1981	61.52	20.63	40.89		0.13	0.13	179.9	143.2	218.7	260.0
1982	73.60	23.14	50.46		0.28	0.28	191.7	156.3	229.2	540.0
1983	87.77	25.25	62.52		0.68	0.68	210.5	172.4	250.8	1360.0
1984	107.37	35.07	72.30		1.23	1.23	264.8	223.3	308.7	2460.0
1985	103.43	45.29	34.97	23.17	4.75	4.75	372.7	309.1	440.7	9660.0
1986	132.11	56.94	40.60	34.57	7.22	3.58	476.1	395.5	561.5	14180.0
1987	204.09	84.47	69.16	50.46	11.20	5.46	697.6	554.4	849.3	20800.0
1988	317.66	137.98	104.32	79.97	16.62	7.84	947.8	806.3	1153.3	27220.0
1989	382.80	157.91	126.19	98.70	22.89	10.21	1141.6	889.3	1408.9	37540.0
1990	441.51	171.14	150.77	119.60	26.07	11.66	1301.2	992.4	1628.3	43680.0
1991	614.33	272.92	195.21	146.20	37.78	17.69	1914.9	1851.2	2067.8	60726.2
1992	860.96	371.12	316.19	227.65	51.20	25.11	2629.3	2099.4	3211.3	79712.0
1993	1414.44	520.92	519.62	373.90	91.15	49.45	4234.2	3349.9	5197.4	142819.0
1994	2216.18	636.09	907.20	672.89	128.36	71.91	6593.4	4108.7	9024.6	198373.3
1995	3058.43	1030.35	1297.76	730.32	318.85	261.83	8682.5	6727.4	10776.7	372068.2
1996	3932.13	1131.30	1735.88	1064.95	239.61	155.63	10231.5	7380.3	13159.5	294705.8
1997	4855.40	3272.97	1987.24	1595.19	347.94	244.07	12314.9	8215.8	16401.0	416994.0

注:本表绝对数按当年价计算,指数按可比价计算.

Note: Vulues in this table are based on carrent prices, indices are based on comparable prices.

12-8 各市乡及乡以上工业企业单位数和工业总产值

NUMBER OF INDUSTRIAL ENTERPRISES AND GROSS OUTPUT VALUE AT AND ABOVE TOWNSHIP LEVEL BY CITY

市别	City	工业企业单位数(个) Number of Industrial enterprises				工业总产值(亿元) Gross Output Value of Industry(10^8 yuan)			
		1990	1995	1996	1997	1990	1995	1996	1997
广州	Guangzhou	4273	8508	8433	7528	402.19	1054.04	1208.25	1383.50
深圳	Shenzhen	2432	2799	2419	2635	186.04	900.13	1068.40	1256.28
珠海	Zhuhai	855	1464	1685	1573	55.82	303.55	341.99	427.23
汕头	Shantou	1569	1831	1928	1679	66.51	207.61	231.05	274.35
韶关	Shaoguan	1462	1981	2249	1975	59.31	93.81	95.73	107.38
河源	Heyuan	946	932	795	743	7.48	19.56	20.91	22.00
梅州	Meizhou	1764	2017	2008	1898	31.65	67.27	67.38	68.95
惠州	Huizhou	1558	2710	2927	2909	35.82	313.96	412.55	520.52
汕尾	Shanwei	592	570	503	440	4.78	19.65	18.96	21.22
东莞	Dongguan	1129	2431	1495	2043	51.51	192.30	222.08	268.07
中山	Zhongshan	685	1189	1658	916	68.37	278.84	312.79	362.71
江门	Jiangmen	1931	2553	3339	2500	184.21	531.78	637.83	726.84
佛山	Foshan	1863	2084	1985	1889	234.24	798.87	878.62	986.50
阳江	Yangjiang	571	823	800	795	18.80	55.23	56.22	56.83
湛江	Zhanjiang	1350	1555	1631	1424	70.06	160.02	166.81	167.14
茂名	Maoming	1256	1447	1454	1423	56.61	123.09	139.36	158.96
肇庆	Zhaoqing	1816	2350	2409	2359	43.80	207.97	265.10	325.68
清远	Qingyuan	1202	1712	1703	1618	17.38	48.94	56.38	64.28
潮州	Chaozhou	883	1223	1040	759	17.16	45.97	58.48	63.94
揭阳	Jieyang	1117	1191	1270	1273	18.31	58.98	69.39	86.90
云浮	Yunfu	1117	1311	1677	1188	25.14	100.18	115.65	125.17

12-9 各市各行业工业企业单位数(1997年)

单位:个

行业	Item	全省 Province	广州 Guangzhou
全省总计	**Province Total**	**39567**	**7528**
按经济类型分	**Grouped by Ownership**		
国有经济	State-owned Enterprises	6203	950
集体经济	Collective Owned Enterprises	21044	4489
股份制经济	Share Holding Enterprises	313	31
外商投资经济	Foreign Funded Enterprises	2647	272
港澳台投资经济	Enterprises Funded by Overseas Chinese from HongKong, Macao and Taiwan	7941	1615
按轻重工业分	**Grouped by Light & Heavy Industry**		
轻工业	Light Industry	23848	4996
以农产品为原料	Using Farm Products as Raw Materials	14192	2719
以非农产品为原料	Using Non-Farm Products as Raw Materials	9656	2277
重工业	Heavy Industry	15719	2532
采掘工业	Mining and Quarrying	1458	77
原料工业	Raw Materials Industry	4406	370
加工工业	Manufacturing Industry	9855	2085
按企业规模分	**Grouped by Size of Enterprises**		
大型企业	Large	655	221
中型企业	Medium-sized	1432	362
小型企业	Small	37480	6945
按行业分	**Grouped by Sector**		
#煤炭采选业	Coal Mining and Dressing	151	1
石油和天然气开采	Petroleum and Natural Gas Extraction	3	1
黑色金属矿采选业	Ferrous Metals Mining and Dressing	105	
有色金属矿采选业	Nonferrous Metals Mining and Dressing	211	3
非金属矿采选业	Nonmetal Minerals Mining and Dressing	814	48
其他矿采选业	Other Minerals Mining and Dressing	7	
木材及竹材采运业	Logging and Transport of Timber and Bamboo	208	25
食品加工业	Food Processing	1487	168
食品制造业	Food Manufacturing	1021	158
饮料制造业	Beverage Manufacturing	747	78
烟草加工业	Tobacco Processing	39	3
纺织业	Textile Industry	1741	262
服装及其他纤维制品制造	Garments and Other Fiber Products	3484	794
皮革毛皮羽绒及其制品业	Leather, Furs, Down and Related Products	1323	271
木材加工及竹藤棕草制品业	Timber Processing, Bamboo, Cane, Palm Fiber Straw Products	985	92
家具制造业	Furniture Manufacturing	837	130
造纸及纸制品业	Papermaking and Pager Products	1211	180
印刷业记录媒介的复制	Printing and Record Medium Reproduction	1249	531
文教体育用品制造业	Cultural, Educational and Sports Goods	885	202
石油加工及炼焦业	Petroleum Processing and Coking	51	6
化学原料及制品制造业	Raw Chemical Materials and Chemical Products	1634	383
医药制造业	Medical and Pharmaceutical Products	396	85
化学纤维制造业	Chemical Fiber	171	18
橡胶制品业	Rubber Products	274	99
塑料制品业	Plastic Products	2174	450
非金属矿物制品业	Nonmetal Mineral Products	3003	281
黑色金属冶炼及压延加工业	Smelting and Pressing of Ferrous Metals	269	25
有色金属冶炼及压延加工业	Smelting and Pressing of Nonferrous Metals	232	45
金属制品业	Metal Products	2611	766
普通机械制造业	Ordinary Machinery Manufacturing	1041	295
专用设备制造业	For Special Purposes Equipment Manufacturing	988	246
交通运输设备制造业	Transport Equipment Manufacturing	1414	446
电气机械及器材制造业	Electric Equipment and Machinery	1879	500
电子及通信设备制造业	Electronic and Telecommunication Equipment	1714	339
仪器仪表及文化办公用机械制造业	Instruments, Meters, Cultural and Office Machinery	584	153
其他制造业	Other Manufacturing	1747	336
电力蒸汽热水生产供应业	Electric Power, Steam and Hot Water Production and Supply	2207	59
煤气的生产和供应业	Gas Production and Supply	35	5
自来水的生产和供应业	Tap Water Production and Supply	634	44

注：本表统计范围为乡及乡以上工业企业和工业活动单位。 Note: The coverage of this table is the

NUMBER OF INDUSTRIAL ENTERPRISES BY SECTOR BY CITY(1997)

(unit)

深圳 Shenzhen	珠海 Zhuhai	汕头 Shantou	韶关 Shaoguan	河源 Heyuan	梅州 Meizhou	惠州 Huizhou	汕尾 Shanwei	东莞 Dongguan
2635	**1573**	**1679**	**1975**	**743**	**1898**	**2909**	**440**	**2043**
572	172	263	495	190	381	266	85	80
434	401	745	1243	442	1244	1540	292	802
55	19	10	22	7	2	14		8
300	232	186	78	24	76	238	21	165
1162	681	432	55	58	170	727	38	961
1691	1017	1266	704	282	807	2084	295	1448
822	583	786	528	171	531	1212	166	783
869	434	480	176	111	276	872	129	665
944	556	413	1271	461	1091	825	145	595
14	24	6	309	45	179	73	7	5
78	74	72	544	251	501	182	64	75
852	458	335	418	165	411	570	74	515
70	26	11	19	1	6		2	13
60	58	34	63	6	43	43	11	32
2505	1489	1634	1893	736	1849	2866	427	1998
			62		32	1		
			19	6	15	8		
	24	4	88	7	19	4	1	
14		9	88	14	99	46	6	5
				3		1		
	46		52	15	14	14	1	
48	49	82	72	21	41	83	18	40
49	32	80	29	10	19	39	24	38
29	3	20	44	24	88	46	10	21
1	68		4		3	1		
96	207	137	45	21	65	169	32	119
291	43	253	52	17	70	352	26	249
92	12	37	11	1	23	278	19	116
24	19	20	169	41	64	60	5	14
32	53	18	95	20	43	64	11	39
59	33	51	48	13	80	77	10	101
63	33	48	33	20	42	47	3	48
109		42	17	9	26	111	10	121
1	90	2		2		1		1
80	28	70	73	13	61	72	10	56
36	9	18	10	15	10	28		6
10	7	17		1	1	9	5	9
16	108	10	4		6	14		14
202	85	149	31	15	39	234	32	182
70	7	53	165	93	253	106	28	71
7	8	1	37	8	55	5		5
10	86	3	19	3	12	16		2
199	33	74	71	27	77	220	23	129
40	48	36	70	10	46	36	2	39
64	92	61	51	19	37	44	12	38
110	89	42	79	22	54	48	15	53
163	151	77	19	18	39	126	4	172
422	40	55	22	12	48	192	7	148
168	44	28	1	4	7	42	3	44
95	16	138	47	23	60	182	35	112
21	1	31	313	190	312	72	62	18
2		3	2		1	1		
12	9	10	33	26	47	60	26	33

industrial enterprises at township and higher levels and their affiliated units.

续表1 continued

单位：个

行业	Item	中山 ZhongShan	江门 Jiangmen
全省总计	**Province Total**	**916**	**2500**
按经济类型分	**Grouped by Ownership**		
国有经济	State-owned Enterprises	64	342
集体经济	Collective Owned Enterprises	360	1390
股份制经济	Share Holding Enterprises	3	24
外商投资经济	Foreign Funded Enterprises	106	286
港澳台投资经济	Enterprises Funded by Overseas Chinese from HongKong, Macao and Taiwan	351	315
按轻重工业分	**Grouped by Light & Heavy Industry**		
轻工业	Light Industry	640	1560
以农产品为原料	Using Farm Products as Raw Materials	375	972
以非农产品为原料	Using Non-Farm Products as Raw Materials	265	588
重工业	Heavy Industry	276	940
采掘工业	Mining and Quarrying	1	61
原料工业	Raw Materials Industry	41	281
加工工业	Manufacturing Industry	234	598
按企业规模分	**Grouped by Size of Enterprises**		
大型企业	Large	17	50
中型企业	Medium-sized	56	153
小型企业	Small	843	2297
按行业分	**Grouped by Sector**		
煤炭采选业	Coal Mining and Dressing		1
石油和天然气开采	Petroleum and Natural Gas Extraction		
黑色金属矿采选业	Ferrous Metals Mining and Dressing		1
有色金属矿采选业	Nonferrous Metals Mining and Dressing		2
非金属矿采选业	Nonmetal Minerals Mining and Dressing	1	54
其他矿采选业	Other Minerals Mining and Dressing		1
木材及竹材采运业	Logging and Transport of Timber and Bamboo		2
食品加工业	Food Processing	22	136
食品制造业	Food Manufacturing	23	68
饮料制造业	Beverage Manufacturing	13	34
烟草加工业	Tobacco Processing		4
纺织业	Textile Industry	80	155
服装及其他纤维制品制造	Garments and Other Fiber Products	106	273
皮革毛皮羽绒及其制品业	Leather, Furs, Down and Related Products	50	85
木材加工及竹藤棕草制品业	Timber Processing, Bamboo, Cane, Palm Fiber Straw Products	4	34
家具制造业	Furniture Manufacturing	19	37
造纸及纸制品业	Papermaking and Pager Products	26	88
印刷业记录媒介的复制	Printing and Record Medium Reproduction	17	52
文教体育用品制造业	Cultural, Educational and Sports Goods	34	34
石油加工及炼焦业	Petroleum Processing and Coking		1
化学原料及制品制造业	Raw Chemical Materials and Chemical Products	35	123
医药制造业	Medical and Pharmaceutical Products	11	16
化学纤维制造业	Chemical Fiber	14	10
橡胶制品业	Rubber Products	5	18
塑料制品业	Plastic Products	66	143
非金属矿物制品业	Nonmetal Mineral Products	34	181
黑色金属冶炼及压延加工业	Smelting and Pressing of Ferrous Metals	8	28
有色金属冶炼及压延加工业	Smelting and Pressing of Nonferrous Metals	11	12
金属制品业	Metal Products	83	170
普通机械制造业	Ordinary Machinery Manufacturing	27	71
专用设备制造业	For Special Purposes Equipment Manufacturing	16	64
交通运输设备制造业	Transport Equipment Manufacturing	21	101
电气机械及器材制造业	Electric Equipment and Machinery	49	158
电子及通信设备制造业	Electronic and Telecommunications Equipment	60	69
仪器仪表及文化办公用机械制造业	Instruments, Meters, Cultural and Office Machinery	15	27
其他制造业	Other Manufacturing	47	71
电力蒸汽热水生产供应业	Electric Power, Steam and Hot Water Production and Supply	6	113
煤气的生产和供应业	Gas Production and Supply	1	6
自来水的生产和供应业	Tap Water Production and Supply	12	57

续表2 continued

(unit)

佛 山 Foshan	阳 江 Yangjiang	湛 江 Zhanjiang	茂 名 Maoming	肇 庆 Zhaoqing	清 远 Qingyuan	潮 州 Chaozhou	揭 阳 Jieyang	云 浮 Yunfu
1889	**795**	**1424**	**1423**	**2359**	**1618**	**759**	**1273**	**1188**
237	166	417	281	361	375	84	254	169
922	407	803	1009	1483	877	545	741	875
63	12	16	7	8	1	6	2	3
126	36	59	70	79	80	37	125	51
485	21	81	32	300	169	82	139	68
1116	416	898	631	1314	632	555	924	590
663	254	587	374	897	430	326	638	386
453	162	311	257	417	202	229	286	204
773	379	526	792	1045	986	204	349	598
19	58	41	127	140	189	7	15	60
163	134	123	240	336	463	87	119	201
591	187	362	425	569	334	110	215	337
137	4	38	6	19	3	7	2	3
203	25	82	42	54	26	21	23	34
1549	766	1304	1375	2286	1589	731	1248	1151
	3		2	2	47			
		1	1					
	9		4	6	31	1		5
2	8	14	11	23	20	1	1	4
17	16	44	98	97	64	5	18	47
	1		1					
2	22	2	12	12	27			8
96	37	157	85	134	54	19	80	48
34	27	87	42	44	28	51	83	39
28	18	46	30	65	40	18	29	34
1	2	8	3	2	1		2	1
157	10	50	20	75	42	15	84	39
119	35	56	30	109	68	115	173	88
56	26	27	38	53	34	24	25	14
11	21	41	26	191	87	13	16	40
30	35	23	29	92	37	15	14	35
75	23	64	46	84	42	21	33	37
65	13	48	31	69	33	16	24	13
27	11	6	3	29	18	9	27	7
4		4	26	1				2
80	27	62	92	107	76	26	22	77
16	4	20	15	35	11	7	10	15
14	3	14	5	8	1	2	17	4
6	7	13	15	14	7	3	10	6
123	27	47	45	82	52	47	70	30
205	98	184	266	235	201	112	73	209
11	4	9	12	11	19	4	9	4
35	7	3	7	14	7	4	5	9
145	74	104	77	86	41	24	82	53
69	24	26	34	84	35	12	30	22
46	11	40	29	67	35	13	20	27
66	32	47	30	51	51	14	28	12
165	12	38	35	56	32	30	46	51
62	3	15	10	49	15	11	19	5
12	1	5	3	11	5	4	7	4
52	40	50	64	138	33	48	103	39
22	90	27	119	172	291	58	91	124
2		5	4	1		1		
33	14	37	23	50	33	16	22	36

12-10 各市各行业工业总产值(1997年)

单位：万元

行业	Item	全省 Province	广州 Guangzhou
全省总计	**Province Total**	**74744437**	**13834996**
按经济类型分	**Grouped by Ownership**		
国有经济	State-owned Enterprises	11663283	3083086
集体经济	Collective Owned Enterprises	14950806	1786821
股份制经济	Share Holding Enterprises	5031946	500359
外商投资经济	Foreign Funded Enterprises	16512750	3683727
港澳台投资经济	Enterprises Funded by Overseas Chinese from HongKong, Macao and Taiwan	24990444	4477512
按轻重工业分	**Grouped by Light & Heavy Industry**		
轻工业	Light Industry	46055803	8941797
以农产品为原料	Using Farm Products as Raw Materials	20676889	4680365
以非农产品为原料	Using Non-Farm Products as Raw Materials	25378914	4261432
重工业	Heavy Industry	28688634	4893199
采掘工业	Mining and Quarrying	1154963	369380
原料工业	Raw Materials Industry	6250662	1452888
加工工业	Manufacturing Industry	21283009	3070931
按企业规模分	**Grouped by Size of Enterprises**		
大型企业	Large	22442565	5858421
中型企业	Medium-sized	11710493	2162150
小型企业	Small	40591379	5814425
按行业分	**Grouped by Sector**		
# 煤炭采选业	Coal Mining and Dressing	42097	2
石油和天然气开采业	Petroleum and Natural Gas Extraction	427772	332265
黑色金属矿采选业	Ferrous Metals Mining and Dressing	59245	
有色金属矿采选业	Nonferrous Metals Mining and Dressing	146581	568
非金属矿采选业	Nonmetal Minerals Mining and Dressing	431691	35302
其他矿采选业	Other Minerals Mining and Dressing	7735	
木材及竹材采运业	Logging and Transport of Timber and Bamboo	47455	4103
食品加工业	Food Processing	2525911	373067
食品制造业	Food Manufacturing	1598983	674980
饮料制造业	Beverage Manufacturing	1307331	302978
烟草加工业	Tobacco Processing	478605	211554
纺织业	Textile Industry	3968532	550675
服装及其他纤维制品制造业	Garments and Other Fiber Products	3878509	645581
皮革毛皮羽绒及其制品业	Leather, Furs, Down and Related Products	2441037	706723
木材加工及竹藤棕草制品业	Timber Processing, Bamboo, Cane, Palm Fiber and Straw Products	732252	78174
家具制造业	Furniture Manufacturing	497800	93652
造纸及纸制品业	Papermaking and Pager Products	1520609	316639
印刷业记录媒介的复制	Printing and Record Medium Reproduction	945787	174267
文教体育用品制造业	Cultural, Educational and Sports Goods	1327417	364607
石油加工及炼焦业	Petroleum Processing and Coking	961630	258591
化学原料及制品制造业	Raw Chemical Materials and Chemical Products	3569980	1453724
医药制造业	Medical and Pharmaceutical Products	1436190	438608
化学纤维制造业	Chemical Fiber	1275136	89478
橡胶制品业	Rubber Products	517281	297927
塑料制品业	Plastic Products	3130143	435611
非金属矿物制品业	Nonmetal Mineral Products	3256315	387039
黑色金属冶炼及压延加工业	Smelting and Pressing of Ferrous Metals	672881	244856
有色金属冶炼及压延加工业	Smelting and Pressing of Nonferrous Metals	838052	200452
金属制品业	Metal Products	3418290	504144
普通机械制造业	Ordinary Machinery Manufacturing	1419762	337142
专用设备制造业	Special Purposes Equipment Manufacturing	1030145	233985
交通运输设备制造业	Transport Equipment Manufacturing	3310911	1417100
电气机械及器材制造业	Electric Equipment and Machinery	7696321	1169333
电子及通信设备制造业	Electronic and Telecommunications Equipment	14706853	779627
仪器仪表文化办公用机械制造	Instruments, Meters, Cultural and Office Machinery	1866583	170392
其他制造业	Other Manufacturing	1722730	276255
电力蒸汽热水生产供应业	Electric Power, Steam and Hot Water Production and Supply	1230680	186004
煤气的生产和供应业	Gas Production and Supply	52826	10735
自来水的生产和供应业	Tap Water Production and Supply	244090	78860

注：本表统计范围为乡及乡以上工业企业和附营单位，产值按1990年不变价新规定计算。

GROSS OUTPUT VALUE OF INDUSTRY BY SECTOR BY CITY (1997)

(10000 yuan)

深 圳 Shenzhen	珠 海 Zhuhai	汕 头 Shantou	韶 关 Shaoguan	河 源 Heyuan	梅 州 Meizhou	惠 州 Huizhou	汕 尾 Shanwei	东 莞 Dongguan
12562772	**4272295**	**2743517**	**1073820**	**219992**	**689486**	**5205231**	**212228**	**2680747**
1276123	222896	368198	686907	116044	307876	183290	18045	85994
783398	250324	1178837	178740	32078	189744	946826	89900	448617
189093	818052	32004	29022	5586	35077	3984		95476
4276948	1273837	591830	110149	6600	36572	1516989	65631	364416
5819598	1617466	553343	56786	54253	114331	2516438	37614	1667172
5839921	3136144	1893846	362538	118192	287996	3710977	180786	1338674
1881921	859384	1194043	256973	71969	192558	1095846	93261	731509
3958000	2276760	699803	105565	46223	95438	2615131	87525	607165
6722852	1136151	849671	711282	101800	401490	1494254	31442	1342073
10946	31214	3573	94645	21506	44205	19721	222	670
477306	71074	253440	429057	43625	189291	96797	8465	275771
6234600	1033862	592658	187580	37670	167994	1377736	22755	1065632
4200287	1570496	248731	407879	9913	71857		22391	691671
2039861	1013035	206519	261542	12479	194646	1039572	17229	261898
6322624	1688765	2288267	404399	197600	422983	4165659	172607	1727178
			19781		13054	56		
			13651	13439	4769	1513		
		2575	33497	2354	17015	2520		
10946	31214	2378	12770	1161	8556	8679	390	670
				314		4333		
			14947	4239	811	2651		
386226	118916	131807	22407	9459	7238	51474	6584	22601
94652	71052	90110	2964	3920	3208	23455	21760	25133
98215	49173	17911	15011	5141	11223	30410	6905	83410
36494	35100		72197		56985	130		
182314	180659	277781	56711	12812	28537	201802	8879	160334
328271	135325	361260	6356	14160	27988	402085	18012	148194
143879	121193	85116	4153	60	7694	221555	7515	124247
73879	12109	63185	20420	3685	16753	17280	315	8951
21550	15287	4188	25247	1346	5622	32052	1422	41428
122894	85744	31024	14164	3112	18502	73220	2771	104792
158659	12492	84918	12023	989	7190	31276	128	24293
222353	51321	28105	11774	1262	4322	123825	5600	132834
3039		2972		58		124		492
300146	245934	235123	43293	5480	32722	57929	2180	35807
396801	129481	45151	11262	21876	10157	30870		13290
52493	29218	37969		1436	25713	4234	733	2922
45336	7213	3719	22		1574	7723		13798
297469	186870	301037	4848	12345	5867	238185	19556	153771
210725	54372	43985	51213	17859	143641	64489	3141	70073
69480	9127	344	153252	3141	17462	2775		3469
54824	3542	27782	167455	1017	14255	24933		1177
448698	82113	86050	14577	4903	6042	137604	2517	79613
115467	39172	24350	54447	2137	20102	31392	175	27791
125138	86992	78168	27090	1075	2991	44938	4038	51762
251664	176558	71895	14327	2504	38588	216417	5198	17890
520307	1057734	115275	12038	1957	27038	434928	20508	254740
6767574	750163	255580	97985	30964	59508	2343289	40484	691990
599143	441811	25658	11	4089	1676	207200	862	89639
172879	26827	148932	8041	3528	9441	101970	22784	55559
227587	18518	40895	51453	27172	29666	21317	8379	214527
115	830	13124	152		743			
23558	6235	5150	4283	1000	2834	6601	1394	25549

Note: The coverage of this table is the industrial enterprises at township and higher levels and their affiliated units, the figures of output value are calculated at 1990 constant prises in accordance with new stipulations.

续表1 continued

单位：万元

行业	Item	中山 ZhongShan	江门 Jiangmen
总计	**Total**	**3627083**	**7268399**
按经济类型分	**Grouped by Ownership**		
国有经济	State-owned Enterprises	213812	1050627
集体经济	Collective Owned Enterprises	747695	2007184
股份制经济	Share Holding Enterprises	39866	986316
外商投资经济	Foreign Funded Enterprises	700876	1646554
港澳台投资经济	Enterprises Funded by Overseas Chinese from HongKong, Macao and Taiwan	1872075	1217053
按轻重工业分	**Grouped by Light & Heavy Industry**		
轻工业	Light Industry	2726267	5210051
以农产品为原料	Using Farm Products as Raw Materials	1047791	2462566
以非农产品为原料	Using Non-Farm Products as Raw Materials	1678476	2747485
重工业	Heavy Industry	900816	2058348
采掘工业	Mining and Quarrying	28	24377
原料工业	Raw Materials Industry	163903	426434
加工工业	Manufacturing Industry	736885	1607536
按企业规模分	**Grouped by Size of Enterprises**		
大型企业	Large	595272	2357519
中型企业	Medium-sized	505688	929292
小型企业	Small	2526123	3981588
按行业分	**Grouped by Sector**		
# 煤炭采选业	Coal Mining and Dressing		22
石油和天然气开采业	Petroleum and Natural Gas Extraction		
黑色金属矿采选业	Ferrous Metals Mining and Dressing		888
有色金属矿采选业	Nonferrous Metals Mining and Dressing		260
非金属矿采选业	Nonmetal Minerals Mining and Dressing	28	19998
其他矿采选业	Other Minerals Mining and Dressing		2265
木材及竹材采运业	Logging and Transport of Timber and Bamboo		952
食品加工业	Food Processing	77952	227412
食品制造业	Food Manufacturing	44267	215280
饮料制造业	Beverage Manufacturing	105979	45538
烟草加工业	Tobacco Processing		5508
纺织业	Textile Industry	262966	915420
服装及其他纤维制品制造业	Garments and Other Fiber Products	187120	467470
皮革毛皮羽绒及其制品业	Leather, Furs, Down and Related Products	157904	177207
木材加工及竹藤棕草制品业	Timber Processing, Bamboo, Cane, Palm Fiber and Straw Products	11050	28092
家具制造业	Furniture Manufacturing	21297	27441
造纸及纸制品业	Papermaking and Pager Products	83710	232214
印刷业记录媒介的复制	Printing and Record Medium Reproduction	47858	72146
文教体育用品制造业	Cultural, Educational and Sports Goods	138433	44417
石油加工及炼焦业	Petroleum Processing and Coking		86
化学原料及制品制造业	Raw Chemical Materials and Chemical Products	252142	289034
医药制造业	Medical and Pharmaceutical Products	33144	88547
化学纤维制造业	Chemical Fiber	107895	480099
橡胶制品业	Rubber Products	12741	56724
塑料制品业	Plastic Products	139205	282811
非金属矿物制品业	Nonmetal Mineral Products	124437	310291
黑色金属冶炼及压延加工业	Smelting and Pressing of Ferrous Metals	45647	33909
有色金属冶炼及压延加工业	Smelting and Pressing of Nonferrous Metals	40732	32387
金属制品业	Metal Products	280026	544372
普通机械制造业	Ordinary Machinery Manufacturing	63070	299395
专用设备制造业	Special Purposes Equipment Manufacturing	18713	63067
交通运输设备制造业	Transport Equipment Manufacturing	35466	265402
电气机械及器材制造业	Electric Equipment and Machinery	491234	767379
电子及通信设备制造业	Electronic and Telecommunications Equipment	691708	896412
仪器仪表文化办公用机械制造	Instruments, Meters, Cultural and Office Machinery	26344	118282
其他制造业	Other Manufacturing	94291	172628
电力蒸汽热水生产供应业	Electric Power, Steam and Hot Water Production and Supply	19125	46576
煤气的生产和供应业	Gas Production and Supply	2245	17054
自来水的生产和供应业	Tap Water Production and Supply	10359	21425

续表2 continued

(10000 yuan)

佛山 Foshan	阳江 Yangjiang	湛江 Zhanjiang	茂名 Maoming	肇庆 Zhaoqing	清远 Qingyuan	潮州 Chaozhou	揭阳 Jieyang	云浮 Yunfu
9865021	**568323**	**1671365**	**1589572**	**3256746**	**642782**	**639398**	**868963**	**1251705**
1059067	144836	822934	802312	693457	115188	73073	111647	227871
2745017	192975	305180	635733	1057008	131147	280069	289771	673743
1654814	35138	111738	24793	311149	26700	122901	960	8922
1221259	40871	210528	64923	186576	86918	46252	246338	134960
3006479	105720	148527	41281	930483	247087	113676	197996	195554
6377853	361214	933372	513596	1740057	375778	463701	709902	835051
2280418	225678	674157	320469	1159738	204784	289598	444662	527420
4097435	135536	259215	193127	580320	170994	174103	265240	307632
3487169	207109	737992	1075976	1516689	267004	175697	159061	416654
12380	55341	102710	105220	141229	31956	6575	10616	68452
607121	60541	240149	767447	351666	119043	35360	22383	159934
2867668	91226	395134	203310	1023794	116005	133762	126062	188267
4256084	81007	630412	617325	558504	42261	147878	24600	50057
1739311	114971	326950	135566	334575	106266	63755	88916	156274
3869626	372345	714002	836681	2363666	494255	427764	755447	1045374
			5325	659	3198			
		95334	173					
	3151		3960	8028	3263	171		6413
525	38618	3305	13850	15308	9834	5300	682	369
13201	12393	3707	80230	109274	10013	1104	9942	59737
	37		795					
30	1272	1662	1247	7960	5648			1934
339791	33214	342596	71664	103419	17304	71563	59333	51885
66607	4983	21272	13380	102852	13541	27547	38679	39341
335914	9979	17022	23788	113914	5552	6883	11982	10406
19108	1344	39279	450	122	170			165
556535	76482	38838	38363	135547	89640	16667	70886	106686
375067	21425	21091	16037	153879	43048	92900	168706	244535
239233	32361	70752	63802	220954	6897	11231	26959	11604
70337	8539	87872	14911	180826	7321	4151	3400	21002
44297	13994	11474	19672	95300	2871	2147	2126	15391
170562	13930	49474	37273	93296	17049	6516	12485	31242
220284	4072	26238	8883	41379	4919	6515	3775	3484
98882	8644	545	221	34555	9254	10226	33769	2470
6462		85238	601897	2410				261
210366	7094	41010	110959	144134	26980	16654	6946	52323
69706	6951	31204	5558	32321	33050	10708	14807	12700
294391	1517	12688	5069	81235	26700	121	17490	3734
8425	6124	2486	25530	16910	7343	836	512	2337
720340	5738	54380	28253	67973	23955	49709	73759	28464
891515	29171	70904	136741	262155	102680	88580	30358	162944
18376	14504	1082	33341	12244	1693	1951	2255	3974
171551	18447	1537	7264	33812	14814	602	249	21222
667852	87199	41823	27124	179073	10150	15888	89973	108552
164560	27487	64681	13210	97398	15764	4405	6132	11488
116291	7068	72053	15410	52210	2844	4317	15346	6651
543411	7328	107646	9959	83845	32811	2690	9450	762
2452223	16934	54987	41146	73914	21036	35302	57639	70669
608691	9258	47706	10152	481010	24978	69075	21700	28999
56588	2775	65388	711	23584	812	537	5513	25569
168512	26575	44078	66045	134452	14258	51244	54443	69987
121589	8297	35127	30340	47809	30907	20485	15885	29025
2279		675	1379	2621		874		
19229	1418	6213	5459	10366	2485	2504	3787	5383

12-11 独立核算工业企业主要指标

MAIN INDICATORS OF INDUSTRIAL ENTERPRISES WITH INDEPENDENT ACCOUNTING SYSTEMS

年份 Year	平均职工人数（万人） Average Number of Employees (10000 persons)	总产值（亿元） Gross Output Value of Industry (100 million yuan)	固定资产原价（亿元） Original Value of Fixed Assets (100 million yuan)	产品销售收入（亿元） Sales Revenue (100 million yuan)	利税总额（亿元） Total Pre-Tax Profits (100 million yuan)	百元固定资产实现利税（元） Pre-tax Profits per 100 yuan of Original Value of Fixed Assets (yuan)	资金利税率（%） Ratio of Pre-Tax Profits to Total Capital (%)	产值利税率（%） Ratio of Pre-tax profits to Gross Outpute Value (%)	百元销售收入实现利税（元） Pre-Tax Profits per 100 yuan of Sales Revenue (yuan)	全员劳动生产率（元/人） Overall Labor Productivity (yuan/person)
1978	170.51	168.91	111.42		32.91	29.54	29.41	19.48		9906
1979	171.76	181.96	129.09	170.09	34.48	26.71	25.36	18.45	20.27	10594
1980	182.39	198.83	136.59	189.97	38.51	28.19	27.45	19.37	20.27	10902
1981	189.08	226.26	152.58	215.09	42.12	27.60	27.13	18.61	19.58	11966
1982	194.33	245.54	172.00	231.20	44.62	25.94	25.41	18.17	19.30	12635
1983	197.50	275.25	226.58	226.91	48.59	21.45	24.46	17.65	21.42	13937
1984	241.42	336.45	221.46	313.33	56.83	25.66	24.96	16.89	18.14	13937
1985	298.66	438.91	269.13	412.77	75.99	28.23	25.87	17.31	18.41	14696
1986	323.16	522.35	335.19	498.80	80.90	24.14	20.86	15.49	16.22	16164
1987	353.95	711.04	433.95	692.47	102.24	23.56	21.18	14.38	14.76	20089
1988	382.19	1056.47	540.37	1016.20	140.65	26.03	22.45	13.31	13.84	27643
1989	387.90	1321.33	700.66	1222.20	138.71	19.80	16.05	10.50	11.35	34064
1990	390.28	1379.98	843.88	1287.91	121.50	14.40	12.35	8.80	9.43	35359
1991	433.18	2018.62	1339.04	1875.02	188.08	14.05	14.88	9.32	10.03	46600
1992	450.99	2696.47	1485.36	2537.84	248.78	22.32	10.02	9.23	9.80	59790
1993	478.39	4085.35	2099.09	3920.98	397.40	18.93	10.79	9.73	10.14	85379
1994	537.57	5325.35	3309.63	4826.68	478.41	14.46	9.20	8.98	9.91	99063
1995	537.83	6325.19	4298.15	6195.84	445.53	10.37	6.32	7.04	7.19	117606
1996	529.13	7308.51	5066.23	6808.08	489.26	9.66	6.27	6.69	7.19	36094
1997	522.94	8201.71	5904.95	7767.79	617.90	10.46	6.77	7.53	7.95	40040

注：1. 利税总额包括增值税。
2. 全员劳动生产率1996年后按工业增加值计算。

Note: a) Total pre-tax profits included added-value tax.
b) The figures of overall labor productivity since 1996 were calculated by added-value of industry.

12-12 国有独立核算工业企业主要指标

MAIN INDICATORS OF STATE-OWNED INDUSTRIAL ENTERPRISES WITH INDEPENDENT ACCOUNTING SYSTEMS

年份 Year	平均职工人数(万人) Average Number of Employees (10000 persons)	总产值(亿元) Gross Output Value of Industry (100 million yuan)	固定资产原价(亿元) Original Value of Fixed Assets (100 million yuan)	产品销售收入(亿元) Sales Revenue (100 million yuan)	利税总额(亿元) Total Pre-Tax Profits (100 million yuan)	百元固定资产实现利税(元) Pre-tax Profits-per 100 yuan of Original Value of Fixed Assets (yuan)	资金利税率(%) Ratio of Pre-Tax Profits to Total Capital (%)	产值利税率(%) Ratio of Pre-tax profits to Gross Output Value (%)	百元销售收入实现利税(元) Pre-Tax Profits per 100 yuan of Sales Revenue (yuan)	全员劳动生产率(元/人) Overall Labor Productivity (yuan/person)
1978	120.35	122.28	96.06		26.09	27.16	25.74	21.34		10159
1979	121.97	132.30	103.51	126.87	26.89	25.96	23.95	20.31	21.18	10847
1980	126.09	136.30	107.27	127.97	28.33	25.90	25.01	20.57	22.19	10829
1981	132.60	153.54	118.82	147.85	31.18	26.24	25.99	20.31	21.09	11579
1982	139.90	165.82	131.82	158.43	33.29	25.26	24.79	20.08	21.01	11853
1983	142.18	188.09	147.53	178.04	38.18	25.88	25.58	20.30	21.45	13228
1984	143.08	222.35	162.13	205.73	44.02	27.15	26.60	19.80	21.39	15540
1985	144.14	277.87	203.80	265.05	56.34	27.64	27.36	20.28	21.26	19278
1986	150.14	312.74	235.47	305.42	59.70	25.36	23.70	19.09	19.55	20829
1987	156.48	400.55	294.46	402.63	72.44	24.60	23.40	18.09	17.99	25598
1988	162.43	555.41	328.58	545.00	91.05	27.71	24.83	16.39	16.71	34194
1989	162.85	670.95	404.50	631.61	94.11	23.26	20.05	14.93	14.90	41200
1990	163.80	713.88	488.36	689.83	84.35	17.27	14.94	11.82	12.23	43582
1991	173.85	906.72	612.24	853.62	116.26	18.99	17.32	12.82	13.62	52155
1992	171.60	1118.86	751.42	1073.94	131.24	17.47	16.50	11.73	12.22	65202
1993	153.26	1371.58	856.85	1372.66	169.40	19.77	12.67	12.35	12.34	89494
1994	152.25	1498.80	1076.47	1400.87	176.81	16.42	11.17	11.80	12.62	98443
1995	142.83	1396.35	1315.16	1499.25	160.57	12.21	8.58	11.50	10.71	97763
1996	137.50	1476.12	1599.77	1555.28	139.01	8.69	6.49	9.42	8.94	34057
1997	124.71	1505.06	1794.89	1657.79	160.92	8.97	6.68	10.69	9.71	36596

注: 1. 利税总额包括增值税。
2. 全员劳动生产率1996年起按增加值计算。

Note: a) Total pre-tax profits included added-value tax.
b) The figures of overall labor productivity sine 1996 were calculated by added-value of industry.

12-13 独立核算工业企业主要经济效益指标(1997年)

项目	Item	总资产贡献率(%) Total assets Contribution Ratio
全省总计	**Province Total**	7.54
按经济类型分	**Grouped by Ownership**	
国有经济	State-owned Enterprises	6.52
集体经济	Collective Owned Enterprises	6.55
股份制经济	Share Holding Enterprises	8.64
外商投资经济	Foreign Funded Enterprises	10.92
港澳台投资经济	Enterprises Funded by Overseas Chinese from HongKong, Macao and Taiwan	7.05
按轻重工业分	**Grouped by Light & Heavy Industry**	
轻工业	Light Industry	6.99
以农产品为原料	Using Farm Products as Raw Materials	7.41
以非农产品为原料	Using Non-Farm Products as Raw Materials	6.61
重工业	Heavy Industry	8.05
采掘工业	Mining and Quarrying	20.11
原料工业	Raw Materials Industry	7.72
加工工业	Manufacturing Industry	7.19
按企业规模分	**Grouped by Size of Enterprises**	
大型企业	Large	10.46
中型企业	Medium-sized	6.11
小型企业	Small	5.41
按行业分	**Grouped by Sector**	
# 煤炭采选业	Coal Mining and Dressing	1.99
石油和天然气开采	Petroleum and Natural Gas Extraction	29.53
黑色金属矿采选业	Ferrous Metals Mining and Dressing	6.14
有色金属矿采选业	Nonferrous Metals Mining and Dressing	5.75
非金属矿采选业	Nonmetal Minerals Mining and Dressing	6.90
其他矿采选业	Other Minerals Mining and Dressing	1.33
木材及竹材采运业	Logging and Transport of Timber and Bamboo	0.40
食品加工业	Food Manufacturing	5.37
食品制造业	Food Manufacturing	7.28
饮料制造业	Beverage Manufacturing	8.19
烟草加工业	Tobacco Processing	12.08
纺织业	Textile Industry	4.02
服装及其他纤维制品制造	Garments and Other Fiber Products	4.66
皮革毛皮羽绒及其制品业	Leather, Furs, Down and Related Products	4.62
木材加工及竹藤棕草制品业	Timber Processing, Bamboo, Cane, Palm Fiber Straw Products	10.46
家具制造业	Furniture Manufacturing	6.56
造纸及纸制品业	Papermaking and Pager Products	8.86
印刷业记录媒介的复制	Printing and Record Medium Reproduction	6.80
文教体育用品制造业	Cultural, Educational and Sport Goods	6.16
石油加工及炼焦业	Petroleum Processing and Coking	9.21
化学原料及制品制造业	Raw Chemical Materials and Chemical Products	10.57
医药制造业	Medical and Pharmaceutical Products	8.83
化学纤维制造业	Chemical Fiber	5.03
橡胶制品业	Rubber Products	6.14
塑料制品业	Plastic Products	6.03
非金属矿物制品业	Nonmetal Mineral Products	1.85
黑色金属冶炼及压延加工业	Smelting and Pressing of Ferrous Metals	5.29
有色金属冶炼及压延加工业	Smelting and Pressing of Nonferrous Metals	6.12
金属制品业	Metal Products	4.30
普通机械制造业	Ordinary Machinery Manufacturing	5.02
专用设备制造业	For Special Purposes Equipment Manufacturing	5.69
交通运输设备制造业	Transport Equipment Manufacturing	4.79
电气机械及器材制造业	Electric Equipment and Machinery	6.71
电子及通信设备制造业	Electronic and Telecommunications Equipment	11.66
仪器仪表文化办公用机械	Instruments, Meters, Cultural and Office Machinery	7.02
其他制造业	Other Manufacturing	6.18
电力蒸汽热水生产供应业	Electric Power, Steam and Hot Water Production and Supply	10.05
煤气的生产和供应业	Gas Production and Supply	-1.41
自来水的生产和供应业	Tap Water Production and Supply	12.25

MAIN ECONOMIC RESULTS INDICATORS OF INDUSTRIAL ENTERPRISES WITH INDEPENDENT ACCOUNTING SYSTEMS (1997)

资本保值增值率(%) Rate of Maintenance and add Value of Capital	资产负债率 (%) Assets-Liability Rate	流动资产周转率(次) Ratio of Turnover of Circulating Funds	成本费用利润率(%) Ratio of Profits to Cost	全员劳动生产率 (元/人) Overall Labor Productivity (yuan/person)	产品销售率 (%) Sale Rate of Industrial Products	综合指数 (%) Aggregative index
114.96	**64.32**	**1.58**	**3.65**	**40040**	**96.11**	**104.01**
109.82	64.42	1.40	2.49	36596	97.05	90.28
103.70	72.83	1.68	0.66	23210	95.23	79.52
121.42	56.43	1.16	6.64	66481	95.95	132.77
126.87	58.33	1.93	6.02	69735	96.59	142.02
115.66	65.17	1.57	4.13	44353	95.80	107.65
113.34	64.14	1.59	2.79	34874	95.76	98.00
111.83	63.95	1.71	2.63	32477	95.73	95.71
114.76	64.32	1.49	2.95	37799	95.78	101.18
116.49	64.48	1.56	4.77	49161	96.60	111.92
102.77	36.34	2.81	30.44	69917	97.57	235.91
118.74	65.11	1.66	4.45	67655	97.80	108.26
116.48	66.39	1.43	3.35	38387	95.76	103.02
123.91	61.69	1.47	8.73	94879	96.60	155.73
109.13	68.95	1.36	1.31	38540	96.84	88.77
108.50	65.01	1.75	1.27	27898	95.59	85.42
65.27	88.11	0.84	-7.89	4683	101.05	9.67
102.14	16.07	8.70	64.77	852689	98.15	544.46
114.99	72.46	0.89	2.73	29048	90.52	78.97
144.87	67.23	1.52	0.71	16293	95.42	81.09
105.09	55.03	1.66	2.88	24064	96.19	91.39
125.70	77.31	3.86	0.74	19683	100.01	91.92
86.23	46.92	1.18	-4.90	9326	103.95	35.45
94.24	74.69	2.32	-0.88	46265	96.96	81.37
112.97	61.06	1.59	2.19	46350	94.65	101.86
110.06	63.29	1.51	4.49	72713	97.09	121.18
113.77	54.54	1.48	7.95	307139	100.43	257.35
106.01	71.50	1.51	-0.31	28765	94.36	71.51
110.60	60.33	1.83	0.81	19005	95.97	79.76
122.98	63.75	1.86	1.65	16817	95.54	82.24
122.57	70.55	1.69	2.62	39211	93.76	104.92
113.85	67.04	1.46	1.14	22183	94.19	80.57
120.43	63.78	1.66	4.62	42561	95.97	112.48
112.59	61.56	1.48	1.71	29387	96.32	92.06
119.23	48.23	1.70	3.78	14478	96.27	91.49
126.77	77.39	2.86	1.40	74589	96.53	106.10
126.54	65.16	1.46	7.91	58394	94.00	138.02
118.06	56.64	0.91	6.20	70125	93.76	133.52
112.90	77.68	1.45	0.73	38462	94.69	88.19
116.69	60.49	1.51	2.41	24125	97.29	89.91
110.77	61.12	1.73	2.34	33074	94.96	96.56
82.69	78.36	1.14	-8.89	21573	95.88	23.13
110.64	58.38	1.84	1.55	35320	97.76	87.84
93.71	71.53	1.65	-0.32	36575	97.55	82.20
120.55	67.26	1.49	-0.27	33536	92.53	79.60
109.73	68.71	1.06	0.66	29027	97.17	77.20
107.48	65.39	1.03	2.32	28341	92.26	82.95
99.31	70.77	1.07	0.16	51580	96.01	85.34
117.48	68.03	1.28	1.99	41766	95.19	98.27
131.42	62.86	1.96	6.73	63737	97.13	152.42
123.09	65.44	1.75	2.79	36444	101.39	105.05
125.13	56.96	1.84	2.00	20790	95.51	90.83
125.68	58.09	1.58	12.57	149670	99.42	147.86
98.59	48.94	0.80	-6.64	42596	95.87	33.90
118.53	41.19	1.55	37.85	90620	98.80	240.76

12-14 各市独立核算工业企业主要经济效益指标(1997年)

MAIN ECONOMIC RESULTS INDICATORS OF INDUSTRIAL ENTERPRISES WITH INDEPENDENT ACCOUNTING SYSTEMS BY CITY(1997)

市 别 City	总资产贡献率(%) Total assets Contri -bution Ratio	资本保值增值率(%) Rate of Capital Maintenance and App -reciation	资产负债率 (%) Asset-Liability Ratio	流动资产周转率(次) Ratio of Turnover of Circula -ting Fund	成本费用利润率(%) Ratio of Profits to Cost	全员劳动生产率 (元/人) Overall Labour Productivity (yuan/ person)	产品销售率 (%) Sale Rate of Industrial Products	综合指数 (%) Aggregat-ive Index
全省总计 Total	**7.54**	**114.96**	**64.32**	**1.58**	**3.65**	**40040**	**96.11**	**104.01**
广 州 Guangzhou	8.47	110.66	62.08	1.38	5.55	51764	96.37	113.27
深 圳 Shenzhen	10.08	114.02	59.17	1.69	9.35	68495	96.99	148.64
珠 海 Zhuhai	5.20	111.51	64.06	1.56	1.96	46397	96.79	101.49
汕 头 Shantou	4.83	162.52	55.56	1.76	0.76	26623	93.71	91.11
韶 关 Shaoguan	6.38	104.82	63.81	1.40	1.78	22239	97.28	79.60
河 源 Heyuan	5.55	107.74	61.34	1.77	1.89	16461	95.37	81.71
梅 州 Meizhou	5.65	113.04	67.75	1.26	-0.24	16635	97.17	68.00
惠 州 Huizhou	9.46	127.49	47.27	2.53	4.68	31447	97.35	121.22
汕 尾 Shanwei	4.19	104.96	46.95	2.16	-0.05	19212	93.36	76.22
东 莞 Dongguan	9.45	145.17	57.15	1.59	7.37	25082	96.38	116.82
中 山 Zhongshan	5.04	111.60	68.72	1.63	0.64	29967	97.18	83.08
江 门 Jiangmen	5.39	100.69	74.41	1.65	0.07	41002	92.25	85.58
佛 山 Foshan	6.66	115.08	75.08	1.31	0.30	50592	96.32	93.00
阳 江 Yangjiang	4.34	114.06	65.44	1.92	-2.22	23788	99.28	71.47
湛 江 Zhanjiang	5.69	106.41	63.28	1.28	0.09	49654	95.66	81.55
茂 名 Maoming	8.27	117.39	75.84	2.29	1.49	24506	96.43	88.62
肇 庆 Zhaoqing	8.25	124.79	63.90	2.10	2.89	34555	96.15	107.88
清 远 Qingyuan	2.83	89.72	70.00	1.16	-3.17	20632	95.12	49.26
潮 州 Chaozhou	4.96	101.43	56.47	1.33	0.83	21130	92.57	75.67
揭 阳 Jieyang	8.40	108.18	51.83	2.33	1.77	25109	96.65	99.02
云 浮 Yunfu	6.84	99.41	69.86	1.50	0.10	28175	95.82	79.12

11-15 各市国有独立核算工业企业主要经济效益指标(1997年)

MAIN ECONOMIC RESULTS INDICATORS OF STATE-OWNED INDUSTRIAL ENTERPRISES WITH INDEPENDENT ACCOUNTING SYSTEM BY CITY (1997)

市 别 City	总资产贡献率(%) Total Assets Contri-bution Ratio	资本保值增值率(%) Rate of Capital Maintenance and App -reciation	资产负债率 (%) Asset-Liability Ratio	流动资产周转率(次) Ratio of Turnover of Circula -ting Fund	成本费用利润率(%) Ratio of Profits to Cost	全员劳动生产率 (元/人) Overall Labour Productivity (yuan/ person)	产品销售率 (%) Sale Rate of Industrial Products	综合指数 (%) Aggrega-tive Index
全省总计 Total	**6.52**	**109.82**	**64.42**	**1.40**	**2.49**	**36596**	**97.05**	**90.28**
广 州 Guangzhou	6.90	113.44	58.65	1.29	4.72	46390	98.22	102.71
深 圳 Shenzhen	8.29	119.34	53.25	1.23	10.55	83153	95.74	160.11
珠 海 Zhuhai	4.01	122.84	66.26	1.28	-1.58	38112	93.55	72.80
汕 头 Shantou	3.75	121.01	74.76	1.35	0.98	18200	93.60	70.19
韶 关 Shaoguan	5.63	108.42	65.56	1.35	-0.04	19134	98.17	69.54
河 源 Heyuan	6.51	106.28	63.58	1.69	4.37	18920	94.70	92.30
梅 州 Meizhou	5.10	98.61	69.05	1.32	-2.49	17885	98.46	57.27
惠 州 Huizhou	4.18	107.30	46.17	1.47	2.06	21019	97.06	78.43
汕 尾 Shanwei	3.06	114.49	58.58	1.77	-1.83	11927	96.16	59.92
东 莞 Dongguan	4.29	74.47	45.48	0.68	4.31	77120	96.46	96.70
中 山 Zhongshan	9.72	99.00	70.19	1.85	1.90	40549	98.30	98.12
江 门 Jiangmen	4.50	98.40	71.47	1.42	-0.96	38999	94.36	75.95
佛 山 Foshan	9.12	111.82	70.32	1.48	4.33	51531	97.93	112.24
阳 江 Yangjiang	3.75	128.04	65.98	1.86	-5.71	15265	109.56	54.34
湛 江 Zhanjiang	7.24	110.87	57.42	1.47	2.51	63086	96.54	99.60
茂 名 Maoming	7.32	112.43	81.02	2.23	-0.57	22790	95.80	73.77
肇 庆 Zhaoqing	5.61	111.66	73.50	1.36	1.47	36321	96.11	86.23
清 远 Qingyuan	3.30	90.70	73.41	1.28	-3.94	16967	97.44	43.53
潮 州 Chaozhou	5.36	112.19	58.27	1.38	0.77	15954	92.06	73.75
揭 阳 Jieyang	7.37	95.22	52.03	1.62	2.91	13277	97.70	85.87
云 浮 Yunfu	3.86	97.45	73.72	1.05	-5.34	25477	99.37	43.70

12-16 独立核算工业企业主要财务指标(1997年)
MAIN FINANCIAL INDICATORS OF INDUSTRIAL ENTERPRISES WITH INDEPENDENT ACCOUNTING SYSTEMS(1997)

单位：亿元 (100 million yuan)

指标 Item	全省总计 Province Total	国有经济 State-Owned Enterprises	集体经济 Collective Owned Enterprises	其他经济 Others	轻工业 Light Industry	重工业 Heavy Industry
一、资本金合计 Total Capital	**3094.61**	**708.20**	**408.44**	**1977.96**	**1565.81**	**1528.80**
#外商 Foreign Capital	1222.74	18.49	47.71	1156.53	759.71	463.03
二、年末资产合计 Total Assets at Year-end	**11290.25**	**3274.11**	**1610.76**	**6405.37**	**5376.88**	**5913.37**
流动资产合计 Total Circulating Funds	5118.19	1258.97	802.29	3056.93	2817.20	2301.00
存货 Stock	1600.27	354.86	261.71	983.70	946.26	654.00
#产成品 Finished product	594.15	128.37	118.09	347.68	367.81	226.34
流动资产年平均余额 Annual Average Balance Circulating Funds	4927.87	1187.38	812.37	2928.13	2746.32	2181.55
固定资产合计 Total Fixed Assets	4986.40	1676.17	645.09	2665.14	2030.77	2955.63
固定资产原价合计 Original Value of Fixed Assets	5904.95	1794.89	794.06	3316.01	2453.10	3451.85
#生产经营用 Use for Production and Operating	5075.63	1481.21	648.68	2945.74	2062.64	3012.99
固定资产净值年平均余额 Annual Average Balance of Net Value of Fixed Assets	4198.83	1222.88	556.57	2419.38	1737.76	2461.08
三、年末负债合计 Total Liabitities at Year-end	**7263.37**	**2110.57**	**1173.19**	**3979.61**	**3450.15**	**3813.21**
流动负债合计 Total Liquid Liabilities	5099.60	1335.28	888.11	2876.22	2802.33	2297.27
长期负债合计 Long-term Liabilities	2054.44	746.31	265.01	1043.12	603.35	1451.08
四、所有者权益合计 Creditors' Equity	**4026.89**	**1163.56**	**437.57**	**2425.77**	**1926.73**	**2100.16**
#股本 Captital Stock	478.27	70.99	41.03	366.25	232.03	246.24
五、损益及分配 Profit & Loss Appropriation						
产品销售收入 Sales Revenue	7767.79	1657.79	1362.85	4747.15	4369.79	3398.00
产品销售费用 Cost of Sales	297.23	35.83	61.97	199.44	212.00	85.22
产品销售税金及附加 Sales Tax & Extra Charges	96.75	44.82	14.52	37.40	63.39	33.36
产品销售利润 Sales profit	936.18	222.35	143.01	570.82	456.54	479.64
管理费用 Management fee	463.89	132.81	79.35	251.73	255.36	208.54
#税金 Tax	10.86	3.16	2.68	5.02	5.79	5.07
营业利润 Operating profit	205.46	18.69	5.62	181.12	85.56	119.88
利润总额 Total Profit	270.90	38.88	8.85	223.17	117.47	153.43
亏损企业亏损额 Loss amount of Loss-making Enterprises	221.44	59.49	39.64	122.31	110.45	110.99
利税总额 Total Pre-tax profits	617.90	160.92	60.85	396.13	301.90	316.00
应交增值税 Value Added Tax Payable	250.26	77.21	37.48	135.56	121.04	129.22

12-17 各市按经济类型分的独立核算工业企业资本金(1997年)

TOTAL CAPITAL OF INDUSTRIAL ENTERPRISES WITH INDEPENDENT ACCOUNTING SYSTEMS BY OWNERSHIP BY CITY (1997)

单位:亿元 (100 million yuan)

市别 City		资本金合计 Total Capital	#国有经济 Seate-Owned Enterprises	#集体经济 Collective Owned Enterprises	#联营经济 Joint Owned Enterprises	#股份制经济 Share Holding Enterprises	#外商投资经济 Foreign Funded Enterprises	#港澳台投资经济 Enterprises Funded by Enterpreneurs from Hongkong, Macao and Taiwan
广州	Guangzhou	623.30	171.93	50.98	7.67	28.12	124.46	239.11
深圳	Shenzhen	438.38	92.15	41.72	5.13	14.99	84.47	199.15
珠海	Zhuhai	154.72	15.97	7.85	1.62	10.12	50.76	68.14
汕头	Shantou	173.58	18.40	29.36	1.10	3.12	83.18	38.26
韶关	Shaoguan	76.29	48.56	5.82	1.21	4.73	8.89	7.05
河源	Heyuan	24.73	11.09	2.75	0.33	0.79	2.26	7.34
梅州	Meizhou	62.87	26.57	9.50	0.49	4.93	13.51	7.84
惠州	Huizhou	157.94	24.24	24.34	1.77	0.63	27.19	79.14
汕尾	Shanwei	17.98	4.76	3.51			5.17	4.44
东莞	Dongguan	203.09	2.75	23.94	0.39	22.31	28.60	125.09
中山	Zhongshan	129.90	8.37	21.46	0.66	2.43	37.35	59.38
江门	Jiangmen	189.83	27.13	38.62	5.90	29.51	44.85	41.63
佛山	Foshan	354.03	42.65	67.61	4.80	49.86	78.06	109.33
阳江	Yangjiang	20.28	6.42	4.40	0.29	1.76	2.53	4.03
湛江	Zhanjiang	126.16	76.31	9.65	1.90	16.19	11.80	9.64
茂名	Maoming	71.72	45.93	12.98	0.32	2.60	4.10	5.61
肇庆	Zhaoqing	103.64	32.95	20.59	0.23	2.98	10.74	35.48
清远	Qingyuan	58.76	18.03	7.57	2.06	2.09	12.79	15.79
潮州	Chaozhou	28.84	5.33	7.02	0.20	3.85	2.13	10.31
揭阳	Jieyang	36.68	8.53	9.10	0.19	1.74	11.74	5.30
云浮	Yunfu	41.89	20.13	9.68	0.22	0.21	4.61	7.04

12-18 各市按经济类型分的独立核算工业企业资产(1997年)

TOTAL ASSETS OF INDUSTRIAL ENTERPRISES WITH INDEPENDENT ACCOUNTING SYSTEMS BY OWNERSHIP BY CITY (1997)

单位: 亿元 (100 million yuan)

市别 City		资产总计 Total Assets	#国有经济 Seate-Owned Enterprises	#集体经济 Collective Owned Enterprises	#联营经济 Joint Owned Enterprises	#股份制经济 Share Holding Enterprises	#外商投资经济 Foreign Funded Enterprises	#港澳台投资经济 Enterprises Funded by Enterpreneurs from Hongkong, Macao and Taiwan
广州	Guangzhou	2555.23	911.34	233.02	34.12	122.96	467.86	780.41
深圳	Shenzhen	1800.44	270.29	132.35	32.09	45.88	321.59	992.40
珠海	Zhuhai	487.12	65.37	39.33	3.52	48.75	128.47	201.21
汕头	Shantou	368.48	94.33	65.65	1.57	6.92	117.80	76.21
韶关	Shaoguan	287.80	218.49	17.96	2.56	13.31	16.50	18.89
河源	Heyuan	53.88	32.50	4.28	0.82	1.95	3.51	10.71
梅州	Meizhou	185.71	95.54	31.66	0.98	12.97	21.36	23.16
惠州	Huizhou	394.10	68.18	62.60	3.60	1.50	80.47	176.88
汕尾	Shanwei	36.10	13.79	7.85			8.11	6.15
东莞	Dongguan	647.71	48.10	95.27	1.73	60.63	66.49	375.49
中山	Zhongshan	442.54	53.55	101.06	2.16	8.02	90.34	186.31
江门	Jiangmen	778.57	164.77	173.76	16.07	150.16	141.23	117.68
佛山	Foshan	1491.83	251.49	400.43	11.24	230.07	214.53	373.18
阳江	Yangjiang	84.88	35.09	19.24	1.92	7.69	7.08	9.40
湛江	Zhanjiang	475.50	283.92	32.38	4.46	85.10	38.36	27.97
茂名	Maoming	412.58	341.89	42.54	0.79	9.56	8.97	8.06
肇庆	Zhaoqing	330.92	139.38	52.99	0.59	24.84	20.44	90.40
清远	Qingyuan	157.23	59.69	20.89	4.08	5.51	25.14	41.22
潮州	Chaozhou	88.73	21.15	21.95	0.40	22.54	5.97	16.67
揭阳	Jieyang	83.01	28.55	20.78	0.82	2.88	18.14	11.60
云浮	Yunfu	135.21	78.91	34.79	0.50	0.66	11.52	8.79

12-19 国有独立核算工业企业主要经济效益指标

MAIN ECONOMIC RESULTS INDICATORS OF STATE-OWNED INDUSTRIAL ENTERPRISES WITH INDEPENDENT ACCOUNTING SYSTEMS

年份 Year	产值利税率(%) Ratio of Pre-tax to Gross Output Value	资金利税率(%) Ratio of Pre-tax Profits to total Capital	销售利税率(%) Pre-tax Profits Margin On Sales	每百元固定资产原值实现的产值(元) Output Value Per 100 Yuan of Original Value of Fixed Assets	每百元固定资产原值实现的利税(元) Pre-tax Profits Per 100 Yuan of Original Value of Fixed Assets (yuan/person)	亏损企业亏损面(%) Ratio of Loss Making Enterpr-ises	流动资金周转天数(天) Number of Days of Turnover Circulat-ing Funds	全员劳动生产率(元/人) Overall Labor Productivity (yuan/person)
1980	20.57	25.01	22.19	121.34	25.9	28.53	105.43	10829
1985	20.28	27.36	21.26	123.14	27.64	14.98	95.55	17410
1990	11.82	14.94	12.23	96.62	17.27	32.14	107.17	28806
1995	11.5	8.58	10.71	106.18	12.21	39.94	246.62	27434
1996	9.42	6.49	8.94	92.27	8.69	40.86	247.32	34057
1997	10.69	6.68	9.71	83.85	8.97	42.11	257.84	36596

注：1. 本表中有关财务指标1993年由于财务会计制度改革，因而1995以后的数字与往年不可比；
2. 全员劳动生产率1990年以后数为增加值计算，以前各年为净产值计算；
3. 流动资金周转次数，1994年以来为定额流动资金计算。

Note: a) The figures of the financial indicators from the year 1995 in this table are in comparable with the previous years owing to the reform of the accounting system in 1993.
b) The figures of overall labor productivity were calculated by value added and the previous years were Calculated by net output value.
c) The figures of the number of days of turnover circulating funds were calculated by quota circulating funds.

12-20 各市大中型独立核算工业企业主要指标(1997年)

MAIN INDICATORS OF LARGE AND MEDIUM INDUSTRIAL ENTERPRISES WITH INDEPEMDENT ACCOUNTING SYSTEMS BY CITY(1997)

单位：亿元 (100 million yuan)

市别 City	企业单位数(个) Number of Enterprises	#大型 Large	工业总产值(当年价) Gross Output Value of Industry	#大型 Large	资本金合计 Total Capital	#大型 Large	资产总计 Total Assets	#大型 Large
全省总计 Total	**2087**	**655**	**3950.84**	**2708.90**	**1512.69**	**1046.00**	**6641.10**	**4678.16**
广州 Guangzhou	583	221	1145.59	884.97	414.70	306.85	1871.36	1426.14
深圳 Shenzhen	130	70	669.59	482.56	195.42	166.50	1010.14	859.80
珠海 Zhuhai	85	26	231.11	123.96	84.11	48.70	310.79	173.44
汕头 Shantou	45	11	43.33	27.69	76.09	63.76	141.99	104.43
韶关 Shaoguan	82	19	102.72	67.94	51.79	33.90	213.37	142.96
河源 Heyuan	7	1	2.86	1.13	4.62	2.76	7.90	2.81
梅州 Meizhou	49	6	31.87	7.78	23.36	6.14	77.12	21.38
惠州 Huizhou	43		90.86		25.42		88.35	
汕尾 Shanwei	13	2	6.23	4.14	5.22	3.19	8.78	4.25
东莞 Dongguan	45	13	143.50	109.33	67.97	51.80	347.57	255.67
中山 Zhongshan	73	17	117.77	63.54	40.98	19.13	171.58	81.79
江门 Jiangmen	203	50	304.01	211.12	103.34	69.90	470.61	314.82
佛山 Foshan	340	137	564.91	379.65	195.13	130.66	902.36	597.07
阳江 Yangjiang	29	4	20.38	8.02	7.49	2.81	34.47	9.10
湛江 Zhanjiang	120	38	168.00	127.59	86.88	68.50	365.25	281.57
茂名 Maoming	48	6	155.95	136.61	44.75	35.14	307.33	264.15
肇庆 Zhaoqing	73	19	80.08	45.42	33.31	18.85	143.02	65.14
清远 Qingyuan	29	3	15.80	5.41	19.83	6.95	50.95	18.05
潮州 Chaozhou	28	7	20.56	14.01	9.42	4.98	39.98	24.51
揭阳 Jieyang	25	2	11.22	2.46	4.99	1.13	16.92	6.38
云浮 Yunfu	37	3	24.53	5.57	17.88	4.36	61.25	24.73

12-21 独立核算工业企业主要指标(1997年)

单位：亿元

行业	Item	企业单位数(个) Number of Enterprises (unit)	亏损企业 Loss-making Enterprises
全省总计	**Province Total**	**32721**	**8784**
按经济类型分	**Grouped by Ownership**		
国有经济	State-owned Enterprises	4757	2003
集体经济	Collective Owned Enterprises	16259	2992
股份制经济	Share Holding Enterprises	284	84
外商投资经济	Foreign Funded Enterprises	2559	918
港澳台投资经济	Enterprises Funded by Overseas Chinese from HongKong, Macao and Taiwan	7618	2561
按轻重工业分	**Grouped by Light & Heavy Industry**		
轻　工　业	Light Industry	19691	5403
以农产品为原料	Using Farm Products as Raw Materials	11665	3246
以非农产品为原料	Using Non-Farm Products as Raw Materials	8026	2157
重　工　业	Heavy Industry	13030	3381
采掘工业	Mining and Quarrying	1046	197
原料工业	Raw Materials Industry	3755	944
加工工业	Manufacturing Industry	8229	2240
按企业规模分	**Grouped by Size of Enterprises**		
大型企业	Large	655	243
中型企业	Medium-sized	1432	652
小型企业	Small	30634	7889
按行业分	**Grouped by Sector**		
#煤炭采选业	Coal Mining and Dressing	103	23
石油和天然气开采	Petroleum and Natural Gas Extraction	3	
黑色金属矿采选业	Ferrous Metals Mining and Dressing	88	16
有色金属矿采选业	Nonferrous Metals Mining and Dressing	156	35
非金属矿采选业	Nonmetal Minerals Mining and Dressing	644	95
其他矿采选业	Other Minerals Mining and Dressing	6	2
木材及竹材采运业	Logging and Transport of Timber and Bamboo	80	39
食品加工业	Food Processing	1028	309
食品制造业	Food Manufacturing	875	274
饮料制造业	Beverage Manufacturing	647	201
烟草加工业	Tobacco Processing	30	8
纺织业	Textile Industry	1586	546
服装及其他纤维制品制造	Garments and Other Fiber Products	2916	768
皮革毛皮羽绒及其制品业	Leather, Furs, Down and Related Products	1155	294
木材加工及竹藤棕草制品业	Timber Processing, Bamboo, Cane, Palm Fiber and Straw Products	753	97
家具制造业	Furniture Manufacturing	683	154
造纸及纸制品业	Papermaking and Pager Products	1064	299
印刷业记录媒介的复制	Printing and Record Medium Reproduction	788	229
文教体育用品制造业	Cultural, Educational and Sports Goods	735	188
石油加工及炼焦业	Petroleum Processing and Coking	42	8
化学原料及制品制造业	Raw Chemical Materials and Chemical Products	1401	420
医药制造业	Medical and Pharmaceutical Products	360	100
化学纤维制造业	Chemical Fiber	158	56
橡胶制品业	Rubber Products	221	67
塑料制品业	Plastic Products	1842	484
非金属矿物制品业	Nonmetal Mineral Products	2698	869
黑色金属冶炼及压延加工业	Smelting and Pressing of Ferrous Metals	241	68
有色金属冶炼及压延加工业	Smelting and Pressing of Nonferrous Metals	208	74
金属制品业	Metal Products	2025	543
普通机械制造业	Ordinary Machinery Manufacturing	865	250
专用设备制造业	For Special Purposes Equipment Manufacturing	829	231
交通运输设备制造业	Transport Equipment Manufacturing	979	325
电气机械及器材制造业	Electric Equipment and Machinery	1604	478
电子及通信设备制造业	Electronic and Telecommunications Equipment	1522	404
仪器仪表文化办公用机械	Instruments, Meters, Cultural and Office Machinery	474	134
其他制造业	Other Manufacturing	1459	349
电力蒸汽热水生产供应业	Electric Power, Steam and Hot Water Production and Supply	1853	231
煤气的生产和供应业	Gas Production and Supply	27	11
自来水的生产和供应业	Tap Water Production and Supply	572	104

MAIN INDICATORS OF INDUSTRIAL ENTERPRISES WITH INDEPENDENT ACCOUNTING SYSTEMS (1997)

(100 million yuan)

工业总产值（当年价） Gross Industrial Output Value (at Current Prices)	工业总产值（不变价） Gross Industrial Output Value(at 1990 Constant prices)	工业增加值 Value Added of Industry	资本金合计 Total Capital	国有资本金 State-Owned Capital	集体资本金 Collective Owned Capital	年末资产总计 Total Assets at Year-end
8201.71	**7272.49**	**2093.89**	**3094.61**	**1091.64**	**536.42**	**11290.26**
1505.06	1114.35	456.38	708.20	626.04	14.62	3274.12
1499.33	1421.12	362.07	408.44	27.53	295.11	1610.76
518.83	501.29	135.40	202.97	85.58	37.29	861.92
1837.81	1645.63	426.05	649.17	150.32	58.95	1813.87
2672.07	2440.89	670.48	1079.10	187.96	115.28	3552.71
4759.49	4475.31	1164.20	1565.81	366.92	303.81	5376.88
2381.64	1982.08	595.88	812.58	194.78	134.63	2560.35
2377.85	2493.23	568.32	753.23	172.14	169.18	2816.53
3442.22	2797.18	929.69	1528.80	724.72	232.61	5913.38
254.05	100.77	95.07	39.88	30.84	5.70	242.51
1188.74	612.20	371.87	807.51	495.36	98.48	3117.34
1999.43	2084.21	462.75	681.41	198.52	128.43	2553.53
2708.90	2244.26	778.35	1046.00	563.15	96.29	4678.16
1241.94	1171.05	309.61	466.68	207.71	76.10	1962.94
4250.87	3857.18	1005.93	1581.93	320.03	364.02	4649.16
7.35	3.83	2.21	4.66	4.01	0.60	21.25
184.12	42.78	73.73	13.04	13.03		144.89
7.93	5.66	3.25	2.94	2.30	0.49	14.37
11.97	12.84	2.81	5.00	3.61	1.17	16.33
41.22	34.48	12.64	14.32	7.82	3.51	43.79
0.57	0.55	0.14	0.06	0.05	0.01	1.29
1.99	1.40	0.65	1.05	1.01	0.04	4.58
351.98	231.61	63.08	71.48	35.59	8.61	313.29
177.62	156.47	51.44	84.24	24.20	8.10	225.54
160.14	127.92	48.22	83.24	23.02	11.94	257.72
59.48	47.74	35.96	18.74	17.34	0.04	74.53
456.35	387.74	92.28	166.93	35.78	25.08	558.77
410.18	366.21	99.42	127.37	7.50	32.14	332.01
274.79	236.05	57.37	68.91	5.06	14.69	213.97
75.79	66.71	20.00	23.15	7.11	6.48	82.90
53.97	47.28	12.03	17.46	1.22	6.51	58.56
169.28	145.56	43.84	77.58	18.28	13.18	222.07
81.75	85.88	23.30	38.51	11.29	6.88	118.13
139.16	126.84	40.73	55.72	2.60	17.06	141.65
232.32	95.81	26.57	51.63	48.16	1.00	335.94
365.84	350.99	97.97	133.84	42.32	15.47	547.23
136.62	142.08	45.52	67.93	26.88	6.95	236.06
106.47	124.07	15.91	45.60	15.86	8.62	219.75
52.21	51.40	13.81	21.96	4.98	2.00	76.78
302.83	303.71	70.09	133.29	18.87	36.85	360.53
359.31	315.22	83.65	227.69	82.97	53.09	776.16
105.54	66.18	20.71	35.08	17.37	6.20	157.40
85.53	82.77	16.59	29.54	14.56	5.11	118.32
346.73	331.99	76.75	145.76	20.22	40.47	435.69
138.49	139.23	36.95	56.95	15.14	9.07	223.42
104.01	98.07	31.31	41.36	17.26	9.05	171.93
329.43	318.42	78.58	103.55	46.01	14.99	532.19
702.33	761.53	158.37	203.20	39.56	54.76	832.37
1281.24	1462.00	284.13	228.64	57.47	32.74	1025.73
172.38	184.34	30.43	44.38	4.65	7.00	155.13
173.71	164.85	41.19	54.15	5.23	13.53	142.16
462.72	121.54	242.53	520.75	336.67	52.84	1836.11
8.34	5.04	2.55	15.28	12.37	0.76	31.90
71.64	24.20	36.81	59.55	45.21	9.38	228.65

续表 1 continued

单位：亿元

行业	Item	流动资产合计 Total Circulating Funds	产成品 Finished Products
全省总计	**Province Total**	5118.19	594.15
按经济类型分	**Grouped by Ownership**		
国有经济	State-owned Enterprises	1258.97	128.39
集体经济	Collective Owned Enterprises	802.29	118.09
股份制经济	Share Holding Enterprises	428.03	47.87
外商投资经济	Foreign Funded Enterprises	884.07	88.18
港澳台投资经济	Enterprises Funded by Overseas Chinese from HongKong, Macao and Taiwan	1646.36	200.49
按轻重工业分	**Grouped by Light & Heavy Industry**		
轻 工 业	Light Industry	2817.19	367.81
以农产品为原料	Using Farm Products as Raw Materials	1313.29	168.43
以非农产品为原料	Using Non-Farm Products as Raw Materials	1503.90	199.38
重 工 业	Heavy Industry	2301.00	226.34
采掘工业	Mining and Quarrying	54.60	5.44
原料工业	Raw Materials Industry	882.64	46.06
加工工业	Manufacturing Industry	1363.76	174.84
按企业规模分	**Grouped by Size of Enterprises**		
大型企业	Large	1882.99	195.20
中型企业	Medium-sized	940.15	103.27
小型企业	Small	2295.05	295.68
按行业分	**Grouped by Sector**		
#煤炭采选业	Coal Mining and Dressing	8.70	1.03
石油和天然气开采	Petroleum and Natural Gas Extraction	10.98	0.73
黑色金属矿采选业	Ferrous Metals Mining and Dressing	6.10	0.77
有色金属矿采选业	Nonferrous Metals Mining and Dressing	8.15	1.16
非金属矿采选业	Nonmetal Minerals Mining and Dressing	20.22	2.08
其他矿采选业	Other Minerals Mining and Dressing	1.09	
木材及竹材采运业	Logging and Transport of Timber and Bamboo	1.08	0.02
食品加工业	Food Processing	151.30	25.63
食品制造业	Food Manufacturing	106.85	10.83
饮料制造业	Beverage Manufacturing	104.97	10.51
烟草加工业	Tobacco Processing	42.93	0.26
纺织业	Textile Industry	266.35	44.76
服装及其他纤维制品制造	Garments and Other Fiber Products	198.37	24.57
皮革毛皮羽绒及其制品业	Leather, Furs, Down and Related Products	138.60	13.88
木材加工及竹藤棕草制品业	Timber Processing, Bamboo, Cane, Palm Fiber and Straw Products	41.50	6.35
家具制造业	Furniture Manufacturing	35.19	5.69
造纸及纸制品业	Papermaking and Pager Products	97.93	14.10
印刷业记录媒介的复制	Printing and Record Medium Reproduction	55.83	5.60
文教体育用品制造业	Cultural, Educational and Sports Goods	71.49	6.81
石油加工及炼焦业	Petroleum Processing and Coking	81.52	11.64
化学原料及制品制造业	Raw Chemical Materials and Chemical Products	240.02	26.67
医药制造业	Medical and Pharmaceutical Products	135.67	13.70
化学纤维制造业	Chemical Fiber	64.90	9.31
橡胶制品业	Rubber Products	35.59	5.64
塑料制品业	Plastic Products	172.94	22.69
非金属矿物制品业	Nonmetal Mineral Products	293.29	42.20
黑色金属冶炼及压延加工业	Smelting and Pressing of Ferrous Metals	60.76	6.76
有色金属冶炼及压延加工业	Smelting and Pressing of Nonferrous Metals	50.62	6.52
金属制品业	Metal Products	220.68	32.27
普通机械制造业	Ordinary Machinery Manufacturing	120.59	20.59
专用设备制造业	For Special Purposes Equipment Manufacturing	96.42	14.16
交通运输设备制造业	Transport Equipment Manufacturing	312.50	33.02
电气机械及器材制造业	Electric Equipment and Machinery	498.53	77.42
电子及通信设备制造业	Electronic and Telecommunications Equipment	649.55	73.05
仪器仪表文化办公用机械	Instruments, Meters, Cultural and Office Machinery	93.94	8.73
其他制造业	Other Manufacturing	86.70	13.24
电力蒸汽热水生产供应业	Electric Power, Steam and Hot Water Production and Supply	475.90	0.93
煤气的生产和供应业	Gas Production and Supply	11.43	0.05
自来水的生产和供应业	Tap Water Production and Supply	48.59	0.68

续表 2　continued

(100 million yuan)

流动资产年平均余额 Annual Average Balance of Circulating Funds	固定资产合计 Total Fixed Assets	固定资产原价 Original Value of Fixed Assets	固定资产净值平均余额 Average Balance of Net Value of fixed Assets	年末负债合计 Total Liabilities at Year-end	流动负债 Liquid Liabilities	年末所有者权益合计 Total Creditors' Equity at Year-end
4927.87	**4986.40**	**5904.95**	**4198.83**	**7263.36**	**5099.60**	**4026.89**
1187.38	1676.17	1794.89	1222.88	2110.56	1335.28	1163.56
812.37	645.09	794.06	556.57	1173.19	888.11	437.57
411.35	341.32	400.34	273.80	486.40	364.20	375.52
857.48	697.74	854.24	616.70	1058.10	841.23	755.78
1572.36	1561.76	1981.67	1474.44	2315.30	1579.41	1237.42
2746.32	2030.77	2453.10	1737.76	3450.15	2802.33	1926.73
1275.65	990.18	1217.96	865.50	1638.67	1322.47	921.68
1470.67	1040.59	1235.14	872.26	1811.48	1479.86	1005.05
2181.55	2955.63	3451.85	2461.07	3813.21	2297.27	2100.16
55.53	61.18	80.07	52.57	88.13	53.55	154.38
840.32	1967.84	2250.17	1625.27	2029.73	931.06	1087.61
1285.70	926.61	1121.61	783.23	1695.35	1312.66	858.17
1780.45	2244.05	2526.55	1827.75	2886.06	1736.49	1792.10
898.82	830.21	1015.56	690.16	1354.99	1027.69	607.95
2248.60	1912.14	2362.84	1680.92	3022.32	2335.42	1626.84
8.46	11.09	16.30	10.85	18.72	13.92	2.53
10.73	15.18	18.25	11.50	23.29	5.71	12.16
7.14	7.08	8.61	5.63	10.41	7.24	3.96
7.55	6.98	9.13	5.69	10.98	7.49	5.35
21.98	20.59	27.49	18.43	24.10	18.51	19.69
0.14	0.17	0.22	0.13	1.00	0.96	0.29
1.43	2.04	2.54	1.79	2.15	1.49	2.43
149.81	132.45	169.15	115.54	233.98	192.53	79.30
100.11	93.37	110.17	89.76	137.74	112.49	87.80
106.58	116.83	128.88	90.73	163.12	126.21	94.61
41.22	30.41	36.63	26.29	40.64	36.79	33.88
259.73	233.57	304.03	204.74	399.51	308.70	159.26
200.63	108.26	141.52	100.62	200.29	173.94	131.72
131.02	61.12	78.24	54.57	136.41	125.62	77.56
39.93	35.48	41.91	31.38	58.48	40.06	24.42
33.30	20.08	25.29	18.30	39.26	31.97	19.30
94.24	96.64	108.45	79.32	141.63	95.77	80.44
50.68	50.82	63.00	45.24	74.07	56.15	44.06
73.27	60.29	72.49	53.79	68.32	58.95	73.33
79.09	234.24	125.20	69.56	260.00	56.76	75.95
232.66	177.75	217.87	154.38	356.55	216.61	190.68
132.72	70.26	76.73	55.05	133.71	110.47	102.35
66.51	131.98	127.93	95.04	170.70	105.78	49.05
36.37	27.90	32.57	23.63	46.44	35.08	30.34
163.84	145.25	196.49	135.85	220.40	174.55	140.13
292.21	404.57	480.65	343.37	608.18	393.91	167.98
56.38	87.09	99.83	63.20	91.90	60.30	65.50
48.58	58.08	69.99	49.45	84.64	57.43	33.68
211.74	169.20	196.62	139.15	293.06	237.46	142.63
115.30	82.18	97.12	71.18	153.51	122.64	69.91
92.81	55.45	68.13	47.41	112.42	89.54	59.51
280.35	169.92	195.96	138.26	376.65	298.81	155.54
488.65	257.74	320.10	220.54	566.23	493.61	266.14
606.49	271.71	336.32	228.40	644.82	539.56	380.91
102.28	49.26	60.02	42.20	101.52	89.60	53.61
81.62	44.82	59.83	40.51	80.97	72.30	61.19
444.27	1268.23	1589.33	1177.41	1066.64	463.00	769.47
10.96	18.74	19.80	17.30	15.61	12.82	16.29
46.72	158.87	171.29	121.94	94.19	54.04	134.46

续表 3 continued

单位：亿元

行业	Item	产品销售收入 Sales Revenue	产品销售税金及附加 Sales tax and Extra Charges
全省总计	**Province Total**	**7767.79**	**96.75**
按经济类型分	**Grouped by Ownership**		
国有经济	State-owned Enterprises	1657.79	44.82
集体经济	Collective Owned Enterprises	1362.85	14.52
股份制经济	Share Holding Enterprises	476.82	3.30
外商投资经济	Foreign Funded Enterprises	1657.58	22.00
港澳台投资经济	Enterprises Funded by Overseas Chinese from HongKong, Macao and Taiwan	2462.07	9.70
按轻重工业分	**Grouped by Light & Heavy Industry**		
轻工业	Light Industry	4369.79	63.39
以农产品为原料	Using Farm Products as Raw Materials	2182.43	45.00
以非农产品为原料	Using Non-Farm Products as Raw Materials	2187.36	18.39
重工业	Heavy Industry	3398.00	33.36
采掘工业	Mining and Quarrying	155.84	7.21
原料工业	Raw Materials Industry	1397.46	16.85
加工工业	Manufacturing Industry	1844.70	9.30
按企业规模分	**Grouped by Size of Enterprises**		
大型企业	Large	2617.75	56.06
中型企业	Medium-sized	1226.11	11.26
小型企业	Small	3923.93	29.43
按行业分	**Grouped by Sector**		
#煤炭采选业	Coal Mining and Dressing	7.09	0.08
石油和天然气开采	Petroleum and Natural Gas Extraction	93.35	6.12
黑色金属矿采选业	Ferrous Metals Mining and Dressing	6.33	0.21
有色金属矿采选业	Nonferrous Metals Mining and Dressing	11.48	0.11
非金属矿采选业	Nonmetal Minerals Mining and Dressing	36.50	0.60
其他矿采选业	Other Minerals Mining and Dressing	0.55	
木材及竹材采运业	Logging and Transport of Timber and Bamboo	1.69	0.12
食品加工业	Food Processing	347.57	1.29
食品制造业	Food Manufacturing	159.69	1.10
饮料制造业	Beverage Manufacturing	161.26	4.12
烟草加工业	Tobacco Processing	61.09	23.30
纺织业	Textile Industry	392.60	1.12
服装及其他纤维制品制造	Garments and Other Fiber Products	367.62	2.16
皮革毛皮羽绒及其制品业	Leather, Furs, Down and Related Products	243.48	0.80
木材加工及竹藤棕草制品业	Timber Processing, Bamboo, Cane, Palm Fiber and Straw Products	67.52	0.49
家具制造业	Furniture Manufacturing	48.52	0.44
造纸及纸制品业	Papermaking and Pager Products	156.11	0.84
印刷业记录媒介的复制	Printing and Record Medium Reproduction	75.03	0.53
文教体育用品制造业	Cultural, Educational and Sports Goods	124.71	0.69
石油加工及炼焦业	Petroleum Processing and Coking	226.17	10.85
化学原料及制品制造业	Raw Chemical Materials and Chemical Products	339.62	11.31
医药制造业	Medical and Pharmaceutical Products	120.78	0.93
化学纤维制造业	Chemical Fiber	96.24	0.21
橡胶制品业	Rubber Products	55.04	1.14
塑料制品业	Plastic Products	284.09	1.78
非金属矿物制品业	Nonmetal Mineral Products	333.86	3.65
黑色金属冶炼及压延加工业	Smelting and Pressing of Ferrous Metals	103.47	0.26
有色金属冶炼及压延加工业	Smelting and Pressing of Nonferrous Metals	80.13	0.46
金属制品业	Metal Products	316.24	1.23
普通机械制造业	Ordinary Machinery Manufacturing	122.64	0.75
专用设备制造业	For Special Purposes Equipment Manufacturing	96.68	0.61
交通运输设备制造业	Transport Equipment Manufacturing	301.27	9.64
电气机械及器材制造业	Electric Equipment and Machinery	626.52	2.31
电子及通信设备制造业	Electronic and Telecommunications Equipment	1189.37	1.93
仪器仪表文化办公用机械	Instruments, Meters, Cultural and Office Machinery	178.61	0.40
其他制造业	Other Manufacturing	149.52	0.91
电力蒸汽热水生产供应业	Electric Power, Steam and Hot Water Production and Supply	703.70	3.14
煤气的生产和供应业	Gas Production and Supply	8.71	0.01
自来水的生产和供应业	Tap Water Production and Supply	72.65	1.10

续表 4 continued

(100 million yuan)

利润总额 Total Profits	#亏损总额 Total Loss	利税总额 Total Pre-tax Profits	本年应交增值税 Value Added Tax Payable in Current Year	本年销项税额 Sales Tax in Current Year	本年进项税额 Import Tax in Current Year	职工平均人数(万人) Average Number of Staff and Workers (10000 Persons)
270.90	221.44	617.90	250.26	750.45	540.98	522.94
38.88	59.49	160.92	77.21	233.88	165.62	124.71
8.85	39.64	60.85	37.48	130.69	103.27	156.00
29.88	9.12	53.09	19.90	65.08	49.63	20.37
93.97	52.74	164.87	48.89	120.16	79.29	61.10
97.76	55.26	169.68	62.22	182.87	129.69	151.17
117.47	110.45	301.90	121.04	391.92	290.52	333.83
54.82	55.94	169.90	70.08	199.14	138.55	183.48
62.65	54.51	132.00	50.96	192.78	151.97	150.35
153.43	110.99	316.00	129.22	358.53	250.46	189.11
35.22	2.05	49.33	6.90	9.55	2.93	13.60
58.04	53.25	148.98	74.09	197.25	131.71	54.97
60.16	55.69	117.69	48.23	151.73	115.82	120.54
206.29	58.68	380.86	118.51	339.32	238.57	82.04
15.96	52.06	70.92	43.70	124.10	87.01	80.33
48.65	110.70	166.12	88.05	287.03	215.40	360.57
-0.70	0.80	-0.21	0.41	1.05	0.65	4.72
34.53		45.32	4.66	4.66		0.86
0.16	0.18	0.72	0.35	0.63	0.32	1.12
0.08	0.34	0.59	0.39	1.24	0.87	1.73
1.01	0.84	2.71	1.10	2.02	1.11	5.25
…	…	0.01	…	0.01	…	0.07
-0.08	0.13	0.08	0.04	0.05	0.01	0.70
-3.05	12.13	6.06	7.83	25.14	18.06	13.64
3.46	7.66	12.88	8.32	22.08	14.32	11.10
6.48	6.05	20.39	9.78	24.81	15.76	6.63
2.81	0.12	30.50	4.39	10.44	6.21	1.17
-1.24	12.95	7.16	7.29	29.79	23.72	32.08
2.94	6.18	10.73	5.63	21.29	17.45	52.31
3.93	2.60	7.18	2.45	9.65	7.81	34.11
1.74	1.56	5.63	3.40	8.45	5.19	5.10
0.55	1.82	2.50	1.51	3.63	2.59	5.42
6.94	3.07	14.11	6.32	19.15	14.01	10.30
1.26	2.56	4.96	3.17	9.08	6.23	7.93
4.51	2.10	6.99	1.79	4.80	3.28	28.13
2.95	0.23	19.96	6.16	38.13	32.51	3.56
24.87	12.73	55.05	18.86	45.14	29.16	16.78
7.12	4.18	15.06	7.01	19.11	12.27	6.49
0.70	4.20	2.63	1.72	10.78	9.31	4.14
1.28	1.52	3.92	1.49	4.40	3.12	5.72
6.49	5.07	15.38	7.11	24.87	18.83	21.19
-32.20	43.34	-13.70	14.84	41.43	29.35	38.78
1.60	2.75	4.98	3.12	17.94	15.03	5.86
-0.26	2.14	3.21	3.01	10.63	7.96	4.53
-0.86	12.24	8.31	7.95	29.20	22.66	22.89
0.82	5.13	6.14	4.58	15.06	11.03	12.73
2.19	2.85	6.16	3.36	11.20	8.31	11.05
0.48	10.18	21.68	11.55	37.19	26.84	15.23
12.27	18.20	31.33	16.75	69.69	57.31	37.92
75.38	12.17	94.36	17.06	64.03	55.76	44.58
4.84	1.80	8.37	3.13	6.20	3.20	8.35
2.77	2.58	6.57	2.74	11.02	8.60	19.81
75.93	16.58	127.72	48.65	92.92	50.27	16.20
-0.69	0.77	-0.58	0.10	1.17	1.20	0.60
19.80	1.26	22.86	1.95	2.33	0.58	4.06

12-22 国有独立核算工业企业主要指标(1997年)

单位：亿元

行业	Item	企业单位数(个) Number of Enterprises (unit)	#亏损企业 Loss-making Enterprises
全省总计	**Province Total**	**4757**	**2003**
按轻重工业分	**Grouped by Light & Heavy Industry**		
轻工业	Light Industry	2317	980
以农产品为原料	Using Farm Products as Raw Materials	1539	680
以非农产品为原料	Using Non-Farm Products as Raw Materials	778	300
重工业	Heavy Industry	2440	1023
采掘工业	Mining and Quarrying	233	114
原料工业	Raw Materials Industry	850	329
加工工业	Manufacturing Industry	1357	580
按企业规模分	**Grouped by Size of Enterprises**		
大型企业	Large	210	81
中型企业	Medium-sized	657	333
小型企业	Small	3890	1589
按行业分	**Grouped by Sector**		
#煤炭采选业	Coal Mining and Dressing	18	13
石油和天然气开采	Petroleum and Natural Gas Extraction	1	
黑色金属矿采选业	Ferrous Metals Mining and Dressing	27	9
有色金属矿采选业	Nonferrous Metals Mining and Dressing	55	25
非金属矿采选业	Nonmetal Minerals Mining and Dressing	68	35
其他矿采选业	Other Minerals Mining and Dressing	3	2
木材及竹材采运业	Logging and Transport of Timber and Bamboo	71	39
食品加工业	Food Processing	380	186
食品制造业	Food Manufacturing	221	106
饮料制造业	Beverage Manufacturing	155	83
烟草加工业	Tobacco Processing	19	6
纺织业	Textile Industry	171	92
服装及其他纤维制品制造	Garments and Other Fiber Products	108	32
皮革毛皮羽绒及其制品业	Leather, Furs, Down and Related Products	52	17
木材加工及竹藤棕草制品业	Timber Processing, Bamboo, Cane, Palm Fiber and Straw Products	52	19
家具制造业	Furniture Manufacturing	34	18
造纸及纸制品业	Papermaking and Pager Products	115	46
印刷业记录媒介的复制	Printing and Record Medium Reproduction	187	66
文教体育用品制造业	Cultural, Educational and Sports Goods	40	17
石油加工及炼焦业	Petroleum Processing and Coking	5	1
化学原料及制品制造业	Raw Chemical Materials and Chemical Products	290	117
医药制造业	Medical and Pharmaceutical Products	127	42
化学纤维制造业	Chemical Fiber	15	6
橡胶制品业	Rubber Products	34	18
塑料制品业	Plastic Products	110	32
非金属矿物制品业	Nonmetal Mineral Products	435	261
黑色金属冶炼及压延加工业	Smelting and Pressing of Ferrous Metals	38	21
有色金属冶炼及压延加工业	Smelting and Pressing of Nonferrous Metals	44	20
金属制品业	Metal Products	158	63
普通机械制造业	Ordinary Machinery Manufacturing	198	93
专用设备制造业	For Special Purposes Equipment Manufacturing	197	87
交通运输设备制造业	Transport Equipment Manufacturing	261	108
电气机械及器材制造业	Electric Equipment and Machinery	192	78
电子及通信设备制造业	Electronic and Telecommunications Equipment	192	64
仪器仪表文化办公用机械	Instruments, Meters, Cultural and Office Machinery	78	26
其他制造业	Other Manufacturing	77	31
电力蒸汽热水生产供应业	Electric Power, Steam and Hot Water Production and Supply	412	81
煤气的生产和供应业	Gas Production and Supply	12	6
自来水的生产和供应业	Tap Water Production and Supply	103	37

MAIN INDICATORS OF STATE-OWNED INDUSTRIAL ENTERPRISES WITH INDEPENDENT ACCOUNTING SYSTEMS (1997)

(100 million yuan)

工业总产值（当年价） Gross Industrial Output Value (at Current Prices)	工业总产值（不变价） Gross Industrial Output Value(at 1990 Constant Prices)	工业增加值 Value Added of Industry	资本金合计 Total Capital	国有资本金 State-owned Capital	集体资本金 Collective Owned Capital	年末资产总计 Total Assets at Year-end
1505.06	1114.35	456.38	708.20	626.05	14.62	3274.12
615.16	499.19	184.42	217.34	177.12	5.50	1112.06
395.30	302.12	108.49	122.36	98.25	3.10	613.04
219.86	197.07	75.93	94.98	78.86	2.40	499.02
889.90	615.16	271.96	490.86	448.93	9.12	2162.06
64.74	30.68	42.90	28.77	28.08	0.63	156.06
540.93	264.19	157.20	355.70	333.83	4.90	1408.88
284.23	320.29	71.86	106.39	87.02	3.59	597.12
732.73	473.00	241.73	343.55	314.00	2.05	1644.27
365.64	309.47	107.56	171.53	147.42	5.90	854.56
406.69	331.88	107.09	193.12	164.63	6.67	792.29
5.66	2.93	1.60	4.12	3.99	0.13	20.22
38.93	9.53	33.47	11.04	11.04		84.59
4.41	2.81	2.26	2.27	2.27		11.60
6.93	8.48	1.43	3.78	3.40	0.36	12.75
7.07	5.60	3.60	7.37	7.23	0.12	23.89
0.46	0.45	0.10	0.05	0.05		1.28
1.77	1.20	0.60	1.04	1.01	0.03	4.54
122.06	78.14	20.48	31.16	28.41	0.28	163.91
32.92	24.08	8.11	10.75	9.71	0.05	46.06
32.28	22.24	10.31	11.24	10.02	0.45	69.43
54.36	43.83	34.33	14.41	14.10	0.01	66.88
70.92	60.05	11.83	22.39	14.58	0.64	122.18
9.33	8.31	3.14	3.43	2.41	0.41	19.81
9.07	7.60	1.70	2.24	1.77	0.19	8.47
11.79	10.45	3.21	5.34	5.04	0.05	21.80
2.86	2.77	0.76	0.51	0.44	···	6.32
20.39	17.27	5.33	12.70	5.89	0.24	41.43
14.43	20.49	5.92	7.10	5.73	0.22	34.19
7.36	4.80	2.59	2.61	0.44	0.01	12.16
201.18	82.48	21.98	47.80	47.80		315.88
70.25	61.03	12.58	22.17	16.54	0.58	132.44
51.62	53.49	15.89	11.96	10.40	0.70	81.05
7.02	9.02	0.96	3.78	2.34		40.47
7.22	7.44	1.96	2.56	1.50		15.66
16.15	17.63	4.18	5.99	5.02	0.11	25.79
74.52	58.77	17.17	39.50	32.03	3.03	186.08
41.38	24.78	7.35	14.34	11.68	0.09	83.27
34.71	34.51	7.04	11.46	11.26	0.04	57.16
22.66	20.56	6.70	7.56	5.69	0.18	46.93
46.03	50.46	12.09	15.74	9.89	0.60	104.45
29.07	27.97	8.92	15.34	13.16	0.85	79.34
63.47	55.85	15.42	25.64	24.20	0.51	159.80
69.77	72.53	17.65	18.24	12.99	0.44	109.66
70.02	11.63	15.16	23.82	18.81	1.16	137.97
10.34	13.95	3.04	3.97	2.65	0.19	21.53
13.23	14.72	2.08	2.40	2.17	0.06	10.83
162.33	46.68	102.71	226.40	215.78	2.70	724.14
4.18	2.62	0.56	11.54	11.46		23.50
52.58	12.31	31.83	44.35	43.10	0.21	145.49

续表 1 continued

单位：亿元

行业	Item	流动资产合计 Total Circulating Funds	产成品 Finished Products
全省总计	**Province Total**	**1258.97**	**128.39**
按轻重工业分	**Grouped by Light & Heavy Industry**		
轻 工 业	Light Industry	473.53	54.80
以农产品为原料	Using Farm Products as Raw Materials	266.23	34.59
以非农产品为原料	Using Non-Farm Products as Raw Materials	207.30	20.21
重 工 业	Heavy Industry	785.44	73.59
采掘工业	Mining and Quarrying	36.08	3.07
原料工业	Raw Materials Industry	452.46	23.53
加工工业	Manufacturing Industry	296.90	46.99
按企业规模分	**Grouped by Size of Enterprises**		
大型企业	Large	579.19	47.73
中型企业	Medium-sized	358.91	40.11
小型企业	Small	320.87	40.55
按行业分	**Grouped by Sector**		
#煤炭采选业	Coal Mining and Dressing	8.27	0.97
石油和天然气开采	Petroleum and Natural Gas Extraction	5.92	
黑色金属矿采选业	Ferrous Metals Mining and Dressing	4.42	0.46
有色金属矿采选业	Nonferrous Metals Mining and Dressing	6.13	0.91
非金属矿采选业	Nonmetal Minerals Mining and Dressing	10.02	0.86
其他矿采选业	Other Minerals Mining and Dressing	1.08	…
木材及竹材采运业	Logging and Transport of Timber and Bamboo	1.06	0.02
食品加工业	Food Processing	63.38	11.02
食品制造业	Food Manufacturing	18.92	2.90
饮料制造业	Beverage Manufacturing	28.92	2.09
烟草加工业	Tobacco Processing	39.16	0.13
纺织业	Textile Industry	46.62	8.64
服装及其他纤维制品制造	Garments and Other Fiber Products	12.50	1.24
皮革毛皮羽绒及制品业	Leather, Furs, Down and Related Products	3.48	0.74
木材加工及竹藤棕草制品业	Timber Processing, Bamboo, Cane, Palm Fiber and Straw Products	9.17	1.47
家具制造业	Furniture Manufacturing	2.34	0.44
造纸及纸制品业	Papermaking and Pager Products	14.75	2.10
印刷业记录媒介的复制	Printing and Record Medium Reproduction	16.08	1.69
文教体育用品制造业	Cultural, Educational and Sports Goods	6.23	0.46
石油加工及炼焦业	Petroleum Processing and Coking	73.82	10.27
化学原料及制品制造业	Raw Chemical Materials and Chemical Products	50.62	7.90
医药制造业	Medical and Pharmaceutical Products	45.56	5.47
化学纤维制造业	Chemical Fiber	6.94	0.41
橡胶制品业	Rubber Products	7.74	1.22
塑料制品业	Plastic Products	11.97	1.71
非金属矿物制品业	Nonmetal Mineral Products	57.29	7.13
黑色金属冶炼及压延加工业	Smelting and Pressing of Ferrous Metals	30.02	2.81
有色金属冶炼及压延加工业	Smelting and Pressing of Nonferrous Metals	21.44	2.40
金属制品业	Metal Products	24.81	2.79
普通机械制造业	Ordinary Machinery Manufacturing	54.31	7.90
专用设备制造业	For Special Purposes Equipment Manufacturing	40.38	6.45
交通运输设备制造业	Transport Equipment Manufacturing	83.58	10.54
电气机械及器材制造业	Electric Equipment and Machinery	60.12	7.64
电子及通信设备制造业	Electronic and Telecommunications Equipment	77.30	12.78
仪器仪表文化办公用机械	Instruments, Meters, Cultural and Office Machinery	12.92	2.79
其他制造业	Other Manufacturing	7.27	1.28
电力蒸汽热水生产供应业	Electric Power, Steam and Hot Water Production and Supply	253.34	0.41
煤气的生产和供应业	Gas Production and Supply	7.61	…
自来水的生产和供应业	Tap Water Production and Supply	33.08	0.24

续表 2　continued

(100 million yuan)

流动资产年平均余额 Annual Average Balance of Circulating Funds	固定资产合计 Total Fixed Assets	固定资产原价 Original Value of Fixed Assets	固定资产净值平均余额 Average Balance of Net Value of Fixed Assets	年末负债合计 Total Liabilities at Year-end	流动负债 Liquid Liabilities	年末所有者权益合计 Total Creditors' Equity at Year-end
1187.38	1676.17	1794.89	1222.88	2110.56	1335.28	1163.56
452.79	516.78	592.51	423.75	816.23	581.55	295.83
257.69	279.79	331.70	233.88	482.89	362.62	130.15
195.10	236.99	260.81	189.87	333.34	218.93	165.68
734.59	1159.39	1202.38	799.13	1294.33	753.73	867.72
33.62	47.11	63.26	41.02	70.70	39.78	85.36
423.70	885.95	873.62	573.42	792.46	409.34	616.42
277.27	226.33	265.49	184.69	431.17	304.60	165.94
550.11	869.65	873.09	573.23	958.81	514.89	665.46
337.39	423.89	488.59	339.86	577.56	427.15	277.00
299.88	382.63	433.21	309.79	574.19	393.24	221.10
7.96	10.55	15.55	10.37	18.12	13.46	2.11
6.08	12.23	16.18	10.31	21.11	3.47	63.48
4.09	6.26	7.84	5.06	8.69	5.87	2.91
5.53	5.62	7.39	4.42	8.66	6.06	4.10
9.86	11.94	15.62	10.18	12.89	9.66	10.99
0.13	0.17	0.21	0.13	0.99	0.96	0.29
1.05	2.02	2.52	1.75	2.12	1.47	2.42
63.85	85.08	108.86	73.30	142.56	114.16	21.35
19.31	21.61	25.99	18.12	35.13	27.59	10.93
27.38	30.28	29.41	18.99	52.90	39.31	16.53
37.33	26.92	32.33	23.41	37.79	34.13	29.09
45.72	54.78	65.40	47.29	103.00	70.38	19.18
12.30	4.67	6.16	4.63	16.16	13.08	3.65
3.95	4.26	5.57	4.21	7.55	6.04	0.92
7.46	10.91	12.35	9.29	15.72	8.52	6.08
2.40	3.14	4.01	2.99	5.05	2.68	1.27
13.82	22.59	25.52	18.74	34.64	19.74	6.83
12.43	14.45	16.81	13.17	22.89	15.17	11.29
5.91	4.53	4.09	2.98	7.98	5.37	4.17
70.87	222.70	112.47	59.38	246.68	50.17	69.20
46.64	65.25	78.29	54.85	105.20	61.29	27.24
46.56	27.09	28.12	20.16	59.84	48.27	21.21
5.90	24.46	25.38	21.46	36.46	18.36	4.00
7.68	6.81	7.50	5.06	11.98	9.56	3.68
10.95	10.01	14.11	8.55	18.29	11.63	7.51
56.69	108.37	118.93	85.49	153.15	94.96	32.93
26.98	49.24	54.30	33.60	45.85	30.16	37.41
20.54	31.25	37.08	25.25	40.20	24.46	16.97
22.41	17.93	18.27	13.01	40.02	29.64	6.91
51.47	39.59	46.25	32.81	75.80	59.45	28.66
39.98	27.45	34.38	22.99	57.43	42.31	21.91
69.22	56.50	61.89	44.62	112.87	72.28	46.93
59.43	36.49	40.65	29.26	89.43	65.33	27.22
73.05	42.31	49.66	35.71	102.80	68.94	35.16
12.32	6.26	7.51	4.94	15.91	12.11	5.62
6.30	2.61	3.52	2.17	7.71	6.41	3.11
236.25	450.55	520.10	348.50	284.08	193.13	440.05
6.78	15.39	15.88	13.91	10.46	8.94	13.04
30.40	103.42	118.01	81.18	48.36	29.56	97.14

续表 3 continued

单位：亿元

行业	Item	产品销售收入 Sales Revenue	产品销售税金及附加 Sales tax and Extra Charges
全省总计	**Province Total**	**1657.79**	**44.82**
按轻重工业分	**Grouped by Light & Heavy Industry**		
轻工业	Light Industry	570.54	28.39
以农产品为原料	Using Farm Products as Raw Materials	361.55	26.69
以非农产品为原料	Using Non-Farm Products as Raw Materials	208.99	1.70
重工业	Heavy Industry	1087.25	16.43
采掘工业	Mining and Quarrying	51.91	1.28
原料工业	Raw Materials Industry	780.68	13.66
加工工业	Manufacturing Industry	254.66	1.49
按企业规模分	**Grouped by Size of Enterprises**		
大型企业	Large	854.27	30.65
中型企业	Medium-sized	400.43	7.80
小型企业	Small	403.09	6.37
按行业分	**Grouped by Sector**		
#煤炭采选业	Coal Mining and Dressing	5.47	0.05
石油和天然气开采	Petroleum and Natural Gas Extraction	28.87	0.80
黑色金属矿采选业	Ferrous Metals Mining and Dressing	3.34	0.15
有色金属矿采选业	Nonferrous Metals Mining and Dressing	6.65	0.06
非金属矿采选业	Nonmetal Minerals Mining and Dressing	6.20	0.12
其他矿采选业	Other Minerals Mining and Dressing	0.45	…
木材及竹材采运业	Logging and Transport of Timber and Bamboo	1.48	0.12
食品加工业	Food Processing	120.01	0.72
食品制造业	Food Manufacturing	31.07	0.21
饮料制造业	Beverage Manufacturing	29.33	1.89
烟草加工业	Tobacco Processing	54.53	23.15
纺织业	Textile Industry	57.90	0.18
服装及其他纤维制品制造	Garments and Other Fiber Products	7.08	0.05
皮革毛皮羽绒及其制品业	Leather, Furs, Down and Related Products	7.12	0.05
木材加工及竹藤棕草制品业	Timber Processing, Bamboo, Cane, Palm Fiber and Straw Products	9.80	0.08
家具制造业	Furniture Manufacturing	2.62	0.04
造纸及纸制品业	Papermaking and Pager Products	16.63	0.15
印刷业记录媒介的复制	Printing and Record Medium Reproduction	16.18	0.14
文教体育用品制造业	Cultural, Educational and Sports Goods	7.54	0.05
石油加工及炼焦业	Petroleum Processing and Coking	193.72	10.42
化学原料及制品制造业	Raw Chemical Materials and Chemical Products	65.78	0.46
医药制造业	Medical and Pharmaceutical Products	46.41	0.43
化学纤维制造业	Chemical Fiber	5.85	0.01
橡胶制品业	Rubber Products	6.39	0.14
塑料制品业	Plastic Products	15.25	0.07
非金属矿物制品业	Nonmetal Mineral Products	69.03	0.59
黑色金属冶炼及压延加工业	Smelting and Pressing of Ferrous Metals	45.80	0.15
有色金属冶炼及压延加工业	Smelting and Pressing of Nonferrous Metals	35.88	0.24
金属制品业	Metal Products	18.11	0.11
普通机械制造业	Ordinary Machinery Manufacturing	41.47	0.31
专用设备制造业	For Special Purposes Equipment Manufacturing	27.26	0.16
交通运输设备制造业	Transport Equipment Manufacturing	56.53	0.41
电气机械及器材制造业	Electric Equipment and Machinery	63.45	0.31
电子及通信设备制造业	Electronic and Telecommunications Equipment	66.45	0.17
仪器仪表文化办公用机械	Instruments, Meters, Cultural and Office Machinery	9.44	0.05
其他制造业	Other Manufacturing	11.87	0.05
电力蒸汽热水生产供应业	Electric Power, Steam and Hot Water Production and Supply	410.13	2.06
煤气的生产和供应业	Gas Production and Supply	4.39	0.01
自来水的生产和供应业	Tap Water Production and Supply	52.01	0.67

续表 4 continued

(100 million yuan)

利 润 总 额 Total Profits	#亏损总额 Total Loss	利 税 总 额 Total Pre-tax Profits	本年应交增值税 Value Added Tax Payable in Current Year	本年销项税额 Sales Tax in Current Year	本年进项税额 Import Tax in Current Year	职工平均人数(万人) Average Number of Staff and Workers (10000 persons)
38.88	**59.49**	**160.92**	**77.21**	**233.88**	**165.62**	**124.71**
4.41	30.82	57.27	24.47	72.88	50.65	53.71
-11.65	21.98	31.79	16.75	47.87	32.55	34.61
16.06	8.84	25.48	7.71	25.01	18.10	19.10
34.47	28.67	103.65	52.75	161.00	114.97	71.00
5.83	1.61	9.09	1.98	3.61	1.65	8.94
31.04	15.10	84.76	40.00	121.01	86.13	31.41
-2.40	11.96	9.80	10.77	36.38	27.19	30.65
53.40	15.37	120.81	36.75	122.91	89.70	35.01
-9.10	26.09	22.27	23.57	58.73	38.81	39.93
-5.42	18.03	17.84	16.89	52.24	37.11	49.77
-0.79	0.79	-0.39	0.35	0.93	0.59	4.06
6.75		8.25	0.70	0.70		0.68
0.02	0.17	0.39	0.23	0.43	0.21	0.77
-0.08	0.29	0.23	0.25	0.84	0.60	1.20
-0.21	0.48	0.38	0.47	0.73	0.27	2.10
…	…	…		0.01		0.06
-0.10	0.13	0.06	0.04	0.05	0.01	0.67
-8.65	10.56	-3.13	4.80	12.41	7.97	8.60
-0.81	1.49	0.68	1.27	4.05	3.01	3.52
0.57	1.36	4.06	1.60	4.67	3.20	2.49
2.14	0.06	29.45	4.15	9.34	5.34	1.04
-4.28	4.85	-2.54	1.56	7.36	5.93	8.32
-0.50	0.61	-0.23	0.22	0.68	0.61	1.79
-0.49	0.62	-0.25	0.19	0.78	0.63	1.67
0.06	0.47	0.61	0.47	1.44	0.98	0.82
-0.24	0.27	-0.08	0.12	0.39	0.27	0.46
0.11	0.55	1.03	0.77	2.91	2.23	2.05
0.19	1.02	1.24	0.91	2.36	1.54	2.56
0.50	0.28	1.03	0.49	1.23	0.76	0.99
1.94	0.02	17.75	5.40	33.43	28.55	3.28
-1.00	2.24	2.11	2.65	8.87	6.75	6.76
1.54	0.81	4.64	2.66	7.54	4.92	3.20
-0.37	0.56	-0.17	0.18	0.90	0.85	0.77
-0.61	0.62	…	0.47	1.23	0.84	1.30
0.77	0.30	1.40	0.57	2.53	2.04	1.06
-10.29	10.61	-5.83	3.87	10.08	6.64	11.66
0.88	1.36	2.75	1.72	11.18	9.60	3.51
-0.11	0.95	2.27	2.14	5.39	3.50	2.78
-1.67	2.18	-0.79	0.76	2.73	2.01	2.93
-1.18	1.95	0.74	1.62	5.65	4.16	6.32
-0.73	1.77	0.64	1.21	4.25	3.16	5.27
-0.51	2.26	1.76	1.86	8.29	6.70	6.31
-0.61	2.49	2.90	3.20	10.96	8.02	5.46
0.78	3.26	3.34	2.40	8.11	6.11	4.39
0.19	0.22	0.67	0.43	1.45	1.05	1.10
	0.32	0.40	0.25	1.40	1.17	1.17
37.39	2.36	65.00	25.55	56.52	34.60	10.42
-0.41	0.46	-0.33	0.07	0.62	0.68	0.48
18.69	0.63	20.72	1.36	1.43	0.12	2.61

12-23 集体独立核算工业企业主要指标(1997年)

单位:亿元

行业	Item	企业单位数(个) Number of Enterprises (unit)	亏损企业 Loss-making Enterprises
全省总计	**Province Total**	**16259**	**2992**
按轻重工业分	**Grouped by Light & Heavy Industry**		
轻 工 业	Light Industry	9315	1758
以农产品为原料	Using Farm Products as Raw Materials	5353	947
以非农产品为原料	Using Non-Farm Products as Raw Materials	3962	811
重 工 业	Heavy Industry	6944	1234
采掘工业	Mining and Quarrying	698	63
原料工业	Raw Materials Industry	2244	368
加工工业	Manufacturing Industry	4002	803
按企业规模分	**Grouped by Size of Enterprises**		
大型企业	Large	65	21
中型企业	Medium-sized	283	125
小型企业	Small	15911	2846
按行业分	**Grouped by Sector**		
#煤炭采选业	Coal Mining and Dressing	69	10
石油和天然气开采	Petroleum and Natural Gas Extraction	1	
黑色金属矿采选业	Ferrous Metals Mining and Dressing	51	7
有色金属矿采选业	Nonferrous Metals Mining and Dressing	85	7
非金属矿采选业	Nonmetal Minerals Mining and Dressing	503	43
其他矿采选业	Other Minerals Mining and Dressing	3	
木材及竹材采运业	Logging and Transport of Timber and Bamboo	9	
食品加工业	Food Processing	429	64
食品制造业	Food Manufacturing	340	55
饮料制造业	Beverage Manufacturing	339	50
烟草加工业	Tobacco Processing	5	1
纺织业	Textile Industry	565	142
服装及其他纤维制品制造	Garments and Other Fiber Products	1274	228
皮革毛皮羽绒及其制品业	Leather, Furs, Down and Related Products	466	71
木材加工及竹藤棕草制品业	Timber Processing, Bamboo, Cane, Palm Fiber and Straw Products	559	36
家具制造业	Furniture Manufacturing	452	65
造纸及纸制品业	Papermaking and Pager Products	587	132
印刷业记录媒介的复制	Printing and Record Medium Reproduction	361	82
文教体育用品制造业	Cultural, Educational and Sports Goods	318	57
石油加工及炼焦业	Petroleum Processing and Coking	20	3
化学原料及制品制造业	Raw Chemical Materials and Chemical Products	622	133
医药制造业	Medical and Pharmaceutical Products	101	17
化学纤维制造业	Chemical Fiber	60	15
橡胶制品业	Rubber Products	101	23
塑料制品业	Plastic Products	858	181
非金属矿物制品业	Nonmetal Mineral Products	1656	363
黑色金属冶炼及压延加工业	Smelting and Pressing of Ferrous Metals	144	20
有色金属冶炼及压延加工业	Smelting and Pressing of Nonferrous Metals	98	35
金属制品业	Metal Products	1223	274
普通机械制造业	Ordinary Machinery Manufacturing	450	103
专用设备制造业	For Special Purposes Equipment Manufacturing	409	82
交通运输设备制造业	Transport Equipment Manufacturing	428	115
电气机械及器材制造业	Electric Equipment and Machinery	691	189
电子及通信设备制造业	Electronic and Telecommunications Equipment	347	84
仪器仪表文化办公用机械	Instruments, Meters, Cultural and Office Machinery	120	26
其他制造业	Other Manufacturing	795	120
电力蒸汽热水生产供应业	Electric Power, Steam and Hot Water Production and Supply	1259	96
煤气的生产和供应业	Gas Production and Supply	7	1
自来水的生产和供应业	Tap Water Production and Supply	454	62

MAIN INDICATORS OF COLLECTIVE OWNED INDUSTRIAL ENTERPRISES WITH INDEPENDENT ACCOUNTING SYSTEMS (1997)

(100 million yuan)

工业总产值(当年价) Gross Industrial Output Value (at Current Prices)	工业总产值(不变价) Gross Industrial Output Value(at 1990 Constant Prices)	工业增加值 Value Added of Industry	资本金合计 Total Capital			年末资产总计 Total Assets at Year-end
				国有资本金 State-Owned Capital	集体资本金 Collective Owned Capital	
1499.34	**1421.12**	**362.07**	**408.44**	**27.53**	**295.11**	**1610.76**
924.56	896.38	230.17	238.54	15.17	168.08	901.57
459.56	417.65	111.60	106.76	7.25	68.78	360.25
465.00	478.73	118.57	131.77	7.92	99.30	541.32
574.78	524.73	131.91	169.90	12.36	127.03	709.19
38.90	31.95	10.79	5.27	0.29	4.28	18.09
166.54	124.28	37.22	68.74	7.50	51.82	276.82
369.34	368.50	83.90	95.90	4.57	70.93	414.28
140.87	179.56	29.56	36.22	3.56	26.80	209.88
166.85	160.45	41.35	55.77	6.75	37.37	270.69
1191.62	1081.11	291.16	316.45	17.22	230.94	1130.19
1.60	0.84	0.59	0.51	0.03	0.47	0.98
0.03	0.02	0.01				
3.32	2.68	0.94	0.59	0.03	0.48	2.65
4.13	3.38	1.22	0.66	0.06	0.58	2.42
29.67	24.89	8.03	3.70	0.23	2.85	12.41
0.11	0.09	0.04	0.01		0.01	0.01
0.22	0.20	0.05	0.02		0.02	0.05
48.56	37.50	10.15	6.53	0.87	4.99	21.65
20.26	17.99	4.35	5.58	0.58	3.73	20.74
24.20	22.34	6.92	4.65	0.43	3.79	27.36
0.10	0.09	0.03	0.03		0.03	0.25
60.78	55.76	14.63	18.43	2.94	8.48	64.04
139.11	128.23	31.94	33.79	1.09	22.57	99.16
47.20	45.50	11.85	12.62	0.15	8.16	32.99
32.76	29.81	9.18	6.25	0.07	5.00	21.24
23.06	20.60	5.50	5.92	0.18	3.96	20.69
44.81	40.30	11.82	9.26	0.51	5.75	35.99
18.93	17.94	5.09	3.94	0.46	2.63	16.24
45.30	43.74	17.06	17.81	0.62	13.75	49.86
1.97	1.48	0.46	0.21	0.11	0.10	0.72
53.34	48.97	10.92	13.03	1.66	8.93	43.12
14.89	16.03	4.05	3.27	0.21	2.54	14.59
14.78	17.60	2.70	4.67	0.65	3.07	25.96
6.80	6.49	2.16	1.57	0.01	1.37	6.75
98.89	100.02	24.77	30.19	1.14	22.17	95.98
133.11	117.97	28.98	49.00	4.24	35.55	224.12
18.98	16.01	3.76	6.10	0.07	5.38	23.06
20.47	20.04	3.38	4.53	0.28	3.86	23.45
102.46	99.08	24.94	29.35	1.11	22.10	121.95
32.50	29.65	7.93	7.88	0.51	5.60	32.09
30.13	28.33	8.20	7.71	0.31	6.05	30.98
53.69	51.54	7.34	10.28	0.82	8.04	52.36
145.93	166.92	34.90	31.35	1.34	23.95	167.64
98.23	111.55	20.94	22.13	0.66	17.10	109.23
13.82	13.24	3.01	7.30	0.29	5.86	20.25
58.43	55.25	17.01	12.33	0.36	9.05	38.39
38.10	17.33	12.16	25.91	3.46	18.91	82.31
0.96	0.53	0.09	0.39		0.39	0.58
17.72	11.19	4.95	10.96	2.05	7.89	68.47

续表 1 continued

单位：亿元

行业	Item	流动资产合计 Total Circulating Eunds	产成品 Finished Products
全省总计	**Province Total**	**802.29**	**118.09**
按轻重工业分	**Grouped by Light & Heavy Industry**		
轻工业	Light Industry	455.40	71.55
以农产品为原料	Using Farm Products as Raw Materials	187.49	29.73
以非农产品为原料	Using Non-Farm Products as Raw Materials	267.91	41.82
重工业	Heavy Industry	346.89	46.55
采掘工业	Mining and Quarrying	9.89	1.27
原料工业	Raw Materials Industry	109.04	8.70
加工工业	Manufacturing Industry	227.96	36.57
按企业规模分	**Grouped by Size of Enterprises**		
大型企业	Large	106.73	13.70
中型企业	Medium-sized	141.93	19.60
小型企业	Small	553.63	84.79
按行业分	**Grouped by Sector**		
#煤炭采选业	Coal Mining and Dressing	0.40	0.06
石油和天然气开采	Petroleum and Natural Gas Extraction		
黑色金属矿采选业	Ferrous Metals Mining and Dressing	1.65	0.30
有色金属矿采选业	Nonferrous Metals Mining and Dressing	1.46	0.13
非金属矿采选业	Nonmetal Minerals Mining and Dressing	6.52	0.79
其他矿采选业	Other Minerals Mining and Dressing	0.01	
木材及竹材采运业	Logging and Transport of Timber and Bamboo	0.03	
食品加工业	Food Processing	13.20	1.69
食品制造业	Food Manufacturing	11.11	1.83
饮料制造业	Beverage Manufacturing	10.76	2.10
烟草加工业	Tobacco Processing	0.23	0.01
纺织业	Textile Industry	29.53	5.02
服装及其他纤维制品制造	Garments and Other Fiber Products	53.01	6.59
皮革毛皮羽绒及其制品业	Leather, Furs, Down and Related Products	16.90	2.47
木材加工及竹藤棕草制品业	Timber Processing, Bamboo, Cane, Palm Fiber and Straw Products	13.35	2.17
家具制造业	Furniture Manufacturing	11.69	2.50
造纸及纸制品业	Papermaking and Pager Products	18.93	4.03
印刷业记录媒介的复制	Printing and Record Medium Reproduction	8.41	0.88
文教体育用品制造业	Cultural, Educational and Sports Goods	21.81	2.05
石油加工及炼焦业	Petroleum Processing and Coking	0.40	0.03
化学原料及制品制造业	Raw Chemical Materials and Chemical Products	23.59	3.70
医药制造业	Medical and Pharmaceutical Products	9.06	1.73
化学纤维制造业	Chemical Fiber	9.88	0.69
橡胶制品业	Rubber Products	3.51	0.68
塑料制品业	Plastic Products	44.39	8.25
非金属矿物制品业	Nonmetal Mineral Products	95.42	12.47
黑色金属冶炼及压延加工业	Smelting and Pressing of Ferrous Metals	10.60	1.56
有色金属冶炼及压延加工业	Smelting and Pressing of Nonferrous Metals	12.99	1.87
金属制品业	Metal Products	64.71	11.56
普通机械制造业	Ordinary Machinery Manufacturing	19.73	4.68
专用设备制造业	For Special Purposes Equipment Manufacturing	18.07	3.57
交通运输设备制造业	Transport Equipment Manufacturing	33.01	3.46
电气机械及器材制造业	Electric Equipment and Machinery	104.42	18.68
电子及通信设备制造业	Electronic and Telecommunications Equipment	67.44	6.61
仪器仪表文化办公用机械	Instruments, Meters, Cultural and Office Machinery	7.96	0.85
其他制造业	Other Manufacturing	23.36	4.57
电力蒸汽热水生产供应业	Electric Power, Steam and Hot Water Production and Supply	22.44	0.19
煤气的生产和供应业	Gas Production and Supply	0.29	0.04
自来水的生产和供应业	Tap Water Production and Supply	12.04	0.31

续表 2 continued

(100 million yuan)

流动资产年平均余额 Annual Average Balance of Circulating Funds	固定资产合计 Total Fixed Assets	固定资产原价 Original Value of Fixed Assets	固定资产净值平均余额 Average Balance of Net Value of Fixed Assets	年末负债合计 Total Liabilities at Year-end	流动负债 Liquid Liabilities	年末所有者权益合计 Total Creditors' Equity at Year-end
812.37	**645.09**	**794.06**	**556.57**	**1173.19**	**888.11**	**437.57**
461.17	350.72	429.85	298.97	613.66	497.86	287.91
192.72	135.94	170.75	119.77	239.17	196.25	121.07
268.45	214.78	259.10	179.20	374.48	301.61	166.84
351.20	294.37	364.21	257.60	559.53	390.25	149.66
13.65	7.07	9.19	6.33	9.71	7.23	8.38
115.40	140.95	174.81	127.03	244.98	141.53	31.84
222.15	146.35	180.20	124.24	304.84	241.48	109.44
101.70	79.61	98.24	65.46	163.53	123.31	46.36
138.74	98.63	130.37	83.97	232.39	171.94	38.30
571.93	466.85	565.45	407.14	777.27	592.86	352.91
0.47	0.52	0.72	0.45	0.58	0.45	0.39
0.01		0.01				
3.01	0.75	0.66	0.47	1.69	1.34	0.97
1.47	0.82	1.05	0.83	1.47	1.03	0.95
8.39	5.19	7.04	4.74	6.04	4.46	6.37
0.01				0.01		
0.38	0.02	0.02	0.04	0.03	0.02	0.02
13.93	7.26	9.39	6.41	14.40	12.42	7.25
11.97	7.36	9.66	6.66	15.81	12.34	4.93
10.20	10.24	10.57	6.61	22.18	19.25	5.18
0.24	0.01	0.03	0.01	0.32	0.28	-0.07
29.86	27.86	36.59	24.57	47.24	35.36	16.81
56.60	36.51	45.16	33.51	58.68	51.27	40.48
17.30	13.04	16.43	11.89	16.42	14.24	16.57
14.90	6.51	8.03	6.01	14.91	11.43	6.32
11.62	7.76	9.67	6.96	13.89	10.36	6.81
18.87	14.36	17.89	12.40	26.33	20.81	9.66
7.76	5.61	7.15	4.89	11.89	9.43	4.35
21.76	23.73	28.77	21.51	21.41	18.21	28.45
0.55	0.28	0.36	0.25	0.37	0.23	0.35
25.10	16.35	19.56	14.86	28.56	24.42	14.56
9.11	4.05	5.41	3.56	9.86	8.37	4.73
8.49	14.36	15.00	10.02	23.50	12.87	2.46
3.61	2.70	3.12	2.10	4.93	3.77	1.82
45.45	38.60	50.88	35.48	63.52	48.36	32.45
94.11	114.75	142.97	99.92	221.04	140.86	3.08
9.93	10.29	10.55	8.22	17.01	11.69	6.05
13.03	8.96	11.88	8.66	21.51	17.50	1.94
63.25	41.46	49.87	36.86	91.62	76.43	30.34
21.26	10.19	12.51	8.29	23.27	19.95	8.82
18.17	10.86	12.71	8.92	20.33	16.61	10.65
31.96	12.56	23.81	10.88	42.87	39.22	9.49
108.47	49.70	61.33	41.52	130.86	116.71	36.78
58.94	27.55	31.47	20.68	67.80	54.18	41.43
7.01	8.93	8.89	6.30	10.33	9.62	9.92
22.73	12.18	16.46	10.54	22.78	19.14	15.61
28.92	46.97	63.07	47.01	60.08	25.16	22.23
0.26	0.29	0.36	0.23	0.26	0.25	0.32
13.30	46.52	44.98	34.27	39.38	20.05	29.09

续表 3 continued

单位：亿元

行业	Item	产品销售收入 Sales Revenue	产品销售税金及附加 Sales Tax and Extra Charges
全省总计	**Province Total**	**1362.85**	**14.52**
按轻重工业分	**Grouped by Light & Heavy Industry**		
轻工业	Light Industry	826.93	9.01
以农产品为原料	Using Farm Products as Raw Materials	417.86	3.82
以非农产品为原料	Using Non-Farm Products as Raw Materials	409.07	5.20
重工业	Heavy Industry	535.92	5.51
采掘工业	Mining and Quarrying	34.81	0.55
原料工业	Raw Materials Industry	154.62	1.72
加工工业	Manufacturing Industry	346.50	3.23
按企业规模分	**Grouped by Size of Enterprises**		
大型企业	Large	133.72	0.67
中型企业	Medium-sized	147.23	0.98
小型企业	Small	1081.90	12.88
按行业分	**Grouped by Sector**		
#煤炭采选业	Coal Mining and Dressing	1.53	0.02
石油和天然气开采	Petroleum and Natural Gas Extraction	0.03	
黑色金属矿采选业	Ferrous Metals Mining and Dressing	2.79	0.05
有色金属矿采选业	Nonferrous Metals Mining and Dressing	4.04	0.05
非金属矿采选业	Nonmetal Minerals Mining and Dressing	26.28	0.44
其他矿采选业	Other Minerals Mining and Dressing	0.10	
木材及竹材采运业	Logging and Transport of Timber and Bamboo	0.22	
食品加工业	Food Processing	46.14	0.26
食品制造业	Food Manufacturing	18.77	0.15
饮料制造业	Beverage Manufacturing	30.33	0.21
烟草加工业	Tobacco Processing	0.14	0.01
纺织业	Textile Industry	53.53	0.39
服装及其他纤维制品制造	Garments and Other Fiber Products	123.28	1.34
皮革毛皮羽绒及其制品业	Leather, Furs, Down and Related Products	39.50	0.32
木材加工及竹藤棕草制品业	Timber Processing, Bamboo, Cane, Palm Fiber and Straw Products	27.82	0.28
家具制造业	Furniture Manufacturing	20.05	0.25
造纸及纸制品业	Papermaking and Pager Products	40.96	0.39
印刷业记录媒介的复制	Printing and Record Medium Reproduction	17.48	0.19
文教体育用品制造业	Cultural, Educational and Sports Goods	36.02	0.45
石油加工及炼焦业	Petroleum Processing and Coking	1.93	0.01
化学原料及制品制造业	Raw Chemical Materials and Chemical Products	47.67	0.57
医药制造业	Medical and Pharmaceutical Products	12.80	0.15
化学纤维制造业	Chemical Fiber	13.18	0.05
橡胶制品业	Rubber Products	5.89	0.12
塑料制品业	Plastic Products	90.67	1.08
非金属矿物制品业	Nonmetal Mineral Products	124.36	1.54
黑色金属冶炼及压延加工业	Smelting and Pressing of Ferrous Metals	17.70	0.09
有色金属冶炼及压延加工业	Smelting and Pressing of Nonferrous Metals	19.09	0.15
金属制品业	Metal Products	91.36	0.75
普通机械制造业	Ordinary Machinery Manufacturing	27.85	0.26
专用设备制造业	For Special Purposes Equipment Manufacturing	26.75	0.29
交通运输设备制造业	Transport Equipment Manufacturing	56.00	1.64
电气机械及器材制造业	Electric Equipment and Machinery	124.73	0.79
电子及通信设备制造业	Electronic and Telecommunications Equipment	96.33	0.69
仪器仪表文化办公用机械	Instruments, Meters, Cultural and Office Machinery	13.34	0.18
其他制造业	Other Manufacturing	48.23	0.50
电力蒸汽热水生产供应业	Electric Power, Steam and Hot Water Production and Supply	36.80	0.50
煤气的生产和供应业	Gas Production and Supply	1.00	
自来水的生产和供应业	Tap Water Production and Supply	18.16	0.38

续表 4　continued

(100 million yuan)

利润总额 Total Profits	#亏损总额 Total Loss	利税总额 Total Pre-tax Profits	本年应交增值税 Value Added Tax Payable in Current Year	本年销项税额 Sales Tax in Current Year	本年进项税额 Import Tax in Current Year	职工平均人数(万人) Average Number of Staff and Workers (10000 persons)
8.85	39.64	60.85	37.48	130.69	103.27	156.00
11.04	14.10	39.37	19.32	74.23	58.08	106.09
6.18	5.38	18.81	8.81	35.42	28.17	54.13
4.86	8.72	20.56	10.51	38.81	29.91	51.96
-2.19	25.53	21.48	18.16	56.47	45.19	49.91
1.78	0.10	3.17	0.84	1.73	1.12	4.07
-9.84	14.33	-2.51	5.61	16.17	11.14	12.83
5.87	11.10	20.81	11.71	38.56	32.93	33.01
4.71	2.61	11.43	6.05	18.45	16.46	6.32
-5.10	7.88	1.10	5.22	18.48	13.71	13.76
9.23	29.14	48.32	26.21	93.76	73.10	135.92
0.09	0.01	0.17	0.06	0.11	0.06	0.60
						0.01
0.13	0.01	0.30	0.12	0.19	0.12	0.33
0.17	0.02	0.34	0.12	0.36	0.25	0.46
1.38	0.06	2.35	0.53	1.07	0.69	2.85
0.01		0.01				0.02
0.01		0.02		0.01	0.01	0.02
0.73	0.41	1.49	0.50	2.02	1.58	2.04
-0.04	0.52	0.61	0.50	2.16	1.69	2.12
0.24	0.34	1.11	0.66	3.21	2.60	1.73
	0.01	0.01	0.01	0.01	0.01	0.02
0.27	1.04	1.80	1.14	4.85	3.89	7.34
1.98	1.25	5.72	2.40	10.31	8.59	20.69
1.33	0.25	2.35	0.70	2.88	2.22	7.43
0.89	0.07	2.41	1.25	3.01	1.83	2.76
0.35	0.59	1.13	0.53	1.54	1.10	2.59
0.44	0.61	1.86	1.03	4.40	3.56	3.88
-0.09	0.38	0.75	0.64	1.84	1.36	1.95
2.16	0.37	3.29	0.68	1.48	0.95	12.16
0.06	0.03	0.08	0.01	0.12	0.10	0.09
0.83	0.72	2.71	1.32	4.79	3.84	3.55
0.37	0.21	1.19	0.68	1.77	1.12	1.07
-0.07	0.24	0.21	0.23	1.42	1.21	0.91
0.06	0.11	0.34	0.17	0.67	0.51	0.95
1.53	1.10	4.94	2.32	8.30	6.42	9.55
-13.56	16.24	-7.42	4.61	13.81	11.00	16.36
-0.01	0.48	0.44	0.37	1.65	1.30	0.84
-0.73	0.93	-0.16	0.43	2.15	1.74	0.85
0.10	3.09	3.32	2.47	10.12	8.07	10.51
0.38	0.53	1.59	0.96	3.32	2.44	3.48
0.63	0.45	1.84	0.92	3.03	2.26	3.08
-0.67	1.77	2.57	1.60	5.32	3.90	2.97
-0.30	2.97	4.25	3.77	16.78	13.17	10.07
8.43	0.91	12.62	3.50	9.89	10.35	7.25
0.30	0.28	0.69	0.21	0.83	0.66	1.79
1.29	0.42	2.87	1.08	3.69	2.76	9.03
-0.57	2.70	1.43	1.49	2.69	1.38	3.32
0.01		0.02		0.11	0.10	0.02
0.74	0.52	1.59	0.48	0.78	0.42	1.31

12-24 其他独立核算工业企业主要指标(1997年)

单位：亿元

行业	Item	企业单位数(个) Number of Enterprises (unit)	亏损企业 Loss-making Enterprises
全省总计	**Province Total**	**11705**	**3789**
按轻重工业分	**Grouped by Light & Heavy Industry**		
轻 工 业	Light Industry	8059	2665
以农产品为原料	Using Farm Products as Raw Materials	4773	1619
以非农产品为原料	Using Non-Farm Products as Raw Materials	3286	1046
重 工 业	Heavy Industry	3646	1124
采掘工业	Mining and Quarrying	115	20
原料工业	Raw Materials Industry	661	247
加工工业	Manufacturing Industry	2870	857
按企业规模分	**Grouped by Size of Enterprises**		
大型企业	Large	380	141
中型企业	Medium-sized	492	194
小型企业	Small	10833	3454
按行业分	**Grouped by Sector**		
# 煤炭采选业	Coal Mining and Dressing	16	
石油和天然气开采	Petroleum and Natural Gas Extraction	1	
黑色金属矿采选业	Ferrous Metals Mining and Dressing	10	
有色金属矿采选业	Nonferrous Metals Mining and Dressing	16	3
非金属矿采选业	Nonmetal Minerals Mining and Dressing	73	17
其他矿采选业	Other Minerals Mining and Dressing		
木材及竹材采运业	Logging and Transport of Timber and Bamboo		
食品加工业	Food Processing	219	59
食品制造业	Food Manufacturing	314	113
饮料制造业	Beverage Manufacturing	153	68
烟草加工业	Tobacco Processing	6	1
纺织业	Textile Industry	850	312
服装及其他纤维制品制造	Garments and Other Fiber Products	1534	508
皮革毛皮羽绒及其制品业	Leather, Furs, Down and Related Products	637	206
木材加工及竹藤棕草制品业	Timber Processing, Bamboo, Cane, Palm Fiber and Straw Products	142	42
家具制造业	Furniture Manufacturing	197	71
造纸及纸制品业	Papermaking and Pager Products	362	121
印刷业记录媒介的复制	Printing and Record Medium Reproduction	240	81
文教体育用品制造业	Cultural, Educational and Sports Goods	377	114
石油加工及炼焦业	Petroleum Processing and Coking	17	4
化学原料及制品制造业	Raw Chemical Materials and Chemical Products	489	170
医药制造业	Medical and Pharmaceutical Products	132	41
化学纤维制造业	Chemical Fiber	83	35
橡胶制品业	Rubber Products	86	26
塑料制品业	Plastic Products	874	271
非金属矿物制品业	Nonmetal Mineral Products	607	245
黑色金属冶炼及压延加工业	Smelting and Pressing of Ferrous Metals	59	27
有色金属冶炼及压延加工业	Smelting and Pressing of Nonferrous Metals	66	19
金属制品业	Metal Products	644	206
普通机械制造业	Ordinary Machinery Manufacturing	217	54
专用设备制造业	For Special Purposes Equipment Manufacturing	223	62
交通运输设备制造业	Transport Equipment Manufacturing	290	102
电气机械及器材制造业	Electric Equipment and Machinery	721	211
电子及通信设备制造业	Electronic and Telecommunications Equipment	983	256
仪器仪表文化办公用机械	Instruments, Meters, Cultural and Office Machinery	276	82
其他制造业	Other Manufacturing	586	199
电力蒸汽热水生产供应业	Electric Power, Steam and Hot Water Production and Supply	182	54
煤气的生产和供应业	Gas Production and Supply	8	4
自来水的生产和供应业	Tap Water Production and Supply	15	5

MAIN INDICATORS OF OTHER OWNERSHIP INDUSTRIAL ENTERPRISES WITH INDEPENDENT ACCOUNTING SYSTEMS (1997)

单位：亿元 (100 million yuan)

工业总产值（当年价） Gross Industrial Output Value (at Current Prices)	工业总产值（不变价） Gross Industrial Output Value(at 1990 Constant Prices)	工业增加值 Value Added of Industry	资本金合计 Total Capital	国有资本金 State-owned Capital	集体资本金 Collective owned Capital	年末资产总计 Total Assets at Year-end
5197.32	4737.03	1275.43	1977.96	438.07	226.68	6405.38
3219.78	3079.73	749.61	1109.93	174.63	130.24	3363.25
1526.78	1262.30	375.79	583.46	89.28	62.75	1587.06
1693.00	1817.44	373.83	526.47	85.35	67.48	1776.19
1977.54	1657.29	525.82	868.03	263.43	96.45	3042.13
150.41	38.14	41.38	5.85	2.47	0.79	68.36
481.27	223.73	177.46	383.06	154.03	41.76	1431.64
1345.86	1395.43	306.98	479.12	106.94	53.90	1542.13
1835.30	1591.70	507.06	666.23	245.59	67.44	2844.01
709.45	701.13	160.69	239.38	53.54	32.84	837.68
2652.57	2444.20	607.68	1072.35	138.94	126.40	2723.69
0.09	0.06	0.02	0.03			0.05
145.15	33.23	40.25	2.00	1.99		60.30
0.20	0.17	0.05	0.08		0.02	0.12
0.91	0.98	0.16	0.55	0.15	0.23	1.16
4.49	3.99	1.01	3.25	0.36	0.55	7.49
181.35	116.27	32.45	33.80	5.32	3.34	127.73
124.44	114.39	38.98	67.91	13.91	4.32	158.73
103.67	83.33	30.98	67.36	12.57	7.70	160.93
5.02	3.82	1.60	4.30	3.24	0.01	7.40
324.66	271.94	65.82	126.12	18.27	15.96	372.54
261.74	229.67	64.34	90.15	4.00	9.17	213.05
218.52	183.95	43.81	54.05	3.14	6.33	172.51
31.24	26.45	7.61	11.56	1.99	1.44	39.86
28.05	23.91	5.77	11.02	0.60	2.55	31.54
104.07	87.99	26.69	55.62	11.88	7.20	144.64
44.39	47.45	12.30	27.48	5.10	4.04	67.69
86.51	78.30	21.07	35.29	1.53	3.29	79.63
29.17	11.85	4.13	3.62	0.25	0.89	19.35
242.25	240.98	74.48	98.64	24.11	5.96	371.67
70.12	72.55	25.58	52.70	16.27	3.70	140.41
84.67	97.46	12.25	37.16	12.87	5.54	153.32
40.20	37.46	9.69	17.84	3.47	0.63	54.37
187.79	186.07	41.15	97.10	12.71	14.57	238.76
151.68	138.48	37.49	139.19	46.70	14.52	365.96
41.19	25.39	9.61	14.63	5.63	0.74	51.07
30.35	28.22	6.17	13.55	3.03	1.21	37.71
221.61	212.34	45.11	108.85	13.42	18.19	266.80
59.96	59.12	16.93	33.33	4.74	2.87	86.88
44.81	41.78	14.18	18.31	3.79	2.16	61.61
212.28	211.03	55.82	67.63	20.98	6.44	320.04
486.63	522.08	105.82	153.60	25.23	30.37	555.07
1112.99	1234.19	248.04	182.68	38.01	14.49	778.53
148.22	157.15	24.38	33.11	1.70	0.96	113.36
102.05	94.87	22.09	39.42	2.70	4.42	92.94
262.30	57.53	127.66	268.45	117.43	31.24	1029.66
3.21	1.88	1.89	3.34	0.90	0.37	7.82
1.34	0.70	0.03	4.23	0.07	1.28	14.68

续表 1 continued

单位：亿元

行业	Item	流动资产合计 Total Circulating Funds	产成品 Finished Products
全省总计	**Province Total**	**3056.93**	**347.67**
按轻重工业分	**Grouped by Light & Heavy Industry**		
轻工业	Light Industry	1888.27	241.46
以农产品为原料	Using Farm Products as Raw Materials	859.57	104.11
以非农产品为原料	Using Non-Farm Products as Raw Materials	1028.69	137.36
重工业	Heavy Industry	1168.66	106.20
采掘工业	Mining and Quarrying	8.63	1.10
原料工业	Raw Materials Industry	321.13	13.82
加工工业	Manufacturing Industry	838.90	91.28
按企业规模分	**Grouped by Size of Enterprises**		
大型企业	Large	1197.06	133.77
中型企业	Medium-sized	439.31	43.56
小型企业	Small	1420.56	170.34
按行业分	**Grouped by Sector**		
# 煤炭采选业	Coal Mining and Dressing	0.02	0.00
石油和天然气开采	Petroleum and Natural Gas Extraction	5.05	0.73
黑色金属矿采选业	Ferrous Metals Mining and Dressing	0.03	0
有色金属矿采选业	Nonferrous Metals Mining and Dressing	0.56	0.11
非金属矿采选业	Nonmetal Minerals Mining and Dressing	3.68	0.43
其他矿采选业	Other Minerals Mining and Dressing		
木材及竹材采运业	Logging and Transport of Timber and Bamboo		
食品加工业	Food Processing	74.72	12.92
食品制造业	Food Manufacturing	76.83	6.09
饮料制造业	Beverage Manufacturing	65.29	6.32
烟草加工业	Tobacco Processing	3.54	0.12
纺织业	Textile Industry	190.21	31.10
服装及其他纤维制品制造	Garments and Other Fiber Products	132.86	16.74
皮革毛皮羽绒及其制品业	Leather, Furs, Down and Related Products	118.22	10.68
木材加工及竹藤棕草制品业	Timber Processing, Bamboo, Cane, Palm Fiber and Straw Products	18.22	2.72
家具制造业	Furniture Manufacturing	21.16	2.75
造纸及纸制品业	Papermaking and Pager Products	64.25	7.97
印刷业记录媒介的复制	Printing and Record Medium Reproduction	31.34	3.04
文教体育用品制造业	Cultural, Educational and Sports Goods	43.45	4.30
石油加工及炼焦业	Petroleum Processing and Coking	7.30	1.34
化学原料及制品制造业	Raw Chemical Materials and Chemical Products	165.80	15.08
医药制造业	Medical and Pharmaceutical Products	81.05	6.50
化学纤维制造业	Chemical Fiber	48.08	8.22
橡胶制品业	Rubber Products	24.34	3.73
塑料制品业	Plastic Products	116.58	12.73
非金属矿物制品业	Nonmetal Mineral Products	140.58	22.61
黑色金属冶炼及压延加工业	Smelting and Pressing of Ferrous Metals	20.15	2.38
有色金属冶炼及压延加工业	Smelting and Pressing of Nonferrous Metals	16.19	2.25
金属制品业	Metal Products	131.17	17.91
普通机械制造业	Ordinary Machinery Manufacturing	46.55	8.00
专用设备制造业	For Special Purposes Equipment Manufacturing	37.98	4.14
交通运输设备制造业	Transport Equipment Manufacturing	195.92	19.02
电气机械及器材制造业	Electric Equipment and Machinery	333.99	51.10
电子及通信设备制造业	Electronic and Telecommunications Equipment	504.81	53.66
仪器仪表文化办公用机械	Instruments, Meters, Cultural and Office Machinery	73.06	5.08
其他制造业	Other Manufacturing	56.08	7.38
电力蒸汽热水生产供应业	Electric Power, Steam and Hot Water Production and Supply	200.12	0.34
煤气的生产和供应业	Gas Production and Supply	3.54	0.01
自来水的生产和供应业	Tap Water Production and Supply	3.47	0.13

续表 2 continued

(100 million yuan)

流动资产年平均余额 Annual Average Balance of Circulating Funds	固定资产合计 Total Fixed Assets	固定资产原价 Original Value of Fixed Assets	固定资产净值平均余额 Average Balance of Nat Value of Fixed Assets	年末负债合计 Total Liabilities at Year-end	流动负债 Liquid Liabili-ties	年末所有者权益合计 Total Credotprs' Equity at Year-end
2928.12	**2665.14**	**3316.01**	**2419.38**	**3979.61**	**2876.22**	**2425.77**
1832.68	1164.33	1430.74	1015.04	2020.26	1722.92	1342.99
825.55	574.45	715.51	511.85	916.61	763.60	670.46
1007.12	589.88	715.23	503.19	1103.66	959.32	672.53
1095.45	1500.81	1885.27	1404.34	1959.35	1153.29	1082.78
8.25	7.00	7.61	5.22	7.72	6.53	60.63
301.22	940.94	1201.74	924.83	992.29	380.19	439.36
785.97	552.87	675.91	474.29	959.34	766.57	582.79
1128.33	1290.91	1555.23	1189.06	1763.72	1098.29	1080.29
423.00	311.57	396.60	266.33	545.03	428.61	292.65
1376.79	1062.66	1364.18	963.99	1670.86	1349.32	1052.82
0.02	0.02	0.03	0.02	0.02	0.01	0.03
4.64	2.94	2.07	1.19	2.18	2.25	58.12
0.03	0.08	0.10	0.09	0.04	0.03	0.08
0.54	0.54	0.68	0.44	0.86	0.39	0.31
3.73	3.46	4.82	3.51	5.17	4.39	2.32
72.03	40.11	50.90	35.83	77.03	65.95	50.70
69.14	64.39	74.51	64.97	86.80	72.57	71.94
69.00	76.33	88.90	65.13	88.04	67.65	72.89
3.65	3.48	4.27	2.87	2.54	2.38	4.86
184.15	151.13	202.03	132.89	249.27	202.96	123.27
131.73	67.09	90.19	62.47	125.45	109.59	87.59
109.78	43.83	56.24	38.48	112.43	105.34	60.08
17.56	18.06	21.52	16.07	27.84	20.12	12.02
19.29	9.19	11.61	8.36	20.32	18.94	11.22
61.56	59.70	65.03	48.18	80.69	55.22	63.95
30.49	30.75	39.04	27.18	39.29	31.55	28.41
45.60	32.03	39.63	29.31	38.92	35.37	40.71
7.67	11.26	12.37	9.94	12.95	6.36	6.40
160.92	96.15	120.02	84.67	222.79	130.89	148.88
77.05	39.12	43.31	31.33	64.01	53.83	76.40
52.12	93.16	87.55	63.56	110.73	74.56	42.59
25.08	18.40	21.95	16.47	29.53	21.35	24.84
107.43	100.53	131.50	91.81	138.59	114.56	100.17
141.41	181.45	218.74	157.97	233.98	158.09	131.98
19.48	27.56	34.99	21.37	29.03	18.45	22.04
15.01	17.87	21.03	15.54	22.93	15.47	14.77
126.08	109.81	128.48	89.28	161.42	131.39	105.38
42.57	32.40	38.36	30.08	54.45	43.24	32.43
34.66	17.13	21.05	15.50	34.66	30.62	26.95
179.17	100.86	110.25	82.76	220.91	187.31	99.13
320.75	171.56	218.12	149.75	352.94	311.56	202.13
474.49	202.91	255.19	172.01	474.22	416.43	304.31
82.96	34.06	43.62	30.96	75.29	67.87	38.07
52.29	25.07	39.86	27.80	50.48	46.74	42.46
179.10	770.72	1006.16	781.91	722.48	244.71	307.19
3.92	3.07	3.56	3.15	4.90	3.63	2.92
3.02	8.92	8.31	6.48	6.45	4.43	8.23

续表 3 continued

单位：亿元

行业	Item	产品销售收入 Sales Revenue	产品销售税金及附加 Sales Tax and Extra Charges
全省总计	**Province Total**	**4747.15**	**37.40**
按轻重工业分	**Grouped by Light & Heavy Industry**		
轻工业	Light Industry	2972.32	25.99
以农产品为原料	Using Farm Products as Raw Materials	1403.02	14.50
以非农产品为原料	Using Non-Farm Products as Raw Materials	1569.30	11.49
重工业	Heavy Industry	1774.84	11.41
采掘工业	Mining and Quarrying	69.12	5.37
原料工业	Raw Materials Industry	462.16	1.46
加工工业	Manufacturing Industry	1243.56	4.58
按企业规模分	**Grouped by Size of Enterprises**		
大型企业	Large	1629.77	24.74
中型企业	Medium-sized	678.45	2.47
小型企业	Small	2438.93	10.19
按行业分	**Grouped by Sector**		
#煤炭采选业	Coal Mining and Dressing	0.09	
石油和天然气开采	Petroleum and Natural Gas Extraction	64.44	5.32
黑色金属矿采选业	Ferrous Metals Mining and Dressing	0.20	
有色金属矿采选业	Nonferrous Metals Mining and Dressing	0.78	
非金属矿采选业	Nonmetal Minerals Mining and Dressing	4.02	0.04
其他矿采选业	Other Minerals Mining and Dressing		
木材及竹材采运业	Logging and Transport of Timber and Bamboo		
食品加工业	Food Processing	181.42	0.31
食品制造业	Food Manufacturing	109.84	0.73
饮料制造业	Beverage Manufacturing	101.61	2.02
烟草加工业	Tobacco Processing	6.42	0.13
纺织业	Textile Industry	281.18	0.55
服装及其他纤维制品制造	Garments and Other Fiber Products	237.26	0.78
皮革毛皮羽绒及其制品业	Leather, Furs, Down and Related Products	196.85	0.43
木材加工及竹藤棕草制品业	Timber Processing, Bamboo, Cane, Palm Fiber and Straw Products	29.90	0.13
家具制造业	Furniture Manufacturing	25.85	0.15
造纸及纸制品业	Papermaking and Pager Products	98.52	0.31
印刷业记录媒介的复制	Printing and Record Medium Reproduction	41.37	0.20
文教体育用品制造业	Cultural, Educational and Sports Goods	81.15	0.20
石油加工及炼焦业	Petroleum Processing and Coking	30.52	0.42
化学原料及制品制造业	Raw Chemical Materials and Chemical Products	226.17	10.28
医药制造业	Medical and Pharmaceutical Products	61.57	0.35
化学纤维制造业	Chemical Fiber	77.21	0.15
橡胶制品业	Rubber Products	42.77	0.89
塑料制品业	Plastic Products	178.17	0.63
非金属矿物制品业	Nonmetal Mineral Products	140.48	1.52
黑色金属冶炼及压延加工业	Smelting and Pressing of Ferrous Metals	39.97	0.03
有色金属冶炼及压延加工业	Smelting and Pressing of Nonferrous Metals	25.16	0.07
金属制品业	Metal Products	206.77	0.36
普通机械制造业	Ordinary Machinery Manufacturing	53.32	0.19
专用设备制造业	For Special Purposes Equipment Manufacturing	41.68	0.16
交通运输设备制造业	Transport Equipment Manufacturing	188.74	7.60
电气机械及器材制造业	Electric Equipment and Machinery	438.34	1.22
电子及通信设备制造业	Electronic and Telecommunications Equipment	1026.60	1.07
仪器仪表文化办公用机械	Instruments, Meters, Cultural and Office Machinery	155.82	0.17
其他制造业	Other Manufacturing	90.39	0.36
电力蒸汽热水生产供应业	Electric Power, Steam and Hot Water Production and Supply	256.77	0.58
煤气的生产和供应业	Gas Production and Supply	3.32	
自来水的生产和供应业	Tap Water Production and Supply	2.48	0.06

续表 4 continued

(100 million yuan)

利润总额 Total Profits	#亏损总额 Total Loss	利税总额 Total Pre-tax Profits	本年应交增值税 Value Added Tax Payable in Current Year	本年销项税额 Sales Tax in Current Year	本年进项税额 Import Tax in Current Year	职工平均人数(万人) Average Number of Staff and Workers (10000 Persons)
223.17	**122.31**	**396.13**	**135.56**	**385.88**	**272.10**	**242.24**
102.02	65.53	205.26	77.25	244.82	181.80	174.03
60.28	28.58	119.29	44.51	115.86	77.83	94.74
41.74	36.95	85.97	32.74	128.96	103.97	79.30
121.15	56.79	190.87	58.31	141.06	90.30	68.20
27.61	0.34	37.07	4.08	4.21	0.16	0.59
36.84	23.82	66.78	28.48	60.07	34.44	10.73
56.70	32.63	87.03	25.75	76.77	55.71	56.88
148.18	40.70	248.62	75.71	197.96	132.41	40.71
30.16	18.09	47.54	14.91	46.89	34.50	26.64
44.84	63.53	99.97	44.94	141.02	105.20	174.88
0.01		0.01	0.01			0.06
27.78		37.07	3.96	3.96		0.18
0.01		0.02	0.01			0.02
-0.01	0.03	0.02	0.02	0.05	0.03	0.06
-0.16	0.31	-0.02	0.10	0.23	0.16	0.31
4.86	1.15	7.70	2.53	10.70	8.51	2.99
4.31	5.65	11.59	6.54	15.87	9.62	5.46
5.68	4.35	15.22	7.53	16.93	9.96	2.41
0.67	0.05	1.04	0.23	1.09	0.85	0.12
2.77	7.06	7.91	4.59	17.58	13.90	16.42
1.45	4.31	5.24	3.01	10.30	8.26	29.83
3.09	1.74	5.09	1.56	5.99	4.96	25.01
0.79	1.01	2.61	1.69	3.99	2.38	1.52
0.44	0.96	1.46	0.86	1.70	1.22	2.38
6.39	1.91	11.22	4.52	11.84	8.22	4.37
1.15	1.15	2.97	1.62	4.89	3.32	3.42
1.85	1.45	2.67	0.62	2.09	1.57	14.98
0.96	0.17	2.12	0.75	4.58	3.86	0.19
25.05	9.78	50.23	14.89	31.49	18.57	6.48
5.21	3.16	9.23	3.67	9.79	6.23	2.22
1.14	3.40	2.59	1.31	8.46	7.25	2.46
1.84	0.79	3.58	0.86	2.50	1.77	3.48
4.19	3.68	9.04	4.22	14.04	10.37	10.58
-8.34	16.49	-0.46	6.37	17.54	11.71	10.76
0.73	0.92	1.80	1.04	5.12	4.13	1.52
0.58	0.54	1.10	0.45	3.09	2.72	0.90
0.71	6.97	5.79	4.71	16.35	12.57	9.44
1.63	2.64	3.81	1.99	6.09	4.43	2.93
2.29	0.64	3.68	1.23	3.91	2.90	2.70
1.66	6.15	17.35	8.09	23.59	16.23	5.96
13.18	12.74	24.19	9.78	41.95	36.12	22.38
66.17	8.00	78.40	11.16	46.03	39.30	32.94
4.35	1.30	7.02	2.49	3.93	1.57	5.45
1.52	1.84	3.29	1.41	5.90	4.07	9.61
39.10	11.52	61.29	21.61	33.72	14.29	2.47
-0.29	0.30	-0.27	0.02	0.44	0.42	0.10
0.38	0.11	0.55	0.11	0.13	0.03	0.14

12-25 股份制独立核算工业企业主要指标(1997年)

单位:亿元

行业	Item	企业单位数(个) Number of Enterprises (unit)	亏损企业 Loss-making Enterprises
全省总计	**Province Total**	284	84
按轻重工业分	**Grouped by Light & Heavy Industry**		
轻 工 业	Light Industry	144	43
以农产品为原料	Using Farm Products as Raw Materials	78	25
以非农产品为原料	Using Non-Farm Products as Raw Materials	66	18
重 工 业	Heavy Industry	140	41
采掘工业	Mining and Quarrying	1	
原料工业	Raw Materials Industry	45	15
加工工业	Manufacturing Industry	94	26
按企业规模分	**Grouped by Size of Enterprises**		
大型企业	Large	76	22
中型企业	Medium-sized	59	21
小型企业	Small	149	41
按行业分	**Grouped by Sector**		
#煤炭采选业	Coal Mining and Dressing		
石油和天然气开采	Petroleum and Natural Gas Extraction		
黑色金属矿采选业	Ferrous Metals Mining and Dressing		
有色金属矿采选业	Nonferrous Metals Mining and Dressing		
非金属矿采选业	Nonmetal Minerals Mining and Dressing	1	
其他矿采选业	Other Minerals Mining and Dressing		
木材及竹材采运业	Logging and Transport of Timber and Bamboo		
食品加工业	Food Processing	12	2
食品制造业	Food Manufacturing	18	7
饮料制造业	Beverage Manufacturing	11	6
烟草加工业	Tobacco Processing		
纺织业	Textile Industry	9	3
服装及其他纤维制品制造	Garments and Other Fiber Products	1	
皮革毛皮羽绒及其制品业	Leather, Furs, Down and Related Products	5	1
木材加工及竹藤棕草制品业	Timber Processing, Bamboo, Cane, Palm Fiber and Straw Products		
家具制造业	Furniture Manufacturing		
造纸及纸制品业	Papermaking and Pager Products	8	3
印刷业记录媒介的复制	Printing and Record Medium Reproduction	5	3
文教体育用品制造业	Cultural, Educational and Sports Goods	3	
石油加工及炼焦业	Petroleum Processing and Coking	2	
化学原料及制品制造业	Raw Chemical Materials and Chemical Products	19	3
医药制造业	Medical and Pharmaceutical Products	7	1
化学纤维制造业	Chemical Fiber	8	3
橡胶制品业	Rubber Products		
塑料制品业	Plastic Products	17	3
非金属矿物制品业	Nonmetal Mineral Products	41	21
黑色金属冶炼及压延加工业	Smelting and Pressing of Ferrous Metals	3	2
有色金属冶炼及压延加工业	Smelting and Pressing of Nonferrous Metals	2	1
金属制品业	Metal Products	11	4
普通机械制造业	Ordinary Machinery Manufacturing	7	1
专用设备制造业	For Special Purposes Equipment Manufacturing	10	2
交通运输设备制造业	Transport Equipment Manufacturing	8	
电气机械及器材制造业	Electric Equipment and Machinery	17	5
电子及通信设备制造业	Electronic and Telecommunications Equipment	24	4
仪器仪表文化办公用机械	Instruments, Meters, Cultural and Office Machinery	6	
其他制造业	Other Manufacturing	5	1
电力蒸汽热水生产供应业	Electric Power, Steam and Hot Water Production and Supply	18	5
煤气的生产和供应业	Gas Production and Supply	1	1
自来水的生产和供应业	Tap Water Production and Supply	5	2

MAIN INDICATORS OF SHARE HOLDING INDUSTRIAL ENTERPRISES WITH INDEPENDENT ACCOUNTING SYSTEMS (1997)

(100 million yuan)

工业总产值（当年价）Gross Industrial Output Value (at Current prices)	工业总产值（不变价）Gross Industrial Output Value (at 1990 Constant Prices	工业增加值 Value Added of Industry	资本金合计 Total Capital	# 国有资本金 State-owned Capital	# 集体资本金 Collective Owned Capital	年末资产总计 Total Assets at Year-end
518.83	501.29	135.40	202.97	85.58	37.29	861.92
346.87	362.93	88.67	102.40	34.88	22.44	481.68
109.64	92.85	25.38	39.66	15.15	6.62	151.73
237.23	270.07	63.29	62.73	19.73	15.82	329.96
171.96	138.36	46.73	100.57	50.69	14.84	380.23
			0.02	0.01		0.01
75.36	36.39	23.85	47.01	22.71	9.22	154.54
96.60	101.97	22.88	53.54	27.98	5.63	225.68
404.97	408.65	108.29	134.36	65.61	20.79	648.10
72.96	62.64	16.35	43.10	13.12	10.98	146.88
40.90	29.99	10.76	25.50	6.85	5.52	66.94
			0.02	0.01		0.01
31.01	16.76	5.70	7.94	2.18	0.93	40.21
15.43	18.57	3.85	11.19	4.55	2.26	23.11
3.00	2.23	0.78	5.40	2.95	0.01	10.94
43.17	39.93	10.69	6.17	2.81	0.99	49.63
0.01	0.01		0.01			0.01
1.11	1.02	0.23	1.56	0.09	1.03	5.57
7.62	7.34	1.29	1.36	0.18	0.48	6.95
0.24	0.26	0.09	0.34	0.05	0.07	0.56
1.02	0.97	0.33	0.47	0.03	0.29	1.03
3.58	2.12	1.21	1.33	0.01	0.65	3.65
22.73	19.27	5.00	9.49	5.82	0.73	32.32
5.82	6.11	1.81	5.48	2.53	0.69	26.67
49.01	56.11	8.54	17.28	6.08	3.06	98.96
18.39	18.52	4.88	5.94	1.32	3.49	25.78
23.67	25.24	6.38	19.48	14.30	0.47	60.68
25.89	13.56	6.94	6.92	3.66		34.19
1.20	1.78	0.06	0.37	0.16		3.63
6.75	7.23	2.06	4.08	0.52	1.73	13.60
3.75	4.15	1.11	3.08	0.73	0.04	7.74
5.03	4.76	2.27	3.68	0.59	0.55	10.56
32.11	25.43	5.60	11.90	7.86	0.01	93.50
146.88	174.42	42.43	28.66	8.03	9.92	151.61
28.42	38.40	7.28	10.55	4.00	0.14	45.34
1.06	1.12	0.54	1.26	0.17	0.04	3.28
8.68	8.82	3.03	1.92	0.86	0.61	9.78
32.11	6.54	13.33	32.59	15.75	8.05	87.22
0.04	0.02	0.03	0.74	0.27		3.11
1.08	0.56	-0.06	3.78	0.07	1.05	12.29

续表 1 continued

单位：亿元

行业	Item	#流动资产合计 Total Circul -ating Funds	产成品 Finished Products
全省总计	**Province Total**	**428.03**	**47.87**
按轻重工业分	**Grouped by Light & Heavy Industry**		
轻 工 业	Light Industry	252.13	33.85
以农产品为原料	Using Farm Products as Raw Materials	75.62	11.25
以非农产品为原料	Using Non-Farm Products as Raw Materials	176.51	22.60
重 工 业	Heavy Industry	175.90	14.02
采掘工业	Mining and Quarrying	0.01	
原料工业	Raw Materials Industry	45.64	2.45
加工工业	Manufacturing Industry	130.26	11.57
按企业规模分	**Grouped by Size of Enterprises**		
大型企业	Large	341.53	38.96
中型企业	Medium-sized	56.88	6.00
小型企业	Small	29.62	2.91
按行业分	**Grouped by Sector**		
#煤炭采选业	Coal Mining and Dressing		
石油和天然气开采	Petroleum and Natural Gas Extraction		
黑色金属矿采选业	Ferrous Metals Mining and Dressing		
有色金属矿采选业	Nonferrous Metals Mining and Dressing		
非金属矿采选业	Nonmetal Minerals Mining and Dressing	0.01	
其他矿采选业	Other Minerals Mining and Dressing		
木材及竹材采运业	Logging and Transport of Timber and Bamboo		
食品加工业	Food Processing	23.04	3.32
食品制造业	Food Manufacturing	12.30	0.96
饮料制造业	Beverage Manufacturing	3.84	0.15
烟草加工业	Tobacco Processing		
纺织业	Textile Industry	24.98	4.88
服装及其他纤维制品制造	Garments and Other Fiber Products		
皮革毛皮羽绒及其制品业	Leather, Furs, Down and Related Products	2.60	0.14
木材加工及竹藤棕草制品业	Timber Processing, Bamboo, Cane, Palm Fiber and Straw Products		
家具制造业	Furniture Manufacturing		
造纸及纸制品业	Papermaking and Pager Products	2.53	0.15
印刷业记录媒介的复制	Printing and Record Medium Reproduction	0.31	0.06
文教体育用品制造业	Cultural, Educational and Sports Goods	0.32	0.05
石油加工及炼焦业	Petroleum Processing and Coking	1.65	0.23
化学原料及制品制造业	Raw Chemical Materials and Chemical Products	13.64	2.10
医药制造业	Medical and Pharmaceutical Products	21.53	1.68
化学纤维制造业	Chemical Fiber	31.62	4.73
橡胶制品业	Rubber Products		
塑料制品业	Plastic Products	12.77	2.21
非金属矿物制品业	Nonmetal Mineral Products	28.28	5.40
黑色金属冶炼及压延加工业	Smelting and Pressing of Ferrous Metals	11.02	1.17
有色金属冶炼及压延加工业	Smelting and Pressing of Nonferrous Metals	1.40	0.16
金属制品业	Metal Products	7.75	0.64
普通机械制造业	Ordinary Machinery Manufacturing	4.93	0.99
专用设备制造业	For Special Purposes Equipment Manufacturing	5.43	0.63
交通运输设备制造业	Transport Equipment Manufacturing	62.50	1.25
电气机械及器材制造业	Electric Equipment and Machinery	97.18	12.77
电子及通信设备制造业	Electronic and Telecommunications Equipment	24.37	3.18
仪器仪表文化办公用机械	Instruments, Meters, Cultural and Office Machinery	1.67	0.09
其他制造业	Other Manufacturing	5.47	0.67
电力蒸汽热水生产供应业	Electric Power, Steam and Hot Water Production and Supply	21.26	0.11
煤气的生产和供应业	Gas Production and Supply	2.44	
自来水的生产和供应业	Tap Water Production and Supply	3.22	0.12

续表 2 continued

(100 million yuan)

流动资产年平均余额 Annual Average Balance of Circulating Funds	固定资产合计 Totla Fixed Assets	固定资产原价 Original Value of Fixed Assets	固定资产净值平均余额 Average Balance of Net Value of Fixed Assets	年末负债合计 Total Liabilities at Year-end	流动负债 Liquid Liabilities	年末所有者权益合计 Total Creditors' Equity at Year-end
411.35	341.32	400.34	273.80	486.40	364.20	375.52
247.60	175.33	198.61	134.66	259.04	208.90	222.65
73.36	56.19	67.55	46.38	77.51	59.59	74.22
174.24	119.14	131.07	88.29	181.53	149.31	148.43
163.75	165.98	201.73	139.14	227.36	155.30	152.87
0.01		0.01				0.01
46.82	91.64	120.16	82.44	88.32	44.28	66.22
117.24	74.34	81.56	56.69	139.04	111.02	86.65
329.17	241.48	283.67	187.88	359.31	278.67	288.79
54.77	73.60	86.67	63.10	94.88	60.81	52.00
27.41	26.24	30.00	22.82	32.20	24.72	34.74
0.01		0.01				0.01
24.18	10.09	11.74	7.51	19.97	15.76	20.24
11.29	8.28	9.65	7.47	13.03	8.49	10.09
2.91	6.51	5.79	4.00	5.48	4.36	5.46
23.45	19.89	26.37	17.50	25.70	20.63	23.93
		0.01		0.01	0.01	
2.46	2.13	2.62	1.94	3.53	3.12	2.04
2.59	3.43	4.86	3.33	4.42	3.15	2.52
0.30	0.24	0.28	0.24	0.37	0.36	0.19
0.30	0.56	0.68	0.43	0.47	0.38	0.56
1.54	1.60	2.01	1.07	1.39	1.33	2.26
12.57	13.42	14.41	9.76	16.57	11.72	15.75
20.96	3.54	4.46	3.05	16.45	15.57	10.22
35.00	61.53	57.64	40.13	61.69	42.19	37.26
12.01	9.81	13.04	8.48	16.16	12.00	9.61
27.19	23.05	30.81	20.84	39.90	29.44	20.78
11.55	21.02	26.25	16.32	18.27	8.89	15.92
1.23	1.96	1.93	1.83	3.17	2.45	0.46
6.39	3.41	3.64	2.10	4.77	3.89	8.83
4.04	1.70	2.31	1.15	3.56	2.56	4.18
4.82	3.16	3.35	2.39	6.03	5.07	4.54
56.18	28.75	28.12	22.96	61.18	54.91	32.31
94.52	34.71	45.77	28.83	75.83	67.66	75.78
21.05	14.58	14.65	9.05	26.18	18.98	19.16
1.53	1.16	1.34	1.08	1.50	1.44	1.78
5.39	3.11	4.67	3.05	6.18	5.26	3.60
22.72	55.65	76.49	53.34	47.16	18.36	40.06
2.72	0.35	0.50	0.50	2.35	2.22	0.76
2.76	7.68	6.96	5.45	5.08	3.97	7.21

续表 3 continued

单位：亿元

行业	Item	产品销售收入 Sales Revenue	产品销售税金及附加 Sales Tax and Entra Charges
全省总计	**Province Total**	**476.82**	**3.30**
按轻重工业分	**Grouped by Light & Heavy Industry**		
轻　工　业	Light Industry	311.00	1.80
以农产品为原料	Using Farm Products as Raw Materials	98.44	0.59
以非农产品为原料	Using Non-Farm Products as Raw Materials	212.56	1.21
重　工　业	Heavy Industry	165.82	1.50
采掘工业	Mining and Quarrying	0.01	
原料工业	Raw Materials Industry	75.12	0.27
加工工业	Manufacturing Industry	90.70	1.23
按企业规模分	**Grouped by Size of Enterprises**		
大型企业	Large	368.26	2.07
中型企业	Medium-sized	70.87	0.41
小型企业	Small	37.70	0.82
按行业分	**Grouped by Sector**		
#煤炭采选业	Coal Mining and Dressing		
石油和天然气开采	Petroleum and Natural Gas Extraction		
黑色金属矿采选业	Ferrous Metals Mining and Dressing		
有色金属矿采选业	Nonferrous Metals Mining and Dressing		
非金属矿采选业	Nonmetal Minerals Mining and Dressing	0.01	
其他矿采选业	Other Minerals Mining and Dressing		
木材及竹材采运业	Logging and Transport of Timber and Bamboo		
食品加工业	Food Processing	30.01	0.11
食品制造业	Food Manufacturing	13.32	0.14
饮料制造业	Beverage Manufacturing	2.80	0.10
烟草加工业	Tobacco Processing		
纺织业	Textile Industry	33.76	0.12
服装及其他纤维制品制造	Garments and Other Fiber Products	0.01	
皮革毛皮羽绒及其制品业	Leather, Furs, Down and Related Products	1.39	
木材加工及竹藤棕草制品业	Timber Processing, Bamboo, Cane, Palm Fiber and Straw Products		
家具制造业	Furniture Manufacturing		
造纸及纸制品业	Papermaking and Pager Products	7.37	0.02
印刷业记录媒介的复制	Printing and Record Medium Reproduction	0.25	
文教体育用品制造业	Cultural, Educational and Sports Goods	0.63	
石油加工及炼焦业	Petroleum Processing and Coking	4.32	0.03
化学原料及制品制造业	Raw Chemical Materials and Chemical Products	23.56	0.24
医药制造业	Medical and Pharmaceutical Products	5.81	0.11
化学纤维制造业	Chemical Fiber	46.81	0.10
橡胶制品业	Rubber Products		
塑料制品业	Plastic Products	18.24	0.09
非金属矿物制品业	Nonmetal Mineral Products	21.92	0.62
黑色金属冶炼及压延加工业	Smelting and Pressing of Ferrous Metals	25.64	
有色金属冶炼及压延加工业	Smelting and Pressing of Nonferrous Metals	1.22	0.01
金属制品业	Metal Products	5.84	0.02
普通机械制造业	Ordinary Machinery Manufacturing	2.91	0.02
专用设备制造业	For Special Purposes Equipment Manufacturing	4.53	0.04
交通运输设备制造业	Transport Equipment Manufacturing	30.28	1.02
电气机械及器材制造业	Electric Equipment and Machinery	124.53	0.15
电子及通信设备制造业	Electronic and Telecommunications Equipment	28.87	0.11
仪器仪表文化办公用机械	Instruments, Meters, Cultural and Office Machinery	1.13	0.01
其他制造业	Other Manufacturing	6.74	0.04
电力蒸汽热水生产供应业	Electric Power, Steam and Hot Water Production and Supply	32.62	0.18
煤气的生产和供应业	Gas Production and Supply	0.13	
自来水的生产和供应业	Tap Water Production and Supply	2.19	0.04

续表 4　continued

(100 million　yuan)

利润总额 Total Profits	#亏损总额 Total Loss	利税总额 Total Pre-tax Profits	本年应交增值税 Value Added Tax Payable in Current Year	本年销项税额 Sales Tax in Current Year	本年进项税额 Import Tax in Current Year	职工平均人数(万人) Average Number of Staff and Workers (10000 Persons)
29.88	**9.12**	**53.09**	**19.90**	**65.08**	**49.63**	**20.37**
21.51	3.90	33.75	10.44	41.66	34.54	11.53
5.69	0.68	10.04	3.76	12.59	8.97	5.25
15.82	3.22	23.71	6.68	29.06	25.57	6.28
8.38	5.22	19.34	9.46	23.43	15.09	8.84
4.01	3.15	9.57	5.29	11.34	6.85	2.77
4.37	2.07	9.78	4.17	12.08	8.23	6.07
28.65	4.53	46.55	15.82	52.99	41.02	13.46
0.19	3.42	3.83	3.24	8.69	5.95	3.83
1.04	1.17	2.71	0.84	3.40	2.66	3.08
1.12	0.04	1.76	0.53	1.82	1.32	1.10
1.17	0.14	2.14	0.83	2.17	1.35	0.82
-0.25	0.34	0.04	0.19	0.47	0.29	0.18
2.54	0.04	4.17	1.52	5.50	4.02	1.60
0.05	0.03	0.10	0.04	0.08	0.06	0.59
0.53	0.02	0.80	0.25	0.91	0.66	0.34
-0.06	0.06	-0.05	0.01	0.03	0.01	0.06
0.01		0.03	0.01	0.02	0.01	0.21
0.65		0.87	0.20	0.74	0.54	0.07
0.96	0.12	2.20	1.01	3.68	2.67	1.14
-0.18	0.19	0.25	0.33	1.02	0.69	0.56
3.22	0.54	4.28	0.95	0.95	4.15	1.03
1.18	0.26	2.25	0.97	2.21	1.29	0.45
-2.12	2.45	-0.13	1.37	3.67	2.32	2.48
1.11	0.37	2.05	0.94	4.18	3.24	1.19
-0.03	0.05	0.02	0.04	0.19	0.16	0.05
0.95	0.07	1.49	0.52	0.88	0.37	0.56
0.54	0.01	0.73	0.18	0.46	0.34	0.37
0.38	0.13	0.60	0.19	0.55	0.42	0.63
0.59		2.80	1.19	5.07	3.90	1.21
10.19	2.05	14.31	3.96	18.33	17.51	3.21
3.62	0.19	4.39	0.66	2.31	1.77	1.39
0.29		0.42	0.12	0.20	0.08	0.08
0.23	0.05	0.55	0.29	1.03	0.77	0.42
2.84	1.85	6.52	3.51	4.35	1.63	0.48
-0.05	0.05	-0.05		0.01	0.01	0.03
0.41	0.08	0.54	0.09	0.02	0.02	0.12

12-26 独立核算“三资”工业企业主要指标(1997年)

单位：亿元

行业	Item	企业单位数(个) Number of Enterprises (unit)	亏损企业 Loss-making Enterprises
全省总计	**Province Total**	**10177**	**3479**
按经济类型分	**Grouped by Ownership**		
外商投资经济	Foreign Funded Enterprises	2559	918
港澳台投资经济	Enterprises Funded by Overseas Chinese from HongKong, Macao and Taiwan	7618	2561
按轻重工业分	**Grouped by Light & Heavy Industry**		
轻工业	Light Industry	7282	2492
以农产品为原料	Using Farm Products as Raw Materials	4328	1524
以非农产品为原料	Using Non-Farm Products as Raw Materials	2954	968
重工业	Heavy Industry	2895	987
采掘工业	Mining and Quarrying	44	17
原料工业	Raw Materials Industry	457	193
加工工业	Manufacturing Industry	2394	777
按企业规模分	**Grouped by Size of Enterprises**		
大型企业	Large	293	113
中型企业	Medium-sized	407	161
小型企业	Small	9477	3205
按行业分	**Grouped by Sector**		
#煤炭采选业	Coal Mining and Dressing		
石油和天然气开采	Petroleum and Natural Gas Extraction	1	
黑色金属矿采选业	Ferrous Metals Mining and Dressing		
有色金属矿采选业	Nonferrous Metals Mining and Dressing	8	3
非金属矿采选业	Nonmetal Minerals Mining and Dressing	36	14
其他矿采选业	Other Minerals Mining and Dressing		
木材及竹材采运业	Logging and Transport of Timber and Bamboo		
食品加工业	Food Processing	162	51
食品制造业	Food Manufacturing	249	100
饮料制造业	Beverage Manufacturing	123	56
烟草加工业	Tobacco Processing	4	
纺织业	Textile Industry	812	304
服装及其他纤维制品制造	Garments and Other Fiber Products	1474	498
皮革毛皮羽绒及其制品业	Leather, Furs, Down and Related Products	606	199
木材加工及竹藤棕草制品业	Timber Processing, Bamboo, Cane, Palm Fiber and Straw Products	112	40
家具制造业	Furniture Manufacturing	170	64
造纸及纸制品业	Papermaking and Pager Products	317	107
印刷业记录媒介的复制	Printing and Record Medium Reproduction	199	72
文教体育用品制造业	Cultural, Educational and Sports Goods	358	110
石油加工及炼焦业	Petroleum Processing and Coking	10	2
化学原料及制品制造业	Raw Chemical Materials and Chemical Products	401	150
医药制造业	Medical and Pharmaceutical Products	106	35
化学纤维制造业	Chemical Fiber	71	31
橡胶制品业	Rubber Products	75	24
塑料制品业	Plastic Products	800	258
非金属矿物制品业	Nonmetal Mineral Products	422	193
黑色金属冶炼及压延加工业	Smelting and Pressing of Ferrous Metals	32	18
有色金属冶炼及压延加工业	Smelting and Pressing of Nonferrous Metals	54	14
金属制品业	Metal Products	560	189
普通机械制造业	Ordinary Machinery Manufacturing	182	51
专用设备制造业	For Special Purposes Equipment Manufacturing	167	55
交通运输设备制造业	Transport Equipment Manufacturing	229	85
电气机械及器材制造业	Electric Equipment and Machinery	627	192
电子及通信设备制造业	Electronic and Telecommunications Equipment	898	240
仪器仪表文化办公用机械	Instruments, Meters, Cultural and Office Machinery	252	78
其他制造业	Other Manufacturing	537	195
电力蒸汽热水生产供应业	Electric Power, Steam and Hot Water Production and Supply	111	45
煤气的生产和供应业	Gas Production and Supply	5	3
自来水的生产和供应业	Tap Water Production and Supply	7	3

MAIN INDICATORS OF CHINESE-FOREIGN JOINT STOCK, JOINT VENTURES AND EXCLUSIVELY FOREIGN-OWNED INDUSTRIAL ENTERPRISES WITH INDEPENDENT ACCOUNTING SYSTEMS (1997)

(100 million yuan)

工业总产值（当年价） Gross Industrial Output Value (at Current Prices)	工业总产值（不变价） Gross Industrial Output Value(at 1990 Constant Prices)	工业增加值 Value Added of Industry	资本金合计 Total Capital	国有资本金 State-owned Capital	集体资本金 Collective Owned Capital	年末资产总计 Total Assets at Year-end
4509.88	4086.52	1096.53	1728.28	338.28	174.23	5366.58
1837.81	1645.63	426.05	649.17	150.32	58.95	1813.87
2672.07	2440.89	670.48	1079.10	187.96	115.28	3552.71
2776.58	2629.98	639.93	984.02	131.98	100.36	2794.89
1369.53	1132.10	339.01	534.62	72.02	53.18	1401.85
1407.05	1497.88	300.92	449.41	59.96	47.18	1393.04
1733.30	1456.55	456.61	744.25	206.30	73.88	2571.69
148.04	36.00	40.98	5.35	2.29	0.69	65.85
381.56	171.64	147.17	323.58	127.54	29.15	1237.94
1203.70	1248.91	268.45	415.32	76.47	44.04	1267.90
1407.61	1161.17	393.57	522.05	175.18	43.90	2161.27
619.26	623.80	140.11	191.87	38.58	19.77	665.91
2483.00	2301.56	562.85	1014.36	124.52	110.56	2539.40
145.15	33.23	40.25	2.00	1.99		60.30
0.83	0.93	0.14	0.54	0.15	0.23	1.11
2.48	2.13	0.71	2.88	0.19	0.46	5.19
133.91	89.64	23.71	24.50	2.89	1.80	79.78
105.57	92.79	34.56	56.19	9.31	1.88	132.91
98.11	80.11	29.37	60.90	9.46	6.85	147.34
4.48	3.30	1.29	3.54	2.49	0.01	5.72
278.48	229.30	54.36	119.42	15.40	14.81	321.18
255.27	223.91	62.61	89.30	3.89	8.81	208.22
212.12	177.76	42.05	50.86	2.95	5.02	163.20
29.87	25.32	7.30	11.36	1.98	1.42	39.11
27.21	23.16	5.53	10.70	0.60	2.43	30.91
93.75	77.67	24.83	53.45	11.51	6.57	135.55
42.20	45.48	11.61	26.71	4.99	3.86	65.14
84.75	76.61	20.55	34.68	1.49	2.97	78.26
25.30	9.48	2.86	2.16	0.24	0.14	15.51
209.39	212.83	66.85	86.71	17.36	4.64	328.49
61.35	63.69	23.11	46.16	13.25	2.72	110.41
35.40	41.13	3.54	19.70	6.79	2.47	53.97
38.98	36.31	9.22	17.52	3.29	0.51	52.96
164.59	162.90	34.96	89.94	11.25	10.76	208.01
117.95	105.03	28.65	112.71	31.32	11.28	289.45
12.55	9.99	2.05	6.84	1.37	0.59	14.76
24.84	22.11	5.59	11.40	2.81	1.10	29.60
205.40	196.82	41.14	103.07	12.68	16.03	246.85
52.37	51.42	15.18	29.74	3.87	2.63	76.87
35.67	33.12	10.42	12.88	2.45	1.31	40.83
158.55	163.21	46.38	51.60	11.74	5.10	211.54
326.50	334.53	59.96	118.45	14.12	17.42	381.75
1065.50	1174.32	232.83	169.52	32.62	13.81	709.85
146.07	154.97	23.60	31.36	1.37	0.84	108.71
89.28	82.05	18.13	36.60	1.79	3.74	81.02
223.79	49.54	111.28	231.95	100.04	21.51	925.63
2.03	1.64	1.86	2.60	0.63	0.36	4.23
0.21	0.10	0.08	0.36		0.13	2.24

续表 1 continued

单位：亿元

行业	Item	流动资产合计 Total Circulating Funds	产成品 Finished Products
全省总计	Province Total	2530.43	288.67
按经济类型分	Grouped by Ownership		
外商投资经济	Foreign Funded Enterprises	884.07	88.18
港澳台投资经济	Enterprises Funded by Overseas Chinese from HongKong, Macao and Taiwan	1646.36	200.49
按轻重工业分	Grouped by Light & Heavy Industry		
轻工业	Light Industry	1586.63	201.92
以农产品为原料	Using Farm Products as Raw Materials	766.02	90.99
以非农产品为原料	Using Non-Farm Products as Raw Materials	820.60	110.93
重工业	Heavy Industry	943.80	86.75
采掘工业	Mining and Quarrying	7.54	1.05
原料工业	Raw Materials Industry	259.99	9.76
加工工业	Manufacturing Industry	676.27	75.95
按企业规模分	Grouped by Size of Enterprises		
大型企业	Large	838.65	93.67
中型企业	Medium-sized	368.89	35.95
小型企业	Small	1322.88	159.05
按行业分	Grouped by Sector		
#煤炭采选业	Coal Mining and Dressing		
石油和天然气开采	Petroleum and Natural Gas Extraction	5.05	0.73
黑色金属矿采选业	Ferrous Metals Mining and Dressing		
有色金属矿采选业	Nonferrous Metals Mining and Dressing	0.54	0.10
非金属矿采选业	Nonmetal Minerals Mining and Dressing	2.65	0.40
其他矿采选业	Other Minerals Mining and Dressing		
木材及竹材采运业	Logging and Transport of Timber and Bamboo		
食品加工业	Food Processing	46.45	9.24
食品制造业	Food Manufacturing	63.44	4.91
饮料制造业	Beverage Manufacturing	59.79	6.15
烟草加工业	Tobacco Processing	2.79	0.04
纺织业	Textile Industry	164.59	26.18
服装及其他纤维制品制造	Garments and Other Fiber Products	130.75	16.50
皮革毛皮羽绒及其制品业	Leather, Furs, Down and Related Products	113.82	10.23
木材加工及竹藤棕草制品业	Timber Processing, Bamboo, Cane, Palm Fiber and Straw Products	18.76	2.64
家具制造业	Furniture Manufacturing	20.78	2.69
造纸及纸制品业	Papermaking and Pager Products	60.46	7.69
印刷业记录媒介的复制	Printing and Record Medium Reproduction	30.05	2.90
文教体育用品制造业	Cultural, Educational and Sports Goods	42.94	4.22
石油加工及炼焦业	Petroleum Processing and Coking	5.56	1.08
化学原料及制品制造业	Raw Chemical Materials and Chemical Products	146.66	12.17
医药制造业	Medical and Pharmaceutical Products	57.60	4.56
化学纤维制造业	Chemical Fiber	16.26	3.47
橡胶制品业	Rubber Products	23.70	3.61
塑料制品业	Plastic Products	101.20	10.04
非金属矿物制品业	Nonmetal Mineral Products	106.54	16.07
黑色金属冶炼及压延加工业	Smelting and Pressing of Ferrous Metals	8.23	1.10
有色金属冶炼及压延加工业	Smelting and Pressing of Nonferrous Metals	12.56	1.61
金属制品业	Metal Products	119.97	16.71
普通机械制造业	Ordinary Machinery Manufacturing	40.46	6.69
专用设备制造业	For Special Purposes Equipment Manufacturing	25.62	3.05
交通运输设备制造业	Transport Equipment Manufacturing	123.66	17.06
电气机械及器材制造业	Electric Equipment and Machinery	224.42	36.33
电子及通信设备制造业	Electronic and Telecommunications Equipment	462.20	49.33
仪器仪表文化办公用机械	Instruments, Meters, Cultural and Office Machinery	70.52	4.75
其他制造业	Other Manufacturing	49.13	6.25
电力蒸汽热水生产供应业	Electric Power, Steam and Hot Water Production and Supply	172.34	0.20
煤气的生产和供应业	Gas Production and Supply	0.72	
自来水的生产和供应业	Tap Water Production and Supply	0.23	0.01

续表 2　continued

(100 million yuan)

流动资产年平均余额 Annual Average Balance of Circulating Funds	固定资产合计 Total Fixed Assets	固定资产原价 Original Value of Fixed Assets	固定资产净值平均余额 Average Balance of Net Value of Fixed Assets	年末负债合计 Total Liabilities at Year-end	流动负债 Liquid Liabilities	年末所有者权益合计 Total Creditors' Equity at Year-end
2429.85	**2259.50**	**2835.91**	**2091.13**	**3373.39**	**2420.65**	**1993.19**
857.48	697.74	854.24	616.70	1058.10	841.23	755.78
1572.36	1561.76	1981.67	1474.44	2315.30	1579.41	1237.42
1538.28	960.21	1197.32	857.08	1701.55	1463.67	1093.34
734.88	507.08	634.23	456.59	818.14	686.09	583.71
803.41	453.13	563.09	400.48	883.41	777.58	509.63
891.56	1299.28	1638.59	1234.06	1671.84	956.97	899.85
7.01	5.63	5.83	3.74	6.43	5.33	59.42
240.24	827.02	1055.21	824.59	877.03	319.88	360.92
644.31	466.63	577.55	405.73	788.38	631.76	479.52
783.86	1039.17	1255.07	989.15	1379.05	798.61	782.22
354.90	223.96	297.27	196.31	429.57	350.40	236.34
1291.09	996.37	1283.57	905.67	1564.77	1271.63	974.63
4.64	2.94	2.07	1.19	2.18	2.25	58.12
0.52	0.51	0.65	0.42	0.84	0.38	0.27
2.56	2.22	3.21	2.18	3.95	3.23	1.25
43.60	27.94	36.48	26.60	50.99	44.65	28.79
56.82	54.89	63.42	56.76	72.39	62.96	60.52
64.60	69.08	82.40	60.76	80.56	61.53	66.78
2.75	2.60	3.23	2.07	1.42	1.42	4.30
159.36	130.25	174.28	114.61	222.26	181.42	98.92
129.92	65.40	88.23	61.28	123.66	108.01	84.57
105.93	40.72	52.37	35.51	107.03	100.41	56.17
17.31	17.78	21.20	15.77	27.42	19.81	11.69
18.86	8.95	11.29	8.19	19.94	18.62	10.97
57.73	55.40	59.08	44.00	74.87	50.83	60.67
29.13	29.89	37.96	26.34	37.51	30.25	27.63
45.13	31.35	38.77	28.77	38.21	34.79	40.04
6.04	9.58	10.27	8.80	11.43	4.92	4.08
142.55	78.11	99.85	71.28	199.43	113.95	129.06
53.82	34.63	37.75	27.58	45.55	36.65	64.85
17.00	31.43	29.67	23.24	48.86	32.22	5.12
24.46	17.65	20.82	15.79	28.82	20.72	24.14
92.73	84.78	114.46	81.33	118.50	99.42	89.51
108.24	149.67	177.11	129.10	182.79	121.89	106.66
7.02	5.47	7.79	4.33	9.16	8.39	5.59
11.87	13.82	16.33	11.83	17.56	12.25	12.04
116.43	103.98	121.71	84.97	152.06	124.51	94.79
37.63	29.98	35.19	28.34	49.56	39.80	27.31
23.47	11.68	15.13	11.10	23.66	21.33	17.17
114.80	68.45	77.97	56.53	149.72	123.17	61.82
213.92	129.38	163.12	114.78	257.13	227.46	124.62
442.78	183.44	235.75	159.67	432.72	386.73	277.12
80.56	32.59	41.94	29.67	73.02	65.69	35.69
45.67	26.30	34.36	24.18	43.63	40.93	37.39
150.97	704.93	918.05	720.71	663.15	218.50	262.48
0.75	2.61	2.90	2.55	2.08	1.08	2.15
0.24	1.11	1.11	0.91	1.34	0.46	0.90

续表 3 continued

单位：亿元

行业	Item	产品销售收入 Sales Revenue	产品销售税金及附加 Sales Tax and Extra Charges
全省总计	**Province Total**	**4119.65**	**31.70**
按经济类型分	**Grouped by Ownership**		
外商投资经济	Foreign Funded Enterprises	1657.58	22.00
港澳台投资经济	Enterprises Funded by Overseas Chinese from HongKong, Macao and Taiwan	2462.07	9.70
按轻重工业分	**Grouped by Light & Heavy Industry**		
轻工业	Light Industry	2573.22	22.24
以农产品为原料	Using Farm Products as Raw Materials	1261.19	13.12
以非农产品为原料	Using Non-Farm Products as Raw Materials	1312.03	9.12
重工业	Heavy Industry	1546.43	9.46
采掘工业	Mining and Quarrying	66.74	5.35
原料工业	Raw Materials Industry	362.84	1.03
加工工业	Manufacturing Industry	1116.85	3.08
按企业规模分	**Grouped by Size of Enterprises**		
大型企业	Large	1239.83	21.33
中型企业	Medium-sized	590.29	2.02
小型企业	Small	2289.53	8.36
按行业分	**Grouped by Sector**		
#煤炭采选业	Coal Mining and Dressing		
石油和天然气开采	Petroleum and Natural Gas Extraction	64.44	5.32
黑色金属矿采选业	Ferrous Metals Mining and Dressing		
有色金属矿采选业	Nonferrous Metals Mining and Dressing	0.71	
非金属矿采选业	Nonmetal Minerals Mining and Dressing	2.00	0.02
其他矿采选业	Other Minerals Mining and Dressing		
木材及竹材采运业	Logging and Transport of Timber and Bamboo		
食品加工业	Food Processing	135.56	0.18
食品制造业	Food Manufacturing	92.93	0.57
饮料制造业	Beverage Manufacturing	96.44	1.55
烟草加工业	Tobacco Processing	4.93	
纺织业	Textile Industry	244.59	0.39
服装及其他纤维制品制造	Garments and Other Fiber Products	232.69	0.75
皮革毛皮羽绒及其制品业	Leather, Furs, Down and Related Products	191.04	0.40
木材加工及竹藤棕草制品业	Timber Processing, Bamboo, Cane, Palm Fiber and Straw Products	28.84	0.11
家具制造业	Furniture Manufacturing	25.09	0.14
造纸及纸制品业	Papermaking and Pager Products	88.44	0.21
印刷业记录媒介的复制	Printing and Record Medium Reproduction	39.60	0.19
文教体育用品制造业	Cultural, Educational and Sports Goods	80.11	0.19
石油加工及炼焦业	Petroleum Processing and Coking	25.92	0.39
化学原料及制品制造业	Raw Chemical Materials and Chemical Products	192.18	10.00
医药制造业	Medical and Pharmaceutical Products	53.70	0.23
化学纤维制造业	Chemical Fiber	30.16	0.05
橡胶制品业	Rubber Products	41.49	0.86
塑料制品业	Plastic Products	155.59	0.50
非金属矿物制品业	Nonmetal Mineral Products	108.78	0.79
黑色金属冶炼及压延加工业	Smelting and Pressing of Ferrous Metals	11.68	0.01
有色金属冶炼及压延加工业	Smelting and Pressing of Nonferrous Metals	19.54	0.06
金属制品业	Metal Products	192.42	0.27
普通机械制造业	Ordinary Machinery Manufacturing	47.77	0.13
专用设备制造业	For Special Purposes Equipment Manufacturing	32.57	0.10
交通运输设备制造业	Transport Equipment Manufacturing	138.63	5.60
电气机械及器材制造业	Electric Equipment and Machinery	302.98	1.02
电子及通信设备制造业	Electronic and Telecommunications Equipment	985.06	0.92
仪器仪表文化办公用机械	Instruments, Meters, Cultural and Office Machinery	153.62	0.15
其他制造业	Other Manufacturing	79.80	0.27
电力蒸汽热水生产供应业	Electric Power, Steam and Hot Water Production and Supply	218.08	0.32
煤气的生产和供应业	Gas Production and Supply	2.03	
自来水的生产和供应业	Tap Water Production and Supply	0.25	0.02

续表 4 continued

(100 million yuan)

利润总额 Total Profits	#亏损总额 Total Loss	利税总额 Total Pre-tax Profits	本年应交增值税 Value Added Tax Payable in Current Year	本年销项税额 Sales Tax in Current Year	本年进项税额 Import Tax in Current Year	职工平均人数(万人) Average Number of Staff and Workers (10000 Persons)
191.73	**108.00**	**334.55**	**111.11**	**303.03**	**208.98**	**212.26**
93.97	52.74	164.87	48.89	120.17	79.29	61.10
97.76	55.26	169.68	62.22	182.87	129.69	151.17
80.44	58.58	167.55	64.87	193.78	139.69	156.98
54.16	27.36	107.20	39.92	99.95	66.31	86.85
26.27	31.22	60.34	24.94	93.83	73.37	70.13
111.29	49.42	167.00	46.25	109.25	69.29	55.28
27.57	0.30	36.94	4.02	4.13	0.12	0.36
32.49	19.48	55.21	21.69	44.78	25.07	6.71
51.23	29.64	74.85	20.54	60.35	44.10	48.22
119.21	34.76	199.68	59.14	141.55	88.70	26.42
30.54	13.57	43.66	11.10	36.31	27.19	21.77
41.99	59.67	91.22	40.88	125.18	93.09	164.08
27.78		37.07	3.96	3.96		0.18
-0.02	0.03	0.01	0.02	0.05	0.03	0.04
-0.17	0.27	-0.10	0.05	0.15	0.12	0.17
3.62	1.11	5.76	1.96	8.66	7.01	1.55
3.11	5.46	9.27	5.59	13.30	7.98	4.37
5.83	3.96	14.59	7.21	16.10	9.45	2.11
0.72		0.90	0.18	0.83	0.66	0.05
0.05	7.00	3.46	3.03	11.93	9.76	14.59
1.49	4.17	5.20	2.96	9.90	7.90	29.10
2.98	1.67	4.81	1.43	5.34	4.41	24.19
0.75	1.01	2.53	1.67	3.91	2.31	1.39
0.46	0.93	1.42	0.82	1.64	1.17	2.28
5.92	1.79	10.36	4.23	10.70	7.38	3.85
1.21	1.06	2.94	1.55	4.62	3.13	3.21
1.83	1.44	2.62	0.60	2.04	1.54	14.68
0.32	0.16	1.25	0.54	3.80	3.27	0.10
23.80	9.56	47.33	13.53	26.46	14.85	4.85
5.33	2.92	8.81	3.25	8.49	5.35	1.54
-2.07	2.85	-1.68	0.35	3.33	3.08	1.39
1.85	0.76	3.49	0.79	2.34	1.66	3.33
3.21	3.05	6.85	3.14	11.17	8.54	9.69
-5.40	13.01	-0.04	4.56	12.73	8.69	7.24
-0.29	0.45	-0.20	0.08	0.61	0.57	0.25
0.57	0.46	0.96	0.33	2.17	1.92	0.72
-0.36	6.75	3.86	3.94	14.43	11.40	8.36
1.04	2.62	2.92	1.75	5.27	3.78	2.31
1.73	0.45	2.76	0.93	2.69	1.88	1.82
0.04	6.03	12.13	6.50	16.04	10.25	4.32
4.45	8.97	10.95	5.48	22.08	17.39	17.97
61.76	7.22	72.85	10.17	41.93	36.03	30.54
3.99	1.29	6.48	2.34	3.62	1.41	5.29
1.16	1.76	2.46	1.03	4.43	3.56	8.95
35.31	9.49	52.76	17.13	27.99	12.24	1.72
-0.24	0.25	-0.23	0.01	0.27	0.26	0.06
-0.03	0.04		0.02	0.02	0.01	0.02

12-27 大中型独立核算工业企业主要指标(1997年)

单位:亿元

行业	Item	企业单位数(个) Number of Enterprises (unit)	亏损企业 Loss-making Enterprises
全省总计	**Province Total**	**2087**	**895**
按轻重工业分	**Grouped by Light & Heavy Industry**		
轻工业	Light Industry	1159	486
以农产品为原料	Using Farm Products as Raw Materials	683	290
以非农产品为原料	Using Non-Farm Products as Raw Materials	476	196
重工业	Heavy Industry	928	409
采掘工业	Mining and Quarrying	25	13
原料工业	Raw Materials Industry	298	148
加工工业	Manufacturing Industry	605	248
按企业规模分	**Grouped by Size of Enterprises**		
大型企业	Large	655	243
中型企业	Medium-sized	1432	652
按行业分	**Grouped by Sector**		
#煤炭采选业	Coal Mining and Dressing	6	6
石油和天然气开采	Petroleum and Natural Gas Extraction	2	
黑色金属矿采选业	Ferrous Metals Mining and Dressing	1	
有色金属矿采选业	Nonferrous Metals Mining and Dressing	7	2
非金属矿采选业	Nonmetal Minerals Mining and Dressing	9	5
其他矿采选业	Other Minerals Mining and Dressing		
木材及竹材采运业	Logging and Transport of Timber and Bamboo		
食品加工业	Food Processing	105	63
食品制造业	Food Manufacturing	83	41
饮料制造业	Beverage Manufacturing	70	28
烟草加工业	Tobacco Processing	8	0
纺织业	Textile Industry	170	76
服装及其他纤维制品制造	Garments and Other Fiber Products	48	29
皮革毛皮羽绒及其制品业	Leather, Furs, Down and Related Products	45	12
木材加工及竹藤棕草制品业	Timber Processing, Bamboo, Cane, Palm Fiber and Straw Products	20	4
家具制造业	Furniture Manufacturing	12	5
造纸及纸制品业	Papermaking and Pager Products	51	14
印刷业记录媒介的复制	Printing and Record Medium Reproduction	44	16
文教体育用品制造业	Cultural, Educational and Sports Goods	22	8
石油加工及炼焦业	Petroleum Processing and Coking	4	
化学原料及制品制造业	Raw Chemical Materials and Chemical Products	103	38
医药制造业	Medical and Pharmaceutical Products	68	15
化学纤维制造业	Chemical Fiber	27	14
橡胶制品业	Rubber Products	23	11
塑料制品业	Plastic Products	100	38
非金属矿物制品业	Nonmetal Mineral Products	242	172
黑色金属冶炼及压延加工业	Smelting and Pressing of Ferrous Metals	18	12
有色金属冶炼及压延加工业	Smelting and Pressing of Nonferrous Metals	30	12
金属制品业	Metal Products	94	45
普通机械制造业	Ordinary Machinery Manufacturing	67	23
专用设备制造业	For Special Purposes Equipment Manufacturing	59	23
交通运输设备制造业	Transport Equipment Manufacturing	84	33
电气机械及器材制造业	Electric Equipment and Machinery	175	73
电子及通信设备制造业	Electronic and Telecommunications Equipment	133	35
仪器仪表文化办公用机械	Instruments, Meters, Cultural and Office Machinery	31	11
其他制造业	Other Manufacturing	21	4
电力蒸汽热水生产供应业	Electric Power, Steam and Hot Water Production and Supply	78	18
煤气的生产和供应业	Gas Production and Supply	5	2
自来水的生产和供应业	Tap Water Production and Supply	21	6

MAIN INDICATORS OF LARGE AND MEDIUM INDUSTRIAL ENTERPRISES WITH INDEPENDENT ACCOUNTING SYSTEMS (1997)

(100 million yuan)

工业总产值（当年价）Gross Industrial Output Value (at Current Prices)	工业总产值（不变价）Gross Industrial Output Value(at 1990 Constant Prices)	工业增加值 Value Added of Industry	资本金合计 Total Capital	国有资本金 State-owned Capital	集体资本金 Collective Owned Capital	年末资产总计 Total Assets at Year-end
3950.84	**3415.31**	**1087.96**	**1512.69**	**770.86**	**172.39**	**6641.10**
2100.11	2034.46	536.50	679.46	252.38	94.20	2884.31
972.47	769.21	268.03	335.08	130.19	32.22	1295.98
1127.64	1265.24	268.46	344.38	122.19	61.98	1588.33
1850.73	1380.85	551.46	833.23	518.48	78.20	3756.79
199.25	52.32	79.66	25.72	24.67	0.60	191.16
801.45	377.27	268.23	520.18	376.81	36.70	2256.44
850.03	951.26	203.57	287.33	117.00	40.90	1309.19
2708.90	2244.26	778.35	1046.00	563.15	96.29	4678.16
1241.94	1171.05	309.61	466.69	207.71	76.10	1962.94
5.21	2.59	1.39	3.63	3.52	0.11	18.25
184.08	42.76	73.72	13.04	13.03	0.00	144.89
1.73	1.07	0.89	1.49	1.49	0.00	5.21
3.72	2.72	0.95	2.13	1.81	0.32	7.51
4.50	3.18	2.71	5.43	4.82	0.17	15.30
156.47	101.05	23.79	33.56	25.15	0.46	189.26
104.87	94.91	35.42	54.48	17.58	3.43	141.82
114.27	86.76	37.02	56.70	16.11	4.10	180.81
52.13	41.29	32.33	16.68	15.36	0.00	62.03
211.77	173.54	40.59	67.03	21.90	10.73	305.52
45.99	40.27	13.27	13.73	2.09	3.09	62.46
73.53	60.47	13.15	15.14	1.89	2.72	69.70
36.36	30.65	9.13	11.97	4.80	3.03	46.49
6.79	5.44	1.97	1.88	0.14	0.91	12.57
72.78	59.48	21.32	32.70	11.54	4.37	113.93
23.55	31.97	8.10	10.37	4.93	0.97	43.88
25.91	22.47	7.10	8.05	0.92	1.18	25.47
226.25	91.55	24.66	50.01	47.73	0.65	331.26
186.88	176.57	53.20	72.15	29.26	2.02	335.40
90.76	96.56	30.50	45.52	22.51	1.45	163.38
76.22	90.73	10.70	31.34	13.97	5.78	150.38
26.09	24.74	6.69	11.38	3.92	0.77	42.50
89.54	100.70	20.64	41.71	8.73	12.31	150.68
148.59	132.18	35.53	107.98	51.38	15.26	404.07
71.09	42.18	15.46	23.80	14.84	1.89	123.42
48.60	47.75	10.10	15.92	12.37	0.79	75.36
100.85	101.11	20.74	45.17	8.69	13.33	162.09
56.40	59.80	16.73	22.28	8.24	1.22	117.41
38.05	35.29	14.00	17.54	10.07	2.29	82.44
195.49	194.10	44.27	55.67	29.80	3.52	359.61
415.05	481.02	95.65	115.74	27.77	35.76	555.75
607.70	738.41	138.10	97.15	30.53	14.47	546.64
70.36	90.92	8.32	14.57	2.45	0.82	75.03
21.97	22.24	6.08	5.44	1.41	2.81	21.72
302.84	76.09	182.66	338.31	250.95	20.74	1330.48
3.48	1.29	0.31	12.03	11.57		22.50
50.64	11.25	30.42	40.91	37.50	0.94	144.73

续表 1 continued

单位：亿元

行业	Item	流动资产合计 Total Circulating Funds	产成品 Finished Products
全省总计	**Province Total**	**2823.14**	**298.47**
按轻重工业分	**Grouped by Light & Heavy Industry**		
轻工业	Light Industry	1491.30	185.35
以农产品为原料	Using Farm Products as Raw Materials	630.60	70.66
以非农产品为原料	Using Non-Farm Products as Raw Materials	860.70	114.69
重工业	Heavy Industry	1331.84	113.12
采掘工业	Mining and Quarrying	32.37	2.59
原料工业	Raw Materials Industry	602.69	28.59
加工工业	Manufacturing Industry	696.78	81.94
按企业规模分	**Grouped by Size of Enterprises**		
大型企业	Large	1882.99	195.20
中型企业	Medium-sized	940.15	103.27
按行业分	**Grouped by Sector**		
#煤炭采选业	Coal Mining and Dressing	7.60	0.86
石油和天然气开采	Petroleum and Natural Gas Extraction	10.97	0.73
黑色金属矿采选业	Ferrous Metals Mining and Dressing	2.81	0.17
有色金属矿采选业	Nonferrous Metals Mining and Dressing	3.72	0.40
非金属矿采选业	Nonmetal Minerals Mining and Dressing	7.26	0.42
其他矿采选业	Other Minerals Mining and Dressing		
木材及竹材采运业	Logging and Transport of Timber and Bamboo		
食品加工业	Food Processing	84.69	15.36
食品制造业	Food Manufacturing	64.61	4.92
饮料制造业	Beverage Manufacturing	77.89	6.00
烟草加工业	Tobacco Processing	34.29	0.14
纺织业	Textile Industry	142.14	21.82
服装及其他纤维制品制造	Garments and Other Fiber Products	37.62	4.54
皮革毛皮羽绒及其制品业	Leather, Furs, Down and Related Products	46.57	3.25
木材加工及竹藤棕草制品业	Timber Processing, Bamboo, Cane, Palm Fiber and Straw Products	23.21	2.22
家具制造业	Furniture Manufacturing	7.61	0.58
造纸及纸制品业	Papermaking and Pager Products	42.46	5.98
印刷业记录媒介的复制	Printing and Record Medium Reproduction	20.20	1.53
文教体育用品制造业	Cultural, Educational and Sports Goods	12.52	0.77
石油加工及炼焦业	Petroleum Processing and Coking	79.00	11.16
化学原料及制品制造业	Raw Chemical Materials and Chemical Products	126.77	12.95
医药制造业	Medical and Pharmaceutical Products	98.13	9.36
化学纤维制造业	Chemical Fiber	49.23	6.84
橡胶制品业	Rubber Products	17.82	2.74
塑料制品业	Plastic Products	69.38	8.80
非金属矿物制品业	Nonmetal Mineral Products	153.83	19.30
黑色金属冶炼及压延加工业	Smelting and Pressing of Ferrous Metals	45.23	4.80
有色金属冶炼及压延加工业	Smelting and Pressing of Nonferrous Metals	30.68	3.48
金属制品业	Metal Products	83.42	11.59
普通机械制造业	Ordinary Machinery Manufacturing	64.14	10.20
专用设备制造业	For Special Purposes Equipment Manufacturing	44.36	6.05
交通运输设备制造业	Transport Equipment Manufacturing	215.99	18.40
电气机械及器材制造业	Electric Equipment and Machinery	338.55	51.45
电子及通信设备制造业	Electronic and Telecommunications Equipment	346.06	43.96
仪器仪表文化办公用机械	Instruments, Meters, Cultural and Office Machinery	50.10	4.43
其他制造业	Other Manufacturing	12.05	2.21
电力蒸汽热水生产供应业	Electric Power, Steam and Hot Water Production and Supply	333.60	0.46
煤气的生产和供应业	Gas Production and Supply	7.70	
自来水的生产和供应业	Tap Water Production and Supply	30.54	0.53

续表 2　continued

(100 million yuan)

流动资产年平均余额 Annual Average Balance of Circulating Funds	固定资产合计 Total Fixed Assets	固定资产原价 Original Value of Fixed Assets	固定资产净值平均余额 Average Balance of Net Value of Fixed Assets	年末负债合计 Total Liabilities at Year-end	流动负债 Liquid Liabilities	年末所有者权益合计 Total Creditors' Equity at Year-end
2679.75	**3074.26**	**3542.11**	**2517.91**	**4241.05**	**2764.18**	**2400.05**
1433.20	1093.98	1305.48	903.76	1894.83	1505.91	989.48
604.12	516.98	633.13	439.76	836.62	648.68	459.35
829.08	577.00	672.35	464.00	1058.21	857.23	530.13
1246.55	1990.06	2239.13	1614.15	2346.22	1258.27	1410.57
31.42	37.09	50.61	31.23	55.07	30.11	136.08
563.41	1470.41	1608.38	1187.73	1421.21	579.86	835.23
651.72	482.56	580.15	395.19	869.93	648.29	439.26
1780.45	2244.05	2526.55	1827.75	2886.06	1736.49	1792.10
899.30	830.21	1015.56	690.16	1354.99	1027.69	607.95
7.38	9.47	14.27	9.20	16.73	12.49	1.52
10.72	15.17	18.25	11.50	23.29	5.71	121.60
2.55	2.14	3.25	1.39	3.17	3.00	2.03
3.37	3.15	4.35	2.36	4.23	2.96	3.28
7.40	7.15	10.49	6.78	7.65	5.95	7.65
84.09	84.28	110.28	72.37	146.08	117.04	43.18
60.70	58.47	67.42	59.13	81.00	64.61	60.82
74.18	81.08	88.78	60.62	106.09	82.05	74.72
33.23	26.62	31.58	22.70	30.46	27.30	31.57
136.92	127.98	170.52	111.86	232.68	172.36	72.83
38.12	17.22	25.19	16.52	47.03	40.17	15.44
44.20	18.30	23.32	15.96	52.81	49.34	16.89
20.65	20.08	24.26	17.30	34.44	23.78	12.05
7.62	3.99	5.39	4.02	10.13	7.29	2.44
40.86	50.10	53.74	37.75	69.66	42.15	44.28
15.95	22.40	27.78	17.74	28.60	19.33	15.28
12.05	10.21	11.54	8.48	14.09	10.87	11.38
76.26	232.60	122.80	67.93	257.22	54.82	74.05
117.82	102.01	126.42	86.20	221.10	105.12	114.30
97.19	47.02	51.78	38.40	89.58	73.61	73.80
52.87	91.25	89.18	60.84	108.62	75.60	41.76
17.13	14.95	16.57	12.36	27.57	19.09	14.94
65.55	61.73	83.20	54.43	100.79	72.17	49.89
152.21	202.43	244.33	170.60	308.27	186.62	95.80
42.19	70.97	82.76	51.58	67.95	44.69	55.47
29.36	38.27	46.10	32.14	54.58	36.38	20.77
79.18	60.83	74.95	51.82	113.53	91.48	48.56
60.71	41.32	48.79	34.64	83.16	66.99	34.24
44.22	27.20	32.95	22.50	57.60	44.21	24.84
192.17	120.54	128.59	93.00	257.30	204.21	102.31
330.90	160.78	202.61	135.04	388.77	339.86	166.98
321.19	145.80	173.78	115.37	333.51	271.45	213.13
47.86	20.39	27.76	18.45	57.27	50.94	17.76
11.76	7.44	10.55	6.99	13.02	10.05	8.70
305.70	957.21	1157.92	894.57	732.85	294.06	597.64
6.90	14.18	14.61	13.31	9.65	8.15	12.86
28.25	108.63	117.67	81.41	49.48	27.46	95.25

续表 3 continued

单位：亿元

行业	Item	产品销售收入 Sales Revenue	产品销售税金及附加 Sales Tax and Extra Charges
全省总计	**Province Total**	**3843.87**	**67.32**
按轻重工业分	**Grouped by Light & Heavy Industry**		
轻工业	Light Industry	1936.51	43.62
以农产品为原料	Using Farm Products as Raw Materials	898.94	34.34
以非农产品为原料	Using Non-Farm Products as Raw Materials	1037.57	9.28
重工业	Heavy Industry	1907.36	23.70
采掘工业	Mining and Quarrying	107.75	6.38
原料工业	Raw Materials Industry	995.77	13.34
加工工业	Manufacturing Industry	803.84	3.98
按企业规模分	**Grouped by Size of Enterprises**		
大型企业	Large	2617.75	56.06
中型企业	Medium-sized	1226.11	11.26
按行业分	**Grouped by Sector**		
#煤炭采选业	Coal Mining and Dressing	5.10	0.05
石油和天然气开采	Petroleum and Natural Gas Extraction	93.32	6.12
黑色金属矿采选业	Ferrous Metals Mining and Dressing	1.69	0.11
有色金属矿采选业	Nonferrous Metals Mining and Dressing	3.54	0.03
非金属矿采选业	Nonmetal Minerals Mining and Dressing	4.11	0.07
其他矿采选业	Other Minerals Mining and Dressing		
木材及竹材采运业	Logging and Transport of Timber and Bamboo		
食品加工业	Food Processing	154.37	0.63
食品制造业	Food Manufacturing	89.88	0.66
饮料制造业	Beverage Manufacturing	111.97	3.48
烟草加工业	Tobacco Processing	53.82	20.51
纺织业	Textile Industry	178.48	0.34
服装及其他纤维制品制造	Garments and Other Fiber Products	41.79	0.09
皮革毛皮羽绒及其制品业	Leather, Furs, Down and Related Products	70.08	0.05
木材加工及竹藤棕草制品业	Timber Processing, Bamboo, Cane, Palm Fiber and Straw Products	33.64	0.09
家具制造业	Furniture Manufacturing	6.04	0.02
造纸及纸制品业	Papermaking and Pager Products	66.45	0.15
印刷业记录媒介的复制	Printing and Record Medium Reproduction	20.23	0.09
文教体育用品制造业	Cultural, Educational and Sports Goods	22.29	0.04
石油加工及炼焦业	Petroleum Processing and Coking	217.81	10.83
化学原料及制品制造业	Raw Chemical Materials and Chemical Products	175.71	8.81
医药制造业	Medical and Pharmaceutical Products	85.77	0.58
化学纤维制造业	Chemical Fiber	72.10	0.13
橡胶制品业	Rubber Products	24.65	0.92
塑料制品业	Plastic Products	87.62	0.43
非金属矿物制品业	Nonmetal Mineral Products	141.13	1.79
黑色金属冶炼及压延加工业	Smelting and Pressing of Ferrous Metals	74.82	0.14
有色金属冶炼及压延加工业	Smelting and Pressing of Nonferrous Metals	47.73	0.28
金属制品业	Metal Products	94.68	0.14
普通机械制造业	Ordinary Machinery Manufacturing	51.39	0.25
专用设备制造业	For Special Purposes Equipment Manufacturing	35.50	0.18
交通运输设备制造业	Transport Equipment Manufacturing	173.27	6.95
电气机械及器材制造业	Electric Equipment and Machinery	360.75	0.91
电子及通信设备制造业	Electronic and Telecommunications Equipment	579.91	0.37
仪器仪表文化办公用机械	Instruments, Meters, Cultural and Office Machinery	77.92	0.05
其他制造业	Other Manufacturing	19.37	0.10
电力蒸汽热水生产供应业	Electric Power, Steam and Hot Water Production and Supply	511.88	1.30
煤气的生产和供应业	Gas Production and Supply	3.45	
自来水的生产和供应业	Tap Water Production and Supply	51.33	0.64

续表 4　continued

(100 million yuan)

利润总额 Total Profits	#亏损总额 Total Loss	利税总额 Total Pre-tax Profits	本年应交增值税 Value Added Tax Payable in Current Year	本年销项税额 Sales Tax in Current Year	本年进项税额 Import Tax in Current Year	职工平均人数(万人) Average Number of Staff and Workers (10000 Persons)
222.25	**110.74**	**451.78**	**162.21**	**463.43**	**325.58**	**162.37**
78.22	61.34	196.12	74.28	229.80	167.04	87.21
38.13	29.33	116.71	44.24	111.96	72.70	46.65
40.09	32.01	79.41	30.04	117.85	94.33	40.56
144.03	49.39	255.66	87.93	233.62	158.54	75.16
33.92	1.09	45.79	5.50	6.72	1.23	6.72
68.32	23.96	137.04	55.38	146.45	97.25	27.74
41.80	24.34	72.82	27.05	80.45	60.06	40.70
206.29	58.68	380.86	118.51	339.32	238.57	82.04
15.96	52.06	70.92	43.70	124.10	87.01	80.33
-0.74	0.74	-0.35	0.34	0.89	0.56	3.78
34.53		45.32	4.66	4.66		0.86
0.01		0.22	0.11	0.26	0.15	0.47
0.09	0.06	0.20	0.07	0.37	0.30	0.61
0.02	0.30	0.41	0.32	0.54	0.22	1.00
-4.97	9.06	0.87	5.20	16.05	11.09	7.62
4.22	4.11	10.97	6.08	14.77	9.06	4.56
7.17	4.08	19.01	8.36	18.87	11.15	2.91
2.89		27.22	3.82	9.02	5.32	0.78
-2.77	7.29	2.19	4.61	17.26	13.33	13.38
-1.22	1.83	-0.39	0.74	2.60	2.37	4.31
0.32	0.80	0.74	0.38	2.93	2.65	5.29
1.32	0.48	3.83	2.41	5.51	3.11	1.42
0.01	0.37	0.35	0.32	0.91	0.59	0.38
6.90	0.64	10.42	3.37	9.34	6.71	3.21
0.66	1.01	2.05	1.30	3.21	1.92	1.43
1.23	0.26	1.74	0.47	1.23	0.78	3.54
2.92		19.81	6.06	37.18	31.63	3.38
17.75	8.35	39.58	13.02	27.90	16.83	7.50
4.58	2.28	9.92	4.76	14.58	9.93	3.72
0.90	3.25	2.35	1.32	8.79	7.64	2.26
0.33	0.84	2.38	1.13	3.23	2.25	2.39
1.96	1.86	5.83	3.44	12.30	9.19	3.10
-17.37	21.25	-8.08	7.50	20.80	14.04	14.30
1.84	1.90	4.60	2.62	15.03	12.57	4.39
0.32	1.20	3.03	2.43	6.98	4.84	3.01
-1.32	5.47	2.38	3.57	12.08	9.13	4.91
1.25	1.40	3.85	2.35	7.60	5.49	5.01
0.81	1.54	2.50	1.51	4.97	3.64	3.87
1.05	6.70	16.89	8.89	26.39	18.30	7.85
8.14	12.22	20.90	11.85	49.83	41.76	15.87
51.26	5.45	62.03	10.40	36.18	31.67	13.91
2.85	0.53	3.47	0.57	1.47	0.97	2.32
0.44	0.14	1.08	0.55	2.29	1.79	1.47
75.91	4.45	113.38	36.17	65.48	33.74	5.49
-0.43	0.47	-0.39	0.04	0.49	0.57	0.40
19.44	0.33	21.32	1.24	1.43	0.23	1.59

12-28 乡属独立核算工业企业主要指标(1997年)

单位：亿元

行业	Item	企业单位数(个) Number of Enterprises (unit)	#亏损企业 Loss-making Enterprises
全省总计	**Province Total**	**10424**	**1459**
按轻重工业分	**Grouped by Light & Heavy Industry**		
轻工业	Light Industry	5986	873
以农产品为原料	Using Farm Products as Raw Materials	3549	483
以非农产品为原料	Using Non-Farm Products as Raw Materials	2437	390
重工业	Heavy Industry	4438	586
采掘工业	Mining and Quarrying	533	35
原料工业	Raw Materials Industry	1557	218
加工工业	Manufacturing Industry	2348	333
按企业规模分	**Grouped by Size of Enterprises**		
大型企业	Large	36	15
中型企业	Medium-sized	113	53
小型企业	Small	10275	1391
按行业分	**Grouped by Sector**		
#煤炭采选业	Coal Mining and Dressing	51	6
石油和天然气开采	Petroleum and Natural Gas Extraction	1	
黑色金属矿采选业	Ferrous Metals Mining and Dressing	45	6
有色金属矿采选业	Nonferrous Metals Mining and Dressing	62	4
非金属矿采选业	Nonmetal Minerals Mining and Dressing	386	21
其他矿采选业	Other Minerals Mining and Dressing	2	
木材及竹材采运业	Logging and Transport of Timber and Bamboo	4	
食品加工业	Food Processing	332	46
食品制造业	Food Manufacturing	225	24
饮料制造业	Beverage Manufacturing	226	21
烟草加工业	Tobacco Processing	4	
纺织业	Textile Industry	440	90
服装及其他纤维制品制造	Garments and Other Fiber Products	823	111
皮革毛皮羽绒及其制品业	Leather, Furs, Down and Related Products	358	48
木材加工及竹藤棕草制品业	Timber Processing, Bamboo, Cane, Palm Fiber and Straw Products	378	14
家具制造业	Furniture Manufacturing	304	31
造纸及纸制品业	Papermaking and Pager Products	379	70
印刷业记录媒介的复制	Printing and Record Medium Reproduction	98	20
文教体育用品制造业	Cultural, Educational and Sports Goods	215	33
石油加工及炼焦业	Petroleum Processing and Coking	14	
化学原料及制品制造业	Raw Chemical Materials and Chemical Products	362	61
医药制造业	Medical and Pharmaceutical Products	56	7
化学纤维制造业	Chemical Fiber	53	14
橡胶制品业	Rubber Products	54	5
塑料制品业	Plastic Products	515	87
非金属矿物制品业	Nonmetal Mineral Products	1203	229
黑色金属冶炼及压延加工业	Smelting and Pressing of Ferrous Metals	106	15
有色金属冶炼及压延加工业	Smelting and Pressing of Nonferrous Metals	67	21
金属制品业	Metal Products	641	106
普通机械制造业	Ordinary Machinery Manufacturing	220	35
专用设备制造业	For Special Purposes Equipment Manufacturing	196	20
交通运输设备制造业	Transport Equipment Manufacturing	128	22
电气机械及器材制造业	Electric Equipment and Machinery	375	81
电子及通信设备制造业	Electronic and Telecommunications Equipment	269	41
仪器仪表文化办公用机械	Instruments, Meters, Cultural and Office Machinery	57	7
其他制造业	Other Manufacturing	557	70
电力蒸汽热水生产供应业	Electric Power, Steam and Hot Water Production and Supply	909	58
煤气的生产和供应业	Gas Production and Supply	3	
自来水的生产和供应业	Tap Water Production and Supply	306	35

MAIN INDICATORS OF TOWNSHIP-RUN INDUSTRIAL ENTERPRISES WITH INDEPENDENT ACCOUNTING SYSTEMS (1997)

(100 million yuan)

工业总产值（当年价）Gross Industrial Output Value (at Current Prices)	工业总产值（不变价）Gross Industrial Output Value(at 1990 Constant Prices)	工业增加值 Value Added of Industry	资本金合计 Total Capital	# 国有资本金 State-owned Capital	# 集体资本金 Collective Owned Capital	年末资产总计 Total Assets at Year-end
1252.47	**1127.97**	**274.07**	**411.34**	**14.75**	**153.60**	**1174.19**
832.34	756.45	187.75	264.62	7.77	84.57	713.88
447.22	383.63	91.40	131.62	3.16	40.28	337.87
385.12	372.82	96.35	133.00	4.61	44.29	376.01
420.13	371.52	86.32	146.72	6.98	69.03	460.31
30.20	24.75	7.90	3.82	0.24	3.08	11.66
121.73	92.07	28.39	55.18	2.20	28.18	186.03
268.20	254.70	50.03	87.72	4.54	37.77	262.62
123.18	111.03	26.09	32.46	1.39	11.60	132.29
86.42	81.29	19.85	27.68	0.77	15.22	118.22
1042.87	935.65	228.14	351.20	12.59	126.78	923.68
1.23	0.65	0.36	0.33	0.02	0.30	0.51
0.03	0.02	0.01				
1.79	1.40	0.44	0.39		0.27	1.01
3.13	2.58	0.82	0.45		0.42	1.53
24.04	20.10	6.30	2.87	0.25	2.17	8.93
0.10	0.09	0.04	0.01		0.01	0.01
0.05	0.04	0.01	0.01		0.01	0.01
46.94	40.87	9.89	9.21	0.48	4.16	25.16
18.39	16.33	3.35	5.80	0.28	2.26	14.72
22.14	20.55	5.84	9.10	0.12	3.34	27.76
0.08	0.07	0.02	0.02		0.02	0.05
105.78	79.41	17.69	32.78	0.73	8.86	95.55
97.80	88.28	20.00	26.54	0.92	6.87	63.51
65.08	56.77	13.83	18.19	0.11	3.91	39.86
26.78	24.64	6.07	4.17	0.03	1.30	12.15
22.62	20.07	4.51	7.09	0.01	2.08	16.02
35.52	30.95	8.30	12.82	0.27	4.83	31.35
7.29	6.33	1.34	3.92	0.06	2.03	10.38
27.95	25.61	7.49	12.58	0.41	3.27	22.39
1.85	1.38	0.45	0.18	0.01	0.18	0.49
49.56	44.56	10.07	13.81	0.63	5.03	43.20
7.43	7.03	1.82	3.59		1.49	10.70
9.44	9.51	1.97	3.72	0.03	2.13	9.92
3.99	3.02	1.17	2.74	0.15	0.33	5.54
53.75	51.88	10.66	25.72	2.23	5.96	50.99
99.00	90.44	21.03	44.61	1.62	28.04	157.87
13.37	10.93	2.30	2.80	0.06	1.88	9.18
20.29	20.07	4.32	7.45	0.16	2.95	23.64
104.62	96.93	22.12	36.82	1.02	13.37	104.08
19.59	16.96	4.10	4.53	0.17	2.59	13.38
11.62	10.77	2.85	3.77	0.13	2.37	10.02
26.50	26.82	13.98	7.24	0.41	3.94	22.90
148.46	151.42	29.47	39.81	0.84	13.21	150.69
77.91	75.74	13.44	18.83	1.56	3.79	54.56
8.35	6.87	2.46	4.19	0.29	1.04	7.78
50.69	45.91	13.41	16.87	0.41	4.66	37.59
30.33	16.96	9.98	23.61	1.03	10.59	64.25
1.42	0.49	0.04	0.27		0.27	0.71
7.56	5.51	2.08	4.57	0.34	3.69	25.74

续表 1 continued

单位：亿元

行业	Item	# 流动资产合计 Total Circulating Funds	产成品 Finished Products
全省总计	**Province Total**	**587.00**	**94.20**
按轻重工业分	**Grouped by Light & Heavy Industry**		
轻工业	Light Industry	371.55	67.18
以农产品为原料	Using Farm Products as Raw Materials	176.00	33.79
以非农产品为原料	Using Non-Farm Products as Raw Materials	195.55	33.39
重工业	Heavy Industry	215.45	27.02
采掘工业	Mining and Quarrying	6.04	0.86
原料工业	Raw Materials Industry	74.57	5.82
加工工业	Manufacturing Industry	134.83	20.33
按企业规模分	**Grouped by Size of Enterprises**		
大型企业	Large	71.14	10.28
中型企业	Medium-sized	68.00	9.49
小型企业	Small	447.87	74.44
按行业分	**Grouped by Sector**		
#煤炭采选业	Coal Mining and Dressing	0.24	0.04
石油和天然气开采	Petroleum and Natural Gas Extraction		
黑色金属矿采选业	Ferrous Metals Mining and Dressing	0.60	0.14
有色金属矿采选业	Nonferrous Metals Mining and Dressing	0.89	0.11
非金属矿采选业	Nonmetal Minerals Mining and Dressing	4.45	0.57
其他矿采选业	Other Minerals Mining and Dressing	0.01	
木材及竹材采运业	Logging and Transport of Timber and Bamboo	0.01	
食品加工业	Food Processing	14.28	4.45
食品制造业	Food Manufacturing	7.54	1.62
饮料制造业	Beverage Manufacturing	9.13	1.94
烟草加工业	Tobacco Processing	0.04	
纺织业	Textile Industry	48.51	10.95
服装及其他纤维制品制造	Garments and Other Fiber Products	36.39	5.11
皮革毛皮羽绒及其制品业	Leather, Furs, Down and Related Products	22.31	3.27
木材加工及竹藤棕草制品业	Timber Processing, Bamboo, Cane, Palm Fiber and Straw Products	6.07	1.22
家具制造业	Furniture Manufacturing	8.65	1.94
造纸及纸制品业	Papermaking and Pager Products	17.25	2.48
印刷业记录媒介的复制	Printing and Record Medium Reproduction	4.79	0.54
文教体育用品制造业	Cultural, Educational and Sports Goods	9.00	1.31
石油加工及炼焦业	Petroleum Processing and Coking	0.29	0.05
化学原料及制品制造业	Raw Chemical Materials and Chemical Products	22.41	3.42
医药制造业	Medical and Pharmaceutical Products	4.25	0.75
化学纤维制造业	Chemical Fiber	3.34	0.59
橡胶制品业	Rubber Products	1.98	0.32
塑料制品业	Plastic Products	22.24	3.02
非金属矿物制品业	Nonmetal Mineral Products	63.69	8.34
黑色金属冶炼及压延加工业	Smelting and Pressing of Ferrous Metals	5.13	0.79
有色金属冶炼及压延加工业	Smelting and Pressing of Nonferrous Metals	10.78	1.60
金属制品业	Metal Products	56.58	9.32
普通机械制造业	Ordinary Machinery Manufacturing	8.10	1.96
专用设备制造业	For Special Purposes Equipment Manufacturing	5.27	1.10
交通运输设备制造业	Transport Equipment Manufacturing	12.33	1.70
电气机械及器材制造业	Electric Equipment and Machinery	94.75	17.46
电子及通信设备制造业	Electronic and Telecommunications Equipment	34.05	3.47
仪器仪表文化办公用机械	Instruments, Meters, Cultural and Office Machinery	4.20	0.17
其他制造业	Other Manufacturing	20.75	4.16
电力蒸汽热水生产供应业	Electric Power, Steam and Hot Water Production and Supply	21.58	0.16
煤气的生产和供应业	Gas Production and Supply	0.45	0.05
自来水的生产和供应业	Tap Water Production and Supply	4.67	0.08

续表 2 continued

(100 million yuan)

流动资产年平均余额 Annual Average Balance of Circulating Funds	# 固定资产合计 Total Fixed Assets	固定资产原价 Original Value of Fixed Assets	固定资产净值平均余额 Average Balance of Net Value of Fixed Assets	年末负债合计 Total Liabilities at Year-end	# 流动负债 Liquid Liabilities	年末所有者权益合计 Total Creditors' Equity at Year-end
580.98	**500.32**	**625.79**	**452.16**	**754.44**	**596.93**	**419.75**
372.35	284.84	356.95	256.53	419.59	357.96	294.29
180.32	143.34	180.55	127.43	196.23	168.48	141.64
192.03	141.50	176.40	129.10	223.36	189.48	152.65
208.63	215.48	268.84	195.63	334.85	238.97	125.46
7.57	5.18	6.85	4.83	5.69	4.06	5.98
73.94	100.69	123.00	89.56	142.63	86.19	43.39
127.12	109.61	138.99	101.24	186.53	148.72	76.09
71.34	49.18	68.13	48.31	88.84	73.15	43.44
64.17	41.53	60.40	38.40	95.04	76.69	23.18
445.46	409.61	497.25	365.45	570.56	447.09	353.12
0.31	0.25	0.41	0.22	0.31	0.21	0.20
0.01		0.01				
0.59	0.37	0.44	0.38	0.47	0.36	0.54
1.02	0.61	0.71	0.60	0.83	0.54	0.70
5.69	4.11	5.53	3.78	4.15	2.99	4.78
0.01				0.01		
0.01			0.01	0.01	0.01	
13.18	9.01	11.62	8.55	15.67	14.15	9.49
7.37	6.31	8.24	5.36	8.81	7.44	5.92
15.09	16.24	17.27	13.38	20.27	14.32	7.50
0.04	0.01	0.02	0.01	0.04	0.01	0.01
46.90	41.33	56.93	37.02	59.21	52.61	36.34
39.01	23.87	30.49	21.73	31.70	27.93	31.82
21.62	16.40	20.15	14.48	21.34	19.33	18.52
7.48	5.19	6.17	4.65	6.09	4.86	6.06
8.14	6.96	8.10	6.00	7.40	6.38	8.62
16.61	12.49	15.55	11.71	18.73	15.87	12.62
4.53	5.14	5.30	4.26	7.03	5.51	3.35
12.63	11.69	13.91	10.83	8.20	6.91	14.19
0.42	0.18	0.24	0.16	0.16	0.13	0.33
27.18	15.65	18.49	15.26	24.98	21.73	18.22
3.95	4.98	5.75	3.92	6.43	3.22	4.27
3.56	3.76	5.29	2.08	11.57	7.78	-1.65
1.98	2.14	2.44	1.79	1.99	1.89	3.56
21.29	25.77	31.84	25.17	26.56	21.49	24.43
62.18	86.13	105.59	73.53	136.09	88.36	21.78
5.27	3.73	3.41	2.76	5.85	4.15	3.33
10.35	11.81	15.06	11.53	15.91	12.21	7.72
53.50	36.35	48.34	34.61	70.99	59.62	33.09
7.79	4.51	6.31	3.95	8.24	6.76	5.14
5.12	4.13	5.24	4.04	5.00	4.19	5.02
11.00	8.01	9.90	7.01	16.56	14.00	6.34
89.04	45.60	58.75	44.20	103.93	92.38	46.76
26.95	17.61	21.10	16.35	31.03	28.74	23.53
3.58	3.30	3.93	3.17	3.90	3.37	3.88
19.92	14.62	18.20	12.75	17.95	16.43	19.64
21.39	38.49	50.87	36.26	45.57	22.94	18.68
0.51	0.26	0.34	0.26	0.49	0.35	0.22
5.77	13.28	13.84	10.39	10.95	7.77	14.79

续表 3 continued

单位：亿元

行业	Item	产品销售收入 Sales Revenue	产品销售税金及附加 Sales Tax and Extra Charges
全省总计	**Province Total**	**1146.74**	8.49
按轻重工业分	**Grouped by Light & Heavy Industry**		
轻工业	Light Industry	761.81	5.44
以农产品为原料	Using Farm Products as Raw Materials	420.69	2.64
以非农产品为原料	Using Non-Farm Products as Raw Materials	341.12	2.80
重工业	Heavy Industry	384.93	3.05
采掘工业	Mining and Quarrying	26.70	0.34
原料工业	Raw Materials Industry	110.69	0.99
加工工业	Manufacturing Industry	247.54	1.72
按企业规模分	**Grouped by Size of Enterprises**		
大型企业	Large	108.82	0.20
中型企业	Medium-sized	78.05	0.65
小型企业	Small	959.88	7.64
按行业分	**Grouped by Sector**		
#煤炭采选业	Coal Mining and Dressing	1.18	0.02
石油和天然气开采	Petroleum and Natural Gas Extraction	0.03	
黑色金属矿采选业	Ferrous Metals Mining and Dressing	1.62	0.03
有色金属矿采选业	Nonferrous Metals Mining and Dressing	2.99	0.03
非金属矿采选业	Nonmetal Minerals Mining and Dressing	20.90	0.28
其他矿采选业	Other Minerals Mining and Dressing	0.09	
木材及竹材采运业	Logging and Transport of Timber and Bamboo	0.05	
食品加工业	Food Processing	45.56	0.22
食品制造业	Food Manufacturing	17.22	0.10
饮料制造业	Beverage Manufacturing	28.15	0.18
烟草加工业	Tobacco Processing	0.09	
纺织业	Textile Industry	98.13	0.29
服装及其他纤维制品制造	Garments and Other Fiber Products	89.83	0.76
皮革毛皮羽绒及其制品业	Leather, Furs, Down and Related Products	57.09	0.40
木材加工及竹藤棕草制品业	Timber Processing, Bamboo, Cane, Palm Fiber and Straw Products	24.77	0.26
家具制造业	Furniture Manufacturing	21.02	0.17
造纸及纸制品业	Papermaking and Pager Products	33.45	0.26
印刷业记录媒介的复制	Printing and Record Medium Reproduction	6.98	0.03
文教体育用品制造业	Cultural, Educational and Sports Goods	24.97	0.32
石油加工及炼焦业	Petroleum Processing and Coking	1.82	0.01
化学原料及制品制造业	Raw Chemical Materials and Chemical Products	43.76	0.32
医药制造业	Medical and Pharmaceutical Products	6.55	0.06
化学纤维制造业	Chemical Fiber	8.20	0.03
橡胶制品业	Rubber Products	3.70	0.06
塑料制品业	Plastic Products	51.05	0.37
非金属矿物制品业	Nonmetal Mineral Products	92.82	1.11
黑色金属冶炼及压延加工业	Smelting and Pressing of Ferrous Metals	12.93	0.06
有色金属冶炼及压延加工业	Smelting and Pressing of Nonferrous Metals	17.58	0.13
金属制品业	Metal Products	92.05	0.31
普通机械制造业	Ordinary Machinery Manufacturing	15.84	0.14
专用设备制造业	For Special Purposes Equipment Manufacturing	9.76	0.12
交通运输设备制造业	Transport Equipment Manufacturing	24.49	0.31
电气机械及器材制造业	Electric Equipment and Machinery	130.77	0.81
电子及通信设备制造业	Electronic and Telecommunications Equipment	74.64	0.36
仪器仪表文化办公用机械	Instruments, Meters, Cultural and Office Machinery	8.01	0.12
其他制造业	Other Manufacturing	41.59	0.37
电力蒸汽热水生产供应业	Electric Power, Steam and Hot Water Production and Supply	28.49	0.32
煤气的生产和供应业	Gas Production and Supply	1.46	
自来水的生产和供应业	Tap Water Production and Supply	7.09	0.14

续表 4 continued

(100 million yuan)

利润总额 Total Profits	#亏损总额 Total Loss	利税总额 Total Pre-tax Profits	本年应交增值税 Value Added Tax Payable in Current Year	本年销项税额 Sales Tax in Current Year	本年进项税额 Inport Tax in Current Year	职工平均人数(万人) Average Number of Staff and Workers (10000 Persons)
12.29	25.15	42.92	22.14	77.93	64.36	115.68
14.25	10.60	32.66	12.96	49.27	42.06	81.27
7.83	4.31	17.13	6.64	25.86	20.63	45.16
6.42	6.29	15.53	6.32	23.41	21.43	36.11
-1.96	14.55	10.26	9.18	28.66	22.30	34.41
1.35	0.10	2.26	0.58	1.20	0.79	3.13
-2.52	6.94	1.94	3.47	11.37	8.55	8.18
-0.79	7.51	6.06	5.13	16.09	12.96	23.10
1.66	1.80	4.78	2.92	8.79	9.19	4.08
-1.13	3.45	1.37	1.85	7.96	6.26	5.92
11.75	19.90	36.77	17.37	61.18	48.91	105.69
0.05		0.11	0.03	0.08	0.05	0.47
						0.01
0.09		0.18	0.07	0.08	0.04	0.23
0.12	0.02	0.24	0.09	0.29	0.21	0.31
1.07	0.07	1.74	0.39	0.75	0.48	2.29
0.01		0.01				0.01
		0.01				0.01
0.69	0.52	1.60	0.68	2.50	1.88	1.78
0.25	0.42	0.71	0.36	1.45	1.11	1.22
0.12	0.33	0.95	0.66	2.98	2.37	1.25
		0.01		0.01	0.01	0.01
1.64	0.86	2.76	0.82	4.11	3.46	7.30
2.13	0.45	4.35	1.47	6.08	5.18	14.68
1.26	0.38	2.32	0.67	2.09	1.53	10.73
0.90	0.03	2.12	0.95	2.55	1.64	1.99
0.48	0.38	1.01	0.36	0.90	0.71	2.04
0.45	0.59	1.41	0.70	2.84	2.37	2.95
-0.04	0.19	0.18	0.20	0.77	0.59	0.85
1.01	0.20	1.67	0.34	0.75	0.46	6.94
0.09		0.11	0.01	0.11	0.10	0.05
2.16	0.44	3.55	1.07	3.66	3.07	2.18
-0.16	0.32	0.13	0.23	0.80	0.58	0.53
-0.03	0.21	0.14	0.14	0.70	0.58	0.68
0.14	0.02	0.26	0.07	0.21	0.17	0.47
0.49	0.95	1.57	0.71	3.58	3.02	4.99
-7.28	9.55	-3.10	3.07	9.22	7.69	11.36
0.24	0.09	0.53	0.24	1.04	0.83	0.51
0.03	0.55	0.56	0.41	2.21	1.83	0.78
-0.32	2.74	1.75	1.76	6.35	5.04	6.77
0.37	0.16	0.89	0.39	1.41	1.06	1.76
0.52	0.05	0.84	0.19	0.67	0.62	1.15
0.07	0.51	0.84	0.46	1.57	1.14	1.10
2.25	2.64	6.02	2.95	10.47	10.76	10.25
1.47	0.49	2.56	0.72	1.75	1.29	6.77
0.21	0.05	0.45	0.12	0.46	0.36	0.81
0.90	0.44	1.90	0.62	2.20	1.67	7.62
0.38	1.37	1.72	1.02	2.87	2.14	2.19
0.01		0.02	0.01	0.17	0.17	0.01
0.51	0.10	0.80	0.15	0.23	0.13	0.60

12-29 村办工业主要指标(1997年)

单位：万元

行业	Item	企业单位数(个) Number of Enterprises (unit)	现价工业总产值 Gross Industrial Output Value at Current Prices	产品销售收入 Sales Revenue
全省总计	**Province Total**	67747	19872333	18815385
按轻重工业分	**Grouped by Light & Heavy Industry**			
轻工业	Light Industry	52105	15977269	15147928
重工业	Heavy Industry	15642	3895064	3667457
按行业分	**Grouped by Sector**			
煤炭采选业	Coal Mining and Dressing	313	17802	16392
石油和天然气开采	Petroleum and Natural Gas Extraction	72	10835	10123
黑色金属矿采选业	Ferrous Metals Mining and Dressing	105	11876	11091
有色金属矿采选业	Nonferrous Metals Mining and Dressing	3527	486932	455478
非金属矿采选业	Nonmetal Minerals Mining and Dressing	343	40236	39857
其他矿采选业	Other Minerals Mining and Dressing	215	14432	14268
木材及竹材采运业	Logging and Transport of Timber and Bamboo	8149	621405	626955
食品加工业	Food Processing	1265	320863	294931
食品制造业	Food Manufacturing	419	83358	65369
饮料制造业	Beverage Manufacturing	3	1352	1308
烟草加工业	Tobacco Processing	2229	978902	892857
纺织业	Textile Industry	5932	2541107	2333549
服装及其他纤维制品制造	Garments and Other Fiber Products	1961	1151001	1104728
皮革毛皮羽绒及其制品业	Leather, Furs, Down and Related Products	1927	270584	265524
木材加工及竹藤棕草制品业	Timber Processing, Bamboo, Cane, Palm Fiber and Straw Products	2380	516817	500911
家具制造业	Furniture Manufacturing	1671	678313	617671
造纸及纸制品业	Papermaking and Pager Products	1093	308912	299066
印刷业记录媒介的复制	Printing and Record Medium Reproduction	867	391228	363176
文教体育用品制造业	Cultural, Educational and Sports Goods	96	96736	83831
石油加工及炼焦业	Petroleum Processing and Coking	1000	617006	588282
化学原料及制品制造业	Raw Chemical Materials and Chemical Products	132	36487	35468
医药制造业	Medical and Pharmaceutical Products	73	54450	51598
化学纤维制造业	Chemical Fiber	357	156085	151294
橡胶制品业	Rubber Products	5543	1745328	1631289
塑料制品业	Plastic Products	5158	1524099	1444668
非金属矿物制品业	Nonmetal Mineral Products	1136	286909	283628
黑色金属冶炼及压延加工业	Smelting and Pressing of Ferrous Metals	460	385618	369216
有色金属冶炼及压延加工业	Smelting and Pressing of Nonferrous Metals	4964	1401000	1375463
金属制品业	Metal Products	956	341886	320489
普通机械制造业	Ordinary Machinery Manufacturing	160	100248	98104
专用设备制造业	For Special Purposes Equipment Manufacturing	235	164170	160774
交通运输设备制造业	Transport Equipment Manufacturing	13	2177	2048
电气机械及器材制造业	Electric Equipment and Machinery	817	403990	380398
电子及通信设备制造业	Electronic and Telecommunications Equipment	2140	903957	865376
仪器仪表文化办公用机械	Instruments, Meters, Cultural and Office Machinery	520	233960	234289
其他制造业	Other Manufacturing	9748	2861358	2723194
电力蒸汽热水生产供应业	Electric Power, Steam and Hot Water Production and Supply	1186	78972	71032
煤气的生产和供应业	Gas Production and Supply	9	2449	2377
自来水的生产和供应业	Tap Water Production and Supply	573	29493	29313

MAIN INDICATORS OF VILLAGE-RUN INDUSTRIAL ENTERPRISES(1997)

(10000 yuan)

产品销售税金及附加 Sales Tax and Extra Charges	应交增值税 Value Added Tax Payable	应交所得税 Income Tax Payable	利润总额 Total Profits	年末固定资产原价 Original Value of Fixed Assets at year-end	年末流动资产总额 Total Circulting Funds at Year-end	年末全部从业人数（人） Total Employees at Year-end (person)
241021	254445	83301	1078380	7568702	4834787	3453674
181694	180183	62756	904480	5749718	3692788	2912489
59327	74262	20545	173900	1818984	1141999	541185
175	348	187	1641	4414	2229	7370
170	127	11	820	2256	1594	1401
281	156	35	978	2317	1765	1534
7305	3875	1515	32841	123664	69875	75884
933	542	168	2688	17961	13134	6937
442	242	118	1182	4477	3511	3024
6989	6144	1446	28032	141415	100879	65543
3094	3806	669	15289	68275	46412	34442
938	761	274	3848	21920	14193	9867
18	2	4	94	208	291	94
11795	11598	2932	45561	316041	230427	155538
24702	23033	5456	114710	709378	451402	478019
18210	8443	3551	54704	390099	264049	196920
4124	3412	1161	17558	67145	49629	44079
7482	6525	2478	34634	199457	143062	108561
8922	9696	2935	50490	268416	194437	87790
2477	4613	1533	13930	121569	81802	43601
3642	4042	1118	25424	141097	98103	100819
570	355	55	7256	16276	5758	11120
8501	8256	2707	30648	230909	154861	47353
575	510	88	1928	8308	7749	3214
297	192	93	2046	13192	17342	3742
2186	1758	856	11378	62163	37511	29596
18307	20816	7101	96299	755452	456396	388874
15890	33813	7383	20836	835663	518802	216358
4627	4368	1521	17007	93275	80607	40788
13584	10398	4688	24671	213384	121335	35916
19348	22721	8332	103857	556188	441582	287225
4528	4443	1328	17447	103429	90954	32866
1180	1311	269	6164	35847	27420	7338
2282	1816	508	7315	44212	32727	11809
10	3	1	20	1305	310	265
3710	4240	2032	23257	195185	75905	76366
10921	12493	5624	62987	436099	215890	214126
2905	4110	1569	13997	84378	75973	42100
28124	33775	12841	177855	1197709	689185	569961
1356	1355	566	6387	58857	9824	8714
60	49	5	141	1116	588	155
361	298	143	2460	25646	7274	4365

12-30 全省工业总产值最大的50家独立核算工业企业(1997年)

THE PROVINCE'S TOP 50 INDUSTRIAL ENTERPRISES OF GROSS OUTPUT VALUE WITH INDEPENDENT ACCOUNTING SYSTEMS (1997)

序号 Ord-er	企业名称	Name of Enterprises	工业总产值(不变价)(万元) Gross Industrial Output Value (at constant prises (10000 yuan)
1	深圳希捷科技有限公司	SEAGATE TECHNOLOGY (SHENZHEN) CO., LTD	935149
2	康佳集团股份有限公司	KONKA GROUP CO., LTD	720769
3	珠海格力电器股份有限公司	GREE ELECTRIC APPLIANCES, INC OF ZHUHAI	647588
4	中国石化茂名石油化工公司	MAOMING PETROCHEMICAL CORP. OF SINOPEC	565484
5	广东科龙电器股份有限公司	GUANGDONG KELON ELECTRICAL HOLDING COMPANY LTD	553376
6	深圳市华为技术有限公司	HUAWEI TECHNOLOGIES CO., LTD	475701
7	广东高路华电视机有限公司	CONROWA TV SET PRODUCT CO., LTD. GUANGDONG	469783
8	五羊－本田摩托(广州)有限公司	WU YANG-HONDA MOTORS (GUANGZHOU) CO., LTD.	433045
9	TCL集团有限公司	TCL(HOLDINGS) CO., LTD.	415010
10	广东美的集团股份有限公司	GD MD HOLDING CO., LTD.	335208
11	广州宝洁有限公司	PROCTER & GAMBLE (GUANGZHOU) LTD.	334426
12	中国海洋石油南海东部公司	CHINA OFFSHORE OIL NANHAI EAST CORP.	332265
13	广东华宝空调器厂		327788
14	佳能珠海有限公司	CANON ZHUHAI INC	322729
15	广东福地彩色显像管股份有限公司	GUANGDONG FORTUNE COLOUR PICTURE TUBE CO., LTD.	322651
16	理光(深圳)工业发展有限公司	RICOH ASIA INDUSTRY (SHENZHEN) LTD.	309454
17	广东省开平涤纶企业集团公司	KAIPING POLYESTER ENTERPRISES GROUP CO.	292358
18	深圳三洋华强激光电子有限公司	SHENZHEN SANYO HUAQIANG OPTICAL TECHNOLOGY CO., LTD.	287200
19	中国长城计算机深圳股份有限公司	CHINA GREAT WALL COMPUTER SHEN ZHEN CO., LTD	281625
20	中国石化广州石油化工总厂	SINOPEC GUANGZHOU PETROCHEMICAL COMPLEX	256453
21	广东美雅集团股份有限公司	GUANG DONG MEIYA GROUP STOCK CO., LTD.	252000
22	才众电脑(深圳)有限公司	AMERTEK COMPUTER (SHENZHEN) CO., LTD.	247726
23	中山东茗影音电子有限公司		233786
24	康柏电脑技术(中国)有限公司		207803
25	爱普生技术(深圳)有限公司	EPSON ENGINEERING (SHEN ZHEN) LIMITED	206556
26	广东健力宝天然饮品有限公司	GUANGDONG JIANLIBAO NATURAL BEVERAGE CO., LTD.	203158
27	深圳赛格日立彩色显示器件有限公司	SHENZHEN SEG HITACHI COLOR DISPLAY DEVICES CO., LTD.	200084
28	仙妮蕾德(广州)有限公司	SUNRIDER (GUANGZHOU) LTD.	196068
29	深圳南方制药厂	NANFANG PHARMACEUTICAL FACTORY	194461
30	珠海三美电机有限公司	ZHUHAI MITSUMI ELECTRIC CO. LTD.	192091
31	广东风华高新科技集团有限公司	FENGHUA ADVANCED TECHNOLOGY GROUP LTD.	184632
32	信华精机有限公司	SHINWA INDUSTRIES (GHINA) LTD.	181264
33	深圳开发科技股份有限公司	SHENZHEN KAIFA TECHNOLOGY CO,. LTD.	179530
34	南海油脂工业(赤湾)有限公司	SOUTHSEAS OLLS & FATS INDUSTRIAL (CHIWAN) LIMITED	178858
35	惠州麦科特玛骐集团摩托车公司	MPA MOTORCYCLE CO., LTD. HUIZHOU	174957
36	深圳泰丰电子有限公司	SHENZHEN TAIFENG ELECTRONICS CO., LTD.	163256
37	华强三洋电子有限公司	HUAQIAN SANYO ELECTRCVICS CO., LTD.	160316
38	中山嘉华电子(集团)有限公司	ZHONGSHAN KAWA ELECTRONIC (GROUP) CO., LTD.	160044
39	佛斯弟摩托车有限公司	FOSTI MOTOROYCLE LIMITED	157409
40	广州广船国际股份有限公司	GUANGZHOU SHIPYARD INTERNATIONAL COMPANY LIMITED	156569
41	索尼精密部件(惠州)有限公司	SONY PRECISION DEVICES (HUIZHOU) CO., LTD.	151683
42	广东北电交换系统设备有限公司	GUANGDONG NORTEL TELECOMMUNICATIONS SWITCHING EQUIPMENT LIMITED.	147159
43	康惠(惠州)电子实业有限公司	CONHUI (HUI ZHOU) ELECTRONIC COMPANY LTD.	146673
44	江门市金羚集团有限公司	JIANGMENG JINLING GROUP CO., LTD.	144226
45	广东韶关岭南铅锌集团有限公司	LINGNAN LEAD-ZINE GROUPS(SHAOGUAN)	142950
46	广东省韶关钢铁集团有限公司	SHAOGUAN IRON & STEEL GROUP LIMITED COMPANY OF GUANGDONG PROVINGE	141348
47	广东省台山市机械厂	TAISHAN MACHINERY PLANT. GUANGDONG PROVINCE	139135
48	麦科特集团(惠州)光学机电有限公司	MARKET GROUP OPTICAL INDUSTRY CORPORATION	136927
49	广州雅芳有限公司	AVON PRODUCTS (GUANGZHOU) LTD.	135505
50	大长江摩托车有限公司	DAOHANGJIANG MOTORCYCLE CO., LTD.	133968

12-31 全省资本金最大的50家独立核算工业企业(1997年)

THE PROVINCE'S TOP 50 INDUSTRIAL ENTERPRISES OF TOTAL CAPITAL ASSETS WITH INDEPENDENT ACCOUNTING SYSTEMS (1997)

序号 Ord-er	企业名称	Name of Enterprises	资本金(万元) Total Capital Assets (10000 yuan)
1	华能汕头电厂	HUANENG SHANTOU POWER PLANT	520000
2	深圳供电局	SHENZHEN POWER SUPPLY BUREAU	499277
3	中国石化茂名石油化工公司	MAOMING PETROCHEMICAL CORP. OF SINOPEC	317441
4	湛江发电厂	ZHANJIANG POWER PLANT	238009
5	广东广发电力有限公司沙角发电厂C厂	GUANGDONG GUANG--HOPE ELECTRIC POWER CO., LTD SHAJIAO"C" POWER STATION	210340
6	广东核电合营有限公司	GUANGDONG NUCLEAR POWER JOINT VENIURE CO., LTD.	203096
7	广东省东江－深圳供水工程管理局	DONGJIANG -SHENZHEN WATER SUPPLY PROJECT ADMINISTRATION BUREAU OF GUANGDONG PROVINCE	189503
8	中国石化广州石油化工总厂	SINOPEC GUANGZHOU PETROCHEMICAL COMPLEX (GPC)	159906
9	深圳南方制药厂	NANFANG PHARMACEUTICAL FACTORY	146250
10	中国海洋石油南海西部公司	CHINA OFFSHORE OIL NANHAI WEST CORPORATION	110372
11	广东省电力发展股份有限公司沙角发电厂	GUANGDONG GUANC -HOPE ELECTRIC POWER CO., LTD	108633
12	广东省韶关钢铁集团有限公司	SHAOGUAN IRON & STEEL GROUP LIMITED COMPANY OF GUANGDONG PROVINCE	108556
13	广州市煤气公司	GUANGZHOU GAS COMPANY	108270
14	广东粤嘉电力有限公司	GUANGDONG YUEJIA ELECTRIC POWER CO., LTD.	101419
15	广州东方电力有限公司	GUANGZHOU ORIENTAL POWER CO., LTD.	99000
16	黄埔发电厂	HUANGPU POWER STATION	95749
17	广东科龙电器股份有限公司	GUANGDONG KELON ELECTRICAL HOLDING COMPANY LTD.	93201
18	广州乙烯股份有限公司	GUANGZHOU ETHYLENE COMPANY LIMITED	88660
19	惠州电力工业局	HUIZHOU ELECTRIC POWER BUREAU	86518
20	广州造纸有限公司	GUANGZHOU PAPER LTD.	82778
21	南海市发电一厂有限公司	NANHAI POWER PLANT 1 CO., LTD.	82196
22	仪化佛山聚酯有限公司	YIZHENG CHEMICAL FIBRE FOSHAN POLYESTER CO., LTD.	81990
23	深圳市自来水(集团)有限公司	SHENZHEN WATER SUPPLY(GROUP) CO., LTD	77922
24	佛山市沙口发电厂有限公司	FOSHAN SHAKOU POWER PLANT CO., LTD.	71271
25	威望(珠海)磁讯有限公司	HANNY MAGNETICS (ZHUHAI) LTD.	69904
26	珠海经济特区电力开发(集团)公司	THE ELECTRIC DEVELOPMENT(GROUP) CO. OF ZHUHAI SEZ.	69341
27	深圳市西部电力有限公司	SHENZHEN WEST POWER CO., LTD.	68000
28	广东韶关岭南铅锌集团有限公司	LINGNAN LEAD-ZINE GROUP(SHAOGUAN)	66888
29	广东半球实业集团公司	GUANGDONG PESKOE ENTERPRISES GROUP CO.	66212
30	佛山市电力工业局	FOSHAN ELECTRIC POWER BUREAU	65504
31	东莞市电化实业集团公司	DONGGUAN CITY POWER & CHEMICAL INDUSTRY GROUP LTD.	65012
32	嘉士利饼业公司		64228
33	广东福地彩色显像管股份有限公司	GUANGDONG FORTUNE COLOUR PICTURE TUBE CO., LTD.	64000
34	广州电力工业局	GUANGZHOU ELECTRIC POWER BUREAU	63719
35	广东省开平涤纶企业集团股份有限公司	KAIPING POLYESTER ENTERPRISES GROUP CO.	63328
36	广州钢铁股份有限公司	GUANGZHOU IRON AND STEEL (GROUP) CO., LTD	63246
37	广东省广宁县纸浆厂	GUANGNING PULP & PAPER MILL OF GUANGDONG PROVINCE	63090
38	珠海麒麟统一啤酒有限公司	ZHUHAI KIRIN PRESIDENT BREWERY CO., LTD.	61397
39	高明市高丰针织企业有限公司		60775
40	深圳南方超薄浮法玻璃有限公司	SHENZHEN SOUTHERN FLOAT GLASS CO., LTD.	60574
41	欧司朗佛山照明有限公司	OSRAM FOSHAN LIGHTING CO., LTD.	58564
42	安利(中国)日用品有限公司		57008
43	深圳妈湾电力有限公司	SHENZHEN MAWAN POWER CO., LTD.	56000
44	深圳开发科技股份有限公司	SHENZHEN KAIFA TECHNOLOGY CO., LTD	53106
45	云浮发电厂	YUNFU POWER PLANT	52908
46	中山发电厂	ZHONGSHAN POWER PLANT	52906
47	深圳市赛格中康股份有限公司	SHENZHEN SEG ZHONGKANG CO., LTD.	52398
48	湛江三星企业集团股份公司	ZHANJIANG 3-STAR ENTERPRISE GROUP CO., LTD.	52000
49	南海市龙光集团公司	NANHAI HONOUR GROUP COMPANY	51265
50	珠海华丰食品工业(集团)股份有限公司	ZHUHAI HUAFENG FOOG INDUSTRY (GROUP) CO., LTD	51163

12-32 全省固定资产净值最大的50家独立核算工业企业(1997年)

THE PROVINCE'S TOP 50 INDUSTRIAL ENTERPRISES OF NET VALUE OF FIXED ASSETS WITH INDEPENDENT ACCOUNTING SYSTEMS (1997)

序号 Ord-er	企业名称	Name of Interprises	固定资产净值(万元) Net Vulue of Fixed Assets (10000 yuan)
1	广东核电合营有限公司	GUANGDONG NUCLEAR POWER JOINT VENTURE CO., LTD.	2831613
2	广东广合电力有限公司沙角发电厂C厂	GUANGDONG GUANG--HOPE ELECTRIC POWER CO., LTD SHAJIAO"C" POWER STATION	1328328
3	中国石化茂名石油化工公司	MAOMING PETROCHEMICAL CORP. OF SINOPEC	383406
4	华能汕头电厂	HUANENG SHANTOU POWER PLANT	377098
5	广州电力工业局	GUANGZHOU ELECTRIC POWER BUREAU	349581
6	深圳妈湾电力有限公司	SHENZHEN MAWAN POWER CO., LTD.	310947
7	广州东方电力有限公司	GUANGZHOU ORIENTAL POWER CO., LTD.	282040
8	深圳供电局	SHENZHEN POWER SUPPLY BUREAU	244494
9	广东抽水蓄能电站联营公司	GUANGDONG PUMPED STORAGE POWER STATION JOINT VENTURE CORPORATION	237672
10	中国石化广州石油化工总厂	SINOPEC GUANGZHOU PETROCHEMICAL COMPLEX (GPC)	210025
11	广东省韶关钢铁集团有限公司	SHAOGUAN IRON & STEEL GROUP LIMITED COMPANY OF GUANGDONG PROVINCE	205521
12	江门电力工业局	JIANGMEN ELECTRIC POWER BUREAU	201753
13	广州市自来水公司	GUANGZHOU WATER SUPPLY COMPANY	200057
14	广东省东江－深圳供水工程管理局	DONGJIANG-SHENZHEN WATER SUPPLY PTROJECT ADMINISTRATION BUREAU OF GUANG DONG PROVINCE	184149
15	德胜电厂有限公司	SHUNDE DESHENG POWER PLANT CO., LTD.	179485
16	广州珠江电力有限公司	GUANGZHOU ZHUJIANG ELECTRIC POWER CO., LTD.	177667
17	广东省开平涤纶企业集团股份有限公司	KAIPING POLYESTER ENTERPRISES GROUP CO.	172023
18	中山发电厂	ZHONGSHAN POWER PLANT	168317
19	深圳市西部电力有限公司	SHENZHEN WEST POWER CO., LTD.	155790
20	佛山市沙口发电厂有限公司	FOSHAN SHAKOU POWER PLANT CO., LTD.	151921
21	广东韶关岭南铅锌集团有限公司	LINGNAN LEAD-ZINE GROUP(SHAOGUAN)	151253
22	佛山市电力工业局	FOSHAN ELECTRIC POWER BUREAU	148705
23	南海市发电一厂有限公司	NANHAI POWER PLANT 1 CO., LTD .	140011
24	广州钢铁股份有限公司	GUANGZHOU IRON AND STEEL (GROUP) CO., LTD	138248
25	湛江三星企业集团股份公司	ZHANJIANG 3-STAR ENTERPRISE GROUP CO., LTD.	126191
26	茂名腈纶化学工业公司	MAOMING ACRYLIC FIBER & CHEMICAL INDUSTRY CORPORATION	125000
27	广东美雅集团股份有限公司	GUANGDONG MEIYA GROUP STOCK CO., LTD.	122423
28	惠州电力工业局	HUIZHOU ELECTRIC POWER BUREAU	122164
29	黄埔发电厂	HUANGPU POWER STATION	120022
30	广州市煤气公司	GUANGZHOU GAS COMPANY	117846
31	广东福地彩色显像管股份有限公司	GUANGDONG FORTUNE COLOUR PICTURE TUBE CO., LTD.	117285
32	佛山市彩色显像管公司	FOSHAN COLOR PICTURE TUBE COMPANY	111076
33	东莞电力工业总公司	DONGGUAN ELECTRIC POWER INDUSTRIAL CORPORATION	108479
34	广东科龙电器股份有限公司	GUANGDONG KELON ELECTRICAL HOLDING COMPANY LTD	104912
35	沙角发电总厂		103784
36	中国海洋石油南海西部公司	CHINA OFFSHORE OIL NANHAI WEST CORPORATION	103107
37	南海市龙光集团有限公司	NANHAI HONOUR GROUP COMPANY LIMITED	102367
38	汕头市公元感光材料工业总公司		97762
39	深圳市赛格中康股份有限公司	SHENZHEN SEG ZHONGKANG CO., LTD.	97102
40	珠海电力工业局	ZHUHAI ELECTRIC POWER BUREAU	91524
41	广州广船国际股份有限公司	GUANGZHOU SHIPYARD INTERNATIONAL COMPANY LIMITED	88661
42	深圳市自来水(集团)有限公司	SHENZHEN WATER SUPPLY (GROUP) CO., LTD	87750
43	湛江发电厂	ZHANJIANG POWER PLANT	87697
44	广东省珠海华电股份有限公司	HUADIAN CO., LTD. OF ZHUHAI GUANGDONG	87585
45	广州麦芽有限公司	GUANGZHOU MALTING COMPANY LIMITED	86560
46	深圳美视电力工业有限公司	SHENZHEN MEISHI ELECTRICAL POWER SYSTEM CO., LTD.	85878
47	松下万宝(广州)压缩机有限公司	MATSUSHITA WANBAO(GUANGZHOU) COMPRESSOR CO., LTD.	84882
48	东莞福安纺织印染有限公司	DONGGUAN FUAN TEXTILES LTD.	81348
49	珠海市供水总公司	ZHUHAI WATER SUPPLY CORPO RATION	79179
50	肇庆电力工业局	ZHAOQING ELECTRIC POWER INDUSTRY BUREAU	77007

12-33 全省产品销售收入最大的50家独立核算工业企业(1997年)

THE PROVINCE'S TOP 50 INDUSTRIAL ENTERPRISES OF REVENUE OF PRODUCT SALES WITH INDEPENDENT ACCOUNTING SYSTEMS (1997)

序号 Ord-er	企业名称	Name of Interprises	产品销售收入(万元) Revenue of Product Sales (10000 yuan)
1	中国石化茂名石油化工公司	MAOMING PETROCHEMICAL CORP. OF SINOPEC	1236210
2	深圳希捷科技有限公司	SEAGATE TECHNOLOGY(SHENZHEN) CO., LTD.	861317
3	中国石化广州石油化工总厂	SINOPEC GUANGZHOU PETROCHEMICAL COMPLEX(GPC)	697798
4	中国海洋石油南海东部公司	CHINA OFFSHORE OIL NANHAI EAST CORP.	644409
5	广东核电合营有限公司	GUANGDONG NUCLEAR POWER JOIN VENTURE CO., LTD.	607238
6	广州电力工业局	GUANGZHOU ELECTRIC POWER BUREAU	584752
7	广东科龙电器股份有限公司	GUANGDONG KELON ELECTRICAL HOLDING COMPANY LTD.	556641
8	康佳集团股份有限公司	KONKA GROUP CO., LTD.	535775
9	广州宝洁有限公司	PROCTER & GAMBLE (GUANGZHOU) LTD.	484559
10	佛山市电力工业局	FOSHAN ELECTRIC POWER BUREAU	480939
11	深圳供电局	SHENZHEN POWER SUPPLY BUREAU	419734
12	深圳市华为技术有限公司	HUAWEI TECHNOLOGIES CO., LTD	390625
13	珠海格力电器股份有限公司	GREE ELECTRIC APPLIANCES ,INC OF AHUHAI	343648
14	五羊－本田摩托(广州)有限公司	WUYANG-HONDA MOTORS(GUANGZHOU)CO., LTD.	321038
15	广东省韶关钢铁集团有限公司	SHAOGUAN IRON & STEEL GROUP LIMITED COMPANY OF GUANGDONG PROVINCE	319144
16	爱普生技术(深圳)有限公司	EPSON ENGINEERING (SHENZHEN) LIMITED	298468
17	中国海洋石油南海西部公司	CHINA OFFSHORE OIL NANHAI WEST CORPO RATION	288754
18	佳能珠海有限公司	CANON ZHUHAI INC	286693
19	南海油脂工业(赤湾)有限公司	SOTHSEAS OILS & FATS INDUSTRIAL (CHIWAN) LIMITED	281080
20	广东高路华电视机有限公司	CONROWA TV PRODUCT CO., LTD GUANGDONG	258814
21	深圳三洋华强激光电子有限公司	SHENZHEN SANYO HUAQIANG OPTICAL TECHNOLOGY CO., LTD.	258782
22	广东广合电力有限公司沙角发电厂C厂	GUANGDONG GUANG--HOPE ELECTRIC POWER CO., LTD SHAJIAO "C"POWER STATION	255531
23	东莞福安纺织印染有限公司	DONGGUAN FUAN TEXTILES LTD.	253214
24	广东省开平涤纶企业集团股份有限公司	KAIPING POLYESTER ENTERPRISES GROUP CO.	252479
25	理光(深圳)工业有限公司	RICOH ASLA INDUSTRY (SHENZHEN)LTD	246237
26	广州钢铁股份有限公司	GUANGZHOU IRON AND STEEL (GROUP) CO., LTD	234343
27	江门电力工业局	JIANGMEN ELECTRIC POWER BUREAU	227428
28	广东省东江－深圳供水工程管理局	DONGJIANG-SHENZHEN WATER SUPPLY PRROJECT ADMINISTRATION BUREAU OF GUANGDONG PROVINCE	223282
29	中山东茗影音电子有限公司		222096
30	广东美的集团股份有限公司	GD MD HOLDING CO., LTD.	220253
31	广东韶关岭南铅锌集团有限公司	LINGNAN LEAD-AINE GROUPS(SHAOGUAN)	218527
32	广东福地彩色显像管股份有限公司	GUANGDONG FORTUNE COLOUR PICTURE TUBE CO., LTD	211968
33	惠州TCL王牌电器有限公司	TCL (HOLDINGS) COMPANY LIMITED (CO., LTD.)	206106
34	湛江东兴石油企业有限公司	ZHANJIANG DONGXING OIL ENTERPRISE CO., LTD	204383
35	广州卷烟二厂	GUANGZHOU NO.2 CIGARETTE FACTORY	189324
36	广东健力宝天然饮品有限公司	GUANGDONG JIANLIBAO NATURAL BEVERAGE CO., LTD.	184097
37	信华精机有限公司	SHINWA INDUSTRIES (CHINA) LTD.	179177
38	三洋电机(蛇口)有限公司	SANYO ELECTRIC (SHEKOU) LIMITED	178870
39	深圳开发科技股份有限公司	SHENZHEN KAIFA TECHNOLOGY CO., LTD.	176997
40	深圳南方制药厂	NANFANG PHARMACEUTICAL FACTORY	174449
41	康柏电脑技术(中国)有限公司		172835
42	长城国际信息产品(深圳)有限公司	INTERNATIONAL INFORMATION PRODUCTS (SHENZHEN) CO., LTD	172256
43	惠州麦科特玛骐集团摩托车有限公司	MPA MOTORCYCLE CO., LTD .HUIZHOU	169366
44	广州广船国际股份有限公司	GUANGZHOU SHIPYARD INTERNATIONAL COMPANY LIMITED	168218
45	广东美雅集团股份有限公司	GUANG DONG MEIYA GROUP STOCK CO., LTD.	165409
46	中山市嘉华电子工业有限公司	ZHONGSHIAN KAWA ELECTRONIC (GROUP) CO., LTD.	160418
47	广东华宝空调器厂		155716
48	黄埔发电厂	HUANGPU POWER STATION	152721
49	友利电电子(深圳)有限公司	UNIDEN ELECTRONICS PRODUCTS(SHENZHEN) CO., LTD.	151620
50	惠阳联想电脑有限公司	HUIYANG LEGEND COMPUTER CO., LTD.	150025

12-34 全省资金利税率最大的50家大型独立核算工业企业(1997年)

THE PROVINCE'S TOP 50 LARGE-SIZED INDUSTRIAL ENTERPRISES OF RATIO OF PRE-PROFITS TO ASSETS WITH INDEPENDENT ACCOUNTING SYSTEMS (1997)

序号 Ord-er	企业名称	Name of Interprises	每百元资金实现的利税(元) Ratio of Pre-tax profits to Assets (yuan)
1	中国海洋石油南海东部公司	CHINA OFFSHORE OIL NANHAI EAST CORP.	635.33
2	广州宝洁有限公司	PROCTER & GAMBLE (GUANGZHOU) LTD.	102.78
3	仙妮蕾德(广州)有限公司	SUNRIDER(GUANGZHOU) LTD.	76.04
4	百事(中国)有限公司	PEPSICO(CHINA) LIMITED	74.46
5	广东省东江－深圳供水工程管理局	DONGJIANG-SHENZHEN WATER SUPPLY PROJECT ADMINISTRATION BUREAU OF GUANGDONG PROVINCE	70.52
6	广州卷烟二厂	GUANGZHOU NO.2 CIGARETTE FACTORY	67.85
7	深圳卷烟厂	SHENZHEN CIGARETTE FACTORY	64.47
8	箭牌口香糖有限公司	WRIGLEY CHEWING GUM CO., LTD.	60.34
9	顺德酒厂有限公司	SHUNDE WINERY CO., LTD.	55.95
10	广东省电力发展股份有限公司沙角发电厂	GHANG DONG GUANC-HOPE ELECTRIC POWER CO., LTD	52.65
11	广州卷烟一厂	GUANGZHOU NO.1 CIGARETTE FACTORY	50.85
12	中国海洋石油南第西部公司	CHINA OFFSHCRE OIL NANHAI WEST CORPORATION	50.35
13	佛斯弟摩托车有限公司	FOSTI MOTORCYCLE LIMITED	47.68
14	深圳市华为技术有限公司	HUAWEI TECHNOLOGIES CO., LTD.	46.71
15	深圳市特发新永通实业有限公司	SHENZHEN SDG-TELLUS AUTO SERVICE CO., LTD.	43.90
16	广州宝洁纸品有限公司	PROCTER & GAMBLE PAPER (GUANGZHOU) LTD.	43.45
17	华新利乐(佛山)包装有限公司	HUAXIN NI NE (FOSHAN) CO., LTD.	42.98
18	五羊－本田摩托(广州)有限公司	WUYANG-HONDA MOTORS (GUANGZHOU) CO., LTD.	42.59
19	广州珠江轮胎有限公司	GUANGZHOU PEARL RIVER RUBBER TYRE LIMITED	41.52
20	湛江发电厂	ZHANJIANG POWER PLANT	38.89
21	深圳伟光镀膜玻璃有限公司	SHENZHEN WELLIGHT COATING GLASS CO., LTD	38.40
22	佛山市电力工业局	FOSHAN ELECTRIC POWER BUREAU	35.84
23	茂名石化实华股份有限公司	MAOMING PETRO-CHEMICAL SHIHUA CO., LTD	35.66
24	广州高露洁有限公司	COLGATE (GUANGZHOU) COMPANY LIMITED	35.52
25	韶关发电D厂有限公司	SHAOGUAN POWER PLANT (D)LTD.	34.22
26	江门市东宁洗衣机厂有限公司	DONGNING WASHING CO., LTD. JIANGMEN	33.22
27	广州星群(药业)股份有限公司	GUANGZHOU XINGQUN PHARMACEUTICAL CO., LTD.	32.06
28	广州番禺糖果有限公司	GUANGZHOU CONFECTIONERY PANYU CO., LTD.	31.97
29	深圳市光明华侨畜牧场晨光饮料公司	CHENGUANG DRINK CO. OF GUANGMING OVERSEAS CHINESE LIVESTOCK FARM IN SHENZHEN CHINA	31.44
30	广州生力啤酒有限公司	GUANGZHOU SAN MIGUEL BREWERY COMPANY LIMITED	31.17
31	广东省健力宝天然饮品有限公司	GUANGDONG JIANLIBAO NATURAL BEVERAGE CO., LTD.	31.16
32	江门市大长江摩托车有限公司	JIANGMEN DAOHANGJIANG MOTOREYCLE CO., LTD.	31.11
33	依利安达(广州)电子有限公司	ELEC & ELTED(GUANGZHOU) ELECRONIC COMPANY LIMITED	30.88
34	潮州三环(集团)股份有限公司	CHAO ZHOU THREE-CIRCLE(GROUP) CO., LTD	30.13
35	广州致美斋食品有限公司	JAMMY CHAI(GUANGZHOU) FOOD CO., LTD	29.84
36	广州广日电梯工业有限公司	GUANGZHOU GUANGRI ELEVATOR INDUSTRY CO., LTD.	29.66
37	广东中业铜管制造有限公司	GUANGDONG ZHONGYE COPPER TUBE MFG. CO., LTD.	29.57
38	汕头超声印制板公司	CHINA CIRCUIT TECHNOLOGY(SHANTOU) CORPORATION	29.33
39	广州中药一厂	KWANGCHOW FIRST CHINESE MEDICINE FACTORY	28.63
40	湛江德利化油器有限公司	ZHANJIANG DENI CARBURETOR CO., LTD.	28.35
41	珠海经济特区中富实业股份有限公司	ZHUHAI ZHONGFU STOCK ENTERPRISE CO., LED.	28.23
42	佛山市海天调味食品有限公司	FOSHAN HAITIAN FLAVOURING & FOOD CO., LTD.	28.00
43	肇庆蓝带啤酒卢堡有限公司	ZHAOQING BLUE RIBBON BREWERY NOBLE LTD.	27.47
44	广州南联航空食品有限公司	GUANZHOU NANLAND AIR-CATERTNG COMPANY LIMITED	26.96
45	广州经济技术开发区瑞明电力股份有限公司	PROFILE OF GUANGZHOU E&T DEVELOPMENT ZONE HUANGPU RUIMING POWER CO., LTD.	26.36
46	珠海经济特区红塔仁恒纸制品有限公司	ZHUHAI S.E.Z. HONGTA RENHENG PAPER CO., LTD.	26.03
47	深圳伟光导电膜有限公司	SHENZHEN WELLIGHT CONDUCTIVE COATING CO., LTD.	24.48
48	广东肇庆星湖股份有限公司	STAR LAKE CO. INC. ZHAOQING GUANGDONG	23.43
49	三水嘉陵摩托车有限公司	SANSHUI JLALING MOTORCYCLES CO., LTD.	23.40
50	珠海市粤侨实业股份有限公司平沙糖厂	ZHUHAI YUOEQIAO CORPORATION LTD. PINGSHA SUGAR REFINERY	23.32

12-35 工业产品产量

OUTPUT OF INDUSTRIAL PRODUCTS

产品名称		Item		1995	1996	1997
化学纤维	(万吨)	Chemical Fiber	(10000 tons)	33.94	32.12	36.39
#合成纤维		Synthetic Fiber		32.42	32.02	36.38
纱	(万吨)	Yarn	(10000 tons)	15.90	15.37	15.98
#纯棉纱		Pure Cotton Yarn		10.67	8.60	10.26
布	(亿米)	Cloth	(100 million m)	11.65	12.14	12.94
#纯棉布		Pure Cotton Cloth		8.05	8.58	9.55
丝	(万吨)	Silk	(10000 tons)	0.27	0.25	0.14
呢绒	(万米)	Woolen Piece Goods	(10000 m)	1263.30	1957.36	1117.86
机制纸及纸板	(万吨)	Machine-made Paper and Paperboard	(10000 tons)	288.10	229.93	288.63
家具	(万件)	Furniture	(10000 units)	15969.02	11913.55	10418.98
家用电冰箱	(万台)	Household Refrigerator	(10000 units)	213.23	270.13	329.67
冷冻箱	(万台)	Freezer	(10000 units)	13.87	11.34	5.36
冷藏箱	(万台)	Refrigerator	(10000 units)	10.44	1.55	5.28
家用洗衣机	(万台)	Household Washing Machine	(10000 units)	187.51	169.53	205.62
吸尘器	(万台)	Dust Catcher	(10000 units)	566.99	626.09	631.84
电风扇	(万台)	Electric Fan	(10000 units)	7999.52	6492.76	5435.34
房间空气调节器	(万台)	House Air Conditioner	(10000 units)	256.79	391.52	442.85
#窗式		Window Air Conditioner		93.46	121.57	146.39
分体式		Separete Air Conditioner		125.55	210.58	216.04
排油烟机	(万台)	Smoke Absorber	(10000 units)	179.78	79.93	66.49
电淋浴器	(万台)	Electric Shower	(10000 units)	8.59	14.77	17.24
微波炉	(万台)	Microwave Oven	(10000 units)	67.24	230.53	289.61
日用精铝制品	(万吨)	Fine Aluminum Products for Daily-Use	(10000 tons)	16.64	4.93	3.86
日用陶瓷器	(亿件)	Household Ceramics	(100 million pcs)	3.91	24.70	26.57
日用玻璃制品	(万吨)	Daily-Use Glassware	(10000 tons)	159.67	101.23	81.91
合成洗涤剂	(万吨)	Synthetic Detergents	(10000 tons)	34.90	26.37	30.72
原盐	(万吨)	Salt	(10000 tons)	25.55	28.17	12.02
糖	(万吨)	Sugar	(10000 tons)	107.22	118.56	128.36
卷烟	(万箱)	Cigarettes	(10000 cases)	157.27	158.97	157.68
罐头	(万吨)	Canned Food	(10000 tons)	14.06	11.97	9.70
饮料酒(混合量)	(万吨)	Alcoholic Beverages	(10000 tons)	132.52	142.86	151.47
#白酒(商品量)		Spirits(commodity)		34.77	38.27	33.46
啤酒		Beer		93.86	98.44	115.26
乳制品	(万吨)	Dairy Products	(10000 tons)	1.39	1.07	1.02
中成药	(万吨)	Traditional Chinese Patent Medicine	(10000 tons)	8.16	7.57	6.37
化学原料药	(万吨)	Chemical Raw Medicine	(10000 tons)	2.48	2.44	2.38
家用电子消毒碗柜	(万台)	Household Electric Disinfect Cabinet	(10000 units)	121.05	73.19	67.67
电视机	(万台)	Television Sets	(10000 units)	882.80	1234.81	1086.40
#彩色电视机		Color TV Sets		763.92	1128.53	1021.24
组合音响	(万部)	Hi-Fi Stereo Compoment System	(10000 units)	2094.09	1703.50	1596.79
照相机	(万架)	Camera	(10000 units)	3277.71	3440.62	3589.62
缝纫机	(万架)	Sewing Machine	(10000 units)	126.92	114.41	111.96
表	(万只)	Watch	(10000 units)	38512.21	35964.94	24615.24
收音机	(万台)	Radio	(10000 units)	7341.19	5087.87	4208.97
农用化肥	(万吨)	Chemical Fertilizer	(10000 tons)	53.90	59.71	59.25
#氮肥		Nitrogen Fertilizer		35.23	39.92	38.09
磷肥		Phosphate Fertilizer		18.67	19.80	29.31
化学农药	(万吨)	Chemical Pesticide	(10000 tons)	2.02	1.40	1.08
乙烯	(万吨)	Ethylene	(10000 tons)	0.11	5.46	31.37
合成橡胶	(万吨)	Synthetic Rubber	(10000 tons)	5.30	0.72	1.36
轮胎外胎	(万条)	Tires	(10000 units)	755.15	310.39	328.86
交流电动机	(万千瓦)	Alternating Current Motor	(10000 kw)	399.67	217.36	215.50
汽车	(万辆)	Motor Vehicle	(10000 units)	2.64	1.18	0.90
#载重汽车		Truck		0.33	0.38	0.45
客车		Bus		0.74	0.31	0.35
轿车		Car		1.12	0.33	0.16

续表 1 continued

产品名称		Item		1995	1996	1997
摩托车	(万辆)	Motorcycle	(10000 units)	82.29	86.56	124.39
自行车	(万辆)	Bicycle	(10000 units)	744.86	653.44	657.66
#赛车型自行车		Racing Bicycle		304.02	67.93	31.88
小型拖拉机	(万台)	Mini-tractor	(10000 units)	4.60	2.88	2.17
内燃机	(万千瓦)	Internal Combustion Engine	(10000 kw)	114	85.54	71.22
移动通信设备	(万部)	Mobile Communication Equipment	(10000 units)	541.81	179.34	202.25
#手持机		Hand Telephone		5.75	52.06	31.74
无线寻呼系统设备		Wireless Pageing Equipment		56.02	44.23	66.52
电话单机	(万部)	Telephone Set	(10000 units)	8141.80	6510.22	7196.23
传真机	(万部)	Fax	(10000 units)	130.07	125.10	117.36
磁带(折6.30毫米)	(亿米)	Tape(converted into 6.30 mm)	(100000000 m)	479.79	425.20	434.30
软磁盘	(亿片)	Floppy Disk	(100000000 units)	8.06	5.10	3.07
唱片	(万片)	Gramophone Record	(10000 units)	195.00	150	160
激光盘	(万片)	Compact Disc	(10000 units)	1600.55	1022	845.40
电子计算机	(部)	Computer	(units)	54.00	28	55
微型电子计算机	(万部)	Micro-computer	(10000 units)	41.67	58.42	79.59
半导体集成电路	(亿块)	Semiconductor Intergrated Circuit	(100000000 units)	44.62	4.00	4.21
原煤	(万吨)	Coal	(10000 tons)	1069.38	962.43	839.94
原油	(万吨)	Crude Oil	(10000 tons)	650.97	1288.50	1418.07
汽油	(万吨)	Gasoline	(10000 tons)	286.47	298.73	312.82
柴油	(万吨)	Diesel Oil	(10000 tons)	377.36	409.55	412.56
天然气	(亿立方米)	Natural Gas	(100000000 cu.m)	1.03	22.27	36.80
发电量	(亿千瓦小时)	Electricity	(100000000 kwh)	821.06	908.66	981.15
#水电		Hydropower		131.10	127.56	153.84
生铁	(万吨)	Pig Iron	(10000 tons)	140.95	140.83	174.70
钢	(万吨)	Steel	(10000 tons)	207.44	224.66	248.70
成品钢材	(万吨)	Rolled Steel Products	(10000 tons)	247.26	276.28	296.69
铁合金	(万吨)	Ferroalloy	(10000 tons)	2.84	1.28	1.12
焦炭	(万吨)	Coke	(10000 tons)	54.47	55.07	54.70
水泥	(万吨)	Cement	(10000 tons)	5317.92	5283.23	5147.87
平板玻璃	(万重量箱)	Plate Glass	(10000 wt.cases)	854.78	660.05	812.74
木材	(万立方米)	Timber	(10000 cn.m)	306.71	266.07	277.48
硫酸	(万吨)	Sulphuric Acid	(10000 tons)	111.58	130.20	137.85
纯碱	(万吨)	Soda Ash	(10000 tons)	13.61	16.04	19.81
烧碱	(万吨)	Caustic Soda	(10000 tons)	15.97	16.04	15.35
合成氨	(万吨)	Synthetic Ammonia	(10000 tons)	52.61	60.73	57.25

注：1. 纱包括纯棉纱、棉混纺纱、纯化纤纱，不包括棉线、代用纤维纱和手工纺纱。
2. 布包括纯棉布、棉混纺布、纯化纤布，不包括代用纤维布、手工织布。
3. 农用化肥按有效成分100%计算。
4. 发电设备指500千瓦以上的，包括水轮发电机组、汽轮发电机和燃气轮发电机。
5. 原煤包括无烟煤、烟煤、褐煤，不包括石煤。
6. 原油包括天然原油和人造原油，1995年不包括人造原油。
7. 成品钢材已剔除重复加工的钢材。

Note: a) Yarn includes pure and blended cotton yarn, pure chemical-fiber yarn, but excludes cotton thread, substitute fiber yarn and hand-made yarn.
b) Cloth includes pure and blended cotton cloth, pure chemical-fiber cloth and canvas, but excludes substitute fober cloth, hand-woven cloth and cord fabric.
c) The output of chemical fertilizesr is calculated on the basis of 100% effective content.
d) Power generating equipment refers to units with a generating capacity of 500 kw and over, including hydro-turbine generating units, steam turbine generating units and gas turbine generating units.
e) Coal includes anthracite, bituminous coal and lignite, but excludes stone coal.
f) Crude oil includes natural and synthetic crude oil. But the synthetic crude oil was excluded in 1995.
g) The output of rolled steel products excluded the steel products reprocessed.

12-36 主要工业产品产量与最高年份比较(1997年)

OUTPUT OF MAJOR INDUSTRIAL PRODUCTS IN COMPARISON WITH PEAK YEAR (1997)

产品名称		Item		1997	最高产量年份 Peak Year Afler 1949	
					年份 year	产量 output
钢	(万吨)	Steel	(10000 tons)	248.70	1997	248.70
生铁	(万吨)	Pig Iron	(10000 tons)	174.70	1997	174.70
成品钢材	(万吨)	Rolled Steel Products	(10000 tons)	296.69	1997	296.69
焦炭	(万吨)	Coke	(10000 tons)	54.70	1996	55.07
家用洗衣机	(万台)	Household Washing Machine	(10000 units)	205.62	1994	247.24
原煤	(万吨)	Coal	(10000 tons)	839.94	1995	1069.38
原油加工量	(万吨)	Crude Oil Processing	(10000 tons)	1418.07	1997	1418.07
发电量	(亿千瓦时)	Electricity	(100000000 kwh)	981.15	1997	981.15
硫酸(折100%)	(万吨)	Sulphuric Acid(coverted into 100%)	(10000 tons)	137.85	1997	137.85
化肥(折100%)	(万吨)	Chemical Fertilizer(coverted into 100%)	(10000 tons)	59.25	1987	71.36
农药(折100%)	(万吨)	Pesticide(coverted into 100%)	(10000 tons)	1.08	1978	2.62
塑料	(万吨)	Plastics	(10000 tons)	70.51	1997	70.51
水泥	(万吨)	Cement	(10000 tons)	5147.87	1995	5317.92
平板玻璃	(万重量箱)	Plate Glass	(10000 wt.cases)	812.74	1995	854.78
汽车	(万辆)	Truck	(10000 units)	0.98	1993	3.62
化学纤维	(万吨)	Chemical Fiber	(10000 tons)	36.39	1997	36.39
丝	(万吨)	Silk	(10000 tons)	0.14	1993	0.44
原盐	(万吨)	Salt	(10000 tons)	12.02	1977	95.76
糖	(万吨)	Sugar	(10000 tons)	128.36	1992	227.50
卷烟	(万箱)	Cigarettes	(10000 cases)	157.68	1996	158.97
机制纸及纸板	(万吨)	Machine-made Paper and Paperboard	(10000 tons)	288.63	1997	288.63
自行车	(万辆)	Bicycle	(10000 tons)	657.66	1995	744.86
缝纫机	(万架)	Sewing Machine	(10000 units)	111.96	1987	161.00
家用电冰箱	(万台)	Household Refrigerator	(10000 units)	329.67	1997	329.67
化学原料药	(万吨)	Chemical Raw Medicine	(10000 tons)	2.38	1993	2.80
合成氨	(万吨)	Sysnthetic Ammonia	(10000 tons)	57.25	1983	79.36
电风扇	(万台)	Electric Fan	(10000 units)	5435.34	1995	7999.52
电视机	(万台)	Television Set	(10000 units)	1086.40	1996	1234.81
交流电动机	(万千瓦)	Alternating Current Motor	(10000 kw)	215.50	1995	399.67
工业锅炉	(蒸发量吨)	Industrial Boiler		1368	1995	2582.00
丝织品	(万米)	Silk Knit Goods	(10000 m)	4923.46	1995	16279
罐头	(万吨)	Canned Food	(10000 tons)	9.70	1989	18.88
表	(亿只)	Watch	(100000000 units)	2.46	1994	3.79
合成洗涤剂	(万吨)	Synthetic Detergents	(10000 tons)	30.72	1995	34.90
啤酒	(万吨)	Beer	(10000 tons)	115.26	1997	115.26
锻压设备	(万台)	Forging Equipment	(10000 units)	0.91	1996	1.19
发电设备	(万千瓦)	Power Generating Equipment	(10000 kw)	47.86	1995	77.29
铁合金	(万吨)	Ferroalloy	(10000 tons)	1.12	1995	2.84
钨精矿(折65%)	(吨)	Wolfram Concentrate Ore (coverted into 65%)	(tons)	4138	1993	4776
锡精矿含锡量	(吨)	Tin Content of Tinstone Concentrate Ore	(tons)	1807	1958	4575
原油	(万吨)	Crude Oil	(10000 tons)	1418.07	1997	1418.07
自行车外胎	(万条)	Bicyele Tires	(10000 units)	3738.42	1997	3738.42
轮胎外胎	(万条)	Tires	(10000 units)	328.86	1995	755.15
矿山设备	(万吨)	Mining Equipment	(10000 tons)	0.84	1995	3.13
化工设备	(万吨)	Equipment for Chemical Industry	(10000 tons)	1.74	1994	2.07
泵	(万台)	Pump	(10000 units)	98.13	1996	112.75
松香	(万吨)	Rosin	(10000 tons)	13.91	1989	13.96

12-37 主要工业产品年生产能力
PRODUCTION CAPACITY OF MAIN INDUSTRIAL PRODUCTS

生产能力名称	Item	1995	1996	1997
钢 （万吨）	Steel (10000 tons)	218.8	208.0	211.9
＃电炉钢 （万吨）	Electric Steel (10000 tons)	117.1	108.0	108.7
转炉钢 （万吨）	Converter Steel (10000 tons)	101.6	100.0	101.6
生铁 （万吨）	Pig Iron (10000 tons)	131.1	158.0	160.0
钢材 （万吨）	Rolled-Steel (10000 tons)	323.7	364.0	384.9
铁合金 （万吨）	Ferroalloy (10000 tons)	0.9	1.3	1.1
机械化焦碳 （万吨）	Mechanized Coke (10000 tons)	53.4	53.0	53.4
铁矿石开采 （万吨）	Iron Ore Mining (10000 tons)	745.0	871.0	865.7
电解铜 （万吨）	Electrolytic Coppers (10000 tons)	3.7	3.7	5.0
电解铝 （万吨）	Electrolytic Aluminum (10000 tons)	1.2	1.2	1.2
电解铅 （万吨）	Electrolytic Lead (10000 tons)	3.6	3.6	6.0
发电设备装机容量 （万千瓦）	Generating Equipment (10000 kw)	2271.7	2630.8	2812.6
＃水电 （万千瓦）	Hydropower (10000 kw)	245.7	358.5	498.9
火电 （万千瓦）	Thermal power (10000 kw)	1625.3	1971.5	2132.9
化学医药（二十四大类）（万吨）	Chemical Medicine (24 Classes) (10000 tons)	2.6	4.2	4.2
原煤 （万吨）	Coal (10000 tons)	322.0	301.0	240.0
原油加工量 （万吨）	Crude Oil Processing (10000 tons)	1370.0	1370.0	1770.0
轮胎外胎 （万条）	Tires (Cover) (10000 units)	315.0	354.0	410.0
轮胎内胎 （万条）	Inner Tube of Tire (10000 units)	207.0	209.0	237.0
水泥 （万吨）	Cement (10000 tons)	7000.0	8400.0	8400.0
平板玻璃 （万重量箱）	Plate Glass (10000 wt. cases)	900.0	1100.0	1000.0
汽车 （万辆）	Truck (10000 units)	16.7	10.0	6.2
小型拖拉机 （万台）	Mini-tractor (10000 units)	9.4		8.6
硫酸（折100%） （万吨）	Sulphuric Acid (coverted into 100%) (10000 tons)	117.9	142.3	143.8
合成氨 （万吨）	Synthetic Ammonia (10000 tons)	70.5	67.7	67.7
化学肥料（折100%） （万吨）	Chemical Fertilizer (coverted into 100%) (10000 tons)	71.0	70.5	71.5
化学农药（折100%） （万吨）	Chemical Pesticide (coverted into 100%) (10000 tons)	1.7	1.6	1.6
塑料 （万吨）	Plastics (10000 tons)	28.3	70.2	50.3
化学纤维 （万吨）	Chemical Fiber (10000 tons)	38.8	38.4	35.5
＃合成纤维 （万吨）	Synthetic Fiber (10000 tons)	35.7	32.7	34.9
手表 （万只）	Watch (10000 units)	115.0	150.0	311.2
木材 （万立方米）	Timber (10000 cu. m)			
机制纸及纸版 （万台）	Machine-made Paper and Paperboard (10000 units)	107.2	114.9	113.3
缝纫机（按二班计） （万架）	Sewing Machine (calculated in two thifts) (10000 units)	99.3	58.0	58.6
自行车（按二班计） （万辆）	Bicycle (calculated in two thifts) (10000 units)	740.8	614.3	660.0
机制糖（处理原料量） （万吨）	Machine-Processed Suger (10000 units)	16.8	32.3	17.9
卷烟（按二班计） （万箱）	Cigarettes(calculated in two thifts) (10000 cases)	157.7	170.8	152.3
啤酒 （万吨）	Beer (10000 tons)	104.47	111.47	121.18
白酒 （万吨）	Spirits (10000 tons)	16.18	15.69	19.73
家用电冰箱 （万台） （容积500升及以下）	Household Refrigerator (10000 units) (content under 500 itres)	160.6	140.0	175.0
家用洗衣机 （万台） （洗衣容量6KG以下）	Household Washing Machines (10000 units) (content under 6 KG)	359.0	359.0	359.0
家用空气调节器 （万台）	Household Air Conditioner (10000 units)	283.0	255.0	415.0
排油烟机 （万台）	Smoke Absorber (10000 units)	15.0	15.0	54.7
微波炉 （万台）	Microwave Oven (10000 units)	15.0	32.0	5.5
家用电子消毒碗柜 （万台）	Household Electric Disinfect Cabinet (10000 units)	72.0	72.0	12.0
彩色电视机 （万台）	Color TV Set (10000 units)	1047.0	1222.0	1550.0
组合音响 （万台）	Hi-Fi Stereo Compoment System (10000 units)			
收音机 （万台）	Radio (10000 units)			
合成洗涤剂 （万吨）	Synthetic Detergents (10000 tons)	20.3	21.0	21.1
原盐 （万吨）	Salt (10000 tons)	33.7	33.2	30.9
灯泡 （亿只）	Bulb (100000000 units)	1.0	4.1	4.5
罐头 （万吨）	Canned Food (10000 tons)	20.1	25.7	30.9

主要统计指标解释

工业 指从事自然资源的开采，对采掘品和农产品进行加工和再加工的物质生产部门。具体包括：⑴对自然资源的开采，如采矿、晒盐、森林采伐等（但不包括禽兽捕猎和水产捕捞）；⑵对农副产品的加工、再加工，如粮油加工、食品加工、轧花、缫丝、纺织、制革等；⑶对采掘品的加工、再加工，如炼铁、炼钢、化工生产、石油加工、机器制造、木材加工等，以及电力、自来水、煤气的生产和供应等；⑷对工业品的修理、翻新，如机器设备的修理、交通运输工具（包括小卧车）的修理等。

1984年以前农村的村及村以下办工业归属农业，1984年以后划归工业。

工业统计调查单位 工业统计调查单位为分两类：独立核算法人工业企业和工业生产活动单位。

⑴独立核算法人工业企业 是指从事工业生产经营活动的单位。独立核算法人工业企业应同时具备以下条件：①依法成立，有自己的名称、组织机构和场所，能够承担民事责任；②独立拥有和使用资产，承担负债，有权与其他单位签订合同；③独立核算盈亏，并能够编制资产负债表。

⑵工业生产活动单位 是指在一个场所从事一种或主要从事一种工业生产活动的经济单位。它包括独立核算工业企业按主营业务活动（即工业生产活动）划分的主营业务活动单位和非工业企业所属的工业生产活动单位（即原非独立核算工业生产单位）。工业生产活动单位，一般应同时具备以下三个条件：①具有一个场所，从事一种或主要从事一种工业活动；②单独组织工业生产、经营或业务活动；③单独核算收入和支出。

国有经济工业（即过去的全民所有制工业或国营工业） 指生产资料归国家所有的一种经济类型。包括中央和地方各级国家机关、部队、科研机构、学校、人民团体和国有经济企事业单位等举办的国有经济工业。1957年以前的公私合营和私营工业，后均改造为国营工业，1992年改为国有工业，这部分工业的资料不单独分列时，均包括在国有工业内。

集体经济工业 指生产资料归公民集体所有的一种经济类型，是社会主义公有制经济的组成部分。包括城乡所有使用集体投资举办的企业，以及部分个人通过集资自愿放弃所有权并依法经工商行政管理机关认定为集体所有制的企业。

其他经济类型工业 指除国有经济、集体经济、私营经济、个体经济、联营经济以外的其他经济类型工业企业（单位）。包括股份制经济（股份有限公司，有限责任公司）；外商投资经济（中外合资经营、中外合作经营、外资企业）；港、澳、台投资经济（与大陆合资经营、与大陆合作经营、港、澳、台独资企业）及其他经济类型的工业。

轻工业 指主要提供生活消费品和制作手工工具的工业。按其所使用的原料不同，可分为两大类：⑴以农产品为原料的轻工业，是指直接或间接以农产品为基本原料的轻工业。主要包括食品制造、饮料制造、烟草加工、纺织、缝纫、皮革和毛皮制作、造纸以及印刷等工业；⑵以非农产品为原料的轻工业，是指以工业品为原料的轻工业。主要包括文教体育用品、化学药品制造、合成纤维制造、日用化学制品、日用玻璃制品、日用金属制品、手工工具制造、医疗器械制造、文化和办公用机械制造等工业。

重工业 是指为国民经济各部门提供物质技术基础的主要生产资料的工业。按其生产性质和产品用途，可分为下列三类：⑴采掘（伐）工业，是指对自然资源的开采，包括石油开采、煤炭开采、金属矿开采、非金属矿开采和木材采伐等工业；⑵原材料工业，指向国民经济各部门提供基本材料、动力和燃料的工业。包括金属冶炼及加工、炼焦及焦炭化学、化工原料、水泥、人造板以及电力、石油和煤炭加工等工业；⑶加工工业，是指对工业原材料进行再加工制造的工业。包括装备国民经济各部门的机械设备制造工业、金属结构、水泥制品等工业，以及为农业提供的生产资料如化肥、农药等工业。

根据上述划分原则，修理业中以重工业产品为修理作业对象的划为重工业，反之划为轻工业。

工业总产值 是以货币表现的工业企业在一定时期内生产的已出售或可供出售工业产品总量，它反映一定时间内工业生产的总规模和总水平。它包括：在本企业内不再进行加工，经检验、包装入库（规定不需包装的产品除外）的成品价值，工业性作业价值，自制半成品、在产品期末期初差额价值。工业总产值采用“工厂法”计算，即以工业企业作为一个整体，按企业工业生产活动的最终成果来计算，企业内部不允许重复计算，不能把企业内部各个车间（分厂）生产的成果相加。但在企业之间、行业之间、地区之间存在着重复计算。

轻重工业总产值的划分也是按“工厂法”计算的，即一个工业企业在正常情况下生产的主要产品的性质属于轻工业，则该企业的全部总产值作为轻工业总产值；一个工业企业生产的主要产品的性质属于重工业，则该企业的全部总产值作为重工业总产值。

工业增加值 是指工业行业在报告期内以货币表现的工业生产活动的最终成果。

固定资产原价 固定资产原值指企业在建造、购置、安装、改建、扩建、技术改造某项固定资产时所支出的全部货币总额。它一般包括买价、包装费、运杂费和安装费等。

固定资产净值 是指固定资产原价减去历年已提折旧额后的净额。

流动资产 流动资产是指可以在一年或者超过一年的一个营业周期内变现或者耗用的资产，包括现金及各种存款、短期投资、应收及预付货款、存货等。

利税总额 指企业利润总额、产品销售税金及附加和应交增值税之和。

产品销售收入 指企业销售产品的销售收入和提供劳务等主要经营业务取得的业务总额。

产品销售成本 指企业销售产品和提供劳务等主要经营业务的实际成本。

产品销售税金及附加 指企业销售产品和提供工业性劳务等主要经营业务应负提的城市维护建设税、消费税、资源税和教育费附加。

产品销售利润 指企业销售产品和提供工业性劳务等主要经营业务收入扣除其成本、费用、税金手的利润。

利润总额 指企业实现的利润。

应交增值税 指企业在报告期内应交纳的增值税额。

资本金 指企业在工商行政管理部门登记的注册资金合计。企业资本金按投资主体可分为国家资本金、法人资本金、个人资本金和外商资本金等。资本金合计包括企业各种投资主体注册的全部资本金。

总资产 指企业拥有或控制的全部资产。包括流动资产、长期投资、固定资产、无形及递延资产、其他长期资产、递延税项等，即为企业资产负债表的资产总计项。

(1) 流动资产 指企业可以在一年内或者超过一年的一个生产周期内变现耗用的资产合计。包括现金及各种存款、短期投资、应收及预付款项、存货等。

(2) 固定资产 指企业固定资产净值、固定资产清理、在建工程、待处理固定资产损失所占用的资金合计。

(3) 无形资产 指企业长期使用而没有实物形态的资产。包括专利权、非专利技术、商标权、著作权、土地使用权、商誉等。

总负债 指企业承担并需要偿还的全部债务。包括流动负债和长期负债、递延税项等，即为企业资产负债表的负债合计项。

(1) 流动负债 指企业在一年内或者超过一年的一个营业周期内需要偿还的债务合计，其中包括短期借款、应付及预收款项、应付工资、应交税金和应交利润等。

(2) 长期负债 指企业在一年以上或者超过一年的一个生产周期以上需要偿还的债务合计，其中包括长期借款、应付债务、长期应付款项等。

所有者权益 指企业投资人对企业净资产的所有权。企业净资产等于企业全部资产减去全部负债后的余额，其中包括投资者对企业的最初投入，以及资本公积金、盈余公积金和未分配利润，对股份制企业即为股东权益。

工业经济效益综合指数 是指现行综合评价工业经济效益总体水平及工业经济运行质量的指数。它是以若干项代表性经济效益指标，分别除以各项指标的标准值，再乘以各自的权数，加总后除以总权数求得。其计算公式为：

$$工业经济效益综合指数 = \left(\frac{某项经济效益指标报告期数值}{该项指标标准值} \times 权数\right) \div 总权数$$

上式总权数为100。

（1）总资产贡献率　是指反映工业产品已实现销售的程度，是分析工业产销衔接情况、研究工业产品满足社会需求的指标。计算公式是：

$$产品销售率（\%）=\frac{现价工业销售产值}{现价工业总产值}\times 100\%$$

（2）总资产贡献率　是指企业在一定时期内全部资产获利能力，是企业经营业绩和管理水平的集中体现，是评价和考核企业盈利能力的核心指标。计算公式为：

$$总资产贡献率（\%）=\frac{利润总额+税金总额+利息支出}{平均资产总额}\times 100\%$$

税金总额为产品销售税金及附加与应交值增值税之和，平均资产总额为期初、期末资产总计的算术平均值。

（3）资本保值增值率　是反映企业净资产变动状况的一个重要指标，是企业发展能力的集中体现。它是指报告期末所有者权益总额与上年同期期末所有者权益总额的比率。计算公式为：

$$资本保值增值率（\%）=\frac{报告期期末所有者权益}{上年同期期末所有者权益}100\%$$

所有者权益等于资产总计减负债总计

（4）资产负债率　是指反映企业经营风险的大小，反映企业利用债权人提供的资金从事经营活动的能力。计算公式为：

$$资产负债率（\%）=\frac{负债总计}{资产总计}\times 100\%$$

资产及负债均为报告期末数

（5）流动资产周转率　是指一定时期内流动资产完成的周转次数，反映投入工业企业流动资金的周转速度，一般以一年时间内周转多少次表示。计算公式为：

$$流动资产周转次数=\frac{产品销售收入}{流动资产平均余额\times 12/累计月数}$$

（6）成本费用利润率　是指工业企业投入生产成本及费用的经济效益，同时也反映企业降低成本所取得的经济效益。计算公式是：

$$成本费用利润率（\%）=\frac{利润总额}{成本费用总额}\times 100\%$$

成本费用总额为产品销售成本、销售费用、管理费用、财务费用之和。

（7）全员劳动生产率　是指反映企业的生产效率和劳动投入的经济效益。一般用平均每人一年创造的工业增加值表示。计算公式为：

$$全员劳动生产率（元/人）=\frac{工业增加值}{全部职工平均人数\times 12/累计数}$$

Explanatory Notes on Main Statistcal Indicators

Industry refers to the material production sector which is engaged in extraction of natural resoures and processing and reprocessing of minerals and agricultural products, including (1) extraction of natural resources, such as mining, salt production, logging (but not including hunting and fishing); (2) processing and reprocessing of farm and sideline produces, such as rice husking, flour milling, wine making, oil pressing, cotton ginning, silk reeling, spinning and weaving, and leather making; (3) manufacture of industrial products, such as steel making, iron smelting, chemicals manufacturing, petroleum processing, machine building, timber processing; water and gas production and electricity generation and supply; (4) repairing of industrial products such as the repairing of machinery and means of transport (including cars).

Prior to 1984, the rural industry run by villages and cooperative organizations under village was classified into agriculture. Since 1984, it has been grouped into industry.

Units of Industrial Statistics and Inquiry: They are classified into two categories (1) corporate industrial enterprises with independent accounting systems (2) Industrial establishmeants.

(1) Corporate industrial enterprises with independent accounting systems refer to enterprises engaging in industrial production activities, which meet the following requirements: 1. They are established legally, having their own names, organizations, location, able to take civil liability; 2. They possess and use their assets independently, assume liabilities, and are entitled to sign contracts with other units; 3. They are financially independent and compile their own balance sheets.

(2) Industrial establishments refer to economic units which located in one single place and engaged entirely or primarily in one kind of industrial activity, including financially independent industrial enterprises and units engaged in industrial activities under the non-industrial enterprises (or financially dependent). Industrial establishments generally meet the following requirements: ① They have each one location and are engaged in one kind of industrial activity each; ② They operate and manage their industrial production activities separately; ③ They have accounts of income and expenditure separately.

State-owned Industry refers to industrial enterprises where the means of production or income are owned by the state. Joint state-private industries and private industries which existed before 1957 have been transformed into state industries. Statistics on these enterprises has been included in the state-owned industries since 1957 when separation of data was no longer necessary.

Collective Owned Industry refers to industrial enterprises where the means of production are owned collectively, including urban and rural enterprises invested by collectives and some enterprises which were formerly owned privately but have been registered in industrial and commercial administration agency as collective units through raising fund from the public.

Industry of Other Types of Ownerships refers to industrial enterprises (units)of the ownerships other than the state-owned economy, collective economy, private economy, individual economy and joint-owned economy. They include the enterprises of share-holding economy (companies limited by shares and companies limited with liabilities.), foreign-funded economy (Sino-foreign joint ventures, Sino-foreign cooperative operation and ventures exclusively with foreign investment), economy funded by the entrepreneurs from Hong Kong, Macao and Taiwan (joint ventures and cooperative enterprises with the mainland as well as ventures exclusively with their own investment) and other types of ownership.

Light Industry refers to the industry which produces consumer goods and hand tools. It consists of two categories, depending on the materials used:

(1) Industries using farm products as raw materials. These are branches of light industry which directly or indirectly use farm products as basic raw materials, including the manufacture of food and beverages, tobacco processing, textile, clothing, fur and leather manufacturing, paper making, printing, etc.

(2) Industries using non-farm products as raw materials. These are branches of light industry which use manufactured goods as raw materials, including the manufacture of cultural, educational articles and sports goods, chemicals, synthetic fiber, chemical products for daily use, glass products for daily use, metal products for daily use, hand tools, medical apparatus and instruments, and the manufacture of cultural and clerical machinery.

Heavy Industry refers to the industry which produces capital goods, and provides various sectors of the national economy with necessary material and technical basis. It consists of the following three branches according to the purpose of production or the use of products:

(1) Mining, quarrying and logging industry refers to the industry that extracts natural resources, including extraction of petroleum, coal, metal and non–metal ores and logging.

(2) Raw materials industry refers to the industry that provides various sectors of the natiolal economy with raw materials, fuels and power. It includes smelting and processing of metals, coking and coke chemistry, chemical materials and building materials such as cement, plywood, and power, petroleum refining and coal dressing.

(3) Manufacturing industry refers to the industry that processes raw materials. It includes machine–building industry which equips sectors of the national economy, industry of metal structure and cement products, industries producting means of agricultural production, such as chemical fertilizers and pesticides.

According to the above principle of classification, the repairing trades which are engaged primarily in repairing products of heavy industry are classified into heavy industry while these engaged in repairing products of light industry are classified into light industry.

Gross Industrial Output Value is the total volume of industrial products sold or available for sale in value terms which reflects the total achievements and overall scale of industrial production during a given period. It includes the value of the finished products, which are not to be further processed in the enterprises and have been inspected, packed and put in storage, the value of industrial services rendered to other units and the changes in the value of the semi–finished products and products in process between the beginning and closing of the period (only the enterprises with long production cycle are required to calculate the changes). The gross industrial output value is calculated with "factory method". No double calculations are to be made within the same enterprise. However, double counting does occur among different enterprises.

Output value of light and heavy industries is also classified with the "factory" method. Under normal conditions, if the major products of an industrial enterprise belong to light industry products, the gross output value of that enterprise is classified wholly into light industry; the same principle applies to heavy industry.

Value Added of Industry refers to the final results of industrial production of the industrial trade in money terms during the reference period.

Orignal Value of Fixed Assets refers to the original value of all fixed assets owned by industrial enterprises, calculated at the cost paid at the time of purchases, installation, reconstruction, expansion, and technical innovation and transformation of the said assets, which includes expenses on purchase, package, transportation, and installation, etc.

Net Value of Fixed Assets is obtained by deducting depreciation over years from the original value of fixed assets.

Working Capital (Circulating Assets) refers to assets which can be cashed in or spent or consumed in an operating cycle of one year or over one year, which includes cash, various deposits, short term investment, and receivable payments, and advance payments, stock, etc.

Total Value of Profit and Tax (Pre–tax Profits) refers to the sum of the total profits, products sales tax and surcharges and the value added tax payable of industrial enterprises. It is also called pre–tax profits.

Sales Revenue of Industrial Products refers to the revenue from the sales of products by industrial enterprises and the revenue from services provided and etc.

Sales Cost of Industrial Products refers to the actual cost of products of industrial enterprises and industrial services provided, etc.

Tax and Extra Charges on Sales of Products refer to the tax on city maintenance and construction, consumption tax, resources tax and extra charges for education, which should be borne by the enterprises in selling products and providing industrial services.

Sales Profit of Products refers to the profit gained by the enterprises by deducting cost, charges and taxes from the business income of the enterprises obtained in selling products and providing industrial services.

Total Profits refer to the profits gained by the enterprises.

Value Added Tax Payable refers to the amount of the value added tax which should be paid by the enterpries in the reporting period.

Capital refers to the corporation's capital registered in the departments of administration for industry and commerce. According to the different nature of investors, corporations' capital can be divided into state capital, legal person's capital, personal capital, foreign capital, etc. Total capital includes total registered capital of all investors in the corporation.

Total Assets refer to all assets which are owned or controlled by enterprises, including circulating assets, long－term investment, fixed assets, intangible assets and deferred assets, other long－term assets, and deferred taxes, etc. The summation of above items is equal to total assets shown in the balance sheets of the enterprises.

(1) Circulating assets (working capital) refer to assets which can be cashed in or spent or consumed in an operating cycle of one year or over one year, including cash, all kinds of deposits, short term investment, receivables, advance payment, stock, etc.

(2) Fixed assets refer to the net value of fixed assets, clearance of fixed assets, project under construction, fixed assets losses in suspense. These are corporations' fund holdings.

(3) Intangible assets refer to the assets without material form used by enterprises over a long time, such as patents, non－patent technologies, trade marks, copyright, land use right, business reputation, etc.

Total Liabilities refer to the debts that enterprises are responsible for repayment, including liquid liabilities, long－term liabilities and deferred taxes, etc. Total liabilities correspond to the summation item of liabilities shown in the balance sheets of the enterpries.

(1) Liquid liabilities (also called quick liabilities or immediate liabilities) refer to enterprises total debt payable within an operating cycle of one year or over one year, including short term loans, payables and advance payments, wages payable, taxes payable and profit payable, etc.

(2) Long－term liabilities refers to total debt payable within an operation cycle of one year or over one year, including long－term loans, payable liabilities, long－term payables, etc.

Creditors' Equity refers to investors' ownership of net assets of the enterprise. It is equal to the total assets of the enterprise minus its total liabilities, including the primary input from investors, capital accumula－tion fund, surplus accumulation fund and undistributed profit. It is the stock holders' equity in stock companies.

Composite Indicator on Economic Benefit of Industry refers to the current comprehensive indicator to evaluate the general level of economic benefit of industry and the performance quality of industrial economy. It is calculated as follows:

$$\text{Composite Indicator on Economic Benefit of Industry} = \sum \left(\frac{\text{Value of an Indicator on Economic Benefit in Reference Period}}{\text{Standard Value of the Indicator}} \times \text{Weight} \right) \div \text{Total Weight}$$

(Total Weight＝100)

(1) Sales Rate of Industrial Products refers to the indicator to reflect the extent of industrial output sold, which is used to analyse the dovetail of industrial production and marketing as well as study the industrial products to meet social need.

$$\text{Sales Rate of Industrial Products}(\%) = \frac{\text{Total Sales (at Current Prices)}}{\text{Gross Output Value (at Current Prices)}} \times 100\%$$

(2) Contribution Rate of Total Assets refers to the capability of making profits of total assets in a given period, which gives a concentrated picture of operational achievement and management level of an enterprise. It is the main indicator to evaluate the capability of making profits. The formula used is:

$$\text{Contribution Rate of Total Assets}(\%) = \frac{\text{Total Profits} + \text{Total Taxes} + \text{Interest Expenditure}}{\text{Average Assets} \times 12/\text{ Number of Cumulative Months}} \times 100\%$$

Total taxes include sales tax and extra charges of products as well as the value added tax payable. Average assets refer to the arithmetic average of total assets at the beginning and end of a period.

(3) Value Preserving and Increasing Rate of Capital is an important indicator to reflect the changes of net assets of an enterprise, which embodies a concentrated picture of development capability. It is the ratio of the

total of the previous year. The formula is as follows:

$$\text{Value Preserving and Increasing Rate of Capital}(\%)=\frac{\text{Total Creditors' Equity at the End of Reference Period}}{\text{Total Creditors' Equity of the Same Period of the Previous Year}}\times 100\%$$

Creditors' equity is equal to the total assets of the enterprise minus its total liabilities.

(4) Assets and Liabilities Rate reflects the size of operational risks of an enterprise, which shows the capability to engage on operational activities with the funds provided by creditors. The formula is as follows:

$$\text{Assets and Liabilities Rate}(\%)=\frac{\text{Total Liabilities}}{\text{Total Assets}}\times 100\%$$

Assets and liabilities refer to the values in reference period.

(5) Rate of Turnover of Working Capital refers to the number of times of turnover of working capital in a given period of time, which reflects the speed of the turnover of working capital. It is usually expressed by number of times of turnover in a year and is calculated as follows:

$$\text{Number of Times of Turnover of Working Capital}=\frac{\text{Sales Revenue of Products}}{\text{Average Balance of Total Working Capital}\times 12/\text{Number of cumulative Months}}$$

(6) Ratio of Profits to Total Industrial Costs refers to both the economic efficiency of input cost and the economic efficiency realized by reducing costs. The formula used is:

$$\text{Ratio of Profits to Total Industrial Cost}(\%)=\frac{\text{Total Profits}}{\text{Total Costs}}\times 100\%$$

Total industrial cost is the summation of sales cost, marketing expense, management expense and financial expense.

(7) Overall Labour Productivity of Industrial Enterprises reflects the productive and economic efficiency of an enterprises. It is usually expressed by per capita annual value added of industry. The formula is as follows:

$$\text{Overall Labour Productivity (yuan/person)}=\frac{\text{Value Added of Industry}}{\text{Average Balance of Total Working Capital}\times 12/\text{Number of cumulative Months}}$$

十三 建 筑 业

CONSTRUCTION

简要说明

一、本篇资料反映广东省建筑业概况和发展情况。主要包括建筑业企业生产经营的资料，指标有企业个数、从业人员数、建筑业总产值、房屋建筑面积、机械设备价值、利润总额、劳动生产率、工程质量优良品率、技术装备率以及各市建筑业总产值、大中型建筑业企业生产和财务主要指标等。

二、本篇资料由广东省统计局投资建筑处整理提供。

三、本篇资料是依据国家统计局制定的“建筑业统计报表制度”规定收集的年报资料，其统计范围包括：广东境内各种经济类型（除个体外）的具有法人资格的独立核算建筑业企业和辖区内其它行业的企、事业单位附营的建筑业活动单位。

CONSTRUCTION

Brief Introduction

Ⅰ. The data in this chapter show the genaral situation and the development of the construction in Guang－dong Province. They cover mainly the situation of production and management of the enterprises of con－struction, including the number of enterprises, the number of employed persons, gross output value of con－struction, floor space of the buildings, value of the mechanical equipment, total profits, labour productivity, percentage of high quality projects, per capita machinery and gross output value of construction of the cities, the main indicators of production and finance of large and medium－sized construction erterprises, etc.

Ⅱ. The data in this chapter are prepared and provided by the Division of Statistics on Investment and Construction, Statistical Bureau of Guangdong Province.

Ⅲ. The annual data in this chapter are collected in accordance with the "Reporting Scheme of Construc－tion Statistics" stipulated by the State Statistical Bureau. The coverage of construction statistics includes the con－struction enterprises of various ownership (excluding individual enterprises) with qualification of legal person and independent accounting systems and other construction units affiliated with the enterprises and in stituations of other industries under the jurisdiction of Guangdong Province.

13-1 建筑业企业主要经济指标

MAIN ECONOMIC INDICATORS ON CONSTRUCTION ENTERPRISES

指标	Item	1996 合计 1996 Total	#国有 State-Owned	1997 合计 1997 Total	#国有 State-Owned
建筑业企业个数 (个)	Number of Construction Enterprises (unit)	2031	595	2399	662
从业人员 (万人)	Number of Persons Egnaged (10000 persons)	132.21	52.82	141.89	56.22
自有固定资产原价 (亿元)	Fixed Assets Owned (original value) (100 million yuan)	221.39	128.94	267.96	138.39
自有固定资产净值 (亿元)	Fixed Assets Owned (net value) (100 million yuan)	161.17	89.18	189.58	93.02
自有机械设备台数 (万台)	Number of Machinery and Equipment Owned (10000 set)	51.93	14.43	56.88	18.34
自有机械设备净值 (亿元)	Net Value of Machinery and Equipment Owned (100 million yuan)	73.48	36.91	95.47	45.55
自有机械设备总功率(万千瓦)	Total Power of Machinery and Equipment Owned (10000 kw)	726.08	313.42	815.30	368.37
建筑业总产值 (亿元)	Gross Output Value of Construction (100 million yuan)	632.16	321.66	732.97	352.98
#建筑安装工程	Consturuction and Installation	624.04	318.14	723.34	349.17
建筑业增加值 (亿元)	Value Added of Construction(100 million yuan)	182.74	103.74	216.42	109.75
#固定资产折旧	Depreciation of Fixed Assets	60.22	39.76	78.38	45.37
应付工资	Wages Payable	89.03	47.78	103.01	51.35
应付福利费	Welfare Expenses Payable	8.77	5.60	11.03	6.17
工程结算税金及附加	Taxes and Extra Charges on Project Settle Accounts				
管理费用中的税金	Taxes in Management Expenses	1.45	0.62	1.43	0.57
工程结算利润	Profits of Project Settle Accounts	53.73	31.27	60.70	30.70
施工面积 (万平方米)	Floor Space of Buildings Under Construction (10000 sq.m)	13911.82	5363.10	14522.87	5621.82
竣工面积 (万平方米)	Floor Space of Buildings Completed (10000 sq.m)	5143.94	1733.97	5271.22	1698.48
利润总额 (亿元)	Total Profits (100 million yuan)	14.48	8.04	14.53	5.09
利税总额 (亿元)	Total Pre-tax Profits (100 million yuan)	35.74	19.04	38.26	15.90
劳动生产率	Overall Labor Productivity				
按总产值计算 (元/人)	In Terms of Gross Output Value (yuan/person)	43133	52965	50939	64245
按增加值计算 (元/人)	In Terms of Value Added (yuan/person)	12468	17082	15041	19976
技术装备率 (元/人)	Value of Machines per Labourer (yuan/person)	5558	6988	6728	8102
动力装备率 (千瓦/人)	Power of Machines per Labourer (kw/person)	5.5	5.9	5.7	6.6
房屋建筑面积竣工率 (%)	Rate of Floor Space of Buildings Completed(%)	37.0	32.3	36.3	30.2
工程质量优良品率 (%)	Rate of High Quality Projects (%)	30.4	62.2	45.3	61.8
产值利润率 (%)	Ratio of Profit to Gross Output Value (%)	2.3	2.5	2.0	1.4
产值利税率 (%)	Ratio of Pre-tax Profit to Gross Output Value (%)	5.7	5.9	5.2	4.5

注：从1996年开始建筑业企业的统计范围有调整，口径比以前大，因此有关数据与以前年份不可比。

Note: The Statistical Coverage of Construction enterprises since 1996 was adjusted. It was a larger one than that of the previous years. Therefore the data were not entirely comparable with the previous ones.

13-2 建筑业总产值(1997年)

GROSS OUTPUT VALUE OF CONSTRUCTION (1997)

单位:万元 (10000 yuan)

项　　目	Item	建筑业总产值 Gross Output Value of Construc-tion	建筑工程产值 Output Value of Construc-tion	安装工程产值 Output Value of Instal-lation	房屋构筑物修理产值 Output Value of Building Repair and Maintenance	非标准设备制造产值 Output Value of Non-standard Manu-facturing
总　计	**Total**	**7329686**	**6617710**	**615736**	**79642**	**16598**
一、按经济类型分	**Grouped by Ownership**					
国有经济	State-Owned Enterprises	3529840	3163260	328412	25115	13053
集体经济	Collective Owned Enterprises	3163624	2991841	134029	34293	3461
私营经济	Private Enterprises	37111	24973	11909	145	84
联营经济	Joint Owned Enterprises	42770	9381	28673	4716	
股份制经济	Share Holding Enterprises	346436	304246	40819	1371	
外商投资经济	Foreign Funded Enterprises	52124	17685	33094	1345	
港、澳、台投资经济	Enterprises Funded by Entrepreneurs From Hongkong, Macao and Taiwan	113269	65373	36044	11852	
其他经济	Others	44512	40951	2756	805	
二、按行业类别分	**Grouped by Branch**					
土木工程建筑业	Civil Engineering	6409755	6141572	211813	46856	9514
线路管道设备安装业	Line and Equipment Installation	443696	196051	239536	1044	7065
建筑物装修装饰业	Building Fitting up and decoration	476235	280087	164387	31742	19
三、按主管系统分	**Grouped by Department Responsible for Enterprises**					
建设部系统	Ministry of Construction	5765873	5375414	325766	61448	3245
冶金工业系统	Metallurgical Industry	83005	60610	17774	2152	2469
有色工业系统	Nonferrous Metals Industry	52991	37274	15272		445
煤炭工业系统	Coal Industry	34246	33776	470		
石油工业系统	Petroleum Industry	17038	2724	13169		1145
化学工业系统	Chemical Industry	29937	9397	16072	1800	2668
石化总公司系统	Petrochemical Corporation	43626	16101	22079	898	4548
水利电力系统	Water Conservancy and Electric Power	256407	161086	93988	191	1142
机械工业系统	Machinery Industry	6911	6715	71	125	
林 业 系 统	Forestry	30510	30145	95	270	
国防工业系统	Defence Industry	29105	27538	1567		
建 材 系 统	Building Materials	5647	5354		293	
轻纺工业系统	Light and Textile Industry	14385	14318		67	
铁 道 系 统	Railways	113510	111623	877	1010	
交 通 系 统	Communications	346776	332288	12004	2256	228
邮 电 系 统	Post and Telecommunications	40374	26008	14366		
农牧渔业系统	Farming, Animal Husbantry and Fishery	117148	112115	3749	1234	50
商 业 系 统	Commerce	48649	38895	8362	1392	
广播电影电视系统	Radio, Film and Television	1627	83	1544		
公安劳改系统	Public Security	3826	3291	500	35	
其 他 系 统	Others	288095	212955	68011	6471	658

13-3 各市建筑业总产值(1997年)

GROSS OUTPUT VALUE OF CONSTRUCTION BY CITY (1997)

单位：万元 (10000 yuan)

市 别 City	合 计 Total Enterprises	国有经济 State-Owned Enterprises	集体经济 Collective Owned Enterprises	私营经济 Private Enterprises	联营经济 Joint Owned Enterprises	股份制经济 Share Holding Enterprises	外商投资经济 Foreign Funded Enterprises	港澳台投资经济 Enterprises Funded by Entrepreneurs from Hong Kong, Macao and Taiwan	其他经济 Enterprises of Other Types of Ownership
总 计 Total	**7329686**	**3529840**	**3163624**	**37111**	**42770**	**346436**	**52124**	**113269**	**44512**
广 州 Guangzhou	1965269	1287998	633776	3509	383	5442		34161	
深 圳 Shenzhen	1278974	858460	127874	3306	34556	131402	45000	41613	36763
珠 海 Zhuhai	244703	148260	87698			6100	1845	800	
汕 头 Shantou	761952	405337	332508	1880	1725	9436		7226	3840
韶 关 Shaoguan	131471	85630	44613	1051				177	
河 源 Heyuan	48860		46579		1435	846			
梅 州 Meizhou	94238	8683	78580			6875	100		
惠 州 Huizhou	145740	75015	64998		189	5087	451		
汕 尾 Shanwei	36534	5519	31015						
东 莞 Dongguan	287345	13968	273377						
中 山 Zhongshan	139543	27039	98063	11853	1409		3	1176	
江 门 Jiangmen	437912	6557	300873	8687		109705		12090	
佛 山 Foshan	464783	77755	318743	3693		52814		7912	3866
阳 江 Yangjiang	112893	16053	94243	1800				754	43
湛 江 Zhanjiang	366585	214217	144485	702		1485		5696	
茂 名 Maoming	320531	164823	154698					1010	
肇 庆 Zhaoqing	128088	52148	57632	630	2657	14896	125		
清 远 Qingyuan	72542	36051	36491						
潮 州 Zhaozhou	138094	43979	91828			2148		139	
揭 阳 Jieyang	104644		99123		416	200	4600	305	
云 浮 Yunfu	48985	2348	46427					210	

13-4 建筑业建筑房屋面积(1997年)

FLOOR SPACE OF BUILDINGS CONSTRUCTED BY CONSTRUCTION ENTERPRISES(1997)

单位：万平方米 (10000 sq. m)

项目	Item	房屋建筑施工面积 Floor Space of Buildings Under Construction	#本年新开工 New Buildings	#投标承包面积 Floor Space Through Tend-er for the Construction	房屋建筑竣工面积 Floor Space of Buildings Completed
总计	**Total**	**14522.87**	**4942.46**	**5734.77**	**5271.22**
一、按经济类型分	**Grouped by Ownership**				
国有经济	State-Owned Enterprises	5621.82	1664.18	2842.42	1698.49
集体经济	Collective Owned Enterprises	7898.28	3012.11	2394.40	3326.92
私营经济	Private Enterprises	27.47	6.51	10.99	9.85
联营经济	Joint Owned Enterprises	16.40	8.35	6.92	8.28
股份制经济	Share Holding Enterprises	822.62	193.97	360.31	196.54
外商投资经济	Foreign Funded Enterprises	9.84	4.26	4.71	3.88
港、澳、台投资经济	Enterprises Funded by Entrepreneurs from HongKong, Marco and Taiwan	59.17	17.69	50.34	7.94
其他经济	Others	67.27	35.39	64.68	19.32
二、按行业类别分	**Grouped by Branch**				
土木工程建筑业	Civil Engineering	14215.14	4819.67	5536.56	5159.09
线路管道设备安装业	Line and Equipment Installation	183.08	50.63	139.66	46.45
建筑物装修装饰业	Building Fitting up and Decoration	124.65	72.16	58.55	65.68
三、按主管系统分	**Grouped by Department Responsible for Enterprises**				
建设部系统	Ministry of Construction	13116.25	4429.75	5095.26	4674.14
冶金工业系统	Metallurgical Industry	73.12	29.45	24.61	25.20
有色工业系统	Nonferrous Metals Industry	47.83	25.25	31.73	28.49
煤炭工业系统	Coal Industry	45.82	18.87	21.28	13.81
石油工业系统	Petroleum Industry	4.88	2.48		2.40
化学工业系统	Chemical Industry	10.97	1.12	2.60	3.06
石化总公司系统	Petrochemical Corporation	20.52	5.56	1.12	9.49
水利电力系统	Water Conservancy and Electric Power	85.08	30.24	41.46	53.04
机械工业系统	Mechinery Industry	15.95	6.36	1.09	5.87
林业系统	Forestry	87.93	18.25	87.57	29.80
国防工业系统	Defence Industry	30.59	8.66	5.39	10.42
建材系统	Building Materials	7.11	0.53		2.32
轻纺工业系统	Light and Textile Industry	21.66	4.19	4.55	13.74
铁道系统	Railways	91.49	32.97	80.84	32.06
交通系统	Communicaltions	17.39	10.37	13.79	9.16
邮电系统	Post and Telecommunications				
农牧渔业系统	Farming, Animal Husbantry and Fishery	264.60	112.25	64.48	130.91
商业系统	Commerce	71.21	34.11	24.29	18.75
广播电影电视系统	Radio, Film and Television				
公安劳改系统	Public Security	9.72	2.18	1.98	0.79
其他系统	Others	500.75	169.87	232.73	207.77

13-5 建筑业工程质量(1997年)

CONSTRUCTION QUALITY OF CONSTRUCTION ENTERPRISES(1997)

项目	Item	已验收鉴定的单位工程个数(个) Number of Checked Projects (unit)	优良工程个数(个) Number of High Quality Projects (unit)	单位工程优良品率(%) Percentage of High Quality Projects (%)	已验收鉴定的房屋竣工面积(万平方米) Floor Space of Checked Buildings Completed (10000 sq. m)	优良工程面积(万平方米) Floor Space of High Quality Projects (10000 sq. m)	房屋竣工面积优良品率(%) Percentage of Floor Space of High Quality Building (%)
总计	**Total**	**19615**	**8155**	**41.6**	**4680.80**	**2121.78**	**45.3**
一、按经济类型分	**Grouped by Ownership**						
国有经济	State-Owned Enterprises	7160	4326	60.4	1451.05	896.28	61.8
集体经济	Collective Owned Enterprises	11030	3069	27.8	2988.83	1072.13	35.9
私营经济	Private Enterprises	280	107	38.2	9.85	4.14	42.0
联营经济	Joint Owned Enterprises	135	48	35.6	13.31	8.59	64.5
股份制经济	Share Holding Enterprises	557	368	66.1	185.90	111.88	60.2
外商投资经济	Foreign Funded Enterprises	72	42	58.3	2.95	2.63	89.2
港、澳、台投资经济	Enterprises funded by Entrepreneurs from Hongkong, Marco and Taiwan	300	166	55.3	10.61	9.94	93.7
其他经济	Others	81	29	35.8	18.30	16.19	88.5
二、按行业类别分	**Grouped by Branch**						
土木工程建筑业	Civil Engineering	13600	4591	33.8	4570.45	2047.35	44.8
线路管道设备安装业	Line and Equipment Installation	4329	2847	65.8	45.63	40.39	88.5
建筑物装修装饰业	Building Fitting up and Decoration	1686	717	42.5	64.72	34.04	52.6
三、按主管系统分	**Grouped by Department Responsible for Enterprises**						
建设部系统	Ministry of Construction	13353	4858	36.4	4236.75	1928.91	45.5
冶金工业系统	Metallurgical Industry	205	96	46.8	22.71	12.25	53.9
有色工业系统	Nonferrous Metals Industry	187	90	48.1	27.36	21.30	77.9
煤炭工业系统	Coal Industry	35	21	60.0	11.06	4.82	43.6
石油工业系统	Petroleum Industry	57	39	68.4	2.40	0.27	11.3
化学工业系统	Chemical Industry	93	60	64.5	1.18	0.77	65.3
石化总公司系统	Petrochemical Corporation	536	19	3.5	7.62	2.02	26.5
水利电力系统	Water Conservancy and Electric Power	2095	1685	80.4	32.06	18.87	58.9
机械工业系统	Mechinery Industry	27	7	25.9	5.41	1.64	30.3
林业系统	Forestry	65	13	20.0	20.29	4.49	22.1
国防工业系统	Defence Industry	16	9	56.3	10.42	6.48	62.2
建材系统	Building Materials	14	1	7.1	2.32		
轻纺工业系统	Light and Textile Industry	50	14	28.0	11.19	1.54	13.8
铁道系统	Railways	204	171	83.8	31.39	29.02	92.4
交通系统	Communications	150	79	52.7	5.69	1.46	25.7
邮电系统	Post and Telecommunications	539	399	74.0			
农牧渔业系统	Farming, Animal Husbantry and Fishery	317	133	42.0	78.48	34.17	43.5
商业系统	Commerce	78	24	30.8	17.51	4.08	23.3
广播电影电视系统	Radio, Film and Television						
公安劳改系统	Public Security	16	1	6.3	0.70	0.12	17.1
其他系统	Others	1578	436	27.6	156.26	49.57	31.7

13-6 建筑施工企业个数及技术装备(1997年)

NUMBER OF CONSTRUCTION ENTERPRISES AND THEIR POWER OF MACHINERY AND EQUIPMENT (1997)

项目	Item	施工企业个数(个) Number of Construction Enterprises (unit)	年底自有机械设备总台数(台) Number of Machinery and Equipment Owned Year-End	自有机械设备年末净值(万元) Net Value of Machinery and Equipment Owned Year-End(10000 yuan)	自有机械设备年末总功率(万千瓦) Total Power of Machinery and Equipment Owned Year-End (10000 kw)	建筑企业年末人数(万人) Number of Persons Engaged (10000 persons)
总计	**Total**	**2399**	**568769**	**954663**	**815.30**	**141.89**
一、按经济类型分	**Grouped by Ownership**					
国有经济	State-Owned Enterprises	662	183363	455499	368.37	56.22
集体经济	Collective Owned Enterprises	1518	352394	424826	382.99	78.08
私营经济	Private Enterprises	46	3116	4647	5.06	0.65
联营经济	Joint Owned Enterprises	25	2418	4292	0.96	0.49
股份制经济	Share Holding Enterprises	56	15970	40261	43.45	4.75
外商投资经济	Foreign Funded Enterprises	22	5009	9809	4.04	0.38
港、澳、台投资经济	Enterprises Funded by Entrepreneurs from HongKong, Marco and Taiwan	60	5553	9083	7.52	0.92
其他经济	Others	10	946	6246	2.91	0.40
二、按行业类别分	**Grouped by Branch**					
土木工程建筑业	Civil Engineering	1899	516069	867473	747.10	132.99
线路管道设备安装业	Line and Equipment Installation	151	16291	49124	27.49	4.50
建筑物装修装饰业	Building Fitting up and Decoration	349	36409	38066	40.71	4.40
三、按主管系统分	**Grouped by Department Responsible for Enterprises**					
建设部系统	Ministry of Construction	1797	469104	668794	595.93	114.75
冶金工业系统	Metallurgical Industry	16	2622	6029	5.76	1.83
有色工业系统	Nonferrous Metals Industry	9	2387	6213	4.62	0.96
煤炭工业系统	Coal Industry	8	2449	5389	3.69	0.86
石油工业系统	Petroleum Industry	3	873	2841	1.96	0.21
化学工业系统	Chemical Industry	7	1535	2197	1.84	0.47
石化总公司系统	Petrochemical Corporation	15	3642	9192	12.02	1.04
水利电力系统	Water Conservancy and Electric Power	75	18295	50023	41.98	3.89
机械工业系统	Mechinery Industry	7	312	215	0.25	0.19
林业系统	Forestry	10	4580	3744	3.62	0.88
国防工业系统	Defence Industry	7	3203	5455	13.50	0.55
建材系统	Building Materials	9	1765	676	0.99	0.11
轻纺工业系统	Light and Textile Industry	9	371	819	0.24	0.30
铁道系统	Railways	21	3529	18107	11.61	1.39
交通系统	Communicaltions	57	11578	96812	57.96	4.26
邮电系统	Post and Telecommunications	9	1063	2705	0.86	0.18
农牧渔业系统	Farming, Animal Husbantry and Fishery	44	11164	16678	15.86	2.93
商业系统	Commerce	20	3018	9679	3.33	0.67
广播电影电视系统	Radio, Film and Television	2				0.01
公安劳改系统	Public Security	5	496	410	0.48	0.11
其他系统	Others	269	26783	48685	38.80	6.30

13-7 建筑业企业资产(1997年)

ASSETS OF CONSTRUCTION ENTERPRISES (1997)

单位：万元 (10000 yuan)

项目	Item	资产合计 Total Assets	#流动资产 Circulating Funds	固定资产 Fixed Assets	专项工程 Special Projects	无形及递延资产 Intangible and Deferred Assets
总计	**Total**	**13955974**	**11253578**	**1939066**	**157077**	**145876**
一、按经济类型分	**Grouped by Ownership**					
国有经济	State-Owned Enterprises	7000555	5668189	940229	104691	63229
集体经济	Collective Owned Enterprises	5541079	4472720	792310	42496	57471
私营经济	Private Enterprises	60390	38423	11937	420	512
联营经济	Joint Owned Enterprises	40371	28142	9071	91	1089
股份制经济	Share Holding Enterprises	957374	781444	112394	8907	15050
外商投资经济	Foreign Funded Enterprises	101559	58376	34678	1	5069
港、澳、台投资经济	Enterprises Funded by Entrepreneurs from HongKong, Marco and Taiwan	160931	130663	25208	297	3006
其他经济	Others	93715	75621	13239	174	450
二、按行业类别分	**Grouped by Branch**					
土木工程建筑业	Civil Engineering	12519083	10137236	1707769	138198	131369
线路管道设备安装业	Line and Equipment Installation	885365	691668	133427	14649	6134
建筑物装修装饰业	Building Fitting up and Decoration	551526	424674	97870	4230	8373
三、按主管系统分	**Grouped by Department Responsible for Enterprises**					
建设部系统	Ministry of Construction	10817164	8916700	1363015	113848	119059
冶金工业系统	Metallurgical Industry	126623	111107	12152	833	286
有色工业系统	Nonferrous Metals Industry	85155	58714	22139	4	1838
煤炭工业系统	Coal Industry	59083	48008	9831	756	183
石油工业系统	Petroleum Industry	21346	16163	4389		
化学工业系统	Chemical Industry	43467	27659	9753	5327	51
石化总公司系统	Petrochemical Corporation	132170	115949	13484		1125
水利电力系统	Water Conservancy and Electric Power	584744	424932	90848	9854	4143
机械工业系统	Mechinery Industry	26012	24053	1361		598
林业系统	Forestry	31061	22941	7672	16	59
国防工业系统	Defence Industry	90066	55955	29243		125
建材系统	Building Materials	12563	8281	3718	9	490
轻纺工业系统	Light and Textile Industry	13402	7087	1903	485	34
铁道系统	Railways	180598	141543	28898	4134	916
交通系统	Communicaltions	904983	666758	180789	14294	7612
邮电系统	Post and Telecommunications	35183	27118	6912	1	2
农牧渔业系统	Farming, Animal Husbantry and Fishery	170605	108077	31984	365	1711
商业系统	Commerce	66359	49445	12928	3009	631
广播电影电视系统	Radio, Film and Television	3625	2888	727		10
公安劳改系统	Public Security	10993	9848	1123	14	8
其他系统	Others	540772	410352	106197	4128	6995

13-8 建筑业企业负债及所有者权益(1997年)

LIABILITIES AND CREDITOR'S EQUITY OF CONSTRUCTION ENTERPRISES(1997)

单位：万元　　　　(10000 yuan)

项　目	Item	负债合计 Total Liabilities	流动负债 Liquid Liabilities	长期负债 Long-Term Liabilities	所有者权益 Creditor Equity	#股本 Capital Stock
总　计	**Total**	**11344492**	**10679291**	**665201**	**2611482**	**241523**
一、按经济类型分	**Grouped by Ownership**					
国有经济	State-Owned Enterprises	5723055	5378521	344534	1277500	70263
集体经济	Collective Owned Enterprises	4532313	4281906	250407	1008766	52930
私营经济	Private Enterprises	35786	30758	5028	24604	3610
联营经济	Joint Owned Enterprises	23331	21983	1348	17040	4412
股份制经济	Share Holding Enterprises	779938	726476	53462	177436	67769
外商投资经济	Foreign Funded Enterprises	59170	53732	5438	42389	17937
港、澳、台投资经济	Enterprises Funded by Entrepreneurs from HongKong, Marco and Taiwan	119715	116839	2876	41216	16649
其他经济	Others	71184	69076	2108	22531	7953
二、按行业类别分	**Grouped by Branch**					
土木工程建筑业	Civil Engineering	10272245	9649437	622808	2246837	195114
线路管道设备安装业	Line and Equipment Installation	683738	662445	21293	201627	5481
建筑物装修装饰业	Building Fitting up and Decoration	388509	367409	21100	163018	40928
三、按主管系统分	**Grouped by Department Responsible for Enterprises**					
建设部系统	Ministry of Construction	8924908	8407183	517725	1892256	179290
冶金工业系统	Metallurgical Industry	106382	106162	220	20242	
有色工业系统	Nonferrous Metals Industry	63311	58362	4949	21844	14316
煤炭工业系统	Coal Industry	48846	45100	3746	10237	
石油工业系统	Petroleum Industry	18823	18772	51	2523	11
化学工业系统	Chemical Industry	30502	27900	2602	12965	
石化总公司系统	Petrochemical Corporation	117551	117462	89	14619	
水利电力系统	Water Conservancy and Electric Power	443060	399858	43202	141684	11016
机械工业系统	Mechinery Industry	24523	24173	350	1489	411
林业系统	Forestry	20441	17652	2789	10620	24
国防工业系统	Defence Industry	55268	54292	976	34799	
建材系统	Building Materials	8306	6829	1477	4257	4123
轻纺工业系统	Light and Textile Industry	10166	9953	213	3236	
铁道系统	Railways	147090	136054	11036	33508	1232
交通系统	Communicaltions	689056	669440	19616	215927	16174
邮电系统	Post and Telecommunications	26828	26646	182	8354	600
农牧渔业系统	Farming, Animal Husbantry and Fishery	134236	100972	33264	36369	
商业系统	Commerce	52601	52088	513	13758	2592
广播电影电视系统	Radio, Film and Television	3067	2955	112	558	
公安劳改系统	Public Security	9844	9844		1148	
其他系统	Others	409683	387594	22089	131089	11734

13-9 建筑业企业总收入(1997年)

TOTAL INCOME OF CONSTRUCTION ENTERPRISES (1997)

单位：万元 (10000 yuan)

项　目	Item	企业总收入 Total Income of Enterprises	工程结算收入 Revenue of Project Settled Accounts	#工程结算成本 Costs of Project Settled Accounts	工程结算利润 Profits of Project Settled Accounts	其他业务收入 Other Revenue from Business
总　计	**Total**	7048830	6763067	5933079	607007	285763
一、按经济类型分	**Grouped by Ownership**					
国有经济	State-Owned Enterprises	3557028	3402719	2993272	306997	154309
集体经济	Collective Owned Enterprises	2772145	2702944	2372679	231310	69201
私营经济	Private Enterprises	33992	33771	27943	4833	221
联营经济	Joint Owned Enterprises	44224	43803	36112	6148	421
股份制经济	Share Holding Enterprises	391827	339677	295670	32258	52150
外商投资经济	Foreign Funded Enterprises	59661	53869	45855	6534	5792
港、澳、台投资经济	Enterprises Funded by Entrepreneurs from HongKong, Marco and Taiwan	115133	111619	98470	10106	3514
其他经济	Others	74820	74665	63078	8821	155
二、按行业类别分	**Grouped by Branch**					
土木工程建筑业	Civil Engineering	6134438	5924302	5229749	497616	210136
线路管道设备安装业	Line and Equipment Installation	450589	393161	323218	58191	57428
建筑物装修装饰业	Building Fitting up and Decoration	463803	445604	380112	51200	18199
三、按主管系统分	**Grouped by Department Responsible for Enterprises**					
建设部系统	Ministry of Construction	5437676	5211595	4598572	436279	226081
冶金工业系统	Metallurgical Industry	88378	83613	77253	4212	4765
有色工业系统	Nonferrous Metals Industry	56830	51150	47499	2276	5680
煤炭工业系统	Coal Industry	38727	38185	35326	1591	542
石油工业系统	Petroleum Industry	19064	18817	16699	1759	247
化学工业系统	Chemical Industry	34870	31821	27102	3934	3049
石化总公司系统	Petrochemical Corporation	36386	36159	30140	4725	227
水利电力系统	Water Conservancy and Electric Power	298325	277373	228570	41011	20952
机械工业系统	Mechinery Industry	5605	5127	4812	147	478
林业系统	Forestry	26232	26141	24179	1117	91
国防工业系统	Defence Industry	27320	26957	22523	3800	363
建材系统	Building Materials	6231	6155	5213	803	76
轻纺工业系统	Light and Textile Industry	16793	16552	14832	1169	241
铁道系统	Railways	141292	139073	120368	14158	2219
交通系统	Communicaltions	354576	344583	295601	39376	9993
邮电系统	Post and Telecommunications	24969	23413	19199	3493	1556
农牧渔业系统	Farming, Animal Husbantry and Fishery	115368	115156	101308	10334	212
商业系统	Commerce	47760	47162	39007	6572	598
广播电影电视系统	Radio, Film and Television	1619	1619	1170	395	
公安劳改系统	Public Security	3388	3388	2853	417	
其他系统	Others	267421	259028	220853	29439	8393

13-10 建筑业企业利税总额(1997年)

TOTAL PRE-TAX PROFITS OF CONSTRUCTION ENTERPRISES(1997)

项　目	Item	利税总额合计(万元) Total Pre-tax Profits (10000 yuan)	利润总额 Total Profits	工程结算税金及附加 Taxes and Extra Charges on Project Settle Accounts	管理费用中的税金 Taxes in manage-ment Expenses	产值利税率 Ratio of Pre-tax Profits to Output Value (%)	资产利税率 Ratio Pre-tax Profits to Assets (%)
总　计	**Total**	382588	145307	222981	14300	5.2	2.7
一、按经济类型分	**Grouped by Ownership**						
国有经济	State-Owned Enterprises	159012	50852	102450	5710	4.5	2.3
集体经济	Collective Owned Enterprises	173927	68302	98954	6671	5.5	3.1
私营经济	Private Enterprises	2428	1381	995	52	6.5	4.0
联营经济	Joint Owned Enterprises	4221	2644	1543	34	9.9	10.5
股份制经济	Share Holding Enterprises	29770	16482	11750	1538	8.6	3.1
外商投资经济	Foreign Funded Enterprises	2739	1094	1481	164	5.3	2.7
港、澳、台投资经济	Enterprises Funded by Entrepreneurs from HongKong, Marco and Taiwan Funded Enterprises	4859	1753	3043	63	4.3	3.0
其他经济	Others	5632	2799	2765	68	12.7	6.0
二、按行业类别分	**Grouped by Branch**						
土木工程建筑业	Civil Engineering	327372	117688	196937	12747	5.1	2.6
线路管道设备安装业	Line and Equipment Installation	25425	12730	11752	943	5.7	2.9
建筑物装修装饰业	Building Fitting up and Decoration	29791	14889	14292	610	6.3	5.4
三、按主管系统分	**Grouped by Department Responsible for Enterprises**						
建设部系统	Ministry of Construction	309784	121306	176744	11734	5.4	2.9
冶金工业系统	Metallurgical Industry	2968	773	2149	46	3.6	2.3
有色工业系统	Nonferrous Metals Industry	2079	583	1375	121	3.9	2.4
煤炭工业系统	Coal Industry	1860	550	1269	41	5.4	3.1
石油工业系统	Petroleum Industry	555	162	359	34	3.3	2.6
化学工业系统	Chemical Industry	1376	539	785	52	4.6	3.2
石化总公司系统	Petrochemical Corporation	2004	477	1294	233	4.6	1.5
水利电力系统	Water Conservancy and Electric Power	14205	6134	7791	280	5.5	2.4
机械工业系统	Mechinery Industry	178	-2	168	12	2.6	0.7
林业系统	Forestry	989	29	845	115	3.2	3.2
国防工业系统	Defence Industry	1293	601	634	58	4.4	1.4
建材系统	Building Materials	-56	-198	139	3		
轻纺工业系统	Light and Textile Industry	589	20	550	19	4.1	4.4
铁道系统	Railways	4762	180	4546	36	4.2	2.6
交通系统	Communications	20558	10285	9607	666	5.9	2.3
邮电系统	Post and Telecommunications	2170	1425	721	24	5.4	6.2
农牧渔业系统	Farming, Animal Husbantry and Fishery	7315	3683	3514	118	6.2	4.3
商业系统	Commerce	142	21	118	3	3.7	1.3
广播电影电视系统	Radio, Film and Television	2228	579	1583	66	4.6	3.4
公安劳改系统	Public Security	-582	-639	54	3		
其他系统	Others	8171	-1201	8736	636	2.8	1.5

13-11 大中型建筑业企业生产情况主要指标(1997年)

MAIN PRODUCTION INDICATORS OF LARGE AND MEDIUM CONSTRUCTION ENTERPRISES(1997)

项目	Item	施工企业个数(个) Number of Construction Enterpirses (unit)	建筑业总产值(万元) Gross Output Value of Construction (10000 yuan)	竣工产值(万元) Output Value of Completed Projects (10000 yuan)	房屋建筑竣工面积(万平方米) Floor Space of Buildings Completed (10000 sq.m)	建筑业全员劳动生产率(元/人) Overal Labor Productivity (yuan/Person)
总计	**Total**	**325**	**3950812**	**3350740**	**2540.80**	**59431**
一、按经济类型分	**Grouped by Ownership**					
国有经济	State-Owned Enterprises	167	2359074	2109322	1129.43	65031
集体经济	Collective Owned Enterprises	142	1240907	980587	1230.67	47429
联营经济	Joint Owned Enterprises	1	5155	2615		133552
股份制经济	Share Holding Enterprises	10	281040	211835	165.55	82385
外商投资经济	Foreign Funded Enterprises	1	8443	4843		727879
港、澳、台投资经济	Enterprises Funded by Entrepreneurs from HongKong, Marco and Taiwan	3	21091	7562	0.90	88768
其他经济	Others	1	35102	33976	14.25	103668
二、按行业类别分	**Grouped by Branch**					
土木工程建筑业	Civil Engineering	293	3598992	3044785	2502.06	56778
线路管道设备安装业	Line and Equipment Installation	23	311009	279137	37.95	109287
建筑物装修装饰业	Building Fitting up and Decoration	9	40811	26818	0.79	166986
三、按主管系统分	**Grouped by Department Responsible for Enterprises**					
建设部系统	Ministry of Construction	244	3050250	2378486	2329.98	57577
冶金工业系统	Metallurgical Industry	2	23213	24059	7.77	77506
有色工业系统	Nonferrous Metals Industry	4	41687	22280	21.88	54621
煤炭工业系统	Coal Industry	2	16230	9282	6.69	46226
石油工业系统	Petroleum Industry	1	13519	13519		108069
化学工业系统	Chemical Industry	2	21360	14900	3.06	62402
石化总公司系统	Petrochemical Corporation	3	35102	6912	6.69	50456
水利电力系统	Water Conservancy and Electric Power	12	182267	175115	25.86	75828
机械工业系统	Mechinery Industry	1	5829	5056	4.91	69719
林业系统	Forestry	2	18084	11773	13.04	30210
国防工业系统	Defence Industry	3	26271	25676	8.74	31065
铁道系统	Railways	5	63107	126012	18.97	71859
交通系统	Communications	19	272561	425765	0.49	94455
邮电系统	Post and Telecommunications	1	19687	11481		231885
农牧渔业系统	Farming, Animal Husbantry and Fishery	10	57413	34626	51.04	43508
商业系统	Commerce	2	25759	7407	6.59	82350
其他系统	Others	12	78473	58391	35.09	51935

13-12 大中型建筑业企业财务状况主要指标(1997年)

MAIN FINANCIAL INDICATORS OF LARGE AND MEDIUM CONSTRUCTION ENTERPRISSES(1997)

单位:万元 (10000 yuan)

项目	Item	企业总收入 Total Income of Enterprises	#工程结算收入 Revenue of Project Settled Accounts	#工程结算成本 Costs of Project Settled Accounts	利润总额 Total Profits	营业利润 Business Profit
总计	**Total**	**4037313**	**3819746**	**3360854**	**84753**	**92897**
一、按经济类型分	**Grouped by Ownership**					
国有经济	State-Owned Enterprises	2488499	2358024	2073887	37519	47266
集体经济	Collective Owned Enterprises	1105292	1075485	951842	27881	29773
联营经济	Joint Owned Enterprises	9870	9870	7683	806	806
股份制经济	Share Holding Economic Enterprises	330345	279089	243631	13938	11092
外商投资经济	Foreign Funded Enterprises	12970	8107	7061	1473	1312
港、澳、台投资经济	Enterprises Funded by Entrepreneurs from HongKong, Marco and Taiwan	21527	20477	18484	487	293
其他经济	Others	68810	68694	58266	2649	2355
二、按行业类别分	**Grouped by Branch**					
土木工程建筑业	Civil Engineering	3667280	3495594	3093006	70464	77386
线路管道设备安装业	Line and Equipment Installation	315950	276923	228461	9938	11905
建筑物装修装饰业	Building Fitting up and Decoration	54083	47229	39387	4351	3606
三、按主管系统分	**Grouped by Department Responsible for Enterprises**					
建设部系统	Ministry of Construction	3071036	2896759	2574192	67443	70713
冶金工业系统	Metallurgical Industry	26586	24487	23010	411	378
有色工业系统	Nonferrous Metals Industry	46322	40745	37793	557	364
煤炭工业系统	Coal Industry	11340	11068	9993	497	400
石油工业系统	Petroleum Industry	16279	16062	14357	73	95
化学工业系统	Chemical Industry	23615	20701	17558	438	934
石化总公司系统	Petrochemical Corporation	25931	25919	21442	271	397
水利电力系统	Water Conservancy and Electric Power	237291	217126	177307	5461	6405
机械工业系统	Mechinery Industry	4565	4122	3920	3	43
林业系统	Forestry	13834	13823	12947	-63	-63
国防工业系统	Defence Industry	24345	24345	20250	556	1823
铁道系统	Railways	86304	84926	72063	1147	1178
交通系统	Communications	281970	273384	234119	6823	8766
邮电系统	Post and Telecommunications	8517	8124	6618	81	85
农牧渔业系统	Farming, Animal Husbantry and Fishery	55545	55435	47949	1581	1607
商业系统	Commerce	24449	24309	19585	98	110
其他系统	Others	79384	78411	67751	-624	-338

13-13 全省施工产值最大的50家建筑业企业(1997年)

THE PROVINCE'S 50 TOP CONSTRUCTION ENTERPRISES OF GROSS OUTPUT VALUE OF CONSTRUCTION(1997)

序号 Order	单位名称	Name of Interprises	施工产值(万元) Gross output value of con-struction (10000 yuan)
1	广东省长大公路工程有限公司	GUANGDONG GHANGDA HIGHWAY ENGINEERING CO., LTD.	75776
2	江苏省建筑安装工程公司深圳一公司		65059
3	茂名市建筑工程总公司	MAOMING ARCHITECTURAL ENGINEERING GENERAL COMPANY	58606
4	广东省电力工业局第一工程局	GUANGDONG ELECTRIC POWER BUREAU THE FIRST ENGINEERING BUREAU	56411
5	珠海市建安集团公司	ZHUHAI JIANAN GROUP CO.	54956
6	汕头市建安(集团)公司	SHANTOU JIANAN (GROUP) CO.	54626
7	深圳市市政工程总公司	SHENZHEN MUNICIPAL ENGINEERING CORPORATION	42580
8	开平二建集团股份有限公司	GUANGDONG KAIPING SECOND BUILDING GROUP CO., LTD.	41767
9	广州市市政工程总公司	GUANGZHOU MUNICIPAL ENGINEERING CORP.	41216
10	广东省六建集团有限公司	GUANGDONG NO. 6 ARCHITECTURE GROUP CO., LTD.	40037
11	深圳中国华西企业有限公司	CHINA HUASHI ENTERPRISES COMPANY LIMITED	39251
12	广东省第三建筑工程公司	THE THIRD CONSTRUCTION ENGINEERING CORPORATION OF GUANGDONG	38095
13	潮州市公路建设工程公司	CHAOZHOU HIGHWAY CONSTRUCTION PROJECT COMPANY.	37000
14	广东省水利水电第二工程局	GUANGDONG NO. 2 HYDRAULIC AND HYDROELECTRK ENGINEERING BUREAU	36987
15	广东省第七建筑集团有限公司	GUANGDONG NO. 7 CONSTRUCTION GROUP CO., LTD.	36917
16	中国建筑第三工程局深圳第一建筑安装工程公司	SHENZHEN FIRST COMPANY OF CHINA CONSTRUCTION THIRD ENGINEERING BUREAU	36341
17	广东省工业设备安装公司	GUANGDONG INDUSTRIAL EQUIPMENT INSTALLATION COMPANY	35656
18	广州市机电安装有限公司	GUANGZHOU MECHANICAL & ELECTRICAL INSTALLATION CO., LTD.	35355
19	广州市第一建筑工程有限公司	GUANGZHOU NO. 1 CONSTRUCTION ENGINEERING CO., LTD.	35164
20	深圳市建业建筑工程公司	SHENZHEN JIANYE CONSTRUCTION ENGINEERING CO., LTD.	35102
21	南海市第二建筑工程总公司	NANHAI SECOND CONSTRUCTION GENERAL COMPANY	34937
22	汕头市建安实业总公司	SHANTOU JIANAN ENTERPRISE GENERAL CO.	31000
23	湛江市建筑工程集团公司	ZHANJIANG CITY CONSTRUCTION ENGINEERING GROUP CORPORATION	30161
24	顺德市诚业建筑集团有限公司	SHUNDE CHENGYE CONSTRUCTION GROUP LIMITED COMPANY	29942
25	广东省第一建筑工程公司	GUANGDONG NO. 1 CONSTRUCTION ENGINEERING CORPORATION	29659
26	广东省第二建筑工程公司	GUANGDONG SECOND CON. & ENG. CORP.	29317
27	广州市建筑置业公司	GUANGZHOU CONSTRUCTION & REAL ESTATE COMPANY	28978
28	广东省第四建筑工程公司	GUANGDONG FOURTH BUILDING CONSTRUCTION CORPORATION	28899
29	深圳市金众股份有限公司		28777
30	广州市第二建筑工程公司	GUANGZHOU NO. 2 CONSTRUCTION & ENGINEERING CO., LTD.	28062
31	广东省八建集团有限公司	THE 8TH CONSTRUCTION GROUP CORPORATION OF GUANGDONG PROVINCE	27842
32	汕头市达濠建筑总公司	SHANTOU CITY DAHAD BUILDING GENERAL CO.	27109
33	广州市第三建筑工程有限公司	GUANGZHOU 3. RD CONSTRUCTION ENGINEERING CO., LTD.	27017
34	广州市住宅建设发展公司	GUANGZHOU RESIDENTIAL CONSTRUCTION DEVELOPMENT COMPANY	26967
35	广州市建筑机械施工公司		26700
36	番禺市建筑安装工程公司	PANYU ARCHITECTURE AND INSTALLATION ENGINEERING COMPANY	26133
37	广东省汕头市南华建筑总公司	GUANGDONG SHANTOU NANHUA CONSTRUCTION CORPORATION	25780
38	深圳市特皓股份有限公司	SHENZHEN TEHAO CO., LTD.	25487
39	交通部第四航务工程局第二工程公司		25393
40	广东开平建安集团有限公司	KAIPING CONSTRUCTION GROUP LTD., CO. OF GUANGDONG	25178
41	广东省电力工业局输变电工程公司	GUANGDONG POWER TRANSMISSION & SUBSTATION ENGINERRING COMPANY	25139
42	中建四局深圳建筑工程公司		24651
43	深圳市第三建筑工程有限公司	SHENZHEN NO. 3 CONSTRUCTIONAL ENGINEERING CO., LTD.	24019
44	交通部第四航务工程局第一工程公司	THE FIRST ENGINEERING COMPANY OF THE FOURTH HARBOR ENGINEERING BUREAU OF THE MINISTRY OF COMMUNICATIONS	23843
45	中国石化茂名石油化工公司建设公司	CONSTRUCTION ENGINEERING COMPANY OF SINOPEC MAOMING PETROCHEMICAL CORPORATION	23650
46	中山市建筑工程公司		23468
47	汕头市达濠市政建设有限公司	SHANTOU DAHAO CITY HALL BUILD CO., LTD.	23158
48	中国有色金属工业第十六冶金建设公司	NO. 16 CONSTRUCTION CORPORATION CHINA NATIONAL NONFERROUS METAL INDUSTRY CORPORATION (CNNC)	23058
49	广东开平市第三建筑集团有限公司	GUANGDONG KAIPING NO. 3 CONSTRUCTION GROUP LTD	22631
50	广东省基础工程公司	GUANGDONG FOUNDATION ENGINEERING COMPANY	22628

13-14 全省利税总额最大的50家建筑业企业(1997年)

THE PROVINCE'S 50 TOP CONSTRUCTION ENTERPRISES OF TOTAL PRE-TAX PROFITS(1997)

序号 Order	企业名称	Name of Interprises	利税总额（万元）Total pre-tax Protits (10000 yuan)
1	深圳市金众股份有限公司		56091
2	深圳市建业建筑工程公司	SHENZHEN JIANYE CONSTRUCTION ENGINEERING CO., LTD.	52119
3	江苏省建筑安装工程公司深圳一公司		45122
4	深圳市特皓股份有限公司	SHENZHEN TEHAO CO., LTD.	43950
5	开平二建集团股份有限公司	GUANGDONG KAIPING SECOND BUILDING GROUP CO., LTD.	42323
6	深圳市市政工程总公司	SHENZHEN MUNICIPAL ENGINEERING CORPORATIN	42204
7	南海市第二建筑工程总公司	NANHAI SECOND CONSTRUCTION GENERAL COMPANY	37798
8	广东省长大公路工程有限公司	GUANGDONG CHANGDA HIGHWAY ENGINEERING CO., LTD.	34762
9	深圳市第三建筑工程有限公司	SHENZHEN NO 3 CONSTRUCTIONAL ENGINEERING CO., LTD.	31286
10	深圳中国华西企业公司	CHINA HUASHI ENTERPRISES COMPANY LIMITED	28735
11	佛山市电力电气安装总公司	FOSHAN ELECTRIC POWER ERECTION GENERAL COMPANY	27218
12	中国建筑第三工程局深圳第一建筑安装工程公司	SHENZHEN FIRST COMPANY OF CHINA CONSTRUCTION THIRD ENGINEERING BUREAU	26425
13	广东省电力工业局第一工程局	GUANGDONG ELECTRIC POWER BUREAU THE FIRST ENGINEERING BUREAU	26339
14	广东省第四建筑工程公司	GUANGDONG FOURTH BUILDING CONSTRUCTION CORPORATION	25928
15	清城区第一建筑工程公司		25810
16	深圳市建筑工程公司	SHENZHEN CONSTRUCTION ENGINEERING CO.	25330
17	汕头市达濠市政工程总公司深圳公司	SHANTOU DAHAO MUNICIPAL ADMINISTRATION PROJECT CO.	23770
18	广东省工业设备安装公司	GUANGDONG INDUSTRIAL EQUIPMENT INSTALLATION COMPANY	22566
19	珠海市建安集团公司	ZHUHAI JIANAN GROUP CO.	21972
20	深圳潮阳建筑工程公司		21755
21	深圳市机电设备安装股份有限公司	SHENZHEN MECHANICAL & ELECTRICAL EQUIPMENT INSTALLATION CO., LTD	21545
22	深圳市罗湖建筑安装工程公司	SHENZHEN LUOHU CONSTRUCTION INSTALL ATON ENGINEERING CO.	20236
23	广州航道第二疏浚工程公司		19374
24	交通部第四航务工程局第二工程公司		19357
25	铁道部建厂工程局深圳建筑工程处	THE SHENZHEN ENGINEERING DIVITION OF THE PLANT ENGINEERING CONSTRUCTION BUREAU OF THE RAILWAY MINISTRY	19322
26	广东火电工程总公司	GUANGDONG POWER ENGINEERING CO. (GPEC)	18736
27	广东省五华县第一建筑工程公司	THE FIRST BUILD COMPANY WUHUA COUNTY GUANGDONG	18666
28	广东第三建筑工程公司	THE THIRD CONSTRUCTION ENGINEERING CORPORATION OF GUANGDONG	18149
29	广东省水利水电第二工程局	GUANGDONG NO. 2 HYDRAULIC AND HYDROELECTRIC ENGINEERING BUREAU	18121
30	深圳方大装饰工程公司	SHENZHEN FANGDA DECORATION ENGINEERING CO. LTD.	17701
31	交通部第四航务工程局第一工程公司	THE FIRST ENGINEERING COMPANY OF THE FOURTH HARBOR ENGINEERING BUREAU OF THE MINISTRY OF COMMUNICATIONS	17461
32	广州市建筑置业公司	GUANGZHOU CONSTRUCTION & REAL ESTATE COMPANY	17152
33	番禺市建筑安装工程公司	PANYU ARCHITECTURE AND INSTALLATION ENGINEERING COMPANY	17047
34	开平市第三建筑工程公司	GUANGDONG KAIPING NO. 3 CONSTRUCTION GROUP LTD	16720
35	广东省第一建筑工程公司	GUANGDONG NO. 1 CONSTRUCTION ENGINEERING CORPORATION	16276
36	深圳华加日铝业有限公司	NONFEMET INTERNATIONAL (CHINA-CANADA-JAPAN) ALUMINUM CO., LTD.	16231
37	顺德诚业建筑集团有限公司	SHUNDE CHENGYE CONSTRUCTION GROUP LIMITED COMPANY	15855
38	广州市海华机电设备总厂		15596
39	广东省第七建筑工程公司	GUANGDONG NO. 7 CONSTRUCTION GROUP CO. LTD.	15265
40	汕头市朝阳建筑工程总公司		15136
41	广东省八建集团有限公司	THE 8TH CONSTRUCTION GROUP CORPORATION OF GUANGDONG PROVINCE	14445
42	广东省六建集团有限公司	GUANGDONG NO. 6 ARCHITECTURE GROUP CO., LTD.	14269
43	广州航道局第一疏浚工程公司	CHEC GUANGZHOU DREDGING CO. THE FIRST DREDGING ENGINEERING CO.	14222
44	佛山市第二建筑工程公司		13980
45	深圳市建筑装饰(集团)有限公司	SHENZHEN BUILDING DECORATION (GROUP) CO. LTD.	13559
46	中建二局深圳南方建筑公司	THE SOUTHERN BUILDING COMPANY OF THE SECOND BUREAU SHENZHEN) OF CHIAN CONSTRUCTION	13409
47	广东省东莞市寮步建筑工程公司	GUANGDONG PROVINCE DONGGUAN CITY LIAOBU ARCHITECTURE ENGINEERING COMPANY	13400
48	深圳市建设工程总承包公司	SHENZHEN CONSTRUCTION ENGINEERING GENERAL CO.	13173
49	广东省水利水电第三工程局	THE GUANGDONG THIRD WATER CONSERVANCY AND HYDROELECTRIC ENGINERRING BOARD	13043
50	深圳市龙岗区建筑工程公司	SHENZHEN LONGGANG DISTRICT CONSTRUCTION ENGINEERING CO.	13020

主 要 统 计 指 标 解 释

建筑业统计单位 指从事房屋、构筑物建造和设备安装活动的生产单位。根据不同的组织方式，建筑业统计的调查单位可分为法人建筑业企业和附营建筑活动单位。法人建筑业企业是指专门组织的独立核算的法人建筑业企业。它应同时具备的条件是：①依法成立，有自己的名称、组织机构和场所，能够承担民事责任；②独立拥有和使用资产，承担负债，有权与其它单位签订合同；③独立核算盈亏，能够编制资产负债表。附营建筑活动单位是指建筑业以外行业的企业、事业单位为完成本单位固定资产建造任务而自行组织的建筑施工单位。它应同时具备的条件是：①具有一个场所，从事或主要从事建筑安装活动；②单独组织生产经营活动；③在企业内部单独核算收支。

建筑业总产值(即自行完成施工产值) 指建筑业企业或附营建筑施工单位自行完成的按工程进度计算的建筑安装生产总值。建筑业产值包括：

①建筑工程产值：指列入建筑工程预算内的各种工程价值。

②设备安装工程产值：指设备安装工程价值。

③房屋、构筑物修理产值：指房屋、构筑物修理所完成的价值，但不包括被修理房屋、构筑物本身的价值和生产设备修理价值。

④非标准设备制造产值：指加工制造没有定型的、非标准的生产设备的加工费和原材料价值，不论是现场还是附属加工厂为本单位承建工程制造的非标准设备的价值，都应计算产值。

竣工产值 指在报告期内，按照设计所规定的工程内容全部完成，达到了设计规定的交工条件，经有关部门检查验收鉴定合格的单位工程价值之和。

建筑业增加值 指建筑业企业在报告期内以货币表现的建筑业生产经营活动的最终成果。目前建筑业增加值采用分配法计算，即从收入的角度出发，根据生产要素在生产过程中应得的收入份额计算。具体计算公式为：

建筑业增加值＝本年提取的固定资产折旧＋应付工资＋应付福利费＋管理费用中的劳动待业保险金、税金＋工程结算税金及附加＋工程结算利润＋转作资金的利润。

房屋建筑施工面积 指在报告期内施工的全部房屋建筑面积。包括本期内新开工的、上期施工跨入本期继续施工、上期停建本期复工的房屋建筑面积；不包括上期开工后又停工，本期末施工的房屋建筑面积。

房屋建筑竣工面积 指在报告期内，按照设计所规定的工程内容全部完成，达到了设计规定的交工条件，经有关部门检查验收鉴定合格的房屋建筑面积。

自有机械设备年末总台数 指归本企业（或单位）所有，属于本企业固定资产的生产性机械设备年末总台数。包括施工机械、生产设备、运输设备以及其它设备。

自有机械设备年末总功率 指本企业（或单位）自有施工机械、生产设备、运输设备以及其它设备等列为在册固定资产的生产性机械设备年末总功率，按设定能力或查定能力计算。包括机械本身的动力和为该机械服务的单独动力设备，如电动机等。计算单位用千瓦，动力换算可按 1 马力＝0.735千瓦折合成千瓦数。电焊机、变压器、锅炉不计算动力。

工程结算收入 指企业（或单位）按工程的分部分项自行完成的建筑产品价值并已与甲方在报告期内办理结算手续的工程价款收入，以及向甲方收取的除工程价款以外的按规定列作营业收入的各种款项，如临时设施费、劳动保险费、施工机械调迁费等以及向甲方收取的各种索赔款。

工程结算成本 指在报告期内与发包单位办理工程价款结算的已完工程实际成本。

企业总收入 指与企业生产经营直接有关的各项收入，包括工程结算收入和其他业务收入，即：

企业总收入＝工程结算收入＋其他业务收入

Explanatory Notes on Main Statistical Indicator

Statistical Unit in Construction refers to the establishment engaged in the construction of buildings and structures and in the installation of equipment. They can be divided into two categories: corporate construction enterprises and affiliated construction units, depending upon their way of organization. A corporate construction enterprise is a legal entity with independent accounting systems, especially set up to undertake construction activities. It should meet the following 3 requirements: ① being set up in line with relevant legal basis, having its full name, organizaion and location, and capable of of taking civil liabilities; ② independently possessing and using its assets and assuming its liabilities, and entitled to sign contracts with other institutions; and ③ making independent accounts of its profits and losses, and capable of compiling its own balance sheet. On the other hand, the affiliated construction units are subsidiary constructing units that are established by enterprises or institutions in other industries to take construction projects to build up their fixed assets. They should also meet 3 requirements: ① engaged exclusively or mainly in construction and installation activities with a fixed site; ② organizing independently their production/management; and ③with independent accounting capability in the enterprises to which they are attached.

Gross Output Value of Construction (Output Value of Projects Under Construction) refers to the gross output value of construction and installation projects that are undertaken by construction enterprises or affiliated constructing units, calculated in line with the planned schedule. It includes:

(1) Output value of construction projects, that is the value of projects covered by the project budgets;

(2) Output value of installation projects, that is the value of the installation of equipment;

(3) Output value of repair of buildings and structures, that is the value created through the repairs of buildings or structures, but does not include the value of buildings or structures being repaired and the value of the repair of production equipment;

(4) Output value of manufactured non-standard equipment, that is the value of non-standard production equipment (including raw materials and manufacturing cost) made for the construction project, irrespective of whether the equipment is manufactured on the construction site or by subsidiary workshops.

Output Value of Building Completed refers to the sum of values of unit projects that completed in the reference period in accordance with the requirments of the design, up to the standard for putting them into use, and have been checked and accepted by concerned departments as qualified ones.

Value Added of Construction refers to the final result of the activities of production and management of construction in monetary terms in the reference period. At present, the value added of construction is calculated with the method of distribution. In other words, it is the sum of incomes of various production factors in the production process. The formula is as follows:

Value added of construction = depreciation of fixed assets in the year + wages payable + welfare expenses payable + insurance premium and tax for waiting for employment in the administrative expenses + taxes and surcharges on project settlement + profit gained from project settlement - profit used as bonus.

Floor Space of Buildings Under Construction refers to floor space of buildings under construction during the reference period, including newly started buildings, buildings started earlier and continued during the reference period, and buildings suspended earlier but restarted during the reference period. Buildings started and then suspended earlier that have not been restarted during the reference time are excluded.

Floor Space of Buildings Completed refers to the floor space of buildings that are completed in the reference period in accordance with the requirements of the design, up to the standard for putting them into use, and have been checked and accepted by concerned departments as qualified ones.

Total Number of Machinery and Equipment Owned by the Construction Enterprises (or Units) by the End of year refers to the number of machines and equipment owned by the enterprises (or units), and listed as the fixed assets of the enterprises (or units) by the end of the year, including machinery and equipment for construction, production and transportation.

The Power of the Machinery and Equipment Owned by the Construction Enterprises (or units) by the End of Year refers to the total power of machinery and equipment owned by the enterprises (or units), and listed as the fixed assets of the enterprises (or units) by the end of the year, including machinery and equipment for construction, production and transportation. The power of the muchinery is calculated on the basis of the designed or verified capacity, covering the power of the machinery/equipment and the separate power equipment serving the machinery/equipment and the separate power equipment serving the machinery/equipment (such as electric motors), but excluding welders, transformers and boilers. The units used for the calculation of power is kilowatt, with horsepower converted to kilowatt by 1 horsepower = 0.735 kilowatt.

Income from Settlement of Projects refers to the income received by the construction enterprise/unit from the completed portion of the project through settlement procedures with the contractee during the reference period, and other charges to the contractee as operational costs, such as facility fee, labour insurance premium, moving cost of construction unit, as well as various types of claims to the contractee.

Cost of Settlement of Projects refers to the actual cost of the completed projects through settlement procedures with the contractee during the reference period.

Total Revenue of Enterprises refers to the sum of income from production and operation of enterprises, including income from settlement of projects and other operational income, namely:

$$\text{Total Revenue of Enterprises} = \text{Income from Settlement of Projects} + \text{Other Operational Income}$$

十四 运输、邮电

TRANSPORTATION, POSTAL AND TELECOMMUNICATION SERVICES

简要说明

一、本篇资料反映广东运输、邮电通信业发展的基本状况。

交通运输业资料主要包括：五种运输方式的线路里程、运输设备拥有量、各种运输方式完成的货物运输量和旅客运输量、港口设备拥有量、港口货物吞吐量、运输主要技术经济指标等。

邮电通信业资料主要包括：邮电业务量、邮电通信工具、邮电通信网、企业主要财务指标、邮电通信水平等。

二、本篇资料由广东省统计局工业交通统计处整理、编辑。

三、资料分别来源于各市统计局以及省内铁路、交通、邮电等部门。管道运输资料由茂名石化公司及广州石油化工总厂提供。

四、本资料货物，旅客运输量仅为交通系统内的运输量，未包括私营及个人运输量。

TRANSPORTATION, POSTAL AND TELECOMMUNICATION SERVICES

Brief Introduction

Ⅰ. The data in this chapter cover mainly the basic conditions of the development of transport, post and telecommunications in Guandong Province.

The data on transport cover mainly the length of the routes of five means of transportation, the ownership of the transport equipment, the freight traffic and passenger traffic accomplished by various means of transp–ortation, the ownership of the port equipment, the cargo handled at ports, the main technological and economic indicators of transport, etc.

The data on post and telecommunications cover mainly the postal and telecommunication services, means of post and telecommunications, network of post and telecommunications, main financial indicators of postal and telecommunication enterprises and the level of the devel opment of the postal and telecommcnication services, etc.

Ⅱ. The data in this chapter are prepared and compiled by the Division of Industrial and Transportation Statistics of the Statistics Bureau of Guangdong Province.

Ⅲ. The data in this chapter come respectively from the statistical bureaus of cities and the provincial departments of railways, transportation, post and telecommunications, etc. The data on the pipeline transport are provided by Maoming Petrochemical Corporation and Guangzhou Petrochemical Corporation.

Ⅳ. The data on freight traffic and passenger traffic in this chapter only refer to the volume transported by the transport circle ,excluding the private and individual units.

14-1 运输邮电主要指标

MAIN INDICATORS OF TRANSPORTATION, POSTAL AND TELECOMMUNICATION SERVICES

指标	Item	1990	1995	1996	1997	1997比1996增长% Increase Rate in 1997 over 1996
铁路营业里程（公里）	Length of Railways in Operation (km)	1287	1861	2137	2051	-4.0
公路通车里程（公里）	Length of Highways (km)	54671	84563	89631	91862	2.5
内河通航里程（公里）	Length of Navigable Inland waterways (km)	10857	10808	10808	10808	0
民航航线里程（公里）	Length of Civil Aviation Routes (km)	107979	296226	391141	463953	18.6
港口码头泊位（个）	Number of Berths in Coastal Ports (unit)	1938	2285	2384	2368	-0.7
#万吨级泊位（个）	Berths at 10000 ton Class (unit)	61	93	100	106	6.0
码头泊位长度（米）	Length of Quay Line (m)	81605	111262	126238	128668	1.9
公路桥梁（座）	Highway Bridges (unit)	11067	15859	16863	17373	3.0
#永久式（座）	Permanent (unit)	10996	15806	16809	17319	3.0
民用汽车（辆）	Civil Motor Vehicles (unit)	402086	1147348	1163339	1234317	6.1
机动船艘数（艘）	Number of Motor Vessels (unit)	40473	33117	30432	29250	-3.9
吨位数（净载重吨）	Tonnage (deadweight ton)	7611980	7888261	7818419	6567844	-16.0
民用飞机（架）	Civil Aircraft (unit)	73	97	95	94	-1.1
邮电局所（处）	Number of Post and Telecommunication Office	2573	3580	3770	3978	5.5
长途自动交换机容量（路）	Capacity of Automatic Long-distance Telephone Exchanges (line)	38030	449548	513672	530068	3.2
电话交换机总容量（万门）	Total Capacity of Telephone Exchanges (10000 lines)	180.7	1007.1	1156.8	1405.3	21.5
#市话交换机容量	Capacity of Urban Telephone Exchanges	108.9	569.8	651.1	881.0	35.3
电话机总数（万部）	Number of Telephone sets (10000 unit)	155.43	729.93	872.18	1005.43	15.3
平均百人电话拥有量（部/百人）	Number of Telephone Sets Owned Per 100 Persons (unit/100 persons)	2.45	10.63	14.76	17.75	20.3
长途电话电路（路）	Number of Long-distance Telephone Lines(line)	20845	159162	219501	205748	-6.3
客运量（万人）	Passenger Traffic (10000 persons)	34152	49220	49602	55050	11.0
旅客周转量（亿人公里）	Passenger-Kilometers (100 million passenger km)	301.08	556.17	555.82	601.97	8.3
货运量（万吨）	Freight Traffic (10000 tons)	18792	24636	24599	24664	0.3
货物周转量（亿吨公里）	Freight Ton-kilometers (100 million ton-km)	2214.38	3363.32	3184.92	3204.70	0.6
港口货物吞吐量（万吨）	Volume of Freight Handled in Coastal Ports (10000 tons)	11904	18933	19585	20358	3.9
港口旅客吞吐量（万人）	Volume of Passengers Handled in Coastal Ports (10000 persons)	2686	2795	2412	2144	-11.1
航站旅客吞吐量（万人）	Volume of Passenger Handled at Airports (10000 persons)	687	1963	2025	1981	-2.2
邮电业务总量（亿元）（按1990年不变价）	Business Volume of Post and Telecommuunications (100 million yuan)(at 1990 constant prices)	26.30	204.93	265.56	330.38	24.4

14-2 客货运输量和邮电业务总量

PASSENGER AND FREIGHT TRAFFIC AND BUSINESS VOLUME OF POST AND TELECOMMUNICATIONS

年份 Year	客运量 (万人) Passenger Traffic (10000 persons)	旅客周转量 (亿人公里) Passenger-kilometers (100 million passenger)	货运量 (万吨) Freight Traffic (10000 tons)	货物周转量 (亿吨公里) Freight Ton-kilometers (100 million ton-km)	沿海主要港口货物吞吐量 (万吨) Volume of Freight Handled in Major Coastal Ports (10000 tons)	邮电业务总量 (亿元) Business Volume of Post and Telecommunications (100 million yuan)
1952	2229	10.97	856	14.55	358	0.35
1957	5972	27.17	3942	47.48	1137	0.60
1962	8892	38.06	4940	58.93	1326	1.15
1965	7721	31.36	7196	128.33	1798	1.03
1970	9189	40.92	9518	341.67	1667	1.06
1975	12646	59.21	13216	803.69	2188	1.36
1978	15906	75.89	15204	1038.88	2786	1.59
1979	18279	93.74	14004	1437.96	3056	1.70
1980	21444	113.62	14201	1412.67	3075	1.86
1981	23028	126.00	13088	1191.19	3167	2.03
1982	27558	140.93	13690	1249.84	3502	2.08
1983	29535	157.67	13739	1375.89	3642	2.31
1984	35366	197.98	13738	1359.24	3739	2.76
1985	38603	233.85	15004	1607.96	5073	3.63
1986	34742	222.18	15660	1700.16	5431	4.50
1987	36185	255.60	17287	1877.86	6300	6.18
1988	37476	298.79	19173	1953.57	7075	13.46
1989	34633	292.16	19434	2090.81	7231	18.30
1990	34152	301.08	18792	2214.38	6895	26.30
1991	36720	349.89	20800	2752.17	7828	38.89
1992	41667	426.45	23409	2916.95	9010	57.06
1993	45650	473.64	25043	3029.90	10753	94.25
1994	46551	533.14	24838	3642.45	11793	142.78
1995	49220	556.17	24636	3363.32	11904	204.93
1996	49602	555.82	24599	3184.92	11863	265.56
1997	55050	601.97	24664	3204.70	12384	330.38

注：邮电业务总量按1990年不变价格计算。
Note: Business volume of post and telecommunications is calculcated at 1990 constant prices.

14-3 客 货 运 输 量
PASSENGER AND FREIGHT TRAFFIC

项 目	Item	1980	1985	1990	1995	1996	1997
一、客 运 量（万人）	**Passenger Traffic(10000 persons)**	**21444**	**38603**	**34152**	**49220**	**49602**	**55050**
铁 路	Railways	2811	3545	4467	6283	5593	6201
公 路	Highways	15829	32485	27358	40005	41239	46247
水 路	Waterways	2714	2340	1857	1769	1579	1445
民 航	Civil Aviation	90	233	470	1163	1191	1157
二、旅客周转量（亿人公里）	**Passenger-Kilometers (100 million passenger. km)**	**113.62**	**233.85**	**301.08**	**556.17**	**555.82**	**601.97**
铁 路	Railways	28.52	52.57	82.57	163.11	153.86	177.61
公 路	Highways	62.71	142.22	157.02	249.38	253.72	270.20
水 路	Waterways	17.11	18.40	17.92	14.71	10.70	8.26
民 航	Civil Aviation	5.28	20.66	43.57	128.97	137.54	145.90
三、货 运 量（万吨）	**Freight Traffic (10000 tons)**	**14201**	**15004**	**18792**	**24636**	**24599**	**24664**
铁 路	Railways	3110	3444	4803	7634	8138	8430
公 路	Highways	3006	1947	1690	2019	1731	1569
水 路	Waterways	7656	8745	11200	13390	13100	12933
民 航	Civil Aviation	2	4	8	21	24	25
管 道	Pipeline	427	864	1091	1572	1606	1707
四、货物周转量（亿吨公里）	**Foeight Ton-Kilometers (100 million ton-km)**	**1412.67**	**1607.96**	**2214.38**	**3363.32**	**3184.92**	**3204.70**
铁 路	Railways	84.86	112.90	179.53	290.78	294.12	294.45
公 路	Highways	8.09	5.54	6.12	9.74	8.46	8.26
水 路	Waterways	1318.01	1483.88	2021.34	3053.32	2872.46	2885.00
民 航	Civil Aviation	0.10	0.37	0.90	2.75	3.26	3.99
管 道	Pipeline	1.61	5.27	6.49	6.73	6.62	13.00

14-4 运 输 线 路 长 度
LENGTH OF TRANSPORTATION ROUTES

单位：公里 (km)

项 目	Item	1980	1985	1990	1995	1996	1997
铁路营业里程	Length of Railways in Operation	1006	1026	1287	1861	2137	2051
中央铁路	National Railways	702	703	680	684	777	782
地方铁路	Local Railways	304	323	607	1177	1360	1269
公路通车里程	Length of Highways	49405	51288	54671	84563	89631	91862
内河通航里程	Length of Navigable Inland Waterways	10808	10775	10857	10808	10808	10808
民用航空航线里程	Length of Civil Aviation Routes	23357	53668	107979	296226	391141	463953
输油管道里程	Length of Petroleum and Gas Pipelines	182	182	182	325	347	555

14-5 运输工具拥有量

NUMBER OF MEANS OF TRANSPORT OWNED

项目		Item		1990	1995	1996	1997
一、铁路		Railways					
铁路机车	(台)	Locomotives	(unit)	273	431	472	478
铁路客货车	(辆)	Passenger Coaches and Freight Cars	(unit)	1627	2798	2863	2768
客车	(辆)	Passenger Coaches	(unit)	1093	1710	1820	1805
货车	(辆)	Freight Cars	(unit)	534	1088	1043	963
二、公路		Highways					
(一)民用汽车	(辆)	Civil Motor Vehicles	(unit)	402086	1147348	1163339	1234317
载客汽车	(辆)	Buses and Cars	(unit)	148023	447346	495810	560555
	(客位)		(seat)	2045643	3845569	4564490	5535849
普通载货汽车	(辆)	Ordinary Trucks	(unit)	247225	662338	625643	638795
	(吨位)		(ton)	873258	2258385	2036098	2055402
专用载货汽车	(辆)	Trucks for Special Use	(unit)	565	8321	14404	12264
	(吨位)		(ton)	7110	51847	86199	30109
其他专用汽车	(辆)	Other Vehicles for Special Use	(unit)	1938	14819	16388	14339
特种汽车	(辆)	Special Vehicles	(unit)	4335	14524	11094	8364
(二)轮胎式拖拉机	(台)	Wheeled Tractors	(unit)	327079	324955	241452	202452
#手扶拖拉机	(台)	Walking Tractors	(unit)	307447	286742	192211	152788
(三)摩托车	(辆)	Motorcycles	(unit)	797338	3429133	3740315	4458065
(四)其他机动车	(辆)	Other Motor Vehicles	(unit)	30341	52903	29364	21304
(五)载货挂车	(辆)	Articulated Trailers	(unit)	5916	3451	3202	3039
三、水运		Waterways					
(一)机动船	(艘)	Motor Vessels	(unit)	40473	33117	30432	29250
	(净载重吨位)		(deadweight tonnage)	7611980	7888261	7818419	6567844
	(客位)		(seat)	140616	171298	163489	152434
货船	(艘)	Cargo Vessels	(unit)	37940	30496	28041	27002
	(净载重吨位)		(deadweight tonnage)	7597033	7880904	7809805	6562376
客货船	(艘)	Passenger-Cargo Vessels	(unit)	245	642	570	453
	(净载重吨位)		(deadweight tonnage)	14947	7357	8614	5468
	(客位)		(seat)	30092	26108	22934	18179
客船	(艘)	Passenger Vessels	(unit)	1719	1516	1464	1395
	(客位)		(seat)	110524	145190	140555	134255
拖船	(艘)	Drawing Vessels	(unit)	569	463	357	400
	(千瓦)		(kw)	97747	245198	211998	230632
(二)驳船	(艘)	Barges	(unit)	5869	2014	1856	1521
	(净载重吨位)		(deadweight tonnage)	458921	601040	407991	318001
	(客位)		(seat)	987	160	323	299
(三)帆船	(艘)	Sailing Boats	(unit)	593	85	41	14
	(净载重吨位)		(deadweight tonnage)	33152	4961	2289	70
四、民航		Civil Avation					
民用飞机	(架)	Number of Civil Aircraft	(unit)	73	97	95	94

14-6 各市机动车拥有量(1997年)
MOTOR VEHICLES OWNED BY CITY (1997)

单位：辆 (unit)

市别 City		总计 Total	汽车 Vehicles	客车 Buses and Cars	普通货车 Ordinary Trucks	专用货车 Trucks for special Use	其他专用汽车 Other Trucks for Special Use	特种车 Special Vehicles	摩托车 Motorcycles	拖拉机(台) Tractors (unit)
广州	Guangzhou	1003905	264468	137946	120653	2992	1579	1298	738581	856
深圳	Shenzhen	222094	169192	99952	64620	24	4227	369	52902	
珠海	Zhuhai	69999	44573	26324	17235	361	574	79	23802	1624
汕头	Shantou	337305	49511	25940	22117	323	1057	74	280730	7064
韶关	Shaoguan	145836	33043	13349	16472	404	1763	1055	100190	12603
河源	Heyuan	78791	14056	6023	7727	27	22	257	53290	11445
梅州	Meizhou	239424	25400	8253	16558	64	133	392	184891	29133
惠州	Huizhou	166900	40332	17548	20950	804	354	676	114619	11949
汕尾	Shanwei	101754	11483	6602	4349	269	3	260	86441	3830
东莞	Dongguan	396763	103425	40101	59399	3108	720	97	287076	6262
中山	Zhongshan	309297	56029	22302	32614	390	616	107	246881	6387
江门	Jiangmen	450656	60381	25052	34419	336	417	157	377191	13084
佛山	Foshan	883568	139920	43135	92057	1146	1601	1981	736497	7151
阳江	Yangjiang	159840	13512	5300	8049	99	46	18	140352	5976
湛江	Zhanjiang	237269	50636	19020	30296	520	491	309	163221	23412
茂名	Maoming	330846	49448	16987	31363	575	255	268	267608	13790
肇庆	Zhaoqing	247090	30378	12559	17297	243	200	79	203000	13712
清远	Qingyuan	166050	25028	10304	13625	163	167	769	111659	29363
潮州	Chaozhou	104679	16150	6523	9345	142	85	55	81769	6760
揭阳	Jieyang	133938	19665	10125	9369	112	29	30	104714	9559
云浮	Yunfu	130134	17687	7210	10281	162		34	102651	9796

14-7 各市公路基本情况(1997年)
BASIC CONDITIONS OF HIGHWAYS BY CITY (1997)

单位：公里 (km)

市别 City		通车里程 Length of Highways	按等级分 by Class: 等级路 Expressways and Class Ⅰ to Ⅳ Highways	等外路 Highways Below Class Ⅳ	按路面分 by Pavement: 有路面里程 Paved Highways	无路面里程 Not-paved Highways	晴雨通车里程 Length of Highways in Any Weather Conditions	桥梁 Bridges: 座 Unit	米 Meter
广州	Guangzhou	4382	2977	1405	4298	84	4382	1178	52014
深圳	Shenzhen	1081	1046	35	1081		1081	338	12104
珠海	Zhuhai	718	623	95	718		718	189	9582
汕头	Shantou	1437	1386	51	1431	6	1412	384	11425
韶关	Shaoguan	8586	6745	1841	8191	395	8243	1086	31788
河源	Heyuan	8425	7598	827	7570	855	7338	1238	30670
梅州	Meizhou	8719	7760	959	8656	63	8656	1766	44342
惠州	Huizhou	6511	6114	397	6493	18	6499	1019	30569
汕尾	Shanwei	2079	1925	154	1787	292	1917	518	13692
东莞	Dongguan	2245	2087	158	1810	435	2243	388	29050
中山	Zhongshan	711	584	127	711		711	384	21512
江门	Jiangmen	3872	3263	609	3692	180	3776	1137	35575
佛山	Foshan	3218	2897	321	3217	1	3218	989	57158
阳江	Yangjiang	3212	2718	494	2281	931	3023	589	21395
湛江	Zhanjiang	6943	6080	863	5815	1128	6400	648	21592
茂名	Maoming	7552	6886	666	6439	1113	7066	1478	43696
肇庆	Zhaoqing	6496	5840	656	6222	274	5863	1025	30333
清远	Qingyuan	7101	5490	1611	6933	168	6645	963	34952
潮州	Chaozhou	1788	1336	452	1788		1709	395	12058
揭阳	Jieyang	2846	2332	514	2786	60	2722	694	20505
云浮	Yunfu	3155	2958	197	3013	142	3060	660	15926
高速公路公司		785	785		785		785	307	81561

14-8 公路通车里程和桥梁数

LENGTH OF HIGHWAYS AND NUMBER OF BRIDGES

项 目	Item		1990	1995	1996	1997
一、通车里程 （公里）	**Length of Highways**	**(km)**	**54671**	**84563**	**89631**	**91862**
#晴雨通车里程	Length of Highways in All Weathers		49773	78974	84731	87467
（一）按等级分	By Class					
1. 等级路	Expressways and Class Ⅰ to Ⅳ Highways		37086	70413	76276	79430
高速公路	Expressways		23	358	714	785
一 级	First Class		106	2731	3326	4053
二 级	Second Class		1898	6374	8299	10299
三 级	Third Class		3195	5190	5775	6215
四 级	Fourth Class		31864	55760	58162	58078
2. 等外公路	Highways below Class Ⅳ		17585	14150	13355	12432
（二）按路面分	By Pavement					
1. 有路面里程	Paved Highways		46850	77879	83098	85717
高级、次高级	High Class, Second-high Class		12008	22565	25749	29376
中 级	Medium Class		10923	13860	13934	13582
低 级	Low Class		23919	41454	43415	42759
2. 无路面里程	Not-paved Highways		7821	6684	6533	6145
二、桥 梁 （座）	**Bridges**	**(unit)**	**11067**	**15859**	**16863**	**17373**
（米）		**(m)**	**329729**	**569525**	**635717**	**661499**
#永久式 （座）	Permanent	(unit)	10996	15806	16809	17319
（米）		(m)	327618	568022	634102	660038
半永久式（座）	Semi-permanent	(unit)	53	43	43	42
（米）		(m)	1602	1327	1327	1207
三、渡 口（个）	**Ferries**	**(unit)**	**42**	**37**	**35**	**32**

14-9 输油管道长度和运输量

LENGTH AND TRAFFIC OF PETROLEUM AND GAS PIPELINES

项目	Item	1990	1995	1996	1997
总计	Totla				
条数（条）	Number of Pipelines (unit)	9	26	34	33
输油(气)里程（公里）	Length of Pipelines (km)	181.85	324.90	347.01	555.32
输油(气)延展里程（公里）	Extention Length of Pipelines (km)	192.25	339.68	361.79	570.90
输油(气)量（万吨）	Pipeline Traffic (10000 tons)	1091	1572	1606	1707
输油(气)周转量(万吨公里)	Ton-kilometers (10000 ton-km)	64863	67382	66236	130017
一、输原油管道	Crude Oil Pipelines				
条数（条）	Number of Pipelines (unit)	1	4	4	4
输油里程（公里）	Length of Pipelines (km)	105.09	173.79	169.79	340.29
输油延展里程（公里）	Extention Length of Pipelines (km)	115.49	186.97	182.97	353.47
输油量（万吨）	Pipeline Traffic (10000 tons)	568	1134	1137	1241
输油周转量(万吨公里)	Ton-kilometers (10000 ton-km)	59707	64063	61950	125067
二、成品油管道	Refined Oil Pipelines				
条数（条）	Number of Pipelines (unit)	8	22	22	23
输油里程（公里）	Length of Pipelines (km)	76.76	151.11	151.11	188.92
输油延展里程（公里）	Extention Length of Pipelines (km)	76.76	152.71	152.71	191.32
输油量（万吨）	Pipeline Traffic (10000 tons)	523	438	452	454
输油周转量(万吨公里)	Ton-kilometers (10000 ton-km)	5156	3319	4102	4838
三、输气管道	Gas Pipelines				
条数（条）	Number of Pipelines (unit)			8	6
输气里程（公里）	Length of Pipelines (km)			26.11	26.11
输气延展里程（公里）	Extention Length of Pipelines (km)			26.11	26.11
输气量（万吨）	Pipeline Traffic (10000 tons)			17	12
输气周转量(万吨公里)	Ton-kilometers (10000 ton-km)			184	112

14-10 民航航站吞吐量

VOLUME OF CIVIL AVIATION HANDLED AT AIRPORTS

年份 Year	合计 Total			进港 Entry			出港 Exit		
	架次（万次） Sorties (10000 sorties)	旅客（万人） Passeneger Traffic (10000 persons)	货、邮、行（万吨） Freight Traffic (10000 tons)	架次（万次） Sorties (10000 sorties)	旅客（万人） Passeneger Traffic (10000 persons)	货、邮、行（万吨） Freight Traffic (10000 tons)	架次（万次） Sorties (10000 sorties)	旅客（万人） Passeneger Traffic (10000 persons)	货、邮、行（万吨） Freight Traffic (10000 tons)
1980	1.6	161	2.9	0.8	81	1.4	0.8	80	1.5
1985	4.0	318	6.2	2.0	160	3.0	2.0	158	3.2
1990	6.2	687	13.5	3.1	343	5.9	3.1	344	7.6
1995	17.7	1963	39.5	8.8	963	14.1	8.9	1000	25.4
1996	18.2	2025	45.6	9.1	993	15.9	9.1	1032	29.7
1997	19.0	1981	49.0	9.5	974	16.7	9.5	1007	32.3

14-11 货 物 吞 吐 量（全港）

VOLUME OF FREIGHT HANDLED (WHOLE PORTS)

单位：万吨 (10000 tons)

项 目	Item	1980	1985	1990	1995	1996	1997
总 计	**Total**	**7059**	**8811**	**11904**	**18933**	**19585**	**20358**
一、沿海主要港口合计	**Total Volume in Major Constal Ports**	**3075**	**5073**	**6895**	**11904**	**11863**	**12384**
广州港	Guangzhou	1824	3446	4163	7299	7450	7518
湛江港	Zhanjiang	1075	1231	1557	1895	1769	2050
汕头港	Shantou	176	201	279	716	832	884
蛇口港	Shekou		130	480	1001	747	659
赤湾港	Chiwan		65	412	777	655	674
妈湾港	Mawan			4	149	200	237
盐田港	Yantian				67	210	362
二、地方港口合计	**Total Volume in Local Ports**	**3984**	**3738**	**5009**	**7029**	**7722**	**7974**
广 州	Guangzhou	283	255	936	1042	1060	871
深 圳	Shenzhen	30	131	267	1018	1129	1129
珠 海	Zhuhai		155	269	467	610	724
汕 头	Shantou	523	224	279	221	250	383
韶 关	Shaoguan	75	44	72	129	105	146
河 源	Heyuan		72	90	22	27	43
梅 州	Meizhou	206	134	92	223	218	216
惠 州	Huizhou	524	107	83	41	20	19
汕 尾	Shanwei		27	46	55	48	52
东 莞	Dongguan		276	314	317	332	437
中 山	Zhongshan		239	300	357	394	482
江 门	Jiangmen		494	615	767	754	735
佛 山	Foshan	1309	552	675	774	855	928
阳 江	Yangjiang		31	19	33	24	32
湛 江	Zhanjiang	266	177	260	424	357	383
茂 名	Maoming		34	42	345	846	599
肇 庆	Zhaoqing	500	503	421	225	207	210
清 远	Qingyuan	268	240	201	243	220	217
潮 州	Chaozhou		43	28	28	23	53
揭 阳	Jieyang				31	6	121
云 浮	Yunfu				187	165	129
省航务管理局	Port Administration Bureau of Guangdong Province				80	72	65

14-12 货物吞吐量(本港)
VOLUME OF FREIGHT HANDLED (LOCAL PORTS)

单位：万吨 (10000 tons)

项目	Item	1990	1995	1996	1997
合计	**Total**	**7598**	**12927**	**12719**	**13811**
一、沿海主要港口	**Total Volume in Major Coastal Ports**	**5355**	**9552**	**9191**	**9391**
广州港	Guangzhou	2750	5369	5334	5161
湛江港	Zhanjiang	1511	1728	1514	1798
汕头港	Shantou	254	716	832	884
蛇口港	Shekou	478	911	747	659
赤湾港	Chiwan	358	612	354	290
妈湾港	Mawan	4	149	200	237
盐田港	Yantian		67	210	362
二、地方港口	**Total Volume in Local Ports**	**2243**	**3375**	**3528**	**4420**
外贸	International Trade	203	809	1341	2150
内贸	Domestic Trade	2040	2566	2187	2270
1. 进口合计	Total Imports	1257	2278	2464	3195
外贸	International Trade	92	589	998	1728
内贸	Domestic Trade	1165	1689	1466	1467
2. 出口合计	Total Exports	986	1097	1064	1225
外贸	International Trade	111	220	343	422
内贸	Domestic Trade	875	877	721	803

14-13 旅客吞吐量
VOLUME OF PASSENGERS HANDLED

单位：万人 (10000 persons)

项目	Item	1980	1985	1990	1995	1996	1997
合计	**Total**	**1678.1**	**2704.2**	**2685.7**	**2794.8**	**2412.4**	**2143.7**
#出口	Exports	1660.7	1605.0	1320.6	1387.9	1201.4	1062.6
一、沿海主要港口	**Major Coastal Ports**	**470.1**	**460.2**	**707.2**	**664.4**	**539.4**	**419.7**
#出口	Exports	452.7	397.0	341.7	318.2	264.4	207.6
广州港	Guangzhou	439.8	354.3	434.8	307.1	187.4	109.7
#出口	Exports	438.3	345.5	206.5	141.0	87.2	51.8
湛江港	Zhanjiang	3.7	1.8	9.2	49.1	44.2	43.0
#出口	Exports	1.7	0.8	4.4	25.4	22.0	21.0
汕头港	Shantou	26.6	21.2	33.2	12.8	7.3	2.1
#出口	Exports	12.7	10.2	15.4	6.1	3.5	0.9
蛇口港	Shekou		82.9	230.0	295.4	300.5	264.9
#出口	Exports		40.5	115.4	145.7	151.7	133.9
二、地方港口	**Local Ports**	**1208.0**	**2244.0**	**1978.5**	**2130.4**	**1873.0**	**1724**
#出口	Exports	1208.0	1208.0	978.9	1069.7	937.0	855

14-14 港口设备拥有量
NUMBER OF PORT FACILITIES OWNED

项目	Item	1990	1995	1996	1997
一、沿海主要港口	**Major Coastal Ports**				
码头泊位个数 （个）	Number of Berths (unit)	860	936	1068	1062
#万吨级泊位	Berths at 10000 Ton Class	60	84	91	94
码头泊位长度 （米）	Length of Quay Line (m)	49592	59519	71904	71988
浮筒数 （个）	Floats (unit)	40	32	33	34
总面积（万平方米）	Total Area (10000 sq. m)	201.1	330.7	350.1	395.2
#仓库	Warehowses	59.6	77.3	79.7	83.4
堆场	Store Sites	138.2	247.2	252.5	304.0
总容量 （万吨）	Total Capacity (10000 tons)	368.8	836.8	877.1	965.2
#仓库	Warehouses	60.8	147.7	177.7	165.6
堆场	Store Sites	290.2	689.1	699.4	794.2
机械实有数 （台）	Actual Number of Machinery (unit)	2253	3535	3601	3539
#起重机械	Lifting Machinery	693	695	719	751
二、地方港口	**Local Ports**				
码头泊位个数 （个）	Number of Berths (unit)	1078	1349	1316	1306
#万吨级泊位	Berths at 10000 Ton Class	1	9	9	12
码头泊位长度 （米）	Length of Quay Line (m)	32013	51743	54334	56680
总面积（万平方米）	Total Area (10000 sq. m)	97	168	234	277
#仓库	Warehouses	16	21	28	47
堆场	Store Sites	81	131	167	200
总容量 （万吨）	Total Capacity (10000 tons)	180	402	512	652
#仓库	Warehouses	23	50	100	143
堆场	Store Sites	157	352	412	509
机械实有数 （台）	Actual Number of Machinery (unit)	631	833	989	1100
#起重机械	Lifting Machinery	252	314	344	366

14-15 沿海主要港口国际标准集装箱吞吐量
VOLUME OF INTERNATIONAL STANDARD CONTAINERS HANDLED IN MAJOR COASTAL PORTS

单位：TEU

港口名称 Name of Port	1996			1997		
	合计 Total	进口 Imports	出口 Exports	合计 Total	进口 Imports	出口 Exports
总计 Total	**1178896**	**564935**	**613961**	**1736299**	**795766**	**940533**
广州港 Guangzhou	557528	272494	285034	687303	325189	362114
湛江港 Zhanjiang	29465	15155	14310	43672	21378	22294
汕头港 Shantou	90017	45466	44551	74228	37500	36728
蛇口港 Shekou	47873	16987	30886	75659	21846	53813
赤湾港 Chiwan	97775	51284	46491	210243	104216	106027
妈湾港 Mawan	2729	1412	1317	6798	4903	1895
盐田港 Yantian	353509	162137	191372	638396	280734	357662

14-16 运输主要技术经济指标

PRINCIPAL ECONOMIC AND TECHNICAL INDICATORS OF TRANSPORTATION

项　目	Item	1996	1997
一、铁　路	Railways		
货物列车出发正点率 (%)	Punctuality Rate of Freight Trains at Departure (%)	97.2	97.2
货物列车运行正点率 (%)	Punctuality Rate of Freight Trains in Running (%)	96.5	95.8
旅客列车出发正点率 (%)	Punctuality Rate of Passenger Trains at Departure (%)	98.4	96.4
旅客列车运行正点率 (%)	Punctuality Rate of Passenger Trains in Running (%)	96.2	94.1
二、公　路	Highways		
载货汽车完好率 (%)	Unharmed Rate of Truck (%)	90.8	91.1
载货汽车工作率 (%)	Operation Rate of Truck (%)	67.2	62.1
载货汽车实载率 (%)	Carrying Rate of Truck (%)	63.1	65.0
载货汽车车吨年产量 (吨公里)	Annual Production of Truck (ton-km)	25165	30359
载货汽车单车年产量 (吨公里)	Annual Production of Single Truck (ton-km)	237525	316467
载货汽车每百吨公里耗汽油(升)	Gasoline-consumption of Truck per hundred ton-kilometer (liter)	6.7	6.2
载货汽车每百吨公里耗柴油(升)	Diesel-consumption of Truck per hundred ton-kilometer (liter)	4.8	4.2
载客汽车完好率 (%)	Unharmed Rate of Buses and Cars (%)	95.2	95.5
载客汽车工作率 (%)	Operation Rate of Buses and Cars (%)	87.5	87.0
载客汽车实载率 (%)	Carrying Rate of Buses and Cars (%)	66.8	61.1
载客汽车车座年产量 (人公里)	Annual Seat-production of Buses and Cars (man-km)	65812	57689
载客汽车单车年产量 (人公里)	Annual Production of Single Buse Car (man-km)	1802160	1852862
三、水　运	Waterways		
部直属轮船营运率 (%)	Operation Rate of Ship Directly under the Ministry (%)	93.8	97.7
部直属轮船吨船年产量(吨公里)	Annual Freight Traffic of Ship Directly under the Ministry (ton-km)	60755	61277
地方航运轮驳船营运率 (%)	Operation Rate of Local Barge (%)	87.1	92.1
地方航运轮驳船货运吨船年产量(吨公里)	Annual Freight Traffic of Local Barge (ton-km)	12005	13759
四、民　航	Civil Aiation		
飞行班次 (班次)	Number of Flight	94985	96262
飞行里程 (万公里)	Distance of Flight (10000 km)	11012	12160
飞行小时 (小时)	Time of Flight (h)	188002	196865
#运输飞机	Transportation Airplane	182589	192746
专业飞机	Special Airplane	5413	4119
载 运 率 (%)	Carrying Rate (%)	60.5	56.4
客 座 率 (%)	Seating Rate (%)	70.9	64.8

14-17 铁路运输主要技术经济指标

PRINCIPAL ECONOMIC AND TECHNICAL INDICATORS OF RAILWAY TRANSPORT

项　　目	Item	1996	1997
货车周转时间(天)	Turning Around Time of Freight Trains (day)		
羊城公司	Yangcheng Company	1.19	1.29
广深公司	Guangzhou-Shenzhen Company	1.10	1.08
省地方铁路公司(准轨)	Guangdong Province Local Railway Company		0.64
三茂公司	Shanshui-Maoming Company	1.19	1.20
广梅汕公司	Guangzhou, Meizhou-Shantou Company	1.69	1.68
平南公司	Pinghu-Nantou Joint-stock Company	1.93	1.92
货车静载重(吨)	Static Load of Freight Trains (ton)		
羊城公司	Yangcheng Company	54.5	54.3
广深公司	Guangzhou-Shenzhen Company	46.4	47.0
省地方铁路公司(准轨)	Guangdong Province Local Railway Company	61.5	61.7
三茂公司	Shanshui-Maoming Company	56.9	57.3
广梅汕公司	Guangzhou, Meizhou-Shantou Company	52.8	52.2
平南公司	Pinghu-Nantou Joint-stock Company	49.0	53.3
货物列车旅行速度(公里/小时)	Running Speed of Freight Trains (km/hr)		
羊城公司	Yangcheng Compary	31.4	33.6
广深公司	Guangzhou-Shenzhen Company		25.8
省地方铁路公司(准轨)	Guangdong Province Local Railway Company		50
三茂公司	Shanshui-Maoming Company	27.2	28.5
广梅汕公司	Guangzhou, Meizhou-Shantou Company	34.7	30.9
平南公司	Pinghu-Nantou Joint-stock Company		24.0
货物列车运行正点率(%)	Punctuality Rate of Freight Trains in Running (%)		
羊城公司	Yangcheng Company	97.7	96.9
广深公司	Guangzhou-Shenzhen Company	92.4	91.2
省地方铁路公司(准轨)	Guangdong Province Local Railway Company		
三茂公司	Shanshui-Maoming Company	99.8	98.3
广梅汕公司	Guangzhou, Meizhou-Shantou Company	98.5	96.1
平南公司	Pinghu-Nantou Joint-stock Company		
货运机车日产量(万吨公里)	Average Daily Ton-kilometers of Freight Locomotives(10000 ton-km)		
羊城公司	Yangcheng Company	108.8	102.9
广深公司	Guangzhou-Shenzhen Company		
省地方铁路公司(准轨)	Guangdong Province Local Railway Company		7.9
三茂公司	Shanshui-Maoming Company	65.7	64.5
广梅汕公司	Guangzhou, Meizhou of Shantou Company	67.3	72.6
平南公司	Pinghu-Nantou Joint-stock Company		
内燃机车万吨公里耗油(千克)	Oil Comsumption of Diesel Locomotives (kg/10000 ton-km)		
羊城公司	Yangcheng Company	23.3	24.2
广深公司	Guangzhou-Shenzhen Company		
省地方铁路公司(准轨)	Guangdong Province Local Railway Company		
三茂公司	Shanshui-Maoming Company	24.0	25.8
广梅汕公司	Guangzhou, Meizhou-Shantou Company	30.1	30.5
平南公司	Pinghu-Nantou Joint-stock Company		
电力机车万吨公里耗电(千瓦时)	Electricity Consumption of Electric Locomotives (kwh/10000 ton-km)		
羊城公司	Yangcheng Company	88.0	95.4
广深公司	Guangzhou-Shenzhen Company		
省地方铁路公司(准轨)	Guangdong Province Local Railway Company		
三茂公司	Shanshui-Maoming Company		
广梅汕公司	Guangzhou, Meizhou-Shantou Company		
平南公司	Pinghu-Nantou Joint-stock Company		

14-18 全省客、货运量及港口货物吞吐量最大的10家企业(1997年)

THE POOVINCE'S TOP 10 COMPANIES IN TERMS OF PASSENGER AND FREIGHT TRAFFIC AND CARGO HANDLED (1997)

序号 Order	企 业 名 称	Name of Interprises	指标值 Quantity
	客运量(万人)	**Passenger Traffic (10000 persons)**	
1	广东省茂名市汽车运输总公司	MAO MING AUTOMOBILE TRANSPORTATION CORP. GUANGDONG PROVINCE	2902
2	广东省江门市汽车运输总公司	JIANGMEN AUTOMOBILE TRANSPORT GENERAL CORPORATION OF GUANGDONG PROVINCE	2577
3	羊城铁路公司		2363
4	广州市第二运输公司		2283
5	深圳市宝安区运输公司		1827
6	湛江汽车运输公司	ZHANJIANG AUTOMOBILE TRANSPORTATION GROUP CO. LTD. GUANG DONG PROVINCE	1638
7	广州市运输公司	GUANGZHOU TRANSPORTATION CO., LTD.	1637
8	中国南方航空股份有限公司	CHINA SOUTHERN AIRLINES CO., LTD.	1007
9	深圳市康达尔(集团)运输有限公司	SHENZHEN KONDARL(GROUP)TRANSPORTATION CO., LTD	822
10	招商局蛇口工业区汽车客运公司	CHINA MERCHANTS SHEKOU INDUSTRIAL ZONE BUS TRANSIT COMPANY	707
	货运量(万吨)	**Freight Traffic (10000 tons)**	
1	广州海运(集团)有限公司	GUANGZHOU MARITIME TRANSPORT (GROUP) CO., LTD.	5435
2	羊城铁路公司		2331
3	广州远洋运输公司	GUANGZHOU OCEAN SHIPPING COMPANY	1299
4	顺德外运集团公司		1250
5	斗门县水运总公司		450
6	中山市船务总公司	GUANGDONG ZHONGSHAN CIYT SHIP PING GENERAL CO.	351
7	龙门县水运总公司		315
8	鹤山建设车队		300
9	南海市交通集团公司	NANHAI COMMUNICATION GROUP	299
10	广东驳运公司	GUANGDONG LIGHTER CO.	266
	港口货物吞吐量(万吨)	**Volume of Freight Handled in Coastal Ports (10000 tons)**	
1	广州港务局	GUANGZHOU HARBOUR BUREAU	5161
2	湛江港务局		1798
3	汕头港务局		884
4	蛇口招商港务股份有限公司		659
5	深圳赤湾港航股份有限公司	CHINA MERCHANTS SHEKOU PORT SERVICE CO., LTD.	626
6	湛江市联运公司	SHENZHEN CHIWAN WHARF HOLDINGS LTD. (CWH)	379
7	大亚湾华德石化有限公司		376
8	深圳盐田国际集装箱码头有限公司	HUADE PETROCHEMICAL CO. LTD.	362
9	东莞市港务管理局	THE ADMINISTRATIVE BUREAU OF DONGGUAN PORT	273
10	南海国际货柜码头有限公司		259

14-19 独立核算公路、水运、港口企业主要财务指标(1997年)

MAIN INDICATORS OF HIGHWAY, WATERWAY AND PORT ENTERPRISES WITH INDEPENDENT ACCOUNTING SYSTEMS (1997)

单位:万元 (10000 yuan)

指标名称	Item	总计 Total	公路 Highway	水运 Waterway	港口 Port
企业个数(个)	Number of Enterprises (unit)	663	357	205	101
#亏损企业	Loss-making Enterprises	242	91	120	31
资本金	Total Capital	1590703	206547	650655	733501
流动资产	Total Circulating Assets	1358830	255897	634007	468926
#存货	Inventory	60112	10929	32564	16619
长期投资	Long-term Investment	266339	38488	108433	119418
固定资产	Total Fixed Assets	2829826	366680	968621	1494525
固定资产原价	Original Value of Fixed Assets	3845978	498203	1647555	1700220
#生产经营用	Production and Operating	3251483	369174	1349959	1532350
累计折旧	Accumulated Depreciation	1317069	222084	785045	309940
#本年折旧	Depreciation of Current Year	213505	34797	119336	59372
无形及递延资产	Intangible and Deferred Assets	260719	45192	14543	200984
#无形资产	Intangible Assets	222564	39212	7627	175725
资产合计	Total Assets	4847095	716113	1836786	2294196
流动负债	Liquid Liabilities	1168589	295290	504059	369240
长期负债	Long-term Liabilities	1289600	117711	422437	749452
负债合计	Total Liabilities	2468433	417725	929922	1120786
所有者权益	Creditor Equity	2378662	298388	906864	1173410
营运业务收入	Operating Revenue	1895727	317735	1098197	479795
营运业务成本	Operating Costs	1449565	217377	948042	284146
营运费用	Operating Expenses	15601	7007	5062	3532
营运税金及附加	Tax and Extra Charges on Business Operating	41663	10647	16955	14061
营运业务利润	Operating Profits	388898	82704	128138	178056
管理费用	Management Expenses	259691	78122	75471	106098
#税金	Tax	5398	2405	1438	1555
财产保险费	Property Insurance	4806	1280	1878	1648
劳动、待业保险金	Labor and Unemployment Insurance	30094	6824	8851	14419
财务费用	Financial Expenses	88510	9974	63530	15006
#利息支出	Interest Expenditure	56247	8913	34495	12839
利润总额(亏损为-)	Total Profits	103812	9999	29842	63971
#应交所得税	Income Tax Payable	16564	1798	9776	4990
本年应付工资总额	Total Wages Payable of Current Year	252924	55482	109355	88087
本年应付福利费总额	Total Welfare Payable of Current Year	39812	8242	18015	13555

14-20 各市邮电业务总量(1997年)

POSTAL AND TELECOMMUNICATION SERVICES BY CITY (1997)

市别 City	业务总量(万元)(1990年不变价) Business Volume (10000 yuan)	函件(万件) Letters (10000 Pcs)	报刊累计数(万份) Newspaper and Magazine Circulation (10000 copies)	电报(万份) Telegrams (10000 pcs)	长途电话(万次) Long-Distance Calls (10000 sheets)	市内电话(万户) Local (Urban) Telephone Subscribers (10000 sheets)	农村电话(万户) Rural Telephones Subscribers (10000 sheets)
总计 Total	**3303811**	**91793**	**146115**	**720**	**358835**	**520**	**314**
广州市电信局 Guangzhou Telecommunications	668968	3541	3969	79	76606	147	20
广州邮政局 Guangzhou Post	26015	25977	22767				
深圳 Shenzhen	610111	17611	17443	189	69408	64	29
珠海 Zhuhai	103753	1718	2755	31	11354	18	2
汕头 Shantou	185634	2390	7753	35	22087	43	17
韶关 Shaoguan	49569	2182	4440	19	4870	19	7
河源 Heyuan	28479	1269	3119	14	3217	8	7
梅州 Meizhou	56782	1948	7457	16	4873	17	14
惠州 Huizhou	131066	3200	4809	42	14285	17	15
汕尾 Shanwei	55709	562	3003	10	4909	5	14
东莞 Dongguan	284278	9506	6876	63	38505	12	31
中山 Zhongshan	129289	3339	4509	20	14015	9	20
江门 Jiangmen	137368	2327	10827	25	12525	30	17
佛山 Foshan	296557	4143	13642	32	34292	25	39
阳江 Yangjiang	36280	785	3517	13	2229	8	6
湛江 Zhanjiang	107167	2292	5940	27	9736	27	14
茂名 Maoming	68547	2926	5917	25	7217	16	11
肇庆 Zhaoqing	61430	1948	4639	16	4681	15	6
清远 Qingyuan	39320	1159	3691	17	3936	10	5
潮州 Chaozhou	53908	805	2871	17	5160	10	14
揭阳 Jieyang	100859	1482	3579	20	12276	13	20
云浮 Yunfu	28485	683	2592	10	2654	7	6

14-21 邮电通信工具

POSTAL AND TELECOMMUNICATION INSTRUMENTS

年份 Year	邮运汽车(辆) Mail Car (unit)	长途自动交换机容量(万路) Capacity of Long-distance Exchanges (10000 lines)	自动转报设备容量(线) Capacity of Auto-reversing Direction Equipment (lines)	用户电报交换机容量(线) Capacity of User Telegram Exchanges (lines)	电话交换机总容量(万门) Total Capacity of Exchanges (10000 lines)	#市话交换机 Capacity of Local Telephone Exchanges	电话话机总数(万部) Number of Telephone Sets (10000 lines)	#市话话机 Number of Local Telephone Sets
1978	211				21.1	7.9	17.5	7.9
1980	247				24.2	9.8	18.9	9.2
1985	383	0.2		1860	40.0	19.7	36.6	24.2
1990	618	3.8		4068	180.7	108.9	155.4	108.0
1995	1173	45.0	480	3904	1007.1	569.8	729.9	452.5
1996	1293	51.4	320	4368	1156.8	651.1	872.2	526.2
1997	1536	53.0	324	4392	1405.3	881.0	1005.4	640.2

14-22 各市邮电通信网(1997年)

COMMUNICATION NET OF POSTAL SERVICE BY CITY (1997)

市别 City		邮电局所(处) Number of Post and Telecommunication	邮路长度(公里) Length of Postal Routes (km)	#航空邮路 Airport Postal Routes	长途电话电路(路) Number of Long-distance Telephone Lines (line)	电报报路(路) Number of Telegram Lines (line)	农村投递路线(公里) Length of Rural Delivery Routes(km)
总计	**Total**	**3978**	**135520**	**74920**	**205748**	**2343**	**159716**
广州	Guangzhou	596	5245	-			10803
深圳	Shenzhen	434	14875	14659			3103
珠海	Zhuhai	95	26149	24439			2627
汕头	Shantou	173	13247	9648			4171
韶关	Shaoguan	181	3519				8817
河源	Heyuan	123	3006				9393
梅州	Meizhou	189	2749				14582
惠州	Huizhou	169	2231				6058
汕尾	Shanwei	79	835				6086
东莞	Dongguan	339	880				2057
中山	Zhongshan	123	578				6686
江门	Jiangmen	172	2752				14721
佛山	Foshan	239	2146				8062
阳江	Yangjiang	82	1241				5968
湛江	Zhanjiang	216	5346	392			12606
茂名	Maoming	140	3414				8717
肇庆	Zhaoqing	146	2632				8086
清远	Qingyuan	170	2698				10215
潮州	Chaozhou	74	737				3406
揭阳	Jieyang	147	864				8862
云浮	Yunfu	90	1388				4690

14-23 邮电通信水平

LEVEL OF POSTAL AND TELECOMMUNICATION SERVICES

项目	Item	1980	1985	1990	1996	1997
全省平均每人每年发函件数(件)	Annual Average Number of Letters Mailed Per Capita	4.8	6.0	8.7	14.1	13.9
全省平均每百人每年订报刊数(份)	Annual Average Number of Newspaper & Magazine Subscribed per 100 Persons	15.7	22.5	16.6	16.6	16.9
电话普及率 (部/百人)	Coverage Rate of Telephone (set/per hundred people)	0.36	0.62	2.45	14.76	17.75
设有邮电局所的乡(镇)比重(%)	Percentage of Townships with Post and Telecommunication Offices	93.6	94.9	95.8	96.0	96.1
已装电话交换机的乡(镇)比重(%)	Percentage of Townships with Equipping Telephone Exchange			89.0	86.0	98.6
已通电话的行政村比重 (%)	Percentage of Villages with Telephone Communication			77.6	96.0	97.3
进入长话自动网的县(市)比重(%)	Percentage of Counties Connected Auto-exchange Net of Long Distance Call				100.0	100.0
进入分组交换网的县(市)比重(%)	Percentage of Counties Connected Package Switch Net				91.1	98.7
进入数字数据网的县(市)比重(%)	Percentage of Counties Connected Numberal Data Net				97.5	97.5
开通电子信箱的县(市)比重(%)	Percentage of Counties with Establishing E-mail				93.7	100.0
开通电子数据交换的县(市)比重(%)	Percentage of Counties with Establishing Electronic Data Exchange				0.1	1.1

注：本表1980年和1985年数含海南。

Note: The figures of year 1980 and 1985 excluded Hainan Province.

14-24 邮电通信企业主要财务指标(1997年)
MAIN FINANCIAL INDICATORS OF POSTAL AND TELECOMMUNICATION ENTERPRISES

单位：万元 (10000 yuan)

指标	Item	合计 Total	中央邮电 National	农村电话 Rural
企业个数(个)	Number of Enterprises (unit)	236	134	102
#亏损企业	Loss-making Enterprises	144	55	89
资本金合计	Total Capital	1407637	959113	448524
流动资产年末合计	Total Circulating Assets at Year-end	1938447	1368472	569975
长期投资年末合计	Total Long-term Investment at Year-end	142093	134473	7620
固定资产年末合计	Total Fixed Assets at Year-end	4752109	3473768	1278341
无形及递延资产年末合计	Total Intangible and Deferred Assets at Year-end	10855	10521	334
其他资产年末合计	Total Other Assets at Year-end	108	104	4
流动负债年末合计	Total Liquid Liabilities at Year-end	1308368	858212	450156
长期负债年末合计	Long-term Liabilities at Year-end	757723	499401	258322
所有者权益年末合计	Creditor Equity at Year-end	4777521	3629725	1147796
主营业务收入	Main Business Revenue	2947460	2235952	711508
营业成本	Business Cost	1386892	981846	405046
营业税金及附加	Business Taxes and Surcharges	96347	73169	23178
主营业务利润	Main Business Profit	936620	913446	23174
其他业务利润	Other Business Profit	1489	728	761
管理费用	Management Expenses	266079	223682	42397
财务费用	Financial Expenses	28921	11795	17126
营业利润	Business Profit	643113	678697	-35584
附属企业利润	Subsidiary Business. Profit	2102	2102	
投资收益	Revenue from Investment	2483	2322	161
营业外收入	Non-business Income	10925	7819	3106
营业外支出	Non-business Expenditure	20942	15595	5347
利润总额	Total Profits	644813	681805	-36992

主要统计指标解释

公路里程 指在一定时期内实际达到《公路工程技术标准JTJ01-88》规定的等级公路，并经公路主管部门正式验收交付使用的公路里程数。其计算单位为公里。它包括大中城市的郊区公路以及通过小城镇街道部分的公路里程，也包括桥梁、渡口的长度，但不包括大中城市的街道、厂矿、林区生产用道和农业生产用道的里程。两条或多条公路共同经由同一路段，只计算一次，不得重复计算里程长度。公路里程是反映公路建设发展规模的重要指标，也是计算运输网密度等指标的基础资料。

货（客）运量 指运输业实际运送的货物（旅客）数量。货运按吨计算，客运按人计算。货物不论运输距离长短，货物类型，均按实际重量统计；旅客不论行程远近或票价多少，均按一人一次作为客运量统计。半价票，小孩票也按一人统计。货（客）运量反映运输业为国民经济和人民生活服务的数量，也是制定和检查运输生产计划，研究运输发展规模和速度的重要指标。

货物（旅客）周转量 指运输业运送的货物（旅客）与其相应运输距离的乘积之和，通常以吨公里和人公里为计算单位。计算货物周转量通常按发出站与到达站之间的最短距离，也就是计费距离计算。它是反映运输业生产总成果的重要指标，也是编制和检查运输生产计划，计算运输效率，劳动生产率以及核算运输单位成本的主要基础资料。

货物吞吐量 是指经由水运进、出港区范围，并经过装卸的货物数量。货物吞吐量分别按国内进口（卸船）、出口（装船），外贸进口、出口统计。货物吞吐量按货物实际重量吨统计，以货物交接清单或货单上记载的重量吨为准。如无实际重量吨，可根据船舶装载情况来推算。在本港区内的水运转口分别按进口和出口各计算一次吞吐量。货物吞吐量是衡量港口生产规模的一个主要数量指标。

邮电业务总量 指以货币表现的邮电部门为用户传递信息和提供其他邮电服务的总量。它用各种邮电分类业务量，如函件件数、电报份数、长话张数、市内电话和农村电话的年均户数、订销报刊、累计份数等，分别乘以相应的平均单价（不变价），加总后再加上出租电路和设备收入，代用户维护电话交换机和线路等设备的收入，其他业务收入求得。邮电业务总量综合反映了一定时期邮电工作的总成果，是研究邮电业务量构成和发展趋势的重要指标。

市内电话用户 指接入县城（包括个别城镇）及县以上城市的市内电话网上，并按市内电话进行经营管理的电话。按计费办法分为包月制和计次制两种。计量单位为“户”。

市话包月制用户是指不管用户通话次数多少，按月缴纳固定月租费的用户。

市话计次制用户指用户每月除缴纳基本月租费外，还要依通话次数多少，缴纳通话费的用户。

市内电话用户包括普通电话、合用电话、同线电话、用户中继线、公用电话。市内电话用户正机（不包括副机）一机为一户；用户中断线以中断线对数，一对按一户计算（包括双向中继、单出中继、单进中继）；公用电话及同线电话以一部话机作为一户计算；合用电话以正户作为一户计算。

农村电话用户 指县境以内，以县城为中心（除市话用户外）联通县、乡（镇）、村等农村用户的电话。分为地方国营、乡镇经营、各种联营、个人经营等。由邮电部门管理的作为地方国营。目前邮电业务量和产品产量只统计地方国营部分。

农村电话用户按计费办法分为包月制用户和计张制用户两种，计量单位为“户”。

包月制用户是根据农村电话月租费计费等级和用户种类收取固定费用的用户。

计张制用户是指用户除缴纳月租费外，还根据通话张数多少缴纳通话费的用户。

农村电话用户包括普通电话、合用电话、同线电话、用户中断线、公用电话等。普通电话每一部正机为一户，合用电话只统计正户，同线电话每一部话机作一户，收取中继线月租费的连接到乡（镇）、村经营的交换机、国营农（牧）场和石矿等用户小交换机上的中继线，以每一对中继线作一户统计，公用电话每一部话机作一户。

移动电话用户 指在邮电部门登记，通过移动电话交换机进入移动电话网、占有移动电话号码的电话用户计时单位为“户、。用户数字以实际办理登记手续进入邮电部门移动电话网的户数进行计算，一部或一台移动电话统计为一户。

Explanatory Notes on Main Statistical Indicators

Length of Highways refers to the length of highways which are built in conformity with the grades specified by the highway engineering standard formulated by the Ministry of Communications, and have been formally checked and accepted by the departments of highways and put into use. The length of highways includes that of the suburb highways at large and medium-sized cities, highways passing through streets at small cities and towns, and also the length of bridges and ferries. It does not include the length of streets in big and medium-sized cities and highways built for the production purpose at factories, mines, forest areas and agricultural areas. If two or more highways go the same section of the way, the length of the section is only calculated for once and no duplication is allowed. The length of highways is an important indicator to show the development of the highway construction and to provide essential information to calculate the transport network density.

Freight (Passenger) Traffic refers to the volume of freight (passenger) transported with various means. Freight transport is caculated in tons and passenger traffic is calculated in the number of persons. Despite the type of freight and travelling distance, the freight transport is calculated in the actual weight of the goods: and despite the travelling distance and ticket price, the passenger traffic is calculated by the principle that one person can be counted only once in one travel. The passenger who travel with a half-price ticket or a child ticket is also calculated as one person. The freight (passenger) traffic provides a quantitative measure to show how the transport industry serves the national economy and people, and is also an important indicator for planning the transport industry and for studying the development scale and speed of the transport industry.

Freight Ton-kilometers (Passenger-kilometers) refer to the sum of the products of the volume of transported cargo (passengers) multiplying by the transport distance, usually using ton-kilometre and passenger-kilometre as units for measurement. Normally, the shortest distance between the departure station and the destination station (i. e., the payable distance) is the basis to calculate the freight ton-kilometers. This is an important indicator to show the total results of the transport industry, to prepare and examine the transport plan and to measure the efficiency, the labour productivity and the unit cost of transport.

Volume of Freight Handled refers to the volume of cargo passing in and out the harbour area and having been loaded and unloaded. The volume of freight handled may be classified as import, export, or as domestic trade and foreign trade. The volume of freight handled is calculated in the actual weight ton of the goods, based on the weight ton under the delivery order or bill of loading. If no actual weight ton available, it can be estimated according to the loading of goods. As for the transit goods in the harbour area, the volume of freight handled is calculated according to the import and export respectively. It is a major indicator to show the scale of the port production.

Business Volume of Post and Telecommunications refers to the total amount of the information delivered and other post and telecommunication services provided by the post and telecommunication departments for the customers. It is derived by first multiplying the business volume of different types, such as number of letters, telegrams, long distance calls, city and rural telephone subscribers and accumulated number of newspapers and journals subscribed and sold, etc. by their respective average unit price (fixed price) and then adding these products together: plus the income from maintenance of telephone exchanges and lines, and the income from other business operations. The business volume of post and telecommunications indicates the total achievements made by the post and telecommunication department during a given period of time in a comprehensive way, and is an important indicator to study the compositon and development of the post and telecommunication business.

Local (Urban) Telephones refer to telephones connected to urban telephone network (at and above county level). The telephone charge is either monthly fixed rate or numerical rate.

The subscribers paying with urban monthly fixed rate refer to the subscribers who pay the telephone charges with monthly fixed rate regardless of the message calls.

The subscirbers paying with numerical rate refer to the subscribers who pay the telephone charges with the message calls besides the basic monthly fixed rate.

The urban telephones include general telephone, sharing telephone, party－line telephone, subscriber trunk line and public telephone. One host telephone is treated as a subscriber (excluding sub－telephone); A pair of trunk lines is counted as a subscriber (including two－way trunk, single－out trank and single－in trunk); One public telephone or one party line telephone is counted as a subscriber; The main user of sharing telephone is counted as a subscriber.

Rural Telephones refer to telephones connected to rural users at and below county level, With the county town at the core (except urban telephones). They are ciassified into local state－owned, township－owned, various jointly－managed and individually－operated. The telephones in the charge of the administration of post and telecommunication departments are treated as local state－owned. At present, the statistical coverage of business volume and product output of post and telecommunications only includes that of local state－owned. The rural telephone charge is either monthly fixed rate or numerical rate.

The subscribers paying with monthly fixed rate refer to the subscribers who pay the telephone charges with fixed rate in accordance with the levels of monthly fixed rate and types of subscribers of rural telephones.

The subscribers paying with numerical rate refer to the subscribers who pay the telephone charges in line with the message calls besides the monthly fixed rate.

The rural telephones include general telephone, sharing telephone, party－line telephone, subscriber trunk line and public telephone. Each host general telephone is treated as a subscriber; Only the main user of sharing telephone is counted; Each party－line telephone is treated as a subscriber; A pair of trunk lines is treated as a subscriber; A public telephone is counted as a subscriber.

Mobile Telephone Subscribers refer of the persons who own mobile telephone number connected with the mobile telephone communication network and registered by post and telecommunication organization. The number of subscribers is calculated only when the subseribers who have gone through all the register for malities and entered into the mobile telephone network. One mobile telephone is treated as a subscriber.

十五 国内贸易

DOMESTIC TRADE

简要说明

一、本篇资料反映广东省国内市场发展情况和批发零售贸易业、餐饮业经营情况。主要内容有批发零售贸易业和餐饮业法人单位、网点、人员，批发零售贸易业商品流通，大中型批发零售贸易企业、餐饮企业财务状况，社会消费品零售总额，城乡集市贸易，全省销售额最大的50家批发零售贸易企业和营业额最大的30家餐饮业企业名录等。

二、本篇资料由广东省统计局贸易外经处整理提供。

三、本篇资料是根据国家统计局的“批发零售贸易业、餐饮业统计报表制度”，主要采取全面调查方法，辅以抽样调查推断，自下而上逐级综合汇总而得。其中城乡集市贸易情况由省工商行政管理部门提供。

四、各表的调查范围：

法人单位、网点、人员表及商品购、销、存总额、类值和数量表，为各种经济类型的独立核算的批发零售贸易业法人企业及其他行业独立核算法人企业（行政事业单位）中从事批发、零售贸易活动的活动单位。

财务状况表，为各种经济类型的独立核算的大中型批发零售贸易法人企业和餐饮业法人企业。

社会消费品零售总额表，为有零售业务的各种经济类型的企业、行政事业单位以及农民对非农业居民的零售。

DOMESTIC TRADE

Brief Introduction

Ⅰ. The data in this chapter show the development of Guangdong's domestic market and the sales of the commodities in wholesale and retail sale trades as well as catering trade, including mainly the organization, personnel, number of shops of the wholesale and retail sale trades as well as catering trade, the circulation of commodities in the wholesale and retail sale trades, the financial condition of the large and medium-sized enterprises of the wholesale and retail sale trades as well as catering trade, the total sales of the consumer goods in the whole province, the urban and rural fair trade, the top 50 wholesale and retail sale trade enterprises of sales volume, and the top 30 catering enterprises of turnover in the province.

Ⅱ. The data in this chapter are prepared and provided by the Division of Trade and Foreign Economic Statistics of the Statistical Bureau of Guangdong Province.

Ⅲ. The data in this chapter are tabulated and reported to the higher authorities level by level in accordance with the statistical reporting scheme on wholesale and retail sale trades as well as catering trade, stipulated by the State Statistical Bureau. The method used in data collection is mainly complete enumeration, but a part of the data are estimated on the basis of sample surveys. Among them, the data on the urban and rural fair trade are provided by the Administration for Industry and Commerce of Guangdong Province.

Ⅳ. The statistical coverage of the tables: All the corporate enterprises of wholesale and retail sale trades as well as catering trade of various types of ownership with independent accounting system and the units of wholesale and retail sale trades attached to the corporate units with independent accounting system in other sectors (administrative and institutional units) are included in the data on the organization, number of outlets, personnel as well as total purchases, total sales, total inventory, sales and inventory values by classification, and sales and inventory volumes.

All the large and medium-sized corporate enterprises of wholesale and retail sale trades as well as catering trade of various types of ownership with independent accounting system are included in the data on the financial condition.

All the enterprises, administrative and institutional units of various types of ownership as well as peasants engaged in retail sale business are included in the data on the total sales of the consumer goods in the whole province.

15-1 国内贸易主要指标

MAIN INDICATORS OF DOMESTIC TRADE

指标	Item	1980	1990	1995	1996	1997
网点数 （万个）	Number of Establishments (10000 units)	12.89	78.19	121.19	130.45	124.02
批发零售贸易业	Wholesale and Retail Trades	10.39	71.07	109.95	118.37	111.47
餐饮业	Catering Trade	2.50	7.12	11.24	12.08	12.55
从业人员数 （万人）	Number of Persons Engaged (10000 persons)	57.00	212.56	414.56	434.48	388.14
批发零售贸易业	Wholesale and Retail Trades	44.59	178.82	349.81	371.71	318.97
餐饮业	Catering Trade	12.41	33.74	64.75	62.77	69.17
社会消费品零售总额（亿元）	Total Retail Sales of Consumer Goods (100 million yuan)	117.67	667.36	2304.15	2577.93	2918.66
国有经济	State-Owned	59.14	259.05	609.65	611.28	622.87
集体经济	Collective Owned	50.73	127.26	394.78	434.09	474.74
私营经济	Private			92.99	128.61	166.64
个体经济	Individual	1.20	181.12	762.06	904.41	1071.05
联营经济	Joint Owned			21.70	25.43	36.17
股份制经济	Share Holding			71.06	69.94	80.52
外商投资经济	Foreign Funded			18.02	29.56	45.45
港澳台投资经济	Funded by Entrepreneurs from Hong Kong, Macao & Taiwan			64.65	66.34	73.39
其他经济	Others	6.60	99.93	269.24	308.27	347.83
总额中：城镇	Urban Areas	66.72	457.34	1643.26	1851.00	2095.20
乡村	Rural Areas	50.95	210.02	660.89	726.93	823.46
居民购买住房 （亿元）	Purchasing House by Resident (100 million yuan)			127.87	164.32	213.24
贸易业商品购进总额（亿元）	Total Purchases (100 million yuan)			5008.96	5261.09	5749.88
商品销售总额	Total Sales			5448.94	5695.59	6323.08
商品库存总额	Total Inventory			595.03	586.80	586.18
城乡集市贸易市场数 （个）	Number of Free Markets (unit)	1891	3287	4406	4588	4933
＃乡村	Rural Areas	1787	2620	3022	3071	3242
城乡集市贸易成交额（亿元）	Transaction Value of Free Markets	22.72	256.69	1064.26	1284.90	1469.84
＃乡村	Rural Areas (100 million yuan)	20.65	159.16	510.35	658.36	750.54

15-2 批发、零售贸易业法人单位、网点及人员数

NUMBER OF CORPORATE UNITS, ESTABLISHMENTS, PERSONS ENGAGED IN WHOLESALE AND RETAIL SALE TRADES

指 标	Item	1996 法人单位(个) Corporate Units (unit)	1996 网点(个) Establishments (unit)	1996 人员(人) Persons Engaged (person)	1997 法人单位(个) Corporate Units (unit)	1997 网点(个) Establishments (unit)	1997 人员(人) Persons Engaged (person)
合 计	**Total**	**97504**	**1183705**	**3717148**	**89765**	**1114673**	**3189666**
一、批发业	**Wholesale Trade**	**48037**	**160432**	**1121466**	**49885**	**159634**	**1089917**
按经济类型分	**By Ownership**						
国有经济	State-Owned	13852	36273	422352	12213	35180	423489
集体经济	Collective Owned	20391	54927	393693	20354	48889	320538
私营经济	Private	11967	13719	131744	15503	19514	169415
个体经济	Individual		52529	127496		53213	135189
联营经济	Joint Owned	599	784	8534	607	832	11706
股份制经济	Share Holding	795	1247	23168	811	1319	19400
外商投资经济	Foreign Funded	125	198	2950	104	165	2633
港澳台投资经济	Funded by Entrepreneurs from Hong Kong, Macao & Taiwan	122	263	8023	123	265	5188
其他经济	Others	186	492	3506	170	257	2359
按企业规模分(不包个体经济)	**By Scale of Enterprise (Exclude Individual)**	**48037**	**107903**	**993970**	**49885**	**106421**	**954728**
大型企业、活动单位	Large-sized Enterprises, Establishments	169	1437	47076	186	1043	50181
中型企业、活动单位	Medium-sized Enterprises, Establishments	2498	10232	156579	2567	10833	179509
小型企业、活动单位	Small-sized Enterprises, Establishments	45370	96234	790315	47132	94545	725038
二、零售业	**Retail Sales Trade**	**49467**	**1023273**	**2595682**	**39880**	**955039**	**2099749**
按经济类型分	**By Ownership**						
国有经济	State-Owned	5471	22629	280850	4848	21785	191237
集体经济	Collective Owned	24462	114990	586216	16448	64701	281467
私营经济	Private	18799	48882	324281	17832	31936	209214
个体经济	Individual		834934	1369450		831803	1371273
联营经济	Joint Owned	200	366	6363	223	879	8251
股份制经济	Share Holding	325	528	13958	328	2212	17610
外商投资经济	Foreign Funded	48	162	4868	60	283	6362
港澳台投资经济	Funded by Entrepreneurs from Hong Kong, Macao & Taiwan	58	318	7519	58	1142	12684
其他经济	Others	104	464	2177	83	298	1651
按国民经济行业分	**By Economic Sector**						
食品饮料和烟草零售业	Food, Beverage and Tabacco	10426	351244	893546	8770	343965	730089
日用百货零售业	Articles of Daily Use	9384	178863	542360	8885	165135	441992
纺织品、服装和鞋帽零售业	Textile Products, Garments, Shoes and Hats	4782	136997	267136	4173	138359	271522
日用杂品零售业	Sundry Goods for Daily Use	3263	84135	221842	2355	54780	115707
五金、交电、化工零售业	Hardwares, Electric Appliances and Chemicals	7926	56617	188159	6461	67610	157087
药品及医疗器械零售业	Medicines and Medical Appliances	1323	15751	49522	1117	17434	51677
图书报刊零售业	Books and Newspapers	472	10095	23917	395	9909	22298
其他零售业	Others	11891	189571	409200	7724	157847	309377
按企业规模分(不包个体经济)	**By Scale of Enterprise (exclude Individual)**						
大型企业、活动单位	Large-sized Enterprises, Establishments	52	522	32832	72	562	48009
中型企业、活动单位	Medium-sized Enterprises, Establishments	834	6514	175072	827	6004	90456
小型企业、活动单位	Small-sized Enterprises, Establishments	48581	181303	1018328	38981	116670	590011

15-3 餐饮业法人单位、网点及人员数

NUMBER OF CORPORATE UNITS, ESTABLISHMENTS, PERSONS ENGAGED IN CATERING TRADE

指标	Item	1996 法人单位(个) Corporate Units (unit)	1996 网点(个) Establishmente (unit)	1996 人员(人) Persons Engaged (person)	1997 法人单位(个) Corporate Units (unit)	1997 网点(个) Establishments (unit)	1997 人员(人) Persons Engaged (person)
合　计	**Total**	**8513**	**120789**	**627667**	**7034**	**125524**	**691676**
按经济类型分	**By Ownership**						
国有经济	State-Owned	730	1783	65453	752	1959	86438
集体经济	Collective Owned	4758	8513	133881	3311	6830	128396
私营经济	Private	2523	3109	42357	2444	3050	55330
个体经济	Individual		106510	323314		112652	346584
联营经济	Joint Owned	82	163	6715	68	123	6047
股份制经济	Share Holding	61	107	2124	60	111	3411
外商投资经济	Foreign Funded	141	210	18049	145	229	20339
港澳台投资经济	Funded by Entrepreneurs from Hong Kong, Macao & Taiwan	183	347	33922	217	516	42904
其他经济	Others	35	47	1852	37	54	2227
按企业规模分(不包个体经济)	**By Scale of Enterprise (exclude Individual)**						
大型企业、活动单位	Large-sized Enterprises, Establishments	154	356	41963	186	422	67122
中型企业、活动单位	Medium-sized Enterprises, Establishments	414	717	48486	416	698	61169
小型企业、活动单位	Small-sized Enterprises, Establishments	7945	13206	213904	6432	11752	216801

15-4 按规模分批发、零售贸易业、餐饮业法人单位数(1997年)

NUMBER OF CORPORATE UNITS IN WHOLESALE, RETAIL SALE AND CATERING TRADES BY SCALE OF ENTERPRISE (1997)

单位：个　　　　(unit)

指标	Item	合计 Total	市 City	县 County	县以下 Under County Level
合　计	**Total**	**96799**	**74586**	**4515**	**17698**
一、批发业	**Wholesale Trade**	**49885**	**38756**	**2709**	**8420**
大型企业、活动单位	Large-sized Enterprises, Establishments	186	180	1	5
中型企业、活动单位	Medium-sized Enterprises, Establishments	2567	2371	64	132
小型企业、活动单位	Small-sized Enterprises, Establishments	47132	36205	2644	8283
二、零售业	**Retail Sale Trade**	**39880**	**30994**	**1488**	**7398**
大型企业、活动单位	Large-sized Enterprises, Establishments	72	69		3
中型企业、活动单位	Medium-sized Enterprises, Establishments	827	734	18	75
小型企业、活动单位	Small-sized Enterprises, Establishments	38981	30191	1470	7320
三、餐饮业	**Catering Trade**	**7034**	**4836**	**318**	**1880**
大型企业、活动单位	Large-sized Enterprises, Establishments	186	160	1	25
中型企业、活动单位	Medium-sized Enterprises, Establishments	416	338	10	68
小型企业、活动单位	Small-sized Enterprises, Establishments	6432	4338	307	1787

15-5 各市批发、零售贸易业、餐饮业法人单位数(1997)

单位:个

行　　业	Trade	全省总计 Total of Province	广　州 Guangzhou	深　圳 Shenzhen
总　计	**Total**	**96799**	**29683**	**13340**
批发业	**Wholesale Trade**	**49885**	**15078**	**5910**
食品、饮料、烟草批发业	Food, Beverage and Tabacco	10987	1363	2638
棉、麻、土畜产品批发业	Cotton, Fiber, Local and Livesstock Products	374	66	3
纺织品、服装和鞋帽批发业	Textile Products, Garments, Shoes and Hats	3105	844	358
日用百货批发业	Articles of Daily Use	5531	1865	1555
日用杂品批发业	Sundry Goods for Daily Use	1075	269	10
五金、交电、化工批发业	Hardwares, Electric Appliances and Chemicals	6551	2817	460
药品及医疗器械批发业	Medicines and Medical Appliances	1196	372	25
能源批发业	Energy	1727	443	56
化工材料批发业	Chemical Materials	1645	662	35
木材批发业	Timber	616	233	14
建筑材料批发业	Building Materials	4097	1390	396
矿产品批发业	Ore Products	366	44	4
金属材料批发业	Metals	2229	637	22
机械、电子设备批发业	Machinery and Electronic Equipment	3286	1734	75
汽车、摩托车及零配件批发业	Spare and Component Parts for Automobiles and Motorcycles	1842	954	26
再生物资回收批发业	Collection of Materials for Regeneration	407	152	11
工艺美术品批发业	Handicraft Articles	227	134	4
图书报刊批发业	Books and Newspapers	136	31	3
农业生产资料批发业	Agricultural Producer Goods	1495	235	14
其他类未包括的批发业	Others	2993	833	201
零售业	**Retail Sale Trade**	**39880**	**12210**	**6554**
食品、饮料和烟草零售业	Food, Beverage and Tabacco	8770	1774	1504
日用百货零售业	Articles of Daily Use	8885	2900	2016
纺织品、服装和鞋帽零售业	Textile Products, Garments, Shoes and Hats	4173	837	1162
日用杂品零售业	Sundry Goods for Daily Use	2355	416	93
五金、交电、化工零售业	Hardwares, Electric Appliances and Chemicals	6461	3242	404
药品及医疗器械零售业	Medicines and Medical Appliances	1117	256	122
图书报刊零售业	Books and Newspapers	395	114	40
其他零售业	Others	7724	2671	1213
餐饮业	**Catering Trade**	**7034**	**2395**	**876**
正　餐	Dinner	5375	1374	713
快　餐	Fast Food	810	481	153
其他餐饮业	Other Catering Trade	849	540	10

NUMBER OF CORPORATE UNITS IN WHOLESALE, RETAIL SALE AND CATERING TRADES BY CITY (1997)

(unit)

珠海 Zhuhai	汕头 Shantou	韶关 Shaoguan	河源 Heyuan	梅州 Meizhou	惠州 Huizhou	汕尾 Shanwei	东莞 Dongguan
7435	**6108**	**1877**	**874**	**1203**	**2985**	**538**	**4622**
3446	**4678**	**1109**	**407**	**575**	**1257**	**307**	**1219**
749	1721	138	171	211	326	105	504
69	13	15	5	11	8	6	3
320	375	38	7	26	44	11	155
212	385	67	6	35	87	39	196
168	85	24	6	12	40	6	96
377	268	57	17	31	150	19	54
105	109	31	16	24	42	33	11
214	79	59	17	21	49	16	8
53	173	24	8	10	23	3	13
14	20	19	10	6	16	2	7
153	379	65	31	15	154	14	33
77	5	119	9	9	6		
101	224	151	15	21	41	3	14
304	123	116	21	13	53	5	12
116	48	34	13	24	44	3	27
13	12	11	4	14	13	7	15
9	12	5	1	6	5	3	1
1	2	5	3	7	3		24
48	92	70	28	55	82	12	23
343	553	61	19	24	71	20	23
3730	**1214**	**652**	**397**	**548**	**1497**	**179**	**2751**
1219	250	168	87	168	237	76	591
767	251	120	137	72	251	49	549
673	130	30	10	20	78	6	477
484	116	37	7	74	95	18	383
297	131	110	70	58	391	14	209
40	32	48	24	13	61	2	52
33	26	17	2	14	21	2	26
217	278	122	60	129	363	12	464
259	**216**	**116**	**70**	**80**	**231**	**52**	**652**
224	130	96	69	71	216	51	586
34	7	3	1	3	13	1	17
1	79	17		3	2		49

续表 1 Continued

单位：个

行　　业	Trade	中　山 Zhongshan	江　门 Jiangmen	佛　山 Foshan
总　计	**Total**	**3409**	**4349**	**6726**
批发业	**Wholesale Trade**	**2413**	**3165**	**2794**
食品、饮料、烟草批发业	Food, Beverage and Tabacco	349	377	317
棉、麻、土畜产品批发业	Cotton, Fiber, Local and Livesstock Products	2	45	23
纺织品、服装和鞋帽批发业	Textile Products, Garments, Shoes and Hats	87	180	272
日用百货批发业	Articles of Daily Use	153	185	181
日用杂品批发业	Sundry Goods for Daily Use	43	78	41
五金、交电、化工批发业	Hardwares, Electric Appliances and Chemicals	692	537	399
药品及医疗器械批发业	Medicines and Medical Appliances	47	40	29
能源批发业	Energy	57	151	147
化工材料批发业	Chemical Materials	94	136	171
木材批发业	Timber	77	37	22
建筑材料批发业	Building Materials	265	356	303
矿产品批发业	Ore Products	2	15	4
金属材料批发业	Metals	115	294	232
机械、电子设备批发业	Machinery and Electronic Equipment	130	183	212
汽车、摩托车及零配件批发业	Spare and Component Parts for Automobiles and Motorcycles	47	233	84
再生物资回收批发业	Collection of Materials for Regeneration	26	20	28
工艺美术品批发业	Handicraft Articles	1	5	12
图书报刊批发业	Books and Newspapers		6	3
农业生产资料批发业	Agricultural Producer Goods	69	162	90
其他类未包括的批发业	Others	157	125	224
零售业	**Retail Sale Trade**	**854**	**905**	**3356**
食品、饮料和烟草零售业	Food, Beverage and Tabacco	47	193	1056
日用百货零售业	Articles of Daily Use	155	137	514
纺织品、服装和鞋帽零售业	Textile Products, Garments, Shoes and Hats	35	51	265
日用杂品零售业	Sundry Goods for Daily Use	30	46	300
五金、交电、化工零售业	Hardwares, Electric Appliances and Chemicals	333	193	261
药品及医疗器械零售业	Medicines and Medical Appliances	17	62	19
图书报刊零售业	Books and Newspapers	5	8	11
其他零售业	Others	232	215	930
餐饮业	**Catering Trade**	**142**	**279**	**576**
正　餐	Dinner	133	250	470
快　餐	Fast Food	3	11	25
其他餐饮业	Other Catering Trade	6	18	81

续表 2　Continued

(unit)

阳　江 Yangjiang	湛　江 Zhanjiang	茂　名 Maoming	肇　庆 Zhaoqing	清　远 Qingyuan	潮　州 Chaozhou	揭　阳 Jieyang	云　浮 Yunfu
1772	**2915**	**1791**	**1852**	**1228**	**1869**	**1758**	**465**
892	**1661**	**910**	**1027**	**621**	**1029**	**1165**	**222**
327	409	314	194	114	324	266	70
14	23	31	12	8	6	7	4
53	55	31	41	32	120	44	12
64	74	49	89	31	150	99	9
42	45	15	18	17	32	23	5
56	177	36	78	48	91	177	10
53	51	35	28	24	17	89	15
50	75	92	50	48	20	62	13
15	56	43	28	13	28	53	4
14	26	13	29	21	7	24	5
34	110	49	111	74	38	111	16
2	12	5	7	41		2	3
36	114	34	56	38	18	43	20
20	97	18	84	19	15	46	6
27	45	23	40	17	22	11	4
7	26	8	12	6	5	16	1
3	5	2	7	4	3	5	
12	3	9	7	8	5	2	2
34	146	90	69	48	32	76	20
29	112	13	67	10	96	9	3
745	**1063**	**602**	**667**	**473**	**758**	**499**	**226**
209	351	143	175	112	221	92	97
128	142	154	140	139	102	111	51
110	81	35	29	10	87	34	13
76	40	30	27	13	51	10	9
53	174	53	127	65	125	134	17
72	79	94	30	35	23	20	16
28	7	10	4	7	13	5	2
69	189	83	135	92	136	93	21
135	**191**	**279**	**158**	**134**	**82**	**94**	**17**
135	167	253	130	129	71	89	15
	20	22	4	2	10		
	4	4	24	3	1	5	2

15-6 各市批发、零售贸易业、餐饮业网点数(1997年)

单位:个

行业	Trade	全省总计 Total of Province	广州 Guangzhou	深圳 Shenzhen
总计	**Total**	**1240197**	**203322**	**94324**
批发业	**Wholesale Trade**	**159634**	**34516**	**9729**
食品、饮料、烟草批发业	Food, Beverage and Tabacco	51451	12507	3601
棉、麻、土畜产品批发业	Cotton, Fiber, Local and Livesstock Products	1262	116	9
纺织品、服装和鞋帽批发业	Textile Products, Garments, Shoes and Hats	13256	2061	696
日用百货批发业	Articles of Daily Use	16039	4159	2330
日用杂品批发业	Sundry Goods for Daily Use	5741	494	28
五金、交电、化工批发业	Hardwares, Electric Appliances and Chemicals	14561	4154	603
药品及医疗器械批发业	Medicines and Medical Appliances	4112	548	191
能源批发业	Energy	3507	568	185
化工材料批发业	Chemical Materials	3732	953	75
木材批发业	Timber	1365	388	51
建筑材料批发业	Building Materials	8211	1765	569
矿产品批发业	Ore Products	471	47	6
金属材料批发业	Metals	4333	842	54
机械、电子设备批发业	Machinery and Electronic Equipment	4405	2090	148
汽车、摩托车及零配件批发业	Spare and Component Parts for Automobiles and Motorcycles	2755	1155	58
再生物资回收批发业	Collection of Materials for Regeneration	1654	392	335
工艺美术品批发业	Handicraft Articles	367	174	12
图书报刊批发业	Books and Newspapers	742	46	12
农业生产资料批发业	Agricultural Producer Goods	10176	1076	63
其他类未包括的批发业	Others	11494	980	703
零售业	**Retail Sale Trade**	**955039**	**152215**	**70882**
食品、饮料和烟草零售业	Food, Beverage and Tabacco	343965	42537	24133
日用百货零售业	Articles of Daily Use	165135	43781	25548
纺织品、服装和鞋帽零售业	Textile Products, Garments, Shoes and Hats	138359	8108	14212
日用杂品零售业	Sundry Goods for Daily Use	54780	2528	215
五金、交电、化工零售业	Hardwares, Electric Appliances and Chemicals	67610	26756	681
药品及医疗器械零售业	Medicines and Medical Appliances	17434	2436	202
图书报刊零售业	Books and Newspapers	9909	828	190
其他零售业	Others	157847	25241	5701
餐饮业	**Catering Trade**	**125524**	**16592**	**13713**
正餐	Dinner	80837	11121	10759
快餐	Fast Food	17756	1066	1952
其他餐饮业	Other Catering Trade	26931	4405	1002

NUMBER OF ESTABLISHMENTS IN WHOLESALE, RETAIL SALE AND CATERING TRADES BY CITY (1997)

(unit)

珠海 Zhuhai	汕头 Shantou	韶关 Shaoguan	河源 Heyuan	梅州 Meizhou	惠州 Huizhou	汕尾 Shanwei	东莞 Dongguan
33343	**52368**	**48755**	**29548**	**45580**	**58233**	**27049**	**58878**
6517	**16084**	**3245**	**1489**	**3770**	**7314**	**1723**	**4281**
1908	3527	625	695	1336	2804	621	1675
87	30	44	17	25	8	22	13
562	1153	78	45	186	711	60	452
541	1115	335	39	168	522	448	667
286	773	129	23	174	334	94	357
434	2926	130	62	95	915	138	172
199	215	195	86	193	303	99	43
295	139	219	35	108	95	33	27
89	506	96	12	59	53	11	59
40	20	70	42	23	34	4	28
318	1236	168	51	283	494	31	93
84	5	153	12	9	12		
185	476	222	23	38	59	8	90
332	140	143	28	29	102	9	79
131	53	50	20	70	94	3	96
91	36	62	46	31	33	16	56
10	42	8	1	28	5	3	1
1	10	19	42	90	51	4	109
388	963	218	160	633	323	53	115
536	2719	281	50	192	362	66	149
23673	**32819**	**38531**	**24814**	**37566**	**44672**	**22506**	**44629**
13479	6883	14373	10694	10270	18530	5979	22803
2546	3201	7107	3590	3150	5196	4281	6504
2715	2566	7356	4924	4220	8051	2636	4622
1546	2149	2963	1266	2540	5075	2318	3766
938	1265	2587	1039	1338	3246	1493	2032
89	1964	695	124	636	579	1042	504
78	131	493	384	610	473	284	199
2282	14660	2957	2793	14802	3522	4473	4199
3153	**3465**	**6979**	**3245**	**4244**	**6247**	**2820**	**9968**
2820	2967	4766	2354	2845	4808	2021	1089
137	63	498	756	105	169	298	7859
196	435	1715	135	1294	1270	501	1020

续表 1　Continued

单位：个

行　　业	Trade	中　山 Zhongshan	江　门 Jiangmen	佛　山 Foshan
总　　计	**Total**	**46277**	**80016**	**86039**
批发业	**Wholesale Trade**	**3866**	**10103**	**10482**
食品、饮料、烟草批发业	Food, Beverage and Tabacco	567	2308	2811
棉、麻、土畜产品批发业	Cotton, Fiber, Local and Livesstock Products	4	59	38
纺织品、服装和鞋帽批发业	Textile Products, Garments, Shoes and Hats	209	994	2252
日用百货批发业	Articles of Daily Use	274	638	467
日用杂品批发业	Sundry Goods for Daily Use	164	275	207
五金、交电、化工批发业	Hardwares, Electric Appliances and Chemicals	883	734	984
药品及医疗器械批发业	Medicines and Medical Appliances	69	118	166
能源批发业	Energy	117	290	241
化工材料批发业	Chemical Materials	112	229	318
木材批发业	Timber	88	54	39
建筑材料批发业	Building Materials	297	916	578
矿产品批发业	Ore Products	4	33	6
金属材料批发业	Metals	150	829	428
机械、电子设备批发业	Machinery and Electronic Equipment	160	259	340
汽车、摩托车及零配件批发业	Spare and Component Parts for Automobiles and Motorcycles	62	417	109
再生物资回收批发业	Collection of Materials for Regeneration	39	62	137
工艺美术品批发业	Handicraft Articles	2	7	21
图书报刊批发业	Books and Newspapers		31	21
农业生产资料批发业	Agricultural Producer Goods	104	472	238
其他类未包括的批发业	Others	561	1378	1081
零售业	**Retail Sale Trade**	**36707**	**62501**	**66170**
食品、饮料和烟草零售业	Food, Beverage and Tabacco	6500	16895	33895
日用百货零售业	Articles of Daily Use	1010	11988	4956
纺织品、服装和鞋帽零售业	Textile Products, Garments, Shoes and Hats	2156	12797	5785
日用杂品零售业	Sundry Goods for Daily Use	1800	2632	1664
五金、交电、化工零售业	Hardwares, Electric Appliances and Chemicals	1589	6844	1409
药品及医疗器械零售业	Medicines and Medical Appliances	527	865	106
图书报刊零售业	Books and Newspapers	395	643	175
其他零售业	Others	22730	9837	18180
餐饮业	**Catering Trade**	**5704**	**7412**	**9387**
正　餐	Dinner	2692	7260	7269
快　餐	Fast Food	988	93	864
其他餐饮业	Other Catering Trade	2024	59	1254

续表 2　Continued

(unit)

阳　江 Yangjiang	湛　江 Zhanjiang	茂　名 Maoming	肇　庆 Zhaoqing	清　远 Qingyuan	潮　州 Chaozhou	揭　阳 Jieyang	云　浮 Yunfu
31950	**68519**	**72310**	**59621**	**46503**	**19078**	**56002**	**22482**
3788	**9337**	**6765**	**4899**	**2362**	**4128**	**13060**	**2177**
1205	3610	2214	2229	626	1058	4699	825
110	179	195	40	63	121	72	10
372	791	429	149	165	267	1357	267
546	499	588	568	179	394	1313	249
204	275	234	255	141	228	992	74
172	415	187	126	150	169	951	161
196	259	321	147	124	93	443	104
118	234	236	104	97	39	293	34
49	149	304	80	31	46	446	55
26	81	64	72	71	24	125	21
79	246	235	148	104	77	465	58
14	14	5	14	46		4	3
103	184	153	67	68	57	226	71
67	111	36	118	29	30	130	25
93	71	93	69	27	33	40	11
31	53	35	41	14	37	106	1
9	11	3	10	6	6	8	
33	56	33	41	83	16	26	18
254	1783	1011	302	305	472	1060	183
107	316	389	319	33	961	304	7
24876	**53906**	**59380**	**48543**	**38079**	**13765**	**40733**	**18072**
10741	22362	14744	22614	19520	4496	15202	7315
3288	7006	9246	6600	5680	1514	5893	3050
3338	9113	20180	7250	5340	1713	6688	4589
1176	2347	5466	4407	2886	1414	5111	1511
875	2325	4414	1754	1489	1606	3001	929
775	1912	2033	625	353	427	1249	291
271	468	718	411	750	422	1841	145
4412	8373	2579	4882	2061	2173	1748	242
3286	**5276**	**6165**	**6179**	**6062**	**1185**	**2209**	**2233**
3049	1864	2811	3585	4167	442	1062	1086
168	1140	147	23	887	327	187	29
69	2272	3207	2571	1008	416	960	1118

15-7 各市批发、零售贸易业、餐饮业人员数(1997年)

单位:人

行业	Trade	全省总计 Total of Province	广州 Guangzhou	深圳 Shenzhen
总计	**Total**	**3881342**	**844754**	**445284**
批发业	**Wholesale Trade**	**1089917**	**319436**	**115112**
食品、饮料、烟草批发业	Food, Beverage and Tabacco	306230	68419	42916
棉、麻、土畜产品批发业	Cotton, Fiber, Local and Livesstock Products	12407	2972	146
纺织品、服装和鞋帽批发业	Textile Products, Garments, Shoes and Hats	81577	17765	8537
日用百货批发业	Articles of Daily Use	109450	36278	20330
日用杂品批发业	Sundry Goods for Daily Use	31619	5980	442
五金、交电、化工批发业	Hardwares, Electric Appliances and Chemicals	110872	37168	8794
药品及医疗器械批发业	Medicines and Medical Appliances	36240	11434	2079
能源批发业	Energy	44006	17026	3179
化工材料批发业	Chemical Materials	25843	11305	554
木材批发业	Timber	13444	4224	312
建筑材料批发业	Building Materials	56701	18919	7654
矿产品批发业	Ore Products	5479	1312	54
金属材料批发业	Metals	37481	13462	941
机械、电子设备批发业	Machinery and Electronic Equipment	42336	24943	2011
汽车、摩托车及零配件批发业	Spare and Component Parts for Automobiles and Motorcycles	22758	12118	607
再生物资回收批发业	Collection of Materials for Regeneration	12325	4218	2870
工艺美术品批发业	Handicraft Articles	8334	3332	65
图书报刊批发业	Books and Newspapers	5471	1706	95
农业生产资料批发业	Agricultural Producer Goods	55584	15580	1245
其他类未包括的批发业	Others	71760	11275	12281
零售业	**Retail Sale Trade**	**2099749**	**367483**	**249612**
食品、饮料和烟草零售业	Food, Beverage and Tabacco	730089	106312	70227
日用百货零售业	Articles of Daily Use	441992	117898	96335
纺织品、服装和鞋帽零售业	Textile Products, Garments, Shoes and Hats	271522	19431	44857
日用杂品零售业	Sundry Goods for Daily Use	115707	5903	1825
五金、交电、化工零售业	Hardwares, Electric Appliances and Chemicals	157087	47866	13136
药品及医疗器械零售业	Medicines and Medical Appliances	51677	8592	2905
图书报刊零售业	Books and Newspapers	22298	2239	1288
其他零售业	Others	309377	59242	19039
餐饮业	**Catering Trade**	**691676**	**157835**	**80560**
正餐	Dinner	536345	129935	64343
快餐	Fast Food	72126	9199	12937
其他餐饮业	Other Catering Trade	83205	18701	3280

NUMBER OF PERSONS ENGAGED IN WHOLESALE, RETAIL SALE AND CATERING TRADES BY CITY (1997)

(person)

珠　海 Zhuhai	汕　头 Shantou	韶　关 Shaoguan	河　源 Heyuan	梅　州 Meizhou	惠　州 Huizhou	汕　尾 Shanwei	东　莞 Dongguan
128443	**190537**	**116024**	**63393**	**101737**	**148287**	**69435**	**176077**
41720	**90021**	**26341**	**7691**	**19392**	**24910**	**11037**	**29886**
10147	24584	4645	3071	6153	9720	5269	8256
559	243	503	76	208	104	204	115
3840	7114	1147	302	696	1506	406	1713
2796	6418	1956	198	980	1609	2078	3942
1897	3809	867	152	480	888	385	1894
3670	9992	1103	289	498	3374	366	7639
1443	1602	1902	360	1168	1339	508	147
2251	1319	2267	202	576	688	312	620
703	2713	709	111	383	320	55	247
219	201	823	480	320	436	63	240
1638	8196	1301	272	935	1076	283	352
616	34	2057	95	119	31		
1967	5103	1987	193	526	179	103	453
2220	1609	1280	286	284	428	100	460
881	386	365	120	622	371	15	373
348	814	498	119	166	92	141	290
88	1308	77	20	2235	48	85	324
14	172	277	71	433	113	41	664
1846	3166	1282	887	1748	1222	322	661
4577	11238	1295	387	862	1366	301	1496
65165	**87183**	**66912**	**44901**	**70118**	**87705**	**48759**	**92072**
28293	26085	23057	18301	20358	33114	14296	35136
12635	12755	14087	7804	6168	11607	9412	17074
8437	7733	11513	8582	6805	12784	5421	7870
5554	7754	4717	2016	4535	8565	5601	11519
3312	3110	5485	2334	3172	8530	3711	6687
257	5490	1645	613	1953	1281	2322	2025
536	378	915	737	1112	1177	608	321
6141	23878	5493	4514	26015	10647	7388	11440
21558	**13333**	**22771**	**10801**	**12227**	**35672**	**9639**	**54119**
19729	11042	17096	8735	7956	32801	7354	25200
1181	234	1389	1748	399	881	705	24399
648	2057	4286	318	3872	1990	1580	4520

续表 1 Continued

单位：人

行业	Trade	中山 Zhongshan	江门 Jiangmen	佛山 Foshan
总计	**Total**	**157455**	**220804**	**234350**
批发业	**Wholesale Trade**	**32525**	**61011**	**55501**
食品、饮料、烟草批发业	Food, Beverage and Tabacco	3957	12865	15050
棉、麻、土畜产品批发业	Cotton, Fiber, Local and Livesstock Products	75	1234	475
纺织品、服装和鞋帽批发业	Textile Products, Garments, Shoes and Hats	1281	4992	9192
日用百货批发业	Articles of Daily Use	2208	5409	3374
日用杂品批发业	Sundry Goods for Daily Use	801	2476	1020
五金、交电、化工批发业	Hardwares, Electric Appliances and Chemicals	8531	5814	8459
药品及医疗器械批发业	Medicines and Medical Appliances	1030	1606	1475
能源批发业	Energy	1950	2285	1946
化工材料批发业	Chemical Materials	1421	1294	1353
木材批发业	Timber	1148	433	200
建筑材料批发业	Building Materials	1782	4345	3241
矿产品批发业	Ore Products	128	213	76
金属材料批发业	Metals	1736	3465	2692
机械、电子设备批发业	Machinery and Electronic Equipment	1968	1446	1776
汽车、摩托车及零配件批发业	Spare and Component Parts for Automobiles and Motorcycles	945	2238	837
再生物资回收批发业	Collection of Materials for Regeueration	468	275	466
工艺美术品批发业	Handicraft Articles	92	62	175
图书报刊批发业	Books and Newspapers		182	160
农业生产资料批发业	Agricultural Producer Goods	1121	2543	1006
其他类未包括的批发业	Others	1883	7834	2528
零售业	**Retail Sale Trade**	**91999**	**112781**	**120309**
食品、饮料和烟草零售业	Food, Beverage and Tabacco	30888	33806	57829
日用百货零售业	Articles of Daily Use	6985	21689	10945
纺织品、服装和鞋帽零售业	Textile Products, Garments, Shoes and Hats	6993	20654	8954
日用杂品零售业	Sundry Goods for Daily Use	4756	4681	4245
五金、交电、化工零售业	Hardwares, Electric Appliances and Chemicals	8429	11156	4190
药品及医疗器械零售业	Medicines and Medical Appliances	1019	2372	372
图书报刊零售业	Books and Newspapers	917	1374	516
其他零售业	Others	32012	17049	33258
餐饮业	**Catering Trade**	**32931**	**47012**	**58540**
正餐	Dinner	18850	46248	50341
快餐	Fast Food	5984	285	4632
其他餐饮业	Other Catering Trade	8097	479	3567

续表 2　Continued

(person)

阳江 Yangjiang	湛江 Zhanjiang	茂名 Maoming	肇庆 Zhaoqing	清远 Qingyuan	潮州 Chaozhou	揭阳 Jieyang	云浮 Yunfu
96924	**188390**	**161457**	**171900**	**88408**	**64021**	**153096**	**60566**
28258	**62172**	**30076**	**24355**	**10036**	**31434**	**59373**	**9630**
8038	27349	9233	10079	2257	6603	23933	3686
685	1398	1414	428	543	534	284	207
2655	2793	1953	1293	914	7977	4655	846
3889	3940	2402	2240	638	1959	6060	746
2317	1409	1082	844	587	908	3056	325
1552	3861	1275	960	460	1061	5478	528
1283	2052	1691	1025	697	690	2095	614
1281	1813	1721	728	527	553	2413	349
262	996	834	558	80	394	1438	113
927	712	301	370	813	127	652	443
443	1746	901	835	248	379	1944	211
102	239	24	129	152		35	63
621	1137	557	479	344	315	922	299
542	968	150	713	100	195	742	115
519	502	430	527	171	382	222	127
182	285	168	125	56	211	523	10
57	181	22	68	19	16	60	
441	178	177	134	233	73	232	75
1544	7966	4070	1158	1019	2431	3929	838
918	2647	1671	1662	178	6626	700	35
56125	**101788**	**110946**	**115474**	**59184**	**27764**	**84390**	**39079**
23612	38495	30834	52663	28310	7432	36466	14575
8708	15393	17346	20422	11195	4008	12599	6927
6500	14135	33123	15788	8122	3021	11469	9330
3385	4519	9200	9011	4039	2578	7914	3390
2842	5393	7877	4074	2287	4190	6595	2711
2646	5115	5794	2267	758	712	2637	902
1316	1122	1588	1069	1010	951	2780	344
7116	17616	5184	10180	3463	4872	3930	900
12541	**24430**	**20435**	**32071**	**19188**	**4823**	**9333**	**11857**
11548	15402	12987	23858	15212	3414	6695	7599
710	3784	519	100	1782	803	325	130
283	5244	6929	8113	2194	606	2313	4128

15-8 社会消费品零售总额(按经济类型分)

TOTAL VALUE OF RETAIL SALES OF CONSUMER GOODS BY OWNERSHIP

单位：亿元 (100 million yuan)

年份 Year	合计 Total	国有经济 State-Owned	集体经济 Collective Owned	私营经济 Private	个体经济 Individual	联营经济 Joint Owned	股份制经济 Share Holding	外商投资经济 Foreign Funded	港澳台投资经济 Funded by Entrepreneurs from Hong Kong, Macao & Taiwan	其他经济 Others
1952	18.87	1.26	0.95	16.17						0.49
1957	30.48	8.46	7.62	2.11						12.29
1962	40.81	18.51	18.44		1.07					2.79
1965	40.19	21.34	17.24		0.52					1.09
1970	49.19	24.23	23.14		0.41					1.41
1975	66.73	35.00	29.12		0.20					2.41
1978	79.86	40.41	36.49		0.33					2.63
1979	92.69	46.67	42.08		0.51					3.43
1980	117.67	59.14	50.73		1.20					6.60
1981	142.38	72.46	57.26		3.50					9.16
1982	164.23	86.79	58.84		6.87					11.73
1983	183.62	98.75	56.00		13.16					15.71
1984	226.13	117.60	59.49		25.91					23.13
1985	289.23	131.18	78.89		45.22					33.94
1986	327.02	146.28	79.12		61.04					40.58
1987	405.19	171.74	92.24		90.06					51.15
1988	568.07	248.39	115.08		134.85					69.75
1989	636.15	258.04	119.27		171.65					87.19
1990	667.36	259.05	127.26		181.12					99.93
1991	786.64	298.02	131.17		235.40					122.05
1992	984.16	367.57	162.24		297.07					157.28
1993	1371.02	504.06	243.68	3.61	402.16	6.15	21.30	6.41	14.88	168.77
1994	1851.36	538.15	343.82	54.46	565.79	20.81	46.39	9.91	51.99	220.04
1995	2304.15	609.65	394.78	92.99	762.06	21.70	71.06	18.02	64.65	269.24
1996	2577.93	611.28	434.09	128.61	904.41	25.43	69.94	29.56	66.34	308.27
1997	2918.66	622.87	474.74	166.64	1071.05	36.17	80.52	45.45	73.39	347.83

15-9 社会消费品零售总额(按行业及城乡分)
TOTAL VALUE OF RETAIL SALES OF CONSUMER GOODS BY SECTOR AND URBAN-RURAL AREA

单位：亿元 (100 million yuan)

年份 Year	社会消费品零售总额 Total Value of Retail Sales of Consumer Good	按行业分 By Sector				按城乡分 By Urban-Rural Areas	
		批发和零售贸易、餐饮业 Wholesale, Retail Sale and Catering Trades	# 餐饮业 Catering Trade	制造业 Manufacturing	其他行业 Others	城镇 Urban Areas	乡村 Rural Areas
1952	18.87	16.71	1.90	1.42	0.74	9.50	9.37
1957	30.48	26.15	2.50	2.44	1.89	15.67	14.81
1962	40.81	35.79	4.97	1.76	3.26	17.63	23.18
1965	40.19	37.21	2.73	1.41	1.57	18.29	21.90
1970	49.19	45.17	2.95	1.67	2.35	21.65	27.54
1975	66.73	60.03	4.39	2.69	4.01	34.17	32.56
1978	79.86	72.31	5.39	3.13	4.42	38.42	41.44
1979	92.69	82.85	6.09	4.64	5.20	43.25	49.44
1980	117.67	101.82	7.30	6.75	9.10	66.72	50.95
1981	142.38	123.41	8.85	6.11	12.86	71.19	71.19
1982	164.23	142.05	10.19	5.84	16.34	82.77	81.46
1983	183.62	156.46	11.58	7.53	19.63	97.32	86.30
1984	226.13	186.10	16.04	11.12	28.91	131.61	94.52
1985	289.23	236.12	26.74	16.24	36.87	178.45	110.78
1986	327.02	264.27	28.68	18.65	44.10	172.67	154.35
1987	405.19	332.00	37.83	19.88	53.31	214.34	190.85
1988	568.07	465.09	50.79	27.50	75.48	306.19	261.88
1989	636.15	516.93	65.69	30.79	88.43	345.43	290.72
1990	667.36	535.03	71.11	29.22	103.11	457.34	210.02
1991	786.64	623.27	87.87	35.52	127.85	531.57	255.07
1992	984.16	756.55	111.76	48.10	179.51	679.96	304.20
1993	1371.02	1041.01	164.38	77.22	252.79	976.17	394.85
1994	1851.36	1403.82	234.75	110.06	337.48	1337.25	514.11
1995	2304.15	1712.37	293.87	121.81	469.97	1643.25	660.90
1996	2577.93	2030.78	352.00	140.23	406.92	1851.00	726.93
1997	2918.66	2332.86	411.48	160.33	425.47	2095.20	823.46

15-10 各市社会消费品零售总额(1997年)

TOTAL VALUE OF RETAIL SALES OF CONSUMER GOODS BY CITY (1997)

单位：亿元 (100 million yuan)

市别	City	总计 Total	按经济类型分其中 By Ownership					
			国有 State-Owned	集体 Collective Owned	个体 Individual	股份制 Share Holding	外商投资 Foreign Funded	港澳台投资 Funded by Entrepreneurs from HongKong, Macao & Taiwan
合计	**Total**	**2918.66**	**622.87**	**474.74**	**1071.05**	**80.52**	**45.45**	**73.39**
广州	Guangzhou	802.59	234.64	195.01	188.74	38.10	22.42	27.39
深圳	Shenzhen	326.48	82.28	7.81	44.78	22.34	16.08	24.92
珠海	Zhuhai	93.82	22.34	17.93	31.50	0.33	0.97	2.43
汕头	Shantou	153.27	18.77	27.51	76.02	0.87	0.59	0.41
韶关	Shaoguan	67.57	19.74	4.32	24.99	0.21	0.01	0.21
河源	Heyuan	25.69	3.04	2.31	16.35	0.04	0.06	0.15
梅州	Meizhou	53.77	9.77	9.06	29.85	0.19		
惠州	Huizhou	100.55	19.20	16.62	39.43	0.84	0.77	1.58
汕尾	Shanwei	58.34	9.23	5.36	37.19		0.03	
东莞	Dongguan	110.21	19.03	29.41	32.13	0.32	1.14	3.97
中山	Zhongshan	77.11	7.08	16.53	34.49			3.79
江门	Jiangmen	151.87	29.16	24.23	67.58	2.05	0.82	1.37
佛山	Foshan	243.74	27.90	34.87	124.24	11.23	1.72	1.93
阳江	Yangjiang	54.69	10.87	12.89	22.00	0.08		
湛江	Zhanjiang	147.11	28.39	20.65	64.80	3.52	0.26	4.03
茂名	Maoming	131.43	23.34	18.68	65.42		0.14	0.06
肇庆	Zhaoqing	93.13	19.66	8.30	45.52	0.08	0.03	0.99
清远	Qingyuan	57.43	7.85	3.38	34.56	0.08	0.17	0.08
潮州	Chaozhou	43.98	7.89	4.91	22.45	0.19		
揭阳	Jieyang	82.95	12.90	6.56	46.79	0.05	0.24	
云浮	Yunfu	42.93	9.79	8.40	22.22			0.08

市别	City	按行业分 By Sector				按城乡分 By Urban and Rural Areas	
		批发和零售贸易、餐饮业 Wholesale, Retail Sales and Catering Trades	#餐饮业 Catering Trade	制造业 Manufacturing	其他行业 Others	城镇 Urban Areas	乡村 Rural Areas
合计	**Total**	**2332.86**	**411.48**	**160.33**	**425.47**	**2095.20**	**823.46**
广州	Guangzhou	671.63	138.71	50.99	79.96	736.86	65.72
深圳	Shenzhen	230.58	51.27	3.60	92.30	275.19	51.29
珠海	Zhuhai	81.77	14.34	3.66	8.40	80.85	12.98
汕头	Shantou	127.92	15.01	1.59	23.75	101.39	51.89
韶关	Shaoguan	49.05	6.24	1.98	16.55	49.88	17.69
河源	Heyuan	22.50	2.79	0.39	2.80	13.48	12.21
梅州	Meizhou	42.76	4.40	6.06	4.95	27.44	26.33
惠州	Huizhou	81.58	14.22	6.93	12.04	68.97	31.58
汕尾	Shanwei	45.68	4.37	1.67	10.98	33.34	25.00
东莞	Dongguan	83.97	13.01	7.47	18.77	36.61	73.61
中山	Zhongshan	66.68	16.06	3.73	6.70	37.86	39.25
江门	Jiangmen	118.09	19.92	14.76	19.02	71.74	80.13
佛山	Foshan	204.43	41.32	6.71	32.60	149.78	93.96
阳江	Yangjiang	42.72	6.02	3.56	8.41	33.38	21.31
湛江	Zhanjiang	110.70	15.79	14.78	21.64	109.48	37.63
茂名	Maoming	96.87	13.09	15.82	18.75	82.54	48.89
肇庆	Zhaoqing	73.98	12.03	3.53	15.62	54.51	38.62
清远	Qingyuan	45.67	7.20	0.96	10.81	32.64	24.79
潮州	Chaozhou	37.12	5.74	1.75	5.10	25.03	18.95
揭阳	Jieyang	66.43	5.13	3.51	13.01	48.95	33.99
云浮	Yunfu	32.73	4.82	6.88	3.31	25.28	17.64

15-11 国营和供销合作社商品购进、销售、库存总额
TOTAL PURCHASES, SALES AND INVENTORY IN STATE-OWNED UNITS AND SUPPLY AND MARKING COOPERATIVES

单位：亿元 (100 million yuan)

年份 Year	国内纯购进 Value of Domestic Net Purchases	接收进口 Imports	省外调入 Value of Purchases Over Province	国内纯销售 Value of Domestic Net Sales	供应出口 Exports	调出省外 Value of Sales Over Province	年末库存 Inventory (year-end)
1952	5.09	0.18	2.14	8.23	0.40	0.30	3.15
1957	23.85	5.82	8.42	30.07	3.66	12.47	15.00
1962	35.21	3.34	10.48	41.79	6.78	3.83	22.19
1965	47.28	2.26	12.99	52.23	8.90	12.92	27.07
1970	63.42	4.45	13.50	62.83	3.89	16.70	39.71
1975	91.50	2.89	16.97	88.44	4.97	19.47	55.34
1978	108.41	4.30	38.00	107.42	4.87	25.24	69.01
1980	143.41	6.29	47.28	140.91	8.77	36.67	84.42
1985	267.39	52.10	65.29	272.81	9.65	85.12	117.29
1986	329.76	36.37	61.53	291.75	12.92	86.72	127.93

15-12 批发零售贸易业商品购进、销售和库存总额
TOTAL PURCHASES, SALES AND INVENTORY IN WHOLESALE AND RETAIL SALE TRADES

单位：亿元 (100 million yuan)

年份 Year	商品购进总额 Total Purchases	#从生产者购进 From Producers	商品销售总额 Total Sales	批发 Whole-sale	对生产经营单位批发 To units of Prod-uction Managment	零售 Retail Sales	年末库存 Inventory (year-end)
1987	1121.56	514.50	822.82	528.65	145.38	294.17	193.68
1988	1427.93	655.05	1247.65	833.35	229.17	414.30	271.28
1989	1587.97	728.46	1410.53	959.29	263.80	451.24	295.32
1990	1741.90	799.07	1448.42	984.50	270.73	463.92	288.04
1991	2048.45	939.61	1500.74	965.34	265.46	535.40	309.49
1992	2455.91	1071.04	1849.73	1204.94	331.35	644.79	291.36
1993	2866.71	1315.06	2313.17	1436.54	395.04	876.63	291.89
1994	4657.51	2136.57	4942.41	3750.78	1031.44	1191.63	565.03
1995	5008.96	2243.15	5448.94	4030.44	1091.12	1418.50	595.03
1996	5261.09	2319.98	5695.59	4016.81	1088.83	1678.78	586.80
1997	5749.88	2585.85	6323.08	4401.70	1117.94	1921.38	586.18

15-13 批发零售贸易业购进总额

TOTAL PURCHASES IN WHOLESALE AND RETAIL SALE TRADES

单位：亿元 (100 million yuan)

项目	Item	1996 购进总额 Total Purchases (1996)	从生产者购进 From Producers	1997 购进总额 Total Purchases (1997)	从生产者购进 From Producers
合计	**Total**	**5261.09**	**2319.98**	**5749.88**	**2585.85**
一、按经济类型分	**By Type of Ownership**				
国有经济	State-Owned	2575.05	1302.25	2693.98	1474.92
集体经济	Collective Owned	1291.12	497.21	1332.90	525.51
私营经济	Private	131.32	55.30	186.40	65.29
个体经济	Individual	996.54	308.50	1088.34	317.37
联营经济	Joint Owned	77.79	38.34	96.65	43.35
股份制经济	Share Holding	126.94	74.03	177.42	86.08
外商投资经济	Foreign Funded	17.76	9.67	59.17	44.45
港澳台投资经济	Funded Entrepreneurs from Hong Kong, Macao & Taiwan	44.49	24.72	53.50	14.96
其他经济	Others	30.08	9.96	61.51	13.90
二、按行业分(大中型企业)	**By Sector(Large & Medium-Sized Enterprises)**				
1. 批发业	Wholesale Trade			1837.70	1001.34
#食品、饮料、烟草	Food, Beverage and Tabacco			449.43	193.31
纺织品、服装和鞋帽	Textile Products, Garments, Shoes and Hats			169.13	137.11
日用百货	Articles of Daily Use			95.70	57.52
日用杂品	Sundry Goods for Daily Use			10.51	7.49
五金、交电、化工	Hardwares, Electric Appliances and Chemicals			176.74	110.21
能源	Energy			213.79	88.19
建筑材料	Building Materials			22.38	17.18
图书报刊	Books and Newspapers			19.72	15.98
农业生产资料	Agricultural Producer Goods			126.50	32.97
2. 零售业	Retail Sale Trade			303.67	115.16
食品饮料和烟草	Food, Beverage and Tabacco			67.12	25.02
日用百货	Articles of Daily Use			137.09	50.43
纺织品、服装和鞋帽	Textile Products, Garments, Shoes and Hats			2.82	1.63
日用杂品	Sundry Goods for Daily Use			0.92	0.38
五金、交电、化工	Hardwares, Electric Appliances and Chemicals			18.62	12.32
药品及医疗器械	Medicines and Medical Apliances			9.70	4.23
图书报刊	Books and Newspapers			10.94	3.24
其他	Others			56.46	17.92
三、按企业规模分(不包个体经济)	**By Scale of Enterprise(exclude Individual)**				
大中型企业、活动单位	Large & Medium-sized Enterprises, Establishments	2069.38	919.49	2225.17	1091.99
小型企业、活动单位	Small-sized Enterprises, Establishments	2099.81	1002.11	2519.17	1151.98

15-14 批发零售贸易业销售、库存总额(1997年)

TOTAL SALES AND INVENTOTY IN WHOLESALE AND RETAIL SALE TRADES(1997)

单位：亿元　　(100 million yuan)

项目	Item	商品销售总额 Total Sales	批发 Whole-sale	对生产经营单位批发 To Production & Management Units	零售 Retail Sales	年末库存总额 Inventory (Year-end)
合计	**Total**	**6323.08**	**4401.70**	**1117.94**	**1921.38**	**586.18**
一、按经济类型分	**By Type of Ownership**					
国有经济	State-Owned	2970.51	2495.80	546.52	474.70	291.54
集体经济	Collective Owned	1420.97	1110.43	335.02	310.54	131.76
私营经济	Private	213.53	108.76	43.70	104.77	21.62
个体经济	Individual	1219.43	363.25	109.41	856.18	98.64
联营经济	Joint Owned	107.35	89.00	30.68	18.36	8.21
股份制经济	Share Holding	198.76	133.98	24.01	64.77	16.03
外商投资经济	Foreign Funded	59.82	27.19	6.21	32.63	6.18
港澳台投资经济	Funded by Entrepreneurs from HongKong, Macao & Taiwan	62.90	27.80	18.80	35.10	8.24
其他经济	Others	69.81	45.49	3.58	24.33	3.97
二、按行业分(大中型企业)	**By Sector(Large & Medium-sized Enterprises)**					
1. 批发业	Wholesale Trade	2033.57	1875.25	437.48	158.31	167.95
#食品、饮料、烟草	Food, Beverage and Tabacco	499.84	473.51	38.14	26.33	34.21
纺织品、服装和鞋帽	Textile Products, Garments, Shoes and Hats	195.22	191.34	23.55	3.87	11.80
日用百货	Articles of Daily Use	110.59	94.34	10.68	16.56	9.38
日用杂品	Sundry Goods for Daily Use	14.85	13.58	3.84	1.36	2.58
五金、交电、化工	Hardwares, Electric Appliances and Chemicals	188.10	163.79	37.86	24.31	15.27
能源	Energy	231.10	213.61	73.25	17.49	12.40
建筑材料	Building Materials	24.58	23.92	16.92	0.66	2.94
图书报刊	Books and Newspapers	16.63	16.12	0.48	0.52	4.36
农业生产资料	Agricultural Producer Goods	139.19	130.36	19.70	5.83	10.35
2. 零售业	Retail Sale Trade	348.51	102.79	21.74	245.72	50.41
食品、饮料、烟草	Food, Beverage and Tabacco	72.89	24.48	4.76	48.41	9.28
日用百货	Articles of Daily Use	164.30	26.49	6.14	137.81	25.41
纺织品、服装和鞋帽	Textile Products, Garments, Shoes and Hats	3.64	0.88	0.01	2.76	0.68
日用杂品	Sundry Goods for Daily Use	1.03	0.45	0.13	0.57	0.71
五金、交电、化工	Hardwares, Electric Appliances and Chemicals	22.24	12.89	1.71	9.35	3.97
药品及医疗器械	Medicines and Medical Apliances	11.97	4.43	0.01	7.54	1.40
图书报刊	Books and Newspapers	11.36	3.59		7.77	3.29
其他	Others	61.09	29.58	8.98	31.51	5.66
三、按企业规模分(不包括个体经济)	**By Scale of Enterprise (Exclude Individual)**					
大中型企业、活动单位	Large & Medium-Sized Enterprise, Establishments	2382.08	1978.04	459.22	404.03	218.36
小型企业、活动单位	Small-sized Enterprises, Establishments	2721.57	2060.41	549.30	661.16	269.18

15-15 各市批发零售贸易业商品购、销、存总额(1997年)

TOTAL PURCHASES, SALES AND INVENTORY IN WHOLESALE AND RETAIL SALE TRADES BY CITY (1997)

单位: 亿元 (100 million yuan)

市别 City	商品购进总额 Total Purchases	从生产者购进 From Producers	商品销售总额 Total Sales	批发 Wholesale	对生产经营单位批发 To Production & Management Units	零售 Retail Sales	年末库存总额 Inventory (Year-end)
合计 Total	**5749.88**	**2585.85**	**6323.08**	**4401.70**	**1117.94**	**1921.38**	**586.18**
广州 Guangzhou	1970.35	1013.15	2109.18	1576.25	513.68	532.93	222.13
深圳 Shenzhen	96.49	49.44	119.82	77.01	17.74	42.81	19.99
珠海 Zhuhai	442.28	215.89	507.02	327.71	77.56	179.31	44.72
汕头 Shantou	227.85	68.65	236.51	169.09	30.60	67.43	24.12
韶关 Shaoguan	431.04	118.97	477.98	365.07	53.15	112.91	26.88
河源 Heyuan	554.16	276.95	594.22	431.11	169.02	163.11	45.56
梅州 Meizhou	406.38	159.56	438.57	340.89	91.07	98.17	40.75
惠州 Huizhou	200.96	83.73	227.91	133.00	28.87	94.91	27.27
汕尾 Shanwei	179.83	95.04	196.73	112.95	21.39	83.78	12.80
东莞 Dongguan	121.62	53.46	134.86	72.91	12.50	61.95	16.72
中山 Zhongshan	130.54	67.00	155.58	88.22	7.79	67.36	11.66
江门 Jiangmen	84.52	34.71	93.27	54.91	8.73	38.36	12.82
佛山 Foshan	69.52	29.60	78.98	37.67	4.86	41.31	5.79
阳江 Yangjiang	34.88	11.09	37.41	17.70	3.34	19.71	4.07
湛江 Zhanjiang	73.11	35.08	99.77	63.07	6.17	36.70	5.68
茂名 Maoming	66.89	22.34	93.65	55.18	6.51	38.47	8.39
肇庆 Zhaoqing	185.79	78.01	192.20	121.24	23.64	70.96	17.57
清远 Qingyuan	156.55	55.69	185.85	135.23	13.38	50.62	16.53
潮州 Chaozhou	95.99	28.71	106.95	75.57	9.05	31.38	10.00
揭阳 Jieyang	173.26	65.97	181.99	120.69	15.43	61.30	7.96
云浮 Yunfu	47.89	22.80	54.65	26.73	3.47	27.91	4.76

15-16 各市城乡集市贸易成交额

TRANSACTION VALUE OF FREE MARKEPS IN URBAN AND RURAL AREAS BY CITY

单位: 亿元 (100 million yuan)

市别 City	1990	1993	1994	1995	1996	1997
合计 Total	**256.69**	**583.54**	**779.27**	**1064.26**	**1284.90**	**1469.84**
广州 Guangzhou	42.21	87.49	123.61	208.04	242.52	294.50
深圳 Shenzhen	24.50	92.71	105.80	142.67	166.11	162.71
珠海 Zhuhai	6.30	16.49	22.94	28.45	33.06	35.88
汕头 Shantou	31.73	27.61	37.67	48.70	58.00	70.84
韶关 Shaoguan	8.60	12.39	16.92	16.09	21.99	22.81
河源 Heyuan	5.03	7.06	8.85	10.72	12.24	14.47
梅州 Meizhou	9.94	15.18	21.23	25.08	26.67	27.74
惠州 Huizhou	12.11	27.13	32.49	34.58	37.49	39.36
汕尾 Shanwei	7.82	18.46	21.17	28.61	31.98	33.42
东莞 Dongguan	6.75	11.22	20.99	46.59	92.24	107.15
中山 Zhongshan	7.03	24.18	29.84	43.54	46.45	61.99
江门 Jiangmen	10.67	20.54	27.77	31.08	37.68	41.09
佛山 Foshan	16.09	36.93	51.69	69.08	78.40	94.71
阳江 Yangjiang	8.14	15.00	19.78	25.26	31.85	32.96
湛江 Zhanjiang	19.88	41.12	50.64	66.31	72.44	81.91
茂名 Maoming	13.99	26.71	35.65	47.04	58.12	63.95
肇庆 Zhaoqing	12.68	23.70	32.17	27.97	34.18	39.41
清远 Qingyuan	7.47	17.12	29.13	36.46	43.98	44.39
潮州 Chaozhou	5.75	14.22	15.65	19.35	22.11	30.25
揭阳 Jieyang		48.28	75.28	96.56	122.92	154.02
云浮 Yunfu				12.08	14.47	16.28

15-17 批发零售贸易业商品销售、库存类值(1997年)

TOTAL VALUE OF SALES AND INVENTORY IN WHOLESALE AND RETAIL SALE TRADES BY CATEGORY OF COMMODITIES

单位：亿元 (100 million yuan)

商品类别 Commodity		销售额 Total Sales	大中型企业 Large and Medium-sized Enterprises	小型企业 Small-sized Enterprises	个体经济 Individual	年末库存额 Inventory (year-end)
总计	**Total**	**6323.08**	**2382.08**	**2721.57**	**1219.43**	**586.18**
食品、饮料、烟酒类	Food, Beverage, Tabacco and Liquor	1481.27	512.06	556.92	412.29	136.45
针、纺织品类	Knitted Goods and Textiles	271.98	103.42	102.03	66.53	23.26
服装、鞋帽类	Garments, Shoes and hats	576.80	160.05	285.28	131.47	37.20
化妆品类	Cosmetics	37.68	15.94	12.82	8.92	4.84
钟表、眼镜类	Timepiece and Glasses	29.11	13.33	12.58	3.20	3.70
日用品类	Articles for Daily Use	422.86	107.17	198.32	117.37	40.90
五金、电工器具类	Hardwares, Electic Appliances	115.82	22.17	54.15	39.50	12.53
生活电器类	Household Electric Appliances	327.62	126.15	137.05	64.41	30.86
音像器材类	Sound and Photo Appliances	72.71	29.25	31.39	12.07	7.14
自行车、摩托车类	Bicycles, Motorcycles	94.07	37.42	37.25	19.40	11.46
体育、娱乐用品类	Sports and Recreational Articles	36.71	16.86	16.50	3.35	4.77
文化、办公用品类	Articles For Culture and Office Use	70.15	22.69	38.11	9.36	7.62
金银珠宝类	Jewelry	33.44	18.22	9.77	5.45	7.14
家具类	Furnitures	50.26	8.32	26.35	15.59	5.83
中西药品类	Medicines	224.05	96.85	103.16	24.04	26.59
书报杂志类	Books and Newspapers	55.24	28.54	19.06	7.63	12.65
汽车类	Vehicles	102.33	74.03	27.44	0.87	18.73
建筑材料类	Building Materials	193.72	22.20	110.73	60.79	15.64
木材类	Timber	41.20	8.59	21.88	10.73	4.72
化工材料及制品类	Chemical Materials and Products	418.25	211.65	178.93	27.67	36.92
黑色金属材料类	Ferrous Metal Matterials	217.56	121.31	84.21	12.04	21.03
有色金属材料类	Nonferrous Metal Materials	101.01	35.70	61.95	3.36	9.86
机电设备及零件类	Mechanical and Electrical Products and Accessories	250.13	75.74	157.73	16.65	28.43
煤炭及制品类	Coal and Coal Products	33.46	18.21	12.11	3.14	4.00
石油及制品类	Petroleum and Petroleum Products	418.04	292.12	110.96	14.96	23.19
种子饲料类	Seeds and Forage	20.54	12.40	6.03	2.12	2.19
棉麻、土畜产品类	Cotton, Fiber, Local and Livesstock Products	30.84	12.96	15.99	1.89	3.09
再生资源类	Materials for Regeneration	14.78	7.28	5.90	1.59	0.69
其他类	Others	581.43	171.43	286.98	123.03	44.71

15-18 大中型批发零售贸易业商品销售、库存数量

VOLUME OF SALES AND INVENTORY IN LARGE AND MEDIUM-SIZED WHOLESALE AND RETAIL SALE TRADES

商品名称	Commodity	1996				1997			
		销售 Total Sales	批发 Wholesale	零售 Retail Sales	年末库存 Inventory (year-end)	销售 Total Sales	批发 Wholesale	零售 Retail Sales	年末库存 Inventory (year-end)
粮食 (万吨)	Grain (10000 tons)	351.15	289.11	62.04	45.03	347.59	295.56	52.03	52.17
食用植物油(万吨)	Edible Vegetable Oil (10000 tons)	15.57	12.65	2.91	1.50	9.15	6.82	2.33	0.69
猪和猪肉 (万吨)	Hog and Pork (10000 tons)	43.76	35.87	7.89	1.41	40.66	35.01	5.65	2.73
食糖 (万吨)	Sugar (10000 tons)	51.55	50.46	1.09	9.15	42.17	41.33	0.84	2.71
棉花 (万吨)	Cotton (10000 tons)	0.87	0.82	0.05	0.01	0.87	0.84	0.03	0.05
布 (亿米)	Cloth (100 million m)	5.62	5.34	0.28	0.34	9.74	9.59	0.15	0.39
#棉布	Cotton Cloth	1.63	1.55	0.08	0.15	7.83	7.80	0.03	0.15
呢绒 (亿米)	Woolen Fabric(100 million m)	0.01	0.01	…	…	0.02	0.02	…	…
绸缎 (亿米)	Silk and Satin(100 million m)	0.11	0.11	…	0.03	0.16	0.15	0.01	0.01
各种服装 (亿件)	Garments (100 million unit)	3.82	2.78	1.03	0.25	3.59	3.15	0.44	0.21
鞋 (万双)	Footwear (10000 pairs)	10939	9429	1509	2012	17130	15464	1665	1926
#皮鞋	Leather Shoes	3038	2190	848	418	1914	1223	691	257
黄金饰品 (万元)	Gold Ornament (10000 yuan)	115058	22521	92537	61915	131667	20844	110822	59555
照相机 (万架)	Camera (10000 units)	43.32	29.67	13.65	4.40	16.50	2.60	13.91	3.79
自行车 (万辆)	Bicycle (10000 units)	164.00	128.30	35.70	19.81	122.93	89.36	33.57	11.59
摩托车 (万辆)	Motorcycle (10000 units)	17.56	11.87	5.68	1.93	30.04	22.41	7.64	2.68
电视机 (万台)	TV Sets (10000 units)	104.96	87.38	17.58	7.99	172.31	145.76	26.55	11.82
#彩色电视机	Color TV Set	77.18	61.51	15.67	4.26	166.96	141.87	25.09	10.47
录音机 (万台)	Recorder (10000 units)	38.40	17.31	21.09	6.29	133.98	114.24	19.74	5.23
#组合音响	Hi-Fi Stero Component System	3.79	1.52	2.26	0.90	3.89	1.00	2.90	1.10
摄像机 (万台)	Pickup Camera (10000 units)	1.23	0.58	0.66	0.38	0.84	0.36	0.49	0.17
录像机 (万台)	Video recorder (10000 units)	21.09	16.08	5.01	0.81	29.26	27.68	1.58	0.39
影碟机 (万台)	Video Disc Player(10000 units)					4.44	1.14	3.29	0.48
#进口影碟机	Import Video Disc Player					1.19	0.02	1.18	0.16
家用电脑 (万台)	Household Computer (10000 units)	1.74	0.64	1.10	1.11	1.52	0.66	0.86	0.35
家用电风扇(万台)	Household Fan (10000 units)	335.30	273.25	62.04	42.77	480.55	422.33	58.22	24.93
家用洗衣机(万台)	Household Washing Machine (10000 units)	67.04	49.88	17.16	8.11	52.49	33.48	19.00	7.39
家用电冰箱(万台)	Household Refrigerator (10000 units)	54.30	40.57	13.73	6.65	42.71	26.33	16.38	4.38
房间空调器(万台)	House Air Conditioner (10000 units)	37.45	24.94	12.51	4.69	35.29	22.20	13.09	4.03
微波炉 (万台)	Microwave Oven (10000 units)					20.37	10.92	9.45	2.15
抽油烟机 (万台)	Range Hood (10000 units)	14.07	5.35	8.72	2.95	14.60	3.50	11.10	2.57
化学肥料 (万吨)	Chemical Fertilizer (10000 units)	816.41	816.41	…	91.82	775.80	775.80	…	94.13
化学农药(万吨)	Chemical Pesticide (10000 tons)	15.57	15.57	…	2.22	12.80	12.80	…	0.88
农用塑料薄膜(万吨)	Agricultural Plastic Film (10000 tons)	0.70	0.70	…	0.39	0.48	0.48	…	0.19
汽车 (万辆)	Vehicle (10000 units)	5.13	4.63	0.50	0.95	6.03	5.32	0.71	0.74
#轿车 (万辆)	Car (10000 units)	1.72	1.44	0.28	0.15	1.91	1.50	0.41	0.20
生铁 (万吨)	Pig Iron (10000 units)	8.84	8.84		0.93	6.37	6.37	…	0.61
钢材 (万吨)	Rolled-Steel (10000 tons)	543.71	540.61	3.11	53.92	304.43	304.22	0.21	25.43
水泥 (万吨)	Cement (10000 tons)	108.15	105.30	2.85	6.89	156.63	152.85	3.78	10.31
平板玻璃(重量箱)	Plate Glass (wt. cases)	503409	501265	2144	174361	1705780	1705780		296868
原木 (立方米)	Logs (cubic metre)	195025	193209	1816	27975	168455	168254	201	4534
锯材 (立方米)	Sawn Wood (cubic metre)	56107	55854	253	3881	35059	34863	196	3782
煤炭 (万吨)	Coal (10000 tons)	386	374	12	68	249	248	1	71
焦炭 (万吨)	Coke (10000 tons)	4.36	4.36		0.16	2.29	2.29		0.02
原油 (万吨)	Crude Oil (10000 tons)	0.49	0.49						
汽油 (万吨)	Gasoline (10000 tons)	340.29	297.49	42.80	14.60	363.07	317.20	45.87	20.04
柴油 (万吨)	Diesel Oil (10000 tons)	510.85	470.00	40.85	25.93	513.85	477.71	36.14	23.97
煤油 (万吨)	Kerosene (10000 tons)	50.13	49.65	0.48	3.90	51.31	50.36	0.94	4.31
燃料油 (万吨)	Fuel Oil (10000 tons)	204.34	203.78	0.56	10.24	221.87	221.87		15.95

15-19 大中型批发、零售贸易、餐饮企业财务状况

FINANCIAL INDICATORS OF LARGE AND MEDIUM ENTERPRISES IN WHOLESALE, RETAIL SALE AND CATERING TRADES

单位：万元 (10000 yuan)

指标	Item	贸易企业 Sale Trades		餐饮企业 Catering Trade	
		1996	1997	1996	1997
一、资本金	**Capital**				
资本金合计	Total Capital	2020033.6	2138037.5	347536.5	450588.5
#国家资本金	National Capital	1357573.6	1485849.6	123116.5	133846.6
外商资本金	Foreigner Capital	127359.5	190293.1	109208.1	223187.2
二、年末资产负债	**Assets and Liability (year-end)**				
流动资产合计	Circulating Assets	9096291.1	9494889.1	260975.1	294340.3
#存货	Inventory	2110939.4	2060874.7	30919.5	31925.3
固定资产合计	Fixed Assets	2927370.8	3141591.9	344415.4	579829.5
固定资产原价	Original Value of Fixed Assets	2945799.4	3198684.5	404593.5	680533.4
#生产经营用	For Production and Operation	1908126.5	2012364.0	261882.6	403534.1
累计折旧	Accumulated Depreciation	671821.7	745488.1	96931.9	133227.5
#本年提取折旧	Depreciation of Deducted in the Year	118862.5	123575.5	25854.1	34510.2
无形及递延资产合计	Intangible and Deferred Assets	398781.0	449975.1	94089.4	113596.6
资产总计	Total Assets	13562608.3	14615281.8	777207.7	1063203.8
流动负债合计	Liquid Liabilities	9792606.6	10462687.4	386566.9	517033.1
长期负债合计	Long-Term Liabilities	763544.1	762305.4	105369.7	181276.9
所有者权益合计	Creditor Equity	2918324.9	3329137.5	275746.0	348380.4
三、损益及分配	**Profit and Loss Apportionment**				
商品销售收入(营业收入)	Sales Revenue (income on business)	21454836.9	21338025.6	611323.5	674867.1
商品销售成本(营业成本)	Cost of Goods Sales (cost on Business)	19427960.3	19501933.3	297898.2	314815.7
经营费用(营业费用)	Operating Expenses (expense on business)	798725.4	783687.0	191597.4	239796.0
商品销售税金及附加费	Sales Tax and Extra Charges	53201.0	41092.4	28411.4	30114.2
商品销售利润	Sales Profits	1046151.6	882560.1	8993.0	27128.0
主营业务利润	Main Business Profits	1084009.8	915646.9	66364.9	77506.6
管理费用	Management Expenses	842414.9	893856.4	75031.9	103846.9
#税金	Taxs	20767.6	22466.5	3308.0	2570.2
财务费用	Financial Expenses	435372.5	406189.4	16105.5	25529.0
营业利润	Business Profit	6961.0	-129038.7	-16066.0	-31904.6
应交所得税	Income Tax Payable	73552.3	83190.7	3526.5	4170.9
应付利润	Total Profits Payable	94946.3	71714.0	3266.7	3276.0
四、工资福利及增值税	**Wages, Welfare Expenses and Value Added Taxes**				
本年应付工资总额	Total Wages Payable in the Year	370113.0	390433.0	72404.8	84195.4
本年应付福利费总额	Welfare Expenses Payable in the Year	57769.5	64143.5	9063.8	11631.7
本年应交增值税额	Increment Value Tax Payable in the Year	235026.1	229647.9	674.7	1124.9

15-20 各市大中型批发、零售贸易、餐饮企业主要财务状况(1997年)
FINACIAL INDICATORS OF LARGE AND MEDIUM ENTERPRISES IN WHOLESALE, RETAIL SALE AND CATERING TRADES BY CITY (1997)

单位：万元 (10000 yuan)

市别	City	汇总企业数(个) Number of Enterprise (unit)	资本金合计 Total Capital	资产总计 Total Assets	负债合计 Total Liabilities	商品销售(营业)收入 Revenue Sales (on business)	商品销售(营业)成本 Cost of Goods Sales (on business)	商品销售(营业)利润 Sales Profits (on business)
一、贸易业	**Trades**	**2248**	**2138037.5**	**14615281.8**	**11286144.3**	**21338025.6**	**19501933.3**	**882560.1**
广州	Guangzhou	821	815550.1	6250925.7	4920461.9	8904537.1	8152274.3	359889.9
深圳	Shenzhen	345	724344.8	3722029.5	2456300.0	3967493.4	3477927.1	258478.1
珠海	Zhuhai	58	29410.5	205096.7	144510.9	425785.3	395096.8	16143.0
汕头	Shantou	59	87023.2	341773.9	260497.3	570364.2	538263.8	14745.4
韶关	Shaoguan	33	21917.5	137188.2	103567.5	338574.8	311534.8	17568.9
河源	Heyuan	9	4436.9	13079.1	8319.0	51298.7	47483.0	2402.4
梅州	Meizhou	23	9178.2	67880.8	54252.5	181912.4	168809.1	7192.9
惠州	Huizhou	29	16442.3	196572.0	177194.3	381708.5	354629.8	16669.8
汕尾	Shanwei	2	2772.2	8079.1	3523.8	6769.6	6158.7	237.4
东莞	Dongguan	123	69364.0	518435.0	440638.4	771936.3	703570.4	25309.9
中山	Zhongshan	50	23878.3	301775.2	281255.7	542598.4	515013.1	13291.8
江门	Jiangmen	195	70010.4	844670.1	741464.1	1390522.2	1272217.2	37927.8
佛山	Foshan	228	111488.1	1062234.0	909156.0	1956790.0	1830987.4	60141.4
阳江	Yangjiang	10	10300.8	68954.9	56332.5	164575.9	154645.1	7080.0
湛江	Zhanjiang	82	66361.8	399777.7	347505.0	524554.8	488191.2	12299.1
茂名	Maoming	67	21787.6	169195.3	143463.0	474557.9	450198.5	13221.8
肇庆	Zhaoqing	63	30916.8	165962.5	122967.9	326532.6	294727.3	9231.1
清远	Qingyuan	5	1534.9	12347.3	11427.9	22528.8	20978.3	1112.1
潮州	Chaozhou	8	9008.2	47677.0	37294.5	139152.6	134386.9	2385.3
揭阳	Jieyang	15	5320.4	35884.6	27022.4	84129.2	78451.6	3731.0
云浮	Yunfu	23	6990.5	45743.2	38989.7	111702.9	106388.9	3501.0
二、餐饮业	**Caterings**	**469**	**450588.5**	**1063203.8**	**715157.6**	**674867.1**	**314815.7**	
广州	Guangzhou	190	134937.8	395294.8	271172.7	333451.4	162904.2	
深圳	Shenzhen	22	34721.5	80258.3	44813.8	86815.0	39962.1	
珠海	Zhuhai	7	3910.8	6534.5	2715.0	10759.3	5125.9	
汕头	Shantou	3	1012.8	7800.3	7800.3	2915.5	1870.6	
韶关	Shaoguan	4	558.6	1854.0	1681.8	1637.2	833.5	
河源	Heyuan	3	4359.4	9792.7	6647.5	1438.1	468.4	
梅州	Meizhou							
惠州	Huizhou	36	37213.6	75420.2	49688.8	31104.1	12399.0	
汕尾	Shanwei							
东莞	Dongguan	79	148856.6	293372.4	192478.2	88712.4	35188.1	
中山	Zhongshan	3	2214.0	2962.1	1688.7	6822.0	3702.7	
江门	Jiangmen	31	17218.9	38141.9	34617.0	28449.1	13140.8	
佛山	Foshan	60	38917.0	103208.9	66154.1	58994.3	28269.1	
阳江	Yangjiang							
湛江	Zhanjiang	10	7342.4	12466.7	7137.5	7075.8	3422.7	
茂名	Maoming	8	7541.4	14587.6	16522.9	7079.1	2934.7	
肇庆	Zhaoqing	5	99.0	1034.1	874.1	4014.2	1901.3	
清远	Qingyuan	6	9101.2	12602.5	5954.0	3469.1	1691.6	
潮州	Chaozhou	2	2583.5	7872.8	5211.2	2130.5	1001.0	
揭阳	Jieyang							
云浮	Yunfu							

15-21 各市大中型批发、零售贸易、餐饮业增加值(1997年)

VALUE ADDED OF LARGE AND MEDIUM-SIZED ENTERPRISES IN WHOLESALE AND RETAIL SALE TRADES BY CITY (1997)

单位：万元 (10000 yuan)

市别	City	增加值合计 Total Value Added	本年提取固定资产折旧 Depreciation of Fixed Assets Deducted in the year	本年应付工资总额 Total Wages Payable in the Year	本年应付福利费 Welfare Expenses Payable in the Year	劳动就业保险费 Employment Insurance	商品销售税金及附加费 Taxes and Extra Charges on Goods Sales	利润总额 Total Profits	管理费用中：税金 Taxes in Management Expenses
一、贸易业	**Sale Trades**	**816515.0**	**123575.5**	**396433.6**	**64143.5**	**40693.1**	**41092.4**	**128110.4**	**22466.5**
广州	Guangzhou	398581.6	48936.4	195839.7	34652.0	23214.0	15651.1	68447.2	11841.2
深圳	Shenzhen	250990.3	44480.8	99687.3	12107.6	5105.9	10547.1	74450.4	4611.2
珠海	Zhuhai	13078.5	1783.1	6115.3	872.4	443.3	802.4	2850.5	211.5
汕头	Shantou	7290.4	2017.1	6934.4	1108.8	2826.8	709.0	-6742.0	436.3
韶关	Shaoguan	12522.6	1251.1	4626.0	1043.5	669.2	1063.1	3628.4	241.3
河源	Heyuan	1318.8	230.8	585.4	77.4	71.5	96.4	220.6	36.7
梅州	Meizhou	6601.5	799.2	2520.5	401.5	214.3	459.9	1684.6	521.5
惠州	Huizhou	1482.7	929.8	2349.2	272.1	93.1	841.1	-3122.9	120.3
汕尾	Shanwei	41.5	1.1	198.3	30.8	9.3	5.8	-232.8	29.0
东莞	Dongguan	15755.3	3641.5	10819.3	1873.5	1131.6	846.6	-2915.8	358.6
中山	Zhongshan	6698.8	1885.0	5608.6	990.7	533.2	287.1	-2799.2	193.4
江门	Jiangmen	24868.4	4990.4	13024.0	2204.0	2683.9	2681.3	-1632.4	917.2
佛山	Foshan	41655.3	7337.9	26322.5	4553.6	1876.8	3423.7	-3175.8	1316.6
阳江	Yangjiang	3020.1	136.3	1037.1	207.1	71.1	151.3	1332.0	85.2
湛江	Zhanjiang	7455.0	2072.2	8337.0	1167.4	769.3	1146.1	-6683.5	646.5
茂名	Maoming	9212.6	1116.7	5356.5	928.9	392.1	554.4	312.7	551.3
肇庆	Zhaoqing	6800.0	1057.7	3271.4	1150.9	259.5	1452.1	-607.9	216.3
清远	Qingyuan	447.1	71.8	210.5	84.9	79.4	36.5	-80.6	44.6
潮州	Chaozhou	4109.5	171.6	1586.4	71.4	85.9	119.8	2054.6	19.8
揭阳	Jieyang	2629.7	399.5	701.9	107.2	100.9	72.1	1220.7	27.4
云浮	Yunfu	1955.3	265.5	1302.3	237.8	62.0	145.5	-98.4	40.6
二、餐饮业	**Catering**	**143518.3**	**36347.1**	**88907.6**	**12612.8**	**3502.1**	**30106.1**	**-30681.0**	**2723.6**
广州	Guangzhou	76916.4	14106.6	43706.8	6651.5	2365.5	14211.9	-5381.3	1255.4
深圳	Shenzhen	18881.7	3857.4	7172.8	744.6	142.2	4372.5	2532.6	59.6
珠海	Zhuhai	2433.8	210.9	1215.6	134.9	36.0	500.5	330.4	5.5
汕头	Shantou	146.6	106.8	388.5	45.9	9.8	77.9	-488.6	6.3
韶关	Shaoguan	484.3	31.6	436.2	20.7	0.9	91.1	-96.7	0.5
河源	Heyuan	254.0	602.1	177.0	29.9	1.6	77.1	-695.7	62.0
梅州	Meizhou								
惠州	Huizhou	2195.8	2049.5	4534.8	604.5	92.6	1103.1	-6310.6	121.9
汕尾	Shanwei								
东莞	Dongguan	20246.0	9354.9	12366.3	2096.0	85.3	4512.6	-8866.4	697.3
中山	Zhongshan	6698.8	1885.0	5608.6	990.7	533.2	287.1	-2799.2	193.4
江门	Jiangmen	2348.5	1192.6	3154.5	378.5	95.8	1187.2	-3750.8	90.7
佛山	Foshan	9733.2	2347.3	7205.3	661.6	45.3	2434.2	-3098.1	137.6
阳江	Yangjiang								
湛江	Zhanjiang	828.6	72.8	964.6	74.1	38.3	313.9	-637.7	2.6
茂名	Maoming	1072.0	13.5	1004.2	108.6	33.2	445.5	-563.6	30.6
肇庆	Zhaoqing	937.4	21.1	324.7	31.3	20.7	234.8	304.8	0.0
清远	Qingyuan	263.1	382.9	469.7	18.3	0.0	135.4	-803.3	60.1
潮州	Chaozhou	78.1	112.1	178.0	21.7	1.7	121.3	-356.8	0.1
揭阳	Jieyang								
云浮	Yunfu								

15-22 城乡集市贸易情况

FREE MARKETS IN URBAN AND RURAL AREAS

项 目	Item	1985	1990	1995	1996	1997
一、集贸市场总数(个)	**Number of Free Markts (unit)**	**2598**	**3287**	**4406**	**4588**	**4933**
城 市	Urban Areas	246	667	1384	1517	1691
综合市场数	Comprehenive Markets		456	456	587	656
农副产品市场	Markets of Agricultural and Subsidiary Products		51	488	422	504
工业品市场	Markets of Industrial Products		130	434	476	512
其他市场	Others		30	6	32	19
农 村	Rural Areas	2352	2620	3022	3071	3242
综合市场数	Comprehenive Markets		2249	2008	1799	1761
农副产品市场	Markets of Agricultural and Subsidiary Products		81	787	1000	1176
工业品市场	Markets of Industrial Products		152	208	268	304
其他市场	Others		138	19	4	1
二、集市贸易成交额(万元)	**Transaction Value (10000 yuan)**	**657895**	**2566896**	**10642568**	**12848993**	**14698405**
城 市	Urban Areas	117713	975289	5539020	6265433	7193050
农 村	Rural Areas	540182	1591607	5103548	6583560	7505355
三、各类产品成交额(万元)	**Transaction Value by Various Proudcts (10000 yuan)**					
粮 油 类	Grain and Edible Oil	26622	131557	805901	1006607	1053524
肉禽蛋类	Meats, Poutry and Eggs	209800	1061093	3554446	4103836	4408755
水产品类	Aquatic Products	56615	286083	1316137	1421603	1643678
蔬菜类	Vegetables	25395	177125	812462	1008804	1341095
干鲜果类	Dried and Fresh Fruit	28857	246964	1066173	1523909	1429517
日用杂品类	Miscellaneous Articles for Daily Use	3606	17787			
棉烟麻类	Cotton, Tabacco and Fiber	5623	19802	48354	57081	138405
柴草类	Firewood and Straw	30222	11003			
饲料农具种苗类	Forage, Farm Implements, Seeds and Sprouts	7943	22052			
大牲畜类	Large Domestic Animals	19309	33526	74037	75432	97098
家畜幼禽类	Other Domestic Animals and Young Fowls	50592	96767	188309	222051	247979
工业品类	Industrial Products	100263	343836	2045336	2876105	3576642
废旧物品类	Waste and Obsolete Materials	2740	10995			
其 他 类	Others	90308	108306	731413	553565	761712
四、主要农产品成交量(吨)	**Transaction Volume of Main Agricultural Products (ton)**					
粮 食	Grain	259798	508807	1657337	1998219	2051001
食 油	Edible Oil	8735	54986	269100	389562	389073
猪 肉	Pork	446763	827658	1308225	1425856	1441534
牛 羊 肉	Beef and Mutton		87352	153092	171608	191439
鲜 蛋	Eggs	52607	130165	267744	1397431	333811
家 禽	Poultry		213657	362426	1416996	425612

15-23 全省销售额最大的50家批发零售贸易企业(1997年)

THE PROVINCE'S TOP 50 WHOLESALE AND RETAIL SALES TRADE ENTERPRISES OF SALES VALUE

序号 Order	企业名称	Name of Enterprises	商品销售总额(万元) Total Sales (10000 yuan)
1	广东省物资集团公司	GENERAL PRODUCTS OF GUANGDONG HOLDINGS COMPANY	541609.0
2	中国烟草总公司广东省公司	CNTC GUANGDONG TOBACCO CORPORATION	533055.3
3	广东省石油企业集团公司	GUANGDONG PROVINCE PETROLEUM ENTERPRISE GROUP CORPORATION	372351.0
4	中国农业生产资料广州公司	GUANGZHOU AGRICULTURAL MEANS OF PRODUCTION COMPANY	344504.0
5	惠州TCL电器销售有限公司		285941.5
6	广州市纺织进出口公司	GUANGZHOU TEXTILES IMP. & EXP . CORP.	122764.0
7	深圳石油公司	SHENZHEN PETROLEUM CO.	187787.0
8	江门市宏达企业(集团)公司	JIANGMEN HONGDA ENTERPRISES (GROUP) CO.	176118.0
9	中国北方工业广州公司	CHINA NORTH INDUSTRIES GUANGZHOU CORPORATION	154846.0
10	广东省农业生产资料总公司	GUANGDONG AGRICULTRAL MEANS OF PRODUCTION CORPORATION	150680.9
11	广州石油企业集团有限公司	GUANGZHOU PETROLEUM GROUP CO. LTD.	146220.8
12	中国烟草总公司深圳公司	GHINA NATIONAL TOBACCO CO. SHENZHEN BRANCH	142009.7
13	肇庆蓝带啤酒销售有限公司	BLUE RIBBON BEER MARKETING CO., LTD.	126769.5
14	佛山市兴华集团股份有限公司	FOSHAN XINGHUA GROUP HOLDING CORPORATION	113243.6
15	中国石化销售茂名公司		119632.8
16	广州市医药公司(药品部)	GUANGZHOU MUNICIPAL PHARMACEUTICALS CORPORATION	115167.0
17	广州市广州百货大厦	GUANGZHOU MERCHANDISE BUILDING	111407.0
18	中国抽纱汕头进出口公司	CHINA ARTEX CORPORATION SHANTOU COMPANY	111088.7
19	佛山市升平百货总公司	FOSHAN SHENGPING GENERAL MERCHANDISE CORP.	110388.7
20	广州友谊商店股份有限公司	GUANGZHOU FRIENDSHIP CO., LTD	109138.0
21	深圳食品总公司	SHEN ZHEN FOODSTUFFS GENERAL CO.	105146.0
22	中山市食品水产进出口集团公司	ZHONGSHAN FOODSTUFFS & AQUATIC IMPORT & EXPORT GROUP CORPORATION OF GUANGDONG	104384.0
23	广东省新华书店	GUANGDONG XIN HUA BOOK STORE	103548.0
24	佛山市金属材料资源开发公司	FOSHAN METAL MATERIAL RESOURCES DEVELOPMENT CO.	103026.7
25	广州中穗石油化工发展公司	GUANGZHOU ZHONGXUI PETROCHEMICAL DEVELOPMENT COMPANY	101569.0
26	新大新公司	XIN DA XIN COMPANY	101426.0
27	中山市物资总公司	ZHONGSHAN MATERIALS GENERAL CO.	101261.0
28	广东省烟草公司湛江分公司		98504.6
29	深圳市连兴有限公司		95604.0
30	深圳市国有免税商品(集团)有限公司		94078.6
31	广州正大万客隆(佳景)有限公司	GUANGZHOU CHIA TAI MAKRO CO., LTD	93512.0
32	广东省烟草公司韶关分公司	GUANGDONG PROVINCE TOBACCO COMPANY SHAOGUAN BRANCH	91207.7
33	广州市化工原料公司	GUANGZHOU CHEMICAL MATERIALS CORP.	85898.0
34	广东省丝绸(集团)公司	GUANGDONG SILK CORPORATION (GROUP)	85679.5
35	中国铁路物资广州公司		80128.8
36	中国化工供销华南公司	CHINA NATIONAL CHEMICAL SUPPLY & SALES(SOUTH CHINA) CORPORATION	80088.0
37	广州食品企业集团有限公司	GUANGZHOU FOODSTUFF ENTERPRISES GROUP CO, LTD.	79633.0
38	深圳经济特区免税商品企业公司		78167.0
39	广东省烟草公司梅州分公司	MEI ZHOU CORPORATION GUANGDONG TOBACCO. CO. CHINA	77455.3
40	广州市烟草贸易中心	GUANGZHOU TOBACCO TRADING CENTRE	75523.0
41	汕特对外商业(集团)公司		73988.7
42	深圳南山石油化集团股份有限公司		72800.0
43	深圳市燃气集团有限公司	SHENZHEN GAS CORPORATION LTD .	71102.0
44	广东省土产进出口(集团)公司	GUANGDONG NATIVE PRODUCE IMPORT & EXPORT CORPORATION (GROUP)	70764.1
45	广东轻出箱包有限公司	GUANGDONG LIGHT LUGGAGE AND BAGS CO., LTD.	68986.4
46	广东省番禺市供销合作社沙园集团公司	SHAYUAN (GROUP) CORPORATION OF PANYU SUPPLY AND MARKETING CO-OPERATIVE	68972.2
47	广州越秀企业(集团)公司	GUANGZHOU TUE XIU ENT. (HILDINGS) CORP.	68095.3
48	深圳市工业品贸易集团进出口公司	SHENZHEN OCT IMP. & EXP. COMPANY LIMITED	67904.0
49	中国北方工业深圳公司	CHINA NORTH INDUSTRIES SHENZHEN CORPORATION	67880.0
50	深圳中鹏石油联营公司		67449.6

15-24 全省营业额最大的30家餐饮企业(1997年)
THE PROVINCE'S TOP 30 CATERING ENTERPRISES OF TURNOVER (1997)

序号 Order	企业名称	Name of Enterprises	营业额(万元) Turmover (10000 yuan)
1	广州酒家企业集团	GUANGZHOU RESTAURANT ENTERPISES GROUP	37758.0
2	麦当劳餐厅(深圳)有限公司		35497.4
3	广东广信麦当劳食品有限公司	GUANGDONG GUANGXIN MCDONALD'S FOOD COMPANY LIMITED	30769.4
4	白天鹅宾馆	WHITE SWAN HOTEL	17109.8
5	广州市荔湾区清平饭店集团有限公司	GUANGZHOU QINGPING RESTAURANT GROUP OF COMPANY LIMITED	11359.7
6	深圳肯德基有限公司	SHENZHEN KENTUCKY CO., LTD.	9067.0
7	广州莲香楼	GUANGZHOU LIANXIANGLOU	8697.5
8	佛山宾馆	FOSHAN HOTEL	8040.0
9	南海渔村有限公司	SOUTH SEA FISHING VILLAGE CO., LTD.	7945.6
10	深圳晶都企业有限公司	SHENZHEN JIN DOW ENTERPRISE CO. LTD	7481.0
11	广州丽都大酒店	GUANGZHOU LIDU HOTEL	6942.3
12	花都市新世纪酒店	HUADU NEW CENTORY HOTEL	6617.1
13	深圳华强好世界海鲜大酒楼有限公司	SHENZHEN HUA QIANG GOOD WORLD SEAFOOD MARKET CO., LTD	6475.6
14	广州泮溪饮食服务(集团)公司		6307.9
15	番禺市香江酒店	PANYU XIANGJIANG HOTEL	5970.0
16	番禺市中国旅行社番禺宾馆	PANYU HOTEL	5938.0
17	广州白云国际机场旅客服务公司	GUANGZHOU BAIYUN INTERNATIONAL AIRPORT PASSENGER SERVICE CO.	5880.0
18	深圳新城酒家企业公司	SHENZHEN NEW TOWN RESTAURANT ENTERPRISE CO.	5741.4
19	深圳好世界海鲜大酒楼有限公司	SHENZHEN GOOD WORLD SEAFOOD MARKET CO., LTD .	5703.9
20	中山市海港大酒楼	ZHONGSHAN SEAPORT RESTAURANT	5108.5
21	佛山市金城大酒店	FOSHAN GOLDEN CITY HOTEL	4855.0
22	广州大同酒家	GUANGZHOU DAI TUNG RESTAURANT	4812.9
23	广州市金马餐饮娱乐有限公司	GUANGZHOU GOLDEN HORSE F & B AND ENTERTAINMENT CO. LTD	4740.4
24	广东佛山城区饮食公司	FOSHAN URBAN CATERING COMPANY OF GUANDONG	4504.0
25	广州北园潮州海鲜渔港	GUANGZHOU BEI YUAN CHAOZHOU SEAFOOD RESTAURANT	4243.0
26	东莞华侨大厦	DONGGUAN HUAQIAO HOTEL	4137.1
27	惠州君豪大酒店	HUIZHOUHARBOUR INTERNATIONAL HOTEL	4047.3
28	深圳国贸实业发展有限公司	SHENZHEN INTERNATIONAL TRADE ENTERPRISE DEVELOPMENT CO., LTD.	3988.3
29	广州东山利苑酒家	GUANGZHOU DONG SHAN LE YUAN RESTAURANT	3922.0
30	东莞银城酒店	DONGGUAN SILVERLAND HOTEL	3877.9

主要统计指标解释

社会消费品零售总额 指各种经济类型的批发零售贸易业、餐饮业、制造业和其他行业,对城乡居民和社会集团的消费品零售额,以及农民对非农业居民零售额的总和。

批发零售贸易业商品购进总额 指从本企业以外的单位和个人购进(包括从国外直接进口)作为转卖或加工后转卖的商品金额。本指标由"从生产者购进额"、"从批发零售贸易业购进额"、"进口额"和"其他项目"组成。这个指标反映批发零售贸易企业从国内、国外市场上购进商品的总量。

批发零售贸易业商品销售总额 指对本企业以外的单位和个人出售的商品(包括对国(境)外直接出口及售给本单位消费用的商品)。本指标由"对生产经营单位批发额"、"对批发零售贸易业批发额"、"出口额"和"对居民和社会集团商品零售额"项目组成。这个指标反映批发零售贸易企业在国内市场上销售商品以及出口商品的总量。

批发 指除零售以外的一切商品销售活动,包括对生产经营单位批发、对批发零售贸易业批发和出口。

对生产经营单位批发 指售给国民经济和社会各部门作为生产或经营使用的商品。

零售 指售给城乡居民直接用于生活消费的商品和社会集团直接用于公用消费的商品。

批发零售贸易业年末库存总额 指批发零售贸易企业已取得所有权的全部商品。这个指标反映批发零售贸易企业的商品库存情况,对市场商品供应的保证程度。

批发零售贸易业餐饮业法人单位 指各种经济类型独立核算法人批发零售贸易企业、餐饮企业的单位个数。法人单位应同时具备以下条件:1.依法成立,有自己的名称、组织机构和场所,能够独立承担民事责任;2.独立拥有和使用资产,承担负债,有权与其他单位签订合同;3.独立核算盈亏,并能够编制资产负债表。

批发零售贸易业餐饮业网点 指各种经济类型独立核算法人批发零售贸易企业、餐饮企业设立的从事商品批发贸易、零售贸易业务的自然单位数和从事餐饮活动的自然单位数(批发零售贸易企业本身应作为一个网点计算),以及各行业附设的从事商品批发贸易、零售贸易业务的自然单位数和从事餐饮活动的自然单位数。

批发零售贸易业餐饮业人员 即从业人员,指从事批发零售贸易业、餐饮业劳动并取得劳动报酬或经营收入的人员。

批发贸易业 是指从工农业生产者或从商品流通企业购进商品,转卖给工业、农业、建筑业、运输邮电业、餐饮业、服务业等生产经营单位作为生产经营用,以及将商品转卖给其他批发贸易企业或零售贸易企业的商品流通企业。

零售贸易业 是指从工农业生产者、批发贸易业或居民购进商品,转卖给城乡居民作为生活消费和售给社会集团作为公共消费的商品流通企业。

餐饮业 是指从事食品的烹饪、调制并直接售给居民和社会集团的机构。

城乡集市贸易成交额 指在农村集市和城市集市上买卖双方(包括农民、非农业居民、机关、团体、工商企业、个体商贩)成交的全部商品金额。目前农民在集市外对非农业居民的零售额也统计在内。不包括城市工业品市场的成交额。

资本金 指批发零售贸易业、餐饮业企业在工商行政管理部门登记的注册资金。资本金按投资主体分为国家资本金、法人资本金、个人资本金和外商资本金等。

流动资产合计 指可以在一年内或者超过一年的一个营业周期内变现或者耗用的资产,包括货币资金、短期投资、应收票据、应收帐款、坏帐准备、应收帐款净额、预付帐款、其他应收款、存货、待转其他业务支出、待摊费用、待处理流动资产净损失、一年内到期的长期债券投资、其他流动资产等项。

固定资产合计 指核算使用期限超过一年,单位价值在规定标准以上,并且在使用过程中保持原有物质形态的资产。

无形及递延资产 指企业长期使用但是没有实物形态的资产和不能全部计入当年损益,应当在以后年度分期摊销的各项费用。包括专利权、著作权、土地使用权、非专利技术、商誉和开办费、租入固定资产的改良支出等。

所有者权益合计 指企业投资人对企业净资产的所有权，包括企业投资人对企业的最初投入资本以及形成的资本公积金、盈余公积金和未分配利润等。

股本 指股份制企业按照章程和投资协议的规定，股东实际投入企业的股本。

商品销售收入（营业收入） 指批发零售贸易企业商品销售收入、接受其他单位委托代销商品的收入和餐饮企业的营业收入（包括餐费收入、冷热饮收入、服务收入和其他收入）。

商品销售成本 指批发零售贸易企业已销商品应负担的进货原价和餐饮企业的原材料成本、商品进价成本。

经营费用 指批发零售贸易企业在购、销、存过程中发生的各项经营费用和餐饮企业经营中发生的各项费用。包括运输费、装卸费、包装费、保险费、广告费、商品损耗、进出口商品累计佣金、经营人员的工资及福利费等。

商品销售税金及附加费 指批发零售贸易企业销售商品应负担的税金和餐饮企业应由各项经营业务负担的税金及附加。包括营业税、城市维护建设税、出口关税和教育费附加等。

商品销售利润 指批发零售贸易企业由于销售商品得到的利润。

管理费用 指企业的行政管理部门为组织和管理企业经营活动所发生的费用。包括管理人员的工资及福利费、业务招待费、工会经费、职工教育经费、劳动保险费、董事会会费、涉外费、租赁费、咨询费、诉讼费、房产税、土地使用税、车船使用税、土地损失补偿费、技术转让费、技术开发费、无形资产摊销、坏账损失、上交上级管理费及其它管理费用等。根据管理费用的发生额分析填列。

利润总额 指企业全年实现的利润。包括营业利润、投资净收益及营业外收支净额。

增值税 指企业在报告期内应交纳的增值税额合计。计算公式为：本年应交增值税 = 销项税额 + 出口退税 + 进项税额转出数 − 进项税额

Explanatory Notes on Main Statistical Indicators

Total Retail Sales of Consumer Goods refer to the sum of retail sales of consumer goods by the establish－ments in wholesale trade, retail sale trade, catering trade, manufacturing industry and other industries of various types of ownership, to urban and rural residents and social groups, and by the farmers to non－agri－cultural residents.

Total Purchases of Conmodities by Wholesale and Retail Trade refer to the purchases of commodities by the establishments from other establishments or individuals (including direct import from abroad) for the purpose of re－selling, either with or without further processing of the commodities purchased. This indicator includes the purchases from producers, the purchase from wholesale and retail sale trade, imports and others. It is used to show the total value of purchases of commodities by wholesale and retail establishments from domestic and overseas markets.

Total Sales of Commodities by Wholesale and Retail Trade refer to selling of commodities (including com－modities for self－consumption) by the establishments to other establishments and individuals (including direct export). This indicator includes the value of wholesale to establishments of production and operation, the value of wholesale to wholesale and retail sale trade, exports and sales to urban and rural residents and social groups. It is used to show the total value of sales of commodities at domestic markets and export.

Wholesale refers to all selling activities of commodities except retail sale, including wholesale to production and operation units, wholesale to wholesale and retail sale trade and export.

Wholesale to Production and Operation Units refers to commodities sold to national economy and social departments for their production and operation.

Retail Sale refers to commodities sold to urban and rural residents directly for living consumption and to social groups directly for public consumption.

Total Commodity Stock of Wholesale and Retail Enterprises at Year－end refers to the total commodities possessed by wholesale and retail sale enterprises, which reflects the commodity stock level of various wholesale and retail sale enterprises and the potential for market supply.

Corporate Enterprises in Wholesale and Retail Sale Trades and Catering Trade refer to the number of corporate enterprises of various types of ownership in the wholesale and retail sale trades and catering trade with independent accounting system. An enterprise can be called a corporate enterprise only when it meets the following requirements: (1) It is established according to law; it has its own name, organization and location for business operation and can assume the civil responsibility; (2) It owns and uses its assets independently; assumes the liabilities and is entitled to sign contracts with other units; (3) It has the independent accounting system and is able to compile balonce sheet.

Establishment in Wholesale and Retail Sale Trades and Catering Trade refers to the number of natural units set up by the wholesale and retail sale and cataring enterprises and engaged in the business of wholesale and retail sale and catering taades including those units attached to other industries but engaged in wholesale and retail sale and catering trades (the wholesale and retail sale enterprise itself should be counted as one estab－lishment).

Pesonnel Engaged in Wholesale and Ratail Sale Trades and Catcring Trade refers to the persons who are engaged in the business of wholesale and retail sale and catering trades, and receive payment for labour or business income.

Wholesale Trade refers to the commodity circulation enterprises which purchase commodities from pro－ducers in industry and agriculture or from commodity circulation enterprises for the purpose of re－selling them to establishments in industry, agriculture, construction, transportation, post and telecommunications, catering trade and services for their production and operation as well as reselling them to other wholesale or retail sale enterprises.

Retail Sale Trade refers to the commodity circulation enterprises which purchase commodities from pro－ducers in industry and agriculture, wholesale trade or residents for the purpose of re－selling them to urban and rural residents for living consumption and to social groups for public consumption.

Catering Trade refers to the establishments engaged in food cooking, seasoning and selling food directly to residents and social groups.

Volume of Business (Transaction Value) at Urban and Rural Free Market refers to the value of all goods changed hands between sellers and buyers, including farmers, non－agricultural residents, institutions, organizations, enterprises and private peddlers, at urban and rural free markets. At present, also included is the retail sales of farmers to non－agricultural residents outside free market, excluding the volume of business at the urban industrial product market.

Capital refers to the capital registered by the wholesale and retail sale and catering enterprises in the departments of administration for industry and commerce. According to the different nature of investors, the capital can be divided into state capital, legal persons's capital, personal capital and foreign capital, etc.

Circulating Assets refer to the assets which can be cashed in or spent or consumed in an operating cycle of one year or over one year, including cash, short term investment, notes receivable, accounts receivable, bad debt reserve, net accounts receivable, advance payment, other receivable, stock, and other operating expenses, to be transfered deferred expenses, net losses of circulating assets to be settled after approval, long term bond investment at the expiration of a year and other circulating assets.

Fixed Assets refer to the assets whose accounting operational cycle is over a year and unit value is up to the stipulated standand, and in their original form in the operating process.

Intangible Assets and Deferred Assets refer to the assets without material form used by enterprises over a long time, which can't be connted all into the profits and losses of the current year and should amortize various expenses in the following years, including patents, copyright, land use right, non－patent technologies, business reputation, organization expenses and improvement expenses on the leased fixed assets, etc.

Creditor's Equity refers to investors' ownership of net assets of the enterprise, including the primary input from investors, capital accumulation fund, surplus accumulation fund and undistributed profits, etc.

Capital Stock refers to the capital actually put into the share－holding enterprise by the stock holders in accordance with the regulations and investment agreements.

Sales Revenue of Commodities (Business Income) refers to the income from the sales of commodities by the wholesale and retail sale enterprises, the income from the sales on commission and the business income by the catering enterprises (including food income, cold and hot drink income, service income and other incomes).

Sales Cost of Commodities refers to the prime cost which should be paid by the wholesale and retail sale enterprises for the sold commodities, the cost of raw materials and prime cost of commodities of the catering enterprises.

Operational Expenses refer to the various operational expenses in the purchase, sale and stock process of the wholesale and retail sale enterprises, and various expenses in the operational process of the catering enterprises, including traffic expense, loading and unloading charge, packing charge, insurance expense, advertising fee, wear loss of commodities, accumulative commission of import and export commodities, wages and welfare expense of business personnel.

Tax and Extra Charges on Sales of Commodities refer to the tax which should be paid by the wholesale and retail sale enterprises for selling commodities and the tax and extra charges which should be paid by the catering enterprises for various business operation, including business tax, tax on city maintenance and construction, export tariff and extra charges for education, etc.

Sales Profit of Commoditles refers to the profit gained by the wholesale and retail sale enterprises in selling commodities.

Administrative Expenses refer to the expenses in the activities of organising and managing enterprise operation by the administrative department of the enterprise, including wages and welfare expense of managerial staff, business entertainment expense, expense of trade union, expense of education for staff and workers, labout insurance expense, membership fee of board of directors, experse concerning foreign affairs, leasing expense, consulting fee, litigation cost, tax on real estates, tax on the use of land, tax on the use of vehicles, compensation expense for the land loss, technical transfer expense, technical development expense, amortization of intangile assets, bad debt loss, administrative expense handed over to higher authorities and other expenses, etc. It is reported in line with the analysis of emergence value of managemsnt expenses.

Total Profits refer to the profits gained by the enterprises during the year, including business profit, net income of investment and net value beyond operating expenditure and receipt.

Value Added Tax refers to the amount of the value added tax which should be paid by the enterprises in the reference period. The formula is as follows:

$$\begin{matrix}\text{Value Added Tax}\\ \text{Paid in Current Year}\end{matrix} = \text{Sales Tax} + \text{Export Rebate} + \begin{matrix}\text{Transfer Volume}\\ \text{of Purchase Tax}\end{matrix} - \text{Purchase Tax}$$

十六 对外经济与旅游

FOREIGN ECONOMY AND TOURISM

简要说明

一、本篇资料综合反映广东对外贸易、利用外资、对外承包工程和劳务合作、“三资”企业工商登记、华侨和港澳台同胞捐赠以及国际旅游等历年概况和近年发展的详细情况。

二、本篇资料由广东省统计局贸易外经处负责整理、编辑。

三、资料来源及统计范围：

1、人民币对美元、日元、港元的年平均汇价资料来源于外汇管理部门，是根据当年国家外汇管理局提供的每日汇价进行加权平均计算而得出的。

2、广东进出口贸易的规模、结构情况的资料，一是来源于广州海关，统计范围为在广东境内海关报关注册登记的经营单位（包括有进出口经营权和无进出口经营权的经营单位）；二是来源于省外经贸委，统计范围包括省内经过批准有进出口经营权的各进出口企业和外商投资企业。进出口商品价值，出口按离岸价（FOB）、进口按到岸价（CIF）统计；进出口商品分类按海关合作理事会制定的《商品名称及编码协调制度》（HS）目录进行分类统计。

3、广东利用外资规模、结构和广东对外承包工程和劳务合作状况的资料来源于省外经贸委及有关单位。

4、广东外商投资企业注册登记情况的资料来源于省工商行政管理局。

5、华侨、港澳台同胞对广东实际损赠的物品和现金资料，由省侨务办和台湾事务办提供。

6、广东对外开放使用的口岸分布状况的资料来源于省口岸办公室。

7、广东国际旅游业发展情况的资料由省旅游局、边防局及县、市统计局提供。

FOREIGN ECONOMY AND TOURISM

Brief Introduction

Ⅰ. The data in this chapter show the summary data of Guangdong's foreign trade, utilization of foreign capital, contracted projects and labour cooperation with the foreign countries or territories, basic indicators of three kinds of registered foreign-funded enterprises, donations from the overseas Chinese and the compatriots in Hong Kong, Macao and Taiwan, international tourism over the years as well as the detailed data of the recent development.

Ⅱ. The data in this chapter are prepared and edited by the Division of Trade and Foreign Eonomic Statistics of the Statistical Bureau of Guangdong Province.

Ⅲ. Data sources and statistical coverage:

(1) The data on the average exchange rates of RMB yuan to US dollar, Japanese yen and Hong Kong dollar over the years come from the State Administration of Exchange Control. The annual average exchange rate is calculated as the weighted mean of the daily exchange rates provided by the State Administration of Exchange Control in the year.

(2) The data on the size and composition of Guangdong's imports and exports come from: (a) Guangzhou Customs Office, the statistical coverage covers the operating units (with or without the right to handle imports and exports) which have a declaration and register at customs within the boundary of Guangdong; (b) the Committee of Foreign Trade and Economic Cooperation of Guangdong Province, the statistical coverage covers the various import and export enterprises and the foreign-funded enterprises with the right to handle imports and exports in the province. The values of export commodities are calculated at FOB and the values of import commodities are calculated at CIF. The Harmonized Commodity Description and Coding System (HS) stipulated by the Customs Cooperation Council is used in the classification of the import and export commodities.

(3) The data on the scale and composition of the utilization of foreign capital and the contracted projects and labour cooperation with the foreign countries or territories in Guangdong come from the Committee of Foreign Trade and Economic Cooperation of Guangdong Province and the related units.

(4) The basic indicatiors of the registered foreign-funded enterprises come from the Administration for Industry and Commerce of Guangdong Province.

(5) The data on the goods and cash actually donated to Guangdong by the overseas Chinese and the compatriots in Hong Kong, Macao and Taiwan are provided by Guangdong Office of Overseas Chinese Affairs and Guangdong Office of Taiwan Affairs.

(6) The data on the port distribution for opening to the outside world come from Guangdong Office of Port Affairs.

(7) The data on the development of international tourism are tabulated and reported to the higher organization by Guangdong Tourism Administration, Frontier Bureau of Guangdong Province and the county and city statistical bureaus respectively.

16-1 对外经济主要指标

MAIN INDICATORS OF FOREIGN TRADE AND ECONOMIC COOPERATION AND INTERNATIONAL TOURISM

指标	Item	1980	1990	1995	1996	1997
海关进出口总额(亿美元)	Total Imports and Exports (USD 100 million)		418.98	1039.72	1099.60	1301.20
出口总额	Total Exports		222.21	565.92	593.46	745.64
初级产品	Primary Goods		21.70	37.57	37.55	47.65
工业制成品	Manufactured Goods		200.51	528.35	555.91	697.99
进口总额	Total Imports		196.77	473.80	506.14	555.56
初级产品	Primary Goods		16.78	35.76	41.72	51.60
工业制成品	Manufactured Goods		179.99	438.04	464.42	503.96
签订利用外资协议(合同)项目(个)	Number of Projects of Utilization of Foreign Capital Through Signed Agreements or Contracts (unit)	5084	7196	9345	5955	17737
#对外借款	Forign Loans	1	47	65	98	100
外商直接投资	Foreign Direct Investment	188	3042	8177	4608	3744
签订利用外资协议(合同)金额(亿美元)	Total Amount of Foreign Capital Utilized through Signed Agreements or Contracts (USD 100 million)	13.89	31.68	261.05	174.46	96.45
#对外借款	Foreign Loans	0.06	3.00	11.44	15.85	6.69
外商直接投资	Foreign Direct Investment	12.00	26.90	248.32	155.46	76.92
实际利用外资额(亿美元)	Total Amount of Foreign Capital Actually Used (USD 100 million)	2.14	20.23	121.00	138.99	142.05
#对外借款	Foreign Loans	0.06	4.41	18.40	19.23	13.11
外商直接投资	Foreign Direct Investment	1.23	14.60	101.80	116.24	117.11
外商投资企业年底工商登记数(户)	Number of Registered Foreign-funded Enterprise by the end of Year	90	12232	59582	60597	59040
投资总额 (亿美元)	Total Investment (USD 100 million)		233.33	2046.27	2151.67	2171.18
注册资本 (亿美元)	Registered Capital (USD 100 million)		147.80	1291.32	1339.77	1337.89
对外承包工程合同数(份)	Contract Number of Foreign Constracted Projects		23	29	37	67
合同金额 (亿美元)	Contracted Value (USD 100 million)		0.60	1.92	1.48	2.24
完成营业额 (亿美元)	Volume of Businness Fulfilled (USD 100 million)		0.76	1.09	0.95	1.09
对外劳务合作合同数(份)	Cantract Number of Foreign Labor Cooperation		1101	1251	1493	2616
合同金额 (亿美元)	Contracted Value (USD 100 million)		0.61	2.06	1.18	1.74
完成营业额 (亿美元)	Volume of Businness Fulfilled (USD 100 million)		0.32	1.78	1.94	1.47
城市接待海外旅游者(万人次)	Number of Foreign Tourists Received by Cities (10000 person-times)			620.68	691.10	739.16
外国人	Foreigners			118.47	123.66	134.66
华侨	Overseas Chinese			19.38	21.00	23.77
港澳台同胞	Compatriots from Hong Kong, Macao and Taiwan			482.83	546.44	580.73
旅游外汇收入 (亿美元)	Total Foreign Exchange Earnings from International Tourism (USD 100 million)			23.94	26.38	28.01
旅游宾馆(饭店)数(个)	Number of Tourist Hotel			962	994	1048

16-2 人民币对主要外币年平均汇价(中间价)
AVERAGE EXCHANGE RATE OF RMB YUAN AGAINST MAIN CONVERTIBLE CURRENCIES (MIDDLE RATE)

单位：人民币：元 (RMB yuan)

年 份 Year	100美元 100 US Dollars	100日元 100 Japanese Yen	100港元 100 Hong Kong Dollars
1981	170.51	0.7735	30.41
1982	189.26	0.7607	31.15
1983	197.57	0.8318	27.36
1984	232.70	0.9780	29.71
1985	293.67	1.2457	37.57
1986	345.28	2.0694	44.22
1987	372.21	2.5799	47.74
1988	372.21	2.9082	47.70
1989	376.59	2.7360	48.28
1990	478.38	3.3233	61.39
1991	532.27	3.9602	68.45
1992	551.49	4.3608	71.24
1993	576.19	5.2020	74.41
1994	861.87	8.4370	111.53
1995	835.07	8.9225	107.96
1996	830.57	7.6238	107.40
1997	828.97	6.8623	107.09

16-3 海关进出口总额
TOTAL IMPORTS AND EXPORTS (CUSTOMS STATISTICS)

单位：亿美元 (USD 100 million)

年 份 Year	进出口总额 Total Imports & Exports	出 口 Exports	进 口 Imports	差 额 Balance	初级产品 Primary Goods 出 口 Export	初级产品 Primary Goods 进 口 Imports	工业制成品 Manufactured Goods 出 口 Exports	工业制成品 Manufactured Goods 进 口 Imports
1987	210.37	101.40	108.97	-7.57	15.40	7.52	86.00	101.45
1988	310.19	148.17	162.02	-13.85	21.71	11.22	126.46	150.80
1989	355.78	181.13	174.65	6.48	22.06	17.59	159.07	157.06
1990	418.98	222.21	196.77	25.44	21.70	16.78	200.51	179.99
1991	525.21	270.73	254.48	16.25	20.58	21.92	250.15	232.56
1992	657.48	334.58	322.90	11.68	21.41	22.12	313.17	300.78
1993	783.44	373.94	409.50	-35.56				
1994	966.63	502.11	464.52	37.59				
1995	1039.72	565.92	473.80	92.12	37.57	35.76	528.35	438.04
1996	1099.60	593.46	506.14	87.32	37.55	41.72	555.91	464.42
1997	1301.20	745.64	555.56	190.08	47.65	51.60	697.99	503.96

注：进出口差额负数为入超。
Note: An negative balance indicates an unfavourable balance of foreign trade.

16-4 按贸易方式和经济类型分的海关进出口额

TOTAL IMPORTS AND EXPORTS BY TRADE FORM AND TYPE OF OWNERSHIP (CUSTOMS STATISTICS)

单位：亿美元 (USD 100 million)

项目	Item	1990		1993		1994	
		出口 Exports	进口 Imports	出口 Exports	进口 Imports	出口 Exports	进口 Imports
总计	**Total**	**222.21**	**196.77**	**373.94**	**409.50**	**502.11**	**464.52**
按贸易方式分	**By Trade Form**						
一般贸易	General Trade	59.52	34.52	78.15	68.28	136.67	55.05
来料加工	Processing and Assembling with Customer's materials	91.66	76.24	136.49	108.19	150.78	118.14
补偿贸易	Compensation Trade	1.26	0.99	1.11	0.79	1.05	0.48
进料加工	Processing and Assembling with Import Materials	68.42	51.37	154.87	126.56	211.36	177.02
加工设备	Processing Equipments		7.39		12.54		11.99
外资设备	Foreign Funded Equipments		21.45		67.51		77.87
易货贸易	Barter Trade			1.36	4.53	0.39	3.69
保税仓库	Bonded Warehouse						
捐赠	Donation of Overseas Chinese		0.82		5.78		3.51
其他	Others	1.35	3.99	1.96	15.32	1.86	16.77
按经济类型分	**By Ownership**						
国有经济	State-owned	166.45	124.13	224.72	200.26	295.64	199.93
集体经济	Collective Owned			3.94	3.79	6.13	6.25
私营经济	Private			0.01	0.01	0.03	0.12
外商投资经济	Foreign Funded	54.81	70.86	143.66	198.14	198.48	253.74
其他经济	Others	0.95	1.78	1.61	7.30	1.83	4.48

项目	Item	1995		1996		1997	
		出口 Exports	进口 Imports	出口 Exports	进口 Imports	出口 Exports	进口 Imports
总计	**Total**	**565.92**	**473.80**	**593.46**	**506.14**	**745.64**	**555.56**
按贸易方式分	**By Trade Form**						
一般贸易	General Trade	136.01	46.41	110.76	53.22	179.49	61.99
来料加工	Processing and Assembling with Customer's materials	159.36	118.93	168.58	119.91	192.57	136.35
补偿贸易	Compensation Trade	0.89	0.15	0.83	0.32	0.55	0.17
进料加工	Processing and Assembling with Import Materials	263.40	205.00	302.98	217.96	355.74	253.16
加工设备	Processing Equipments		11.72		11.15		12.16
外资设备	Foreign Funded Equipments		57.03		67.92		50.87
易货贸易	Barter Trade	0.19	0.44	0.08	0.12	0.01	0.11
保税仓库	Bonded Warehouse	4.05	27.33	7.87	26.35	14.85	33.81
捐赠	Donation of Overseas Chinese		3.24		1.79	0.02	0.29
其他	Others	2.02	3.55	2.36	7.40	2.41	6.65
按经济类型分	**By Ownership**						
国有经济	State-owned	296.67	181.03	271.73	186.88	357.41	208.59
集体经济	Collective Owned	9.19	8.20	11.94	9.98	16.90	11.03
私营经济	Private	0.03	0.07	0.04	0.03	0.11	0.02
外商投资经济	Foreign Funded	257.59	274.51	306.92	302.89	367.94	327.48
其他经济	Others	2.44	9.99	2.83	6.36	3.28	8.44

16-5 广东同主要国家(地区)海关进出口额
GUANGDONG'S IMPORTS AND EXPORTS WITH MAIN COUNTRIES AND TERRITORIES (CUSTOMS STATISTICS)

单位：亿美元 (USD 100 million)

国　别(地区) Country (Territory)		1996 进出口 Total	1996 出口 Exports	1996 进口 Imports	1997 进出口 Total	1997 出口 Exports	1997 进口 Imports
合　计	**Total**	**1099.60**	**593.46**	**506.14**	**1301.20**	**745.64**	**555.56**
亚　洲	**Asia**	**733.81**	**348.67**	**385.14**	**867.05**	**439.06**	**427.99**
中国香港	Hong Kong, China	269.64	217.72	51.92	338.04	291.85	46.19
澳　门	Macao	6.02	4.85	1.17	6.72	5.55	1.17
中国台湾	Taiwan, China	110.91	12.45	98.46	118.87	14.26	104.61
日　本	Japan	184.70	68.42	116.28	194.57	71.12	123.45
韩　国	Republic of Korea	42.68	6.91	35.77	59.11	9.82	49.29
菲律宾	Philippines	3.66	2.03	1.63	4.27	2.51	1.76
泰　国	Thailand	7.92	2.41	5.51	13.82	4.20	9.62
马来西亚	Malaysia	13.87	3.58	10.29	17.43	4.58	12.85
新加坡	Singapore	33.85	14.44	19.41	36.35	14.19	22.16
印度尼西亚	Indonesia	9.61	3.51	6.10	12.08	4.41	7.67
印　度	India	2.71	0.88	1.83	4.09	1.12	2.97
沙特阿拉伯	Saudi Arabia	6.92	2.43	4.49	8.18	3.22	4.96
阿联酋	United Arab Emirates	2.85	2.66	0.19	3.52	3.45	0.07
东　盟	**Association of Southeast Asian Nations**	**68.94**	**26.00**	**42.94**	**84.63**	**30.19**	**54.44**
非　洲	**Africa**	**10.59**	**5.92**	**4.67**	**13.91**	**7.59**	**6.32**
埃　及	Egypt	0.86	0.84	0.02	1.28	1.27	0.01
阿尔及利亚	Algeria	0.09	0.09		0.21	0.21	
欧　洲	**Europe**	**134.63**	**78.60**	**56.03**	**158.60**	**97.01**	**61.59**
比利时	Belgium	4.46	2.65	1.81	6.27	3.96	2.31
丹　麦	Denmark	2.16	0.93	1.23	2.57	1.09	1.48
英　国	United Kingdom	20.22	15.29	4.93	23.80	18.29	5.51
德　国	Germany	36.19	23.16	13.03	38.29	24.59	13.70
法　国	France	11.80	8.17	3.63	19.61	10.86	8.75
意大利	Italy	11.31	4.51	6.80	11.51	5.62	5.89
荷　兰	Netherlands	12.25	10.32	1.93	17.10	15.18	1.92
西班牙	Spain	4.14	3.31	0.83	4.94	3.92	1.02
奥地利	Austria	1.27	0.81	0.46	1.45	0.85	0.60
芬　兰	Finland	2.45	0.62	1.83	2.42	0.97	1.45
瑞　士	Switzerland	5.41	2.21	3.20	6.43	2.50	3.93
波　兰	Poland	1.45	1.37	0.08	1.48	1.39	0.09
俄罗斯	Russia	10.74	1.57	9.17	11.19	1.91	9.28
欧　盟	**European Economic & Monetary Union**	**112.97**	**72.12**	**40.85**	**134.28**	**88.56**	**45.72**
拉丁美洲	**Latin America**	**13.10**	**9.19**	**3.91**	**20.66**	**15.06**	**5.60**
阿根廷	Argentina	1.67	0.96	0.71	2.56	1.44	1.12
巴　西	Brazil	4.48	2.35	2.13	6.45	3.49	2.96
智　利	Chile	1.50	1.25	0.25	2.16	1.81	0.35
墨西哥	Mexico	1.30	0.89	0.41	1.81	1.37	0.44
北美洲	**North America**	**193.72**	**144.08**	**49.64**	**224.34**	**177.59**	**46.75**
加拿大	Canada	9.84	5.68	4.16	10.50	6.98	3.52
美　国	United States	183.87	138.40	45.47	213.82	170.60	43.22
大洋洲	**Oceania**	**13.73**	**7.00**	**6.73**	**16.64**	**9.33**	**7.31**
澳大利亚	Australia	11.33	6.19	5.14	14.53	8.38	6.15
新西兰	New Zealand	1.56	0.67	0.89	1.73	0.83	0.90

注：本表数字按产销国别原则统计。
Note: The data in the table are calculated with the principle of the country of production and marketing.

16-6 海关进出口商品分类金额

VALUE OF IMPORTS AND EXPORTS BY CATEGORY OF COMMODITIES (CUSTOMS STATISTICS)

单位：万美元 (USD 10000)

商品类别	Category of Commodity	1996 出口 Exports	1996 进口 Imports	1997 出口 Exports	1997 进口 Imports
总计	Total Value	5934575	5061397	7456374	5555574
第一类 活动物；动物产品	Live Animals & Animal Products	65512	28107	68639	28482
活动物	Live Animals	20399	1252	19379	1184
肉及食用杂碎	Meat and Edible Haslets	6947	12254	8999	9484
水产品	Aquatic Products	30422	8694	30564	9195
乳品、蛋品、天然蜂蜜、其他食用动物产品	Dairy Products, Eggs, Natural Honey, Other Edible Animal Products	3912	2958	4692	3699
其他动物产品	Other Animal Products	3832	2949	5005	4920
第二类 植物产品	Plant Products	58478	40791	57485	43618
树苗及花草	Saplings, Flowers and Herbs	905	287	897	321
蔬菜	Edible Vegetables	20397	883	20049	992
水果及坚果	Fruits and Nuts	8643	4834	7209	6274
咖啡、茶叶及调味香料	Coffee, Tea and Spices	7551	440	8263	488
谷物	Cereals	312	13772	386	14451
制粉工业产品	Flour, Starch and Related Products	3429	3422	4304	3407
植物油籽及果实、种子、药材及饲料	Oil Seeds and Kernels, Seeds, Medical Materials and Forage	14704	14254	13598	15274
虫胶、树胶、树脂	Shellac, Gum, Resin	536	1222	721	1026
编结植物材料、其他植物产品	Stuff of Knitting Plant, Other Plant and Related Products	2001	1677	2058	1385
第三类 动、植物油脂及蜡	Animal Fat, Vegetable Oill and Wax	19717	44063	31084	53129
动、植物油脂及蜡	Animal Fat, Vegetable Oill and Wax	19717	44063	31084	53129
第四类 食品、烟草及制品	Food, Tobacco and Related Products	110164	35106	117247	47651
动物产品制品	Animal Products	36049	157	35107	82
糖及糖食	Sugar and Sugar Products	6067	3595	9813	7982
可可及可可制品	Cocoa and Cocoa Products	113	422	263	331
粮食及乳制品、糕饼点心	Foodstuff, Dairy Products and Pastry Products	7246	1107	9005	966
蔬菜、水果等植物制品	Products of Vegetables and Fruits	12200	805	11949	949
杂项制品	Miscellaneous Edible Products	8935	2617	10373	2056
饮料、酒及醋	Beverages, Liguor and Vinegar	26573	2430	27975	2491
食品的残渣、动物饲料	Dreg of Food, Animal Forage	3794	16506	4769	26437
烟草及烟草制品	Tobacco and Related Products	9187	7467	7993	6357
第五类 矿产品	Minerals	121655	269156	202053	343091
盐、硫磺、建筑材料	Salt, Sulphur, Building Material	10104	6230	10963	8809
矿砂、矿渣及矿灰	Ore, Slag and Mortar	1834	9834	2436	8931
矿物燃料、矿物油及产品	Mineral Fuels, Lubricants and Related Materials	109717	253092	188654	325351
第六类 化工产品	Chemicals	127508	284365	149019	318903
无机化学品	Inorganic Chemicals	25040	18230	30213	24052
有机化学品	Organic Chemicals	19821	83615	22860	91122
药品	Medicinal and Pharmaceutical Products	6202	7156	7713	6114
肥料	Fertilizers	10274	42021	11060	33454
鞣料、染料浸膏、染料、颜料、油漆、油墨	Tanning Material, Dyeing Extracts, Dyestuff, Colourant, Paint and Printing Ink	18091	45311	19999	60040

续表 1 continued

单位：万美元 (USD 10000)

商品类别	Category of Commodity	1996 出口 Exports	1996 进口 Imports	1997 出口 Exports	1997 进口 Imports
化妆品及其原料、芳香料制品	Cosmetics and Cosmetic Raw Materials, Perfume Products	7745	1991	9505	2861
洗涤用品	Detergents	7998	10821	8548	13552
蛋白类物质、改性淀粉、胶、酶	Protein Materials, Modified Starch, Gum and Enzyme	1986	14246	3017	15730
炸药、烟火制品、易燃材料制品	Explosive, Pyrotechnic Products, Inflammable Material Products	9404	67	8773	71
照相及电影用品	Photographic and Film Products	4669	7864	7060	10852
杂项化学产品	Miscellaneous Chemical Products	16278	53043	20271	61055
第七类 塑料、橡胶及其制品	**Plastics, Rubber and Related Products**	**237697**	**614344**	**314323**	**695248**
塑料及其制品	Plastics and Related Products	221951	578349	295498	656744
橡胶及其制品	Rubber and Related Products	15746	35995	18825	38504
第八类 皮革、毛皮及其制品、旅行用品、手提包	**Leather, Furs and Related Products, Travel Articles, Handbags**	**253110**	**122372**	**296096**	**120819**
生皮及皮革	Raw Hides and Leather	9624	107758	12779	107881
皮革制品、旅行用品及手提包	Leather Products, Travel Articles and Handbags	228364	2222	268070	861
毛皮、人造毛皮及制品	Furs, Artificial Furs and Related Products	15122	12392	15247	12077
第九类 木及木制品、草柳编结品	**Wood and Wooden Products, Straw and Wicker Knitting Products**	**49138**	**71395**	**61368**	**93825**
木及木制品、木炭	Wood and Wooden Products, Charcoal	34338	70878	44602	93149
软木及软木制品	Cork and Related Products	27	188	22	202
草柳编结品	Straw and Wicker Knitting Products	14773	329	16744	474
第十类 木浆、纸、纸板及制品	**Wood Pulp, Paper, Paperboard and Related Products**	**68077**	**207423**	**88976**	**246222**
木浆及其他纤维素浆、废碎纸板	Wood Pulp and Cellulose Pulp, Waste Paper and Paperboard	41	12529	70	11530
纸及纸板、纸浆、纸制品	Paper, Paperboard, Paper Pulp, Paper products	51601	188361	64928	228007
书籍、印刷品、设计图纸	Books, Printed Matter, Design Blueprint	16435	6533	23978	6685
第十一类 纺织原料及纺织制品	**Textile Materials and Products**	**1074967**	**647841**	**1468637**	**681430**
蚕丝	Natural Silk	11906	8513	10944	9912
羊毛、动物毛、毛纱线及制品	Wool, Animal Hair, Woolen Yarn and Woven Fabrics	9815	29836	14268	35775
棉花	Cotton	96492	173407	93956	176944
其他纺织纤维、纸纱线及机织物	Other Textile Fibers, Yarn and Related Woven Fabrics	7828	7123	9821	9020
化学纤维长丝	Chemical Fiber, Continuous Filament	17230	127489	25513	138072
化学纤维短丝	Chemical Fiber, Staple Fiber	24626	107876	31068	103311
絮胎、毡尼及无纺物、特种纱线、线绳索缆	Wadding, Felt and Adhesive-Bond Fabrics, Special Yarn, Thread, Rope, Cable	12301	16135	15749	16880
地毯及纺织铺地制品	Carpets and Related Woven Products	1292	1340	2066	789
特种机织物、纺织装饰品、刺绣品	Special Woven Fabrics, Woven Ornaments, Embroidery	21012	23352	29304	23171
浸渍、涂布、包覆或层压的纺织物	Soaked, Coated or Overlapping Textile Products	5343	55896	8326	55669
针织物及钩编织物	Knit Wear and Crocheted Febrics	61092	59469	62488	62687
针织或钩编的服装及衣着附件	Knitted or Crocheted Garments and Clothing Accessorics	307039	15690	558108	21230
非针织或非钩编的服装及衣着附件	Garments Not Kintted or Not Crocheted and Clothing Accessories	460996	19655	564023	26202
其他纺织制成品、成套物品	Other Textile Products	37995	2060	43003	1768
第十二类 鞋帽伞杖、加工羽毛、人造花、人发制品	**Footwear, Headgear, Umbrellas, Canes, Processed Feather, Artifical Flowers, Wigs**	**447328**	**17861**	**549085**	**14652**
鞋类及零件	Footwear and Accessories	373676	12660	461717	10418
帽类及零件	Headgear and Accessories	14307	252	16132	208

续表 2 continued

单位：万美元 (USD 10000)

商品类别	Category of Commodity	1996 出口 Exports	1996 进口 Imports	1997 出口 Exports	1997 进口 Imports
伞、杖、鞭及零件	Umbrellas, Canes, Whips and Accessories	25284	3743	30520	3138
加工羽毛、羽绒及制品、人造花、人发制品	Processed Feathers, Down and Related Products, Artificial Flowers, Wigs	34061	1206	40716	888
第十三类 石材制品、陶瓷产品、玻璃及其制品	**Stone Products, Ceramics, Glass and Glassware**	**92685**	**38289**	**128417**	**48546**
石材制品	Stone and Related Products	8534	9402	13540	11021
陶瓷产品	Ceramics	64000	6448	91921	9505
玻璃及其制品	Glass and Glassware	20151	22439	22956	28020
第十四类 珠宝首饰、硬币	**Jewellery, Coins**	**85740**	**84197**	**120702**	**114509**
珠宝首饰	Jewellery	85740	84197	120702	114509
第十五类 贱金属及其制品	**Base Metals and Related Products**	**238268**	**536227**	**315332**	**599123**
钢铁	Iron and Steel	15383	268020	21122	295333
钢铁制品	Iron and Stee Products	90700	56289	129183	62338
铜及其制品	Copper and Related Products	12948	101815	15543	120473
镍及其制品	Nickle and Related Products	30	2872	54	3891
铝及其制品	Aluminium and Related Products	24718	70912	34479	79863
铅及其制品	Lead and Related Products	1784	689	1171	771
锌及其制品	Zinc and Related Products	4205	11417	7408	11550
锡及其制品	Tin and Related Products	3929	3514	3092	5138
其他贱金属金属陶瓷及其制品	Other Base Metals, Metallic Ceramics and Related Products	3928	1901	3192	2171
贱金属工具器具利口器餐具及零件	Base Metals Tools, Utensils, Sharp Tools, Dinner-Sets and Accessories	35506	6295	46403	5506
贱金属杂项制品	Miscellaneous Base Metals Products	45137	12503	53685	12089
第十六类 机械、电气设备、电视机及音响设备	**Machinery, Electric Equipment, TV Sets, Sound Appliances**	**1775883**	**1660737**	**2113810**	**1718452**
核反应堆、锅炉、机械设备及零件	Nuclear Reactor, Boilers, Mechanical Equipment and Accessories	549411	746438	691709	668548
机电、电气设备、电视机及音响设备	Machinery, Electric Equipment, TV Sets and Sound Appliances	1226472	914299	1422101	1049904
第十七类 车辆、航空器、船舶及有关运输设备	**Vchicles, Aircraft, Ships and Related Transportation Equipment**	**134418**	**110418**	**167252**	**139454**
铁道及电车机车、车辆及零件	Rail Locomotives, Tramcars and Accessories	46237	409	61303	6107
车辆及零附件	Vehicles and Related Parts and Accessories	71243	33281	90954	33487
航空器、航天器及零件	Aircraft, Spacecraft and Related Parts and Accessories	168	64440	803	83172
船舶及浮动结构体	Ships and Related Products	16768	12288	14192	16688
第十八类 仪器、医疗器械、钟表及乐器	**Instruments, Medical Instruments and Equipment, Clocks and Watches, Musical Instruments**	**348687**	**211485**	**413571**	**218491**
光学、照相电影、计量检验、医疗仪器设备	Optical, Photographic, Film, Measuring and Checking, Medical Instruments and Equipment	171576	115450	227379	126724
钟表及零件	Clocks, Watches and Spare Parts	169921	94292	177235	90076
乐器及零附件	Musical Instruments and Accessories	7190	1743	8957	1691
第十九类 杂项制品	**Miscellaneous Manufactured Articles**	**624739**	**37175**	**792742**	**29909**
家具、床上用品、照明装置、发光标志	Furnitures, Bed Articles, Lighting Apparatus, Radiate Marks	165399	7083	210037	5376
玩具、游戏、运动用品及零附件	Toys, Game Goods, Sports Goods and Related Parts and Accessories	410670	17050	520773	11272
杂项制品	Other Miscellaneous Manufactured Articles	48670	13042	61932	13261
第二十类 艺术品、收藏品及古物	**Works of Art, Collection Pieces and Antiques**	**436**	**10**	**463**	**4**
第二十一类 特殊交易品及未分类商品	**Special Trading Goods and Un-Classified Goods**	**368**	**35**	**73**	**16**

16-7 海关出口主要商品数量和金额

MAIN EXPORT COMMODITIES IN VOLUME AND VALUE (CUSTOMS STATISTICS)

金额单位：万美元 (USD 10000)

商品名称	Item		1996 数量 Volume	1996 金额 Value	1997 数量 Volume	1997 金额 Value
活猪(万头)	Live Hog	(10000 heads)	60	7967	58	7802
活家禽(万只)	Live Poultry	(10000 heads)	4856	10979	4862	10270
鲜、冻猪肉 (吨)	Fresh and Frozen Pork	(ton)	4880	852	9692	1629
冻鸡 (吨)	Frozen Chicken	(ton)	17342	3589	25756	4680
水产品 (吨)	Aquatic Products	(ton)	162586	30422	176669	30564
#活鱼(吨)	Live Fish	(ton)	74635	10017	77603	9415
鲜冻对虾(吨)	Fresh and Frozen Prawn	(ton)	1358	417	883	432
谷物 (吨)	Cereals	(ton)	84523	3221	106799	4098
#大米 (吨)	Rice	(ton)	4952	217	6608	313
蔬菜 (吨)	Vegetables	(ton)	475550	21892	466268	21283
#鲜蔬菜 (吨)	Fresh Vegetables	(ton)	390298	12735	393538	12197
鲜、干果类 (吨)	Fresh and Dried Fruit	(ton)	135007	7255	138191	6049
#柑桔橙 (吨)	Mandarin and Orange	(ton)	54168	2048	51273	1426
食用油籽 (吨)	Edible Oil Seeds	(ton)	17711	1464	7554	620
食用植物油 (吨)	Edible Vegetable Oil	(ton)	280121	18277	412642	26764
食糖 (吨)	Sugar	(ton)	76938	2921	189597	6440
茶叶 (吨)	Tea	(ton)	20010	3188	23622	3626
猪肉罐头 (吨)	Canned Pork	(ton)	5836	889	5693	943
蘑菇罐头 (吨)	Canned Mushroom	(ton)	17885	1827	14999	1586
羽毛、羽绒 (吨)	Feather and Down	(ton)	4155	2507	5828	3496
药材 (吨)	Medicinal Materials	(ton)	43028	8135	41725	8479
纸烟(千支)	Cigarettes	(1000 units)	4713760	8075	3555973	6694
生丝 (吨)	Raw Silk	(ton)	1619	3220	1085	2443
原油 (吨)	Crude Oil	(ton)	4233294	60144	5934139	78002
成品油 (吨)	Finished Petroleum Products	(ton)	911681	17355	1287893	26368
石蜡 (吨)	Paraffin	(ton)	31122	1482	36361	1804
合成有机染料(吨)	Synthetic Organic Dyestuff	(ton)	8347	3035	7790	2898
医药品 (吨)	Medicinal and Pharmaceutical Products	(ton)	13362	11746	15074	14292
#抗菌素 (吨)	Antibiotics	(ton)	1146	3869	1313	4976
烟花爆竹 (吨)	Fireworks and Firecrackers	(ton)	54481	8690	47280	7862
松香、树脂 (吨)	Rosin, Resin	(ton)	60631	4618	74416	5837
轮胎(万条)	Rubber Tire	(10000 units)	2232	6485	29887	8090
纸及纸板 (吨)	Paper and Paperboard	(ton)	75983	5718	82990	6053
纺织品	Textiles			301509		340330
#棉纱线 (吨)	Cotton Yarn	(ton)	59743	17086	65786	17711
丝绸(万米)	Silk	(10000 m)	2331	6645	2115	6643
棉布(万米)	Cotton Cloth	(10000 m)	68636	87699	70416	89165
麻纺布(万米)	Line Cloth	(10000 m)	3606	4442	4659	6125
混纺布(万米)	Mixed Colth	(10000 m)	6617	6362	7543	6597
玻璃制品	Glass Ware			7094		9415
家用陶瓷器皿	Porcelain and Pottery Ware for Houshold Use			22047		35187
装饰用陶瓷器皿	Porcelain and Pottery Ware for Decoration Use			33091		46542

续表 Continued

金额单位：万美元 (USD 10000)

商品名称	Item	1996 数量 Volume	1996 金额 Value	1997 数量 Volume	1997 金额 Value
贵金属及首饰 （千克）	Precious Metal and Jewelry (1000 grams)	99589	63965	133303	89539
钢材 （吨）	Steel Products (ton)	291157	14356	392937	20188
铝材 （吨）	Aluminum Products (ton)	40058	7230	72014	13861
铜材 （吨）	Copper Products (ton)	18027	6530	23336	7259
工具	Tools		11965		13686
锁 （吨）	Locks (ton)	37941	11328	41620	11618
电扇 （万台）	Electric Fan (10000 units)	9835	69009	11051	62856
普通缝纫机 （万台）	Sawing Machine (10000 units)	192	6215	155	4895
金属加工机床 （台）	Metal-Processing Machinery (unit)	124034	2516	210711	3117
电子计算器 （万台）	Electric Calculator (10000 units)	23509	26375	28555	32527
电动、发电机 （万台）	Electrical Machinery, Dynamo (10000 units)	111529	49896	136846	60323
静止式变流器 （万个）	Static Current Transformer (10000 units)	13211	50446	18546	75831
原电池 （万个）	Battery (10000 units)	522713	18834	591037	21214
蓄电池 （万个）	Accumulator (10000 units)	23396	17825	26729	22992
有线电话 （万台）	Telephone Set (10000 units)	7861	75605	8985	81574
扬声器 （万个）	Loud Speaker (10000 units)	43222	28362	52506	36515
收录机组合音响（万台）	Radio Cassette Player, Hi-Fi Stereo Component System (10000 units)	1709	17000	1946	17510
收音机 （万台）	Radio Set (10000 units)	13933	31766	12913	28394
彩电（整套散件）（万台）	Colour TV(Parts of Complete Set) (10000 units)	396	40689	295	29125
集装箱 （个）	Container (unit)	138486	46026	200547	61198
自行车 （万辆）	Bicycle (10000 units)	603	27221	191	28340
船舶 （艘）	Ship (unit)	3294	16700	2406	14043
照相机 （万架）	Camera (10000 pcs)	5575	56944	5912	71536
手表 （万只）	Wristwatch (10000 units)	71891	92489	82344	95910
#电子手表 （万只）	Electronic Watch (10000 units)	68174	84034	78444	87957
日用钟 （万只）	Clock (10000 units)	19821	25829	24956	29949
家具	Furniture		81652		112871
床垫、卧具用品	Mattress, Bedding Articles		11609		13880
灯具、照明用品	Lights, Lighting Apparatus		72049		83180
箱包、旅行用品	Box and Bag, Travel Goods		181983		215846
服装、衣着附件	Garments, Clothing Accessories		845361		1207700
#织物服装	Textile Garment		723688		1051833
皮革服装 （万件）	Leather Garment (10000 pcs)	935	22328	948	22763
裘皮服装	Fur Garment		8007		6607
皮革手套 （万双）	Leather Gloves (10000 pairs)	30505	18813	36938	22565
帽类 （万个）	Headgear (10000 units)	71060	14186	88549	15956
鞋 （万双）	Footwear (10000 pairs)	138243	358177	168605	445394
#橡胶、塑料鞋（万双）	Rubber and Plastic Shoes (10000 pairs)	84519	161056	105539	195382
皮鞋 （万双）	Leather Shoes (10000 pairs)	34124	165606	40345	206136
塑料制品	Plastic Articles		183694		238493
玩具	Toys		299404		385521
人造花	Artificial Flowers		32373		38255

16-8 海关进口主要商品数量和金额

MAIN IMPORT COMMODITIES IN VOLUME AND VALUE (CUSTOMS STATISTICS)

金额单位：万美元 (USD 10000)

商品名称		Item		1996 数量 Volume	1996 金额 Value	1997 数量 Volume	1997 金额 Value
谷物	(吨)	Cereals	(ton)	621755	15238	633867	16050
#小麦	(吨)	Wheat	(ton)	218745	4979	264897	5473
大米	(吨)	Rice	(ton)	158531	4944	138177	5514
玉米	(吨)	Corn	(ton)	51749	817	358	15
食用植物油	(吨)	Edible Vegetable Oil	(ton)	726243	40833	934429	50599
其他植物油	(吨)	Other Vegetable Oil	(ton)	17678	971	13028	735
食糖	(吨)	Sugar	(ton)	38621	1193	233886	6400
饲料	(吨)	Forage	(ton)	135520	7559	198810	10293
纸烟	(千支)	Cigarettes	(1000 units)	2301021	5720	2167143	5480
天然橡胶	(吨)	Natural Rubber	(ton)	80268	7552	80420	6993
合成橡胶	(吨)	Synthetic Rubber	(ton)	202930	17782	239337	20282
原木	(立方米)	Logs	(cabic metre)	687929	10042	923292	12724
纸浆	(吨)	Paper Pulp	(ton)	184025	8787	161065	7748
羊毛	(吨)	Wool	(ton)	22134	7342	33075	12131
原棉	(吨)	Raw Cotton	(ton)	70475	12124	79059	12919
合成纤维	(吨)	Synthetic Fiber	(ton)	150205	17075	133395	15680
#聚酯纤维	(吨)	Polyester Fiber	(ton)	74026	6275	63504	5778
聚丙烯晴纤维	(吨)	Polyacrylonitrile Fibre	(ton)	66974	9602	61562	8975
人造纤维	(吨)	Artificial Fiber	(ton)	21635	1394	40931	2414
铁矿砂	(吨)	Iron Ore	(ton)	1372574	4294	1367438	4331
铜矿砂	(吨)	Copper Ore	(ton)	17687	517	6157	227
氧化铝	(吨)	Alumina Oxide	(ton)	47915	1150	45997	1575
原油	(吨)	Crude Oil	(ton)	4605904	67322	6578475	100558
成品油	(吨)	Finished Petroleum Products	(ton)	9014552	125459	11689452	156590
纯碱	(吨)	Soda Ash	(ton)	31337	536	39514	689
乙二醇	(吨)	Glycol	(ton)	45528	2651	23733	1461
对苯二甲酸	(吨)	Paraxylene Acid	(ton)	63859	4048	90687	5091
己内酰胺	(吨)	Caprolactam	(ton)	66070	7234	73481	7570
医药品	(吨)	Medicinal and Pharmaceutical Products	(ton)	11868	8043	11431	6909
#抗菌素	(吨)	Antibiotics	(ton)	594	652	506	615
肥料	(吨)	Fertilizer	(ton)	2754042	42021	2294082	33454
#尿素	(吨)	Urea	(ton)	1229681	21093	692506	10922
氯化钾	(吨)	Potassium Chloride	(ton)	752969	7284	926831	9789
复合肥料	(吨)	Compound Fertilizer	(ton)	565051	11309	641700	12225
合成有机染料	(吨)	Synthetic Organic Dyestruff	(ton)	20823	7930	27978	8754
初级型状聚乙烯	(吨)	Polyethylene in Primary Form	(ton)	1084073	69365	1051035	74138
初级型状聚丙烯	(吨)	Polypropylene in Primary Form	(ton)	810273	54601	911451	67220
初级型状聚苯乙烯	(吨)	Polystyrene in Primary Form	(ton)	2166194	188529	2281232	198519
#ABS树脂	(吨)	ABS Resin	(ton)	833043	81996	869464	86248
初级型状聚氯乙烯	(吨)	Polyvinyl Chloride in Primary Form	(ton)	661510	47203	837024	59162
初级型状聚酯	(吨)	Polyester in Primary Form	(ton)	298448	29977	384687	37334
农药	(吨)	Pesticide	(ton)	9977	1688	14173	1802
牛皮革、马皮革	(吨)	Cattlehide, Horsehide	(ton)	374861	84531	387689	88766

续表 continued

金额单位：万美元 (USD 10000)

商品 名称		Item		1996 数量 Volume	1996 金额 Value	1997 数量 Volume	1997 金额 Value
胶合板	(立方米)	Plywood	(cubic metre)	606086	19009	592043	19540
纸及纸板	(吨)	Paper and Paperboard	(ton)	3211831	148126	4013850	188028
#牛皮纸	(吨)	Kraft-paper	(ton)	851731	35204	1065586	42814
毛纱线	(吨)	Wool and Cotton Thread	(ton)	48097	19627	61836	20675
合成纤维纱线	(吨)	Synthetic Fiber, Continuous Filament and Yarn	(ton)	293435	45434	291387	50677
丝绸	(万米)	Silk	(10000 m)	3847	7890	4040	9293
棉布	(万米)	Cotton Cloth	(10000 m)	141378	104999	132084	102213
化纤布	(万米)	Chemical Fibre Colth	(10000 m)	150630	97123	168830	103334
钢材	(吨)	Rolled Steel	(ton)	6604742	277323	6316562	306502
#钢铁板材	(吨)	Iron & Steel Plate	(ton)	4322660	200870	4325990	233324
铜材	(吨)	Rolled Copper	(ton)	353546	81861	409528	95970
铝材	(吨)	Rolled Aluminium	(ton)	194922	34308	213683	45202
制冷压缩机	(台)	Refrigeration Compressor	(unit)	773963	5131	814430	4584
空调	(台)	Air Conditioner	(unit)	81529	9627	12422	3686
制冷设备		Refrigeration Equipment			9391		8396
机械装卸设备		Mechanical Handling Equipment			44934		36235
建筑采矿设备		Building and Mining Equipment			17583		16915
食品机械		Food-Processing Machinery			11379		8123
造纸、纸品机械		Paper and Pulp Mill Machinery			14118		15511
印刷机械		Printing Machinery			30871		22184
纺织机械		Textile Machinery			48973		35859
工业缝纫机	(台)	Industrial Sewing Machine	(unit)	226415	16849	166439	10162
机床	(台)	Machine Tool	(unit)	937006	69895	76590	49206
橡、塑加工机械		Rubber and Plastic Processing Machinery			70588		47573
数据处理设备	(万台)	Data Processing Equipment	(10000 units)	673	28273	1213	44547
电动、发电机	(万台)	Electical Machinery, Dynamo	(10000 units)	51175	32893	64894	39593
发电机组、变流机	(台)	Generating Sets, Alternating-Current Dynamo	(unit)	21788	31053	12427	21171
电话、报变换机	(台)	Exchange of Telephone and Telegram	(unit)	1256	2617	674	322
磁带		Tape			13773		8912
电视机	(台)	TV Set	(unit)	119331	6443	108169	4624
#彩色电视机	(台)	Colour TV Set	(unit)	109662	6248	98331	4597
半导体器件	(万个)	Parts of Semi-Conductor Devices	(10000 unit)	2062449	45738	3145274	76960
电路保护装置		Protection Fixtures of Circuit			48673		57416
显像管	(万只)	Kinescope	(10000 units)	504	31080	325	20017
集成电路、电子件	(万个)	Integrated Cricuit, Parts of the Electronic Components	(10000 units)	610915	186459	808107	245155
电线、电缆	(吨)	Electric Wire, Cable	(ton)	153349	39804	165715	43935
汽车及底盘	(辆)	Motor Vehicle and Chassis	(unit)	4498	8297	5200	9734
#小轿车	(辆)	Car	(unit)	2010	1697	1681	2200
旅行车	(辆)	Station Wagon	(unit)	40	79	198	332
船舶	(艘)	Shipping	(unit)	660	12010	420	16126
塑料制品		Plastic Products			39407		39120
玩具		Toy			5141		2839

16-9 各市进出口总额

TOTAL IMPORTS AND EXPORTS BY CITY

单位：亿美元 (USD 100 million)

市别 City	1995			1996			1997		
	进出口 Imports & Exports	出口 Exports	进口 Imports	进出口 Imports & Exports	出口 Exports	进口 Imports	进出口 Imports & Exports	出口 Exports	进口 Imports
全省合计 Total	**1039.72**	**565.92**	**473.80**	**1099.60**	**593.46**	**506.14**	**1301.20**	**745.64**	**555.56**
广州 Guangzhou	166.99	95.67	71.32	166.89	91.36	75.53	187.46	105.95	81.51
深圳 Shenzhen	387.76	205.41	182.35	390.53	212.07	178.46	450.45	256.36	194.09
珠海 Zhuhai	49.05	25.18	23.87	56.12	26.38	29.74	59.12	30.97	28.15
汕头 Shantou	43.74	21.29	22.45	47.76	23.07	24.69	76.58	42.32	34.26
韶关 Shaoguan	3.27	2.03	1.24	2.54	1.63	0.91	3.10	2.09	1.01
河源 Heyuan	2.16	1.06	1.10	1.63	0.58	1.05	1.69	1.02	0.67
梅州 Meizhou	3.88	2.74	1.14	3.87	2.61	1.26	5.52	4.11	1.41
惠州 Huizhou	43.72	24.93	18.79	47.25	26.34	20.91	53.37	30.50	22.87
汕尾 Shanwei	4.80	2.43	2.37	3.49	2.06	1.43	7.42	4.79	2.63
东莞 Dongguan	153.91	78.00	75.91	178.42	91.87	86.55	212.98	113.67	99.31
中山 Zhongshan	36.23	21.96	14.27	39.96	23.19	16.77	45.51	27.69	17.82
江门 Jiangmen	32.32	19.54	12.78	32.26	18.43	13.83	39.95	25.86	14.09
佛山 Foshan	61.32	35.56	25.76	70.50	39.23	31.27	73.39	44.19	29.20
阳江 Yangjiang	4.18	3.50	0.68	3.83	3.27	0.56	6.72	5.84	0.88
湛江 Zhanjiang	9.17	3.46	5.71	7.57	2.57	5.00	9.75	3.56	6.19
茂名 Maoming	3.54	2.16	1.38	5.30	3.11	2.19	11.05	7.77	3.28
肇庆 Zhaoqing	11.30	7.06	4.24	9.91	6.09	3.82	12.64	7.91	4.73
清远 Qingyuan	3.29	2.00	1.29	3.82	2.31	1.51	7.44	5.31	2.13
潮州 Chaozhou	8.31	5.78	2.53	9.21	5.65	3.56	12.21	7.17	5.04
揭阳 Jieyang	10.77	6.16	4.61	18.73	11.64	7.09	24.84	18.56	6.28

注：因资料不易划分，云浮暂包在肇庆市（下同）。
Note: The Yunfu's datas are included in Zhaoqing on account of undivisible. (The next is the same)

16-10 各市外商投资企业进出口总额

TOTAL IMPORTS AND EXPORTS OF FOREIGN INVESTED ENTERPRISES BY CITY

单位：亿美元 (USD 100 million)

市别 City	1995			1996			1997		
	进出口 Imports & Exports	出口 Exports	进口 Imports	进出口 Imports & Exports	出口 Exports	进口 Imports	进出口 Imports & Exports	出口 Exports	进口 Imports
全省合计 Total	**532.10**	**257.59**	**274.51**	**609.81**	**306.92**	**302.89**	**695.42**	**367.94**	**327.48**
广州 Guangzhou	77.98	36.65	41.33	87.03	42.80	44.23	96.70	50.25	46.45
深圳 Shenzhen	216.41	108.50	107.91	223.93	118.86	105.07	258.47	141.67	116.80
珠海 Zhuhai	28.61	14.78	13.83	33.75	17.57	16.18	33.60	18.81	14.79
汕头 Shantou	16.37	7.13	9.24	22.61	9.02	13.59	28.82	11.88	16.94
韶关 Shaoguan	1.27	0.37	0.90	1.21	0.49	0.72	1.49	0.68	0.81
河源 Heyuan	1.09	0.21	0.88	1.10	0.25	0.85	0.85	0.30	0.55
梅州 Meizhou	1.55	0.73	0.82	1.64	0.66	0.98	2.20	1.02	1.18
惠州 Huizhou	25.15	13.39	11.76	30.71	16.64	14.07	35.28	19.48	15.80
汕尾 Shanwei	1.58	0.41	1.17	0.93	0.48	0.45	1.79	0.90	0.89
东莞 Dongguan	63.43	30.44	32.99	78.92	38.80	40.12	95.90	50.59	45.31
中山 Zhongshan	19.65	9.84	9.81	25.10	12.89	12.21	28.96	16.15	12.81
江门 Jiangmen	15.67	6.72	8.95	20.98	10.29	10.69	22.79	11.98	10.81
佛山 Foshan	37.48	17.73	19.75	48.95	23.93	25.02	49.89	27.35	22.54
阳江 Yangjiang	0.72	0.26	0.46	0.84	0.44	0.40	1.30	0.68	0.62
湛江 Zhanjiang	4.67	0.94	3.73	4.89	1.10	3.79	5.69	1.15	4.54
茂名 Maoming	0.78	0.12	0.66	1.26	0.54	0.72	1.55	0.85	0.70
肇庆 Zhaoqing	6.72	3.14	3.58	6.31	2.93	3.38	7.67	3.53	4.14
清远 Qingyuan	1.42	0.60	0.82	1.88	0.75	1.13	2.74	0.92	1.82
潮州 Chaozhou	3.46	1.64	1.82	5.79	2.84	2.95	7.34	3.11	4.23
揭阳 Jieyang	8.09	3.99	4.10	11.98	5.64	6.34	12.39	6.64	5.75

注：本表为海关按经营单位所在地统计。
Note: The data in the table are calculated with location of the foreign trade managing units by customs.

16-11 外贸业务统计进出口总额

TOTAL IMPORTS AND EXPORTS BY BUSINESS STATISTICS OF FOREIGN TRADE

单位：万美元 (USD 10000)

年 份 Year	进出口总额 Total Value of Imports and Exports	出口总额 Total Value of Exports	贸易出口 Exports in Trade	"三来一补" Processing With Customer's Material, Assembly with Customer's Parts, Processing with Customer's Design or Sample and Compensation Trade	"三资"企业 Joint Ventures, Cooperative Operation and Ventures Exclusively with Foreign Investment	进口总额 Total Value of Imports	"三资"企业 Joint Ventures, Cooperative Operation and Ventures Exclusively with Foreign Investment
1950		10936	10936				
1952		12062	12062				
1957		22219	22219				
1962	19078	18265	18265			813	
1965	34533	31110	31110			3423	
1970	48221	43485	43485			4736	
1975	125553	112511	112511			13042	
1978	159145	138755	138639	116		20390	
1979	194491	170196	168376	1820		24295	
1980	255084	219472	210574	8898		35612	
1981	303797	237254	223393	13861		66543	
1982	305754	225648	209393	16255		80106	
1983	331668	238524	219299	19225		93144	
1984	360459	248731	214442	26938	7351	111728	
1985	537889	295267	245031	28120	22116	242622	33656
1986	680883	425129	350159	36296	38674	255754	84751
1987	907192	544417	453058	30305	61054	362775	79957
1988	1259401	748383	587873	40292	120218	511018	112772
1989	1299888	816767	525012	64084	227671	483121	195092
1990	1630912	1056024	617531	66110	372383	574888	329744
1991	2219796	1368787	746561	89478	532748	851009	451302
1992	2961877	1843954	918446	109602	815906	1117923	601496
1993	4692544	2702683	1023307	644695	1034681	1989861	857521
1994	8126295	4699270	1496350	1328874	1874046	3427025	1718736
1995	9383474	5566745	1612910	1487092	2466743	3816729	2081766
1996	10022880	5899910	1279287	1606516	3014107	4122970	2273003
1997	11982080	7265625	1774909	1860736	3629980	4716455	2642825

注：1. 本表资料来源于省外经贸委的外贸业务统计。2. 1961 1980年进口总额包海南进口数。3. 1993年以前进出口总额为计划口径，1993年以后为全额口径。

Note: a) Data in this table are obtained from the Commission of Foreign Economic Relation & Trade of Gongdong Province.
b) In 1961-1980, the total imports value are included Hainan.
c) Before 1992, the total exports and imports are calculated on planning approach, since 1993, they are calculated with a full value.

16-12 外贸进出口市场结构
MARKET STRUCTURE OF IMPORTS AND EXPORTS

金额单位：万美元 (USD 10000)

地区	Region	1990 金额 Amount	1990 比重(%) Percentage	1996 金额 Amount	1996 比重(%) Percentage	1997 金额 Amount	1997 比重(%) Percentage
出口总额	**Total Value of Exports**	**1056024**	**100.0**	**5899910**	**100.0**	**7265625**	**100.0**
亚洲	Asia	937369	88.8	5477598	92.9	6635569	91.3
#港澳地区	Hong Kong and Macao Area	870911	82.5	5099900	86.4	6202573	85.4
中国台湾	Taiwan, China	895	0.1	99628	1.7	44810	0.6
日本	Japan	28820	2.7	143998	2.4	190557	2.6
东盟	Association of Southeast Asian Nations	25011	2.4	62061	1.1	101416	1.4
中东	Middle East of Asia	5424	0.5	31114	0.5	38257	0.5
非洲	Africa	5826	0.6	18648	0.3	29945	0.4
欧洲	Europe	45435	4.3	143420	2.4	204562	2.8
#俄罗斯、东欧	Russia, East Europe	6155	0.6	7658	0.1	21226	0.3
西欧	West Europe	39280	3.7	135762	2.3	183336	2.5
拉丁美洲	Latin America	2569	0.2	21193	0.4	36619	0.5
北美洲	North America	44309	4.2	219163	3.7	342296	4.7
大洋洲	Oceania	4492	0.4	12587	0.2	15276	0.2
其他	Others	16024	1.5	7301	0.1	1358	···
进口总额	**Total Value of Imports**	**574888**	**100.0**	**4122970**	**100.0**	**4716455**	**100.0**
亚洲	Asia	468508	81.5	3905379	94.7	4431654	94.0
#港澳地区	Hong Kong and Macao Area	415215	72.2	3267015	79.2	3998577	84.8
中国台湾	Taiwan, China	5378	0.9	406193	9.9	95078	2.0
日本	Japan	25217	4.4	109068	2.6	156611	3.3
东盟	Association of Southeast Asian Nations	21287	3.7	54364	1.3	61584	1.3
中东	Middle East of Asia	565	0.1	25962	0.6	58750	1.2
非洲	Africa	1433	0.3	3023	0.1	3473	0.1
欧洲	Europe	88685	15.4	107229	2.6	111162	2.4
#俄罗斯、东欧	Russia, East Europe	2577	0.4	26891	0.7	7422	0.2
西欧	West Europe	86108	15.0	80338	1.9	103740	2.2
拉丁美洲	Latin America	1564	0.3	5078	0.1	6713	0.1
北美洲	North America	10618	1.8	81727	2.0	146945	3.1
大洋洲	Oceania	2712	0.5	14367	0.3	10813	0.2
其他	Others	1368	0.2	6167	0.2	5695	0.1

16-13 广东同主要国家(地区)外贸进出口额

GUANGDONG'S FOREIGN TRADE WITH MAIN COUNTRIES AND TERRITORIES

单位：万美元 (USD 10000)

国别（地区） Country (territory)	1990		1996		1997	
	出口 Exports	进口 Imports	出口 Exports	进口 Imports	出口 Exports	进口 Imports
合计 Total	**1056024**	**574888**	**5899910**	**4122970**	**7265625**	**4716455**
中国香港 Hong Kong, China	854310	411608	5059717	3238982	6161241	3971597
澳门 Macao	16601	36608	40183	28033	41332	26980
中国台湾 Taiwan, China	895	5378	99628	406193	44810	95078
日本 Japan	28820	25217	143998	109068	190557	156611
菲律宾 Philippines	744	138	5227	1296	5716	1008
泰国 Thailand	4792	1061	8859	3322	10813	6247
马来西亚 Malaysia	3721	9515	12618	9835	13503	9247
新加坡 Singapore	13974	6043	27844	32518	54726	39796
印度尼西亚 Indonesia	1717	4530	7267	7393	10167	3501
巴基斯坦 Pakistan	2008		1936	415	3712	521
孟加拉国 Bangladesh	511	170	3179	4	4856	69
印度 India	1814	360	4030	3135	4321	5081
沙特阿拉伯 Saudi Arabia	1341		5126	751	9372	515
阿联酋 United Arab Emirates	1430	30	8846	289	13681	
埃及 Egypt	1292		3649	…	5147	
南非 South Africa			3804	1074	7431	1104
俄罗斯 Russia			2479	8480	5825	5486
德国 Germany	11701	6980	32599	20627	40399	18514
法国 France	4472	46370	16429	8180	17973	5284
意大利 Italy	5850	1874	10582	5376	14290	5871
荷兰 Netherlands	5027	1157	28892	1058	38116	712
比利时 Belgium	1621	315	7768	1849	17088	7867
英国 United Kingdom	4615	22792	16817	5042	24850	7929
丹麦 Denmark	695	331	1489	623	2237	113
瑞典 Sweden	974	2674	2774	37171	4104	40236
挪威 Norway	300	1470	1164	965	1393	12913
瑞士 Switzerland	445	578	1489	2256	1457	565
奥地利 Austria	364	1202	1360	3661	2071	661
西班牙 Spain	1381	161	6622	963	11103	1670
希腊 Greece	984	5	2719	143	2447	
墨西哥 Mexico	366	56	663	642	1399	317
秘鲁 Peru	132	690	1757	201	1177	1567
巴拿马 Panama	297		4556		11059	
巴西 Brazil	86	473	3224	2612	5230	3323
智利 Chile	302	27	3955	182	5463	36
阿根廷 Argentina	36	47	3094	805	4707	725
加拿大 Canada	4012	306	9880	11190	12413	8702
美国 United States	40297	10312	209282	70536	329867	138243
澳大利亚 Australia	3818	2342	10435	9139	12557	9933
新西兰 New Zealand	343	289	1119	813	1829	669

注：本表数字按起运国和运抵国原则统计。

Note: The value of import and export commodities are calculated with the principle of the country final destination and the origin or the commodities dispatched.

16-14 机电产品外贸出口分类值
EXPORT VALUE OF MACHINARY AND ELECTRIC PRODUCTS BY CATEGORY OF COMMODITIES

单位：万美元 (USD 10000)

产品分类	Category of Commodity	1990	1995	1996	1997
合计	Total	261538	1989112	2372315	2883497
（占出口总额的%）	(Proportion to Exports %)	24.77	35.73	40.18	38.67
一、轻工业品	Light Industrial Products	176401	1004912	1029307	1249060
自行车类	Bicycles	13286	46877	51379	49483
缝纫机类	Sewing Machines	1529	3533	7128	7487
搪瓷器皿	Enamelware	236	904	918	1103
金属器皿	Metalware	3207	32735	42013	59358
钟表	Watches and Clocks	14958	149333	143991	145714
日用五金	General Metalware	6330	36036	30660	69551
锁类	Locks	2177	4820	9192	8365
绘图仪、文具剪	Drawing Instruments, Stationery Scissors	62	14	340	118
办公用品	Artieles for Office	3386	2784	23034	20951
体育用品	Sport Articles	1	782	6060	7359
旅游用品	Travel Articles	422	4194	7460	18313
电子乐器	Electronic Musical Instruments	412	240	1215	2639
电子、机械玩具	Electronic and Machinery Toy	5077	12856	22264	34898
衡器类	Weighing Apparatus	82	582	1537	1443
家用电器	Household Electrical Appliances	53931	388139	409994	499510
电视机及音响设备	TV Sets and Sound Appliances	67865	264287	207566	241449
照相机及电影器材	Camera and Film Instruments	3440	56796	64556	81319
二、工艺品	Craft Products	2176	8274	6621	8711
尼龙伞	Nylon Umbrellas	845	1544	3136	3047
工艺灯	Craft Light	300	2354	262	2321
美术品	Arts Products	12	399		94
钢家具、钢木家具	Steel furnitures, Steel and wood composited furnitures	1019	3977	3223	3249
三、黑色金属	Ferrous Metal	10047	71535	108791	126013
金属制品	Metal Manufactures	3661	40845	34299	41542
小五金	Petty Metalware	4604	26193	58335	62362
铸铁制品	Products of Cast Iron	1384	1909	6061	6501
铸锻件	Castings and Forgings	398	2588	10096	15608
四、医疗器械	Medical Instruments	1193	2415	8437	13809
五、运输工具	Transport Equipment	7204	45243	74395	95991
船舶	Shipping	5651	24540	44853	68653
航空设备	Aircraft and Related Equipment		530	366	1003
铁路车辆及设备	Rolling Stock and Related Equipment	50	8766	4113	4156
汽车及摩托车	Vehicles and Motorcycles	336	3433	3482	5249

续表 continued

单位：万美元 (USD 10000)

产品分类	Category of Commodity	1990	1995	1996	1997
汽车零件	Pasts and Accessories for Motor Vehicles	1007	4627	6874	14639
其他运输工具	Other Transport Equipment	160	3347	14707	2291
六、机械及设备	**Machinery and Equipment**	**22518**	**241241**	**318745**	**378982**
动力设备	Power Plant	954	27267	33463	37510
电工设备	Electrical Equipment	6181	83581	75334	98698
重型矿山机械	Heavy-duty Mininy Machinery	1290	10092	11532	13325
金工机械	Metalworking Machines	3228	7440	2039	3594
通用机械	General Machines	2510	5913	30786	33849
轴承基础件	Bearing Base Piece	1811	3344	3401	3022
农业机械	Agricultural Machinery	1322	802	1270	907
煤矿机械	Coal Mine Machinery			1	1
土建机械	Construction Machinery	205	770	1806	3378
地质机械	Geological Machinery	78	161	48	41
纺织机械	Textile Machinery	460	6216	1885	395
粮油食品加工机械	Grain, Edible Oil and Food-Processing Machinery	163	306	394	595
橡胶加工机械	Rubber-Precessing Machinery	51	93	1094	611
制药机械	Pharmaceutical Machinery	3	3443	95	102
轻工机械	Light Industry Machinery	533	2281	1627	1160
杂项机械	Miscellaneous Machinery	204	27953	1480	371
石墨制品	Graphite Products	168	35		129
成套设备	Complete Equipment	520	1129	106148	172522
其　他	Others	2837	60415	46342	8772
七、工农具	**Tools and Farm Tools**	**2546**	**10041**	**15901**	**17224**
工　具	Tools	2063	8383	12050	13977
硬质合金	Carbide	75	246	94	190
农　具	Farm Tools	345	754	1455	1268
其　他	Others	63	658	2302	1789
八、光电产品	**Optical and Electricity Products**	**38746**	**604203**	**809211**	**992668**
电讯设备	Telecommunication Equipment	30907	505854	748518	913910
电子设备	Electronic Equipment	2989	30971	37052	47148
光学仪器	Optical Instruments	691	56642	16499	23911
物理化工仪器	Physical and Chemical Instruments	223	8931	7083	7699
其　他	Others	3936	1805	59	
九、其　他	**Others**	**707**	**1248**	**907**	**1039**
厨房炊事用具	Cooking Utensils for Kitchen	707	1248	907	640
有色金属材	Non-Ferrous Metals Material				399

16-15 签订利用外资项目数

NUMBER OF PROJECTS OF UTILIZATION OF FOREIGN CAPITAL THROUGH SIGND CONTRACTS OR AGREEMENTS

单位：个 (unit)

指　标	Item	1979－1997	1995	1996	1997
总　计	**Total**	**187393**	**9345**	**5955**	**17737**
按引进方式分	**By Way of Foreign Capital Intake**				
对外借款	**Foreign Loans**	**901**	**65**	**98**	**100**
外国政府贷款	Foreign Goverment Loans	97	8	2	3
国际金融组织贷款	Loans from International Financial Organizations	11	1	1	
出口信贷	Export Credit	3			
#卖方信贷	Seller's Credits	1			
外国银行商业贷款	Commercial Loan from Foreign Bank	787	56	95	97
对外发行债券	Bonds Issued Abroad	3			
外商直接投资	**Foreign Direct Investment**	**72161**	**8177**	**4608**	**3744**
合资经营企业	Joint Ventures	29176	3071	1602	1130
合作经营企业	Cooperative Operation	26172	2416	1200	743
外资(独资)企业	Ventures Exclusively with Foreign Investment	16811	2690	1806	1869
外商投资股份制	Share Holding of Foreign Investment	2			2
合作开发	Cooperative Development				
其他	Others				
外商其它投资	**Other Foreign Investment**	**114331**	**1103**	**1249**	**13893**
对外发行股票	Shares Issued Abroad	10		1	
国际租赁	International Lease	202	18	11	
补偿贸易	Compensation Trade	1721	43	9	29
加工装配	Processing and Assembly	112398	1042	1228	13864
#作价部份	the Parts Priced	98800	1042	1228	266
按行业分	**By Sector**				
农、林、牧、渔业	Farming, Forestry, Animal Husbandry, Fishery	2696	206	149	116
采掘业	Mining and Quarrying	32			32
制造业	Manufacturing	169773	7702	5089	14805
电力、煤气及水的生产和供应业	Electricity, Gas and Water Production and Supply	10			10
建筑业	Construction	1084	117	54	56
地质勘查业、水利管理业	Geological Prospecting, Water Conservancy	7		1	1
交通运输、仓储及邮电通信业	Transport, Storage, Post and Telecommunications	957	88	57	55
批发和零售贸易、餐饮业	Wholesale and Retail Sales & Catering Trades	3643	463	249	166
金融、保险业	Finance and Insurance	72	1	5	5
房地产业	Real Estate Trade	5071	541	224	128
社会服务业	Social Services	191			191
卫生、体育和社会福利业	Health Care, Sporting and Social welfare	180	47	20	7
教育、文化艺术和广播电影电视业	Education, Culture and Arts, Radio and Television	328	55	17	7
科学研究和综合技术服务业	Scientific Research and Polytechnical Services	272	53	25	13
国家机关、政党机关和社会团体	Goverment Agencies, Party Agencies and Social Organizations	1			
其他行业	Others	3076	72	65	2145

注：①加工装配除1997年外，其他各年均不包括不作价部份。

②制造业和房地产业除1997年外，其他各年分别包括采掘业和电力、煤气及水的生产和供应业，社会服务业（下同）。

Note: a) The data of processing and assembly exclude the part which not priced for each years, but except 1997.

b) The manufacturing and the real estate trade include the mining quarrying, the production and supply of electricity, gas and water and social sarvices, in each years, except 1997. (The same below)

续表　continued

单位：个　　(unit)

指　　标	Item	1979－1997	1995	1996	1997
按国别(地区)分	By Country (Territory)				
中国香港	Hong Kong, China	170780	7489	4672	15601
澳　门	Macao	5497	258	151	902
中国台湾	Taiwan, China	4444	579	427	741
朝　鲜	Korea DPR	8			1
日　本	Japan	939	130	86	50
菲律宾	Philipines	62	7	2	
泰　国	Thailand	481	67	33	26
马来西亚	Malasia	201	22	24	21
新加坡	Singapore	964	178	111	77
印度尼西亚	Indonesia	73	12	8	6
科威特	Kuwait	1			
韩　国	Korea Rep.	177	30	24	34
以色列	Isreal	3			2
亚洲其他国家	Other Asian Countries	25	4	2	6
利比里亚	Liberia	8	2	1	
毛里求斯	Mauritius	9	1		2
马达加斯加	Madagascar	1			
非洲其他国家	Other African Countries	10		4	
波　兰	Poland	5		3	
德　国	Germany	101	18	17	17
法　国	France	148	21	21	15
意大利	Italy	60	8	6	5
荷　兰	Netherlands	51	10	12	10
比利时	Belgium	14	2	2	1
英　国	United Kingdom	358	74	51	27
爱尔兰	Ireland	4	1		1
丹　麦	Danmark	23	3	4	1
芬　兰	Finland	9	2		1
瑞　典	Sweden	23	3		1
挪　威	Norway	11		1	
瑞　士	Switzerland	38	5	7	11
奥地利	Austria	18	1	1	1
西班牙	Spain	12	4	1	
葡萄牙	Portugal	6	1	2	
俄罗斯联邦	Russian	14	3		
欧洲其他国家	Other European Countries	24	3	10	3
巴拿马	Panama	38	3	2	5
巴　西	Brazil	3			
秘　鲁	Peru	9	4		
玻利维亚	Bolivia	5			
拉美洲其他国家	Other Latin American Countries	315	69	56	124
加拿大	Canada	296	36	33	33
美　国	United States	1540	223	132	129
百慕大	Bermuda	8	3	2	1
澳大利亚	Australia	243	38	33	20
新西兰	New Zealand	38	5	5	6
西萨摩亚	Western Samoa	15	4	1	7
汤　加	Tonga	2			
大洋洲其他国家	Other Oceanian Countries	9	3	1	
世界银行	World Bank	7			1
国际货币基金组织	International Mometary Fund Organization				
海外机构	Overseas Organizations	276	14	3	
其　他	Others	43	5	4	4

16-16 签订利用外资协议(合同)金额
AMOUNT OF UTILIZATION OF FOREIGN CAPITAL THROUGH SIGND CONTRACTS OR AGREEMENTS

单位：万美元 (USD 10000)

指 标	Item	1979－1997	1995	1996	1997
总 计	**Total**	**16420826**	**2610480**	**1744639**	**964527**
按引进方式分	**By Way of Foreign Capital Intake**				
对外借款	**Foreign Loans**	**1221187**	**114417**	**158510**	**66884**
外国政府贷款	Foreign Goverment Loans	161588	3910	45529	22254
国际金融组织贷款	Loans from International Financial Organizations	40414			
出口信贷	Export Credit	95018			
#卖方信贷	Seller's Credit	1300			
外国银行商业贷款	Commercial Loan from Foreign Bank	882067	110507	112981	44630
对外发行债券	Bonds Issued Abroad	42100			
外商直接投资	**Foreign Direct Investments**	**14645317**	**2483244**	**1554584**	**769202**
合资经营企业	Joint Ventures	4493508	816554	544214	207985
合作经营企业	Cooperative Operation	6647989	964146	515844	243836
外资(独资)企业	Ventures Exclusively with Foreign Investment	3500619	702544	494526	314180
外商投资股份制	Share Holding of Foreign Investment	3201			3201
合作开发	Cooperative Development				
其他	Others				
外商其它投资	**Other Foreign Investment**	**554322**	**12819**	**31545**	**128441**
对外发行股票	Shares Issued Abroad	56941		20000	
国际租赁	International Lease	38160	3616	3298	
补偿贸易	Compensation Trade	145067	4942	4449	4138
加工装配	Processing and Assembly	314154	4261	3798	124303
#作价部份	the Parts Priced	189946	4261	3798	95
按行业分	**By Sector**				
农、林、牧、渔业	Farming, Forestry, Animal Husbandry, Fishery	284057	33419	30464	19766
采 掘 业	Mining and Quarrying	7788			7788
制 造 业	Manufacturing	9438666	1667910	1123758	560447
电力、煤气及水的生产和供应业	Electricity, Gas and Water Production and Supply	23743			23743
建 筑 业	Construction	594192	87537	138469	89579
地质勘查业、水利管理业	Geological Prospecting, Water Conservancy	2127		647	1180
交通运输、仓储及邮电通信业	Transport, Storage, Post and Telecommunications	587073	77484	63263	94617
批发和零售贸易、餐饮业	Wholesale and Retail Sales & Catering Trades	695192	126197	51442	25292
金融、保险业	Finance and Insurance	33345	2319	2769	3250
房地产业	Real Estate Trade	3964677	486482	203922	82653
社会服务业	Social Services	29589			29589
卫生、体育和社会福利业	Health Care, Sporting and Social welfare	94600	18019	11622	2319
教育、文化艺术和广播电影电视业	Education, Culture and Arts, Radio and Television	55040	16230	5254	1282
科学研究和综合技术服务业	Scientific Research and Polytechnical Services	14436	2063	2364	605
国家机关、政党机关和社会团体	Goverment Agencies, Party Agencies and Social Organizations	18			
其他行业	Others	596283	92820	110665	22417

注：本表资料来源于省外经贸委.（下同）

Note: The data in this table are obtained from the Foreign Economic Trade Commitee of Guangdong Province. (The same below)

续表　continued

单位：万美元　(USD 10000)

指　标	Item	1979—1997	1995	1996	1997
按国别(地区)分	By Country (Territory)				
中国香港	Hong Kong, China	12232173	1909656	1042889	533444
澳　门	Macao	503529	72209	28624	10592
中国台湾	Taiwan, China	495158	81320	47930	28921
朝　鲜	Korea DPR	26182			182
日　本	Japan	525474	91869	59377	15065
菲律宾	Philipines	7052	1537	605	140
泰　国	Thailand	107872	16167	7695	13840
马来西亚	Malasia	38376	5375	5818	5961
新加坡	Singapore	391476	115111	139682	29845
印度尼西亚	Indonesia	34482	18630	3358	9
塞浦路斯	Cyptus	175			-90
科威特	Kuwait	830			
阿联酋	United Arad Emirates	36538			
韩　国	Korea Rep.	81979	7314	59901	3979
以色列	Isreal	345			153
亚洲其他国家	Other Asian Countries	4968	220	268	3465
利比里亚	Liberia	3575	1314	1028	
毛里求斯	Mauritius	1301	300		175
马达加斯加	Madagascar	281			
非洲其他国家	Other Countries for Africa	681		306	
波　兰	Poland	222		105	
德　国	Germany	115224	16063	52305	27968
法　国	France	113655	25447	21062	4791
意大利	Italy	38928	1049	2556	1543
荷　兰	Netherlands	32059	10449	8155	7555
比利时	Belgium	4357	243	942	14
英　国	United Kingdom	301801	56189	52384	16425
爱尔兰	Ireland	1239	13		26
丹　麦	Danmark	12512	1242	8531	-473
芬　兰	Finland	5021	1036		35
瑞　典	Sweden	54585	574		14
挪　威	Norway	2209		30	
瑞　士	Switzerland	27397	5585	3502	7260
奥地利	Austria	8306	403	144	8
西班牙	Spain	5639	2381	158	
葡萄牙	Portugal	1224	37	458	
俄罗斯联邦	Russian	3700	140		
欧洲其他国家	Other European Countries	26752	52	24419	1443
巴拿马	Panama	7211	884	61	1626
巴　西	Brazil	1962			
秘　鲁	Peru	647	493		
玻利维亚	Bolivia	976			
拉丁美洲其他国家	Other Latin American Countries	314683	33548	67920	172570
加拿大	Canada	80580	18637	5220	4288
美　国	United States	454875	93479	75802	28742
百慕大	Bermuda	9750	2967	4734	99
澳大利亚	Australia	63585	6894	8478	6915
新西兰	New Zealand	3549	1159	412	217
西萨摩亚	Western Samoa	16561	658	1269	10938
汤　加	Tonga	129			
大洋洲其他国家	Other Oceanian Countries	1837	123	706	138
世界银行	World Bank	5787			600
国际货币基金组织	International Mometary Fund Organization				
海外机构	Overseas Organizations	116460	7124	3406	-402
其　他	Others	94957	2589	4399	26506

16-17 实际利用外资

AMOUNT OF FOREIGN CAPITAL ACTUALLY USED

单位：万美元 (USD 10000)

指 标	Item	1979－1997	1995	1996	1997
总 计	**Total**	**8109988**	**1210037**	**1389943**	**1420519**
按引进方式分	**By Way of Foreign Capital Intake**				
对外借款	**Foreign Loans**	**1480143**	**184028**	**192321**	**131063**
外国政府贷款	Foreign Goverment Loans	117048	3448	14056	22954
国际金融组织贷款	Loans from International Financial Organizations	31528	3858	2184	3373
出口信贷	Export Credit	99448	28599	23331	14408
#卖方信贷	Seller's Credit		866		
外国银行商业贷款	Commercial Loan from Foreign Bank	1190019	148123	152750	90328
对外发行债券	Bonds Issued Abroad	42100			
外商直接投资	**Foreign Direct Investment**	**6235802**	**1018028**	**1162362**	**1171083**
合资经营企业	Joint Ventures	2249817	357336	425829	386441
合作经营企业	Cooperative Operation	2391119	406461	417888	369887
外资(独资)企业	Ventures Exclusively with Foreign Investment	1594866	254231	318645	414755
外商投资股份制	Share Holding of Foreign Investment				
合作开发	Cooperative Development				
其他	Others				
外商其它投资	**Other Foreign Investment**	**394043**	**7981**	**35260**	**118373**
对外发行股票	Shares Issued Abroad	85117		22215	25961
国际租赁	International Lease	26975	2331	2175	
补偿贸易	Compensation Trade	95720	2905	8020	3645
加工装配	Processing and Assembly	186231	2745	2850	88767
#作价部份	the Parts Priced	99327	2745	2850	1863
按行业分	**By Sector**				
农、林、牧、渔业	Farming, Forestry, Animal Husbandry, Fishery	113023	10654	16365	18358
采 掘 业	Mining and Quarrying	1876			1876
制 造 业	Manufacturing	5455558	795083	927928	917061
电力、煤气及水的生产和供应业	Electricity, Gas and Water Production and Supply	79540			79540
建 筑 业	Construction	203273	43290	68199	49937
地质勘查业、水利管理业	Geological Prospecting, Water Conservancy	1180			1180
交通运输、仓储及邮电通信业	Transport, Storage, Post and Telecommunications	349468	53655	28702	104995
批发和零售贸易、餐饮业	Wholesale and Retail Sales & Catering Trades	181136	28677	38056	19672
金融、保险业	Finance and Insurance	90970	4691	9521	12899
房地产业	Real Estate Trade	934944	162811	180104	104207
社会服务业	Social Services	38663			38663
卫生、体育和社会福利业	Health Care, Sporting and Social welfare	38898	15600	8501	10687
教育、文化艺术和广播电影电视业	Education, Culture and Arts, Radio and Television	19491	4076	5120	5264
科学研究和综合技术服务业	Scientific Research and Polytechnical Services	3081	442	1090	34
国家机关、政党机关和社会团体	Goverment Agencies, Party Agencies and Social Organizations				
其他行业	Others	598887	91058	106357	56146

续表　continued

单位：万美元 (USD 10000)

指　　标	Item	1979－1997	1995	1996	1997
按国别(地区)分	By Country (Territory)				
中国香港	Hong Kong, China	5804088	899021	938811	978711
澳　　门	Macao	202329	26491	38118	25673
中国台湾	Taiwan, China	236620	35951	47436	48587
朝　　鲜	Korea DPR	123	16	57	
日　　本	Japan	631158	83387	81766	58773
菲 律 宾	Philipines	4517	145	2784	390
泰　　国	Thailand	30104	3192	8535	5464
马来西亚	Malasia	11891	1291	4175	2969
新 加 坡	Singapore	140035	22883	41841	41947
印度尼西亚	Indonesia	8245	4496	746	1197
科 威 特	Kuwait	377		256	
韩　　国	Korea Rep.	16673	2321	8848	2683
以 色 列	Isreal				
亚洲其他国家	Other Asian Countries	657	100	90	265
利比里亚	Liberia	2470	1190	101	120
毛里求斯	Mauritius	1588	100	22	1312
马达加斯加	Madagascar	173	6	167	
非洲其他国家	Other African Countries	1070			1054
波　　兰	Poland	106		78	28
德　　国	Germany	55254	3846	19234	23124
法　　国	France	101786	11640	13401	20152
意 大 利	Italy	28479	10895	12170	35
荷　　兰	Netherlands	21974	2283	3819	6510
比 利 时	Belgium	2985	40	414	172
英　　国	United Kingdom	142671	16339	39643	30561
爱 尔 兰	Ireland	1519		1000	19
丹　　麦	Danmark	3899	65	1384	700
芬　　兰	Finland	3197	369	575	
瑞　　典	Sweden	40671	150	975	318
挪　　威	Norway	1705	10		
瑞　　士	Switzerland	15666	2859	2698	5887
奥 地 利	Austria	12453	935		4115
西 班 牙	Spain	5202	1805	1171	352
葡 萄 牙	Portugal	1274		874	
俄罗斯联邦	Russian	692		442	
欧洲其他国家	Other European Countries	435	12	358	65
巴 拿 马	Panama	4639	351	549	2651
巴　　西	Brazil	47		47	
秘　　鲁	Peru	90	40	49	
玻利维亚	Bolivia	72		20	
拉美洲其他国家	Other Latin American Countries	64844	2053	14311	47161
加 拿 大	Canada	36563	3066	7614	13394
美　　国	United States	286162	47694	56527	63861
百 慕 大	Bermuda	1737	537		986
澳大利亚	Australia	30170	5622	6323	6868
新 西 兰	New Zealand	878	38	136	182
西萨摩亚	Western Samoa	2193		1260	933
汤　　加	Tonga				
大洋洲其他国家	Other Oceanian Countries	1375	60	1153	
世界银行	World Bank	10319	60		675
国际货币基金组织	International Mometary Fund Organization	1079			
海外机构	Overseas Organizations	93039	15742	21560	9262
其　　他	Others	44695	2936	8405	13363

16-18 外商直接投资
FOREIGN DIRECT INVESTMENT

指 标	Item	1990	1995	1996	1997
一、签订协议(合同)数(个)	Number of Agreement (Cantract) Signed	3042	8177	4608	3744
按行业分	By Sector				
农、林、牧、渔业	Farming, Forestry, Animal Husbandry, Fishery	46	189	144	114
采掘业	Mining and Quarrying				32
制造业	Manufacturing	2905	6557	3754	2889
电力、煤气及水的生产和供应业	Electricity, Gas and Water Production and Supply				10
建筑业	Construction	7	117	52	56
地质勘查业、水利管理业	Geological Prospecting, Water Conservancy			1	
交通运输、仓储及邮电通信业	Transport, Storage, Post and Telecommunications	25	87	57	55
批发和零售贸易、餐饮业	Wholesale and Retail Sales & Catering Trades	19	463	249	166
金融、保险业	Finance and Insurance			3	
房地产业	Real Estate Trade	31	541	224	128
社会服务业	Social Services				190
卫生、体育和社会福利业	Health Care, Sporting and Social welfare	1	47	20	7
教育、文化艺术和广播电影电视业	Education, Culture and Arts, Radio and Television		55	17	7
科学研究和综合技术服务业	Scientific Research and Polytechnical Services	7	53	25	13
国家机关、政党机关和社会团体	Goverment Agencies, Porty Agencies and Social Organizations				
其他行业	Others	1	68	62	77
按国别(地区)分	By Country (Territory)				
中国香港	Hong Kong, China	2432	6369	3384	2664
澳门	Macao	203	247	140	105
中国台湾	Taiwan, China	267	579	427	436
朝鲜	Korea DPR				1
日本	Japan	15	117	64	31
菲律宾	Philipines	4	7	2	
泰国	Thailand	9	67	33	26
马来西亚	Malasia	3	22	24	21
新加坡	Singapore	19	177	109	68
印度尼西亚	Indonesia	1	12	8	6
科威特	Kuwait	1			
韩国	Korea Rep.	1	30	24	30
以色列	Isreal				2
亚洲其他国家	Other Asian Countries	1	4	2	6
利比里亚	Liberia		2	1	
毛里求斯	Mauritius		1		2
马达加斯加	Madagascar				
非洲其他国家	Other African Countries	1		4	
波兰	Poland			3	
德国	Germany	2	18	14	15
法国	France	4	17	18	10
意大利	Italy		7	6	5
荷兰	Netherlands		9	8	6
比利时	Belgium	1	2	2	1

续表 1　continued 1

指　标	Item	1990	1995	1996	1997
英　国	United Kingdom	5	71	47	22
爱尔兰	Ireland	1	1		1
丹　麦	Danmark		2	4	1
芬　兰	Finland		1		1
瑞　典	Sweden	1	3		1
挪　威	Norway	1		1	
瑞　士	Switzerland	2	5	5	9
奥地利	Austria			1	1
西班牙	Spain		2	1	
葡萄牙	Portugal		1	1	
俄罗斯联邦	Russian		3		
欧洲其他国家	Other European Countries		3	10	3
巴拿马	Panama		3	2	5
巴　西	Brazil				
秘　鲁	Peru	1	4		
玻利维亚	Bolivia	1			
拉美洲其他国家	Other Latin American Countries		69	56	123
加拿大	Canada	10	35	32	28
美　国	United States	45	219	130	125
百慕大	Bermuda		3	2	1
澳大利亚	Australia	4	35	30	19
新西兰	New Zealand		5	5	5
西萨摩亚	Western Samoa		4	1	7
汤　加	Tonga				
大洋洲其他国家	Other Oceanian Countries		3	1	
海外机构	Overseas Organizations	7	14	3	
其　他	Others		4	3	4
二、协议利用外资额（万美元）	**Amount of Utilization of Foreign Capital Through Signed Agreements (USD 10000)**	**268958**	**2483244**	**1554584**	**769202**
按行业分	**By Sector**				
农、林、牧、渔业	Farming, Forestry, Animal Husbandry, Fishery	2635	32159	30424	19141
采掘业	Mining and Quarrying				7788
制造业	Manufacturing	225171	1622309	1071877	397959
电力、煤气及水的生产和供应业	Electricity, Gas and Water Production and Supply				23743
建筑业	Construction	13912	87537	92940	69350
地质勘查业、水利管理业	Geological Prospecting, Water Conservancy			647	
交通运输、仓储及邮电通信业	Transport, Storage, Post and Telecommunications	1623	74284	63263	94617
批发和零售贸易、餐饮业	Wholesale and Retail Sales & Catering Trades	7280	126197	51442	25292
金融、保险业	Finance and Insurance		149	2319	
房地产业	Real Estate Trade	15561	486482	203922	82653
社会服务业	Social Services				29344
卫生、体育和社会福利业	Health Care, Sporting and Social welfare	2574	18019	11622	2319
教育、文化艺术和广播电影电视业	Education, Culture and Arts, Radio and Television		16230	5254	1282
科学研究和综合技术服务业	Scientific Research and Polytechnical Services	162	2063	2364	605
国家机关、政党机关和社会团体	Goverment Agencies, Porty Agencies and Social Organizations				
其他行业	Others	40	17815	18510	15109

续表 2 continued 2

单位：万美元 (USD 10000)

指 标	Item	1990	1995	1996	1997
按国别(地区)分	By Country (Territory)				
中国香港	Hong Kong, China	210912	1815625	959185	393620
澳 门	Macao	9213	68275	25053	9206
中国台湾	Taiwan, China	25736	81320	47930	23633
朝 鲜	Korea DPR				182
日 本	Japan	3107	77231	37826	13691
菲律宾	Philipines	251	1537	605	140
泰 国	Thailand	1360	16167	7695	13840
马来西亚	Malasia	224	5375	5818	5961
新加坡	Singapore	3688	114811	139337	24740
印度尼西亚	Indonesia	18	18630	3358	9
科威特	Kuwait	830			
韩 国	Korea Rep.	80	7314	59901	3829
以色列	Isreal				153
亚洲其他国家	Other Asian Countries	7	220	268	3375
利比里亚	Liberia		1314	1028	
毛里求斯	Mauritius		300		175
马达加斯加	Madagascar			35	
非洲其他国家	Other African Countries	19		271	
波 兰	Poland			105	
德 国	Germany	392	14763	4016	6541
法 国	France	141	20408	15512	2801
意大利	Italy		554	2556	1543
荷 兰	Netherlands		9599	4905	4705
比利时	Belgium	6	243	742	14
英 国	United Kingdom	1008	54549	50695	13662
爱尔兰	Ireland	900	13		26
丹 麦	Danmark		842	8531	-473
芬 兰	Finland		700		35
瑞 典	Sweden	19	574		14
挪 威	Norway	40		30	
瑞 士	Switzerland	421	5585	3022	4798
奥地利	Austria		5	144	8
西班牙	Spain		874	158	
葡萄牙	Portugal		37	58	
俄罗斯联邦	Russian		140		
欧洲其他国家	Other European Countries		52	24419	1443
巴拿马	Panama		884	61	1626
巴 西	Brazil				
秘 鲁	Peru	15	493		
玻利维亚	Bolivia	64			
拉美洲其他国家	Other Latin American Countries		33548	67920	172557

续表 3 continued 3

指　　标	Item	1990	1995	1996	1997
加拿大	Canada	704	17642	4912	3174
美　国	United States	6175	93128	55442	19929
百慕大	Bermuda		2967	4734	99
澳大利亚	Australia	877	5872	8120	6899
新西兰	New Zealand		1159	412	67
西萨摩亚	Western Samoa		658	1269	10938
汤　加	Tonga				
大洋洲其他国家	Other Oceanian Countries		123	706	138
海外机构	Overseas Organizations	2751	7124	3406	-402
其　他	Others		2589	4399	26506
三、实际利用外资(万美元)	**Foreign Capital Actually Used (USD 10000)**	**145984**	**1018028**	**1162362**	**1171083**
按行业分	**By Sector**				
农、林、牧、渔业	Farming, Forestry, Animal Husbandry, Fishery	1324	8376	15673	17526
采掘业	Mining and Quarrying				1876
制造业	Manufacturing	125983	702338	824782	772918
电力、煤气及水的生产和供应业	Electricity, Gas and Water Production and Supply				44592
建筑业	Construction	85	43290	56237	29708
地质勘查业、水利管理业	Geological Prospecting, Water Conservancy				
交通运输、仓储及邮电通信业	Transport, Storage, Post and Telecommunications	1854	45420	25037	81402
批发和零售贸易、餐饮业	Wholesale and Retail Sales & Catering Trades	4098	28677	37125	19672
金融、保险业	Finance and Insurance		1514	682	
房地产业	Real Estate Trade	9166	160649	180104	99509
社会服务业	Social Services				38418
卫生、体育和社会福利业	Health Care, Sporting and Social welfare		15600	8501	10687
教育、文化艺术和广播电影电视业	Education, Culture and Arts, Radio and Television	195	4076	5120	5264
科学研究和综合技术服务业	Scientific Research and Polytechnical Services		442	1090	34
国家机关、政党机关和社会团体	Goverment Agencies, Porty Agencies and Social Organizations				
其他行业	Others	3279	7646	8011	49477
按国别(地区)分	**By Country (Territory)**				
中国香港	Hong Kong, China	98501	797268	838660	843192
澳　门	Macao	3358	25145	34549	24397
中国台湾	Taiwan, China	7032	35951	47436	45394
朝　鲜	Korea DPR		16	57	
日　本	Japan	13223	42121	34852	45447
菲律宾	Philipines	70	145	2784	390
泰　国	Thailand	47	3192	8535	5464
马来西亚	Malasia	5	1291	4175	2969
新加坡	Singapore	1317	22583	41496	36861

续表 4 continued 4

指 标	Item	1990	1995	1996	1997
印度尼西亚	Indonesia		4496	746	1197
科威特	Kuwait			256	
韩 国	Korea Rep.		2321	8848	2593
以色列	Isreal				
亚洲其他国家	Other Asian Countries		100	90	265
利比里亚	Liberia		1190	101	120
毛里求斯	Mauritius		100	22	1312
马达加斯加	Madagascar		6	167	
非洲其他国家	Other African Countries	16			1054
波 兰	Poland			78	28
德 国	Germany	118	2546	3631	1697
法 国	France	1918	2198	5216	4977
意大利	Italy		1551	1127	35
荷 兰	Netherlands	337	1433	732	3068
比利时	Belgium	701	40	214	172
英 国	United Kingdom		14499	37794	25826
爱尔兰	Ireland			1000	19
丹 麦	Danmark			1000	
芬 兰	Finland				
瑞 典	Sweden		150	975	318
挪 威	Norway		10		
瑞 士	Switzerland		959	1658	2882
奥地利	Austria	128			4115
西班牙	Spain		773	251	352
葡萄牙	Portugal			474	
俄罗斯联邦	Russian			442	
欧洲其他国家	Other European Countries		12	358	65
巴拿马	Panama	50	351	549	2651
巴 西	Brazil			47	
秘 鲁	Peru		40	49	
玻利维亚	Bolivia			20	
拉美洲其他国家	Other Latin American Countries		2053	14311	47148
加拿大	Canada	58	1723	7306	12280
美 国	United States	13644	33570	26823	34168
百慕大	Bermuda		537		986
澳大利亚	Australia	835	3280	5203	6110
新西兰	New Zealand		38	136	32
西萨摩亚	Western Samoa			1260	933
汤 加	Tonga				
大洋洲其他国家	Other Oceanian Countries		60	1153	
海外机构	Overseas Organizations	4626	15742	21560	9262
其他	Others		538	6221	3304

16-19 各市利用外资

UTILIZATION OF FOREIGN CAPITAL BY CITY

市别 City	1996 签订项目(个) Number of Project (unit)	1996 合同外资额(万美元) Amount of Foreign Capital (USD 10000)	1996 实际利用外资(万美元) Amount of Foreign Capital Actually Used (USD 10000)	1997 签订项目(个) Number of Project (unit)	1997 合同外资额(万美元) Amount of Foreign Capital (USD 10000)	1997 实际利用外资(美元) Amount of Foreign Capital Actually Used (USD 10000)
全省总计 Total	**5955**	**1744639**	**1389943**	**17737**	**964527**	**1420519**
广州 Guangzhou	1793	510301	260002	2662	203658	274033
深圳 Shenzhen	999	168000	242242	1711	173120	287168
珠海 Zhuhai	350	115054	90814	321	98277	102154
汕头 Shantou	513	147440	98652	461	45963	100841
韶关 Shaoguan	51	15953	13327	30	4192	14086
河源 Heyuan	53	6188	6964	38	11011	6867
梅州 Meizhou	51	3102	10514	28	4285	7420
惠州 Huizhou	226	72378	83672	569	53988	95838
汕尾 Shanwei	41	7949	4781	112	2760	5582
东莞 Dongguan	335	146050	71344	1424	87122	116635
中山 Zhongshan	268	122690	50050	4063	43444	54699
江门 Jiangmen	249	31928	64262	1883	27717	47997
佛山 Foshan	296	64367	115939	3280	52237	112056
阳江 Yangjiang	24	5582	3039	23	4339	5728
湛江 Zhanjiang	48	21290	15209	48	11358	10157
茂名 Maoming	52	11043	30279	32	5503	8652
肇庆 Zhaoqing	194	97660	36641	230	24450	37115
清远 Qingyuan	60	41165	13441	234	1539	15724
潮州 Chaozhou	75	5732	23987	86	7583	16350
揭阳 Jieyang	196	29792	39644	473	33053	40816
云浮 Yunfu	75	28744	20364	28	1428	6960
省直单位 Pirovnce-owned	6	92231	94776	1	67500	53641

16-20 各市重点外商投资企业主要经济指标(1997年)

MAIN ECONOMIC INDICATORS OF MAJOR FOREIGN INVESTMENT ENTERPISES BY CITY (1997)

单位：万元 (10000 yuan)

市别 City	企业数(户) Number of Enterprise	资产总计 Total Assets	负债合计 Total Liabilities	主营业务收入 Main Business Income	营业税金 Business Tax	利润总额 Total Profits	所得税 Income Tax
全省总计 Total	**374**	**25274536**	**15006171**	**10869182**	**270826**	**842534**	**105117**
广州 Guangzhou	133	9064175	5720032	3200350	146465	352682	54043
深圳 Shenzhen	94	8993671	4918490	3773837	99613	342597	32599
珠海 Zhuhai	15	985547	598951	746065	3248	17593	354
汕头 Shantou	4	167737	69770	36122	18	-1855	452
韶关 Shaoguan	6	444855	232403	347757	783	23351	1577
河源 Heyuan							
梅州 Meizhou							
惠州 Huizhou	13	715261	479295	542972	295	17194	241
汕尾 Shanwei	1	33809	2176	30840	2171	857	103
东莞 Dongguan	24	1613274	907721	1148843	2432	56185	8183
中山 Zhongshan	11	487808	295384	87891	1954	2913	1354
江门 Jiangmen	16	953800	717882	448930	4483	-699	1770
佛山 Foshan	10	577091	332247	152970	1917	22682	2360
阳江 Yangjiang	5	138562	94222	32939		-1241	
湛江 Zhanjiang	1	21999	6117	21851		157	
茂名 Maoming	2	96329	49633	1907	77	-382	
肇庆 Zhaoqing	13	513003	312762	172669	6903	20771	1984
清远 Qingyuan	6	212671	141574	47801	73	-11376	
潮州 Chaozhou	5	46408	16392	4010	5	-291	
揭阳 Jieyang	10	145996	74663	59533	104	599	87
云浮 Yunfu	5	62540	36457	11895	285	797	10

16-21 对外经济技术合作情况

BASIC CONDITIONS FOR FOREIGN COOPERATION OF ECONOMIC TECHNIQUE

项　　目　Item	签订合同数（宗）Number of Contract Signed	合同金额（万美元）Contracted Value (USD 10000)	营业金额（万美元）Value of Businness (USD 10000)	年末在外人数（人）Number of Abroad Person at Year-end (person)
一、对外承包工程　Foreign Constracted Projects				
1982	9	1316	1398	770
1985	28	1897	2491	305
1990	23	5953	7586	688
1991	20	4091	9942	537
1992	27	22159	16213	1085
1993	25	4557	12643	1219
1994	29	18066	16126	1125
1995	29	19183	10924	850
1996	37	14823	9474	1680
1997	67	22435	10940	1078
二、对外劳务合作　Foreign Labor Services				
1982	106	1368	1170	657
1985	273	424	433	1197
1990	1101	6055	3189	8045
1991	2578	17963	6929	19317
1992	3342	23497	13568	30240
1993	3706	26173	15201	29375
1994	3261	26206	26900	35335
1995	1251	20593	17775	33263
1996	1493	11784	19365	23319
1997	2616	17356	14743	22857
三、对外设计咨询Foreign Consult for Design				
1995	9	139	41	10
1996	3	11	4	4
1997	6	90	88	

注：对外设计咨询1995年以前无发生数。

Note: Before 1994, the data of foreign consult for design was not be occured.

16-22 分行业外商投资企业工商注册登记情况(1997年末)

REGISTRATION STATUS OF FOREIGN INVESTMENT ENTERPRISES BY SECTOR (1997, Year-End)

行业	Sector	企业数(户) Number of Registered Enterprise	投资总额(亿美元) Total Investment (USD 100 million)	注册资本(亿美元) Registered Capital (USD 100 million)	#外方 Capital Invested by Foreign Partner
总计	**Total**	**59040**	**2171.18**	**1337.89**	**974.18**
农、林、牧、渔业	Farming, Forestry, Animal Husbandry, Fishery	1380	26.07	18.79	14.35
采掘业	Mining and Quarrying	475	10.80	8.32	6.46
制造业	Manufacturing	46160	1093.00	803.68	578.66
电力、煤气及水的生产和供应业	Electricity, Gas and Water Production and Supply	382	172.11	62.20	37.94
建筑业	Construction	977	79.68	36.91	25.44
地质勘查业、水利管理业	Geological Prospecting, Water Conservancy	71	1.40	0.97	0.75
交通运输、仓储及邮电通信业	Transport, Storage, Post and Telecommunications	1256	130.92	50.48	34.23
批发和零售贸易、餐饮业	Wholesale and Retail Sales & Catering Trades	2496	70.27	51.58	37.71
金融、保险业	Finance and Insurance	17	2.54	1.86	1.56
房地产业	Real Estate Trade	2848	452.16	215.11	171.37
社会服务业	Social Services	2063	97.54	64.68	48.16
卫生、体育和社会福利业	Health Care, Sporting and Social welfare	141	12.03	7.51	6.14
教育、文化艺术和广播电影电视业	Education, Culture and Arts, Radio and Television	262	8.58	6.10	4.37
科学研究和综合技术服务业	Scientific Research and Polytechnical Services	114	2.39	1.68	1.14
其他行业	Others	398	11.69	8.02	5.90

16-23 各市外商投资企业工商注册登记情况(1997年末)

REGISTRATION STATUS OF FOREIGN INVESTMENT ENTERPRISES BY CITY (1997, Year-End)

市别	City	企业数(户) Number of Registered Enterprise	投资总额(亿美元) Total Investment (USD 100 million)	注册资本(亿美元) Registered Capital (USD 100 million)	#外方 Capital Invested by Foreign Partner
全省总计	**Total**	**59040**	**2171.18**	**1337.89**	**974.18**
广州	Guangzhou	8455	482.36	240.64	187.16
深圳	Shenzhen	12357	365.71	227.84	161.70
珠海	Zhuhai	4102	124.36	78.36	54.44
汕头	Shantou	3671	95.44	68.69	54.91
韶关	Shaoguan	646	20.64	12.21	8.59
河源	Heyuan	663	21.72	16.76	11.96
梅州	Meizhou	1192	16.14	10.88	7.43
惠州	Huizhou	2731	104.84	65.50	50.50
汕尾	Shanwei	532	11.48	9.19	7.84
东莞	Dongguan	5285	164.63	136.58	115.54
中山	Zhongshan	1596	62.64	41.68	30.06
江门	Jiangmen	2726	93.67	67.56	41.42
佛山	Foshan	3946	180.84	113.47	72.03
阳江	Yangjiang	334	13.21	8.67	5.33
湛江	Zhanjiang	1161	48.00	30.55	18.92
茂名	Maoming	1377	31.54	21.46	12.58
肇庆	Zhaoqing	1850	72.84	46.04	33.08
清远	Qingyuan	916	46.30	25.71	18.40
潮州	Chaozhou	1023	22.53	15.67	10.36
揭阳	Jieyang	2404	46.04	34.96	29.00
云浮	Yunfu	823	26.12	17.74	11.35

16-24 各部门接受华侨、港澳台同胞捐赠情况

ACCEPT CONTRIBUTION AGREED BY ADMINISTRATIONS FROM OVERSEAS CHINESE AND COMPATRIOTS FROM HONG KONG, MACAO AND TAIWAN

单位：万元 (10000 yuan)

年份 Year	合计 Total	#现金 Cash	工农业 Industry and Agriculture	文化教育科研事业 Culture and Education, Science and Technology	卫生事业 Health Care	旅游业 Tourism	社会福利业 Social Welfare	其他 Others
1985	54529	1373	19660	8133	2303	4948	2071	17414
1990	91887	3648	30837	24695	10453	2480	21422	2000
1991	227235	5210	70638	56065	17024	1860	76605	5043
1992	687814	3955	357342	100570	39154	4309	177547	8892
1993	188133	4329	63666	43615	21587	492	43861	14912
1994	291656	1854	67647	55350	32007	167	42951	93534
1995	335447	1050	129890	56512	46405	1000	27816	73824
1996	42893	616	20956	9653	1860	55	7007	3362
1997	49828	1170	37309	2717	1718	30	3472	4582

注：表中1992年以前是批准数，1993年以后是实际接受捐赠数。

Note: The data in this table are accept contribution agreed by administration before 1992, since 1993, it's actually accept contribution.

16-25 各市实际接受华侨、港澳台同胞捐赠情况（1997年）

ACTUALLY ACCEPT CONTRIBUTION FROM OVERSEAS CHINESE AND COMPATRIOTS FROM HONG KONG, MACAO AND TAIWAN BY CITY(1997)

市别 City	宗数(宗) Number of Item (copies)	总额(万元) Total Value (10000 yuan)	工农业 Industry and Agriculture	文化教育科研事业 Culture and Education, Science and Technology	卫生事业 Health Care	旅游业 Tourism	社会福利业 Social Welfare	其他 Others
全省总计 Total	**482**	**49828**	**37309**	**2717**	**1718**	**30**	**3472**	**4582**
广州 Guangzhou	32	3366	3117	19	136		1	93
深圳 Shenzhen	1	17			17			
珠海 Zhuhai	3	140		120				20
汕头 Shantou	4	756	696	60				
韶关 Shaoguan	21	1373	1170	15	50			138
河源 Heyuan	15	5275	3826		14		1420	15
梅州 Meizhou	29	1773	536	14	134		116	973
惠州 Huizhou	1	20						20
汕尾 Shanwei	25	6874	6069	80			725	
东莞 Dongguan	6	451	32		330		40	49
中山 Zhongshan	8	203	120	4	8		71	
江门 Jiangmen	84	6121	4794	252	232		283	560
佛山 Foshan	8	675	408		94		149	24
阳江 Yangjiang	13	195		36	30		48	81
湛江 Zhanjiang	11	193		90	78			25
茂名 Maoming	14	1757	1500	90	36	15	54	62
肇庆 Zhaoqing	43	1809	1059	161	288		18	283
清远 Qingyuan	28	989	589	154	45		18	183
潮州 Chaozhou	8	1819	1407	36				376
揭阳 Jieyang	37	11751	11370	40			160	181
云浮 Yunfu	60	972	582	90	55	15	119	111
省直单位 Porovince-owned	31	3299	34	1456	171		250	1388

16-26 一类口岸开放使用情况(1997年末)

OPENING AND OPERATING STATUS OF PORTS TYPE 1 (1997, YEAR-END)

市别 City	个数 Unit	口岸名称 Name of Port		
		水运 Water Transpot	陆运 Land Transpot	空运 Air Transport
全省总计 Total	**52**	**37**	**10**	**5**
广州 Guangzhou		广州港 Guangzhou Port	天河直通车站 Tianhe Directly to HongKong Railway Station	白云机场 Baiyun Airport
		南沙港 Nansha Port		
		莲花山港 Lianhuashan Port		
		新塘港 Xintang Port		
深圳 Shenzhen	13	蛇口港 Shekou Port	罗湖 Luohu	深圳机场 Shenzhen Airport
		赤湾港 Chiwan Port	文锦渡 Wenjindu	
		梅沙港 Meisha Port	沙头角 Shatoujiao	
		东角头港 Dongjiaotou Port	皇岗 Huanggang	
		妈湾港 Mawan Port		
		盐田港 Yiantian Port		
		西涌港 XiChong Port		
		大亚湾港 Dayawan Port		
珠海 Zhuhai	6	九州港 Jiuzhou Port	拱北 Gongbei	
		湾仔港 Wanzai Port		
		珠海港 Zhuhai Port		
		万山港 Wanshan Port		
		斗门港 Domen Port		
汕头 Shantou	4	汕头港 Shantou Port		汕头机场 Shantou Airport
		潮阳港 Chaoyang Port		
		南澳港 Nanao Port		
梅州 Meizhou	1			梅州机场 Meizhou Airport
惠州 Huizhou	1	惠州港 Huizhou Port		
汕尾 Shanwei	1	汕尾港 Shanwei Port		
东莞 Dongguan	2	虎门港 Humen Port	常平铁路客运 Changping Railway Passenger Service Station	
中山 Zhongshan	1	中山港 Zhongshan Port		
江门 Jiangmen	5	江门港 Jiangmen Port		
		三埠港 Sanfu Port		
		广海港 Guanghai Port		
		鹤山港 Heshan Port		
		新会港 Xinhui Port		
佛山 Foshan	5	顺德港 Shunde Port	佛山铁路客运 Foshan Railway Passenger Service Station	
		南海港 Nanhai Port		
		高明港 Gaoming Port	三水铁路客运 Sanshui Railway Passenger Service Station	
阳江 Yangjiang	1	阳江港 Yangjiang Port		
湛江 Zhanjiang	2	湛江港 Zhanjiang Port		湛江机场 Zhanjiang Airport
茂名 Maoming	1	水东港 Shuidong Port		
肇庆 Zhaoqing	2	肇庆港 Zhaoqing Port	肇庆铁路客运 Zhaoqing Railway Passenger Service Station	
潮州 Chaozhou	1	潮州港 Chaozhou Port		

附:1997年末全省二类口岸138个,其中,装卸点107个,起运点31个。直通港澳货运车辆检查场53个。

Note: The number of porttype Ⅱ of the whole province counted 138 in 1997 year-end, of which, of the point of loading and unloading counted 107, the place of dispach counted 31; and the number of the examination ground of vehicles for carrying goods which directly to HongKong and Macao amounted 53.

16-27 旅游人数
NUMBER OF TOURISTS

指标	Item	1990	1995	1996	1997
一、国际游客出入境人数(万人次)	**Number of International Tourists (10000 persons)**	**5024.23**	**7442.18**	**8167.78**	**9105.74**
外国人	Foreigners	174.47	340.02	407.62	403.30
华侨	Overseas Chinese	14.98	17.44	26.86	12.83
港澳同胞	Compatriots from Hong Kong and Macao	4739.04	6913.78	7534.53	8437.88
台湾同胞	Compatriots from Taiwan	95.74	170.94	198.77	251.73
#入境人数	**Number of Entering Tourists**	**2527.54**	**3615.03**	**4002.74**	**4545.37**
外国人	Foreigners	85.07	159.40	194.45	200.51
华侨	Overseas Chinese	6.62	8.11	12.07	5.56
港澳同胞	Compatriots from Hong Kong and Macao	2388.76	3364.15	3697.73	4213.94
台湾同胞	Compatriots from Taiwan	47.09	83.37	98.49	125.36
二、城市接待旅游人数(万人次)	**Number of Tourists Received by Cities (10000 persons)**		**3504.75**	**5943.42**	**6354.76**
国际游客	International Tourists		620.68	691.10	739.16
外国人	Foreigners		118.47	123.66	134.66
华侨	Overseas Chinese		19.38	21.00	23.77
港澳同胞	Compatriots from HongKong and Macao		430.55	492.93	502.42
台湾同胞	Compatriots from Taiwan		52.28	53.51	78.31
国内游客	Domestic Tourists		2884.07	5252.32	5615.60
#宾馆(酒店)接待人数	**Number of Tourists Received by Hotels**	**2231.04**	**3306.12**	**3509.60**	**3824.42**
国际游客	International Tourists	541.48	528.24	555.29	575.73
外国人	Foreigners	56.36	117.39	122.55	123.30
华侨	Overseas Chinese	11.52	14.68	18.22	15.54
港澳同胞	Compatriots from Hong Kong and Macao	412.97	352.32	354.57	366.87
台湾同胞	Compatriots from Taiwan	60.63	43.85	59.95	70.02
国内游客	Domestic Tourists	1689.56	2777.88	2954.31	3248.69
三、旅行社接待人数(万人)	**Number of Tourists Received by Travel Services (10000 persons)**			**544.72**	**554.18**
国际游客	International Tourists	195.40	257.19	249.01	242.40
#组团人数	Number of Tour Group	64.66	71.31	77.81	79.85
一日游人数	Number of One Day Tour	31.82	41.19	42.67	46.19
国内游客	Domestic Tourists			295.71	311.78
#组团人数	Number of Tour Group			152.12	179.87
一日游人数	Number of One Day Tour			42.46	40.12
四、团体出境旅游人数(万人)	**Number of Exit Tourists by Tour Group (10000 persons)**	**23.53**	**67.71**	**71.89**	**59.74**
#港澳游	Hong Kong and Macao Tour	23.19	58.67	64.87	47.74
其他	Others	0.34	9.04	7.02	12.00

16-28 旅游部门基本情况

BASIC DATA OF TOURIST AGENCIES

指　　标	Item	1995	1996	1997
旅游机构(个)	Number of Travel Agency (unit)	1478	1529	1656
职工人数(万人)	Number of Persons Engaged (10000 persons)	28.86	30.29	29.61
旅游宾馆(酒店)(家)	Number of Tourist Hotel	962	994	1048
按星级分:五　星	By Star Class: Five Star Class	10	13	15
四　星	Four Star Class	20	27	31
三　星	Three Star Class	121	134	143
二　星	Two Star Class	168	185	191
一　星	One Star Class	19	24	26
未评星级	Others	624	611	642
按经济类型分:国　有	By Ownership: State-Owned	506	509	485
集　体	Collective Owned	162	181	244
私　营	Private	30	36	44
个　体	Individual			3
联　营	Joint Owned	11	9	26
股份制	Share Holding	8	9	17
外商投资	Foreign Funded	142	128	120
港澳台投资	Funded by Enterpreneurs from Hong Kong, Macao and Taiwan	103	97	92
其　他	Others		25	17
旅游宾馆酒店接待能力	Receiving Capability of Tourist Hotel			
客　房(间)	Number of Room (room)	115563	148393	190799
床　位(张)	Number of Bed (unit)	235407	298402	379535
客房出租率(%)	Room Occupancy (%)	57.43	57.05	57.62
旅行社(家)	Number of Travel Agency	404	429	447
一类旅行社	First Category Travel Agency	46	54	54
二类旅行社	Seconed Categorg Travel Agency	151	117	117
三类旅行社	Third Category Travel Agency	207	258	276
旅游车辆(辆)	Number of Tourist Vehicle (unit)	9015	9590	11209
#大　型	Large Size	935	981	1011
中　型	Medium Size	1351	1413	1166
小　型	Small Size	3987	4224	5028

16-29 城市接待外国游客人数

NUMBER OF FOREIGN TOURISTS RECEIVED BY CITIES

单位:人次　　(person)

国　别	Country	1990	1995	1996	1997
总　计	**Total**	**563620**	**1173919**	**1236622**	**1346577**
日　本	Japan	119371	288978	255763	254472
韩　国	Korea Rep.		25172	57336	57195
菲律宾	Philipines	7653	10312	15003	14011
新加坡	Singapore	48857	60760	64330	65085
泰　国	Thailand	57365	51185	59719	39027
印度尼西亚	Indonesia	14967	40583	42290	42749
马来西亚	Malaysia		70639	97647	94197
美　国	United States	77651	129238	122912	118293
加拿大	Canada	20402	24908	35002	32931
英　国	United Kingdom	29596	41020	39470	39904
法　国	France	20591	29728	31695	28176
德　国	Germany	15755	32864	34038	28092
意大利	Italy	13279	19187	16842	16271
俄罗斯	Russia	1676	1937	4411	7203
澳大利亚	Australia	16835	28789	24479	25728
新西兰	New Zealand	3960	4133	5960	6131
其　他	Others	115662	314486	329725	477112

16-30　各市旅游宾馆(酒店)住宿设施(1997年)

LODGING FACILITIES OF TOURIST HOTELS BY CITY (1997)

市别	City	宾馆、酒店(个) Number of Hotels	五星级 Five Star Class	四星级 Four Star Class	三星级 Three Star Class	二星级 Two Star Class	一星级 One Star Class	客房(间) Number of Room	床位(张) Number of Bed	客房出租率(%) Room Occupancy
全省总计	**Total**	**1048**	**15**	**31**	**143**	**191**	**26**	**190799**	**379535**	**57.6**
广　州	Guangzhou	286	5	9	29	46	1	118503	235207	61.1
深　圳	Shenzhen	224	6	4	36	35	5	25269	49325	57.7
珠　海	Zhuhai	39	2	5	7	7	2	5795	12025	60.4
汕　头	Shantou	36	1	2	4	14	2	3542	6866	51.4
韶　关	Shaoguan	31			2	7		2565	5261	40.4
河　源	Heyuan	15			3	9		665	1377	60.2
梅　州	Meizhou	25			2	5		1504	2897	44.7
惠　州	Huizhou	42			8	1		1913	3897	52.0
汕　尾	Shanwei	13			1	4		809	1617	43.5
东　莞	Dongguan	24	1	2	16	1		2238	4253	56.3
中　山	Zhongshan	32		2	2	2		2803	5542	47.7
江　门	Jiangmen	44		1	7	14	2	5193	10683	42.9
佛　山	Foshan	45		4	6	3		5464	10807	56.5
阳　江	Yangjiang	21			2	4		1918	4180	53.3
湛　江	Zhanjiang	32		1	8	13		2936	5587	44.8
茂　名	Maoming	20			2	5		1588	3141	48.0
肇　庆	Chaoqing	47		1	4	3	9	3718	7898	40.6
清　远	Qingyuan	24				5	1	1108	2256	52.9
潮　州	Chaozhou	10			1	1		793	1577	53.9
揭　阳	Jieyang	10			2	6	1	737	1552	48.0
云　浮	Yunfu	28			1	6	3	1738	3587	37.8

注：本表星级宾馆（酒店）指1997年底止已得到国家旅游局或省旅游局批准的，不包已报未批部份。

Note: The star class of hotel in this table refer to be approved by the National Tourism Administration or Guangdong Province Tourism Administration in the year-end 1997 exclude those had been reported but unapproved.

16-31　各市旅游宾馆(酒店)接待人数

TOURISTS RECEIVED BY TOURIST HOTELS BY CITY

单位：万人次　　(10000 persons)

市别	City	1995 合计 Total	1995 #国际游客 International Tourists	1996 合计 Total	1996 #国际游客 International Tourists	1997 合计 Total	1997 #国际游客 International Tourists
全省总计	**Total**	**3306.12**	**528.24**	**3509.60**	**555.29**	**3824.42**	**575.73**
广　州	Guangzhou	1312.22	170.67	1552.96	226.55	1578.25	232.42
深　圳	Shenzhen	542.64	185.37	512.02	151.47	578.77	155.11
珠　海	Zhuhai	230.84	35.14	250.29	37.03	237.28	44.37
汕　头	Shantou	59.38	11.46	53.40	11.18	76.59	14.64
韶　关	Shaoguan	62.13	1.56	71.67	1.95	80.81	3.08
河　源	Heyuan	26.30	0.28	47.61	0.46	34.80	0.73
梅　州	Meizhou	46.13	2.17	44.62	2.85	48.25	3.96
惠　州	Huizhou	80.97	9.50	82.30	10.71	91.23	10.39
汕　尾	Shanwei	30.62	0.86	25.78	0.68	37.87	0.95
东　莞	Dongguan	175.38	28.64	175.45	35.59	163.36	28.75
中　山	Zhongshan	138.93	22.86	138.99	22.34	143.69	28.27
江　门	Jiangmen	123.90	17.32	110.44	13.67	157.62	14.49
佛　山	Foshan	95.45	19.50	91.27	17.81	151.52	18.26
阳　江	Yangjiang	35.52	0.47	45.20	0.50	70.87	0.38
湛　江	Zhanjiang	39.77	1.35	40.83	1.06	58.44	0.98
茂　名	Maoming	45.02	0.63	41.37	0.49	38.72	0.38
肇　庆	Zhaoqing	100.54	10.22	85.84	11.65	131.12	10.66
清　远	Qingyuan	61.99	2.76	51.23	2.67	34.45	1.34
潮　州	Chaozhou	24.45	2.08	22.92	1.81	26.15	3.89
揭　阳	Jieyang	41.57	1.53	31.51	1.22	32.36	1.54
云　浮	Yunfu	32.37	3.87	33.90	3.60	52.27	1.14

16-32　各市按经济类型分的旅游宾馆数(1997年末)

NUMBER OF TOURIST HOTEL BY TYPE OF OWNERSHIP BY CITY (1997, YEAR-END)

单位：家　　(unit)

市　别　City	合计 Total	国有 Sate-Owned	集体 Collective Owned	私营 Private	联营 Joint Owned	股份制 Share Hoding	外商投资 Foreign Funded	港澳台投资 Funded by Enterpreneurs from Hong Kong, Macao and Taiwan	其他 Others
全省总计　Total	**1048**	**527**	**219**	**39**	**26**	**17**	**108**	**92**	**20**
广　州　Guangzhou	286	173	46	7	1	1	8	49	1
深　圳　Shenzhen	224	88	57	20	4	4	44	5	2
珠　海　Zhuhai	39	15	12		1			11	
汕　头　Shantou	36	22	2		1		2	2	7
韶　关　Shaoguan	31	28	1			2			
河　源　Heyuan	15	12	3						
梅　州　Meizhou	25	15	6			1	3		
惠　州　Huizhou	42	16	10	2	3	5	2	3	1
汕　尾　Shanwei	13	6	2				5		
东　莞　Dongguan	24	4	10	1	5		2		2
中　山　Zhongshan	32	8	16	1				6	1
江　门　Jiangmen	44	24	9			1		10	
佛　山　Foshan	45	12	13	2			11	4	3
阳　江　Yangjiang	21	3	10	1	1		5		1
湛　江　Zhanjiang	32	20	1	1			10		
茂　名　Maoming	20	16			2			1	1
肇　庆　Zhaoqing	47	26	8			1	11		1
清　远　Qingyuan	24	17	1		4		1	1	
潮　州　Chaozhou	10	5	3			2			
揭　阳　Jieyang	10	3	4	1			2		
云　浮　Yunfu	28	14	5	3	4		2		

16-33　各市按规模分的旅游宾馆数(1997年末)

NUMBER OF TOURIST HOTEL BY SCALE BY CITY (1997, YEAR-END)

单位：家　　(unit)

市　别　City	宾馆总数 Total Number of Tourist Hotel	客房500间以上 with 500 Rooms and Over	300－499间 with 300-499 Rooms	200－299间 with 200-299 Rooms	100－199间 with 100-199 Rooms	99间以下 Less than 100 Rooms
全省总计　Total	**1048**	**26**	**42**	**87**	**218**	**675**
广　州　Guangzhou	286	19	16	37	67	147
深　圳　Shenzhen	224	4	12	26	40	142
珠　海　Zhuhai	39		4	5	14	16
汕　头　Shantou	36		2	2	12	20
韶　关　Shaoguan	31			1	8	22
河　源　Heyuan	15				2	13
梅　州　Meizhou	25				4	21
惠　州　Huizhou	42	1				41
汕　尾　Shanwei	13				1	12
东　莞　Dongguan	24		1	1	6	16
中　山　Zhongshan	32		3	2	5	22
江　门　Jiangmen	44	1		2	13	28
佛　山　Foshan	45	1	1	4	9	30
阳　江　Yangjiang	21			1	5	15
湛　江　Zhanjiang	32		1	1	12	18
茂　名　Maoming	20				6	14
肇　庆　Zhaoqing	47		2	4	4	37
清　远　Qingyuan	24				2	22
潮　州　Chaozhou	10				3	7
揭　阳　Jieyang	10				2	8
云　浮　Yunfu	28			1	3	24

16-34 旅游宾馆经营情况(1997年)

BUSINESS STATUS OF TOURIST HOTELS (1997)

项 目	Item	营业收入(万元) Business Income (10000 yuan)	营业税金(万元) Business Tax (10000 yuan)	利 润(万元) Profits (10000 yuan)	客房出租率(%) Room Occupancy
全省总计	**Total**	**2321584**	**121875**	**88796**	**57.6**
按经济类型分	**By Type of Ownership**				
国有经济	State-Owned	885473	44769	40434	56.0
集体经济	Collective Owned	145731	7956	-16073	52.8
私营经济	Private	33102	1448	-1317	52.6
个体经济	Individual	284	11	227	48.2
联营经济	Joint Owned	28352	1439	-4201	51.8
股份制经济	Share Holding	26003	1380	1505	52.6
外商投资经济	Foreign Funded	374501	18721	3007	58.8
港澳台投资经济	Funded by Enterpreneurs from Hong Kong, Macao and Taiwan	477106	23519	23476	61.8
其 它	Others	351032	22632	42192	59.4
按经营规模分	**By Scale of Management**				
500间以上	with 500 Rooms and Over	857520	48028	147485	61.7
300-499间	with 300-499 Rooms	325461	16128	5353	59.8
200-299间	with 200-299 Rooms	291219	14303	-19277	54.9
100-199间	with 100-199 Romms	330606	16655	-14618	55.4
99间以下	Less than 100 Rooms	516778	26758	-30147	15.1
按星级分	**By Star Class**				
五星级	Five Star Class	357877	17543	56852	67.1
四星级	Four Star Class	229800	10752	1929	61.1
三星级	Three Star Class	445676	21396	4537	59.1
二星级	Two Star Class	182857	8559	-4079	56.2
一星级	One Star Class	12289	578	-310	51.6
未评星级	Star Class Unappraised	1093085	63047	29867	55.8

16-35 旅 游 业 收 入

INCOME OF TOURISM TRADE

单位：亿元 (100 million yuan)

项 目	Item	收入合计 Total Income		旅游外汇收入 Foreign Exchange Income		国内旅游收入 Domestic Travel Income	
		1996	1997	1996	1997	1996	1997
全省总计	**Total**	**762.92**	**812.22**	**219.40**	**232.22**	**543.52**	**580.00**
商品性收入	**Commodity Income**	**275.03**	**275.59**	**83.17**	**71.43**	**191.86**	**204.16**
商品销售收入	Sales Revenue	146.53	152.34	45.44	38.08	101.09	114.26
饮食销售收入	Catering Trade Income	128.50	123.25	37.73	33.35	90.77	89.90
劳务性收入	**Service Income**	**487.89**	**536.63**	**136.23**	**160.79**	**351.66**	**375.84**
旅行社旅游业务费	Business Expenses for Travel Service	17.74	34.02	4.70	4.97	13.04	29.05
宿 费	Accommodation Fee	172.45	149.55	45.81	32.97	126.64	116.58
长途交通费	Long Distance Transportation Fee	155.60	202.93	37.66	72.43	117.94	130.50
民 航	Civil Aviation	113.06	158.87	21.85	58.25	91.21	100.62
铁 路	Railways	20.55	21.67	7.46	4.88	13.09	16.79
海 运	Sea Transportation	3.21	3.18	3.01	3.02	0.20	0.16
内 河	Inland Water ways	4.53	3.52	2.84	2.32	1.69	1.21
公 路	Highways	14.25	15.68	2.50	3.96	11.75	11.72
市内交通费	Local Transportation Fee	17.43	18.01	4.39	4.09	13.04	13.92
邮政电讯费	Telecommunications Fee	17.48	19.36	9.87	10.08	7.61	9.28
文化娱乐费	Culture Recreation Fee	55.54	41.31	10.97	12.31	44.57	29.00
其 他	Others	51.65	71.45	22.83	23.94	28.82	47.51

注：美元折人民币，1996年1:8.3160，1997年1:8.2919。
Note: Exchange rate of US dollar against RMB in 1996 was 1:8.3160, while 1997 was 1:8.2919.

16-36 各市旅游宾馆经营情况(1997年)

BUSINESS STATUS OF TOURIST HOTELS BY CITY (1997)

市别 City	营业收入(万元) Business Income (10000 yuan)	营业税金(万元) Business Tax (10000 yuan)	利润(万元) Profits (10000 yuan)	客房出租率(%) Room Occupancy
全省总计 Total	**2321584**	**121875**	**88796**	**57.6**
广州 Guangzhou	1303462	70571	148229	61.1
深圳 Shenzhen	388525	20001	2833	57.7
珠海 Zhuhai	111789	5196	-13449	60.4
汕头 Shantou	46464	2418	-5434	51.4
韶关 Shaoguan	12925	500	-736	40.4
河源 Heyuan	20203	1144	1130	60.2
梅州 Meizhou	9751	403	-886	44.7
惠州 Huizhou	17454	892	-2571	52.0
汕尾 Shanwei	9000	359	-207	43.5
东莞 Dongguan	56819	2909	-1624	56.2
中山 Zhongshan	63374	3310	-10095	47.7
江门 Jiangmen	62420	3225	-6523	42.9
佛山 Foshan	91312	4165	-6713	56.5
阳江 Yangjiang	16485	835	-4207	53.2
湛江 Zhanjiang	27891	1327	-3685	44.8
茂名 Maoming	13459	811	-809	48.0
肇庆 Zhaoqing	32841	1738	-3934	40.6
清远 Qingyuan	5276	467	-1450	52.9
潮州 Chaozhou	11051	607	292	53.9
揭阳 Jieyang	7877	330	-709	48.0
云浮 Yunfu	13206	667	-656	37.8

16-37 各市旅游业收入

INCOME OF TOURISM TRADE BY CITY

单位：亿元 (100 million yuan)

市别 City	收入合计 Total Income		旅游外汇收入 Foreign Exchange Income		国内旅游收入 Domestic Travel Income	
	1996	1997	1996	1997	1996	1997
全省总计 Total	**762.92**	**812.22**	**219.40**	**232.22**	**543.52**	**580.00**
广州 Guangzhou	265.71	282.06	78.10	84.71	187.61	197.35
深圳 Shenzhen	174.08	186.47	75.34	77.12	98.74	109.35
珠海 Zhuhai	55.28	58.41	25.67	27.29	29.61	31.12
汕头 Shantou	25.00	28.28	7.26	8.22	17.74	20.06
韶关 Shaoguan	7.04	7.74	0.39	0.42	6.65	7.32
河源 heyuan	2.71	4.64	0.04	0.05	2.67	4.59
梅州 Meizhou	1.87	1.88	0.86	0.90	1.01	0.98
惠州 Huizhou	18.46	18.12	2.06	2.18	16.40	15.94
汕尾 Shanwei	8.34	11.20	0.22	0.24	8.12	10.96
东莞 Dongguan	27.68	31.09	5.38	5.62	22.30	25.47
中山 Zhongshan	15.41	17.13	5.29	5.57	10.12	11.56
江门 Jiangmen	26.62	29.73	5.62	5.87	21.00	23.86
佛山 Foshan	39.13	39.07	5.55	5.92	33.58	33.15
阳江 Yangjiang	7.95	6.49	0.07	0.07	7.88	6.42
湛江 Zhanjiang	29.97	24.59	0.70	0.75	29.27	23.84
茂名 Maoming	3.96	4.95	0.13	0.14	3.83	4.81
肇庆 Zhaoqing	20.36	21.29	4.48	4.74	15.88	16.55
清远 Qingyuan	11.39	10.59	0.42	0.56	10.97	10.03
潮州 Zhaozhou	8.16	12.34	0.92	0.98	7.24	11.36
揭阳 Jieyang	5.38	5.46	0.53	0.45	4.85	5.01
云浮 Yunfu	8.42	10.69	0.37	0.42	8.05	10.27

16-38 国际旅游外汇收入
FOREIGN EXCHANGE INCOME FROM INTERNATIONAL TOURISM

单位：万美元 (USD 10000)

指标	Item	1995	1996	1997
全省总计	**Total**	**239368**	**263827**	**280055**
商品性收入	**Commodity Income**	**94790**	**100007**	**86145**
商品销售收入	Sales Revenue	41291	54638	45929
饮食销售收入	Catering Trade Income	53499	45369	40216
劳务性收入	**Service Income**	**144578**	**163820**	**193910**
旅行社旅游业务费	Business Expenses for Travel Service	5242	5646	5993
宿费	Accommodation Fee	53738	55089	39768
长途交通费	Long Distance Transportation Fee	29692	45289	87337
民航	Civil Aviation	14521	26280	70253
铁路	Railways	4693	8970	5881
海运	Sea Transportation	4577	3620	3641
内河	Inland Water ways	3369	3412	2801
公路	Highways	2532	3007	4761
市内交通费	Local Transportation Fee	6784	5277	4921
邮政电讯费	Telecommunications Fee	6249	11872	12162
文化娱乐费	Culture Recreation Fee	16769	13191	14843
其他	Others	26104	27456	28886

16-39 旅游部门主要财务指标
MAIN FINANCIAL INDICATORS OF TOURIST AGENCIES

单位：万元 (10000 yuan)

项目	Item	1996			1997		
		营业收入 Business Income	营业税金及附加 Business Tax and Extra Charges	利润总额 Total Profits	营业收入 Business Income	营业税金及附加 Business Tax and Extra Charges	利润总额 Total Profits
总计	**Total**	**2899979**	**138176**	**122604**	**4319486**	**188232**	**236350**
一类旅行社	First Category Travel Agencies	335434	4671	13830	376675	3083	9422
二类旅行社	Seconed Category Travel Agencies	140085	2844	-2648	140320	1749	3424
三类旅行社	Third Category Travel Agencies	56664	945	1548	91854	1061	2664
宾馆、酒店	Hotels	2062914	117841	77939	2321584	121875	88796
其他旅游企业	Other Tourism Enterprises	304882	11875	31935	1389053	60464	132044

16-40 各市国际旅游外汇收入

TOTAL FOREIGN EXCHANGE INCOME OF INTERNATIONAL TOURISM BY CITY

单位：万美元 (USD 10000)

市别	City	1995	1996	1997
全省总计	**Total**	**239368**	**263827**	**280055**
广州	Guangzhou	85215	93922	102156
深圳	Shenzhen	85813	90598	93006
珠海	Zhuhai	24392	30868	32907
汕头	Shantou	7923	8733	9914
韶关	Shaoguan	431	475	504
河源	Heyuan	48	53	64
梅州	Meizhou	934	1029	1092
惠州	Huizhou	2250	2480	2633
汕尾	Shanwei	239	264	286
东莞	Dongguan	5864	6464	6777
中山	Zhongshan	5769	6358	6721
江门	Jiangmen	6128	6754	7086
佛山	Foshan	6056	6675	7141
阳江	Yangjiang	72	79	84
湛江	Zhanjiang	766	844	910
茂名	Maoming	144	158	168
肇庆	Zhaoqing	4883	5382	5713
清远	Qingyuan	455	501	572
潮州	Chaozhou	1005	1108	1176
揭阳	Jieyang	574	633	643
云浮	Yunfu	407	449	502

注：本表数为省旅游局抽样调查测算数。
Note: Data in this table are obtained from the sample survey of Guangdong Province Tourism Administration.

16-41 各市旅游部门主要财务指标

MAIN FINANCIAL INDICATORS OF TOURIST AGENCIES BY CITY

单位: 万元 (10000 yuan)

市别	City	1996 营业收入 Business Income	1996 营业税金及附加 Business Tax and Extra Charges	1996 利润总额 Total Profits	1997 营业收入 Business Income	1997 营业税金及附加 Business Tax and Extra Charges	1997 利润总额 Total Profits
全省总计	**Total**	**2899979**	**138176**	**122604**	**4319486**	**188232**	**236350**
广州	Guangzhou	1440174	77359	145400	2596270	114287	234746
深圳	Shenzhen	539836	23799	35798	642017	28652	44300
珠海	Zhuhai	135319	5303	-10793	188702	6630	-5518
汕头	Shantou	70761	2658	-4639	87723	2636	-4503
韶关	Shaoguan	18411	647	-3531	17259	589	-102
河源	Heyuan	9028	387	-507	13158	669	361
梅州	Meizhou	8227	413	85	18540	868	-627
惠州	Huizhou	39678	1695	-8373	19706	820	-2294
汕尾	Shanwei	8153	399	-899	9560	382	-287
东莞	Dongguan	125570	6049	-9241	84145	3270	-716
中山	Zhongshan	90225	3201	-4112	62760	2450	-8288
江门	Jiangmen	87660	3923	-5530	82499	12242	-6689
佛山	Foshan	144444	5200	613	163633	4770	-2895
阳江	Yangjiang	11796	684	-3255	18388	858	-4382
湛江	Zhanjiang	35369	1823	-3641	129520	2253	-2264
茂名	Maoming	16331	878	-681	25748	1308	416
肇庆	Zhaoqing	40862	1636	-1816	66522	2779	-4950
清远	Qingyuan	14942	637	-4239	10409	522	-1531
潮州	Chaozhou	45919	803	1715	51778	986	3446
揭阳	Jieyang	9287	288	-154	11645	440	-1013
云浮	Yunfu	7987	394	404	19504	821	-860

主要统计指标解释

海关进出口总额 指实际进出我国国境的货物（包括贸易和非贸易）的价值总和。主要包括对外贸易实际进出口货物，来料加工装配、补偿贸易、进料加工进出口货物，国家间及国际组织无偿援助物资和赠送品，华侨、港澳台同胞和外籍华人捐赠品，租赁期满归承租人所有的租赁货物，边境地方贸易及边境地区小额贸易进出口货物（边民互市贸易除外），中外合资、合作经营企业、外商独资经营企业进出口货物和公用物品，到、离岸价格在规定限额以上的进出口货样和广告品（无商业价值、无使用价值和免费提供出口的除外），从保税仓库提取在中国境内销售的进出口货物，以及其他进出口货物。海关进出口总额反映一个国家在对外经济贸易方面实际进出口货物的总规模。

外贸进出口总额 指外贸企业通过贸易方式进出关境的商品的价值总和。主要包括一般贸易（包括进料加工、各作各价对口合同）、来料加工装配、补偿贸易、易货贸易、边境贸易、租赁、转口贸易、技术贸易、寄售代销等进出口商品。外贸进出口总额反映的是贸易性质的进出口产品规模。

产消国 即原产国（地）和最终目的国。原产国指进口货物的生产、开采或加工制造的国家。最终目的国指出口货物已知的消费、使用或进一步加工制造的国家。

起运国 指货物在中转国未发生任何商业性交易的情况下，货物起始发出的国家。

运抵国 指货物在中转国未发生任何商业性交易的情况下，发运货物的最终目的国。

利用外资 指我国政府、部门、企业和其他经济组织通过对外借款、吸收客商直接投资以及向境外发行债券、股票等方式筹借的境外资金。

外资的形式可以是现汇、实物、工业产权或专有技术等有形资本和无形资本。

我国自有外汇和中国银行自有外汇资金发放的外汇贷款购置国外设备和材料，华侨、港澳同胞的捐赠，联合国或其他国际组织的无偿赠送资金、无偿援建的项目均不属于外资范围。

利用外资的方式有：对外借款，外国（或港澳地区）企业和经济组织或个人在我国境内开办独资企业、与我国境内的企业或组织共同开办合资企业、合作经营（企业）项目或合作开发资源，以及补偿贸易、国际租赁等。

补偿贸易 是以商品或劳务偿还贷款的一种贸易方式。即由客商提供设备、原材料、生产技术，以这些设备、原材料、生产技术生产的产品或是用双方协商的其他产品价值去支付（偿还）进口设备、原材料价款。

对外借款 指我国政府、部门、企业和中国银行等单位向国际金融组织、外国政府、企业等借用的长期、短期资本，到期需还本付息。借款按不同渠道划分为：①外国政府贷款；②国际金融组织贷款；③外国银行贷款；④出口信贷；⑤发行债券。

外商直接投资 指外国企业和经济组织或个人（包括华侨、港澳同胞以及我在境外注册的企业）按我国有关政策、法规，在我国境内开办外商独资企业，与我国境内的企业或经济组织共同举办中外合资企业、合作经营企业或合作开发资源的投资，以及外商从企业得到收益的再投资。

国际租赁 指出租者用自有资金，或向银行借款购买资本设备租给承租者在约定的期限内使用，承租者依约按期付给出租者一定租金，在租赁期内设备的使用属于承租者，设备的所有权属于出租者，租期满后，出租者对设备具有支配权：收回、作价出卖或赠送企业。

国际旅游人数 指来我国参观、访问、旅行、探亲、访友、休养、考察、参加会议和从事经济、科技、文化、教育、体育、宗教等活动的外国人、华侨、港澳台同胞的人数。不包括外国在我国的常驻机构，如使领馆、通讯社、企业办事处的工作人员；来我国常驻的外国专家、留学生以及在岸逗留不过夜人员。

国际旅游外汇收入 指入境旅游的外国人、华侨、港澳台同胞在中国大陆旅游过程中发生的一切旅游支出，对于国家来说就是国际旅游外汇收入。

中间价 指人民银行每日公布的银行买入卖出外汇的参考价。银行在买入卖出业务中可以在中间价上下浮动 5‰。

Explanatory Notes on Main Statistical Indicators

Total Imports and Exports at Customs refer to the value of commodities imported into and exported from the boundary of China (including trade and nontrade). They mainly include the actual imports and exports through foreign trade, imported and exported goods under the processing and assembling trades and materials, compensation trade, imported and exported commodities processed with imported materials, supplies and gifts as aid given gratis between governments and by the United Nations and other international organizations, and contributions donated by overseas Chinese, compatriots in Hong Kong, Macao and Taiwan and Chinese with foreign citizenship, leasing commoditeis owned by tenant at the expiration of leasing period, local trading and small commodities trading in border areas (excluding mutual exchange goods), imported and exported commodities and articles for public use of the Sino–foreign joint ventures, cooperative enterprises and ventures exclusively with foreign investment. Also included are import or export of samples and advertising goods for those CIF or FOB value are beyond the permitted ceiling (excluding goods of no trading or use value and free commodities for export), imported goods sold in China from bonded warehouses and other imported or external goods. The indicator of the total imports and exports at customs can be used to observe the total size of external trade in a country.

Total Imports and Exports of Foreign Trade refer to the total value of commodities imported and exported from the customs area through trade method by foreign trade enterprises. They mainly include general trade (including imported and exported goods processed with imported materials and counterpart contracts as each own price), imported and exported goods under processing and assembling trades and materials, compensation trade, barter, frontier trade, lease, transit trade, technical trade and consignment sales, etc. The indicator of the total imports and exports of foreign trade can be used to observe the size of foreign toade.

Production and Consumption Country refers to the country of origin and the country of final destination. The country of origin refers to the country where the imported goods are produced, exploited or processed. The country of final destination refers to the country where the exported goods are consumed, used or further processed.

Dispatch Country refers to the country where the goods are dispatched under the condition of no commercial trade in transit country.

Destination Country refers to the final destination country under the condition of no commercial trade in transit country.

Utilization of Foreign Capital refers to funds financed from abroad by means of issuing Chinese bonds and shares, by loans ,foreign direct investment and other forms undertaken by the Chinese governments at all levels, by various departments, enterprises and other economic units.

The types of foreign capital include tangible capital and intangible capital, such as remittance, goods, industrial property rights or know–how, etc.

Those excluded are the purchases of foreign equipment and materials with foreign exchange loans issued from the state–owned foreign exchange and the owned foreign exchange of the Bank of China, contributions donated by overseas Chinese, compatriots in Hong Kong and Macao, funds and projects as aid given gratis by the United Nations and other international organizations.

The modes of utilization of foreign capital include loans from abroad, foreign–funded enterprises in the boundary of China owned by foreign (or Hong Kong and Macao) enterprises, economic organizations or individuals, and the Sino–foreign joint ventures. cooperation projects (enterprises), cooperation exploitation of natural resources with enterprises or organizations in China, compensation trade and international lease, etc.

Compensation Trade is a kind of trade returning loans with commodities or services, i. e. paying for (returning) imported equipment and raw materials by means of the products produced with the equipment, raw materials and productive technology which are provided by foreign entrepreneurs or other products negotiated by both sides.

Foreign Loans refer to long–term capital and short–term capital borrowed from international financial organizations, foreign governments and enterprises by the Chinese governments at all levels, by various departments, enterprises and the Bank of China, etc, repayed with interest at muturity. Through different channels, foreign loans can be divided into: ① loans from foreign governments; ② loans from international frnancial organizations; ③ loans from foreign banks; ④ export credit; ⑤ bonds and shares issued abroad.

Direct Investment by Foreign Entrepreneurs refers to the investments inside China by foreign enterprises and economic organizations or individuals (including overseas Chinese, compatriots from Hong Kong and Macao, and Chinese enterprises registeited abroad), following the relevant policies and laws of China, for the establishment of ventures exclusively with foreign investment, Sino-foreign joint ventures ard cooperative enterprises or for cooperative exploration of resources with enterprises or economic organizations in China, and the re-investment of the foreign entrepreneurs with the profits gained from the investment.

International Lease refers to the lease of which tenants hold on lease the capital and equipment purchased by lessors with their own money or loans from banks during a fixed period and tenants repay a sum of leasing expenses to lessors according to contracts. During the leasing Period, tenants have the right to use the equipment and lessors have the possession of the equipment. At the expiration of leasing period, lessors have the right to dispose the equipment: to take it back, to sell it at a fixed price or to donate it to the enterprise.

Number of International Tourists refers to the number of foreigners, overseas Chinese, and compatriots from Hong Kong, Macao and Taiwan coming to China for sightseeing, visits, tours, family reunions, vacations, study tours and other activities of an economic, scientific and technological, cultral, physical culture and religious nature. This does not include the number of employees of foreign organizations stationed in China such as embassies, consulates, news agencies, the offices of corporations and enterprises and foreign experts and students residing in China and the persons staying briefly in China but not for passing the night.

Foreign Exchange Earnings from International Tourism refer to the total expenditures of the foreigners, overseas Chinese, compatriots from Hong Kong, Macao and Taiwan in the process of their tourism in the mainland of China. Their expenditures mentioned above are foreign exchange earnings to China.

Middle Exchange Rate refers to the reference rate of buying and selling foreign exchanges between banks issued by the People's Bank of China every day. There is a 5‰ floating range for the middle exchange rate in the operation of buying and selling foreign exchanges between banks.

十七 教育、科技、文化

EDUCATION, SCIENCE TECHNOLOGY AND CULTURE

简要说明

一、本篇反映广东教育、科学技术活动及文化事业的基本情况，由广东省统计局社会科技处负责整理、编辑。

二、教育部分包括高、中、初等教育，幼儿教育和各种类型的各级成人教育。主要指标有各级各类的学校数、在校生数、招生数、毕业生数、教职工数、专任教师数等。

教育统计资料是根据省高教厅、省教育厅、省劳动厅提供的统计年报加工整理。

三、科学技术部分主要反映广东科技的规模、构成和发展状况。包括科技活动基本情况，科技人员人数，科技成果奖励和技术市场情况，专利申请受理量和批准量，研究与开发机构基本情况，高校研究与发展人员及经费，大中型工业企业技术开发基本情况，科协系统科技活动情况等数据。

科学技术统计资料来源：科技活动基本情况和大中型工业企业技术开发基本情况是根据国家统计局科技统计报表进行加工整理，其余资料是根据省科委、省经委、省高教厅、省科协等部门提供的统计年报加工整理。

四、文化部分主要包括文化艺术、文物、图书馆、新闻出版、广播、电影、电视等文化事业的机构、人员及业务活动开展情况等。

文化统计资料是根据省文化厅、省新闻出版局、省广播电视厅及省电影公司等有关部门提供的统计年报加工整理。

EDUCATION, SCIENCE, TECHNOLOGY AND CULTURE

Brief Introduction

Ⅰ. The data in this chapter show the basic conditions of Guangdong's education, activities of science and technology as well as its culture. The data are prepared and edited by the Division of Social, Scientific and Technological Statistics of the Statistical Bureau of Guangdong Province.

Ⅱ. The data on education cover the situations on higher education, secondary education, primary education, kindergartens and various types of adult education at all levels. The main indicators cover the number of schools of various levels and categories, the number of students enrolled, the number of new students enrolled, the number of graduates, the number of staff and workers and the number of teachers, etc.

The data on education are processed and prepared in accordance with the annual statistical reports provided by the Department of Higher Education, the Department of Education and the Department of Labour, Guangdong Province.

Ⅲ. The data on science and technology mainly show the scale, composition and development of Guangdong's science and technology, includling the basic conditions of the scientific and technological activities, the number of the scientific and technological personnel, the scientific and technological results, encouragement and rewards , the technical market, the number of patent applications examined and certified, the basic conditions of research and development institutions, the research and development personnel in universities and colleges as well as their income and expenditure, the technical development of large and medium-sized industrial enterprises, the scientific and technological activities of the associations for science and technology, etc.

The data on the basic conditions of the scientific and technological activities and the technical development of large and medium-sized industrial enterprises are processed and prepared in accordance with the reporting scheme on science and technology statistics of the State Statistical Bureau. The other data are processed and prepared in accordance with the annual statistical reports provided by Guangdong Science and Technology Commission, Guangdong Committee for Economy, Guangdong Department of Higher Education and Guangdong Associations for Science and Technology, etc.

Ⅳ. The data on culture mainly cover the situations on institutions, personnel and business activities of arts, cultural relics, libraries, news and publication, broadcasting, film and television, etc.

The data on culture are processed and prepared in accordance with the annual statistical reports provided by Guangdong Department of Culture, Guangdong Agency of News and Publication, Guangdong Department of Broadcasting and Television, Guangdong Film company and the related departments.

17-1　教育、科技、文化主要指标

MAIN INDICATORS OF EDUCATION, SCIENCE AND TECHNOLOGY, CULTURE

指　　标	Item	1980	1985	1990	1995	1996	1997
在校学生数　（人）	Student Enrollment (person)						
普通高等学校	Regular Institution of Higher Education	41004	69897	95929	151788	164017	174740
成人高等学校	Adult Education School	57506	103692	87850	135053	125780	131155
普通中等学校	Regular Secondary School	2600008	2559071	2735691	3912264	4300787	4612353
成人中等学校	Secondary School for Adults	239457	241764	146044	335849	360206	332772
小学毕业生升学率(%)	Percentage of Graduates of Primary School Entering Junior Secondary School (%)	73. 28	65. 91	87. 56	95. 38	96. 18	95. 91
学龄儿童入学率(%)	Percentage of School-Age Children Enrolled(%)	96. 22	98. 07	99. 29	99. 71	99. 75	99. 77
每万人口普通高校在校学生数(人)	Number of Student in Regular Insitutions of Higher Education Per 10000 Population (person)	7. 84	12. 36	15. 36	22. 36	23. 78	24. 91
科技活动统计单位数(个)	Number of Statistical Unit Engaged in Scientific and Technological Activities (unit)			1589	2600	2895	2975
科技活动机构数(个)	Number of Institution Engaged in Scientific and Technological Activities (unti)			993	1685	1898	1572
各级学会及研究会(个)	Number of Association Research Society (unit)			2829	4387	4345	4615
科学技术人员数(人)	Scientific and Technologic Personnel (person)			734621	915137	971414	1004595
从事科技活动人员(人)	Number of Personnel Engaged in Scientific and Technological Activities (perosn)			84576	105469	136108	140762
各级学会及研究会会员(人)	Member of Associations and Learned Societies (person)			345234	534058	580338	622735
科技活动经费筹集总额(亿元)	Fund Raising for Scientific and Technological Activities (100 million yuan)			14. 95	45. 42	63. 81	75. 21
科技活动经费使用总额(亿元)	Expenditures for Scientific and Technoloigical Activities (100 million yuan)			12. 82	39. 82	52. 00	67. 30
研究与发展经费支出(亿元)	Research and Development Expenses (100 million yuan)				10. 57	19. 42	28. 74
占国内生产总值比例(%)	Proportion of Research and Development Expenses to GDP (%)				0. 20	0. 30	0. 39
科技活动课题(项目)数(个)	Number of Project for Scientific and Technology Activities (unit)			9488	16512	15226	17600
省级以上科技奖励成果(项)	Number of Prize Achievements in Science and Technology Awarded by Province and Above level (item)			186	263	275	283
省级以上优秀新产品项目数(个)	Number of Oustanding New Products Approved by Province and Above level (unit)			227	253	238	218
技术合同成额(亿元)	Transaction Value of Technological Contracts (100 million yuan)			2. 03	12. 60	13. 11	19. 60
专利申请受理量(件)	Patent Application Examined (item)		286	1947	7729	9946	12858
专利申请批准量(件)	Patent Application Granted (item)		1	889	4611	5275	7172
电影放映单位　（个）	Film Projection Unit (unit)	6030	4703	4024	3780	3670	3477
艺术表演团体　（个）	Art Performance Troupe (unit)	173	147	130	134	136	138
文　化　馆　（个）	Cultural Center (unit)	95	105	113	115	115	117
公共图书馆　（个）	Public Library (unit)	82	98	103	114	115	119
博　物　馆　（个）	Museume (unit)	25	97	106	113	114	118
档　案　馆　（个）	Archive (unit)			138	155	157	157
图书出版量　（万册）	Number of Books Published (10000 copies)	16845	39857	28070	36911	40669	39875
杂志出版量　（万册）	Number of Magazines Published (10000 copies)	1927	12768	11325	22810	22300	23725
报纸出版量　（万份）	Number of Newspaper Published (10000 copies)	48808	171838	138060	226441	251181	288412
广播电台　（座）	Number of Broadcasting Station (set)	4	15	87	96	96	97
电　视　台　（座）	Number of TV Station (set)	1	13	38	56	58	61

17-2 各级各类学校在校学生数

NUMBER OF STUDENT ENROLLMENT BY LEVEL AND TYPE OF SCHOOL

单位：万人 (10000 persons)

年份 Year	高等学校 Higher Education	中等学校 Secondary School 中等技术学校 Secondary Technical School	中等师范学校 Secondary Teacher Training School	技工学校 Technical School	普通中学 Regular Secondary School	农业、职业中学 Agriculture and Vocational School	小学 Primary School
1949	1. 30	0. 44	1. 26		12. 21		134. 56
1952	1. 00	1. 54	2. 03		20. 53		300. 00
1957	1. 46	1. 75	1. 84		41. 40		343. 52
1962	3. 52	0. 82	1. 58		47. 43	1. 40	481. 59
1965	2. 77	0. 79	1. 31		50. 06	17. 45	704. 24
1970	0. 58	0. 04	1. 58		236. 55		521. 09
1975	2. 41	2. 06	1. 45		233. 56		773. 85
1978	3. 07	2. 34	1. 30		313. 32		743. 02
1979	3. 79	2. 84	1. 67	0. 71	268. 73		743. 81
1980	4. 10	2. 78	1. 78	1. 61	252. 11	1. 72	748. 86
1981	4. 47	2. 45	1. 68	1. 39	218. 71	1. 99	734. 78
1982	4. 09	2. 49	2. 13	0. 99	200. 19	1. 89	723. 03
1983	4. 56	2. 67	2. 10	0. 92	199. 59	5. 19	705. 34
1984	5. 47	3. 38	2. 06	1. 01	220. 69	7. 55	692. 73
1985	6. 99	4. 23	2. 26	1. 45	236. 45	11. 52	671. 25
1986	7. 83	5. 19	2. 43	1. 99	249. 93	14. 85	670. 62
1987	8. 63	5. 95	2. 57	2. 63	252. 60	19. 02	677. 37
1988	9. 72	7. 35	2. 95	3. 40	244. 23	20. 17	688. 72
1989	10. 04	8. 33	3. 02	3. 93	235. 73	21. 61	715. 15
1990	9. 59	9. 00	3. 09	5. 22	234. 03	22. 24	747. 29
1991	9. 27	9. 21	3. 17	5. 63	238. 28	21. 42	778. 93
1992	9. 74	9. 85	3. 23	6. 58	255. 02	20. 54	803. 98
1993	11. 70	11. 84	3. 60	7. 68	277. 19	19. 21	832. 14
1994	13. 75	13. 02	4. 33	9. 57	307. 38	18. 81	862. 21
1995	15. 18	16. 29	5. 45	11. 10	339. 46	18. 93	883. 19
1996	16. 40	19. 25	5. 71	12. 28	373. 19	19. 65	897. 64
1997	17. 47	21. 17	6. 04	13. 29	400. 85	19. 88	911. 34

17-3 各级各类学校情况

STATISTICS ON SCHOOLS BY LEVEL AND TYPE

项目	Item	1980	1985	1990	1995	1996	1997
一、高等学校	**Higher Education**						
学校数（所）	Number of School (unit)	27	41	45	42	41	42
毕业生数（万人）	Number of Graduate (10000 persons)	0.76	1.10	3.37	3.48	4.26	4.41
本科	Regular Colleage Course			1.25	1.47	1.47	1.79
专科	Professional Training			2.12	2.01	2.80	2.62
招生数(万人)	Number of New Student Enrollment (10000 persons)	0.97	2.60	2.96	4.94	5.57	5.71
本科	Regular Colleage Course			1.32	2.13	2.50	2.77
专科	Professional Training			1.64	2.81	3.07	2.93
在校学生数(万人)	Student Enrollment (10000 persons)	4.10	6.99	9.59	15.18	16.40	17.47
本科	Regular Colleage Course			5.47	7.68	8.40	9.34
专科	Professional Training			4.13	7.50	8.00	8.14
教职工数（万人）	Number of Teacher and Staff (10000 persons)	2.42	3.41	3.88	4.15	4.24	4.28
#专任教师	Full-time Teacher	0.95	1.36	1.57	1.66	1.69	1.69
二、中等技术学校	**Technical Secondary School**						
学校数(所)	Number of School (unit)	132	132	179	196	201	203
毕业生数（万人）	Number of Graduate (10000 persons)	0.99	1.03	2.49	3.17	3.92	4.98
招生数(万人)	Number of New Student Enrollment (10000 persons)	0.95	1.93	3.13	6.48	6.94	7.15
在校学生数(万人)	Student Enrollment (10000 perosns)	2.78	4.23	9.00	16.29	19.25	21.17
教职工数（万人）	Number of Teacher and Staff (10000 persons)	0.92	1.17	1.56	1.80	1.88	1.96
#专任教师	Full-time Teacher	0.42	0.50	0.76	0.89	0.95	1.01
三、中等师范学校	**Teacher Training Secondary School**						
学校数(所)	Number of School (unit)	72	46	45	45	46	46
毕业生数（万人）	Number of Graduate (10000 persons)	0.79	0.69	1.00	1.24	1.76	1.57
招生数(万人)	Number of New Student Enrollment (10000 persons)	0.89	0.90	1.06	2.37	2.01	1.94
在校学生数(万人)	Student Enrollment (10000 perosns)	1.78	2.26	3.09	5.45	5.71	6.04
教职工数（万人）	Number of Teacher and Staff (10000 persons)	0.36	0.36	0.44	0.58	0.61	0.64
#专任教师	Full-time Teacher	0.17	0.19	0.26	0.36	0.38	0.41
四、技工学校	**Technical School**						
学校数（所）	Number of School (unit)	82	97	127	171	178	186
毕业生数（万人）	Number of Graduate (10000 persons)	0.97	0.35	1.56	2.83	3.42	3.54
招生数(万人)	Number of New Student Enrollment (10000 persons)	0.85	0.80	2.09	4.69	4.81	5.21
在校学生数(万人)	Student Enrollment (10000 perosns)	1.61	1.45	5.22	11.10	12.28	13.29
教职工数（万人）	Number of Teacher and Staff (10000 persons)	0.40	0.50	0.88	1.24	1.32	1.15
#专任教师	Full-time Teacher	0.16	0.20	0.39	0.61	0.65	0.66

续表 continued

项　　目	Item	1980	1985	1990	1995	1996	1997
五、普通中学	**Regular Secondary School**						
学校数（所）	Number of School (unit)	2681	3849	3879	3845	3882	3889
毕业生数（万人）	Number of Graduate (10000 persons)	66.52	53.33	71.29	85.82	94.65	105.23
招生数（万人）	Number of New Student Enrollment (10000 persons)	97.42	86.92	83.36	131.18	140.27	148.03
在校学生数（万人）	Student Enrollment (10000 perosns)	252.11	236.45	234.03	339.46	373.19	400.85
教职工数（万人）	Number of Teacher and Staff (10000 persons)	16.62	15.87	17.84	22.31	23.61	24.79
＃专任教师	Full-time Teacher	13.50	12.03	13.47	17.57	18.88	20.01
六、农、职业中学	**Agricultural & Vocational Secondary School**						
学校数（所）	Number of School (unit)	132	345	525	503	483	471
毕业生数（万人）	Number of Graduate (10000 persons)	0.38	1.35	6.68	6.12	5.87	6.33
招生数（万人）	Number of New Student Enrollment (10000 persons)	0.81	6.02	8.90	8.14	8.01	7.74
在校学生数（万人）	Student Enrollment (10000 perosns)	1.72	11.52	22.24	18.93	19.65	19.88
教职工数（万人）	Number of Teacher Staff (10000 persons)	0.12	0.90	1.90	1.86	1.88	1.92
＃专任教师	Full-time Teacher	0.08	0.65	1.45	1.39	1.43	1.47
七、小学	**Primary School**						
学校数（万所）	Number of School (10000 unit)	2.50	2.46	2.46	2.46	2.47	2.47
毕业生数（万人）	Number of Graduate (10000 persons)	104.32	114.12	82.49	121.56	127.30	133.08
招生数（万人）	Number of New Student Enrollment (10000 persons)	149.31	108.89	129.93	151.55	149.36	153.24
在校学生数（万人）	Student Enrollment (10000 perosns)	748.86	671.25	747.29	883.19	897.64	911.34
教职工数（万人）	Number of Teacher and Staff (10000 persons)	33.14	31.64	32.95	37.68	39.20	40.28
＃专任教师	Full-time Teacher	28.14	26.81	27.73	32.14	33.82	34.64
八、学龄儿童入学率	**Status of School-age Children Enrollment**						
学龄儿童总数（万人）	Total School-age Children (10000 persons)	612.38	515.25	583.88	832.40	868.44	883.41
已入学学龄儿童数（万人）	School-age Children Enrolled in School (10000 persons)	589.21	505.33	579.76	829.99	866.29	881.35
学龄儿童入学率（%）	Enrollment Rate of School-age Children (%)	96.22	98.07	99.29	99.71	99.75	99.77
九、小学毕业生升学率	**Status of Graduates of Primary School Entering Junior Secondary School**						
小学毕业生人数（万人）	Graduate of Primary School (10000 persons)	104.32	114.12	82.49	121.56	127.30	133.08
已升学人数（万人）	Student Entering Secondary School (10000 persons)	96.45	75.22	72.23	117.25	122.44	127.64
小学毕业生升学率（%）	Percentage of Graduates of Primary School Entering junior Secondary School (%)	73.28	65.91	87.56	95.38	96.18	95.91
十、幼儿园	**Kindergarten**						
幼儿园数（所）	Number of Kindergarten (unit)	6513	6104	7469	7923	8582	9425
在园幼儿数（万人）	Number of Children (10000 persons)	47.92	92.99	150.05	200.01	201.89	202.76
教职工数（万人）	Teacher Staff (10000 persons)	2.89	4.35	6.52	9.09	9.66	10.44
＃专任教师	Full-time Teacher	1.53	2.83	4.29	5.93	6.43	6.87

注：1995年以来小学毕业生升学率采用国家教委口径，即升学率＝初中招生数/小学毕业生数。

Note: The specification of Percentages of Graduate of Primary School Entering Junior Secondary School is in accordance with the approach of The National Education Committee since 1995.

17-4 研究生教育情况

STATISTICS FOR POSTGRADUATE EDUCATION

项目	Item	1990	1995	1996	1997
一、培养单位数(个)	Institution of Postgraduate Education (unit)	28	23	23	24
高等学校	Institution of Higher Education	16	15	15	16
科研单位	Research Institution	12	8	8	8
二、招生数 (人)	Number of New Student Enrollment (person)	1125	1922	2419	2469
攻读博士学位	Study in Doctor Degree	76	407	457	457
高等学校	Institution of Higher Education	75	387	434	434
科研单位	Research Institution	1	20	23	23
攻读硕士学位	Study in Master Degree	1049	1515	1962	2012
高等学校	Institution of Higher Education	1027	1442	1867	1936
科研单位	Research Institution	22	73	95	76
三、在学生数(人)	Student Enrollment (person)	3367	5405	6305	6876
攻读博士学位	Study in Doctor Degree	293	935	1192	1391
高等学校	Institution of Higher Education	292	894	1133	1321
科研单位	Research Institution	1	41	59	70
攻读硕士学位	Study in Master Degree	3074	4470	5113	5485
高等学校	Institution of Higher Education	2984	4308	4898	5247
科研单位	Research Institution	90	162	215	238
四、毕业生数(人)	Graduates (person)	1404	1265	1469	1814
攻读博士学位	Study in Doctor Degree	101	154	188	253
高等学校	Institution of Higher Education	101	147	184	243
科研单位	Research Institution		7	4	10
攻读硕士学位	Study in Master Degree	1303	1111	1281	1561
高等学校	Institution of Higher Education	1250	1074	1241	1516
科研单位	Research Institution	53	37	40	45

17-5 各级各类成人教育在校学生数

STUDENT ENROLLMENT IN ADULT SCHOOLS BY LEVEL AND TYPE

单位：人 (persons)

项目	Item	1990	1995	1996	1997
一、成人高等教育	**Adult Higher Education**	**87850**	**135053**	**125780**	**131155**
成人高等学校	Adult Higher Education School	59787	86757	76338	76322
广播电视大学	Radio and TV University	17090	38822	33843	33097
职工高等学校	School of Higher Education for Staff and Workers	14712	16445	14945	16151
管理干部学院	College for Management Cadres	5488	13342	13540	15802
教育学院	Pedagogical College	22497	18148	14010	11272
普通高校附设	Department Run by Institution of Higher Education	28063	48296	49442	54833
函授部	Correspondence Department	15878	20929	20867	24170
夜大学	Evening University	11488	15215	16239	19946
成人脱产班	Class for Adult Released from work	697	12152	12336	10717
二、成人中等教育	**Secondary Schools for Adult**	**168044**	**335849**	**360206**	**332772**
成人中专学校	Specialized Secondary School for Adult	96316	233255	235712	220855
广播电视学校	Radio and TV Secondary School	18954	2662	20191	19445
职工中专学校	Specialized Secondary School for Staff	27103	91322	100011	99525
干部中专学校	Specialized Secondary School for Cadres	176	8316	3040	6051
农民中专学校	Specialized Secondary School for Peasants	26	25039	33518	29578
函授中专学校	Specialized Correspondence Secondary School		14338	13684	9633
教师进修学校	Teacher Training School	50057	91578	65268	56623
普通中专附设	Department Run by Specialized Secondary School	21154	34706	37738	33689
干部中专	Specialized Secondary School for Cadres	925	3595	3886	2254
职工中专	Specialized Secondary School for Staff	10130	17784	18599	18282
农村中专	Specialized Secondary School for Peasants	374	3918	4039	3043
函　授	Correspondence	9725	9409	11214	10110
成人中学	Secondary School for Adult	50574	67888	86756	78228
三、成人初等教育	**Primary School for Adult**	**1041748**	**342318**	**243365**	**266545**
职工初等教育	Primary School for Staff and Workers	21836	20522	29654	13520
农民初等教育	Primary School for Peasants	1019912	321796	213711	253025
#扫盲班	Literacy Courses	99396	7483	7669	4755

17-6 高等学校情况(1997年)
STATISTICS ON INSTITUTION OF HIGHER EDUCATION (1997)

学校类别 Type	学校数(所) Number of School	毕业生数(人) Graduate	招生数(人) New Student Enrollment	在校学生数(人) Student Enrollment	教职工数(人) Staff and Worker	#专任教师 Full-time Teacher
总计 Total	**42**	**44134**	**57059**	**174740**	**42816**	**16939**
#女性 Female		14732	21238	64760	18416	5747
一、按隶属关系分 By Relation of Leadership						
中央属 Central Government	9	10775	11662	42139	17718	5873
地方属 Local Government	33	33359	45397	132601	25098	11066
二、按学校类别分 By Type of School						
综合大学 University	11	15744	18663	57227	15043	5612
理工院校 Science and Engineering College	6	8569	8644	29649	8320	3288
农业院校 Agriculture College	3	3356	4362	13296	3395	1232
医药院校 Medicine College	5	2468	3399	12637	4664	1612
师范院校 Teacher Training College	6	7669	13852	37765	5633	2600
语文院校 Language and Literature College	1	905	1972	5204	1534	657
财经院校 Economics and Finance College	2	1739	1956	6627	1250	579
政法院校 Politics and Law College	1	331	330	894	332	127
体育院校 Physical Culture College	1	677	691	1928	483	216
艺术院校 Art College	2	498	458	1478	777	390
民族院校 College of The Nationalities	1	691	721	2551	491	225
短期职业大学 Short-term Vocational College	3	1487	2011	5484	894	401

17-7 中等学校情况(1997年)
STATISTICS ON SECONDARY SCHOOL (1997)

学校类别 Type	学校数(所) Number of School	毕业生数(人) Graduate	招生数(人) New Student Enrollment	在校学生数(人) Student Enrollment	教职工数(人) Staff and Worker	#专任教师 Full-time Teacher
一、中等专业技术学校 Specialized Secondary School	**203**	**49765**	**71450**	**211717**	**19623**	**10147**
工业学校 Engineering School	67	19152	29802	95515	8107	4231
农业学校 Agriculture School	13	4925	5956	16879	1432	718
林业学校 Forestry School	2	341	547	1617	218	88
医药学校 Medicine School	38	8354	11272	34268	3290	1744
财经学校 Economics and Finance School	37	10163	13982	37647	2795	1495
政法学校 Politics and Law School	11	3675	4221	9058	1231	548
体育学校 Physical Culture School	14	1054	1531	4160	946	451
艺术学校 Art School	13	1009	1765	5244	956	518
其他学校 Others	8	1092	2374	7329	648	354
二、中等师范学校 Teacher Training Secondary School	**46**	**15740**	**19365**	**60379**	**6354**	**4058**
#幼儿师范 Nursery Teacher Training Secondary School	4	1486	1796	5335	506	312
三、技工学校 Technical School	**186**	**35379**	**52057**	**132897**	**11536**	**6575**
四、农、职业中学 Agricaltural and Vocational School	**471**	**63334**	**77430**	**198825**	**19181**	**14713**
#高中 Senior School	463	61009	74363	190052		14351
五、普通中学 Regular Secondary School	**3889**	**1052318**	**1480293**	**4008535**	**247891**	**200093**
#高中 Senior School	882	119086	206983	524717		32118

17-8 各市普通中学情况(1997年)

STATISTICS ON REGULAR SECONDARY SCHOOL BY CITY (1997)

市 别	City	学校数(所) Number of School	毕业生数(人) Graduate	招生数(人) New Student Enrollment	在校学生数(人) Student Enrollment	教职工数(人) Staff and Worker	#专任教师 Full-time Teacher
广州	Guangzhou	365	97176	126749	359000	28765	21380
深圳	Shenzhen	73	20215	29773	82155	7079	5276
珠海	Zhuhai	38	10455	14099	38234	3252	2540
汕头	Shantou	183	52513	89350	241407	12639	10228
韶关	Shaoguan	223	50010	65775	178627	13622	10942
河源	Heyuan	186	47123	69027	191383	9648	8109
梅州	Meizhou	277	78645	108396	305755	18043	14675
惠州	Huizhou	153	40923	58236	158529	9852	7716
汕尾	Shanwei	119	37645	60840	152936	6820	5856
东莞	Dongguan	71	28729	35140	98005	5716	4404
中山	Zhongshan	78	20391	25890	68423	4354	3664
江门	Jiangmen	290	57580	71939	194554	13380	11116
佛山	Foshan	185	55388	72954	194281	13356	11090
阳江	Yangjiang	108	40868	52204	145441	7728	6227
湛江	Zhanjiang	336	99572	145740	382972	21401	17358
茂名	Maoming	292	78993	114254	307520	17460	14829
肇庆	Zhaoqing	194	49386	70136	188020	12746	10498
清远	Qingyuan	238	50556	78408	203389	13034	10208
潮州	Chaozhou	125	35195	46952	130839	7823	6330
揭阳	Jieyang	239	64720	96205	258818	12797	10701
云浮	Yunfu	116	36235	48226	128247	8376	6946

17-9 各市农、职业中学情况(1997年)

STATISTICS ON AGRICULTURAL, VOCATIONAL SECONDARY SCHOOL BY CITY(1997)

市 别	City	学校数(所) Number of School	毕业生数(人) Graduate	招生数(人) New Student Enrollment	在校学生数(人) Student Enrollment	教职工数(人) Staff and Worker	#专任教师 Full-time Teacher
广州	Guangzhou	56	9366	10447	30103	2665	2043
深圳	Shenzhen	20	2876	3439	10742	1163	858
珠海	Zhuhai	12	1531	1831	4984	740	545
汕头	Shantou	17	2335	2782	8942	911	654
韶关	Shaoguan	25	2813	3937	10974	1169	854
河源	Heyuan	13	2459	3719	9546	508	456
梅州	Meizhou	42	2780	3478	8738	887	670
惠州	Huizhou	7	986	994	2029	232	161
汕尾	Shanwei	4	217	426	914	59	38
东莞	Dongguan	18	5125	7622	17986	1038	812
中山	Zhongshan	30	5229	5788	12771	1259	1029
江门	Jiangmen	58	6575	9023	22840	2229	1803
佛山	Foshan	28	7634	7416	19068	1327	1056
阳江	Yangjiang	15	845	1779	4498	570	428
湛江	Zhanjiang	37	4068	3697	9747	1054	800
茂名	Maoming	18	1264	1252	2912	567	427
肇庆	Zhaoqing	18	1487	1438	3372	878	635
清远	Qingyuan	12	1190	1715	3451	399	328
潮州	Chaozhou	12	1671	2127	4484	449	346
揭阳	Jieyang	18	1663	2962	7163	633	453
云浮	Yunfu	11	1220	1558	3561	444	317

17-10 各市小学情况(1997年)

STATISTICS ON PRIMARY SCHOOL BY CITY (1997)

市别 City		学校数(所) Number of School	毕业生数(人) Graduate	升学率(%) Percentage of Graduates of Primary Schools Entering Junior Secondary Schools %	招生数(人) New Student Enrollment	在校学生数(人) Student Enrollment	教职工数(人) Staff and Worker	#专任教师 Full-time Teacher
广州	Guangzhou	1614	104037	97.88	121886	723183	38201	32515
深圳	Shenzhen	275	22095	97.68	37306	190192	9148	7567
珠海	Zhuhai	199	12256	94.93	16028	93353	4477	3768
汕头	Shantou	867	84151	95.51	108294	588695	21896	18838
韶关	Shaoguan	1441	58436	95.94	60398	368696	19280	16758
河源	Heyuan	1520	65988	96.76	59319	374996	16286	13966
梅州	Meizhou	2299	95368	97.59	103448	607945	27166	23404
惠州	Huizhou	1246	53757	95.53	56269	341166	19079	16023
汕尾	Shanwei	801	58783	94.97	55980	381280	13501	11343
东莞	Dongguan	586	27992	95.98	42066	221838	8879	7518
中山	Zhongshan	387	21896	97.54	29458	167794	6957	5981
江门	Jiangmen	1360	62995	96.02	73576	442454	18673	15717
佛山	Foshan	840	56660	97.71	65027	391815	19093	16546
阳江	Yangjiang	816	48925	95.38	50240	309640	13755	12269
湛江	Zhanjiang	2223	132892	96.17	156138	978516	39235	33985
茂名	Maoming	1958	103039	94.85	141228	817516	32842	28922
肇庆	Zhaoqing	1646	68115	93.19	71553	425180	20634	17897
清远	Qingyuan	1580	75279	93.90	77413	481864	23365	19301
潮州	Chaozhou	816	42414	94.86	46880	270148	12614	10790
揭阳	Jieyang	1317	89552	96.87	104757	623035	23407	20269
云浮	Yunfu	939	46156	93.93	55155	314214	14317	13046

17-11 各市学龄儿童入学情况

STATISTICS ON SCHOOL-AGE CHILDREN ENROLLED IN SCHOOLS BY CITY

市别 City		1996			1997		
		学龄儿童人数(人) School-age Children	已入学人数(人) School-age Children Enrolled in School	入学率(%) Enrollment Rate (%)	学龄儿童人数(人) School-age Children	已入学人数(人) School-age Children Enrolled in Schools	入学率(%) Enrollment Rate (%)
广州	Guangzhou	690927	690402	99.92	704745	704376	99.95
深圳	Shenzhen	156355	156355	100.00	174676	174676	100.00
珠海	Zhuhai	81160	81153	99.99	83651	83644	99.99
汕头	Shantou	545609	544235	99.75	552128	550727	99.75
韶关	Shaoguan	345638	344650	99.71	347672	346861	99.77
河源	Heyuan	371025	369331	99.54	365574	363877	99.54
梅州	Meizhou	582217	581295	99.84	590668	589533	99.81
惠州	Huizhou	336639	335626	99.70	336592	335350	99.63
汕尾	Shanwei	381327	378940	99.37	374851	371666	99.15
东莞	Dongguan	193247	193217	99.98	207970	207945	99.99
中山	Zhongshan	156724	156584	99.91	165039	165013	99.98
江门	Jiangmen	417814	417508	99.93	426381	426111	99.94
佛山	Foshan	365957	365766	99.95	374347	374253	99.97
阳江	Yangjiang	307590	306121	99.52	309298	308230	99.65
湛江	Zhanjiang	939011	936220	99.70	950694	948116	99.73
茂名	Maoming	779539	778696	99.89	806517	805687	99.90
肇庆	Zhaoqing	414038	412883	99.72	415248	414279	99.77
清远	Qingyuan	463856	461788	99.55	467488	466025	99.69
潮州	Chaozhou	244000	243335	99.73	251833	251193	99.75
揭阳	Jieyang	604485	602538	99.68	614269	612401	99.70
云浮	Yunfu	307233	306246	99.68	314412	313552	99.73

17-12 科技活动基本情况

BASIC STATISTICS ON NATIONAL SCIENTIFIC AND TECHNOLOGICAL ACTIVITIES

指标	Item	1990	1994	1995	1996	1997
统计单位数(个)	**Number of Statistical Unit (unit)**	**1589**	**2164**	**2600**	**2895**	**2975**
科学研究与技术开发机构	Science Research and Technological Development Institution	491	482	481	478	467
科技情报与文献机构	Scientific-Technical Information and Literature Institution	14	14	14	15	15
全日制普通高等学校	Full-Time Regular Institution of Higher Education	48	81	77	80	81
大中型企业	Large and Medium Enterprise	1036	1586	2028	2322	2412
#大中型工业企业	#Large and Medium Industrial Enterprise	1036	1586	1748	1992	2087
科技活动机构数(个)	**Number of Seientific Technological Research Institution (unit)**	**993**	**1679**	**1685**	**1898**	**1572**
科学研究与技术开发机构	Science Recerch and Technological Development Institution	491	482	481	478	467
科技情报与文献机构	Scientific-Technical Information and Literature Institution	14	14	14	15	15
全日制普通高等学校	Full-Time Regular Institution of Higher Education	88	431	440	440	355
大中型企业	Large and Medium Enterprise	400	752	750	991	735
#大中型工业企业	#Large and Medium Industrial Enterprise	400	752	695	939	687
从事科技活动人员(人)	**Number of Person Engaged in Scientiffic and Technological activies (person)**	**84576**	**103602**	**105469**	**136108**	**140762**
科学研究与技术开发机构	Science Research and Technological Development Institution	29163	21101	20750	20184	20107
科技情报与文献机构	Scientific-Technical Information and Literature Institution	432	335	341	351	339
全日制普通高等学校	Full-Time Regular Institution of Higher Education	35186	44729	45015	48839	47875
大中型企业	Large and Medium Enterprise	19795	37437	39363	66734	72441
#大中型工业企业	#Large and Medium Industrial Enterprise	19795	37437	35986	60788	67311
科技活动经费使用总额(万元)	**Expenditure of Scientific and Technological Reseach Funds (10000 yuan)**	**128238**	**367632**	**398192**	**519998**	**673026**
科学研究与技术开发机构	Science Reseach and Technological Development Institution	60584	155856	165057	169264	223316
科技情报与文献机构	Scientific-Technical Information and Literature Institution	973	1930	2392	2859	2958
全日制普通高等学校	Full-Time Regular Institution of Higher Education	4896	9046	12163	16461	20319
大中型企业	Large and Medium Enterprise	61785	200800	218580	331414	426433
#大中型工业企业	#Large and Medium Industrial Enterprise	61785	200800	204684	316591	417153
科研基本建设支出(万元)	Capital Construction Expenditure For Scientifical Research (10000 yuan)	8879	12445	17313	20936	34117
科学研究与技术开发机构	Science Research and Technological Development Institution	8879	12428	16681	20739	34107
科技情报与文献机构	Scientific-Technical Information and Literature Institution		17		197	10
科技活动课题(项目)数(个)	**Number of Project For Scientific and Techn-ologcal Research (unit)**	**9488**	**15447**	**16512**	**15226**	**17600**
科学研究与技术开发机构	Science Research and Technological Development Institution	3787	4346	4189	3902	4054
科技情报与文献机构	Scientific-Technical Information and Literature Institution		66	59	79	65
全日制普通高等学校	Full-Time Regular Institution of Higher Education	4132	6481	6623	7396	7893
大中型企业	Large and Medium Enterprise	1569	4554	5641	3786	5588
#大中型工业企业	#Large and Medium Industrial Enterprise	1569	4554	5483	3533	5445

注：1990年高校科技活动机构未包括经学校和非上级主管部门批准的部分，经费筹集额与课题均未包括县属科学研究与技术开发机构部分。

Note: The number of scientific-technological research institution in 1990 excluded the part of unapproved by the higher authorities, and the figures of both research funds and projects excluded the part of the institutions under the jurisdiction of counties.

17-13 科技成果项数

NUMBER ON ACHIEVEMENTS FOR SCIENTIFIC AND TECHNOLOGICAL RESEARCH

单位：项 (item)

项目	Item	1980	1985	1990	1995	1996	1997
一、国家级科技奖励成果	National Prize for Scientific and Technological Research Achievements	3	1	21	27	33	30
国家发明奖	National Invention Prize			4	3		2
国家自然科学奖	National Natural Sciences Prize			2	4		
国家科技进步奖	National Scientific Technological Progress Prize			15	20	33	28
二、省级重大科技成果	Major Scientific and Technological Achievements Reached Province Level			718	323	538	722
三、省级科技奖励成果	Provincial Prize for Scientific and Technological Achievements	147	88	165	236	242	253
1. 省科技进步奖	Provincial Scientific and Technological Progress Prize	147	88	115	213	220	227
农业方面	Agriculture	25	25	21	40	28	25
工业方面	Industry	102	54	75	101	103	96
医药卫生方面	Medicine And Health Care	20	9	12	41	60	75
其　他	Others			7	32	29	31
2. 省自然科学奖	Provicial Natural Sciences Prize			17	23	22	26
3. 省星火奖	Provieial Spark Prize			33			

17-14 国有企业、事业单位科学技术人员年末人数

NUMBER OF SCIENTIFIC AND TECHNOLOGICAL PERSONNEL IN STATE-OWEND ENTERPRISES AND INSTITUTIONS

单位：人

项目	Item	1990	1994	1995	1996	1997
科技人员	**Scientific and Technological Personnel**	**734621**	**891065**	**915137**	**971414**	**1004595**
#工程技术人员	Engineering Personnel	211995	254890	263488	272343	281496
农业技术人员	Agricultural Personnel	22199	15988	16612	16983	17468
卫生技术人员	Health Care Personnel	106384	143635	148731	160862	170172
科学研究人员	Scientific Research Personnel	10080	9498	8947	8613	7987
教学人员	Teaching Personnel	190819	231779	245689	272669	286650
经济人员	Economic Personnel	94501	91259	85792	87277	85009
财会人员	Financial Personnel	62136	70168	70006	73754	77038
统计人员	Statistician	14389	12436	11882	12182	12098
文艺人员	Artist	3728	3264	3254	3396	3338
外语翻译人员	Translator	2263	2613	2649	2718	2696
平均每万职工科技人员数	**Scienctific and Technological Personnel Per 10000 Staff and Workers**	**1390.99**	**1816.31**	**1887.19**	**1995.03**	**2095.92**
#工程技术人员	Engineering Personnel	401.41	519.56	542.50	559.32	587.29
农业技术人员	Agriculture Personnel	42.03	32.59	34.20	34.88	36.44
卫生技术人员	Health Care Personnel	201.44	292.78	306.22	330.37	355.04
科学研究人员	Scientfic Research Personnel	19.09	19.36	18.42	17.69	16.66
教学人员	Teaching Personnel	361.31	472.45	505.85	559.99	598.05
经济人员	Economic Personnel	178.94	186.02	176.64	179.24	177.36
财会人员	Financial Personnel	117.65	143.03	144.14	151.47	160.73
统计人员	Statistian	27.25	25.35	24.46	25.02	25.24
文艺人员	Artist	7.06	6.65	6.70	6.97	6.96
外语翻译人员	Translator	4.28	5.33	5.45	5.58	5.62

注：1990年科技人员数包括党政机关、团体。

Note: Scienctific and Technological Personnel Included Those Personnel in Government Agencies, Party Agencies and Social Organizaitons in 1990 year.

17-15 国有企业、事业单位各行业科学技术人员年末人数(1997年)

NUMBER OF SCIENTIFIC AND TECHNOLOGICAL PERSONNEL IN STATE-OWEND ENTERPRISES AND INSTITUTIONS BY SECTOR(1997)

单位：人

行业	Sector	科学技术人员 Total Person-nel	#工程技术人员 Engi-neering	#农业技术人员 Agricul-ture	#卫生技术人员 Health Care	#科学研究人员 Scienti-fic Research	#教学人员 Teaching
总计	**Total**	**1004595**	**281496**	**17468**	**170172**	**7987**	**286650**
一、中央驻粤单位科技人员	Scientific and Technological Personnel of the Central Units Staying in Guangdong	122015	89542	1689	13283	3544	14846
二、地方科技人员	Scienctific and Technological Personnel of Guangdong Province	882580	191954	15779	156889	4443	271804
农、林、牧、渔、水利业	Farming, Forestry, Animal Husbandry, Fishery and Water Conservancy	43150	10328	13034	2040	76	1171
工业	Industry	151845	81269	313	5983	65	2164
地质普查和勘探业	Geological prospecting	10630	7676	77	161		47
建筑业	Construction	30752	20211	12	595	2	
交通运输、邮电通讯业	Transport, postal and Telecommunication Services	37861	14358	73	1649	23	896
商业、公共饮食业、物资供销和仓储业	Wholesale and Retail Sales & Catering Trade, Material Supply and Marketing, Storage	67455	8771	867	2280	50	313
房地产管理、公用事业、居民服务和咨询服务业	Real Estate Trade, Public Utilities, Resident Services and Advisory Services	38530	16905	360	680	34	433
卫生体育和社会福利事业	Health Care, Sports & Social Welfare	150410	1516	49	138891	206	1273
教育、文化艺术和广播电视事业	Education, Culture and Arts, Broadcasting and Television	302043	6850	135	4079	1708	265415
科学研究和综合技术服务业	Scientific Research and Polytechnical Services	20276	13732	726	197	2169	52
金融、保险业	Banking and Insurance	9017	1106	3	29	14	40
国家机关、政党机关和社会团体	Government Agencies, Party Agencies and Social Organizations						
其他	Others	20611	9232	130	305	96	

行业	Sector	#经济人员 Economic	#财会人员 Financial	#统计人员 Statis-tician	#文艺人员 Artist	#外语翻译人员 Translator
总计	**Total**	**85009**	**77038**	**12098**	**3338**	**2696**
一、中央驻粤单位科技人员	Scienctific and Technological Personnel of the Central Units Staying in Guangdong					
二、地方科技人员	Scienctific and Technological Personnel of Guangdong Province	85009	77038	12098	3338	2696
农、林、牧、渔、水利业	Farming, Forestry, Animal Husbandry, Fishery and Water Conservancy	4666	6205	1054	1	65
工业	Industry	22516	17202	4345	39	773
地质普查和勘探业	Geological prospecting	587	1200	136		5
建筑业	Construction	3210	3608	544		54
交通运输、邮电通讯业	Transport, postal and Telecommunication Services	8533	5944	1279	26	103
商业、公共饮食业、物资供销和仓储业	Wholesale and Retail Sales & Catering Trade, Material Supply and Marketing, Storage	27848	17288	2406	6	488
房地产管理、公用事业、居民服务和咨询服务业	Real Estate Trade, Public Utilities Resident Services and Advisory Services	6810	7739	798	23	599
卫生体育和社会福利事业	Health Care, Sports & Social Welfare	788	4527	522	7	32
教育、文化艺术和广播电视事业	Education, Culture and Arts, Broadcasting and Television	1383	4863	266	3227	129
科学研究和综合技术服务业	Scientific Research and Polytechnical Services	843	1418	165	2	168
金融、保险业	Banking and Insurance	3728	3567	75		69
国家机关、政党机关和社会团体	Government Agencies, Party Agencies and Social Organizations					
其他	Others	4097	3477	508	7	211

17-16 各市国有企业、事业单位科学技术人员年末数(1997年)
NUMBER OF SCIENTIFIC AND TECHNOLOGICAL PERSONNEL IN STATE-OWEND ENTERPRISES AND INSTITUTIONS BY CITY (1997)

单位：人 (person)

市别 City	科学技术人员 Total Personnel	#工程技术人员 Engineering	#农业技术人员 Agricultural	#卫生技术人员 Health Care	#科学研究人员 Scientific Research	#教学人员 Teaching
广州 Guangzhou	163683	42679	1376	29180	817	33262
深圳 Shenzhen	43191	12921	475	9531	283	8398
珠海 Zhuhai	20343	7272	380	3227	38	4207
汕头 Shantou	47709	9758	403	8202	249	14469
韶关 Shaoguan	41457	6908	1038	8308	24	13956
河源 Heyuan	19186	2597	528	2893	19	9533
梅州 Meizhou	38403	5251	1338	6709	43	16857
惠州 Huizhou	22096	1560	680	5643	118	9821
汕尾 Shanwei	9797	901	180	1673	6	5721
东莞 Dongguan	10722	1684	248	1878	35	5347
中山 Zhongshan	16011	3267	245	3594	9	5790
江门 Jiangmen	48463	9855	725	9381	81	15981
佛山 Foshan	55302	11959	668	12044	73	15788
阳江 Yangjiang	15980	2155	318	2981	15	7353
湛江 Zhanjiang	63934	12143	1723	11649	290	22054
茂名 Maoming	37065	5061	1218	7171	24	16579
肇庆 Zhaoqing	36989	6836	665	6777	53	13157
清远 Qingyuan	28408	4055	602	5962	25	11926
潮州 Chaozhou	16048	1942	463	2853	75	8063
揭阳 Jieyang	19146	1735	470	3272	8	11242
云浮 Yunfu	15826	1930	431	2874	19	7640
省直属单位 Province-owned	116421	39485	1605	11087	2139	14660

市别 City	#经济人员 Economic	#财会人员 Financial	#统计人员 Statistician	#文艺人员 Artist	#外语翻译人员 Translator
广州 Guangzhou	22938	16410	2946	763	470
深圳 Shenzhen	4422	3507	301	181	264
珠海 Zhuhai	1502	1914	212	75	192
汕头 Shantou	6242	4524	556	233	214
韶关 Shaoguan	3550	3721	808	83	44
河源 Heyuan	1015	1315	254	30	7
梅州 Meizhou	2998	2636	356	213	11
惠州 Huizhou	1441	2260	291	42	71
汕尾 Shanwei	153	526	117	43	
东莞 Dongguan	418	542	95	8	42
中山 Zhongshan	805	1175	247	35	50
江门 Jiangmen	4992	4059	670	16	131
佛山 Foshan	5127	5581	685	84	158
阳江 Yangjiang	673	1306	299	12	20
湛江 Zhanjiang	4450	5558	144	146	94
茂名 Maoming	1649	2364	438	94	14
肇庆 Zhaoqing	3804	2865	453	65	55
清远 Qingyuan	1798	2038	282	43	20
潮州 Zhaozhou	809	807	153	20	11
揭阳 Jieyang	708	683	119	22	3
云浮 Yunfu	1029	1017	228	14	5
省直属单位 Province-owned	14486	12230	2444	1116	820

17-17 县级以上政府部门属研究与开发机构基本情况

BASIC STATISTICS ON RESEARCH AND DEVELOPMENT INSTITUTIONS AT AND ABOVE COUNTY LEVEL

项 目	Item	1987	1990	1995	1996	1997
总 计	Total					
机构数 (个)	Number of Institution	264	294	298	298	295
职工总数 (人)	Number of Staff	30910	32291	27367	26780	26889
#科学家工程师	#Scientist and Enginieer	10978	13454	11937	10081	9854
其他科技人员 (人)	Other Scientific-Technological Personnel	6184	5989	5812	4408	4566
经费收入 (万元)	Funds (10000 yuan)	29025	66785	201834	238460	290074
#政府拨款	#Government Appropriations	23419	20025	35364	53763	63157
经费支出 (万元)	Expenditure (10000 yuan)	30649	56522	190944	217240	269632
基本建设投资实际完成额(万元)	Capital Construction Investment Completed (10000 yuan)	10856	7588	15614	18959	33284
一、自然科学及技术领域	Natural Science and Technology					
机构数 (个)	Number of Institution	242	267	271	271	268
职工总数 (人)	Number of Staff	29854	31067	26234	25638	25783
#科学家工程师	#Scientist and Engineer	10426	12722	11189	9304	9205
其他科技人员 (人)	Other Scientific-Technological Personnel	5934	5707	5579	4193	4304
经费收入 (万元)	Funds (10000 yuan)	28114	64917	196728	232488	282999
#政府拨款	#Government Appropriations	22654	18892	32083	49912	58366
经费支出 (万元)	Expenditure (10000 yuan)	29435	54842	186095	211535	263219
基本建设投资实际完成额(万元)	Capital Construction Investment Completed (10000 yuan)	10226	6774	15379	18529	32411
二、社会及人文科学领域	Social Sciences and Humanities					
机构数 (个)	Number of Institution	12	13	13	12	12
职工总数 (人)	Number of Staff	579	679	692	705	681
#科学家工程师	#Scientist and Engineer	319	445	486	463	422
其他科技人员 (人)	Other Scientific-Technological Personnel	156	150	139	128	167
经费收入 (万元)	Funds (10000 yuan)	436	904	2372	2688	3340
#政府拨款	#Government Appropriations	382	595	2137	2462	3035
经费支出 (万元)	Expenditure (10000 yuan)	285	756	2332	2819	3011
基本建设投资实际完成额(万元)	Capital Construction Investment Completed (10000 yuan)	173	814	235	233	863
三、科技情报和文献机构	Scientific-Technical Information and Literature Institution					
机构数 (个)	Number of Institution	10	14	14	15	15
职工总数 (人)	Number of Staff	477	545	441	437	425
#科学家工程师	#Scientist and Engineer	233	287	262	234	227
其他科技人员 (人)	Other Scientific-Technological Personnel	94	132	94	87	95
经费收入 (万元)	Funds (10000 yuan)	475	964	2734	3284	3735
#政府拨款	#Government Appropriations	383	538	1144	1389	1756
经费支出 (万元)	Expenditure (10000 yuan)	929	924	2517	2886	3402
基本建设投资实际完成额(万元)	Capital Construction Investment Completed (10000 yuan)	457			197	10

17-18 县级政府部门属研究与开发机构基本情况

BASIC STATISTICS ON RESEARCH AND DEVELOPMENT INSTITUTIONS UNDER THE JURISDICTION OF COUNTY GOVERNMENT

项　　目	Item	1987	1990	1995	1996	1997
机构数　（个）	Number of Institution	226	211	192	190	182
职工总数　（人）	Number of Staff	7119	6315	5234	5184	4938
#科学家工程师	#Scientist and Engineer	335	361	403	350	333
其他科技人员　（人）	Other Scientific-Technological Personnel	1072	1062	963	923	906
经费收入　（万元）	Funds (10000 yuan)	4008	4062	11976	11784	10422
#来自政府的经费	#Government Appropriations		1281	3149	3137	2757

17-19 各市县级及以上政府部门属研究与开发机构基本情况(1997年)

BASIC STATISTICS ON RESEARCH AND DEVELOPMENT INSTITUTIONS AT AND ABOVE COUNTY LEVEL BY CITY (1997)

	机构数（个）	职工总数（人）	#科学家工程师 #Scientist and Engineer	#其他科技人员 Other Scientific-Technological Personnel	经费收入（万元） Funds (10000 yuan)	#政府拨款 #Government Appropriations	经费支出（万元） Expenditure (10000 yuan)	基本建设投资实际完成（万元） Capital Constrution Investment Completed (10000 yuan)
全省合计 Total	477	31827	10187	5472	300496	65915	280352	34117
广州 Guangzhou	183	21248	8762	3693	241163	53301	225290	26350
深圳 Shenzhen	5	287	111	35	3450	1869	3161	464
珠海 Zhuhai	8	144	67	41	3430	900	3958	493
汕头 Shantou	21	1290	244	177	12788	2142	8462	2974
韶关 Shaoguan	29	785	105	186	2028	631	2143	4
河源 Heyuan	13	420	24	66	495	123	376	20
梅州 Meizhou	17	630	62	109	825	527	850	11
惠州 Huizhou	23	476	37	111	915	332	916	105
汕尾 Shanwei	5	156	7	62	129	104	130	
东莞 Dongguan	5	242	23	62	2257	674	2291	168
中山 Zhongshan	4	77	22	10	723	175	716	2
江门 Jiangmen	29	1027	126	167	10022	312	10348	2397
佛山 Foshan	21	898	112	86	13184	867	12682	362
阳江 Yangjiang	5	110	24	31	252	78	265	
湛江 Zhanjiang	30	1564	237	236	3980	2004	3772	398
茂名 Maoming	19	717	74	115	1304	530	1388	160
肇庆 Zhaoqing	18	520	48	101	811	426	842	8
清远 Qingyuan	18	448	33	55	1332	323	1342	41
潮州 Chaozhou	6	295	34	59	873	291	840	116
揭阳 Jieyang	10	308	27	36	313	227	315	44
云浮 Yunfu	8	185	8	34	222	79	265	

17-20 高等院校研究与发展人员及经费

FUNDS AND EXPENDITURE OF INSTITUTIONS OF HIGHER EDUCATION FOR RESEARCH DEVELOPMENT PERSONNEL

项　　目	Item	1990	1994	1995	1996	1997
研究与发展人员总数(人)	Number of Research and Development Personnel	12163	15955	15858	18437	18364
#科学家工程师	#Scientist and Engineer	11420	14910	15006	17350	17364
其他科技人员　(人)	Other Scientific-Technological Personnel	482	597	561	678	605
当年拨入研究与发展课题费(万元)	Government Appropriations for Research and Development Projects In Current Year (10000 yuan)	5750	5631	6624	9883	11870
研究发展经费内部支出(万元)	Internal Expenses of Research and Development Expenditure (10000 yuan)	4896	7481	6106	11714	16010

注：当年拨入研究与发展经费不包括上年结转经费。研究与发展经费内部支出不包括转拨外单位经费。

Note: The figures of government appropriations in current year excluded the balance brought forward from last year. The internal expenses of research and development Expenditure excluded the appropriations for external units.

17-21 三种专利申请受理量与批准量

THREE TYPES OF PATENT APPLICATIONS EXAMINED AND GRANTED

单位：件

项 目	Item	1985	1990	1994	1995	1996	1997
一、受理量	Number of Patent Applications Examined	286	1947	5883	7729	9946	12858
发 明	Invention	128	231	605	463	510	680
实用新型	Utility Model	136	1000	1960	2367	2798	3173
外观设计	Design	22	716	3318	4899	6638	9005
二、批准量	Number of Patent Applications Granted	1	889	3149	4611	5275	7172
发 明	Invention		40	63	57	57	49
实用新型	Utility Model	1	571	1440	1446	1399	1606
外观设计	Design		278	1646	3108	3817	5516

17-22 各类技术合同签订情况

STATISTICS ON SIGNING TECHNICAL CONTRACT BY TYPE

项 目	Item	1987	1990	1995	1996	1997
一、技术合同项目数（项）	**Number of Technical Contract**	**2148**	**5813**	**5098**	**5103**	**6498**
技术开发合同	Contract of Technical Development	767	2050	547	462	657
技术咨询合同	Contract of Technical Advisory		462	299	319	361
技术转让合同	Contract of Technical Transfer	343	260	515	457	930
技术服务合同	Contract of Technical Service	1031	3041	3737	3865	4550
二、技术合同金额（万元）	**Amount of Technical Contract (10000 yuan)**	**9442**	**20262**	**125972**	**131112**	**195994**
技术开发合同	Contract of Technical Development	4418	7290	46820	21838	38759
技术咨询合同	Contract of Technical Advisory		1118	9109	5947	18634
技术转让合同	Contract of Technical Transfer	990	3114	18396	17719	40022
技术服务合同	Contract of Technical Service	3895	8740	51647	85608	98579
三、技术合同实现金额（万元）	**Amount of Fulfilment of Technical Contract (10000 yuan)**	**2809**	**8459**	**51904**	**51732**	**89433**
技术开发合同	Contract of Technical Development	1355	1729	31402	10240	18591
技术咨询合同	Contract of Technical Advisory		793	316	678	12053
技术转让合同	Contract of Technical Transfer	293	1405	12268	13696	21381
技术服务合同	Contract of Technical Service	1148	4532	7884	27118	37408

17-23 省及省以上优秀新产品评选情况

STATISTICS ON RANKING EXCELLENT NEW-PRODUCTS AT AND ABOVE PROVINCE LEVEL

项 目	Item	1990	1994	1995	1996	1997
项目数（个）	Number of Project	227	309	253	238	218
年新增产值（万元）	Annual Output Value Added (10000 yuan)	178764	510000	465000	915000	781000
年均每项新增产值（万元）	Annual Output Value Added Per Project (10000 yuan)	787	1650	1838	3845	3583
年均增利税（万元）	Annual Pre-tax Profits Added (10000 yuan)	21094	97000	93900	161000	142921
年均每项新增利税（万元）	Annual Pre-tax Profits Added Per Project (10000 yuan)	93	314	371	676	656
创 汇（万美元）	Foreign Exchange Earning (USD 10000)	4686	4295	3029	10401	7779
替代进口（万美元）	Replacing Imports (USD 10000)	4936	14129	16609	35748	24876

17-24 科协机构及活动情况
BASIC STATISTICS ON SCIENTIFIC AND TECHNOLOGICAL ACTIVITIES OF ASSOCIATIONS FOR SCIENCE AND TECHNOLOGY

项目	Item	1987	1990	1995	1996	1997
一、科协机构 （个）	**Number of Association for Science & Technology (AST) (unit)**	139	194	236	238	221
省科协	Provincial Association	1	1	1	1	1
市科协	City Association	12	18	21	21	21
县科协	County Association	80	77	79	79	78
厂矿科协	Association of Factory and Mine	46	98	135	137	121
二、各级学会及研究会（个）	**Number of Learned Society and Research Society (unit)**	465	2829	4387	4345	4615
省级学会	Provincial Learned Society	123	132	150	158	162
市级学会	City Learned Society	342	718	963	1006	966
农村专业技术研究会	Rural Special Technologic Reseach Society		1979	3274	3181	3487
三、各级学会及研究会会员（人）	**Member of Learned Societies and Research Societies (person)**		345234	534058	580338	622735
省级学会会员	Member of in Provincial Learned Societies	103661	151129	170059	204732	213069
市级学会会员	Member of City Learned Societies		141585	259894	264579	281707
农村专业技术研究会会员	Member of Rural Special Technologic Research Societies		52520	104105	111027	127959
四、科协活动开展情况	**Activities of Association for Science and Technology**					
引进推广重大技术项目（项）	Nember of Major Technical Projects Introduced and Spreaded (item)			2312	2529	4352
完成各类合同和无偿咨询项目（项）	Number of Contracts and Free Consultative Projects Completed (unit)	465	2546	18587	39928	3474
举办各类学术交流会（次）	Number of Academic Meetings Held (time)	842	1585	3479	3263	3055
接待国外来访（次）	Receiving Foreign Visitor (time)	617	591	421	445	554
科技考察（次）	Scientific-Technology Investigation (time)	179	478	908	263	174
举办科技科普展览（次）	Number of Exhibition for Popular Science (time)	159	836	3597	3697	2370
举办科普讲座（次）	Number of Lecture for Popular Science (time)	4522	17453	13306	14812	11780
青少年科技竞赛获奖项目数（项）	Project of Teenagers Participating in Scientific-Technological Competition Prize Awarded (item)	1262	4247	8592	1577	2188
五、参加科协各类活动人次（人次）	**Number of Participant in Activities of AST (person-time)**	2168428	6344088	9854566	14019077	27727392
参加各类学术交流会	Number of Participants in Academic Meetings	55732	95821	195848	187434	198390
参加各类科技培训	Number of Participants in Training Programs	526666	369151	2825989	2387104	18414202
参加各类科普活动	Number of Participants in Activities of Popular Science	1586030	5879116	6832729	11444539	9114800
六、出版各类学术刊物、科普读物（种）	**Publiccations of Academic Journals and Popular Science Readings (kind)**	399	581	467	472	465
各类学术刊物、科普读物发行量（万册、万份）	Number of Academic Journals and Popalar Science Readings Issued (10000 copies)	2537	666	474	774	714

17-25 大中型工业企业技术开发基本情况

BASIC STATISTICS ON TECHNICAL DEVELOPMENT OF LARGE AND MIDIUM-SIZED INDUSTRIAL ENTERPRISES

项　目	Item	1987	1990	1995	1996	1997
一、机构与人员 （个、人）	**Institution and Personnel**					
有技术开发机构的企业数	Number of Enterprise Having Institution for Technical Development	185	385	500	532	517
占全部大中型企业的比重(%)	Percentage to Total Number of Enterprises (%)	31.4	37.2	28.6	26.7	24.8
技术开发机构数	Number of Technical Development Institution	192	400	695	939	687
企业技术开发人员	Number of Technical Development Personnel Engaged in Enterprises	14982	19795	35986	60788	67311
#科学家和工程师	Scientist and Engineer	3471	8057	15224	33518	40037
技术开发机构中的人数	Number of Personnel in Technical Development Institutions	5279	8186	15448	17742	20777
#科学家和工程师	Scientist and Engineer	932	3725	8248	12269	14817
二、经费收支 （万元）	**Funds and Expenditure (10000 yuan)**					
筹集总额	Total Funds of Technical Development	40814	71968	234967	395805	445245
#上级拨款	Appropriations from Higher Authorities	919	1588	6134	57199	9418
企业自筹	Funds Self-raised by Enterprises	16146	37165	182256	233250	326910
支出总额	Total Expenditure for Technical Development	33583	61785	204684	316591	417153
#开发新产品用款	Expenditure for New Product Development	20856	26738	105059	183237	188772
技术开发经费支出占产品销售收入的比重(%)	Technical Development Expenditure as Percentage of Sales Revenue (%)	1.17	0.88	0.71	0.96	1.09
三、技术开发项目(项)	Technical Development Project (item)					
项目数合计	Number of Technical Development Project	747	1569	5483	3533	5445
#上级计划	Planned by Higher Authorities	282	445	798	477	659
企业自选	Self-selected by Enterprises	413	1025	4595	2925	4606
新产品项目	Project for New Product Development	422	774	3609	2989	3284
项目当年投资(万元)	Investment in Projects in the Year (10000 yuan)	28413	44447	157142	292131	269262
已完成项目	Number of Project Completed	417	843	3439	2561	4045
已投入生产(使用)项目	Number of Project Put into Production or Use	341	752	2848	1966	3421

注：1990年统计的技术开发项目系累计支出达万元以上。
Note: The figures of technical development project in 1990 refer to the project of accumulative expenditure above 10000 yuan.

17-26 大型工业企业技术开发基本情况
BASIC STATISTICS ON TECHNICAL DEVELOPMENT OF LARGE-SIZED INDUSTRIAL ENTERPRISES

项目	Item	1987	1990	1995	1996	1997
一、机构与人员(个、人)	**Institution and Personnel**					
有技术开发机构的企业数	Number of Enterprise Having Institution for Technical Development	58	116	216	225	222
占全部大型企业的比重(%)	Percentage to Total Number of Enterprises (%)	37.4	42.0	41.2	37.7	33.9
技术开发机构数	Number of Technical Development Institution	62	121	318	423	313
企业技术开发人员	Number of Technical Development Personnel Engaged in Enterprises	7971	8917	20132	37920	44324
#科学家和工程师	Scientist and Engineer	1773	3742	9562	21655	27407
技术开发机构人数	Number of Personnel in Technical Development	2617	3924	9662	11904	13096
#科学家和工程师	Scientist and Engineer	484	1742	5403	8320	9635
二、经费收支(万元)	**Funds and Expenditure** (10000 yuan)					
筹集总额	Total Funds of Technical Development	23296	38186	155816	311976	349565
#上级拨款	Appropriations from Higher Authorities	454	812	4583	56258	7179
企业自筹	Funds Self-raised by Enterprises	11580	17776	130136	179742	266340
支出总额	Total Expenditures for Technical Development	19049	31424	151167	229142	334651
#开发新产品用款	Expenditure for New Product Development	11841	17104	69034	127306	143127
技术开发经费支出占产品销售收入的比重(%)	Technical Development Expenditure as Percentage of Sales Revenue (%)	1.23	0.84	0.77	1.04	1.28
三、技术开发项目(项)	**Technical Development Project** (item)					
项目数合计	Number of Terchnical Development Project	295	595	3001	1951	3150
#上级计划	Planned by Higher Authorities	130	186	496	256	381
企业自选	Self-selected by Enterprises	146	387	2389	1646	2665
新产品项目	Project for New Product Development	167	287	1703	1441	1729
项目当年投资(万元)	Investment in Projects in the Year (10000 yuan)	16704	23760	105923	228726	206872
已完成项目	Number of Project Completed	155	270	1817	1318	2250
已投入生产(使用)项目	Number of Project Put into Production or Use	132	231	1355	1013	1824

注：1990年统计的技术开发项目系累计支出达万元以上。

Note: The figures of technical development project in 1990 refer to the project of accumulative expenditure above 10000 yuan.

17-27 文化艺术、文物事业机构数
NUMBER OF INSTITUTION FOR CULTURE AND CULTURAL RELICS

单位：个

年 份 Year	电影放映单位 Film Projection Unit	艺术表演团体 Art Performance Troupe	文 化 馆 Cultural Center	公共图书馆 Public Library	博 物 馆 Museum	档 案 馆 Archive
1949	60	6		7	1	
1952	161	46	90	8	2	
1957	482	138	96	17	6	
1962	941	158	93	22	20	
1965	1065	151	99	38	28	
1970	1341	115	71	22	14	
1975	3293	137	94	58	23	
1978	6346	150	104	63	29	
1980	6030	173	95	82	25	
1985	4703	147	105	98	97	
1990	4024	130	113	103	106	138
1991	4041	123	110	104	107	147
1992	3917	125	113	108	108	150
1993	3974	127	115	110	108	148
1994	3860	132	116	111	111	156
1995	3780	134	115	114	113	155
1996	3670	136	115	115	114	157
1997	3477	138	117	119	118	157

17-28 文化部门艺术表演团体演出基本情况(1997年)
BASIC STATISTICS ON PERFORMANCE OF ART TROUPES OF CULTURAL DEPARTMENT (1997)

项 目	Item	剧 团 数 (个) Number of Troupe	国内演出场次 (万场) Number of Performances (10000 Shows)	#到农村演出 Shows in Rural Areas	国内演出观众人次 (万人次) Number of Spectator (10000 Person-times)
合 计	**Total**	138	1.98	1.12	2435.5
国营剧团	Troupe Sponsored by State-Owned Unit	123	1.67	0.94	2003.3
集体经营剧团	Troupe sponsored by Collective Unit	15	0.31	0.18	432.2
按剧种分	**By Type of Drama**				
话剧、儿童剧、滑稽剧团	Troupe of Stage Play, Children Drama and Burlesque	6	0.04	0.02	47.9
歌剧、舞剧、歌舞剧团	Troupe of Opera, Dance Drama, Song and Dance Drama	4	0.04		85.7
歌舞团、轻音乐团	Song and Dance Troupe, Light Music Troupe	24	0.21	0.08	201.7
乐 团	Philharmonic Orchestra	3	0.02		39.4
文工团、文宣队	Art Troupe, Cultural Propaganda Team	4	0.02	0.01	46.8
戏曲剧团	Traditional Opera Troupe	81	1.25	0.91	1735.2
曲、杂、木、皮团	Folk Art, Acrobatic and Circus, Puppet Show, Shadow Play	16	0.4	0.1	278.8

17-29 文化、文物事业机构及人员数(1997年)
NUMBER OF INSTITUTION AND PERSONNEL IN CULTURE AND CULTURAL RELICS (1997)

项目 Item		合计 Total		文化部门 Cultural Deparment		其他部门 Others	
		机构数(个) Number	人数(人) Per-sonnel	机构数(个) Number	人数(人) Per-sonnel	机构数(个) Number	人数(人) Per-sonnel
总计	**Total**	**3850**	**35958**	**3849**	**35952**	**1**	**6**
一、文化事业合计	**Cultural Institution**	**3707**	**33541**	**3707**	**33541**		
艺术事业	Art Institution	224	9450	224	9450		
图书馆事业	Library	119	2571	119	2571		
群众文化事业	Mass Culture	1748	6938	1748	6938		
教育事业	Education	10	696	10	696		
其他文化事业	Other Cultural Unit	819	5113	819	5113		
二、文物事业合计	**Cultural Relics**	**143**	**2417**	**142**	**2411**	**1**	**6**
文物机构	Institution for Cuitural Relices	15	216	15	216		
博物馆	Museum	117	1955	116	1949		
文物商店	Cultural Relics Agency	11	246	11	246	1	6

17-30 公共图书馆、群众文化事业机构及人员数(1997年)
NUMBER OF INSTITUTION AND PERSONNEL IN PUBLIC LIBRARY AND MASS CULTURE (1997)

项目 Item		合计 Total		文化部门 Cultural Deparment		其他部门 Others	
		机构数(个) Number	人数(人) Per-sonnel	机构数(个) Number	人数(人) Per-sonnel	机构数(个) Number	人数(人) Per-sonnel
一、图书馆事业	**Library**	**119**	**2571**	**119**	**2571**		
公共图书馆	Bublic Library	119	2571	119	2571		
#儿童图书馆	Children Library	4	96	4	96		
二、群众文化事业	**Mass Culture**	**2062**	**8270**	**1748**	**6938**	**314**	**1332**
群众艺术馆	Mass Art Center	22	477	22	477		
文化馆	Cultural Center	117	1346	117	1346		
文化站	Cultural Station	1923	6447	1609	5115	314	1332

17-31　各市文化、文物事业机构数(1997年)

NUMBER OF INSTITUTION FOR CULTURE AND CULTURAL RELICS BY CITY (1997)

单位：个　　　　(unit)

市　别 Cities	电影放映单位 Film Projection Unit	艺术表演团体 Art Performance Troupe	文　化　馆 Cultural Eenter	公共图书馆 Public Library	博　物　馆 Museum	档　案　馆 Archive
广　州　Guangzhou	312	13	12	14	20	17
深　圳　Shenzhen	132	5	5	6	1	7
珠　海　Zhuhai	40	3	2	2	2	4
汕　头　Shantou	45	8	7	8	4	6
韶　关　Shaoguan	167	9	11	9	9	11
河　源　Heyuan	56	6	6	5	5	7
梅　州　Meizhou	218	11	8	8	8	9
惠　州　Huizhou	159	8	5	5	5	8
汕　尾　Shanwei	330	5	4	2	4	5
东　莞　Dongguan	229	1		1	2	2
中　山　Zhongshan	64	1	1	2	2	2
江　门　Jiangmen	162	9	7	6	6	8
佛　山　Foshan	139	6	6	6	5	8
阳　江　Yangjiang	106	3	4	4	2	4
湛　江　Zhanjiang	409	9	9	7	6	11
茂　名　Maoming	337	9	5	5	5	7
肇　庆　Zhaoqing	86	10	7	7	8	11
清　远　Qingyuan	108	4	8	8	7	9
潮　州　Chaozhou	98	2	2	2	4	3
揭　阳　Jieyang	211	5	4	6	4	4
云　浮　Yunfu	41	3	4	5	5	6
省直属单位　Province-owned	14	8		1	3	8

17-32　各市文化、文物事业机构的人员数(1997年)

NUMBER OF PERSONNEL IN CULTURE AND CULTURAL RELICS BY CITY (1997)

单位：人

市　别 Cities	电影放映单位 Personnel in Film Projection Unit	艺术表演团体 Personnel in Art Performance Troupe	文　化　馆 Personnel in Cultural Eenter	公共图书馆 Personnel in Public Library	博　物　馆 Personnel in Museum	档　案　馆 Personnel in Archive
广　州　Guangzhou	1927	893	149	373	405	230
深　圳　Shenzhen	899	270	56	265	113	175
珠　海　Zhuhai	297	103	13	53	32	37
汕　头　Shantou	775	409	92	106	30	53
韶　关　Shaoguan	839	203	92	134	59	70
河　源　Heyuan	543	176	71	51	30	18
梅　州　Meizhou	1047	288	113	119	68	50
惠　州　Huizhou	650	168	55	63	40	46
汕　尾　Shanwei	1695	219	53	33	44	24
东　莞　Dongguan	1688	72		62	274	9
中　山　Zhongshan	356	42	4	54	66	11
江　门　Jiangmen	970	342	80	126	49	47
佛　山　Foshan	1220	192	67	205	190	92
阳　江　Yangjiang	447	88	35	72	20	18
湛　江　Zhanjiang	1862	386	103	118	56	98
茂　名　Maoming	1037	328	67	71	32	48
肇　庆　Zhaoqing	511	116	85	69	70	52
清　远　Qingyuan	538	84	59	67	33	50
潮　州　Chaozhou	657	158	19	32	51	25
揭　阳　Jieyang	1344	309	89	144	67	28
云　浮　Yunfu	252	59	44	50	18	22
省直属单位　Province-owned	60	1252			208	320

17-33 图书、杂志、报纸出版数量

NUMBER OF BOOK, MAGAZINE AND NEWSPAPER PUBLISHED

项　　目	Item		1980	1985	1990	1995	1996	1997
一、图书出版	Book Published							
种　数（种）	Number of Publication	(kind)	690	1684	2240	2510	3849	4209
总印数（万册）	Total Printer Copies	(10000 Copies)	16845	39857	28070	36911	40669	39875
总印张数（千印张）	Printed Sheets	(1000 Sheets)	684121	1291202	891562	1800632	1852466	1867996
二、杂志出版	Magazine Publihsed							
种　数（种）	Number of Publication	(kind)	34	170	253	329	329	328
总印数（万册）	Total Printed Copies	(10000 copies)	1927	12768	11325	22810	22300	23725
总印张数（千印张）	Printed Sheets	(1000 sheets)	58717	402682	288262	684710	670540	748963
三、报纸出版	Newspaper Publised							
种　数（种）	Number of Publication	(kind)	9	96	91	130	130	131
总印数（万份）	Total Printed Copies	(10000 copies)	48808	171838	138060	226441	251181	288412
总印张数（千印张）	Printed Sheets	(1000 sheets)	484173	1457150	1201860	4747000	6093650	7661331

17-34 图书出版情况(1997年)

STATISTICS ON BOOKS PUBLISHED (1997)

门　类	Category	本版图书种数（种） Number of Republication	#新出 New Publication	总印数（万册） Printed Copies (10000 Copies)	总印张数（千印张） Printed Sheets (1000 Sheets)
合　计	**Total**	**4209**	**2134**	**39875**	**1867996**
马克思主义、列宁主义、毛泽东思想	Marxism-Leninism, Mao Zedong Thought	7	4	93	2668
哲　学	Philosophy	59	49	98	7312
社会科学总论	General Social Sciences	63	48	49	4708
政治、法律	Politics and Law	101	80	178	13057
军　事	Military Affairs	1	1	1	336
经　济	Economics	352	247	304	34883
文化、科学、教育、体育	Culture, Science, Education and Sports	1925	537	37060	1622292
语言、文字	Language, Philology	231	141	225	22450
文　学	Literature	428	366	498	57576
艺　术	Arts	168	114	200	11062
历史、地理	History and Geography	138	114	134	11864
自然科学总论	General Natural Sciences	5	5	8	484
数理科学、化学	Mathematics, Physics and Chemistry	35	15	21	1981
天文学、地理科学	Astronomy and Geology	2	1	2	351
生物科学	Biology	11	10	10	683
医药、卫生	Medicine and Health Care	158	102	146	18971
农业科学	Agricultural Science	45	23	44	2931
工业技术	Industrial Technology	291	158	230	31583
交通运输	Transportation	13	12	10	2527
环境科学	Environmental Science	17	14	23	3013
图　片	Picture	80	59	64	6632
综合性图书	General Books	79	34	478	10632

17-35 杂志出版情况(1997年)
STATISTICS ON MAGAZINES PUBLISHED (1997)

项目	Item	种数(种) Number of Publication	平均期印数(万册) Averege Printed Copies Per Issue (10000 Copies)	总印数(万册) Printed Copies (10000 Copies)	总印张数(千印张) Printed Sheets (1000 Sheets)
合计	**Total**	**328**	**1738**	**23725**	**748963**
综合	General	41	638	7685	283364
哲学、社会科学	Philosophy	68	251	3079	109877
自然科学、技术	Natural Sciences, Technology	145	234	2529	99074
文化、教育	Culture, Education	35	336	6375	113190
文学、艺术	Literature, Arts	32	133	2322	113165
少年儿童读物	Publication for Children	3	139	1650	25560
画刊	Pictorial	4	7	85	4733

17-36 报纸出版情况(1997年)
STATISTIS ON NEWSPAPERS PUBLISHED (1997)

项目	Item	种数(种) Number of Publication	平均期印数(万份) Averege Printed Copies Per Issue (10000 copies)	总印数(万份) Printed Copies (10000 copies)	总印张数(千印张) Printed Sheets (1000 sheets)
合计	**Total**	**131**	**1760**	**288412**	**7661331**
综合报	General Newspaper	61	977	210517	6295562
专业报	Specialized Newspaper	70	783	77895	1365769
省级	Province's Newspaper	50	977	144039	3723201
市级	City's Newspaper	70	746	138751	3881910
县级	County's Newspaper	11	37	5622	56220

17-37 广播、电视事业发展情况
STATISTICS ON BROADCASTING AND TELEVISION STATIONS

项目	Item	1980	1985	1990	1995	1996	1997
广播电台(座)	Brodcasting Station (set)	4	15	87	96	96	97
中波广播发射台和转播台(座)	Medium Wave Brodcasting Transmission Station and Relaying Station (set)	9	11	12	13	13	13
电视台(座)	Television Station (set)	1	13	38	56	58	61
1000瓦及以上电视发射台和转播台(座)	Television Transmission and Relaying Station over 1000 W (set)	10	13	23	41	42	48
县、市有线广播站(个)	County and City Wire Broadcasting Station (set)	93	95	93	67	56	54

17-38 广播电台宣传基本情况(1997年)
BASIC STATISTICS OF PROPAGANDA FOR BROADCASTING STATIONS (1997)

项 目 Item		广播电台(座) Broadcasting Station	节目套数(套) Number of Program (Set)	平均每周播音时间(时:分) Broadcasting Hours per Week (Hour: Minute)	# 自办节目时间 Self-produced Program	#新闻节目 News Program	#专题节目 Special topic Program	#文艺节目 Entertainment Program
合 计	**Item**	**97**	**112**	**1513: 25**	**1305: 25**	**148: 22**	**242: 04**	**614: 21**
省 级	Province Level	3	10	143: 55	140: 55	12: 30	37: 10	58: 20
市 级	City Level	21	29	491: 30	461: 15	46: 52	77: 29	230: 39
县 级	County Level	73	73	878: 00	703: 15	89: 00	127: 25	325: 22

17-39 电视台宣传基本情况(1997年)
BASIC STATISTICS OF PROPAGANDA FOR TELEVISION STATIONS (1997)

项 目 Item		电视台(座) Television Station (set)	节目套数(套) Number of Program (Set)	平均每周播音时间(时:分) Broadcasting Hours per Week (Hour: Minute)	# 自办节目时间 Self-produced Programs	#新闻节目 News Programs	#专题节目 Special topic Programs	#文艺节目 Entertainment Programs
合 计	**Item**	**61**	**67**	**4114: 11**	**2283: 12**	**340: 28**	**349: 52**	**1231: 42**
省 级	Province Level	2	5	218: 24	208: 24	49: 06	46: 06	69: 00
市 级	City Level	21	24	1672: 28	1231: 12	190: 03	234: 35	624: 46
县 级	County Level	38	38	2223: 19	843: 36	101: 19	69: 11	537: 56

17-40 各市广播、电视事业机构数(1997年)
NUMBER OF INSTITUTION OF BROADCASTING AND TELEVISION (1997)

市 别	Cities	广播电台(座) Broadcasting Station (Set)	中波广播发射台和转播台(座) Medium Wave Broadcast Transmission Station and Relaying Station	电视台(座) Television Station	1000瓦及以上电视发射台和转播台(座) Television Transmission and Relaying Station over 1000 w	县、市有线广播站(个) Wired Broadcasting Station in County and City
广 州	Guangzhou	5		3	2	4
深 圳	Shenzhen	2		1	1	
珠 海	Zhuhai	2		1	1	1
汕 头	Shantou	4	1	4	1	3
韶 关	Shaoguan	9	2	5	5	8
河 源	Heyuan	6	1	1		4
梅 州	Meizhou	8	2	5	4	4
惠 州	Huizhou	5		5	1	
汕 尾	Shanwei	3		1	3	
东 莞	Dongguan	1		1	1	
中 山	Zhongshan	1		1		
江 门	Jiangmen	6	1	6	3	4
佛 山	Foshan	5	2	3	3	4
阳 江	Yangjiang	2		2	2	1
湛 江	Zhanjiang	6		4	5	
茂 名	Maoming	5		4	3	4
肇 庆	Zhaoqing	7		2	2	8
清 远	Qingyuan	7		1	1	6
潮 州	Chaozhou	3		3	1	
揭 阳	Jieyang	4	1	5	3	
云 浮	Yunfu	4		1		3
省直属单位	Province-owned	3	3	2	2	

主要统计指标解释

普通高等学校 指按照国家规定的设置标准和审批程序批准举办，通过国家统一招生考试，收高中毕业生为主要培养对象，实施高等教育的全日制大学、独立设置的学院和高等专科学校短期职业大学。

成人高等学校 指按照国家有关规定审批、招收通过全国成人高教统一招生考试的具有高中毕业或同等学历的在职从业人员利用脱产、半脱产、业余或函授等多种形式对其实施高等学历教育，培养高等教育专科或本科毕业水平的专门人才，修业年限、课程设置和总学时的数按高等学历教育要求付诸实施的学校。包括广播电视大学、职工高等学校、农民高等学校、管理干部学院、教育学院、独立设置的函授学院等。

小学学龄儿童入学率 指调查范围内已入小学学习的学龄儿童占校内外学龄儿童总数（包括弱智儿童在内，但不包括盲聋哑儿童）的比重。

科技活动 是指在所有科学技术领域内，即自然科学、农业科学、医学科学、工程与技术科学、人文科学与社会科学中，与科技知识的产生、发展、传播和应用密切相关的全部的、有组织的、系统的科技活动。所谓有组织的、系统的科技活动，是指在一个机构的范围之内，并列入这一机构的工作计算，由这一机构的人员有计划地进行的科技活动。目前，我们统计的科技活动，是指调查范围内有组织有系统开展的科技活动。它包括三类活动：⑴研究与试验发展活动；⑵研究与试验发展成果应用活动；⑶科技服务活动。

研究与发展活动 指为增进知识，及利用这些知识去开创新的用途而进行的系统的创造性工作。它具备四种基本因素：⑴创造性的因素；⑵新颖性或创新的因素；⑶科学方法的运用；⑷新知识的产生。它包括三种类：⑴基础研究；⑵应用研究；⑶实验发展。

科技活动统计单位 指制度调查范围内的调查单位个数，对于自然科学领域、社会与人文科学领域的科学研究与技术开发机构（含县属研究与开发机构）、科学技术情报与文献机构是以一个机构为一个调查单位；对于高等学校，是以一个学校为一个调查单位；对于企业是以一个企业为一个调查单位。

科技活动机构 是指调查范围内有建制的从事科技活动科研机构。包括国有独立核算的科学研究与技术开发机构（自然科学领域、社会与人文科学领域）（含机构、大中型工业企业附属的技术开发机构。全日制附属科技活动机构，是指经学校及上级主管部门正式批准的以科技活动为主，相对稳定的开展科技活动机构；大中型工业企业附属的技术开发机构是指企业自办、或与外单位合办、管理上同生产系统相对独立的，或单独核算的专门技术开发机构（如企业办研究所或开发中心开发部等专门技术开发机构）。

从事科技活动人员 指报告期内调查单位中从事科技活动的人员。调查单位中从事科技活动人员为直接从事科技活动和科技活动提供直接服务，累计时间占全年工作时间10%以上的人员。

科学家和工程师 具有大学本科以及以上学历的和不具备上述学历但有高、中级职称的人员。

技术员 指具有大、中专学历和不具备大、中专学历，但有初级职称的人员。

研究与发展人员 指报告期内从事研究与发展活动的人员。调查单位直接从事研究与发展课题活动以及院、所等从事科技行政管理、科技服务等工作为研究与发展课题活动服务，累计时间占全年工作时间10%以上的人员。人员数为全时人员数加非全时人员数之和。

科技活动经费筹集总额 指报告期内调查单位从各种渠道筹集到的科技活动经费（含科研基建费）。包括政府资金、自筹资金、银行贷款、其他经费。

科技活动经费使用总额（内部支出） 指报告期内调查单位用于科技活动的实际支出。包括劳务费、科研业务费、科研管理费、非基建投资购建的固定资产、科研基建支出以及其他用于科技活动的支出。但不包括生产性活动支出、归还贷款支出及转拨外单位支出。

研究与发展经费支出 指报告期内用于研究与发展课题活动（基础研究、应用研究、实验发展）的全部实际支出。包括用于研究与发展课题活动的直接支出，还包括间接用于研究与发展活动的一切支出（院、所管理费，维持院、所正常运转的必需费用和与研究发展有关的基本建设支出）。

省级以上获奖成果 指科技活动单位在本年度内从省以上政府科技管理部门获得的各种科技成果奖。由于几个单位合作获得的科技成果奖，为防止重复，仅由第一完成单位填报，多次获奖的成果只填一个。获奖成果包括：国家级奖、省部级奖和地市级奖。国家级奖：指国家自然科学奖、国家发明奖、国家科技进步奖、国家星火奖等。省、部级奖：指以国务院各部门和省、自治区、直辖市名义颁发的重大科技成果奖和科技进步奖。

科技机构内课题（项目）个数 指调查单位列入科研计划或已为本单位科研管理部门认可，可作为本单位科研工作任务，并在当年开展活动的研究与发展、研究与发展成果应用、科技服务课题（项目）数。包括当年新开课题和上年尚未完成，在统计年度内继续进行的课题。

文化事业机构 指从事专业文化工作和为专业文化工作服务的独立建制的单独核算的单位。不包括这些单位另外举办独立核算的其他机构和各部门的业余文化组织。

艺术表演团体 指从事戏曲、音乐、舞蹈、杂技等专业艺术表演，有独立帐户，实行单独核算的团体。不包括半工半艺、半农半艺和民间职业剧团。

电影放映单位 指具有放映机器设备、固定或不固定的放映场所与专职或兼职的放映技术人员，经有关部门登记批准，经常为一定的观众对象放映电影的机构。包括经批准对外开放进行营业，并与电影发行放映管理机构分帐的专用放映单位和军委系统租片单位。

艺术表演观众人数（人次） 指售票、包场演出或民族地区免费演出的艺术表演观众人次数。不包括彩排审查和内部观摩演出的观看人次数。

Explanatory Notes on Main Statistical Indicators

Regular Institutions of Higher Education refer to educational establishments set up according to the government evaluation and approval procedures, enrolling graduates from senior secondary schools and providing higher education courses and training for senior professionals. They include full－time universtities, colleges, high professional and short－term professional universities.

Adult Higher Education School refer to educational establishments, set up in line with relevant rules approved by the government, enrolling staff and workers with senior seccondary school or equivalent education, and providing higher education courses in many forms of full－time, part－time, spare－time, or correspondence for adults. Professionals thus trained receive a qualification eqivalent to graduates studying regular courses at regular universities, colleges and professional colleges. Adult higher education school include Radio and TV universities, schools of high education for staff and workers and peasants, colleges for managerment cadres, pedagogical colleges, independent correspondence colleges.

Enrollment Rate of Primary School－age Children refers to the proportion of school－age children enrolled at schools to the total number of school－age children both in and outside schools (including retarded children, but excluding blind, deaf and mute children).

Scientific and Technological Activities refer to all those organized and systematic activities of science and technology which are closely connected with the emergence, development, diffusion and application of scientific and technological knowledge in all the scientific and technological fields, such as natural sciences, agricultural science, medical science, engineering and technical science, humanities and social sciences. The organized and systematic activities refer to the activities organized in a planned way by the personnel of an institution. At present, its statistical coverage includes the activities in an organized and systematic way within the survey coverage, which are: (1) activities of research and experimental development; (2) applied activities of research and experimental achievements; (3) service activities of science and technology.

Activities of Research and Development refer to the systematic and creative work with the aim of widening knowledge and using it to find new ways. They cover four basic factors: (1) creative factor; (2) novel or innovative factor; (3) application of scientific methods; (4) emergence of new knowledge. They include three types: (1)basic research; (2) applied research; (3) experimenttal development.

Statistical Units of Scientific and Technological Activities refer to the number of survey units within the survey coverage. As for research and development institutions(including those under county administration) and scientific－technical information and literature institutions in the field of natural sciences, social science and humanities, one institution is a survey unit; as for institutions of higher education, one university or colleage is a survey unit; as for enterprises, an enterprise is a survey unit.

Institutions of Scientific and Technological Activities refer to the organic institutions engaged in scientific and technological activities within the survey coverage, including the state－owned research and development iinstitutions with independent accounting system(in the field of natural sciences, social sciences and humanities) and the technical development institutions attached to institutions and large and medium－sized industrial enterprises. The full－time attached institutions refer to those which are mainly and stably engaged in the scientific and technological activities with the formal ratification of schools and higher authorities. The techni－cal development institutions attached to large and medium－sized industrial enterprises refer to the special development institutions run by enterprises or collectively run with other units and keeping relatively indepen－dent administration from production system, or having their own accounts (such as research institutions, devel－opment centers or development departments run by enterprises).

Personnel Engaged in Scientific and Technological Activities refer to all the persons in the survey units engaged in scientific and technological activities during the reference period, i. e. those who are directly engaged in the activities and provide direct services to the activities with 10% or more of work time of the year.

Scientists and Engineers refer to persons who have completed university or higher education or without above record of formal schooling but titles of senior or middle－level professional positions .

Other Technical Personnel refers to persons involved in science and technology with secondary specialized education or three－year college education and persons with junior professional titles.

Personnel of Resarch and Development refers to the persons who are engaged in resarch and development activities during the reference period, i. e. those in the survey units who are directly engaged in R & D activities and provide services to R & D activities with 10% or more of work time of the year. It is the sum of full－time personnel and non－full－time personnel.

Total Funds for Scientific and Technological Activities refer to the funds for scienitific and technological activities (including capital construction funds for scientific research) raised by the survey units from various channels during the refererce period, including government funds, self－raised funds, band loans and other funds.

Total Expenditure for Scientific and Technological Activities (Internal Expenditure) refers to the actual expenditure made for scientific and technological activities by the survey units during the reference period, including service expenses, professional expenses for scientific research, management expenses for scientific research, purchasses of fixed assets with investment in non－capital construction, capital construction expenditure for scientific research and others, but excluding expenditure for productive activities, expenditure for return of loans and transfer of expenditure of other units.

Total expenditure on Research and Development refers to all actual expenditure made for R & D (basic research, applied research and experimental development) in reference period. It includes direct expenditure on R & D activities and indirect expenditure on R & D activities (including management expenses, administrative expense and investment in capital construction ralating to R & D).

Number of Prizes Won at and above Provincial Level refers to the number of various prizes in scientific and technolgical research won by the units engaged in scientific and technological activities from provincial level and above in the current year. If a prize is won in a cooperative way, it is reported only by the first listed unit so as to avoid duplication. As for the achievement won for several times, it's reported only once. Achievements and prizes won include all those at country level, at provincial level and at city (perfectual) level. The prizes at country level cover: national prize for natural sciences, national prize for invention, national prize for scientific and techaological progress and national spark prize etc. The prizes at provincial and ministry level refer to major achievements and progress in science and technology awarded by the departments of the state council, provinces, autonamous regions and municipalities directly under the cental Government.

Number of Research Tasks (Projects) of Scientific and Technological Institutions refers to the number of research tasks (projects) on R & D, application of R & D and scientific and technological services, which are listed in the plans of scientific research or approved by administrative departments of the survey units and start research in the current year. It includes those newly－started and uncompleted in the preceding year and going on in the statistical year.

Cultural Institutions refer to units which have their own organizational system and independent accounting system and specialize in or serve cultural development. They exclude other establishments run by these cultural institutions and amateur cultural groups established by various departments.

Art Troupes refers to the troupes which are engaged in drama, opera, music, dance, acrobatics or other art performance, open independent accounts with banks and self－supporting accounting system; excluding the troupes which are engaged partly in industrial or agricultural activities, partly in art performance and the professional troupes organized by the people.

Film Projection Units refer to units with film projection equipment, full or part－time projectionists, permanent or non－permanent places, approved by related administrative departments to show films regularly for certain groups of audience, including those film projection units which have been approved to give commercial shows and run business with independent accounting system as well as those film－renting units of the military system.

Number of Spectators at Art Performance refers to the number of attendants at commercial shows, completely booked shows or free shows given in minority national areas, and does not include the number of spectators at rehearsals for examination and internal shows for study.

十八 体育、卫生、社会福利、环保和其他

SPORTS, PUBLIC HEALTH, SOCIAL WELFARE, ENVIRONMENTAL PROTECTION AND OTHERS

简要说明

一、本篇主要反映体育、卫生、社会福利、环保及其他事业的发展情况，由广东省统计局社会科技处负责整理、编辑。

二、体育部分主要包括体委系统职工人数、群众体育活动开展情况及运动竞技成绩等，资料由省体委提供。

三、卫生部分主要包括卫生事业机构、床位及人员数等，资料由省卫生厅提供。

四、社会福利部分主要包括各种社会福利事业的机构数、收养救济人数、城乡基层社会保障情况、婚姻登记状况等，资料由省民政厅、省高级人民法院提供。

五、环保部分主要包括“三废”的排放、治理、综合利用、自然保护区、环境管理、环保系统自身建设情况等，资料由省环保局提供。

六、其他部分主要包括司法工作开展情况和交通、火灾事故发生情况等，资料由省司法厅、省公安厅提供。

SPORTS, PUBLIC HEALTH, SOCIAL WELFARE, ENVIRONMENTAL PROTECTION AND OTHERS

Brief Introduction:

Ⅰ. The data in this chapter mainly show the development of sports, public health, social welfare, environment protection and other undertakings. The data are prepared by the Division of Social, Scientific and Technological Statistics of the Statistical Bureau of Guangdong Province.

Ⅱ. The data on sports mainly include the number of staff and workers in sports departments, mass sports and athletics sports, etc. The data are provided by the Sports Commission of Guangdong Province.

Ⅲ. The data on public health mainly include the number of institutions, hospital beds and personnel, etc. The data are provided by the Department of Public Health of Guangdong Province.

Ⅳ. The data on social welfare mainly include the number of institutions, the number receiving social wel-fare relief funds, society security of urban and rural grassroots and martial status, etc. The data are provided by the Department of Civil Affairs and the High People's Court of Guangdong Province.

Ⅴ. The data on environmental protection mainly include the discharge and treatment and comprehensive utilization of waste water, waste gas and solid wastes, the natural protection zones, the administration of environment and the improvement of the departments of enviromental protection, etc. The data are provided by the Environmental Protection Bureau of Guangdong Province.

Ⅵ. The data on others mainly include the judicial conditions, basic statistics on traffic accidents and fires, etc. The data are provided by the Judicial Department and the Department of Public Security of Guangdong Province.

18-1 体育、卫生、社会福利、环保及其他主要指标
MAIN STATISTICS ON SPORTS, PUBLIC HEALTH, SOCIAL WELFARE, ENVIRONMENT PROTECTION AND OTHERS

指标 Item	1980	1985	1990	1995	1996	1997
举办县区级及以上体育运动会（次） Number of Sports Meets Held by County or District and Above the Level (time)	964	2383	2910	2514	4704	4708
参加运动会的运动员人数（万人次） Number of Athletes Attending Sports Meets (10000 persons)	28.17	78.04	128.33	130.62	234.93	235.29
达到《国家体育锻炼标准》人数（万人） Number of Persons Reached the State Physical Training Standards (10000 persons)	89.06	319.56	488.92	716.67	965.28	995.13
卫生事业机构数（个） Number of Herakth Institution (unit)	7649	8479	8989	8848	8921	8942
#医院 Hospital	1988	1853	1885	2267	2319	2348
卫生事业机构床位数（万张） Number of Beds in Health Institutions (10000 unit)	9.25	10.77	12.40	14.88	15.16	15.53
#医院床位 Beds in Hospitals	8.50	9.82	11.41	13.78	14.12	14.45
卫生技术人员数（万人） Medical Technical Personnel (10000 persons)	14.45	17.53	19.48	22.99	23.76	24.59
#医生 Doctor	5.51	6.56	8.11	9.89	10.13	10.38
平均每千人口有医院床位数（张） Number of Beds in Hospital Per 1000 Capita (unit)	1.63	1.74	1.83	2.03	2.05	2.06
平均每千人口有卫生技术人员数（人） Number of Medical Technical Personnel Per 1000 Capita (person)	2.76	3.10	3.12	3.39	3.45	3.51
#医生（人） Doctor (person)	1.05	1.16	1.30	1.46	1.47	1.48
优抚收养性单位收养人数（人次） Number of Persons Adopted by Special Care Units (person-time)	697	1149	1556	1918	1781	1667
社会困难救济人数（万人次） Number of Person Receiving Relief Funds (10000 person-time)	232.5	214.2	166.4	243.0	225.4	153.4
农村建立社会保障网络乡镇数（个） Number of Towns With the Social Security Network Established (unit)			225	1223	1354	1510
准予登记结婚对数（对） Registered Marriages (couples)	391455	376759	506597	596689	601070	608741
#涉外婚姻 Marriaged with Foreigner	9310	11650	14661	12837	12634	12114
准予登记离婚数（对） Registered Divorces (couples)	12438	16926	25846	34175	37876	39848
环保投资占国内生产总值比重（%） Proportion of Environmental Investment to GDP (%)		0.29	0.37	0.64	1.28	1.27
废水中COD排放量（万吨） Volume of COD Emission in Waste Water (10000 ton)			69.50	112.36	106.30	95.16
废气中二氧化硫排放量（万吨） Volume of Sulphur Dioxide Emission in Waste Gas (10000 ton)	53.20	28.59	39.64	75.31	76.25	69.30
工业固体废物排放量（万吨） Volume of Industrial Solid Wastes Discharged (10000 ton)	862.17	570.00	74.00	315.60	315.44	39
执业律师人数（人） Number of Full-time Lawer (person)		1816	3264	5692	6241	5870
公证人员数（人） Number of Notary (person)		550	909	1210	1247	1240
人民调解委员会调解人员数（人） Number of Mediator of People's Mediation Committees (person)		180827	219082	285288	287750	290239
交通事故发生数（起） Number of Traffic Accident (case)			25909	42115	39574	39086
交通事故损失折款（万元） Losses of Traffic Accidents Coverted into Cash (10000 yuan)			5044	28700	26554	26517
火灾事故发生数（起） Number of Fire (case)			1725	1254	1426	3563
火灾事故损失折款（万元） Losses of Fires Coverted into Cash (10000 yuan)			9102	17419	14442	10745

18-2 体育事业情况

STATISTICS ON SPORTS

指标	Item	1990	1995	1996	1997
体委系统年末职工人数(人)	Number of Staff and Worker in Sports Commission Year-end (person)	7392	8730	9184	9290
运动员	Athlete	1296	1043	1113	1156
专职教练员	Full-time Coach	1455	1464	1475	1479
专职文化教师	Full-time Teacher for Iteracy Class	362	644	630	666
科技人员	Scientific and Technical Personnel	63	76	77	48
宣传出版人员	Propaganda and Publishing Personnel	22	17	17	28
医务人员	Medical Personnel	142	163	155	173
管理人员	Administrative Personnel	2188	2743	2879	2976
其他人员	Others	1864	2580	2838	2764
群众体育活动开展情况	Activities of Mass Sports				
举办各级运动会次数(次)	Number of Sports Meets Held at all Levels (time)	8555	9503	20031	20034
#县区级及以上	Held AT and Above County Level	2910	2514	4704	4708
参赛运动员人数(万人次)	Number of Athlete Attending Sports Meets (10000 person-time)	227.30	319.13	480.65	481.07
#县区级及以上(万人)	Athletes Attending Sports Meets at and Above Ciunty (District) Level (10000 person)	128.33	130.62	234.93	235.29
达到《国家体育锻炼标准》人数(万人)	Number of Person Reached the State Physical Training Standards (10000 person)	488.92	716.67	965.28	995.13
优秀数	Excellent	89.17	149.60	208.75	225.84
良好数	Good	204.63	278.43	372.10	377.84
及格数	Pass	195.12	288.65	384.43	391.45
体育比赛成绩 (人)	Achievement in Sports Tournament (person)				
破世界纪录 (项)	World Records Chalked up (item)	9	3	3	6
获世界冠军 (个)	World Championships Won (item)	14	31	23	12
破亚洲纪录 (项)	Asia Kecords Chalked up (item)	4	3	2	7
破全国纪录 (项次)	National Records Chalked up (item)	28	10	16	11
获得全国冠军(项次)	National Championships Won (items)	92	113	107	88.5

18-3　卫生事业机构、床位及人员数

NUMBER OF HEALTH INSTITUTION, BED AND PERSONNEL BY YEAR

年份 Year	机构 (个) Health Institution (unit)	#医院及卫生院 Hospital	床位 (张) Bed (unit)	#医院及卫生院床位 Hospital Bed	卫生工作人员 (人) Medical Personnel (person)	#卫生技术人员 Medical Technical Personnel
1950	512	180	11037	9785	40445	36952
1952	1500	183	15984	12467	51961	45554
1957	4823	212	23486	16864	78471	67330
1962	13783	921	50733	37150	99268	83353
1965	12875	1807	54271	43964	100137	83036
1970	5934	1844	66448	54184	105643	86023
1975	5970	1858	80960	75311	137755	108973
1978	6949	1968	90645	84120	159583	126606
1979	7304	1974	91955	85144	171703	136568
1980	7649	1988	92506	84999	181480	144537
1981	8045	2002	94794	87010	191370	151971
1982	8331	2014	97441	88688	202162	160710
1983	8443	2037	100042	90851	208506	166543
1984	8525	2042	103231	93770	213193	170495
1985	8479	1853	107702	98231	220593	175337
1986	8713	1860	110022	99632	225526	180045
1987	8705	1880	114773	104932	230444	184126
1988	8820	1906	119328	109280	234807	187307
1989	8948	1886	122055	111816	240581	192147
1990	8989	1885	124015	114056	244039	194771
1991	9032	1906	129774	119079	249717	199051
1992	8989	1943	135527	124835	257043	205110
1993	8572	2198	139812	129317	267432	211874
1994	8720	2231	144865	134334	277398	220153
1995	8848	2267	148825	137756	288715	229894
1996	8921	2319	151553	141221	296108	237623
1997	8942	2348	155313	144496	305562	245862

18-4 卫生事业机构、床位和人员数(1997年)
NUMBER OF HEALTH INSTITUTION, BED AND PERSONNEL BY TYPE OF INSTITUTION (1997)

机构类别	Type of Institution	机构数(个) Number of Institution	床位数(张) Bed	人员数(人) Personnel	#卫生技术人员 Medical Technical Personnel	#医生 Docter
合计	Total	8942	155313	305562	245862	103812
医院	Hospital	2348	144496	241114	194908	74329
县及县上医院	Hospital at and Above County Level	692	102448	158284	123592	45326
其他医院	Other Hospital	12	971	1184	930	337
卫生院	Commune Hospital	1644	41077	81646	70386	28666
疗养院、所	Sanatorium	41	5900	2428	1226	418
门诊部、所	Clinic	5732	364	21579	20194	11331
专科防治所、站	Specialized Prevention and Treatment Station	166	1300	5466	4200	1957
卫生防疫机构	Sanitation and Antiepidemic Institution	180		10304	7985	4969
妇幼保健机构	Maternity and Children Care Center	43	175	1208	982	506
药品检验机构	Medicine and Chemical Reagent Test Lab	102		1003	742	22
医学科学研究机构	Research Institution of Medical Science	21	258	1201	867	367
高等医学教育机构	Institution of Higher Medical Education	7		5067	1847	1375
中等医学教育机构	Institution of Secondary Medical Education	87		3825	1724	994
其他卫生事业机构	Other Health Care Institution	215	2820	3446	2266	868
个体开业	Individual-Run Medical Unit			8921	8921	6676

18-5 各市卫生事业机构、床位和人员数
NUMBER OF HEALTH INSTITUTION, BED AND PERSONNEL BY CITY (1997)

市别 City	机构数(个) Number of Institution	#医院及卫生院 Hospital	床位数(张) Bed	#医院及卫生院床位 Bed in Hospital	卫生工作人员(人) Medical Personnel	#卫生技术人员 Madical Technical Personnel	医生(人) Doctor	#中医 Traditional Chinese Medicine Doctor
广州 Guangzhou	2036	225	35336	30102	70495	53869	22957	4142
深圳 Shenzhen	642	78	8288	7963	18095	14474	7001	868
珠海 Zhuhai	187	36	2752	2420	5731	4648	2092	338
汕头 Shantou	127	77	6956	6869	14939	12106	5391	1422
韶关 Shaoguan	626	194	8423	7755	15180	12176	4983	777
河源 Heyuan	239	129	3782	3566	8349	7097	2765	651
梅州 Meizhou	504	197	7423	7021	15619	12792	5294	1445
惠州 Huizhou	260	113	5495	5495	11595	9336	3590	682
汕尾 Shanwei	122	67	2352	2316	6465	5237	2270	676
东莞 Dongguan	136	43	5505	5505	7343	6332	2636	390
中山 Zhongshan	178	42	3704	3704	5870	4990	2068	355
江门 Jiangmen	625	127	8686	8282	16514	13720	5624	1059
佛山 Foshan	727	82	11577	10793	19676	16216	6733	1116
阳江 Yangjiang	170	66	3357	3324	6149	5071	2116	395
湛江 Zhanjiang	525	162	11803	11529	21929	17007	7182	1581
茂名 Maoming	461	146	8026	7472	13957	11559	4800	1316
肇庆 Zhaoqing	444	141	6453	5920	12805	10149	3977	757
清远 Qingyuan	402	165	5388	5324	10698	9126	4006	775
潮州 Chaozhou	145	66	2128	2033	7004	5887	2389	841
揭阳 Jieyang	174	103	4769	4253	11001	9031	4130	1312
云浮 Yunfu	212	89	3110	2868	6148	5039	1808	453

18-6 卫生事业机构、床位和人员数

NUMBER OF HEALTH INSTITUTION, BED AND PERSONNEL

项目	Item	1980	1985	1990	1995	1996	1997
一、机构数(个)	Institution (unit)	7649	8479	8989	8848	8921	8942
医院	Hospital	1988	1853	1885	2267	2319	2348
县及县以上医院	Hospital at and Above County Level	358	464	547	637	672	692
其他医院	Other Hospital	124	3	7	28	10	12
卫生院	Commune Hospital	1506	1386	1331	1602	1637	1644
疗养院、所	Sanatorium	37	53	50	44	42	41
门诊部、所	Clinic	4998	5917	6353	5737	5764	5732
专科防治所、站	Specialized Prevention and Treatment Station	123	148	152	165	165	166
卫生防疫机构	Sanitation and Antiepidemic Institution	112	127	149	177	174	180
妇幼保健机构	Maternity and Child Care Center	65	58	63	67	48	43
药品检验机构	Medicine and Chemical Reagent Test Lab	79	87	95	99	102	102
医学科学研究机构	Research Institution of Medical Science	14	15	17	20	20	21
高等医学教育机构	Institution of Higher Medical Education	7	8	7	8	8	7
中等医学教育机构	Institution of Secondary Medical Education	14	21	31	85	86	87
其他卫生事业机构	Other Health Care Institution	212	192	187	179	193	215
二、床位数(张)	Number of Bed (unit)	92506	107702	124015	148825	151553	155313
三、人员数(人)	Number of Personnel (person)	181480	220593	244039	288715	296108	305562
卫生技术人员	Medical Technical Personnel	144537	175337	194771	229894	237623	245862
#医生	Doctor	55117	65567	81067	98877	101280	103812
中医	Traditional Chinese Medicine Doctor	14777	18440	20266	21857	21598	21351
西医师	Doctor of Western Medicine	25817	31900	44107	56926	59292	61903
西医士	Paramedic of Western Medicine	14523	15227	16694	20094	20390	20558
护师、护士	Senior and Junior Nurse	26058	33854	48454	64504	68494	72745
其他技术人员	Other Technical Peresonnel	1342	1941	4065	6728	6991	7575
管理人员	Managerial Personnel	16325	19377	18554	22944	23260	23691
工勤人员	Rear-service Personnel	19276	23938	26649	29149	28234	28434

18-7 优抚和社会救济、福利事业情况

STATISTIC ON SPECIAL CARE, SOCIAL RELIEF AND WELFARE

项目	Item	1980	1985	1990	1995	1996	1997
一、优抚事业	**Special Care**						
优抚收养性事业单位数（个）	Number of Special Care unit (unit)	28	26	40	58	61	58
民政部门办	Run by Civil Administration Departments	28	26	31	38	38	39
集体部门办	Run by Collecfive Units			9	20	23	19
优抚收养性单位收养人数(人次)	Number of Person Adopted by Special Care Units (person-time)	697	1149	1556	1918	1781	1667
民政部门收养人数	Number of person Adopted by Civil Administration Departments	697	1139	1515	1694	1484	1538
集体部门收养人数	Number of Person Adopted by Collective Units		10	41	224	297	129
优抚事业费用（万元）	Expenses of Special Care (10000 yuan)	1404	4686	12250	30749	36890	42794
民政部门支出	Expenses of Civil Affairs	1404	2319	5941	16003	18414	20653
群众优待	Mass Special Care		2367	6309	14746	18476	22141
二、社会救济	**Social Relief**						
社会困难救济人数(万人次)	Number of Person Receiving Relief Funds (10000 person-time)	232.5	214.2	166.4	243.0	225.4	153.4
年末社会散居孤老残幼人数(万人)	Number of Orphan, Disabled, Elderly and Young Persons Scatteredly Lived in Society (10000 person)	12.67	14.90	17.00	17.16	17.38	17.20
#国家定期定量救济	Periodical and Fixed Government Relief Funds		1.70	2.40	2.78	2.90	2.75
集体供给	Collective Subsidies	10.90	10.60	12.20	13.32	13.53	10.79
社会救济福利事业费(万元)	Expenses for Social Relicf and Welfare (10000 yuan)	2417	2900	6418	18975	23250	29630
自然灾害救济费（万元）	Relief Funds for Natural Calamities (10000 yuan)	2015	4643	2679	10356	11683	12764
三、社会福利	**Social Welfare**						
社会福利事业单位数（个）	Number of Social Welfare Institution (unit)	463	872	1313	1887	1965	2010
民政部门办	Run by Civil Administration Departments	37	47	53	70	70	72
集体部门办	Run by Collectire Units	426	825	1260	1817	1895	1938
社会福利事业单位收养人数(人)	Number of People Taken in by Social Welfare Institations (person)	6091	12624	21810	37364	41166	43339
民政部门	Run by Civil Administration Departments	3037	3294	4312	6437	6439	7420
集体单位	Run by Collective Units	3054	9330	17498	30927	34727	35919
社会福利企业单位（个）	Number of Social Welfare Enterprese (unit)	60	415	1506	4440	4151	2837
安排“四残”人员就业数（人）	Number of “Four Kinds of Disabl-Disabled Persons” Arranged to Get Job (person)	2927	5995	17801	20365	20175	18943
民政部门安排人数	Arranged by Civil Administration Departments	2927	3627	4649	5025	4701	4548
集体单位安排人数	Arranged by Collective Units		2368	13152	15340	15474	14395
四、城乡基层社会保障	**Urban and Rural Social Security**						
农村建立社会保障网络乡镇数(个)	Number of Town with the Social Security Net (unit)			225	1223	1354	1510
城镇社区服务设施数（个）	Number of Community Service Facility in Urban Welfare (unit)			4985	2505	2885	3649

18-8 婚姻登记情况

STATISTICS ON MARRIAGE REGISTRATION

项　　目	Item		1990	1995	1996	1997
一、国内结婚登记	**Domestic Marriage Registation**					
准予登记结婚(对)	Registered Marriage	(couples)	491936	583852	588436	596627
#恢复结婚	Resuming of Marrjage		790	753	664	1408
初婚人数(人)	First Marriage	(person)	963070	1143110	1150767	1158622
再婚人数(人)	Number of Remarriage	(person)	20802	24594	26105	34632
男　性	Male		10652	13682	14872	18520
女　性	Female		10150	10912	11233	16112
晚 婚 率(%)	Late-Marriage Rate	(%)	68.3	71.3	71.7	72.0
二、涉外结婚登记	**Marriage Registration Concerning Foreigner**					
准予登记结婚 (对)	Registered Marriage	(couples)	14661	12837	12634	12114
准予登记结婚人数(人)	Number of Person Registered	(person)	29322	25674	25268	24228
初婚人数	Number of First Marriage		26723	22358	21506	20132
再婚人数	Number of Remarriage		2599	3316	3762	4096
国内公民	Domestic Citizen		14660	12837	12549	12112
男　性	Male		1005	1272	1566	2017
女　性	Female		13655	11565	10983	10095
港澳同胞	Compatriot in Hongkong and Macao		10730	8060	8091	7356
台湾同胞	Compatriot in Taiwan		63	652	762	1020
华　侨	Overseas Chinese		2224	2032	1863	1724
外籍华人	Foreign Nationality Chinese		1476	1851	1738	1740
外 国 人	Foreigner		169	242	265	276
三、离婚登记 (对)	**Divorce Registration**	**(couples)**				
民政部门受理离婚申请	Divorce Application Examined by Civil Administration Departments		16084	21490	22559	23776
#涉外婚姻	Divorce Concerning Foreigner		798	368	593	590
法院受理离婚案件	Divorce Case Accepted and Heard by Law Court		27060	31781	32163	33734
准予登记离婚总数	Total Number of Registered Divorce		25846	34175	37876	39848
民政部门办理离婚	Handle Divorce Through Civil Administration Departments		8659	13181	14911	15738
#涉外婚姻	Divorce Concerning Foreigner		248	299	425	407
法院调解离婚	Divorce Through Law Court Mediation		12301	13101	14080	14207
法院判决离婚	Divorce Through Law Court Judgment		4886	7893	8885	9903

18-9 环境保护基本情况

BASIC STATISTICS ON ENVIRONMENTAL PROTECTION

项　目	Item	1990	1995	1996	1997
一、废　水	Waste Water				
废水排放总量　（万吨）	Total Volume of Waste Water Discharged (10000 ton)	251262	381657	371405	418924
#生活污水	Domestic Sewage	111012	212369	212222	293449
工业废水	Industrial Waste Water	140250	160979	150874	125475
废水中COD排放量（万吨）	Volume of COD Emission in Waste Water (10000 ton)	69.50	112.36	106.30	95.16
工业废水处理率　（%）	Rate of Industrial Waste Water Treated (%)	56.80	77.08	80.21	85.30
工业废水处理回用率（%）	Rate of Industrial Waste Water Recovered (%)		43.41	49.79	45.0
工业废水排放达标率（%）	Rate of Industrial Waste Water Reached Discharge Standards (%)	47.08	56.34	57.73	56.7
二、废　气	Waste Gas				
工业废气排放总量（亿标立米）	Total Volume of Industrial Waste Gas Emission (100 million m^3)	3588	8510	8158	6040
燃烧废气	From the Burning Process of Fuels	1938	4570	4682	3645
工艺废水	From the Process of Production	1650	3940	3476	2395
工业废气治理率　（%）	Rate of Industrial Waste Gas Treated (%)	75.50	77.83	77.00	88.1
燃烧废气消烟除尘率	Rate of Burning Waste Gas with Soot and Dust Removed	81.70	76.46	75.90	88.5
工艺废气净化处理率	Rate of Waste Gas Purified	68.20	79.42	78.50	87.6
二氧化硫排放总量（万吨）	Total Volume of Sulphar Dioxide Emission (10000 ton)	39.64	75.31	76.25	69.3
#工业二氧化硫	Industrial Sulphur Dioxide	39.64	74.10	73.07	65.07
工业烟尘排放量　（万吨）	Volume of Industrial Soot Emission (10000 ton)	21.92	57.70	56.83	35.14
工业烟尘去除量　（万吨）	Volume of Industrial Soot Removed (10000 ton)	186.98	444.32	437.56	404.7
工业烟尘去除率　（%）	Rate of Industrial Soot Removed (%)	89.51	88.51	88.51	95.4
工业粉尘产生量　（万吨）	Volume of Industrial Dust Produced (10000 ton)	167.89	370.43	308.35	325.85
工业粉尘排放量　（万吨）	Volume of Industrial Dust Emission (10000 ton)	41.72	140.50	120.54	116.92
工业粉尘回收率　（%）	Rate of Industrial Dust Retrieved (%)	75.15	62.07	60.90	64.12
三、工业固体废物	Industrial Solid Wastes				
固体废物产生量　（万吨）	Volume of Industrial Solid Wastes Produced (10000 ton)	1678	2209	2094	1506
固体废物排放量　（万吨）	Volume of Industrial Solid Waste Discharged (10000 ton)	74	316	315	39
固体废物综合利用率（%）	Rate of Solid Wastes Utilized in a Comprehensive Way(%)	33.70	49.48	46.90	56.8
固体废物综合治理率（%）	Rate of Solid Wastes Treated in a Comprehensive Way (%)	43.03	63.06	70.60	79.92
四、工业"三废"综合利用	Comprehensive Utilization of Industrial Waste Water, Waste Gas and Solid Wastes				
综合利用产品产值（万元）	Output Value of Products Made from Comprehensive Utilization of Waste Gas, Waste Water and Solid Wastes (10000 yuan)	31624	129418	144311	111126
综合利用利润　（万元）	Profits Obtained from Comprehensive Utilization of Waste Water, Waste Gas and Solid Wastes (10000 yuan)	7762	25000	27235	25351

续表 continued

项　　目	Item	1990	1995	1996	1997
五、工业"三废"治理设施	**Number of Facility for Treatment of Industrial Waste Water, Waste Gas and Solid Wastes**				
工业废水处理设施施总数(套)	Number of Facility for Treatment of Waste Water (unit)	3336	10347	10391	5259
工业废水治理设施总投资(万元)	Total Investment of Facilities for Treatment of Waste Gas (10000 yuan)	80183	357613	443328	344381
工业废气治理设施总数 (套)	Number of Facility for Treatment of Waste Gas(set)	5766	10669	9083	8998
工业废气治理设施总投资(万元)	Total Investment of Facilities for Treatment of Waste Gas (10000 yuan)	45450	179568	248904	284788
六、企事业单位污染治理	**Pollution Treated By Enterprises and Institutions**				
污染治理资金 (万元)	Fund for Polluation Treatment (10000 yuan)	18331	30007	53820	53797
国家预算内基本建设 (万元)	Investment in Capital Construction of State Budgetory Appropriations (10000 yuan)	2496	4852	15447	1317
国家预算内更新改造 (万元)	Investment in Innovation of State Budgetory Appropriations (10000 yuan)	2839	1529	572	233
综合利用利润留成 (万元)	Profit Sharing from Wastes Comprehensive Utilization (10000 yuan)	302	693	1417	1528
环境保护补助 (万元)	Environmental Protction Subsidies (10000 yuan)	4789	2460	2611	2503
其他资金 (万元)	Other Fund (10000 yuan)	7905	20473	33773	48216
当年安排治理项目 (个)	Number of Project for Pollution Treatment in the Year (unit)	1108	665	432	464
当年竣工项目数 (个)	Number of Project Completed in the Year (unit)	1110	861	481	529
七、自然保护区情况	**Natural Reserves**				
自然保护区数 (个)	Number of Natural Reservation (unit)	42	32	32	38
自然保护区面积 (平方公里)	Area of Natural Reservations (km^2)	1060	4108	4108	4457
八、环境管理	**Environmental Management**				
环保投资占GDP比重 (%)	Rate of Investerment in Environmental to GDP (%)	0.37	0.64	1.28	1.27
当年制定环保法规及标准 (件)	Number of Environment Protection Law, Regulation, Standard Drawn up in the Year	5	1	7	14
当年排污收费总额 (万元)	Total Fee for Discharging Waste and Fines for Pollution (10000 yuan)	9786	45953	48410	50500
环境影响评价制度执行率 (%)	Execution Rate of Environmental Influence Evaluation System (%)		87.93	94.98	95.3
当年"三同时"制度执行率(%)	Execution Rate of "Three Same Time" System (%)	82.42	86.02	93.30	94.2
当年完成限期治理项目数 (项)	Number of Pollution Treatment Project Completed within a Term of the Year		179	304	321
当年完成限治项目投资额(万元)	Investment of Pollution Treatment Project Completed Within a Term of the Year (10000 yuan)		6779	28670	20005
建成烟尘控制区总数 (个)	Number of Soot Control Region Completed (unit)		190	217	204
建成烟尘控制区面积(平方公里)	Area of Soot Control Regions Completed (km^2)		805	1184	1249
建成噪声达标区总数 (个)	Number of Noise Control Region Reached Standards (unit)		81	140	190
建成噪声达标区面积(平方公里)	Area of Noise Control Regions Reached Standards (km^2)		234	431	736
九、环保系统自身建设情况	**Statistics on Environmental Protection Agencies**				
年末机构数 (个)	Number of Agency at Year-end (unit)	333	461	571	684
环境监测站数 (个)	Number of Environmental Monitoring Station (unit)		111	117	122
年末实有人数 (人)	Number of Pesonnel at Year-end (person)	3337	5286	5805	6379

注：1997年分别指标的统计范围只包括部分乡镇企业。
Note: The figures in 1997 only included a part of the township enterprises.

18-10 各市"三废"排放及治理情况(1997年)

STATISTICS ON DISCHARGE AND TREATMENT OF WASTE WATER, WASTE GAS AND SOLID WASTES BY CITY (1997)

市别 City	废水排放总量(万吨) Total Volum of Waste Water Discharged (10000 ton)	#工业废水 Industrial Waste Water	工业废水处理率(%) Rate of Industrial Waste Water Treated (%)	工业废气排放总量(亿标立米) Total Volume of Industrial Waste Gas Emission(100 million m³)	工业废气治理率(%) Rate of Industrial Waste Gas Treated (%)	二氧化硫排放总量(万吨) Total Volume of Sulphur Dioxide Emission (10000 tons)	#工业二氧化硫 Industrial Sulphur Dioxide
广州 Guangzhou	105327	26764	87.3	1587.4	90.7	14.73	14.22
深圳 Shenzhen	44781	2666	98.3	348.2	97.6	2.05	2.05
珠海 Zhuhai	11238	3741	73.2	99.0	99.9	0.77	0.76
汕头 Shantou	16596	4003	81.4	137.4	89.3	1.81	1.81
韶关 Shaoguan	22581	13130	93.6	478.7	86.3	4.59	4.35
河源 Heyuan	6796	1048	51.5	32.0	65.1	0.54	0.19
梅州 Meizhou	4849	1489	87.3	277.3	91.8	1.52	1.40
惠州 Huizhou	9737	1981	90.5	64.0	72.6	1.69	0.22
汕尾 Shanwei	10127	546	23.9	9.8	57.5	0.67	0.20
东莞 Dongguan	29370	8930	86.2	717.6	94.5	10.38	10.37
中山 Zhongshan	10400	5905	88.7	57.1	96.6	0.91	0.78
江门 Jiangmen	20878	10689	65.7	267.2	89.1	2.87	2.79
佛山 Foshan	32488	12931	93.4	761.8	95.4	10.39	10.25
阳江 Yangjiang	6865	1116	88.5	43.7	77.7	0.51	0.48
湛江 Zhanjiang	22547	8947	60.7	297.0	86.8	3.68	3.52
茂名 Maoming	18448	8045	73.1	321.8	45.9	3.30	3.30
肇庆 Zhaoqing	12643	5275	79.6	134.1	89.6	3.56	3.34
清远 Qingyuan	10859	4473	91.6	202.1	84.0	1.50	1.37
潮州 Chaozhou	5304	596	82.2	49.6	33.8	0.44	0.40
揭阳 Jieyang	9575	723	80.0	6.4	65.9	1.13	1.06
云浮 Yunfu	7515	2477	97.1	147.9	90.1	2.27	2.22

市别 City	工业烟尘排放量(万吨) Volume of Industrial Soot Emission (10000 tons)	工业烟尘去除率(%) Rate of Industrial Soot Removed (%)	工业粉尘排放量(万吨) Volume of Industrial Dust Emission (10000 tons)	工业粉尘回收率(%) Rate of Industrial Dust Recovered (%)	工业固体废物产生量(万吨) Volume of Industrial Soild Waste Produced (10000 tons)	工业固体废物排放量(万吨) Volme of Industrial Soild Waste Emission (10000 tons)	工业固体废物治理率(%) Rate of Industrial Soild Waste Treated (%)
广州 Guangzhou	3.92	97.3	20.91	93.7	308.32	1.59	93
深圳 Shenzhen	0.24	98.9	0.01	99.0	35.58	0.02	100
珠海 Zhuhai	0.82	88.8	0.17	65.3	14.97	0.07	100
汕头 Shantou	0.37	98.8	0.05	80.7	32.27		100
韶关 Shaoguan	4.63	94.8	7.74	81.9	380.31	23.68	71
河源 Heyuan	0.29	5.3	2.59	51.0	18.76	0.13	53
梅州 Meizhou	1.89	95.2	13.69	73.7	19.10	2.24	55
惠州 Huizhou	0.07	55.6	18.55	61.1	24.10	0.04	95
汕尾 Shanwei	0.04	3.9	0.02	20.2	4.46	1.22	73
东莞 Dongguan	3.03	98.7	5.28	93.1	123.80	0.21	32
中山 Zhongshan	0.19	95.5	0.01	99.2	11.62	0.12	99
江门 Jiangmen	2.25	83.5	8.83	78.2	41.54	1.89	94
佛山 Foshan	2.41	89.4	8.28	81.5	87.89	1.42	98
阳江 Yangjiang	0.94	69.9	4.13	35.7	34.03	0.35	55
湛江 Zhanjiang	2.10	95.5	2.23	72.9	104.74	1.91	95
茂名 Maoming	6.15	39.4	8.79	61.2	26.75	0.86	93
肇庆 Zhaoqing	1.07	62.3	5.55	76.9	55.32	0.13	64
清远 Qingyuan	1.25	87.7	7.42	68.7	51.5	0.89	68
潮州 Chaozhou	0.32	15.9		98.2	3.36	0.04	99
揭阳 Jieyang	1.61	73.7	0.02	0.78	0.01	98
云浮 Yunfu	1.55	92.5	2.66	84.4	77.17	2.19	96

注:废水排放总量、工业废水排放量等绝对指标的全省总数在统计时做了修正,故分市合计数可能与之略有出入。

Note: Some indicators such as total volume of waste water, volume of idustrial waste water discharged, had been revised, so the province total dos′nt equal to cities′ sum.

18-11 律师、公证、基层司法及法学教育基本情况

BASIC STATISTICS ON LAWYER, NOTARIZATION, BASIC LEVEL JUDICAL WORK AND LAW EDUCATION

项目	Item	1981	1985	1990	1995	1996	1997
一、律师工作	**Lawyer**						
律师事务所 （个）	Number of Law Office	67	146	236	564	625	665
执业律师 （人）	Number of Full-time Lawyer	246	1816	3264	5692	6241	5870
担任常年法律顾问（家）	Number of Unit Responsible for Permanent Legal Advisor		1579	7774	16414	15607	20959
民事代理 （件）	Agent of Civil Case (case)	434	5523	22203	17460	18270	19933
非诉讼事件 （件）	Agent of Non-litigious Legal Affair (case)	147	3933	16066	33579	35210	40491
刑事辩护 （件）	Defender of Criminal Case (case)	1469	3557	11647	8755	9772	11884
涉外法律事务 （件）	Agent of Foreign-related Legal Affair (case)		1662	4217	4514	7589	6150
#涉外经济法律事务	Agent of Foreign-retated Economic Legal Affair		608	936	312	911	1264
解答法律询问 （件）	Agent of Legal Advisory Service (case)	8235	44350	104735	74691	69732	110349
二、公证工作	**Notarization**						
公证处 （个）	Number of Notary Office	99	119	135	142	143	142
公证人员 （人）	Number of Notarial Personnal	274	550	909	1210	1247	1240
办结公证总数 （件）	Number of Notarized Documents (case)	69180	200022	611321	705022	830684	752003
#国内民事公证	Domestic Civil Case Natarization	3740	19616	132135	209053	238213	218871
国内经济公证	Domestic Economic Notarization	136	91074	124049	192569	218468	178134
涉外民事经济公证	Foreign-related Civil Economic Notarization	65304	89332	355137	303400	374003	354998
协助调入非贸易外汇（万元）	Assisting to Transfer Non-trade Exchange in (10000 yuan)	377.4	1632	4385	12834	4121	12402
三、基层司法工作	**Basic Level Judical Work**						
法律服务所 （个）	Number of Law Serrice		1154	1816	1899	1902	1915
法律服务所人员 （人）	Number of Law Service Personnel		2837	5553	5974	6048	6077
担任法律顾问 （家）	Number of Unit Responsible for Legal Advisor		220	12945	30292	28832	62195
民事诉讼代理 （件）	Agent of Civil Litigion (case)		1327	6137	12444	15197	15346
非诉讼代理 （件）	Agent of Non-litigion (case)		1470	62436	80212	81639	74376
帮助挽回经济损失（万元）	Assisting to Retrieve Economic Loss (10000 yuan)			15233	106835	149947	102346
人民调解委员会 （个）	Number of People's Mediation Commitee	25290	27696	32076	31811	31862	31213
调解人员 （人）	Number of Mediator	151685	180827	219082	285288	287750	290239
调解纠纷总数 （件）	Number of Dispute Mediated (case)	229962	237610	184231	170165	160959	152079
四、法学教育 （人）	**Education in Law**						
普通成人高等法学教育	Adult Higher Education in Law Education						
招生数	Number of New Student Enrollment		8025	3747	4698	2500	3353
在校生数	Number of Student Enrollment		7420	9746	11445	15360	17779
毕业生数	Number of Graduate		639	919	1306	1076	1261
普通成人中等法学教育	Adult Secondary Education in Law Education						
招生数	Number of New Student Enrollment		500	855	2110	1935	
在校生数	Number of Student Enrollment		749	2475	5127	5095	
毕业生数	Number of Graduate		199	2065	1054	1367	

18-12　交通事故发生情况(1997年)
BASIC STATISTICS ON TRAFFIC ACCIDENTS (1997)

项　目 Item	合　计 Total	按事故发生程度分 By Serious Degree of Traffic			按事故发生地区分 By Region of Traffic Accident Occurred	
		特　大 Extraord-inarily Serious	重　大 Serious	一　般 Ordinary	城　市 City	郊区、县 Suburb, County
发　生　(起) Traffic Accident (case)	39086	290	7276	31520	12366	26720
死　亡　(人) Number of Death	7617	496	7121		1588	6029
受　伤　(人) Number of Injured Person	32882	910	4254	27718	9331	23551
损失折款 (万元) Losses Coverted into Cash (10000 yuan)	26517.38	3393.06	5881.57	17242.75	6829.95	19687.43
平均每起事故损失(元) Everage Loss Per Traffic Accident (yuan)	6784	117002	8084	5470	5523	7368

18-13　火灾事故发生情况(1997年)
BASIC STATISTICS ON FIRES (1997)

项　目 Item	合　计 Total	特　大 Extraord-inarily Serious	重　大 Serious	一　般 Ordinary
发　生　(起) Fire (case)	3563	6	79	3478
死　亡　(人) Number of Death	201		99	102
受　伤　(人) Number of Injured person	414	9	106	299
损失折款 (万元) Losses Converted into Cash (10000 yuan)	10745.4	1611	3066.7	6067.7
平均每起事故损失(元) Everage Loss Per Fires (yuan)	30158	2685053	388185	17446

主要统计指标解释

卫生技术人员 指卫生事业机构支付工资的全部固定职工和合同制职工现任职务为卫生技术工作的专业人员。包括中医师、西医师、中西医结合高级医师、护师、中药师、西药师、检验师、其他技师、中医士、西医士、护士、助产士、中药剂士、西药剂士、检验士、其他技士、其他中医、护理员、中药剂员、西药剂员、检验员,其他初级卫生技术人员。

医生 指经卫生部门审查合格,从事医疗工作的专业人员。分为中医医生和西医医生。包括卫生技术人员中的中医师、医医师、中西医结合高级医师、中医士、西医士和其他中医。

社会福利事业单位 指集中收养社会孤、老、残、幼的机构。包括由民政部门管理的社会福利院、儿童福利院、精神病人福利院和城镇集体办的福利院、以及农村集体举办的敬老院。

社会福利事业单位收养人数 包括民政部门管理的和城镇及农村集体举办的社会福利事业单位中收养的老人、少年儿童、缺乏生活自理能力的残疾人员和精神病人。

律师 指受聘参加法律顾问处工作,提任法律顾问、刑（民）事代理人、刑事辩护人,办理非诉讼事件、解答法律询问,代写法律事务文书等主要从事律师事务的司法人员。包括公证员、助理公证员和在公证处工作的其他人员。

公证人员 指在国家公证机关依法办理公证事务的司法人员。包括文书系按司法部规定或批准的格式制作。包括国内公证和涉外公证两部分。其中国内公证分为经济合同公证和民事法律关系公证两大类。

办理公证文书 指公证处在一定时期内办结的公证文书件数。公证文书系按司法部规定或批准的格式制作。包括国内公证和涉外公证两部分。其中国内公证分为经济合同公证和民事法律关系公证两大类。

调解人员 在人民调解委员会担负调解民间一般民事纠纷和轻微违法行为所引起的纠纷的工作人员。包括调解委员会的委员和调解小组的调解员。

调解民间纠纷 指调解委员会依照法律规定,根据自愿原则,用说服教育的方法调解民间发生的有关民事权利和义务的争执,促成当事双方达到协议和谅解,解决纠纷。包括婚烟家庭纠纷,财产权益纠纷等,不包括法院受理调解的民事案件数。

废水排放总量 包括生产废水和生活污水。生产废水指企、事业单位在生产、科研过程中所有排放口向外环境排放的废水量总和。生活污水指城镇居民区和企、事业单位职工集中居住区排放的污水量。

工业废水排放总量 指经过工业企业厂区所有排放口排到企业外部的工业废水量。包括外排的直接冷却水、超标排放的矿井地下水和与工业废水混排的厂区生活污水,不包括外排的间接冷却水（清污不分流的间接冷却水应计算在内）。

废气排放总量 指燃料燃烧和生产工艺过程中排放的各种废气总量,以标准状态下每年万标立方米表示。

燃料燃烧过程废气排放量 指燃煤、燃油、燃气锅炉、锻造加热炉、退火炉和其它工业炉窑在燃烧过程（燃料和物料不混合的纯加热过程）中所排废气的总量。它可以根据烟气计算公式或经验计算公式求得。

经过消烟除尘的燃料燃烧废气量 指燃料燃烧过程中排放的废气经过消烟除尘装置净化、处理的量。

经过净化处理的生产工艺废气量 指生产工艺过程中排放的废气经过各种净化处理装置净化、处理的量。

工业粉尘排放量 指工业企业在生产工艺过程中排入的固体微粒总重量。如钢铁企业的耐火材料粉尘、焦化企业的筛焦系统粉尘、烧结机的粉尘、石灰窑的粉尘、建材企业的水泥粉尘等。不包括电厂排入大气的烟尘。

工业粉尘回收量 指经生产工艺废气净化处理装置回收的粉尘和尘泥量（包括干法和湿法）。不包括电厂的烟尘。通常情况下:

工业粉尘产生量 = 工业粉尘排放量 + 工业粉尘回收量

工业固体废物产生量 指工业企业在生产过程中产生的固体状、半固体状和高浓度液体状废弃物的总量,包括冶炼废渣、粉煤灰、沪渣、煤矸石、化工废渣、尾矿、放射性废渣和其它废渣等；不包括矿山开采的剥离废石和掘进废石（煤矸石呈酸性或碱性的废石除外）。酸性或碱性废石是指采掘的废石其流经水、雨淋水PH值小于4或PH值大于10.5者。

工业固体废物综合利用量 指已用作农业肥料、造田、生产建筑材料、筑路以及其它方式综合利用的固体废物量（包括当年利用往年的工业固体废物堆存量）。综合利用量由原产固体废物的单位统计。

“三废”综合利用产品产值 指工业企业回收利用“三废”作为主要原料生产的产品值。按国发(1985)117号文规定执行。

“三废”综合利用产品利润 指工业企业回收利用“三废”作为主要原料生产的产品自用或出售一所得的利润额。

Explanatory Notes on Main Statistical Indicators

Medical Technical Personnel refers to all permanent medical staff and workers employed by medical institutions, including doctors of Chinese and Western medicine, senior doctors who integrate traditional Chinese therapeutics with Western therapeutics in practice, senior nurses, pharmacists of Chinese and Western medicine, laboratory specialists, other specilists, paramedics of Chinese and Western medicine, nurses, midwives, druggists in Chinese and Western medicine, laboratory technicians, other technicians, other practitioners of Chinese medicine, nursing attendants, pharmacological workers of Chinese and Western medicine, laboratory workers, and other primary medical personnel.

Doctors refer to qualified professional medical workers approved to practice by public health departments. They are classified into doctors of Chinese medicine, doctors of Western medicine, senior doctors who integrate traditional Chinese therapeutics with Western therapeutics in practice, paramedics of Chinese medicine and Western medicine, and other specialists of Chinese medicine.

Social Welfare Institutions refer to institutions taking care of old people wiithout children, handicapped people and orphans. They include social welfare institutions run by civil affairs departments, children's welfare institutions, social welfare institutions for mental patients, and collective owned old people's homes in rural areas.

Number of People Taken in by Social Welfare Institutions refers to the number of old people, children, totally dependent handicapped people and mental patiests taken in by scoial welfare institutions run by civil affairs departments and those run by collective units in urban and rural areas.

Lawyers are legal workers who are employed full-time by legal counseling firms to act as legal advisers, agents in criminal or civil lawsuits, or defenders in criminal lawsuits, or to handle non-litigious legal affars, to advise on matters of law or to write legal papers for others. Both full-time and part-time lawyers are included.

Notary Personnel refers to judicial workers of the state notary offices handling notarization work according to law. They include notaries, assistant notaries, and other people working for notary offices.

Notarized Documents refer to the documents settled by notary offices in a year. The notarial documents are drawn up in accordance with the regulations of the Ministry of Justice, including domestic documents and foreign-related documents. Domestic documents are divided into two major categories: documents on economic contracts and documents on civil legal relations.

Mediators refer to workers on people's mediation committees responsible for mediating in civil disputes and cases of slight infraction of the law. They include members of the mediation committees and mediators of mediation groups.

Mediation of Civil Disputes refers to mediation committees' work in mediating in civil disputes concerning civil rights and duties through persuasion and education in accordance with the provisions of law on a voluntary basis, so as to solve disputes by helping the parties involved come to an agreement and understanding. These disputes include divorce cases and disputes over property ownership, but exclude the civil cases to be handled by the court.

Total Volume of Waste Water Discharged inculdes the volume of production waste water and domestic sewage. The production waste water refer to the total waste water discharged in the process of production and scientific research by enterprises and institutions, through all outlets to the outside environment. The domestic sewage refers to the sewage volume discharged in the urban residential areas and the residential areas of staff and workers of enterprises and institutions.

Volume of Industrial Waste Water Discharged refers to the volume of industrial waste water discharged, through all outlets to the outside of industrial enterprises, including waste water produced, direct-cooling water, underground water from mines that does not meet the standard of discharge, and the domestic sewage mixed up with industrial waste water when discharged, but excluding discharged indirect-cooling water.

Volume of Waste Gas Emission refers to waste gas emitted from burning of fuels and from production process, and is measured by 10,100 standard cubic meters each year under normal condition.

Volume of Waste Gas Emission from Burning of Fuels refers to the total volume of waste gas emitted from burning of fuels (the pure heating process not mixed with materials), such as burning of coal, burning of oil, gas fired－boiler, drying furnace, forge furnace, annealing furnace and other industrial furnaces, It can be calculated with gas－smoke formula and empirical formunla.

Volume of Waste Gas Emission from Burning of Fuels after Treatment refers to the volume of waste gas emitted from burning of fuels after the treatment of smoke prevention and dust control facilities.

Volume of Waste Gas Emission from Production Process after Treatment refers to the volume of waste gas emitted from production process after the treatment of various purifying facilities.

Industrial Dust Discharged refers to the total weight of solid dust discharged by industrial enterprises in the production process, such as dust of refractory materials from iron plants, dust from coke－screening system or from sintering machines of coking plants, dust from lime kilns, coment dust from building material of enterprises, etc., but excluding smoke and dust discharged by power plants.

Industral Dust Recovered refers to the volume of dust and dirt recovered through the treatment of purifying facilities of production (including dry and wet devices), but excluding the dust from electric power plants.

Industrial Dust Produced＝Industrial Dust Discharged＋Industrial Dust Recovered

Volume of Industrial Solid Wastes Produced refers to the total volume of solid, semi－solid or highconcentration liquid residues produced by industrial enterprises in their production process, including dangerous wasters, residues from melting, slag, powdered coal ash, gangue, chemical residues, tailings, radioactive residues and other residues, but excluding stripped or dug stones in mining (except gangue and acid or alkali stones which are stones washed or soaked by water with a PH value smaller than 4 or larger than 10.5)

Volume of Industrial Solid Waster Utilized in a Comprehensive Way refers to the volume of solid wastes utilized in a comprehensive way, such as the solid wastes utilized as fertilizers, building materials, for building up fields and making roads or for other purposes (including the volume of industrial solid wastes stored up in the previous years and utilized in the current year). Statistical data on utilization of industrial solid wastes are collected by solid wastes producing units.

Output Value of Products Made from Utilization of Waste Gas, Waste Water and Industrial Solid Waster refers to the value of products made by industrial enterprises using recovered waste water, waste gas or solid wastes as main raw materials, inaccordance with No. 117 Document (1985).

Profits Obtained from Utilization of Waste Water, Waste Gas and Industrial Solid Wastes refer to profits obtained from sales or own－consumption of products made by industrial enterprises using recoverd waste water, waste gas or solid wastes as main raw materials.

十九 经济地带主要指标

SPECIAL ECONOMIC REGIONS

简要说明

一、本篇主要包括：广东境内的经济特区、经济技术开发区、珠江三角洲经济区、山区县、东西两翼、少数民族县以及东莞、中山、顺德、南海四市等经济区域的主要统计指标数据。

二、本篇资料分别由广东省统计局综合处、贸易外经处和工业交通处负责整理、编辑。

三、资源来源：本篇资料根据国家统计局制定的各有关专业年度统计报表制度和广东省统计局制发的《县区国民经济主要指标年报》制度，由全省21个市统计局填报汇总而成。

四、本篇各项产值指标数据，由于各市汇总数不等于全省数，因此各经济地带产值指标汇总数，仅适合反映该地区发展变化情况。

SPECIAL ECONOMIC REGIONS

Brief Introduction

Ⅰ. The data in this chapter mainly include those of the special economic zones in Guangdong province, the economic and technological development zones in Guangdong Province, the economic zone of Pearl River Delta, hilly counties, the cities in the eastern and western regions, minority nationality autonomous counties as well as Dongguan, Zhongshan, Shunde and Nanhai.

Ⅱ. The data in this chapter are prepared by the Division of Integrated Statistics, the Division of Trade and Foreign Economic Statistics, the Division of Industrial and Transport Statistics, Statistical Bureau of Guangdong Province.

Ⅲ. Data sources:

The data in this chapter are tabulated and reported by the twenty-one Cities' statistical bureaus of Guangdong Province in accordance with the various annual statistical reporting schemes stipulated by the State Statistical Bureau and the "Annual Reporting Scheme of Main Indicators of National Economy of Counties and Districts under City Administration".

Ⅳ. The total output values of each economic region in this chapter only show its own development and changes because the total figures of these cities are not equal to those of the whole province.

19-1 经济特区主要经济指标(1997年)

MAIN ECONOMIC INDICATORS OF SPECIAL ECONOMIC ZONES (1997)

指标	Item	合计 Total	深圳 Shenzhen	珠海 Zhuhai	汕头 Shantou
土地面积 (平方公里)	Area (sq. km)	682.50	327.50	121.00	234.00
年末总人口 (万人)	Year-end Population (10000 Persons)	209.79	68.12	32.44	109.23
工业总产值(现行价) (亿元)	Gross Industrial Output Value (Current Prices) (100 million yuan)	1670.95	1134.22	334.16	202.57
工业销售产值(现行价)(亿元)	Sales Industrial Output Value (Current Prices) (100 million yuan)	1616.25	1099.15	324.87	192.23
工业增加值(现行价) (亿元)	Value Added of Industry (Current Prices) (100 million yuan)	498.95	385.22	68.11	45.62
农业总产值(现行价) (亿元)	Gross Agricultural Output Value(Current Prices) (100 million yuan)	39.95	27.09	4.14	8.72
国内生产总值(现行价) (亿元)	Gross Domestic Product (Current Prices) (100 million yuan)	1520.58	1130.10	192.70	197.78
年末职工人数 (万人)	Year-end Number of Staff and Workers (100 persons)	138.32	80.36	22.35	35.61
#国有单位	State-Owned Units	62.15	35.40	8.00	18.75
城镇集体单位	Urban Collective Owned Units	20.76	7.65	2.31	10.80
其他经济类型	Units of Other Type of Ownership	55.41	37.31	12.04	6.06
#"三资"企业	Enterprises of Joint Ventures, Cooperative Operation and Ventures Exclusively with Foreign Investment	46.11	29.91	10.80	5.40
职工工资总额 (亿元)	Total Wages of Staff and Workers(100 million yuan)	192.08	133.37	29.16	29.55
#国有单位	State-Owned Units	95.83	65.46	12.70	17.67
城镇集体单位	Urban Collective Owned Units	16.88	7.93	2.81	6.14
其他经济类型	Units of Other Type of Ownership	79.37	59.98	13.65	5.74
#"三资"企业	Enterprises of Joint Ventures, Cooperative Operation and Ventures Exclusively with Foreign Investment	63.30	46.43	12.00	4.87
客运量 (万人)	Passenger Traffic (10000 Persons)	12150.6	8514.00	2335.10	1301.50
旅客周转量 (万人公里)	Passenger-Kilometers (10000 Passenger-km)	1143284	828353	144479	170452
货运量 (万吨)	Freight Traffic (10000 tons)	7152.80	3853.00	2459.00	840.80
货物周转量 (万吨公里)	Freight Ton-Kilometers (10000 ton-km)	2525115	2317665	135043	72407
沿海港口货物吞吐量 (万吨)	Volume of Freight Handled in Coastal Ports (10000 tons)	5812	3357	1267	1188
全社会固定资产投资完成额(亿元)	Total Amount of Investment in Fixed Assets Completed (100 million yuan)	550.85	393.07	61.52	96.26
#基本建设投资	Invcstmcnt in Capital Construction	290.57	201.56	37.44	51.57
社会消费品零售总额 (亿元)	Total Retail Sales of Comsumer Goods (100 million yuan)	431.24	275.19	73.28	82.77
财政收入 (亿元)	Revenue (100 million yuan)	178.93	144.77	14.27	19.89
财政支出 (亿元)	Expenditure (100 million yuan)	178.03	142.64	18.95	16.44
外贸出口总额 (亿美元)	Total Exports (USD 100 million)	180.59	124.13	29.66	26.80
结汇收入 (亿美元)	Clearing Income (USD 100 million)			13.43	28.79
新签利用外资合同数 (宗)	Number of Through Newly Signed Contracts Utilization of Foreign Capital	2152	1504	299	349
合同规定利用外资额 (亿美元)	Volume of Foreign Capital to be Unitized Throgh Signed Contracts (USD 100 million)	26.47	14.05	9.78	2.64
实际利用外资 (亿美元)	Foreign Capital Actually Utilized(USD100 million	35.58	19.37	9.12	7.09
#外商直接投资	Foreign Direct Investment	18.76	7.26	5.06	6.44
城乡居民储蓄存款年末余额(亿元)	Year-end Outstanding Amount of Saving Deposit of Urban and Rural Residents (100 million yuan)	1052.44	707.67	177.67	167.10
接待过夜国际旅游者 (万人次)	Number of International Tourists Received to Stay Overnight (10000 persons)	185.73	114.60	56.49	14.64
#外国人	Foreigners	40.41	29.60	5.87	4.94

注: 深圳经济特区的工业增加值、农业总产值、国内生产总值、客运量、旅客周转量、货运量、货物周转量、沿海港口货物吞吐量、全社会固定资产投资完成额及财政收入、支出,含龙岗区和宝安区。

Note: The figures of value added of industry, gross agricultural output value, gross domestic product, passenger traffic, passenger-kilometers, freight traffic, freight ton-kilometers, volume of freight handled in coastal ports, total amount of investment in fixed assets completed, revnue and expenditures of Shenzhen Special Economic Zone include Longgang District and Baoan District.

19-2 经济特区利用外资(1997年)

UTILIZATION OF FOREIGN CAPITAL FOR SPECIAL ECONOMIC ZONES (1997)

指标	Item	合计 Total	深圳 Shenzhen	珠海 Zhuhai	汕头 Shantou
一、签订协议数(宗)	**Number of Signed Agreement (unit)**	**2152**	**1504**	**299**	**349**
对外借款	**Foreign Loans**	**96**		**91**	**5**
外国政府贷款	Foreign Government Loans				
国际金融组织贷款	Loans from International Financial Organizations				
出口信贷	Export Credit				
#卖方信贷	Seller's Credit				
外国银行商业贷款	Commercial Loan from Foreign Bank	96		91	5
对外发行债券	Bonds Issued Abroad				
外商直接投资	**Foreign Direct Investment**	**984**	**675**	**175**	**134**
合资经营企业	Joint Ventures	456	377	48	31
合作经营企业	Cooperative Operation	67	20	29	18
外资(独资)企业	Ventures Exclusively with Foreign Investment	459	276	98	85
外商投资股份制	Share Holding of Foreign Investment	2	2		
合作开发	Cooperative Development				
其他	Others				
外商其它投资	**Other Foreign Investment**	**1072**	**829**	**33**	**210**
对外发行股票	Shares Issued Abroad				
国际租赁	International Lease				
补偿贸易	Compensation Trade	1		1	
加工装配	Processing and Assembly	1071	829	32	210
#作价部份	The Parts Priced	44			44
二、协议利用外资(万美元)	**Amount of Utilization of Foreign Gapital Through Agreements (USD 10000)**	**264775**	**140537**	**97829**	**26409**
对外借款	**Foreign Loans**	**42280**		**39030**	**3250**
外国政府贷款	Foreign Government Loans				
国际金融组织贷款	Loans From International Financial Organizations				
出口信贷	Export Credit	42280		39030	3250
#卖方信贷	Seller's Credit	42280		39030	3250
外国银行商业贷款	Commercial Loan from Foreign Bank				
对外发行债券	Bonds Issued Abroad				
外商直接投资	**Foreign Direct Investment**	**179144**	**99028**	**57437**	**22679**
合资经营企业	Joint Ventures	77387	58861	14584	3942
合作经营企业	Cooperative Operation	33228	5033	18653	9542
外资(独资)企业	Ventures Exclusively with Foreign Investment	65846	32805	23846	9195
外商投资股份制	Share Holding of foreign Investment	2683	2329	354	
合作开发	Cooperative Development				
其他	Others				
外商其它投资	**Other Foreign Investment**	**43351**	**41509**	**1362**	**480**
对外发行股票	Shares Issued Abroad				
国际租赁	International Lease				
补偿贸易	Compensation Trade				
加工装配	Processing and Assembly	43351	41509	1362	480
#作价部份	The Parts Priced	42			42
三、实际利用外资(万美元)	**Amount of Foreign Capital Actually Used(USD 10000)**	**355859**	**193707**	**91228**	**70924**
对外借款	**Foreign Loans**	**102386**	**57095**	**39030**	**6261**
外国政府贷款	Foreign Government Loans				
国际金融组织贷款	Loans from International Financial Organizations				
出口信贷	Export Credit	14408	14408		
#卖方信贷	Seller's Credit				
外国银行商业贷款	Commercial Loan from Foreign Bank	87978	42687	39030	6261
对外发行债券	Bonds Issued Abroad				
外商直接投资	**Foreign Direct Investment**	**187684**	**72651**	**50637**	**64396**
合资经营企业	Joint Ventures	73541	39636	11902	22003
合作经营企业	Cooperative Operation	49343	10377	20336	18630
外资(独资)企业	Ventures Exclusively with Foreign Investment	64800	22638	18399	23763
外商投资股份制	Share Holding of Foreign Investment				
合作开发	Cooperative Development				
其他	Others				
外商其它投资	**Other Foreign Investment**	**65789**	**63961**	**1561**	**267**
对外发行股票	Shares Issued Abroad				
国际租赁	International Lease				
补偿贸易	Compensation Trade	25974	25961	13	
加工装配	Processing and Assembly	39815	38000	1548	267
#作价部份	The Parts Priced				

19-3 经济技术开发区主要经济指标(1997年)

MAIN INDICATORS OF ECONOMIC AND TECHNOLOGICAL DEVELOPMENT ZONES(1997)

指标 Item	合计 Total	广州 Guangzhou	湛江 Zhanjiang	大亚湾 Dayawan	南沙 Nansha
土地面积 (平方公里) Area (sq. km)	359.70	28.50	9.20	268.00	54.00
#已开发面积 (平方公里) Developed Area (sq. km)	42.58	18.60	5.20	9.98	8.80
年末总人口 (万人) Year-end Population (10000 persons)	19.59	5.10	5.10	6.36	3.03
工业总产值(现行价)(亿元) Gross Industrial Output Value (Current Prices) (100 million yuan)	305.77	227.12	56.29	4.73	17.63
#"三资"企业产值 Output Value of Joint Ventures, Cooperative Operation and Ventures Exclusively with Foreign Investment	257.51	220.77	17.82	2.43	16.49
工业销售产值(现行价)(亿元) Sales Industrial Output Value(Current-Prices) (100 million yuan)	279.44	204.84	52.40	4.71	17.49
#出口交货值 Value of Export Delivered	57.37	31.22	6.77	2.82	16.56
工业增加值(现行价)(亿元) Value Added of Industry(Current Prices) (100 million yuan)	94.38	70.00	16.89	1.14	6.35
全社会固定资产投资完成额(亿元) Total Amount of Investment in Fixed Assets Completed (100 million yuan)	49.24	37.43	1.73	5.50	4.58
#基本建设投资 Investment in Capital Construction	46.28	37.43	0.23	5.20	3.42
社会消费品零售总额 (亿元) Total Retail Sales of Comsumer Goods (100 million yuan)	11.02	4.88	3.34	1.07	1.73
年末职工总人数 (万人) Number of Staff and Workers Year-end (10000 persons)	10.05	4.77	2.58	1.06	1.64
职工工资总额 (亿元) Total Wages of Staff and Workers (100 million yuan)	14.97	10.36	2.00	0.83	1.78
投产(开业)企业数 (户) Number of Put into Operation Enterprises	1293	372	165	615	141
#工业企业 Industrial Enterprises	455	223	92	80	60
在全部企业中: In All of the Enterprises					
"三资"企业 Enterprises of Joint Ventures, Cooperative Operation and Ventures Exclusively with Foreign Investment	403	197	94	31	81
内联企业 Internal Joint Enterpeises	672	120	25	523	4
自办企业 Self-manage Enterprises	209	55	41	61	52
全区利润(或亏损)总额(亿元) Total Profits (or loess) (100 million yuan)		19.29	3.52		
盈利企业 (户) Profit Earning Enterprises (unit)		203	63	217	
亏损企业 (户) Loss-making Enterprises (unit)		169	103	398	
财政收入 (亿元) Total Revenue (100 million yuan)	17.46	14.74	0.81	0.40	1.51
#税收 Taxes	14.86	13.25	0.49	0.31	0.81
财政支出 (亿元) Total Expenditure (100 million yuan)	17.24	15.28	0.81	0.52	0.63
外贸出口总额 (亿美元) Total Exports (100 million USD)	8.01	5.02	1.09	0.42	1.48
贸易出口 Exports Through Trade	2.07	1.62	0.35	0.05	0.05
"三来一补"出口 Exports Through Processing and Assembly with Customer's Materials, Import Materials, Customer's Design or Sample and Compensation Trade	0.10	0.05		0.03	0.02
"三资"企业出口 Exports by Joint Ventures, Cooperative Operation and Ventures Exclusively with Foreign Investment	5.83	3.35	0.73	0.34	1.41
结汇收入 (亿美元) Clearing Income (100 million USD)			0.35	0.08	0.04
售汇支出 (亿美元) Sale Foreign Exchange (100 million USD)			0.35		
新签利用外资合同数 (宗) Number of Utilization of Foreign Capital Through Newly signed Contracts (unit)	115	47	20	15	33
合同规定利用外资额(亿美元) Amount of Foreign Capital to be Utilized Through Signed Contracts(100 million USD)	10.10	7.17	0.67	0.96	1.30
实际利用外资额 (亿美元) Foreign Capital Actually Utilized	6.18	4.06	0.52	1.01	0.59
对外借款 Foreign Loan (100 million USD)	0.24	0.24			
外商直接投资 Foreign Direct Investment	5.93	3.82	0.52	1.00	0.59
其他投资 Other Investment	0.01			0.01	

19-4 珠江三角洲经济区主要经济指标

MAIN ECONOMIC INDICATORS OF THE PEARL RIVER DELTA ECONOMIC ZONE

指标	Item	1995	1996	1997	1997比1996增长% Increased Rate in 1997 over 1996
年末总人口（万人）	Year-end Population (10000 persons)	2137.73	2170.40	2208.70	1.8
年末从业人员数（万人）	Year-end Employees (10000 persons)	1510.00	1524.09	1636.98	7.4
土地面积（平方公里）	Land Area (sq. km)			41698	
耕地面积（万亩）	Cultivated Land (10000 mu)		1008.47	1001.09	-0.7
国内生产总值（现行价）（亿元）	Gross Domestic Product (at Current price) (100 million yuan)	3899.69	4533.85	5222.39	13.9
第一产业	Primary Industry	314.93	362.35	391.10	7.3
第二产业	Secondary Industry	1957.09	2260.77	2588.28	15.0
第三产业	Tertiary Industry	1627.67	1910.70	2243.01	14.5
工农业总产值（亿元）(1990年不变价)	Gross Output Value of Industry and Agriculture (at 1990 constant price)(100 million yuan)	6172.81	7169.44	8476.78	18.2
农业总产值	Gross Output Value of Agriculture	294.98	322.88	347.92	7.8
工业总产值	Gross Output Value of Industry	5877.83	6846.56	8128.86	18.7
轻工业	Light Industry	3718.13	4506.24	5363.38	19.0
重工业	Heavy Industry	2159.70	2340.32	2765.48	18.2
乡镇企业总收入（亿元）	Total Income of Township and Village Enterprises (100 million yuan)	2727.95	3058.43	4158.43	36.0
公路通车里程（公里）	Total Length of Highway (km)	20323	23329	26216	12.4
邮电业务总量(1990年不变价)（亿元）	Total Volume of Postal and Telecommunication Services(at 1990 constant price)(100 million yuan)	152.60	196.68	245.71	24.9
电话机拥有量（部）	Number of Telephones Sets Owned by Residents		5326084	6135992	15.2
#农村	Rural Area		1747811	1889147	8.1
全社会固定资产投资额（亿元）	Total Amount of Investment in Fixed Assets (100 million yuan)	1491.02	1459.44	1568.81	7.5
#基本建设投资	Investment in Capital Construction	503.74	518.10	474.63	-8.4
更新改造投资	Investment in Innovation	168.81	168.69	164.15	-2.7
社会消费品零售总额（亿元）	Total Amount of Retail Sales of Consumer Goods (100 million yuan)	1544.66	1714.53	1930.36	12.6
外贸出口总额（亿美元）	Total Amount of Exports (100 million USD)	461.06	537.35	550.45	2.4
#贸易出口	Exports Through Trade (100 million USD)	97.83	75.91	108.50	42.9
"三资"企业出口	Exports by Joint Ventures, Cooperative Operation and Ventures Exclusively with Foreign Investment Funded(100 million USD)	223.17	287.34	314.64	9.5
新签利用外资合同数（宗）	Number of Utilization of Foreign Capital Through Newly Signed Contracts	7556	4842	16335	237.4
合同规定利用外资额（亿美元）	Amount of Foreign Capital to be Utilized Through Signed Contracts and Agreements (100 million USD)	203.60	128.39	76.38	-40.5
实际利用外资（亿美元）	Amount of Foreign Capital Actually Utilized (100 million USD)	85.79	98.47	117.57	19.4
职工工资总额（亿元）	Total Wages (100 million yuan)	497.33	576.20	624.59	8.4
财政收入（亿元）	Government Revenue (100 million yuan)	315.31	304.06	340.33	11.9
财政支出（亿元）	Government Expenditure (100 million yuan)	316.57	378.93	416.22	9.8
城乡居民储蓄存款年末余额（亿元）	Outstanding Amount of Saving Deposit of Urban and Rural Residents(End of 1997)(100 million yuan)	2810.42	3891.35	4796.18	23.3
年末"三资"企业工商登记数（户）	Number of Registered Joint Ventures, Cooperative Operation and Ventures Exclusively with Foreign Investment	42076	44225	43048	-2.7
涉外宾馆接待过夜人数（万人次）	Number of Tourists Received to Stay Overnight by Hotels Concerning Foreign Affairs(10000 persons)	2215.09	2999.56	3232.32	7.8
#国际游客（万人）	International Tourists (10000 persons)	491.00	526.82	542.72	3.0

注：1、珠江三角洲经济区包括14个市、县：广州、深圳、珠海、佛山、江门、东莞、中山、惠州市区、惠阳县、惠东县、博罗县、肇庆市区、高要市、四会市。表中数据按各市上报数汇总。

2、1996、1997年财政收入不包括国税局部分。

Note: a) The Pearl River Delta Economic Zone includes urban area of 8 cities and 6 counties. All data in this table are reported by cities.

b) The figures of gorernment revenue of 1996 and 1997 excluded the part of the National Tax Bureau at all levels.

19-5 珠江三角洲经济区工业企业单位数及产值(1997年)
NUMBER AND OUTPUT VALUE OF INDUSTRIAL ENTERPRISES OF THE PEARL RIVER DELTA ECONOMIC ZONE(1997)

单位：亿元 (100 million yuan)

项目	Item	企业单位数（个）Number of Enter-prises (unit)	工业总产值 Gross Industrial Output Value	
			1990年不变价 at 1990 Constant Prices	当年价 at Current Prices
总计	**Total**	**23066**	**5998.40**	**6614.97**
按经济类型分	**Grouped by Ownership**			
国有经济	State-owned Enterprises	2834	721.24	904.13
集体经济	Collective Owned Enterprises	10872	970.86	1002.39
股份制经济	Share Holding Enterprises	220	455.10	463.74
外商投资经济	Foreign Funded Enterprises	1762	1477.10	1629.47
港澳台投资经济	Enterprises Funded by Overseas Chinese from HongKong, Macao and Taiwan	6568	2251.23	2479.71
按轻重工业分	**Grouped by Light & Heavy Industry**			
轻工业	Light Industry	15259	3752.44	3976.27
以农产品为原料	Using Farm Products as Raw Materials	8585	1516.59	1860.15
以非农产品为原料	Using Non-Farm Products as Raw Materials	6674	2235.85	2116.12
重工业	Heavy Industry	7807	2245.96	2638.70
采掘工业	Mining and Quarrying	302	46.04	161.14
原料工业	Raw Materials Industry	1291	357.91	716.73
加工工业	Manufacturing Industry	6214	1842.01	1760.83
按企业规模分	**Grouped by Size of Enterprises**			
大型企业	Large	544	1995.24	2287.72
中型企业	Medium-sized	1007	990.71	1033.42
小型企业	Small	21515	3012.45	3293.83
按行业分	**Grouped by Sector**			
#煤炭采选业	Coal Mining and Dressing	4	0.07	0.12
石油和天然气开采业	Petroleum and Natural Gas Extraction	1	33.23	145.15
黑色金属矿采选业	Ferrous Metals Mining and Dressing	6	0.12	0.13
有色金属矿采选业	Nonferrous Minerals Mining and Dressing	9	0.57	0.86
非金属矿采选业	Nonmetal Minerals Mining and Dressing	240	11.87	14.82
其他矿采选业	Other Minerals Mining and Dressing	2	0.43	0.43
木材及竹材采运业	Logging and Transport of Timber and Bamboo	44	0.17	0.20
食品加工业	Food Processing	713	153.28	246.66
食品制造业	Food Manufacturing	478	127.74	146.37
饮料制造业	Beverage Manufacturing	301	111.78	140.92
烟草加工业	Tobacco Processing	15	30.78	44.77
纺织业	Textile Industry	1158	305.62	364.43
服装及其他纤维制品制造	Garments and Other Fiber Products	2473	258.97	294.18
皮革毛皮羽绒及其制品业	Leather, Furs, Down and Related Products	1032	203.99	240.24
木材加工及竹藤棕草制品业	Timber Processing, Bamboo, Canc, Palm Fiber and Straw Products	244	29.20	35.43
家具制造业	Furniture Manufacturing	424	34.75	39.93
造纸及纸制品业	Papermaking and Paper Products	696	115.40	135.81
印刷业记录媒介的复制	Printing and Record Medium Production	909	69.67	64.74
文教体育用品制造业	Cultural, Educational and Sports Goods	690	115.97	127.89
石油加工及炼焦业	Petroleum Processing and Coking	14	26.87	73.03
化学原料及制品制造业	Raw Chemical Materials and Chemical Products	984	283.95	292.76
医药制造业	Medical and Pharmaceutical Products	239	120.28	118.36
化学纤维制造业	Chemical Fiber	101	110.96	95.63
橡胶制品业	Rubber Products	189	46.31	49.38
塑料制品业	Plastic Products	1563	243.07	245.62
非金属矿物制品业	Nonmetal Mineral Products	1093	214.82	239.19
黑色金属冶炼及压延加工业	Smelting and Pressing of Ferrous Metals	95	42.10	61.51
有色金属冶炼及压延加工业	Smelting and Pressing of Nonferrous Metals	145	54.35	50.53
金属制品业	Metal Products	1852	283.71	297.98
普通机械制造业	Ordinary Machinery Manufacturing	667	111.73	108.56
专用设备制造业	Special Purposes Equipment Manufacturing	607	74.80	79.97
交通运输设备制造业	Transport Equipment Manufacturing	963	286.58	290.95
电气机械及器材制造业	Electric Equipment and Machinery	1468	712.41	651.80
电子及通信设备制造业	Electronic and Telecommunication Equipment	1489	1392.82	1226.70
仪器仪表文化办公用机械	Instruments, Meters, Cultural and Office Machinery	510	170.82	161.14
其他制造业	Other Manufacturing	1023	109.94	118.99
电力蒸汽热水生产供应业	Electric Power, Steam and Hot Water Production and Supply	329	86.03	341.02
煤气的生产和供应业	Gas Production and Supply	19	3.39	7.24
自来水的生产和供应业	Tap Water Production and Supply	276	19.62	61.23

注：本表统计范围为乡及乡以上工业。
Note: The statistics of this table covered the industry at and above township level.

19-6 珠江三角洲经济区独立核算工业企业主要指标(1997年)

单位：亿元

行业	Item	企业单位数(个) Number of Enterprise (unit)	#亏损企业 Loss-making Enterprice
总计	**Total**	**16586**	**5427**
按经济类型分	**Grouped by Ownership**		
国有经济	State-owned Enterprises	1900	815
集体经济	Collective Owned Enterprises	6748	1741
股份制经济	Share Holding Enterprises	188	56
外商投资经济	Foreign Funded Enterprises	1519	615
港澳台投资经济	Enterprises Funded by Overseas Chinese from HongKong, Macao and Taiwan	5643	2051
按轻重工业分	**Grouped by Light & Heavy Industry**		
轻工业	Light Industry	10893	3435
以农产品为原料	Using Farm Products as Raw Materials	6100	1981
以非农产品为原料	Using Non-Farm Products as Raw Materials	4793	1454
重工业	Heavy Industry	5693	1992
采掘工业	Mining and Quarrying	177	44
原料工业	Raw Materials Industry	1015	424
加工工业	Manufacturing Industry	4501	1524
按企业规模分	**Grouped by Size of Enterprises**		
大型企业	Large	537	195
中型企业	Medium-sized	994	415
小型企业	Small	15055	4817
按行业分	**Grouped by Sector**		
# 煤炭采选业	Coal Mining and Dressing	4	3
石油和天然气开采业	Petroleum and Natural Gas Extraction	1	
黑色金属矿采选业	Ferrous Metals Mining and Dressing	2	1
有色金属矿采选业	Nonferrous Metals Mining and Dressing	8	3
非金属矿采选业	Nonmetal Minerals Mining and Dressing	155	34
其他矿采选业	Other Minerals Mining and Dressing	1	1
木材及竹材采运业	Logging and Transport of Timber and Bamboo	9	3
食品加工业	Food Processing	433	149
食品制造业	Food Manufacturing	342	147
饮料制造业	Beverage Manufacturing	251	111
烟草加工业	Tobacco Processing	13	4
纺织业	Textile Industry	958	351
服装及其他纤维制品制造	Garments and Other Fiber Products	1741	533
皮革毛皮羽绒及其制品业	Leather, Furs, Down and Related Products	798	222
木材加工及竹藤棕草制品业	Timber Processing, Bamboo, Cane, Palm Fiber and Straw Products	151	34
家具制造业	Furniture Manufacturing	309	86
造纸及纸制品业	Papermaking and Paper Products	535	164
印刷业记录媒介的复制	Printing and Record Medium Reproduction	456	144
文教体育用品制造业	Cultural, Educational and Sports Goods	507	136
石油加工及炼焦业	Petroleum Processing and Coking	11	5
化学原料及制品制造业	Raw Chemical Materials and Chemical Products	720	246
医药制造业	Medical and Pharmaceutical Products	197	59
化学纤维制造业	Chemical Fiber	84	30
橡胶制品业	Rubber Products	133	42
塑料制品业	Plastic Products	1164	332
非金属矿物制品业	Nonmetal Mineral Products	861	434
黑色金属冶炼及压延加工业	Smelting and Pressing of Ferrous Metals	74	41
有色金属冶炼及压延加工业	Smelting and Pressing of Nonferrous Metals	117	44
金属制品业	Metal Products	1223	392
普通机械制造业	Ordinary Machinery Manufacturing	501	159
专用设备制造业	Special Purposes Equipment Manufacturing	446	148
交通运输设备制造业	Transport Equipment Manufacturing	544	211
电气机械及器材制造业	Electric Equipment and Machinery	1084	373
电子及通信设备制造业	Electronic and Telecommunication Equipment	1157	339
仪器仪表文化办公用机械	Instruments, Meters, Cultural and Office Machinery	363	109
其他制造业	Other Manufacturing	731	211
电力蒸汽热水生产供应业	Electric Power, Steam and Hot Water Production and Supply	249	71
煤气的生产和供应业	Gas Production and Supply	11	6
自来水的生产和供应业	Tap Water Production and Supply	241	48

MAIN INDICATORS OF INDUSTRIAL ENTERPRISES WITH INDENPENDENT ACCOUNTING SYSTEMS OF THE PEARL RIVER DELTA ECONOMIC ZONE (1997)

(100 million yuan)

工业总产值（当年价） Gross Industrial Output Value (at current prices)	工业总产值（不变价） Gross Industrial Out-put Value (at 1990 Constant Prices)	工业增加值（生产法） Value Added of Industry	资本金合计 Total Capital	国有资本金 State-owned Capital	集体资本金 Collective Owned Capital	年末资产总计 Total Assets at year-end
6602.30	**5987.23**	**1669.95**	**2313.70**	**700.50**	**400.63**	**8819.18**
903.13	720.69	287.83	395.11	341.73	5.90	1902.31
999.29	967.72	231.91	286.49	20.87	201.27	1266.53
463.46	454.81	125.34	160.29	66.60	34.59	688.27
1627.83	1475.81	374.00	482.54	86.20	47.20	1525.67
2474.08	2246.25	616.48	954.14	172.83	100.74	3290.22
3969.43	3746.11	704.65	1265.61	283.55	230.62	4484.05
1854.93	1511.81	467.17	623.38	141.65	92.04	2020.81
2114.50	2234.30	498.14	642.23	141.90	138.59	2463.24
2632.87	2241.11	965.31	1048.09	416.95	170.01	4335.13
161.08	45.97	44.74	8.21	4.74	1.35	80.93
712.99	354.94	256.43	468.12	253.18	64.93	2079.21
1758.80	1840.21	403.48	571.76	159.03	103.72	2174.99
2287.46	1995.05	667.21	807.75	387.21	86.02	3758.37
1030.52	988.09	242.98	345.55	125.89	61.32	1526.39
3284.32	3004.09	759.76	1160.40	187.40	253.29	3534.43
0.12	0.07	0.01	0.17	0.16	0.01	0.58
145.15	33.23	40.25	2.00	1.99	0.00	60.30
0.13	0.12	0.05	0.07	0.06	0.00	0.42
0.86	0.57	0.30	0.38	0.34	0.04	1.83
14.76	11.80	4.10	5.46	2.03	1.30	16.40
0.43	0.43	0.09	0.04	0.04	0.00	1.20
0.20	0.17	0.07	0.16	0.16	0.00	1.22
246.61	153.25	43.48	40.89	18.30	4.00	197.08
146.34	127.71	44.61	69.94	19.00	5.80	189.98
140.56	111.44	42.63	69.41	19.25	7.45	223.15
44.77	30.78	26.98	13.39	12.03	0.02	47.44
363.14	304.43	72.57	126.01	24.55	18.77	446.45
292.39	257.41	71.13	92.91	5.63	20.35	252.21
239.87	203.65	47.05	58.74	4.25	11.77	186.09
35.43	29.20	8.57	10.40	2.12	2.70	46.87
39.90	34.74	8.62	13.81	0.64	4.47	46.88
135.46	115.05	35.45	59.35	15.11	10.14	178.91
64.64	69.58	18.66	32.97	9.73	5.29	102.88
127.52	115.67	37.42	51.65	1.99	16.33	131.47
72.89	26.76	11.48	16.83	16.20	0.02	63.40
289.45	280.97	82.08	103.66	27.30	10.50	435.49
118.11	120.03	40.38	56.49	23.92	4.87	199.59
95.63	110.96	13.77	36.08	13.93	6.87	174.03
49.38	46.31	12.36	20.92	4.57	1.57	71.43
245.50	242.96	55.63	107.05	16.21	28.96	302.41
238.31	213.91	55.53	150.97	53.24	33.08	527.16
61.51	42.10	12.04	20.90	7.25	5.33	89.03
50.26	54.11	10.05	16.55	4.70	3.60	66.40
297.42	283.10	63.18	128.58	17.87	33.85	392.73
108.47	111.68	28.46	44.46	9.89	7.08	178.51
79.66	74.64	24.17	31.20	12.67	5.57	135.19
290.54	286.23	73.02	82.95	34.75	11.53	427.45
651.79	712.41	144.70	179.64	28.49	49.77	766.43
1226.65	1392.76	268.66	209.21	53.79	29.64	963.07
161.03	170.74	26.99	40.06	3.50	6.17	141.10
118.10	109.05	27.74	40.21	3.56	8.52	105.74
340.53	85.97	181.94	316.26	181.54	37.31	1435.07
7.24	3.39	2.11	13.63	11.58	0.52	23.57
61.23	19.62	33.25	50.22	38.08	7.43	188.85

续表 1 continued

单位：亿元

行业	Item	流动资产合计 Total Circulating Funds	产成品 Finished Products
总　计	**Total**	**4183.44**	**474.63**
按经济类型分	**Grouped by Ownership**		
国有经济	State-owned Enterprises	833.42	80.32
集体经济	Collective Owned Enterprises	628.93	88.67
股份制经济	Share Holding Enterprises	340.49	41.67
外商投资经济	Foreign Funded Enterprises	776.49	74.98
港澳台投资经济	Enterprises Funded by Overseas Chinese from HongKong, Macao and Taiwan	1520.48	180.30
按轻重工业分	**Grouped by Light & Heavy Industry**		
轻　工　业	Light Industry	2402.12	303.87
以农产品为原料	Using Farm Products as Raw Materials	1051.98	127.42
以非农产品为原料	Using Non-Farm Products as Raw Materials	1350.13	176.45
重　工　业	Heavy Industry	1781.33	170.76
采掘工业	Mining and Quarrying	14.74	1.49
原料工业	Raw Materials Industry	592.11	22.34
加工工业	Manufacturing Industry	1174.48	146.93
按企业规模分	**Grouped by Size of Enterprises**		
大型企业	Large	1611.86	168.18
中型企业	Medium-sized	768.47	81.69
小型企业	Small	1803.11	224.76
按行业分	**Grouped by Sector**		
# 煤炭采选业	Coal Mining and Dressing	0.25	0.05
石油和天然气开采业	Petroleum and Natural Gas Extraction	5.05	0.73
黑色金属矿采选业	Ferrous Metals Mining and Dressing	0.12	0.03
有色金属矿采选业	Nonferrous Metals Mining and Dressing	0.72	0.05
非金属矿采选业	Nonmetal Minerals Mining and Dressing	7.99	0.81
其他矿采选业	Other Minerals Mining and Dressing	1.04	0.00
木材及竹材采运业	Logging and Transport of Timber and Bamboo	0.35	0.01
食品加工业	Food Processing	101.03	16.57
食品制造业	Food Manufacturing	89.61	8.59
饮料制造业	Beverage Manufacturing	92.41	8.52
烟草加工业	Tobacco Processing	26.40	0.12
纺织业	Textile Industry	217.42	35.98
服装及其他纤维制品制造	Garments and Other Fiber Products	148.48	18.20
皮革毛皮羽绒及其制品业	Leather, Furs, Down and Related Products	121.68	11.20
木材加工及竹藤棕草制品业	Timber Processing, Bamboo, Cane, Palm Fiber and Straw Products	26.78	3.27
家具制造业	Furniture Manufacturing	29.41	4.53
造纸及纸制品业	Papermaking and Paper Products	81.98	10.55
印刷业记录媒介的复制	Printing and Record Medium Reproduction	47.72	4.50
文教体育用品制造业	Cultural, Educational and Sports Goods	66.03	6.02
石油加工及炼焦业	Petroleum Processing and Coking	30.53	1.72
化学原料及制品制造业	Raw Chemical Materials and Chemical Products	192.34	20.09
医药制造业	Medical and Pharmaceutical Products	118.74	10.64
化学纤维制造业	Chemical Fiber	57.25	8.91
橡胶制品业	Rubber Products	32.74	5.09
塑料制品业	Plastic Products	146.22	19.05
非金属矿物制品业	Nonmetal Mineral Products	218.13	31.32
黑色金属冶炼及压延加工业	Smelting and Pressing of Ferrous Metals	35.43	4.77
有色金属冶炼及压延加工业	Smelting and Pressing of Nonferrous Metals	30.48	4.24
金属制品业	Metal Products	198.68	27.59
普通机械制造业	Ordinary Machinery Manufacturing	96.75	16.30
专用设备制造业	Special Purposes Equipment Manufacturing	77.76	11.19
交通运输设备制造业	Transport Equipment Manufacturing	250.11	28.34
电气机械及器材制造业	Electric Equipment and Machinery	466.58	72.33
电子及通信设备制造业	Electronic and Telecommunication Equipment	613.22	65.80
仪器仪表文化办公用机械	Instruments, Meters, Cultural and Office Machinery	85.30	6.80
其他制造业	Other Manufacturing	63.57	9.35
电力蒸汽热水生产供应业	Electric Power, Steam and Hot Water Production and Supply	358.51	0.75
煤气的生产和供应业	Gas Production and Supply	6.68	0.05
自来水的生产和供应业	Tap Water Production and Supply	39.54	0.46

续表 1 continued

(100 million yuan)

流动资产年平均余额 Annual Average Balance of Circulating Funds	固定资产合计 Total Fixed Assets	固定资产原价 Original Value of Fixed Assets	固定资产净值平均余额 Average Balance of Net Value of Fixed Assets	年末负债合计 Total Liabilities at year-end	流动负债 Ligquid Liabilities	年末所有者权益合计 Total Creditors' Equity at year-end
3988.01	**3721.75**	**4583.95**	**3247.99**	**5660.73**	**4129.93**	**3158.45**
774.56	903.84	1047.17	705.01	1157.98	838.84	744.33
620.90	493.68	612.45	423.20	958.02	737.53	308.51
324.48	277.50	337.96	225.97	377.92	278.02	310.35
757.11	544.33	678.02	478.97	912.45	740.31	613.22
1437.83	1450.42	1843.16	1371.53	2153.44	1457.68	1136.78
2315.38	1646.46	2011.14	1401.27	2829.88	2350.99	1654.17
1012.66	761.00	950.65	663.11	1258.95	1032.51	761.86
1302.72	885.46	1060.49	738.15	1570.93	1318.48	892.31
1672.63	2075.29	2572.81	1846.73	2830.85	1778.94	1504.28
13.24	11.95	14.79	9.44	14.52	12.15	66.41
558.48	1291.59	1622.34	1186.72	1378.52	648.06	700.69
1100.91	771.75	935.68	650.57	1437.81	1118.72	737.18
1513.81	1734.70	2100.71	1535.85	2317.07	1496.92	1441.29
732.53	599.60	736.20	490.45	1045.40	809.40	480.99
1741.66	1387.45	1747.04	1221.70	2298.25	1823.61	1236.17
0.22	0.20	0.27	0.29	0.34	0.30	0.24
4.64	2.94	2.07	1.19	2.18	2.25	58.12
0.14	0.23	0.43	0.24	0.25	0.22	0.17
0.60	1.04	1.35	1.06	1.44	0.57	0.39
7.99	7.04	10.13	6.27	9.45	8.07	6.94
0.09	0.14	0.17	0.10	0.92	0.90	0.28
0.34	0.53	0.62	0.46	0.61	0.44	0.61
98.45	76.74	101.28	67.23	138.99	117.28	58.08
84.00	78.15	92.48	76.46	115.06	94.29	74.92
95.44	98.75	111.97	77.81	138.65	109.15	84.50
25.94	20.19	24.11	16.64	21.52	18.79	25.92
210.07	184.12	245.32	159.19	318.86	247.98	127.59
145.40	84.34	111.92	78.55	155.24	135.46	96.97
115.04	53.14	68.37	47.60	120.35	113.57	65.74
25.76	16.65	20.98	15.06	35.67	28.45	11.20
27.30	14.81	18.68	13.41	30.69	26.43	16.20
79.13	72.88	82.86	58.52	107.33	77.02	71.59
42.26	45.14	56.22	38.25	61.81	47.04	41.07
68.02	56.43	67.65	50.23	61.26	53.02	70.21
26.43	28.29	44.63	21.52	40.19	29.46	23.22
186.49	126.04	158.39	109.94	275.60	169.09	159.88
116.36	57.00	62.49	44.10	110.31	91.75	89.28
59.08	102.72	100.26	70.30	131.02	86.97	43.00
33.50	25.98	30.13	21.87	42.14	32.06	29.30
137.72	120.93	160.96	110.31	184.45	146.14	117.96
216.17	255.98	319.69	225.87	413.67	280.21	113.49
32.96	46.33	53.06	33.63	55.97	36.66	33.06
29.44	30.00	36.18	26.93	49.78	36.62	16.63
189.90	151.25	175.87	123.48	263.44	214.66	129.29
92.37	64.59	75.52	55.90	122.34	99.50	56.17
73.55	40.64	49.89	34.85	89.21	71.50	45.98
223.06	132.08	158.17	108.19	305.50	237.75	121.96
451.34	235.85	293.74	201.71	520.53	456.16	245.90
570.84	251.75	311.77	211.96	605.89	508.32	357.18
82.48	45.38	55.32	39.12	92.22	82.02	18.89
60.36	33.28	44.60	30.25	59.01	53.92	46.73
332.19	1010.29	1276.28	951.27	895.76	364.37	539.31
5.69	15.79	16.47	14.55	9.44	7.70	14.13
36.89	133.44	142.75	103.03	72.53	43.02	116.32

续表 2 continued

单位：亿元 (100 million yuan)

行业	Item	产品销售收入 Sales Revenue	产品销售税金及附加 Sales Tax and Extra Charges
总 计	**Total**	**6223.42**	**70.10**
按经济类型分	**Grouped by Ownership**		
国有经济	State-owned Enterprises	1016.57	27.70
集体经济	Collective Owned Enterprises	903.49	8.49
股份制经济	Share Holding Enterprises	426.07	2.56
外商投资经济	Foreign Funded Enterprises	1466.46	20.81
港澳台投资经济	Enterprises Funded by Overseas Chinese from HongKong, Macao and Taiwan	2290.94	8.47
按轻重工业分	**Grouped by Light & Heavy Industry**		
轻 工 业	Light Industry	3661.98	50.40
以农产品为原料	Using Farm Products as Raw Materials	1702.91	34.78
以非农产品为原料	Using Non-Farm Products as Raw Materials	1959.07	15.62
重 工 业	Heavy Industry	2561.44	19.70
采掘工业	Mining and Quarrying	78.61	5.53
原料工业	Raw Materials Industry	852.20	7.18
加工工业	Manufacturing Industry	1630.63	6.98
按企业规模分	**Grouped by Size of Enterprises**		
大型企业	Large	2213.75	47.43
中型企业	Medium-sized	995.74	4.68
小型企业	Small	3013.93	17.99
按行业分	**Grouped by Sector**		
# 煤炭采选业	Coal Mining and Dressing	0.08	0.00
石油和天然气开采	Petroleum and Natural Gas Extraction	64.44	5.32
黑色金属矿采选业	Ferrous Metals Mining and Dressing	0.09	0.00
有色金属矿采选业	Nonferrous Metals Mining and Dressing	0.84	0.02
非金属矿采选业	Nonmetal Minerals Mining and Dressing	13.07	0.17
其他矿采选业	Other Minerals Mining and Dressing	0.43	0.00
木材及竹材采运业	Logging and Transport of Timber and Bamboo	0.21	0.01
食品加工业	Food Processing	248.39	0.52
食品制造业	Food Manufacturing	130.02	0.84
饮料制造业	Beverage Manufacturing	135.31	3.65
烟草加工业	Tobacco Processing	45.36	17.10
纺织业	Textile Industry	315.41	0.81
服装及其他纤维制品制造	Garments and Other Fiber Products	259.83	1.16
皮革毛皮羽绒及其制品业	Leather, Furs, Down and Related Products	213.80	0.60
木材加工及竹藤棕草制品业	Timber Processing, Bamboo, Cane, Palm Fiber and Straw Products	34.14	0.10
家具制造业	Furniture Manufacturing	35.76	0.30
造纸及纸制品业	Papermaking and Paper Products	126.75	0.47
印刷业记录媒介的复制	Printing and Record Medium Reproduction	59.20	0.39
文教体育用品制造业	Cultural, Educational and Sports Goods	114.82	0.58
石油加工及炼焦业	Petroleum Processing and Coking	71.95	4.56
化学原料及制品制造业	Raw Chemical Materials and Chemical Products	273.25	10.37
医药制造业	Medical and Pharmaceutical Products	106.22	0.81
化学纤维制造业	Chemical Fiber	86.55	0.16
橡胶制品业	Rubber Products	51.09	1.08
塑料制品业	Plastic Products	230.54	1.18
非金属矿物制品业	Nonmetal Mineral Products	222.89	2.19
黑色金属冶炼及压延加工业	Smelting and Pressing of Ferrous Metals	58.72	0.10
有色金属冶炼及压延加工业	Smelting and Pressing of Nonferrous Metals	44.28	0.25
金属制品业	Metal Products	275.21	0.77
普通机械制造业	Ordinary Machinery Manufacturing	95.32	0.46
专用设备制造业	Special Purposes Equipment Manufacturing	74.49	0.37
交通运输设备制造业	Transport Equipment Manufacturing	267.49	8.90
电气机械及器材制造业	Electric Equipment and Machinery	584.24	1.95
电子及通信设备制造业	Electronic and Telecommunication Equipment	1143.23	1.84
仪器仪表文化办公用机械	Instruments, Meters, Cultural and Office Machinery	168.21	0.37
其他制造业	Other Manufacturing	102.43	0.54
电力蒸汽热水生产供应业	Electric Power, Steam and Hot Water Production and Supply	499.13	1.29
煤气的生产和供应业	Gas Production and Supply	7.07	0.01
自来水的生产和供应业	Tap Water Production and Supply	62.87	0.85

续表 2　continued

(100 million yuan)

利润总额 Total Profits	#亏损总额 Total Loss	利税总额 Total Pre-tax Profits	本年应交增值税 Value Added Tax Payable in Current year	本年销项税额 Sales tax in Current Year	本年进项税额 Import Tax in Current Year	职工平均人数(万人) Arerage Number of Staff and Workers (10000 Persons)
261.36	**168.82**	**526.14**	**194.67**	**575.09**	**415.62**	**366.06**
39.13	30.65	112.96	46.13	138.35	99.02	60.52
-0.80	33.73	33.49	25.80	94.14	76.24	97.70
31.25	5.24	51.33	17.52	58.09	44.90	15.60
93.92	46.01	158.13	43.40	100.51	64.62	48.29
96.22	49.01	162.63	57.94	168.52	119.05	137.18
122.39	86.69	275.45	102.65	328.04	242.10	250.62
60.23	39.77	152.38	57.36	156.43	106.80	130.77
62.16	46.92	123.07	45.29	171.61	135.30	119.85
138.97	82.13	250.69	92.02	247.05	173.51	115.44
28.04	0.49	37.92	4.35	4.81	0.53	1.90
51.89	33.32	105.70	46.63	112.11	72.18	22.66
59.04	48.33	107.07	41.04	130.13	100.81	90.88
192.69	47.83	339.58	99.46	277.61	194.56	61.97
23.70	36.68	60.79	32.42	91.33	64.60	54.00
44.97	84.31	125.76	62.79	206.16	156.45	250.08
-0.02	0.02	-0.02	0.00	0.01	0.00	0.06
27.78	0.00	37.07	3.96	3.96	0.00	0.18
-0.02	0.02	-0.01	0.00	0.02	0.01	0.05
0.00	0.02	0.03	0.01	0.04	0.03	0.18
0.35	0.04	0.90	0.38	0.82	0.50	1.39
0.00	0.00	0.00	0.00	0.00	0.00	0.03
-0.01	0.01	0.01	0.00	0.00	0.00	0.09
3.12	4.02	7.81	4.16	16.02	12.45	6.43
3.27	6.90	11.56	7.45	19.29	12.36	7.59
6.70	5.26	19.51	9.16	22.77	14.25	4.35
2.71	0.09	23.38	3.58	7.57	4.11	0.49
0.26	10.12	7.06	5.98	23.87	18.85	22.59
1.99	5.05	6.76	3.60	13.24	10.90	38.87
3.37	2.33	5.93	1.96	7.14	5.71	30.87
0.41	1.18	2.59	2.08	4.57	2.53	2.06
0.43	1.48	1.83	1.11	2.65	1.97	3.72
6.97	2.23	13.01	5.57	15.91	11.31	6.96
1.38	2.11	4.30	2.53	7.59	5.18	5.53
4.60	1.76	6.74	1.56	4.05	2.73	24.65
1.52	0.06	6.52	0.45	12.10	11.84	1.12
24.42	10.18	51.42	16.64	37.45	23.16	10.21
6.95	3.74	14.12	6.36	17.09	10.89	4.65
1.37	3.27	3.00	1.46	9.95	8.73	2.68
1.29	1.40	3.74	1.37	4.06	2.89	5.05
5.85	4.31	13.01	5.99	21.11	15.95	16.27
-21.78	30.13	-9.85	9.74	28.06	20.61	18.36
0.03	1.84	1.75	1.62	8.21	6.70	2.55
-0.12	1.62	1.29	1.15	5.98	4.96	2.11
-0.60	10.87	6.99	6.81	25.04	19.48	18.04
1.07	3.95	5.25	3.72	11.98	8.64	8.78
1.92	2.08	4.85	2.56	8.96	6.73	7.04
0.34	9.23	19.54	10.30	32.96	23.80	11.40
14.07	15.28	31.25	15.23	64.02	53.07	32.92
73.23	11.57	90.80	15.73	59.88	52.70	40.85
4.09	1.56	7.97	2.91	5.10	2.35	7.55
1.90	1.98	4.40	1.97	7.49	5.73	12.30
62.69	11.24	99.66	35.68	63.33	33.00	5.37
-0.61	0.63	-0.56	0.04	0.94	1.03	0.38
19.92	0.77	22.34	1.57	1.84	0.44	2.26

19-7　50个山区县主要经济指标

MAIN ECONOMIC INDICATORS OF THE 50 COUNTIES IN MOUNTAINOUS AREAS

指　　标　　Item	1996	1997	1997比1996增长% Increased Rate in 1997 Over 1996
一、人口、土地面积　Population and Land Area			
年末总人口（万人）Year-end Population (10000 persons)	2841.04	2856.82	0.6
#非农业人口　Non-agricultural Population	539.65	546.91	1.3
土地面积（万平方公里）Land Area (sq. km)	11.75	11.75	
#耕地面积（万亩）Cultivated Land (10000 mu)	1543.75	1499.69	-2.9
二、经济总量指标　Aggregate Indicators on Economy			
国内生产总值（亿元）Gross Domestic Product (100 million yuan)	1250.41	1366.45	9.5
第一产业　Primary Industry	460.16	491.04	7.6
第二产业　Secondary Industry	447.93	496.06	11.7
第三产业　Tertiary Industry	342.32	379.34	8.2
工农业总产值（亿元）(1990年不变价) Gross Output Value of Industry and Agriculture (at 1990 constant price) (100 million yuan)	1581.44	1814.17	14.7
工业总产值　Gross Output Value of Industry	1193.28	1393.58	16.8
#轻工业　Light Industry	728.08	922.79	18.0
重工业　Heavy Industry	411.20	470.79	14.5
农业总产值　Gross Output Value of Agriculture	388.16	420.59	8.4
#种植业　Farming	191.17	216.07	13.0
林　业　Forestry	24.62	26.19	6.4
牧　业　Animal Husbandry	87.39	94.62	8.3
乡镇企业总收入（亿元）Total Income of Township and Village Enterprises (100 million yuan)	1342.80	1485.98	10.7
三、主要农业产品产量　Output of Major Agricultural Products			
粮　食（万吨）Grain (10000 tons)	999.19	1019.92	2.1
油　料（万吨）Oil-bearing Crops (10000 tons)	37.74	38.53	2.1
猪牛羊肉（万吨）Pork, Beef and Mutton (10000 tons)	107.11	103.65	-3.2
水　果（万吨）Fruits (10000 tons)	205.77	215.75	4.9
茶　叶（万吨）Tea (10000 tons)	2.85	2.83	-0.7
造林面积（万亩）Afforested Area (10000 mu)	20.88	88.98	326.1
四、运输、邮电　Transportation, Postal and Telecommunication Services			
公路线路长度（公里）Total Length of Highway (km)	49505	58809	18.8
邮电业务总量 (1990年不变价)（万元）Total Volume of Postal and Telecommunication Services (at 1990 constant price) (10000 yuan)	272177	329256	21.0
电话机拥有量（部）Number of Telephone Sets Owned by Residents (set)	1326786	1585709	19.5
#农　村　Rural Area	621640	762895	22.7
五、全社会固定资产投资额（万元）Total Amount of Investment in Fixed Assets (10000 yuan)	**2781017**	**2725295**	**-2.0**
#国有经济单位投资额　Invested by State-Owned Units	1389014	1249135	-10.1
集体经济单位投资额　Invested by Collective Units	506871	542960	7.1
六、社会消费品零售总额（万元）Total Amount of Retail Sales of Consumer Goods (10000 yuan)	**4054010**	**4412143**	**8.8**
农副产品收购总额（万元）Total Amount of Farm and Sideline Products Purchased (10000 yuan)	830336	595720	-28.3
七、财政、金融　Finance			
财政收入（万元）Government Revenue (10000 yuan)	342611	325629	-5.0
财政支出（万元）Government Expenditure (10000 yuan)	781604	860334	10.1
城乡居民储蓄存款年末余额（万元）Outstanding Amount of Saving Deposit of Urban and Rural Residents (End of 1997) (10000 yuan)	5934765	7049249	18.8
八、农民人均纯收入（元）Per Capita Net Income of Rural Residents	**2735**	**2989**	**9.3**
九、对外经济　Foreign Trade			
外贸出口总额（万美元）Total Exports (10000 USD)	263487	306770	16.4
实际利用外资（万美元）Foreign Capital Actually Utilized (10000 USD)	118176	105462	-10.8

注：本表国内生产总值绝对数按当年价格计算，增长速度按可比价计算。表中数据按各市上报数汇总。

Note: The figures of GDP Value are calculated at current prices while the growth rate are calculated at comparable prices. All data in this table are reported by cities.

19-8 东西两翼主要经济指标(1997年)

MAIN ECONOMIC INDICATORS OF BOTH EAST AND WEST WINGS OF GUANGDONG PROVINCE (1997)

指标	Item	东西翼合计 Totla	东翼 East Wing	西翼 West Wing
土地面积(万平方公里)	Land Area (sp. km)	4.82	1.61	3.21
耕地面积(万亩)	Cultivated Land (10000 mu)	1335.59	388.70	946.89
年末总人口(万人)	Year-end Population (10000 persons)	2875.34	1413.48	1461.86
#非农业人口	Non-Agricultural Population	685.17	357.12	328.05
年末社会从业人员(万人)	Year-end Employess (10000 persons)	1400.47	687.37	713.10
国内生产总值(当年价)(亿元)	Gross Domestic Product (at current prices) (100 million yuan)	1809.15	938.11	871.04
第一产业	Primary Industry	449.20	176.68	272.52
第二产业	Secondary Industry	754.62	433.93	320.69
第三产业	Tertiary Industry	605.33	327.50	277.83
人均国内生产总值(元)	Per Capita Gross Domestic Product (yuan)	6348	6704	6004
国内生产总值指数(%)	Index of Gross Domestic Product (%)	113.8	116.2	111.3
第一产业	Primary Industry	111.8	107.3	114.3
第二产业	Secondary Industry	115.2	119.4	109.4
第三产业	Tertiary Industry	113.2	115.4	110.9
人均国内生产总值指数(%)	Index of Per Capita Gross Domestic Product (%)	112.9	115.2	110.6
工农业总产值(亿元)(1990年不变价)	Gross Output Value of Industry and Agriculture (at 1990 constant prices) (100 million yuan)	2513.63	1468.80	1044.83
#农业总产值(亿元)	Gross Output Value of Agriculture (100 million yuan)	443.81	158.50	285.31
#种植业	Farming	182.48	58.29	124.19
渔业	Fishery	118.66	43.32	75.34
牧业	Animal Husbandry	77.29	24.47	52.82
工业总产值	Gross Output Value of Industry	2069.82	1310.30	759.52
轻工业	Light Industry	1534.49	1099.38	435.11
重工业	Heavy Industry	535.33	210.92	324.41
全社会固定资产投资(亿元)	Total Amount of Investment in Fixed Assets (100 million yuan)	406.63	231.79	174.84
基本建设	Capital Construction	101.22	83.24	17.98
更新改造	Innovation	92.93	67.74	25.19
公路通车里程(公里)	Total Length of Highway (km)	25861	8154	17707
邮电业务总量(亿元)	Total Volume of Postal and Telecommiunication Services (at 1990 constant prices) (100 million yuan)	60.81	39.61	21.20
电话机拥有量(部)	Number of Telephone Sets Owned by Residents(set)	2533587	1577226	956361
#农村	Rural Area	966193	622041	344152
社会消费品零售总额(亿元)	Total Amount of Retail Sales of Consumer Goods (100 million yuan)	651.76	318.54	333.22
外贸出口总额 (亿美元)	Total Amount of Exports (100 million USD)	76.92	62.46	14.46
贸易出口	Exports Through Trade	47.79	38.58	9.21
"三资"企业出口	Exports by Joint Ventures, Cooperative Operation, Ventures Exclusively with Foreign Investment	23.67	20.06	3.61
实际利用外资 (亿美元)	Foreign Capital Actually Utilized (100 million USD)	18.8	16.34	2.46
地方财政收入 (亿元)	Government Revenue (100 million yuan)	47.46	28.00	19.46
地方财政支出 (亿元)	Government Expenditure (100 million yuan)	83.95	41.59	42.36
城乡居民储蓄存款余额(亿元)	Outstanding Amount of Saving Deposit of Urban and Rural Residents (End of 1997) (100 million yuan)	1008.74	533.22	475.52
乡镇企业总产值 (亿元)	Total Output Value of Township and Village Enterprises (100 million yuan)	1578.26	927.16	651.1

注：东翼指汕头、汕尾、潮州和揭阳四个市，西翼指湛江、茂名和阳江三个市。表中数据按各市上报数汇总。

Nate: The East Wing refers to Shantou, Shanwei, Chaozhou and Jieyang city, and the West Wing refers to Zhanjiang, Maoming, and Yangjiang city. Data in this table are reported by cities.

19-9　东莞、中山、南海、顺德主要经济指标(1997年)

MAIN ECONOMIC INDICATORS OF DONGGUANG, ZHONGSHANG, NANHAI AND SHUNDE(1997)

指　　标	Hem	东莞市 Dongguan	中山市 Zhong Shan	南海市 Nanhai	顺德市 Shunde
土地面积　(平方公里)	Land Area (sq. km)	2465	1800	1151	806.50
耕地面积　(万亩)	Cultivated Land (10000 mu)	66.30	62.02	55.47	29.01
年底总人口　(万人)	Year-end Population (10000 persons)	147.12	128.36	105.75	104.03
#非农业人口	Non-Agricultural Population	36.97	37.95	38.01	33.11
年底从业人员人数　(万人)	Year-end Employees (10000 persons)	87.61	102.77	61.00	73.78
国内生产总值　(亿元)	Gross Domestic Product (100 million yuan)	294.70	220.95	251.47	224.25
第一产业	Primary Industry	30.00	23.05	24.12	17.25
第二产业	Secondary Industry	155.86	112.78	124.06	126.23
第三产业	Tertiary Industry	108.84	85.12	103.29	80.76
人均国内生产总值　(元)	Per Capita Gross Domestic Product (yuan)	20160	17316	23943	21719
国内生产总值指数　(%)	Index of Gross Domestic Product (%)	117.8	114.0	116.5	117.8
第一产业	Primary Industry	104.9	111.0	110.1	101.5
第二产业	Secondary Industry	118.5	117.5	115.7	118.9
第三产业	Tertiary Industry	120.2	109.4	119.3	119.1
人均国内生产总值指数(%)	Index of Per Capita Gross Domestic Product (%)	116.4	112.6	114.9	116.0
工农业总产值　(亿元) (1990年不变价)	Gross Output Value of Industry and Agriculture (at 1990 constant prices) (100 million yuan)	517.25	516.15	477.70	545.35
农业总产值	Gross Output Value of Agriculture (100 million yuan)	25.32	24.72	18.53	26.40
#种植业	Farming	11.03	8.32	6.14	4.57
渔　业	Fishery	5.14	11.76	6.57	17.41
工业总产值　(亿元)	Gross Output Value of Industry (100 million yuan)	491.92	491.43	459.16	518.95
#轻工业	Light Industry	342.06	388.68	237.68	433.23
重工业	Heavy Industry	149.86	102.75	221.48	85.72
粮食产量　(万吨)	Total Output of Grain (10000 tons)	24.69	28.06	19.34	3.41
乡镇企业总收入　(亿元)	Total Income of Township and Village Enterprises (100 million yuan)	286.44	361.46	454.39	431.28
邮电业务总量　(亿元) (1990年不变价)	Total Volume of Postal and Telecommunication Services (at 1990 contant price) (100 million yuan)	28.43	12.93	9.59	9.11
电话机拥有量　(部)	Number of Telephone Sets Owned by Residents (set)	465751	340385	337277	275170
#农　村	Rural Area	337750	227176	128166	220135
全社会固定资产投资额(亿元)	Total Amount of Investment in Fixed Assets (100 million yuan)	65.89	59.89	48.17	35.80
#国有经济单位投资	Invested by State-Owned Units(100 million yuan)	17.67	9.55	6.92	18.29
#基本建设投资	Capital Construction (100 million yuan)	15.95	11.39	0.68	7.05
更新改造投资	Innovation (100 million yuan)	1.41	2.38	1.12	1.46
集体经济单位投资	Invested by Collective Owned Units(100 million yuan)	29.19	24.63	24.96	11.46
社会消费品零售总额　(亿元)	Total Amount of Retail Sales of Consumer Goods (100 million yuan)	110.21	77.11	90.54	61.85
城乡集市贸易成交额　(亿元)	Transaction Value of Free Markets in Urban and Rural Areas (100 million yuan)	108.33	69.00	18.55	13.93
外贸出口总额　(亿美元)	Total Amount of Exports (100 million USD)	49.98	26.31	10.29	15.88
贸易出口	Exports Through Trade	5.15	6.50	3.42	3.75
"三来一补"出口	Exports Through Processing and Assembly With Customer's Materials, Import Materials, Customer's Design or Sample and Compensation Trade	7.49	5.25		0.33
"三资"企业出口	Exports by Joint Ventures, Cooperative Cooperation, Ventures Exclusively with Foreign Investment	37.33	14.56	6.87	11.80
新签利用外资合同数　(宗)	Number of Utilization of foreign Capital Through Newly Signed Contracts	1685	4514	2583	99.00
实际利用外资　(亿美元)	Foreign Capital Actually Utilized (100 million USD)	15.16	5.54	2.76	3.97
财政收入　(亿元)	Government Revenue (100 million yuan)	11.41	9.49	9.63	9.84
财政支出　(亿元)	Government Expenditure (100 million yuan)	14.85	11.25	12.13	12.97
城乡居民储蓄存款年末余额　(亿元)	Outstanding Amount of Saving Deposit of Urban and Rural Residents (End of 1997)(100 million yuan)	425.82	281.56	316.66	295.01
农民人均纯收入　(元)	Per Capita Net Income of Rural Residents (yuan)	5021	4039	5856	4515
职工平均工资　(元)	Per Capita Wage of Staff and Workers (yuan)	10691	11039	10878	10813

注：本表国内生产总值绝对数按当年价格计算，增长速度按可比价计算。

Note: The figures of GDP value are calculated at current prices while the growth rate are calculated at comparable prices.

19-10 少数民族县主要经济指标(1997年)

MAIN ECONOMIC INDICATORS OF THE MINORITY NATIONALITY COUNTIES(1997)

指标	Item	合计 Total	连南县 Liannan County	连山县 Lianshan County	乳源县 Ruyuan County
土地面积 (平方公里)	Land Area (sp. km)	4579.50	1290	1164	2125.5
总人口 (万人)	Total Populatin (10000 persons)	44.96	14.72	11.00	19.24
#少数民族人口	#Population of Minority Nationalities	17.00	7.70	7.10	2.20
农业人口	Agricultural Population	36.27	12.01	8.59	15.67
国内生产总值 (万元)	Gross Domestic Product (10000 yuan)	122305	39189	38629	44487
第一产业	Primary Industry	51591	18075	21474	12042
第二产业	Secondary Industry	41357	11681	7971	21705
第三产业	Tertiary Industry	29357	9433	9184	10740
人均国内生产总值 (元)	Per Capita Gross Domestic Product (yuan)	3271	2679	3528	3606
国内生产总值指数 (%)	Index of Gross Domestic Product (%)	105.4	100.1	102.6	110.2
第一产业	Primary Industry	107.1	110.2	108.5	103.0
第二产业	Secondary Industry	107.8	92.6	99.1	117.1
第三产业	Tertiary Industry	99.4	95.1	92.6	105.9
人均国内生产总值指数(%)	Index of Per Capita Gross Domestic Product	103.4	99.1	101.8	109.2
工农业总产值 (万元) (1990年不变价)	Gross Output Value of Industry and Agriculture (at 1990 constant prices) (10000 yuan)	120395	31246	32457	56692
农业总产值 (万元)	Gross Output Value of Agriculture (10000 yuan)	50055	13973	19810	16272
#种植业	Farming	23601	5410	9892	8299
牧业	Fishery	11811	3508	3844	4459
工业总产值 (万元)	Gross Output Value of Industry (10000 yuan)	70340	17273	12647	40420
轻工业	Light Industry	12163	5200	3768	3195
重工业	Heavy Industry	58178	12074	8879	37225
耕地面积 (万亩)	Cultivated Land (10000 mu)	37.19	10.80	10.83	15.56
乡镇企业总收入 (万元)	Total Income of Township and Village Enterprises (10000 yuan)	72028	12440	7565	52023
粮食总产量 (万吨)	Total Output of Grain (10000 tons)	18.46	4.75	6.10	7.61
公路线路长度 (公里)	Total Length of Highway (km)	2174	569	542	1063
电话机拥有量 (部)	Number of Telephone Sets Owned by Residents(set)	24020	6667	4595	12758
#农村	Rural Area	8276	2237	893	5146
邮电业务总量 (万元) (1990年不变价)	Total Volume of Post and Telecommunication Services (at 1990 constant prices) (10000 yuan)	4411	1633	872	1906
全社会固定资产投资额(万元)	Total Amount of Investment in Fixed Assets (10000 yuan)	53303	12806	11805	28692
#国有经济单位投资(万元)	Invested by State-Owned Units (10000 yuan)	30345	6530	8441	15374
集体经济单位投资(万元)	Invested by Collective Owned Units (10000 yuan)	4548	1486	1106	1956
财政收入 (万元)	Government Revenue (10000 yuan)	5993	1094	1044	3855
财政支出 (万元)	Government Expenditure (10000 yuan)	30454	10638	8037	11779
城乡居民储蓄存款年末余额 (万元)	Outstanding Amount of Saving Deposit of Urban and Rural Residents (End of 1997) (10000 yuan)	118827	41256	31532	45989
职工年末人数 (人)	Year-end Staff and Workers (persons)	4.24	1.49	0.94	1.81
职工年平均工资 (元)	Annual Average wage of Staff and Workers (yuan)	5987	5731	6339	5892
农民人均纯收入 (元)	Per Capita Net Income of Rural Residents (yuan)	1829	1725	1754	2009
社会消费品零售总额(万元)	Total Amount of Retail Sales of Consumer Goods (10000 yuan)	45297	13050	8760	23487
城乡集市贸易成交额(万元)	Transaction Value of Free Markets in Urban and Rural Areas (10000 yuan)	28273	9711	11415	7147
普通中学 (所)	Number of Regular Secondary Schools	46	14	13	19
在校学生数 (人)	Number of Students Enrolled in Regular Secondary Schools (persons)	28073	8539	7625	11909
小学所数 (所)	Number of Primary Schools	278	83	78	117
在校学生数 (人)	Number of Students Enrolled in Primary Shools(persons)	60082	18498	15480	26104

注：本表国内生产总值绝对数按当年价计算，增长速度按可比价计算。

Note: The figures of GDP Value are calculated at current prices while the growth rate are calculated at comparable prices.

二十 城市主要指标

CITIES

简要说明

一、本篇资料反映广东城市社会、经济发展和城市建设的规模、速度、效益及综合水平等基本情况。

二、本篇资料由广东省统计局综合处整理提供。

三、本篇资料依据国家统计局制定的《城市基本情况统计报表制度》，由全省21个地级市统计局填报后汇总、加工而成。资料的统计范围为广东２１个省辖城市的市区。其中深圳、东莞、中山为全市。

CITIES

Brief Introduction

Ⅰ. The data in this chapter show the social and economic development as well as the scale, growth rate, economic efficiency, overall level and other basic conditions of the cities of Guangdong Provinces.

Ⅱ. The data in this chapter are prepared and provided by the Division of Integrated Statisics of the Statistical Bureau of Guangdong Province.

Ⅲ. The data in this chapter are filled, tabulated and processed by the twenty－one statistical bureaus at the city level in accordance with the Statistical Reporting Scheme on the Basic Situations of the Cities' stipulated by the State Statistical Bureau. The statistical coverage includes the urban districts but excluded the counties under the jurisdiction of the twenty－one cities of Guangdong Province, among which Shenzhen, Dongguan and Zhongshan refer to the whole cities, with their towns and villages included.

20-1 城市主要经济指标
MAIN ECONOMIC INDICATORS OF CITIES

指标	Item	1996	1997	1997比1996增长% Increase Rate in 1997 Over 1996
土地面积 （平方公里）	Total Land Area (sq. km)	15832	15926	0. 6
#建成区土地面积	Developed Land Areas	1084	1112	2. 6
年末总人口 （万人）	Population (year-end) (10000 persons)	1615. 60	1654. 37	2. 4
#非农业人口	Non-agricultural population	999. 00	1027. 14	2. 8
年末总户数 （万户）	Total Number of Households(year-end)(10000 persons)	456. 00	459. 72	0. 8
年末从业人员数 （万人）	Number of Employed persons(year-end)(10000 persons)	1161. 00	1196. 50	3. 1
#职工平均人数	Average Number of Staff and workers	518. 00	515. 23	-0. 5
城镇个体劳动者年末人数	Employed Individuals in Urban Areas	122. 00	101. 97	-16. 4
国内生产总值(当年价)(亿元)	Gross Domestic Product(at current prices) (100 million yuan)	3643. 62	4195. 37	13. 7
第一产业	Primary Industry	179. 23	186. 08	6. 5
第二产业	Secondary Industry	1815. 94	2073. 26	13. 6
第三产业	Tertiary Industry	1648. 45	1936. 03	14. 5
工农业总产值(1990年不变价)(亿元)	Gross Output Value of Industry and Agricul-ture (100 million yuan)	4896. 98	5913. 49	20. 8
工业总产量	Gross Output Value of Industry	4745. 53	5742. 45	21. 0
农业总产值	Gross Output Value of agriculture	151. 45	171. 04	12. 9
邮电业务总量(1990年不变价)(亿元)	Business Volume of Postal and Telecommuni-tions Services (at 1990 constant prices) (100 million yuan)	177. 63	218. 74	23. 1
年末电话机数 （万部）	Number of Telephone Sets (year-end) (10000 unit)	503. 68	613. 90	21. 9
生活用水量 （万吨）	Water Consumption for Residential Use (10000 tons)	173398	187024	7. 9
全年用电量 （亿千瓦时）	Annual Electricity Consumption (100 million kwh)	462. 57	505. 69	9. 3
#工业用电	Electricity Consumption for Industry	275. 09	312. 91	13. 7
城乡居民生活用电	Electricity Consumption for Residential Use	76. 22	83. 96	10. 2
全社会固定资产投资(亿元)	Total Investment in Fixed Assets (100 million yuan)	1329. 41	1442. 83	8. 5
#住宅建设	Residential Buildings	283. 30	352. 91	24. 6
房地产开发投资额(亿元)	Investment in Real Extate Development (100 million yuan)	431. 70	208. 31	-51. 7
#商品住宅	Commodity Residences	200. 81	99. 98	-50. 2
社会消费品零售总额(亿元)	Total Retail Sales of Consumer Goods (100 million yuan)	1572. 96	1771. 98	12. 7
实际利用外资(亿美元)	Total Amount of Foreign Capital Actually Used (USD 100 million)	84. 06	68. 67	-18. 3
旅游者人数 （万人）	Number of Tourists (10000 persons)		5383. 27	
#境外人数	International Tourists	582. 29	721. 77	23. 9
旅游收入 （亿元）	Tourism Income (10000 persons)		514. 45	
#外汇收入	Foreign Exchange Income	185. 10	189. 81	2. 5
地方财政收入 （亿元）	Total Revenue of Local Governments(100 million yuan)	292. 37	325. 41	11. 3
#工商税收	Industrial and Comercial Tax	225. 94	247. 36	9. 5
地方财政支出 （亿元）	Total Expenditures of local Governments (100 million yuan)	368. 59	405. 21	9. 9
职工工资总额 （亿元）	Total Wages of Staff and Workers (100 million yuan)	562. 89	608. 33	8. 1
城乡居民储蓄存款年末余额(亿元)	Urban and Rural Savings Deposit Balances (100 million yuan)	3062. 43	3674. 07	19. 9

注：表中数据按各市的上报数汇总。
Note: All data in this table are reported by cities.

20-2 城市基本情况(1997年)

指　　标	Item	21个城市合计 Total 21 Cities	占全省% Percentage
一、人口、从业人员和土地面积	Population, Employment and Total Land Area		
年末总人口　(万人)	Population at Year-end　(10000 persons)	1654.37	23.4
#非农业人口	Non-Agricultural Population	1027.14	47.3
年末总户数　(万户)	Total Households at Year-end　(10000 households)	459.72	26.7
年末全部从业人员人数(万人)	Number of Employed Persons at Year-end　(10000 persons)	1196.50	32.3
#城镇个体劳动者	Self-employed Laborers in Urban Area	101.97	73.9
土地面积　(平方公里)	Total Area　(sq. km)	15926	9.0
#建城区面积	Urban Area	1112	
二、经济总量指标	Aggregated Economic Indicators		
国内生产总值(当年价)(亿元)	Gross Domestic Product(at current price)　(100 million yuan)	4195.37	57.4
第一产业	Primary Industry	186.08	18.9
第二产业	Secondary Industry	2073.26	56.8
第三产业	Tertiary Industry	1936.03	72.2
人均国内生产总值　(元)	Per Capita GDP　(yuan)		
国内生产总值指数(以上年为100)(%)	Index of GDP (preceding year=100)　(%)	113.7	
第一产业	Primary Industry	106.5	
第二产业	Secondary Industry	113.6	
第三产业	Tertiary Industry	114.5	
人均国内生产总值指数(以上年为100)(%)	Index of Per Capita GDP (preceding year=100)　(%)		
工农业总产值(1990年不变价)　(亿元)	Gross Output Value of Agriculture and Industry (at 1990 Constant price)　(100 million yuan)	5913.49	52.1
#农业总产值	Gross Agricultural Output Value	171.04	19.4
三、工　　业	Industry		
乡及乡以上工业企业及生产单位数(个)	Number of Industrial Enterprises and Production Units at and above Township Level　(units)	18404	46.8
全部工业总产值(当年价)(亿元)	Gross Industrial Output Value (at current price)　(100 million yuan)	6586.42	53.2
#乡及乡以上工业总产值	Total Industrial Output Value at and above Township Level	5407.25	64.1
#国有经济	State-Owned Industrial Enterprises	1242.67	72.5
集体经济	Collective Owned Industrial Enterprises	596.62	37.6
私营经济	Private Owned Industrial Enterprises	19.07	29.8
股份制经济	Share-holding Industrial Enterprises	304.91	57.8
#轻 工 业	Light Industry	2955.88	58.9
重 工 业	Heavy Industry	2451.37	71.7
全部工业总产值(1990年不变价)(亿元)	Gross Industrial Output Value(at 1990 Constant price)　(100 million yuan)	5742.45	54.9
全部独立核算工业企业经济指标	Major Economic Indicators of All Industrial Enterprises with Independent Accounting System		
工业增加值(生产法)(亿元)	Value Added of Industry (with productin approach)　(100 million yuan)	1401.84	67.2
流动资产年平均余额(亿元)	Annual Average Balance of Circulating Assets　(100 million yuan)	3369.56	68.7
固定资产原价合计　(亿元)	Original Value of Fixed Assets　(100 million yuan)	4016.81	68.0
固定资产净值年平均余额(亿元)	Annual Average Balance of Net Value of Fixed Assets　(100 million yuan)	2830.25	67.4
产品销售收入　(亿元)	Sales Revenue　(100 million yuan)	5194.41	66.9
#产品销售税金及附加	Sales Tax and Extra Charges	73.51	75.9
本年应交增值税　(亿元)	Value Added Tax Payable　(100 million yuan)	175.78	70.4
利润总额　(亿元)	Total Profits　(100 million yuan)	270.80	97.1

注:本表按1997年底止的行政区划范围统计。　　Note: Figures in this table are calculated in accordance with

BASIC STATISTICS OF CITIES (1997)

广州市 Guangzhou	深圳市 Shenzhen	珠海市 Zhuhai	汕头市 Shantao	韶关市 Shaoguan	河源市 Heyuan	梅州市 Meizhou	惠州市 Huizhou	潮州市 Chaozhou
395.65	109.46	38.22	109.23	47.97	22.97	29.62	34.54	33.05
326.73	84.80	35.60	80.87	41.70	16.22	22.31	27.37	25.28
121.11	32.15	9.77	28.99	14.70	8.60	6.71	10.23	8.21
249.53	272.00	22.47	61.06	22.62	12.72	11.75	32.45	17.02
29.34	24.40	2.57	3.26	1.32	1.36	2.02	1.77	0.80
1444	2020	705	298	345	365	323	419	172
267	124	58	90	47	6	45	23	38
1161.61	1130.01	200.99	197.78	69.11	11.38	25.58	93.11	38.74
26.05	15.81	4.37	5.62	2.15	1.63	1.60	1.86	1.17
495.10	557.16	108.10	89.95	45.41	4.79	16.41	69.27	21.57
640.45	557.03	88.52	102.21	21.55	4.96	7.56	21.98	15.99
29563	30619	25507	18343	13745	5249	5354	27450	11862
111.6	116.0	111.4	111.7	108.0	113.4	104.5	126.9	112.3
99.9	100.6	102.5	100.6	103.2	107.0	102.6	104.3	104.0
107.6	116.3	112.0	114.7	106.6	110.9	102.4	134.2	109.9
116.2	115.9	111.0	108.5	111.6	117.9	111.3	102.4	117.7
110.1	110.6	103.7	109.0	106.6	102.8	101.6	122.8	111.9
1026.24	1470.65	422.29	237.62	75.76	9.05	23.49	351.21	93.94
23.06	10.46	1.90	3.95	1.87	1.22	1.72	2.50	1.22
5631	2400	1189	1131	410	138	291	715	331
1386.57	1664.45	393.08	245.75	110.80	9.87	21.80	320.34	76.71
1257.21	1391.15	347.97	202.57	107.18	8.70	19.63	309.43	39.98
552.82	124.82	17.16	24.44	79.86	2.22	8.21	13.92	4.13
111.59	74.00	18.42	76.56	7.22	1.21	2.64	36.27	14.81
1.38	2.35	0.42	0.70	0.09	0.02		0.15	
63.11	26.16	60.49	8.32	3.08	0.31	1.53	0.47	11.52
684.19	670.82	255.12	132.67	25.63	4.63	15.14	221.50	29.48
573.02	720.33	92.85	69.90	81.55	4.07	4.49	87.93	10.50
1003.18	1460.18	420.39	233.67	73.88	7.83	21.77	348.72	92.72
360.85	385.22	71.52	45.62	32.02	2.44	6.46	54.41	10.84
825.43	807.31	215.56	128.19	81.08	5.34	23.37	122.97	33.63
867.52	984.21	197.85	154.82	129.21	18.22	24.71	106.64	24.84
598.77	719.32	138.04	119.13	82.56	13.77	18.56	68.77	16.72
1148.34	1364.33	329.50	202.98	111.15	9.30	18.71	296.95	37.48
39.88	5.15	1.75	1.71	2.51	0.07	2.40	1.68	0.15
54.96	25.82	8.84	5.66	5.47	0.31	0.94	4.28	1.53
76.90	115.30	9.63	1.28	3.55	0.10	0.96	10.74	0.36

the divisions and administrative areas at the end of 1997.

续表1

项　　目	Item	汕尾市 Shanwei	东莞市 Dongguan
一、人口、从业人员和土地面积	Population, Employment and Total Area		
年末总人口　（万人）	Population at Year-end (10000 persons)	40.72	147.12
#非农业人口	Non-Agricultural Population	16.30	36.97
年末总户数　（万户）	Total Households at Year-end (10000 households)	8.48	38.42
年末全部从业人员人数（万人）	Number of Employed Persons at Year-end (10000 persons)	21.32	87.61
#城镇个体劳动者	Self-employed Laborers in Urban Area	0.93	3.73
土地面积　（平方公里）	Total Land Area (sq. km)	401	2465
#建城区面积	Developed Land Area	10	111
二、经济总量指标	Aggregated Economic Indicators		
国内生产总值（当年价）（亿元）	Gross Domestic Products(at current price)(100 million yuan)	19.31	294.70
第一产业	Primary Industry	7.17	30.00
第二产业	Secondary Industry	4.39	155.86
第三产业	Tertiary Industry	7.76	108.84
人均国内生产总值　（元）	Per Capita GDP (yuan)	4640	20160
国内生产总值指数（以上年为100）(%)	Index of GDP (preceding year=100) (%)	108.9	117.8
第一产业	Primary Industry	103.6	104.9
第二产业	Secondary Industry	105.7	118.5
第三产业	Tertiary Industry	115.7	120.2
人均国内生产总值指数（以上年为100）(%)	Index of Per Capita GDP (preceding year=100) (%)	107.1	116.4
工农业总产值（1990年不变价）　（亿元）	Gross Output Value of Agriculture and Industry (at 1990 Constant price) (100 million yuan)	23.14	517.25
#农业总产值	Gross Agricultural Output Value	8.19	25.32
三、工　　业	Industry		
乡及乡以上工业企业及生产单位数（个）	Number of Industrial Enterprises and Production Units at and above Township Level (units)	96	2043
全部工业总产值（当年价）（亿元）	Gross Industrial Output Value (at current price) (100 million yuan)	19.94	600.92
#乡及乡以上工业总产值	Total Industrial Output Value at and above Township Level	9.57	362.31
#国有经济	State-Owned Industrial Enterprises	0.82	13.08
集体经济	Collective Owned Industrial Enterprises	1.66	53.38
私营经济	Private Owned Industrial Enterprises	0.08	0.02
股份制经济	Share-holding Industrial Enterprises		30.57
#轻 工 业	Light Industry	7.51	178.11
重 工 业	Heavy Industry	2.06	184.20
全部工业总产值（1990年不变价）（亿元）	Gross Industrial Output Value(at 1990 Constant price) (100 million yuan)	14.94	491.92
全部独立核算工业企业经济指标	Major Economic Indicators of All Industrial Enterprises with Independent Accounting System		
工业增加值（生产法）（亿元）	Value Added of Industry (with productin approach) (100 million yuan)	3.14	103.90
流动资产年平均余额（亿元）	Annual Average Balance of Circulating Assets (100 million yuan)	4.76	217.83
固定资产原价合计　（亿元）	Original Value of Fixed Assets (100 million yuan)	10.24	468.14
固定资产净值年平均余额（亿元）	Annual Average Balance of Net Value of Fixed Assets (100 million yuan)	6.65	333.26
产品销售收入　（亿元）	Sales Revenue (100 million yuan)	9.47	347.40
#产品销售税金及附加	Sales Tax and Extra Charges	0.04	1.22
本年应交增值税　（亿元）	Value Added Tax Payable (100 million yuan)	0.39	17.44
利润总额　（亿元）	Total Profits (100 million yuan)	0.12	23.89

Continued 1

中山市 Zhongshan	江门市 Jiangmen	佛山市 Foshan	阳江市 Yangjiang	湛江市 Zhanjiang	茂名市 Maoming	肇庆市 Zhaoqing	清远市 Qingyuan	揭阳市 Jieyang	云浮市 Yunfu
128.36	41.97	46.18	51.57	128.38	64.61	45.31	50.92	61.35	27.16
37.95	32.69	40.50	29.11	56.74	29.27	30.66	18.84	19.87	16.60
34.41	12.58	12.82	12.83	34.41	16.58	12.08	14.36	14.69	7.59
102.77	26.90	33.21	27.54	67.81	32.55	23.37	25.14	31.50	15.16
8.03	2.51	3.07	3.32	4.39	4.35	1.81	1.46		1.53
1800	180	77	437	1460	487	658	927	181	762
26	27	34	18	60	28	24	33	25	18
220.95	119.83	143.53	48.52	144.36	86.14	77.42	33.92	51.22	27.14
23.05	2.38	0.65	12.76	16.28	7.74	6.44	8.55	4.61	6.20
112.78	55.76	97.31	18.66	69.26	48.29	40.45	17.97	31.68	13.08
85.12	61.70	45.57	17.09	58.81	30.11	30.53	7.41	14.93	7.87
17316	28806	31421	9339	11411	13517	16972	6187	8513	10128
114.0	109.1	110.4	115.6	106.4	111.6	115.0	108.1	122.1	102.6
111.0	109.3	93.3	110.4	118.1	112.5	104.3	105.3	106.3	102.5
117.5	115.5	109.5	120.2	101.9	109.5	117.4	116.3	122.1	106.7
109.4	102.8	113.5	114.8	108.7	114.7	113.4	90.2	126.7	96.3
112.6	106.7	107.9	113.4	103.3	108.6	111.9	106.6	116.8	
516.15	216.74	322.61	55.45	147.25	101.34	126.20	38.16	97.65	41.30
24.72	2.29	0.99	14.07	15.42	9.88	5.71	6.50	4.98	5.07
916	470	542	85	532	295	501	301	273	114
510.95	206.83	305.45	38.34	206.07	178.14	112.93	32.87	100.59	44.01
371.82	191.73	267.18	13.47	178.67	160.28	102.44	27.95	19.20	18.83
27.64	39.03	59.92	5.43	88.19	143.45	18.85	3.85	3.84	10.99
78.54	26.82	36.87	3.62	15.20	8.84	13.51	3.77	5.24	6.44
2.12	3.88		0.32	5.12	0.18	1.27	0.97		
3.87	7.94	52.96	0.24	16.16	4.16	11.42	1.91	0.68	0.01
269.35	142.50	136.54	9.27	59.08	11.52	68.58	19.78	11.78	2.68
102.47	49.23	130.64	4.20	119.59	148.76	33.86	8.17	7.42	16.15
491.43	214.45	321.63	41.38	131.83	91.46	120.49	31.65	92.68	36.24
64.18	49.93	72.52	9.37	67.92	16.83	26.47	6.40	5.55	6.29
211.19	115.40	244.32	10.48	134.66	70.72	62.32	25.76	11.75	17.49
221.36	108.55	255.89	17.99	156.08	113.66	69.47	29.45	19.25	38.72
152.57	77.54	176.44	13.77	109.66	72.76	50.51	20.19	14.68	26.60
344.41	180.31	290.67	18.86	160.90	159.42	98.73	25.15	22.69	17.65
0.73	1.76	3.34	0.21	3.15	6.04	1.01	0.22	0.20	0.30
8.92	5.66	15.65	1.30	5.81	6.04	4.03	0.60	0.94	1.20
2.19	5.80	6.40	0.37	8.09	0.98	3.67	-0.88	0.48	-1.69

续表 2

指　　　标	Item	21个城市合计 Total 21 Cities	占全省% Percentage
四、交通、邮电、电力	**Transportation, Postal and Telecommunication Services, and Electricity**		
铁路客运量　（万人）	Railway Passenger Traffic (10000 persons)	4377.45	70.6
铁路货运量　（万吨）	Railway Freight Traffic (10000 tons)	5365	64.1
公路客运量　（万人）	Highway Passenger Traffic (10000 persons)	62408.10	57.3
公路货运量　（万吨）	Highway Freight Traffic (10000 tons)	29723	47.9
水运客运量　（万人）	Waterway Passenger Traffic (10000 persons)	1985.93	68.7
水运货运量　（万吨）	Waterway Freight Traffic (10000 tons)	17101	67.6
邮电业务总量（1990年不变价）（亿元）	Business Volume of Postal and Telecommunication Service (at 1990 Constant price) (100 million yuan)	229.12	69.3
年末电话机数　（万部）	Number of Telephone Sets (10000 unit)	638.63	62.7
全年用电量　（亿千瓦时）	Annual Electricity Consumption (100 million kwh)	505.69	63.1
#工业用电	Annual Electricity Consumption for Industry	312.91	62.7
城乡居民生活用电	Annual Electricity Consumption for Urban and Rural Residents	83.96	61.6
五、固定资产投资	**Investment in Fixed Assets**		
全社会固定资产投资　（亿元）	Total Investment in Fixed Assets (100 million yuan)	1442.83	62.8
#住宅建设	Investment in Residential Buildings	352.91	62.7
竣工住宅建筑面积（包括商品房）　（万平方米）	Floor Space of Residential Buildings Completed (Including Commodity Houses) (10000 sq.m)	2392.74	34.8
房地产开发投资额　（亿元）	Total Investment in Real Estate Development (100 million yuan)	453.61	85.9
#商品住宅	Commodity Residences	245.95	63.3
六、市政公用事业	**Urban Public Utilities**		
年末实有铺装道路面积（万平方米）	Area of Paved Roads at Year-end (10000 sq.m)	10945	
城市下水道总长度　（公里）	Length of Sewer Pipelines (km)	10137	
园林绿地面积　（公顷）	Public Green Areas and Garden Areas (hectare)	8597	
全年供水量　（万吨）	Annual Supply of Tap Water (10000 tons)	350937	
#生活用水量	Water Consumption for Residential Use	187024	
年末实有公共汽（电）车营运车辆　（辆）	Number of Public Transportation Vehicles at Year-end (Buses and Trolley Buses etc.) (units)	8267	
液化石油气供气总量　（万吨）	Total Supply of Liquefied Gas (10000 tons)	109.23	
七、批发零售贸易、外经、旅游	**Wholesale, Retail Sale, Foreign Trade and Tourism**		
批发零售贸易业商品销售总额（亿元）	Total Sales in Wholesale and Retail Sale Trade (100 million yuan)	4359.25	68.8
社会消费品零售总额　（亿元）	Total Retail Sales of Consumer Goods (100 million yuan)	1771.98	60.7
新签协议（合同）数　（个）	Number of Agreements and Contracts Newly Signed	3677	20.7
客商协议（合同）投资额（万美元）	Total Investment through Signed Agreements or Contracts (10000 USD)	460919	47.8
客商实际投资　（万美元）	Actual Investment of Foreigners	773928	54.5
旅游者人数　（万人）	Number of Tourists (10000 persons)	5383.27	
#境外旅游者人数	Tourist from Abroad	721.77	
旅游收入　（万元）	Tourism Income (10000 yuan)	5144449	
#外汇收入	Foreign Exchange	1898133	

Continued 2

广州市 Guangzhou	深圳市 Shenzhen	珠海市 Zhuhai	汕头市 Shantao	韶关市 Shaoguan	河源市 Heyuan	梅州市 Meizhou	惠州市 Huizhou	潮州市 Chaozhou
2363	784.80		64	458			206.68	16
2331	271		122	994			96	17
11445	7310	1817	800	506	561	291	631.10	730
8381	2960	1133	700	662	43	137	456	682
299	200	462	427				1.10	6
9053	618	1325	140	43	8		76	297
57.67	61.01	10.38	12.76	2.31	0.99	1.70	4.51	2.76
191.24	143.92	24.73	46.63	11.80	5.44	7.94	11.71	10.04
110.04	112.58	17.45	16.73	19.04	1.78	3.31	8.33	3.11
52.77	63.05	10.21	10.51	15.33	1.40	1.64	5.01	1.38
22.30	17.46	2.05	5.10	1.47	0.31	0.93	1.27	1.04
541.51	374.37	43.38	75.78	17.57	7.03	3.02	19.47	16.37
152.25	104.78	2.49	6.73	3.35	0.25	0.31	4.04	2.83
806.71	406.04	83.83	136.62	44.62	15.14	15.85	35.33	36.47
208.31	136.65	18.86	17.91	2.26	1.48	0.46	3.88	3.41
99.98	85.50	11.63	6.45	1.32	0.08	0.36	2.62	2.00
2229	1287	1293	683	348	101	272	261	242
1652	2239	1173	1006	116	125	157	259	154
1855	2432	716	427	596	89	213	174	163
122953	37540	19205	17652	10783	1409	5332	6232	3077
78098	26620	8294	10166	3653	899	2311	3872	1638
4021	1114	432	189	61	283	39	116	68
15.17	35.34	22.61	5.75	1.30	0.58	0.62	4.44	1.87
1914.55	507.02	185.82	377.89	60.12	6.34	34.39	80.40	61.84
668.51	326.48	76.72	129.85	32.77	6.89	4.33	30.25	15.33
321	957	307	134	14	14	8	204	12
102258	135387		22679	2741	3449	2508	24746	1739
163115	166112	87276	64396	10258	3492	3907	30300	3712
1982.80	481.53	325.87	87.27	72.00	51.28	56.50	248.23	27.33
294.45	140.41	60.90	14.64	2.00	0.66	4.05	11.64	9.09
2916782	561540	556700	282700	21800	29300	9905	42383	49100
847432	441182	273070	82170		64	9030		9753

续表 3

指　　标	Item	汕尾市 Shanwei	东莞市 Dongguan
四、交通、邮电、电力	**Transportation, Postal and Telecommunication Services, and Electricity**		
铁路客运量（万人）	Railway Passenger Traffic (10000 persons)		
铁路货运量（万吨）	Railway Freight Traffic (10000 tons)		
公路客运量（万人）	Highway Passenger Traffic (10000 persons)	1147	11273
公路货运量（万吨）	Highway Freight Traffic (10000 tons)	346	2748
水运客运量（万人）	Waterway Passenger Traffic (10000 persons)	39	27
水运货运量（万吨）	Waterway Freight Traffic (10000 tons)	22	1896
邮电业务总量（1990年不变价）（亿元）	Business Volume of Postal and Telecommunication Service (at 1990 Constant price) (100 million yuan)	2.85	28.83
年末电话机数（万部）	Number of Telephone Sets (10000 unit)	4.73	46.58
全年用电量（亿千瓦时）	Annual Electricity Consumption (100 million kwh)	1.22	86.65
#工业用电	Annual Electricity Consumption for Industry	0.52	70.28
城乡居民生活用电	Annual Electricity Consumption for Urban and Rural Residents	0.56	13.84
五、固定资产投资	**Investment in Fixed Assets**		
全社会固定资产投资（亿元）	Total Investment in Fixed Assets (100 million yuan)	3.60	65.98
#住宅建设	Investment in Residential Buildings	1.49	15.10
竣工住宅建筑面积（包括商品房）（万平方米）	Floor Space of Residential Buildings Completed (Including Commodity Houses) (10000 sq. m)	15.33	75.53
房地产开发投资额（亿元）	Total Investment in Real Estate Development (100 million yuan)	0.69	8.67
#商品住宅	Commodity Residences	0.32	6.34
六、市政公用事业	**Urban Public Utilities**		
年末实有铺装道路面积（万平方米）	Area of Paved Roads at Year-end (10000 sq. m)	1.00	1871
城市下水道总长度（公里）	Length of Sewer Pipelines (km)		1485
园林绿地面积（公顷）	Public Green Areas and Garden Areas (hectare)	72	276
全年供水量（万吨）	Annual Supply of Tap Water (10000 tons)	1565	25697
#生活用水量	Water Consumption for Residential Use	765	11259
年末实有公共汽（电）车营运车辆（辆）	Number of Public Transportation Vehicles at Year-end (Buses and Trolley Buses etc.) (units)		433
液化石油气供气总量（万吨）	Total Supply of Liquefied Gas (10000 tons)		4.14
七、批发零售贸易、外经、旅游	**Wholesale, Retail Sale, Foreign Tradeand Tourism**		
批发零售贸易业商品销售总额（亿元）	Total Sales in Wholesale and Retail Sales Trade (100 million yuan)	25.32	192.20
社会消费品零售总额（亿元）	Total Retail Sales of Consumer Goods (100 million yuan)	10.93	110.21
新签协议（合同）数（个）	Number of Agreements and Contracts Newly Signed	20	193
客商协议（合同）投资额（万美元）	Total Investment through Signed Agreements or Contracts (10000 USD)	2901	33507
客商实际投资（万美元）	Actual Investment of Foreigners (10000 USD)	2754	87960
旅游者人数（万人）	Number of Tourists (10000 persons)	30.00	170.95
#境外旅游者人数	Tourist from Abroad	0.95	59.07
旅游收入（万元）	Tourism Income (10000 yuan)		66269
#外汇收入	Foreign Exchange		56249

Continued 3

中山市 Zhongshan	江门市 Jiangmen	佛山市 Foshan	阳江市 Yangjiang	湛江市 Zhanjiang	茂名市 Maoming	肇庆市 Zhaoqing	清远市 Qingyuan	揭阳市 Jieyang	云浮市 Yunfu
		108.10		160.89	107.0	49.0	60.0		
		555		290	517	77	95		
6373	556	1384	2459	1740	8534	1775	1494	439	1143
2045	26	1080	1468	96	3281	927	1201	111	1240
94	71.83		2	235		69	52		1
792	193	898	339	434	67	196	368	318	18
12.93	4.02	8.10	1.77	5.36	2.70	3.39	1.61	2.41	1.06
34.04	11.85	19.77	7.18	18.60	14.39	8.27	6.25	8.60	4.92
35.31	10.94	25.45	6.45	10.44	15.98	6.59	4.47	5.91	3.92
20.85	5.65	19.72	3.24	4.76	14.85	3.79	1.62	3.28	3.06
6.74	1.37	2.18	1.04	1.48	0.90	0.91	0.97	1.39	0.65
59.89	24.94	35.73	14.45	41.44	32.63	18.82	31.36	9.59	5.90
18.77	7.38	12.63		6.05	6.01	2.55	2.12	2.07	1.70
235.93	69.07	107.73	24.98	32.49	109.79	44.14	39.19	38.37	19.58
12.23	10.46	14.62	2.74	2.28	1.49	4.06	1.66	0.34	1.15
7.62	6.41	8.90		1.49	0.92	3.02	0.74	0.24	0.02
264	518	313	65	201	128	361	144	191	172
301	375	307	58	128	90	195	98	109	110
187	247	247		287	155	184	71	114	92
9386	13188	22671	2418	10097	27902	5534	3113	3183	2000
5877	4872	9943	1436	5812	3980	3194	953	2282	1100
315	94	228	85	330	56	245	70	61	27
0.72	1.21	4.80	0.40	1.54	3.00	1.48	1.48	1.48	1.28
185.85	108.02	199.38	55.53	108.22	89.72	57.38	37.69	60.80	10.77
77.11	23.06	59.69	21.39	74.75	43.62	28.52	2.01	21.81	7.76
107	372	690	8	37	57	78	17	122	5
37058	16310	6316	3630	10501	2877	23994	15753	12387	178
50576	15155	31781	3887	7786	4188	9731	11508	14379	1655
210.58	441.46	111.29	138.65	293.10	86.50	402.31	35.00	23.76	106.87
58.02	16.94	18.78	4.76	8.34	0.46	10.30	1.34	1.67	3.29
66267	150664	158600	26000	44867	49500	66552	15332	9970	20218
	58664	57128	680	1891		47303	4692	4503	4322

续表 4

指　　标	Item	21个城市合计 Total 21 Cities	占全省% Percentage
八、财政、金融、保险	**Finance and Insurance**		
财政收入　（亿元）	Government Revenue (100 million yuan)	325.41	59.9
#工商税收	Industrial and Commercial Tax	247.36	62.2
财政支出　（亿元）	Government Expenditures (100 million yuan)	405.21	59.4
城乡居民储蓄年末余额　（亿元）	Outstanding Amount of Saving Deposits by Urban and Rural Residents (100 million yuan)	3674.07	66.7
承保额　（亿元）	Amount Insured (100 million yuan)	22050.62	81.3
保　费　（亿元）	Premium (100 million yuan)	103.90	72.3
已决赔款　（亿元）	Settled Claim (100 million yuan)	34.84	69.3
九、人民生活	**People's Livelihood**		
住宅使用面积　（万平方米）	Total Floor Space of Residential Buildings (10000 sq. m)	15993.64	
居住人口　（万人）	Residential Population (10000 persons)	949.80	
职工平均人数　（万人）	Annual Average Number Staff and Workers (10000 persons)	515.23	57.6
职工工资总额　（亿元）	Total Wages of Staff and Workers (100 million)	608.33	70.9
居民人均可支配收入　（元）	Per Capita Annual Disposable Income (yuan)		
居民人均消费支出　（元）	Per Capita Annual Expenditures on Consumption (yuan)		
居民消费价格指数　（%）（以上年为100）	Price Index of Consumer Goods (preceding year=100) (%)		
商品零售价格指数　（%）（以上年为100）	Retail Price Index (preceding year=100) (%)		
十、教育、科技、卫生、文化	**Education, Science and Technology, Health Care and Culture**		
学校数　（个）	Number of Schools (unit)		
高等学校	Colleges and Universities	43	
中等专业学校	Specialized Secondary Schools	201	80.7
普通中学	Regular Secondary Schools	871	22.4
小　学	Primary Schools	3852	15.6
在校学生数	Number of Student Enrolled		
高等学校　（人）	Colleges and Universities (persons)	172946	
中等专业学校　（人）	Specialized Secondary Schools (persons)	214974	79.0
普通中学　（万人）	Regular Secondary Schools (10000 persons)	93.16	23.2
小　学　（万人）	Primary Schools (10000 persons)	200.33	22.0
专业技术人员　（万人）	Number of Scientific and Technical Personnel (10000 persons)	80.93	49.2
#中级技术职称以上人员	Personnel with Medium or Above Technical Titles	24.41	61.5
剧场、影剧院　（个）	Number of Theatres and Cinemas	391	41.9
医院、卫生院数　（个）	Number of Hospitals	918	29.0
医院、卫生院床位数　（张）	Number of Hospital Beds	74880	51.8
医生数　（人）	Number of Doctors (persons)	53078	51.1

Continued 4

	广州市 Guangzhou	深圳市 Shenzhen	珠海市 Zhuhai	汕头市 Shantao	韶关市 Shaoguan	河源市 Heyuan	梅州市 Meizhou	惠州市 Huizhou	潮州市 Chaozhou
	83.86	144.77	14.82	16.77	2.70	0.53	2.15	2.98	2.13
	67.56	108.88	9.75	14.68	2.16	0.42	1.16	2.63	1.65
	118.37	142.70	19.92	16.44	5.91	3.08	3.93	6.11	3.41
	1238.49	707.67		167.10	58.23	22.80	12.72	74.97	37.08
	11137.53	6634.44		638.98	154.44	24.93	48.93	125.81	52.66
	39.20	33.45		3.07	1.11	0.25	0.50	0.83	0.34
	16.47	9.27		0.97	0.23	0.08	0.17	0.37	0.14
	3524.18	2109.10	694.20	973.50	465.92	203.50	185.60	385.51	491.40
	326.73		38.22	76.68	39.70	16.20	21.26	25.50	33.05
	166.03	89.90	24.55	34.98	19.10	3.93	6.50	18.39	6.95
	227.62	147.95	32.20	29.55	14.72	1.62	2.60	14.70	4.74
	10445	18579	13149	7938	7096		5946	8563	5220
	8768	14610	9628	7402	5908		5447	7263	
	102.2	103.3	103.3	102.4	100.9	102.9	102.5	100.8	102.7
	99.4	100.0	101.0	99.6	100.3	100.1	100.4	99.2	98.8
	25	2		1	1		2	1	1
	93	8	5	10	6	2	7	9	4
	197	73	21	46	48	11	8	16	17
	584	275	105	160	78	46	71	73	65
	101436	7601		6131	5489		5160	3827	3453
	113764	4048	3339	6365	5936	2135	7189	9761	3615
	19.59	8.22	2.16	5.85	3.09	1.33	1.15	1.86	2.00
	37.26	19.02	5.30	13.59	4.12	2.58	3.05	3.82	3.00
	35.79			6.74	6.49	0.60	1.08	1.81	1.30
	13.33			1.90	1.74	0.09	0.32	0.46	0.27
	14	94	7	5	4	19	1	3	1
	140	76	25	27	20	7	10	13	18
	24381	7963	1807	4607	2491	709	1850	1697	948
	19040	7400	1392	3057	1740	559	685	1175	931

续表 5

指　　标	Item	汕尾市 Shanwei	东莞市 Dongguan
八、财政、金融、保险	Finance and Insurance		
财政收入 （亿元）	Government Revenue (100 million yuan)	1.36	11.41
#工商税收	Industrial and Commercial Tax	0.68	7.85
财政支出 （亿元）	Government Expenditures (100 million yuan)	2.64	14.37
城乡居民储蓄年末余额 （亿元）	Outstanding Amount of Saving Deposits by Urban and Rural Residents (100 million yuan)	14.88	425.82
承保额 （亿元）	Amount Insured (100 million yuan)	22.84	866.54
保　费 （亿元）	Premium (100 million yuan)	0.23	6.27
已决赔款 （亿元）	Settled Claim (100 million yuan)	0.07	1.99
九、人民生活	People's Livelihood		
住宅使用面积 （万平方米）	Total Floor Space of Residential Buildings (10000 sq.m)		1560.51
居住人口 （万人）	Residential Population (10000 persons)		63.48
职工平均人数 （万人）	Annual Average Number of Staff and Workers (10000 persons)	14.22	16.38
职工工资总额 （亿元）	Total Wages of Staff and Workers (100 million)	2.83	17.52
居民人均可支配收入 （元）	Per Capita Annual Disposable Income (yuan)		11032
居民人均消费支出 （元）	Per Capita Annual Expenditures on Consumption (yuan)		8309
居民消费价格指数 （%）（以上年为100）	Price Index of Consumer Goods (preceding year=100) (%)	102.3	101.5
商品零售价格指数 （%）（以上年为100）	Retail Price Index (preceding year=100) (%)	100.4	99.7
十、教育、科技、卫生、文化	Education, Science and Technology, Health Care and Culture		
学校数 （个）	Number of Schools (unit)		
高等学校	Colleges and Universities	1	1
中等专业学校	Specialized Secondary Schools	2	5
普通中学	Regular Secondary Schools	23	71
小　学	Primary Schools	115	586
在校学生数	Number of Student Enrolled		
高等学校 （人）	Colleges and Universities	840	2025
中等专业学校 （人）	Specialized Secondary Schools	1579	4237
普通中学 （万人）	Regular Secondary Schools (10000 persons)	2.52	9.80
小　学 （万人）	Primary Schools (10000 persons)	6.50	22.18
专业技术人员 （万人）	Number of Scientific and Technical Personnel (10000 persons)	0.86	2.61
#中级技术职称以上人员	Personnel with Medium or Above Technical Titles	0.10	0.62
剧场、影剧院 （个）	Number of Theatres and Cinemas	13	130
医院、卫生院数 （个）	Number of Hospitals	13	43
医院、卫生院床位数 （张）	Number of Hospital Beds	614	5505
医生数 （人）	Number of Doctors (persons)	562	2605

Coutinued 5

中山市 Zhongshan	江门市 Jiangmen	佛山市 Foshan	阳江市 Yangjiang	湛江市 Zhanjiang	茂名市 Maoming	肇庆市 Zhaoqing	清远市 Qingyuan	揭阳市 Jieyang	云浮市 Yunfu
9.49	4.90	9.48	1.41	5.55	4.15	2.82	0.88	2.35	0.88
6.85	3.41	6.46	1.19	4.39	2.90	2.20	0.66	1.30	0.57
11.25	7.06	14.06	3.13	12.59	5.77	5.08	2.58	4.29	2.52
281.56	90.93	175.86	35.84	124.97	58.36	58.52	38.59	30.74	18.92
848.76	491.87	244.15	92.50	157.10	61.28	148.91	180.43	73.62	44.90
5.68	3.96	2.30	0.72	2.26	1.49	1.07	0.40	0.50	0.29
1.42	0.79	0.47	0.19	0.73	0.50	0.28	0.38	0.21	0.11
1546.92	557.45	763.30	378.09	680.90	371.00	431.60	92.21	178.75	400.00
37.95	32.69	40.50	19.20	56.74	26.90	29.52	18.59	19.87	27.02
15.96	14.01	21.25	7.30	23.93	11.75	12.46	6.54	7.35	3.54
17.61	13.11	25.00	5.37	18.60	11.15	10.10	4.93	3.92	2.48
9333		10500		7369		6252		5201	
7894		9122		6694		5460		4670	
100.1	102.1	101.7	102.5	101.8	101.0	101.2	101.9	101.9	102.2
98.9	100.0	99.7	99.8	99.9	100.0	100.1	99.8	100.3	100.8
1	1	1		3	1	1			
4	4	7	1	12	4	13	3	1	1
78	20	16	20	72	30	21	38	27	18
387	64	69	118	383	182	162	121	105	103
1791	5401	6260		16425	1162	5945			
4412	3923	5738	1460	14887	3793	12719	2998	1619	1457
6.84	2.23	2.2	2.92	8.05	3.55	2.2	2.99	2.65	1.96
16.78	3.98	3.84	6.71	19.10	8.82	4.44	5.98	6.75	3.51
4.57	2.48	2.84		4.41	1.14	2.17	3.15	2.12	0.77
0.82	0.59	0.84		0.98	0.25	0.53	0.95	0.47	0.15
57	9	4	3	16	2	3	4	2	
220	175	17	14	30	15	17	11	14	13
3567	1952	3623	1711	4611	2007	2155	1061	1023	598
2365	1408	2014	858	3076	1281	1250	554	761	365

主要统计指标解释

建成区土地面积　是指城市建筑基本连片、公用设施达到的地区，区域中的水域面积（包括河流、湖泊）亦计算在内。

住宅居住面积　是指专供日常生活起居使用的卧室、起居室的房屋面积，住宅内的客厅、厨房、浴室、卫生间、储藏室以及各室之间通道等辅助设施的面积不包括在内。居住面积是按居住用房内墙线计算。

居住人口　指与房屋居住面积统计范围一致的居住在城市的人口。

全年供水总量　指公用自来水和自备水源的社会单位全年的供水总量，包括有效供水量及损失水量。

生活用水量　指居民日常生活与公共福利设施的用水量。包括居民、饮食店、旅馆、医院、理发店、浴池、洗衣店、游泳池、商店、学校、机关、部队等单位的用水量。

年末实有公共汽（电）车　指年底可参加营运的全部车辆数，包括年底营运车辆数和库存查封未参加营运的车辆，不包括非营运车辆，如架线车、油罐车、工程车、货车及其他专用车辆和借人的客运车辆。

交通事故起数　指行驶在公共道路的通航线路上的交通工具因各种原因直接造成人身、交通工具及财产损失，经有关交通公安机关或监理机关处理的事件次数。包括飞机失事、火车碰撞、船舶翻沉、汽车撞人等，不包括在厂矿区非公共道路上驾驶、试飞、赛车、飞行训练与表演等发生的事故。

火灾事故起数　指经消防机关处理或掌握，造成人身或财产损失的燃烧现象而引起的火灾次数。

刑事案件发案数　指年内发生并达到公安等司法部门规定的立案标准的刑事案。刑事案件是指需依法追究刑事责任并由公安机关立案处理的条件。

Explanatory Notes on Main Statistical Indicators

Developed Land Area refers to the area basically connected by the urban constructions and provided with the public utilities, including the water area within it (e. g. rivers and lakes).

Living Space of Residential Buildings refers to the area of bedrooms and living rooms specially for daily use, excluding the area of drawing rooms, kitchens, bathrooms, toilets, storerooms and their passages, and supplementary facilities in the residence. The living space is counted by the inside wall line of living rooms.

Residential Population refers to the urban population with the same statistical coverage of living space of buildings.

Annual Volume of Water Supply refers to the total volume of water supplied by the public water－works and those owned by individual enterprises and institutions during the whole year, including both the effective water supply and loss during the water supply.

Consumption of Water for Residential Use refers to the water consumption of residents for daily life and the water consumption of public welfare facilities, including the consumption of restaurants, hotels, hospitals, barber shops, public bathhouses, laundries, swimming pools, shops, schools, institutions, army units and other units.

Annual Consumption of Electricity refers to the total consumption of electricity sold to various kinds of users during the whole year, including the consumption of industry, residents and others.

Number of Public Vehicles (Buses and Trolley－buses) at the Year－end refers to the total number of operational vehicles available at the year－end, including the year－end operational vehicles and vehicles in stock. Non－operational vehicles such as stringing cars, tank cars, engineering cars, trucks and other special vehicles and the borrowed passenger vehicles are excluded.

Number of Traffic Accidents refers to the accidents directly brought about casualties, loss of means of transportation and properties which are caused by the means of transportation on the public roads and navigation routes owing to various reasons, and dealt with by the related public security organs of transportation or some supervision organs, includling the accidents of airplanes, trains, ships and cars, etc, but excluding the accidents caused by driving on the non－public roads of factories and mines, test flight, cycle racing, flight training and flight show, etc.

Number of Fire Accidents refers to the accidents caused by fire and brought about casualties or property losses and handled or controlled by the fire organs.

Number of Criminal Cases refers to the criminal cases happened during the year and reached the registering standards which are stipulated by the public security or other judicial departments. A criminal case includes the conditions of which taken criminal reponsibilities should be investigated according to law and should be placed on file for prosecution by the public security organs or other judicial departments.

二十一 县区主要经济指标

COUNTIES AND DISTRICTS UNDER CITY ADMINISTRATION

简要说明

一、本篇资料反映广东县区经济发展的基本情况，主要包括：各县区的人口、耕地面积、国内生产总值及工农业产值、主要农产品产量、乡镇企业基本情况、基建和更改以及房地产开发投资、职工人数和职工工资、消费品零售额、财政收支以及居民储蓄存款等内容。

二、本篇资料由广东省统计局各有关专业处整理提供，综合处负责编辑。

三、本篇资料依据国家统计局制定的各有关专业年度报表制度和广东省统计局制发的《县区国民经济主要指标年报》，并由21个地级市统计局填报、汇总而成。

四、本篇各县区产值、金融、财政类指标数据汇总数不等于全省数。

COUNTIES AND DISTRICTS UNDER CITY ADMINISTRATION

Brief Introduction

Ⅰ. The data in this chapter show the basic conditions of the economic development of the counties and districts under city administration in Guangdong Province, mainly including the data on population, cultivated area, gross domestic product, gross output value of industry and agriculture, output of major farm products, basic conditions of township and village enterprises, investment in capital construction and innovation, real estate development and investment, number and wages of staff and workers, retail sales of consumer goods, government revenue and expenditures and saving deposits of urban and rural residents, etc.

Ⅱ. The data in this chapter are prepared and provided by the relative specialized divisions and compiled by the Division of Integrated Statistics, Statistical Bureau of Guangdong province.

Ⅲ. The data in this chapter are based on the relative specialized annual report schemes formulated by the State Statistical Bureau and the "Annual Report of Major Indicators of National Economy by County and District" formulated by Statistical Bureau of Guangdong province, and then tabulated in accordance with the figures submitted by the twenty-one City statistical bureaus at the prefectural level.

Ⅳ. The tabulated data on output value, banking and finance of the counties and districts in this chapter are not equal to the total of the whole province.

21-1 各县(区)人口数及耕地面积(1997年底数)

POPULATION AND CULTIVATED LAND BY COUNTY (DISTRICT) (1997, YEAR-END)

县(区)别 County (District)	总人口 Total Population	按性别分 By Sex		按农业、非农业分 Grouped by Agricultural or Nonagricultural		耕地面积(亩) Cultivated Land (mu)
		男 Male	女 Female	非农业人口 Nonagricultural	农业人口 Agricultural	
广州市 Guangzhou	6664862	3432921	3231941	4108639	2556223	1895093
市区 Urban District	3956521	2066387	1890134	3267321	689200	332055
花都市 Huadu City	580725	291120	289605	190603	390122	268166
增城市 Zengcheng City	758533	386909	371624	190368	568165	493294
番禺市 Panyu City	880103	439172	440931	335492	544611	509972
从化市 Conghua City	488980	249333	239647	124855	364125	291606
深圳市 Shenzhen	1094571	567935	526636	847981	246590	63620
珠海市 Zhuhai	673386	347973	325413	462226	211160	381638
市区 Urban District	382208	197758	184450	356031	26177	39449
斗门县 Doumen County	291178	150215	140963	106195	184983	342189
汕头市 Shantou	4130920	2092114	2038806	1380483	2750437	723423
市区 Urban District	1092251	553431	538820	808747	283504	54629
潮阳市 Chaoyang City	2155596	1093615	1061981	381843	1773753	453986
澄海市 Chenghai City	810151	408152	401999	164265	645886	208742
南澳县 Nanao County	72922	36196	36006	25628	47294	6066
韶关市 Shaoguan	2994280	1551357	1442923	1050288	1943992	2013055
市区 Urban District	479736	257190	222546	416965	62771	34564
仁化县 Renhua County	183558	93657	89901	73008	110550	142935
南雄市 Nanxiong City	449614	225829	223785	79794	369820	439005
始兴县 Shixing County	230734	115002	115732	44580	186154	177566
翁源县 Wengyuan County	346746	178523	168223	64173	282573	288352
新丰县 Xinfeng County	227558	117807	109751	52131	175427	144911
曲江县 Qujiang County	394452	203367	191085	110250	284202	342600
乳源县 Ruyuan County	192386	98936	93450	35696	156690	155564
乐昌市 Lechang City	489496	261046	228450	173691	315805	287558
河源市 Heyuan	3056221	1565254	1490967	614929	2441292	1656094
市区 Urban District	229791	118493	111298	162174	67617	46296
和平县 Heping County	465698	238459	227239	58549	407149	225492
龙川县 Longchuan County	824051	416424	407627	126293	697758	440982
紫金县 Zijin County	704514	362007	342507	155531	548983	424049
连平县 Lianping County	354303	182804	171499	66004	288299	217431
东源县 Dongyuan County	477864	247067	230797	46378	431486	301844
梅州市 Meizhou	4694411	2421667	2272744	910752	3783659	2026208
市区 Urban District	296212	153636	142576	223087	73125	38030
梅县 Meixian County	591665	302998	288667	82654	509011	331129
蕉岭县 Jiaoling County	222703	116138	106565	54392	168311	110886
大埔县 Dapu County	503205	260178	243027	84855	418350	197463
丰顺县 Fengshun County	630815	327089	303726	92511	538304	267665
五华县 Wuhua County	1105021	569393	535628	126388	978633	476690
兴宁市 Xingning City	1102134	567794	534340	199813	902321	446917
平远县 Pingyuan County	242656	124441	118215	47052	195604	157428
惠州市 Huizhou	2665306	1354277	1311029	897993	1767313	1951711
市区 Urban District	345442	174962	170480	273706	71736	50802
惠东县 Huidong County	660639	337866	322773	187839	472800	495614
博罗县 Boluo County	751468	383768	367700	172573	578895	696767
龙门县 Longmen County	303977	156501	147476	76690	227287	262592
惠阳市 Huiyang City	603780	301180	302600	187185	416595	445936
汕尾市 Shanwei	2556919	1339256	1217663	617062	1939857	1058442
市区 Urban District	407173	210324	196849	162981	244192	50522
海丰县 Haifeng County	686029	360000	326029	169776	516253	366537
陆河县 Luhe County	239535	125496	114039	25746	213789	107483
陆丰市 Lufeng City	1224182	643436	580746	258559	965623	499330
东莞市 Dongguan	1471220	740459	730761	369691	1101529	663013
中山市 Zhongshan	1283625	646926	636699	379500	904125	620176
江门市 Jiangmen	3770673	1917687	1852986	1381851	2388822	2461634
市区 Urban District	419701	212601	207100	326865	92836	58227
新会市 Xinhui City	857353	428337	429016	265242	592111	479008
台山市 Taishan City	1011694	520697	490997	326852	684842	812509
开平市 Kaiping City	677222	338556	338666	184979	492243	500410

续表 continued

县（区）别 County (District)	总人口 Total Population	按性别分 By Sex		按农业、非农业分 Grouped by Agricultural or Nonagricultural		耕地面积（亩） Cultivated Land (mu)
		男 Male	女 Female	非农业人口 Nonagricultural	农业人口 Agricultural	
鹤山市 Heshan City	348145	177139	171006	115228	232917	213627
恩平市 Enping City	456558	240357	216201	162685	293873	397853
佛山市 Foshan	3209556	1613591	1595965	1461461	1748095	1311122
市　区 Urban District	461757	234910	226847	404974	56783	9408
南海市 Nanhai City	1057485	523823	533662	380135	677350	554703
顺德市 Shunde City	1040301	517966	522335	331114	709187	290090
三水市 Sanshui City	377029	194157	182872	223773	153256	254107
高明市 Gaoming City	272984	142735	130249	121465	151519	202814
阳江市 Yangjiang	2443491	1302293	1141198	650083	1793408	1619811
市　区 Urban District	515729	267281	248448	291109	224620	143928
阳东县 Yangdong county	490099	264191	225908	65991	424108	450154
阳西县 Yangxi County	442913	242370	200543	88914	353999	332861
阳春市 Yangchun City	994750	528451	466299	204069	790681	692868
湛江市 Zhanjiang	6273244	3312951	2960293	1489139	4784105	5267979
市　区 Urban District	1283826	672674	611152	567390	716436	546051
徐闻县 Xuwen County	632373	329846	302527	117450	514923	873388
遂溪县 Suixi County	854107	455665	398442	162419	691688	1085430
廉江市 Lianjiang County	1391945	740403	651542	243266	1148679	878361
吴川市 Wuchuan City	854803	450429	404374	178329	676474	372812
雷州市 Leizhou City	1256190	663934	592256	220285	1035905	1511937
茂名市 Maoming	5901911	3096179	2805732	1141266	4760645	2544542
市　区 Urban District	646057	337799	308258	292659	353398	200158
电白县 Dianbai County	1498828	788197	710631	301597	1197231	656569
高州市 Gaozhou City	1420233	751783	668450	201889	1218344	626212
化州市 Huazhou City	1242349	648780	593569	187785	1054564	667421
信宜市 Xinyi City	1094444	569620	524824	157336	937108	394182
肇庆市 Zhaoqing	3683414	1892202	1791212	919645	2763769	2075888
市　区 Urban District	453097	231559	221538	306588	146509	185809
广宁县 Guangning County	528280	275589	252691	109052	419228	245809
德庆县 Deqing County	340301	178503	161798	62972	277329	209698
封开县 Fenkai County	431206	222736	208470	69846	361360	307932
怀集县 Huaiji County	829304	421834	407470	107583	721721	410137
高要市 Gaoyao City	700029	355312	344717	141683	558346	470627
四会市 Sihui City	401197	206669	194528	121921	279276	245876
清远市 Qingyuan	3685781	1908072	1777709	716346	2969435	2656401
市　区 Urban District	509193	258578	250615	188448	320745	280527
清新县 Qingxin County	658687	341724	316963	71499	587188	439397
佛冈县 Fogang County	291495	149561	141934	48994	242501	187836
连山县 Lianshan County	109955	58012	51943	24035	85920	108280
连南县 Liannan County	147196	76402	70794	27069	120127	107971
阳山县 Yangshan County	492926	255432	237494	64950	427976	366470
连州市 Lianzhou City	496447	255931	240516	89304	407143	374387
英德市 Yingde City	979882	512432	467450	202047	777835	791533
潮州市 Chaozhou	2362381	1209995	1152386	600173	1762208	623703
市　区 Urban District	330466	165175	165291	252762	77704	17781
饶平县 Raoping County	909101	468223	440878	187958	721143	291558
潮安县 Chaoan County	1122814	576597	546217	159453	963361	314364
揭阳市 Jieyang	5084587	2619250	2465337	973415	4111172	1471445
市　区 Urban District	613511	311573	301938	198655	414856	89446
揭东县 Jiedong County	1102285	573272	529013	138726	963559	408930
惠来县 Huilai County	939963	477785	462178	163302	776661	292499
揭西县 Jiexi County	818055	426670	391385	164123	653932	292712
普宁市 Puning City	1610773	829950	780823	308609	1302164	387858
云浮市 Yunfu	2436503	1270834	1165669	762122	1674381	1251919
市　区 Urban District	271599	141219	130380	166028	105571	108213
新兴县 Xinxing County	427506	215946	211560	96651	330855	279540
郁南县 Yunan County	462375	245168	217207	96193	366182	229276
云安县 Yunan County	277865	143535	134330	71528	206337	138379
罗定市 Luoding City	997158	524966	472192	331722	665436	496511

21-2 各县(区)国内生产总值(1997年)

GROSS DOMESTIC PRODUCT BY COUNTY (DISTRICT)(1997)

单位: 万元 (10000 yuan)

县(区)别 County (District)	国内生产总值 Gross Domestic product	第一产业 Primary Industry	第二产业 Secondary Industry	第三产业 Tertiary Industry
广州市 Guangzhou				
市　区 Urban District	11616089	260536	4951033	6404520
花都市 Huadu City	1109297	120823	657837	330637
增城市 Zengcheng City	1142536	191839	629250	321447
番禺市 Panyu City	2161594	206343	1164848	790403
从化市 Conghua City	433051	77614	258561	96876
深圳市 Shenzhen	11300133	157952	5566344	5575837
珠海市 Zhuhai				
市　区 Urban District	2009974	43731	1081036	885207
斗门县 Doumen County	342000	78769	142571	120660
汕头市 Shantou				
市　区 Urban District	1977754	56176	899492	1022086
潮阳市 Chaoyang City	1181771	218754	535185	427832
澄海市 Chenghai City	501965	120002	226016	155947
南澳县 Nanao County	42055	16204	12600	13251
韶关市 Shaoguan				
市　区 Urban District	691121	21482	454110	215529
仁化县 Renhua County	106061	44334	28351	33376
南雄市 Nanxiong City	188175	84700	52594	50881
始兴县 Shixing County	94210	54546	19689	19975
翁源县 Wengyuan County	118668	66168	24755	27745
新丰县 Xinfeng County	79339	28448	24880	26011
曲江县 Qujiang County	216016	104335	65310	46371
乳源县 Ruyuan County	69119	23053	29593	16473
乐昌市 Lechang City	170611	59222	55245	56144
河源市 Heyuan				
市　区 Urban District	113848	16278	47930	49640
和平县 Heping County	86729	52686	16028	18015
龙川县 Longchuan County	187010	82531	39979	64500
紫金县 Zijin County	161587	103997	28229	29361
连平县 Lianping County	106775	52245	25970	28560
东源县 Dongyuan County	98970	58861	16563	23546
梅州市 Meizhou				
市　区 Urban District	156863	16004	82007	58852
梅　县 Meixian County	295919	121094	124043	50782
蕉岭县 Jiaoling County	120660	28482	51628	40550
大埔县 Dapu County	139089	46747	56969	35373
丰顺县 Fengshun County	151283	68548	36095	46640
五华县 Wuhua County	204648	92580	36457	75611
兴宁市 Xingning City	286156	101197	89926	95033
平远县 Pingyuan County	88685	34620	28096	25969
惠州市 Huizhou				
市　区 Urban District	888113	18616	649650	219847
惠东县 Huidong County	640939	185633	272354	182952
博罗县 Boluo County	618057	153662	333969	130426
龙门县 Longmen County	148772	52751	51538	44483
惠阳市 Huiyang City	889818	147921	455784	286113
汕尾市 Shanwei				
市　区 Urban District	193097	71666	43865	77566
海丰县 Haifeng County	451400	127188	135770	188442
陆河县 Luhe County	79450	35537	20050	23863
陆丰市 Lufeng City	308629	120242	107386	81001
东莞市 Dongguan	2947037	300001	1558612	1088424
中山市 Zhongshan	2209508	230492	1127785	851231
江门市 Jiangmen				
市　区 Urban District	1198329	23761	557614	616954
新会市 Xinhui City	855016	152784	391473	310759
台山市 Taishan City	849520	180940	375580	293000
开平市 Kaiping City	786257	140527	393561	252169

注: 本表按当年价格计算。 a) The date is value terms in this table are calculated at current prices.

续表 continued

单位：万元 (10000 yuan)

县（区）别 County (District)	国内生产总值 Gross Domestic product	第一产业 Primary Industry	第二产业 Secondary Industry	第三产业 Tertiary Industry
鹤山市 Heshan City	498547	60780	283127	154640
恩平市 Enping City	391010	86275	157000	147735
佛山市 Foshan				
市　区 Urban District	1435305	6537	973057	455711
南海市 Nanhai City	2514705	241187	1240572	1032946
顺德市 Shunde City	2242461	172518	1262301	807642
三水市 Sanshui City	630104	112861	268710	248533
高明市 Gaoming City	423112	94779	217059	111274
阳江市 Yangjiang				
市　区 Urban District	485176	127634	188645	168897
阳东县 Yangdong county	234816	128500	45581	60735
阳西县 Yangxi County	186855	101285	37201	48369
阳春市 Yangchun City	357912	206079	79602	72231
湛江市 Zhanjiang				
市　区 Urban District	1443598	162835	692638	588125
徐闻县 Xuwen County	252697	143612	37421	71664
遂溪县 Suixi County	443663	196980	125077	121606
廉江市 Lianjiang County	500522	197435	129525	173562
吴川市 Wuchuan County	323673	68458	149151	106064
雷州市 Leizhou County	521438	268635	102099	150704
茂名市 Maoming				
市　区 Urban District	861420	77412	482878	301130
电白县 Dianbai County	944519	249422	404950	290147
高州市 Gaozhou City	894471	331833	317108	245530
化州市 Huazhou City	687405	253256	200850	233299
信宜市 Xinyi City	572147	211744	214154	146249
肇庆市 Zhaoqing				
市　区 Urban District	799736	72761	418636	308339
广宁县 Guangning County	274330	94922	106847	72561
德庆县 Deqing County	262970	82500	126470	54000
封开县 Fenkai County	268195	109861	96506	61828
怀集县 Huaiji County	414003	197579	125783	90641
高要市 Gaoyao City	860983	261240	301692	298051
四会市 Sihui City	430747	130069	192935	107743
清远市 Qingyuan				
市　区 Urban District	377606	113054	187258	77294
清新县 Qingxin County	210286	107152	58756	44378
佛冈县 Fogang County	90193	31976	31424	26793
连山县 Lianshan County	38629	21474	7971	9184
连南县 Liannan County	39189	18075	11681	9433
阳山县 Yangshan County	153762	93183	32870	27709
连州市 Lianzhou City	167494	83793	46833	36868
英德市 Yingde City	318710	165162	86097	67451
潮州市 Chaozhou				
市　区 Urban District	387428	11738	215717	159973
饶平县 Raoping County	475350	163436	157929	153985
潮安县 Chaoan County	651935	172569	291111	188255
揭阳市 Jieyang				
市　区 Urban District	512165	46082	316796	149287
揭东县 Jiedong County	800142	174842	452417	172883
惠来县 Huilai County	379842	176650	139299	63893
揭西县 Jiexi County	339786	111027	145468	83291
普宁市 Puning City	1066615	136363	557820	372432
云浮市 Yunfu				
市　区 Urban District	271435	61960	130804	78671
新兴县 Xinxing County	249523	99824	86485	63214
郁南县 Yunan County	229307	96109	84719	48479
云安县 Yunan County	171519	81530	60009	29980
罗定市 Luoding City	635522	213674	250026	171822

21-3 各县(区)国内生产总值增长速度(1997年)

GROWTH RATE OF GROSS DOMESTIC PRODUCT BY COUNTY (DISTRICT)(1997)

单位：% (%)

县（区）别 County (District)	国内生产总值 Gross Domestic product	第一产业 Primary Industry	第二产业 Secondary Industry	第三产业 Tertiary Industry
广州市 Guangzhou				
市　区 Urban District	11.6	-0.1	7.6	16.2
花都市 Huadu City	20.1	6.1	25.6	11.5
增城市 Zengcheng City	26.0	8.1	40.3	4.7
番禺市 Panyu City	11.8	6.5	12.5	11.7
从化市 Conghua City	19.5	14.2	24.6	7.4
深圳市 Shenzhen	16.0	0.6	16.3	15.9
珠海市 Zhuhai				
市　区 Urban District	11.4	2.5	12.0	11.0
斗门县 Doumen County	10.2	5.4	11.9	10.4
汕头市 Shantou				
市　区 Urban District	11.7	0.6	14.7	8.5
潮阳市 Chaoyang City	20.2	10.4	23.2	19.8
澄海市 Chenghai City	21.9	8.6	28.0	19.0
南澳县 Nanao County	3.2	5.6	5.5	-1.9
韶关市 Shaoguan				
市　区 Urban District	8.0	3.2	6.6	11.6
仁化县 Renhua County	10.4	7.7	14.8	9.5
南雄市 Nanxiong City	5.7	6.0	3.9	7.8
始兴县 Shixing County	9.0	9.3	9.6	7.2
翁源县 Wengyuan County	12.0	13.4	16.6	5.3
新丰县 Xinfeng County	9.1	6.8	10.6	11.0
曲江县 Qujiang County	15.3	8.8	27.1	11.8
乳源县 Ruyuan County	10.2	3.0	17.1	5.9
乐昌市 Lechang City	6.3	6.4	5.2	7.3
河源市 Heyuan				
市　区 Urban District	13.4	7.0	10.9	17.9
和平县 Heping County	30.0	23.8	24.2	49.1
龙川县 Longchuan County	10.4	5.0	4.0	20.7
紫金县 Zijin County	7.1	5.5	10.0	8.9
连平县 Lianping County	13.7	5.6	28.8	13.6
东源县 Dongyuan County	6.9	5.2	6.8	10.6
梅州市 Meizhou				
市　区 Urban District	4.5	2.6	2.4	11.3
梅　县 Meixian County	6.7	8.2	7.9	-1.5
蕉岭县 Jiaoling County	5.0	10.5	0.3	8.6
大埔县 Dapu County	4.2	5.2	1.9	7.6
丰顺县 Fengshun County	2.0	1.0	-1.3	6.8
五华县 Wuhua County	1.4	0.7	-6.1	6.7
兴宁市 Xingning City	6.7	10.9	5.1	4.2
平远县 Pingyuan County	5.1	6.2	2.7	6.3
惠州市 Huizhou				
市　区 Urban District	16.4	4.3	20.6	2.4
惠东县 Huidong County	15.7	15.3	20.8	7.8
博罗县 Boluo County	19.2	5.3	27.4	8.9
龙门县 Longmen County	2.4	2.9	1.6	3.0
惠阳市 Huiyang City	19.7	15.3	23.9	14.4
汕尾市 Shanwei				
市　区 Urban District	8.9	3.6	5.7	15.7
海丰县 Haifeng County	12.4	6.6	11.5	16.1
陆河县 Luhe County	13.7	9.8	16.5	15.9
陆丰市 Lufeng City	9.0	11.4	7.7	7.1
东莞市 Dongguan	17.8	4.9	18.5	20.2
中山市 Zhongshan	14.0	11.0	17.5	9.4
江门市 Jiangmen				
市　区 Urban District	9.1	9.3	15.5	2.8
新会市 Xinhui City	5.8	4.4	6.8	5.0
台山市 Taishan City	14.8	6.5	19.2	11.7
开平市 Kaiping City	10.4	7.8	11.8	8.6

注：本表按可比价格计算，与上年比较。
Note: The growth rates are calculated at comparable prices and over the preceding year.

续表 continued

单位：% (%)

县（区）别 County (District)	国内生产总值 Gross Domestic product	第一产业 Primary Industry	第二产业 Secondary Industry	第三产业 Tertiary Industry
鹤山市 Heshan City	5.0	7.3	5.7	2.8
恩平市 Enping City	-9.0	2.6	-17.5	-1.9
佛山市 Foshan				
市　区 Urban District	10.4	-6.7	9.5	13.5
南海市 Nanhai City	16.5	10.1	15.7	19.3
顺德市 Shunde City	17.8	1.5	18.9	19.1
三水市 Sanshui City	11.0	6.4	15.0	7.1
高明市 Gaoming City	21.6	23.3	23.0	17.5
阳江市 Yangjiang				
市　区 Urban District	15.6	10.4	20.2	14.8
阳东县 Yangdong county	10.9	11.2	11.0	10.4
阳西县 Yangxi County	10.2	14.2	4.3	7.8
阳春市 Yangchun City	2.6	15.2	-0.1	-10.3
湛江市 Zhanjiang				
市　区 Urban District	6.4	18.1	1.9	8.7
徐闻县 Xuwen County	10.9	15.5	9.1	3.4
遂溪县 Suixi County	2.7	5.1	0.7	2.0
廉江市 Lianjiang County	9.3	8.1	5.0	14.7
吴川市 Wuchuan County	8.1	11.4	8.0	6.3
雷州市 Leizhou County	8.4	4.2	12.2	13.6
茂名市 Maoming				
市　区 Urban District	11.6	12.5	9.5	14.0
电白县 Dianbai County	14.9	24.6	10.2	14.7
高州市 Gaozhou City	16.8	13.8	21.5	15.0
化州市 Huazhou City	14.0	17.8	9.8	14.4
信宜市 Xinyi City	20.7	28.5	17.9	16.6
肇庆市 Zhaoqing				
市　区 Urban District	15.0	4.3	17.4	13.4
广宁县 Guangning County	10.4	9.3	8.8	14.0
德庆县 Deqing County	13.8	8.0	14.3	19.7
封开县 Fenkai County	10.7	7.1	15.0	8.7
怀集县 Huaiji County	17.7	9.8	25.4	18.6
高要市 Gaoyao City	16.0	12.0	17.2	17.6
四会市 Sihui City	13.7	6.3	16.0	17.0
清远市 Qingyuan				
市　区 Urban District	8.1	5.3	16.3	-9.8
清新县 Qingxin County	6.4	3.5	11.5	3.9
佛冈县 Fogang County	3.1	-0.8	5.7	2.7
连山县 Lianshan County	2.6	8.5	-0.9	-7.4
连南县 Liannan County	0.1	10.2	-7.4	-4.9
阳山县 Yangshan County	0.6	1.9	-5.2	6.1
连州市 Lianzhou City	5.3	5.2	17.5	-11.4
英德市 Yingde City	3.1	0.0	17.1	-6.5
潮州市 Chaozhou				
市　区 Urban District	12.3	4.0	9.9	17.7
饶平县 Raoping County	11.9	11.0	11.9	12.6
潮安县 Chaoan County	14.4	0.5	20.5	15.5
揭阳市 Jieyang				
市　区 Urban District	22.1	6.3	22.1	26.7
揭东县 Jiedong County	22.5	5.7	26.9	26.9
惠来县 Huilai County	13.7	8.3	19.7	12.9
揭西县 Jiexi County	17.2	8.9	19.3	21.3
普宁县 Puning County	21.9	8.3	25.9	18.8
云浮市 Yunfu				
市　区 Urban District	2.6	2.5	6.7	-3.7
新兴县 Xinxing County	13.1	7.2	19.0	12.3
郁南县 Yunan County	6.6	6.4	6.8	6.5
云安县 Yunan County	4.9	4.2	5.1	6.0
罗定市 Luoding City	5.8	3.8	1.7	16.3

21-4 各县(区)人均国内生产总值及增长速度
PER CAPITA GROSS DOMESTIC PRODUCT AND GROWTH RATE BY COUNTY (DISTRICT)

县(区)别 County (District)	绝对数 (元/人) Absolute Figure (yuan/person)		增长速度 (%) Growth Rate	
	1996	1997	1996	1997
广州市 Guangzhou				
市区 Urban District	26539	29563	10.1	10.1
花都市 Huadu City	16453	19329	9.1	17.1
增城市 Zengcheng City	12595	15207	11.2	23.9
番禺市 Panyu City	22523	24749	17.3	10.0
从化市 Conghua City	7718	8931	8.1	17.2
深圳市 Shenzhen	27005	30619	12.6	10.6
珠海市 Zhuhai				
市区 Urban District	23899	25507	8.8	3.7
斗门县 Doumen County	10096	10721	7.0	9.1
汕头市 Shantou				
市区 Urban District	16192	18343	8.6	9.0
潮阳市 Chaoyang City	4630	5522	21.0	19.1
澄海市 Chenghai City	5143	6225	22.4	20.7
南澳县 Nanao County	5637	5785	5.9	2.3
韶关市 Shaoguan				
市区 Urban District	12906	13745	7.7	6.6
仁化县 Renhua County	6352	6799	9.3	9.0
南雄市 Nanxiong City	4017	4193	2.6	5.3
始兴县 Shixing County	3791	4091	8.2	8.8
翁源县 Wengyuan County	3161	3447	4.1	11.4
新丰县 Xinfeng County	3278	3495	6.7	7.7
曲江县 Qujiang County	4956	5539	13.0	13.8
乳源县 Ruyuan County	3459	3606	8.2	9.2
乐昌市 Lechang City	3363	3516	3.8	4.8
河源市 Heyuan				
市区 Urban District	4962	5249	4.3	2.8
和平县 Heping County	1582	1876	6.7	28.3
龙川县 Longchuan County	2283	2287	11.5	8.4
紫金县 Zijin County	2176	2308	9.8	5.8
连平县 Lianping County	2511	3031	12.7	12.4
东源县 Dongyuan County	2009	2079	3.5	6.2
梅州市 Meizhou				
市区 Urban District	5246	5354	4.0	1.6
梅县 Meixian County	4891	5020	13.8	6.0
蕉岭县 Jiaoling County	5186	5445	9.7	4.0
大埔县 Dapu County	2654	2776	5.0	3.3
丰顺县 Fengshun County	2398	2409	3.9	0.6
五华县 Wuhua County	1855	1862	4.4	0.3
兴宁市 Xingning City	2478	2610	5.8	6.1
平远县 Pingyuan County	3501	3674	4.8	4.3
惠州市 Huizhou				
市区 Urban District	23764	26183	22.5	12.7
惠东县 Huidong County	8444	9784	10.3	13.8
博罗县 Boluo County	7348	8305	20.3	17.1
龙门县 Longmen County	4733	4920	2.0	1.3
惠阳市 Huiyang City	12397	15026	9.9	16.6
汕尾市 Shanwei				
市区 Urban District	4346	4640	9.4	7.1
海丰县 Haifeng County	5937	6618	12.9	1.2
陆河县 Luhe County	2948	3344	36.2	11.9
陆丰市 Lufeng City	2354	2570	7.9	8.3
东莞市 Dongguan	16969	20160	14.5	16.4
中山市 Zhongshan	14371	17316	11.7	12.6
江门市 Jiangmen				
市区 Urban District	27368	28806	4.9	6.7
新会市 Xinhui City	9626	10001	9.3	5.2
台山市 Taishan City	7420	8401	15.0	14.7
开平市 Kaiping City	10776	11679	10.9	9.5

注：本表绝对数按当年价格计算，增长速度按可比价格计算。
Note: The values in this table are calculated at current prices while the growth rates are calculated at comparable prices.

续表 continued

县（区）别 County (District)	绝 对 数 （元/人） Absolute Figure (yuan/person)		增 长 速 度 (%) Growth Rate	
	1996	1997	1996	1997
鹤山市 Heshan City	13622	14359	10.6	4.5
恩平市 Enping City	9318	8601	24.8	-9.8
佛山市 Foshan				
市 区 Urban District	29320	31421	8.1	7.9
南海市 Nanhai City	20730	23943	14.9	14.9
顺德市 Shunde City	19681	21719	23.2	16.0
三水市 Sanshui City	15392	16830	0.9	9.3
高明市 Gaoming City	13000	15584	20.5	19.8
阳江市 Yangjiang				
市 区 Urban District	8140	9339	5.8	13.4
阳东县 Yangdong county	4331	4791	9.9	10.4
阳西县 Yangxi County	3901	4218	5.2	8.2
阳春市 Yangchun City	3839	3612	8.9	1.9
湛江市 Zhanjiang				
市 区 Urban District	10821	11411	10.7	13.4
徐闻县 Xuwen County	3599	4021	0.9	9.1
遂溪县 Suixi County	5207	5238	-0.4	0.9
廉江市 Lianjiang County	3327	3622	8.0	7.3
吴川市 Wuchuan County	3481	3816	14.2	6.6
雷州市 Leizhou County	3948	4185	8.3	6.8
茂名市 Maoming				
市 区 Urban District	12744	13517	1.8	8.6
电白县 Dianbai County	5786	6351	9.8	13.0
高州市 Gaozhou City	5560	6343	19.2	15.1
化州市 Huazhou City	5120	5571	7.7	12.3
信宜市 Xinyi City	4412	5254	19.5	19.2
肇庆市 Zhaoqing				
市 区 Urban District	15294	16972	16.1	11.9
广宁县 Guangning County	4735	5213	15.4	9.8
德庆县 Deqing County	6593	7762	19.1	13.0
封开县 Fenkai County	5639	6275	12.0	9.2
怀集县 Huaiji County	4678	5082	21.3	13.8
高要市 Gaoyao City	10812	12362	18.3	14.9
四会市 Sihui City	10162	11359	5.4	12.4
清远市 Qingyuan				
市 区 Urban District	6059	6187	-5.5	6.6
清新县 Qingxin County	3149	3345	6.1	5.4
佛冈县 Fogang County	3168	3137	6.7	1.2
连山县 Lianshan County	3458	3528	12.9	1.8
连南县 Liannan County	2675	2679	1.9	-0.9
阳山县 Yangshan County	3167	3142	5.4	-0.5
连州市 Lianzhou City	3348	3391	8.9	4.5
英德市 Yingde City	3430	3567	3.6	2.6
潮州市 Chaozhou				
市 区 Urban District	10316	11862	10.4	11.9
饶平县 Raoping County	4665	5252	14.9	10.8
潮安县 Chaoan County	4968	5828	17.4	12.8
揭阳市 Jieyang				
市 区 Urban District	7315	8513	19.4	16.8
揭东县 Jiedong County	6047	7351	16.4	19.4
惠来县 Huilai County	3734	4163	9.3	9.8
揭西县 Jiexi County	3695	4235	17.4	12.6
普宁市 Puning City	5527	6679	19.9	19.7
云浮市 Yunfu				
市 区 Urban District	10395	10128	2.1	0.0
新兴县 Xinxing County	5243	5877	11.8	11.6
郁南县 Yunan County	4701	4975	12.1	5.9
云安县 Yunan County	5805	6212	10.7	3.6
罗定市 Luoding City	6184	6435	9.3	2.8

21-5 各县(区)工农业总产值

GROSS OUTPUT VALUE OF INDUSTRY AND AGRICULTURE BY COUNTY (DISTRICT)

单位：万元 (10000 yuan)

县(区)别 County (district)	工农业总产值 Gross Output Value of Industry and Agriculture		工业总产值 Gross Output Value of Industry		农业总产值 Gross Output Value of Agriculture	
	1996	1997	1996	1997	1996	1997
广州市 Guangzhou			1564742		688222	733870
市 区 Urban District	9042976	10262442	8824642	10031803	218334	230639
花都市 Huadu City	1593313	1911175	1501368	1812761	91945	98414
增城市 Zengcheng City	1574985	2022810	1451085	1890261	123900	132549
番禺市 Panyu City	3562295	4216066	3371102	4015485	191193	200581
从化市 Conghua City	599395	811156	536545	739470	62849	71686
深圳市 Shenzhen	11812410	14706455	11709537	14601838	102873	104617
珠海市 Zhuhai						
市 区 Urban District	3359618	4222891	3340830	4203918	18788	18973
斗门县 Doumen County	604096	739791	522894	653853	81202	85938
汕头市 Shantou						
市 区 Urban District	1987557	2376184	1946281	2336693	36688	39491
潮阳市 Chaoyang City	1820222	2239785	1636084	2043927	184138	195858
澄海市 Chenghai City	889731	1170137	788690	1060105	101041	110032
南澳县 Nanao County	71125	78360	33327	37793	37798	40566
韶关市 Shaoguan						
市 区 Urban District	665287	757553	648200	738834	17087	18719
仁化县 Renhua County	75204	86180	43200	50643	32004	35537
南雄市 Nanxiong City	189013	196057	127100	130125	61913	65932
始兴县 Shixing County	95045	106058	45400	53384	49645	52674
翁源县 Wengyuan County	100477	109950	51200	56053	49277	53897
新丰县 Xinfeng County	62352	67802	34500	38518	27852	29284
曲江县 Qujiang County	244648	288161	169100	204611	75548	83550
乳源县 Ruyuan County	45012	57232	29200	40960	15812	16272
乐昌市 Lechang City	150574	152194	93000	90895	57574	61299
河源市 Heyuan						
市 区 Urban District	80117	90462	69182	78271	10935	12191
和平县 Heping County	63185	73592	26184	32491	37001	41101
龙川县 Longchuan County	129147	127380	71833	67795	57314	59585
紫金县 Zijin County	113543	140430	45704	50298	67839	90132
连平县 Lianping County	56615	62415	26424	30485	30191	31930
东源县 Dongyuan County	73183	79642	26798	29407	46385	50235
梅州市 Meizhou						
市 区 Urban District	217546	234916	201744	217735	15802	17181
梅 县 Meixian County	387942	431044	231617	261742	156325	169302
蕉岭县 Jiaoling County	122577	130885	95762	101400	26815	29485
大埔县 Dapu County	136868	148336	96706	104917	40162	43419
丰顺县 Fengshun County	158116	163854	96583	99345	61533	64509
五华县 Wuhua County	162380	159944	97137	91458	65243	68486
兴宁市 Xingning City	278458	286904	201667	203200	76791	83704
平远县 Pingyuan County	90845		63568	56517	27277	29577
惠州市 Huizhou						
市 区 Urban District	2749235	3512137	2737426	3487151	21351	24986
惠东县 Huidong County	641084	771146	521283	636632	119801	134514
博罗县 Boluo County	824357	1047105	696718	906278	127639	140827
龙门县 Longmen County	134116	142792	97422	103882	36694	38910
惠阳市 Huiyang City	896187	1131795	818680	1040203	77507	91592
汕尾市 Shanwei						
市 区 Urban District	181232	231386	117323	149442	73545	81944
海丰县 Haifeng County	401919	447543	331868	373570	70051	73973
陆河县 Luhe County	37691	45825	17585	23680	20106	22145
陆丰市 Lufeng City	433638	476238	293934	319427	139704	156811
东莞市 Dongguan	4265062	5172464	4021701	4919247	243361	253217
中山市 Zhongshan	4410209	5161510	4185524	4914274	224685	247236
江门市 Jiangmen						
市 区 Urban District	1648203	2167442	1626003	2144584	22200	22858
新会市 Xinhui City	1913840	2139764	1756320	1974007	157520	165757
台山市 Taishan City	1962639	2310090	1778756	2107926	183883	202164
开平市 Kaiping City	1653491	1951551	1556538	1842949	96953	108602

注：本表按1990年不变价格计算。
Note: The data in this table are calculated at 1990 constant prices.

续表 continued

单位：万元 (10000 yuan)

县（区）别 County (district)	工农业总产值 Gross Output Value of Industry and Agriculture		工业总产值 Gross Output Value of Industry		农业总产值 Gross Output Value of Agriculture	
	1996	1997	1996	1997	1996	1997
鹤山市 Heshan City	1031307	1158215	983217	1106266	48090	51949
恩平市 Enping City	817883	589078	744436	512189	73447	76889
佛山市 Foshan						
市　区 Urban District	2933983	3226145	2922628	3216257	11355	9888
南海市 Nanhai City	4088437	4776995	3916192	4591659	172245	185336
顺德市 Shunde City	4711274	5453518	4458750	5189546	252524	263972
三水市 Sanshui City	1096870	1271199	1000233	1170372	96637	100827
高明市 Gaoming City	597543	763851	533742	686528	63801	77323
阳江市 Yangjiang						
市　区 Urban District	487194	554451	358823	413755	128371	140696
阳东县 Yangdong county	189908	219326	97247	115826	92661	103500
阳西县 Yangxi County	199811	229915	91220	108728	108591	121187
阳春市 Yangchun City	453254	465037	323583	326017	129671	139020
湛江市 Zhanjiang						
市　区 Urban District	1437524	1472451	1299745	1318251	137779	154200
徐闻县 Xuwen County	205890	229522	72061	79719	133829	149803
遂溪县 Suixi County	435315	493820	257880	275338	177435	218482
廉江市 Lianjiang County	526625	586180	307300	342263	219325	243917
吴川市 Wuchuan County	526364	562066	452070	479991	74294	82075
雷州市 Leizhou County	463454	509238	208475	238651	254975	270587
茂名市 Maoming						
市　区 Urban District	782050	1013401	709440	914602	86755	98799
电白县 Dianbai County	959403	1187522	768090	925228	191313	262294
高州市 Gaozhou City	1005174	1220029	654409	813803	350765	406226
化州市 Huazhou City	700226	800558	485588	548322	214638	252236
信宜市 Xinyi City	719262	904800	556115	694785	163147	210015
肇庆市 Zhaoqing						
市　区 Urban District	1043576	1261999	980967	1204880	52885	57119
广宁县 Guangning County	352467	401639	277294	321601	75173	80038
德庆县 Deqing County	403484	514292	325474	429370	78010	84922
封开县 Fenkai County	331712	385737	244131	291063	87581	94674
怀集县 Huaiji County	360854	426543	260160	318298	100694	108245
高要市 Gaoyao City	1023323	1268726	843287	1070170	180036	198556
四会市 Sihui City	623938	729828	521877	618112	102061	111716
清远市 Qingyuan						
市　区 Urban District	322437	381564	260879	316540	61558	65024
清新县 Qingxin County	194065	218979	123848	144086	70217	74893
佛冈县 Fogang County	82107	91316	60537	70093	21570	21223
连山县 Lianshan County	29249	32457	11048	12647	18201	19810
连南县 Liannan County	31028	31246	17681	17273	13347	13973
阳山县 Yangshan County	107837	111596	42615	44037	65222	67559
连州市 Lianzhou City	130254	145436	66244	78117	64010	67319
英德市 Yingde City	222683	235606	111817	121715	110866	113891
潮州市 Chaozhou						
市　区 Urban District	619610	939427	607409	927213	12201	12214
饶平县 Raoping County	548718	651227	400360	490500	148358	160727
潮安县 Chaoan County	1042350	1025517	893220	867099	149130	158418
揭阳市 Jieyang						
市　区 Urban District	723279	976516	680259	926758	43020	49758
揭东县 Jiedong County	1075279	1391422	947590	1253426	127689	137996
惠来县 Huilai County	493686	561223	357630	412963	136056	148260
揭西县 Jiexi County	360548	427663	284057	344901	76491	82762
普宁市 Puning City	1313230	1649626	1207706	1535578	105524	114048
云浮市 Yunfu						
市　区 Urban District	225926	413011	206650	362350	49276	50661
新兴县 Xinxing County	433365	500630	342715	402717	90650	97913
郁南县 Yunan County	377606	419018	293052	327337	84554	91681
云安县 Yunan County	309089	326033	257515	271194	51574	54839
罗定市 Luoding City	889657	966306	717207	781340	172450	184966

21-6 各县（区）粮食产量
OUTPUT OF GRAIN BY COUNTY (DISTRICT)

单位：吨、公斤/人 (ton, kg/person)

县（区）别 County (district)	粮食 Grain				人均粮食 Per Capita Grain	
	1996	1997	#稻谷 Rice		1996	1997
			1996	1997		
广州市 Guangzhou						
市　区 Urban District	141443	143897	135158	133883	36	37
花都市 Huadu City	195098	195301	187932	187291	347	340
增城市 Zengcheng City	263676	271605	251136	258756	357	361
番禺市 Panyu City	233495	236901	228948	231538	272	271
从化市 Conghua City	158720	161503	152282	149486	334	333
深圳市 Shenzhen	6586	4990	1801	954	6	5
珠海市 Zhuhai						
市　区 Urban District	13547	12955	12668	12560	38	35
斗门县 Doumen County	82119	83087	77018	78833	290	288
汕头市 Shantou						
市　区 Urban District	43540	42387	29788	28641	41	39
潮阳市 Chaoyang City	502944	516729	357632	361497	237	241
澄海市 Chenghai City	197064	202691	153721	155252	247	251
南澳县 Nanao County	6698	6703	1998	2079	93	92
韶关市 Shaoguan						
韶关市郊 Urban District	9922	9558	8404	8014	21	20
仁化县 Renhua County	92237	95755	87324	89573	520	525
南雄市 Nanxiong City	247468	249568	235169	236829	554	556
始兴县 Shixing County	111157	112056	101092	101400	486	487
翁源县 Wengyuan County	139445	143248	133387	136682	407	416
新丰县 Xinfeng County	82996	84748	79436	79918	369	374
曲江县 Qujiang County	205544	210873	195656	198494	535	540
乳源县 Ruyuan County	79175	76099	68758	66102	416	397
乐昌市 Lechang City	148343	148495	117206	114431	310	306
河源市 Heyuan						
市　区 Urban District	20711	24100	19903	22674	105	111
和平县 Heping County	148850	168808	134855	150445	326	365
龙川县 Longchuan County	355293	370523	339859	352728	443	453
紫金县 Zijin County	263873	287257	224768	240606	381	410
连平县 Lianping County	122161	146505	110668	132104	351	416
东源县 Dongyuan County	176272	196966	161101	177832	373	414
梅州市 Meizhou						
市　区 Urban District	29409	29532	26997	26340	103	101
梅　县 Meixian County	266589	276508	241549	248385	455	469
蕉岭县 Jiaoling County	72539	75690	68135	69950	330	342
大埔县 Dapu County	146300	147858	127752	127596	294	295
丰顺县 Fengshun County	183281	191601	140961	142315	296	305
五华县 Wuhua County	315408	316302	289775	289455	290	288
平远县 Pingyuan County	113094	114470	104696	105370	472	474
兴宁市 Xingning City	372307	383781	341913	346744	343	350
惠州市 Huizhou						
市　区 Urban District	18275	18387	16652	16029	56	54
惠东县 Huidong County	247021	270287	192883	214628	383	413
博罗县 Boluo County	321163	348544	295034	317182	439	468
龙门县 Longmen County	161616	170785	147515	153212	540	565
惠阳市 Huiyang City	227369	251492	192230	215103	393	425
汕尾市 Shanwei						
市　区 Urban District	48059	51542	28420	28939	122	128
海丰县 Haifeng County	202846	213623	167714	171631	301	313
陆河县 Luhe County	60186	64904	42660	46234	257	273
陆丰市 Lufeng City	290343	308975	171766	176640	242	254
东莞市 Dongguan	242778	246901	224469	227163	168	169
中山市 Zhongshan	271563	280623	257085	260023	215	220
江门市 Jiangmen						
市　区 Urban District	6749	7106	6361	6953	17	17
新会市 Xinhui City	269553	275411	259525	263000	317	322
台山市 Taishan City	465679	484821	442284	455651	461	479
开平市 Kaiping City	316902	322011	303307	306024	475	478

续表 continued

单位：吨、公斤/人 (ton, kg/person)

县（区）别 County (district)	粮食 Grain		#稻谷 Rice		人均粮食 Per Capita Grain	
	1996	1997	1996	1997	1996	1997
鹤山市 Heshan City	139087	148184	124645	131231	403	427
恩平市 Enping City	242706	242634	230772	228877	539	534
佛山市 Foshan						
市 区 Urban District	2807	1759	2807	1759	5	4
南海市 Nanhai City	189773	193368	184340	185103	183	184
顺德市 Shunde City	33624	34040	24936	25030	33	33
三水市 Sanshui City	121673	123185	116841	117155	330	329
高明市 Gaoming City	117923	119004	112935	112124	441	438
阳江市 Yangjiang						
市 区 Urban District	96420	106259	85581	93624	191	207
阳东县 Yangdong county	188167	214673	164745	185865	386	438
阳西县 Yangxi County	148766	173565	122040	134427	342	394
阳春市 Yangchun City	372904	401605	318359	344137	379	405
湛江市 Zhanjiang						
市 区 Urban District	139698	154138	107914	116483	114	122
徐闻县 Xuwen County	124066	163554	100625	129364	201	260
遂溪县 Suixi County	208415	243980	149328	174093	250	288
廉江市 Lianjiang County	375093	419753	305857	328901	276	304
吴川市 Wuchuan County	164847	188796	131106	147362	197	223
雷州市 Leizhou County	320606	341125	279672	301476	261	274
茂名市 Maoming						
市 区 Urban District	121033	124684	100969	101205	195	196
电白县 Dianbai County	356948	387028	304784	313042	244	260
高州市 Gaozhou City	394131	399082	339302	340673	284	283
化州市 Huazhou City	417660	430526	353007	353243	344	349
信宜市 Xinyi City	393582	402524	298404	302003	366	370
肇庆市 Zhaoqing						
市 区 Urban District	88968	91510	84865	86128	208	208
广宁县 Guangning County	169310	178890	151797	159438	324	340
德庆县 Deqing County	144693	149704	133186	137300	430	442
封开县 Fenkai County	212200	219390	188658	195002	503	513
怀集县 Huaiji County	277657	288915	248967	261265	352	355
高要市 Gaoyao City	340440	352260	308325	317766	494	506
四会市 Sihui City	179964	187260	162556	170006	456	469
清远市 Qingyuan						
市 区 Urban District	154115	169869	143189	152407	310	336
清新县 Qingxin County	251214	246571	229338	218197	390	378
佛冈县 Fogang County	116285	108872	110317	102939	412	379
连山县 Lianshan County	59749	60954	55219	55447	550	557
连南县 Liannan County	47364	47512	38518	37779	327	325
阳山县 Yangshan County	181942	173702	130456	122916	376	355
连州市 Lianzhou City	224011	222345	199828	198385	457	450
英德市 Yingde City	327080	297027	297292	264315	339	305
潮州市 Chaozhou						
市 区 Urban District	11641	11849	9363	9335	36	36
饶平县 Raoping County	205409	211702	152464	152858	229	234
潮安县 Chaoan County	305698	307031	238133	236735	277	274
揭阳市 Jieyang						
市 区 Urban District	113331	112880	101847	100412	197	188
揭东县 Jiedong County	382935	393010	272479	275908	361	361
惠来县 Huilai County	250346	256941	137934	139634	285	282
揭西县 Jiexi County	217259	217490	144481	141940	282	271
普宁市 Puning City	303047	303966	196105	194665	193	190
云浮市 Yunfu						
市 区 Urban District	104105	103090	92143	89135	160	384
新兴县 Xinxing County	158041	169519	146660	156979	377	399
郁南县 Yunan County	173078	189136	145190	155943	378	410
云安县 Yunan County	117531	119845	99557	101665	429	434
罗定市 Luoding City	387423	408313	350853	367684	404	413

21-7 各县(区)糖蔗及花生产量

OUTPUT OF SUGARCANE AND PEANUTS BY COUNTY (DISTRICT)

单位: 吨 (ton)

县(区)别 County (district)	糖蔗 Sugarcane			花生 Peanuts		
	1996	1997	1997比1996增长% Increase Rate in 1997 over 1996(%)	1996	1997	1997比1996增长% Increase Rate in 1997 over 1996(%)
广州市 Guangzhou						
市　区 Urban District	371	944	154. 4	4905	4502	-8. 2
花都市 Huadu City	5876	6728	14. 5	4975	4348	-12. 6
增城市 Zengcheng City	6754	7530	11. 5	8020	7338	-8. 5
番禺市 Panyu City	681420	758648	11. 3	1890	1655	-12. 4
从化市 Conghua City	344	60	-82. 6	6831	6817	-0. 2
深圳市 Shenzhen				735	595	-19. 0
珠海市 Zhuhai						
市　区 Urban District	88817	101919	14. 8	236	216	-8. 5
斗门县 Doumen County	1058028	1165033	10. 1	805	714	-11. 3
汕头市 Shantou						
市　区 Urban District				1185	1091	-7. 9
潮阳市 Chaoyang City				4068	3631	-10. 7
澄海市 Chenghai City				3661	3387	-7. 5
南澳县 Nanao County				101	78	-22. 8
韶关市 Shaoguan						
韶关市郊 Urban District				1530	1970	28. 8
仁化县 Renhua County	10890	7936	-27. 1	8300	8460	1. 9
南雄市 Nanxiong City				15339	16285	6. 2
始兴县 Shixing County				10346	9243	-10. 7
翁源县 Wengyuan County	191471	195501	2. 1	7527	8009	6. 4
新丰县 Xinfeng County	2132	1817	-14. 8	2737	2986	9. 1
曲江县 Qujiang County	13192	3056	-76. 8	26938	32410	20. 3
乳源县 Ruyuan County	1428	1631	14. 2	2595	2212	-14. 8
乐昌市 Lechang City	9575	11336	18. 4	6363	6697	5. 2
河源市 Heyuan						
市　区 Urban District	40604	43307	6. 7	3421	3548	3. 7
和平县 Heping County	200	270	35. 0	2557	2895	13. 2
龙川县 Longchuan County	100	21	-79. 0	4218	4364	3. 5
紫金县 Zijin County	41437	42645	2. 9	9527	9729	2. 1
连平县 Lianping County	735	308	-58. 1	6758	6624	-2. 0
东源县 Dongyuan County	4736	7327	54. 7	10747	12289	14. 3
梅州市 Meizhou						
市　区 Urban District				896	815	-9. 0
梅　县 Meixian County				6157	5798	-5. 8
蕉岭县 Jiaoling County				2345	2429	3. 6
大埔县 Dapu County	258	262	1. 6	1548	1617	4. 5
丰顺县 Fengshun County	20257	11367	-43. 9	4003	3686	-7. 9
五华县 Wuhua County	81	165	103. 7	4335	4401	1. 5
平远县 Pingyuan County				2613	2505	-4. 1
兴宁市 Xingning City	162	104	-35. 8	4080	3913	-4. 1
惠州市 Huizhou						
市　区 Urban District	100			1193	1095	-8. 2
惠东县 Huidong County	51592	66545	29. 0	10782	11771	9. 2
博罗县 Boluo County	254861	271652	6. 6	20506	20376	-0. 6
龙门县 Longmen County	12590	14684	16. 6	6150	6484	5. 4
惠阳市 Huiyang City	23750	25665	8. 1	13772	14163	2. 8
汕尾市 Shanwei						
市　区 Urban District				1475	2320	57. 3
海丰县 Haifeng County	88881	104221	17. 3	4417	4120	-6. 7
陆河县 Luhe County	8500	6100	-28. 2	1204	1071	-11. 0
陆丰市 Lufeng City	33143	37091	11. 9	10333	10506	1. 7
东莞市 Dongguan	274531	346469	26. 2	3120	2879	-7. 7
中山市 Zhongshan	212848	249697	17. 3	1649	1778	7. 8
江门市 Jiangmen						
市　区 Urban District	7000	12633	80. 5	38	28	-26. 3
新会市 Xinhui City	202052	315317	56. 1	2497	2345	-6. 1
台山市 Taishan City	151000	189575	25. 5	17495	18121	3. 6
开平市 Kaiping City	75330	85954	14. 1	11292	11573	2. 5

续表 continued

单位：吨 (ton)

县（区）别 County (district)	糖蔗 Sugarcane			花生 Peanuts		
	1996	1997	1997比1996增长% Increase Rate in 1997 over 1996(%)	1996	1997	1997比1996增长% Increase Rate in 1997 over 1996(%)
鹤山市 Heshan City	1875	442	-76.4	8357	9465	13.3
恩平市 Enping City	139040	133887	-3.7	8695	8524	-2.0
佛山市 Foshan						
市　区 Urban District						
南海市 Nanhai City	16137	11347	-29.7	3179	2778	-12.6
顺德市 Shunde City	36090	25694	-28.8	156	113	-27.6
三水市 Sanshui City	61033	65063	6.6	4794	5168	7.8
高明市 Gaoming City				4624	3924	-15.1
阳江市 Yangjiang						
市　区 Urban District	4699	9505	102.3	2502	2577	3.0
阳东县 Yangdong county	116302	49956	-57.0	14734	15069	2.3
阳西县 Yangxi County	42335	12175	-71.2	6403	6898	7.7
阳春市 Yangchun City	364418	311763	-14.4	18715	16649	-11.0
湛江市 Zhanjiang						
市　区 Urban District	455798	572994	25.7	9416	8263	-12.2
徐闻县 Xuwen County	1590038	2070109	30.2	4512	8966	98.7
遂溪县 Suixi County	2551394	3565299	39.7	18571	20310	9.4
廉江市 Lianjiang County	680227	757460	11.4	18825	21576	14.6
吴川市 Wuchuan County	33634	36160	7.5	17525	14559	-16.9
雷州市 Leizhou County	2805951	3029562	8.0	13371	14525	8.6
茂名市 Maoming						
市　区 Urban District	40886	30535	-25.3	8941	8274	-7.5
电白县 Dianbai County	44348	25399	-42.7	36263	33179	-8.5
高州市 Gaozhou City	43104	42333	-1.8	18078	19312	6.8
化州市 Huazhou City	284658	320342	12.5	21348	19771	-7.4
信宜市 Xinyi City	160			9053	9668	6.8
肇庆市 Zhaoqing						
市　区 Urban District	2801	3000	7.1	1506	1388	-7.8
广宁县 Guangning County				4909	5483	11.7
德庆县 Deqing County				7509	7965	6.1
封开县 Fenkai County	132340	128646	-2.8	9383	10222	8.9
怀集县 Huaiji County	90139	96045	6.6	6719	7244	7.8
高要市 Gaoyao City	11065	8485	-23.3	12936	12602	-2.6
四会市 Sihui City	277718	310974	12.0	10067	10318	2.5
清远市 Qingyuan						
市　区 Urban District	3996	8273	106.7	8432	10296	22.1
清新县 Qingxin County	8285	10742	30.1	10440	10596	1.5
佛冈县 Fogang County	378	256	-32.3	3404	3099	-9.0
连山县 Lianshan County				1837	2171	18.2
连南县 Liannan County				1817	1770	-2.6
阳山县 Yangshan County	1549	2414	55.8	8690	8342	-4.0
连州市 Lianzhou City				8165	7414	-9.2
英德市 Yingde City	304361	363564	19.5	24214	24366	0.6
潮州市 Chaozhou						
市　区 Urban District				133	98	-26.3
饶平县 Raoping County	43741	57957	32.5	4270	4044	-5.3
潮安县 Chaoan County	104	105	1.0	3538	3338	-5.7
揭阳市 Jieyang						
市　区 Urban District				175	181	3.4
揭东县 Jiedong County	31700	30874	-2.6	5246	5304	1.1
惠来县 Huilai County	3690	2550	-30.9	12203	12442	2.0
揭西县 Jiexi County	53262	55550	4.3	8725	8821	1.1
普宁市 Puning City	1240			1455	1152	-20.8
云浮市 Yunfu						
市　区 Urban District	783	1258	27.3	1933	2565	32.7
新兴县 Xinxing County	64095	45007	-29.8	4189	4144	-1.1
郁南县 Yunan County	250	1400	460.0	6577	7648	16.3
云安县 Yunan County	1134	2100	85.2	5308	5435	2.4
罗定市 Luoding City				16334	17100	4.7

21-8 各县(区)生猪年末存栏头数、肉猪出栏头数和猪肉产量

NUMBER OF STOCK HOGS AT YEAR-END, SLAUGHTERED FATTENED HOGS AND OUTPUT OF PORK BY COUNTY (DISTRICT)

县(区)别 County (district)	生猪年末存栏头数(万头) Number of Stock Hogs at Year-End (10000 heads)		肉猪出栏头数(万头) Slaughtered Fattened Hogs (10000 heads)		猪肉产量(万吨) Output of Pork (10000 tons)	
	1996	1997	1996	1997	1996	1997
广州市 Guangzhou						
市　区 Urban District	24.94	28.59	47.55	51.36	3.26	3.49
花都市 Huadu City	13.74	12.07	20.71	20.96	1.58	1.76
增城市 Zengcheng City	11.85	11.24	19.29	21.65	1.39	1.68
番禺市 Panyu City	7.01	7.93	13.31	15.91	0.87	1.03
从化市 Conghua City	10.57	10.43	10.17	10.38	0.84	0.88
深圳市 Shenzhen	27.35	30.05	48.26	49.74	3.67	3.83
珠海市 Zhuhai						
市　区 Urban District	4.56	6.22	8.27	9.41	0.65	0.75
斗门县 Doumen County	5.18	5.62	7.46	7.85	0.59	0.62
汕头市 Shantou						
市　区 Urban District	6.26	5.12	11.00	11.55	0.82	0.91
潮阳市 Chaoyang City	21.66	21.71	33.09	37.82	2.64	2.99
澄海市 Chenghai City	7.31	6.83	14.80	17.05	0.85	0.98
南澳县 Nanao County	1.09	1.40	2.50	3.32	0.24	0.24
韶关市 Shaoguan						
韶关市郊 Urban District	4.60	4.62	8.90	10.28	0.75	0.86
仁化县 Renhua County	5.81	7.17	7.07	7.99	0.64	0.72
南雄市 Nanxiong City	20.74	20.81	25.69	25.63	2.15	2.15
始兴县 Shixing County	8.05	8.34	7.13	8.20	0.73	0.75
翁源县 Wengyuan County	9.10	9.92	7.44	8.33	0.74	0.81
新丰县 Xinfeng County	5.43	4.99	4.14	5.94	0.33	0.44
曲江县 Qujiang County	15.99	19.05	20.26	21.55	1.52	1.61
乳源县 Ruyuan County	7.27	7.37	5.36	5.68	0.40	0.43
乐昌市 Lechang City	18.69	19.05	18.80	19.24	1.52	1.61
河源市 Heyuan						
市　区 Urban District	2.23	2.31	1.87	2.03	0.14	0.15
和平县 Heping County	7.28	7.04	6.89	8.36	0.65	0.70
龙川县 Longchuan County	14.34	14.61	12.36	12.69	1.11	1.14
紫金县 Zijin County	17.89	19.24	13.92	13.83	1.09	1.11
连平县 Lianping County	8.00	8.09	7.81	8.14	0.67	0.69
东源县 Dongyuan County	8.57	8.45	7.65	7.78	0.57	0.58
梅州市 Meizhou						
市　区 Urban District	2.26	2.54	4.04	3.93	0.31	0.31
梅　县 Meixian County	23.61	23.25	35.00	35.78	2.72	2.80
蕉岭县 Jiaoling County	9.30	9.94	11.39	13.44	0.90	1.10
大埔县 Dapu County	11.00	11.91	11.92	12.56	0.93	1.00
丰顺县 Fengshun County	24.20	24.04	22.74	22.99	2.04	2.10
五华县 Wuhua County	34.70	35.26	40.60	47.01	3.33	3.53
兴宁市 Xingning City	32.12	32.40	32.58	34.28	2.88	2.99
平远县 Pingyuan County	9.41	9.33	11.30	11.81	0.97	1.00
惠州市 Huizhou						
市　区 Urban District	2.91	2.88	3.28	4.14	0.28	0.29
惠东县 Huidong County	11.42	12.09	12.32	14.09	0.97	1.10
博罗县 Boluo County	23.65	25.47	24.05	28.61	1.68	1.98
龙门县 Longmen County	5.22	5.22	4.77	5.28	0.35	0.40
惠阳市 Huiyang City	11.37	12.29	12.85	17.23	1.06	1.25
汕尾市 Shanwei						
市　区 Urban District	1.53	4.01	2.18	3.62	0.18	0.28
海丰县 Haifeng County	5.78	7.47	7.18	9.26	0.63	0.75
陆河县 Luhe County	7.68	7.71	8.49	8.80	0.67	0.69
陆丰市 Lufeng City	19.05	18.37	19.68	21.51	1.57	1.75
东莞市 Dongguan	52.70	66.56	103.20	129.86	9.39	11.18
中山市 Zhongshan	16.28	17.52	28.57	30.40	2.23	2.37
江门市 Jiangmen						
市　区 Urban District	2.89	3.62	4.90	5.85	0.35	0.42
新会市 Xinhui City	22.13	23.02	41.61	45.41	2.91	3.18
台山市 Taishan City	16.52	17.05	25.24	25.62	1.77	1.79
开平市 Kaiping City	9.28	7.19	15.42	17.50	1.08	1.23

续表 continued

县（区）别 County (district)	生猪年末存栏头数(万头) Number of Stock Hogs at Year-End (10000 heads)		肉猪出栏头数(万头) Slaughtered Fattened Hogs (10000 heads)		猪肉产量(万吨) Output of Pork (10000 tons)	
	1996	1997	1996	1997	1996	1997
鹤山市 Heshan City	15.22	15.75	33.43	36.50	2.34	2.56
恩平市 Enping City	12.92	13.38	19.56	20.62	1.37	1.65
佛山市 Foshan						
市　区 Urban District	2.50	3.31	7.02	5.85	0.49	0.41
南海市 Nanhai City	22.44	23.79	35.04	34.70	2.67	2.66
顺德市 Shunde City	12.69	11.55	23.76	17.56	1.82	1.34
三水市 Sanshui City	14.46	15.77	22.07	23.50	1.53	1.63
高明市 Gaoming City	10.16	10.54	19.46	24.52	1.47	1.79
阳江市 Yangjiang						
市　区 Urban District	5.56	5.13	6.00	6.12	0.44	0.48
阳东县 Yangdong county	17.57	17.92	20.93	22.23	1.51	1.60
阳西县 Yangxi County	9.10	8.82	10.98	11.97	0.83	1.00
阳春市 Yangchun City	45.07	50.16	35.11	31.18	2.89	2.84
湛江市 Zhanjiang						
市　区 Urban District	10.64	12.32	15.21	15.38	1.26	1.40
徐闻县 Xuwen County	11.21	10.66	10.42	11.95	0.94	1.06
遂溪县 Suixi County	13.11	12.75	16.74	19.01	1.58	1.63
廉江市 Lianjiang County	47.02	52.14	54.33	60.22	4.75	5.24
吴川市 Wuchuan County	13.78	13.05	14.90	15.63	1.13	1.14
雷州市 Leizhou County	25.44	22.80	26.14	27.49	2.07	2.16
茂名市 Maoming						
市　区 Urban District	19.75	20.13	24.35	27.45	1.93	2.23
电白县 Dianbai County	39.98	43.02	54.19	62.32	4.50	5.28
高州市 Gaozhou City	63.78	63.97	81.08	88.70	6.07	6.95
化州市 Huazhou City	42.89	38.30	53.33	58.45	4.32	4.63
信宜市 Xinyi City	36.04	27.14	41.17	46.40	3.21	3.74
肇庆市 Zhaoqing						
市　区 Urban District	9.72	12.53	22.58	22.19	1.87	1.93
广宁县 Guangning County	12.67	10.66	13.11	14.14	0.94	0.97
德庆县 Deqing County	8.47	8.16	7.85	7.79	0.85	0.88
封开县 Fenkai County	17.08	15.19	21.28	23.80	2.21	2.38
怀集县 Huaiji County	32.95	37.08	39.73	45.46	3.27	3.67
高要市 Gaoyao City	26.03	27.45	36.43	37.40	3.26	3.34
四会市 Sihui City	35.15	37.90	42.51	49.35	3.27	3.79
清远市 Qingyuan						
市　区 Urban District	9.46	6.73	11.13	11.05	0.91	0.88
清新县 Qingxin County	19.25	18.67	24.33	30.20	1.90	2.22
佛冈县 Fogang County	6.10	5.85	5.07	4.94	0.45	0.40
连山县 Lianshan County	2.02	2.11	1.91	2.53	0.16	0.20
连南县 Liannan County	3.61	3.35	3.49	3.67	0.25	0.29
阳山县 Yangshan County	17.82	15.52	20.70	26.06	1.69	2.02
连州市 Lianzhou City	14.27	13.28	12.06	13.02	1.09	1.19
英德市 Yingde City	24.01	24.28	26.99	28.91	2.02	2.17
潮州市 Chaozhou						
市　区 Urban District	2.59	2.43	3.18	3.30	0.23	0.25
饶平县 Raoping County	28.43	31.82	32.31	35.08	2.38	2.71
潮安县 Chaoan County	19.75	20.51	29.30	31.06	1.84	2.01
揭阳市 Jieyang						
市　区 Urban District	3.21	3.36	4.52	4.58	0.40	0.45
揭东县 Jiedong County	21.88	18.22	23.06	22.31	1.88	1.87
惠来县 Huilai County	14.06	16.01	21.56	23.66	1.75	1.93
揭西县 Jiexi County	32.54	31.24	28.15	24.56	1.98	1.89
普宁市 Puning City	31.32	31.21	32.97	35.69	2.40	2.68
云浮市 Yunfu						
市　区 Urban District	8.35	11.18	11.32	12.40	0.82	1.05
新兴县 Xinxing County	24.91	22.34	26.27	25.75	2.01	2.14
郁南县 Yunan County	10.85	9.65	13.20	12.80	1.00	0.97
云安县 Yunan County	5.23	5.31	5.39	4.79	0.48	0.36
罗定市 Luoding City	14.85	15.40	16.30	19.10	1.46	1.62

21-9 各县（区）乡镇企业基本情况

BASIC STATISTICS OF TOWNSHIP AND VILLAGE ENTERPRISES BY COUNTY(DISTRICT)

县（区）别 County (district)	企业个数（个） Number of Enterprises (unit)		企业人数（人） Number of staff and Worker (person)		总产值（万元） Gross Output Value (10000 yuan)	
	1996	1997	1996	1997	1996	1997
广州市 Guangzhou						
市　区 Urban District	21261	21587	324140	332417	1960997	2295003
花都市 Huadu City	12964	14192	139080	136502	1343617	1727276
增城市 Zengcheng City	15632	15083	135354	130562	1359170	1493731
番禺市 Panyu City	25965	24864	360784	375468	2693842	3265538
从化市 Conghua City	10952	10731	66056	68473	517704	703650
深圳市 Shenzhen	40204	12154	1092110	1095130	1553857	1643866
珠海市 Zhuhai						
市　区 Urban District	3187	1187	89970	83933	891127	1081957
斗门县 Doumen County	8390	2466	44797	42972	297311	409982
汕头市 Shantou						
市　区 Urban District	5173	3782	79573	63393	748854	822648
潮阳市 Chaoyang City	11678	10907	267388	285452	1635170	2064262
澄海市 Chenghai City	10327	11116	129677	135872	828124	1081576
南澳县 Nanao County	354	497	5845	6141	42612	41749
韶关市 Shaoguan						
韶关市郊 Urban District	4955	539	15844	7451	97869	51324
仁化县 Renhua County	13332	2905	32102	17853	102745	58253
南雄市 Nanxiong City	18212	3987	58727	24226	171339	83233
始兴县 Shixing County	13205	2719	37496	14825	92937	34681
翁源县 Wengyuan County	18950	2333	47445	17160	124915	58793
新丰县 Xinfeng County	11307	4202	23810	13270	65674	50366
曲江县 Qujiang County	18684	3428	70667	40417	233567	156110
乳源县 Ruyuan County	5944	1355	18684	10220	33331	23533
乐昌市 Lechang City	16481	2494	52224	18007	170953	41570
河源市 Heyuan						
市　区 Urban District	4003	2227	18206	10154	22963	17673
和平县 Heping County	7806	3262	18699	9982	17192	13838
龙川县 Longchuan County	9883	939	26015	8010	46755	16256
紫金县 Zijin County	9812	886	29864	9007	52292	30925
连平县 Lianping County	11319	3336	22455	10839	27008	17345
东源县 Dongyuan County	5888	2231	17286	13839	30978	27193
梅州市 Meizhou						
市　区 Urban District	11535	11111	28066	27876	84751	105227
梅　县 Meixian County	26648	26434	93834	94014	270390	296237
蕉岭县 Jiaoling County	7631	7603	24554	23727	51930	59097
大埔县 Dapu County	13277	13619	61730	62524	122913	153372
丰顺县 Fengshun County	10232	10216	41803	39771	131263	131699
五华县 Wuhua County	22536	22982	71363	75422	127228	141221
兴宁市 Xingning City	46055	45044	144199	139832	227568	229651
平远县 Pingyuan County	9048	9046	21487	21107	37592	38164
惠州市 Huizhou						
市　区 Urban District	5124	1462	39993	35631	211385	239015
惠东县 Huidong County	21488	19056	133505	134395	459015	553988
博罗县 Boluo County	11861	2009	118033	97681	563186	587664
龙门县 Longmen County	7963	2123	28943	19620	117923	87687
惠阳市 Huiyang City	17342	6666	155898	149785	668643	239015
汕尾市 Shanwei						
市　区 Urban District	9981	2625	32760	19148	90841	87259
海丰县 Haifeng County	16452	11418	100933	83185	327972	308398
陆河县 Luhe County	3674	915	16618	12326	33246	33919
陆丰市 Lufeng City	23966	6793	119242	90001	521069	419921
东莞市 Dongguan	32681	23881	1048508	1087539	2405450	2782579
中山市 Zhongshan	28565	27316	413139	433834	3022756	3526341
江门市 Jiangmen						
市　区 Urban District	4735	1282	40349	28229	300078	263382
新会市 Xinhui City	21282	2268	178499	97839	1311051	1134008
台山市 Taishan City	25296	23821	192433	178511	1488263	2107926
开平市 Kaiping City	20185	15277	138135	134781	1281997	1438062

续表　continued

县（区）别 County (district)	企业个数（个） Number of Enterprises (unit)		企业人数（人） Number of staff and Worker (person)		总产值（万元） Gross Output Value (10000 yuan)	
	1996	1997	1996	1997	1996	1997
鹤山市 Heshan City	9757	5526	71513	61708	476043	526836
恩平市 Enping City	24259	8794	90057	56628	822265	373318
佛山市 Foshan						
市　区 Urban District	415	408	40920	36499	389131	402416
南海市 Nanhai City	35454	25609	498908	538154	3589194	4471287
顺德市 Shunde City	24979	18910	359970	371442	3700632	4276195
三水市 Sanshui City	6968	3463	53915	54319	397452	524951
高明市 Gaoming City	4733	4128	33569	34935	296476	355953
阳江市 Yangjiang						
市　区 Urban District	4730	2188	40441	37150	233740	258049
阳东县 Yangdong county	8535	1224	35679	16359	121083	91924
阳西县 Yangxi County	6960	249	46293	10206	127943	51490
阳春市 Yangchun City	23654	1989	88622	29455	180656	127510
湛江市 Zhanjiang						
市　区 Urban District	11925	4220	68424	50933	398247	359143
徐闻县 Xuwen County	9003	3207	29837	18898	97530	70856
遂溪县 Suixi County	15724	9004	69852	54119	291709	266213
廉江市 Lianjiang County	23555	12214	111493	80512	574206	597534
吴川市 Wuchuan County	12311	3760	76093	46703	695581	457815
雷州市 Leizhou County	24031	10786	75549	58828	250328	207701
茂名市 Maoming						
市　区 Urban District	14031	14865	58882	60012	320235	398936
电白县 Dianbai County	31181	17362	149746	132982	839646	910190
高州市 Gaozhou City	34464	34146	181691	189338	864544	1136727
化州市 Huazhou City	23725	6446	162768	100092	679659	506897
信宜市 Xinyi City	34875	5387	160777	76033	694155	442536
肇庆市 Zhaoqing						
市　区 Urban District	7461	4645	47929	35439	386145	480731
广宁县 Guangning County	9877	1560	40682	31170	216202	202036
德庆县 Deqing County	14167	2329	36759	15714	236493	165878
封开县 Fenkai County	13415	1696	58077	29962	176908	190238
怀集县 Huaiji County	15493	10385	70153	51799	197523	197335
高要市 Gaoyao City	21221	15754	175400	171314	795906	964914
四会市 Sihui City	12348	4766	66890	46822	342435	320742
清远市 Qingyuan						
市　区 Urban District	8989	4279	46491	35339	113320	95990
清新县 Qingxin County	15537	4058	52754	31602	107927	95640
佛冈县 Fogang County	4877	1405	17389	9080	43097	26992
连山县 Lianshan County		2089		4584		6265
连南县 Liannan County	4026	886	11179	2742	23101	8237
阳山县 Yangshan County	14571	3219	36577	15187	48522	27624
连州市 Lianzhou City	14281	13781	43943	43643	78814	107452
英德市 Yingde City	15150		53664		121995	78893
潮州市 Chaozhou						
市　区 Urban District	4047	6683	32324	68637	179707	252961
饶平县 Raoping County	13756	13972	109171	119371	410064	559845
潮安县 Chaoan County	23445	23103	287027	287423	947086	1199388
揭阳市 Jieyang						
市　区 Urban District	4496	9888	35616	76859	232093	324851
揭东县 Jiedong County	19384	18451	193883	185833	1005582	1277789
惠来县 Huilai County	7919	7494	65853	66038	323381	369321
揭西县 Jiexi County	8403	8283	67783	67973	309678	387931
普宁县 Puning City	5819	5845	148989	155199	1129853	1496237
云浮市 Yunfu						
市　区 Urban District	8228	6166	43385	38156	255103	244906
新兴县 Xinxing County	4843	2216	44992	25081	185539	208194
郁南县 Yunan County	13185	2605	56903	24173	284052	213173
云安县 Yunan County	6473	5033	38905	32875	265074	267584
罗定市 Luoding City	18272	10636	191623	124136	608678	533362

注：总产值按1990年不变价格计算。
Note: The figures of gross output value are calculated at 1990 constant prices.

21-10 各县(区)固定资产投资(1997年)

INVESTMENT IN FIXED ASSETS BY COUNTY (DISTRICT) (1997)

单位：万元　　　　(10000 yuan)

县(区)别 County (district)	基本建设投资 Investment in Capital Construction 投资完成额 Completed Investment	 新增固定资产 Nawly Increased Fixed Assets	更新改造投资 Investment in Innovation 投资完成额 Completed Investment	 新增固定资产 Nawly Increased Fixed Assets	其他投资 Other Invest-ment	房地产投资 Real Estate Develop-ment
广州市 Guangzhou	2283400	1395192	1206085	1047953	75544	2374223
市　区 Urban District	1926341	1052218	1042755	878728	32750	2083116
花都市 Huadu City	40080	51619	69703	72023	754	43775
增城市 Zengcheng City	69362	77819	28468	29522	442	31641
番禺市 Panyu City	67673	196809	48400	46219	41340	196618
从化市 Conghua City	179944	16727	16759	21461	258	19073
深圳市 Shenzhen District	2234957	1473095	180996	183067	172652	1366545
珠海市 Zhuhai	444715	173613	26133	49587	20064	197389
市　区 Urban District	394473	130170	19965	38725	19340	188616
斗门县 Doumen County	50242	43443	6168	10862	724	8773
汕头市 Shantou	505455	538195	74355	66869	220656	201163
市　区 Urban District	442513	439094	49996	47650	184905	179132
潮阳市 Chaoyang City	14679	21405	18613	14513	13998	10323
澄海市 Chenghai City	38809	70535	4040	4000	17449	10682
南澳县 Nanao County	9454	7161	1706	706	4304	1026
韶关市 Shaoguan	96230	65480	127347	98657	46519	24933
市　区 Urban District	36289	23395	60853	35881	5454	22613
仁化县 Renhua County	4987	2415	11743	7173	4510	128
南雄市 Nanxiong City	11226	8311	434	297	335	
始兴县 Shixing County	2869	3821	1952	836	664	361
翁源县 Wengyuan County	3363	3293	5395	5465	318	250
新丰县 Xinfeng County	1235	1163	2134	14389	1588	
曲江县 Qujiang County	25178	18043	27638	26627	8611	650
乳源县 Ruyuan County	5568	2133	14060	5817	5846	
乐昌市 Lechang City	5515	2906	3138	2172	19528	596
河源市 Heyuan	90131	79366	54193	38093	6813	18535
市　区 Urban District	39787	41103	12160	18957	473	14836
和平县 Heping County	14828	2147			669	
龙川县 Longchuan County	12288	15704	9302	3419	631	1620
紫金县 Zijin County	13166	11352	1924	650	4572	803
连平县 Lianping County	3182	1523	30807	15067	468	244
东源县 Dongyuan County	6880	7537				1032
梅州市 Meizhou	104086	200104	14459	11036	48954	34135
市　区 Urban District	18481	34499	1858	1858	2718	4575
梅　县 Meixian County	33531	94978	4195		16652	12898
蕉岭县 Jiaoling County	7087	7248	2141	2175	5216	2053
大埔县 Dapu County	14833	31355	840	984	10671	
丰顺县 Fengshun County	9762	22136	2614	4324	1158	1456
五华县 Wuhua County	6135	1693	1137	146	3714	5449
平远县 Pingyuan County	2931	907	1525	1400	5753	324
兴宁市 Xingning City	11326	7288	149	149	3072	7380
惠州市 Huizhou	265887	383298	76492	73065	18130	44477
市　区 Urban District	70608	71460	46293	44224	5873	38760
惠东县 Huidong County	22460	23920	3714	3421	6707	1534
博罗县 Boluo County	63151	59521	7233	7659	2031	3158
龙门县 Longmen County	10566	21680	2514	2183	57	252
惠阳市 Huiyang City	99102	206717	16738	15578	3462	773
汕尾市 Shanwei	42290	26446	8476	9252	18404	14071
市　区 Urban District	19409	10801	2490	2390	950	6998
海丰县 Haifeng County	7115	3615	473	2453	16686	2128
陆河县 Luhe County	5166	3690				500
陆丰市 Lufeng City	10600	8340	5513	4409	768	4445
东莞市 Dongguan	200428	130521	42723	11140	81348	86662
中山市 Zhongshan City	113945	198100	23844	30759	23249	122251
江门市 Jiangmen	106241	60314	74478	82982	148618	214023
市　区 Urban District	50764	14820	14470	13718	70665	104610
新会市 Xinhui City	2232	952	29064	40200	37242	38979
台山市 Taishan City	26444	16414	4872	3088	11485	17203
开平市 Kaiping City	7981	7091	11892	12268	19289	27798

注：本表其他投资含城镇集体。
Note: The data of other investment in this table include those of urban collective owned units.

续表 continued

单位：万元 (10000 yuan)

县（区）别 County (district)	基本建设投资 Investment in Capital Construction		更新改造投资 Investment in Innovation		其他投资 Other Invest-ment	房地产投资 Real Estate Develop-ment
	投资完成额 Completed Investment	新增固定资产 Nawly Increased Fixed Assets	投资完成额 Completed Investment	新增固定资产 Nawly Increased Fixed Assets		
鹤山市 Heshan City	15467	18104	12786	12394	8706	17286
恩平市 Enping City	3353	2933	1394	1314	1231	8147
佛山市 Foshan	158496	176645	128467	117447	235458	343203
市　区 Urban District	46410	41068	72515	61299	36306	146241
南海市 Nanhai City	6788	6224	11419	12174	131886	51198
顺德市 Shunde City	89955	77870	18179	11094	17810	97825
三水市 Sanshui City	8790	42033	22097	25428	31248	25509
高明市 Gaoming City	6553	9450	4257	7452	18208	22430
阳江市 Yangjiang	106810	79082	16612	14599	14473	36241
市　区 Urban District	81931	71292	10364	9375	1215	27990
阳东县 Yangdong county	5971	4143	202	102	5143	430
阳西县 Yangxi County	3963	1433	1887	1887	433	454
阳春市 Yangchun City	14945	2214	4159	3235	7682	7367
湛江市 Zhanjiang	349857	209759	86816	91272	14206	30238
市　区 Urban District	290548	159743	55407	61003	2480	22816
徐闻县 Xuwen County	5756	6563	16807	15977	1002	1475
遂溪县 Suixi County	10668	9442	8545	8545	348	598
廉江市 Lianjiang County	15692	9927	170	70	485	1014
吴川市 Wuchuan County	7693	5084	2945	2735	2690	1661
雷州市 Leizhou County	19500	19000	2942	2942	7201	2674
茂名市 Maoming	220670	103716	148507	79443	108307	31228
市　区 Urban District	113377	73600	91725	58701	8012	14912
电白县 Dianbai County	85454	20908	9449	7466	83455	8800
高州市 Gaozhou City	9927	3073	25115	5674	1940	4844
化州市 Huazhou City	4871	538	6241	765	274	1724
信宜市 Xinyi City	7041	5597	15977	6837	14626	948
肇庆市 Zhaoqing	148834	92561	86475	60760	92458	50901
市　区 Urban District	49810	27751	38573	27380	34556	41455
广宁县 Guangning County	9319	5525	199	140	12054	285
德庆县 Deqing County	11262	2866	12613	6847	3426	1251
封开县 Fenkai County	14364	12786	4080	4436	3222	500
怀集县 Huaiji County	12068	2449	10755	4497	10298	303
高要市 Gaoyao City	31894	31465	14975	14054	20517	4640
四会市 Sihui City	20117	9719	5280	3406	8385	2467
清远市 Qingyuan	373063	375796	91518	29478	15565	21992
市　区 Urban District	136313	296248	4691	3831	850	16565
清新县 Qingxin County	141749	10628	8140	8140	1085	589
佛冈县 Fogang County	3693	3851	20314	6734	3228	1668
连山县 Lianshan County	7241	4521	1200		100	
连南县 Liannan County	7510	4521				55
阳山县 Yangshan County	17474	13630	2856	3199	525	1910
连州市 Lianzhou City	11110	8126	4699	4739	2706	985
英德市 Yingde City	47973	34271	49618	2835	7071	220
潮州市 Chaozhou	88937	49855	53059	51192	70773	38932
市　区 Urban District	45632	31662	39599	42435	28934	34064
饶平县 Raoping County	13978	6274	3836	5630	19186	2881
潮安县 Chaoan County	29327	11919	9624	3127	22653	1987
揭阳市 Jieyang	195671	116555	43804	32639	56445	8811
市　区 Urban District	95918	69665	6247	4445	19285	3408
揭东县 Jiedong	20799	13554	1890	1187	7505	350
惠来县 Huilai	38318	7510	1669	1444	2554	1850
揭西县 Jiexi	9280	5268	10154	7832		2106
普宁县 Puning	31356	20558	23844	17731	27101	1097
云浮市 Yunfu	78211	47075	34086	17796	51183	23163
市　区 Urban District	12489	6060	9499	770	5352	11469
新兴县 Xinxing	10081	10316	4024	3440	8405	1062
郁南县 Yunan	2440	1720	8694	2662	22014	1165
云安县 Yunan	10783	6643	113	113	1772	6256
罗定市 Luoding	42418	22336	11756	10811	13640	3211

21-11 各县(区)社会消费品零售总额

TOTAL RETAIL SALES OF CONSUMER GOODS BY COUNTY (DISTRICT)

单位：万元 (10000 yuan)

县(区)别 County (district)	社会消费品零售总额 Total Retail Sales of Consumer Goods			#批发零售贸易业零售额 #Total Retail Sales of Wholesale and Retail Sales Trades		
	1996	1997	1997比1996增长% Increase Rate in 1997 over 1996(%)	1996	1997	1997比1996增长% Increase Rate in 1997 over 1996(%)
广州市 Guangzhou	6864426	8025887	16.9	4549455	5329267	17.1
市　区 Urban District	5618364	6685149	19.0	3795232	4530462	19.4
花都市 Huadu City	303296	342153	12.8	137626	150281	9.2
增城市 Zengcheng City	309335	336980	8.9	184169	201254	9.3
番禺市 Panyu City	450393	481070	6.8	324593	342081	5.4
从化市 Conghua City	183038	180535	-1.4	107835	105189	-2.5
深圳市 Shenzhen	2970158	3264806	9.9	1589765	1793106	12.8
珠海市 Zhuhai	857135	938236	9.5	618152	674250	9.1
市　区 Urban District	712477	767150	7.7	518277	553864	6.9
斗门县 Doumen County	144658	171086	18.3	99880	120380	12.4
汕头市 Shantou	1298526	1532714	18.0	929833	1129148	21.4
市　区 Urban District	717627	827708	15.3	530483	618061	16.5
潮阳市 Chaoyang City	440839	540040	22.5	306921	388489	26.6
澄海市 Chenghai City	116800	139380	19.3	89497	110283	23.2
南澳县 Nanao County	23260	25586	10.0	2932	12315	320.0
韶关市 Shaoguan	619636	675735	9.1	392201	428088	9.2
市　区 Urban District	297547	327697	10.1	166099	181595	9.3
仁化县 Renhua County	30549	32749	7.2	19469	21303	9.4
南雄市 Nanxiong City	54906	59031	7.5	40199	43021	7.0
始兴县 Shixing County	27579	29447	6.8	23412	25324	8.2
翁源县 Wengyuan County	26293	30390	15.6	13929	18299	31.4
新丰县 Xinfeng County	24048	25468	5.9	20175	20293	0.6
曲江县 Qujiang County	74487	79094	6.2	58533	62322	6.5
乳源县 Ruyuan County	21733	23487	8.1	15698	17200	9.6
乐昌市 Lechang City	62494	68372	9.4	34687	38731	11.7
河源市 Heyuan	236639	256862	8.5	181456	197082	8.6
市　区 Urban District	60683	68853	13.5	48453	55855	15.3
和平县 Heping County	21372	23600	10.4	15984	17640	10.4
龙川县 Longchuan County	57400	59181	3.1	42752	43356	1.4
紫金县 Zijin County	40322	43435	7.7	31809	34779	9.3
连平县 Lianping County	23660	26726	12.9	16629	18710	12.5
东源县 Dongyuan County	33202	35067	5.6	25829	26742	3.5
梅州市 Meizhou	508259	537670	5.8	354200	383617	8.3
市　区 Urban District	55527	55573	0.1	41719	41907	0.5
梅　县 Meixian County	97885	104010	6.3	50635	58293	15.1
蕉岭县 Jiaoling County	37617	41566	10.5	31287	30488	-2.6
大埔县 Dapu County	62804	65814	4.8	39096	42774	9.4
丰顺县 Fengshun County	47115	48585	3.1	37047	37561	1.4
五华县 Wuhua County	65210	71625	9.8	43666	50617	15.9
兴宁市 Xingning City	113010	118664	5.0	88912	98127	10.4
平远县 Pingyuan County	29091	31833	9.4	21838	23850	9.2
惠州市 Huizhou	917230	1005493	9.6	616542	673561	9.2
市　区 Urban District	281919	302486	7.3	161760	175270	8.4
惠东县 Huidong County	245542	278676	13.5	183636	208355	13.5
博罗县 Boluo County	133543	144379	8.1	98900	107095	8.3
龙门县 Longmen County	46903	48142	2.6	33921	34310	1.2
惠阳市 Huiyang City	209323	231810	10.7	138325	148531	7.4
汕尾市 Shanwei	515705	583389	13.1	369127	413089	11.9
市　区 Urban District	95515	109315	14.4	83157	94083	13.1
海丰县 Haifeng County	215000	240400	11.8	125467	138021	10.0
陆河县 Luhe County	33025	37685	14.1	27040	30214	11.7
陆丰市 Lufeng City	172165	195989	13.8	133463	150771	13.0
东莞市 Dongguan	961511	1102138	14.6	620010	709602	14.5
中山市 Zhongshan	698136	771124	10.5	368252	506232	37.5
江门市 Jiangmen	1331052	1518705	14.1	858227	981736	14.4
市　区 Urban District	220901	230604	4.4	154677	179820	16.3
新会市 Xinhui City	285216	305165	7.0	194415	207479	6.7
台山市 Taishan City	327949	380073	15.9	238846	268495	12.4
开平市 Kaiping City	162723	237443	45.9	77453	121912	57.4

续表 continued

单位：万元 (10000 yuan)

县（区）别 County (district)	社会消费品零售总额 Total Retail Sales of Consumer Goods			＃批发零售贸易业零售额 #Total Retail Sales of Wholesale and Retail Sales Trades		
	1996	1997	1997比1996增长% Increase Rate in 1997 over 1996(%)	1996	1997	1997比1996年增长% Increase Rate in 1997 over 1996(%)
鹤山市 Heshan City	136077	162141	19.2	77847	82535	6.0
恩平市 Enping City	198186	203279	2.6	114989	121495	5.7
佛山市 Foshan	2180893	2437409	11.8	1483712	1631075	9.9
市　区 Urban District	574561	596859	3.9	329481	354005	7.4
南海市 Nanhai City	770363	905400	17.5	598657	658270	10.0
顺德市 Shunde City	561014	618530	10.3	380301	424813	11.7
三水市 Sanshui City	193989	222159	14.5	126509	139271	10.1
高明市 Gaoming City	80966	94461	16.7	48764	54716	12.2
阳江市 Yangjiang	470837	546874	16.2	316317	367016	16.0
市　区 Urban District	182712	213867	17.1	119414	140270	17.5
阳东县 Yangdong county	64138	74503	16.1	44177	50757	14.9
阳西县 Yangxi County	62804	72413	15.3	32046	36849	14.9
阳春市 Yangchun City	161183	186091	15.5	120680	139140	15.3
湛江市 Zhanjiang	1351764	1471060	8.8	820681	949063	15.6
市　区 Urban District	674406	747471	10.8	399084	496458	24.4
徐闻县 Xuwen County	77684	87618	12.8	53286	56812	6.6
遂溪县 Suixi County	123291	129378	4.9	73589	79220	7.7
廉江市 Lianjiang County	198038	209019	5.5	131060	141726	8.1
吴川市 Wuchuan County	126421	135019	6.8	81835	87766	7.2
雷州市 Leizhou County	151924	162555	7.0	81827	87081	6.4
茂名市 Maoming	1175795	1314282	11.8	759615	837752	10.3
市　区 Urban District	433677	468382	8.0	281440	291125	3.4
电白县 Dianbai County	215500	237766	10.3	148953	160409	7.7
高州市 Gaozhou City	192339	225510	17.2	114807	131173	14.3
化州市 Huazhou City	163483	179979	10.1	95415	98422	3.2
信宜市 Xinyi City	170796	202645	18.6	119000	156623	31.6
肇庆市 Zhaoqing	823172	931341	13.1	548626	619496	12.9
市　区 Urban District	259719	285215	9.8	147419	158110	7.3
广宁县 Guangning County	102261	117630	15.0	70563	83232	17.9
德庆县 Deqing County	45371	52647	16.0	32004	36596	14.3
封开县 Fenkai County	74838	84979	13.6	51416	62206	21.0
怀集县 Huaiji County	92244	105830	14.7	68872	79716	15.7
高要市 Gaoyao City	120993	138888	14.8	85354	93326	9.3
四会市 Sihui City	127746	146152	14.4	92998	106310	14.3
清远市 Qingyuan	518359	574303	10.8	345272	384661	11.4
市　区 Urban District	174920	200037	14.4	112579	134429	19.4
清新县 Qingxin County	51005	53335	4.6	39764	40271	1.3
佛冈县 Fogang County	43769	49151	12.3	29642	34155	15.2
连山县 Lianshan County	8753	8760	0.8	4236	4928	16.3
连南县 Liannan County	13631	13050	-4.3	8980	9167	2.1
阳山县 Yangshan County	31964	38510	20.5	26338	30470	15.7
连州市 Lianzhou City	51043	56921	11.5	32066	37217	16.1
英德市 Yingde City	143274	154540	7.8	91667	94024	2.6
潮州市 Chaozhou	386355	439802	13.8	298548	313813	5.1
市　区 Urban District	138763	153298	10.5	88574	112173	1.7
饶平县 Raoping County	112472	126638	12.6	106396	90084	-15.3
潮安县 Chaoan County	135120	159866	18.3	103578	111556	7.7
揭阳市 Jieyang	698830	829522	18.7	510661	612980	20.0
市　区 Urban District	174106	218129	25.3	120685	141613	17.3
揭东县 Jiedong County	118803	142014	19.5	102219	124855	22.1
惠来县 Huilai County	61768	68501	10.9	48225	50687	5.1
揭西县 Jiexi County	60330	65394	8.4	31620	34135	8.0
普宁市 Puning City	283823	335484	18.2	207912	261690	25.9
云浮市 Yunfu	394867	429253	8.7	257173	279132	8.5
市　区 Urban District	75099	77590	3.3	50954	57855	13.5
新兴县 Xinxing County	66531	74822	12.5	38698	43723	13.0
郁南县 Yunan County	68493	74857	9.3	58818	64920	10.4
云安县 Yunan County	25595	23553	-8.0	24683	19025	-22.9
罗定市 Luoding City	159149	178431	12.1	84020	93609	11.4

21-12 各县（区）职工人数（1997年）

NUMBER OF STAFF AND WORKERS BY COUNTY(DISTRICT)(1997, YEAR-END)

单位：人 (person)

县（区）别 County (district)	职工人数 Number of Staff and Workers	#合同制职工 Contract Staff and Workers	国有经济 State-owned Units	城镇集体经济 Urban Collective Owned Units	其他各种经济 Units of Other Type of Ownership
广州市 Guangzhou					
市　区 Urban District	1657729	[illegible]	1088482	304558	264689
花都市 Huadu City	60950	28316	35867	5348	19735
增城市 Zengcheng City	76533	24534	41914	13296	21323
番禺市 Panyu City	159210	40902	63460	54399	41351
从化市 Conghua City	43653	14181	29685	8169	5799
深圳市 Shenzhen	911796	588892	409174	86941	415681
珠海市 Zhuhai					
市　区 Urban District	251726	108748	101198	23876	126652
斗门县 Doumen County	32773	14053	19402	7341	6030
汕头市 Shantou					
市　区 Urban District	356094	153785	187479	107983	60632
潮阳市 Chaoyang City	89109	21366	53486	33131	2492
澄海市 Chenghai City	43709	18466	27243	13959	2507
南澳县 Nanao County	9690	4513	7470	2035	185
韶关市 Shaoguan					
市　区 Urban District	187308	141488	160659	14514	12135
仁化县 Renhua County	19702	10053	13550	4237	1915
南雄市 Nanxiong City	27653	9249	20889	5638	1126
始兴县 Shixing County	20031	8948	15376	2795	1860
翁源县 Wengyuan County	27332	14172	20732	6141	459
新丰县 Xinfeng County	20216	8838	14073	5098	1045
曲江县 Qujiang County	40968	16903	32810	6528	1630
乳源县 Ruyuan County	18096	6599	12985	2703	2408
乐昌市 Lechang City	60107	36627	44856	11369	3882
河源市 Heyuan					
市　区 Urban District	43665	27725	27942	8410	7313
和平县 Heping County	21945	10156	18314	2819	812
龙川县 Longchuan County	48135	19839	41714	5719	702
紫金县 Zijin County	32796	12649	24872	4093	3831
连平县 Lianping County	23152	10506	21186	1849	117
东源县 Dongyuan County	23111	12699	18321	3811	979
梅州市 Meizhou					
市　区 Urban District	54953	24143	42722	6392	5839
梅　县 Meixian County	50146	28518	41339	7125	1682
蕉岭县 Jiaoling County	26649	11852	22588	2048	2013
大埔县 Dapu County	29290	10851	23410	4240	1640
丰顺县 Fengshun County	30929	7447	22274	8094	561
五华县 Wuhua County	42229	17619	37440	4706	83
兴宁市 Xingning City	61319	40472	50743	8423	2153
平远县 Pingyuan County	21830	8178	19014	1737	1079
惠州市 Huizhou					
市　区 Urban District	199683	93078	69620	34708	95355
惠东县 Huidong County	57770	28721	32937	18561	6272
博罗县 Boluo County	63548	27059	43101	9304	11143
龙门县 Longmen County	22778	10213	16646	3684	2448
惠阳市 Huiyang City	105471	54204	36965	30791	37715
汕尾市 Shanwei					
市　区 Urban District	45739	16496	30904	9387	5448
海丰县 Haifeng County	35263	11576	27668	7194	401
陆河县 Luhe County	11740	3060	8942	2274	524
陆丰市 Lufeng City	53330	15968	41455	11735	140
东莞市 Dongguan	164987	54680	72956	54202	37829
中山市 Zhongshan	162235	112511	77978	38542	45715
江门市 Jiangmen					
市　区 Urban District	139579	76597	68412	26900	44267
新会市 Xinhui City	100230	55846	44287	32923	23020
台山市 Taishan City	69323	27996	46553	17831	4939
开平市 Kaiping City	74218	34602	27913	26829	19476

续表 continued

单位：人 (person)

县（区）别 County (district)	职工人数 Number of Staff and Workers	#合同制职工 Contract Staff and Workers	国有经济 State-owned Units	城镇集体经济 Urban Collective Owned Units	其他各种经济 Units of Other Type of Ownership
鹤山市 Heshan City	51432	23025	25754	7760	17918
恩平市 Enping City	50371	22769	23385	16475	10511
佛山市 Foshan					
市　区 Urban District	212481	138913	100249	41731	70501
南海市 Nanhai City	117918	57277	63154	43471	11293
顺德市 Shunde City	120745	58839	51942	36099	32704
三水市 Sanshui City	51890	23568	28647	9436	13807
高明市 Gaoming City	40325	20705	15587	9210	15528
阳江市 Yangjiang					
市　区 Urban District	73170	36617	43940	23380	5850
阳东县 Yangdong county	28489	8613	19411	8735	343
阳西县 Yangxi County	23035	10186	16846	4786	1403
阳春市 Yangchun City	76222	35064	52521	16513	7188
湛江市 Zhanjiang					
市　区 Urban District	238635	148550	181013	24082	33540
徐闻县 Xuwen County	55182	30085	45344	9657	181
遂溪县 Suixi County	66777	38545	54451	11096	1230
廉江市 Lianjiang County	88514	37761	66042	20406	2066
吴川市 Wuchuan County	48836	19540	38137	8278	2421
雷州市 Leizhou County	89345	46031	74866	13785	694
茂名市 Maoming					
市　区 Urban District	120280	70711	94423	21828	4029
电白县 Dianbai County	60983	22574	43027	17041	915
高州市 Gaozhou City	80055	40464	54894	23170	1991
化州市 Huazhou City	61108	27694	49720	10563	825
信宜市 Xinyi City	45388	27909	34329	9849	1210
肇庆市 Zhaoqing					
市　区 Urban District	133219	54586	84035	16080	33104
广宁县 Guangning County	33233	11600	26385	6212	636
德庆县 Deqing County	22510	6797	17183	4037	1290
封开县 Fenkai County	26334	8370	19806	4611	1917
怀集县 Huaiji County	33381	11919	25302	6922	1157
高要市 Gaoyao City	45221	14606	27368	10428	7425
四会市 Sihui City	40891	18231	21547	6564	12780
清远市 Qingyuan					
市　区 Urban District	67659	37988	43022	15601	9036
清新县 Qingxin County	25840	7858	15515	3247	7078
佛冈县 Fogang County	16941	5270	11626	2844	2471
连山县 Lianshan County	9182	2870	8394	759	29
连南县 Liannan County	14752	9509	11458	910	2384
阳山县 Yangshan County	26892	12712	22982	3489	421
连州市 Lianzhou City	29012	11708	21272	4926	2814
英德市 Yingde City	59391	28547	45729	8300	5362
潮州市 Chaozhou					
市　区 Urban District	96213	37650	44657	37435	14121
饶平县 Raoping County	47007	24918	33081	10657	3269
潮安县 Chaoan County	46821	18237	28424	17087	1310
揭阳市 Jieyang					
市　区 Urban District	80665	47910	44186	29774	6705
揭东县 Jiedong County	28642	14390	18199	8169	2274
惠来县 Huilai County	50513	32043	34411	12687	3415
揭西县 Jiexi County	50221	26275	29187	20778	256
普宁市 Puning City	62528	34673	46952	12395	3181
云浮市 Yunfu					
市　区 Urban District	35559	16646	26312	8020	1227
新兴县 Xinxing County	40826	30331	18289	17341	5196
郁南县 Yunan County	28556	12692	18368	8858	1330
云安县 Yunan County	8382	2824	6461	882	1039
罗定市 Luoding City	55932	16889	32504	15080	8348

21-13 各县(区)职工工资总额及平均工资(1997年)

TOTAL WAGES AND AVERAGE WAGE OF STAFF AND WORKERS BY COUNTY(DISTRICT) (1997)

县(区)别 County (district)	合计 Total		国有经济单位 State-owned Units		城镇集体经济单位 Urban Collective Owned Units		其他各种经济单位 Units of Other Type of Ownership	
	工资总额(万元) Total Wages (10000 yuan)	平均工资(元) Average Wage (yuan)	工资总额(万元) Total Wages (10000 yuan)	平均工资(元) Average Wage (yuan)	工资总额(万元) Total Wages (10000 yuan)	平均工资(元) Average Wage (yuan)	工资总额(万元) Total Wages (10000 yuan)	平均工资(元) Average Wage (yuan)
广州市 Guangzhou								
市　区 Urban District	2276215.8	13710	1618071.8	14863	266106.1	8667	392037.9	14817
花都市 Huadu City	57164.6	9571	35475.4	10073	4329.5	8037	17359.7	9080
增城市 Zengcheng City	76520.0	10117	48921.1	11824	9681.6	7239	17917.3	8579
番禺市 Panyu City	169847.6	10954	69921.6	11328	53183.3	10193	46742.7	11357
从化市 Conghua City	36094.4	8317	26597.9	8975	5087.3	6382	4409.2	7615
深圳市 Shenzhen	1479515.0	16531	744780.5	18515	87886.4	10320	646848.1	15872
珠海市 Zhuhai								
市　区 Urban District	321950.2	13115	146128.1	14638	28580.9	12331	147241.2	12022
斗门县 Doumen County	32851.9	10314	21372.1	11341	5395.4	7503	6084.4	10463
汕头市 Shantou								
市　区 Urban District	295475.5	8446	176740.7	9458	61373.5	5756	57361.3	10184
潮阳市 Chaoyang City	50020.4	5715	37487.3	7078	10808.2	3357	1724.9	7290
澄海市 Chenghai City	26648.1	6429	18556.2	6938	6040.7	4900	2051.2	8618
南澳县 Nanao County	4758.3	4928	4287.0	5762	340.2	1675	131.1	7125
韶关市 Shaoguan								
市　区 Urban District	147210.7	7728	128337.6	7833	7817.1	5429	11056.0	9023
仁化县 Renhua County	13915.9	7031	11103.2	8093	1731.1	4300	1081.6	5289
南雄市 Nanxiong City	16714.8	6079	14066.2	6760	2180.4	3918	468.2	4162
始兴县 Shixing County	10495.1	5263	8539.9	5546	1138.7	4060	816.5	4698
翁源县 Wengyuan County	13576.1	4962	11080.8	5333	2362.7	3851	132.6	2940
新丰县 Xinfeng County	10215.6	5187	7349.7	5322	2281.6	4694	584.3	5712
曲江县 Qujiang County	25489.3	6278	20429.3	6324	4020.0	6000	1040.0	6500
乳源县 Ruyuan County	10393.9	5892	8312.2	6444	981.9	3662	1099.8	5341
乐昌市 Lechang City	32437.7	5342	25581.3	5626	5094.4	4485	1762.0	4532
河源市 Heyuan								
市　区 Urban District	24355.2	6190	16164.2	6250	3985.8	5897	4205.2	6251
和平县 Heping County	9400.4	4313	8059.8	4428	979.1	3514	361.5	4474
龙川县 Longchuan County	18686.7	4952	16347.0	5003	1933.2	4257	406.5	7832
紫金县 Zijin County	14336.9	4950	10971.8	5001	1057.4	3215	2307.7	6182
连平县 Lianping County	9485.1	4173	8943.9	4307	499.7	2705	41.5	3547
东源县 Dongyuan County	10149.2	4445	8749.1	4851	963.3	2523	436.8	4462
梅州市 Meizhou								
市　区 Urban District	33101.4	6034	26641.2	6290	2846.2	4386	3614.0	6008
梅　县 Meixian County	29744.5	5869	25791.1	6166	2839.1	3981	1114.3	6482
蕉岭县 Jiaoling County	15943.7	6031	14264.8	6377	694.1	3337	984.8	4951
大埔县 Dapu County	15917.0	5521	13311.1	5760	1549.1	3838	1056.8	6283
丰顺县 Fengshun County	15253.7	4957	12211.4	5504	2880.9	3581	161.4	2978
五华县 Wuhua County	22643.4	5336	20992.8	5583	1614.8	3398	35.8	4313
兴宁市 Xingning City	30736.3	5044	26667.4	5299	2819.6	3338	1249.3	5781
平远县 Pingyuan County	11396.9	5222	10340.6	5438	565.5	3230	490.8	4643
惠州市 Huizhou								
市　区 Urban District	155314.5	7994	56486.9	8241	21443.2	6590	77384.4	8303
惠东县 Huidong County	33197.4	5928	20587.3	6324	8713.8	5028	3896.3	6374
博罗县 Boluo County	39769.0	6275	28386.3	6484	4666.3	5056	6716.4	6476
龙门县 Longmen County	12783.3	5675	9664.9	5902	1527.8	4117	1590.6	6516
惠阳市 Huiyang City	64599.5	6295	23845.0	6518	15975.9	5410	24778.6	6789
汕尾市 Shanwei								
市　区 Urban District	28332.0	6392	19961.8	6523	3773.1	4449	4597.1	8766
海丰县 Haifeng County	18966.8	5437	15903.4	5831	2837.4	3934	226.0	5722
陆河县 Luhe County	7041.3	6121	5725.3	6514	915.0	4195	401.0	7509
陆丰市 Lufeng City	24750.1	4809	19915.3	4888	4767.5	4494	67.3	5608
东莞市 Dongguan	175156.5	10691	87890.2	12160	47185.0	8774	40081.3	10610
中山市 Zhongshan	176144.8	11039	96801.5	12544	33057.2	8923	46286.1	10208
江门市 Jiangmen								
市　区 Urban District	131136.5	9361	67720.4	9778	19912.4	7348	43503.7	9949
新会市 Xinhui City	85470.5	8503	40727.7	9129	26203.8	7837	18539.0	8252
台山市 Taishan City	51175.6	7320	36954.0	7948	10904.8	5900	3316.8	6726
开平市 Kaiping City	55733.0	7603	23428.4	8327	16518.2	6342	15786.4	8254

续表 continued

县（区）别 County (district)	合计 Total		国有经济单位 State-owned Units		城镇集体经济单位 Urban Collective Owned Units		其他各种经济单位 Units of Other Type of Ownership	
	工资总额（万元）Total Wages (10000 yuan)	平均工资（元）Average Wage (yuan)	工资总额（万元）Total Wages (10000 yuan)	平均工资（元）Average Wage (yuan)	工资总额（万元）Total Wages (10000 yuan)	平均工资（元）Average Wage (yuan)	工资总额（万元）Total Wages (10000 yuan)	平均工资（元）Average Wage (yuan)
鹤山市 Heshan City	42170.2	8108	21642.7	8182	5288.6	6154	15238.9	8984
恩平市 Enping City	29319.9	5902	14158.0	6072	8788.7	5498	6373.2	6145
佛山市 Foshan								
市　区 Urban District	250002.0	11519	121905.7	11911	41538.4	9588	86557.9	12127
南海市 Nanhai City	129869.5	10902	74089.8	11791	44029.3	9813	11750.4	10289
顺德市 Shunde City	128800.3	10813	57087.7	11140	40430.1	11324	31282.5	9724
三水市 Sanshui City	46858.2	8948	24647.6	8485	8359.8	8920	13850.8	9932
高明市 Gaoming City	35515.8	8830	13640.4	8783	7182.4	7863	14693.0	9444
阳江市 Yangjiang								
市　区 Urban District	53706.4	7360	32475.5	7472	16614.4	7048	4616.5	7773
阳东县 Yangdong county	19276.0	6901	13456.6	7157	5573.8	6358	245.6	6747
阳西县 Yangxi County	14678.0	6961	10786.8	7196	2956.6	6255	934.6	6817
阳春市 Yangchun City	45311.5	6302	33907.3	6696	6686.8	4381	4717.4	7862
湛江市 Zhanjiang								
市　区 Urban District	185973.1	7771	150824.2	8334	11559.3	4754	23589.6	6935
徐闻县 Xuwen County	28326.1	5416	24023.2	5685	4179.3	4243	123.6	6211
遂溪县 Suixi County	41709.7	6490	37153.6	7113	4067.7	3763	488.4	3987
廉江市 Lianjiang County	44945.7	5219	35143.0	5431	8850.0	4547	952.7	4866
吴川市 Wuchuan County	24845.6	5310	21529.2	5802	2376.2	3286	940.2	3838
雷州市 Leizhou County	44556.4	5434	38807.2	5727	5323.5	3894	425.7	7482
茂名市 Maoming								
市　区 Urban District	113584.0	9454	98772.7	10402	11372.3	5373	3439.0	8542
电白县 Dianbai County	34307.3	5670	24071.1	5638	9680.1	5723	556.1	6138
高州市 Gaozhou City	51678.3	6625	37317.7	6949	13228.6	5927	1132.0	5711
化州市 Huazhou City	28685.0	4735	23479.4	4760	4791.0	4607	414.6	4907
信宜市 Xinyi City	25870.9	5787	21426.1	6311	3821.6	3992	623.2	5255
肇庆市 Zhaoqing								
市　区 Urban District	105874.3	8019	67640.9	8053	10679.8	6746	27553.6	8556
广宁县 Guangning County	19410.6	5884	16706.9	6376	2372.2	3858	331.5	5212
德庆县 Deqing County	13060.2	6353	10509.2	6510	1841.0	5651	710.0	6147
封开县 Fenkai County	15398.0	5986	12419.3	6393	2049.4	4659	929.3	4899
怀集县 Huaiji County	20840.5	6278	16878.7	6777	3126.1	4388	835.7	7149
高要市 Gaoyao City	30921.4	7254	20600.6	7698	4671.3	5444	5649.5	7755
四会市 Sihui City	28243.3	6869	15985.1	7446	3045.1	4433	9213.1	7208
清远市 Qingyuan								
市　区 Urban District	50537.1	7509	33293.2	7819	10967.9	6990	6276.0	6944
清新县 Qingxin County	15950.4	6221	9998.0	6492	1916.0	5726	4036.4	5857
佛冈县 Fogang County	10930.8	6476	7615.5	6563	1572.7	5633	1742.6	7018
连山县 Lianshan County	5542.4	6339	5254.2	6601	272.2	3610	16.0	5517
连南县 Liannan County	8482.5	5731	6838.0	5951	370.6	4037	1273.9	5323
阳山县 Yangshan County	15580.3	5820	13906.3	6088	1496.3	4262	177.7	4282
连州市 Lianzhou City	15922.6	5631	12940.1	6201	1621.1	3432	1361.4	5067
英德市 Yingde City	32135.2	5683	24203.1	5582	4020.0	4947	3912.1	7722
潮州市 Chaozhou								
市　区 Urban District	47417.0	6707	24520.1	7157	14422.9	5620	8474.0	7867
饶平县 Raoping County	20859.0	6127	17293.2	6302	2146.1	4866	1419.7	6403
潮安县 Chaoan County	22124.5	6050	15557.5	6892	5754.1	4500	812.9	7020
揭阳市 Jieyang								
市　区 Urban District	40632.0	5263	23825.1	5510	12733.9	4631	4073.0	6291
揭东县 Jiedong County	15009.9	5294	11270.2	6276	2731.4	3344	1008.3	4532
惠来县 Huilai County	17654.4	3531	13283.8	3909	2224.9	1763	2145.7	6320
揭西县 Jiexi County	19537.6	3946	12947.4	4534	6421.5	3106	168.7	5982
普宁市 Puning City	33257.3	5558	27209.0	6044	4543.5	3855	1504.8	4955
云浮市 Yunfu								
市　区 Urban District	24812.8	7007	19524.0	7479	4483.6	5565	805.2	6457
新兴县 Xinxing County	25542.2	6469	12364.7	6792	9845.4	5975	3332.1	6945
郁南县 Yunan County	17593.5	6227	12711.4	6952	3975.9	4625	906.2	6610
云安县 Yunan County	5457.1	6791	4252.7	6813	492.1	5762	712.3	7578
罗定市 Luoding County	35319.6	6375	21770.8	6770	7095.8	4684	6453.0	7972

21-14 各县（区）财政收支及城乡居民储蓄存款余额

TOTAL REVENUE AND EXPENDITURE AND OUTSTANDING AMOUNT OF SAVINGS DEPOSIT OF URBAN AND RURAL RESIDENTS BY COUNTY(DISTRICT)

单位：万元 (10000 yuan)

县（区）别 County (district)	财政收入 Total Revenue		财政支出 Total Expenditure		城乡居民储蓄存款余额 Outstanding Amount of Saving Deposit of Urban and Rural Residents at Year-End	
	1996	1997	1996	1997	1996	1997
广州市 Guangzhou						
市　区 Urban District	725203	838644	1034191	1183698	10031537	12384942
花都市 Huadu City	20391	23337	29929	36687	507304	623613
增城市 Zengcheng City	20378	23454	36130	38110	611318	711703
番禺市 Panyu City	74300	78426	95402	105852	1576059	1894823
从化市 Conghua City	12134	13294	23485	25597	206040	250915
深圳市 Shenzhen	1317490	1420557	1380376	1394181	5822300	7076700
珠海市 Zhuhai						
市　区 Urban District	130638	97493	170001	193134	1369646	1490059
斗门县 Doumen County	10303	10691	17782	19567	257687	286665
汕头市 Shantou						
市　区 Urban District	151205	101305	144107	164370	1496015	1671021
潮阳市 Chaoyang City	30574	25571	46531	48367	526685	722732
澄海市 Chenghai City	14245	16081	23329	25516	231852	317172
南澳县 Nanao County	3797	2820	7359	7210	17912	23946
韶关市 Shaoguan						
市　区 Urban District	26256	26985	55448	59077	488851	582325
仁化县 Renhua County	4904	4726	9246	9915	75615	88287
南雄市 Nanxiong City	5440	6042	13418	14086	86383	93536
始兴县 Shixing County	2238	2498	9765	9313	57362	66631
翁源县 Wengyuan County	4732	2756	8918	10348	64722	80847
新丰县 Xinfeng County	1484	1700	9678	9225	37783	49065
曲江县 Qujiang County	8767	9404	16103	16918	127634	148937
乳源县 Ruyuan County	3289	3855	12959	11779	38111	45989
乐昌市 Lechang City	9279	4530	15056	13147	128903	146170
河源市 Heyuan						
市　区 Urban District	4937	5354	20279	30818	178086	227990
和平县 Heping County	1305	1503	11503	12477	47737	52973
龙川县 Longchuan County	2947	3449	16795	18967	95731	121941
紫金县 Zijin County	2842	3291	14706	15807	67731	87970
连平县 Lianping County	1760	1966	9943	10556	48341	60217
东源县 Dongyuan County	1738	1971	12132	14297	18332	64406
梅州市 Meizhou						
市　区 Urban District	16637	16459	38027	39216	197459	127197
梅　县 Meixian County	8226	8266	22772	24040	176382	217168
蕉岭县 Jiaoling County	4426	4511	11377	13547	65446	77921
大埔县 Dapu County	3469	3796	16332	18270	98116	117067
丰顺县 Fengshun County	3759	4100	15981	17138	103525	127333
五华县 Wuhua County	6512	6655	24596	25005	109350	136011
平远县 Pingyuan County	3139	3068	9360	10842	39848	51743
兴宁市 Xingning City	10169	11161	25635	32735	169874	220679
惠州市 Huizhou						
市　区 Urban District	29616	36662	50565	63922	628608	749713
惠东县 Huidong County	8697	15291	14830	23172	281427	336367
博罗县 Boluo County	11548	11589	17940	19198	270163	325060
龙门县 Longmen County	3210	3119	9601	11036	62115	78297
惠阳市 Huiyang City	17598	15291	23456	23172	462145	590795
汕尾市 Shanwei						
市　区 Urban District	8361	13624	15150	26438	130566	148751
海丰县 Haifeng County	10529	7796	14945	18466	119735	145929
陆河县 Luhe County	1229	1448	6161	10227	16729	26775
陆丰市 Lufeng City	6676	7002	16477	20221	52988	86967
东莞市 Dongguan	96541	109276	124059	143712	3180215	4258238
中山市 Zhongshan	81825	94914	101926	112512	2171454	2815639
江门市 Jiangmen						
市　区 Urban District	44333	47491	60515	69131	744937	909255
新会市 Xinhui City	39381	35126	43834	43234	826143	1000423
台山市 Taishan City	25761	27573	34681	36435	616421	715207
开平市 Kaiping City	24403	25998	28381	30221	705022	826857

续表 continued

单位：万元 (10000 yuan)

县（区）别 County (district)	财政收入 Total Revenue		财政支出 Total Expenditure		城乡居民储蓄存款余额 Outstanding Amount of Saving Deposit of Urban and Rural Residents at Year-End	
	1996	1997	1996	1997	1996	1997
鹤山市 Heshan City	12044	13183	17971	19338	372499	455542
恩平市 Enping City	9113	7814	14361	20403	599985	515879
佛山市 Foshan						
市 区 Urban District	80123	92068	130312	138212	1142515	1758620
南海市 Nanhai City	77688	93696	99557	118729	2527075	3166585
顺德市 Shunde City	82988	95659	114700	127170	2449561	2950128
三水市 Sanshui City	18068	18806	30959	31328	417986	528804
高明市 Gaoming City	8432	8334	13079	13830	251899	285061
阳江市 Yangjiang						
市 区 Urban District	13685	14138	32426	31277	279391	358447
阳东县 Yangdong county	3741	3886	8620	10779	92982	134256
阳西县 Yangxi County	3205	2978	7170	9228	55111	67904
阳春市 Yangchun City	8135	6692	17800	17425	164918	211817
湛江市 Zhanjiang						
市 区 Urban District	144809	55538	113211	125911	1088661	1249679
徐闻县 Xuwen County	6693	5320	12925	13887	118819	110154
遂溪县 Suixi County	15729	6758	15789	13325	139727	180275
廉江市 Lianjiang County	20231	9426	20564	21336	190127	267928
吴川市 Wuchuan County	6267	6000	14025	13979	178614	205361
雷州市 Leizhou County	11029	9501	19224	19802	163288	165153
茂名市 Maoming						
市 区 Urban District	47888	37746	55874	59237	463700	583637
电白县 Dianbai County	16611	10794	22258	22661	228474	296238
高州市 Gaozhou City	15086	11272	22021	24928	329177	415672
化州市 Huazhou City	12104	6939	19621	20270	197200	267545
信宜市 Xinyi City	17809	7697	19157	19648	192685	236408
肇庆市 Zhaoqing						
市 区 Urban District	38895	29062	48045	52137	493995	585227
广宁县 Guangning County	4981	5163	11312	14571	96281	110698
德庆县 Deqing County	11173	4246	11075	11884	78497	92360
封开县 Fenkai County	5607	4898	11012	12489	89579	105688
怀集县 Huaiji County	5682	6709	15241	19186	78183	93065
高要市 Gaoyao City	17004	1115	17354	18237	216466	256350
四会市 Sihui City	8328	7751	14454	13690	173106	212640
清远市 Qingyuan						
市 区 Urban District	7831	9199	22314	27200	328736	385874
清新县 Qingxin County	2376	2682	11892	14412	148754	169735
佛冈县 Fogang County	3313	3085	9018	12014	73929	90776
连山县 Lianshan County	906	1001	9504	7978	28021	31582
连南县 Liannan County	1046	1094	10076	10638	34959	41256
阳山县 Yangshan County	2995	3303	13337	15486	74977	91219
连州市 Lianzhou City	4380	4808	13007	14835	116234	143177
英德市 Yingde City	6077	5771	15959	18592	179500	210380
潮州市 Chaozhou						
市 区 Urban District	19096	22034	33209	36141	241434	370794
饶平县 Raoping County	7400	7073	20985	21968	120371	160513
潮安县 Chaoan County	6900	6487	21209	22173	227195	306902
揭阳市 Jieyang						
市 区 Urban District	15192	23257	32752	44368	116606	134122
揭东县 Jiedong County	8686	10101	20321	23370	151848	196732
惠来县 Huilai County	3411	3405	15604	16268	70396	91905
揭西县 Jiexi County	3450	3754	14486	19493	128006	161046
普宁市 Puning City	23788	28147	40163	43754	421765	566949
云浮市 Yunfu						
市 区 Urban District	15125	8839	26578	25223	177158	189222
新兴县 Xinxing County	8406	5017	12351	13333	120950	137044
郁南县 Yunan County	6855	2963	11506	13564	100903	129297
云安县 Yunan County		1725		8338		33501
罗定市 Luoding City	12126	8467	18712	18364	177914	209497

二十二 乡镇主要经济指标

TOWNS AND VILAGES

简要说明

一、本篇资料反映广东省乡镇经济发展的基本情况，内容有全省各乡镇总人口、劳动力、农村社会总产值、工业业总产值、乡镇企业总收入、财政收入等。

二、本篇资料由广东省统计局农村处整理提供。

三、本篇资料依据广东省统计局制发的《乡镇发展情况调查表》，由各乡镇、县区、市统计局逐级上报、汇总而成。

TOWNS AND VILLAGES

Brief Introduction

Ⅰ. The data in this chapter show the basic conditions of the economic development of towns and villages in Guangdong Province, including the data on total population, labour force, total rural products value of society, total output of agriculture, total output of industry, total income of township and village enterprises, and revenue, etc.

Ⅱ. The data in this chapter are prepared and provided by the Division of Rural Socio－Economic Statistics of the Statistical Bureau of Guangdong Province.

Ⅲ. The data in this chapter are tabulated and reported to the higher authorities level by level by the statistical bureaus at the township and village level and above in accordance with the "Survey Form on the Development of Towns and Villages" stipulated by the Statistical Bureau of Guangdong Province.

22－1 乡镇主要经济指标(1997年)

MAIN ECONOMIC INDICATORS OF TOWNSHIPS AND VILLAGES (1997)

单位:人、万元 (person, 10 000 yuan)

乡镇名称 Township and Village	总人口 Total Population	总劳动力 Total Labourers	农村社会总产值 Total Output Value of Rural Society	农业总产值 Gross Output Value of Agriculture	工业总产值 Gross Output Value of Industry	乡镇企业总收入 Total Income of Township Enterprises	财政收入 Government Revenue
广州市 Guangzhou City							
海珠区 Haizhu District							
新教镇 Xinjiao	63540	41272	320442	21602	267499	421866	
天河区 Tianhe District							
沙河镇 Shahe	29032	16216	110304	14011	68416	44232	170
东圃镇 Dongpu	33242	18129	266456	11123	125074	42773	
白云区 Baiyuan District							
萝岗镇 Luoguang	38989	20479	46569	14845	16184	55950	1635
新市镇 Xinshi	56712	29666	348677	39656	205720	309224	2612
石井镇 Shijing	66718	30587	397016	42414	191295	356442	1515
太和镇 Taihe	40912	18040	86955	21076	34653	108395	742
龙归镇 Longgui	24585	11192	78112	13921	36143	84381	1348
竹料镇 Zhuliao	39575	18227	53682	22209	31473	69443	1324
良田镇 Liangtian	23120	10104	49411	16425	14744	31986	664
钟落潭镇 Zhongluotan	39725	16690	105189	22608	43909	82715	1003
九佛镇 Jiufu	23438	11431	24058	16855	3973	21742	453
人和镇 Renhe	63488	33161	135107	40809	65825	129268	1665
蚌湖镇 Benhu	19747	9834	67508	9730	34616	61089	250
江高镇 Jianggao	66540	24168	189430	38885	74327	190985	1373
神山镇 Shenshan	35493	18924	134148	23157	89564	106040	790
雅瑶镇 Yayao	10395	4231	15946	4766	5174	12607	366
黄埔区 Huangpu District							
大沙镇 Dasha	19114	11587	169193	7200	80979	212969	4220
南岗镇 Nangang	56661	20677	198100	15100	183000	177780	2680
长洲镇 Changzhou	6955	4172	14003	1459	8293	10219	236
芳村区 Fangcun District							
东教镇 Dongjiao	42628	21661	208850	25144	119376	194335	2925
花都市 Huadu City							
新华镇 Xinhua	94464	51473	643190	27752	383470	503554	12108
花东镇 Huadong	62631	28831	246119	17469	192221	96415	3011
花山镇 Huashan	76492	45441	281823	38422	207360	99700	2464
狮岭镇 Shiling	52327	30702	299592	20887	211500	29411	3433
炭步镇 Tanbu	43909	24442	255523	41379	161566	195740	3263
赤坭镇 Chini	58100	25813	245783	59896	107342	126498	1948
北兴镇 Beixing	31575	14087	123308	18563	91514	99151	1326
梯面镇 Timian	8911	4027	69027	2925	60438	77857	1850
芙蓉镇 Furong	11368	4812	86124	2605	74055	35667	1204
从化市 Conghua City							
太平镇 Taiping	36828	16542	85366	8866	76200	91254	1704
神岗镇 Shengang	41153	19944	66746	15351	38730	55000	1500
城郊镇 Chengjiao	34918	17669	34635	7635	19000	85817	484
江埔镇 Jiangpu	40540	26370	80245	12549	67696	73863	545
灌村镇 Guancun	18352	9646	43518	7018	11300	36884	447
桃园镇 Taoyuan	20850	13465	30665	5320	25041	43686	674
良口镇 Liangkou	28253	18355	42797	8698	28091	38904	540
吕田镇 Lutian	23105	11419	20688	5760	14928	20828	573
棋杆镇 Qigan	21037	13955	84992	6670	78322	98316	730
民乐镇 Mingle	13489	6124	19927	3047	16083	16456	713
牛头镇 Niutou	42494	21445	83128	12325	64196	69308	1130

注:表中产值按当年价格计算。Note: The output values are calculated at current prices.

续表 1　Continued

乡镇名称 Township and Town	总人口 Total Population	总劳动力 Total Labourers	农村社会总产值 Total Output Value of Rural Society	农业总产值 Gross Output Value of Agriculture	工业总产值 Gross Output Value of Industry	乡镇企业总收入 Total Income of Township Enterprises	财政收入 Government Revenue
龙潭镇 Longtan	41090	22647	53175	7525	42730	58066	945
东明镇 Dongming	9548	5912	9735	2933	6453	360	140
街口镇 Jiekou	87649	13306	61290	1329	43797	58522	866
温泉镇 Wenquan	4269	1343	26000	460	2285	9120	540
增城市 Zengcheng City							
荔城镇 Licheng	166046	31244	332082	28282	275520	308000	3687
新塘镇 Xintan	93448	32999	515446	22886	396630	527287	8148
永和镇 Yonghe	37886	18038	111001	14493	78542	74699	2249
沙埔镇 Shapu	15541	7800	85950	8980	61032	76970	545
仙村镇 Xiancun	41001	24800	204227	19769	145960	184478	1495
宁西镇 Nixi	13211	6795	32716	5766	26440	14883	248
石滩镇 Shitan	96094	31954	146355	41363	95150	105746	1521
三江镇 Sanjiang	33077	17202	55122	28909	21450	46330	937
宋村镇 Zhucun	29715	13379	53097	16337	29212	30357	974
中新镇 Zhongxin	24913	12043	101655	11329	87510	66269	760
镇龙镇 Zhenglong	32914	13186	77072	14170	58733	64233	820
福和镇 Fuhe	39896	19701	61812	25494	33322	38876	420
派潭镇 Paitan	68155	31900	84282	22830	56236	53276	872
小楼镇 Xiaolou	44948	23341	59732	18820	34320	35000	475
正果镇 Zhengguo	45229	21729	89259	9752	54347	58714	918
番禺市 Panyu City							
沙湾镇 Shawan	53194	27291	402767	28479	345361	346062	3112
榄核镇 lanhe	28159	17408	195920	22000	138470	141442	1550
灵山镇 Lingshan	44586	27479	246108	51430	171944	202081	1372
鱼窝头镇 Yuwotou	36227	21489	136132	37941	56704	99194	1054
东涌镇 Dongyong	29098	15848	158033	12800	144870	150317	2504
万顷沙镇 Wanqingsha	28561	15984	69493	38547	22874	37223	728
南沙镇 Nansha	30348	12149	234849	4537	176320	7659	6995
潭洲镇 Tanzhou	37921	21975	209338	27555	158292	167827	1295
横沥镇 Hengli	21704	12363	69933	29733	35000	52000	706
黄阁镇 Huangge	33563	16662	85000	12000	62588	38000	1966
石楼镇 Shilou	48266	29243	157746	27661	113655	128483	2263
化龙镇 Hualong	30475	15215	158873	25730	130462	90026	1057
石基镇 Shiji	72332	42972	412262	20168	342998	392713	6540
南村镇 Nancun	41354	21318	179615	5558	154661	164239	2156
新造镇 Xinzhao	27176	12763	76183	12519	44487	60279	1362
大石镇 Dashi	67406	30887	542329	23286	411466	525768	2489
钟村镇 Zhongcun	44502	27746	313695	35706	249938	290229	2462
市桥镇 Shiqiao	142930	86700	270077	10204	159200	521165	5357
大岗镇 Dagang	15218	9178	159469	191	139924	126803	2017
新垦镇 Xinken	5397	2364	23000	7019	1850	1856	685
莲花山镇 Lianhuashan	13498	6676	46295	6695	20800	40128	216
深圳市 Shenzhen City							
宝安区 Baoan District							
西乡镇 Xixiang	35022	17563	315636	13838	252947	65600	16904
福永镇 Fuyong	14502	7614	177368	10917	142560	46621	7155
沙井镇 Shajing	26163	11090	373335	15884	321154	334181	6138
松岗镇 Songgang	17818	8529	34005	11594	16667	203957	2741
公明镇 Gongming	19457	9454	338118	23083	289131	108579	9161

续表 2　　Continued

乡镇名称 Township and Village	总人口 Total Population	总劳动力 Total Labourers	农村社会总产值 Total Output Value of Rural Society	农业总产值 Gross Output Value of Agriculture	工业总产值 Gross Output Value of Industry	乡镇企业总收入 Total Income of Township Enterprises	财政收入 Government Revenue
石岩镇 Shiyan	10316	5098	266221	10227	254224	32226	4700
龙华镇 Longhua	18110	5037	392110	10191	343761	183939	14700
观澜镇 Guanlan	18764	9800	209264	7200	193000	79853	8269
新安街道办 Xinan Street	66128	2866	48536	422	44965	12577	5324
龙岗区 Longgang District							
平湖镇 Pinghu	101505	7619	271840	7987	230425	41601	2116
布吉镇 Buji	204512	187589	410316	5002	346000	140761	2739
横岗镇 Henggang	166997	11122	347917	7012	312561	63437	12654
龙岗镇 Longgang	188924	15274	191093	13093	170000	103836	14384
坪地镇 Pingdi	44830	7993	142112	11538	70222	11260	2235
坪山镇 Pingshan	68827	13660	133332	21778	92330	61120	3175
坑梓镇 kengzi	28981	6380	70856	9403	51413	8175	5282
葵冲镇 Kuichong	32416	25761	84502	9192	59447	61931	3299
大鹏镇 Dapeng	24966	3542	43126	4161	27097	35214	11258
南澳镇 Nanao	14062	3942	31450	10019	3903	4328	593
珠海市 Zhuhai City							
香洲区 Xiangzhou District							
唐家镇 Tangjia	7343	3114	64597	2341	27146	71345	1145
前山镇 Qianshan	31031	10079	304607	1109	180172	237402	4106
湾仔镇 Wanzhai	10624	2286	194583	2265	192318	158850	5444
南屏镇 Nanping	16944	9342	202258	2426	193732	191162	1123
金鼎镇 Jinding	14967	6672	95081	9329	85752	78417	1123
横琴镇 Hengqin	3191	1640	3378	855	2303	510	2404
万山镇 Wanshan	2575	425	6476	1313	3718	3450	246
桂山镇 Guishan	2117	411	3424	2044		2877	643
担杆镇 Dangan	866	526	2407	2407	9360	9445	638
三灶镇 Sanzhao	11917	5886	99708	4576	86000	75680	1558
小林镇 Xiaolin	8048	3570	12711	4018	4329	4329	574
南水镇 Nanshui	8101	2744	18354	2006		7952	1000
斗门县 Doumeng County							
上横镇 Shangheng	24533	12436	36125	20017	2168	18286	625
莲溪镇 Lianxi	14231	6379	16607	13615	668	8624	1360
六乡镇 Liuxiang	20382	9555	27940	13391	10050	9351	866
斗门镇 Doumeng	40934	21076	47358	13839	29576	31266	1247
五山镇 Wushan	24433	11837	17977	10090	1777	109483	1346
乾务镇 Qianwu	18902	10746	40649	15599	25000	22598	840
白蕉镇 Baijiao	51095	27338	44873	36890	6850	90800	2351
井岸镇 Jingan	72149	11453	16303	9891	6307	93076	3915
汕头市 Shantou City							
澄海市 Chenghai City							
上华镇 Shanghua	32666	17771	17803	8564	8276	9535	120
湾头镇 Wantou	33125	16703	24384	14223	8659	4830	241
莲下镇 Lianxia	66694	35800	190520	13402	80934	165084	3235
莲上镇 Lianshang	51039	22125	103421	14721	72207	61288	620
溪南镇 Xinan	62395	36181	106323	32347	73976	49530	380
东里镇 Dongli	73392	33583	184218	16480	140098	137583	976
盐鸿镇 Yanhong	42617	21976	56421	15998	32154	36044	261
莲华镇 Lianhua	25492	14791	18311	7618	8218	8092	394
隆都镇 Longdu	72624	38929	47970	18470	24500	19991	322

续表 3 Continued

乡镇名称 Township and Village	总人口 Total Population	总劳动力 Total Labourers	农村社会总产值 Total Output Value of Rural Society	农业总产值 Gross Output Value of Agriculture	工业总产值 Gross Output Value of Industry	乡镇企业总收入 Total Income of Township Enterprises	财政收入 Government Revenue
坝头镇 Batou	43569	23928	45739	24713	19519	15754	153
外砂镇 Waisha	72696	37216	112282	12282	70000	83407	525
新溪镇 Xinxi	54606	33859	55218	17481	15878	17806	384
南澳县 Nanao County							
后宅镇 Houzhai	39401	15402	46427	27833	16534	16520	694
隆东镇Longdong	3766	1970	7480	2901	3866	3548	104
云澳镇 Yunao	17732	9095	30266	15685	13151	15905	178
深澳镇 Shenao	6306	3724	10578	6019	3899	1720	133
潮阳市 Chaoyang City							
和平镇 Heping	121818	50460	236571	17115	216009	218000	6780
胪岗镇 Lugang	100616	41835	172921	15971	138888	132700	1015
峡山镇 Xiashan	152167	75983	303428	13205	270125	262121	8863
沙陇镇 Shalong	77428	32293	88074	12654	73440	58000	743
成田镇 Chengtian	67021	30495	68320	9796	58331	58060	225
井都镇 Jingdu	71098	34223	46794	24501	21751	22746	765
田心镇 Tianxin	28483	13427	31471	3876	27404	27400	825
雷岭镇 Leiling	27572	13409	19285	10085	8856	8500	1630
红场镇 Hongchang	25007	11805	13896	4098	9616	8596	1158
两英镇 Liangying	135020	58232	203067	15227	186840	195555	6609
司马浦镇 Simapu	91659	42411	189815	8815	169020	169000	4860
陈店镇 Chendian	78187	37820	149213	10133	135715	138736	6050
仙城镇 Xiancheng	77246	36747	35473	6516	28015	27876	2301
贵屿镇 Guiyu	104884	44638	60215	16245	43494	57060	1822
谷饶镇 Gurao	108004	43126	136290	17268	108108	116000	2022
铜盂镇 Tongyu	93021	39505	88351	14326	73548	73133	1171
金玉镇 Jinyu	67023	31569	29371	13076	16254	15240	447
灶浦镇 Zhaopu	42294	20457	33112	14860	17723	13000	1312
关埠镇 Guanbu	100544	51143	61185	25185	35109	34010	2072
西胪镇 Xilu	124560	57049	55293	31293	23760	23000	2300
河溪镇 Hexi	59539	24145	28048	10148	10811	19050	1158
韶关市 Shaoguan City							
曲江县 Qujiang County							
马坝镇 Maba	50286	15673	66441	16261	36595	64180	1164
沙溪镇 Shaxi	12563	5504	20920	5590	7476	33986	634
乌石镇 Wushi	12174	3402	19716	5299	8073	24263	530
樟市镇 Zhangshi	26322	11331	24859	14484	6019	11273	430
罗坑镇 Luokeng	9098	4664	8730	4480	3257	4833	323
龙归镇 Longgui	26156	12119	38226	13528	18530	31937	623
凤田镇 Fentian	6620	2400	4810	2973	1492	2970	560
江湾镇 Jiangwan	7122	4037	17050	4135	7039	16018	483
白土镇 Baitu	13598	6212	15670	6609	5814	11787	733
白沙镇 Baisha	8661	4366	10437	5365	4112	7809	779
犁市镇 Lishi	42907	11496	39385	10514	23534	35143	1793
重阳镇 Chongyang	15189	6852	9390	3865	2506	5980	282
梅村镇 Meicun	6153	2845	5699	2463	2493	3458	281
周田镇 Zhoutian	20426	8489	16230	8920	4804	10067	838
黄坑镇 Huangkeng	13283	6204	18764	5629	9631	16231	888
灵溪镇 Lingxi	4165	2300	5047	1573	2320	5238	268
大桥镇 Daqiao	9511	4590	10873	6135	2043	6567	552

续表 4 Continued

乡 镇 名 称 Township and Village	总人口 Total Population	总劳动力 Total Labourers	农村社会总产值 Total Output Value of Rural Society	农业总产值 Gross Output Value of Agriculture	工业总产值 Gross Output Value of Industry	乡镇企业总收入 Total Income of Township Enterprises	财政收入 Government Revenue
大塘镇 Datang	22222	9275	49024	13581	27725	46326	1189
枫湾镇 Fengwan	16915	7297	32441	7458	19932	25683	350
火山镇 Huoshan	7498	2895	11926	3686	6193	8836	210
小坑镇 Xiaokeng	5515	2678	20078	3422	10775	24754	376
花坪镇 Huaping	7130	3482	9436	2655	5001	10823	238
大坑口镇 Dakengkou	10604	2360	17990	4766	7624	22966	465
仁化县 Renhua County							
仁化镇 Renhua	17084	7469	12119	12119	7493	1642	795
丹霞镇 Danxia	6683	2940	6774	3044	1153	5132	209
城口镇 Chengkou	9244	3873	11178	4925	1993	2963	686
红山镇 Hongshan	9436	4644	7299	5146	2152	8385	385
董塘镇 Dongtang	32096	15968	67155	14623	1312	61289	
石塘镇 Shitang	12669	6051	13779	5901	5776	170299	384
扶溪镇 Fuxi	12498	5165	16782	6913	6457	13630	462
长江镇 Changjiang	22465	10749	21532	9362	2633	10227	
闻韶镇 Wenshao	5426	2664	3967	2460	619	4640	320
乳源县 Ruyuan County							
附城镇 Fucheng	8092	3541	3953	1875	1532	6603	88
候公渡镇 Hougongdu	19695	8761	8886	3930	3969	8736	88
一六镇 Yiliu	14383	6722	4027	3210	199	340	44
桂头镇 Guitou	24743	11809	9281	4677	3515	10720	83
龙南镇 Longnan	3802	1778	2345	733	1409	3780	31
洛阳镇 Luoyang	5063	2369	3033	931	1840	4352	66
古母水镇 Gumushui	4367	1712	1168	845	140	361	32
大布镇 Dabu	12471	5080	4085	1570	2014	4151	29
大桥镇 Daqiao	20490	8200	5282	3688	667	2129	22
大坪镇 Daping	4118	1577	1093	697	210	203	20
红云镇 Hongyun	11690	5303	3464	2549	296	413	29
东坪镇 Dongping	7414	3267	1147	854	174	507	11
游溪镇 Youxi	3388	1645	961	543	241	518	12
必背镇 bibei	5826	2766	1427	953	208	311	13
柳坑镇 Liukeng	7375	3102	2318	1601	388	655	31
乳城镇 Rucheng	3049	1069	4132	607	1745	7305	392
杨溪镇 Yangxi	7560	3134	2643	1750	373	743	50
方洞镇 Fangdong	1588	815	305	241	42	196	1
南雄市 Nanxiong City							
乌迳镇 Wujing	33040	14923	20414	9492	6758	17173	540
孔江镇 Kongjiang	8527	4243	6085	3258	2283	3625	54
新龙镇 Xinlong	12600	5676	7080	4475	1353	4730	57
界址镇 Jiezhi	13471	8557	5786	3059	1983	3747	32
坪田镇 Pingtian	11093	6478	3942	2872	834	1880	43
黄坑镇 Huangkeng	23890	11917	16330	8234	6510	12766	216
邓坊镇 Dengfang	12123	5036	14608	5661	5287	12450	128
油山镇 Youshan	10038	4575	3642	2655	381	1884	33
大塘镇 Datang	21391	9706	11609	6475	2979	6534	190
南亩镇 Nanmu	14720	5848	10467	5697	2108	8116	148
水口镇 Shuikou	23504	10171	15666	7653	5897	10454	142
江头镇 Jiangtou	11385	4966	11876	4292	4026	9436	306
湖口镇 Hukou	33258	15650	17258	9712	5862	11242	390

续表 5　Continued

乡镇名称 Township and Village	总人口 Total Population	总劳动力 Total Labourers	农村社会总产值 Total Output Value of Rural Society	农业总产值 Gross Output Value of Agriculture	工业总产值 Gross Output Value of Industry	乡镇企业总收入 Total Income of Township Enterprises	财政收入 Government Revenue
珠玑镇 Zhuji	34398	13495	14843	9252	3366	9789	230
梅岭镇 Meiling	8703	3640	13040	2556	6978	12239	130
主田镇 Zhutian	11447	4803	15268	7043	7101	9600	336
古市镇 Gushi	18893	7287	11258	7593	2360	4079	92
黎口镇 Likou	20783	8251	27420	9932	5866	22168	170
全安镇 Quanan	19892	8485	19157	7982	8032	14913	172
苍石镇 Changshi	4551	1938	4611	1828	2554	3138	103
百顺镇 Baishun	12139	4741	8897	3594	4436	7268	201
澜河镇 Lanhe	9702	3985	14339	4102	7602	11527	407
帽子峰镇 Maozifeng	9156	4508	5307	3563	1280	3132	261
雄州镇 Xiongzhou	13869	4679	38864	4638	12706	51006	428
始兴县 Shixing County							
马市镇 Mashi	37885	14668	21173	14494	5569	5569	311
北山镇 Beishan	2523	1046	1207	897	143	143	16
太平镇 Taiping	17108	6530	17268	8204	6159	6552	172
江口镇 Jiangkou	6118	2947	4343	3215	731	877	53
城南镇 Chengnan	16798	5822	13278	7479	5698	5855	93
沈所镇 Shensuo	9901	3977	9409	4484	4840	4908	48
花山镇 Huashan	6869	2879	2622	2364	239	239	27
顿岗镇 Dungang	22787	10143	14749	10364	4153	4157	86
深渡水镇 Shendushui	5138	2201	2769	2059	669	669	43
罗坝镇 Luoba	11132	4545	8299	4032	4158	4396	70
都亨镇 Duheng	5439	2927	3738	2410	1202	1744	41
澄江镇 Chengjiang	14833	6799	6560	6080	297	291	92
司前镇 Siqian	13139	6166	5550	4771	616	803	142
隘子镇 Aizi	18936	6868	14464	7488	6756	6756	186
刘家山镇 Liujiashan	3788	1910	3847	1346	2461	2421	52
乐昌市 Lechang City							
河南镇 Henan	17005	7741	19239	7104	4927	9703	255
长来镇 Changlai	19535	5939	23629	7025	9223	2694	299
北乡镇 Beixiang	13268	6211	13859	5390	3421	1391	220
廊田镇 Langtian	31368	13617	20533	10137	4845	16968	331
五山镇 Wushan	17085	8679	7794	3871	2958	1358	176
九峰镇 Jiufeng	19736	9804	14115	7692	2860	7200	291
大源镇 Dayuan	9510	4036	8852	5742	1265	6331	281
老坪石镇 Laopingshi	20270	9401	11879	4811	1901	644	102
三溪镇 Sanxi	11627	5569	7854	3299	803	1453	32
坪石镇 Pingshi	44973	3962	19191	2368	2731	2705	471
黄圃镇 Huangpu	16104	8537	4893	3139	382	3674	119
白石镇 Baishi	14594	7632	5509	3273	1275	520	50
庆云镇 Qingyun	11882	5260	6270	2763	986	1071	200
梅花镇 Meihua	37026	16085	13743	6647	2135	1639	240
秀水镇 Xiushui	14633	6969	5749	2550	760	546	34
云岩镇 Yuanyan	13539	5824	5647	2697	1421	3840	30
沙坪镇 Shaping	20687	9130	5045	2496	1129	312	45
乐城镇 Lecheng	121482	4340	31392	4138	6930	51206	627
罗家渡镇 Luojiadu	16717	6735	9233	3572	1735	8532	165
两江镇 Liangjiang	12472	6155	8895	4586	2354	5998	240

续表 6 Continued

乡镇名称 Township and Village	总人口 Total Population	总劳动力 Total Labourers	农村社会总产值 Total Output Value of Rural Society	农业总产值 Gross Output Value of Agriculture	工业总产值 Gross Output Value of Industry	乡镇企业总收入 Total Income of Township Enterprises	财政收入 Government Revenue
翁源县 Wengyuan County							
岩庄镇 Yanzhuang	13608	6070	8303	6398	1149	7445	63
坝仔镇 Bazhai	29183	11923	17119	11489	3398	17330	169
仙鹤镇 Xianhe	14412	5776	5209	4531	409	3354	43
江尾镇 Jiangwei	19561	7746	8750	5863	1742	8334	88
南浦镇 Nanpu	17946	9464	19321	10111	5558	17485	110
龙仙镇 Longxian	29125	10277	28502	10722	10730	25820	440
周陂镇 Zhoubei	23465	8640	12187	8355	2312	16198	138
示下镇 Shixia	13897	5937	6751	4991	1062	10698	61
三华镇 Sanhua	10084	4449	4709	3903	487	3956	39
六里镇 Liuli	18523	8832	10039	7594	1475	8162	104
庙墩镇 Miaodun	9494	4088	3239	2778	278	6718	35
官渡镇 Guandu	7842	4039	5409	2278	1890	6238	242
翁城镇 Wengcheng	28156	11096	17443	11666	3487	25559	174
新江镇 Xinjiang	29514	12297	15729	8757	4208	19000	165
连新镇 Lianxin	7331	3117	5219	2816	1450	5250	34
红岭镇 Hongling	3304	1561	3431	1810	978	3934	32
铁龙镇 Tielong	4065	1808	4047	1375	1613	14462	48
贵联镇 Guilian	3063	1350	2333	1083	754	3360	12
新丰县 Xinfeng County							
大席镇 Daxi	4597	2426	1419	1041	111	307	275
石角镇 Shijiao	9156	4750	2478	1796	296	258	217
马头镇 Matou	27959	11433	6754	5242	770	1739	166
丰城镇 Fengcheng	72329	15685	8419	5614	666	7009	481
梅坑镇 Meikeng	19890	10018	5157	3501	366	1541	276
小正镇 Xiaozheng	5471	2743	2972	2044	303	71	41
沙田镇 Shatian	21609	11504	6598	4957	683	1573	141
遥田镇 Yaotian	31053	14707	7877	6365	651	1617	192
回龙镇 Huilong	18608	7362	5488	4269	832	1595	327
黄磜镇 Huangji	16886	7114	4570	3373	66	601	319
韶关郊区 Suburb District							
乐园镇 Leyuan	6426	4258	25311	1124	9587	63000	120
新韶镇 Xinshao	12549	5378	15667	9025	3986	26430	28
十里亭镇 Shiliting	11170	3688	22378	5569	8375	12321	250
西河镇 Xihe	14103	6314	29429	7239	6044	57891	243
西联镇 Xilian	9620	4252	21085	5184	10563	28023	163
河源市 Heyuan City							
源城区 Yuancheng District							
源南镇 Yuannan	26977	9250	9168	4703	3385	1039	185
埔前镇 Puqian	38578	18733	20499	13336	2951	7163	255
东源县 Dongyuan County							
仙塘镇 Xiantang	24595	9596	11007	5073	1626	403	135
灯塔镇 Dengta	30672	13627	19092	9178	2102	7741	264
骆湖镇 Luohu	19098	8037	8742	5387	1152	714	79
船塘镇 Chuangtang	29915	12747	9607	5375	2102	240	128
顺天镇 Shuntian	15871	7818	4403	3118	495	120	32
上莞镇 Shangguan	31014	12915	7385	5380	720	580	95
曾田镇 Zentian	17324	6513	7808	5303	648	303	181
柳城镇 Liucheng	19882	9782	6546	4167	1409	1920	110
义合镇 Yihe	17478	7412	4410	2950	280	880	45

续表 7　Continued

乡镇名称 Township and Village	总人口 Total Population	总劳动力 Total Labourers	农村社会总产值 Total Output Value of Rural Society	农业总产值 Gross Output Value of Agriculture	工业总产值 Gross Output Value of Industry	乡镇企业总收入 Total Income of Township Enterprises	财政收入 Government Revenue
蓝口镇 Lankou	37390	16944	16336	8381	3997	2700	330
黄田镇 Huangtian	13203	5330	4975	3385	378	110	36
叶潭镇 Yetan	28729	9765	6593	4205	218	170	120
黄村镇 Huangcun	37244	13399	6034	3628	820	230	150
康禾镇 Kanghe	18756	8009	4750	2784	623	152	92
锡场镇 Xichang	11204	5004	3004	2175	296	225	33
新港镇 Xingan	9095	3957	2523	1697	36	24	34
双江镇 Shuangjiang	12772	5713	3370	2160	615	615	30
涧头镇 Jiantou	15923	6860	3671	2332	285	250	110
黄沙镇 Huangsha	12243	5787	2626	2210	41	27	13
三河镇 Sanhe	18205	8172	3660	3090	11	13	105
漳溪镇 Zhangxi	17534	9703	5226	3214	590	40	109
六社镇 Liushe	8443	4972	2211	1630	150	55	42
新回龙镇 Xinhuilong	8813	3525	2574	2047	280	38	50
半江镇 Banjiang	9220	4401	2626	1946	410	410	72
和平县 Heping County							
阳明镇 Yangming	36950	1950	4399	1007	1086	110	354
大坝镇 Daba	37530	16081	7349	6129	85	35	195
上陵镇Shangling	26143	10216	5619	4063	461	1278	76
下车镇 Xiache	20702	7813	7003	6092	246	24	57
长塘镇 Changtang	20619	9568	16475	9805	1242	69	32
贝墩镇 Beidun	27510	12503	5673	4482	270	634	123
彭寨镇 Pengzhai	51226	18648	9381	7244	244	771	132
东水镇 Dongshui	35229	19107	7033	5659	373	150	62
林寨镇 Linzhai	25845	8664	9266	8277	219	11	75
热水镇 Reshui	16009	7081	4741	4006	239	139	100
附城镇 Fucheng	29448	16082	8294	5626	823	41	156
优胜镇 Yousheng	15509	6984	4895	3914	288	115	45
安坳镇 Anao	11955	6162	2827	1867	81	15	28
古寨镇 Guzhai	13044	6418	2987	2007	322	590	32
粮溪镇 Lianxi	11315	3841	4097	2884	302	85	25
礼士镇 Lishi	17166	8455	3072	2767	134	62	35
公白镇 Gongbai	11457	4685	2491	2078	144	391	41
合水镇 Heshui	25349	9616	6306	3153	236	153	39
青州镇 Qinzhou	16065	9512	2499	2299	61	5	32
俐源镇 Liyuan	17823	7483	4403	3825	180	810	126
龙川县 Longchuang County							
老隆镇 Laolong	1396	535	3769	938	1990	2831	233
附城镇 Fucheng	31039	10313	8596	5056	1730	2313	130
义都镇 Yidu	23411	10651	4284	3434	720	150	76
佗城镇 Tuocheng	39173	18277	11831	6108	2750	7160	150
鹤市镇 Heshi	28665	10114	8144	3743	1132	6080	88
黄布镇 Huangbu	26459	9316	5994	3144	917	2686	82
紫市镇 Zhishi	30479	11959	5734	3566	1650	2988	316
通衢镇 Tongqu	22015	8758	4620	3970	180	1561	168
锦归镇 Jingui	13048	4390	1910	1259	590	502	57
登云镇 Dengyun	21768	7831	6263	2828	2132	3392	110
丰稔镇 Fengnian	38379	16324	8424	6191	1068	1203	58
四都镇 Sidu	17812	8043	3881	2773	377	451	50

续表 8 Continued

乡镇名称 Township and Village	总人口 Total Population	总劳动力 Total Labourers	农村社会总产值 Total Output Value of Rural Society	农业总产值 Gross Output Value of Agriculture	工业总产值 Gross Output Value of Industry	乡镇企业总收入 Total Income of Township Enterprises	财政收入 Government Revenue
铁场镇 Tiechang	30973	12013	5121	3901	375	10	268
石坑镇 Shikeng	16920	6497	2359	1839	76	716	33
龙母镇 Longmu	45459	21052	7826	6777	800	1705	37
田心镇 Tianxin	33480	13360	6636	5554	270	628	92
黎咀镇 Lizhui	21677	10096	4087	3033	331	331	281
黄石镇 Huangshi	16678	7500	2684	2306	65	720	42
赤光镇 Chiguang	36070	14393	5742	4797	65	270	125
回龙镇 Huilong	26572	12021	4204	3618	70	66	41
新田镇 Xintian	14690	6193	2066	1691	55	57	72
车田镇 Chetian	38079	15651	9477	6823	670	316	525
郑马镇 Zhenma	15179	7000	3845	3405	25	30	43
岩镇镇 Yanzhen	17467	8332	4138	2740	146	152	40
麻岗镇 Magang	36953	16878	7230	5895	680	402	203
贝岭镇 Beiling	16292	7712	2850	2310	85	350	61
细坳镇 Xiao	19990	8157	4531	3642	384	257	143
上坪镇 Shangping	27517	12259	5609	4849	50	215	123
库区镇 Kuqu	12927	7119	2516	2216	55	1000	39
谷前镇 Guqian	17754	7062	2676	2060	123	58	84
紫金县 Zijin County							
紫城镇 Zicheng	88783	46991	11341	3341	5000	14005	300
附城镇 Fucheng	33732	11106	13621	6921	921	6910	280
乌石镇 Wushi	41437	14273	16775	10775	230	6309	252
中坝镇 Zhongba	34014	13047	7045	5318	1107	1506	334
敬梓镇 Jingzi	24896	7968	7317	5540	1443	1204	74
水墩镇 Shuidun	20270	7646	3235	3036	150	284	172
龙窝镇 Longwo	52216	21428	14283	11158	2108	159	169
洋头镇 Yangtou	14518	5900	3451	2951	250	550	100
苏区镇 Suqu	17626	6976	5549	4941	206	402	70
南岭镇 Nanling	13407	5422	3191	2823	117	142	96
瓦溪镇 Waxi	18172	6842	5262	4421	516	820	70
九树镇 Jiushu	15969	6213	3471	3130	310	161	86
九和镇 Jiuhe	20909	7805	7644	7254	130	3855	98
蓝塘镇 Lantang	61298	22070	24623	19623	94	3626	438
凤安镇 Fengan	22011	8242	6904	4104	67	143	33
好义镇 Haoyi	13166	4824	3243	3143	91	90	70
上义镇 Shangyi	20120	7620	8830	5810	100	388	112
古竹镇 Guzhu	51383	13645	35916	23156	12760	12900	586
义容镇 Yirong	34024	13804	11494	8476	1001	3809	400
青溪镇 Qingxi	12158	5015	4125	3125	270	943	150
临江镇 Linjiang	28302	11293	22336	17836	1500	4050	353
柏埔镇 Bopu	27783	8735	6794	5794	100	989	350
黄塘镇 Huangtang	32123	11944	6082	4582	260	1218	295
连平县 Lianping County							
上坪镇 Shangping	28710	12226	5755	4855	530	900	185
内莞镇 Neiguan	11534	5564	3130	2183	266	740	457
元善镇 Yuanshan	34134	18470	17249	6947	3780	2798	495
贵东镇 Guidong	6549	3105	2184	1804	150	242	30
陂头镇 Beitou	22921	11487	9694	7719	779	1975	91
溪山镇 Xishan	15364	6755	2930	2600	148	305	94

续表 9 Continued

乡镇名称 Township and Village	总人口 Total Population	总劳动力 Total Labourers	农村社会总产值 Total Output Value of Rural Society	农业总产值 Gross Output Value of Agriculture	工业总产值 Gross Output Value of Industry	乡镇企业总收入 Total Income of Township Enterprises	财政收入 Government Revenue
崧岭镇 Songling	6884	3224	1668	1463	72	380	35
隆街镇 Longjie	31557	16004	7585	6113	622	2189	47
田源镇 Tianyuan	11508	5183	3293	2743	460	166	25
油溪镇 Youxi	30865	14754	12988	7120	5734	5734	85
忠信镇 Zhongxin	51400	14023	13416	8800	1839	1937	350
高莞镇 Gaoguan	20795	10203	5493	4193	353	174	71
九连镇 Jiuliang	4976	2035	2129	1127	530	1010	90
大湖镇 Dahu	20256	9755	7828	5122	595	2536	28
绣缎镇 Xiuduan	13470	5672	4713	3500	695	290	46
三角镇 Sanjiao	14114	6354	3824	3061	186	178	61
梅州市 Meizhou City							
梅江区 Meijiang District							
城北乡 Chengbei	33459	14702	16827	8672	6366	10570	216
三角镇 Sanjiao	30366	13160	48762	7384	15387	41378	1188
长沙镇 Changsha	12239	5396	10907	3188	4815	8082	56
东郊乡 Dongjiao	17541	7685	16734	4030	5400	15368	326
西郊乡 Xijiao	12352	5915	14781	2581	3596	6058	200
梅县 Mei County							
城东镇 Chengdong	18797	9458	25549	10858	7266	15432	190
程江乡 Chengjiang	41328	15120	39863	8982	12432	33776	1072
石扇镇 Shishan	20830	9769	32779	13940	13109	18289	387
梅西镇 Meixi	29994	12724	13718	7472	2449	4471	364
石坑镇 Shikeng	24522	10815	12537	6902	3446	5016	190
大坪镇 Daping	18323	7613	20180	6802	6534	12239	358
南口镇 Nankou	30789	13374	28700	15177	5301	16800	207
瑶上镇 Yaoshang	19295	9974	13670	6095	3257	5816	110
荷泗镇 Hesi	14926	6806	10968	6292	1178	1963	331
径义镇 Jingyi	5913	2120	2909	1136	570	1061	32
畲江镇 Shejiang	35842	13946	23231	8034	6250	12208	230
水车镇 Shuiche	21064	9719	11729	6447	3219	2616	100
梅南镇 Meinan	14611	6584	7624	3631	2697	3718	368
西阳镇 Xiyang	16373	4428	22430	5067	14245	15074	483
白宫镇 Baigong	16949	6751	20626	7097	8921	26114	341
丙村镇 Bingcun	44767	14078	51099	15786	29427	39834	378
雁洋镇 Yangyang	19449	9516	47747	7494	30722	81024	114
三乡乡 Sanxiang	10938	4596	4627	1943	919	1371	62
松东镇 Songdong	10425	5562	11663	3522	5002	7100	269
松南镇 Songnan	17725	8113	18801	7063	9033	8959	308
松源镇 Songyuan	40050	20779	24436	9040	9810	12222	710
隆文镇 Longwen	23440	9956	18715	6298	8136	11383	196
桃尧镇 Taoyao	17022	7864	11976	5665	3855	3065	156
白渡镇 Baidu	26305	15635	29964	14325	8151	14262	337
扶大镇 Fuda	8781	3983	15362	5186	4758	8854	116
松口镇 Songkou	38326	12064	32803	9224	17395	4194	413
梅西水库 Meixi Reservoir	1526	473	141	141			133
蕉岭县 Jiaoling County							
蕉城镇 Jiaocheng	49669	4504	3391	2835	520	4959	374
兴福镇 Xingfu	22018	8804	12341	6191	3540	8015	135
长潭镇 Changtan	7983	3415	5868	2398	2780	2250	123

续表 10 Continued

乡镇名称 Township and Village	总人口 Total Population	总劳动力 Total Labourers	农村社会总产值 Total Output Value of Rural Society	农业总产值 Gross Output Value of Agriculture	工业总产值 Gross Output Value of Industry	乡镇企业总收入 Total Income of Township Enterprises	财政收入 Government Revenue
三圳镇 Sanzhen	16711	5322	12704	5551	2596	2524	425
新布镇 Xinbu	34631	14060	22332	6815	13363	13363	359
文福镇 Wenfu	19108	8570	15891	3983	8269	9459	278
广福镇 Guangfu	14070	6294	8568	3930	2640	4638	76
蓝坊镇 Lanfang	11569	5774	3784	2795	264	1311	264
高思镇 Gaosi	6314	2802	5610	1335	2010	2010	33
南示镇 Nanshi	9725	4394	3499	2658	540	1078	266
北示镇 Beishi	9381	4668	5311	3598	777	1091	41
徐溪镇 Xuxi	7786	3001	3266	2300	608	540	92
大埔县 Dapu County							
湖寮镇 Huliao	30511	12567	21151	7329	7901	1871	821
茶阳镇 Chayang	39900	13520	17846	4970	6492	16500	264
高陂镇 Gaobei	31299	12187	14681	3522	8162	14731	130
青溪镇 Qingxi	19605	7685	8730	4339	3100	11489	127
长治镇 Changzhi	12741	5401	24299	1749	940	3800	172
三河镇 Sanhe	20324	6711	6543	2800	2057	4809	104
英雅镇 Yingya	9491	2911	3209	1899	511	112	71
大麻镇 Dama	27859	10620	11407	5154	3619	8795	192
银江镇 Yinjiang	25418	9170	8412	3883	2891	6034	101
洲瑞镇 Zhourui	16179	4880	7852	3248	2940	6310	192
古野镇 Guye	20674	7626	5128	2463	2156	2870	98
桃源镇 Taoyuan	15569	6011	14597	1499	10736	14854	49
枫朗镇 Fenglang	30822	11494	12640	4113	7425	6086	138
双溪镇 Suangxi	17147	6024	7918	2415	3801	6667	110
百侯镇 Baihou	31400	12733	10082	4339	3425	9200	480
大东镇 Dadong	22488	9690	6462	2605	2666	1389	95
西河镇 Sihe	22196	8346	9370	4125	2755	6903	105
岩上镇 Yanshang	12782	5110	5994	2301	2648	2187	71
平原镇 Pingyuan	19065	6777	7786	1740	4995	7566	139
光德镇 Guangde	30653	11564	25442	4239	20032	26917	150
丰顺县 Fengshun County							
汤坑镇 Tangkeng	71111	9103	53280	4033	41030	68008	1188
附城镇 Fucheng	40682	16960	20142	4694	11138	17371	290
东联镇 Donglian	13349	6330	3797	2521	798	1588	296
北斗镇 Beidou	14650	6741	4870	2611	1389	3760	220
汤西镇 Tangxi	50946	23261	17084	12635	1332	4293	124
汤南镇 Tangnan	43418	21734	30042	9944	16631	25496	503
埔寨镇 Puzhai	38973	16578	18148	11553	4410	5925	410
上八乡 Sanbaxiang	7543	2633	1954	1370	164	52	123
下八乡 Xiabaxing	11086	4619	2144	1623	136	532	339
丰良镇 Fengliang	49925	17703	18756	8775	3316	7481	654
建桥镇 Jianqiao	25900	11118	5208	3562	545	3140	74
龙岗镇 Longgang	18691	8795	5740	3607	823	1541	450
潘田镇 Pantian	34916	15205	10261	5756	2132	3051	195
仙洞镇 Xiandong	8638	3383	2290	1465	673	970	42
黄金镇 Huangjin	33997	17926	6247	4123	645	7818	357
留隍镇 Liuhuang	48360	16608	15847	6281	6672	9831	181
东留镇 Dongliu	25032	11387	7501	5384	925	2108	308
茶背镇 Chabei	14270	7483	2786	2162	341	586	38

续表 11　Continued

乡镇名称 Township and Village	总人口 Total Population	总劳动力 Total Labourers	农村社会总产值 Total Output Value of Rural Society	农业总产值 Gross Output Value of Agriculture	工业总产值 Gross Output Value of Industry	乡镇企业总收入 Total Income of Township Enterprises	财政收入 Government Revenue
大龙华镇 Dalonghua	10296	4859	3134	2249	538	744	104
径门镇 Jinmen	9230	4646	3000	1852	394	707	123
潭江镇 Tanjiang	18158	9661	10680	2833	5750	8157	201
潭山镇 Tanshan	7553	2825	1983	1222	379	513	70
小胜镇 Xiaosheng	14623	5750	3895	2238	1108	1407	106
砂田镇 Shatian	17137	8112	7914	3163	3426	4237	60
埔寨农场 Puzhai	2191	909	664	593	2	35	
五华县 Wuhau County							
河东镇 Hedong	58709	21552	22008	6118	11302	14594	320
大坝镇 Daba	39675	15999	15263	4240	5835	10971	326
转水镇 Zhuanshui	57446	21400	28107	7987	1879	5607	210
华城镇 Huacheng	80869	29911	28589	9849	4529	19219	380
新桥镇 Xinqiao	22744	8689	9234	2234	592	2650	129
歧岭镇 Qiling	40142	17069	17097	5094	1301	4816	229
双头镇 Suangtou	24939	8464	14530	2666	5448	10238	372
潭下镇 Tanxia	46527	18562	18162	5895	4783	10614	206
长布镇 Changbu	39355	16953	13298	4313	583	2310	200
大田镇 Datian	16962	8085	8837	1885	783	2395	99
周江镇 Zhoujiang	25480	10891	9664	3244	330	2254	97
中兴镇 Zhongxin	21155	8751	9019	2003	310	2000	30
横陂镇 Hengbei	49614	22330	19931	5926	1237	4660	127
锡坑镇 Xikeng	21226	6838	8822	2838	566	1668	120
小都镇 Xiaodu	18813	8142	7864	2104	292	593	43
油田镇 Youtian	24967	9098	9361	3204	2831	4649	58
郭田镇 Guotian	29972	11518	11179	3190	1056	2479	56
双华镇 Suanghua	29388	11332	80160	3620	4212	6351	118
平南镇 Pingnan	27203	10288	11715	3663	1123	2770	70
安流镇 Anliu	79399	31780	29636	10691	7116	13830	280
文葵镇 Wenkui	20585	7857	9564	2646	250	1006	49
大都镇 Dadu	14507	6528	10730	2517	445	1365	123
棉洋镇 Mianyang	50328	19651	14425	5398	1008	2887	250
桥江镇 Qiaojiang	22898	9824	7888	2452	639	1227	52
梅林镇 Meilin	41994	20598	14798	7208	614	1185	300
华阳镇 Huayang	41925	14989	13471	5076	723	3750	210
龙村镇 Longcun	39436	16062	13190	5075	2650	5054	324
硝芳镇 Xiaofang	22627	10345	8807	2693	250	1290	52
丁畲镇 Dingshe	14726	6770	9253	2679	760	944	52
水寨镇 Shuizhai	34153	12015	19551	4866	10091	21752	528
兴宁市 Xinning City							
新城镇 Xincheng	45355	14655	42775	5022	27148	37918	1905
宁新镇 Ningxin	40091	17451	22234	4378	14448	20215	648
宁中镇 Ningzhong	27979	12334	14360	3280	7287	15050	721
宁塘镇 Ningtang	21350	9563	8109	3278	3010	5428	311
新陂镇 Xinbei	53080	19472	18663	7994	4369	10152	238
刁坊镇 Diaofang	44284	17310	23557	7365	13433	17030	284
坜陂镇 Libei	19410	8698	12976	2679	9591	8750	295
永和镇 Yonghe	46663	21362	18044	7063	6579	2238	155
径南镇 Jingnan	16095	7704	8214	4334	1655	6307	212
径心镇 Jingxin	18256	8755	8517	6149	1551	3315	169

续表 12 Continued

乡镇名称 Township and Village	总人口 Total Population	总劳动力 Total Labourers	农村社会总产值 Total Output Value of Rural Society	农业总产值 Gross Output Value of Agriculture	工业总产值 Gross Output Value of Industry	乡镇企业总收入 Total Income of Township Enterprises	财政收入 Government Revenue
坭陂镇 Nibei	62069	23157	23532	8137	10113	14797	1001
新圩镇 Xinyu	41616	17356	13789	6740	4653	7026	107
水口镇 Shuikou	43080	15271	10199	5656	2811	4500	181
下堡镇 Xiabao	18975	8095	6324	3183	2656	3055	34
宋声镇 Songsheng	9743	3929	2165	1619	223	189	144
罗浮镇 Luofu	50553	21081	16016	8207	5648	8620	661
罗岗镇 Luogang	62192	27598	11201	5941	3146	5318	563
黄陂镇 Huangbei	40293	16593	25643	3962	15489	11756	254
坪洋镇 Pingyang	12113	5959	3929	1903	1408	2006	409
龙北镇 Longbei	18329	7926	17262	4147	9164	13122	542
合水镇 Heshui	17183	4816	5270	1826	1900	3304	73
龙田镇 Longtian	43994	19698	22523	10180	9938	13182	190
石马镇 Shima	35286	15068	9452	6098	2429	2971	516
大坪镇 Daping	56006	25653	11009	7764	1293	3003	125
叶塘镇 Yetang	50769	23199	33563	8782	20863	19507	1407
叶南镇 Yenan	30692	17232	13086	5045	3074	4303	163
平远县 Pingyuan County							
仁居镇 Renju	17017	7701	5569	3780	1323	2920	580
八尺镇 Bachi	15220	7135	6093	4257	912	1836	93
东石镇 Dongshi	26273	11187	15044	6118	7141	1718	651
大柘镇 Datuo	14977	7192	14473	4468	5474	10005	152
石正镇 Shizheng	30738	15720	17217	5630	8142	10779	253
黄畲镇 Huangshe	6045	2795	2823	1745	891	1267	39
差干镇 Chagan	7702	3527	3815	2012	1330	864	89
河头镇 Hetou	10673	5293	3411	2393	374	1306	31
中行镇 Zhonghang	8284	4109	4356	2108	462	2310	338
上举镇 Shangju	7401	3699	3528	2035	986	738	210
茅坪镇 Maoping	7093	3552	2373	1663	623	828	42
泗水镇 Sishui	10976	5455	5555	2703	1706	296	122
坝头镇 Batou	12440	5066	5219	3855	873	1611	37
超竹镇 Chaozhu	9953	5099	7244	2822	1197	1011	190
长田镇 Changtian	9132	4135	3656	2529	313	264	162
热柘镇 Retuo	13144	6068	3260	2705	322	85	192
惠州市 Huizhou City							
惠城区 Huicheng District							
汝湖镇 Ruhu	16338	7610	51450	7352	43000	22274	180
三栋镇 Sandong	18487	6884	20085	9143	8500	10942	127
小金口镇 Xiaojinkou	25533	7011	77285	4300	67793	111591	736
河南岸镇 Henanan	20035	4145	56790	3469	52316	53321	595
惠环镇 Huihuan	6306	2061	28756	1635	20189	21110	303
惠东县 Huidong County							
大岭镇 Daling	62695	33221	133310	34971	88499	98885	215
白花镇 Bahua	59759	27175	103396	24424	63624	79919	496
梁化镇 Lianghua	49263	25211	34642	20473	10009	11758	618
稔山镇 Nianshan	61734	34780	87946	36960	37806	50806	526
铁涌镇 Tieyong	33322	16341	27424	17219	6235	8810	136
平海镇 Pinghai	32285	15355	46880	15000	16705	24732	525
港口镇 Gankou	21374	9720	59846	21036	24570	30204	191
巽寮镇 Shunliao	8403	4339	10829	6270	620	6226	25
吉隆镇 Jilong	23894	13127	66299	7435	57270	59398	651

续表 13 Continued

乡镇名称 Township and Village	总人口 Total Population	总劳动力 Total Labourers	农村社会总产值 Total Output Value of Rural Society	农业总产值 Gross Output Value of Agriculture	工业总产值 Gross Output Value of Industry	乡镇企业总收入 Total Income of Township Enterprises	财政收入 Government Revenue
黄埠镇 Huangbu	18069	9411	81107	4836	66098	69188	401
盐洲镇 Yanzhou	14225	6184	13840	10919	1640	3103	142
增光镇 Zenguang	23819	14340	24184	14545	6588	11061	178
多祝镇 Duozhu	48554	23318	33509	13505	15925	18979	318
新庵镇 Xinan	9003	4325	6814	4769	1909	220	350
安墩镇 Andun	38607	18064	11832	9698	1058	2276	145
松坑镇 Songkeng	10769	5228	5489	3892	1362	1313	23
石塘镇 Shitang	8419	3564	2647	2163	221	482	36
高潭镇 Gaotan	14323	7070	9459	4872	2171	3219	84
马山镇 Mashan	10655	5323	4322	2738	1154	70	50
宝口镇 Baokou	9176	4738	5415	2980	1000	997	40
平山镇 Pingshan	93452	26382	106380	3155	86114	106707	3140
白盆珠镇 Baipengzhu	8849	4820	9412	5963	2623	3426	50
惠阳市 Huiyang City							
淡水镇 Danshui	97806	11108	184006	8096	122000	220211	4600
沙田镇 Shatian	12366	6149	28048	5918	21000	21008	355
秋长镇 Qiuchang	29012	18501	124303	10357	109826	112088	350
新圩镇 Xinyu	21108	8801	121164	7340	102200	96400	3800
镇隆镇 Zhenlong	28102	11797	44418	8770	31563	22657	876
陈江镇 Chenjiang	30267	16560	172142	14035	134200	115201	1303
沥林镇 Lilin	19385	8839	81025	7561	66740	67782	659
潼湖镇 Tonghu	22953	10954	20540	10782	5300	5200	150
永湖镇 Yonghu	26505	12337	39960	10360	19000	16932	478
良井镇 Liangjing	36855	15188	8917	8153	642	10391	190
平潭镇 Pingtan	39672	15285	26899	18339	4600	5481	300
马安镇 Maan	26450	11780	28000	21429	5300	9220	230
水口镇 Shuikou	44387	21884	158562	41483	110000	44223	417
横沥镇 Hengli	29573	10628	15673	8200	3321	9090	306
矮陂镇 Aibei	25945	13648	17036	10029	4100	3212	75
大岚镇 Dalan	8282	4118	5326	3768	230	588	33
芦洲镇 Luzhou	13314	5272	6663	5928	220	15	45
芦岚镇 Lulan	11591	5193	5495	4645	750	800	145
博罗县 Boluo County							
石坝镇 Shiba	34217	14040	33665	17265	10665	13124	450
兰田镇 Lantian	6808	2715	4540	2486	1799	492	40
麻陂镇 Mabei	21273	9333	23481	9956	8820	11647	200
观音阁镇 Guanyinge	23451	13499	25473	9792	13012	5143	1475
公庄镇 Gongzhuang	42650	20478	65389	18622	40020	21922	1019
杨村镇 Yangcun	34076	15344	48559	13816	29683	16729	311
柏塘镇 Botang	37309	19931	42501	12929	26560	24078	462
平安镇 Pingan	12597	7224	18334	6662	9498	8370	300
泰美镇 Taimei	33714	18918	42624	14754	23480	24413	405
仍图镇 Rentu	24627	10083	15642	8394	6158	5928	89
罗阳镇 Luoyang	29568	16083	124770	16314	89366	58442	638
义和镇 Yihe	13251	7153	48677	4747	43218	28891	139
响水镇 Xiangshui	21900	11027	30655	8983	20567	19980	287
湖镇镇 Huzhen	24014	13812	21026	9578	8807	7787	642
横河镇 Henghe	24739	14796	17412	11177	4152	4396	171
长宁镇 Changning	34244	14406	93404	12897	59981	68092	1800
福田镇 Futian	26101	12776	51375	10752	34132	36430	580

续表 14 Continued

乡 镇 名 称 Township and Village	总 人 口 Total Population	总劳动力 Total Labourers	农村社会总产值 Total Output Value of Rural Society	农业总产值 Gross Output Value of Agriculture	工业总产值 Gross Output Value of Industry	乡镇企业总收入 Total Income of Township Enterprises	财政收入 Government Revenue
龙华镇 Longhua	18789	8002	28246	9172	16259	11516	162
龙溪镇 Longxi	47669	26033	111715	24344	79271	73366	513
园洲镇 Yuanzhou	36571	18481	88970	16360	63200	65894	300
九潭镇 Jiutan	18137	8981	31717	10072	19721	8583	115
石湾镇 Shiwan	42881	25052	195635	20829	164094	164094	1270
龙门县 Longmen County							
麻榨镇 Mazha	26121	11637	31047	10238	20230	15230	284
永汉镇 Yonghan	44422	20098	30339	12342	9542	18083	215
沙迳镇 Shajin	18173	8653	12527	6852	3018	4515	96
龙华镇 Longhua	14216	5441	6136	4351	428	636	55
路溪镇 Luxi	11775	4420	8716	4696	3736	2937	290
龙江镇 Longjiang	13025	5586	27030	3871	18540	24790	289
平陵镇 Pingling	34652	18061	33642	7479	20831	24887	230
王坪镇 Wangping	32242	15024	16178	8197	4747	5622	188
龙城镇 Longcheng	48185	27947	22797	2903	8394	8622	308
蓝田镇 Lantian	9934	4101	4566	3354	933	1053	130
左潭镇 Zuotan	13211	5585	8381	3896	2995	4752	281
田美镇 Tianmei	7293	3592	2294	1846	207	448	57
地派镇 Dipai	10462	4662	11661	3550	5715	320	180
铁岗镇 Tiegang	10224	4850	6197	2430	2986	2500	75
南昆山镇 Nankunshan	3166	1735	3115	1094	432	430	106
天堂山乡 Tiantangshan	6876	3574	2924	1934	822	986	176
大亚湾区 Dayawan District							
澳头镇 Aotou	28326	8847	28983	9618	12760	12500	480
霞涌镇 Xiayong	20642	7384	22579	11324	5382	5382	343
汕尾市 Shanwei City							
城　区 Urban District							
新港街道办 Xingan Street	46250	21578	69733	52066	14437	16681	547
香洲街道办 Xiangzhou Street	42229	11588	18252	2755	11387	14560	666
凤山街道办 Fengshan Street	63202	24011	30053	3115	13326	26938	569
东涌镇 Dongyong	54088	21637	41627	13448	23429	16742	368
捷胜镇 Jiesheng	46116	17558	22662	11147	6267	7718	377
马宫镇 Magong	19890	7772	37898	24229	11969	17760	151
红草镇 Hengcao	38395	15573	32765	11330	16117	23374	375
红海湾区 Honghaiwan District							
田乾镇 Tianqian	47256	21723	19161	7626	5261	3748	215
遮浪镇 Zhelang	25656	9652	37664	9012	7680	3868	274
东州街道办 Dongzhou Street	20956	11012	14443	5004	4899	5088	57
海丰县 Haifeng County							
海城镇 Haicheng	108644	35676	188968	3808	101330	188968	
附城镇 Fucheng	51520	20848	86891	11800	57500	57543	1415
城东镇 Chengdong	44905	21942	94010	11686	60013	63431	563
联安镇 Lianan	36141	16939	22080	12200	4000	4750	310
陶河镇 Taohe	33238	13364	21994	8001		10565	118
可塘镇 Ketang	52525	21416	38713	14388	22000	1700	290
赤坑镇 Chikeng	63350	26455	30666	15745	12200	12101	280
公平镇 Gongping	48843	22596	133921	9389	106508	96639	1500
莲花山镇 Lianhuashan	9494	4069	6174	3660	1530	2928	
黄羌镇 Huangqian	30419	12718	19256	11456	4000	4000	65
平东镇 Pingdong	23292	9700	9313	8331	314	982	65

续表 15 Continued

乡镇名称 Township and Village	总人口 Total Population	总劳动力 Total Labourers	农村社会总产值 Total Output Value of Rural Society	农业总产值 Gross Output Value of Agriculture	工业总产值 Gross Output Value of Industry	乡镇企业总收入 Total Income of Township Enterprises	财政收入 Government Revenue
鹅埠镇 Ebu	12527	5988	14937	4257	7812	1947	155
赤石镇 Chishi	16520	7245	10858	7453	2320	1480	80
后门镇 Houmen	15706	6166	17414	11449	1242	1242	36
小漠镇 Xiaomo	9952	5329	14005	11593	674	2375	295
大湖镇 Dahu	11741	5055	8316	6663	891	321	200
黄林镇 Huanglin	3122		700	667	33		8
西坑镇 Xikeng	4906	1858	1494	902	117	117	50
圆墩镇 Yuandun	2143	1871	6642	1192	930	4713	205
公平水库 Gongping Reservoir	2242	1353	1312	653	618	618	617
梅陇镇 Meilong	92637	38747	111358	38744	50330	51210	1674
陆河县 Luhe County							
河口镇 Hekou	40992	17340	11258	7409	1792	2450	150
水唇镇 Shuichun	34997	21000	11590	5740	2800	2660	91
东坑镇 Dongkeng	19315	6726	4259	2524	735	668	120
南万镇 Nanwan	11105	4891	3695	2236	800	1650	700
螺溪镇 Luoxi	29060	13638	8856	4815	800	1056	230
河田镇 Hetian	46936	19087	26153	9249	12840	2355	358
上护镇 Shanghu	28910	10176	14540	11139	750	1417	180
新田镇 Xintian	28220	20000	13554	8867	1487	1932	160
陆丰市 Lufeng City							
东海镇 Donghai	147581	68978	191460	12339	111120	154746	1500
大安镇 Daan	43938	17685	10378	4106	2154	2118	89
甲子镇 Jiazi	89796	31450	122112	37106	81860	82848	1350
甲西镇 Jiaxi	85831	35311	16751	14732	1136	1410	72
甲东镇 Jiadong	59079	22964	12617	5408	6246	5987	38
西南镇 Xinan	26888	10315	3907	2946	350	423	32
潭西镇 Tanxi	55868	23255	12500	8895	1201	988	136
碣石镇 Jieshi	160785	61677	148598	45084	91124	77688	2528
博美镇 Bomei	57942	19391	11514	6359	2574	2418	256
八万镇 Bawan	27032	12389	5332	2828	1532	68	49
河西镇 Hexi	29895	12384	4401	2648	1412	1498	47
陂洋镇 Beiyang	36711	19615	4823	3621	644	1193	148
内湖镇 Neihu	25537	10495	4115	2127	966	515	91
上英镇 Shangying	20873	9318	4933	4003	513	843	78
城东镇 Chengdong	78991	36425	18042	7487	7000	4578	160
湖东镇 Hudong	68123	23846	23074	15235	6192	6593	42
南塘镇 Nantang	90030	33260	25003	15773	5160	4985	1445
金厢镇 Jinxiang	38953	15758	6238	4988	500	1460	35
桥冲镇 Qiaochong	42370	15140	8038	6390	545	860	49
东莞市 Dongguan City							
中堂镇 Zhongtang	63815	33711	124784	5408	84980	84980	5147
望牛墩镇 Wanniudun	37079	20602	86064	6334	63812	57150	6220
道滘镇 Daojiao	50023	26766	175578	16311	131561	69847	4786
洪梅镇 Hongmei	18680	11075	20737	5069	13235	13400	2134
麻涌镇 Mayong	65319	38899	82884	23773	51238	50100	2652
万江区 Wanjiang	62209	33113	145442	14587	96507	116250	4289
虎门镇 Humen	96099	31378	319498	21180	204239	219084	20678
长安镇 Changan	32370	16333	280168	23261	208726	215360	14962
厚街镇 Houjie	83845	45615	361538	19324	224849	249122	14173
沙田镇 Shatian	32672	18146	114658	20808	86308	81171	7353

续表 16　Continued

乡镇名称 Township and Village	总人口 Total Population	总劳动力 Total Labourers	农村社会总产值 Total Output Value of Rural Society	农业总产值 Gross Output Value of Agriculture	工业总产值 Gross Output Value of Industry	乡镇企业总收入 Total Income of Township Enterprises	财政收入 Government Revenue
篁村区 Huangcun	35909	18487	187589	5716	163033	125905	7339
附城镇 Fucheng	51660	27498	184407	11796	129391	139112	12000
寮步镇 Liaobu	57999	33995	176717	32720	79506	118860	13544
大岭山镇 Dalingshan	36418	21308	88328	20388	45833	54769	4375
大朗镇 Dalan	59286	31328	161329	35924	58254	93280	5071
黄江镇 Huangjiang	17093	9305	136692	6752	117900	96036	4708
樟木头镇 Zhangmutou	20215	7828	136475	8664	115037	110292	5895
清溪镇 Qingxi	30279	13487	65264	10896	46874	54368	15542
塘厦镇 Tangxia	31987	17233	243854	19423	160334	166800	15575
风岗镇 Fenggan	18687	8098	126419	10019	102138	73645	8184
谢岗镇 Xiegan	17492	8842	55541	4078	46563	46839	3450
常平镇 Changping	59962	34107	333030	32553	172712	164070	18450
桥头镇 Qiaotou	29658	13562	175818	15238	108820	100300	5599
横沥镇 Hengli	31587	16996	157335	11154	98505	104215	6016
东坑镇 Dongkeng	27540	14737	100293	8069	79874	63262	5330
企石镇 Qishi	35760	17071	135896	15895	92906	79389	4256
茶山镇 Chashan	37868	20220	150719	13424	114130	116810	3364
石碣镇 Shijie	34267	19749	118356	6545	93174	90380	9152
高步镇 Gaobu	32154	18920	72950	13275	53703	57063	4654
石龙镇 Shilong	64910	46385	10274	714		95880	17886
新湾镇 Xinwan	13689	6095	29229	13891	10000	6825	1563
中山市 Zhongshan City							
黄圃镇 Huangpu	78251	47704	256411	21306	202500	157025	1300
阜沙镇 Fusha	36309	20167	104801	34450	50972	27207	2688
南头镇 Nantou	38867	22618	211060	5388	20020	183000	3640
东升镇 Dongsheng	34620	18725	148848	11788	118149	125962	1770
小榄镇 Xiaolan	145378	72393	599619	18600	521721	445551	4051
古镇镇 Guzhen	63260	30723	236810	16800	188200	88293	2734
民众镇 Mingzhong	42925	21316	479106	355000	88600	91195	4100
浪网镇 Lanwang	24283	18494	65471	16484	38254	47983	2200
火炬开发区 Torch Development Zone	45929	17555	77126	18377	38257	596083	7100
南朗镇 Nanlan	25454	13259	98148	19980	70485	61683	1063
翠亨镇 Suiheng	8057	3755	22276	1620	17087	13473	560
港口镇 Gankou	51320	27863	110525	16353	74026	86211	2600
坦背镇 Tanbei	28447	19685	80654	14500	58557	16832	1908
环城区 Huancheng	20334	7202	116687	4055	104525	103691	8466
沙溪镇 Shaxi	60138	32596	224921	12967	183585	185606	8831
大涌镇 Dayong	27339	12030	134359	13805	111404	59163	1978
横栏镇 Henglan	49563	23943	29600	24500	4900	104000	3380
三乡镇 Sanxiang	32886	15234	126302	11109	94292	94226	2487
神湾镇 Shenwan	15802	9628	35097	7764	25034	24517	1210
板芙镇 Banfu	29129	13679	136839	15809	111826	104097	3156
坦洲镇 Tanzhou	57567	25977	206145	27047	170593	186661	4423
沙朗镇 Shalan	9146	6049	55539	4595	48073	46401	3362
横门镇 Hengmen	3563	2224	9443	560	8088	7728	
五桂山镇 Wuguishan	7180	3947	83184	3504	67467	84442	5455
东区 East District	53628	13013	252784	2727	245832	248548	1350
西区 West District	16716	2248	74140	414	49948	73365	1308
东凤镇 Dongfeng	66514	39530	194484	16647	149272	173400	12012
北区 North District	35810	7981	115823	3814	96271	95542	4634

续表 17 Continued

乡镇名称 Township and Village	总人口 Total Population	总劳动力 Total Labourers	农村社会总产值 Total Output Value of Rural Society	农业总产值 Gross Output Value of Agriculture	工业总产值 Gross Output Value of Industry	乡镇企业总收入 Total Income of Township Enterprises	财政收入 Government Revenue
三角镇 Sanjiao	50540	27983	114480	28071	68000	6650	2266
江门市 Jiangmen City							
蓬江区 Pengjiang District							
潮连镇 Chaolian	11946	6723	32198	3867	19524	88783	1194
环市镇 Huanshi	47930	10586	111806	7183	79785	73371	4268
江海区 Jianghai District							
外海镇 Waihai	47726	30481	76622	11956	46303	75244	
滘头办事处 Jiaotou	9286	4256	35283	579	25915	33022	130
礼乐镇 Lile	54025	29555	79172	21355	33966	55227	1583
新会市 Xinhui City							
会城镇 Huicheng	231415	49671	512160	24378	388518	493591	8372
大泽镇 Daze	38978	22085	78300	15159	42310	64453	1022
七堡镇 Qibao	12718	7321	14718	4465	8588	1582	313
司前镇 Siqian	66332	34636	135942	13174	100473	122156	2298
牛湾镇 Niuwan	10096	5176	14829	6792	7378	8206	356
罗坑镇 Luokeng	29184	17946	82266	16292	57897	67577	497
小冈镇 Xiaogang	21401	12083	39890	7652	29288	29288	915
双水镇 Suangshui	73677	31534	158410	31005	109629	130470	3831
崖西镇 Yaxi	30701	15741	53470	22680	26473	23820	775
崖南镇 Yanan	8712	4539	17871	11513	3660	4767	706
沙堆镇 Shadui	33296	15708	77374	31933	35101	49835	1143
古井镇 Gujin	43183	22373	78210	15971	54697	64456	465
三江镇 Sanjiang	45696	25651	73026	20683	32653	28200	963
睦洲镇 Muzhou	40931	21606	91316	20664	64901	66855	1097
大鳌镇 Daao	31996	20079	138035	26670	95800	76500	1374
荷塘镇 Hetang	41340	22792	176000	11000	146874	159615	2056
棠下镇 Tangxia	60301	33175	198093	63389	98360	32047	2916
杜阮镇 Duwan	35064	18276	136392	15495	96592	120218	3266
台山市 Taishan City							
台城镇 Taicheng	108505	37952	484479	2262	311507	403568	8142
海侨镇 Haiqiao	6697	2172	5242	2338	2904		4130
公益镇 Gongyi	13000	7904	88870	1031	79106	74000	2068
大江镇 Dajiang	41531	20023	303411	3411	279329	292558	2643
水步镇 Shuibu	48911	27408	211089	10691	106035	52390	2807
附城镇 Fucheng	45332	23720	433007	13007	360000	410000	4335
四九镇 Sijiu	42763	23085	145340	22340	107201	90000	1569
三八镇 Sanba	36908	20367	119025	8998	49995	126743	1135
白沙镇 Baisha	45599	24997	53000	6670	45400	66189	1429
三合镇 Sanhe	51401	27568	65287	15287	28739	27239	1352
冲蒌镇 Chonglou	41324	20179	43957	23266	20691	20691	1067
斗山镇 Doushan	57531	27838	139067	10178	123183	113764	2329
都斛镇 Duhu	49414	25898	47482	27482	9850	21486	1431
赤溪镇 Chixi	12988	6722	25408	17767	3962	1301	775
田头镇 Tiantou	17258	9978	24252	12252	8075	2870	725
端芬镇 Duanfeng	51030	27487	73200	24200	34536	7187	1461
广海镇 Guanghai	35239	18935	136557	22932	43190	9560	1274
隆文镇 Longwen	10522	8085	25252	12579	6373	6300	807
沙栏镇 Salan	15224	7621	20213	14213	3990	2864	579
海宴镇 Haiyan	65661	34046	105233	25233	61800	34583	1538
汶村镇 Wencun	57484	30674	85521	26683	47605	15635	825

续表 18　Continued

乡镇名称 Township and Village	总人口 Total Population	总劳动力 Total Labourers	农村社会总产值 Total Output Value of Rural Society	农业总产值 Gross Output Value of Agriculture	工业总产值 Gross Output Value of Industry	乡镇企业总收入 Total Income of Township Enterprises	财政收入 Government Revenue
深井镇 Shenjing	34263	19499	25836	15606	5452	380	407
那扶镇 Nafu	26180	15361	31740	8410	10405	13612	413
北陡镇 Beidou	34312	23985	24607	13302	6800	6326	868
上川镇 Shangchuan	15410	8521	126511	121580	4931	9600	1944
下川镇 Xiachuan	17792	10367	24196	20392	1801	1847	557
南湾镇 Nanwan	10030	5958	62043	54272	2074	5693	721
横山镇 Hengshan	5089		24406	24406	1484	1667	72
开平市 Kaiping City							
三埠区 Sanbu	116663	10800	205004	8576	318	183829	4541
长沙区 Changsha	57265	16867	112735	10982	60700	73200	1743
沙岗区 Shagang	36797	19118	67044	11935	44813	53115	637
水井镇 Shuijing	5998	2855	22551	3695	14120	8501	237
月山镇 Yueshan	38969	19548	151833	17613	69226	100210	1050
水口镇 Shuikou	33382	12721	86261	9247	64639	139818	1579
沙塘镇 Shatang	31117	21250	90097	13377	45200	76600	287
苍城镇 Changcheng	29895	13424	85922	17466	47605	68456	561
龙胜镇 Longsheng	33114	18674	79595	18945	21500	15000	467
大沙镇 Dasha	28407	14721	43364	13464	10920	40058	429
马冈镇 Magang	52016	27320	109827	22847	54238	92890	689
塘口镇 Tangkou	34125	16404	70976	16629	42499	17565	512
赤坎镇 Chikan	51205	23188	167799	11242	114793	73036	1676
百合镇 Baihe	27290	15255	66868	10668	53458	74909	234
蚬冈镇 Xiangang	21542	11903	36157	7947	3000	27325	169
金鸡镇 Jinji	20789	9665	66786	12066	40860	16382	366
赤水镇 Chishui	29136	13731	22413	16213	580	13980	425
东山镇 Dongshan	11920	5770	25292	8892	3281	22403	329
恩平市 Enping City							
恩侨镇 Enqiao	5580	1859	4370	1671	2614	2751	26
江洲镇 Jiangzhou	12593	6966	26758	4694	14696	19453	333
朗底镇 Landi	9012	5186	15621	5595	8985	1367	120
洪滘镇 Hongjiao	10759	6530	15443	7576	6364	8559	265
恩城镇 Encheng	7843	4181	48958	798	39676	106170	1990
东成镇 Dongcheng	12536	7853	44849	10434	22605	12553	223
大槐镇 Dakui	10093	5806	50566	5266	35870	38396	1815
那吉镇 Naji	15947	8582	11480	5087	6056	6393	310
大田镇 Datian	16033	8827	19226	6966	10080	12000	621
君堂镇 Juntang	32339	17408	42631	10631	18500	32000	1720
牛江镇 Niujiang	23404	13991	71220	10220	53217	71000	1487
沙湖镇 Shahu	58030	29805	144929	24042	68685	69890	1495
良西镇 Liangxi	18481	12648	41104	11069	16762	29699	289
圣堂镇 Shentang	24633	14821	104426	8405	58392	8347	781
横陂镇 Hengbei	23456	14571	46234	12280	26089	40133	655
东安镇 Dongan	11936	5979	41089	4600	17358	12702	569
平石镇 Pingshi	25240	15308	53652	12237	36373	20260	728
江南镇 Jiangnan	15547	9168	52096	8330	39015	45786	540
鹤山市 Heshan City							
沙坪镇 Shaping	114696	12729	185703	9193	151505	167544	4871
雅瑶镇 Yayao	15734	13683	67717	8075	56323	56568	1379
古劳镇 Gulao	19212	11615	63211	12019	37101	51426	984
龙口镇 Longkou	37582	20765	68909	10383	45851	49512	634

续表 19　Continued

乡镇名称 Township and Village	总人口 Total Population	总劳动力 Total Labourers	农村社会总产值 Total Output Value of Rural Society	农业总产值 Gross Output Value of Agriculture	工业总产值 Gross Output Value of Industry	乡镇企业总收入 Total Income of Township Enterprises	财政收入 Government Revenue
桃源镇 Taoyuan	18823	11657	53359	6190	44665	21526	1009
鹤城镇 Hecheng	30017	13976	36554	10800	23625	30138	361
共和镇 Gonghe	22263	10776	38129	9000	26891	26343	512
址山镇 Zhishan	26002	13633	55490	8307	44379	45042	566
云乡镇 Yunxiang	4751	2161	4192	1586	1308	2476	202
宅梧镇 Zhaiwu	38978	17050	29951	11924	9972	17524	633
双合镇 Shuanghe	10526	6800	10153	5342	4211	4999	226
合成镇 Hecheng	9561	3863	13662	5907	4053	8242	152
佛山市 Foshan City							
石湾区 Shiwan District							
张槎镇 Zhangcha	39418	20907	279031	16422	218172	252881	6600
澜石镇 Lanshi	32768	14845	137702	1895	125820	125820	2360
环市镇 Huanshi	16474	8838	96949	2369	87370	85228	1487
南海市 Nanhai City							
桂城区 Guicheng	63850	15696	262934	5734	200000	283660	17162
平洲区 Pingzhou	62310	20808	387554	13954	355000	335483	8564
三山港 Sanshan Harbour	16734	8684	67747	7818	54285	52873	2676
大沥区 Dali	110318	42794	543869	30869	437000	409427	17939
盐步区 Yanbu	53374	21704	442219	13023	316947	316947	18906
黄岐区 Huangqi	47060	25319	327144	2564	186585	225412	14080
官窑镇 Guanyao	58605	30114	298183	35928	186495	225000	8763
松岗镇 Songgang	31227	15776	264003	15309	206173	143784	7633
小塘镇 Xiaotang	34831	12649	151008	9818	12999	86758	5577
金沙镇 Jinsha	37312	20298	78535	17781	46058	52842	3963
九江镇 Jiujiang	69816	36776	217134	27943	183938	147967	9936
沙头镇 Shatou	26280	14695	189959	15977	153032	166594	4665
西樵镇 Xiqiao	130686	60297	510504	69217	326275	479361	16507
里水镇 Lishui	69561	32517	365652	40955	318120	337248	6757
和顺镇 Heshun	42242	21243	201837	20114	160119	94843	6521
罗村镇 Luocun	42370	17670	264277	15222	225000	197225	8701
南庄镇 Nanzhuang	73925	34737	538081	21217	502377	436398	17096
丹灶镇 Danzhao	40813	18012	115142	28142	65300	70500	6265
狮山区 Shishan	24669	12902	114647	19549	78508	72299	1467
西岸区 Xian	5026	3621	3470	2089	300	906	800
顺德市 Shunde City							
大良镇 Daliang	127602	25191	328513	12339	239051	285531	7153
伦教镇 Lunjiao	67955	34599	397440	35626	343980	343980	12394
陈村镇 Chencun	71020	40316	271219	33152	224544	224544	9030
北窖镇 Beijiao	91934	46323	792679	48089	692000	545490	5577
乐从镇 Lecong	87184	40296	464130	43230	339000	485000	6435
勒流镇 Leiliu	109923	59067	476845	48456	393827	364926	21728
龙江镇 Longjiang	88626	50469	430001	47852	325000	325000	8549
杏坛镇 Xingtan	122827	67649	447209	48073	363000	308641	16713
均安镇 Junan	82228	44488	223724	37950	161046	179874	11401
桂洲镇 Guizhou	102229	49815	715617	23938	623040	623040	11037
容奇镇 Rongqi	58428		795749		777605	791388	15561
德胜区 Desheng	30305	12337	142017	14925	96980	85507	4582

续表 20 Continued

乡镇名称 Township and Village	总人口 Total Population	总劳动力 Total Labourers	农村社会总产值 Total Output Value of Rural Society	农业总产值 Gross Output Value of Agriculture	工业总产值 Gross Output Value of Industry	乡镇企业总收入 Total Income of Township Enterprises	财政收入 Government Revenue
高明市 Gaoming City							
荷城区 Hecheng	13124	6396	43196	5621	25900	35055	2068
合水镇 Heshui	27146	12647	40845	14948	24489	24085	184
更楼镇 Genglou	21457	10296	59398	11284	44914	44492	181
新墟镇 Xinxu	9858	4529	31906	10922	17637	19225	125
明城镇 Mingcheng	30021	14710	63270	17943	34416	42163	776
杨梅镇 Yangmei	18096	9613	41422	11754	26511	27680	216
人和镇 Renhe	15176	6400	41556	9236	24540	36030	178
三洲区 Sanzhou	13465	5131	59617	9717	44061	49966	378
西安区 Xian	28305	15158	84927	19706	59010	72027	432
富湾镇 Fuwan	13763	5150	34798	11045	21506	22714	227
三水市 Sanshui City							
西南镇 Xinan	144728	14073	163631	15457	124523	161913	4858
河口区 Hekou	16837	6421	67510	5482	52360	48577	2338
金本区 Jinben	19804	11487	145916	12848	126330	108765	1154
南边镇 Nanbiang	43487	12646	61357	18556	34739	38160	1782
青岐镇 Qingqi	7039	3892	15556	6992	6271	8613	494
大塘镇 Datang	34529	18009	91415	20677	61618	50468	1916
六和镇 Liuhe	20763	5199	24981	5594	15444	15085	610
乐平镇 Leping	25346	11885	75469	16373	48034	42855	1306
范湖镇 Fanhu	11703	5716	22370	10029	7757	6868	355
白坭镇 Baini	21164	13139	59183	19005	34041	30919	948
芦苞镇 Rubao	31629	16247	82667	22501	30127	52764	2700
阳江市 Yangjiang City							
江城区 Jiangcheng District							
岗列镇 Ganglie	60926	32589	102288	20008	58800	82280	850
城西镇 Chengxi	51915	24892	45022	26346	3082	66591	986
埠场镇 Buchang	34076	18485	19170	11532	7267	6327	281
平冈镇 Pinggang	85556	40979	39300	22490	7800	9413	917
阳东县 Yangdong County							
东城镇 Dongcheng	29905	9096	26829	5879	17170	18790	430
北惯镇 Beiguan	38234	20775	25228	12483	11432	13260	426
合山镇 Heshan	33425	11498	26919	10597	16322	20720	488
田畔镇 Tianpan	18153	8299	13237	7325	4381	4213	166
塘坪镇 Tangping	57326	27582	34902	17566	7665	7755	525
大八镇 Daba	55581	31617	20669	11891	3667	7366	423
双捷镇 Shuangjie	27596	13891	15100	8560	2946	3270	207
白沙镇 Baisha	38412	21240	25502	10302	11414	15057	315
雅韶镇 Yashao	25656	12574	18120	12680	4940	7440	310
大沟镇 Dagou	42035	21714	18516	13736	4780	6859	376
三山镇 Sanshan	20786	10971	9888	5318	3020	4445	220
新洲镇 Xinzhou	38877	20904	21567	14825	5086	6894	395
东平镇 Dongping	28646	14915	46507	37207	6300	9300	546
那龙镇 Nalong	14051	4408	3009	2646	50	2030	179
麻汕镇 Mashan	21416	10866	9828	6778	189	240	250
阳西县 Yangxi County							
织贡镇 Zhigong	83049	44953	69446	23287	31733	48060	623
程村镇 Chengcun	60379	29411	40816	20486	10222	22917	348
塘口镇 Tangkou	35999	23530	21061	11350	5638	10440	222
上洋镇 Shangyang	59800	31474	45307	22869	8173	23304	309

续表 21 Continued

乡镇名称 Township and Village	总人口 Total Population	总劳动力 Total Labourers	农村社会总产值 Total Output Value of Rural Society	农业总产值 Gross Output Value of Agriculture	工业总产值 Gross Output Value of Industry	乡镇企业总收入 Total Income of Township Enterprises	财政收入 Government Revenue
溪头镇 Xitou	77442	42554	58380	37562	8743	22459	396
蒲牌镇 Pupai	25557	14266	14980	10364	3587	4927	188
儒洞镇 Rudong	54394	21120	48244	16539	23414	26297	292
新圩镇 Xinyu	30529	15933	15880	10080	2765	5992	145
沙扒镇 Shapa	15764	8522	32229	19502	8508	13976	394
阳春市 Yangchun City							
合水镇 Heshui	57465	24474	33386	16266	15261	17873	661
河朗镇 Helan	36781	16988	14292	9567	2000	5600	139
石望镇 Shiwan	35028	17172	16739	12760	2359	2359	270
陂面镇 Beimian	55003	29343	37344	16784	18860	18750	516
永宁镇 Yongning	47756	22872	17775	10282	2902	264	477
春城镇 Chuncheng	185174	43573	105181	36829	22982	37543	1900
圭岗镇 Guigang	51014	22245	22525	14236	4661	6813	515
马水镇 Mashui	38204	18593	17109	12211	2793	1161	450
松柏镇 Songbai	44848	28630	35353	16346	13016	864	357
春湾镇 Chunwan	70703	37340	38375	27202	7004	12182	685
卫国镇 Weiguo	14317	7785	9851	4671	4297	2050	149
双滘镇 Shuangjiao	62543	29666	17923	14723	550	1020	421
山坪镇 Shanping	18051	5702	7455	3300	375	2839	306
河口镇 Hekou	27639	15147	18195	9091	7708	7708	287
岗美镇 Gangmei	51152	31965	26062	23401	1032	2849	423
潭水镇 Tanshui	69274	29735	44779	29903	8500	2896	1436
三甲镇 Sanjia	45127	26615	23629	12494	8855	9342	430
八甲镇 Bajia	65074	34512	24645	19198	3242	2716	420
海陵区 Hailing District							
海陵镇 Hailing	54146	29675	22254	12579	1800	8810	405
闸坡镇 Zhapo	32003	23773	56051	56051			480
湛江市 Zhanjiang City							
霞山区 Xiashan District							
海头乡 Haitou	49413	16810	92204	13234	34119	55351	663
坡头区 Potou District							
南三镇 Nansan	71271	37474	30181	22108	3731	6017	310
坡头镇 Potou	63835	32386	48891	10315	28622	40844	540
乾塘镇 Qiantang	34096	16514	19365	8184	8259	13662	200
龙头镇 Longtou	56201	24697	53773	7889	31247	53438	521
官渡镇 Guandu	46681	25580	43792	9967	27164	38762	361
麻章区 Mazhang District							
太平镇 Taiping	72711	34149	36663	21398	8731	22554	303
麻章镇 Mazhang	71224	29420	146333	17948	101207	147735	523
湖光镇 Huguang	70028	31614	38192	13671	9570	34523	413
东海区 Donghai District							
东山镇 Dongshan	59748	25213	29463	16142	6519	11417	563
东简镇 Dongjian	44149	19439	24251	10974	4420	12926	636
民安镇 Mingan	47638	21495	22750	12384	3173	10123	220
硇州镇 Naozhou	42680	22317	50995	38554	1633	16065	588
吴川市 Wuchuan City							
浅水镇 Qianshui	29672	15431	30691	4956	15058	31744	197
长岐镇 Changqi	65553	35301	42349	7632	24480	38572	145
覃巴镇 Tanba	64661	36022	46992	7663	32878	42666	374
王村港镇 Wangcungan	21527	12147	19375	3573	12274	11885	153

续表 22 Continued

乡镇名称 Township and Village	总人口 Total Population	总劳动力 Total Labourers	农村社会总产值 Total Output Value of Rural Society	农业总产值 Gross Output Value of Agriculture	工业总产值 Gross Output Value of Industry	乡镇企业总收入 Total Income of Township Enterprises	财政收入 Government Revenue
振文镇 Zhenwen	95727	59478	69201	10447	44998	68995	708
樟铺镇 Zhangpu	41625	25147	23068	8836	4638	13036	102
吴阳镇 Wuyang	77574	40226	43047	11609	11261	43753	459
塘尾镇 Tangwei	29639	16689	66353	8380	42319	54687	200
塘缀镇 Tangdui	69026	33743	93336	18331	59807	80366	759
板桥镇 Banqiao	35537	17265	46255	6377	21133	34929	111
黄坡镇 Huangbo	83401	40923	52484	13795	15499	43120	938
中山镇 Zhongshan	43285	21940	54257	5823	40873	67445	738
大山江镇 Dashanjiang	18824	10973	19662	3110	13388	2737	366
兰石镇 Lanshi	30494	14373	16461	3160	5542	19201	130
博铺镇 Bopu	13039	6813	54845	3898	47377	53653	568
徐闻县 Xuwen County							
城南乡 Chengnan	38242	16118	25665	15520	1334	8081	435
城北乡 Chengbei	23349	11762	27075	19298	1499	7527	216
五里乡 Wuli	22881	12094	10542	7479	933	1707	128
龙塘镇 Longtang	53097	23730	24059	18209	1158	4785	391
下桥镇 Xiaqiao	38752	14401	27662	12692	11394	8351	374
曲界镇 Qujie	41282	15085	21472	16055	1524	5066	293
前山镇 Qianshan	37970	13145	21363	15996	1564	9561	266
锦和镇 Jinhe	28115	12192	12333	10056	457	1061	123
下洋镇 Xiayang	27132	10063	10532	7247	1330	2827	154
新寮镇 Xinliao	26012	10653	7314	5111	268	1644	99
迈陈镇 Maichen	50827	20427	20529	14409	966	1409	435
大黄乡 Dahuang	24557	14681	15606	12057	2194	1388	97
角尾乡 Jiaowei	26781	10959	6206	4430	136	1388	127
西连镇 Xilian	33661	17831	13118	7796	2585	5317	100
外罗镇 Wailuo	9934	4314	10265	6823	2436	4165	66
和安镇 Hean	28823	11330	17278	11601	829	6662	87
海安镇 Haian	20715	7141	15413	6266	465	5097	1140
雷州市 Leizhou City							
附城镇 Fucheng	88259	35350	58624	32105	12845	40001	314
白沙镇 Baisha	66572	25591	38079	15233	9794	23486	360
沈塘镇 Shentang	40628	18783	16128	9245	687	2175	155
客路镇 Kelu	97480	46450	44989	28463	5634	14848	300
杨家镇 Yangjia	60233	22452	15234	12959	2271	9034	232
唐家镇 Tanjia	39080	15824	37039	11782	1566	8631	200
纪家镇 Jijia	79239	29672	44431	28192	6060	16240	268
流沙镇 Liusha	15398	10245	10380	4145	5083	3781	70
企水镇 Qishui	43126	18503	42487	34007	2471	17358	276
南兴镇 Nanxing	82730	38854	47010	22210	15980	16900	250
松竹镇 Songzhu	53089	24235	14955	12775	2161	11236	203
调风镇 Tiaofeng	52077	22809	22014	18298	719	3716	3149
雷高镇 Leigao	41319	17200	25913	18020	3547	5076	199
东里镇 Dongli	71083	30462	25684	14443	3564	6922	236
龙门镇 Longmen	58855	21435	45879	21686	12756	28826	398
英利镇 Yingli	57182	24027	39234	20016	11600	29370	283
北和镇 Beihe	65120	33000	49458	36488	2697	15671	220
覃斗镇 Tandou	24691	10033	6548	5047	380	1183	125
乌石镇 Wushi	65625	28637	47954	32354	3151	13932	185

续表 23　Continued

乡镇名称 Township and Village	总人口 Total Population	总劳动力 Total Labourers	农村社会总产值 Total Output Value of Rural Society	农业总产值 Gross Output Value of Agriculture	工业总产值 Gross Output Value of Industry	乡镇企业总收入 Total Income of Township Enterprises	财政收入 Government Revenue
遂溪县 Shuixi County							
附城乡 Fucheng	49035	27516	48430	15103	16030	40088	400
城西乡 Chengxi	29755	10571	61290	9599	38479	49390	180
黄略镇 Huanglue	80514	38256	67531	31925	15748	27427	210
洋青镇 Yangqing	39930	18778	34552	11422	9913	22982	182
沙古镇 Shagu	27177	14706	16959	10017	2370	8603	186
界炮镇 Jiepao	51849	29127	20974	14977	3308	5510	41
北潭镇 Beitang	16216	7650	12970	8082	700	8000	
杨柑镇 Yanggan	75300	31226	17894		7961	21317	175
城月镇 Chengyue	101725	36832	32233	21821	4955	9950	265
乌塘镇 Wutang	17100	7125	9570	7049	1610	1545	87
建新镇 Jianxin	20239	10468	11129	7887	681	5582	59
岭北镇 Lingbei	19266	9286	39573	9241	16734	30332	79
北坡镇 Beipo	44647	20271	33571	23093	1822	11747	175
港门镇 Ganmen	32238	12830	38596	31378	2640	11300	82
草潭镇 Caotan	32787	16353	33864	24353	2804	18852	85
下录镇 Xialu	29590	14344	14233	6702	3018	9637	88
河头镇 Hetou	28491	13882	30515	9983	16188	8011	90
乐民镇 Leming	35028	17505	18638	13500	1314	5102	72
江洪镇 Jianghong	26448	12599	15635	12246	1708		55
廉江市 Lianjiang City							
石城镇 Shicheng	93063	44193	118394	39870	39330	40237	1262
新民镇 Xinming	45136	22165	41272	16123	22516	25475	216
吉水镇 Jishui	60518	29314	34516	16971	7440	16937	160
河唇镇 Hechun	62716	34418	33549	15821	7347	13222	249
石角镇 Shijiao	50731	24065	12206	8743	1190	3547	121
良垌镇 Liangtong	51719	24404	59362	35529	9850	26615	218
平坦镇 Pingtan	26865	13994	28189	14656	2907	16103	110
新华镇 Xinhua	22430	10593	13694	8192	1693	5458	79
横山镇 Hengshan	92082	41947	73359	33824	26515	45681	408
安铺镇 Anpu	110830	36165	111662	23527	53560	56497	999
营仔镇 Yingzhai	81827	42205	67432	32699	8545	34520	289
青平镇 Qingping	78433	40469	45910	24936	13831	31056	277
车板镇 Cheban	40025	22450	32792	22179	3790	18768	87
高桥镇 Gaoqiao	27269	13200	22263	7549	4685	16120	144
石岭镇 Shiling	60612	29344	67110	22137	28290	40981	385
龙湾镇 Longwan	26586	13517	21006	8896	5602	18088	102
雅塘镇 Yatang	40873	20369	29541	10868	9062	9868	140
石颈镇 Shijing	42069	21115	24385	12132	7082	22699	162
长山镇 Changshan	57318	28515	23616	8371	9450	13850	171
塘蓬镇 Tanpeng	70837	32077	54006	18876	30245	16672	285
禾寮镇 Heliao	40993	19936	13284	6219	2120	5063	151
茂名市 Maiming City							
茂南区 Maonan District							
金塘镇 Jintang	62120	23942	57653	27464	11805	30123	553
公馆镇Gongguan	61202	24626	133695	26879	69700	116718	795
新坡镇 Xinpo	27238	7386	100139	8691	45177	104382	1387
镇盛镇 Zhensheng	48987	15585	27593	12725	3811	5500	498
鳌头镇 Aotou	71704	27826	36243	12221	6706	22000	397
袂花镇 Juehua	40847	18136	42436	14539	9284	33217	510

续表 24　Continued

乡 镇 名 称 Township and Village	总 人 口 Total Population	总劳动力 Total Labourers	农村社会总产值 Total Output Value of Rural Society	农业总产值 Gross Output Value of Agriculture	工业总产值 Gross Output Value of Industry	乡镇企业总收入 Total Income of Township Enterprises	财政收入 Government Revenue
高山镇 Gaoshan	15734	6949	92145	8211	48351	105406	1050
山阁镇 Shange	31057	10760	27636	9684	12497	18233	357
信宜市 Xinyi City							
镇隆镇 Zhenlong	53044	26874	69917	22951	22096	44982	460
水口镇 Shuikou	61121	27091	84565	23288	35993	54900	609
北界镇 Beijie	51039	26165	31742	16461	7559	26580	598
高坡镇 Gaopo	23522	11578	40943	9238	18169	31065	274
东镇镇 Dongzhen	191589	46448	201853	37339	125644	152155	1892
丁堡镇 Dingbao	37766	18560	41551	10313	24862	33133	361
池洞镇 Chidong	64476	27591	97179	32769	43918	82503	415
金洞镇 Jindong	34343	18485	51065	14241	31573	42496	177
径口镇 Jingkou	29770	10901	26973	9480	11817	17253	226
朱砂镇 Zhusha	31848	13979	40425	11656	21284	27264	221
安莪镇 Ane	23701	8889	33514	10483	10747	22467	56
旺沙镇 Wangsha	21871	10629	49136	6028	40037	28005	175
贵子镇 Guizi	35138	15002	57486	1353[illegible]	34388	51508	213
怀乡镇 Huaixiang	69442	29824	92746	28255	57838	61494	524
茶山镇 Chashan	23513	10375	27852	10094	15174	19468	186
洪冠镇 Hongguan	45150	22274	86472	16249	57063	54790	168
白石镇 Baishi	55179	24476	59406	8869	26113	44053	394
大成镇 Dacheng	34112	11596	54283	13002	37303	50538	218
前排镇 Qianpai	50151	23217	22000	11734	5731	38091	392
合水镇 Heshui	38987	15296	41850	14860	25898	59435	248
新堡镇 Xinbao	37433	15475	32279	11565	17009	20253	250
平塘镇 Pingtang	44716	18129	30121	10444	14018	20020	221
思贺镇 Sihe	33628	17609	30316	10234	15736	18186	239
高州市 Gaozhou City							
谢鸡镇 Xieji	55006	28935	71671	32969	14816	51448	427
新洞镇 Xindong	65442	29786	86098	25253	39735	68196	600
云潭镇 Yuntan	40471	19060	48819	11729	24892	44047	435
分界镇 Fenjie	41759	22993	87893	22496	24298	68349	850
根子镇 Genzi	62417	33381	83858	38104	12402	40595	590
泗水镇 Sishui	54469	19992	78522	28908	8000	14000	680
石鼓镇 Shigu	67039	26557	101142	24187	58276	73552	608
镇江镇 Zhenjiang	43816	17482	99895	35743	48418	53015	450
祥山镇 Xiangshan	28655	15941	54486	12574	33243	84751	404
沙田镇 Shatian	38073	19171	49443	10727	36322	[illegible]	295
南塘镇 Nantang	46631	19412	89734	34829	37703	17982	191
荷花镇 Hehua	43574	20645	81083	19681	47375	57403	620
石板镇 Shiban	37570	14617	44160	15682	21586	[illegible]43	189
东岸镇 Dongan	57562	25133	92434	25357	41459	48150	496
大潮镇 Dachao	17136	7863	20050	6152	6337	8830	100
大井镇 Dajing	46054	22533	58450	19321	22047	39594	212
潭头镇 Tantou	37365	22176	45221	10377	27472	23078	431
长坡镇 Changpo	56278	23600	67648	2195	45194	81736	1916
石龙镇 Shilong	18181	8094	13597	4006	4262	10777	87
大坡镇 Dapo	62383	26425	30208	11426	9021	4305	251
平山镇 Pingshan	34038	16004	35670	14340	15932	20013	75
深镇镇 Shenzhen	24739	10519	19078	6220	6560	10248	63
马贯镇 Magui	32196	16071	27402	8959	9231	21164	430

续表 25 Continued

乡镇名称 Township and Village	总人口 Total Population	总劳动力 Total Labourers	农村社会总产值 Total Output Value of Rural Society	农业总产值 Gross Output Value of Agriculture	工业总产值 Gross Output Value of Industry	乡镇企业总收入 Total Income of Township Enterprises	财政收入 Government Revenue
古丁镇 Guding	31959	14348	24176	9237	6227	14841	230
曹江镇 Caojiang	61850	29898	88363	30864	39919	68537	92
顿梭镇 Dunsuo	39629	17775	40099	16084	18068	19696	306
荷塘镇 Hetang	29541	14353	18436	9683	1304	6874	286
电白县 Dianbai County							
马踏镇 Mata	59945	30263	49162	14606	25508	33196	539
岭门镇 Lingmen	60483	25328	60107	19025	37238	42054	550
爵山镇 Jieshan	41909	18375	61290	15748	37100	45841	225
电城镇 Diancheng	72907	31158	83092	14321	59592	71200	2110
树仔镇 Shuzai	44489	20347	61541	14113	39261	52931	740
龙山镇 Longshan	32648	14912	45914	17999	21625	29949	300
麻岗镇 Magang	54386	30121	48658	11920	26906	36164	713
旦场镇 Danchang	56012	26514	73049	18595	38889	49537	241
陈村镇 Chencun	41046	19499	90713	25187	57452	67162	1061
沙院镇 Shayuan	39651	17363	86991	7259	57758	80270	326
小良镇 Xiaoliang	49875	23556	40079	7125	22347	25368	178
七径镇 Qijing	71980	32229	75551	17097	43951	65503	266
坡心镇 Poxin	72692	34746	68444	14773	42678	54103	318
羊角镇 Yangjiao	115184	42506	122320	21150	67773	110623	661
林头镇 Lintou	76142	33949	63736	14675	36495	18729	460
大衙镇 Daya	31080	15300	45911	9009	29024	34986	245
霞洞镇 Xiadong	81246	41723	77044	21942	45992	53477	780
观珠镇 Guanzhu	77141	36829	51553	17064	19412	54551	365
沙琅镇 Shalan	61126	28540	74332	20942	38425	61500	462
黄岭镇 Huangling	38020	16905	35105	9648	22980	33380	246
望夫镇 Wanfu	31470	14650	41069	14913	15708	34080	280
罗坑镇 Luokeng	29752	12816	46575	5216	19800	42100	180
那霍镇 Nahuo	53213	24133	37181	10691	22248	32700	180
博贺镇 Bohe	26171	11508	82713	53322	24010	32413	1015
水东镇 Shuidong	87276	5303	90180	740	78755	87731	2708
化州市 Huazhou City							
长岐镇 Changqi	47593	16567	86017	9870	53252	83320	329
同庆镇 Tongqing	54263	19647	143605	13166	119695	138819	438
杨梅镇 Yangmei	63912	24106	55332	27391	23575	40247	229
良光镇 Liangguang	57142	19478	43423	16631	19560	50883	385
笪桥镇 Danqiao	38020	13307	28590	17125	7528	22000	408
南盛镇 Nansheng	29755	10475	48331	10958	33600	46400	279
丽岗镇 Ligang	39831	17446	23069	10961	5943	22500	209
新安镇 Xinan	50297	17385	44293	19763	6833	24614	286
官桥镇 Guanqiao	43440	14119	30778	13554	10637	10637	356
林尘镇 Lincheng	59726	23363	33910	18170	11003	37003	281
中垌镇 Zhongtong	64182	26485	61574	31471	21778	1470	396
合江镇 Hejiang	79138	27698	74862	30677	22368	49300	428
那务镇 Nawu	72938	31263	105458	28780	66039	59454	455
播扬镇 Boyang	43438	14231	21774	13507	3115	11182	202
宝圩镇 Baoyu	21415	7388	17292	8962	2740	10501	110
平定镇 Pingding	83878	28305	64009	19324	20800	50100	475
文楼镇 Wenlou	57101	21342	71410	15457	49255	61421	360
江湖镇 Jianghu	22629	9327	18116	7488	7832	19354	81
兰山镇 Lanshan	22438	8979	12436	6552	564	6155	137

续表 26 Continued

乡镇名称 Township and Village	总人口 Total Population	总劳动力 Total Labourers	农村社会总产值 Total Output Value of Rural Society	农业总产值 Gross Output Value of Agriculture	工业总产值 Gross Output Value of Industry	乡镇企业总收入 Total Income of Township Enterprises	财政收入 Government Revenue
东山区 Dongshan	21498	9956	69118	4978	48188	84875	902
下郭区 Xiaguo	30254	10047	64892	7502	21300	67000	221
河西区 Hexi	22491	9813	20100	5183	2774	1600	519
开发区 Development Zone	23669	8245	28361	4342	18525	27452	414
石湾区 Shiwan	37259	13704	20721	8867	1201	12020	
肇庆市 Zhaoqing City							
端州区 Duanzhou District							
黄岗镇 Huanggang	21414	13678	190698	8961	154196	143262	
睦岗镇 Wangang	25785	9891	102155	6406	68650	66110	
鼎湖区 Dinghu District							
广利镇 Guangli	27528	13867	56800	9500	36800	46260	394
沙浦镇 Shapu	21390	10415	39809	12555	22816	20381	210
永安镇 Yongan	20364	11811	43545	14730	22446	26652	180
坑口镇 Kengkou	6524	3873	26375	2254	16694	10067	144
凤凰镇 Fenghuang	9952	4853	19149	6529	9920	6009	155
桂城镇 Guicheng	8418	5224	34905	6174	19037	12363	174
莲花镇 Lianhua	25806	13111	52906	10674	32705	37605	334
贝水镇 Beishui	8335	4422	14929	5710	5306	3366	83
高要市 Gaoyao City							
河台镇 Hetai	36102	21667	47634	11211	26220	31278	
乐城镇 Lecheng	26772	13552	33684	11274	20353	22352	
水南镇 Shuinan	14304	7281	22522	8099	12969	14373	
禄步镇 Lubu	68840	35566	113797	29914	62294	69528	
笋围镇 Shunwei	12668	7134	25152	8442	15538	16905	
小湘镇 Xiaoxiang	18293	10255	30954	9544	18125	16078	
大湾镇 Dawan	34430	16712	88818	17400	57307	61639	
新桥镇 Xinqiao	37190	18407	135975	12488	99053	83155	
白诸镇 Baizhu	36015	21042	59243	22644	26721	27491	
莲塘镇 Liantang	51289	28908	108891	30903	68569	86443	
活道镇 Huodao	43327	23921	47777	22148	20405	36000	
蛟塘镇 Jiaotang	27925	17245	44836	18380	19078	24986	
回龙镇 Huilong	24968	13304	58931	23055	32575	36707	
白土镇 Baitu	69286	34587	161358	39806	98486	111022	
金渡镇 Jindu	41396	21675	142970	26144	99084	114181	
金利镇 Jinli	60996	31714	169247	28848	115762	138344	
蚬岗镇 Xiangang	28584	17718	56029	27476	18964	23517	
南岸镇 Nanan	51874	25472	129779	1025	118025	128275	
马安镇 Maan	15770	7672	34448	9062	21786	27464	
广宁县 Guangling County							
排沙镇 Paisha	32017	15730	18136	9709	946	9652	461
石涧镇 Shijian	13735	6593	16291	3797	9450	5980	127
潭布镇 Tanbu	34326	16363	23876	8276	13814	19371	119
江屯镇 Jiangdun	33757	16500	16161	7469	8692	7680	115
联和镇 Lianhe	22849	11361	21109	6204	7185	4325	230
螺岗镇 Luogang	13263	6905	10460	4228	5340	5980	108
坑口镇 Kengkou	29843	14761	16343	7381	8062	12952	212
赤亨镇 Chiheng	22156	11355	24146	5306	17944	13057	165
南街镇 Nanjie	112000	30203	56684	14956	25738	46805	1350
宾坑镇 Bingkeng	35196	18066	26186	11119	8615	11443	270
五和镇 Wuhe	20420	10937	19737	6887	11760	10100	202

续表 27 Continued

乡镇名称 Township and Village	总人口 Total Population	总劳动力 Total Labourers	农村社会总产值 Total Output Value of Rural Society	农业总产值 Gross Output Value of Agriculture	工业总产值 Gross Output Value of Industry	乡镇企业总收入 Total Income of Township Enterprises	财政收入 Government Revenue
横山镇 Hengshan	41047	20139	34938	8834	23965	14769	762
木格镇 Muge	19124	7820	16009	4318	7090	6578	146
石咀镇 Shizhui	15023	8937	9039	4489	3700	2930	139
古水镇 Gushui	43159	24780	45689	14617	28072	22665	280
洲仔镇 Zhouzai	16611	7856	26059	5295	15693	18991	173
清桂镇 Qinggui	2658	1250	3853	908	345	2858	17
葵洞镇 Kuidong	1923	1080	4715	1037	53	3768	8
深坑镇 Shenkeng	776	403	851	388	463	400	22
四会市 Sihui City							
龙甫镇 Longpu	14947	6359	39169	12758	24051	16815	154
地豆镇 Didou	27884	11928	57245	10839	40669	22676	162
威整镇 Weizheng	16120	7200	24951	2717	20920	21083	156
迳门镇 Jingmen	8981	4213	19537	6430	10859	11448	136
大沙镇 Dasha	19666	8424	48362	16198	30300	24486	159
石狗镇 Shigou	27424	8515	113711	26400	62541	93555	1384
黄田镇 Huangtian	8505	1994	38240	17543	11141	6899	73
罗源镇 Luoyuan	25143	12706	19893	7078	9826	9993	293
邓村镇 Dengcun	14769	9014	28650	10379	14961	10264	129
江谷镇 Jianggu	12331	6202	31219	7022	17690	6027	110
江林镇 Jianglin	33685	14270	50537	10059	35090	23970	296
龙湾镇 Longwan	6220	3183	8558	2988	4270	2735	46
下茆镇 Xiamao	15533	6602	35860	17095	10688	7200	148
城中镇 Chengzhong	15413	6945	43629	17452	22934	22161	251
东城镇 Dongcheng	12598	4966	31611	13197	14127	18962	1033
贞山镇 Zhenshan	10631	4678	39292	8118	26586	20489	701
新江镇 Xinjiang	11277	5230	16130	6765	7880	5438	149
德庆县 Deqing County							
德城镇 Decheng	49747	2614	69652	3375	51143	31533	267
新圩镇 Xinyu	19702	8643	46760	9684	19732	21000	120
回龙镇 Huilong	20076	8993	19707	7751	9520	11956	134
官圩镇 Guanyu	23794	9619	44735	11401	18615	20854	190
沙旁镇 Shapang	7403	3406	5984	3194	1625	4574	58
马圩镇 Mayu	20106	8230	20974	11093	6404	3800	100
高良镇 Gaoliang	29907	11852	66311	14803	30992	51594	230
莫村镇 Mocun	18625	9695	20536	4624	11438	15474	133
古有镇 Guyou	8852	4597	13311	2407	7572	8846	68
永丰镇 Yongfeng	20449	8734	34747	11342	22551	8072	153
播植镇 Bozhi	16510	5799	21383	5200	14436	17502	86
武垄镇 Wulong	16378	6188	25895	12269	10192	14864	102
凤村镇 Fengcun	28475	11764	22845	9205	9500	19088	169
悦城镇 Yuecheng	31689	13366	47177	8900	25851	28392	180
九市镇 Jiushi	28588	28473	39431	10865	13902	16300	191
封开县 Fengkai County							
江口镇 Jiangkou	49448	4455	12905	1167	11696	17337	318
封川镇 Fengchuan	15194	7872	23937	7068	16243	6415	311
江川镇 Jiangchuan	11093	6793	9171	4736	4180	1175	42
白垢镇 Baigou	13449	7110	15669	6512	8241	7030	90
大洲镇 Dazhou	16003	9082	13171	4937	7964	8074	88
渔涝镇 Yulao	33228	23141	50037	17570	31865	25815	365
七星镇 Qixing	4912	2264	13640	4523	8275	6410	130

续表 28 Continued

乡镇名称 Township and Village	总人口 Total Population	总劳动力 Total Labourers	农村社会总产值 Total Output Value of Rural Society	农业总产值 Gross Output Value of Agriculture	工业总产值 Gross Output Value of Industry	乡镇企业总收入 Total Income of Township Enterprises	财政收入 Government Revenue
莲都镇 Liandu	24353	14468	18442	9626	7524	6029	188
杏花镇 Xinghua	29731	16539	26922	16499	9655	10389	154
罗董镇 Luodong	21483	12060	27058	14378	11455	7666	190
长岗镇 Changgang	20084	11489	17345	10248	6157	6013	100
平凤镇 Pingfeng	17478	9456	20696	11334	8361	8633	86
南丰镇 Nanfeng	60830	33588	44057	17874	25503	33255	310
渡头镇 Dutou	19029	9423	15981	7109	8298	8530	120
大玉山镇 Dayushan	15072	7842	14744	6299	7342	7710	75
都平镇 Duping	11531	6350	12821	4356	7719	6719	100
金装镇 Jinzhuang	35499	18961	32407	11543	19532	13427	136
长安镇 Changan	32789	19250	25324	12152	12102	14897	220
怀集县 Huaiji County							
怀城镇 Huaicheng	73732	40936	76135	25014	37476	43316	636
闸岗镇 Zhagang	15796	8127	9840	6411	2352	2800	40
坳仔镇 Aozai	34162	16435	29121	9466	18141	18268	123
汶朗镇 Wenlan	16733	8377	17898	7227	8793	10253	53
甘洒镇 Gansa	23486	12020	15832	6094	6166	7599	62
凤岗镇 Fenggang	34564	18266	29660	12484	14670	12892	60
洽水镇 Qiashui	24642	12536	30239	12995	11105	12178	214
梁村镇 Liancun	62239	27401	49579	29514	11802	22700	69
大岗镇 Dagang	64152	26958	33848	17051	11244	13699	41
岗坪镇 Gangping	32590	16493	27080	15425	7124	11097	52
冷坑镇 Lengkeng	97527	53323	74577	33788	19087	29363	115
马宁镇 Maling	41930	23262	30494	17982	10901	8522	28
蓝钟镇 Lanzhong	18622	10699	17499	8644	7725	8643	93
永固镇 Yonggu	36384	18453	20444	10018	6837	9479	87
诗洞镇 Shidong	51242	15699	22254	13939	5921	7424	51
桥头镇 Qiaotou	45470	18749	31083	13152	14755	12580	131
中洲镇 Zhongzhou	29610	16791	18343	9789	6370	8982	95
泰来镇 Tailai	10846	5048	13047	3632	8857	7597	35
下帅镇 Xiashuai	9054	4372	6512	4300	1279	1632	33
连麦镇 Lianmai	31024	14456	30730	11458	18185	18490	47
大坑山镇 Dakengshan	6798	3180	7203	2282	3633	4941	36
清远市 Qingyuan City							
清城区 Qingcheng District							
附城镇 Fucheng	37068	16649	18299	12124	3693	6594	807
洲心镇 Zhouxin	42654	19719	27250	12511	2329	11571	841
横荷镇 Henghe	52607	19759	37109	18638	4699	14896	1089
源潭镇 Yuantan	73082	30268	39184	15990	11032	20215	1294
高桥镇 Gaoqiao	16879	8713	12515	4274	3685	6877	486
龙塘镇 Longtang	54912	26696	30977	16472	8302	14226	1564
石角镇 Shijiao	65264	33787	65834	32895	27843	28497	1351
飞来峡区 Feiliaxia District							
升平镇 Shengping	24484	11041	20504	8718	3999	14135	380
水边镇 Shuibiang	16848	8000	5063	3623	140	901	130
黎溪镇 Lixi	31456	16139	13354	11142	130	70	150
连江口镇 Lianjiangkou	32305	13857	16396	12672	996	127	55

续表 29 Continued

乡镇名称 Township and Village	总人口 Total Population	总劳动力 Total Labourers	农村社会总产值 Total Output Value of Rural Society	农业总产值 Gross Output Value of Agriculture	工业总产值 Gross Output Value of Industry	乡镇企业总收入 Total Income of Township Enterprises	财政收入 Government Revenue
英德市 Yingde City							
下太镇 Xiatai	10122	5393	5575	2706	1346	1666	121
大洞镇 Dadong	15817	6930	5988	5030	260	58	48
西牛镇 Xiniu	37328	15543	29297	13145	8860	5477	131
沙坝镇 Shaba	10780	3949	6370	4011	364	125	104
九龙镇 Jiulong	52296	23237	21406	10989	6181	1678	369
明迳镇 Mingjing	33033	12876	9763	6203	120	404	148
岩背镇 Yanbei	7943	3270	3200	2914	80	596	163
石灰铺镇 Shihuipu	37150	17366	19055	10587	4819	6138	520
含光镇 Hangguang	46308	19449	43411	22004	16700	9853	608
张陂镇 Zhangbei	18293	10052	8754	7137	360	287	1808
大湾镇 Dawan	50625	23734	19368	11958	3126	1293	1300
青坑镇 Qingkeng	17090	7457	4153	3395	291	537	121
波罗镇 Boluo	13886	7205	3950	3395	240	200	40
石牯塘镇 Shigutang	33438	14812	17440	13406	2418	2460	673
横石塘镇 Hengshitang	23066	10581	9110	7583	492	2244	200
云岭镇 Yunling	15444	6922	6291	5140	193	56	100
沙口镇 Shakou	40514	15372	29811	11209	15437	12121	480
望埠镇 Wanbu	42185	21583	24581	11363	5544	2171	945
大镇镇 Dazhen	37023	15860	22209	9805	7223	1983	262
黄陂镇 Huangbei	13196	7371	6388	5279	198	1210	120
横石水镇 Hengshshui	26368	13584	14751	11179	771	145	239
桥头镇 Qiaotou	29396	11967	15897	11000	3226	5131	162
青塘镇 Qingtang	27051	11900	14902	8302	1081	6304	450
鱼湾镇 Yuwan	26388	12467	11507	7767	1081	590	405
白沙镇 Baisha	29010	10240	14162	9298	3007	5931	783
大站镇 Dazhan	27281	11455	19392	11917	555	650	400
黄岗镇 Huanggang	9438	3967	2933	2274	151	53	121
英城镇 Yingcheng	29106	10014	48094	9388	28747	22766	1080
佛岗县 Fogang County							
高岗镇 Gaogang	27373	12874	5732	4028	596	517	47
烟岭镇 Yanling	13545	5635	4464	2974	634	532	120
迳头镇 Jingtou	15405	5630	4534	2479	1309	525	125
水头镇 Shuitou	28426	13735	10861	3891	5864	6399	735
三八镇 Sanba	15059	5558	5004	3979	418	479	111
石角镇 Shijiao	19479	11409	11575	4807	4573	4989	834
龙南镇 Longnan	16566	8162	5718	3312	1417	1324	92
汤塘镇 Tangkeng	45211	18611	13328	8465	2778	5502	450
四九镇 Sijiu	20477	10513	7082	4222	1952	1655	77
龙山镇 Longshan	27891	11700	7703	4633	1680	14935	177
民安镇 Mingan	14876	6096	4663	2928	464	562	157
黄花镇 Huanghua	6386	2611	2978	902	1830	1115	64
连山县 Lianshan County							
永和镇 Yonghe	13400	6976	5569	4228	682	1343	135
大富镇 Dafu	5020	2550	2440	2029	110	612	28
上草镇 Shangcao	5323	2782	1421	1229	71	250	34
三水镇 Sanshui	2496	1009	1288	806	185	312	74
吉田镇 Jitian	8214	4101	3541	2466	364	1235	200
太保镇 Taibao	13120	5995	4356	3613	410	410	119
禾洞镇 Hedong	7322	3320	1931	1458	80	50	23

续表 30　Continued

乡镇名称 Township and Village	总人口 Total Population	总劳动力 Total Labourers	农村社会总产值 Total Output Value of Rural Society	农业总产值 Gross Output Value of Agriculture	工业总产值 Gross Output Value of Industry	乡镇企业总收入 Total Income of Township Enterprises	财政收入 Government Revenue
永丰镇 Yongfeng	6584	3545	2386	2112	160	157	20
福塘镇 Futang	10595	4365	4443	3836	182	451	116
小三江镇 Xiaosanjiang	9169	4208	2707	1918	290	241	151
加田镇 Jiatian	7177	3152	2289	1532	493	804	60
上帅镇 Shanshuai	4662	3369	1194	1058	65	116	57
连南县 Liannan County							
大麦山镇 Damaishan	14197	6684	2188	2118		162	59
山联乡 Shanlian	1184	499	279	247	30	32	32
寨南镇 Zhainan	9297	3295	1984	1944		609	139
寨岗镇 Zhaigang	34520	11635	7861	7704	101	982	314
南岗乡 Nangang	12134	5632	2070	1989	6	153	68
三排乡 Sanpai	8600	4812	1617	1548		81	34
三江镇 Sanjiang	32210	6026	3432	3378	43	971	98
金坑镇 Jinkeng	7251	2840	1624	1579		79	80
涡水镇 Woshui	6738	3474	1417	1252		164	56
大坪乡 Daping	10663	4899	1551	1351		144	50
香坪乡 Xiangping	5257	2694	1067	1033		183	32
盘石乡 Panshi	4387	2288	1665	1468	118	103	27
连州市 Lianzhou City							
山塘镇 Shantang	20867	9020	4252	3364	195	668	215
大路边镇 Dalubiang	31388	14101	12123	8158	1583	2784	441
潭岭镇 Tanling	4035	1603	1846	1189	262	386	
星子镇 Xingzi	43152	17903	1440197	1429634	3740	11762	150
清江镇 Qingjiang	15500	6067	4301	2691	356	1684	30
麻步镇 Mabu	11213	4506	5234	3822	584	1001	120
龙坪镇 Longping	21320	8816	17570	7614	6815	9862	320
西江镇 Xijiang	10330	4483	6967	3141	2392	3565	28
高山镇 Gaoshan	4217	1680	1358	1099	16	116	48
龙潭镇 Longtan	7877	2920	3483	2352	803	865	
九陂镇 Jiubei	24599	12628	12054	7605	1724	3632	225
连州镇 Lianzhou	41273	20768	46417	14384	19357	48013	756
附城镇 Fucheng	21735	10834	11410	5062	4265	6462	48
东陂镇 Dongbei	31391	13230	11611	7347	1381	3947	91
西岸镇 Xian	38004	15574	12471	8653	1646	4533	120
清水镇 Qingshui	11136	4564	6496	4378	926	1287	240
保安镇 Baoan	33380	15206	11996	6961	3041	4736	200
瑶安乡 Yaoan	12240	5093	2875	1807	929	1270	35
丰阳镇 Fengyang	16620	7751	7406	5765	702	1826	290
朱岗镇 Zhugang	11957	4993	3698	3111	178	538	110
三水乡 Sanshui	3695	1546	807	594	60	112	138
阳山县 Yangshan County							
清莲镇 Qinglian	26654	10832	8139	4483	1924	2517	100
江英镇 Jiangying	35578	14529	10677	9132	875	2276	37
高峰镇 Gaofeng	11598	5022	3064	2484	205	356	11
水口镇 Shuikou	22722	10971	6858	5510	581	810	28
杜步乡 Dubu	19747	9020	7849	6152	894	2127	29
东山乡 Dongshan	6331	3055	1430	1007	34	86	3
七拱镇 Qigong	36262	16728	22014	13141	5327	8198	126
新圩镇 Xinyu	27067	11620	13722	10745	1417	2366	57
太平镇 Taiping	32264	15819	11984	9361	1217	3221	66

续表 31 Continued

乡镇名称 Township and Village	总人口 Total Population	总劳动力 Total Labourers	农村社会总产值 Total Output Value of Rural Society	农业总产值 Gross Output Value of Agriculture	工业总产值 Gross Output Value of Industry	乡镇企业总收入 Total Income of Township Enterprises	财政收入 Government Revenue
杨梅镇 Yangmei	6025	2637	2278	1635	360	704	84
白莲镇 Bailiang	6402	2512	2865	1060	829	1564	18
大良镇 Daliang	14597	6691	5051	3997	290	645	21
小江镇 Xiaojiang	26969	13390	13669	9186	2353	5545	48
石螺镇 Shiluo	11544	4786	4546	2679	1283	2082	258
岭背镇 Lingbei	17411	7898	6665	4965	850	2541	34
犁头镇 Litou	20099	7827	4242	3226	198	973	37
黄坌镇 Huangben	14805	6011	5580	4246	880	1514	64
秤架乡 Chengjia	16164	6638	7424	5455	1419	4154	66
黎埠镇 Libu	26136	8912	12257	9583	1284	3763	69
龙埠镇 Longbu	17681	6400	5664	4397	816	928	30
凤埠镇 Fengbu	21149	7442	8630	6452	1375	2361	41
阳城镇 Yangcheng	39813	14159	29699	13610	4980	11966	374
清新县 Qingxin County							
江口镇 Jiangkou	25041	11850	15008	6764	7494	5101	325
高田镇 Gaotian	22275	10788	14138	10797	2440	2959	42
太和镇 Taihe	29622	3795	14996	3741	7980	11000	520
回澜镇 Huilan	29342	17910	24060	20652	2457	5370	319
太平镇 Taiping	51040	25679	32431	18630	6125	11330	384
山塘镇 Shantang	46043	24307	46157	25075	8325	19928	720
三坑镇 Sankeng	45326	21776	20550	14237	3024	9829	348
秦皇镇 Qinhuang	6628	3253	1945	1345	438	715	145
珠坑镇 Zhukeng	12253	6411	4706	2394	1210	881	
石马镇 Shima	21552	10993	7320	3897	1505	2875	102
南冲镇 Nanchong	23640	13611	6948	5273	962	117	280
石坎镇 Shikan	25193	10497	10283	4914	4971	4217	255
龙颈镇 Longjing	23873	11842	8517	6089	864	769	78
禾云镇 Heyun	21161	10032	8693	4484	3387	3780	282
鱼坝镇 Yuba	24873	10771	6134	3735	309	1934	112
新洲镇 Xinzhou	26295	9635	9049	4453	3276	1521	142
沙河镇 Shahe	31955	16786	12623	8374	2453	3382	168
浸潭镇 Jintan	66223	31190	22307	13275	4157	7929	380
石潭镇 Shitan	56265	26483	23705	14065	6840	9420	
桃源镇 Taoyuan	24909	10770	4526	3866	430	895	
白湾镇 Baiwan	12338	7055	3613	2149	124	719	35
潮州市 Chaozhou City							
湘桥区 Xiangqiao District							
桥东镇 Qiaodong	34114	6026	81360	4217	45874	81359	351
凤新镇 Fengxin	32142	14782	96304	3037	75887	101380	431
城西镇 Chengxi	42645	9833	164730	2379	109328	180538	1073
意溪镇 Yixi	44498	14528	36885	11297	24198	36427	464
枫溪区 Fengxi District							
枫溪区 Fengxi	101203	59100	334561	13896	288782	324600	1553
饶平县 Raoping County							
上善镇 Shangshan	12118	5731	5824	3264	154	860	233
饶洋镇 Raoyang	59185	22461	39183	5738	31720	1400	525
九村镇 Jiucun	14157	7384	9297	652	7541	2086	132
上饶镇 Shangrao	41070	14922	22094	4891	16417	2820	535
三饶镇 Sanrao	50780	20104	60887	8100	47117	44960	877
汤溪镇 Tangxi	9995	5184	5695	3647	1205	1640	271

续表 32 Continued

乡镇名称 Township and Village	总人口 Total Population	总劳动力 Total Labourers	农村社会总产值 Total Output Value of Rural Society	农业总产值 Gross Output Value of Agriculture	工业总产值 Gross Output Value of Industry	乡镇企业总收入 Total Income of Township Enterprises	财政收入 Government Revenue
浮滨镇 Fubing	16963	9849	16974	8114	8085	8860	265
坪溪镇 Pingxi	5624	3230	3193	2045	970	79	38
浮山镇 Fushan	29903	15232	19947	9547	9400	10707	741
东山镇 Dongshan	18919	11716	9508	7271	2237	2237	170
新圩镇 Xinyu	25142	12463	18523	13460	4799	5063	
渔村镇 Yucun	7485	4115	11703	2474	8704	9000	124
樟溪镇 Zhangxi	17995	9429	25960	11860	10314	15021	544
钱东镇 Qiandong	81300	42469	136200	38246	86524	102500	
联饶镇 Lianrao	33642	17786	27491	20067	7026	8062	672
黄冈镇 Huanggang	169018	42429	303296	48326	234627	234150	3558
所城镇 Suocheng	40127	18150	18056	10106	2150	2450	208
大埕镇 Dacheng	30186	15134	16444	10057	5410	6510	599
柘林镇 Tuolin	16625	9015	17948	10600	4510	10021	520
井洲镇 Jingzhou	53606	25776	26462	26462		39910	
海山镇 Haishan	71878	32949	52894	20530	32364	2297	773
新塘镇 Xintang	19633	10557	5020	3722	1160		
建饶镇 Jianrao	13265	5030	9824	5700	3124	2973	129
新丰镇 Xinfeng	44315	15444	45059	6254	28800	38805	1155
高堂镇 Gaotang	19709	9452	6755	3765	2560	16000	10389
潮安县 Chaoan County							
古巷镇 Guxian	59916	26199	110598	11116	71400	106550	505
田东镇 Tiandong	8044	4126	6177	2335	3560	4840	180
登塘镇 Dengtang	26698	11700	4566	4566	10004	22490	305
浮洋镇 Fuyang	89555	41662	121902	29120	63486	101707	653
龙湖镇 Longhu	51613	23199	86698	15678	54871	71020	569
凤塘镇 Fengtang	74703	33405	43758	27042		82025	293
东凤镇 Dongfeng	80630	39746	114951	16675	86572	101600	593
彩塘镇 Caitang	93458	42923	170317	17301	135970	157040	870
庵埠镇 Anbu	119078	62520	336029	14987	231792	271890	3170
金石镇 Jinshi	58206	25262	68212	12557	50100	68200	594
沙溪镇 Shaxi	50493	21683	23561	14752	4117	74150	362
江东镇 Jiangdong	67429	31910	96474	21962	60120	87555	836
磷溪镇 Linxi	73875	36481	80066	27888	24290	60415	685
铁铺镇 Tiepu	37122	19230	52257	16063	12257	32600	194
官塘镇 Guantang	30774	14867	9073	9073		50610	507
文祠镇 Wenci	17966	7701	18145	8380	9765	28800	324
归湖镇 Guihu	25158	11965	42491	22559	16121	28886	327
凤南镇 Fengnan	5980	2183	3940	1838	1652	2900	191
赤凤镇 Chifeng	13281	5790	11308	4488	3236	6942	222
凤凰镇 Fenghuang	32005	11615	22228	8527	3045	22915	625
大山镇 Dashan	5624	2540	4665	2070	1476	2180	153
揭阳市 Jieyang City							
榕城区 Rongcheng District							
仙桥镇 Xianqiao	92317	44693	128512	17090	107030	101575	1748
梅云镇 Meiyun	54281	24999	97455	8177	84727	71761	1276
试验区 Experimental District							
渔湖镇 Yuhu	99879	50347	178016	24088	148015	149445	3397
东山区 Dongshan District							
磐东镇 Pandong	56888	24520	163251	10004	151424	167549	1117

续表 33 Continued

乡镇名称 Township and Village	总人口 Total Population	总劳动力 Total Labourers	农村社会总产值 Total Output Value of Rural Society	农业总产值 Gross Output Value of Agriculture	工业总产值 Gross Output Value of Industry	乡镇企业总收入 Total Income of Township Enterprises	财政收入 Government Revenue
揭东县 Jiedong County							
曲溪镇 Quxi	153060	32749	131075	14225	106506	119597	719
云路镇 Yunlu	49036	39486	82596	23535	57224	54490	502
玉窖镇 Yujiao	50919	25693	44947	12603	31229	29132	356
登岗镇 Denggang	68054	35925	72396	21344	50440	52828	522
炮台镇 Paotai	79105	61056	187187	17263	161905	166984	1169
地都镇 Didu	90410	44965	93219	21750	67260	57494	765
霖磐镇 Linpan	65285	32738	144436	15772	123793	109775	454
月城镇 Yuecheng	42495	20607	92449	8358	83063	69645	352
白塔镇 Baita	81790	55977	131613	21171	106709	94826	574
龙尾镇 Longwei	31724	16281	49073	11598	37275	35648	237
桂岭镇 Guiling	57008	29520	71129	15430	53776	48611	389
锡场镇 Xichang	92481	45156	166355	14239	138215	122440	788
新亨镇 Xinheng	99485	41462	106835	18108	82327	92325	433
玉湖镇 Yuhu	92520	46393	99984	26732	71821	76939	518
埔田镇 Putian	48913	27438	50778	19047	31452	32563	284
惠来县 Huilai County							
惠城镇 Huicheng	106679	14493	102619	8070	84453	110383	520
华湖镇 Huahu	50799	17558	34028	13878	19250	16250	741
仙庵镇 Xianan	67710	28385	29069	16764	10548	11641	315
靖海镇 Jinhai	62882	22706	45189	18039	20540	27148	363
周田镇 Zhoutian	62679	20672	28076	18576	7700	6120	260
前詹镇 Qiandan	44235	15040	19999	14121	5593	4398	104
神泉镇 Shenquan	69588	22820	81114	32187	46659	48258	610
东陇镇 Donglong	67315	25866	29483	19928	9405	10480	719
岐石镇 Qishi	49342	18908	15101	8632	3782	3363	291
隆江镇 Longjiang	105155	51950	101117	25515	71817	50579	722
溪西镇 Xixi	71926	18394	31014	15686	14122	15328	280
鳌江镇 Aojiang	38178	14760	21784	15984	5200	4528	93
东港镇 Donggan	26725	11332	16073	7616	8192	8612	125
葵潭镇 Kuitan	72994	30288	80160	15463	63562	16235	650
南海乡 Nanhai	12232	5370	4539	4039	500	600	123
青山乡 Qingshan	9289	4480	8062	6979	1025	847	57
河林乡 Helin	16290	8352	13718	7899	4744	415	131
普宁市 Puning City							
流沙镇 Liusha	264486	56594	263000	15639	221626	135320	5170
赤岗镇 Chigang	42129	16497	34302	6896	27406	20600	360
大坝镇 Daba	74089	31800	67344	11988	52376	39500	792
洪阳镇 Hongyang	119061	59893	202779	19686	167229	148361	2006
南溪镇 Nanxi	86207	27231	68027	13821	54206	46852	1706
广太镇Guangtai	42664	18264	33307	6246	24986	19880	756
麒麟镇 Qilin	78226	39872	45088	13703	29826	32554	1063
南径镇 Nanjing	94841	31898	61854	15805	43850	51783	1413
占陇镇 Zhanlong	118272	61950	214060	12321	197639	168218	2456
军埠镇 Junbu	74318	36909	144169	7298	136871	121800	1571
下架山镇 Xiajiashan	63253	29807	97907	8519	88708	81967	1137
大南山镇 Dananshan	24791	11040	29860	4460	21250	23200	408
高埔镇 Gaobu	42502	18187	27963	6463	21500	18600	572
云落镇 Yunluo	41614	19344	29047	6547	22500	20500	8587
大坪镇 Daping	20932	7818	12899	1638	10026	8049	869

续表 34　Continued

乡镇名称 Township and Village	总人口 Total Population	总劳动力 Total Labourers	农村社会总产值 Total Output Value of Rural Society	农业总产值 Gross Output Value of Agriculture	工业总产值 Gross Output Value of Industry	乡镇企业总收入 Total Income of Township Enterprises	财政收入 Government Revenue
船埔镇 Chuanbu	30555	9810	23721	7485	15730	15730	604
梅林镇 Meilin	32651	12164	13530	3448	7922	6217	1057
池尾镇 Chiwei	50406	17886	119651	3495	105698	106800	1589
里湖镇 Lihu	61784	25731	145196	8887	134031	113353	1744
石牌镇 Shipai	14030	6045	24026	2756	20835	21400	686
梅塘镇 Meitang	95916	36530	78490	14822	63668	64266	1157
燎原镇 Liaoyuan	58235	24018	59691	6485	51055	46848	1270
后溪乡 Houxi	9552	3882	2968	2268	105	700	220
南阳乡 Nanyang	17120	6836	6914	3061	3853	2288	108
黄沙乡 Huangsha	4610	2021	1704	1091	371	300	180
揭西县 Jiexi County							
河婆镇 Hepo	119800	27347	84912	14937	59850	51944	1100
龙潭镇 Longtan	33235	13685	18074	10436	5448	6894	403
南山镇 Nanshan	29493	13705	32865	7001	18712	24327	352
五经富镇 Wujingfu	48168	24339	44316	10718	31308	14730	568
京溪园镇 Jingxiyuan	44080	29800	33472	10339	17556	21169	269
灰寨镇 Huizhai	38889	26644	30250	11406	18484	21552	460
塔头镇 Tatou	42805	17706	23730	9229	7624	1022	248
东园镇 Dongyuan	31522	12590	16899	8733	8020	8020	222
凤江镇 Fengjiang	68001	28917	39126	10156	27591	1182	192
棉湖镇 Mianhu	91027	44000	125159	7553	109411	106497	1328
金和镇 Jinhe	57353	27700	49253	16033	30864	36191	438
大溪镇 Daxi	23057	8900	6458	4329	2129	3000	48
钱坑镇 Qiankeng	38349	13678	19352	7283	7873	13015	511
坪上镇 Pingshang	37742	15881	16978	9422	4974	6994	320
五云镇 Wuyun	37868	13565	9796	6708	2216	2456	42
上砂镇 Shangsha	44918	26368	17499	8525	3823	7975	313
良田乡 Liangtian	9405	3576	3550	2350	1200	602	130
西田乡 Xitian	6788	2910	2146	1926	220	201	116
大洋乡 Dayang	4027	1926	9620	784	47	127	65
下砂乡 Xiasha	8654	3566	2530	1972	207	37	43
云浮市 Yunfo City							
云城区 Yuncheng District							
云城镇 Yuncheng	38789	22989	126553	14351	90270	71500	117
高峰镇 Gaofeng	11017	6241	48839	1597	42909	23859	190
河口镇 Hekoou	21897	11186	84123	14429	57723	48495	272
安塘镇 Antang	22574	11836	84949	16417	60486	48877	430
杨柳镇 Yangliu	19496	10688	14147	6485	6018	6249	216
都骑镇 Duqi	24992	11340	17775	13122	4031	4835	298
新兴县 Xinxing County							
新城镇 Xincheng	77605	18434	127620	10136	104357	99494	2024
车岗镇 Chegang	26616	15168	49260	15692	26517	26032	417
洞口镇 Dongkou	14189	12496	47473	10297	36025	30867	
东成镇 Dongcheng	25374	14173	24477	13552	10117	6303	251
稔村镇 Niancun	33024	17714	34090	19247	11015	9952	320
水台镇 Shuitai	13870	8525	27345	11068	7048	6560	121
共成镇 Gongcheng	18842	9339	14171	4322	9321	9020	247
太平镇 Taiping	36772	20423	31756	15665	14383	14346	533
集成镇 Jicheng	34489	16160	39640	12092	22792	24637	640
船岗镇 Chuangang	24702	13651	18804	8833	8933	7752	274
里洞镇 Lidong	16233	7662	9224	4924	2883	5195	260
大江镇 Dajiang	9966	3913	5317	2742	1640	1559	103
天堂镇 Tiantang	59397	34535	62945	27805	25341	21063	530
河头镇 Hetou	22194	12542	11459	8275	1903	1038	252
力竹镇 Lizhu	14233	5770	52049	10938	38917	32554	430

续表 35 Continued

乡镇名称 Township and Village	总人口 Total Population	总劳动力 Total Labourers	农村社会总产值 Total Output Value of Rural Society	农业总产值 Gross Output Value of Agriculture	工业总产值 Gross Output Value of Industry	乡镇企业总收入 Total Income of Township Enterprises	财政收入 Government Revenue
郁南县 Yunan County							
都城镇 Ducheng	72725	11072	82651	17450	46337	59721	907
平台镇 Pingtai	24006	12466	28478	14532	6298	13023	209
桂墟镇 Guixu	20576	10357	21737	11471	7915	9291	112
罗顺镇 Luoshun	12345	6379	11800	7093	3880	3404	137
通门镇 Tongmen	15949	7575	15600	8207	4441	8039	112
建城镇 Jiancheng	23176	12978	42835	18788	15697	23079	260
宝珠镇 Baozhu	13073	6803	11262	5433	4971	7468	168
罗旁镇 Luopang	15963	8378	20878	6308	10181	15081	128
大方镇 Dafang	11953	5605	8525	3580	3065	3896	135
大全镇 Daquan	13710	6587	9315	2947	5328	11575	166
千官镇 Qianguan	28270	11882	22811	10227	9812	13205	359
大湾镇 Dawan	20405	10300	52871	8357	35995	46298	218
河口镇 Hekou	27481	11230	23239	10893	9129	11786	381
宋桂镇 Songgui	22032	9202	31696	8996	18850	23386	220
东坝镇 Dongba	36476	20239	28951	12659	8187	12869	176
连滩镇 Liantan	52930	28522	113096	22373	35258	78337	310
历洞镇 Lidong	18474	9335	11827	7511	1618	5106	162
南江口镇 Nanjiangkou	32831	17490	33007	9126	18301	20691	320
罗定市 Luoding City							
罗镜镇 Luojing	67611	30040	87141	23803	51035	55732	531
太平镇 Taiping	53529	32542	55193	16733	28573	28264	240
分界镇 Fenjie	24440	9249	30943	13280	14247	12075	17
新榕镇 Xinrong	14532	6919	3957	3357	31	5320	220
罗平镇 Luoping	69259	29495	38565	20600	13796	12764	327
船步镇 Chuanbu	61321	24830	43901	15808	23862	6180	245
两塘镇 Liangtang	34572	15206	29977	9735	18288	23200	182
苹塘镇 Pingtang	33462	12622	43000	11016	26610	29682	359
金鸡镇 Jinji	25706	11286	38545	3771	33389	33398	170
围底镇 Weidi	36472	23486	44706	18160	23780	14880	230
华石镇 Huashi	26517	12462	23358	9182	11102	3124	130
素龙镇 Sulong	97336	42217	123796	34938	63309	53377	1437
附城镇 Fucheng	23582	10530	52286	8972	34278	33087	513
双东镇 Shuangdong	18141	8151	25079	8926	12397	25768	178
留滨镇 Liubing	43107	20200	25164	11808	9675	2627	236
新乐镇 Xinle	25559	11790	18339	9732	6410	3368	132
黎少镇 Lishao	51767	24192	48198	18675	26005	26084	320
生江镇 Shengjiang	33485	14489	28233	15162	10181	10005	149
连州镇 Lianzhou	45440	19485	38322	14390	18816	20590	174
泗纶镇 Silun	52480	21377	69648	16704	46920	51573	410
都门镇 Dumen	16126	6798	10295	3973	5352	6733	98
加益镇 Jiayi	23715	9486	21288	5915	3450	2100	75
扶合镇 Fuhe	27787	10690	17886	8736	7321	11864	96
罗城镇 Luocheng	88231	4486	147606	2384	126700	61804	43
云安县 Yunan County							
六都镇 Liudu	46422	24789	51159	11400	32742	25832	194
高村镇 Gaocun	29954	16774	26843	10720	10183	6246	168
白石镇 Baishi	28003	10980	21175	4838	12118	12440	209
镇安镇 Zhenan	37103	15865	49054	11970	7442	30500	340
富林镇 Fulin	434569	251369	58909	14555	33902	72137	341
托洞镇 Tuodong	31603	14383	53616	9628	42711	47568	251
茶洞镇 Chadong	12054	6325	42419	3792	37931	14959	203
南盛镇 Nansheng	29659	15148	21777	12037	6270	6047	172
迭石镇 Dashi	24768	10886	33583	23843	1274	6950	104

附　　录

APPENDIX

简要说明

一、本篇资料主要包括部分省市社会经济主要指标、亚洲“四小龙”主要统计资料、世界主要国家和地区主要统计资料等内容。

二、本篇资料由广东省统计局综合处负责整理、编辑。

三、资料来源：部分省市社会经济主要指标根据中国统计出版社出版的《中国统计摘要——1998》等有关资料加工整理；亚洲四小龙及世界主要国家和地区主要统计资料根据《中国统计年鉴》等有关资料加工整理。各省市资料中，除广东为正式年报数外，其余各省市资料均为快速年报数。

APPENDIX

Brief Introduction

Ⅰ. The data in this chapter mainly include the main social and econcmic indicators of some provinces and municipalities in China, the main statistical figures of Asian "Four Little Dragons" and the main statistical figures of other countries and regions, etc.

Ⅱ. The data in this chapter are prepared and compiled by the Division of Integrated Statistics of the Statistical Bureau of Guangdong Province.

Ⅲ. Data sources:

The main social and economic indicators of some provinces and municipalitites are prepared on the basis of the related data from "China Statistical Extracts (1997)" published by China Statistical Publishing House; the main statistical data of Asian "Four Little Dragons" and other countries and regions are prepared on the basis of the related data from "China Statistical Yearbook".Among the data of various provinces and munici－palities, all come from their express annual reports except the formal annual reports of Guangdong Province.

附录A 部分省、市社会经济主要指标

APPENDIX A MAIN SOCIO-ECONOMIC INDICATORS OF SOME PROVINCES AND MUNICIPALITIES

省、市名称 Province or city		年末总人口（万人） Total Population at Year-end (10000 persons)			国内生产总值（亿元） Gross Domestic Product (100 million yuan)		
		1996	1997	1997比1996 增长% Increase Rate in 1997 Over 1996	1996	1997	1997比1996 增长% Increase Rate in 1997 Over 1996
全国总计	Natiaonal Total	122389	123626	1.0	67885	74772	8.8
上海	Shanghai	1419	1457	2.7	2902.20	3360.2	12.7
江苏	Jiangsu	7110	7148	0.5	6004.21	6685.6	12.0
浙江	Zhejiang	4343	4435	2.1	4146.06	4600.0	11.0
安徽	Anhui	6070	6127	0.9	2339.25	2670.6	13.0
福建	Fujian	3261	3282	0.6	2606.92	3000.4	14.3
山东	Shandong	8738	8785	0.5	5960.42	6650.0	11.2
辽宁	Liaoning	4116	4138	0.5	3157.69	3501.2	9.0
河南	Henan	9172	9243	0.8	3683.41	4080.5	10.5
湖北	Hubei	5825	5873	0.8	2970.20	3450.2	13.0
湖南	Hunan	6428	6465	0.6	2647.16	2993.0	10.8
四川	Sichuan	11430	8430		4215.00	3320.1	10.2
广东	Guangdong	6896.77	7013.73	1.7	6519.14	7315.51	10.6

省、市名称 Province or City		第三产业增加值（亿元） Value Added of Tertiary Industry (100 million yuan)			人均国内生产总值（亿元） Per Gapita Gross Domestic Product (100 million yuan)		
		1996	1997	1997比1996 增长% Increase Rate in 1997 Over 1996	1996	1997	1997比1996 增长% Increase Rate in 1997 Over 1996
全国总计	National Total	20428	24033	8.2	5576	6079	7.6
上海	Shanghai	1248.12	1530.0	17.7	22275	25739	9.7
江苏	Jiangsu	1964.80	2260.1	11.0	8447	9352	11.4
浙江	Zhejiang	1336.69	1505.0	10.9	9455	10400	8.7
安徽	Anhui	576.44	678.0	12.0	3881	4359	12.0
福建	Fujian	956.88	1133.0	15.4	8136	9173	13.6
山东	Shandong	1949.53	2270.0	10.2	6834	7590	10.6
辽宁	Liaoning	1145.92	1290.0	10.3	7730	8519	8.5
河南	Henan	1004.56	1150.9	11.3	4032	4432	9.6
湖北	Hubei	909.50	1075.3	12.9	5122	5899	12.1
湖南	Hunan	844.75	970.3	11.5	4130	4643	10.1
四川	Sichuan	1266.59	1015.5	9.4	3763	4027	
广东	Guangdong	2308.06	2680.87	9.1	9513	10428	8.0

注：1. 国内生产总值绝对数按当年价格计算，增长速度按可比价格计算。2. 工业、农业总产值均为当年价，工业产值统计范围为乡及乡以上工业。3. 1997年产值指标及增长速度除广东省外，均为快报数。

Note: The absolute figures of gross domestic product are calculated at current prices, while the increase rates are calculated at comparable prices. b) Gross industrial output value and gross agricultural output valueare calculated at current prices, the statistical coverage of gross industial output value refers to the industry at and above township level. c) The output value indicators and increase rates in 1997 are come from express annual reports except Guangdong province.

续表1 Continued

省、市名称 Province or City	农业总产值（亿元） Gross Agricultural Output Value (100 million yuan)			工业总产值（亿元） Gross Industrial Output Value (100 million yuan)		
	1996	1997	1997比1996增长% Increase Rate in 1997 Over 1996	1996	1997	1997比1996增长% Increase Rate in 1997 Over 1996
全国总计 National Total	23428.66	24709.19	5.3	64887.80	112127.6	13.9
上　海 Shanghai	200.96	211.3	13.0	4329.52	4691.0	13.8
江　苏 Jiangsu	1824.19	1893.2	6.7	7919.25	8332.6	14.0
浙　江 Zhejiang	961.97	1009.5	3.9	4009.40	4319.5	10.0
安　徽 Anhui	1124.51	1220.3	9.3	2293.14	2697.2	18.0
福　建 Fujian	891.89	991.8	10.2	1804.16	2035.9	15.3
山　东 Shandong	2180.23	2150.0		5871.32	6460.6	13.8
辽　宁 Liaoning	892.64	922.1	0.6	3354.61	3651.6	10.1
河　南 Henan	1639.52	1785.8	8.7	2906.89	3065.2	10.9
湖　北 Hubei	1140.76	1215.4	8.5	2957.72	3426.9	16.3
湖　南 Hunan	1226.32	1322.3	8.1	1758.70	1898.9	12.1
四　川 Sichuan	1734.35	1414.8		2926.87	2347.2	16.1
广　东 Guangdong	1577.89	1656.46	6.8	7490.49	8442.32	16.0

省、市名称 Province or City	重工业总产值（亿元） Total Output Value of Heavy Industry (100 million yuan)			轻工业总产值（亿元） Total Output Value of Light Industry (100 million yuan)		
	1996	1997	1997比1996增长% Increase Rate in 1997 Over 1996	1996	1997	1997比1996增长% Increase Rate in 1997 Over 1996
全国总计 National Total	36607.61	57112	13.8	28280.20	55015	14.1
上　海 Shanghai	2453.73	2653.13	15.9	1875.79	2037.82	11.2
江　苏 Jiangsu	4153.74	4269.40	11.3	3765.50	4063.21	17.0
浙　江 Zhejiang	1754.70	1759.38	8.2	2254.70	2560.13	12.5
安　徽 Anhui	1181.54	1349.59	19.4	1111.60	1347.63	16.6
福　建 Fujian	748.16	797.77	15.9	1056.00	1238.09	14.9
山　东 Shandong	3087.02	3380.12	13.9	2784.30	3080.49	13.6
辽　宁 Liaoning	2558.35	2819.13	10.9	796.26	832.51	8.0
河　南 Henan	1719.22	1814.95	10.8	1187.68	1250.22	10.4
湖　北 Hubei	1670.45	1903.92	16.0	1287.27	1522.93	17.5
湖　南 Hunan	1071.12	1143.82	12.9	687.58	755.12	11.0
四　川 Sichuan	1740.02	1274.58	10.6	1186.85	1012.59	22.2
广　东 Guangdong	3146.24	3528.23	15.8	4344.25	4914.09	16.1

注：工业总产值统计范围为乡及乡以上工业，按当年价计算。
Note: Gross industrial output value is calculated at current prices. Its statistical coverage refers to the industry at and above township level.

续表2 Continued

省、市名称 Province or City	粮食产量（万吨） Output of Grain (10000 tons)			油料产量（万吨） Output of Oil-Bearing Grops (10000 tons)		
	1996	1997	1997比1996增长% Increase Rate in 1997 Over 1996	1996	1997	1997比1996增长% Increase Rate in 1997 Over 1996
全国总计 National Total	50453.5	49417	-2.1	2210.6	2157.4	-2.4
上海 Shanghai	226.3	230.2	1.7	16.2	10.7	-34.0
江苏 Jiangsu	3476.4	3563.8	2.5	147.5	141.9	-3.8
浙江 Zhejiang	1516.8	1493.5	-1.5	52.1	48.9	-6.1
安徽 Anhui	2674.1	2802.7	4.8	177.2	205.0	15.7
福建 Fujian	952.2	961.8	1.0	23.0	24.4	6.1
山东 Shandong	4332.7	3852.2	-11.1	309.3	240.9	-22.1
辽宁 Liaoning	1660.1	1313.5	-20.9	17.0	16.1	-5.3
河南 Henan	3839.9	3894.7	1.4	278.5	276.7	-0.6
湖北 Hubei	2484.4	2634.4	6.0	181.8	195.5	7.5
湖南 Hunan	2701.5	2801.9	3.7	118.1	129.3	9.5
四川 Sichuan	4495.7	3461.3		156.8	134.2	
广东 Guangdong	1891.43	1966.75	4.0	74.25	75.46	1.6

省、市名称 Province or City	肉猪出栏头数（万头） Slaughtered Fattend Hogs (10000 heads)			水产品产量（亿元） Output of Aquatic Products (100 million yuan)		
	1996	1997	1997比1996增长% Increase Rate in 1997 Over 1996	1996	1997	1997比1996增长% Increase Rate in 1997 Over 1996
全国总计 National Total	52663.4			2808	3602	28.3
上海 Shanghai	430.2	450	4.6	28.04	30.2	7.7
江苏 Jiangsu	2832.6	2957.23	4.4	245.72	265.7	8.1
浙江 Zhejiang	1363.5	1487.58	9.1	342.14	377.7	10.4
安徽 Anhui	1897.7	2036.23	7.3	110.70	135.2	22.1
福建 Fujian	1401.2	1647.81	17.6	358.20	429.3	19.8
山东 Shandong	3605.6	3767.85	4.5	586.69	610.3	4.0
辽宁 Liaoning	1640.6	1745.60	6.4	258.02	285.1	10.5
河南 Henan	3292.2	3736.65	13.5	20.51	23.9	16.5
湖北 Hubei	3240.7	3479.83	7.4	174.64	202.4	15.9
湖南 Hunan	5579.0	5837.60	4.6	103.12	110.8	7.4
四川 Sichuan	8055.9	8418.42		47.32	37.2	
广东 Guangdong	2558.9	2746.91	7.3	395.08	520.96	8.5

续表3 Continued

省、市名称 Province or City		原煤产量（万吨）Qutput of Coal (10000 tons) 1996	1997	1997比1996 增长% Increase Rate in 1997 Over 1996	发电量（亿千瓦小时）Electricity (100 million kwh) 1996	1997	1997比1996 增长% Increase Rate in 1997 Over 1996
全国总计	National Total	139700	136000	-2.6	10813.10	11045	2.1
上　海	Shanghai				428.64	457.4	6.7
江　苏	Jiangsu	2600	2241.5	-13.8	756.87	744.8	-1.6
浙　江	Zhejiang	100	128.4	28.4	448.36	466.2	4.0
安　徽	Anhui	5100	4938.9	-3.2	325.82	328.8	0.9
福　建	Fujian	1200	768.1	-36.0	284.10	301.0	5.9
山　东	Shandong	8900	8995.1	1.1	793.03	821.5	3.6
辽　宁	Liaoning	6000	5861.7	-2.3	583.96	606.2	3.8
河　南	Henan	10800	8529.0	-21.0	593.99	615.0	3.5
湖　北	Hubei	1500	1462.0	-2.5	476.04	484.8	1.8
湖　南	Hunan	6000	5511.0	-8.1	339.09	351.0	3.5
四　川	Sichuan	9600	6073.1		618.00	480.4	
广　东	Guangdong	962.43	839.94	-12.7	908.66	981.15	8.0

省、市名称 Province or City		钢（万吨）Steel (10000 tons) 1996	1997	1997比1996 增长% Increase Rate in 1997 Over 1996	基本建设投资额（亿元）Investment in Capital Construction (100 million yuan) 1996	1997	1997比1996 增长% Increase Rate in 1997 Over 1996
全国总计	National Total	10124.06	10757	6.3	8610.8	9862.8	14.5
上　海	Shanghai	1441.92	1532.0	6.2	670.6	748.8	11.7
江　苏	Jiangsu	446.62	467.5	4.7	457.3	581.9	27.2
浙　江	Zhejiang	143.69	130.6	-9.1	393.3	507.0	28.9
安　徽	Anhui	361.31	383.0	6.0	193.0	210.7	9.2
福　建	Fujian	80.49	88.8	10.3	216.2	265.1	22.6
山　东	Shandong	447.56	519.8	16.1	444.2	493.9	11.2
辽　宁	Liaoning	1369.27	1349.2	-1.5	336.1	396.1	17.8
河　南	Henan	309.87	313.7	1.2	409.9	478.4	16.7
湖　北	Hubei	707.73	790.0	11.6	393.1	436.4	11.0
湖　南	Hunan	189.95	243.2	28.0	230.9	238.0	3.1
四　川	Sichuan	688.50	508.6		326.7	425.7	
广　东	Guangdong	224.66	248.70	10.7	909.73	903.26	-0.7

续表4 Continued

省、市名称 Province or City	基建新增固定资产（亿元） Newly Increased Fixed Assets Through Capital Construction(100 million yuan)			更新改造投资（亿元） Investment in Innovation (100 million yuan)		
	1996	1997	1997比1996 增长% Increase Rats in 1997 Over 1996	1996	1997	1997比1996 增长% Increase Rate in 1997 Over 1996
全国总计 National Total	4730.8	5574.6	17.8	3622.7	3869.9	6.8
上海 Shanghai	371.64	248.02	-33.6	424.6	389.3	-8.3
江苏 Jiangsu	337.02	386.07	14.6	235.2	274.4	16.7
浙江 Zhejiang	267.15	300.30	12.4	94.3	116.5	23.5
安徽 Anhui	175.68	188.33	7.2	100.2	115.6	15.4
福建 Fujian	143.83	164.54	14.4	91.2	123.4	35.3
山东 Shandong	284.20	310.35	9.2	250.6	268.3	7.1
辽宁 Liaoning	308.09	334.28	8.5	198.7	241.4	21.5
河南 Henan	264.09	372.13	40.9	151.4	179.7	18.7
湖北 Hubei	313.12	251.12	-19.8	191.8	211.7	10.3
湖南 Hunan	162.00	171.07	5.6	116.5	104.6	-10.2
四川 Sichuan	227.12	183.81		99.4	117.1	
广东 Guangdong	661.43	644.33	-2.6	277.0	273.90	-1.1

省、市名称 Province or City	更新改造新增固定资产（亿元） Newly Increased Fixed Assets Through Innovation (100 million yuan)			社会消费品零售总额（亿元） Total Retail Sales of Consumer Goods (100 million yaun)		
	1996	1997	1997比1996 增长% Increase Rate in 1997 Over 1996	1996	1997	1997比1996 增长% Increase Rate in 1997 Over 1996
全国总计 National Total	2507.4	2696.8	7.6	24774.1	26843	8.4
上海 Shanghai	327.39	243.86	-25.5	1161.3	1325.2	14.1
江苏 Jiangsu	224.25	182.73	-18.5	1932.9	2106.6	9.0
浙江 Zhejiang	106.14	129.5	22.0	1599.4	1717.9	7.4
安徽 Anhui	87.92	98.73	12.3	727.1	849.2	16.8
福建 Fujian	72.27	86.72	20.0	832.5	986.0	18.4
山东 Shandong	187.41	196.97	5.1	1691.7	1906.5	12.7
辽宁 Liaoning	135.46	149.01	10.0	1289.4	1450.6	12.5
河南 Henan	135.10	156.36	15.7	1118.9	1364.0	21.9
湖北 Hubei	182.45	154.54	-15.3	1145.7	1348.6	17.7
湖南 Hunan	100.86	91.68	-9.1	947.4	1037.6	9.5
四川 Sichuan	142.19	114.99		1514.8	1144.6	
广东 Guangdong	250.33	227.89	-9.0	2577.93	2918.66	13.2

续表5 Continued

省、市名称 Province or City		外贸出口总额（亿美元） Total Exports of Foreign Trade (USD 100 million)			财政收入（亿元） Government Revenue (100 million yuan)		
		1996	1997	1997比1996 增长% Increase Rate in 1997 Over 1996	1996	1997	1997比1996 增长% Increase Rate in 1997 Over 1996
全国总计	National Total	1510.5	1827.0	21.0	3746.9	4263.2	13.8
上海	Shanghai	131.3	147.7	12.5	280.5	332.5	18.5
江苏	Jiangsu	119.5	144.3	20.8	223.2	255.6	14.5
浙江	Zhejiang	86.6	107.5	24.1	139.6	157.3	12.7
安徽	Anhui	13.1	15.6	19.1	114.6	140.5	22.6
福建	Fujian	84.5	110.2	30.4	142.1	162.9	14.6
山东	Shandong	99.9	117.2	17.3	241.7	290.4	20.1
辽宁	Liaoning	73.0	81.1	11.1	211.7	228.2	7.8
河南	Henan	14.1	14.3	1.4	162.1	185.7	14.6
湖北	Hubei	14.1	16.9	19.9	124.5	139.9	12.4
湖南	Hunan	13.3	14.7	10.5	130.4	137.2	5.2
四川	Sichuan	12.9	13.5		209.0	172.9	
广东	Guangdong	593.46	745.64	25.6	479.45	543.95	13.5

省、市名称 Province or City		年末职工人数（万人） Number of Staff and Workers at year-end (10000 persons)			职工工资总额（亿元） Total Wages of Staff and Workers (100 million yuan)		
		1996	1997	1997比1996 增长% Increase Rate in 1997 Over 1996	1996	1997	1997比1996 增长% Increase Rate in 1997 Over 1996
全国总计	National Total	14845	14668.4	-1.2	9080.0	9405.3	3.6
上海	Shanghai	456.8	435.3	-4.7	492.7	510.1	3.5
江苏	Jiangsu	905.5	893.7	-1.3	595.7	635.4	6.7
浙江	Zhejiang	495.3	482.3	-2.6	361.8	402.0	11.1
安徽	Anhui	502.5	502.6	0	256.2	273.8	6.9
福建	Fujian	350.5	357.7	2.1	225.8	263.4	16.7
山东	Shandong	930.7	937.6	0.7	532.8	580.5	9.0
辽宁	Liaoning	997.7	969.4	-2.8	525.3	544.5	3.7
河南	Henan	842.1	841.3	-0.1	407.4	434.1	6.6
湖北	Hubei	738.0	735.4	-0.4	372.7	391.0	4.9
湖南	Hunan	596.8	597.5	0.1	299.6	314.9	5.1
四川	Sichuan	987.4	681.6		500.5	380.6	
广东	Guangdong	904.07	897.32	-0.7	803.50	858.35	6.8

续表6 Continued

省、市名称 Province or City	商品零售价格总指数 (%) Gerenal Ratail Price Index of Commoditties (%)			居民消费价格指数 (%) Consumer Price Index (%)		
	1996	1997	1997比1996 增长% Increase Rate in 1997 Over 1996	1996	1997	1997比1996 增长% Increase Rate in 1997 Over 1996
全国总计 National Total	106.1	100.8	0.8	108.3	102.8	2.8
上海 Shanghai	105.0	98.8	-1.2	109.2	102.8	2.8
江苏 Jiangsu	106.8	99.3	-0.7	109.3	101.7	1.7
浙江 Zhejiang	105.8	100.3	0.3	107.9	102.8	2.8
安徽 Anhui	107.1	99.4	-0.6	109.9	101.3	1.3
福建 Fujian	104.5	99.8	-0.2	105.9	101.7	1.7
山东 Shandong	107.0	100.8	0.8	109.6	102.8	2.8
辽宁 Liaoning	105.4	101.0	1.0	107.9	103.1	3.1
河南 Henan	107.9	100.5	0.5	110.5	103.5	3.5
湖北 Hubei	106.5	101.5	1.5	109.4	103.2	3.2
湖南 Hunan	105.2	100.3	0.3	107.7	102.8	2.8
四川 Sichuan	107.7	102.9	2.9	109.3	105.1	5.1
广东 Guangdong	104.4	100.1	0.1	107.0	101.9	1.9

省、市名称 Province or City	高等学校在校学生数 (万人) Number of Student Enrollment in Institutions of Higher Education (10000 Persons)			中等专业学校在校学生数 (万人) Number of Student Enrollment in Specia-lized Secondary Schools(10000 persons)		
	1996	1997	1997比1996 增长% Increase Rate in 1997 Over 1996	1996	1997	1997比1996 增长% Increase Rate in 1997 Over 1996
全国总计 National Total	302.11			422.79		
上海 Shanghai	14.79	15.38	4.0	9.95	11.10	11.9
江苏 Jiangsu	22.06	23.90	8.3	40.99	45.88	11.9
浙江 Zhejiang	9.65	10.23	6.0	17.72	19.78	11.6
安徽 Anhui	8.94	9.39	5.0	12.48	13.60	9.0
福建 Fujian	7.34	7.80	6.3	10.59	11.27	6.4
山东 Shandong	16.92	17.77	5.0	28.98	31.30	8.0
辽宁 Liaoning	18.27	18.80	2.7	14.39	15.44	7.3
河南 Henan	12.79	13.60	6.3	24.86	29.03	16.8
湖北 Hubei	18.99	19.68	3.6	35.46	42.27	19.2
湖南 Hunan	13.58	14.07	3.6	21.25	22.67	6.7
四川 Sichuan	20.84	14.10		28.61	23.80	
广东 Guangdong	16.40	17.47	6.5	24.96	27.21	9.0

附录B 香港、台湾、新加坡、韩国主要统计资料
Appendix B Main Social and Economic Indicators of HongKong, Taiwan, Singapore and Korea Republic

表B-1 1996年 主要经济指标
MAIN ECONOMIC INDICATORS (1996)

指标	Item	中国香港 HongKong, China	中国台湾 Taiwan, China	新加坡 Singapore	韩国 Korea Rep.
一、人口与面积	Population and Area				
面积 (平方公里)	Area (sq. km)	1068	36000	626	99000
人口 (万人)	Population (10000 persons)	631.1③	2152.5	299①	4555
出生率 (‰)	Birth Rate (‰)	10.0	15.18	16.3①	16.0①
死亡率 (‰)	Death Rate (‰)	5.1	5.71	5.2①	6.0①
人口自然增长率 (‰)	Natural Population Growth Rate (‰)	4.9	9.47	11.1①	10.0①
二、国内生产总值(亿本币)	Gross Domestic Product (local currency 100 million)	11990	74775⑤	1146④⑤	4848④⑤
比上年增长 (%)	Growth Rate over the Preceding year (%)	4.9	5.4	7.0	7.1
人均国内生产总值(美元)	Per Capita Gross Domestic Product (USD)	189985②	12872	26730①⑤	10548①⑤
三、工业生产指数 (%)	Index of Industrial Production (%)	96.8	101.8		108.4
四、农业生产指数 (%)	Index of Agricultural Production (%)		103.7①		102.6
五、劳动力总人数 (万人)	Labor Force (10000 persons)	309.38	931.0		
失业人数 (万人)	Unemployment (10000 persons)	8.61	24.0		
失业率 (%)	Unemployment Rate (%)	2.8	2.6	3.0	2.0
六、消费物价指数 (%)	Consumer Price Index (%)	106.0	103.1	101.4	104.9
七、财政收支	Revenue and Expenditure of Treasury				
财政收入 (亿本币)	Revenue of Treasury (local currency 100 million)	1800	20240		887317
财政支出 (亿本币)	Expenditure of Treasury (local currency 100 million)	1616	20059		885442
八、对外贸易	Foreign Trade				
进出口贸易总额(亿美元)	Total Imports and Exports (100 million USD)	29335②	2183.12	2563.6	2800
进口总额 (亿美元)	Imports (100 million USD)	15356	1023.70	1313.4	1502
出口总额 (亿美元)	Exports (100 million USD)	13979	1159.42	1250.2	1298

注: ①1995年数。②计量单位为亿本币。③年中人口数。④计量单位为亿美元。⑤国民生产总值。
Note: ①Data refer to 1995. ②Local currency 100 million. ③Mid-year Population. ④100 million USD. ⑤Gross National Product.

表B-2　国内生产总值增长率(上年=100)

GROWTH RATE OF GROSS DOMESTIC PRODUCT(Previous Year=100)

单位:%　　　　(%)

年　份　　Year	中国香港 HongKong, China	中国台湾 Taiwan China	新 加 坡 Singapore	韩　国 Korea Rep.
1980	10.9	7.1	9.7	-3.7
1984	9.5	11.6	8.3	9.3
1985	-0.1	5.6	-1.6	7.0
1986	11.9	12.6	1.8	12.9
1987	13.9	11.9	9.5	13.0
1988	7.9	7.8	11.1	12.4
1989	2.3	7.3	9.2	6.8
1990	3.4	5.0	8.3	9.5
1991	5.1	7.2	6.7	9.1
1992	6.0	6.5	5.8	5.1
1993	5.8	6.1	9.8	5.3
1994	5.4	6.5	10.1	8.4
1995	4.7	6.1	8.9	9.0
1996	4.9	5.4	7.0	7.1

表B-3　失 业 率

UNEMPLOYMENT RATE

单位:%　　　　(%)

年　份　　Year	中国香港 HongKong, China	中国台湾 Taiwan, China	新 加 坡 Singapore	韩　国 Korea Rep.
1980	3.8	1.2	3.5	5.2
1984	3.8	2.4	2.7	3.8
1985	3.1	2.9	4.1	4.0
1986	2.2	2.7	6.5	3.8
1987	1.9	2.0	4.7	3.1
1988	1.3	1.7	3.3	2.5
1989	1.1	1.6	2.2	2.6
1990	1.3	1.7	1.7	2.4
1991	1.8	1.5	1.9	2.8
1992	2.0	1.7	2.7	2.4
1993	2.0	1.5	2.7	2.8
1994	2.3	1.6	2.6	2.4
1995	3.5	1.8	2.7	2.0
1996	2.8	2.6	3.0	2.0

表B-4　消费物价指数(上年=100)

CONSUMER PRICE INDEX (Previous Year=100)

单位:%　　　　(%)

年　份　　Year	中国香港 HongKong, China	中国台湾 Taiwan, China	新 加 坡 Singapore	韩　国 Korea Rep.
1980	15.6	19.0	8.5	28.7
1984	8.2	…	2.6	2.3
1985	3.2	-0.2	0.5	2.5
1986	2.3	0.7	-1.4	2.8
1987	5.5	0.5	0.5	3.0
1988	7.4	1.3	1.5	7.1
1989	10.1	4.4	2.4	5.7
1990	9.7	4.1	3.5	8.6
1991	10.0	3.6	3.4	9.2
1992	9.4	4.5	2.3	6.2
1993	8.5	2.9	2.2	4.8
1994	8.0	4.1	3.1	6.3
1995	8.7	3.7	1.7	4.5
1996	6.0	3.1	1.4	4.9

附录C 世界主要国家和地区统计资料

Appendix c. Statistics of Main Countries

表C－1 国土面积与人口

TERRITORY AND POPULATION

国家和地区	Country or Territory	国土面积（万平方公里） Area (10000 sq. m)	年中人口数（万人） Mid-year Population (10000 persons)						
			1990	1991	1992	1993	1994	1995	1996
亚　　洲	Aisa								
中　　国①	China	960. 0	114333	115823	117171	118517	119850	121121	122389
日　　本	Japan	37. 8	12354	12392	12434	12454	12496	12520	12535
印　　度	India	297. 5	81880	84174	86191	87569	91857	92704	94458
印度尼西亚	Indonesia	190. 5	17930	18772	18604	18914	19222	19759	20045
菲 律 宾	Philippines	30. 0	6148	6287	6426	6565	6704	6758	6928
泰　　国	Thailand	51. 3	5608	5692	5776	5858	5940	5879	5870
马来西亚	Malaysia	32. 9	1776	1818	1861	1905	1965	2014	2058
新 加 坡	Singapore	0. 06	271	276	282	287	293	299	
巴基斯坦	Pakistan	79. 6	11205	11552	11911	12280	12661	14050	13997
缅　　甸	Myanmar	67. 7	4167	4155	4233	4312	4392	4653	
孟加拉国	Bangladesh	14. 4	10812	11034	11271	11520	11779	12043	12007
土 耳 其	Turkey	78. 1	5610	5739	5878	6023	6118	6195	
蒙　　古	Mongolia	156. 7	216	225	231	232	236	241	
朝　　鲜	Korea D. P. Rep	12. 3	2177	2219	2261	2305	2348	2392	
韩　　国	Korea Rep.	9. 9	4229	4327	4366	4406	4445	4485	4531
越　　南	Viet Nam	33. 0	6543	6808	6948	7132	7251	7455	7518
非　　洲	Africa								
埃　　及	Egypt	100. 2	5315	5392	5516	5649	5833	5923	6327
尼日利亚	Nigeria	92. 4	9615	9909	10213	10526	10847	11172	11502
欧　　洲	Europe								
德　　国	Germany	35. 6	7948	8031	8057	8119	8141	8164	8192
英　　国	United Kingdom	24. 4	5741	5765	5785	5792		5882	5837
法　　国	France	55. 2	5644	5705	5737	5766	5790	5803	5833
意 大 利	Italy	30. 1	5766	5676	5678	5707	5719	5728	5723
捷　　克	Czech Rep.	12. 8	1036	1031	1032	1033	1033	1033	
波　　兰	Poland	31. 3	3818	3824	3836	3846	3854	3859	3860
匈 牙 利	Hungary	9. 3	1055	1034	1032	1029	1026	1022	1005
罗马尼亚	Romania	23. 8	2320	2319	2279	2276	2273	2268	2266
保加利亚	Bulgaria	11. 1	898	898	896	847	844	841	847
俄 罗 斯	Russian Fed.	1707. 5	14829	14862	14869	14852	14797	14786	
北 美 洲	North America								
美　　国	United States	936. 3	24997	25218	25502	25759	26066	26303	26944
加 拿 大	Canada	997. 1	2660	2703	2744	2894	2925	2961	2968
墨 西 哥	Mexico	197. 3	8615	8784	8954	9121	9301	9478	9272
南 美 洲	South America								
巴　　西	Brazil	851. 2	14454	14690	14924	15153	15379	15582	16109
阿 根 廷	Argentina	277. 7	3255	3271	3337	3367	3418	3459	3522
大 洋 洲	Oceania								
澳大利亚	Australia	768. 2	1709	1729	1749	1766	1784	1805	1805
新 西 兰	New Zealand	26. 8	335	338	341	346	349	354	360

注：①年末人口数。

Note: ①The population of the year-end.

表C-2 经济增长率、消费物价指数、失业率(1996年)

ECONOMIC GROWTH RATE, CONSUMER PRICE INDEX AND UNEMPLOYMENT RATE (1996)

国家和地区	Country or Territory	经济增长率 (%) Economic Growth Rate	消费物价指数 (%) Consumer Price Index	失业率 (%) Unemployment Rate
全世界	World	4.0		
工业化国家	Industrialized Countries	2.5	2.4	
主要工业化国家	Main Industrialized Countries			
美 国	United States	2.8	2.9	
日 本	Japan	3.5	0.1	3.4
德 国	Germany	1.4	1.5	
法 国	France	1.5	2.0	
英 国	United Kingdom	2.3	2.9	
加拿大	Canada	1.5	1.7	
意大利	Italy	0.7	3.9	
发展中国家	Developing Countries and Territories	6.4	13.2	
韩 国	Korea Rep.	7.1	4.9	2.0
中国香港	HongKong, China	4.9	6.0	2.8
中国台湾省	Taiwan China	5.4	3.1	2.6
新加坡	Singapore	7.0	1.4	3.0
马来西亚	Malaysia	8.2	3.5	3.0
泰 国	Thailand	6.4	5.9	2.0
印度尼西亚	Indonesia	7.8	6.6	4.4
菲律宾	Philippines	6.8	8.4	7.4

表C-3 国 内 生 产 总 值

GROSS DOMESTIC PRODUCT

单位：十亿本币 (national currency 100 million)

国家和地区		Country of Territory		1990	1991	1992	1993	1994	1995
中 国	(人民币元)	China	(Yuan Renminbi)	1855	2162	2664	3463	4676	5848
美 国	(美元)	United States	(US Dollar)	5522	5723	6020	6343	6931	7246
日 本	(日元)	Japan	(Yen)	424537	451297	463145	465972	469240	480693
德 国	(德国马克)	Germany	(Deutsche Mark)	2429	2854	3076	3155	3320	3460
英 国	(英镑)	United Kingdom	(Pound)	551	575	597	631	667	700
法 国	(法郎)	France	(Franc)	6510	6776	7011	7077	7390	7681
意大利	(里拉)	Italy	(Lire)	1312100	1426600	1507200	1550200	1641100	
加拿大	(加元)	Canada	(Dollar)	670	676	690	713	747	776
澳大利亚	(澳元)	Australia	(Dollar)	377	380	395	416	444	473
印 度	(卢比)	India	(Rupee)	5355	6168	7053	8010	9537	10986
印度尼西亚	(卢比)	Indonesia	(Rupee)	195597	227450	259884	329776	382220	452381
菲律宾	(比索)	Philippines	(Peso)	1077	1248	1352	1475	1693	1906
泰 国	(铢)	Thailand	(Baht)	2191	2520	2833	3176	3605	4099
马来西亚②	(林吉特)	Malaysia	(Ringgit)	115828	129559	147784	163039	185344	
新加坡②	(新加坡元)	Singapore	(Dollar)	67879	75321	80988	94259	108224	120629
韩 国	(韩圆)	Korea Rep.	(Won)	179539	215734	240392	267146	305970	351295
埃 及①	(埃镑)	Egypt	(Pound)	96	111	139	157	175	205
尼日利亚	(奈拉)	Nigeria	(Naira)	26	324	550	701	914	
墨西哥	(新比索)	Mexico	(New Peso)	695	877	1035	1256	1423	1793
巴 西②	(雷亚尔)	Brazil	(Reai)				14116	360919	658141
阿根廷	(比索)	Argentina	(Peso)	69	181	227	258	282	280

注：①截止当年6月30日的年度。②百万本币。

Note: ①Data refer to the financial year from I July of the previous year to 30 June of the current year.
②National currency million.

表C-4 农业生产指数
INDEX OF AGRICULTURAL PRODUCTION

1989－1991年＝100　　　　(1989－1991＝100)

国家和地区	Country or Territory	1990	1992	1993	1994	1995	1996
世界总计	World	100.7	103.1	103.9	107.4	110.0	114.3
亚　洲	Aisa	100.8	107.7	112.3	118.4	125.3	131.4
中　国	China	101.2	110.5	119.6	129.9	141.9	147.2
孟加拉国	Bangladesh	99.5	103.6	103.5	99.7	103.8	106.2
印　度	India	99.8	105.9	107.6	112.1	115.1	117.4
印度尼西亚	Indonesia	101.2	108.7	109.8	109.3	113.2	124.2
日　本	Japan	100.8	100.5	94.2	99.1	95.7	96.1
韩　国	Korea Rep.	101.2	110.1	107.7	112.9	113.0	115.9
马来西亚	Malaysia	99.6	105.7	112.9	113.8	115.2	116.9
巴基斯坦	Pakistan	98.9	104.4	108.5	112.4	123.1	124.5
菲律宾	Philippines	103.8	102.6	108.8	112.3	113.9	116.3
泰　国	Thailand	94.8	104.9	102.7	109.1	114.1	112.5
越　南	Viet Nam	100.0	110.8	116.0	120.2	125.5	135.2
非　洲	Africa	98.3	102.7	106.8	108.7	108.7	117.1
阿尔及利亚	Algeria	96.2	119.6	112.4	102.6	113.3	127.8
埃　及	Egypt	101.4	111.3	115.1	112.6	118.3	119.7
尼日利亚	Nigeria	97.9	118.1	125.2	127.2	132.0	134.2
南　非	South Africa	98.0	85.4	95.6	99.1	85.4	102.4
北美洲	North America	101.3	107.6	100.8	113.7	109.6	113.9
加拿大	Canada	103.4	101.0	102.6	107.6	111.7	115.2
墨西哥	Mexico	100.9	101.8	107.9	111.4	118.0	117.8
美　国	United States	101.1	109.7	100.4	116.4	109.4	114.7
南美洲	South America	99.2	105.1	106.1	111.6	114.5	119.0
阿根廷	Argentina	101.4	105.4	101.4	109.3	112.5	119.4
巴　西	Brazil	97.7	106.1	109.1	114.5	116.8	118.6
欧　洲	Europe	99.9	97.6	96.3	93.6	93.9	97.7
保加利亚	Bulgaria	101.7	87.2	69.7	68.1	74.5	54.4
法　国	France	100.3	105.4	98.1	97.6	99.3	105.8
德　国	Germany	101.7	92.6	91.6	88.0	89.1	90.7
匈牙利	Hungary	96.6	76.1	71.5	72.3	70.3	76.0
意大利	Italy	95.7	105.4	101.5	100.9	99.7	101.9
波　兰	Poland	102.5	85.2	90.3	78.2	86.5	88.3
罗马尼亚	Romania	97.3	80.6	102.4	98.5	100.1	95.9
英　国	United Kingdom	100.0	101.9	98.2	99.3	100.1	101.0
大洋洲	Oceania	100.4	107.9	110.1	105.3	111.9	117.2
澳大利亚	Australia	101.9	109.2	120.0	104.1	111.4	118.9
新西兰	New Zealand	96.2	105.7	106.2	108.5	114.5	115.0

注：国外农业生产指数只包括种植业、畜牧业和农产品的初级加工，按农业增加值计算。

Note: Data for countries rather than China refer to farming, animal husbandry and primary processing of agricultural products calculated with value added of agriculture.

表C-5 主要农产品产量
OUTPUT OF MAJOR AGRICULTURAL PRODUCTS

单位：万吨 (10000 tons)

国家和地区	Country or Territory	1996	国家和地区	Country or Territory	1996
棉　花	**Cotton (Lint)**		**大　豆**	**Soybeans**	
世界总计	World	1937	世界总计	World	13203
中　国	China	420	美　国	United States	6385
美　国	United States	375	巴　西	Brazil	2638
印　度	India	238	中　国	China	1322
巴基斯坦	Pakistan	187	阿根廷	Argentina	1265
乌兹别克斯坦	Uzbekistan	131	印　度	India	460
土耳其	Turkey	76	加拿大	Canada	225
巴　西	Brazil	52	巴拉圭	Paraguay	195
阿根廷	Argentina	45	印度尼西亚	Indonesia	168
希　腊	Greece	41	玻利维亚	Bolivia	89
土库曼斯坦	Turkmenistan	41	意大利	Italy	74
甘　蔗	**Sugarcane**		**花　生**	**Groundnuts in Shell**	
世界总计	World	116391	世界总计	World	2882
巴　西	Brazil	30200	中　国	China	1014
印　度	India	25500	印　度	India	820
中　国	China	6688	美　国	United States	152
泰　国	Thailand	6242	尼日利亚	Nigeria	150
墨西哥	Mexico	4698	印度尼西亚	Indonesia	90
巴基斯坦	Pakistan	4591	塞内加尔	Senegal	82
澳大利亚	Australia	3649	苏　丹	Sudan	65
古　巴	Cuba	3600	扎伊尔	Zaire	63
哥伦比亚	Colombia	3050	阿根廷	Argentina	58
印度尼西亚	Indonesia	3000	缅　甸	Myanmar	50
油菜籽	**Rapeseeds**		**黄　麻**	**Jute and Jut-Like**	
世界总计	World	3032	世界总计	World	308
中　国	China	920	印　度	India	172
印　度	India	610	孟加拉国	Bangladesh	77
加拿大	Canada	498	中　国①	China①	37
法　国	France	289	泰　国	Thailand	13
德　国	Germany	200	俄罗斯	Russian Fed.	5
英　国	United Kingdom	124	缅　甸	Myanmar	4
澳大利亚	Australia	52	越　南	Viet Nam	3
捷　克	Czech Rep.	50	印度尼西亚	Indonesia	2
波　兰	Poland	44	巴　西	Brazil	1
丹　麦	Denmark	25	尼泊尔	Nepal	1

续表 1 continued

单位：万吨 (10000 tons)

国家和地区	Country or Territory	1996	国家和地区	Country or Territory	1996
茶　　叶	**Tea**		**烟　　叶**	**Tabacco Leaves**	
世界总计	World	263	世界总计	Whina	641
印　　度	India	72	中　　国	China	323
中　　国	China	59	美　　国	Unied States	60
斯里兰卡	Sri Lanka	25	印　　度	India	51
肯 尼 亚	Kenya	25	巴　　西	Brazil	48
印度尼西亚	Indonesia	14	土 耳 其	Turkey	21
土 耳 其	Turkey	14	津巴布韦	Zimbabwe	21
日　　本	Japan	9	印度尼西亚	Indonesia	15
格鲁吉亚	Georgia	7	希　　腊	Greece	13
伊　　朗	Iran	6	马 拉 维	Malawi	13
孟加拉国	Bangladesh	5	意 大 利	Italy	10
肉　　类② ③	**Meat② ③**		**牛　　奶**	**Cow Milk**	
世界总计	World	20931	世界总计	World	46632
中　　国	China	5260	美　　国	United States	6998
美　　国	United States	3401	俄 罗 斯	Russian Fed.	3545
巴　　西	Brazil	1006	印　　度	India	3300
俄 罗 斯	Russian Fed.	687	德　　国	Germany	2862
法　　国	France	643	法　　国	France	2567
德　　国	Germany	584	乌 克 兰	Ukraine	1793③
印　　度	India	408	巴　　西	Brazil	1985
意 大 利	Italy	406	英　　国	United Kingdom	1460
西 班 牙	Spain	378	波　　兰	Poland	1143
阿 根 廷	Argentina	357	荷　　兰	Netherlands	1090③

注：①包括红麻。②包括牛肉、羊肉、猪肉、马肉、家禽肉以及其他家养和野生动物肉。③1995年数字。

Note: ①Including apocynum venetum. ②Including beef and veal, buffalo meat, mutton and lamb, goat meat, pork, horse meat, poultry meat and meats of all other domestic or wild animals such as camels, rabbits and game animals.

表C-6 我国农业生产主要产品产量居世界位次的变化

CHANGES IN THE ORDER OF PRECEDENCE OF CHINA'S OUTPUT OF MAJOR AGRICULTURAL PRODUCTS

产品名称	Item	1949	1957	1965	1978	1980	1985	1990	1994	1995	1996
谷　　物	Cereals		3	2	2	1	2	1	1	1	1
肉　　类①	Meat	3	2	3	3	3	2	1	1	1	1
棉　　花	Cotton (Lint)	4	2	2	3	2	1	1	1	1	1
大　　豆	Soybeans	2	2	2	3	3	3	3	3	3	3
花　　生	Groundnuts in Shell	2	2	3	2	2	2	2	1	1	1
油 菜 籽	Rapeseeds	2	2	2	2	2	1	1	1	1	1
甘　　蔗	Sugarcane		3		9	9	4	4	3	3	3
茶　　叶	Tea	3	3	3	2	2	2	2	2	2	2
水　　果	Fruits				10	8	1	4	1	1	1

注：①1949－1992年为猪、牛、羊肉产量的位次，1994年后为肉类总产量的位次。

Note: ①For 1949-1992, refer to meat of pork, beaf and mutton. For 1994 refers to meat of various Kinds.

表C-7 谷 物 产 量

OUTPUT OF CEREALS

单位：万吨 (10000 tons)

国家和地区	Country or Territory	1995	1996	＃小 麦 Wheat	＃稻 谷 Rice	＃玉 米 Corn
亚　洲	Asia	93821	95543	23044	51945	15083
中　国	China	41611	45127	11031	19510	12746
孟加拉国	Bangladesh	2783	2839	132	2700	0.3
印　度	India	21716	22077	6400	12538	1000
印度尼西亚	Indonesia	5808	5930		5108	822
伊　朗	Iran	1703	1721	1130	230	60
日　本	Japan	1411	1379	55	1300	
韩　国	Korea Rep.	674	668	1	628	27
缅　甸	Myanmar	2009	2141	11	2087	7
巴基斯坦	Pakistan	2459	2504	1715	600	130
菲律宾	Philippines	1467	1581		1154	427
泰　国	Thailand	2555	2643		2180	436
土耳其	Turkey	2816	2915	1900	230	190
越　南	Viet Nam	2615	2800		2700	99
非　洲	Africa	9918	12077	2144	1438	4436
埃　及	Egypt	1686	1638	569	450	526
尼日利亚	Nigeria	2094	2195	3.6	260	732
北美洲	North America	35677	42194	9549	1001	25679
加拿大	Canada	4970	5913	2980		730
墨西哥	Mexico	2472	1685	356	46	1730
美　国	United States	2769	3306	6210	799	22892
南美洲	South America	9049	9230	1951	1834	4880
阿根廷	Argentina	2367	2841	1400	98	1056
巴　西	Brazil	4966	4642	304	1020	3241
欧　洲	Europe	27087	28290	12485	269	5859
保加利亚	Bulgaria	6491	3328	185	0.6	98
法　国	France	5361	6104	3540	12	1380
德　国	Germany	3987	4099	1835		220
匈牙利	Hungary					
波　兰	Poland	2589	2578	879		36
罗马尼亚	Romania	1989	1473	317	2.5	1000
俄罗斯	Russian Fed.	9189	7366	3850	55	120
英　国	United Kingdom	2186	2209	1455		
大洋洲	Oceania	2861	3012	1907	97	48
澳大利亚	Australia	2783	2924	1880	95	32

表C-8 工 业 生 产 指 数
INDEX OF INDUSTRIAL PRODUCTION

1990年＝100 (1990＝100)

国家和地区	Country or Territory	1991	1992	1993	1994	1995	1996
澳大利亚	Australia	100	98	100	104	106	108
澳地利	Austria	102	101	99	103	108	
孟加拉国	Bangladesh	110	114	130	140	150	159
比利时	Belgium	98	98	93	95	98	99
巴　西	Brazil	97	94	101	108	110	112
加拿大	Canada	98	99	101	106	108	109
智　利	Chile	108	119	123	127	136	
丹　麦	Denmark	100	104	101	111	116	
芬　兰	Finland	91	92	96	106	114	118
法　国	France	100	98	94	98	99	100
德　国	Germany	100	98	90	94	96	96
希　腊	Greece	99	98	95	96	98	
匈牙利	Hungary	80	72	75	82	86	
印　度	India	102	106	107	117	133	142
印度尼西亚	Indonesia	110	89	106	107		
以色列	Israel	107	116	123	132	143	
意大利	Italy	99	99	96	102	107	105
日　本	Japan	102	96	91	92	95	98
韩　国	Korea Rep.	110	116	121	134	150	163
马来西亚	Malayia	110	121	132	148	168	187
墨西哥	Mexico	103	105	105	109	104	113
荷　兰	Netherlands	102	101	100	105	107	110
挪　威	Norway	102	108	112	120	127	134
菲律宾	Philippines	115	123	126	133		
波　兰	Poland	92	95	101	113	124	134
罗马尼亚	Romania	77	58	58	60	65	72
南　非	North Africa	98	96	97	98	103	104
西班牙	Spain	99	96	92	98	103	102
葡萄牙	Portugal	101	100	96	95	99	
瑞　典	Sweden	95	94	94	106	114	116
瑞　士	Switzerland	100	99	97	101	103	103
土耳其	Turkey	102	108	114	107	116	123
英　国	United Kingdom	96	96	99	104	107	108
美　国	United States	98	102	105	111	113	116

表C-9　煤　炭　产　量

OUTPUT OF COAL

单位：万吨　　　　(10000 tons)

年　份 Year	中　国① China	美　国 United States	俄罗斯② Russian Fed.	日　本 Japan	德　国 Germany	英　国② United Kingdom	法　国 France	加拿大 Canada
1982	66600	76072		1741	22367	12474	2182	4291
1983	71500	70950		1669	21398	11926	2125	4478
1984	78900	80753		1683	21157	5118	2070	5741
1985	87200	80386		1644	20921	8864	1896	6085
1986	89400	78754		1601	20144	10789	1846	5705
1987	92800	89992		1306	19121	10444	1558	6121
1988	98000	85331		1120	18788	10379	1380	7064
1989	105400	89000		1019	18754	10027	1447	7052
1990	108000	85364		826	18389	8930	1280	6833
1991	108700	82506		805	35233	9634	1207	7114
1992	111600	90496	31702	760	31397	8725	1106	6536
1993	115000	85768	30978	722	28591	6820	1115	6902
1994	124000	93722	17546	694	26476	4771	754	7283
1995	136100	103297	24940	626	25156	5138	764	7512
1996	139700	106289		648	23219	4931		

年　份 Year	印　度 India	澳大利亚 Australia	南　非 North Africa	罗马尼亚 Romania	南斯拉夫 Yugoslavia F. R.	波　兰 Poland	捷　克 Czech Rep	希　腊 Greece
1982	13499	13460	13691	3786	5466	22696		
1983	14213	14317	13901	4452	5940	23359		
1984	15242	15966	14000	4428	6506	24197		
1985	15703	17550	17449	4657	5704	24938	2622	
1986	17413	19488	17718		5701	25934		
1987	18512	19316	17488	4729	6005	26621	2574	
1988	19698	17809	17759	5150	5922	26651	2591	
1989	21173	19607	17312	6050	7463	24233	2507	
1990	21685	20482	17478	3734	7584	21527	2210	5170
1991	24153	21403	17820	3182	5861	20978	1948	5269
1992	25012	22585	17440	3473	4010	19837	8696	5506
1993	26320	22418	18203	3887	3743	19858	8348	5544
1994	27090	22694	19580	3976	3754	13363	1836②	4853
1995	28767		19600	3904		18912		
1996	30784			419②				

注：①中国为原煤。②仅指硬煤产量。
Note: ①Chines data refers to the raw coal including lignite and waste.
②Hard coal.

表C-10 原 油 产 量

OUTPUT OF CRUDE PETROLEUM

单位：万吨 (10000 tons)

国家和地区	Country or Territory	1991	1992	1993	1994	1995	1996
阿尔及利亚	Algeria	3769	3634	3509	3533	3616	
安哥拉	Angola	2473	2600	2520	2525	2650	
澳大利亚	Australia	2734	2693	2184	2027	2161	
巴西	Brazil	3122	3145	3200	3311	3454	
加拿大	Canada	7594	7885	8219	8586	8855	9094
中国	China	14099	14210	14524	14608	15005	15733
哥伦比亚	Colombia	2146	2214	2284	2330	2948	3170
埃及	Egypt	4558	4608	4627	4460	4444	
叙利亚	Syria	2766	2575	2677	2576	2810	
加蓬	Gabon	1734	1537	1507	1583	1766	1894
德国	Germany	341	328	305	293	296	275
阿根廷	Argentina	2533	2862	3034	3245	3584	3898
印度	India	3128	2786	2648	3086	3462	3227
印度尼西亚	Indonnesia	7238	7373	7416	7474	7374	7468
伊朗	Iran	16526	17129	17092	17945	17940	
伊拉克	Irag	1391	1337	3229	3667	3608	
意大利	Italy	431	448	462	487	518	541
日本	Japan	74	85	78	73	73	72
科威特	Koweit	977	5365	9512	10092	10093	
利比亚	Libya	7182	6912	6548	6685	6730	
马来西亚	Malaysia	3034	3071	3158	3216	3332	
墨西哥	Mexico	13912	13907	13898	13921	13601	14900
尼日利亚	Nigeria	9466	9158	9402	9104	9214	
挪威	Norway	9138	10448	11185	12515	13462	
阿曼	Oman	4266	3680	3857	4015	4232	
秘鲁	Peru	611					
卡塔尔	Qatar	1894	2046	1880	1817	1871	
罗马尼亚	Romania	679	658	667	670	666	659
沙特阿拉伯	Saudi Arabia	40880	41642	40114	40120	39991	
泰国	Thailand	125					
阿拉伯联合酋长国	Uinted Arab Emirates	11477	10396	9906	10405	10321	
英国	United Kingdom	8724	8918	9395	11903	12180	
俄罗斯	Russian Fed.	51533	39934	35111	31576	30680	
美国	United States	37392	36266	33532	33418	35964	37273
委内瑞拉	Venezuela	12468	12379	12778	14339	14486	
厄瓜多尔	Ecuador	1564	1675	1796	1739	2010	

表C-11 我国工业主要产品产量居世界位次的变化

CHANGES IN THE ORDER OF PRECEDENCE OF CHINA'S OUTPUT OF MAJOR INDUSTRIAL PRODUCTION

产品名称	Item	1949	1957	1965	1978	1980	1985	1994	1995	1996③
钢	Crude Steel	26	9	8	5	5	4	2	2	1
煤	Coal	9	5	5	3	3	2	1	1	1
原　油	Grude Petroleum	27①	23	12	8	6	6	5	5	5
发电量	Electricity	25	13	9	7	6	5	3	2	2
水　泥	Cement		8	8	4	3	1	1	1	1
化　肥	Fertilizer		33	8	3	3	3	2	2	2
化学纤维	Chemical Fibre		26②		7	5	5	2	2	2
棉　布	Woven Cotton Fabrics		3	3	1	1	1	1	1	1
糖	Sugar			8	8	10	6	3	4	4
电视机	Television				8	5	3	1	1	1

注：①1950年数字。②1960年数字。③估计数。
Note: ①Data refer to 1950. ②Data refer to 1960. ③Estimates.

表C-12 发 电 量

ELECTRICITY

单位：亿千瓦时 (100 million kwh)

年份 Year	中国 China	美国 United States	日本 Japan	德国 Germany	英国 United Kingdom	法国 France	意大利 Italy	加拿大 Canada	俄罗斯 Russian Fed.
1980	3006	23544	5775	3688	2849	2433	1857	3669	12950
1981	3093	23593	5833	3671	2767	2634	1789	3009	13250
1982	3277	23023	5812	3652	2731	2654	1818	3875	13671
1983	3514	23676	5555	3720	2756	2813	1801	4084	13960
1984	3770	24723	5804	3929	2804	3072	1795	4249	14930
1985	4107	25683	6720	4067	2937	3257	1823	4590	15440
1986	4495	25449	5571	4071	3010	3430	1669	4686	15990
1987	4973	26703	6362	4185	3020	3526	2010	4821	16650
1988	5452	28759	7537	4227	3091	3655	2032	5060	17051
1989	5848	29808	7998	4406	3112	4069	2108	4995	17220
1990	6212	30311	7576	4492	3190	4201	2169	4818	16735
1991	6775	30791	8881	5394	3228	4542	2220	5079	16339
1992	7539	30578	8953	5371	3269	4623	2263	5016	10085
1993	8395	30745	9067	4527	3220	4714	2228	5111	9566
1994	9281	31459	9643	4534	3316	4756	2372	5340	8759
1995	10070	32683	9900	4585	3316	4932	2411	5384	8675
1996	10813	33453		5470			2547	5490	

表C-13　水　泥　产　量

OUTPUT OF CEMENT

单位：万吨　　　　　　　　　　　　　　　　　　　　　　　　(10000 tons)

国家和地区	Country or Territory	1980	1985	1990	1991	1993	1994	1995	1996
中　　国	China	7986	14595	20971	25261	36788	42118	47561	49119
阿 根 廷	Argentina	713	469	361	440	564	631	547.2	
澳大利亚	Australia	535	563	707	610	623	659	661.2	639.6
奥 地 利	Austria	546	456	491	502	492	482		
孟加拉国	Bangladesh	34	24	34	28	20.4	33.6	40.8	42.0
比 利 时	Belgium	749	554	692	719	757			
巴　　西	Brazil	2719	2062	2585	2749	2484	2525	2822.4	3459.6
保加利亚	Bulgaria	536	529	472	240	200	191		
加 拿 大	Canada	1034	967	1108	967	940	1060	1044.0	1122.0
智　　利	Chile	158	143	210	206	264.0	261.6	301.2	362.4
哥伦比亚	Colombia	436	541	636	638	779	920		
丹　　麦	Denmark	192	174	166	202	226.8	242.4	258.0	262.8
埃　　及	Egypt	301	528	1328	1240	1355	1355	1423.2	
芬　　兰	Finland	179	163	167	132				
法　　国	France	2910	2222	2651	2502	1932	2020	1989.6	
德　　国	Germany			3043	3181	3672	4026	3750.0	3602.0
希　　腊	Greece	1267	1274	1394	1181	1261	1264		
匈 牙 利	Hungary	466	368	394	253	253	281		
印　　度	India	1770	3737	4572	5166	5623	6178	6692.4	7032.0
印度尼西亚	Indonesia	526	994	1478	1348	1892	2191	2313.6	2464.8
意 大 利	Italy	4186	3715	4079	4030	3377	3270	3416.4	
日　　本	Japan	8796	7285	8444	8957	8804	9152	9046.8	9441.6
韩　　国	Korea Rep.	1564	2051	3391	3917	4612	5207		
马来西亚	Malaysia	235	313	588	745	880	1000	1068.0	1242.0
墨 西 哥	Mexico	1626	1997	2450	2465	2778	3040	2443.2	2809.2
荷　　兰	Netherlands	374	292	371	355	314			
新 西 兰	New Zealand	72	86	68	58	68			
尼日利亚	Nigeria	172	338	350	350	325	127.2	157.2	
巴基斯坦	Pakistan	335	480	749	817	847	793	832.8	936.6
菲 律 宾	Philippines	451	307	636	680				
波　　兰	Poland	1844	1499	1252	[illegible]	1223	1388	1388.4	1387.2
罗马尼亚	Romania	1460	880	947	670	684	667	756.0	760.8
南　　非	North Africa	713	690	656	614	582	666	744.0	766.8
西 班 牙	Spain	2801	2188	2809	2759	2272	2514	2642.4	
泰　　国	Thailand	536	796	1804	1921	2699	2993	3438.0	3873.6
土 耳 其	Turkey	1481	1758	2464	2520	3131	2947		
俄 罗 斯	Russian Fed.					4990	3720	3643.2	2779.2
英　　国	United Kingdom	1481	1334	1474	1200	1390.8	1513.2	1180.8	1129.2
美　　国	United States	6788	7028	7094	6505	7381	7711	7532.4	

表C-14 钢 铁 产 量

OUTPUT OF CRUDE STEEL

单位：万吨 (10000 tons)

国家和地区	Country or Territory	1988	1989	1990	1991	1992	1993	1994	1995	1996
澳大利亚	Australia	610	671	668	622	646	680.4	763.2	805.2	794.4
比利时	Belgium	1128	1096	1142	1135	1033.2	1011.6	1117.2	1154.4	1075.2
南非	North Africa			862	894	910	874	830	830.4	796.8
加拿大	Canada	1519	1546	2168	2384	2599	2495	2724	2830.4	2902.8
中国	China	5943	6159	6635	7100	8094	8956	9261	9536	10124
捷克共和国	Czech Rep.					734	677	706.8	718.8	650.4
法国	France	1910	1931	1902	1843	1796	1711	1802	1813.2	1760.4
德国	Germany			3844	3878	3688	3762	4084	4204.8	3979.2
巴西	Brazil					2390.4	2521.2	2575.2	2503.2	2523.6
印度	India	1302	1288	1496	1639	1299.6	1365.6	1335.6	1335.6	1339.2
意大利	Italy	2394	2518	2545	2053	2474	2582.4	2612.4	2768.4	2772.0
日本	Japan	10568	10790	11033	10964	9814	9962.4	9555.6	10164	9895.2
韩国	Korea Rep.	2131	2370	2312.4	2600.4	2805.6	3302.4	3374.4	3676.8	3890.4
墨西哥	Mexico	731	739	822	772	835.2	931.2	876.0	994.8	985.2
荷兰	Netherlands	552	568	541	517	543.6	598.8	616.8	640.8	632.4
波兰	Poland	1595	1510	1362	1044	986	991	1106.4	1189.2	
罗马尼亚	Romania	980	949	622	712	537.6	544.8	579.6	655.2	608.4
西班牙	Spain	1169	1256	1262	1266	1260	1296	1344	1393.2	
英国	United Kingdom	1895	1874	1646	1663	1600.8	1646.4	1724.4	1720.8	
土耳其	Turkey	800	785	941	930	1034.4	1150.8	1218.0	1281.6	
俄罗斯	Russian Fed.					6703.2	5834.4	4876.8	4881.6	4916.4
美国	United States	9176	8839	8972.4	7974.0	8310	8700	8881.2	9358.8	9550.8

表C-15 出 口 贸 易 额

TOTAL EXPORTS

单位：亿美元 (USD 100 million)

国家和地区	Country or Territory	1989	1990	1991	1992	1993	1994	1995	1996
中　　国	China	525.4	620.9	719.1	850.0	917.4	1210.4	1488	1510.6
美　　国	United States	3638.1	3935.9	4218.5	4478.3	4647.7	5126.3	5847.4	6250.7
日　　本	Japan	2751.7	2869.5	2295.2	3404.8	3622	3973.7	4431	4109
德　　国	Germany	3423.7	3984.4	4031.0	4299.5	3824.7	4297.2	5238	5211
英　　国	United Kingdom	1524.5	1859.8	1852.1	1900.5	1816	2042.0	2421	2607.5
法　　国	France	1788.5	2101.7	2133.7	2317.9	2063	2353.9	2862	2884.7
意 大 利	Italy	1385.0	1645.3	1695.4	1781.6	1677.7	1914.2	2339.9	2508.6
加 拿 大	Canada	1160.4	1274.2	1268.3	1342.2	1451.9	1657.8	1922	2016.3
澳大利亚	Australia	366.5	396.1	419.0	424.2	427	475.6	526.9	604.8
俄 罗 斯	Russian Fed.				423.8	443.0	676.4	811.4	887
捷克共和国	Czech Rep.	144.5	118.8	113.0	116	128.1	143.3	216.5	257.5
波　　兰	Poland	131.6	143.2	144.6	131.9	141.4	170.4	229	244.4
匈 牙 利	Hungary					89.2	107.3	125.4	126.9
罗马尼亚	Romania		58.7	41.2	43.7	48.9	61.5	79.1	80.9
保加利亚	Bulgaria	160.1	134.3	38.4	40.7	35.8	41.6	50.9	
西 班 牙	Spain		556.0	602.0	643.4	628.7	732.9	917	1012
印　　度	India	156.4	176.5	173.7	179.4	215.5	250.3	308	330.5
印度尼西亚	Indonesia	221.6	256.8	291	339	368.3	400.6	454	498.1
菲 律 宾	Philippines	77.5	81.9	88.4	97.5	110.9	133.0	175	204.2
泰　　国	Thailand	200.6	230.7	284.0	322.1	367.8	451.3	565	557
马来西亚	Malaysia	251.1	294.2	344.0	407.1	471.3	587.6	740	783.3
新 加 坡	Singapore	446.8	527.3	441.1	634.7	740	967.5	1183	1250.2
巴基斯坦	Pakistan	46.4	55.2	64.7	72.7	66.7	73.7	79.9	93.2
缅　　甸	Myanmar	2.2	3.3	4.1	5.3	5.9	7.6	8.5	6.9
孟加拉国	Bangladesh	13.1	15.1	16.9	21.8	22.7	26.6	31.7	33
土 耳 其	Turkey	116.5	129.1	136.0	148.8	154.1	179.5	216	230.8
韩　　国	Korea Rep.	623.8	650.2	719.0	763.3	822	958.9	1251	1298.4
埃　　及	Egypt	26.3	25.8	36.2	30.7	22.4	34.8	34.5	35.4
尼日利亚	Nigeria	81.4	136.5	122.6	118.9	99.2	93.7	106	186.1
墨 西 哥	Mexico	228.2	265.2	271.8	275.3	302	345.3	484.3	593.7
巴　　西	Brazil	343.9	314.3	316.2	361.0	387	435.6	456.1	477.6
阿 根 廷	Argentina	91.4	95.8	122.7	119.7	131.2	156.6	210	237.7

表C-16 进口贸易额
TOTAL IMPORTS

单位：亿美元 (USD 100 million)

国家和地区	Country or Territory	1989	1990	1991	1992	1993	1994	1995	1996
中国	China	591.4	533.5	637.9	806.1	1039.6	1156.9	1321	1388.4
美国	United States	4932.0	5169.9	5093.2	5540.2	6034	6892.2	7708.5	8220.3
日本	Japan	2108.4	2348.0	1750.4	2335.5	2416.5	2755.5	3360	3491.5
德国	Germany	2698.8	3426.2	3820.5	4083.1	3296.7	3726.0	4482.2	4556.8
英国	United Kingdom	1977.3	2249.4	2100.2	2276.6	2063.2	2263.8	2653	2858.3
法国	France	1924.8	2332.3	2308.1	2386.0	2007	2290.1	2755.5	2759.7
意大利	Italy	1529.1	1778.3	1341.4	1887.1	1471.8	1672.9	2041	2068.8
加拿大	Canada	1140.0	1167.2	1181.2	1224.8	1390.5	1481.8	1684	1751.6
澳大利亚	Australia	400.2	388.0	386.1	407.0	455	534.3	603.2	654.3
俄罗斯	Russian Fed.				349.8	328	505	609	611.5
捷克共和国	Czech Rep.					125.6	149.6	252.3	291.6
波兰	Poland	100.9	95.3	142.6	159.1	188.3	213.8	290.5	311.4
匈牙利	Hungary	88.0	87.6	115.3	111.2	125.6	143.8	151	159
罗马尼亚	Romania		91.2	56.0	65.1	65	71	102.8	114.4
保加利亚	Bulgaria	148.8	130.9	30.2	42.4	43.2	43.2	50.2	
西班牙	Spain			933.3	997.7	818.8	924.9	1149.4	1217.8
印度	India	198.3	232.7	202.5	232.6	228	266.7	344	373.8
印度尼西亚	Indonesia	163.6	219.3	258.7	273.1	280.9	319.9	409	429.3
菲律宾	Philippinres	107.3	130.4	120.5	154.6	172.7	225.5	283.4	341.2
泰国	Thailand	257.7	333.8	371.9	412.1	461	544.4	734.3	734.8
马来西亚	Malaysia	225.4	292.6	367.0	399.6	456.6	595.8	778	784
新加坡	Singapore	496.8	607.9	661.1	725.3	852	1025.9	1245	1313.4
巴基斯坦	Pakistan	71.2	73.6	84.3	93.7	94.8	88.9	115	121.3
缅甸	Myanmar	1.9	2.6	6.2	6.5	8.1	8.8	13.4	13.6
孟加拉国	Bangladesh	35.2	31.1	34.1	34.7	39.9	47.0	65.0	66.2
土耳其	Turkey	158.0	222.3	200.2	225.8	290.7	232.7	357	429
韩国	Korea Rep.	614.5	698.4	815.6	817.8	838	1021.9	1351	1502.1
埃及	Egypt	73.8	92.0	77.5	83.6	81.8	102.2	117.6	130
尼日利亚	Nigeria	34.2	56.9	91.0	82.8	75.1	65.1	93.3	80
墨西哥	Mexico	236.3	299.9	380.6	481.4	501.5	609.8	729	611.6
巴西	Brazil	182.8	201.7	210.1	205.6	277.4	360.0	538	569.5
阿根廷	Argentina	42.0	40.8	80.9	148.7	166.5	215.3	201	237.3